第二批国家级非物质文化遗产名录图典（一）

主编　王文章

文化艺术出版社
Culture and Art Publishing House

图书在版编目（C I P）数据
第二批国家级非物质文化遗产名录图典 / 王文章主编.
-- 北京 ：文化艺术出版社，2012 . 9
ISBN 978-7-5039-5447-4
Ⅰ. ①第… Ⅱ. ①王… Ⅲ. ①文化遗产-中国-图集
Ⅳ. ①K203-62
中国版本图书馆CIP数据核字（2012)第200472号

第二批国家级非物质文化遗产名录图典（全四册）

主　　编　王文章
责任编辑　胡　晋　周进生　齐大任　毛　忠
　　　　　唐　嘉　谢　阳　栗　鹏　褚秋艳
设计指导　海　洋
整体设计　北京锦绣东方图文设计有限公司
出版发行　文化艺术出版社
地　　址　北京市东城区东四八条52号　(100700)
网　　址　www.whyscbs.com
电子邮箱　whysbooks@263.net
电　　话　(010) 84057666（总编室）84057667（办公室）
　　　　　84057691—84057699（发行部）
传　　真　(010) 84057660（总编室）84057670（办公室）
　　　　　84057690（发行部）
经　　销　全国新华书店
印　　刷　北京圣彩虹制版印刷技术有限公司
版　　次　2015 年 12 月第 1 版
印　　次　2015 年 12 月第 1 次印刷
开　　本　787毫米×1092 毫米 1/8
印　　张　275
字　　数　1000千字 图片4000幅
书　　号　ISBN 978-7-5039-5447-4
定　　价　1980.00 元（全四册）

编辑委员会

目　录

民间文学（共计53项）

75	566	Ⅰ-79	桐城歌　安徽省桐城市
76	567	Ⅰ-80	土家族梯玛歌　湖南省龙山县
77	568	Ⅰ-81	雷州歌　广东省雷州市
78	569	Ⅰ-82	壮族嘹歌　广西壮族自治区平果县
80	570	Ⅰ-83	柯尔克孜约隆　新疆维吾尔自治区阿克陶县、新疆师范大学
82	571	Ⅰ-84	笑话（万荣笑话）山西省万荣县

传统音乐（民间音乐，共计67项）

85	572	Ⅱ-73	陕北民歌　陕西省榆林市、延安市
87	573	Ⅱ-74	昌黎民歌　河北省昌黎县
89	574	Ⅱ-75	高邮民歌　江苏省高邮市
91	575	Ⅱ-76	五河民歌　安徽省五河县
93	576	Ⅱ-77	大别山民歌　安徽省六安市
95	577	Ⅱ-78	徽州民歌　安徽省黄山市
97	578	Ⅱ-79	信阳民歌　河南省信阳市
99	579	Ⅱ-80	西坪民歌　河南省西峡县
100	580	Ⅱ-81	马山民歌　湖北省荆州市荆州区
102	581	Ⅱ-82	潜江民歌　湖北省潜江市
104	582	Ⅱ-83	吕家河民歌　湖北省丹江口市
106	583	Ⅱ-84	秀山民歌　重庆市秀山土家族苗族自治县
108	584	Ⅱ-85	酉阳民歌　重庆市酉阳土家族苗族自治县
109	585	Ⅱ-86	镇巴民歌　陕西省镇巴县
111	586	Ⅱ-87	嘉善田歌　浙江省嘉善县
113	587	Ⅱ-88	南坪曲子　四川省九寨沟县
115	588	Ⅱ-89	茶山号子　湖南省辰溪县
117	589	Ⅱ-90	啰啰咚　湖北省监利县
118	590	Ⅱ-91	爬山调　内蒙古自治区呼和浩特市、乌拉特前旗
120	591	Ⅱ-92	漫瀚调　内蒙古自治区准格尔旗
122	592	Ⅱ-93	惠东渔歌　广东省惠州市
124	593	Ⅱ-94	海门山歌　江苏省海门市
126	594	Ⅱ-95	新化山歌　湖南省娄底市
127	595	Ⅱ-96	姚安坝子腔　云南省姚安县

199	620	Ⅱ－121	笙管乐（复州双管乐、建平十王会、超化吹歌）辽宁省瓦房店市、建平县，河南省新密市
203	621	Ⅱ－122	津门法鼓（挂甲寺庆音法鼓、杨家庄永音法鼓、刘园祥音法鼓）天津市河西区、北辰区
208	622	Ⅱ－123	锣鼓艺术（汉沽飞镲、常山战鼓、太原锣鼓、泗泾十锦细锣鼓、大铜器、开封盘鼓、宜昌堂调、韩城行鼓）天津市汉沽区，河北省正定县，山西省太原市，上海市松江区，河南省西平县、郏县、开封市，湖北省宜昌市，陕西省韩城市
220	623	Ⅱ－124	朝鲜族洞箫音乐　吉林省延吉市、珲春市
222	624	Ⅱ－125	土家族咚咚喹　湖南省龙山县
224	625	Ⅱ－126	哈萨克六十二阔恩尔　新疆维吾尔自治区伊犁哈萨克自治州
226	626	Ⅱ－127	维吾尔族鼓吹乐　新疆维吾尔自治区
228	627	Ⅱ－128	洞经音乐（文昌洞经古乐、妙善学女子洞经音乐）四川省梓潼县，云南省通海县
232	628	Ⅱ－129	芦笙音乐（侗族芦笙、苗族芒筒芦笙）湖南省通道侗族自治县，贵州省丹寨县
236	629	Ⅱ－130	布依族勒尤　贵州省贞丰县、兴义市、镇宁布依族苗族自治县
238	630	Ⅱ－131	藏族扎木聂弹唱　青海省海南藏族自治州
239	631	Ⅱ－132	哈萨克族冬布拉艺术　新疆维吾尔自治区伊犁哈萨克自治州
241	632	Ⅱ－133	柯尔克孜族库姆孜艺术　新疆维吾尔自治区克孜勒苏柯尔克孜自治州、乌恰县
243	633	Ⅱ－134	蒙古族绰尔　新疆维吾尔自治区阿勒泰地区
244	634	Ⅱ－135	黎族竹木器乐　海南省保亭黎族苗族自治县、五指山市
246	635	Ⅱ－136	口弦音乐　四川省布拖县
248	636	Ⅱ－137	吟诵调（常州吟诵）江苏省常州市
250	637	Ⅱ－138	佛教音乐（天宁寺梵呗唱诵、鱼山梵呗、大相国寺梵乐、直孔噶举派音乐、拉卜楞寺佛殿音乐道得尔、青海藏族唱经调、北武当庙寺庙音乐）江苏省常州市，山东省东阿县，河南省开封市，西藏自治区墨竹工卡县，甘肃省夏河县，青海省兴海县，宁夏回族自治区平罗县
261	638	Ⅱ－139	道教音乐（广宗太平道乐、恒山道乐、上海道教音乐、无锡道教音乐、齐云山道场音乐、崂山道教音乐、泰山道教音乐、胶东全真道教音乐、腊山道教音乐、海南斋醮科仪音乐、成都道教音乐、白云山道教音乐、清水道教音乐）河北省广宗县，山西省阳高县，上海市道教协会，江苏省无锡市，安徽省休宁县，山东省青岛市崂山区、泰安市、烟台市、东平县、海南省定安县，四川省成都市，陕西省佳县，甘肃省清水县

传统舞蹈（民间舞蹈，共计55项）

357	664	Ⅲ－67	甲搓　四川省盐源县
359	665	Ⅲ－68	博巴森根　四川省理县
361	666	Ⅲ－69	彝族铃铛舞　贵州省赫章县
363	667	Ⅲ－70	彝族打歌　云南省巍山彝族回族自治县
365	668	Ⅲ－71	彝族跳菜　云南省南涧彝族自治县
367	669	Ⅲ－72	彝族老虎笙　云南省双柏县
369	670	Ⅲ－73	彝族左脚舞　云南省牟定县
371	671	Ⅲ－74	乐作舞　云南省红河县
373	672	Ⅲ－75	彝族三弦舞（阿细跳月、撒尼大三弦）云南省弥勒县、石林彝族自治县
376	673	Ⅲ－76	纳西族热美蹉　云南省丽江市古城区
378	674	Ⅲ－77	布朗族蜂桶鼓舞　云南省双江拉祜族佤族布朗族傣族自治县
380	675	Ⅲ－78	普米族搓蹉　云南省兰坪白族普米族自治县
382	676	Ⅲ－79	拉祜族芦笙舞　云南省澜沧拉祜族自治县
384	677	Ⅲ－80	宣舞（古格宣舞、普堆巴宣舞）西藏自治区札达县、墨竹工卡县
388	678	Ⅲ－81	拉萨囊玛　西藏自治区拉萨市
390	679	Ⅲ－82	堆谐（拉孜堆谐）西藏自治区拉孜县
392	680	Ⅲ－83	谐钦（拉萨纳如谐钦、南木林土布加谐钦）西藏自治区拉萨市城关区、南木林县
395	681	Ⅲ－84	阿谐（达布阿谐）西藏自治区比如县
397	682	Ⅲ－85	嘎尔　西藏自治区
399	683	Ⅲ－86	芒康三弦舞　西藏自治区芒康县
400	684	Ⅲ－87	定日洛谐　西藏自治区定日县
402	685	Ⅲ－88	旦嘎甲谐　西藏自治区萨嘎县
404	686	Ⅲ－89	廓孜　西藏自治区曲水县
406	687	Ⅲ－90	多地舞　甘肃省舟曲县
407	688	Ⅲ－91	巴郎鼓舞　甘肃省卓尼县
409	689	Ⅲ－92	藏族螭鼓舞　青海省循化撒拉族自治县
411	690	Ⅲ－93	则柔（尚尤则柔）青海省贵德县
413	691	Ⅲ－94	蒙古族萨吾尔登　新疆维吾尔自治区和静县
415	692	Ⅲ－95	锡伯族贝伦舞　新疆维吾尔自治区察布查尔锡伯自治县
417	693	Ⅲ－96	维吾尔族赛乃姆　新疆维吾尔自治区哈密地区、莎车县

传统戏剧（共计46项）

476	724	Ⅳ—123	罗卷戏　河南省汝南县、范县
478	725	Ⅳ—124	二股弦　河南省武陟县
479	726	Ⅳ—125	南剧　湖北省来凤县、咸丰县
481	727	Ⅳ—126	提琴戏　湖北省崇阳县
483	728	Ⅳ—127	湘剧　湖南省湘剧院、长沙市、桂阳县
484	729	Ⅳ—128	祁剧　湖南省祁剧院、衡阳市、祁阳县
485	730	Ⅳ—129	广东汉剧　广东汉剧院
487	731	Ⅳ—130	琼剧　海南省琼剧院、海口市
488	732	Ⅳ—131	黔剧　贵州省黔剧团
490	733	Ⅳ—132	滇剧　云南省滇剧院、玉溪市滇剧团、昆明市
492	734	Ⅳ—133	合阳跳戏　陕西省合阳县
494	735	Ⅳ—134	武都高山戏　甘肃省陇南市
496	736	Ⅳ—135	佤族清戏　云南省腾冲县
497	737	Ⅳ—136	彝剧　云南省大姚县
498	738	Ⅳ—137	白剧　云南省大理白族自治州
499	739	Ⅳ—138	邕剧　广西壮族自治区南宁市

曲　　艺（共计50项）

503	740	Ⅴ—47	相声　中国广播艺术团，北京市歌舞剧院有限责任公司，天津市
505	741	Ⅴ—48	京韵大鼓　北京市歌舞剧院有限责任公司，天津市曲艺团
507	742	Ⅴ—49	单弦牌子曲（含岔曲）北京市歌舞剧院有限责任公司、北京市西城区
509	743	Ⅴ—50	扬州弹词　江苏省扬州市
511	744	Ⅴ—51	长沙弹词　湖南省长沙市
512	745	Ⅴ—52	杭州评词　浙江省杭州市
513	746	Ⅴ—53	杭州评话　浙江省杭州市
514	747	Ⅴ—54	绍兴词调　浙江省绍兴市
516	748	Ⅴ—55	临海词调　浙江省临海市
518	749	Ⅴ—56	四明南词　浙江省宁波市
520	750	Ⅴ—57	北京评书　北京市宣武区，辽宁省鞍山市、本溪市、营口市
522	751	Ⅴ—58	湖北评书　湖北省武汉市
523	752	Ⅴ—59	浦东说书　上海市浦东新区
525	753	Ⅴ—60	讲古　福建省厦门市思明区

591	788	Ⅴ-95	好来宝　内蒙古自治区科尔沁左翼后旗
593	789	Ⅴ-96	哈萨克族铁尔麦　新疆维吾尔自治区伊犁哈萨克自治州

传统体育、游艺与杂技（杂技与竞技，共计38项）

597	790	Ⅵ-18	围棋　中国棋院，北京棋院
599	791	Ⅵ-19	象棋　中国棋院，北京棋院
601	792	Ⅵ-20	蒙古族象棋　内蒙古自治区阿拉善盟
603	793	Ⅵ-21	天桥摔跤　北京市宣武区
605	794	Ⅵ-22	沙力搏尔式摔跤　内蒙古自治区阿拉善左旗
607	795	Ⅵ-23	峨眉武术　四川省峨眉山市
609	796	Ⅵ-24	红拳　陕西省
611	797	Ⅵ-25	八卦掌　河北省廊坊市
613	798	Ⅵ-26	形意拳　河北省深州市
614	799	Ⅵ-27	鹰爪翻子拳　河北省雄县
615	800	Ⅵ-28	八极拳（月山八极拳）河南省博爱县
617	801	Ⅵ-29	心意拳　山西省晋中市
618	802	Ⅵ-30	心意六合拳　河南省漯河市、周口市
620	803	Ⅵ-31	五祖拳　福建省泉州市
622	804	Ⅵ-32	查拳　山东省冠县
624	805	Ⅵ-33	螳螂拳　山东省莱阳市
626	806	Ⅵ-34	苌家拳　河南省荥阳市
628	807	Ⅵ-35	岳家拳　湖北省武穴市
630	808	Ⅵ-36	蔡李佛拳　广东省江门市新会区
632	809	Ⅵ-37	马球（塔吉克族马球）新疆维吾尔自治区塔什库尔干塔吉克自治县
634	810	Ⅵ-38	满族珍珠球　吉林省吉林市
636	811	Ⅵ-39	满族二贵摔跤　河北省隆化县
637	812	Ⅵ-40	鄂温克抢枢　内蒙古自治区鄂温克族自治旗
639	813	Ⅵ-41	挠羊赛　山西省忻州市
640	814	Ⅵ-42	传统箭术（南山射箭）青海省乐都县
642	815	Ⅵ-43	赛马会（当吉仁赛马会、玉树赛马会）西藏自治区拉萨市，青海省玉树藏族自治州
644	816	Ⅵ-44	叼羊（维吾尔族叼羊）新疆维吾尔自治区巴楚县
646	817	Ⅵ-45	土族轮子秋　青海省互助土族自治县

传统美术（民间美术，共计45项）

734	837	Ⅶ—61	葫芦雕刻（东昌葫芦雕刻）山东省聊城市
736	838	Ⅶ—62	锡雕　山东省莱芜市，浙江省永康市
739	839	Ⅶ—63	汉字书法　中国文学艺术界联合会书法家协会，中国艺术研究院中国书法院
741	840	Ⅶ—64	藏文书法（德格藏文书法、果洛德昂洒智）四川省德格县，青海省果洛藏族自治州
745	841	Ⅶ—65	木版年画（平阳木版年画、东昌府木版年画、张秋木版年画、夹江年画、滑县木版年画）山西省临汾市，山东省聊城市、阳谷县，四川省夹江县，河南省滑县
753	842	Ⅶ—66	彩扎（凤凰纸扎、秸秆扎刻、彩布拧台、邳州纸塑狮子头、佛山狮头）湖南省凤凰县，河北省永清县、邯郸市，江苏省邳州市，广东省佛山市
761	843	Ⅶ—67	龙档（乐清龙档）浙江省乐清市
763	844	Ⅶ—68	常州梳篦　江苏省常州市
765	845	Ⅶ—69	麦秆剪贴　浙江省浦江县
767	846	Ⅶ—70	北京绢花　北京市崇文区
768	847	Ⅶ—71	堆锦（上党堆锦）山西省长治市堆锦研究所、长治市群众艺术馆
770	848	Ⅶ—72	湟中堆绣　青海省湟中县
772	849	Ⅶ—73	瓯绣　浙江省温州市
774	850	Ⅶ—74	汴绣　河南省开封市
776	851	Ⅶ—75	汉绣　湖北省武汉市江汉区
778	852	Ⅶ—76	羌族刺绣　四川省汶川县
780	853	Ⅶ—77	民间绣活（高平绣活、麻柳刺绣、西秦刺绣、澄城刺绣、红安绣活、阳新布贴）山西省高平市，四川省广元市，陕西省宝鸡市、澄城县，湖北省红安县、阳新县
791	854	Ⅶ—78	彝族（撒尼）刺绣　云南省石林彝族自治县
793	855	Ⅶ—79	维吾尔族刺绣　新疆维吾尔自治区哈密地区
795	856	Ⅶ—80	满族刺绣（岫岩满族民间刺绣、锦州满族民间刺绣、长白山满族枕头顶刺绣）辽宁省岫岩满族自治县、锦州市古塔区、吉林省通化市
800	857	Ⅶ—81	蒙古族刺绣　新疆维吾尔自治区博湖县
802	858	Ⅶ—82	柯尔克孜族刺绣　新疆维吾尔自治区温宿县
804	859	Ⅶ—83	哈萨克毡绣和布绣　新疆生产建设兵团农六师
806	860	Ⅶ—84	料器（北京料器）北京京城百工坊艺术品有限公司
808	861	Ⅶ—85	瓯塑　浙江省温州市
810	862	Ⅶ—86	砖塑（鄄城砖塑）山东省鄄城县
812	863	Ⅶ—87	灰塑　广东省广州市

传统技艺（传统手工技艺，共计97项）

889　885　Ⅷ—102　夏布织造技艺　江西省万载县，重庆市荣昌县

891　886　Ⅷ—103　鲁锦织造技艺　山东省鄄城县、嘉祥县

893　887　Ⅷ—104　侗锦织造技艺　湖南省通道侗族自治县

895　888　Ⅷ—105　苗族织锦技艺　贵州省麻江县、雷山县

898　889　Ⅷ—106　傣族织锦技艺　云南省西双版纳傣族自治州

899　890　Ⅷ—107　香云纱染整技艺　广东省佛山市顺德区

901　891　Ⅷ—108　枫香印染技艺　贵州省惠水县、麻江县

903　892　Ⅷ—109　新疆维吾尔族艾德莱斯绸织染技艺　新疆维吾尔自治区洛浦县

905　893　Ⅷ—110　地毯织造技艺（北京宫毯织造技艺、阿拉善地毯织造技艺、维吾尔族地毯织造技艺）北京市，内蒙古自治区阿拉善左旗，新疆维吾尔自治区洛浦县

912　894　Ⅷ—111　滩羊皮鞣制工艺　山西省交城县

913　895　Ⅷ—112　鄂伦春族狍皮制作技艺　内蒙古自治区鄂伦春自治旗，黑龙江省黑河市爱辉区

915　896　Ⅷ—113　盛锡福皮帽制作技艺　北京市东城区

918　897　Ⅷ—114　维吾尔族卡拉库尔胎羔皮帽制作技艺　新疆维吾尔自治区沙雅县

920　898　Ⅷ—115　内联升千层底布鞋制作技艺　北京市

922　899　Ⅷ—116　黄金溜槽堆石砌灶冶炼技艺　山东省招远市

923　900　Ⅷ—117　金银细工制作技艺　上海市黄浦区，江苏省南京市、江都市

927　901　Ⅷ—118　斑铜制作技艺　云南省曲靖市

928　902　Ⅷ—119　铜雕技艺　浙江省杭州市

930　903　Ⅷ—120　藏族金属锻造技艺（藏族锻铜技艺、藏刀锻制技艺）西藏自治区南木林县，四川省白玉县，西藏自治区拉孜县，青海省玉树藏族自治州

935　904　Ⅷ—121　成都银花丝制作技艺　四川省成都市青羊区

937　905　Ⅷ—122　维吾尔族传统小刀制作技艺　新疆维吾尔自治区英吉沙县

938　906　Ⅷ—123　蒙古族马具制作技艺　内蒙古自治区科尔沁左翼后旗

940　907　Ⅷ—124　民族乐器制作技艺（长子响铜乐器制作技艺、朝鲜族民族乐器制作技艺、苏州民族乐器制作技艺、漳州蔡福美传统制鼓技艺、维吾尔族乐器制作技艺）山西省长子县，吉林省延边朝鲜族自治州，江苏省苏州市，福建省漳州市，新疆维吾尔自治区疏附县、新和县

948　908　Ⅷ—125　花丝镶嵌制作技艺　北京市通州区，河北省大厂回族自治县

950　909　Ⅷ—126　金漆镶嵌髹饰技艺　北京市

953　910　Ⅷ—127　漆器髹饰技艺（徽州漆器髹饰技艺、重庆漆器髹饰技艺）安徽省黄山市屯溪区，重庆市

957　911　Ⅷ—128　彝族漆器髹饰技艺　四川省喜德县，贵州省大方县

1032	933	Ⅷ—150	乌龙茶制作技艺（铁观音制作技艺）福建省安溪县
1034	934	Ⅷ—151	普洱茶制作技艺（贡茶制作技艺、大益茶制作技艺）云南省宁洱县、勐海县
1036	935	Ⅷ—152	黑茶制作技艺（千两茶制作技艺、茯砖茶制作技艺、南路边茶制作技艺）湖南省安化县、益阳市，四川省雅安市
1040	936	Ⅷ—153	晒盐技艺（海盐晒制技艺、井盐晒制技艺）浙江省象山县，海南省儋州市，西藏自治区芒康县
1044	937	Ⅷ—154	酱油酿造技艺（钱万隆酱油酿造技艺）上海市浦东新区
1046	938	Ⅷ—155	豆瓣传统制作技艺（郫县豆瓣传统制作技艺）四川省郫县
1048	939	Ⅷ—156	豆豉酿制技艺（永川豆豉酿制技艺、潼川豆豉酿制技艺）重庆市，四川省三台县
1051	940	Ⅷ—157	腐乳酿造技艺（王致和腐乳酿造技艺）北京市海淀区
1053	941	Ⅷ—158	酱菜制作技艺（六必居酱菜制作技艺）北京六必居食品有限公司
1055	942	Ⅷ—159	榨菜传统制作技艺（涪陵榨菜传统制作技艺）重庆市涪陵区
1057	943	Ⅷ—160	传统面食制作技艺（龙须拉面和刀削面制作技艺、抿尖面和猫耳朵制作技艺）山西省全晋会馆、晋韵楼
1062	944	Ⅷ—161	茶点制作技艺（富春茶点制作技艺）江苏省扬州市
1064	945	Ⅷ—162	周村烧饼制作技艺　山东省淄博市
1066	946	Ⅷ—163	月饼传统制作技艺（郭杜林晋式月饼制作技艺、安琪广式月饼制作技艺）山西省太原市，广东省安琪食品有限公司
1069	947	Ⅷ—164	素食制作技艺（功德林素食制作技艺）上海功德林素食有限公司
1071	948	Ⅷ—165	同盛祥牛羊肉泡馍制作技艺　陕西省西安市
1073	949	Ⅷ—166	火腿制作技艺（金华火腿腌制技艺）浙江省金华市
1075	950	Ⅷ—167	烤鸭技艺（全聚德挂炉烤鸭技艺、便宜坊焖炉烤鸭技艺）北京市全聚德（集团）股份有限公司、北京便宜坊烤鸭集团有限公司
1079	951	Ⅷ—168	牛羊肉烹制技艺（东来顺涮羊肉制作技艺、鸿宾楼全羊席制作技艺、月盛斋酱烧牛羊肉制作技艺、北京烤肉制作技艺、冠云平遥牛肉传统加工技艺、烤全羊技艺）北京市东来顺集团有限责任公司、北京市鸿宾楼餐饮有限责任公司、北京月盛斋清真食品有限公司、北京市聚德华天控股有限公司，山西省冠云平遥牛肉集团有限公司，内蒙古自治区阿拉善盟
1089	952	Ⅷ—169	天福号酱肘子制作技艺　北京天福号食品有限公司
1091	953	Ⅷ—170	六味斋酱肉传统制作技艺　山西省太原六味斋实业有限公司
1093	954	Ⅷ—171	都一处烧麦制作技艺　北京便宜坊烤鸭集团有限公司
1095	955	Ⅷ—172	聚春园佛跳墙制作技艺　福建省福州市
1097	956	Ⅷ—173	真不同洛阳水席制作技艺　河南省洛阳市

传统医药（共计8项）

民　　俗（共计51项）

1169	978	X－71	元宵节（敛巧饭习俗、九曲黄河阵灯俗、柳林盘子会、蔚县拜灯山习俗、马尾－马祖元宵节俗、泉州闹元宵习俗、闽台东石灯俗、枫亭元宵游灯习俗、闽西客家元宵节庆、永昌县卍字灯俗、九曲黄河灯俗）文化部、北京市怀柔区、密云县，山西省柳林县，河北省蔚县，福建省福州市马尾区、泉州市、晋江市、仙游县、连城县，甘肃省永昌县，青海省乐都县
1185	979	X－72	渔民开洋、谢洋节　浙江省象山县、岱山县，山东省荣成市、日照市、即墨市
1188	980	X－73	畲族三月三　浙江省景宁畲族自治县
1190	981	X－74	宾阳炮龙节　广西壮族自治区宾阳县
1192	982	X－75	苗族独木龙舟节　贵州省台江县
1194	983	X－76	苗族跳花节　贵州省安顺市
1196	984	X－77	苗族四月八姑娘节　湖南省绥宁县
1198	985	X－78	德昂族浇花节　云南省德宏傣族景颇族自治州
1200	986	X－79	江孜达玛节　西藏自治区江孜县
1202	987	X－80	塔塔尔族撒班节　新疆维吾尔自治区塔城地区
1204	988	X－81	灯会（苇子灯阵、胜芳灯会、河曲河灯会、肥东洋蛇灯、南安英都拔拔灯、石城灯会、渔灯节、泮村灯会、自贡灯会）河北省邯郸市、霸州市，山西省河曲县，安徽省肥东县，福建省南安市，江西省石城县，山东省烟台市，广东省开平市，四川省自贡市
1216	989	X－82	羌年　四川省茂县、汶川县、理县、北川羌族自治县
1218	990	X－83	苗年　贵州省丹寨县、雷山县
1220	991	X－84	庙会（妙峰山庙会、东岳庙庙会、晋祠庙会、上海龙华庙会、赶茶场、泰山东岳庙会、武当山庙会、火宫殿庙会、佛山祖庙庙会、药王山庙会）北京市门头沟区、朝阳区，山西省太原市晋源区，上海市徐汇区，浙江省磐安县，山东省泰安市，湖北省十堰市，湖南省长沙市，广东省佛山市，陕西省铜川市
1235	992	X－85	民间信俗（千童信子节、关公信俗、石浦－富岗如意信俗、汤和信俗、保生大帝信俗、陈靖姑信俗、西王母信俗）河北省盐山县，山西省运城市，河南省洛阳市，浙江省象山县、温州市龙湾区，福建省厦门市海沧区、龙海市、古田县、福州市仓山区，甘肃省泾川县
1246	993	X－86	青海湖祭海　青海省海北藏族自治州
1248	994	X－87	抬阁（芯子、铁枝、飘色）（葛渔城重阁会、宽城背杆、隆尧县泽畔抬阁、清徐徐沟背铁棍、万荣抬阁、峨口挠阁、脑阁、金坛抬阁、浦江

1326	1019	X－112	珞巴族服饰　西藏自治区隆子县、米林县
1328	1020	X－113	藏族服饰　西藏自治区措美县、林芝地区、普兰县、安多县、申扎县，青海省玉树藏族自治州、门源回族自治县
1332	1021	X－114	裕固族服饰　甘肃省肃南裕固族自治县
1334	1022	X－115	土族服饰　青海省互助土族自治县
1336	1023	X－116	撒拉族服饰　青海省循化撒拉族自治县
1338	1024	X－117	维吾尔族服饰　新疆维吾尔自治区于田县
1340	1025	X－118	哈萨克族服饰　新疆维吾尔自治区伊犁哈萨克自治州
1342	1026	X－119	珠算（程大位珠算法、珠算文化）安徽省黄山市屯溪区，中国珠算心算协会
1345	1027	X－120	南海航道更路经　海南省文昌市
1346	1028	X－121	藏族天文历算　西藏自治区

民间文学（共计5项）

传统音乐（民间音乐，共计17项）

1418	67	Ⅱ—36	**蒙古族四胡音乐** 吉林省前郭尔罗斯蒙古族自治县，黑龙江省杜尔伯特蒙古族自治县
1420	68	Ⅱ—37	**唢呐艺术**（唐山花吹、丰宁满族吵子会、晋北鼓吹、上党八音会、上党乐户班社、丹东鼓乐、杨小班鼓吹乐棚、于都唢呐公婆吹、万载得胜鼓、邹城平派鼓吹乐、沮水呜音、呜音喇叭、远安呜音、青山唢呐、永城吹打、绥米唢呐） 河北省唐海县、丰宁满族自治县，山西省阳高县、忻州市、长子县、壶关县，辽宁省丹东市，黑龙江省肇州县，江西省于都县、万载县，山东省邹城市，湖北省保康县、南漳县、远安县，湖南省湘潭县，重庆市綦江县，陕西省绥德县、米脂县
1444	71	Ⅱ—40	**江南丝竹** 浙江省杭州市
1446	75	Ⅱ—44	**十番音乐**（楚州十番锣鼓、邵伯锣鼓小牌子、楼塔细十番、遂昌昆曲十番、黄石惠洋十音、佛山十番、海南八音器乐） 江苏省淮安市、江都市，浙江省杭州市、遂昌县，福建省莆田市，广东省佛山市，海南省海口市
1458	76	Ⅱ—45	**鲁西南鼓吹乐** 山东省菏泽市牡丹区
1459	85	Ⅱ—54	**土家族打溜子** 湖北省五峰土家族自治县、鹤峰县
1461	90	Ⅱ—59	**冀中笙管乐**（白庙村音乐会、雄县古乐、小冯村音乐会、张庄音乐会、军卢村音乐会、东张务音乐会、南响口梵呗音乐会、里东庄音乐老会、辛安庄民间音乐会、安新县圈头村音乐会、东韩村拾幡古乐、子位吹歌） 北京市大兴区，河北省雄县、固安县、霸州市、廊坊市安次区、文安县、任丘市、安新县、易县、定州市

传统舞蹈（民间舞蹈，共计13项）

1479	104	Ⅲ—1	**京西太平鼓**（石景山太平鼓、怪村太平鼓） 北京市石景山区、丰台区
1482	105	Ⅲ—2	**秧歌**（济阳鼓子秧歌、临县伞头秧歌、原平凤秧歌、汾阳地秧歌） 山东省济阳县，山西省临县、原平市、汾阳市
1490	107	Ⅲ—4	**龙舞**（易县摆字龙灯、曲周龙灯、金州龙舞、舞草龙、骆山大龙、兰溪断头龙、大田板灯龙、高龙、汝城香火龙、九龙舞、埔寨火龙、人龙舞、荷塘纱龙、乔林烟花火龙、醉龙、黄龙溪火龙灯舞） 河北省易县、曲周县，辽宁省大连市金州区，上海市松江区，江苏省溧水县，浙江省兰溪市，福建省大田县，湖北省武汉市汉阳区，湖南省汝城县、平江县，广东省丰顺县、佛山市、江门市蓬江区、揭阳市、中山市，四川省双流县
1518	108	Ⅲ—5	**狮舞**（白纸坊太狮、沧县狮舞、小相狮舞、槐店文狮子、席狮舞、丰城

			岳家狮、布依族高台狮灯舞） 北京市，河北省沧县，河南省巩义市、沈丘县，广东省梅州市，江西省丰城市，贵州省兴义市
1530	110	Ⅲ—7	傩舞（寿阳爱社、祁门傩舞、邵武傩舞、湛江傩舞、文县池哥昼、永靖七月跳会） 山西省寿阳县，安徽省祁门县，福建省邵武市，广东省湛江市麻章区，甘肃省文县、永靖县
1542	112	Ⅲ—9	高跷（盖州高跷、上口子高跷、独杆跷、高抬火轿） 辽宁省盖州市、大洼县，山东省泰安市，河南省沁阳市
1549	119	Ⅲ—16	滚灯（奉贤滚灯、海盐滚灯） 上海市奉贤区，浙江省海盐县
1553	120	Ⅲ—17	土家族摆手舞（恩施摆手舞、酉阳摆手舞） 湖北省来凤县，重庆市酉阳土家族苗族自治县
1556	122	Ⅲ—19	弦子舞（玉树依舞） 青海省玉树藏族自治州
1559	123	Ⅲ—20	锅庄舞（甘孜锅庄、马奈锅庄、称多白龙卓舞、囊谦卓干玛） 四川省石渠县、雅江县、新龙县、德格县、金川县，青海省称多县、囊谦县
1567	126	Ⅲ—23	苗族芦笙舞 贵州省雷山县、关岭布依族苗族自治县、榕江县、水城县
1569	127	Ⅲ—24	朝鲜族农乐舞 辽宁省铁岭市
1571	129	Ⅲ—26	铜鼓舞（田林瑶族铜鼓舞、雷山苗族铜鼓舞） 广西壮族自治区田林县，贵州省雷山县

传统戏剧（共计33项）

1577	148	Ⅳ—4	潮剧 广东省揭阳市
1579	160	Ⅳ—16	秦腔 甘肃省秦剧团
1581	162	Ⅳ—18	晋剧 河北省张家口市，山西省太原市
1583	165	Ⅳ—21	上党梆子 山西省长治市
1584	166	Ⅳ—22	河北梆子 北京市河北梆子剧团，天津河北梆子剧院
1586	167	Ⅳ—23	豫剧（桑派） 河北省邯郸市
1588	170	Ⅳ—26	大平调 山东省东明县、菏泽市牡丹区
1589	171	Ⅳ—27	越调 河南省许昌市
1590	172	Ⅳ—28	京剧 湖北省京剧院
1592	175	Ⅳ—31	汉调二簧 湖北省竹溪县
1593	179	Ⅳ—35	荆河戏 湖北省荆州市
1595	183	Ⅳ—39	乱弹（威县乱弹） 河北省威县
1597	187	Ⅳ—43	柳子戏 河南省清丰县

1598 188 Ⅳ—44 大弦戏 山东省菏泽市

1599 192 Ⅳ—48 高甲戏（柯派） 福建省晋江市

1601 194 Ⅳ—50 四平调 山东省金乡县、成武县

1603 195 Ⅳ—51 评剧 北京市中国评剧院，天津评剧院

1605 197 Ⅳ—53 越剧（尹派） 福建省芳华越剧团

1606 200 Ⅳ—56 扬剧 江苏省演艺集团扬剧团、镇江市

1608 207 Ⅳ—63 柳琴戏 江苏省徐州市，山东省临沂市

1609 209 Ⅳ—65 采茶戏 湖北省阳新县

1610 213 Ⅳ—69 曲子戏 新疆生产建设兵团

1611 214 Ⅳ—70 秧歌戏（蔚县秧歌、祁太秧歌、襄武秧歌、壶关秧歌） 河北省蔚县，山西省祁县、太谷县、襄垣县、武乡县、壶关县

1618 215 Ⅳ—71 道情戏（洪洞道情、沾化渔鼓戏） 山西省洪洞县，山东省沾化县

1621 217 Ⅳ—73 二人台 陕西省府谷县

1622 221 Ⅳ—77 灯戏 湖北省恩施市

1623 222 Ⅳ—78 花灯戏 贵州省独山县，云南省花灯剧团、弥渡县、姚安县、元谋县

1625 224 Ⅳ—80 藏戏（德格格萨尔藏戏、巴塘藏戏、色达藏戏、青海马背藏戏） 四川省德格县、巴塘县、色达县，青海省果洛藏族自治州

1631 226 Ⅳ—82 壮剧 云南省文山壮族苗族自治州

1632 227 Ⅳ—83 侗戏 湖南省通道侗族自治县

1633 233 Ⅳ—89 傩戏（万载开口傩、仡佬族傩戏、鹤峰傩戏、恩施傩戏） 江西省万载县，贵州省道真仡佬族苗族自治县，湖北省鹤峰县、恩施市

1639 235 Ⅳ—91 皮影戏（北京皮影戏、河间皮影戏、岫岩皮影戏、盖州皮影戏、望奎县皮影戏、泰山皮影戏、济南皮影戏、定陶皮影、罗山皮影戏、湖南皮影戏、四川皮影戏、河湟皮影戏） 北京市宣武区，河北省河间市，辽宁省鞍山市、盖州市，黑龙江省望奎县，山东省泰安市、济南市、定陶县，河南省罗山县，湖南省木偶皮影艺术剧院、衡山县，四川省阆中市、南部县，青海省

1656 236 Ⅳ—92 木偶戏（孝义木偶戏、杖头木偶戏、平阳木偶戏、单档布袋戏、湖南杖头木偶戏、五华提线木偶、文昌公仔戏、三江公仔戏） 山西省孝义市，江苏省扬州市，浙江省平阳县、苍南县，湖南省木偶皮影艺术剧院，广东省梅州市，海南省文昌市、海口市

曲　　艺（共计15项）

传统体育、游艺与杂技（杂技与竞技，共计4项）

传统美术（民间美术，共计16项）

1720	315	Ⅶ—16	**剪纸**〔广灵染色剪纸、和林格尔剪纸、庄河剪纸、岫岩满族剪纸、建平剪纸、新宾满族剪纸、长白山满族剪纸、方正剪纸、上海剪纸、南京剪纸、徐州剪纸、金坛刻纸、浦江剪纸、阜阳剪纸、漳浦剪纸、泉州（李尧宝）刻纸、柘荣剪纸、瑞昌剪纸、莒县过门笺、滨州民间剪纸、高密剪纸、烟台剪纸、灵宝剪纸、卢氏剪纸、辉县剪纸、孝感雕花剪纸、鄂州雕花剪纸、仙桃雕花剪纸、踏虎凿花、苗族剪纸、庆阳剪纸〕山西省广灵县，内蒙古自治区和林格尔县，辽宁省庄河市、岫岩满族自治县、建平县、新宾满族自治县，吉林省通化市，黑龙江省方正县，上海市徐汇区，江苏省南京市、徐州市、金坛市，浙江省浦江县，安徽省阜阳市，福建省漳浦县、泉州市、柘荣县，江西省瑞昌市，山东省莒县、滨州市、高密市、烟台市，河南省灵宝市、卢氏县、辉县市，湖北省孝感市孝南区、鄂州市、仙桃市，湖南省泸溪县，贵州省剑河县，甘肃省镇原县
1773	317	Ⅶ—18	**苏绣**（无锡精微绣、南通仿真绣） 江苏省无锡市、南通市
1777	320	Ⅶ—21	**蜀绣** 重庆市渝中区
1779	321	Ⅶ—22	**苗绣** 贵州省凯里市
1781	324	Ⅶ—25	**挑花**（望江挑花、花瑶挑花） 安徽省望江县，湖南省溆浦县
1785	325	Ⅶ—26	**香包**（徐州香包） 江苏省徐州市
1787	337	Ⅶ—38	**砖雕**（山西民居砖雕） 山西省清徐县
1789	339	Ⅶ—40	**潮州木雕** 广东省揭阳市、汕头市
1791	341	Ⅶ—42	**黄杨木雕** 上海市徐汇区
1792	343	Ⅶ—44	**木偶头雕刻**（江加走木偶头雕刻） 福建省泉州市
1794	345	Ⅶ—46	**竹刻**（无锡留青竹刻、常州留青竹刻、黄岩翻簧竹雕、江安竹簧） 江苏省无锡市、常州市，浙江省台州市黄岩区，四川省江安县
1802	346	Ⅶ—47	**泥塑**（玉田泥塑、苏州泥塑、聂家庄泥塑、大吴泥塑、徐氏泥彩塑、苗族泥哨、杨氏家庭泥塑） 河北省玉田县，江苏省苏州市，山东省高密市，广东省潮安县，四川省大英县，贵州省黄平县，宁夏回族自治区隆德县
1813	349	Ⅶ—50	**灯彩**（北京灯彩、上海灯彩、秦淮灯彩、苏州灯彩、佛山彩灯、潮州花灯、洛阳宫灯、汴京灯笼张） 北京市崇文区、朝阳区，上海市卢湾区，江苏省句容市、苏州市，广东省佛山市、潮州市湘桥区，河南省洛阳市、开封市
1828	350	Ⅶ—51	**竹编**（东阳竹编、舒席、瑞昌竹编、梁平竹帘、渠县刘氏竹编、青神竹编、瓷胎竹编） 浙江省东阳市，安徽省舒城县，江西省瑞昌市，重庆市梁平县，四川省渠县、青神县、邛崃市

传统技艺（传统手工技艺，共计24项）

传统医药（共计5项）

1915	442	Ⅸ—3	**中药炮制技术**（四大怀药种植与炮制、中药炮制技艺） 河南省焦作市，四川省成都市
1918	443	Ⅸ—4	**中医传统制剂方法**（龟龄集传统制作技艺、雷允上六神丸制作技艺、东阿阿胶制作技艺、廖氏化风丹制作技艺） 山西省太谷县，江苏省苏州市，山东省东阿县、平阴县，贵州省遵义市红花岗区、汇川区
1924	444	Ⅸ—5	**针灸**（刘氏刺熨疗法） 重庆市渝中区
1926	445	Ⅸ—6	**中医正骨疗法**（宫廷正骨、罗氏正骨法、石氏伤科疗法、平乐郭氏正骨法） 北京市护国寺中医医院，北京市朝阳区，上海市黄浦区，河南省洛阳市，广东省深圳市
1932	448	Ⅸ—9	**藏医药**（藏医外治法、藏医尿诊法、藏医药浴疗法、甘南藏医药、藏药炮制技艺、藏药七十味珍珠丸配伍技艺、藏药珊瑚七十味丸配伍技艺、藏药阿如拉炮制技艺、七十味珍珠丸赛太炮制技艺） 西藏自治区藏医学院、西藏自治区山南地区藏医院，青海省藏医院，甘肃省碌曲县，西藏自治区藏医院、西藏自治区藏药厂、西藏自治区雄巴拉曲神水藏药厂，青海省金诃藏药药业股份有限公司

民　　俗（共计15项）

1947	450	Ⅹ—2	**清明节**（溱潼会船）江苏省姜堰市
1949	451	Ⅹ—3	**端午节**（罗店划龙船习俗、五常龙舟胜会、安海嗦啰嗹习俗）上海市宝山区，浙江省杭州市余杭区，福建省晋江市
1955	452	Ⅹ—4	**七夕节**（乞巧节）甘肃省西和县
1957	453	Ⅹ—5	**中秋节**（中秋博饼、佛山秋色） 福建省厦门市，广东省佛山市
1961	456	Ⅹ—8	**傣族泼水节** 云南省德宏傣族景颇族自治州
1962	473	Ⅹ—25	**侗族萨玛节** 贵州省黎平县
1964	480	Ⅹ—32	**黄帝祭典**（新郑黄帝拜祖祭典）河南省新郑市
1966	481	Ⅹ—33	**炎帝祭典** 陕西省宝鸡市
1968	484	Ⅹ—36	**妈祖祭典**（天津皇会）天津市民俗博物馆
1970	496	Ⅹ—48	**那达慕** 青海省海西蒙古族藏族自治州，新疆维吾尔自治区和静县
1973	497	Ⅹ—49	**新疆维吾尔族麦西热甫**（新疆维吾尔刀郎麦西热甫、维吾尔族却日库木麦西热甫、维吾尔族塔合麦西热甫、维吾尔族阔克麦西热甫）新疆维吾尔自治区阿瓦提县、阿克苏市、木垒哈萨克自治县、哈密市

索　引

前　言

中华文化源远流长，博大精深。口传心授、世代相承的非物质文化遗产作为中华传统文化的重要组成部分，承载着民族的古老记忆和文化基因，体现着华夏儿女的伟大智慧，卓越创造力和百折不挠、勇于进取的精神追求，为中华民族生生不息、发展壮大提供着丰厚的滋养和不竭的动力。

建立非物质文化遗产代表性项目名录，对保护对象予以确认，以便集中有限资源，对体现中华民族优秀传统文化，具有历史、文学、艺术、科学价值的非物质文化遗产项目进行重点保护，是非物质文化遗产保护的重要基础性工作之一。联合国教科文组织《保护非物质文化遗产公约》（以下简称《公约》）要求"各缔约国应根据自己的国情"拟订非物质文化遗产清单。建立国家级非物质文化遗产名录，是我国履行《公约》缔约国义务的必要举措。2005年印发的〈国务院办公厅《关于加强我国非物质文化遗产保护工作的意见〉》（国办发〔2005〕18号）明确要求，"通过制定评审标准并经过科学认定，建立国家级和省、市、县级非物质文化遗产代表作名录体系"。

继2006年5月20日国务院公布我国第一批非物质文化遗产名录之后，2007年1月，文化部开展了第二批国家级非物质文化遗产名录的申报和评审工作。针对各省、自治区、直辖市、新疆生产建设兵团、澳门特别行政区及中央直属单位申报的2540个项目，根据项目价值，国家级非物质文化遗产名录评审委员会进行了认真评审和科学认定，提出推荐项目名单。2008年1月29日，文化部将推荐名单向社会公示。2008年4月17日，非物质文化遗产保护工作部际联席会议成员单位审议并原则通过第二批国家级非物质文化遗产名录推荐项目名单，上报国务院。

2008年6月7日，国务院印发了《国务院关于公布第二批国家级非物质文化遗产名录和第一批国家级非物质文化遗产扩展项目名录的通知》（国发〔2008〕19号），公布了第二批国家级非物质文化遗产名录（共计510项）和第一批国家级非物质文化遗产扩展项目名录（共计147项），包括民间文学，传统音乐，传统舞蹈，传统戏剧，曲艺，传统体育、游艺与杂技，传统美术，传统技艺，传统医药，民俗十个门类。

此次公布的国家级非物质文化遗产名录，与第一批相比，有两项大变化。第一项变化，是对部分项目类别名称做了修改。因非物质文化遗产除由民间创作并传承的项目外，还包括一部分由官方主导、以非民间方式发展和保留的项目，本次公布的名录，将第一批国家级非物质文化遗产名录中的“民间音乐”、“民间舞蹈”、“民间美术”分别改为“传统音乐”、“传统舞蹈”和“传统美术”；因“杂技与竞技”这一项目名称难以包容所有的传统游艺项目，将“杂技与竞技”改为“传统体育、游艺与杂技”；同时，还将“传统手工技艺”简化为“传统技艺”。第二项变化，是为了对传承于不同区域或不同社区、群体持有的同一项非物质文化遗产项目进行确认和保护，新设了一个新的项目类型——扩展项目。扩展项目与此前已列入国家级非物质文化遗产名录的同名项目共用一个项目编号，但项目特征、传承状况存在差异，保护单位也不同。国家级非物质文化遗产名录的持续分批公布，以及项目名称的改变、项目类型的拓展，对于推动我国非物质文化遗产保护进程具有重大的意义。

为了让民众能够全面、系统地了解第二批国家级非物质文化遗产名录和第一批国家级非物质文化遗产扩展项目名录的传承区域、历史渊源、表现形态、文化价值以及存续状况，体现我国非物质文化遗产保护工作的成果，在文化部的领导下，中国艺术研究院·中国非物质文化遗产保护中心组织专家，在2010年7月出版的《第二批国家级非物质文化遗产名录简介》基础上，补充了大量图片，修改了部分文字，编撰了《第二批国家级非物质文化遗产名录图典》。

本书的图文原始资料，主要来源于各省、自治区、直辖市文化厅（局），新疆生产建设兵团文化广播电视局，各级非物质文化遗产保护中心及相关单位和团体提供的相关材料。为了使这部图典兼具学术性、知识性与文献性，文化部、中国艺术研究院·中国非物质文化遗产保护中心组织国家非物质文化遗产保护工作专家委员会的相关专家和工作人员完成了本书的编撰工作。与此同时，各省、自治区、直辖市文化厅（局），新疆生产建设兵团文化广播电视局，各级非物质文化遗产保护中心及中直单位等机构为核实、补充相关信息做了大量工作。在此，我们诚挚地感谢所有参与本书编撰工作的单位和个人。

在本书的编撰过程中，得到了文化部、文化部非物质文化遗产司、中国艺术研究院的高度重视和大力支持，也得到了文化艺术出版社的大力协助，在此一并致谢。

编者

2015年7月

国务院《关于公布第二批国家级非物质文化遗产名录和第一批国家级非物质文化遗产扩展项目名录的通知》

国发〔2008〕19号

各省、自治区、直辖市人民政府，国务院各部委、各直属机构：

国务院批准文化部确定的第二批国家级非物质文化遗产名录（共计510项）和第一批国家级非物质文化遗产扩展项目名录（共计147项），现予公布。

各地区、各部门要按照《国务院关于加强文化遗产保护的通知》（国发〔2005〕42号）和《国务院办公厅关于加强我国非物质文化遗产保护工作的意见》（国办发〔2005〕18号）要求，进一步贯彻"保护为主、抢救第一、合理利用、传承发展"的工作方针，认真做好非物质文化遗产的保护、管理工作，为弘扬中华文化，推动社会主义文化大发展大繁荣做出新的贡献。

国务院

二〇〇八年六月七日

第二批国家级非物质文化遗产名录

民间文学

519 Ⅰ—32 八达岭长城传说
520 Ⅰ—33 永定河传说
521 Ⅰ—34 杨家将传说
穆桂英传说
杨家将说唱
522 Ⅰ—35 尧的传说
523 Ⅰ—36 牛郎织女传说
524 Ⅰ—37 西湖传说
525 Ⅰ—38 刘伯温传说
526 Ⅰ—39 黄初平（黄大仙）传说
527 Ⅰ—40 观音传说
528 Ⅰ—41 徐福东渡传说
529 Ⅰ—42 陶朱公传说
530 Ⅰ—43 麒麟传说
531 Ⅰ—44 鲁班传说
532 Ⅰ—45 八仙传说
533 Ⅰ—46 秃尾巴老李的传说
534 Ⅰ—47 屈原传说
535 Ⅰ—48 王昭君传说
536 Ⅰ—49 炎帝神农传说
537 Ⅰ—50 木兰传说
538 Ⅰ—51 巴拉根仓的故事
539 Ⅰ—52 北票民间故事
540 Ⅰ—53 满族民间故事
541 Ⅰ—54 徐文长故事
542 Ⅰ—55 崂山民间故事
543 Ⅰ—56 都镇湾故事
544 Ⅰ—57 盘古神话
545 Ⅰ—58 邵原神话群
546 Ⅰ—59 嘎达梅林
547 Ⅰ—60 科尔沁潮尔史诗
548 Ⅰ—61 仰阿莎
549 Ⅰ—62 布依族盘歌
550 Ⅰ—63 梅葛
551 Ⅰ—64 查姆
552 Ⅰ—65 达古达楞格莱标
553 Ⅰ—66 哈尼哈吧
554 Ⅰ—67 召树屯与喃木诺娜
555 Ⅰ—68 米拉尕黑
556 Ⅰ—69 康巴拉伊
557 Ⅰ—70 汗青格勒
558 Ⅰ—71 维吾尔族达斯坦
559 Ⅰ—72 哈萨克族达斯坦
560 Ⅰ—73 珠郎娘美
561 Ⅰ—74 司岗里
562 Ⅰ—75 彝族克智
563 Ⅰ—76 苗族贾理
564 Ⅰ—77 藏族婚宴十八说
565 Ⅰ—78 童谣
北京童谣
闽南童谣
566 Ⅰ—79 桐城歌
567 Ⅰ—80 土家族梯玛歌
568 Ⅰ—81 雷州歌
569 Ⅰ—82 壮族嘹歌
570 Ⅰ—83 柯尔克孜约隆
571 Ⅰ—84 笑话
万荣笑话

519 I-32

申报地区或单位：北京市延庆县

八达岭长城传说

北京市延庆县康庄镇榆林堡村、大王庄村民讲述八达岭长城传说（鲁俊梅　摄）

位于北京市延庆县的八达岭长城历史悠久，自古以来就是军事重地及交通要道。最早有关八达岭的传说源于上古神话，产生于文字创造之前，反映了远古时代人与自然之间的关系。至明代，八达岭长城一线建有八大山寨，寨寨屯兵，每一处村、寨、城、关甚至石、泉等都有传说，世代相传的《望京石》、《六郎影》、《金牛洞》、《石佛寺》、《穆桂英点将台》、《弹琴峡》等传说犹脍炙人口。连"八达岭"这个名称的由来，在民间传说中也有多种版本。

八达岭长城传说根植于民间，地域性强，内容丰富，种类繁多，时间跨度大，是通俗易懂的原生态文学样式，具有浓郁的神话色彩。

八达岭长城传说《五郎像》中的五郎像实景（司达　摄）

八达岭长城传说《金牛洞的来历》中的金牛洞实景（张纪文　摄）

八达岭长城传说的产生既与当地的特殊环境、历史状况有关，又与生产生活、岁时节令、民风民俗等因素密不可分。这些优美动人的传说在传承中经过无数人的讲述、充实，至今传承不衰，对于弘扬民族文化、研究民间文学艺术都有着积极的作用。进入21世纪之后，这一珍贵的民间文学受到现代文化的冲击，讲述及研究人员日渐减少，面临失传的窘境，急需加以保护。

老人给学生讲述八达岭长城传说（辛荣英　摄）

520 I-33

申报地区或单位：北京市石景山区

永定河传说

讲述永定河传说（苏士奇 摄）

永定河是北京的母亲河。由于地势关系，历史上永定河流域水患连连，于是河名与避免灾患、安稳生活的愿望相关联。永定河流域流传着大量有关永定河的传说，其基本特征是传说与史实相联系，在传说中映射出历史的影子。在众多传说中，最有代表性的是《河挡挡河的传说》、《石经山和湿经山的传说》、《永定河镇水牛的传说》、《王老汉栽种河堤柳的传说》、《冯将军严惩老兵痞的传说》、《麻峪村由来的传说》、《刘娘府的传说》等。

永定河传说形象生动，内容丰富，具有浓厚的地方色彩，是永定河两岸人民群众智慧的结晶。它记述了人们治理永定河的历史，为研究北京生产发展史提供了翔实的资料。

传承人讲述永定河传说（杨强　摄）

传说中反映出的永定河周边人民为制服水患与大自然不懈抗争的精神，亦具有一定的现实教育意义。

目前北京石景山区掌握着大量永定河传说的传承人年事已高，如不抓紧记述整理，流传久远的永定河民间传说很可能在现代娱乐文化的冲击下渐趋式微，最终随着讲述人的逝去而消失殆尽。

永定河传说被收录到《石景山传说》、《石景山掌故传说》等书籍中（甘丽娟　摄）

永定河流域石景山段（尹晓军　摄）

521 I-34

杨家将传说

穆桂英传说

杨家将说唱

杨家将传说展现了一个英雄家族的群体形象。在外族入侵、民族危亡的时刻，杨家将面对强敌挺身而出，浴血奋战，其强悍、坚强和敢于牺牲的英雄气概彰显了中华儿女不屈不挠的民族精神。穆桂英传说作为杨家将传说的组成部分，表现了一个久经沙场的女性的悲欢和爱憎，传达出广大人民群众对美丽、勇敢的女英雄穆桂英深沉的热爱。杨家将（穆桂英）传说具有重要的历史文化价值，同时也极富思想教育意义。

村民讲述杨家将传说（高雪松　摄）

杨家将传说·穆桂英传说

申报地区或单位：北京市房山区

北京市房山区燕山一带的穆桂英传说以母子亲情为主题，人物形象鲜明突出，语言简洁、生动、质朴。其间《奶子石》、《养儿峪》、《望儿台》等以母爱为主题的传说尤其珍贵，反映了辽、宋时期社会生活的真实面貌，具有广泛的群众性和民间传承性，是当地传统民俗文化的突出表现形式，在社会学、民族学等方面都具有很高的学术研究价值。随着现代化进程的加快，人们的思想观念发生着剧烈变化，传承人不断减少，传说流布的文化空间不断缩小，穆桂英传说的传承情况不容乐观，必须及时加强保护。

穆桂英传说《浴儿池的传说》中的浴儿池实景（高雪松　摄）

穆桂英传说《马刨泉的传说》中的马刨泉实景（高雪松　摄）

穆桂英传说《拴马桩的传说》中的拴马桩实景（高雪松　摄）

杨家将传说·杨家将说唱

申报地区或单位：山西省

杨家将说唱保留了古代说唱艺术口头讲述与韵文演唱相间的特点（姚昶　摄）

杨家将说唱是流传在山西省广灵县东部与河北省蔚县邻接地区的汉族民间说唱，篇幅宏大，起伏跌宕，情节生动曲折；表演中保留了古代说唱艺术口头讲述与韵文演唱相间的特点，有说有唱，声情并茂。杨家将说唱中融入了大量方言熟语，生动质朴，幽默风趣，寓教于乐，具有很强的艺术感染力；有助于爱国主义教育，丰富人民群众的文化生活。

杨家将说唱以汉族人民的创作为主，融会了历史上契丹族、蒙古族民间艺人的智慧。对其思想内容、方言熟语、唱词格律、说唱形式、叙事方法、结构特点、描写技巧等进行深入研究，必将丰富我们对中国传统文化的认识。杨家将说唱是前人留给我们的一笔文化财富。

杨家将说唱规模宏大，唱词共约三十万行，可演唱600小时。目前已整理出两大部分（上篇、下篇）约十七万行，可演唱320小时。目前，传唱者后继无人，杨家将说唱濒临失传的危险，亟待保护传承。

杨家将说唱有说有唱、声情并茂（姚昶　摄）

522 I-35

申报地区或单位：山西省绛县

尧的传说

村民在尧文化遗址讲述尧的传说（山西省绛县文化馆　提供）

根据山西省绛县尧寓村村民世代传说和有关文献记载，尧王出生在尧寓村。该村有陶唐遗风、巍严配天、创建寨记、古驿道碑等古石碑，还有东尧岭的尧王庙、西尧岭的全神庙、村前的三官庙、中尧岭的尧王出生秘洞等遗址，据说都与尧王有关。东西尧岭的新石器时代文化、仰韶文化和龙山文化遗址也有许多与尧王相关的遗迹，如尧王坐过的石椅和用过的石桌、尧王洗澡潭、尧王祭天坛、尧王点将台、尧王祭天塔、南天门、锅锅门、青龙岗等。每处关于尧王的民间传说内容都十分丰富，情节也曲折动人，代表作品有《尧王兴拜年》、《埋人的说法》、《娥皇女英拜寿》等。

2007 年在山西省绛县尧寓村东尧岭发现的“唐尧甸服”碑（山西省绛县文化馆　提供）

传承人给小学生讲述尧的传说（山西省绛县文化馆　提供）

山西省绛县尧寓村中尧岭的尧王出生秘洞遗址（山西省绛县文化馆　提供）

山西省绛县尧寓村的“唐尧寓处”碑（山西省绛县文化馆　提供）

作为五千年文明古国的最古老的圣君之一，尧王的种种传说寄托着民众对于清明政治、太平世界的美好向往，这就使得种种尧王的遗迹和传说具有了一定的历史文化价值，也反映出深层的民族文化心理。对这些传说进行整理研究，不仅可以加深对传统文化的认识，在构建和谐社会方面也有一定的积极作用。

523 I-36

申报地区或单位：山西省和顺县
山东省沂源县

牛郎织女传说

山西省和顺县村民讲述牛郎织女传说（山西省和顺县文化艺术中心　提供）

牛郎织女传说起源于先秦时期，是我国流传最广、影响最大的民间传说之一，同《孟姜女》、《梁山伯与祝英台》和《白蛇传》并称为“四大民间传说”。千百年来，这个优美的传说一代一代传承下来，对民间的伦理道德和大众的文化心理发生着重要的影响。

牛郎织女传说最早出于《诗经·小雅·大东》，是对天穹中被银河隔开的商参二星（牛郎星和织女星）的艺术想象。这一诗歌意象逐渐为后世民众拟人化，并被赋予了人文象征涵义，转化成牛郎和织女的传说故事。从基本内容和思想倾向看，牛郎织女传说展示了我国农耕文明下男耕女织的社会结构和封建宗法制度下婚姻不自由的社会状况。

位于山东省沂源县的牛郎官庄（杭永　摄）

天河山主峰天河梁：传说中王母娘娘用金簪划出的天河（山西省和顺县文化艺术中心　提供）

与沂源县牛郎庙隔河相望的织女仙洞（杭永　摄）

牛郎织女的爱情悲剧得到民众的广泛同情，这成为传说传播和繁衍的动力，也推动了“七夕”乞巧风俗的形成。民众常常把传说中的主人公认定为自己身边的真实人物，把事件发生的地点认定为本地域，由此出现了许多相关的历史遗迹（如庙、洞、牛郎庄等），陕西西安、山东沂源、山西和顺等地都有牛郎织女传说的相关遗址。在现代化进程中，牛郎织女传说的传播逐渐显现出式微的趋势，急需加大保护力度，使这一民族文化瑰宝能够继续传承下去。

山东省沂源县牛郎官庄内的牛郎庙（杭永　摄）

524 I-37

申报地区或单位：浙江省杭州市

西湖传说

老人在讲述西湖传说（浙江省杭州市图书馆 提供）

杭州西湖传说源远流长，历代文学艺术家利用西湖民间故事材料进行改编再创作，形成了大量脍炙人口的作品。据不完全统计，现存西湖传说约六百三十余个。

西湖传说以“名山、名水、名人”为其主要特征，以白蛇传说、梁祝传说、济公传说、苏东坡传说、岳飞传说、于谦传说等最为著名。山水名胜因传说故事而增添历史文化内涵，更加引人入胜；并随着旅游的发展扩大传播面，传说故事因山水名胜而获得真实感和知名度。西湖传说的采录和编辑出版曾在全国民间文学界产生较大影响，并带动了地方民间文学事业的发展，功不可没。

由于受到现代传媒和强势文化的冲击，作为一种口头文学，西湖传说的生存环境大不如前。许多传承人年事已高，其中不少人已相继去世，后继乏人，西湖传说出现生存危机，亟待抢救与保护。

西湖传说系列书籍（浙江省杭州市非物质文化遗产保护中心　提供）

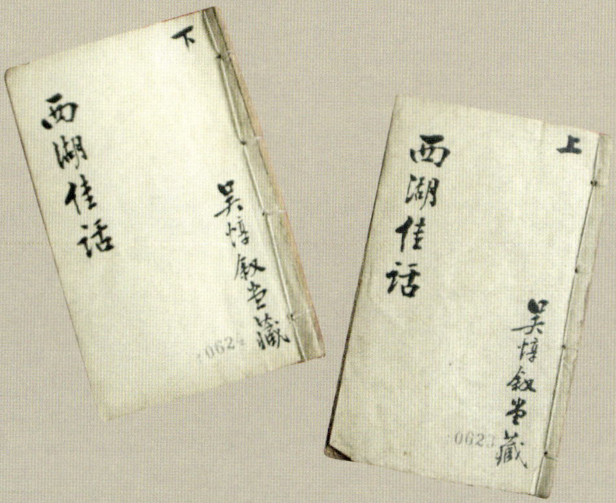

《西湖佳话》书影（浙江省杭州市非物质文化遗产保护中心　提供）

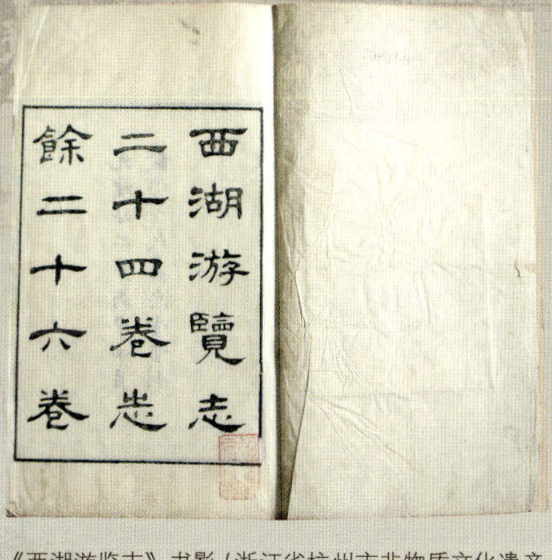

《西湖游览志》书影（浙江省杭州市非物质文化遗产保护中心　提供）

525 I-38

申报地区或单位：浙江省文成县、青田县

刘伯温传说

浙江省文成县南田镇新宅村的刘基庙（徐铭　摄）

刘基（1311—1373），字伯温，溢号文成。元末明初军事家，政治家及诗人。刘伯温传说源远流长，在其家乡浙南青田、文成一带家喻户晓、妇孺皆知。传说或表现刘伯温的胸怀大略、足智多谋，或表现他的仁心仁术、关爱百姓，或表现他的为官清廉、执法如山，反映了劳动人民对正义、友情和美好生活的向往，对善良智慧的赞誉和对邪恶的憎恨。随着文化交流，刘伯温传说甚至流传到韩国、日本等国，充分体现了中国传统文化的深厚底蕴和深远影响。

对刘伯温传说进行整理保护，可以将民间自发认同的道德伦理价值观发扬光大，对于构建现代和谐社会具有积极的促进作用。

刘基画像（徐铭　摄）

刘府祠内的刘伯温传说展示厅（王友忠　摄）

浙江省青田县的刘府祠：刘伯温传说传承场所（叶连青　摄）

526 I-39

申报地区或单位：浙江省金华市

黄初平（黄大仙）传说

浙江省金华市黄大仙宫（朱丽卫　摄）

黄初平（黄大仙）传说流传于浙江省金华市一带，由有关黄初平修炼得道和惩恶除害、为民造福的一系列传奇性故事构成。黄初平（黄大仙）传说与金华的地理风貌、自然景观和人文历史等紧密结合在一起，深受民众喜爱，千百年来传承不衰，并流传至港台、东南亚、欧洲和北美等地，成为联系和团结海内外华人华侨的重要纽带。

黄初平（黄大仙）传说历史悠久，从目前可考材料看，它大约出现于东西晋之交。黄初平（黄大仙）传说有着丰富的内容和奇特的想象，是民众智慧的结晶；表现出民间传说与文人吟诵互动、宗教信仰与民俗生活互相包容、传奇情节与自然景观交相辉映的重要特点；具有文化学、社会学和宗教学等方面的研究价值。

根据黄初平（黄大仙）传说改编的婺剧剧照（赵菊香　摄）

黄初平（黄大仙）传说《叱石成羊》实景（朱丽卫　摄）

黄初平（黄大仙）传说以口耳相传方式流布，随着现代传播方式的改变，黄初平（黄大仙）传说的濒危程度进一步加剧，其整体传承的难度也大大增加，急需国家保护。

讲述黄初平（黄大仙）传说（朱丽卫　摄）

527 I-40

申报地区或单位：浙江省舟山市

观音传说

观音传说中的观音显灵处：潮音洞（赵海平　摄）

浙江省舟山群岛东隅的普陀洛迦山是中国四大佛教名山之一，为闻名海内外的观音道场所在地。舟山各地流传的观音传说已有上千年历史，多从普陀山生发出来。

早在南宋宝庆年间（1225—1227）的《昌国县志》中，就有"梅岑山（今普陀山）观音宝陀寺"的记载。南宋孝宗乾道年间《四明图经》中"日僧慧锷送观音"的记载则更早。由此开始，《不肯去观音》的传说一直流传至今。元代西域僧盛熙明著《补怛洛迦山传》，其中记录有《善财一十八参观自在》、《观世音三十三现身随类说法》、《唐大中梵僧潮音洞前燔十指亲睹大士现身说法》等传说，明清以来的《普陀山志》记述观音灵异传说更多。民国十二年（1923）编的《普陀洛迦新志》专设"灵异门"，记录各类观音灵异传说68则。除其中古志书所载之外，明万历年间又有《南海观音全传》一书出现，民国初年更有《观音得道》话本流传民间。

普陀山"观音跳"（赵海平　摄）

浙江省舟山市的不肯去观音院（赵海平　摄）

观音传说《二龟听法》实景（赵海平　摄）

近二十年来出版的观音传说出版物（魏良浦　摄）

千百年来，观世音作为佛法无边的菩萨，在舟山民间及其他地域得到普遍信奉，观音信仰已远远超越民族和国界，形成了劝人为善、爱好和平的“观音文化”。观音传说在沟通海峡两岸同胞情谊、传播华夏传统文化方面具有特殊的作用，在美学、考古学、历史学、社会学、心理学等方面也具有很高的研究价值。

528 I-41

申报地区或单位：浙江省象山县、慈溪市

徐福东渡传说

听老人讲述徐福东渡传说（周长桥 摄）

达蓬山上的徐福像（周长桥 摄）

浙江省宁波市象山县、慈溪市沿海一带自古就有大量关于徐福受秦始皇派遣“入海求仙”、寻找长生不老之药的传说：公元前210年，徐福率领数千童男童女及数百名工匠、兵员从慈溪的达蓬山（原名“香山”）（一说象山蓬莱山）出海求取长生不老之药。其后的地方志著作也几乎无一例外地录载了徐福的传说资料，唐《蓬莱观碑》、宋《四明宝庆志》和慈溪、象山历代县志中均有相关记载。生于当地或游历该地的文人骚客亦多将徐福传说写入诗文。这两类历史文献提供了数量可观的徐福传说记录文本，与当地口耳相传的口头作品互相补充，传承至今。1995年，慈溪市成立了徐福研究会，开始对徐福东渡的研究和民间流传故事的搜集和整理工作，编印了《达蓬寻踪》、《达蓬之路》等资料。

徐福东渡传说具有重要的历史文化价值和学术价值。徐福开中国航海史和对外文化交流史的先河，是中、日、韩三国的和平使者，徐福东渡传说反映了先民探索未知世界的愿望，塑造了一个抱负宏远、博学多智、具有冒险精神的徐福形象，对民族性格的形成具有重大影响。

在现代媒介的冲击下，民间传说的口头讲述活动受人冷落，传承人相继离世，这一传说濒临失传，急需保护。

529 I-42

申报地区或单位：山东省定陶县

陶朱公传说

山东省定陶县“陶朱公养鱼处”碑（潘东升 摄）

陶朱公传说源于山东省定陶县，主要是关于陶朱公居陶十九年间理财、散财的民间传说，距今已有两千五百多年的历史。陶朱公本名范蠡，是春秋末期的政治家、军事家。相传吴越战争结束之后，范蠡弃官离越，经齐国西行至陶（今山东省定陶县），认为此地“天下之中，诸侯四通”，遂定居于陶开创伟业，定陶之名由此而来。

陶朱公居陶从商的十九年间，充分利用“天下之中”的地利“三致千金”，累资数万，成为富甲天下的巨贾。他为富亦能为仁，轻财好施，以此为世所尊崇，后来又被人们奉为财神爷。陶朱公传说富有地方特色和特殊内涵，对于中国传统经济文化的研究具有一定的参考价值。该传说受现代传播方式的冲击，目前已经濒临失传，急需保护传承。

老人讲述陶朱公传说（潘东升 摄）

山东省定陶县陶朱公塑像（全洪江 摄）

530　I-43

申报地区或单位：山东省巨野县、嘉祥县

麒麟传说

村民在讲述麒麟传说（姚继平　摄）

明代嘉靖十四年进士张九叙手书“麒麟冢”碑（姚继平　摄）

山东省巨野县麒麟洞遗址（姚继平　摄）

麒麟是中华民族传说中的神性动物，是国泰民安、吉祥和谐的象征。麒麟传说发祥于山东省巨野县和嘉祥县，始于春秋《西狩获麟》的故事。除传说外，当地尚有“麒麟冢”、“获麟台”、“麟山”等相关地方风物。巨野县当地流传有《牛生麒麟》、《麟山产麟》、《孔母梦麟》、《麒麟送子》、《麒麟显灵》等麒麟传说故事，以故事讲述、诗词、曲艺、民谣、歌舞等多种形式加以表现。

麒麟预示征兆的吉祥意义在中国民间被广泛认同，作为一种古人创造出的虚幻动物，麒麟深入人心，麒麟传说传唱不衰，这反映了麒麟在中国人心理上的地位，又体现了深厚的“天人合一”思想，具有很高的文化研究价值。如今随着老艺人的相继去世，曾经广为传唱的麒麟小段等面临失传的危险，亟待保护。

531 I-44

申报地区或单位：山东省曲阜市、滕州市

鲁班传说

传说中鲁班发明的石磨、云梯（陈文　摄）

鲁班是春秋人物公输般的异名，其事迹在《墨子》中即有记载。鲁班传说千百年来在民间流传，衍生出丰富的主题和形态。全国各地多有与鲁班相关的发明创造和建筑物传说，鲁班成了民间约定俗成、妇孺皆知的能工巧匠的代表，并被很多行业奉为祖师爷，是民间智慧的杰出化身。

滕州地区的鲁班传说已形成系列，涉及鲁班的出生、学艺、发明创造及其成神、成为百业祖师等多个方面的内容，多达数百则，是民间鲁班传说的代表之一。

曲阜地区的鲁班传说大致分为以下几个方面：木工工具的传说，以墨斗、锯、刨等

社区老人讲述鲁班传说（陈文　摄）

传说中鲁班发明的部分木工工具（陈文　摄）

传说中鲁班发明的立碾（山东省曲阜市非物质文化遗产保护中心　提供）

传说为代表；生活用具发明的传说，以石磨的传说为代表；建筑方面的传说，以“鱼抬梁与土堆亭”和“九梁十八柱七十二脊”的建筑绝艺传说为代表；带有神话色彩的传说，以“鲁班爷显灵”、“鲁班兄妹比赛建赵州桥”等最为著名。

作为中华民族家喻户晓的人物传说，鲁班传说除了民间文学本身的学科意义之外，还具有较高的思想价值、艺术价值和科学价值，是中华民族不可多得的珍贵文化遗产。

依靠口耳相传的民间传说在现代媒体的冲击下显得十分脆弱，保护鲁班传说已迫在眉睫。

532 I-45

申报地区或单位：山东省蓬莱市

八仙传说

山东省蓬莱市八仙雕像（王金鹏　摄）

山东省蓬莱市是一座依山傍海的历史文化古城，这里的自然条件与人文环境孕育了丰富多彩的八仙传说。八仙传说最早见于《太平广记》，经民间流传和历代文人骚客的渲染，传说内容不断丰富。明代吴元泰创作小说《八仙出处东游记传》，始正式确定传说主人公为汉钟离（钟离权）、张果老、韩湘子、铁拐李、曹国舅、吕洞宾、蓝采和、何仙姑八位仙人。八仙在蓬莱阁上把酒临风，游兴大发，遂各显神通过海，由此引发了与东海龙王三太子的矛盾。后经观音菩萨调停，两方罢斗和好。

八仙过海传说把独具特色的“仙文化”与浓厚的世俗人情有机地融合在一起，是脍炙人口的山海传奇，它不畏艰险的开拓精神深刻影响着广大民众。八位仙人分别是世俗社会不同阶层的代表，八仙传说具有浓郁的人文色彩和地域风格，为民间文艺、工艺美术等各种艺术形式作品的创作提供了丰富的素材，具有较高的艺术价值。

随着时间的流逝，加上现代传播方式的冲击，八仙在民间的形象正逐渐变得模糊起来，八仙传说的保护传承任务已变得十分迫切。

八仙传说相关书籍（王金鹏　摄）

533 I-46

申报地区或单位：山东省即墨市、莒县、文登市、诸城市

秃尾巴老李的传说

讲述秃尾巴老李的传说（马树晓　摄）

秃尾巴老李的传说在山东大地、东北三省和北方多数沿海地区以及邻近水域广为流传。相传一农妇生下青蛇，丈夫大骇，挥锄劈下蛇尾，青蛇负痛腾空而去。后来，蛇每年都回到故里祭母，保佑当地风调雨顺，民间遂尊之为神龙“秃尾巴老李”。

秃尾巴老李的传说内容涉及天文、地理、农事、民俗等各方面，秃尾巴老李以勤劳、善良、忠厚、贤孝、行侠好义、惩恶扬善著称。传说思想内涵丰富，其移民情节和丰富的道德内涵至今都对流传地区的人民产生着深刻的影响。

保护传承秃尾巴老李的传说，对于维系不同地域人民的思想情感具有重要的民俗意义。目前秃尾巴老李的传说传承人正在逐年减少，急需引起重视。

讲述秃尾巴老李的传说《李龙为母迁坟》（田杨　摄）

秃尾巴老李的传说相关书籍（李峰　摄）

山东省即墨市现存的求雨龙牌（李峰　摄）

534 I-47

申报地区或单位：湖北省秭归县

屈原传说

老人给学生讲述屈原传说（颜冬梅 摄）

屈原传说八景之一：照面井（雷江陵 摄）

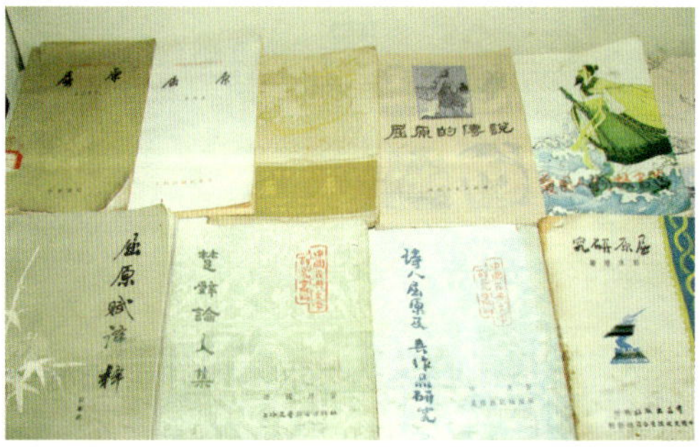

屈原传说相关书籍（雷江陵 摄）

屈原是我国伟大的爱国诗人。在湖北省秭归县境内以屈原的出生地乐平里为中心，周边延展至归州、周坪、沙镇溪、泄滩等乡镇，流传着许多关于屈原的动人故事和美丽传说。晋庾仲雍《荆州记》载："秭归县有屈原宅、伍胥庙，捣衣石犹存。"可见屈原传说于晋代之前已颇为流行。

屈原传说题材丰富，其中包括人物传说、地名传说、景物传说和习俗传说等。目前已收集到屈原传说91则，故事情感浓烈，撼人心魄，神奇浪漫，想象丰富，内涵深邃。

屈原传说对于艺术创作具有一定的借鉴作用，同时有助于文化人类学、民俗学、心理学及美学的研究。传说重点渲染的民族情、乡情、亲情，对构建和谐社会亦有促进作用。

近些年来，屈原传说出现了传承断代的危机。主要表现为讲述屈原传说的人多已去世或日渐年迈，传承者缺乏。

535 I-48

申报地区或单位：湖北省兴山县

王昭君传说

湖北省兴山县妃台山上的昭君台（蔡长明 摄）

王昭君传说主要流传于湖北省兴山县及内蒙古自治区呼和浩特市，传说所依据的史实散见于《汉书·元帝纪》、《后汉书·南匈奴列传》、《西域传》等诸多史籍。两千余年来，王昭君故事一直被世人传颂，成为千古佳话。王昭君在兴山的传说主要包括相关地名传说、美好品德的传说、后人对王昭君思念的传说等几大类。王昭君是美的化身、和平的使者、民族团结的象征，王昭君传说具有一定的文学、历史、思想及人文价值，其丰富的文化内涵符合人类社会和睦相处、共同发展的时代主题。

王昭君传说内容丰富，目前能完整地讲述、传承该传说的人已经不多，急需保护。

老人在香溪河边讲述王昭君传说（张文兆 摄）

王昭君汉白玉塑像（蔡长明 摄）

536 I-49

申报地区或单位：湖北省随州市、神农架林区

炎帝神农传说

老人讲述炎帝神农传说（陈光坤 摄）

湖北省随州市的"炎帝神农氏遗址"碑
（湖北省随州市炎帝故里风景名胜区 提供）

炎帝神农是华夏始祖，也是中华农业和医学的杰出代表。炎帝神农的传说从春秋战国时期开始，不断以文字记载的形式出现在历朝历代的典籍中，各朝代对炎帝神农的祭祀活动也一直持续不绝。炎帝神农传说在湖北省神农架林区、随州市各地及其周边地区都有流传，以随州市曾都区殷店镇和厉山镇一带最为集中。大部分传说讲述炎帝神农的功绩，内容涵盖了炎帝神农从生到死的人生历程。"神农架"这一地名即来源于神农在此搭架采药的传说。

老人讲述炎帝神农传说（陈光坤　摄）

湖北省神农架林区的神农祭坛（吴承青　摄）

湖北省随州市神农炎帝庙前的神农雕像（刘大江　摄）

随州市及神农架林区汇聚了丰富多彩的炎帝神农传说，其中蕴涵着我国原始社会时期经济、社会、文化、农业、医学等诸多方面的历史信息，体现着深厚的民本思想、创新精神、斗争精神和献身精神，是民间文学艺术中的瑰宝。

炎帝神农传说内容丰富，能完整讲述传承故事的老艺人已经不多，亟待保护。

537 I-50

申报地区或单位：湖北省武汉市黄陂区　河南省虞城县

木兰传说

木兰传说讲述场景（王纲　摄）

木兰雕塑（施展慧　摄）

花木兰是中国古代影响深远的传奇女杰，木兰传说包括《木兰出世》、《少年木兰》、《替父从军》、《塞外立功》、《辞谢封赏》、《回乡团聚》等故事。该传说至今已流传千年，内容十分丰富，涉及人物、地名、建置、物产、风俗、宗教等多个方面，涵盖了民间文学的诸多领域，传播广泛，不仅国内各地有诸多演绎，在海外也有广泛影响。木兰传说是中华民族优秀的文化遗产，表现了效忠国家、爱家敬长、追求平等的观念，具有一定的历史、文学、民俗研究价值。

湖北省武汉市黄陂区有木兰山，据说为花木兰故里，有众多据木兰传说而得名的胜迹，如木兰山、木兰湖、木兰川、木兰天池、木兰石门、木兰清凉寨等。此外，河南虞城营廓木兰祠保留有刻写木兰生平的石碑，碑立于元代元统二年（1334），碑文三千多字，翔实地记载了木兰的出生地、姓氏、事迹以及家人资料。木兰传说在两地均广为流传，妇孺皆知。

木兰传说的内容、内涵极为丰富，仅靠口耳相传，现逐渐遗失散落，急需专业挖掘、整理及保护、弘扬。

538 I-51

申报地区或单位：内蒙古自治区通辽市

巴拉根仓的故事

传习巴拉根仓的故事（内蒙古自治区非物质文化遗产保护中心　提供）

巴拉根仓的故事在内蒙古民间流传甚广，尤以科尔沁草原为盛。巴拉根仓是民间机智人物形象，他的故事集中反映了蒙古族劳动人民与封建统治者之间尖锐的矛盾。劳动人民通过这个聪明而幽默的理想化人物抒发自己胸中的激愤和反抗情绪，讽刺、嘲笑、揭露和鞭挞残暴愚蠢、贪财如命的剥削阶级。

巴拉根仓的故事由许许多多各自独立的小故事组成，富于幽默感和戏剧性。这些故事是蒙古族民众智慧的结晶，不仅思想上能给人以启示，艺术上也具有鲜明的特色。

受现代文化传播方式的冲击，口耳相传的巴拉根仓的故事已逐渐变得模糊，急需挖掘、整理、保护。

巴拉根仓的故事传承培训治动（内蒙古自治区非物质文化遗产保护中心　提供）

539 I-52

申报地区或单位：辽宁省北票市

北票民间故事

讲述北票民间故事（李秀华摄）

北票民间故事研讨会（李秀华 摄）

辽宁省北票市位于辽宁省西部，是一座历史文化悠久的城市，人文遗存比较深厚，民间文学的蕴藏丰富。1984年，北票市文化部门编辑了民间故事集《吐默特的歌声》。1985—1987年，在国家重大人文科研项目“民间文学三套集成工程”中，编辑了五十万字的《中国民间文学集成·辽宁卷·北票资料本》。其后，北票市还陆续编辑了《北票民间文学选刊》。2004年，北票市文化馆退休干部郭丰久自费编辑印刷了民间故事集《桃花山的传说》。

北票市民间文学分布广泛，流传时间长，数量多，门类全。仅民间故事就包括风物传说、人物传说、幻想故事、生活故事、动植物故事、风俗故事、笑话、寓言八大类。此外，还有大量的民间歌谣、谚语。其中，蒙古族文学巨匠尹湛纳希的故事，抗日英雄兰天林、李海峰的故事，“辽西绿岛”大黑山的传说，藏传佛教圣地惠宁寺的故事等自成体系，异彩纷呈，具有很高的人文价值。

北票民间文学是北票人民近现代革命进程中英勇斗争的见证，集中体现了北票人民自强不息的精神面貌。北票民间文学特别是以尹湛纳希、惠宁寺为代表的地方人物、风物故事体现了本地区蒙汉文化交融的独特魅力，具有刚健质朴的艺术风格，在结构、语言、典型化等方面有自己的特色。

近年来，北票的文化工作者一直坚持对民间文学遗产进行挖掘整理，目前，尚有数十万字的已经整理归档的民间文学资料等待出版。北票民间故事的传承主要有家族传承和社会传承两种形式，目前，很多传承人年事已高，而且健康状况不佳，北票民间故事处于濒危状态，急需保护。

北票民间故事讲述场景（李秀华 摄）

540 I-53

申报地区或单位：辽宁省文学艺术界联合会民间文艺家协会

满族民间故事

老人给青年人讲述满族民间故事（曹阳　摄）

满族民间故事主要分布于辽东满族文化圈内，辽东满族文化圈是指被辽沈满族民众称为“东山里”的长白山余脉广大区域。辽东满族民间故事是一个广义的文化概念，包括辽东满族神话、传说、故事等散文体口头叙事样式，如《天鹅仙女》、《布库里雍顺》、《天女浴躬池》等，讲述天神最小、最美丽的女儿因为吞食了朱雀（或喜鹊）衔来的朱果（或红果）而怀孕生下了爱新（金子之意）觉罗·布库里雍顺，他就是满族的始祖。而《日月峰》讲述的则是远古时期，世界死气沉沉，天帝的小女儿把左眼抛上天空，化作太阳；把右眼抛上天空，化作月亮；把脖子上的一串珍珠抛上天空，化作了星星；而小仙女为了救世却变成了一座山峰——日月峰。满族民间故事生成于满族由渔猎转向农耕的时期，与汉族文化密切接触，彼此融合，具有满汉杂糅的文化特征。

满族民间故事讲述场景（曹阳　摄）

辽东满族民间故事是满族社会的集体记忆，是满族民众创造的文化财富，具有重要的历史、文化与科学研究价值。近年来，由于现代化大众传媒对传统口耳相传信息传输方式的取代，更由于承传满族古老叙事的老一辈故事家相继离世，现代满族民众对本民族传统与文化的历史记忆已日趋模糊，有必要对辽东区域的满族民间故事传承人进行保护。

满族民间故事讲述场景（曹阳　摄）

541 I-54

申报地区或单位：浙江省绍兴市

徐文长故事

徐文长故事传讲场景（徐晓阳　摄）

徐文长故事是汉民族重要的机智人物故事之一，产生于明代中晚期，至今绵延不绝。作为民间口头创作，徐文长故事以历史人物徐渭（字文长）的轶闻趣事为基础，又吸纳了大量的机智人物故事，在绍兴及其他江南地区广为流传，日积月累渐趋丰满，现存篇目约三百余篇。

徐文长故事以明代中晚期历史为背景，从徐文长少年时代的传说故事《竿上取物》起，一直讲到他的临终传说《化千成万宝中宝》。该传说流播方式多样，内容丰富，全方位展现出徐文长的聪明多才、幽默诙谐、爱国爱乡、亲近平民、蔑视权贵等品性，具有浓郁的绍兴特色和乡土气息。

徐文长故事具有重要的民间文学价值，同时又为传记文学和历史研究提供了有益的资料。随着社会生活节奏的加快和生活方式的变化，徐文长故事的流播受到很大冲击，需要加强保护，使之持续传承。

徐文长故居青藤书屋一角（王浩先　摄）

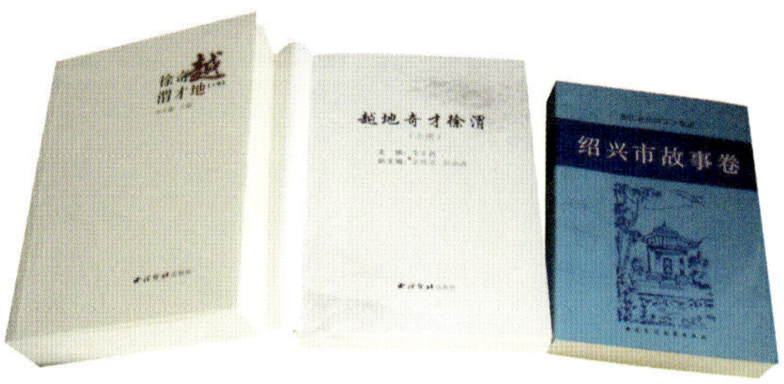

徐文长故事相关书籍（徐晓阳　摄）

542 I-55

申报地区或单位：山东省青岛市崂山区

崂山民间故事

老人讲述崂山民间故事（山东省青岛市崂山区非物质文化遗产保护中心　提供）

崂山民间故事相关书籍（山东省青岛市崂山区非物质文化遗产保护中心　提供）

各种版本的崂山民间故事集（山东省青岛市崂山区非物质文化遗产保护中心　提供）

崂山传说是山东崂山人民千百年来集体创作的口头文学，讲述者包括农民、渔民、道士、僧人、读书人和手工业者等。

崂山传说包括自然变化神话、英雄神话、历史人物传说、宗教人物传说、仙道传说、山川传说、特产传说、风俗传说、动物传说、植物传说、鬼狐精怪故事、动物故事、生活故事、机智人物故事、典故等多种类型和题材的民间口传作品五千六百余个。受自然、地理环境和道教文化的影响，最具特色的崂山传说当推风物传说、宗教人物传说、鬼狐精怪故事和海洋故事。

崂山民间故事具有乡土大众文化与山海文化交汇相融的特征，并在世俗文化与宗教文化的相互渗透中不断演进，具有较高的历史价值、文学价值和学术研究价值。目前该传说讲述者后继乏人，已经面临失传的危境，急需保护传承。

543 I-56

中报地区或单位：湖北省长阳土家族自治县

都镇湾故事

都镇湾故事包括天体、大地、山川、河流起源，人畜起源，动植物传说，神仙传说，帝王传说，地名传说，风物传说，习俗传说，以及机智人物故事、动植物故事、幻想故事、精怪故事、生活故事、革命故事、笑话寓言等多种类型和题材的口头叙事作品，主要分布在湖北省长阳土家族自治县都镇湾的杜家冲、十五溪、庄溪和龙潭坪等地区。

都镇湾故事具有浓郁的民族特色和乡土风味，特别是其中的老虎故事保留着土家族传统文化的鲜明烙印，引人注目。有些故事是汉族故事，在讲述中融入了土家风俗，成为世界范围内流行的著名故事类型。

都镇湾讲故事者不是职业艺人，也不以师徒方式传承，主要靠家族传承和社会传承。都镇湾故事既具有娱乐教化的功能，又具有很高的历史、民俗研究价值。如今故事的讲述者大多年迈，传承链条也比较脆弱，急需采取有效的保护措施。

村民在劳作时讲述都镇湾故事（湖北省长阳土家族自治县非物质文化遗产保护中心　提供）

村民等渡时讲述都镇湾故事场景（湖北省长阳土家族自治县非物质文化遗产保护中心　提供）

讲述都镇湾故事的土家族老人（湖北省长阳土家族自治县非物质文化遗产保护中心　提供）

544 I-57

申报地区或单位：河南省桐柏县、泌阳县

盘古神话

盘古祖殿（刘军　摄）

老人讲述盘古神话（周玉林　摄）

河南省桐柏县、泌阳县盘古神话群主要包括创世神话、人类起源神话及惩恶扬善、恩泽子孙的神话等，内容涉及开天辟地、世界毁灭、滚磨成亲、繁衍人类、体化万物等，反映出原始先民对大自然的崇拜，体现了先民的原始宇宙观。

盘古神话已在桐柏、泌阳民俗活动中扎根，有明显的本土特征。在长期传承过程中，盘古神话和当地的山川地理、自然气候、村落建筑、风俗习惯相联系，流传覆盖面大，体现出充分的完整性和独特性。

桐柏、泌阳盘古神话有其深厚的民众与社会基础，内中蕴涵着中原汉族先民对自然界的探索与想象，具有一定的历史、文化和科学研究价值。盘古神话主要在民间口耳相传，传承链条比较脆弱，急需加以保护。

545 I-58

申报地区或单位：河南省济源市

邵原神话群

河南省济源市邵原镇待落岭奇观：女娲造人传说中的娃娃崖（翟钢炮　摄）

河南邵原及周边地区有许多创世神话广为流传。这些神话，内容丰富，包含盘古开天辟地、女娲抟土造人、女娲炼石补天、轩辕祭天与战神蚩尤、伏羲演八卦、神农尝百草播五谷、颛顼与共工、大禹治水等八大神话共六十余则故事（经过整理现已汇编成册，见《邵原民间传说故事集》），具有丰富的文化内涵和很高的学术研究价值。

邵原的神话传说大都是关于神或半人半神的故事。在邵原镇，不但有民间传说，还有大量与神话故事相对应的象形物、原型物，女娲的故事、轩辕祭天、战神蚩尤、神农尝百草等传说，都可以从奇峰秀水中和古地名中找到痕迹。灵异山水和远古神话之间那种神秘的联系，尤其是近些年发现的文物和遗址的印证，使邵原成了众多创世学者研究的焦点。

如今，虽然邵原神话群主要内容已经整理成册，但是其文化内蕴要发扬光大，仍面临着许多问题，尤其值得注意的是，这一神话群的活态传承后继人才缺乏，急需加以保护。

546 I-59

申报地区或单位：内蒙古自治区科尔沁左翼中旗

嘎达梅林

“嘎达梅林”演唱场景（内蒙古自治区非物质文化遗产保护中心　提供）

蒙古族长篇叙事歌“嘎达梅林”产生于内蒙古科尔沁左翼中旗，流传于周边许多地方。据不完全统计，近现代在科尔沁左翼中旗流传的蒙古族民歌有上千首，以《嘎达梅林》最具代表性。

内蒙古自治区科尔沁左翼中旗嘎达梅林纪念碑（内蒙古自治区非物质文化遗产保护中心　提供）

采访嘎达梅林亲属（内蒙古自治区非物质文化遗产保护中心　提供）

“嘎达梅林”以20世纪30年代发生在科尔沁左翼中旗的嘎达梅林起义事件为素材，全面记叙了嘎达梅林率领贫苦牧民反抗封建王公和军阀政府掠夺土地的正义斗争，生动地塑造了嘎达梅林主持正义、为民请命、不畏强暴的英雄形象，讴歌了蒙古族人民不屈不挠的斗争精神。“嘎达梅林”情节生动曲折，语言凝练，音韵铿锵，曲调优美，气势雄浑悲壮，具有极强的艺术感染力和珍贵的文学、音乐价值。现在“嘎达梅林”传唱艺人逐年减少，传播范围也在萎缩，急需保护。

内蒙古自治区科尔沁左翼中旗嘎达梅林牺牲地新开河故道（内蒙古自治区非物质文化遗产保护中心　提供）

547 I-60

申报地区或单位：内蒙古自治区

科尔沁潮尔史诗

科尔沁潮尔史诗演唱场景（内蒙古自治区非物质文化遗产保护中心 提供）

传授潮尔演奏技艺（内蒙古自治区非物质文化遗产保护中心 提供）

科尔沁潮尔史诗用弓弦乐器潮尔伴奏（内蒙古自治区非物质文化遗产保护中心 提供）

科尔沁潮尔史诗流行于内蒙古东部的通辽市、兴安盟一带，是蒙古族史诗的一种地方性传统演述形式。科尔沁潮尔史诗用弓弦乐器潮尔伴奏，由专门的史诗艺人——潮尔奇以自拉自唱的形式进行说唱表演，讲述天神脱胎下凡成为可汗和英雄，与危害人间的恶魔蟒古思进行战斗，保卫家乡、捍卫和平的故事。史诗音乐曲调自成体系，共九套二十多种，在演述中可以自由变化。科尔沁潮尔史诗曲目有数十部之多，其中“十八部蟒古思因·乌力格尔”是一种大型的串联系列史诗，由十八部相对独立却相互关联的史诗构成，规模相当可观。

科尔沁潮尔史诗对于研究蒙古族的文化艺术、民族历史和民族心理具有重要的资料价值，也是传承蒙古族先民优秀精神文化传统的重要载体。随着社会文化的变迁，史诗艺术趋于衰微，科尔沁潮尔史诗一度被学界认为已失去活态传承。2005年发现仍有传承人，曲目多达二十余部，这对蒙古族史诗的保护、传承和研究而言具有十分重大的意义。抢救科尔沁潮尔史诗刻不容缓，需要社会各界进一步采取措施，积极加以保护。

548 I-61

申报地区或单位：贵州省黔东南苗族侗族自治州

仰阿莎

传说中仰阿莎出生的水井（杨茂　摄）

仰阿莎是流传于贵州省黔东南苗族侗族自治州及毗邻地区的苗族长篇叙事歌，长达万余行，是迄今为止发现的苗族最长的叙事歌。它的内容是关于一个热情、善良、智慧，出生在水中里的苗族姑娘的凄美爱情故事。以盘歌形式演唱，具有鲜明的民族特色，在苗族文学史上居于较高的地位，对苗族的歌谣特别是叙事歌的发展有重大的促进作用。

仰阿莎不同的口头版本有不同的唱法，各版本的演唱曲调与演唱习俗直接相关，这大大丰富了苗族音乐的内容和形式，仰阿莎也因此被称为苗族“最美的歌”，在民族学、民俗学、历史学等方面具有重要的研究价值。现在仰阿莎流传面越来越小，能演唱完整仰阿莎的绝大多数是老年人，对仰阿莎的抢救保护工作迫在眉睫。

仰阿莎对唱（杨茂　摄）

男子对唱仰阿莎（谷陇大寨男子对唱仰阿莎的时候，女性只能在旁观看）（杨忠　摄）

549 I-62

申报地区或单位：贵州省盘县

布依族盘歌

在婚礼上唱布依族盘歌（周友武　摄）

布依族盘歌是布依族的传统民歌，流传于贵州省北盘江流域的布依村寨，六盘水市盘县羊场布依族白族苗族乡境内的布依族盘歌最具代表性。

男女相会时唱布依族盘歌（周友武　摄）

祭祀时唱布依族盘歌（周友武　摄）

祭山时唱布依族盘歌（周友武　摄）

布依族盘歌是布依族人民集体智慧的结晶，它伴着布依族的形成而萌发，又随着布依族的繁衍、发展而逐步得以丰富。布依族盘歌有劳作、时政、仪式、爱情、生活环境、历史传说等诸多方面的内容，它有室内演唱和野外演唱两种形式，演唱曲调分为情歌调、礼教调、婚庆调、丧葬调等。

布依族盘歌涉及政治、经济、文化、社会、伦理道德、原始宗教等众多领域，对布依族人特有的心理特征和情感倾向都有生动描述，是布依族历史、文化的重要载体，可以说它是布依族人的一部无字百科全书，具有珍贵的文化、历史和研究价值。

受现代化进程的强烈冲击和经济全球化的影响，布依族盘歌的传承人越来越少，用布依语演唱布依族盘歌的人更为稀少，这一少数民族传统民歌已濒临消亡，亟待保护。

喝酒时唱布依族盘歌（周友武　摄）

550 I-63

申报地区或单位：云南省楚雄彝族自治州

梅葛

身着民族服装的梅葛唱述者（云南省姚安县文化馆　提供）

姚安口传彝族梅葛起源于云南省楚雄彝族自治州姚安县官屯乡，历史悠久，具有广泛的群众性。梅葛取名于一种彝语曲调名称，因彝族民间歌曲大都用“梅葛调”演唱，总称为“梅葛”。在长期口耳相传的过程中，形成了一部有影响的彝族历史叙事长诗，千百年来流传于姚安县的彝族聚居山寨。

目前口传的彝族创世史诗长达五千七百七十余行，分为“创世”、“造物”、“婚事和恋歌”、“丧葬”四个部分。梅葛有老年梅葛、中年梅葛、青年梅葛、娃娃梅葛四种类型。老年梅葛也叫“赤梅葛”，主要唱述开天辟地、创世立业的内容，同时也反映彝族群众的劳动和生活；中年梅葛唱述青年男女成家后生产生活的艰难，内容曲调比较凄婉忧伤；青年梅葛也叫“山梅葛”，反映彝族青年男女的纯真情爱，属于恋爱山歌性质，唱述中可即兴发挥；娃娃梅葛是彝族“儿歌”，俗称“娃娃腔”，由成群结伙的彝族青少年和儿童对唱。梅葛勾画了彝族古代发展历史、彝族先民生产劳动和社会生活的轮廓，展示了古代彝族先民的恋爱、婚事、丧葬、怀亲等风俗，具有重要的民俗学、文学研究价值。

由于受现代化的冲击，彝族梅葛的传承人正在逐年减少，亟待保护。

彝族老人唱述梅葛（云南省姚安县文化馆　提供）

彝族青年男女在一起唱述梅葛（云南省姚安县文化馆　提供）

551 I-64

申报地区或单位：云南省双柏县

查姆

彝族传承人手捧用彝文记录在书笺上的神话史诗（云南省双柏县文化馆　提供）

查姆是流传于云南省双柏县大麦地镇、安龙堡乡等彝族地区的彝族民间创世史诗，具有悠久的历史。查姆在彝语中为“大”和“起源”之意，一般意译为“万物的起源”。查姆以神话传说的方式记述了人类、万物的起源和发展的历史，由通晓彝文的毕摩（彝族祭司）用彝文记录在书笺上进行传承，其结构庞杂、神话色彩浓厚。查姆基本上是一部神话史诗，但它在神话传说背后蕴涵着朴素的唯物主义自然观和朴素的历史进化因素。

据彝族《毕摩经》记载，最早的查姆有一百二十多个“查”，分为上部和下部。上部内容包括开天辟地、洪水泛滥、人类起源、万物起源等；下部内容包括天文地理、占卜历算、诗歌文学等，是一部名副其实的彝族百科全书，彝族人称之为“根谱”。查姆叙述了人类的三个发展阶段，提出了猴子变人的朴素观点，在彝族社会发展史和民族形成史的研究方面具有很高的价值。

伴随着现代化进程，通晓彝文的人越来越少，查姆的传承出现了危机，保护工作刻不容缓。

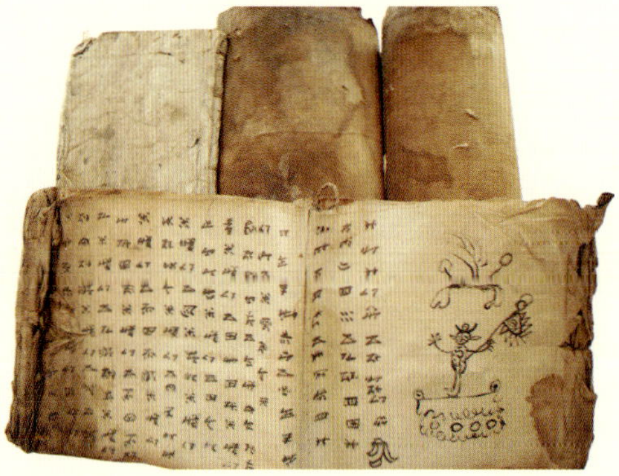

用彝文记载的查姆（云南省双柏县文化馆　提供）

552 I-65

申报地区或单位：云南省德宏傣族景颇族自治州

达古达楞格莱标

民间艺人在抄写达古达楞格莱标（桂龄　摄）

在唱诵达古达楞格莱标前，必须吹奏葫芦箫，意为告知阿祖阿公。（桂龄　摄）

达古达楞格莱标是德昂族民间创世神话史诗，流传于我国云南省西部德宏傣族景颇族自治州、保山市隆阳区潞江坝乡和西南部临沧市镇康、耿马、永德、双江县及缅甸掸邦、佤邦一带。达古达楞格莱标是德昂族先民植物崇拜（茶神）的自然产物，是“集体创作的部落故事”。约14世纪后，德昂族艺人借用傣族文字对其进行了整理、记录，使这一古老的史诗能够同时用傣文抄本和口传的形式流布传承。

原傣文抄本长约两千行，由“序歌”、“茶神下凡诞生人类”、“光明与黑暗的斗争”、“战胜洪水和恶势力”、“百花百果的由来与腰箍的来历”及“先祖的诞生和各民族的繁衍”六部分组成。史诗主要讲述德昂民族的诞生与发展，以及德昂人同大自然顽强斗争的艰苦历史，揭示了德昂族的悠久茶文化及其“古老茶农”称谓的历史渊源。

达古达楞格莱标是德昂民族心中的历史，对指导人们行为规范有重要作用，体现着德昂族的民族精神和人文思想，具有历史学、文化学、民俗学和伦理学等诸多方面的研究价值。由于其传承链条相对脆弱，急需保护。

553 I-66

申报地区或单位：云南省元阳县

哈尼哈吧

民间歌手演唱哈尼哈吧（云南省元阳县文化馆　提供）

哈尼哈吧演唱场景（云南省元阳县文化馆　提供）

哈尼哈吧哈尼语意为哈尼古歌，是哈尼族社会生活中流传广泛、影响深远的民间歌谣，是有别于哈尼族山歌、情歌、儿歌等的庄重、典雅的古老歌唱形式。哈尼哈吧主要在云南省南部红河和澜沧江之间的元江、墨江、绿春、金平、江城等哈尼族聚居县流传，思茅、西双版纳、澜沧等地也有。

哈尼哈吧的内容涉及哈尼族古代社会的生产劳动、原始宗教祭典、人文规范、伦理道德、婚嫁丧葬、吃穿用住、文学艺术等方面，是世世代代以梯田农耕生产生活为核心的哈尼族人教化风俗、规范人生的百科全书。从目前收集整理的哈尼哈吧资料来看，哈尼古歌《窝果策尼果》、《哈尼阿培聪坡坡》、《十二奴局》、《木地米地》是哈尼哈吧的代表性作品。

哈尼哈吧主要由民间歌手在祭祀、节日、婚丧、起房盖屋等隆重场合的酒席间演唱，表达节日祝贺、吉祥如意的心愿。其内容规模宏大，结构严谨，歌手可以连续演唱几天几夜。演唱方式有一人主唱、众人伴唱或一问一答、二人对唱加众人和声等。

哈尼哈吧是哈尼族民族文化的体现，具有一定的历史学、文化学、民俗学研究价值。目前能够完整演唱哈尼哈吧的歌手日渐减少，这一古老的诗歌演唱形式后继乏人，急需保护。

554 I-67

申报地区或单位：云南省西双版纳傣族自治州

召树屯与喃木诺娜

傣族老人吟唱召树屯与喃木诺娜（段其儒　摄）

以绘画形式展现的召树屯与喃木诺娜故事（段其儒　摄）

口传长诗召树屯与喃木诺娜是傣族最著名、最优秀且流传最广泛的爱情赞美诗，在西双版纳傣族地区和东南亚地区广为流传。它历史久远，版本众多，不仅有口头传承的说唱韵文（长诗）和散文体长篇故事，还被民间画师用作佛寺壁画、经画的创作题材，有的地方甚至连湖泊、池塘也以召树屯与喃木诺娜中的“金湖”命名。

用傣泐文记载、傣泐语吟唱的召树屯与喃木诺娜，以傣族独特的艺术手法栩栩如生地塑造了召树屯、喃木诺娜这两个代表傣家人典型性格、怀有傣族人民理想追求的完美形象。召树屯与喃木诺娜不仅着力描绘他们外在的美，更揭示出他们忠于爱情、热爱家乡的高尚品德，歌颂了他们勇敢顽强、坚忍不拔的刚毅精神，集中体现了傣族传统文化的精髓。

如今，能够完整吟唱召树屯与喃木诺娜的艺人已为数不多，这一古老长诗亟待保护和抢救。

555 I-68

申报地区或单位：甘肃省东乡族自治县

米拉尕黑

米拉尕黑讲述场景（唐致福　摄）

米拉尕黑（东乡语音译，“米拉”是小的意思，“尕黑”是哥哥的意思）是东乡族最著名的民间长诗，大约产生于明代，在东乡族民间口耳相传已有五百多年。长诗叙说一位名叫米拉尕黑的青年猎手在结婚前夕与心爱的未婚妻玛芝露分别，为了保家卫国而毅然奔赴前线。18年后米拉尕黑回到家，见未婚妻正被强盗凌逼，他战胜了强盗，与玛芝露一起过上了美好幸福的生活。

这部长诗共五百多行，可说可唱，反映了东乡族人民不屈不挠的奋斗精神和向往和平、追求自由幸福生活的美好理想。作为反映东乡族根谱的口传历史教科书，米拉尕黑还充分展示了东乡族民间文学和民间语言的朴素简洁之美，具有很强的艺术魅力。

米拉尕黑不仅在东乡族文化史上占有重要的地位，在中国少数民族文学史上也有一席之地。如今，吟唱米拉尕黑的老艺人已越来越少，亟待保护。

556 I-69

申报地区或单位：青海省治多县

康巴拉伊

演唱康巴拉伊（青海省文化和新闻出版厅　提供）

康巴拉伊源自藏族古老的口头传统文学，是藏族传统韵文体说唱形式，由12部分组成，在康巴及其周边地区广泛流传，是藏族青年男女表达感情的重要形式。藏族青年从相识、相爱到最后终成眷属或分手的整个恋爱过程，都可以通过它来表现。

康巴拉伊说唱内容经整理分为祭歌、颂歌、引歌、启歌、竞歌、谜语歌、汇歌、恋歌、别离歌、贬歌、咒歌及吉祥祝福歌等12卷，每卷由一万首诗歌组成。其内容纷繁，结构紧凑，语言优美，为藏族民间诗歌集大成之作，对研究藏族的历史、宗教信仰、风俗习惯、社会制度等具有一定的学术价值。

康巴拉伊是藏族人民集体智慧的结晶，随着时代的发展，其内容也在不断更新和充实。它以口头方式流传，且带有游牧文化的特征，具有深厚的文化价值。随着传统生活方式的变迁，康巴拉伊面临着失传和消亡的危机，亟待保护。

在草原上演唱康巴拉伊（青海省文化和新闻出版厅　提供）

557 I-70

申报地区或单位：青海省海西蒙古族藏族自治州

汗青格勒

民间艺人演述汗青格勒（跃进　摄）

青海海西蒙古族英雄史诗汗青格勒主要流传于海西蒙古族藏族自治州蒙古族聚居的地区。“汗青格勒”蒙古语叫“图吉”，由“图吉齐”（说唱艺人）演述，是蒙古族劳动人民创作的口头文学。史诗汗青格勒以形象生动的语言讲述了蒙古族英雄汗青格勒通过一系列艰苦卓绝的斗争，先后降服蟒古斯和凶恶的汗王，从魔窟中解救出受苦受难百姓的故事。史诗通过对英雄人物丰功伟绩的歌颂，表达了蒙古族人民追求和平、自由、平等的崇高理想及坚信正义必将战胜邪恶的美好信念，处处闪耀着群众的智慧光芒和英雄主义精神，具有很高的文学艺术价值，对研究古代蒙古族文化具有重要意义。

受现代传播方式的影响，汗青格勒的传承出现了危机，亟待抢救保护。

幼儿园小朋友说唱汗青格勒（跃进　摄）

558 I-71

申报地区或单位：新疆维吾尔自治区

维吾尔族达斯坦

民间艺人在演唱维吾尔族达斯坦（热依拉·达吾提　摄）

维吾尔族达斯坦是维吾尔族叙事的总称，它所涉及的内容非常广泛，根据内容和形式可分为英雄达斯坦、爱情达斯坦、历史达斯坦和江那麦达斯坦几种，主要流传于新疆维吾尔族自治区。

维吾尔英雄达斯坦篇幅较长，以重大历史事件和英雄传说为题材，用诗歌形式反映维吾尔族部落、民族之间的征战和英雄人物的丰功伟绩。维吾尔爱情达斯坦以歌颂男女主人公忠贞的爱情为主要内容，揭露了当时社会干涉年轻人婚恋而造成悲剧的故事。维吾尔历史达斯坦以历史重大事件和历史人物为题材，赞美了主人公为人民利益而奋不顾身的奉献精神。维吾尔族达斯坦代表作有《乌古斯传》、《艾里甫与塞乃木》、《诺孜古姆》等。

维吾尔族达斯坦以民间叙事艺人（达斯坦奇 meddah）说唱的方式代代相沿，流传至今，全民性节日的聚会场所、巴扎（集市）、麻扎（游览活动场所）、劳动场所是达斯坦表演和传承的重要场所。维吾尔族达斯坦是维吾尔族人民文化生活的重要组成部分，不仅对于研究维吾尔族的历史具有重要的史料价值，其娱乐功能在构建和谐社会的今天也是不可小视的力量。

目前，达斯坦奇（民间叙事艺人）主要分布在和田等交通不便的地区，大多年迈体弱，活态维吾尔族达斯坦传承面临消亡的危境。

维吾尔族达斯坦演唱场景（热依拉·达吾提 摄）

在集市上演唱维吾尔族达斯坦（热依拉·达吾提 摄）

维吾尔族达斯坦演唱场景（热依拉·达吾提 摄）

559 I-72

申报地区或单位：新疆维吾尔自治区文学艺术界联合会民间文艺家协会、沙湾县、福海县

哈萨克族达斯坦

哈萨克族达斯坦传授场景（赛力克 摄）

节日聚会演唱哈萨克族达斯坦场景（高永强 摄）

哈萨克族达斯坦包括神话、传说及内容丰富的生活故事等，是哈萨克族民间文学中最古老、最受人喜爱的文学种类，其创作与哈萨克族历史上的重大事件有关，主要分布在新疆哈萨克族居住的28个县内。哈萨克族达斯坦内容丰富，情节曲折，多以叙事

村民在农闲时节传习哈萨克族达斯坦（高永强　摄）

哈萨克族达斯坦演唱技艺传授场景（高永强　摄）

为主，传承的诗歌较为古老，是哈萨克族人民在节日、聚会、婚礼等喜庆日子里必不可少的表演项目，它是哈萨克族生活的真实写照，表现了哈萨克族的社会状况与民俗风情。

哈萨克族达斯坦涵括了哈萨克族古代神话、传说、诗歌、谚语和故事等，是在丰厚的民间文学基础上形成和发展起来的，约有二百多部长诗以口耳相传方式流播。哈萨克族民间达斯坦一般有比较固定的曲调，演唱多用冬不拉伴奏，根据内容可分为英雄长诗、爱情长诗、历史长诗等。哈萨克族达斯坦是古代哈萨克族政治、经济、历史、文化、语言、哲学、宗教、军事、习俗的百科全书，在民俗学、民间文学、音乐学等的研究中具有重要价值。目前，哈萨克族达斯坦歌手后继乏人，其活态传承面临危机。

哈萨克族达斯坦演唱吸引了大量牧民群众（赛力克　摄）

560　I-73

申报地区或单位：贵州省榕江县、从江县

珠郎娘美

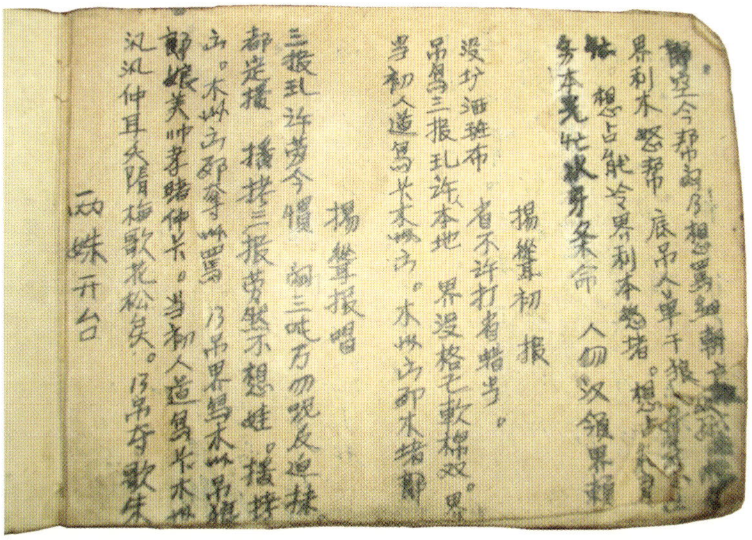

珠郎娘美故事民间手抄本（梁正英　摄）

侗族民间故事珠郎娘美源出古州（今贵州省榕江县），后流传于贵州省黎平、从江等县的侗族地区，再后流传到广西三江、龙胜、融水和湖南通道等侗族聚居县。

珠郎娘美讲述了勤劳朴实的英俊后生珠郎与心灵手巧的美丽姑娘娘美之间动人的爱情故事，曾被改编成侗族曲艺、侗戏并拍成同名舞台艺术片在全国放映。

侗族民间故事珠郎娘美是侗族人民集体智慧的结晶，渗透在侗族文艺作品的多种形式之中，成为侗族传统民间艺术作品的代表，对侗民后代有着极大的教化作用，在民族学、民俗学、语言学、伦理学、美学及族际文化艺术交流等方面都具有重要的研究价值。

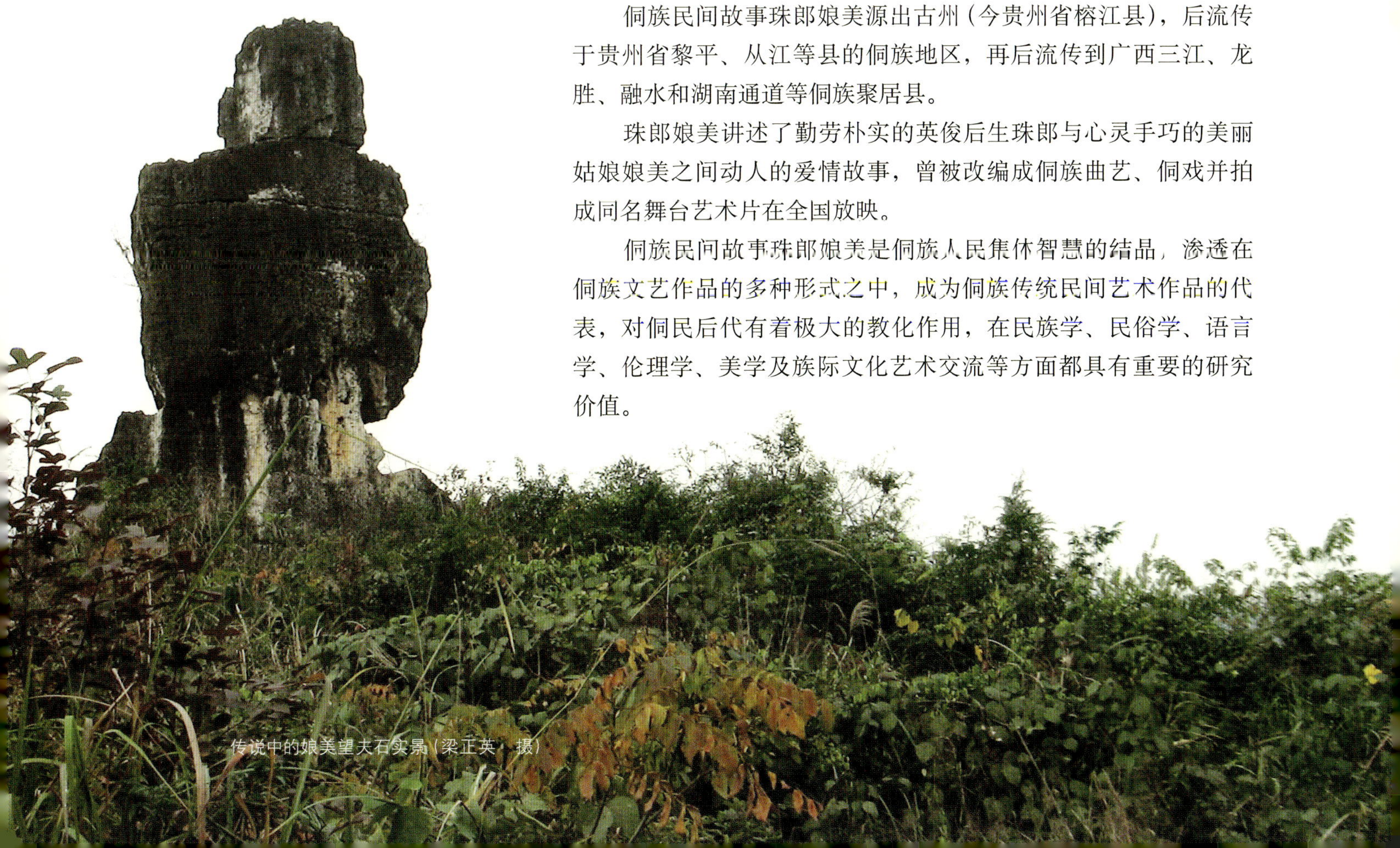

传说中的娘美望夫石实景（梁正英　摄）

珠郎娘美传说中的娘美井实景（梁正英　摄）

贵州省榕江县八匡侗戏班在排演根据珠郎娘美故事改编的侗戏（杨秋平　摄）

贵州省榕江县车寨侗戏班在排演根据珠郎娘美故事改编的侗戏（杨秋平　摄）

561 I-74

申报地区或单位：云南省沧源佤族自治县

司岗里

佤族老人传唱司岗里（云南省沧源文化馆 提供）

司岗里是广泛流传于佤族民间的口述文学，它以云南省沧源佤族自治县为中心，在邻近各县市及周边国家的佤族聚居区广泛流传。

“司岗”是崖洞的意思，“里”是出来，“司岗里”就是从岩洞里出来。传说远古的时候，人被囚禁在密闭的大山崖洞里出不来，万能的神灵莫伟委派小米雀啄开岩洞，老鼠引开守在洞口咬人的老虎，蜘蛛堵住不让人走出山洞的大树，人类才得以走出山洞，到各地安居乐业、生息繁衍……司岗里涵盖了神话、传说、故事等诸多佤族民间文学样式，内容涉及天文地理、人文风情等，是研究佤族先民宇宙观、世界观、人生观最为重要的材料。司岗里融佤族历史、文化、艺术、宗教等为一体，在研究佤族社会历史发展以及佤族人文道德理念方面具有重要的学术价值。受现代生活方式的影响，司岗里活态传承链正面临断裂的危机，急需保护。

562 I-75

申报地区或单位：四川省美姑县

彝族克智

彝族克智论辩手（阿牛史日　摄）

彝族口头论辩克智是在婚礼、丧葬、节庆等集会场所由主客双方论辩手临场演述的一种诗体口承文学，是彝族民间语言艺术中内容最丰富、形式最灵活，最具知识性、趣味性、娱乐性、竞技性的表现形式。据文献记载，早在秦汉时期，彝族克智论辩歌场制度就已形成。

克智论辩的表现形态为甲乙双方论辩手说唱诗歌或辞赋，互相辩驳，谈古论今，获胜者往往“穷百家之词，困众人之辩”。克智论辩在四川凉山彝区流传至今，尤以美姑县保留最为完整。克智论辩内容十分丰富，涉及文学艺术、历史哲学、天文地理、伦理道德、农学医学、风俗礼制等各种知识。其辞以五言、七言为主，表现手法灵活多样，多用赋、比、兴，常见的修辞手法有比喻、排比、铺张、反复、顶针、粘连、夸张等。

彝族克智论辩手正在演述勒俄（阿牛史日　摄）

讲述克智文化（阿牛史日　摄）

民间收集整理的彝族克智文本（阿牛史日　摄）

克智论辩是彝族传统文化知识的集中体现，对于研究彝族社会文化史、思想史、音乐史、美学史、艺术史、论辩史等具有重要的价值。随着当今社会经济的发展和外来文化的冲击，彝族民众的婚姻观、价值观发生了很大的变化，彝族克智论辩传统正在迅速消亡，亟待保护。

彝族克智传授场景（阿牛史日　摄）

563 I-76

申报地区或单位：贵州省黔东南苗族侗族自治州

苗族贾理

贾理讲授使用的理片（吴佺新　摄）

苗族贾理传授场景（吴佺新　摄）

记录贾理内容的贾棒（吴佺新　摄）

苗族贾理是黔东南苗族地区经典的历史文化记忆集成，它集创世神话、族源传说、支系谱牒、知识技艺、原始宗教信俗、民俗仪礼、伦理道德、诉讼理辞和典型案例于一身，荟萃了苗族的原典文化，集中反映了苗族的精神情感和智慧意识。

苗族贾理内容丰富，如《浑水与蝌蚪》用童话般的形式告诉人们，风有时候会造成一个个小的不和谐，但如风不吹，严冬常在，那就是最大的不和谐，天下就要大乱，风吹是为了复归于和谐。《曼朵多》则以一例两条人命案的故事来启发、展示人们思想感情上更深层次的道德倾向与是非价值的判断。贾理是苗族言史述典的范本，也是苗族栽岩议榔、举行祭祀盛典和重大节庆活动的依据，更是苗族先民言行必遵的神圣准则，在传承固有文化、塑造族人性格、促成民族认同、增强内聚力、实现对苗族社区的有效管理、推动苗族社会的有序发展等方面具有极其重要的作用，在文化学、人类学、史学、哲学、宗教学、文艺学、语言学等的研究上亦具有宝贵价值。

20世纪50年代，通晓贾理的理老受到政治冲击，大多不敢收徒传授。目前懂得贾理的不过百余人，通晓贾理者寥寥无几，且多已年迈，苗族贾理濒危状况堪忧，亟待抢救。

564 I-77

申报地区或单位：青海省

藏族婚宴十八说

藏族婚宴十八说中的马说场景（曹卫国 摄）

藏族婚宴十八说是流传在青海省东部农业区藏族聚居地的一种民间口头文学。它伴随藏族婚俗而形成，具有丰富的民族文化内涵。

民间有一种说法——“婚宴进行十八昼夜，婚礼祝词有十八道程序”，即婚宴十八说的真实情况。婚宴十八说始终贯穿于婚礼之中，大多为说唱，都是即兴表演的，一般由十几人分阶段完成，有时则需要几天时间。藏族婚宴十八说的具体内容有：祭神、梳辫说、梳子说、哭嫁歌、出路歌、父母的教诫、马说、垫子、土地颂、房屋、茶、酒、婚礼宴说、系腰带、衣服、祝福、嘱托、吉祥。伴随着婚宴十八说，还有丰富多彩的歌舞活动和美味佳肴，以及艳丽而华贵的藏族服饰，场面热烈浪漫、庄重华丽。

藏族婚宴十八说在历史学、民俗学、民族学、语言文学等方面具有很高的学术研究价值，对丰富我国民族民间文化，提高人民群众的整体素质，促进社会发展具有非常重要的促进作用。随着藏族婚宴十八说赖以生存和发展的社会环境的变化，很多传统民俗活动呈现出日益衰微的趋势，婚宴十八说的展现平台越来越小，保护工作迫在眉睫。

565 I-78

童谣

北京童谣

闽南童谣

童谣指传唱于儿童之口的没有乐谱的歌谣，是流传于全国各地的一种由特殊群体念唱、传播，具有特殊意义的民谣种类。童谣在我国已有千年的历史，历朝官修正史及杂传、笔记、小说中不乏童谣的记录。童谣主要有书面、口头两种传承方式，其语言浅显易懂，内容朴实自然，是民间文学艺术的优秀代表。童谣中积淀了优秀的民族文化，蕴涵着丰富的教育内容。

童谣·北京童谣

申报地区或单位：北京市宣武区

北京童谣表现了各时期北京的城市性格和北京人的思想感情，承载着我国几千年的历史，感染渗透力强，是可挖掘、可借鉴的宝贵教育资源。

生动的童谣课（北京市宣武师范学校第一附属小学　提供）

吟唱北京童谣的孩子们（北京市宣武师范学校第一附属小学　提供）

北京童谣按内容可分为三类：第一类是长辈、父母为教育儿童而编唱的童谣；第二类是描述成人生活、情感、观念、见解的童谣；第三类是根据古代仪式中的惯用语或历史题材加工而成的童谣。童谣有多种表现形式，包括顶针格、串话、绕口令、谣谚格、摇篮曲、谜语格、连锁调、数数歌、问答歌、排比格等。在创作过程中要合辙押韵，包括双句押韵、句句押韵、每两句一押韵等押韵方式。如《东直门挂着匾》、《大头儿大》、《一园青菜成了精》、《过水面》、《风婆婆》、《金箍噜棒》等。

如今，北京童谣这种反映孩子们童真童趣、对无数人的成长产生过重要影响的文学样式正逐渐淡出孩子们的生活，千百年来一直为人们传唱的耳熟能详的童谣已开始为今天的孩子们所遗忘。必须立即着手保护、传承、发展北京童谣这一民族瑰宝，使之更好地为少年儿童的成长服务。

童谣·闽南童谣

申报地区或单位：福建省厦门市

闽南童谣是以闽南方言创作和传唱的儿童歌谣，流行于闽南、台湾地区和东南亚华侨华裔居住地，是历代闽南百姓根据儿童的理解能力、心理特点，用闽南方言复杂而富有音乐美的韵语和平仄节奏创作，并在传唱过程中不断修改、补充而形成的民间文学形式。

闽南童谣的起源、沿革没有详细的文字记载，但从福建地方典籍中看，唐代闽地的民间童谣《月光光》与今天闽南各地流传的同名童谣虽然文字上存在差异，但主题和结构十分相似，因此闽南童谣在唐代已经出现。明朝中叶以后，随着闽南人大批过台湾、下南洋，闽南童谣也随之传播到台湾、南洋。

小学生吟诵闽南童谣（福建省厦门市实验小学集美分校　提供）

闽南童谣按其内容可分为时政（如《拍日本》）、育儿（如《摇啊摇》）、游戏（如《拍手歌》）、动物（如《小蜜蜂》）、植物（如《果子歌》）、知识（如《一二三》）、民俗（如《围炉过年》）、趣味（如《阿不倒》）等类。按其形式则可分为摇篮曲（如《唔唔嘤》）、叙述式（如《和顺歌》）、问答歌（如《草蜢公》）、连锁调（如《白鹭鸶》）、谜语（如《一点一画长》）、绕口令（如《铜钉钉铜板》）等类。按表演形式又可分为念谣（即口头朗读或吟诵）、唱谣（将童谣配曲来唱）、戏谣（在做游戏时念童谣）、舞谣（边念童谣边舞蹈）等种类。

闽南童谣是一座丰富的知识宝库，是帮助儿童学习语言、认识社会、认识生活的重要手段之一。由于现代文化的冲击和方言的流失，闽南童谣正渐渐远离少年儿童，必须采取各种有力措施，做好闽南童谣的抢救和保护工作。

传承人正在录播《闽南童谣》节目（黄臻　摄）

传授闽南童谣（周莹　摄）

566 I-79

申报地区或单位：安徽省桐城市

桐城歌

老艺人演唱桐城歌（沈佳鸣　摄）

桐城歌演出（沈佳鸣　摄）

桐城歌是起源于安徽省桐城市的一种地方歌调，是劳动人民集体创作的一种韵文形式。明代桐城时兴歌（情歌）流布于湖北黄梅一带和江浙吴语地区，以独特的七言五句体式、婉转凝练的语言、优美动听的曲调著称，在流行地广泛传唱乃至刊布成帙。桐城歌是安徽歌谣盛行时期的主要民歌，其影响遍及湘、鄂、赣数省和浙西地区，对黄梅戏的形成和发展起到了积极的推动作用。

桐城歌是中国歌谣发展史上值得重视的文化现象，其歌体、艺术风格具有鲜明的地方特色。目前桐城尚有很多原生态歌谣资料有待发掘，不少濒临失传的桐城歌曲调和吟唱表演形式需要及时抢救与保护。

567 I-80

申报地区或单位：湖南省龙山县

土家族梯玛歌

土家族梯玛歌以歌舞贯穿始终（湖南省龙山县非物质文化遗产保护中心　提供）

梯玛歌是土家族长篇史诗，主要分布在湘西酉水流域的龙山、保靖、永顺和古丈四县。它以“梯玛日”仪式为传承载体，世代口碑相传，格局宏大，长达数万行。土家族梯玛歌集诗、歌、乐、舞为一体，表现开天辟地、人类繁衍、民族祭祀、民族迁徙、狩猎农耕及饮食起居等历史和社会生活内容。其唱述以土家语为主，属韵文和散文的综合体，具有很强的文学性。演唱有唱有吟，有对唱，有合唱，又以歌舞贯穿始终，因其主要舞具是铜铃，故亦称为“八宝铜铃舞”。梯玛歌有表有叙，亦歌亦舞，形态独特，具有珍贵的审美和文化价值。

如今能完整传唱土家族梯玛歌的老艺人已为数不多，这一古老史诗亟待抢救保护。

土家族梯玛歌唱述以土家语为主，文学性较强。（彭启洪　摄）

土家族梯玛歌亦歌亦舞，有唱有吟。（刘昌儒　摄）

568 I-81

申报地区或单位：广东省雷州市

雷州歌

演唱雷州歌（吴兆生　摄）

雷州歌主要流行于广东省湛江市雷州半岛使用雷州方言（属闽南语系雷州语支）的十个县（市）区，它记载了雷州人诞生、迁徙、劳动、生存的历史状况，在宋代即已见诸史书。其中的“姑娘歌”从明代开始已十分流行，笔试赛歌则从清代乾隆年间延续至今，现在社会上仍保存着一大批雷州歌册、歌集、歌榜、姑娘歌本及雷剧本。

雷州歌每首四句，每句七字，一、二、四句末字押雷州音韵，二、四句的第四字为阳平声，格律接近七绝，朗朗上口，又大量运用比喻、夸张、双关等修辞格式，结构严谨，平仄协调，韵律优美。雷州歌这朵南国艺苑奇葩是雷州人民智慧的结晶，它为研究和认识雷州政治、经济、文化及人文环境等方面的问题提供了宝贵资料。

受生活方式变迁影响，雷州歌的活态传承环境正在逐渐失去，迫切需要采取措施加以保护。

雷州歌传习场景（林艺　摄）

569 I-82

申报地区或单位：广西壮族自治区平果县

壮族嘹歌

壮族嘹歌演唱（农盛宏　摄）

壮族嘹歌演唱（潘玉曼　摄）

壮族嘹歌是著名的壮族长篇古歌，它在长期口头传诵后经壮族文人加工，用古壮字记录下来并在格式上作了适当规范，形成较为完整的歌谣集。壮族嘹歌全部用古壮字传抄流行，内容相对固定，反映了壮族劳动、生产、生活、爱情、婚姻、发展历史等方面的状况，主要流行于右江中游的广西壮族自治区平果县、田东县、田阳

壮族嘹歌演唱（农盛宏　摄）

青年对歌组合演唱壮族嘹歌（农盛宏　摄）

县和红水河流域的马山县、大化瑶族自治县以及属邕江流域的武鸣县境内，而以平果县为中心区域。

壮族嘹歌是一种经过加工的较为规范的格式化民歌，其传承以书写传承与口头传承相结合。壮族嘹歌用鲜明的艺术形象表达思想感情，在抒情的气氛中展开故事情节。其中蕴涵的基本词汇、构词方式、语法结构等体现出古壮语丰富的文化内涵，具有重要的民俗学和古文化研究价值。

如今壮族嘹歌的活态传承环境正面临着现代化生活方式的严峻挑战，危机日深，亟待保护。

570 I-83

申报地区或单位：新疆维吾尔自治区阿克陶县、新疆师范大学

柯尔克孜约隆

在庆祝诺鲁孜节的活动中演唱柯尔克孜约隆（新疆维吾尔自治区阿克陶县文化馆 提供）

柯尔克孜约隆是帕米尔克普恰克部落特有的习俗歌，它种类繁多，包括劝嫁约隆、迎客约隆、谜语约隆、对唱约隆、讽刺约隆、劝善约隆、弹拨约隆及女性约隆、男性约隆等。

帕米尔地区的任何群众性活动都少不了约隆歌演唱。被邀请的约隆奇（约隆传唱者）相当于今天的婚礼主持人，在婚礼中起着重要的作用。歌手们把婚礼盛况及对新郎新娘美好幸福生活的描绘等内容即兴编入约隆歌进行演唱，为婚礼增添了光彩和荣耀。歌手们还以劝善约隆的形式对新人进行善恶是非、同胞情谊、和睦友善、人格尊严等方面的教育和引导。对唱约隆歌中有提问与对答约隆，内容从日常生活、自然界延伸到关于宇宙的常识，包罗极广。约隆歌的即兴性很强，民间艺人传唱前人约隆时，也多采用即兴创作方式。

约隆歌承载着帕米尔克普恰克部落柯尔克孜族人民的口头艺术、文化传统和族群记忆，是珍贵的民间文学遗产。

身着节日盛装参加约隆演唱会的柯尔克孜族妇女（新疆维吾尔自治区阿克陶县文化馆　提供）

在婚礼上演唱柯尔克孜约隆（新疆维吾尔自治区阿克陶县文化馆提供）

参加柯尔克孜约隆演唱会（新疆维吾尔自治区阿克陶县文化馆提供）

571 I-84

笑话

万荣笑话

万荣笑话表演场景（山西省万荣县笑话研究会 提供）

万荣笑话相关出版物（山西省万荣县笑话研究会 提供）

笑话·万荣笑话

申报地区或单位：山西省万荣县

万荣笑话是流传于山西省的民间文学形式之一，万荣人以幽默、诙谐的性格演绎着对生活的理解与热爱，创造了为人所津津乐道的万荣笑话。

自明末清初以来，万荣民间创造、传播了众多的笑话，且不断加以丰富、完善。万荣笑话最大的特点是一个“挣”字，笑话中的主人公都有一股“挣劲”，表现为爱舌辩、讲偏理或处事执拗、倔强、争强好胜。诙谐、认死理、不服输、犟到底等表现手法构成了万荣笑话的突出特点，如《七个痴虫光知道吃》、《爸，回》、《门保险没不了》、《前面不下雨》、《咱下工了》、《扔夜壶》、《财主请高才》等。万荣笑话好笑，且富有哲理，它是民众生活智慧的集中展示，不仅极大地丰富了人们的文化生活，对于研究山西地域文化心理也具有重要的资料价值。近年来，由于老艺人相继谢世，加之现代传媒的影响，万荣笑话已濒临失传和消亡，亟待保护。

第二批国家级非物质文化遗产名录

传统音乐

572 II—73 陕北民歌
573 II—74 昌黎民歌
574 II—75 高邮民歌
575 II—76 五河民歌
576 II—77 大别山民歌
577 II—78 徽州民歌
578 II—79 信阳民歌
579 II—80 西坪民歌
580 II—81 马山民歌
581 II—82 潜江民歌
582 II—83 吕家河民歌
583 II—84 秀山民歌
584 II—85 酉阳民歌
585 II—86 镇巴民歌
586 II—87 嘉善田歌
587 II—88 南坪曲子
588 II—89 茶山号子
589 II—90 啰啰咚
590 II—91 爬山调
591 II—92 漫瀚调
592 II—93 惠东渔歌
593 II—94 海门山歌
594 II—95 新化山歌
595 II—96 姚安坝子腔
596 II—97 海洋号子
舟山渔民号子
长岛渔号
597 II—98 江河号子
黄河号子
长江峡江号子
酉水船工号子
598 II—99 码头号子
上海港码头号子
599 II—100 森林号子
长白山森林号子
兴安岭森林号子
600 II—101 搬运号子
梁平抬儿调
龙骨坡抬工号子
601 II—102 制作号子
竹麻号子
602 II—103 鲁南五大调
603 II—104 老河口丝弦
604 II—105 蒙古族民歌
科尔沁叙事民歌
鄂尔多斯短调民歌
鄂尔多斯古如歌
阜新东蒙短调民歌
郭尔罗斯蒙古族民歌
605 II—106 鄂温克族民歌
鄂温克叙事民歌
606 II—107 鄂伦春族民歌
鄂伦春族赞达仁
607 II—108 达斡尔族民歌
达斡尔扎恩达勒
罕伯岱达斡尔族民歌
608 II—109 苗族民歌
湘西苗族民歌
苗族飞歌
609 II—110 瑶族民歌
花瑶呜哇山歌
610 II—111 黎族民歌
琼中黎族民歌
611 II—112 布依族民歌
好花红调
612 II—113 彝族民歌
彝族酒歌
613 II—114 布朗族民歌
布朗族弹唱
614 II—115 藏族民歌
川西藏族山歌
玛达咪山歌
华锐藏族民歌
甘南藏族民歌
玉树民歌

615 II—116 维吾尔族民歌

罗布淖尔维吾尔族民歌

616 II—117 乌孜别克族埃希来、叶来

617 II—118 回族宴席曲

618 II—119 琵琶艺术

瀛洲古调派

浦东派

平湖派

619 II—120 古筝艺术

山东古筝乐

620 II—121 笙管乐

复州双管乐

建平十王会

超化吹歌

621 II—122 津门法鼓

挂甲寺庆音法鼓

杨家庄永音法鼓

刘园祥音法鼓

622 II—123 锣鼓艺术

汉沽飞镲

常山战鼓

太原锣鼓

泗泾十锦细锣鼓

大铜器

开封盘鼓

宜昌堂调

韩城行鼓

623 II—124 朝鲜族洞箫音乐

624 II—125 土家族咚咚喹

625 II—126 哈萨克六十二阔恩尔

626 II—127 维吾尔族鼓吹乐

627 II—128 洞经音乐

文昌洞经古乐

妙善学女子洞经音乐

628 II—129 芦笙音乐

侗族芦笙

苗族芒筒芦笙

629 II—130 布依族勒尤

630 II—131 藏族扎木聂弹唱

631 II—132 哈萨克族冬布拉艺术

632 II—133 柯尔克孜族库姆孜艺术

633 II—134 蒙古族绰尔

634 II—135 黎族竹木器乐

635 II—136 口弦音乐

636 II—137 吟诵调

常州吟诵

637 II—138 佛教音乐

天宁寺梵呗唱诵

鱼山梵呗

大相国寺梵乐

直孔噶举派音乐

拉卜楞寺佛殿音乐道得尔

青海藏族唱经调

北武当庙寺庙音乐

638 II—139 道教音乐

广宗太平道乐

恒山道乐

上海道教音乐

无锡道教音乐

齐云山道场音乐

崂山道教音乐

泰山道教音乐

胶东全真道教音乐

腊山道教音乐

海南斋醮科仪音乐

成都道教音乐

白云山道教音乐

清水道教音乐

572 II-73

申报地区或单位：陕西省榆林市、延安市

陕北民歌

演唱陕北民歌（陕西省榆林市文化局　提供）

演唱陕北民歌（魏小翎　摄）

陕北民歌是流行于陕西省北部黄土高原上的各类民间歌曲的统称。作为陕北历史上游牧文化与农耕文化长期融合的产物，陕北民歌形成时间较早，如民歌信天游即产生于周代中期，至汉代稳定成形，成为中国古老的民歌形式之一。

陕北民歌品类丰富，主要包括信天游、山曲、爬山调、船工号子、大秧歌调、旱船曲、酒曲、二人台、榆林小曲、清涧道情、传统小调及众多风俗歌曲等共两万七千余首。陕北民歌直接产生于日常的生产生活之中，与当地人的语音腔调、地域性格、生存环境、生活情感等联系紧密。它高亢粗犷、质朴率真而又委婉悠扬，展现出黄土高原独具的地域风格特点，既不同于关中、中原一带的民歌，又与草原民歌有所区别，像陕北民歌代表性的品种信天游“双句式、上下结构”的音乐形式就与其他地方的民歌形式截然不同。

土地革命、抗日战争和解放战争期间，陕北民歌起到了十分重要的作用。许多陕北革命历史民歌直接反映了中国革命斗争的历史，组合起来可以成为一部完整的革命史诗。陕北民歌具有极高的

自乐班弹唱陕北民歌（陕西省榆林市文化局　提供）

陕北民歌舞台表演（陕西省榆林市文化局　提供）

艺术价值和民俗文化、历史文化等方面的研究价值，其代表性曲目《东方红》、《兰花花》、《三十里铺》、《赶牲灵》等传遍大江南北，被大量改编移植，在新中国音乐史上占有一定的地位。

目前，陕北民歌在传承过程中出现了断层现象，老一辈民歌手日渐衰迈，年轻一代对这一传统音乐表现形式的文化认同感日渐衰弱，导致陕北民歌的传承发展受到阻碍。

民歌艺人在演唱陕北民歌（魏小翎　摄）

573 II-74

申报地区或单位：河北省昌黎县

昌黎民歌

演唱昌黎民歌《渔歌号子》（马霈　摄）

昌黎民歌是流传于河北省东北部昌黎县的一种民间小调，产生年代可以追溯到元代，至今已有七百余年的历史。

按演唱内容区分，昌黎民歌包括劳动号子、故事传说、爱情、生活四大类型，演唱形式则有秧歌调、单口唱和对口篇三种。县境内地区不同，民歌类型的分布也不一样。东部沿海一带盛行劳动号子，南部地区山歌以秧歌调为主，西部地区与评剧的发源地滦县交界，单口篇和对口篇相对较多。其中东部沿海盛行的渔民号子代表着昌黎民歌的主流，民歌老艺人大多出生在东部地区，以演唱渔民号子而闻名。

昌黎民歌以当地方言为基础，用“土嗓子”演唱，这种唱法需要准确掌握好卷舌音、嘟噜音、颤喉音、喉鼻音、补字音、滑音、装饰音、重尾音等八个环节的技巧。演唱时一般用二胡、扬琴、笙、琵琶、唢呐、笛子等民族乐器伴奏，如果是在村头院落演唱，只需一副竹板打唱或一把二胡伴奏即可。昌黎民歌的旋律以徵调式居多，其次是羽调式，宫调式较少，角调式最少，转调的曲子也较少，具有清新、优美、朴素的艺术风格。

昌黎民歌参加民俗文化节演出（茹子晏　摄）

演唱昌黎民歌《昌黎人儿好气派》（武志诚　摄）

演唱昌黎民歌《茉莉花》（马霞　摄）

昌黎民歌具有深厚的文化底蕴，是昌黎县民间艺术的瑰宝。长期以来，昌黎县文化馆曾多次组织大规模的调查采访工作，共搜集传统民歌155首、劳动号子7首、叫卖调5首、抗日民歌22首，先后加工整理出《拣棉花》、《茉莉花》、《绣灯笼》、《看小戏》等优秀作品。以曹玉俭为代表的民歌艺人表现出色，享誉一方。鉴于昌黎民歌的历史流传和发展状况，2000年，昌黎县被文化部命名为“中国民歌之乡”。目前，昌黎民歌知名艺人大多已超过60岁，喜爱民歌的人群也大都在中年以上，在此情势下，昌黎民歌的传承出现了很大困难，就连许多民歌世家也面临着断代的危险，急需采取措施加以保护传承。

574 II-75

申报地区或单位：江苏省高邮市

高邮民歌

演唱高邮民歌（王祥瑞　摄）

高邮民歌是流行于苏北里下河地区的一种民间俗曲，其词曲最早可上溯到古代“驱傩”表演中的“散鲜花”，元明时期这种民歌样式开始成形，并得到初步发展。清代至民国时期是高邮民歌发展的高峰，清末民初高邮诗人韦柏森作有《秦邮竹枝词》百首，其中“那如田父秧歌趣，齐唱家家隔垛多”的诗句即反映了当时高邮民歌空前流行的盛况。

高邮民歌大都是群众触景生情的即兴之作，内容十分丰富。按照题材划分，主要有劳动号子，包括数鸭蛋、打工、搬运号子和独具特色的高邮秧歌、车水、打硪号子、夯号子、牛号子等；有传授人生处世经验与生活知识的生活歌，如《劝夫莫赌钱》、《和字歌》等；有歌唱恋爱相思，表达男女情感的情歌，如《高邮西北乡》、《郎妹对歌》等；有记录各个时期社会状况的时政歌、革命斗争歌，如《齐心学文化》、《送夫参军》等。此外还有部分原始宗教与仪式歌谣。

高邮民歌演出场景（王祥瑞　摄）

民间歌手演唱高邮民歌（姚红兰　摄）

高邮民歌多采用“间白”、“对白”及“一领众和”的传唱方式，音乐以五声音阶和加清角或变宫的六声音阶为主，常有四、五、六度的大跳，“咿呀咳子哟啊哟”之类的衬腔、衬词较多，灵巧活泼、风趣俏皮，加之变化音、装饰音和衬腔衬字的巧妙安排，听起来旋律优美，情韵十足。高邮民歌艺人们继承了传统的演唱方法，使这种古老的民歌在新时代继续发挥着应有的作用。

高邮民歌融合了里下河地区稻作文化、水文化、鸭文化、渔文化等多方面的文化元素，具有民俗学、社会学、人类学等方面的研究价值。近年来，随着老民歌手的相继辞世，一些原生态演唱技法逐渐失传，大量情真韵美的高邮民歌正在悄然流逝，亟待抢救保护。

575 II-76

申报地区或单位：安徽省五河县

五河民歌

演唱五河民歌《花赞》（李同军　摄）

五河民歌主要流行于安徽省东北部淮河中游下段，它以五河为中心，传布到皖、苏两省的十几个县市及山东的部分地区。

五河民歌具有较为长久的历史，至明代达到兴盛。它种类繁多，曲目丰富，主要由小调、劳动号子、秧歌（田歌）三大类组成，据普查统计，共有民歌一百六十余首，其中以小调类的民歌最多也最具特色。

五河地处淮北、淮南、苏北交界之处，既受中原文化的影响，也为吴、楚文化所渗透，因此五河民歌既具备淮北侉腔侉调、粗犷豪迈的特点，又有节奏平稳、小波浪式的旋律线条，呈现出很强的抒情性，体现着刚柔相济的艺术特征。五河民歌的表演以演唱和白口为主，兼有独唱、对唱、说唱、小演唱等表演方式。调式多为徵调式，但有不少小调式在旋律中相互交替，如《四季颂淮北》开始是宫调式，后转入徵调式，最后一句却结束在羽音上，给人一种突如其来的新鲜感，这种丰

歌手演唱五河民歌《摘石榴》（曹亚洲　摄）

歌手演唱五河民歌《打菜苔》（李同军　摄）

富的调式色彩在五河民歌中形成了独特的风格。五河民歌原本以清唱为主，后逐渐发展成为有伴奏的演唱，伴奏乐器主要有二胡、唢呐、笛子、笙、梆子等。其中的二胡当地俗称“二蒙子”，系以蛇皮、黑鱼皮制成，也有用自制柳琴代替二胡伴奏的。

五河民歌有《摘石榴》、《打菜苔》等久唱不衰的代表作，在长期传承过程中出现了许多代表性艺人。作为淮河中下游地区民间音乐文化的杰出代表，五河民歌具有重要的地域文化和民间艺术研究价值。目前，受市场经济大潮的冲击，人们的价值观念发生了很大变化，包括民歌在内的诸多民间艺术举步维艰。五河民歌老艺人至今健在的仅剩几位，年龄均在八十岁以上，这种特点鲜明的民间艺术后继乏人，濒临灭绝，抢救保护刻不容缓。

576 II-77

申报地区或单位：安徽省六安市

大别山民歌

大别山民歌演唱场景（朱群　摄）

在安徽省六安地区，大别山纵横千里，淮河水穿境而过，流布在这一带的皖西大别山民歌因山而生，藉水而传，代代相沿，生生不息。

大别山民歌音乐与六安悠久的历史密不可分，它由上古时期的部落民谣发展演变而来，内容有反映古代社会历史的，如皋陶执法、大禹治水、楚汉之争等；有反映近现代革命、劳动、生活状况的，如辛亥革命、红军起义等；还有反映社会主义建设时期生活、生产及各个历史时期六安风土人情的，其中以《挣颈红》、《慢赶牛》等传统民歌和《八月桂花遍地开》、《送郎当红军》等革命民歌最有影响。

大别山民歌以山歌、茶歌、秧歌、排歌、小调、劳动号子为主，其曲调以山歌的粗犷豪放风格为主体，同时辅之以淮河流域小调、秧歌、门歌等的抒情悠扬。山歌的基本调式音域较宽，而小调音域则不甚宽。山歌旋律变化多端，以激昂呐喊为主，辅以舒缓的曲调；而小调节奏变化不多，有固定的模式，相对比较稳定。

演唱大别山民歌《站在高山唱山歌》（朱群　摄）

皖西大别山民歌在发展中汲取了通过水路传来的其他不同形式民歌的艺术因素，同时又不失自身的山歌特色。它通过历代不断的传唱记录了一些社会发展的历史印迹和地方民众的生活状况，具有较高的社会历史与民间艺术研究价值。大别山民歌有一批代表性的传承人。目前，随着社会的变迁和时间的流逝，老一辈歌手大多已不在人世，中年歌手忙于生计，少有传唱活动，即使有年轻人愿意传承大别山民歌，也往往因找不到第一手资料而无法学习。在此状况下，许多优秀的皖西大别山民歌濒临失传，亟待抢救。

演唱大别山民歌《盼郎归》（朱群　摄）

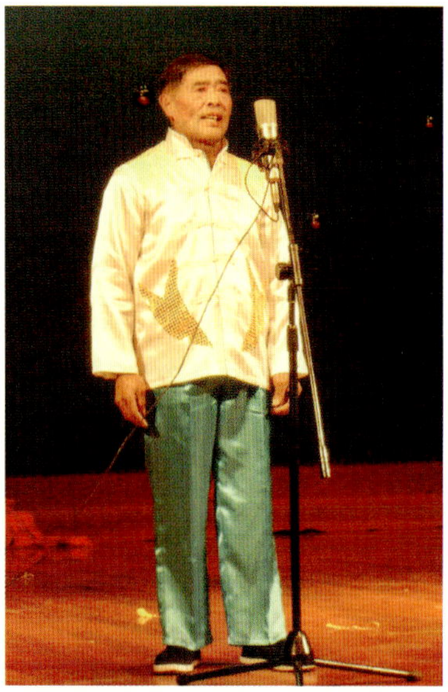

演唱大别山民歌《板栗树靠墙栽》（朱群　摄）

演唱大别山民歌《送郎》（朱群　摄）

577 II-78

申报地区或单位：安徽省黄山市

徽州民歌

民歌艺人在学校教唱徽州民歌（汪翔 摄）

徽州民歌起源于安徽省黄山市的屯溪、徽州、黄山三区和歙、黟、休宁、祁门四县，流传于古徽州范围内的绩溪、旌德、石台等县和邻省部分地区。

与全国其他地区相似，徽州民歌也是在先民的劳动生产中形成的，最早出现的应为劳动号子。除此以外，徽州民歌还包括山歌、小调、歌舞及部分佛教、道教歌曲。20世纪70年代末80年代初，徽州音乐工作者曾深入挖掘徽州民歌，整理出了大批优秀曲目，如《猜谜对歌》、《牧牛花鼓》、《小石桥》等。二十多年来，徽州民歌一批又一批展现在人们面前，受到普遍认可。

徽州民歌中的劳动号子，当地人习惯称其为"喊号子"，如歙县民歌中的抬杠号子、锯板号子，整首只有"咿呀嗬咳"四个字，音乐个性粗犷豪迈、坚定有力，散发着浓郁的生活气息。山歌的歌词常带有即兴创作成分，音乐节奏相对自由，音调悠长，多使用自由延长音。徽州民俗小调尤具特色，如《哭轿》、《接房》、《敬酒》、《交杯》、《撤帐》等歌曲与婚礼仪式密切配合，成套演唱，饶有兴味。作为徽州文化的产物，徽州民歌具有多方面的研究价值，可以为徽州社会历史、民俗及地域文化的发掘探讨提供鲜活的例证。

"首届徽州民歌大赛"现场（汪翔 摄）

目前，徽州地区能演唱原生态民歌的人越来越少，也没有演唱会之类的活动定期展示民歌艺术，部分年轻人甚至不知道当地民歌。在此状况下，徽州民歌面临失传的危机，迫切需要采取有效的抢救保护措施。

小学生在电台录唱徽州民歌（汪翔 摄）

演唱徽州民歌《小石桥》（汪翔 摄）

578 II-79

申报地区或单位：河南省信阳市

信阳民歌

民歌艺人演唱信阳民歌《一朵茉莉花》（易昌德　摄）

信阳民歌广泛流传于河南省信阳市境内各县区，而以商城、潢川、固始、新县、光山、罗山等县为主。作为中国汉族民歌的一朵奇葩，信阳民歌与中国民歌的发展历史同步。原始的信阳民歌源于劳动生活和祭祀等活动，经过长期的发展演变，至清末民国时期达到成熟和兴盛。

信阳民歌主要包括小调和劳动歌曲两大类型，又可细分为情歌、小调、叙事歌、仪式歌、号子、山歌、田歌、灯歌、会歌、儿歌、叫卖歌等十余个类别。其中小调、情歌多为无伴奏即兴演唱；灯歌、会歌往往以管弦或打击乐伴奏，常用乐器有唢呐、竹笛、笙、板胡、二胡、琵琶、扬琴、堂鼓、钹、大小锣等；水歌、打夯歌等劳动歌曲演唱时则多辅以劳动用具和其他相关器具。信阳民歌题材广泛，将历代的社会生活内容都涵盖在内，风格鲜明，影响深远。其曲式、调式丰富多样，旋律以民族五声调式为主，宫、商、角、徵、羽各调均备。有的歌曲还出现变宫、清角等音，构成六声、七声调式。

演唱信阳民歌（赵虹　摄）

演唱信阳民歌（赵虹　摄）

信阳地处河南南部，处于南北民歌过渡地带，这一特殊的地理位置造成信阳民歌兼具南北方民歌之长的特点，因而具有刚柔并济的艺术风格。这些民歌反映了信阳不同时期的社会状况，显示出独特的历史文化研究价值。目前社会生活方式的改变造成民歌生存环境日益窘迫的现状，导致民歌的娱乐和教育功能不断弱化，加上信阳当地大批民歌艺人相继辞世，传承乏人，古老的信阳民歌已呈岌岌可危之势，急需抢救保护。

579 II-80

申报地区或单位：河南省西峡县

西坪民歌

演唱西坪民歌（卫治安　摄）

西坪民歌是西坪群众集体创作、世代相传的一种民间音乐形式。西坪镇位于河南省南阳市西峡县西南边缘，西坪民歌即在这一区域内的木家岈、西岗、东官庄、操场、德河等二十个村落之间流传，影响及于豫、鄂、陕三边百公里的区域范围。

西坪民歌源于汉代，它在近两千年的历史进程中绵延不断，形成了独特的民歌体系。西坪民歌包括大对花、小对花、陪郎、留郎、拜年调、绣荷包、采茶曲、石榴烧火、四六句等三十多个调门，其中含有劳动歌、时政歌、仪式歌、情歌、生活歌、历史传说等各种题材的民歌近千首。西坪民歌的唱腔以真嗓为主，男声高亢质朴，女声柔美酣畅，既能抒情，又能状物，还能叙事，灵活自如，便于流传。

西坪民歌常常与花轿等民间艺术形式结合起来进行表演（卫治安　摄）

西坪民歌有独唱、二人唱、多人唱、合唱等多种演唱形式，打击乐、器乐均可用以伴奏，无伴奏也能演唱。此外，将演唱与高跷、花轿等众多民间艺术形式结合起来进行表演也是西坪民歌的主要特征之一。

西坪民歌流畅明快，富有地域特色，是当地多种艺术形式如彩云舞、采茶舞蝶、花轿、高跷、竹马等的重要组成部分，在西坪民众的文化生活中占有不可替代的位置，可以为民间艺术的研究提供重要参考。其代表性作品有《我在房中绣绒花》、《批花线》等。目前，西坪镇绝大多数民歌手已届古稀之年，无法继续演唱，西坪民歌后继乏人，濒临消亡，急需保护传承。

580 II-81

申报地区或单位：湖北省荆州市荆州区

马山民歌

演唱马山民歌《车水情歌》的女歌手（李先家　摄）

青年歌手演唱马山民歌《蛤蟆调》（李先家　摄）

马山民歌主要流传于湖北省荆州市西北部的马山镇，并以此为中心辐射到周边的纪南、九店、川店、李埠、八岭、观音垱、弥市等乡镇及与荆门市、宜城市、当阳市、枝江县交界的区域。

荆州马山民歌历史悠久，是古代民歌郢中田歌的孑遗。战国时代楚襄王当政之际，宋玉的《对楚王问》中曾以“客有歌于郢中者，其始曰《下里》、《巴人》，国中属而和者数百人”之语对郢中田歌进行了简要描述。其后，唐、宋、明、清各个时期都有关于郢中田歌流传状况的记载。马山自古以稻作农业为主，由此产生大量田歌，形成了栽秧、扯草、收割、打场时唱歌的习俗。在这些田歌中，“五句子歌”与一领众和的各种“穿句子”都极具地域特色，与史书记载的楚地“扬歌”、“郢中田歌”一脉相承。

马山民歌队在田间演唱（李先家　摄）

马山民歌手表演"车水锣鼓点"（李先家　摄）

马山民歌品类多样，曲调优美，风格独特，内容广泛，以爱情题材居多。在已搜集的142首民歌中，共有田歌七十余首，占50%以上，此外还有号子、小调、灯歌、儿歌、风俗歌和原始宗教歌曲等。田歌中的“五句子歌”又有“喊五句”、“穿五句”、“赶五句”之分，基本旋律大同小异，但曲体结构差别较大。流传最广的“喇叭调”、“伙计调”、“嗬嗬调”、“叮调”、“天天调”、“蛤蟆调”、“哦嗬调”等均采用一领众和、主句与穿句（衬词、衬句）结合的结构形式，呈现出独特的艺术价值，是民族音乐学研究的重要对象。

马山民歌旋律性很强，曲调多系“5、1、2”三音变化发展而成，演唱时以鼓、锣、钹、小锣、唢呐作为伴奏乐器，新中国成立后搬上舞台时又加入了二胡、扬琴、琵琶、竹笛等。

由于种种原因，荆州马山民歌目前已处于濒危状态，抢救保护工作刻不容缓。

演唱马山民歌（李先家　摄）

581 II-82

申报地区或单位：湖北省潜江市

潜江民歌

艺人演唱潜江民歌《南门街》（王军　摄）

潜江民歌是楚歌遗风的典型代表之一，主要流行于湖北省中南部的潜江市境内。早在周代，潜江民歌便归属于《周南》歌诗体系，位列十五国风之首，是雅乐、燕乐的主体；战国时期，屈原、宋玉作品中称述的《扬（阳）阿》也是潜江民歌；楚汉战争中的“四面楚歌”所唱的即是潜江的《鸡鸣歌》；汉代以“艳”为称的“楚歌”及魏晋的“西曲歌”中，潜江民歌都是不可或缺的重要组成部分。

潜江民歌与农事劳动联系紧密，因劳动区域的差别而分为两种不同的类型，呈现出“两块一线”的分布格局。“两块”的第一块为水田区，其民歌种类主要有栽秧歌、车水锣鼓、硪号子、坐丧鼓及小调、儿歌等；第二块为临近河堤区，其民歌种类包括薅草歌、打麦歌、小调等，而以各种打硪号子和搬运号子最为突出；“一线”指的是纵贯潜江以东全境的白田区一条线，其民歌种类以薅草歌、花歌子、打麦

民间艺人演唱潜江民歌《小放牛》（王军　摄）

村民在田间薅草时演唱《薅草歌》（王军　摄）

歌、小调、儿歌为主。除此以外，还有许多革命历史民歌，在潜江全境都有流布。

潜江民歌音乐以徵调式为主，大部分属于楚国古老的“三音列”民歌，常用的为徵三音列（1、5、2）、宫三音列（3、1、6）、羽三音列（1、6、3）和孪生三音列（6、5、2）四种形态，彼此之间相互渗透，使潜江民歌音乐变得更加丰富多彩。潜江民歌代表性的作品有《数蛤蟆》、《十许鞋》、《崔咚崔》等。

潜江民歌在传统音乐的研究中具有极其重要的意义，因潜江境内古河流“扬（阳）水”而得名的“扬（阳）歌”以《鸡鸣歌》为典型代表，具有楚风楚韵的美学特征，它以本（音）夹边（音）形式演唱，旋律大跳高达十五度以上，演唱难度极高。其中《薅草歌》旋律高亢优美，富有江汉平原淳朴的田园风味。由于种种原因，目前传唱潜江民歌的社会氛围正在消失，导致这一古老的民歌形式处于濒危境地，亟待抢救。

民间艺人演唱潜江民歌《坐丧鼓》（王军　摄）

演唱潜江民歌《飞硪号子》（田宜美　摄）

582 II-83

申报地区或单位：湖北省丹江口市

吕家河民歌

演唱吕家河民歌《对十花》（石则方 摄）

吕家河民歌流传于湖北省丹江口市吕家河村，这里几乎家家都有唱歌人，歌手遍布全村的山山岭岭。吕家河地处湖北、河南、陕西几省交界处，深受巴楚文化、秦楚文化及当地道教文化的影响，因而民歌在流播过程中形成了鲜明的个性特色。

吕家河民歌历史悠久，早在周宣王时即已广为流传。它分阳歌、阴歌和长篇叙事诗等几大种类，现在搜集整理出的吕家河民歌达五千多首，记录的曲调也有79种。阴歌又称“孝歌”、“丧歌”、“待尸歌”，可以分为歌头、劝善歌、翻田埂、还阳歌四大部分，它专用于丧事，一般在夜间演唱，所以也叫“夜锣鼓”。除阴歌外，其他民歌皆称“阳歌”。阳歌与日常风俗紧密相连，按其题材内容可分为喜庆歌、灯歌、劝酒歌、祝寿歌、劳动歌、儿歌等。长篇叙事诗是一种具备故事情节的唱本，主要作品有《龙三姐拜寿》、《梁山伯与祝英台》、《秦雪梅吊孝》等。这些歌可以作阳歌演唱，也可以作阴歌演唱，只要变换曲调即可。据初步统计，目前吕家河流传的长篇叙事诗在15部以上。

吕家河民歌中占绝对优势的是徵调式，其次是宫调式。旋律构成以五声音阶为主，戏曲调等极个别民歌为六声音阶。其中虽存在徵调式以“徵—羽—宫”和“徵—宫—商”两种“三声”、宫调式以“宫—角—徵”三声为骨干音的情况，却并不十分明显。在曲体结构方面，吕家河民歌以三句体为特色，三句体与四句体的作品数量大致相当。吕家河民歌的代表性作品有《闹五更》、《站花墙》等。

南北交融、东西荟萃的吕家河民歌内容广泛，体裁多样，唱腔丰富，表达方式灵活，其中含有秦腔楚曲的艺术因素，呈现出鲜明的地域特色，具有秦楚文化和中国民间音乐等方面的研究价值。目前，吕家河民歌发展陷于停顿，生存岌岌可危，亟待有关方面采取措施加以保护。

吕家河民歌表演场景（石则方　摄）

583 II-84

申报地区或单位：重庆市秀山土家族苗族自治县

秀山民歌

秀山民歌对歌演唱（重庆市秀山县文化广电新闻出版局　提供）

秀山民歌情歌演唱（重庆市秀山县文化广电新闻出版局　提供）

秀山土家族苗族自治县位于四川盆地东南外缘的渝、湘、黔、鄂四省（市）结合部，这里“处蜀僻远”，自古以来一直是“百里阻荒”之地，秀山民歌便在这一地区长期流传，其源头可追溯到上古时代的巴渝歌舞，历史十分悠久。

秀山民歌在发展过程中直接孕育了秀山花灯歌舞音乐，经初步普查，秀山民歌数量上千，单是秀山花灯歌曲就有二十四大调一千余首曲子。

秀山民歌可分为劳动歌、山歌、风俗歌、生活歌四大品类，以山歌《黄杨扁担》为突出代表。劳动歌包括薅草歌、船工号子、石工号子、农事歌，如《上田号》、《划船调》等；山歌包括对歌、盘歌、情歌等；风俗歌分为孝歌和婚嫁歌，如反映青年对封建包办婚姻不满情绪的《黄花草》等；生活时政歌包括一些反映现实生活的作品，如控诉旧社会抓兵罪恶的《抓壮丁》等。

演唱秀山民歌《黄杨扁担》（李祎　摄）

秀山民歌盘歌演唱（重庆市秀山县文化广电新闻出版局　提供）

秀山民歌抬工号子演唱（重庆市秀山县文化广电新闻出版局　提供）

秀山民歌属单声部民歌，多数作品节奏规整，绝大部分为徵调式，其次是羽调式、商调式和宫调式，还有少量的角调式。独唱、对唱时一般不用乐器伴奏，但薅草锣鼓表演时歌师傅需在锣鼓伴奏下对唱或轮唱。花灯歌曲的伴奏更为复杂，主要采用堂鼓、竹笛、大小唢呐、大筒等乐器，其中大筒系以蒙有蛇皮的竹筒配上竹竿材料的琴杆制成。秀山民歌中的衬词和衬腔很有特点，常用衬词如“吔哩吼”、“奴的娇”、“小情哥”、“哥呀哈里呀”等，风趣诙谐，地方性极强。除此以外，秀山民歌还特别喜欢用花来作衬字。衬腔的篇幅有长有短，运用方法也灵活多样。在长期流传过程中，秀山民歌培育出了许多优秀的歌手。

一曲《黄杨扁担》曾让秀山民歌唱遍大江南北，赢得广泛的声誉。这一古老的艺术形式蕴含了诸多湘、黔地域文化的因子，在地方历史和民间艺术发展史等方面的研究中具有重要的参考价值。目前秀山民歌后继无人，濒临灭绝，积极展开抢救保护工作已成为相关部门的当务之急。

584 II-85

申报地区或单位：重庆市酉阳土家族苗族自治县

酉阳民歌

民间艺人演唱酉阳民歌《薅草闹》（李化　摄）

酉阳土家族苗族自治县襟楚带黔，扼湘渝要冲，是民族文化的交汇区和渝东南民歌的发源地。酉阳民歌即是在武陵山区特殊地理环境中，苗、汉、土家各民族文化融合衍变的产物，其源头可追溯到上古时代的巴渝歌舞。

目前已挖掘到的酉阳民歌大约有一千七百多首，其中最有特色、最具音乐价值的是号子，以黑水号子、楠木号子和井岗号子为代表。黑水号子分下秧号、栽秧号、薅秧号等；楠木号子分起号、上田号、溜溜号、长号等；井岗号子分晨号、中午号、下午号、晚上号、煞号等。酉阳各乡镇为大山所阻隔，民歌虽是同源传承，却在封闭中各自发展，由此造成号子一方一调的状况，不同地区的民歌音乐风格同中有异、异中有同。各地号子的高腔旋律中都出现从低到高的音程大跳，演唱时高音延长，同时还会采用边音。楠木号子和井岗号子在高音处以邻音级进来变化旋律，使音调更为丰满。黑水一带的号子用自创的绕音唱法演唱（实际出现弹音效果）高音，并用循环换气法增强音乐色彩。这些号子的共同特点在于音乐中隐含着苗歌的飞歌元素，但去掉了贵州苗歌的降3滑音，而增添了土家族、汉族的音乐成分。如此形成的酉阳号子独特音乐表现出清新悦耳的风格，自然流畅，别具特色。

除号子外，酉阳民歌还有山歌、儿歌、祭祀歌等多种类型。其中山歌旋律优美，歌词可即兴发挥，演唱时如遇到对手，此落彼起，往往竟日不休。其代表曲目有《不要愁来不要焦》、《太阳去了坡背凉》等。

酉阳是民歌的海洋，每到传统节日，各乡镇都要举办赛歌会。土家族只有语言没有文字，所以酉阳民歌承载着当地的社会历史、天文地理、风俗民情、知识技艺等内容，为民俗学、民族学、艺术学及地方历史文化等多学科多方面的研究提供了第一手鲜活的资料。目前，酉阳地区会唱民歌的老人多已作古，古老的民歌传承乏人，亟待抢救。

585 II-86

申报地区或单位：陕西省镇巴县

镇巴民歌

演唱镇巴民歌《巴山酒歌》（陕西省镇巴县文化馆　提供）

镇巴县位于陕西省最南端，当地流传的民歌历史悠久，是数千年来镇巴人民创作积累的财富。其民歌内容丰富，现已搜集到四千余首。

镇巴民歌主要分为劳动号子、山歌、茅山歌、小调、民俗歌曲、祭祀歌曲等种类。其中劳动号子有两种：一是统一劳动节奏的号子，如拉石头号子、打夯号子等；二是调节劳动情绪的号子，如背二哥号子等，演唱时大多系即兴发挥，往往一领众和，别具声势。山歌以爱情题材居多，有独唱、齐唱、对唱等形式，男声多用高亢嘹亮的高腔演唱，也可用豪放雄壮、节奏自由的平腔演唱，女声则统一用平腔演唱，拖腔缠绵，委婉细腻，代表性曲目有《打仙桃》、《小小脚儿红绣鞋》、《太阳落坡四山阴》等。小调一般采用多段叙事形式，有完整唱本留传，其中有本有章的作品以《梁山伯与祝英台》、《十里亭》、《十想》、《十劝》等为代表。民俗歌曲主要在当地举行民俗活动时演唱，其中既有《哭嫁歌》、《娘训女》等婚嫁歌曲，又有“孝歌”等丧葬歌曲，还有“拜寿”、“修房造屋说吉利”之类用于寿庆、造屋等其他场合的歌曲。

镇巴民歌演唱（陕西省镇巴县文化馆　提供）

演唱镇巴民歌《哭嫁歌》（陕西省镇巴县文化馆　提供）

镇巴民歌多为单乐段结构，其调式结构以四声或五声徵调式居多，羽、商、宫调式次之。其旋律优雅朴实，歌词多用比兴手法，充满浪漫幻想。演唱孝歌时有伴奏，伴奏乐器包括别称“盆鼓”的自制羊皮鼓一个、大锣一面、云锣一面、镲一副。

镇巴民歌语言朴实简练，自然流畅，它不仅记录了当地的历史进程、生活情状、风土人情，还负载了宣传道德规范和普及劳动技能的任务，从而成为推广教化的重要工具。镇巴民歌在当地民间承沿不绝。目前镇巴演唱民歌的人日渐减少，传承中出现断层，急需投入大量人力物力进行修补。

镇巴民歌演唱（陕西省镇巴县文化馆　提供）

586 II-87

申报地区或单位：浙江省嘉善县

嘉善田歌

嘉善田歌演唱（周向阳　摄）

浙江省嘉善县位于长江三角洲的杭嘉湖平原上，世代相承的农耕文化孕育了当地特有的水乡民歌。嘉善民歌习称“田歌”，它原名“山歌”、“田山歌”，据明代冯梦龙所编《山歌》记载，嘉善田歌系从明代吴歌直接承继而来。20世纪50年代初期，新文艺工作者将这种民歌形式称为“田歌”，由此约定俗成，用为专名。嘉善田歌除在嘉善当地流播外，还传入江苏吴江、上海青浦等毗邻地区，影响广泛。

嘉善田歌的曲调共有平调、滴落声、急急歌、落秋歌、羊骚头、嗨罗调、埭头歌七种，前三种由一人演唱，后四种由多人演唱，其中包括“主头”、“卖”、“细腰”、“了稍”、“满棚叫”等不同方式的续唱、接唱、齐唱。这些曲调有一个共同的旋律特点，就是线条曲折较多，起伏较大，音调悠长而明亮。仅有四句的山歌往往要唱三五分钟，如在田头唱长篇，几种曲调轮换，则一个长篇即可演唱三四小时。嘉善田歌采用“接唱”的方式演唱，首先由甲唱第一句“主头”（实词），而后乙接唱“头卖”（虚词），甲再唱第三句“主头”（实词），丙接唱第四句“二卖”（虚词），如此绵延不绝，颇能引人入胜。

嘉善田歌普查现场（周向阳　摄）

嘉善县老田歌手演唱座谈会（周向阳　摄）

嘉善田歌以七言四句为基础，多用衬字衬词，由此形成独特的杂言和长言句式，词句中每每出现吴音俚语，尤擅长以谐音双关手法取胜。田歌的演唱场合和人数没有固定限制，一般比较自由，但民间“歌班”按规定却需由三人、五人、七人或九人组成，成员分工明确，互不相混。嘉善田歌风格清亮优美，富有江南水乡韵味，是江南地方文化中极具个性色彩的民歌品种。

嘉善田歌代表性的作品有《五姑娘》等。在古今吴歌文学发展演变、吴歌音乐状况等方面的研究中，嘉善田歌发挥着特殊的作用，提供了重要的参证。目前，嘉善田歌演唱者仅有五十多人，且大都年事已高，当地的田歌班也已残缺不全。嘉善田歌的发展传承陷入困境，急需加强保护。

587 II-88

申报地区或单位：四川省九寨沟县

南坪曲子

“南坪曲子六姐妹”弹唱南坪曲子（阳勇　摄）

四川省阿坝藏族羌族自治州九寨沟县原为南坪县，这里是汉、藏、羌、回多民族杂居区，东北部与甘肃毗连。据史料记载，清代雍正年间，大批陕甘移民迁入南坪，陕甘文化、巴蜀文化及各民族文化在此交汇融合，形成了独具地方特色的南坪曲子。

南坪曲子以当地汉语方言演唱，表演时基本采用弹唱的形式，主要以南坪琵琶伴奏，也常配以瓷碟、碰铃等打击乐器。

南坪曲子按其曲调结构和演唱风格可分为“花曲子”和“背工曲子”两部分，其中“花曲子”为短小精练的抒情性民歌，代表性作品有《采花》等。其结构多采用分节歌形式，有独唱、对唱、一领众和、齐唱等表现方式。它有“高腔”和“平调”两种演唱方法，“高腔”多用于男声，“平调”则男女皆可。“花曲子”节奏规整而又丰富多变，既有南方小调的平稳，又有北方小曲的活跃和跳荡，旋律酣畅流利，多为五声性，表现力很强。

四川省九寨沟县永丰乡村民弹唱南坪曲子（阳勇　摄）

农民弹唱南坪曲子（阳勇　摄）

"背工曲子"主要是演唱短、中篇故事的叙事性民歌，它有单曲体和联曲体两种结构。联曲方式有以某一曲牌作首尾，中间插入其他曲牌的，也有用不同曲牌联缀的。唱词多为长短句，文体包括叙事和叙事、代言结合两种类型。"背工曲子"的歌唱形式相对单一，仅有独唱和齐唱两种方式，演唱时男声均采用"高腔"。唱词吐字较重，节拍不甚规整，音域宽广，旋律跳动幅度大，带有很强的陈述性。其代表性作品有《盼红军》。

南坪曲子内容广泛，有爱情、农耕、历史传说等多种题材，在九寨沟历史文化、社会状况等方面的研究中有重要的参考作用。由于南坪曲子演唱难度较大，目前能比较完整地掌握其曲目和歌唱技巧的已不足三人，亟待采取保护措施。

妇女们自弹自唱南坪曲子（阳勇　摄）

妇女弹唱南坪曲子（阳勇　摄）

588 II-89

申报地区或单位：湖南省辰溪县

茶山号子

村民演唱茶山号子（黄长泽　摄）

湖南省辰溪县东与溆浦接壤，南与中方毗连，此地现有瑶民近四万人，主要居住在黄溪口瑶乡一带。广泛流传于瑶乡的茶山号子是瑶民在劳动生活中形成的一种民歌形式，承沿至今已有四百多年的历史。瑶民挖茶山时唱起这种劳动号子，能起到统一劳动节奏、鼓舞劳动热情的作用。

当众人挖茶山时，歌手在山顶敲锣打鼓，唱一阵茶山号子敲打一阵锣鼓，以鼓舞挖山人的干劲。有时则采用一人唱众人和的形式。茶山号子的旋律具有高亢跌宕、激越悠扬、奔放婉转的特点，其演唱技巧极难掌握。演唱者发音十分奇特，旋律进行一般在高音区，发出的声音连双唢呐也无法压倒，堪称一绝。

演唱茶山号子（向娟　摄）

茶山号子生动记载了辰溪境内瑶民的生产与生活状况，经过数百年的流传，逐渐成为当地人精神生活的重要组成部分。目前，随着社会经济的发展和传统劳动方式的改变，茶山号子的生存环境发生了很大变化，这一独特的民歌艺术形式后继无人，濒临失传，急需有关方面予以大力扶持，迅速展开抢救保护工作。

茶山号子赛歌会（黄长泽　摄）

民间老艺人演唱茶山号子（向娟　摄）

589 II-90

申报地区或单位：湖北省监利县

啰啰咚

村民演唱啰啰咚（项新建　摄）

啰啰咚是湖北省监利县流传的一种秧田号子。位于湖北省南部的监利县东临洪湖，南濒长江，自古属江汉楚地，习尚楚风，惯作楚声。啰啰咚的历史源头可追溯至春秋战国，可视为楚声的遗响，其接力式的传声唱法与《接舆歌》的接响传声十分相似。

啰啰咚主要演唱民间戏曲唱本，曲式结构具有复调音乐特色和“无伴奏自然和声”的特点，俗称“打和声”。演唱有头声、二声、三声之分，三声过后接以“掀蔸子”即合唱，进而达到高潮。啰啰咚音域宽广，旋律高亢，显示出一种原始的野趣。它属于楚商、楚徵体系的民歌，旋律以5、1、2为骨干音，同时还出现变化音“↓7”。

啰啰咚用监南方言演唱，其中保留了很多“下平声六麻”的楚韵古音。歌词按结构可分为“简单的一句子结构”和“较复杂的多段体结构”两种，而以第二种居多。这种结构形式博采口语，新颖别致，往往参差错杂，此起彼落，妙趣横生。

啰啰咚具有平原地区山歌的特点，节奏自由，旋律悠长。它以四、五度跳进为特征，句法先扬后抑，常在高音区运用富于色彩性的“偏音”。最早的啰啰咚秧田号子演唱中，以鼓作为唯一的伴奏乐器。发展到后来，演唱完全由发头音者统带指挥。

啰啰咚代表性的作品有《花啰啰咚》、《也啰啰咚》、《粗倒腿之歌》等。作为一种在长期农耕劳动中形成的民间艺术形式，啰啰咚具有鲜明的地域色彩和广泛的群众性，是楚文化研究的重要切入点之一。目前，监利地区能够演唱啰啰咚的老人相继去世，这一古老的民歌形式濒临消亡，对之进行抢救保护已是迫在眉睫。

农民边插秧边唱啰啰咚《自从盘古开天地》（朱本立　摄）

590 II-91

申报地区或单位：内蒙古自治区呼和浩特市、乌拉特前旗

爬山调

民间艺人演唱爬山调（内蒙古自治区非物质文化遗产保护中心　提供）

爬山调也称“爬山歌”、“山曲”，是流行于内蒙古中西部地区的一种短调民歌。爬山调的艺术风格源于古风，可以在《诗经》里找到源头，同时它也深受《敕勒歌》、《木兰辞》等北朝民歌的影响。爬山歌具体的产生时间可以追溯到清代乾隆、嘉庆年间，据记载，当时绥远城将军放垦土地，大量招集晋、冀、陕、豫等地的汉族移民。咸丰年间，连年的灾荒与战乱促使大批山西、陕西等地的汉民迁徙到大青山一带安家落户。移民们将各自家乡的民歌带到内蒙，通过长期的交流碰撞，最终形成了融合河北、山西、陕西、山东等地民歌特点，吸收蒙古、回、满等民族音乐元素的爬山调。

爬山调可分山区爬山调和平原爬山调两种类型，前者以武川为代表，后者以河套地区为代表。爬山调还有室内、室外之别，室外爬山调多由男性演唱，以劳动歌、社会歌、生活歌和爱情歌为主；室内爬山调多由女性演唱，以生活歌、爱情歌和恩怨歌为主。

爬山调唱词短小精悍，多用乡土方言重叠词，字数无定，虚实相间。音乐以徵调式、商调式和宫调式居多，大都采用两乐句的乐段结构，下句多是上句的变化重复。节拍以二拍子或四拍子为主，偶尔也能见到三拍子或变换拍子。除常见的五声音阶旋律以外，六声音阶甚至七声音阶的旋律在爬山调中也能见到。其艺术风格大都高亢粗犷、开阔奔放，善于运用比兴、夸张、排比等表现手法。

爬山调内容丰富，历史传说、民众生活、爱情歌咏、军民情谊等均是其常见的题材。其代表性曲目有《想亲亲》、《阳婆里抱柴瞭哥哥》、《大黑牛耕地犁黄土》等。在长期发展过程中，曾出现过许多优秀的爬山调演唱者。爬山调是蒙汉劳动人民共同创作的口头艺术形式，它为促进内蒙古地区民间文化的繁荣和各民族的团结发挥了重要作用。目前爬山调的生存环境正逐渐变异，许多优秀的爬山调歌曲已濒临失传，亟待整理保护。

民间艺人演唱爬山调（内蒙古自治区非物质文化遗产保护中心提供）

爬山调深受群众喜爱（内蒙古自治区非物质文化遗产保护中心提供）

爬山调演唱（内蒙古自治区非物质文化遗产保护中心　提供）

591 II-92

申报地区或单位：内蒙古自治区准格尔旗

漫瀚调

漫瀚调深受当地百姓喜爱（王美臻 摄）

漫瀚调流传于内蒙古自治区的准格尔旗，至今已有近百年的历史。清代末年，汉人大量涌入准格尔旗，这一区域迅即成为蒙汉混居地带。在长期共处的过程中，蒙汉两族群众在生产、生活和文化艺术等方面进行了广泛而深入的交流，漫瀚调即

漫瀚调演唱（王美臻 摄）

是在民间音乐交流中出现的，它以蒙古族短调民歌为母体，将汉族民歌融入其中，最终形成独特的音乐形式。

漫瀚调曲目繁多，现已收集整理出90支，按原调词意大体可分为思苦、歌颂、情爱、渴盼、哀怨、离愁、新声七种类型。漫瀚调属于民间小调，多在室内演唱，由笛子、四胡、扬琴等乐器组成的乐队伴奏，此外还用到梆子、四块瓦等打击乐器。与山歌体裁的民歌相比，漫瀚调具有较多的艺术加工成分，曲调流畅，表现力较强。

漫瀚调多由两个或四个乐句构成单乐段，属于简单的一部结构，具有完整性和周期性的特点。其调式有羽、宫、徵、商四种，而以羽调式居多，大约占到三分之一。漫瀚调的音阶跳动幅度大，六度、七度、八度的大跳表现尤为明显，用得最多的是九度、十度、十一度的大跳，有时还会出现十二度的大跳。漫瀚调音域宽广，既可以表达奔放激切的炽烈情感，也可以塑造舒展洒脱、深沉委婉的音乐形象。代表性作品有《大河畔上栽柳树》、《天下黄河九十九道湾》等。

从诞生至今，漫瀚调一直在准格尔旗各个时期的政治、经济、文化生活中起着重要的作用，要研究准格尔的历史，可将漫瀚调作为重要的观照对象。随着社会发展，漫瀚调的生态环境受到破坏，使其传承出现了严重断层。目前，对漫瀚调的认识还处于一个较低的层次，需要进一步加强整理、研究、保护工作。

漫瀚调演唱（王美臻　摄）

592 II-93

申报地区或单位：广东省惠州市

惠东渔歌

渔民在沙滩上演唱惠东渔歌（广东省惠州市非物质文化遗产保护中心　提供）

惠东渔歌是流传在广东省惠东县沿海地区的一种民歌。据记载，它在宋朝时传入惠东，至今已有近千年的历史。当地最原始的渔民称为“疍民”，又叫“后船疍民”，是古代南方百越族的一部分。他们长期过着海上漂流的生活，生产方式单一，生活十分枯燥，在此情况下，他们学会了以歌自娱，以歌解忧。

惠东渔歌有29个品类，其中最主要的是哦哦香调、啦打弟嘟弟嘟调、贤弟调、罗茵调等。它与其他民歌之间存在着很大的区别，限定由渔民在船上演唱，有独唱、齐唱等表现形式。渔民群居时往往以“答歌”为乐，“答歌”即“对歌”，或称为“斗歌”，徒口清唱，不用乐器伴奏。曲式结构多采用上下句形式，一呼一应，再长的歌词在曲调上也能反复往回，直至终篇。惠东渔歌的旋律咏叹性很强，音域不宽，乐曲短小，大多有衬词和各种形式的拖腔。其音乐以徵调式居多，有时会在五声音阶的基础上加入第六声（7）甚至第七声（4）作为经过音和一拖而过的装饰性旋律音。惠东渔歌的歌词深入浅出，语言淳朴，风格简练，内容均来自渔民生活，通过对人事、景物等的叙述来表情达意，给现代歌词创作以深刻的启迪。

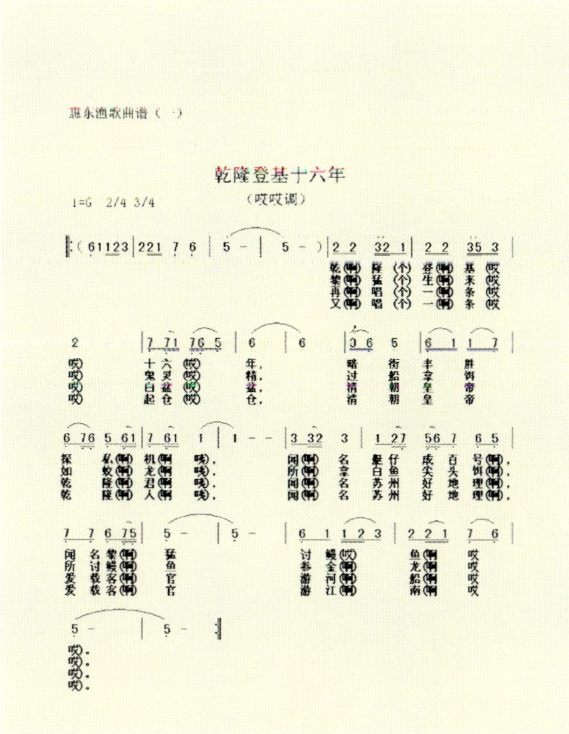

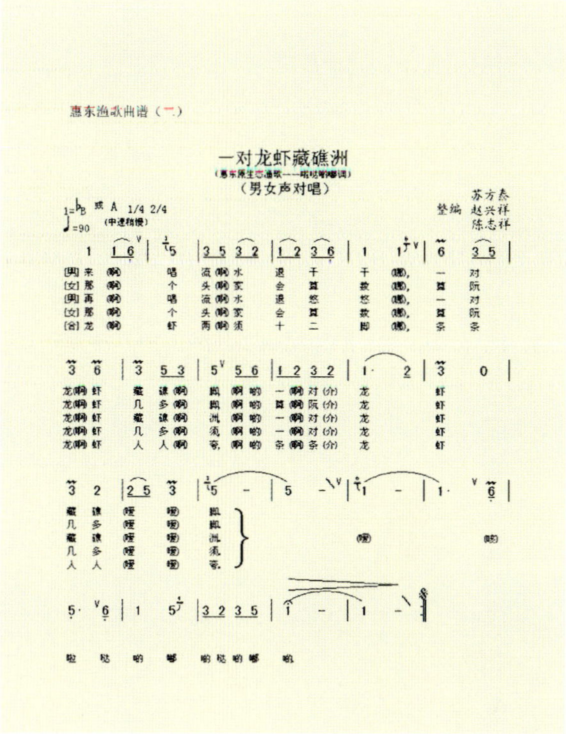

惠东渔歌曲谱（广东省惠州市非物质文化遗产保护中心　提供）

惠东渔歌曲调多样，旋律韵味独特，是广东沿海地区珍贵的民间艺术遗产，具有历史学、民俗学、民族音乐学等多方面的研究价值。大型歌舞剧《南海长城》以惠东渔村生活为表现题材，音乐素材则取自惠东渔歌，演出后深获各界好评。目前，在工业化、城市化进程的影响和外来文化的冲击下，惠东渔歌正逐渐为当地渔民所忽视。随着老年渔歌手的相继辞世，惠东渔歌承继乏人，濒临失传，急需抢救。

渔民在船上演唱惠东渔歌（广东省惠州市非物质文化遗产保护中心　提供）

593 II-94

申报地区或单位：江苏省海门市

海门山歌

传统海门山歌小戏《采桃》剧照（徐叶飞　摄）

传统山歌小戏《淘米记》剧照（徐叶飞　摄）

海门滨江临海，居于江苏一隅，它所在的陆地系由江中泥沙沉积而成，至清代乾隆三十三年（1768）才正式设县。当时，崇明、句容等地的大批农民纷至沓来，在海门地区围垦造田。他们带来了江南的方言和习俗，也带来了吴语山歌。经过长期发展，独特的海门山歌最终从劳动生活中脱颖而出，趋于定型。民国二十年（1931），管剑阁搜集整理海门山歌，辑成《江口情歌》，在文艺界引起轰动。新中国成立后正式成立了海门山歌剧团，使这种特色鲜明的地方民歌有了一个传承发展的专门机构。

海门山歌语言形象生动，音乐清纯甜美、悠扬婉转，可分为抒情山歌和叙事山歌两大类。抒情山歌又称"短山歌"，多系人们在劳动之中或劳动之余随口编唱的即兴山歌，有四、六、八句几种形式，句式以七字为主。叙事山歌又称"长山歌"，歌词往往长达数十句乃至数百句，有完整的故事情节和山歌调、对花调、佛祈调、游湖调、号子等演唱曲调，演唱时有独唱和对唱等表现形式。

海门山歌表现的内容极为丰富，几乎涉及社会生活的各个方面。其中有歌颂劳动、表现人民向往幸福生活的作品，如《打夯山

海门山歌演唱（徐叶飞　摄）

海门山歌《江海对歌》表演照（徐叶飞　摄）

歌》等；有歌唱爱情、表现青年男女执著追求纯真情感的作品，如《花望郎》等；有表现乐观主义精神的作品，如《我卖山歌勿要钱》等；还有反映劳动人民奋起反抗剥削者情形的作品，如《下遭头请我吃功夫》等。海门山歌在民间代代相传，承沿有序。

作为江海文化的表现形式之一，海门山歌与当地民众的生产生活有着密切的联系，方言学、民俗学、民族音乐学、历史学等专业的研究者都可从中找到珍贵的材料。农村中的海门山歌手数不胜数，能演唱上百首民歌者并不罕见。目前，随着岁月的流逝，老山歌手相继谢世，健在的已为数不多，传统的海门山歌渐趋衰落，亟待保护传承。

594 II-95

申报地区或单位：湖南省娄底市

新化山歌

油菜花开，山民一边劳动一边唱山歌（刘毅峰　摄）

新化山歌道具：九黎锣鼓（刘毅峰　摄）

新化县位于湖南省娄底市西部，这里原为少数民族聚居地区，是梅山文化的重要区域。经过千百年的民族融合，新化居民大多汉化，但仍保持着演唱山歌的习俗。源远流长的新化山歌是汉、瑶、苗等多民族文化融合的产物，它起源于先秦，兴盛于唐宋，经明清传承至今，长久不衰。

新化山歌句式长短有致，俚俗方言衬词较多，富于说唱风味。它可以分为高腔和平腔（低腔）两大类，高腔山歌主要流行于高山地区，音调高亢嘹亮，拖音较长，节奏自由，既有独唱，又有对唱。奉家山一带有一种“特高腔”的“呜哇山歌”，只有顶尖歌手才能演唱，唱时多用假声，故又称“尖嗓子”山歌。还有一种“滚板山歌”，起音也特别高，而且跳跃性很强，往往是一人起头众人和，最后以雄壮的“呵呵”声结尾，滚板行腔，气势磅礴。“溜溜山歌”在新化全县比较流行，因在每半句中间都要加上衬词“溜溜”两字而得名。低腔山歌多流行于丘陵平原地带，音调较低，拖音较短，也有独唱和对唱。

传统的新化山歌按内容可分为劳动歌、时政歌、仪式歌、陶情歌等。代表作品有《资水滩歌》、《闹洞房》、《峒事歌》等。有一首高腔山歌《神仙下凡实难猜》曾进中南海怀仁堂为毛泽东等中央领导人演唱，成为新化山歌最为著名的作品。

新化山歌全面而生动地反映了梅山地区的民俗和文化传统，是研究和了解湖湘文化及梅山文化的重要材料。目前，这种古老的民歌样式已处于濒危状态，抢救保护迫在眉睫。

八十多岁的山歌手演唱新化山歌（刘毅峰　摄）

595 II-96

申报地区或单位：云南省姚安县

姚安坝子腔

姚安坝子腔演唱（云南省姚安县文化馆　提供）

姚安坝子腔演唱（云南省姚安县文化馆　提供）

姚安坝子腔是云南省楚雄彝族自治州西北部特有的一种民间歌曲样式，主要流传于姚安县境内以汉族为主的村寨中，多在春耕栽种季节和秧苗拔绿时由汉族青年男女以对唱方式演唱。

姚安坝子腔历史久远，据传系明代洪武年间朱元璋平定云南后由中原传入，在发展过程中又不断与当地民歌小调相融合，逐渐趋于定型。它有上坝子腔和下坝子腔之分，上坝子腔中融入了山区彝族的情歌小调音律，演唱时声音圆润柔和，音律低沉优雅，俗称“小病腔”。下坝子腔声音高亢，音域在d1至a2之间，音符跳度大，音域宽广。姚安坝子腔的唱词分主词和副词两部分，两者在内容上区别较大，但在整个唱腔中与旋律又密不可分，互相衬托。副词又叫“垛板”、“垛叶子”，实际上就是演唱中的绕口令，它沿用了京剧、滇剧中的“垛板”，在“数”加“唱”时一气呵成，中间无半点停顿，要求演唱者具备音域高、口齿清、吐字好的技能。“垛板”演唱时，常将姚安坝子的村庄和地名数说在里面，前后贯注，饶有兴味，充分展现出演唱者的语言能力。

姚安坝子腔多在野外和田间演唱，演唱时以笛子、二胡和打击乐器伴奏，其代表性曲调有“十二属”、“十二月采花”、“猜调”、“数姚州”、“数地名”等。男女坝子腔对唱一般需用一个中午或一个下午，也有的连续演唱几天几夜，直到其中一方甘拜下风为止。姚安坝子腔长期在民间承沿不绝。

姚安坝子腔具有鲜明的民族民间传统文化特征，是彝族民歌形态及民俗文化研究的重要参考材料。目前能清唱传统姚安坝子腔者寥寥无几，这一民族民间艺术形式濒临灭绝，亟待抢救保护，发展振兴。

596 II-97

海洋号子

舟山渔民号子

长岛渔号

号子是中国民歌的一种重要类型，它产生于体力劳动之中，直接为生产活动服务，真实地反映着劳动状况和生产者的精神面貌。最初它只是自然的劳动呼号，以后逐渐美化成歌腔，具有了歌唱的艺术形式。

海洋号子是众多号子中的一种，主要流传在沿海地区。它以海洋劳作为主要内容，通常包括划船、撑篙、背纤、拉篷、起锚、拉网等多种号子样式，演唱者多系专事捕捞、驾船的渔民。

海洋号子·舟山渔民号子

申报地区或单位：浙江省岱山县

舟山渔民号子是浙江舟山群岛渔民船工号子的总称，在当地渔民船工的劳动过程中产生了最初的渔民号子，后经世代积累传承，形成了一个完整的海洋民歌体系。舟山渔民号子在浙江乃至国内沿海地区的民间劳动号子中具有很强的代表性，《中国民间歌曲集成》（浙江卷）和《中国渔歌选》均有记载和收录。

舟山渔民号子演唱（包丽霞　摄）

舟山渔民号子：溜网号子（包丽霞　摄）

舟山渔民号子：号子串烧（包丽霞　摄）

据考证，舟山渔民号子约形成于唐宋时期，清代康熙朝至民国的两百多年间趋于兴盛。直至新中国成立后的六七十年代，舟山渔民号子仍保持着兴旺的势头。渔业运输的发达促进了渔民号子的传播，使之扩大辐射到东南沿海各地，影响及于整个东海区域。

舟山渔民号子按照渔业劳动的程序可分为起锚号子、拔篷号子、摇橹号子、起网号子等二十多种，按照具体的劳动作业特点又可分为手拔类号子、手摇类号子、手扳类号子、测量类号子、牵拉类号子、抬物类号子、敲打类号子、肩挑类号子、吊货类号子、抛甩类号子等，按操作所需力度的大小又可分为大号和小号两种类型，各类号子之间并无严格界限，往往可以灵活通用。与浙江沿海其他地区的渔民号子相比，舟山渔民号子种类相对齐全，曲调粗犷优美，体现着鲜明的海洋文化特征，具有独特的海洋民俗研究价值。舟山渔民号子是当地渔民船工生产生活的重要内容之一，有着坚实的群众基础，在民间长久流传不衰。

目前，由于机械化捕捞方式替代了传统的渔业手工捕捞作业，渔民号子已失去原有的生存环境，发展停滞，传承者锐减，处于濒危境地，急需抢救。

海洋号子·长岛渔号

申报地区或单位：山东省长岛县

长岛亦称“庙岛群岛”，它纵贯渤海海峡，地理位置正当黄渤海交汇处。长岛县隶属烟台市，是山东省唯一的海岛县。长岛渔号源于砣矶岛，至今已有三百多年的历史。在依靠风帆行船的时代，长岛渔号成了一种海上生产的“渔令”，广泛流行于渤海和北黄海沿岸。

长岛渔号可分为上网号、竖桅号、摇橹号、掌篷号、发财号（廷鲅号）等八个主要类型，此外还有拾锚号、拉船号等。所有渔号基本都无唱词，而以虚字为主，个别地方虽有唱词，也反映不出完整的内容。

长岛渔号词句简单，语调粗犷豪放、坚定乐观，以吆喝、呐喊、领和叫唱等方式表现，不采用任何乐器伴奏。渔号的领唱者俗称“号头”，一般由富于经验的闯海者担任，领号时有轻有重，有长有短，或间歇，或急促，都要与劳动节奏相吻合。当地渔民视渔令为军令，和号时十分认真，应和的句头紧咬着领号的句尾，严格配合领号的腔调与情绪，讲究和得及时，答得协调。整个长岛渔号

耄耋之年的砣矶渔民喊起当年的渔号（杨志常 摄）

在半月湾演唱摇橹号的老渔民（袁克廷 摄）

演唱过程中，领者胸有成竹、气宇轩昂，和者齐心协力、众志成城，一领一和，一呼一应，音程八度大跳，句头句尾紧紧咬合，显现出巨龙闹海的气势，使人充分体会到渔号的凝聚力、向心力和权威号召力。长岛渔号是当地渔民在长期海上劳动过程中创造的杰出民间艺术，它体现着黄渤海地区海洋文化的特性，具有民俗学、社会学等方面的研究价值。长岛渔号在当地渔民中普遍流传，影响广泛。

目前，社会生产方式的变化和大批老渔民的谢世导致长岛渔号的传承发展出现严重危机，这一宝贵的海洋民歌艺术几乎销声匿迹，抢救保护刻不容缓。

江河号子

597 II-98

黄河号子
长江峡江号子
酉水船工号子

江河号子是指长江、黄河及其支流上船工们所唱的各种号子，江河之中水急弯大、地貌复杂的航段，行船极为困难，只能靠船工拉纤前行。船工号子也就随之丰富起来。根据行船状态的不同，江河号子可以分成多个类型，其中既有轻松的“下水号”，又有舒缓的“平水号”，更有高度紧张、近于呼喊的“上水号”和“拼命号”。

江河号子·黄河号子

申报地区或单位：黄河水利委员会河南黄河河务局

自古以来，黄河洪泛不断，中华民族先民在与洪水抗争的过程中，为了更好地协作，逐渐形成有一定节奏、一定规律、一定起伏的声音，这就是最早的黄河号子。黄河号子在祖先的“杭育杭育”声中诞生，经过五千年的发展完善，在沿黄地域形成各种不同的类型，如抢险号子、夯硪号子、船工号子等。其中抢险号子又分骑马号、绵羊号、小官号、花号四种，主要用于打桩、拉骑马、拉捆枕绳、推枕等。夯硪号子也有许多种类，主要包括老号、新号、预备号、缺把号、紧急风、板号、大定刚号、打丁号、重叠号、二人对号等。

黄河号子：土硪号子（苏自力　摄）

黄河号子：搂厢号子（苏自力　摄）

黄河号子有领唱、齐唱等演唱方式，它曲调高亢激奋，节奏沉稳有力，调式调性变化频繁。在相对舒缓的劳动中，号子的“领句”、“和句”较长；而在较为紧张的劳动中，“领句”、“和句”都十分短促。多数时候，“和句”都是在“领句”唱完后接唱，但也有“和句”在“领句”结束前就进入的情况，此时两个声部构成重叠。紧张的劳动、沉重的负荷使黄河号子形成了以吆喝、呐喊方式演唱的特点，号子也就在黄河边民众一代代的吼唱中延续下来。

中华民族的母亲河黄河孕育了五千年的华夏文明，留下无数珍贵的非物质文化遗产。黄河号子是黄河的魂，也是中华民族的根，在黄河文化中占有极其重要的地位。目前，随着机械化的发展，黄河沿岸的生产方式发生了极大改变，与农耕时代劳作技艺联系在一起的黄河号子发展停顿，传承乏人，现在掌握号子的人已多是八十岁上下，记忆清晰者寥寥无几。黄河号子正面临失传的危险，亟待保护。

江河号子·长江峡江号子

申报地区或单位：湖北省宜昌市夷陵区、伍家岗区、巴东县、秭归县

长江三峡一段俗称“峡江”，其中以西陵峡最为险峻，而西陵峡的险峻又以流经秭归的一段为最甚。这里江面狭窄，水势湍急，暗礁险滩比比皆是。两千多年来，巴楚船工在此劳动、生活，形成了抒发胸襟的船工号子。在湖北号子类民歌中，以峡江号子为最具特色和代表性。

长江峡江号子现存126首，其中船工号子94首，包括拖扛、搬艄、推桡、拉纤、收纤、撑帆、摇橹、唤风、慢板等九种号子；搬运号子32首，包括起舱、出舱、发签、踩花包、抬大件、扯铅丝、上跳板、平路、上坡、下坡、摇车和数数等号子。

长江峡江号子以高亢、浑厚、雄壮、有力为特征。音乐旋律与内容融为一体，音调多与语言声调结合，它行腔自由舒展，节奏、速度视具体活路即演唱时所从事的劳动而定。峡江号子行腔中以“腔旋律”居多，也有“韵调旋律”，带有古老的徵羽乐风。其表现形式多为一领众和，领唱者有一整套适合各种行船活路的曲目，有时还会根据具体状况和需要即兴编唱几句行船“行话”以指挥劳动，如起航前喊“活锚号子”，平水时哼“摇橹号子”，顺风时叫“撑篷号子”，等等。长期以来，峡江号子一直在峡江船工中承沿不绝。

长江峡江号子是劳动群众集体创造的生命乐章，它成为峡江地区最富凝聚力、最具标志性的一种文化符号，显示出独特的民俗学、音乐史及地方历史文化研究价值。目前，由于交通运输工具和劳动方式的改变，加上长江三峡已建坝蓄水，长江峡江号子逐渐失去了以往的实用性，发展停滞，后继无人，急需组织力量抢救保护。

船工齐唱长江峡江号子（湖北省宜昌市夷陵区非物质文化遗产保护中心　提供）

船工齐唱长江峡江号子（郑定荣　摄）

唱着长江峡江号子的纤夫（郑定荣　摄）

江河号子·酉水船工号子

申报地区或单位：湖南省保靖县

流经湘、鄂、渝、黔四省市边界的酉水是土家族的母亲河，在其流域范围内是中国土家族最大的聚集地区。旧时这里的土家族有很大一部分亦农亦船，在行船过程中逐渐形成了酉水船工号子的特殊歌唱形式，以协调船工动作，统一节奏，调节劳动情绪。

酉水船工号子历史悠久，内容丰富，曲调高亢婉转，领唱伴唱配合默契，带有浓重的土家族音乐特色。其演唱形式主要包括行船的桨号子、橹号子，岸边号子及晚间休闲民歌坐唱等几种。桨号子、橹号子采用一人领唱、众人伴唱的表现形式，桨号子一般在风平浪静的河面上演唱，给人以悠闲、轻松的感觉；橹号子多由船工即兴编唱，往往采用讽刺、夸张、比喻等手法，旋律性不强。岸边号子包括船工齐唱的纤号子和装卸号子等，纤号子系行船遇上险滩，上岸拉纤时所唱。装卸号子系船靠码头，船工上货、下货时所唱。船工在晚间船靠码头、居于船头休闲或上岸上茶馆时会唱一些土家族山歌及民间小调，代表性的曲目有《老司歌》、《篙号子》、《桨号子》、《橹号子》、《纤号子》、《装卸号子》、《大河涨水小河满》、《龙船调》等。酉水船工号子与土家族船工的生产劳动密不可分，一直在当地民间传沿不绝。

酉水船工号子最初用土家族语言演唱，其内容涵盖了土家族的人文历史、地理风貌、原始宗教信仰、生产生活等多个方面，在土家族的民族文化研究中具有不可替代的重要价值。目前，酉水流域已没有固定的船工，酉水船工号子的传唱范围相应缩小，正逐渐从当地社会生活中消退。如不及时保护抢救，这一富有民族特色的民间音乐形式将不再有生存之地。

酉水船工在撑篙时喊唱《篙号子》（彭秀连 摄）

工人在搬运货物时哼唱《搬运号子》（彭壤图　摄）

在摇橹时喊《橹号子》（彭壤图　摄）

纤夫喊唱《纤号子》（彭秀莲　摄）

598 II-99

码头号子

上海港码头号子

码头号子主要流传于码头及货场，在船舶装卸和货物抬扛、推拉等相关的劳动中演唱。这类劳动需要工人承重行进，由此造成号子节奏鲜明短促、曲体短小单一的特点，唱词也多是无实际意义的呼喊性感叹词。码头号子种类繁多，如大连、天津、青岛、上海、广州诸码头的起重号、上肩号、扛包号，四川成都的板车平路哨子，天津的推车号，安徽的板车号等，地域不同，风格特色也不尽一致。

码头号子·上海港码头号子

申报地区或单位：上海市浦东新区、杨浦区

1870年以后，伴随着旧上海“远东航运中心”地位的确立和工业城市的发展，上海码头的货物吞吐量急速扩张。在繁重的体力劳动中，码头工人创造了独特的上海港码头号子。出现在沿海都市港区的上海港码头号子与内地建筑、农渔类的号子迥然不同，显示出五方杂处、多元并存的包容性。上海港码头工人来自全国各地，由于各地方言语音的差异，他们所唱的号子也分出了不同的流派风格，其中以苏北号子和湖北号子最为普及也最具代表性。

码头号子演唱（上海市浦东新区非物质文化遗产保护分中心　提供）

高亢的码头号子（上海市杨浦区非物质文化遗产保护分中心 提供）

出场喊号（上海市杨浦区非物质文化遗产保护分中心　提供）

码头号子演唱（上海市浦东新区非物质文化遗产保护分中心　提供）

上海港码头号子因所装卸货物、搬运路线及搬运方法的不同而分为四大类九个品种，主要包括搭肩号子、肩运号子、堆装号子、杠棒号子、单抬号子、挑担号子、起重号子、摇车号子、拖车号子等。其节拍变化多样，每一类每一种号子都各具特点。由于号子演唱者都是男性，因此音域宽广、嘹亮，尽显阳刚之美。

现代著名音乐家聂耳曾在上海港码头与搬运工人一起劳动，在此过程中收集素材创作了脍炙人口的《码头工人歌》。新中国舞台上的淮剧《海港的早晨》和其后改编的京剧《海港》中，很多音乐和唱段都是吸取上海港码头号子的原生态素材创作的。

上海港码头号子记录了上海开埠到20世纪60年代一百多年间码头工人的生存状态，具有特殊的历史研究价值，同时也为传统民间音乐的研究提供了重要材料。目前，随着时代的变迁，码头号子已淡出上海的城市生活，越来越不为人所知。在此情势下，有必要采取一定的措施，对别具特点的上海港码头号子进行抢救保护。

599 II-100

森林号子

长白山森林号子

兴安岭森林号子

森林号子是林区伐木工人在伐树、运木、垒木等劳动中所唱的号子，主要流传于东北长白山、大小兴安岭及西北、华南各大林区。它因劳动方式不同而形成多种名目，如长白山区的运木号子就有蘑菇头号、大掐子号、拽大绳号、嘹号、瓦扛号、流送号等。华中、华南各林区还有一种“排筏号子”，是工人们将“木排”放入江流时所唱的一种号子。由于森林作业劳动强度大，危险性高，所以号子也相应形成高亢粗放、气势豪迈、压倒一切的风格特色。

森林号子·长白山森林号子

申报地区或单位：吉林省文学艺术界联合会民间文艺家协会

长白山森林号子是吉林省长白山区伐木工人抬运木头时所唱的一种民歌，千百年来它与森林和采伐劳动相伴，一直流传在长白山森林中。这种号子演唱时，由抬运木头的领首“杠子头”领唱，其余人接唱，以达到统一劳动节奏、提高劳动效率的目的。

长白山森林号子按其功用可分为串坡号子、归楞号子、上跳号子、拽大绳号子等多种，演唱中以起号和接号最具特色。每首号子每个号子头的起号声调特别重要，民间称之为“甩”。“甩”声的大小、高低、粗细、强弱决定着其他接号者抬木的精神气力、步伐步态及对运送距离和时间的掌握。“甩”有“上甩”、“下甩”之分，“上甩”即音的收尾向上挑，意在告诉接号者往上使劲，“下甩”则与此相反。

长白山森林号子节奏清晰，旋律优美，具有独特的腔调和浓郁的韵味，听起来振奋人心。在长期发展过程中创生出许多号子音律的代表作，如《老母猪哼哼》、《老太太调》、《蛤蟆调》、《十八挂》等，还孕育出许多优秀的演唱者。

长白山抬木号子真实记录了这一地区开发进程中的生活形态，展现了当地劳动群众天才的文化创造力，为东北地方文化的研究提供了重要材料。近年来，由于机械化程度的提高和森林停采政策的实施，加上民间艺人逐步老化，传承了千百年的森林号子在长白山区逐渐走向衰落，传承乏人，濒临灭绝，急需抢救。

长白山森林号子是伐木工人抬运木头时唱的民歌（曹保明　摄）

工人唱着森林号子抬运木头（曹保明　摄）

在抬运木头时唱森林号子能起到统一劳动节奏、提高劳动效率的目的（曹保明　摄）

森林号子·兴安岭森林号子

申报地区或单位：黑龙江省伊春市

兴安岭森林号子是在松花江流域运送木材时演唱的一种民歌形式，广泛传布于黑龙江省的大兴安岭、小兴安岭地区。新中国成立后，集中开发东北林区，林业工人全力投入生产，用号子来统一抬运木头的步伐，帮助完成装车、归楞、运输等作业，由此形成了系统化的兴安岭森林号子，在东北特别是伊春林区广为流传。

兴安岭森林号子曲调起伏跌宕、粗犷豪放，具有典型的东北民间音乐特点，大致可分为伐木号子、抬木号子、滚木号子、流送号子等类型。其中伐木号子较为简单，只有“顺山倒”、“上山倒”、“下山倒”、“横山倒”四句。抬木号子分为大掐子号、蘑菇头号、拉鼻子号、哈腰挂号等，主要用于平地运木、归楞等劳动。滚木号子分为拽大绳号、瓦扛号、了号和吆咿三号等，流送号子则分为拉羊拽号、拆垛号、洋工号、羊工号、山字号等。20世纪中叶，兴安岭森林号子在当地林区的生产实践中发挥了统一步调、促进生产、增强凝聚力的作用，成为林区劳动群众的精神象征，具有森林文化及民族民间音乐等方面的研究价值。

随着林业生产的机械化和木材资源的锐减，兴安岭森林号子的种类也越来越少，目前流传在伊春林区的森林号子只有哈腰挂号、拽大绳号等几种。兴盛了近一个世纪的兴安岭森林号子已处于濒危状态，亟待保护。

唱着哈腰挂号劳动的伐木工人（王长印　摄）

伐木工人唱着蘑菇头号抬运木头（王长印　摄）

600 II-101

搬运号子

梁平抬儿调

龙骨坡抬工号子

搬运号子是在人力装卸、挑抬、推拉货物等重体力劳动中形成的一种民间歌曲形式，在集体性的运输劳动中，它可以起到统一步伐、调节呼吸、振奋情绪的作用。搬运号子大多没有固定唱词，往往一领众和或领和交叠，形成多声部的歌唱形式。

搬运号子·梁平抬儿调

申报地区或单位：重庆市梁平县

梁平抬儿调是流传于重庆市东北部梁平县境内的一种民间音乐形式，它产生于日常的生产劳动和民俗活动中，具体形成时间今已无从考证，但根据各方面状况判断，其发展历史应不少于五百年。

唱着“踏脚调”的抬工（蒋胜兵、张和平　摄）

梁平抬儿调是抬工缓解疲劳、协调步伐的方式（蒋胜兵、张和平 摄）

抬工唱着"踏脚调"走在乡间小路上（蒋胜兵、张和平 摄）

梁平抬儿调最初以一种劳动号子的形式存在，唱词通俗诙谐，音律畅快简洁，易于流传。经过几百年的发展，它逐渐成为一种民间哼唱的音乐形式。按功用分，梁平抬儿调包括三大类型的曲调：一是从事劳动、抬运重物时吼唱的"踏脚调"，它有吼有唱，欢快高亢，词句风趣幽默，是梁平抬儿调中流传最广、使用最多、内容最丰富的一种；二是抬花轿时采用的"四轿调"，它只吼不唱，但吼中仍有简洁的音律；三是抬送棺木时吼唱的"龙杠调"，它又叫"上山调"，有吼有唱，风格苍凉忧怨。除"四轿调"以外，梁平抬儿调的唱词一般为四句或八句，也有少数采用六句的，第一、二、四句押韵，第三句可押可不押。此外，梁平抬儿调还可以即兴编词，这大大增强了演唱的针对性。

梁平抬儿调既是抬工生产劳动过程中缓解疲劳、协调步伐的方式，也是当地民众生活中一种重要的娱乐形式，具有民俗学、民族音乐学等许多方面的研究价值。在长期流传过程中，梁平抬儿调的优秀演唱者不断涌现。

目前，先进生产工具的普及改变了旧时肩挑背磨的传统生产方式，在此情势下，梁平抬儿调逐渐失去了以往的生存环境，发展受阻。随着老抬工的相继离世，梁平抬儿调正面临彻底消亡的危险，保护传承工作迫在眉睫。

搬运号子·龙骨坡抬工号子

申报地区或单位：重庆市巫山县

龙骨坡抬工号子又称"抬帮号子"，是重庆市巫山县境内抬工劳动时所唱的一种歌谣，它起源于巫山县庙宇镇，至今已有上千年的历史。

龙骨坡抬工号子一般由数名或数十名身强力大的青壮年男子组合演唱，它按音乐速度可分为快腿号子和慢腿号子两大类。路面既平又宽、较好上腿时采用快腿号子，这种号子内容丰富，风趣幽默，曲调欢快高亢，代表曲目有《啄啄号子》、《倒采茶》等；山路崎岖、上陡下滑时采用慢腿号子，这种号子机动灵活，无固定歌词，多采用问答方式通报途中遇到的情况，代表曲目有《哟嗬号子》、《报号子》等。龙骨坡抬工号子由"尖子"负责领唱，"尖子"是抬工队伍中的灵魂人物，只有个人技术好、威望高、辈分年龄较长者才能获得这种地位，以领唱方式指挥队伍、协调步伐、控制行进速度。

喊唱龙骨坡抬工号子《快腿号子》（吕建中　摄）

龙骨坡抬工号子原始古朴、节奏规整、领和对称、速度平稳，仅领唱在每句的开头稍有变化，和者采用同样的曲调衬词伴和，一般在终止时才拉长节奏突然停顿，表示一段唱完另起一段或宣布休息。由于是群体合作，所以演唱时气氛热烈，声音洪亮，音韵起翘，显得意味深长，耐人咀嚼。龙骨坡抬工号子以师徒帮主传承为主要承沿途径。

龙骨坡抬工号子蕴涵了巫山人民特有的精神风貌、思维方式，它既是历史的见证，又是现实的反映，具有民俗学、心理学、民族音乐学等多方面的研究价值。随着现代生产工具特别是大型运输机械的出现，原来繁重的搬抬运输方式日渐减少，抬工号子失去生存环境，陷入濒危境地，亟待保护抢救。

演唱龙骨坡抬工号子《巫山龙骨坡抬工号子》（吕建中　摄）

601 II-102

制作号子

竹麻号子

制作号子是出现在制作劳动过程中的一种民间歌唱形式，它流行于各中小城镇和乡村的造纸、榨油、染布等手工业作坊中，节奏鲜明，唱腔丰富多样，主要以吆号声协调动作。

制作号子·竹麻号子

申报地区或单位：四川省邛崃市

竹麻号子是造纸工人劳动时演唱的一种民歌形式，主要流传于川西一带，尤以四川省邛崃市平乐镇同乐村的芦沟、金华村的金鸡沟、金河村的杨湾和花楸村最为盛行。

平乐镇早在宋代就以造纸闻名，当地手工造纸的全部流程约需三个月，在漫长而单调的生产劳动中，竹麻号子应运而生。领唱者手执长钩，将竹麻交给工人，同时唱起号子以统一劳动节奏，一领众和，速度由慢到快，接近收工时，情绪达到高潮，气氛热烈异常。打竹麻过程中往往要演唱多样的号子，时而激越，时而舒缓，形式和内容都较为丰富。竹麻号子的代表性作品有《上工号子》、《中午号子》、《收工号子》等。

边打竹麻边唱竹麻号子（丁旭伟　摄）

齐声唱竹麻号子（丁旭伟　摄）

竹麻号子表演（丁旭伟　摄）

竹麻号子是目前川西地区保存和传唱较久的民间劳动号子，其唱腔原始质朴、悠扬婉转、充满激情，可单唱也可联唱，形式灵活多样。千百年来竹麻号子唱调基本没有变化，只有唱词内容随社会政治、经济状况和生产生活方式的变化而不断改变。竹麻号子具有浓郁的川西地方特色，生动反映了川西一带的民俗风情和乡土文化，展现出古蜀文化的风采神韵，它是传统民族文化的重要组成部分，在丰富和活跃当地群众文化生活方面具有一定的作用，可以为民间造纸工艺的研究提供极富价值的材料。随着科学技术的进步，造纸业的生产方式发生了极大改变，与传统造纸生产紧密关联的竹麻号子发展停滞，生存空间日益缩小。目前整个平乐镇能完整演唱竹麻号子的仅有三到五人，长此以往，这种特色鲜明的民间音乐样式势必彻底消亡，必须尽快开展保护扶持工作，促进竹麻号子的传承与发展。

602 II-103

申报地区或单位：山东省郯城县、日照市

鲁南五大调

鲁南五大调【淮调】《鹿乳奉亲》演出照（刘新梅　摄）

【满江红】、【玲玲调】、【大寄生草】、【淮调】、【大调】五种曲调俗称为“鲁南五大调”，流传于山东地区的鲁南五大调音乐中，以郯马五大调和日照【满江红】最具代表性。鲁南五大调历史悠久，其源头应是由元曲小令、散套演变而成的明清小曲。

郯马五大调也称“淮调”、“五大调”、“郯马调”，它活跃在山东省临沂市郯城县，以郯城镇、马头镇为中心，流布整个鲁东南，甚至传播到鲁北广饶和江苏连云港等地。郯马五大调包括【淮调】、【大调】、【玲玲调】、【满江红】、【大寄生草】等五个曲牌，据说除【玲玲调】外，其他四个曲牌均系由江淮地区传入。五个曲牌中又包含了“五景”、“五盼”、“七多”、“七赞”、“八恨”等曲目，现在保存下来的有130首，经过整理出版了《耕读渔樵》、《遇多情》、《大观园》等专书。

郯马五大调多由一人演唱，以民间管弦乐器和瓷碟、瓷碗、竹筷等打击出节拍伴奏。从音乐结构看，它主要包括“夹曲体”和“主曲体”两类，演唱形式则分坐唱和群唱两种。郯马五大调旋律委婉轻柔、节奏徐缓平实、词句典雅大方，深受当地民众喜爱。

演唱鲁南五大调【满江红】（冷秉辉　摄）

鲁南五大调艺人演示伴奏乐器（徐磊　摄）

传唱于日照市东港区及其周边地区的【满江红】为鲁南五大调之首，有“细曲”、“雅歌”之称。其主曲由六个部分和尾声组成，悠缓抒情，典丽古雅；夹曲轻快活泼、节奏多变、情感表达淋漓尽致。【满江红】多在渔民出海归来后的宴席上即兴欢歌，演唱形式十分独特。东港地区要旱船时也多唱【满江红】，故它又有“旱船调”之称。【满江红】主要采用洞箫、二胡、三弦、钱琴等乐器伴奏，代表作品有《四盼》等。

鲁南五大调蕴涵着大量元曲音乐、文学及山东东半部古代经济发展和商贸活动的信息，是地方历史文化和传统戏曲、音乐发展史研究不可多得的重要材料。目前郯城、日照等地的老艺人寥寥无几，鲁南五大调面临后继无人的危险，急需抢救保护。

鲁南五大调艺人演示伴奏乐器（徐磊　摄）

603 II-104

申报地区或单位：湖北省老河口市

老河口丝弦

老河口丝弦表演（李民　摄）

老河口丝弦是一种雅俗共赏的民间音乐形式，流行于湖北省西北部汉水流域的老河口地区。丝弦音乐兴起于河南开封，其主要成分是汴梁（开封）小曲，现有的曲牌名称如【坡下】、【打枣杆】、【银纽丝】、【叠断桥】、【劈破玉】等皆系明清时期流传于民间的小调曲牌。老河口丝弦是汴梁小曲的分支，由河南传入湖北，至今已有四百多年的历史。它最初原是民间艺人、文士、商人及自由职业者操琴聚会、自娱自乐的一种消遣方式，后逐渐演变成带有浓郁地方特色的乐种，在民间广泛流传。至清末，老河口丝弦在当地已成规模，仅城区演奏班子就多达几十个，演奏者近千人。

老河口丝弦主要采用三种形式演奏，一是合奏，以三弦、古筝、琵琶、月琴等弹拨乐器为主；二是独奏，主奏乐器为三弦、古筝、琵琶；三是丝弦弹唱，主要演奏古曲牌。老河口丝弦乐曲属古典曲牌，讲究对称性和规则性，每曲都有标题，音乐中以大量的正音“1”代替偏音“7”，不少地方更以加花级进替代四度跳进，突出

在露天茶馆表演老河口丝弦（李民　摄）

了“5”、“1”、“2”三个音阶在乐曲中的主干作用，呈现出鲜明的地域特色。老河口丝弦弹唱有一百多个曲种，以丝弦演奏的曲牌达五十多首。现时在老河口地区流传的曲目有《苏武思乡》、《陈杏元和番》、《打雁》等。

老河口丝弦以传统的表现形式、优雅婉转的曲调、音韵相融的说唱艺术在曲坛独树一帜，深受当地民众喜爱，成为传统民间音乐研究的重要对象。20世纪60年代，老河口丝弦曾一度停止演奏，至80年代才重新开始相关的搜集整理工作。目前，这一传统民间音乐样式尚需进一步挖掘保护、恢复振兴。

老河口丝弦表演场景（李民　摄）

604 II-105

蒙古族民歌

蒙古族民歌内容丰富、节奏自由、情感细腻、曲调高亢、悠扬婉转、回味深长。它可分为长调民歌和短调民歌两类，长调民歌一般以蒙古语演唱，篇幅广、气息长、情感深，颤音运用细腻独特、曲调悠远，旋律、唱腔体现出草原民歌辽阔、粗犷的特色；短调民歌主要流行于蒙汉混居的半农半牧地区，多用汉语演唱，篇幅短小，节奏齐整，节拍固定，喜用叠字、歌词简单、自由灵活。

蒙古族民歌·科尔沁叙事民歌

申报地区或单位：内蒙古自治区通辽市

科尔沁叙事民歌简称“科尔沁民歌”，是蒙古族代代相传的一种叙事民歌，主要流布于内蒙古大草原东部的科尔沁草原。蒙古叙事民歌始见于元代，其中最著名的有《阿莱钦布歌》、《鹿羔之歌》等作品。但其后漫长的历史阶段中，蒙古叙事民歌特别是长篇叙事民歌几近绝迹。直至清末民初，这一风格瑰奇的民族艺术样式才在科尔沁草原得到空前发展，其数量之大、内容之丰富在中国民歌发展史上是极为罕见的。

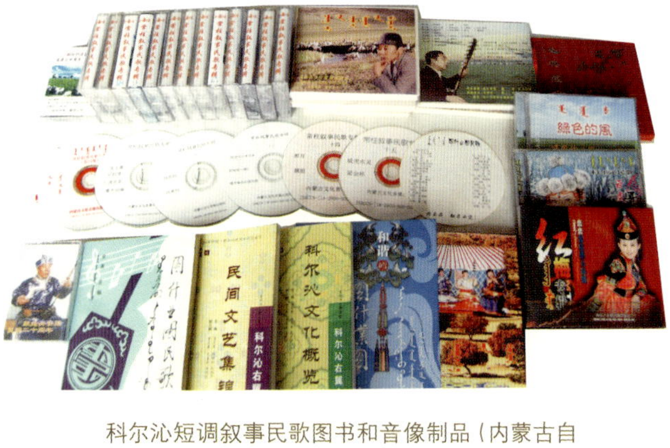

科尔沁短调叙事民歌图书和音像制品（内蒙古自治区非物质文化遗产保护中心　提供）

切磋科尔沁叙事民歌（内蒙古自治区非物质文化遗产保护中心　提供）

在农牧区演唱科尔沁叙事民歌（内蒙古自治区非物质文化遗产保护中心　提供）

科尔沁叙事民歌节奏明快，内容贴近生活，通常以短小精致的音乐段落反复咏唱长篇歌词，而以四胡、三弦、扬琴、马头琴、潮尔等乐器伴奏。其曲调特色鲜明，往往运用丰富的变化音、离调、转调、调式交替等技法，使旋律与其他民族和地区的民歌风格产生明显区别。科尔沁叙事民歌基本都有相对完整的故事情节，常以男女情爱、思乡思亲和英雄传奇为表现内容，歌词篇幅一般比其他地区的民歌长很多，有十几首民歌演唱时间在两小时以上，《张王之歌》甚至达到24小时以上。科尔沁叙事民歌的代表曲目有《嘎达梅林》、《达那巴拉》、《韩秀英》、《陶格套呼》、《扎那巴拉吉尼玛》等。

科尔沁叙事民歌是草原游牧文化和农业文化融合的产物，它印证了科尔沁草原人民从游牧文明向农业文明过渡的历史进程，显现出鲜明的民族和地域特色，具有历史学、民族学、民俗学、文学艺术等多方面的研究价值。目前，随着社会经济和科学技术的发展，科尔沁叙事民歌正逐渐失去适宜的生存环境，濒临消亡，抢救保护工作迫在眉睫。

蒙古族民歌·鄂尔多斯短调民歌

申报地区或单位：内蒙古自治区鄂尔多斯市

鄂尔多斯短调民歌流传于内蒙古自治区西南部的鄂尔多斯市，其风格的形成可上溯到元代。与长调民歌不同，短调民歌结构短小精悍、句法整齐、节奏明快、情绪欢快活泼、音乐形象鲜明、曲调优美动听，具有强烈的舞蹈性。其旋律多以五声音阶构成，也有一些隐伏“商”音后留下四个音阶以构成旋律的作品，如《协布仁喇嘛》、《阴山》等；六声音阶的歌曲也不少，如《森吉德玛》、《山头》、《西召》等；此外还有七声音阶的歌曲，如《巴音杭盖》等。六声音阶和七声音阶构成的歌曲中，“4”与“7”两个音在旋律间多以经过音的形式出现。

鄂尔多斯民间音乐的调式以蒙古族音乐特有的羽调式为主，兼有其他调式，其中尤以宫、徵调式居多。宫调式的歌曲有《金色的百灵鸟》、《嫦娥》等；商调式的歌曲有《瞭望》、《乌达高勒》等；角调式的歌曲有《葥骇滩》、《哈地温都尔》等；徵调式的歌曲有《巴音杭盖》、《我有钱的弟弟呀》等。另外，鄂尔多斯蒙古音乐还在传统五度调式的民歌中加入七度调式的引子和过门，别具一格。

鄂尔多斯短调民歌演唱（内蒙古自治区非物质文化遗产保护中心　提供）

在蒙古包里演唱鄂尔多斯短调民歌（内蒙古自治区非物质文化遗产保护中心　提供）

鄂尔多斯短调民歌采用有韵的两句式或四句式，节拍比较固定。多系即兴歌唱，以四胡、扬琴、笛子、三弦、筝、马头琴等乐器伴奏。歌词简单而不呆板，音韵上广泛运用叠字。

鄂尔多斯短调民歌记录了鄂尔多斯地区蒙古族社会历史、政治、经济、文化等方面的状况，从中折射出鄂尔多斯人的民族精神和思想意识，为民族学、艺术学等学科的研究提供了鲜活生动的第一手材料。目前，随着社会的急速发展，蒙古族民歌的原生态唱法发生了很大变化，代表性传承人日益减少。在此形势下，鄂尔多斯短调民歌也陷入发展困境，濒临衰亡的危险，急需采取保护措施。

蒙古族民歌·鄂尔多斯古如歌

申报地区或单位：内蒙古自治区杭锦旗

鄂尔多斯古如歌是蒙古长调最古老的形态，属古代宫廷歌曲。它流传于内蒙古自治区鄂尔多斯市杭锦旗沿河一带，以独贵塔拉镇、吉日嘎朗图镇为多，梁外原白音恩格苏木靠近沿河地区也有部分流传。

鄂尔多斯古如歌的历史十分悠久，以《圣主的两匹骏马》为代表的歌曲大都产生于元代，散发着浓郁的蒙古生活气息。而古如歌《班禅庙》因班禅庙始建于清代后期，由此推断，大约产生于19世纪以后，比《圣主的两匹骏马》整整晚了6个世纪。

鄂尔多斯古如歌多是在宫廷或国宴场合演唱的歌曲，主题严肃，内容正统，以说教为主。其内容以唱时政、唱父母、唱故乡、唱骏马为多，亦有一部分是唱咏爱情的。鄂尔多斯古如歌吟、唱都有规矩，一般都在盛大而隆重的仪式上表演，平时不能随便哼唱。演唱时以三首为一组，称为“三支首歌”或“三首正歌”。

鄂尔多斯古如歌演唱（内蒙古自治区非物质文化遗产保护中心　提供）

排练鄂尔多斯古如歌
（内蒙古自治区非物质文化遗产保护中心　提供）

鄂尔多斯古如歌演唱会（内蒙古自治区非物质文化遗产保护中心提供）

演唱鄂尔多斯古如歌（内蒙古自治区非物质文化遗产保护中心提供）

鄂尔多斯古如歌音乐充满苍凉、空灵、悲壮之美，旋律缓而不拖、慢而不沓、节奏若隐若现，旋法大跳大落、跌宕起伏，并有自然和鸣与自然和声夹杂其间。它既不同于蒙古长调，又不同于蒙古短调，是一种由游牧群众多声部演唱的原生态歌曲，代表作有《乌甘汗台》、《三十二个蒙古象棋》等。

作为蒙古古典音乐的独特表现形式和蒙古古老文明传承的生动见证，鄂尔多斯古如歌在远古蒙古民族发展史的研究中具有无可替代的重要价值。除此以外，它还可以为音乐学、语言学、人类学、民俗学等方面的研究提供材料。目前，鄂尔多斯古如歌仅存七八十首，会唱者寥寥无几，消亡的危险一天天迫近，急需采取有力措施加以保护。

蒙古族民歌·阜新东蒙短调民歌

申报地区或单位：辽宁省阜新蒙古族自治县

阜新东蒙短调民歌产生并流行于辽宁省西北部的阜新地区，至今已有三百多年的历史。经过一

演唱阜新东蒙短调民歌（白银亮　摄）

代代艺人的不懈努力，它已经成为一种在内容和形式上都具有广泛社会性和艺术性的音乐形式，既保留了蒙古族音乐固有的高阔辽远、粗犷豪放风格，又带上了质朴欢快、节奏鲜明的农耕色彩，同时还吸收、借鉴了原始宗教艺术的内容，显示出淳厚清新、庄重肃穆的情味。

这种民歌按题材内容可分为酒歌、婚礼歌、祭祀歌、赞颂歌、情歌等，歌词采用叙事体民歌典型的两节一单元“章节重叠复沓”形式，四行为一节，上下两节重叠复沓，八行构成一个意义段落，同时运用比兴、对仗、夸张等手法叙事抒情，词浅意深，回味无穷。

东蒙短调民歌大多由五个音符构成，“4”和“7”两个音符用得很少。调式最常见的是羽调式和徵调式，其次是宫调式，商调式和角调式较少使用。与长调民歌相比，东蒙短调民歌具有曲调平和流畅、节奏平稳均匀、节拍鲜明整齐的特点，一般采用独唱、对唱、合唱等形式演唱。其代表作品有《送亲歌》、《祭火歌》、《六十三》、《万里》等。

阜新东蒙短调民歌以百科全书的规模记录了当地蒙古部落的发展历史，反映出各个历史时期东蒙经济、政治、文化等方面的状况，对现代蒙古民族文化的持续发展产生着重大影响。目前，当地的短调民歌艺人年事已高，传承问题已成为迫在眉睫的头等大事，亟待解决。

阜新东蒙短调民歌伴奏乐器主要以高、中、低音四胡，马头琴为主；配以二胡、扬琴等。（白银亮　摄）

男女对唱阜新东蒙短调民歌《达那巴拉》（白银亮　摄）

在敖包节上演唱阜新东蒙短调民歌（白银亮　摄）

蒙古族民歌·郭尔罗斯蒙古族民歌

申报地区或单位：吉林省前郭尔罗斯蒙古族自治县

郭尔罗斯蒙古族民歌是历代蒙古族民间艺人根据真人真事创编而成的民间歌曲，它产生并流传于吉林省郭尔罗斯蒙古族自治县，多数作品形成于20世纪初至40年代间。

郭尔罗斯蒙古族民歌演唱（亿力奇　摄）

现在搜集到的郭尔罗斯蒙古族民歌共128首，其中的代表作有《陶克涛胡》、《龙梅》等。郭尔罗斯蒙古族民歌既可清唱，也可用乐器伴奏演唱，常用的伴奏乐器有马头琴、四胡、蒙古筝等。表演时演唱者可以自唱自奏，也可与多名伴奏乐手合作。郭尔罗斯蒙古族民歌形式多样，主要包括《陶克涛胡》、《成吉思汗之歌》、《赞马》等聂林道（喜宴赞颂歌），《龙梅》、《高小姐》、《金姐》等依那嘎道（情歌），《父汗为铙》、《母训子》、《额真哈吞》等苏日嘎林道（教诲歌），《江梅》、《二姑娘》、《敖思尔玛》等高木达林道（怨恨歌），《沙恩吐宴歌》、《金良》、《父母的心》等好日民道（婚礼歌），《波如来》、《十二属之歌》等呼和特音道（儿歌），《瑟古乃都》、《十方神灵》等太嗨林道（祭祀歌）及博道（蒙古萨满教歌）和安代道（安代歌）等。

郭尔罗斯蒙古族民歌根据演唱场合可分为“图林道”和“育林道”，“图林道”是在正式而庄重场合演唱的正歌，“育林道”是正式场合以外演唱的副歌。根据音乐特点又可分为“乌日图道”和“宝古音道”，“乌日图道”为长调民歌，“宝古音

业余乌兰牧骑演员表演民歌联唱（亿力奇　摄）

演唱郭尔罗斯蒙古族民歌《高小姐》（亿力奇　摄）

道”为短调民歌，其中长调民歌节奏自由，情感深沉，具有辽阔、豪爽的艺术特色；短调民歌则节奏整齐，音域相对窄一些，具有即兴灵活的艺术特色。总的来说，郭尔罗斯蒙古族民歌中短调多而长调极少。近百年的发展过程中，郭尔罗斯蒙古族民歌在民间得到广泛传播。

郭尔罗斯蒙古族民歌是古老的郭尔罗斯民间文化的遗存，体现着当地蒙古人的民族精神，具有重要的历史文化价值。近几十年来，随着社会的变迁，郭尔罗斯蒙古族民歌的生存空间不断缩小，传承人日渐稀少，许多曲目面临失传，抢救保护、挖掘整理工作刻不容缓。

演唱郭尔罗斯蒙古族民歌《龙梅》（亿力奇　摄）

605 II-106

鄂温克族民歌

鄂温克叙事民歌

鄂温克族民歌曲调豪放，富有草原和森林气息。它似歌似诗，有长有短，短的大部分是抒情歌，较长的则称为故事歌。鄂温克族民歌往往触景生情，即兴填词，很多歌曲都是用同样曲调在不同场合填上不同的词来表达当时的喜怒哀乐之情。

鄂温克族民歌·鄂温克叙事民歌

申报地区或单位：
内蒙古自治区鄂温克族自治旗

鄂温克族传统民间歌曲《母鹿之歌》又名《狍子之歌》、《黄羊之歌》，是一首具有典型代表性的原生态长篇叙事民歌。鄂温克族自治旗地处内蒙古自治区北段，大部分是辽阔的草原。流传于这一地区的长篇叙事民歌《母鹿之歌》产生于遥远的狩猎时代，体现出鄂温克人热爱大自然、热爱生命的意识。

《母鹿之歌》采用拟人化的方式，通过动物母子之间一问一答的对话，讲述了一个感人的故事。远古狩猎时代，有个猎人射中了一只母鹿，母鹿带伤奔跑。猎人追赶上去时，看到奄奄一息的母鹿在安慰和嘱咐小鹿。母鹿和小鹿之间催人泪下的对话让猎人产生了深深的负罪感，对自己的行为感到后悔。歌曲以人类的情感从另一个角度揭示了维持生态平衡、珍爱生命的意义。歌词共20段，音乐带有鲜明的原始风格，显示出鄂温克族游牧民歌舒缓、优美、淳朴的特点，旋律如泣如诉，感人至极。这首充满感情的叙事民歌长期在鄂温克民间承沿不绝。

作为狩猎文明的产物，《母鹿之歌》呈现出强烈的反省意味，充分体现了鄂温克人对自然、对生命的理解和尊重，其中凝聚着古老狩猎民族的诚信观念、善良品行和生存智慧，可以为远古文明和民间音乐的研究提供宝贵资料。目前，原有文化生态的破坏，对母语的淡忘和老一代民歌手的相继离世使得鄂温克叙事民歌生存困难，传承受阻，面临衰亡的危险，急需保护。

《鄂温克民歌100首》书影（内蒙古自治区非物质文化遗产保护中心　提供）

鄂温克族民歌《狍子之歌》曲谱（内蒙古自治区非物质文化遗产保护中心　提供）

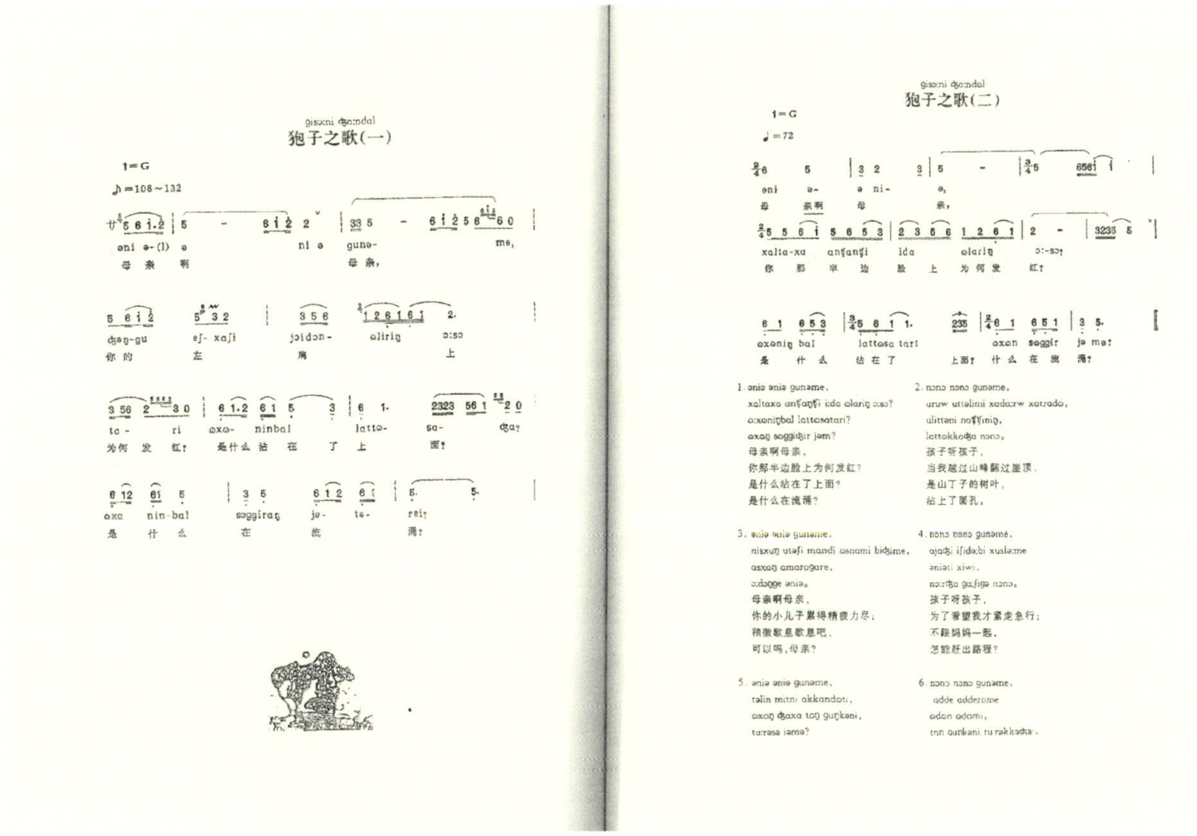

鄂温克族民歌《狍子之歌》曲谱（内蒙古自治区非物质文化遗产保护中心　提供）

606 II-107

鄂伦春族民歌

鄂伦春族赞达仁

鄂伦春族主要分布在内蒙古自治区呼伦贝尔盟的鄂伦春自治旗、布特哈旗和黑龙江省的呼玛、逊克、瑷辉、嘉阴等县，鄂伦春族民歌曲调和风格十分多样，往往即兴填词，随编随唱。这些民歌以“赞达仁”即山歌的曲调为主，高亢圆润，略带颤音。“赞达仁”的演唱方式有对唱、重唱、独唱、合唱等，演唱中常杂以“那依耶”、“希那耶”等衬词，听来悠扬婉转，动人心弦。

鄂伦春族民歌·鄂伦春族赞达仁

申报地区或单位：内蒙古自治区鄂伦春自治旗
黑龙江省大兴安岭地区

鄂伦春族是中国人口较少的民族之一。赞达仁系鄂伦春语，意为“山歌”，它是鄂伦春族主要的歌唱艺术形式，也是鄂伦春游猎生活中相互沟通、交流的媒介。鄂伦春族赞达仁有着悠久的历史，主要流布于内蒙古鄂伦春自治旗和黑龙江省瑷辉、呼玛、逊克县境内。

鄂伦春族赞达仁结构简单、内容丰富。其曲调以五声音阶的羽、宫、徵调式为主，字少腔长，节奏自由，旋律高亢刚健、悠扬跌宕，显示出强烈的游猎民族文化特色。

鄂伦春族民歌多即兴演唱，或是根据情况利用比较固定的曲调临时填词，有些曲调没有歌词，演唱者往往用“那依耶”、“鄂乎兰”、“德乎兰”、“何莫哈莫”等固定的衬词和虚词去配合音乐。由于歌词带有很强的即兴性和随意性，更易于合辙押韵，演唱起来朗朗上口，因而深受流传地群众的喜爱。鄂伦春族赞达仁的代表作品有《别喝醉了》、《我生长在兴安岭上》、《打猎送行》、《你为什么不爱我》等。

鄂伦春族老人演唱鄂伦春族民歌（孙贺　摄）

世代口口相传的鄂伦春族赞达仁弥补了鄂伦春人没有文字记载历史的缺憾，它以艺术的方式呈现了鄂伦春原始狩猎时代的社会生活状况，为民族学、民俗学、人类学、民族宗教学、民间艺术等方面的研究提供了弥足珍贵的资料。目前，鄂伦春民族生产、生活方式的转变使得赞仁达的传承和发展受到极大制约，如不及时加强保护，这一宝贵的民族艺术极有可能失传。

八十多岁的老艺人即兴演唱鄂伦春族赞达仁（宏雷　摄）

607 II-108

达斡尔族民歌

达斡尔扎恩达勒

罕伯岱达斡尔族民歌

达斡尔意为"开拓者"，达斡尔族主要聚居在内蒙古自治区和黑龙江省，少数居住在新疆维吾尔自治区塔城市。达斡尔族民间音乐有山歌、对口唱和舞词等多种形式，以音调热情奔放，委婉多变，节奏鲜明，节拍严整见长。

达斡尔族民歌·达斡尔扎恩达勒

申报地区或单位：
内蒙古自治区莫力达瓦达斡尔族自治旗

扎恩达勒是达斡尔族民歌的主要形式，主要流传于内蒙古自治区莫力达瓦达斡尔族自治旗的尼尔基镇、腾克镇和阿尔拉镇等地。扎恩达勒产生于遥远的年代，据史料记载，当时人们在生产劳动中面对大自然，深受感染，为抒发情感、消除疲劳、振作精神而唱出动人的曲调，由此形成扎恩达勒。

扎恩达勒多表现历史事件、生产生活状况、民族英雄事迹和悲欢离合的爱情故事等，可分为抒情和叙事两大类，包括牧歌、猎歌、渔歌、祝酒歌、情歌、婚礼歌、放排歌、摇篮曲等多种形式。其演唱包括独唱和对唱两种形式，而以一问一答的对歌形式居多。扎恩达勒分有歌词和无歌词两种，有歌词的扎恩达勒如《心上人》、《德莫日根》等，曲调丰富，结构多变，词句中杂有"那—耶，呢—耶"的衬词；无歌词的扎恩达勒多是触景生情，即兴吟咏，词句中一般只有"那—耶，呢—耶"的衬词。

扎恩达勒曲调优美高亢，即兴性强，代表作品有《心上人》、《德莫日根》、《乌其根乌音》、《孤儿苦》等。

扎恩达勒是古老达斡尔民间音乐的遗存，在达斡尔族传统民间音乐、历史文化、地方风俗等的研究中起着重要作用。目前，随着社会的发展，扎恩达勒生存和发展的社会基础发生了变化，人们对现存的民间艺术态度冷漠，导致扎恩达勒后继无人，濒临危亡，亟待制定规划进行抢救保护。

达斡尔族艺人演唱扎恩达勒（内蒙古自治区非物质文化遗产保护中心　提供）

达斡尔族艺人演唱扎恩达勒（阿尔腾桑　摄）

达斡尔族艺人演唱扎恩达勒（阿尔腾桑　摄）

达斡尔族民歌·罕伯岱达斡尔族民歌

申报地区或单位：黑龙江省齐齐哈尔市

罕伯岱达斡尔族民歌是一种充满达斡尔民族风情的音乐样式，主要流传于黑龙江省齐齐哈尔市富拉尔基区杜尔门沁达斡尔族乡罕伯岱村及其附近的村屯。据富拉尔基地方志记载，清代顺治六年（1649）俄国入侵时，居住在嫩江北岸的达斡尔族开始大量迁徙到富拉尔基，并在现杜尔门沁乡定居下来，形成一定规模，罕伯岱村即是达斡尔族人聚集的村落。在长期的生产生活中，罕伯岱达斡尔族人民创造了大量的民歌。由于达斡尔族没有文字，所以这些民歌一代代都以口头方式传承下来，并在此过程中不断得到丰富，形成了罕伯岱村达斡尔族独特的民歌风格。

演唱罕伯岱达斡尔族民歌的老人（李国良　摄）

演唱罕伯岱达斡尔族民歌的老人（李国良　摄）

罕伯岱达斡尔族民歌演唱（李国良　摄）

老人给学员们讲解罕伯岱达斡尔族民歌的曲谱和唱法（李国良　摄）

罕伯岱达斡尔族民歌充分反映了当地达斡尔人生产、生活的真实状况，题材内容涉及自然、劳动、爱情、婚丧、节日庆典、传统教育等方面。其演唱形式包括独唱、合唱、对唱、歌伴舞等，唱时节奏鲜明，刚柔相济，热情奔放，多处运用衬词反复咏唱，具有很强的原生态特点。罕伯岱达斡尔族民歌的代表作品有《映山红花满山坡》、《妈妈的嘱咐》、《英雄的村庄》、《对歌》、《口提哥哥》等，目前已翻译制作了三十余首。

罕伯岱达斡尔族民歌以艺术方式记录了当地的社会历史状况，为游牧民族起源、发展及其生活方式、民俗风情等的研究提供了有价值的材料。目前，达斡尔族语言正在逐渐消失，以达斡尔语演唱的民歌也随之迅速走向衰落，能够熟练演唱这种歌曲的仅剩下两三人，如不及时保护，罕伯岱达斡尔族民歌将濒临消亡。

608 II-109

苗族民歌

湘西苗族民歌

苗族飞歌

苗族主要聚居于贵州东南部、广西大苗山、海南岛及贵州、湖南、湖北、四川、云南、广西等省区的交界地带，苗族民歌是苗民在长期生产生活中创造出来的民族民间音乐形式，根据其内容可分为游方歌（情歌）、酒歌、苦歌、反歌、丧歌、劳动歌、时政歌、儿歌、谜语歌等种类，曲调各不相同。各种民歌形式都是既有传统的歌词，也有即兴编唱的内容。其中苗族飞歌曲调高亢，豪迈奔放，采用独唱、对唱、合唱等形式演唱，深受苗民喜爱。

苗族民歌·湘西苗族民歌

申报地区或单位：湖南省吉首市

湘西苗族民歌是苗族人民最喜爱的歌唱艺术形式之一，流传于湖南省湘西土家族苗族自治州、湖北省恩施土家族苗族自治州、重庆市秀山县、贵州省松桃县和铜仁市。它具有长久的发展历史，清代乾隆《永绥厅志》中已有“鼓藏跳至戌时乃罢”，“男女各以类相聚，彼此唱苗歌”的记载。

湘西苗族民歌优美动听，其音乐可分为“五腔十调”，包括高亢激越的“高腔”、悠扬悦耳的“平腔”、抒情激越兼而有之的“叭固腔”和“仡佬腔”、“飞腔”及“接亲拦门调”、“送亲调”、“吆嗬调”、“情歌调”、“工夫调”、“儿歌调”、“哭腔调”、“老司歌调”、“扛仙歌调”等腔调。歌词有七言、九言、十言、十三言四种形式，演唱时常用鼓、竹柝、唢呐、牛角等乐器伴奏。

湘西苗族民歌的曲调和演唱方法十分独特，具有较高的艺术研究价值。早在1956年，著名音乐学家杨荫浏曾带领十多位中央音乐研究所的研究工作者到湘西系统搜集苗族民歌，出版了调查报告。现代作曲家也常以湘西苗族民歌为创作素材，如谭盾的《地图》不仅运用了湘西苗族民歌素材，还将其原生态高腔原封不动地保留在其中，由此可知湘西苗族民歌的魅力。

湘西苗族民歌：哭嫁歌（吴娟　摄）

湘西苗族民歌：坐堂歌（吴娟　摄）

湘西苗族民歌形态特殊，内容丰富，从古至今一直在湘西一带传沿不绝，是研究苗族历史、原始宗教、民俗等的重要参考材料。目前，一些苗族古歌尚未得到深入彻底的挖掘，与此同时，随着民族语言逐步汉化和老歌手的相继去世，苗歌演唱者逐年减少。在此状况下，有必要投入更多力量，进一步做好湘西苗族民歌的挖掘整理和保护抢救工作。

苗族民歌·苗族飞歌

申报地区或单位：贵州省雷山县

苗族飞歌是雷山苗族特有的民歌形式，流传于贵州省东南部的雷山县苗族居住区。苗族飞歌具有十分悠久的历史，从苗族先民开始，便通过嘹亮的歌声抒发感情、传递信息。

飞歌的起腔以真声为核心音调，明快动听，感染力极强；正腔则运用假声，音调高昂，音色丰满响亮，气势雄浑，声振林谷，余音袅袅，飞扬荡漾，因而有飞歌之称。

飞歌节奏舒缓自由，旋律起伏性大，长音处尽量使气息延长，句间可任意休止，句内用滑音连续级进，句尾收腔使用甩音，歌唱结束时运用假嗓，附加一声高昂的“啊呼”，更显热情奔放。飞歌以邀约亲朋、赞美对方、抒发胸臆为主要内容，多采用陶冶情怀的五言诗句，主题鲜明，形式简短。其代表作品有《赞美家乡歌》、《祝福老人歌》等。

苗族飞歌综合运用词、曲、假声、真声等因素，通过对节奏缓急、停顿、延续等技巧的熟练把握，将词、曲、调熔于一炉，充分体现了诗、乐、舞三者合一的艺术境界。飞歌明快的音调、动听的旋律、直抒胸臆的表现方式展现了苗族音乐的基本特征，给人以强烈的情感冲击，成为了解苗族文化的一扇窗口，在民族学、音乐学、文化人类学等的研究中具有重要的参考价值。目前，雷山地区30岁以上的男女在旷野和酒宴上仍可热烈奔放地演唱，25岁以下的年轻人已不善此道。苗族飞歌的发展前景不容乐观，亟待加强措施保护传承。

飞歌敬远客（周英　摄）

苗族飞歌演唱（杨玄青　摄）

苗族飞歌对唱（杨建国　摄）

609 II-110

花瑶呜哇山歌

瑶族民歌

瑶族是中国南方一个比较典型的山地民族，主要分布在广西、湖南、云南、广东、江西、海南等省区的山区。瑶族民歌有五言、七言、曲牌体、长短句等多种句式，曲调繁复，歌调结构形式多样。这些民歌按题材可分为情歌、风俗歌、生产歌、苦歌、反抗斗争歌等。情歌又可分为引情歌、恋歌、分别歌、寄情歌、爱憎歌、自由歌、盘歌等。

瑶族民歌·花瑶呜哇山歌

申报地区或单位：湖南省隆回县

花瑶呜哇山歌是花瑶人民独有的一种古老民间音乐艺术，至今已有千年历史，主要流传在湖南省隆回县虎形山瑶族乡。呜哇山歌源于花瑶祖先的劳动号子，经过长期发展，逐渐形成了独特的风格，最终演变为一种高腔山歌。其发展历史主要包括先祖时代的萌芽期、元末明初的孕育期、明清至民国的成熟期等阶段。

花瑶呜哇山歌取材于生产、生活及民间传说，大致可分为历史歌、风俗劝勉歌、生产劳动歌及情歌四类，情歌是其中最具光彩的部分。花瑶呜哇山歌多由成年男子以真假声结合方式合唱，曲调节奏自由，声音高亢嘹亮，有较长的甩腔，常夹杂“呜哇”等衬词。

花瑶呜哇山歌演唱（廖耀华　摄）

花瑶呜哇山歌演唱（廖耀华　摄）

演唱花瑶呜哇山歌为干活的乡亲们鼓劲（周碧平　摄）

呜哇山歌句段比较整齐，一般七言、九言或十一言为一句，每首多为六句歌词，一般押双句韵，词句中往往采用直陈、比喻、起兴、夸张、对偶、排比、反复、问答等表现手法。呜哇山歌的韵脚叫调子，每种调子都有三个字组成的固定名称，与曲牌名称相类，这是其他山歌所没有的。据考证，花瑶呜哇山歌共有24个调子，现在流传下来的约十多个，如【少年乖】、【我老哥】、【我个贤】、【话来听】等。

呜哇山歌全面、生动地体现了隆回花瑶的生命形态和文化传统，其内容相当于一部花瑶的成长史。这种山歌高亢的旋律为其他山歌所无法比拟，正如音乐专家所评价的，就是世界上最著名的歌唱家也难以唱出呜哇山歌的高音。歌中穿透云天的“呜哇”用腔象征着花瑶人敢与恶劣环境斗争的顽强精神，就连对爱情的追求也表现得气势磅礴、撼天动地，充分反映出花瑶人坚定乐观、真挚热情的民族性格，为民族学研究提供了鲜活例证。目前老一代花瑶歌手健在的已经不多，呜哇山歌的传承问题急需解决。

610 II-111

黎族民歌

琼中黎族民歌

演唱琼中黎族民歌（王海昌　摄）

黎族是中国岭南民族之一，聚居在海南岛的通什镇、保亭、乐东、东方、琼中、白沙、陵水、昌江、宦县等地。黎族民歌按其表现形式可分为用黎语演唱的古老民歌和用汉语海南方言演唱的民歌，前者集中体现黎族的民族传统，后者则反映了汉族文化的深切影响。黎族民歌讲究节奏韵律，易于上口，多采用独唱、对唱形式演唱，而以黎族特有的民乐伴奏。民歌演唱往往和音乐、舞蹈联系在一起，歌谱曲，曲载歌，歌舞一体，古风盎然，呈现出鲜明的民族特色。

黎族民歌·琼中黎族民歌

申报地区或单位：海南省琼中黎族苗族自治县

黎族民歌源远流长，它产生并流传于海南岛黎族聚居地区，以位于五指山腹地的琼中黎族苗族自治县和周边地区的黎族传统民歌最具代表性。

现在搜集到的黎族民歌有三百多种，代表性的有30种，根据表现内容可分为劳动歌、爱情歌、时政歌、生活歌、故事歌等。其中包括以衬词命名的罗尼调、四亲调、少中娃调、杜杜利调，以地区命名的红毛调、水满调、三平调、番阳调；以方言命名的哈方言歌、杞方言调、润方言调；以内容命名的砍山调、哭丧调、求神调、跳娘调；以曲调长度命名的长调、短调等。黎族民歌的整个音乐形态呈现出自由、古朴、简约的风貌，它以“曲不定句，句不定字”的自由体为结构特色，调式音阶以宫、商、角、徵、羽为骨干音，级进较多，节奏节拍以散板和三拍子为特点，体现着独特的民族音乐风格。

在相当长的历史时期，黎族民歌是黎族人民文化生活的主要内容，无论男女老少，人人都会演唱。1984年，地方政府决定每年三月初三举办黎族歌节，促进了黎族民歌的进一步发展。黎族民歌是黎族人民集体智慧的结晶，在岭南地方音乐和少数民族文化的研究中具有重要的参考价值。目前，受流行文化的冲击，琼中黎族民歌受到冷落，面临彻底消亡的危机，必须采取有力措施进行抢救保护，使这一优秀的传统民族音乐样式得以继续传承。

婚宴对歌（王海昌　摄）

演唱琼中黎族民歌：送客歌（王海昌　摄）

男女对歌（王海昌　摄）

哼唱琼中黎族民歌：摇篮歌（王海昌　摄）

布依族民歌

611 II-112

好花红调

演唱好花红调（王煜　摄）

布依族是中国南方少数民族之一，主要聚居于贵州省黔南、黔西南两个布依族苗族自治州及安顺市和贵阳市。布依族民歌种类繁多，包括古歌、叙事歌、情歌、酒歌和劳动歌等，有独唱、对唱、齐唱、重唱等多种演唱形式。布依族民歌曲调分“大调”和“小调”两种，“大调”用于婚丧等正式的场合，音调高亢，引人入胜；“小调”往往在月夜或“赶表”谈情说爱时演唱，音调柔婉，活泼动听。

布依族民歌·好花红调

申报地区或单位：贵州省惠水县

好花红调是布依族人叙唱情爱的歌曲，它发源于贵州省惠水县好花红乡一带的布依族山寨，在惠水、青岩、花溪、龙里、贵定等地区广泛流传。这一曲调清代时即已在布依族民众间传唱，至今已有两百余年历史。

好花红调中的“好花”指的是布依族村寨田间地头随处可见的刺藜花，过去布依族人演唱这一曲调主要是为了联络感情，寻找意中人，所以必须选择场合，不能随口就唱。男女双方对唱情歌时，一般先唱敬客歌，再唱问候歌，然后唱抬爱歌。唱到“二八栏杆”时，双方经过逐步试探，情意已相当融洽，即以“好花

老艺人在辅导好花红调年轻歌手（王煜　摄）

演唱好花红调（黄平　摄）

贵州省惠水县好花红村民歌队在演出（王煜　摄）

红”为歌头，尽情对唱。

好花红调旋律简单，属羽调式民歌，包括四句两个乐段。歌词七字四句，采用比兴手法抒情达意。曲子由“6、1、2、3、5”五音组成，第二乐段对第一乐段进行反复，形成并行乐段，旋律一直围绕“6”音展开，行进得相当活跃，最后两个乐段的结束音都落在主音上。

在两百多年的发展过程中，好花红调继承布依族民歌原有的曲调，又吸纳了汉族山歌七字四句的样式，逐渐形成具有独特地域风格的惠水山歌调，与大调、小调、大歌、小歌等一道成为布依族曲调的代表。其简约明快、悠扬婉转的曲调和清新简练、寓意深远的歌词表现了布依族人民健康的生活情趣，同时成为布依族传统文化变迁的形象印证。好花红调长期在布依族民众间流传，影响深远。目前，好花红调赖以生存、发展的社会基础发生了巨大变化，加上多数歌手相继离世，这种原生态的布依族山歌传承乏人，前景堪忧，亟待抢救保护。

老艺人向学生传授好花红调演唱技巧（王煜　摄）

612 II-113

彝族酒歌

彝族民歌

彝族主要聚居在我国南方地区，分布于云南省、四川省、贵州省和广西壮族自治区。彝族民歌大体上可分为叙事歌、山歌、情歌、舞蹈歌和儿歌等几大类，这些民歌曲调丰富，有独唱、对唱、重唱、一唱众和等多样的演唱形式，有时在同一首山歌中几种演唱形式兼而有之，艺术表现别具特色。

彝族民歌·彝族酒歌

申报地区或单位：云南省武定县

彝族酒歌是武定彝族一种古老的民歌艺术，有着悠久的历史传统，主要流行于云南省楚雄彝族自治州武定县境内。

武定彝族酒歌有“挪衣”、“道嘎”、“起除挪衣八”、“命熬”、“起除”、“早除”、“南嘎”、“所稳切答除”之分，其中“挪衣”意为听古代流传的歌，其内容比较古老，多以历史、传说为题材；“道嘎”意指用清楚易懂的语言唱小调，其内容多为格言、警句；“起除挪衣八”意为将“嫁调”与“挪衣”合在一起，即将宫调式和商调式二者有机统一；“命熬”中的“命”为诗，“熬”为见，“命熬”意即唱起歌词如同眼见一样，其内容多为叙事诗；“起除”即“嫁调”，其曲调有一百四十余首，歌词不固定；“早除”是歌颂的调子，多表现祝贺、赞美、恭维等内容；“南嘎”属对唱形式，有时也有齐唱；“所稳切答除”系贵宾敬酒调，它曲调很多，有特定的歌词，以《祝酒歌》、《迎客调》等为代表。彝族酒歌演唱时一般不用任何器具伴奏，祭祀酒歌专以树叶、羊皮鼓、法铃伴奏，而在庄重的迎宾场合则会采用月琴、大三弦、大号、地筒等乐器伴奏，风格粗犷、热情、奔放。

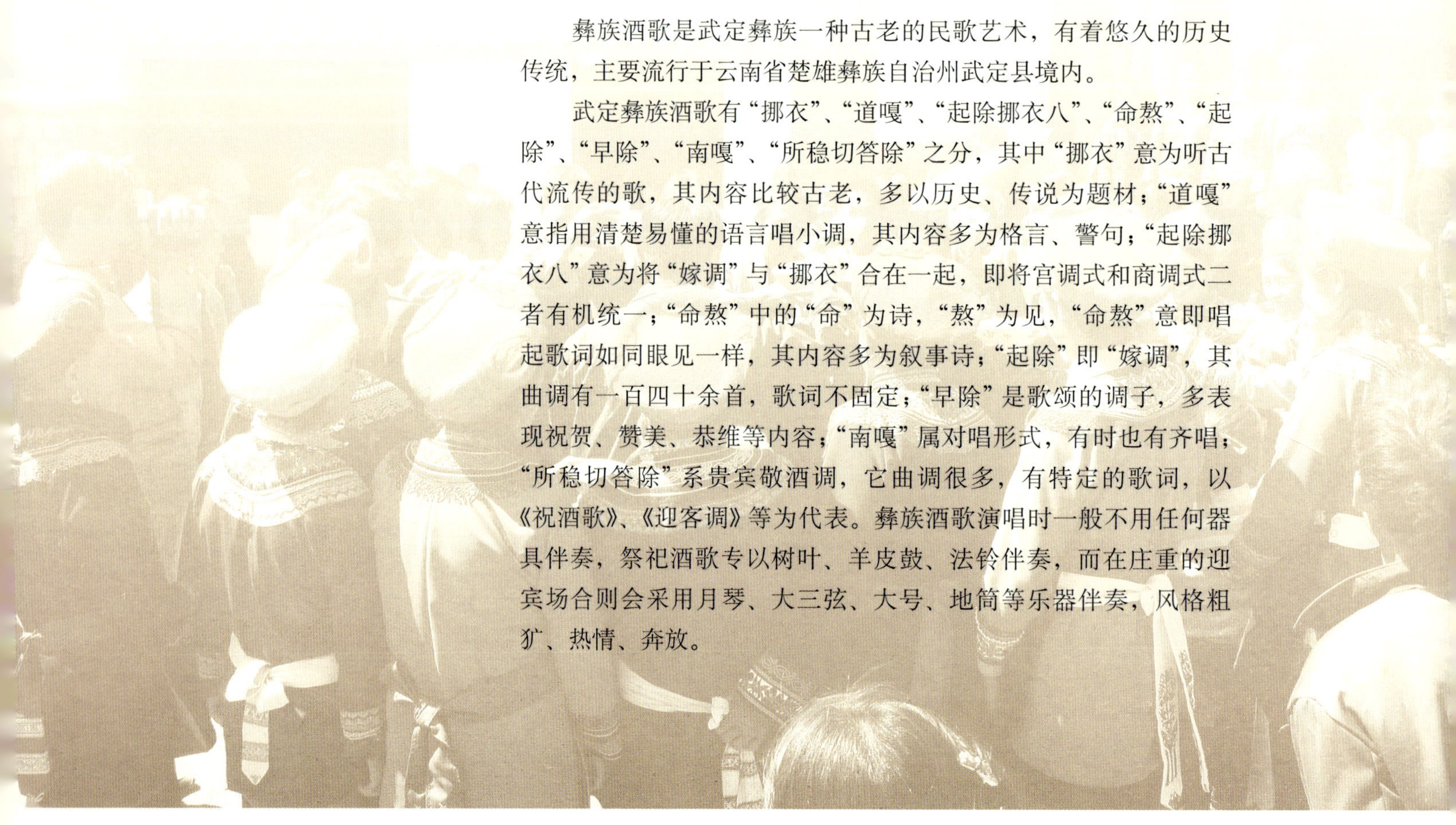

在盛宴上唱彝族酒歌（云南省武定县文化馆　提供）

彝族酒歌是彝族各支系密切交流的重要手段，它承载着彝族社会生活、历史传说、风俗民情、伦理观念等多方面的内容，语言形象生动，具有高度的概括力，充分体现出彝族人民的民族智慧和艺术才能，为古代彝族音乐、礼俗、社会生活的研究提供了重要文献。目前，由于彝族的生活习俗不断向汉族靠近，酒歌这一传统的文化艺术形式正面临消亡的危险，应立即着手加以保护。

布朗族民歌

613 II-114

布朗族弹唱

布朗族是一个历史悠久的民族，主要聚居在云南西部的西双版纳傣族自治州勐海景洪县和临沧市的双江、永德、云县、耿马及思茅地区的澜沧、墨江等县。布朗族民歌曲调繁多，内容丰富，按题材内容则可分为劳动歌、风俗歌、迁徙歌、恨歌、颂歌、情歌、儿歌等短歌和长篇抒情诗、叙事诗等。

布朗族民歌·布朗族弹唱

申报地区或单位：云南省勐海县

布朗族弹唱是布朗族人民喜闻乐见的一种民歌形式，主要流行于西双版纳傣族自治州勐海县的布朗山乡、西定乡、打洛镇、勐满镇等布朗族聚居区。它源于布朗族先民的歌唱，是在布朗族民间音乐基础上吸收傣族音乐而形成的。

布朗族弹唱有“索”、“甚”、“拽”、“宰”、“团曼”五种基本曲调，其中以“索”调最为丰富多彩，它包括五个调子，或欢快跳跃，或舒缓深沉，风格各异。因“索”调使用布朗族传统乐器四弦琴伴奏，故称“布朗族弹唱”。“索”调的“索克里克罗”是谈情说爱的曲调，多用来歌唱热烈的爱情，表达青年男女对未来美好生活的向往。布朗族弹唱一般为男女对唱，男子边唱边弹奏四弦琴，女子则接以对应的词句，唱腔圆润委婉，旋律清甜优美，歌词多反映男女恋慕之情。

布朗族弹唱主要用于重大节庆、婚丧嫁娶等场合，演唱涉及本民族迁徙历史、生产知识、祭祀等内容，此外也会唱一些山歌、情歌、劳动生活和儿歌等。近年

演唱布朗族弹唱（云南省武定县文化馆 提供）

演唱布朗族弹唱（云南省武定县文化馆 提供）

来，布朗族弹唱的题材内容有了很大扩展，增添了表现社会进步、新人新事不断涌现的一些内容。其代表作品有《欢乐的布朗》、《两朵花儿一样香》、《今夜月色多美好》等。

布朗族弹唱不但已成为布朗人生活中不可或缺的重要内容。目前，受外来文化的冲击和女子婚后不能在公共场合唱歌之类传统习俗的限制，布朗族弹唱的传承人越来越少，急需采取有效措施进行保护。

614 II-115

藏族民歌

藏族歌手演唱川西藏族山歌（邓红波 摄）

藏族民歌是藏族地区主要的民间音乐形式，它可分为山歌（牧歌）、劳动歌、爱情歌、风俗歌、诵经调等类型。山歌在卫藏地区称为“拉鲁”，康巴地区称为“鲁”，安多地区称为“勒”，是一种在山野里自由演唱的歌曲。劳动歌在藏语中称为“勒谐”，种类甚多，几乎在各种劳动中都有特定的歌曲。爱情歌包括情歌和情茶歌，风俗歌则包括酒歌、猜情对歌、婚礼歌、箭歌、告别歌等。诵经调亦称“六字真言歌”，是信佛群众在寺院朝拜神佛时所唱的一种歌曲。

藏族民歌·川西藏族山歌

申报地区或单位：四川省甘孜藏族自治州、阿坝藏族羌族自治州、炉霍县

川西藏族山歌是藏族人民在放牧、伐薪、田间劳动过程中为驱散疲劳、抒发感情而创作的歌曲，它产生并流传于甘孜藏族自治州的炉霍县等地及阿坝藏族羌族自治州的马尔康、金川等部分地区。它历史久远，据史料记载和民间艺人口述，早在公元8世纪以前就出现了名为“鲁”的民歌体裁，这就是藏族山歌的最初形态。藏族山歌在藏语中称为“拉鲁”（laglu）或“鲁”（glu），是一种纯民歌形式，可以由歌者根据情绪状态而即兴发挥。

川西藏族山歌演唱（邓红波　摄）

川西藏族山歌节奏非常自由，旋律结构基本上采用分节歌的形式，一般以上下两个乐句或两至三个乐句构成乐段，第二乐句在演唱中不断重复或变化重复。藏族山歌常见的调式为羽、商、徵调式，旋律均为五声音阶，音域非常宽广，音程起伏也很大，有“云的飘逸，风的潇洒”之评，人们称之为“康巴昂叠”，意为康巴花材性的山歌，又称“康巴昂任”，意为康巴长调。其歌词多为三段，前两段常采用比拟手法，直到第三段才点出主题。

川西藏族山歌的演唱看似简单，其实颇有难度，乐句中间常出现许多密集音符组成多变音型的情况，一般人难以驾驭。要真正唱好藏族山歌，不仅需要有一副高亢甜美的好嗓子，还需要具备灵活娴熟的演唱技巧。藏族山歌是藏民族历史文化的形象反映，具有很高的民族学研究价值。长久以来，川西藏族山歌一直以自发的方式在民间传承，但在现代文明的进程中，目前这种民族音乐后继无人，处于高度濒危状态，急需制定计划，全力保护。

藏族民歌·玛达咪山歌

申报地区或单位：四川省九龙县

西番玛达咪山歌是一种别具特色的藏族民歌，它产生并流传于四川省甘孜州九龙县大河边片区的子耳乡、魁多乡、烟袋乡等地。西番是藏民族的一个支系，在四川仅九龙县、冕宁县和木里县有少数存在。玛达咪山歌是在西番人长期的生产劳动中形成发展起来的，至今已有上千年的历史。

玛达咪山歌原为抒情歌曲，后逐渐发展出劳动夯歌、丧歌、婚仪歌等。抒情山歌直抒情怀，表达对家乡的深切热爱和美好期望；劳动夯歌主要用于消减劳作的疲累，调节情绪，往往在生产劳动中演唱，男女分列，一唱一和，场面十分热烈；丧歌带有一定的礼仪性，村中老年人或其他长辈去世后，前往吊丧者往往演唱丧歌以表哀悼；婚仪歌在婚礼过程中演唱，女方送亲和男方接亲时，双方都要邀请几位在村里备受尊敬的老妪排坐对唱，将婚礼的喜庆热闹气氛推向高潮。现在已发现的玛达咪山歌曲调有6种，其中包括《嘎尔宏》、《索咪阿伍》、《咪拉卓卓》等婚礼歌和《措火迟》、《措呷》、《实呷》等丧葬歌。

身着绚丽民族服饰玛达咪山歌手（四川省九龙县文化馆　提供）

玛达咪山歌演唱（四川省九龙县文化馆　提供）

西番玛达咪山歌每首四句歌词，多以抒情为主，基本都以衬词“玛—达—咪—唉”开头和结尾，领唱与独唱相结合。其音乐多为三段式，旋律深沉忧怨，因调式高低起伏程度较大，故其他民族的歌者很难模仿。

玛达咪山歌承载着西番藏族地区的风土人情和生活习性，生动体现了西番人的精神风貌，具有较高的民俗学和民族学研究价值。目前，西番藏区相对封闭的农耕生产生活方式快速变迁，玛达咪山歌的生存面临危机，亟待抢救保护。

藏族民歌·华锐藏族民歌

申报地区或单位：甘肃省天祝藏族自治县

华锐藏族民歌流传于甘肃省武威市天祝藏族自治县及其周边区域，至今已有一千五百多年的历史。据敦煌文献资料的藏文残卷记载，古代藏人有用民歌作为交流沟通方式的习惯。到公元11世纪，“勒”体民歌成为安多藏区群众最为喜爱的民歌形式之一，逐步繁衍发展起来。作为安多藏人的一支，华锐藏人继承并发扬了“勒”体民歌的形式和内涵，逐渐形成独具地方特色的华锐藏族民歌。

华锐藏族民歌具有生动朴实、通俗易唱和抑扬顿挫的风格特征。按内容可分为叙事曲、情歌、哭嫁歌、讽喻歌、劝解曲、诙谐歌、迎宾曲等，内容丰富，种类齐全，其演唱形式包括独唱、对唱、齐唱、载歌载舞及问答式等多种，代表作品有《福禄绵羊歌》、《创世纪三部曲》、《席赞》等。

传授华锐藏族民歌（夏金山　摄）

演唱华锐藏族民歌（安永寿　摄）

华锐藏族民歌艺人在录音棚录音（安永寿　摄）

华锐藏族民歌盛行于各种集庆宴会和生活场合，它集娱乐性、艺术性、地方性、民族性于一体，肩负着文化启蒙的重任，其内容十分广泛，从原始宗教文化到历史地理，从风土人情到社会生产，全面反映了民族变迁历程中华锐藏人对生命的深刻体悟和对和谐自然的广泛认知，在表现广阔社会生活的同时，将伦理道德等意识形态内容贯注其中，成为一部华锐藏族社会生活的百科全书。目前，受传统生活方式快速变迁的影响，天祝县的民间艺术团体纷纷解散，而当地的音像保存手段又相对滞后。在此情势下，华锐藏族民歌的传播途径日趋狭窄，生存出现危机，急需尽快投入人力物力展开抢救保护工作。

民间艺人即兴演唱华锐藏族民歌（安永寿　摄）

藏族民歌·甘南藏族民歌

申报地区或单位：甘肃省甘南藏族自治州

甘南藏族民歌在藏语中称为“勒”，是流行于甘肃省甘南藏族自治州的一种歌唱形式。其歌词和乐曲不通过书面传承，而由艺人口传心授。歌词既有旧传又有新编，常采用旧调填新词的方式演唱，词句往往带有浓厚的神话色彩。曲调变化很少，演唱时不用器乐伴奏。

老艺人为牧民演唱甘南藏族民歌（马庆禄　摄）

在草原上演唱甘南藏族民歌（马庆禄　摄）

甘南藏族民歌可分为颂歌、悲歌、对歌、吉祥歌等，在牧区演唱时往往体现出自由、辽阔、粗壮、高亢的风格，在牧区演唱则更多显示细腻、活泼、流畅的特点。其演唱形式有一人独唱、二至多人合唱两种，而以独唱为主，此外还有趣味性对答式的演唱方式。甘南藏族民歌总体上显现出民族性、群众性、娱乐性的特征，为广大农牧民所喜闻乐见。

“拉伊”是在放牧、行路、打猎、田间劳动时演唱的爱情歌曲，“拉”意为“山坡”，“伊”意为“歌”，它主要用以表达青年男女的爱慕之情，音乐情感热烈奔放，音调高亢辽远、柔和细腻，在甘南藏族民歌中独具风格。酒歌在藏语中称为“强勒”，一般在逢年过节、盖新房、办喜事等场合演唱，它节奏自由，充满热情，主要表达喜庆和祝福之意。甘南藏族民歌在甘南藏族自治州七县一市广泛流传，其代表作品有《敬酒歌》、《阿香唠唠》等。

甘南藏族民歌集中反映了当地人的生活习俗、原始宗教信仰和审美观念，是民俗学、社会学、民族学、音乐学等方面研究的重要参考材料。目前，由于社会的进步和生活水平的提高，青年一代大多不愿接受和学习民间艺术，导致甘南藏族民歌的传承出现严重危机，急需加强保护措施，保证这一优秀民族艺术顺利流传下去。

藏族民歌·玉树民歌

申报地区或单位：青海省玉树藏族自治州

玉树民歌演唱

玉树民歌具有悠久的历史，普遍流行于青海省玉树藏族自治州各县、乡、村。传统意义上的玉树民歌由“勒”、“拉伊”、“闯勒”、“吉莫”、“琼勒”、“均勒”、“哟啦”及婚礼曲、迎宾曲、挤奶曲等组成。其中“琼勒”为酒歌，“均勒”为夯墙歌，“哟啦”为收割打场歌；“勒”包括序歌、呼歌、炫歌、颂歌等歌曲形式，其内涵十分丰富，天上人间万事万物均可包括在内；“拉勒”即山歌，它一般用地名或部落名来命名，以歌唱家乡风貌、抒发个人情感为主要内容；“拉伊”即情歌，以歌唱男女爱情为主，但不能在亲人和有血缘关系的异性面前演唱；“闯勒”主要表现游侠自由放浪、四处漂泊的经历，也有涉及男女爱慕、思念、忧怨的内容；“吉莫”即卦情歌，是男女青年用来占卜爱情的歌。这些不同种类的玉树民歌虽风格迥异，各擅胜场，但同样都具有音域开阔、意境深远的特点。

玉树民歌演唱时可自吟自唱，也可对唱互歌。其结构一般为三段式，第一、二段喻物，第三段点题，这是玉树民歌的基本表

玉树民歌演唱

玉树民歌演唱

玉树民歌演唱会

现手法。"勒"、"拉伊"为四句三段式、三句三段式，也有长至五、六、七句的，每句七至八个字。"吉莫"是四句一段式，每句六字，节奏整齐，音步相同。玉树民歌的代表性作品有《格吉杂松章》、《君色达哇卓嘎》等。

玉树民歌是玉树藏族民众智慧和情感的结晶，它涉及当地藏人的语言文字和生活习俗等方面内容，是藏族不同社会形态研究的珍贵材料。目前，玉树民歌各种类歌曲的流布极为分散，不利于传承和弘扬，加之多数艺人年事已高，后继乏人，这一独特的民族民间艺术开始陷入生存困境，急需保护。

615 II-116

罗布淖尔维吾尔族民歌

维吾尔族民歌

维吾尔族民歌蕴藏极为丰富，按其内容可分为传统民歌和新民歌两大部分。传统民歌包括爱情歌、劳动歌、历史歌、生活习俗歌等，其中爱情歌主要用以表达青年男女对爱情的无比忠贞和热烈追求；劳动歌包括猎歌、牧歌、麦收歌、打场歌、挖渠歌、纺车谣、砌墙歌等；历史歌主要是反映维吾尔族历史上的一些重大事件，如北疆流行的《筑城歌》、《往后流》等；生活习俗歌与维吾尔族的各种仪式和传统习俗关系密切，在婚丧嫁娶、庆典、祭礼及民间节日中都要吟唱。爱情歌在维吾尔族民歌里占有很大比重，这些歌曲中，青年男女间炽热的恋情往往通过带有维吾尔民族心理特征和地域特色的比兴手法来加以表达，显示出独特的艺术魅力。

维吾尔族民歌内容广泛，数量众多，其歌词多数不固定，往往选择能套用的曲调填进新词，以比兴等手法表达深刻的寓意。歌中的衬词有短有长，起着加强语气、渲染气氛、深化词意的作用。

维吾尔族民歌·罗布淖尔维吾尔族民歌

申报地区或单位：新疆维吾尔自治区尉犁县

罗布淖尔维吾尔族民歌是生活在孔雀河畔、塔里木河两岸的罗布人民传统的歌唱形式，主要流传在新疆维吾尔族自治区尉犁县农牧民集中的各乡、场及邻近的若羌县部分乡、场和兵团农场。

罗布淖尔民歌历史悠久，一直伴随着罗布淖尔人民的生产、生活。有朗诵、独唱、对唱等多种表现形式，其中既有爱情歌，又有劳动歌、狩猎歌、历史歌、叙事歌、思念歌，还有婚嫁歌、喜庆歌、丧葬歌等民俗性歌曲，从不同侧面反映了罗布淖尔居民生产、生活的真实状况。在长期口传心授的过程中，传承人往往根据自己的情感、演唱水平和理解对词曲进行一些改动，甚至于在相对固定的曲调中即兴填编唱词。罗布淖尔维吾尔族民歌根据歌曲体裁不同，演唱风格各异，或抒情悠扬，或热烈奔放。代表作品有《卡拉库逊的后代》、《我去米兰服劳役》等。

罗布淖尔维吾尔族民歌是罗布淖尔人最主要的娱乐活动，他们通过共同演唱或即兴对唱的方式表现自己的喜怒哀乐，交流情感，交换信息。罗布淖尔维吾尔族民歌直接反映了罗布淖尔居民的生活和精神状态，有助于对他们情感、心灵和

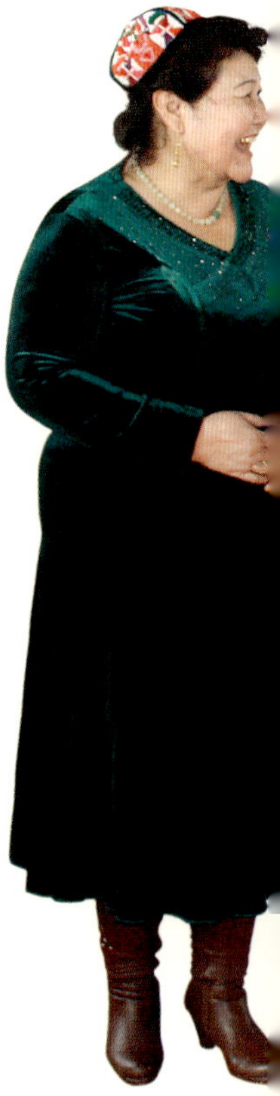

演唱罗布淖尔维吾
民歌（买买提江　摄

传授罗布淖尔维吾尔族民歌（艾则再姆　摄）

审美观念的解读，也为解开“古代突厥音乐之谜”、“阿尔泰音乐之谜”及罗布淖尔人和古代葛罗禄人之间的关系等历史谜团提供了研究材料。近年来，受现代文化传媒方式影响，民间歌手生计艰难，传承和演唱这种古老民歌的人日渐减少。若不尽快制定保护计划，这一宝贵的民族民间音乐艺术将有失传之虞。

演唱罗布淖尔维吾尔族民歌
（买买提江　摄）

616 II-117

申报地区或单位：新疆维吾尔自治区艺术研究所、
伊犁哈萨克自治州、喀什地区

乌孜别克族埃希来、叶来

弹唱乌孜别克族埃希来（李季莲　摄）

乌孜别克族埃希来、叶来主要流传于新疆维吾尔自治区喀什地区喀什市、莎车市、叶城县以及伊犁哈萨克自治州伊宁市等地区。乌孜别克族有着优秀的乐舞文化传统，早在魏晋南北朝至隋唐的历史阶段，源于今撒马尔罕的“康国乐”、布哈拉的“安国乐”及塔什干的“石国乐舞”就和“龟兹乐”、“疏勒乐”、“高昌乐”等其他西域乐舞一道东传，对中原汉族及东亚、东南亚乐舞文化的发展产生了重大影响。乌孜别克族民歌是其民间音乐乃至古典音乐、原始宗教礼仪音乐的基础，而埃希来和叶来又是乌孜别克族民间歌曲的重要代表。

埃希来篇幅巨大、结构严谨、音域宽广，旋律兼具深沉和激昂的特点。它主要在“喔朵鲁希”等群众性娱乐集会上演唱，个别乐曲亦可用于舞蹈伴奏。叶来篇幅较为短小，节拍节奏富于变化，曲调轻快活泼，它主要是在岁时节令、人生礼仪等喜庆场合为群众性自娱舞蹈伴唱伴奏。

在婚礼上演奏乌孜别克族叶来（苏海龙　摄）

在乌孜别克族埃希来乐曲伴奏下纵情起舞（李季莲　摄）

埃希来和叶来互相补充、相得益彰，共同丰富了流传地民众的精神世界，陶冶着他们的情操，成为乌孜别克人社会生活的重要组成部分，体现出乌孜别克民族的文化认同，从而成为这个民族区别于其他民族的文化标志之一，对中华民族乐舞发展史、东西方音乐文化交流史及乌孜别克族社会历史状况等方面的研究具有极高的参考价值。由于种种原因，目前埃希来和叶来已濒临失传，亟待采取措施加以保护。

617 II-118

申报地区或单位：青海省门源回族自治县

回族宴席曲

歌舞并行的回族宴席曲（青海省文化和新闻出版厅　提供）

活泼灵便的回族宴席曲表演（青海省文化和新闻出版厅　提供）

宴席曲流行于青海省门源县，它与回族迁徙到门源有着直接关系。据老人们回忆，宴席曲成形至今已有三百年的历史。

宴席曲系由宋代宫廷的“燕乐”名称转化而来，主要在婚礼宴席上演唱，同时有动作相伴，故也被称为“宴席舞”、“菜曲”。其表演形式活泼灵便，歌舞并行，有说有唱，主要内容包括祝辞、叙事曲、五更曲、打枉辩、散曲等。祝辞叙述民族渊源，常用于婚仪祝福等；叙事曲也称“大传”，是宴曲的核心部分；五更曲多以五更为比兴，生动抒情；打枉辩也称“打搅儿”，与宴席歌舞交错进行，是一种富有民族特色的说唱形式；散曲多为小调，曲文结构自由灵活，几乎涵盖了西北所有的民间小调。除此以外，宴席曲还包括配合小调的各式舞蹈及《拉骆驼》、《拉鹅》等逗乐取笑的舞蹈。

回族宴席曲表演场景（青海省文化和新闻出版厅　提供）

回族宴席曲表演场景（青海省文化和新闻出版厅　提供）

经初步调查，流行在门源地区的宴席曲有一百多种曲令，基本是一词一曲，曲调优雅婉转，感人至深。这些作品既有传统题材，也有现代题材，内容十分广泛，每一曲都有固定的唱词，也可以现场即兴发挥。从某种程度上讲，宴席曲是门源回族人历史的形象记录和文化、民俗的小百科。其代表作品有《方四娘》等。

宴席曲内容丰富，曲调多样，舞姿优美，具有民族音乐学、舞蹈学、民俗学等多方面的研究价值。目前，随着时代的变迁，宴席曲这一口耳相传的古老艺术濒临失传，亟待抢救保护。

618 II-119

琵琶艺术

瀛洲古调派

浦东派

平湖派

琵琶是我国古老的弹弦乐器，“琵琶”二字初见于东汉许慎的《说文解字》。“批”和“把”是这一传统乐器的两种演奏手法，相当于今之“弹”、“挑”，器以技名，称作“批把”，后改写为“琵琶”。秦汉至隋唐时期，琵琶是多种弹弦乐器的总称。在长期的历史演变过程中，琵琶经历了由横抱拨弹到竖抱手弹的转型。唐代是横抱拨弹琵琶艺术发展的高峰时期，到明清两代，琵琶艺人对琵琶乐曲特别是大型套曲的创编作出了很大贡献，形成许多著名的琵琶演奏流派。20世纪30年代，刘天华先生对琵琶进行大胆改革，首创六相十三品琵琶。新中国成立以后，琵琶的发展达到新的高峰。现在琵琶除用于独奏及民族管弦乐队外，还是江南丝竹、广东音乐、潮州弦诗、福建南音等乐种的主要乐器。

琵琶艺术·瀛洲古调派

申报地区或单位：上海市崇明县

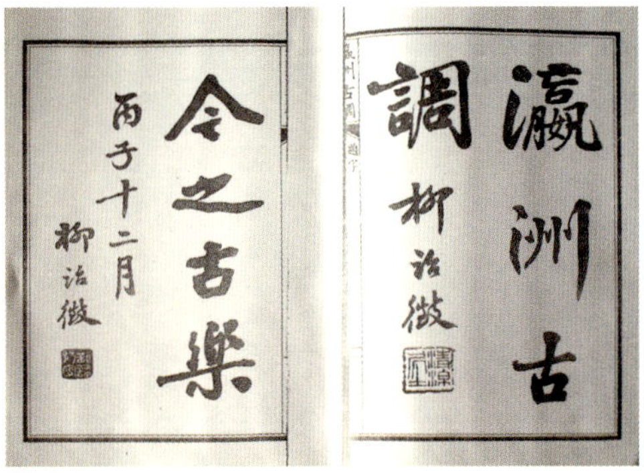

1916年出版的《瀛洲古调》曲谱（上海市崇明县非物质文化遗产保护分中心提供）

瀛洲古调派琵琶演奏技艺发源并长期流传于上海市崇明岛，至今已有三百多年的历史。明末清初，贾公达、范正奎、李连诚、宋慧玉等糅合南北琵琶演奏风格，承袭古曲而自出新意，逐渐形成了瀛洲古调派。清末至民初阶段，瀛洲古调派出现王东阳、黄秀亭、沈肇州等代表传人。1916年，沈肇州编撰出版了《瀛洲古调》曲谱，内收曲目45首部，由《飞花点翠》等22首慢板、《诉冤》等17首快板、《思春》等5首文板和一首《十面埋伏》武板组成。由此开始，瀛洲古调派在传承过程中不断扩大影响，名动四海。20世纪40年代，崇明县瀛洲古调派传人杨序东、周念文、赵志山技艺超群，并称为“琵琶三杰”。如今崇明瀛洲古调派琵琶演奏技艺已蜚声全国，成为音乐界公认的四大琵琶流派之一。

瀛洲古调派琵琶演奏（上海市崇明县非物质文化遗产保护分中心　提供）

瀛洲古调派琵琶演奏指法要求“捻法疏而劲，轮法密而清”，主张“慢而不断，快而不乱，雅正之乐，音不过高，节不可促”。其轮指以“下出轮”见长，音色细腻柔和，善于表现文静、典雅的情感，显现出闲适、纤巧的意趣。瀛洲古调派演奏曲目多为文板小曲，每曲描写一个场景或一种事物，既可独立演奏，又可组合联奏，这在中国琵琶流派中是绝无仅有的。瀛洲古调派琵琶取北派琵琶刚劲雄伟之长，收南派琵琶优美柔和之精，形成隽永淳朴、清新绮丽的特色而不同凡响，为我国著名的琵琶流派。

目前，瀛洲古调传人日渐稀少，从新中国成立初期的30多人锐减至8人，其中能演奏套曲的仅有1人。在全国音乐界，教学中演奏的瀛洲古调派乐曲仅8至10首，对有45首曲目的瀛洲古调派来说，其完整的风采根本得不到应有的展现。在此情势下，对瀛洲古调派琵琶演奏艺术的抢救保护工作迫在眉睫，必须迅速着手。

师生共同演奏瀛洲古调派琵琶（上海市崇明县非物质文化遗产保护分中心　提供）

琵琶艺术·浦东派

申报地区或单位：上海市南汇区

浦东派琵琶演奏（上海市浦东新区非物质文化遗产保护分中心　提供）

演奏浦东派琵琶《龙船》（上海市浦东新区非物质文化遗产保护分中心　提供）

浦东派琵琶是上海市南汇区几代琵琶高手吸取前人演奏精髓而创造的一种琵琶演奏艺术流派，其始祖为清代乾隆年间南汇县惠南镇的鞠士林。清代乾隆、嘉庆年间，浦东派的地位得到正式确立，其传人主要分布在上海浦东南汇县，活动范围延伸至上海和整个江南地区，甚至远及京城。

浦东派琵琶第三代传人陈子敬曾被清廷召进京城为醇亲王传艺，受赐三品冠带并得到“天下第一琵琶”的封号。第四代传人沈浩初潜心研究前辈演奏精义，于1929年刊印工尺谱形式的《养正轩琵琶谱》，为浦东派琵琶的进一步发展作出了重要贡献。此谱由他的学生林石城译成五线谱，于1983年再版。第五代传人林石城先生1956年应聘为中央音乐学院琵琶教授，培养出一大批具有影响力的学生，使浦东派琵琶的影响遍及五洲四海。浦东派琵琶仍在民间承沿不绝。

浦东派琵琶曲谱书影（上海市浦东新区非物质文化遗产保护分中心　提供）

浦东派琵琶的演奏指法十分独特，轮滚四条弦、并弦、大摭分、扫撇、拖奏、夹弹、夹扫，多样的吟法及锣鼓奏法等均是其突出特点。浦东派的代表曲目很多，包括《夕阳箫鼓》、《武林逸韵》、《月儿高》等文套，《阳春白雪》、《普庵咒》等大曲，《十面埋伏》、《平沙落雁》、《将军令》等武套及《赶花会》、《青春之舞》、《学生操》等三十多首新创曲目。其中武曲气势雄伟，文曲沉静细腻，弹奏武曲时往往需运用大琵琶，开弓饱满，力度极大，在此过程中保存了一些富于海派特色的演奏方法。

琵琶是中国国乐艺术之精粹，而浦东派琵琶是琵琶艺术中的重要流派，其影响力遍及五洲四海。目前在上海南汇这一浦东派琵琶发源地，浦东派传人已屈指可数。要振兴浦东派琵琶演奏技艺，仅靠民间的力量显然不够，需要社会各方群策群力，共图大计。

琵琶艺术·平湖派

申报地区或单位：浙江省平湖市

平湖派琵琶代表曲目《塞上曲》书影（钟雅琳　摄）

平湖派琵琶是我国琵琶演奏艺术的主要流派之一，清末民初时主要流播于江、浙、沪一带。1957年，平湖派传人杨少彝到西安音乐学院任教，将平湖派琵琶传入西北。平湖派琵琶艺术以李祖棻（约1850—1901）为集大成者。李祖棻号芳园，浙江平湖人，其琵琶艺术得之四代家传。他在继承传统古曲的基础上，博采民间小曲、融汇贯通、编订指法、扩大曲目，最终形成自己的理论和演奏体系，于清光绪二十一年（1895）整理汇编成《南北派十三套大曲琵琶新谱》出版。

平湖派琵琶演奏（浙江省平湖市非物质文化遗产保护中心　提供）

老艺人辅导学生弹奏琵琶（浙江省平湖市非物质文化遗产保护中心　提供）

老艺人辅导学生弹奏琵琶（浙江省平湖市非物质文化遗产保护中心　提供）

平湖派琵琶弹奏技艺别具一格，特色指法有“下出轮指”、“蝴蝶双飞”、“抹复扫”、“七操”、“马蹄轮”、“挂线轮”等。轮指有上、下出轮两种。平湖派基本采用下出轮，小、无名、中、食指依次弹下，然后大指挑上；兼用上出轮，食、中、无名、小指依次弹下，然后大指挑上。平湖派琵琶力戒华而不实、矫揉造作，而以丰满华丽、坚实淡远的风格著称，演奏时字密声繁、音实韵长。朱荇菁、杨少彝传谱，任鸿翔整理的《平湖派琵琶曲十三首》是平湖派演奏曲目的代表，其中代表性的作品有《淮阳平楚》、《郁轮袍》、《海青拿天鹅》等。

平湖派琵琶在艺术史上具有极高的地位，对当今琵琶各种风格的形成具有相当的影响。名曲《春江花月夜》的源头即是平湖派琵琶曲《夕阳箫鼓》。

619 II-120

古筝艺术

山东古筝乐

筝是广泛流传于民间的古老拨弦乐器，它在各地流行的过程中，与当地民歌、说唱、戏曲等民间音乐相结合，形成了具有不同音韵特点和演奏技法的各种地方流派。近代产生了一些有代表性的古筝演奏流派，而以河南、山东、潮州、客家、浙江等流派较为著名。

古筝艺术·山东古筝乐

申报地区或单位：山东省菏泽市

早期古筝（牛玉新　摄）

山东古筝乐演奏艺术是全国较有影响的古筝流派之一，主要流传于山东省菏泽市的牡丹区、郓城县、鄄城县及周边地区，聊城市的临清市及周边地区。山东古筝乐具有悠久的历史，相传西汉时期当地民间就有《汉宫秋月》、《隐公自叹》等筝曲。至明代，筝在鲁西南广为流行，演奏技艺也随之得到了较大发展。入清以后，筝乐已成为菏泽等地群众生活的一部分，民间一时流传着“城内大户多有瑟，城外村村都有筝”的说法。

在长期流传过程中，山东古筝乐逐渐形成了华丽柔美、刚劲明亮的艺术特征。它按形式风格可分为两个类别：一是古典乐曲，俗称“大板筝曲”，采用“八板体”的曲式结构，音调典雅、结构严谨、节奏鲜明，大都具有鲜明的主题和深刻的思想内容，代表曲目有《汉宫秋月》、《高山流水》等；二是小板筝曲，系近代根据地方说唱和民间小调改编而成，结构精练简洁，节奏富于变化，旋律优美柔和，主要流行于菏泽地区，代表曲目有《凤翔歌》、《天下同》等。菏泽流传有古典筝曲十大套，小板曲二百多首。

山东古筝乐与菏泽等地的发展历史紧密联系在一起，成为鲁西南地方文化的重要组成部分，具有很高的历史文化研究价值。

山东古筝乐排练现场（牛玉新　摄）

演奏山东古筝乐：碰八板（牛玉新　摄）

近年来，由于传统文化的失落和变异，古筝乐的生存空间越来越狭窄，加之一些颇有造诣的古筝演奏家相继谢世，许多优秀的传统曲目和演奏技艺未能及时得到传承，导致山东古筝乐濒于衰亡境地，急需抢救。

620 II-121

笙管乐

笙管乐一般由管子、笙、笛子、云锣等乐器组合而成，同时配以鼓、铙、镠等打击乐器。主奏乐器管子，古代称为“筚篥”，属双簧气鸣乐器，多以木制，上开八个音孔，前七后一，以质硬的芦苇制成双簧哨子，常以更换大小哨子的方法调定音高。根据管身粗细长短的不同可将它分为大、中、小三种，其中小管音色尖锐高亢，有打音、颤音、涮音、花舌音、滑音、泛音等一系列演奏技巧。在历代宫廷音乐和寺庙音乐中，管子均为主奏乐器，称为“头管”。笙管乐是民间鼓吹乐中风格最为庄严、清雅的音乐艺术，它和以唢呐为主奏乐器的吹打乐不同，乐器编配带来的特殊韵味使其能够营造出宗教场合需要的清虚静恬气氛，因此它为中国各地的寺院道观所普遍采用，成为各种原始宗教仪式中常见的器乐演奏形式。

笙管乐·复州双管乐

申报地区或单位：辽宁省瓦房店市

复州双管乐大约在清代乾隆年间由山东移民传入辽宁省复州地区，初始时在道观、寺庙中为诵经和法事活动伴奏，其后在民间广泛流布开来，由复州城逐渐传播到瓦房店地区，成为当地民间婚丧嫁娶和节庆活动不可缺少的内容。

单管和双管传入以前，复州已有了鼓乐班。复州鼓乐班至今已有五六百年的历史，它主要由唢呐、笙、小牛角、葫芦头、二胡、四弦、鼓、钹等乐器组合而成，而以唢呐主奏。单管和双管传入后，鼓乐班同时以唢呐和双管为主奏乐器。尤其是在吹奏高亢粗犷、低沉柔美的曲调时，双管的作用更显得举足轻重。复州双管乐刚柔并济，其音色既有粗犷、豪放的一面，又有深沉、委婉的一面，可表达各种复杂情感。发展至今，鼓乐班已经不再使用小牛角和葫芦头。乐班根据雇主所付报酬来决定每次参加演奏的人数，一般贫穷人家用四人吹打，富裕人家用六个，多的还会用到十几个。演奏的内容和场所也往往根据雇主身份和雇请情由而定，如旱天求雨时在龙王庙前或海边、河边吹奏，有钱人祝寿则在屋内或院内吹奏。

清末至1931年“九一八事变”前是复州双管乐的鼎盛时期，代表性艺人有宋长龄、关希仁、秦长岭、高吉顺、周五子、刁登科等。抗战胜利后至新中国成立前夕，复州双管乐恢复活动，但规模已大不如前。复州双管乐与当地民俗相结合，极大地丰富了民众的精神文化生活，具有民俗学及民族音乐学等方面的研究价值。改革开放以来，由于倡导移风易俗、丧事从简，复州双管乐逐渐失去了赖以生存的基础，濒临消亡，亟待抢救保护。

笙管乐·建平十王会

申报地区或单位：辽宁省建平县

建平十王会又称“双会”、“经会”，系由喀喇沁王府喇嘛乐队的演奏技艺沿袭而来。据传王府每到辽宁建平龙旦山下的“王子坟”祭奠，都要带喇嘛乐队跟同演奏，最多一次乐队竟有六十人之多。20世纪初，喇嘛乐队的演奏技艺和曲目流入建平民间，普遍应用于各种婚丧寿诞活动。

十王会所用乐器包括管子、笙、笛、箫、云锣、手鼓、堂鼓、小钹、大钹、大铙、碰（撞钟）、板等十二种。据考证，它和女真人的鼓笛及辽宋以来的清乐、散乐、马后乐具有渊源关系。清代中晚期以来，十王会的演奏形式逐渐与鼓乐合流，基本上为鼓乐所取代，目前仅在建平县和内蒙古赤峰的个别村落尚有留存等。

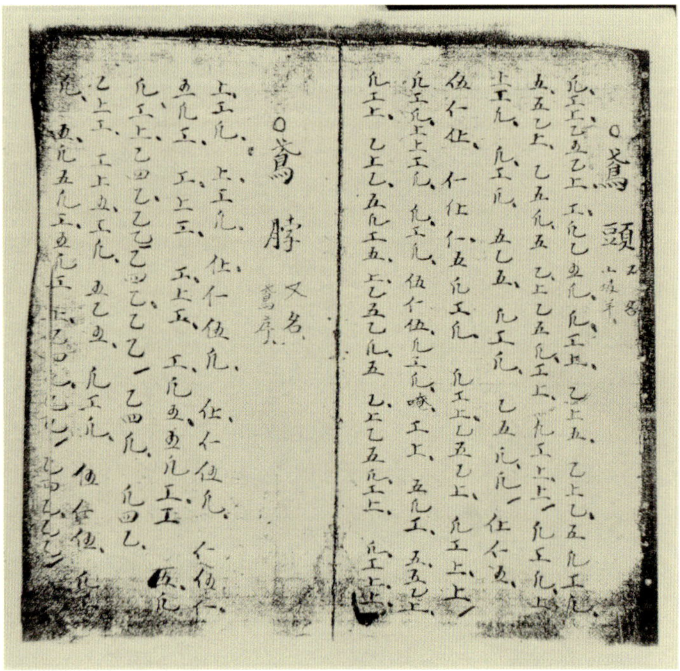

建平十王会乐队所用古谱（崔天军　摄）

老艺人手上的笙已有一百五十余年历史（李广杰　摄）

建平十王会乐队演出现场（杨智宏　摄）

建平十王会演奏乐器：
有一百五十多年历史的笛子（李广杰　摄）

建平十王会演奏乐器：云锣
（顶端云锣已损毁）（李广杰　摄）

十王会乐谱均用毛头纸抄录，谱字与通用工尺谱无异，从右至左竖行书写，谱字右侧点板。由乐谱抄录顺序和说明看，十王会原有六个套曲和【挂金锁】、【山坡羊】、【五声佛】等四十余首小牌子。六个套曲中，第一套由【春来】、【夏来】、【秋来】、【冬来】、【四来尾】等曲组成，其后紧接三个曲牌，第二套为【雁儿落】，第三套为【小宫（工）一套】，第四套为【正宫一套】，第五套为【鹅令子】，第六套为【三回九转大普庵咒】。除工尺谱外，抄本中还有3首锣鼓谱。其宫调主要采用正宫调，偶尔亦使用小宫调。

建平十王会保留了传统十番乐的演奏形式及大量古代传承下来的乐器和乐谱，对于清代文化和音乐发展史的研究有着不可低估的意义。目前这一古老乐种正面临失传的危险，急需采取强有力措施推进保护传承。

笙管乐·超化吹歌

申报地区或单位：河南省新密市

吹歌是十分古老的一种吹奏乐形式，它兴起于汉代，最早在宫廷中使用，其后为寺庙所承袭，明清时流入民间。超化吹歌留存于河南省新密市的超化镇，其地建有规模宏大的超化寺。据传，明代景泰年间一位告老还乡的翰林协助寺中僧人将吹歌技艺传承下来，使之流布于当地民间。

演奏超化吹歌青河令（王艳红　摄）

超化吹歌演奏（河南省新密市非物质文化遗产保护中心　提供）

超化吹歌以管子为主奏乐器，演奏时以笙、管、箫为辅，同时再加上韵鼓、大铙等。管子由青、黄铜精铸而成，哨片则以精选芦苇制成，开八孔，前七后一，呈上粗下细的倒喇叭形。记谱法仍然沿用传统的工尺谱，乐曲大致分为古曲、民歌、寺庙祭祀音乐、调式音乐和占子五个部分，其中古曲为宫廷音乐，约有12首；民歌为当地民间小调，约有15首；寺庙祭祀音乐属庄重曲，共有10首；调式音乐属练习曲，占子则系小段乐曲。吹奏时表演者身着长袍道装，分为前后两排，前排是吹奏乐，后排是打击乐。演奏风格质朴、明快、高雅。

作为一种继承古老鼓吹乐的民间演奏样式，超化吹歌以口传心授方式传承，具有音乐活化石的功能。它以独特的铜制管子和苇制哨子、古老的记谱和演奏方式及难得一见的曲牌向人们展示了古代音乐的特殊风貌，成为中国古代音乐史研究中不可多得的第一手资料。目前，超化吹歌的几个掌门人相继谢世，在吹歌队中几个主要的打击乐手年龄都在75岁以上，仅能演奏十几个曲牌。在此状况下，超化吹歌的生存发展困难重重，令人担忧。加强保护措施，对这一宝贵的民族音乐遗产进行挖掘抢救，意义十分重大。

超化吹歌演奏（河南省新密市非物质文化遗产保护中心　提供）

621 II-122

津门法鼓

挂甲寺庆音法鼓

杨家庄永音法鼓

刘园祥音法鼓

法鼓是天津民间花会的重要项目，本系佛教音乐，据传，最早的一个法鼓团体即是大觉庵金音法鼓会。法鼓会乐器由鼓、钹、铙、铬子、铛子等组成，而以鼓为主，居于乐队的中央；钹左钹右，各有七八人；铬子、铛子各二人，都在鼓后。表演时各种手持乐器均需“耍”，并要轮流表演。开始演奏称为“开”，先击鼓数声，继之头钹连敲四声，之后各种乐器按谱齐奏。如是在行会时，则只以铬子、铛子打【常远点】曲牌以整齐步伐。法鼓曲牌约十几套，常用的有【老西河】、【摇通鼓】等。民间法鼓会众多，其中较为著名的有挂甲寺庆音法鼓、杨家庄永音法鼓、刘园祥音法鼓、龙亭井音法鼓、芥园花音法鼓和侯家后永音法鼓等。

津门法鼓·挂甲寺庆音法鼓

申报地区或单位：天津市河西区

挂甲寺僧人凭借銮驾成立了挂甲寺庆音法鼓銮驾老会，图为新修复的銮驾用具“龙凤扇”（高惠军　摄）

明代崇祯皇帝后妃曾赐挂甲寺半副銮驾，清代雍正九年(1731)，挂甲寺僧人凭借銮驾成立了挂甲寺庆音法鼓銮驾老会，至今已有三百多年的历史。挂甲寺庆音法鼓主要流传于天津市河西区挂甲寺街及其周边地区，它是一种极具特点的民间音乐形式，表演中既有精美的道具，又有高超的技巧和优美的舞蹈动作。

挂甲寺庆音法鼓銮驾老会初为民间文法鼓，清代嘉庆六年(1801)传入武法鼓后，又加入飞铙、飞钹。庆音法鼓有铛子、铬子、钹、铙、鼓五种打击乐器和乐谱曲套数十种，目前常用的乐谱包括集合队员的乐谱、开场乐谱和改点乐谱等，大量曲套则包括【对联】、【桥头】、【瘸腿】、【绣球】、【连珠炮】、【双桥】、【老河西】等曲。庆音法鼓运用这些曲套时，最独特的一点是五套隔一套，变化多样、优美动听，韵传遐迩。法鼓表演动作刚柔并重，超群绝伦，其中暗藏十三绝，有民间艺术正统之称，尤其是上擂的飞钹，闻名津城，有龙腾虎跃、燕飞凤舞、插花盖顶、十字鞭红等不同凡响的精彩动作，令人叹为观止。钹铙技术各有不同，但都

挂甲寺庆音法鼓表演（陶俊海　摄）

挂甲寺庆音法鼓表演（陶俊海　摄）

能生新出彩。挂甲寺的花棍制作精细，美观大方，表演时虽然没有乐器伴奏，但棍上有铜制的铃铛，一人手拿一个，互相打击，边行走边打出各种花点，同时演唱着自编的民间小调。

挂甲寺庆音法鼓带有浓郁的乡土气息，是一个将精彩道具、高超表演技巧和优美舞蹈动作融为一体的传统民俗文化形式。法鼓老会的表演者多是在孩童时期即参与其间。庆音法鼓经常在年节和大型民间活动中出会表演，因道具和演奏别具特色而享誉津门。目前，由于会所拆迁、道具破损、人员老化等原因，庆音法鼓老会有衰落之势，急需保护扶持。

挂甲寺庆音法鼓表演时展示的銮驾用具：銮（陶俊海　摄）

津门法鼓·杨家庄永音法鼓

申报地区或单位：天津市河西区

杨家庄永音法鼓表演（许文钟　摄）

杨家庄永音法鼓起源于清代乾隆年间，至今已有两百多年的历史，主要流传于天津市河西区挂甲寺街及其周边地区。法鼓原是佛教法器，鼓面蒙江豚皮，形体较大。相传杨家庄永音法鼓的首创者是清代康熙年间天津大觉庵的一位和尚，他剔除佛教音乐的宗教因素，创造出一些鼓牌子，传给附近的村庄，建立起法鼓会，在年节喜庆日演出。

杨家庄永音法鼓出会时主要是表现释迦太子出游的盛况，一般出会人数在四十人左右，有文场、武场之分。文场即仪仗队，行会时按顺序排列，鱼贯而行，气势磅礴，别具特色。会员肩挑茶炊、龙梢、点心箱、衣饰箱等十余挑，随着鼓点的节奏上下颤动，起伏有序。武场俗称“家什场”，主要是乐队，各种打击乐器按一定的词牌、曲谱演奏，鼓、钹、铙、镲等在伴奏中上下翻飞，左右开弓，做出“缠头裹脑”、“海底捞月”之类的动作，节奏徐缓渐进、跌宕起伏、情绪激昂、气氛热烈。永音法鼓表演既显阳刚之美，又见娇柔之态、声情并茂、和谐自然。文场器具和装饰大多以玻璃镶嵌，上面有彩绘或镂花浮雕的图案，刻绘十分精

杨家庄永音法鼓表演（许文钟　摄）

致。打击乐器演奏的曲牌主要有六种，包括【富贵图】、【阴阳鱼】、【对联】、【四时如意】、【八卦图】、【绣球】等。无论文场还是武场，各种道具、器械、装饰都是成双、成对、成套。

杨家庄永音法鼓道具精美，特色显著，在津门享有盛誉，是天津市乡土气息浓郁的民间艺术奇葩。它一向以口传心授的方式传承。目前，永音法鼓会的会所已被拆迁，在道具破损、成员老化的现实状况下，这一带有鲜明地域特色的民间艺术生存遭遇困境，亟待有关方面予以关心支持，保护其顺利传承，持续发展。

杨家庄永音法鼓鼓箱（许文钟　摄）

津门法鼓·刘园祥音法鼓

申报地区或单位：天津市北辰区

刘园祥音法鼓出现于清代道光年间，它原在寺院娘娘出巡时以随驾法鼓会的形式表演，主要流行于天津市北辰区内。刘园祥音法鼓出会时，前面是前彩和乐队两部分组成的仪仗队，由引锣指挥。前彩是娘娘出巡时警示人们回避和随身携带起居用品的编队，主要包括大门旗、高照、软对、硬对、灯牌、圆笼、八角盒、衣箱、茶桶、茶炊、风灯等仪仗和起居用品及鼓、钹、铙、镲、铛锒、大图、九莲灯等乐队器具。其中有40人拿着手旗维持程序，还有30个少年扛着凳子，供表演者击打长曲时使用。

刘园祥音法鼓会的服装道具保存完好，原有10套歌谱，现保留5套。在旧历年的正月，各花会的会头经过协商，往往要举行以庆丰收、贺新年为主题的礼节性互拜。每年三月三娘娘出巡日，数道花会云集北仓，祥音法鼓属于随驾会，所以安排在娘娘的宝辇左右设摆表演。表演中祥音法鼓独一无二的彩灯群展示在广大观众面前，呈现以彩灯组成长龙的壮丽景观。乐队的五声打击乐按各种乐谱演奏，有各种表演套路和动作，其中的单打、轮打、合打等方式层次分明，姿态优美，十分引人瞩目。

刘园祥音法鼓气势磅礴、壮观，最具浓郁的民族民间文化特色，是当地宝贵的民间文化遗存。目前，刘园祥音法鼓会在几代人的精心维护下延续至

刘园祥音法鼓乐器（王桂秋　摄）

刘园祥音法鼓参加非物质文化遗产展演活动（王桂秋　摄）

今，并多次参加比赛和庆祝活动。但是会中条件有限，许多方面不能尽如人意，特别是表演道具陈旧破败，令人感到遗憾，急需募集资金加以修理更新。

刘园祥音法鼓表演（赵梵汐　摄）

622 II-123

锣鼓艺术

锣鼓艺术是我国较为常见的民间器乐演奏形式，它分布广泛，在河北、天津、山西、上海、河南、湖北、山西等地都有流传。虽然各地所用乐器不尽相同，但大都以锣、鼓、铙、钹等大音量打击乐器为主，节奏激越鲜明，演出场面壮观，艺术风格以气势磅礴、威武热烈见长，主要在各种民间吉庆、典礼场合演奏。

锣鼓艺术·汉沽飞镲

申报地区或单位：天津市汉沽区

汉沽飞镲是天津沿海渔村一种综合性的民间广场艺术，它集民间音乐、舞蹈、武术于一体，主要流行于天津市汉沽区。汉沽飞镲大约产生于清代光绪初年，至今

汉沽飞镲表演（靳克刚 摄）

汉沽飞镲在上海世博园内表演（杨竹林　摄）

已有一百多年的历史。飞镲单名叫“飞钹”，镲原是一种武器，汉沽人以打鱼为生，船上都备有飞镲，用以引诱鱼蟹入网。每次出海前各村老少都要打飞镲，祈祷亲人平安返航，后来这一行为逐渐发展成民间喜庆酬神活动。

汉沽飞镲原以四对镲、一面大鼓、两面大铙为演奏乐器，镲既是乐器又是舞蹈道具，还配有红绿色的绸带等饰品。耍镲有多种特殊技法，主要包括涊镲、镲缕、掏镲、怀镲、分镲等，表演与大鼓、大铙有机结合，在【吵子】、【幺二三】、【长量】、【进香】等鼓点中尽情舞耍。飞镲的表演动作包括老树盘根、插花盖顶、亮翅等，常用队形主要有“圆圈”、“二龙吐须”、“交插”、“穿裆”、“众星捧月”等。表演时动作大开大阖、刚劲有力，表演者不仅需具备强健的体魄，还要有弓背欠腰的武术功底，手、眼、身、步密切配合，方可产生协调统一的效果。

汉沽飞镲表演道具：镲（靳克刚　摄）

汉沽飞镲表演以祝祷渔业丰收、欢送亲人出海作业为目的，表现了天津地区渔民劈波斩浪、英勇无畏的气概及他们对美好生活的向往和对大海的深情，具有海洋文化、民俗文化等方面的研究价值。目前天津汉沽区有十几支飞镲队，遍及全区各街镇，这些飞镲队在继承传统的基础上，赋予飞镲以新的时代特色，并将飞镲表演搬上舞台，使之呈现出不同以往的全新面貌。目前，由于老艺人相继去世，汉沽飞镲面临失传的危险，急需采取有效措施保护传承。

锣鼓艺术·常山战鼓

申报地区或单位：河北省正定县

常山战鼓是流行于河北省正定县的民间锣鼓表演艺术，因正定在历史上属常山郡而得名。它历史悠久，源远流长，据《正定县志》记载，早在战国时期常山战鼓就已具雏形。宋元时期正定成为当时全国的演艺中心，战鼓的表演已经非常成熟。进入明代以后，常山战鼓日渐兴盛，形成表演套路清晰、规模宏大的特点，在民间广泛流传。

常山战鼓演奏时需用到鼓、大钹、中钹、小钹、小锣等多种打击乐器，其编制少则几十人，多则数百人，套路多样，内容丰富，曲牌繁多，表演雄壮威武、气势磅礴、鼓点紧凑、变化复杂有致，声响高亢嘹亮。常山战鼓大多由独立的锣鼓段子连缀组合而成，共有9章72套之多，主要包括【大传帐】、【二传帐】、【迈大步】、【小西鼓】、【二跺脚】、【霸王鞭】等，并且在传统曲牌的基础上挖掘整理出了【战鼓齐鸣】、【十面埋伏】、【两军对垒】和【胜利凯旋】等新的阵势和曲牌。常山战鼓主要用于广场表演，以正定县南牛乡的东杨庄和西杨庄最为著名，演出时边击奏边舞蹈，鼓手腾挪跳跃，鼓钹上下翻飞，舞姿优美，造型丰富，技术精湛，气势雄浑。常山战鼓传承严格，有家传和以师带徒两种方式。

常山战鼓多用于嫁娶寿庆及节日典礼，是河北农村文化生活不可或缺的重要组成部分。它是正定古城传统文化表现形式的重要遗存，具有民俗学及民间艺术等方面的研究价值。目前，随着时代的变迁，人民群众的审美情趣逐渐发生了变化，常山战鼓的演出空间日益萎缩，发展前景不容乐观，亟待抢救保护。

常山战鼓参加奥运火炬传递启动仪式（张刚路　摄）

锣鼓艺术·太原锣鼓

申报地区或单位：山西省太原市

太原锣鼓由有着悠久历史的社鼓演变传承而来，流行于山西省太原市及晋中、吕梁部分地区。其渊源可追溯到先秦时期，最早形成大约在南宋宁宗年间。

太原锣鼓以铙、钹的特有声响取胜，风格强健有力、层次分明，动作劲烈舒展、粗犷阳刚，节奏激越鲜明，表演场面蔚为壮观。其演奏形式主要有“齐打”、“对打”、“大小家具对打”三种，一定条件下可以相互转换。“齐打”系指铙、钹、鼓同时演奏，这是太原锣鼓最早的表演形式，至今已有八百多年的历史，“齐打”时主要演奏【流水】等鼓曲。“对打”系指两组铙、钹对打，这种形式产生于1962年，显示出很强的对比性和抗争性。“大小家具对打”是一种传统的表演形式，至今已有四百多年的历史，其中大家具系指铙、钹、鼓，小家具系指马锣、小战鼓、二钹、铰子、手锣等。

太原锣鼓现存有名的套曲7套，常用曲牌五十余首，其中最有名的曲牌包括【流水】、【双一二五】、【牛斗虎】、【狗相咬】、【旋风镲】、【水龙吟】等。表演中击鼓动作异常丰富，有“打鼓心”、“磕鼓边”、“舞鼓花”、“磨鼓钉”、“击鼓槌”等多种技巧。击镲技巧在山西锣鼓中号称“三绝技巧”之一，有许多令人惊叹的表现，击镲绝技“抛击”即其一例。表演者将镲抛向空中数米，然后飞速旋转着落下，表演者顺势稳稳接住，表演节奏丝毫不误。这种高难度技巧，目前已濒临失传。

太原锣鼓表演（山西省太原市群众艺术馆　提供）

太原锣鼓表演（山西省太原市群众艺术馆　提供）

太原锣鼓表演（山西省太原市群众艺术馆　提供）

太原锣鼓主要应用于民俗社火和祝贺庆典，是当地民众社会生活的重要组成部分，为山西传统民俗和民间音乐的研究提供了极其重要的参考材料。目前，太原锣鼓的表演曲牌不到七套鼓曲的十分之一，且重形式而轻音乐内涵，长此以往，将影响这一传统民间鼓乐的正常发展，急需采取合理措施保护振兴。

锣鼓艺术·泗泾十锦细锣鼓

申报地区或单位：上海市松江区

松江古戏乐是流传于上海市松江区民间的一个古老器乐种类，它源于明代万历年间松江地区的“十样锦”等民间吹打乐，系以集锦方式将不同戏曲剧目中的人物演唱片段、伴奏（过门）音乐、民歌小调等有机融合在一起，形成别具特色的曲式和旋律。其代表作“十锦细锣鼓”主要由松江泗泾镇民间演出团体“阳春堂”传袭，至今已传七代，有三百多年的历史。

演奏泗泾十锦细锣鼓的主要乐器（上海市松江区非物质文化遗产保护分中心　提供）

演奏泗泾十锦细锣鼓的重要乐器四枚锣之一的柴锣（破锣）（陈志辉　摄）

松江古戏乐主要是由戏曲音乐和民歌小调转变而来，一方面带有戏曲音乐的特点，一方面又从曲的角度对原有的戏曲和民歌音乐进行了融汇改造，形成独立的音乐样式。泗泾十锦细锣鼓具有南昆软、糯的艺术特色，文而不武，雅而不闹，柔和而不粗犷，节拍鲜明，节奏感强，表现十分细腻，明显区别于一般锣鼓经。演奏时一人要兼带几件乐器，敲一段锣鼓点板后，再拿起丝竹演奏，交替进行，一专多能。即使是敲锣鼓经，也要求同时掌握几种样式。

松江古戏乐是古代吴音的杰出代表，泗泾十锦细锣鼓更是为古代戏曲和民间音乐的深入研究，包括对某些戏曲音乐原初形态（包括曲牌）、音乐诸要素配置状况、演唱方式、发声方法等的研究提供了活的范型。目前，随着上海郊区城市化进程的加速，乡土文化、民间艺术正慢慢淡出人们的视野，在前辈艺人不断衰老、新传承者越来越少的现实状况下，泗泾十锦细锣鼓前景堪忧，亟待加强保护措施。

泗泾十锦细锣鼓传统的八仙桌演出方式（上海市松江区非物质文化遗产保护分中心　提供）

锣鼓艺术·大铜器

申报地区或单位：河南省西平县、郏县

郏县大铜器：庆丰锣鼓（申清杰　摄）

西平大铜器是流传于河南省西平县的一种传统闹年打击乐，它属隋唐燕乐遗音，至今已有一千四百多年的历史。据传承谱系记载，西平大铜器可考的历史有三百余年。演奏所用乐器主要包括大铙、大镲、大鼓等，音色铿锵、粗犷豪放，传统演奏技巧有传、撂、翻铙镲，对击、闷击等。西平大铜器主要用于闹年、拜年、贺寿、镇宅、祭祀、祈福，演奏时配以造型舞蹈和传统绝活，能起到烘托场景、营

西平大铜器传统技法：
抬花轿（陈向阳　摄）

西平大铜器传统技法：勇往直前（陈向阳　摄）

郏县大铜器：排铙护阵（冯洪波　摄）

造气氛的作用。西平大铜器乐班一般15至60人不等，传承曲牌有149首，常用的有五十多首。西平大铜器历史久远，风格独特，是传统音乐的宝贵遗产，具有音乐史、民族迁徙史、中外文化交流史等方面的研究价值。西平大铜器鼎盛时期，当地百分之八十的自然村都曾拥有表演乐队，目前这些乐队能活动的不足五分之一，有必要采取措施鼓励其传承发扬。

郏县大铜器主要流传于河南郏县并辐射到平顶山、宝丰、汝州等周边县市，它始于东汉晚期，至今已有一千七百多年的历史，是中国传统打击乐的典型代表。郏县大铜器以鼓、铙、镲、锣等为主奏乐器，节奏灵活、内容丰富，有【五虎下西川】、【马面川】、【呼雷炮】等36个代表性传统曲牌，多以时代背景命名。乐曲中较多运用1/4、2/4、3/4、4/4、6/4拍，存在大量切分节奏。郏县大铜器风格粗犷酣畅、质朴真淳，深受当地民众的喜爱。近年来，郏县大铜器艺人年事渐高，精力日衰，在资金投入不足的情况下，已有多支铜器队相继解散。若不及时保护传承，这一古老的民间艺术将有失传之虞。

锣鼓艺术·开封盘鼓

申报地区或单位：河南省开封市

开封盘鼓原名"大鼓"，是开封市特有的一种民间广场鼓舞乐，它与宋至明四百年间流传于开封的迓鼓乐密切相关。开封盘鼓演奏所用的鼓是一种木框扁鼓，直径50厘米，高32厘米，状如磨盘。鼓框两边的一对铁环上系有一条2.5米的长襟带，表演者以左肩斜承，挎在身上，使鼓位于腰前、鼓面向上。鼓槌以柳木制成，约拇指粗细，木质硬而有韧性。这种挎在身上边行走边敲击的盘鼓最早在军队中使用，后来与民间舞蹈相结合，形成特殊的鼓舞表演形式，表演者装扮成各种人物，在盘鼓伴奏下做出各种舞蹈动作。开封盘鼓一般在集市、祭祀或节庆活动中表演，清代曾广泛用于抗旱求雨等民俗仪式。

开封盘鼓有十几人至几百人的表演队伍，表演者在令旗手指挥下，或击打挎在身前的大鼓，或击打大镲、马锣等铜器，在行进中边击边舞。整个表演气势宏大，节奏强烈、热烈明快、威武壮观，充分展现出中原儿女粗犷豪迈的气概，具有极强的艺术感染力。

百面盘鼓声震黄河滩（李书玉　摄）

开封盘鼓表演（李书玉　摄）

开封盘鼓植根于民间，深受当地群众喜爱，长期活跃在开封市区五县及周边的县市，与舞龙、舞狮、旱船、竹马等民间艺术一道成为当地民众生活的重要组成部分，为民俗学及民族音乐发展史等的研究提供了重要的参考。但是，随着艺术市场的发展，专业或半专业的演出队伍一直缺乏培训，资金投入也严重不足，特别是传承工作开展不力，出现了打鼓人日益减少的现象。针对这一现实状况，有必要加强规划，从大局着眼对古老的开封盘鼓艺术进行全面保护。

锣鼓艺术·宜昌堂调

申报地区或单位：湖北省宜昌市

宜昌堂调俗称“堂鼓”、“坐堂调”、“坐堂吹打”等，是流行于湖北省宜昌市广大地域的一种民间音乐形式，因多用坐堂方式演奏而得名。它是鄂西堂调最精彩的部分，在当地婚丧节庆和其他民俗活动中应用十分广泛。宜昌堂调历史悠久，除《楚辞》的相关记载外，这一地区出土的东汉和宋代文物也可成为重要的佐证。清代雍正年间，宜昌堂调吸纳以戏曲为主的各种民间艺术因素，在此基础上得到进一步发展。它将戏曲中的人声改为唢呐、京胡等乐器伴奏变为吹打乐曲，又不断融汇民间歌舞音乐，大大丰富了自身的音乐形态。

宜昌堂调：双龙过江（湖北省宜昌市非物质文化遗产保护中心 提供）

宜昌堂调：二龙抱柱（湖北省宜昌市非物质文化遗产保护中心 提供）

宜昌堂调：一条龙（湖北省宜昌市非物质文化遗产保护中心 提供）

宜昌堂调：凤凰展翅（湖北省宜昌市非物质文化遗产保护中心　提供）

宜昌堂调现存一千多首曲牌，其中包括部分“菜调”、“茶调”和“大调”音乐，而以长阳、五峰两县的土家堂调、汉族秭归杨林堂鼓和夷陵区的“菜调”等最具代表性。宜昌堂调有散曲和套曲两种形式，其中套曲是堂调的代表作，这种演奏套路主要应用于特定的礼仪程序，如婚嫁席面使用的“菜调”，自始至终由“知客”喊礼，从迎宾、入席、上菜到散席、送客都有固定的程序，需严格按照程序演奏。宜昌堂调多为六声音阶形态，以羽音为主，旋律以徵、商终止音居多。其演奏方法有许多独到之处，如唢呐的【老少配】需翻高或变旋律吹奏，打击乐中伴奏的击节和穿插别具特点，等等。

宜昌堂调是民族音乐史研究中难得一见的活态资料，在心理学、民俗学等的研究中也有重要参考价值。目前，受市场化的冲击，宜昌堂调的生存出现危机，当地少有年轻人自觉接受和承沿这一传统民间艺术形式，急需采取措施保护传承。

锣鼓艺术·韩城行鼓

申报地区或单位：陕西省韩城市

韩城行鼓俗称“挎鼓子”，是广泛流行于陕西省韩城市境内的一种民间鼓乐形式。韩城行鼓具有悠久的历史，据传元灭金后，蒙古骑士在韩城敲锣打鼓欢庆胜利，韩城民众沿袭模仿，经长期承传发展，形成了富于地方特色的民间鼓乐。

韩城行鼓表演时，鼓手头戴战盔，腰束遮鞍战裙，呈骑马蹲裆式仰面朝天击鼓。在表演现场，鼓阵排开，令旗挥舞，百鼓齐鸣，声震长空，显现出恢弘的气势。酣畅淋漓的鼓姿、强劲刚烈的鼓点似黄河咆哮、万马飞奔，给人造成巨大的心灵震撼。敲到得意处，鼓手们如醉如痴，狂跳狂舞，进入醉鼓醉镲的最佳境界。

在英国“爱丁堡国际军乐艺术节上”表演韩城行鼓（徐伟　摄）

韩城行鼓表演（徐伟　摄）

韩城行鼓在历史上曾被当作祭神的鼓乐，逢年过节、求神祈雨时总能听到激昂的鼓声。平日面朝黄土背朝天的农民敲锣打鼓祭神时，头顶坡式战盔，身披黄马褂，顿时生出一种神圣之感。韩城行鼓是当地民间锣鼓艺术的一朵奇葩，具有很高的艺术和文化价值。近年来，花杆队的引入使韩城行鼓的表演更加丰富和成熟。当地技艺纯熟的十几支锣鼓队活跃在不同场合，表现卓绝的鼓手、锣手、镲手层出不穷，先后被民众冠以“鼓王”、“锣王”等美称。目前，韩城行鼓在演出队伍的培训和资金的投入上还存在很大问题，对传承工作也缺乏重视，导致传承人日益减少，为此有必要加大保护力度，促使这一古老的民间鼓乐更好地传承发展下去。

623 II-124

申报地区或单位：吉林省延吉市、珲春市

朝鲜族洞箫音乐

朝鲜族洞箫五重奏（金红敏　提供）

洞箫是中国朝鲜族的一种传统乐器，至今已有一千五百余年的历史。

每逢节日或乡村婚嫁寿诞典礼，中国朝鲜族人民都会有洞箫演奏。洞箫音色恬静、悠扬，具有淳厚长者及君子之风。19世纪末以来，延边的洞箫演奏家们先后创作了许多以“散调”即独奏曲为主的音乐作品，其中既有反映朝鲜族人民在封建统治和日寇疯狂掠夺下艰难生活的悲凉乐曲，又有表现与日本侵略者进行坚决斗争意志的“希纳予”乐曲。新中国建立后，又出现了《伐木歌》、《丰收歌》等乐曲，将劳动和生产中产生的自豪、欢乐情绪抒发得淋漓尽致，极大地丰富了中国音乐文化宝库。

在朝鲜族洞箫音乐中偏偏起舞（金红敏　提供）

朝鲜族洞箫队在表演（金红敏　提供）

朝鲜族洞箫独奏（金红敏　提供）

朝鲜族洞箫音乐是朝鲜族人民精神生活中不可或缺的内容，在中朝文化交流中发挥着至关重要的作用。目前，吉林延吉、珲春两地的洞箫演奏活动虽十分活跃，但仍有必要进一步加强保护工作，制定系统的搜集整理计划，推动这一优秀民族艺术稳定传承，不断走向新的繁荣。

624 II-125

申报地区或单位：湖南省龙山县

土家族咚咚喹

演奏土家族咚咚喹（刘军生　摄）

咚咚喹是土家族一种极其古老的簧管气鸣乐器，主要流传于湖南省龙山县等土家族聚居地区。从1994年5月在沅水湘西段贝丘遗址发现的两枚骨哨来看，它应当起源于6500—7000年前的新石器时代早中期，经历了长期的历史发展过程，从只能吹一个音的骨哨演变为能吹两个音的鸟哨，最后终于形成三孔一筒音的咚咚喹。

咚咚喹取材方便，制作简单，它以直径约1厘米的细竹尾为管体，长约10—14厘米，上端留节，在节下削簧凿孔，形成三孔一筒音。咚咚喹发声清脆明快，打音、颤音兼备，由模拟鸟语虫鸣、风吹泉流之声而形成写意性的音乐语汇和固定的曲牌。在湘西龙山县洗车河流域的他砂、靛房、坡脚、苗儿滩、隆头、贾市一带普遍流行的咚咚喹传统曲牌有【咚咚喹】、【巴列咚】、【呆嘟哩】、【乃哟乃】、【拉帕克】等二十多种，内容以土家语儿歌为主，词曲兼具，可吹可唱，吹唱结合。

咚咚喹演奏时采用竖吹方式，左手食指按住第三音孔，右手食指、中指分别按住第二和第一音孔，用口衔住上部舌簧处进行吹奏。在此过程中，左手专打节奏，右手专按旋律。龙山县坡脚有人能吹双管，左右手各持一根咚咚喹，一手按一根

演奏土家族咚咚喹《山寨的早晨》
（彭梁心 摄）

演奏土家族咚咚喹
（田良东 摄）

学生在演奏土家族咚咚喹
（刘皆志 摄）

乐管，借助娴熟的技巧，双管齐吹同一首曲牌。龙山县土家族咚咚喹以独特的音乐风格引起各界瞩目，20世纪60年代初曾晋京演出，1987年又赴波兰演出，受到中外音乐专家的一致好评。

咚咚喹是湘西土家族重要的精神财富，作为一种极具特色的演奏曲调，它在当地土家人的生活中占有不可取代的地位。目前，这种古老的乐器演奏形式正面临消亡的危险，急需加强抢救保护工作。

625 II-126

申报地区或单位：新疆维吾尔自治区伊犁哈萨克自治州

哈萨克六十二阔恩尔

弹奏哈萨克六十二阔恩尔（库尔曼江·孜克热亚　提供）

六十二阔恩尔是哈萨克族民间器乐曲的重要组成部分，流传于新疆维吾尔自治区伊犁哈萨克自治州。在冬布拉、库布孜、斯布孜额等哈萨克族传统乐器的独奏曲中，有一批特别优美抒情、悠扬婉转的乐曲，哈萨克人习惯将这些乐曲称为“六十二阔恩尔”。“六十二”和“阔恩尔”是中国哈萨克人心目中两个神圣的词汇，“阔恩尔”系古哈萨克语，专门用来形容美好的事物，所以那些最深沉、最优美、最能打动人们心弦的音乐，哈萨克人就称之为“阔恩尔”。而所谓的“六十二”并不是一个确定的单纯的数量概念，它有着“众多的”、“重要的”、“具有代表性的”等多重含义。

六十二阔恩尔中的各种乐曲分别产生于哈萨克族萌生、形成、发展的不同历史时期，如霍孜科尔仆西的《阿尔曼（愿望）》出现于公元前4世纪，沙依玛克的《沙尔乌怎（黄河）》形成于公元前1世纪，阔尔库特的库布孜曲《阔恩尔》产生于7世纪、8世纪之交，凯尔布哈的冬布拉曲《阿克萨克库兰》系13世纪的产物，卡孜托干的《沙根尼西（想念）》诞生于15世纪，塔特木别克的《沙勒阔恩尔》、库结肯的《阿克鹄阔恩尔（白天鹅曲）》及卡依热克巴依的《铁尔阔恩尔》、《马依达阔恩尔》等均为19世纪的作品。这些乐曲在哈萨克民间广为流传，为一代

哈萨克六十二阔恩尔弹奏（库尔曼江·孜克热亚　提供）

青少年学习哈萨克六十二阔恩尔演奏技艺（库尔曼江·孜克热亚　提供）

又一代的哈萨克人提供了永远的精神食粮和民族认同的纽带。哈萨克六十二阔恩尔的主要演奏乐器有冬不拉、库尔孜、斯布孜额。冬不拉可用各种演奏技巧奏出多变的音色；库布孜可奏出单纯而富有感情的旋律；斯布孜额则可奏出古朴的持续长音。这些音乐表现出哈萨克族人独有的音乐审美观念。

六十二阔恩尔承载和记录着哈萨克人民对祖先和民族历史的记忆，其中五声、七声的不同乐曲彰显了哈萨克民族的多源性及哈萨克音乐文化在漫长的历史发展过程中与蒙古族、汉族、突厥语各民族、印欧语各民族碰撞交融的状况，具有历史学、民俗学、民族学、人类学、艺术学等多方面的研究价值。目前，随着社会的发展和传统语言的消失，哈萨克六十二阔恩尔这一古老的艺术形式正面临着失传的危险，急需抢救扶持，保护传承。

626 II-127

申报地区或单位：新疆维吾尔自治区

维吾尔族鼓吹乐

维吾尔族鼓吹乐演奏（梁立 摄）

维吾尔族鼓吹乐具有悠久的历史，它是维吾尔民族特有的器乐乐种，广泛流布于新疆各维吾尔族聚居区。维吾尔族鼓吹乐多以一支苏乃依奏出旋律，而以三对纳格拉和一支冬巴克击节。它既可演奏《十二套伊犁维吾尔族鼓吹乐套曲》之类相对固定的鼓吹乐套曲，也可演奏维吾尔木卡姆片断和流传于各地的维吾尔族歌舞音乐。

鼓吹乐种类丰富多样，不同维吾尔族聚居区流传的曲目往往彼此有异，如《伊犁维吾尔鼓吹乐套曲》、《吐鲁番维吾尔婚礼鼓吹乐套曲》等均有各不相同的曲目。维吾尔鼓吹乐曲来源很多，有的源自民间歌曲，有的源自民间歌舞曲，还有的源自民间说唱及木卡姆古典音乐。各地区的鼓吹乐组合也有同有异，如和田地区洛浦县的鼓吹乐即以三支纳格拉构成一组，击出的节奏独具一格，与他处有着明显的区别。

维吾尔族鼓吹乐主要用来为群众性的自娱舞蹈伴奏，在维吾尔族的各种节日庆典和人生礼仪中发挥着极其重要的作用，具有极高的技术和文化研究价值。其旋律流畅起伏，节拍节奏复杂多变，善于营造热烈、欢快的喜庆气氛。吐鲁番地区的鼓吹乐能演奏各套《吐鲁番木卡姆》自始至终的旋律，在新疆地区享有很大声誉。目前，新疆维吾尔族鼓吹乐尚未得到系统、全面的搜集整理，随着老一辈鼓吹手的去世，一些班社已经停止活动。在此情势下，有必要进行全面规划，采取有效措施保证这一古老的民族音乐样式顺利传承。

维吾尔族鼓吹乐演奏（梁立　摄）

新疆维吾尔自治区洛浦县多鲁乡鼓吹乐队在演奏（梁立　摄）

新疆维吾尔自治区疏勒县阿拉甫乡鼓吹乐队在演奏（梁立　摄）

伊犁鼓吹乐队在演奏（梁立　摄）

627 II-128

洞经音乐

文昌洞经古乐

妙善学女子洞经音乐

洞经音乐主要流行于云南省的汉族、白族、纳西族群众中，它原是一种道教礼仪音乐，因以诵唱《大洞仙经》经文为主要内容而得名。其音乐曲调十分丰富，每个流传地区都有独立成套的各类曲调，数量四十首至百余首不等。

洞经音乐·文昌洞经古乐

申报地区或单位：四川省梓潼县

文昌洞经古乐又称“洞经音乐”，是祭祀文昌帝君时演奏的一种民间音乐。它最早起源于南宋乾道年间梓潼县七曲山作为文昌祖庭的大庙，初时名为“檀炽钧音”，后因弹演《文昌大洞仙经》而改称“洞经古乐”。文昌洞经古乐流传于四川省梓潼县七曲山文昌宫及县城周围的善堂、斋堂，在当地民间影响十分深远。

青少年学习文昌洞经古乐（罗智婉　摄）

大庙演奏文昌洞经乐团演奏场景（张玮　摄）

文昌洞经音乐演奏乐器：埙（何燕　摄）

文昌洞经古乐主要在弹演《文昌大洞仙经》时作为伴奏音乐出现，它有多种曲牌，可分为大乐曲牌、细乐曲牌和锣鼓经曲牌三类。大乐曲牌主要由吹打乐器演奏，细乐曲牌主要由丝竹乐器演奏，锣鼓经曲牌则由多种打击乐器演奏。大乐和细乐主要用作各种仪式活动的伴乐，也可作为经腔之间的间奏。锣鼓经主要用于开坛、收经，或在各类经腔及大乐、细乐曲牌结尾处起衔接作用，也可用作诗文吟诵时的背景性伴奏。音乐风格舒缓淡雅，格调虔诚庄严，令人肃然起敬。文昌洞经古乐的代表性作品有《文昌赞》、《正行香》、《雁鹅过青天》等。

随着时间的推移，文昌洞经古乐逐渐走出寺庙，步入民间，对其他民族音乐产生了较大影响。作为与传统宗教密切相关的一种民间音乐，它是中国民俗文化、宗教文化研究不可多得的重要参考。目前，受现代文明的冲击，农耕文化习俗逐渐打破，年轻一代的思想发生了明显变化，与传统民间信仰联系在一起的文昌洞经古乐生存空间不断缩小，传承发生严重危机。增加保护力度，最大限度地减缓这一民间古乐的衰亡速度已成当务之急。

民俗文化节上的洞经音乐表演（罗智树　摄）

洞经音乐·妙善学女子洞经音乐

申报地区或单位：云南省通海县

通海洞经古乐流传于云南省通海县境内，以秀山镇、河西镇为中心，传播及于九街、扬广、四街等镇。近二十年来，更进一步在全县范围内广泛流传。洞经古乐兴起于元代，正式创立于明代初年，明末开始趋于兴盛。它并不是单一的民间音乐，其中还包含了西北、江南的音乐曲牌和演奏技巧。云南现有的几百支洞经演奏队伍中，以通海妙善学女子洞经（古乐）班的表现最为突出。

妙善学女子洞经音乐演奏（杨晓敏　摄）

敲编钟（杨晓敏　摄）

在公园里演奏妙善学女子洞经音乐（谢时明　摄）

通海妙善学女子洞经（古乐）班成立于1943年，全班由18位少女组成，她们大胆冲破封建礼教的束缚，成立通海“妙善学女子洞经会”，经过两年的学习，掌握了工尺谱和简谱，能熟练演奏四十多首曲牌。1947年，她们在三元宫弹演洞经后，独树一帜地将这一弹演活动带入民间礼佛仪式，其后相沿成俗，至今已有六十多年的历史。2001年9月，妙善学女子洞经音乐应邀进京演奏，引起广泛关注。

女子洞经会的演奏曲目有【小开门】、【阴阳调】、【鹧鸪天】、【叠落金钱】等39首，可分为古典音乐、江南丝竹音乐和民间音乐几种主要类型。妙善学女子洞经音乐在继承通海音乐演奏传统的基础上，充分展示出女子演奏所特有的魅力，在为宗教仪式伴奏时严肃中不失热情，虔诚中显出慈善；演唱时激昂中别见清脆，舒缓中透着甜润；演奏时则以纤巧细腻、缠绵婉转的艺术风格取胜。女子洞经会的演奏为通海洞经古乐增添了新的活力，在当地产生了极大影响。多年以来，这一特殊的音乐演奏形式一直在通海民间传承不衰。

作为云南省唯一的女子洞经组织，妙善学女子洞经会开女性弹演洞经的先河。它最完整地保留了洞经弹演的程序和内容，为云南地方历史文化和民间艺术的研究提供了重要的材料。目前，通海妙善学女子洞经（古乐）班仅剩4人，女子洞经音乐生存困难，发展受阻，亟待保护传承。

在文庙[illegible]学女子洞经音乐[illegible]摄）

芦笙音乐

侗族芦笙

苗族芒筒芦笙

芦笙是流行于中国西南地区苗、侗、水、仡佬、瑶、壮、彝等民族中的一种多管型簧管乐器，它由带簧笙管、笙斗、吹管和共鸣筒组成，吹奏时双手抱住器身，以拇指、食指、中指轻按左右两排笙管的指孔，口含吹管，通过吹气、呼气来鼓簧发音。芦笙具有独特的音高，可吹出八度、五度、六度、四度和音及三和弦效果。

芦笙音乐·侗族芦笙

申报地区或单位：湖南省通道侗族自治县

侗族芦笙是广泛流传于湖南省通道侗族自治县境内的一种传统民族民间乐器，它由古老的簧管乐器发展而来，至今已有两千多年的历史。芦笙根据吹奏形式和表演手法的不同，可分为地筒、特大芦笙、大芦笙、中芦笙、小芦笙、最小芦笙六种，传统芦笙共有三个音12个调。侗族芦笙共有十二首曲牌，主要包括【集合曲】、【进堂曲】、【踩堂曲】、【上路曲】、【走曲】、【圆圈曲】等。芦笙有三种记谱符号，即汉文译音记谱、现代简谱记谱和侗文记谱。

表演侗族芦笙《鱼跃歌声庆丰收》（张建国　摄）

在鼓楼前排练侗族芦笙《鱼跃笙歌庆丰收》（吴伟　摄）

侗族芦笙演奏常用一支能吹出最高音的芦笙作为领奏和指挥，配以高音芦笙两支、中音芦笙三支、次中音芦笙十支、低音芦笙两支、倍低音芦笙一支和地筒一支，组成芦笙乐队。根据具体情况，乐队也可有其他形式的乐器配置。传统侗族芦笙舞有自吹自舞、吹者自舞、舞者自吹等多种表演形式，乐手往往边吹边跳，做出大幅度左右摇摆动作，表演独舞和对奏时则需时而旋转，时而蹲跳。以碎音颤奏和高难度的舞蹈动作取胜，这是侗族芦笙表演最大的特点。侗族芦笙表演具有浓郁的地方特色，长期在民间承沿不绝。

侗族芦笙（梁经利　摄）

芦笙是侗族人民生活不可缺少的重要组成部分，它以显著的民族特色引起世人关注，为民间音乐和云南地方民俗的研究提供了鲜活的例证。目前，随着市场经济的快速发展，侗族芦笙文化正面临消失和变异的危险，通道县各芦笙队成员的年龄多在40岁以上，有些地方出现了演奏人才的断层现象，在此情势下，对侗族芦笙的抢救保护刻不容缓，必须立即着手进行。

用芦笙吹奏（黄晓海　摄）

用芒筒演奏出的曲调悲壮肃穆，具有鲜明的民族特色（黄晓海　摄）

芦笙音乐·苗族芒筒芦笙

申报地区或单位：贵州省丹寨县

苗族芒筒芦笙乐舞是一种独特的民族民间艺术，主要流传于贵州省丹寨县境内所有苗族村寨和邻近的雷山、榕江、三都县及都匀市的部分地区。苗族最早的乐器芦笙具有悠久的历史，其源头可以追溯到远古乐器“笙”和“匏”。在长期战争和迁徙的过程中，芒筒芦笙一直是苗族人不可或缺的日常用具。定居于丹寨的苗族群众世代谨守着传统风习，使芒筒芦笙乐舞一直保持着原初的宗教功能。

苗族芒筒芦笙乐舞每队16人，共有芦笙3支、芒筒13支。吹奏时，芦笙领于前，芒筒随于后，且吹且舞，沿顺逆时针方向围成圆圈，缓缓向前。众人以脚蹬地，发出整齐的舞步声，与乐音相应和，苗族称之为“齐心集鼓社，齐步踩笙堂”。作为苗族古老的乐器之一，芒筒芦笙的主要功能是娱神，它多用于大型庆典、祭祖、丧葬等活动，而以丧葬场合使用最多。参与大型庆典时，芒筒芦笙往往在迎送祖鼓、斗牛场激牛、竞技场助威等活动中伴奏。芒筒芦笙曲目众多，其中用于祭祀的曲调有【怀祖曲】、【邀约曲】、【离别曲】等，用于丧葬的曲调有【过路曲】、【进门曲】、【悲伤曲】、【送别曲】、【安慰曲】、【离别曲】等。

苗族芒筒芦笙乐舞演奏方式独特，曲调悲壮肃穆，具有鲜明的民族音乐风格和地域特征，在苗族文化生活中占有非常重要的地位，是丹寨苗族文化的重要内容，具有很高的艺术和民俗研究价值。作为一种典型的民族民间艺术，芒筒芦笙乐舞长期在苗族群众中有序传承。近半个世纪以来，现代文明的普及冲淡了民族传统文化的影响。基于这种状况，苗族芒筒芦笙乐舞的前景不容乐观，急需加强抢救保护措施。

祭祀活动中的苗族芒筒芦笙乐舞（黄晓海　摄）

祭祀活动中的苗族芒筒芦笙乐舞（黄晓海　摄）

629 II-130

申报地区或单位：贵州省贞丰县、兴义市、镇宁布依族苗族自治县

布依族勒尤

布依族勒尤演奏（张霆　摄）

布依族勒尤是一种木制的双簧直吹乐器，流传于贵州省黔西南州兴义市及南北盘江沿岸的布依族聚居地区。“勒尤”系布依语译音，意为“对情人发出信号的小喇叭”或“唤醒情人的小喇叭”。这种乐器古已有之，据《布依族简史》记载：“在清乾隆年间普安州畔（今贵州省兴义市）的巴结，开始编演布依戏。”勒尤大约产生于布依戏之后，至今已有两百多年的历史。勒尤出现以后，为布依族八音坐唱乐班所吸纳，成为重要的演奏乐器。

勒尤管身长约四十厘米，由共鸣筒、管身、铜箍、芯子、虫哨五个部分组成，音域 a—a[1]。演奏时主要采用自然换气法和循环换气法，技巧丰富，发音甜美，具有圆润流畅、优美动听的艺术风格，长于表情达意。勒尤演奏的曲调名为【勒尤调】，常以【思念调】、【喊妹调】、【浪哨调】冠名，可

传授布依族勒尤演奏技艺（毛天松　摄）

传授布依族勒尤演奏技艺（张霆　摄）

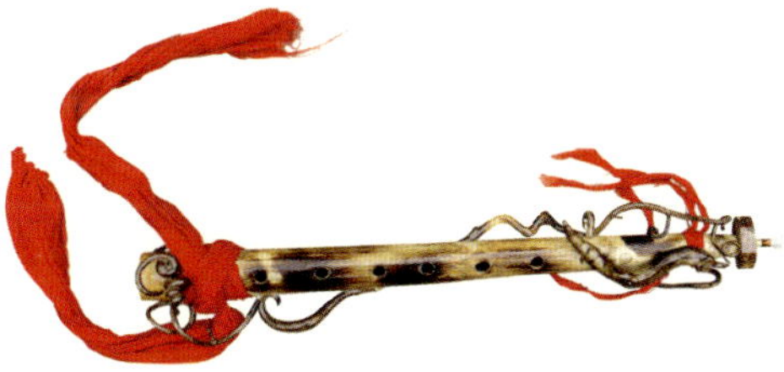

布依族勒尤（张霆　摄）

分为两类，一类是用勒尤吹奏的器乐曲，代表作有《喊妹调》等；二类是用勒尤曲调填词演唱的声乐曲，代表作有《浪哨调》、《勒尤的思念》等。勒尤的演奏只在首尾稍稍表现出一些规律，其他部分相对自由，吹奏者可根据固定的核心乐句或演奏动机随意发挥，同一曲调每次吹奏都会有很大变化。

布依族勒尤演奏艺术是盘江流域的布依族人民在长期生产生活中创造出的独特民族音乐形式，它体现着布依族的生活观念和艺术才能，在音乐学、民俗学等的研究中具有重要的参考价值。目前，由于市场经济和流行文化的冲击，勒尤的吹奏者日渐减少，这一珍贵的民族民间艺术后继乏人，亟待保护。

布依族老人在吹奏勒尤（孟江　摄）

630 II-131

申报地区或单位：青海省海南藏族自治州

藏族扎木聂弹唱

藏族扎木聂弹唱（青海省文化和新闻出版厅　提供）

藏族扎木聂弹唱是青海藏区影响最大的弹唱艺术，主要流行于青海省海南藏族自治州的共和、同德、兴海、贵南、贵德等县。

扎木聂是藏语，意为“悦耳的琴声”，它在藏族民间流传甚久，至今已有一千多年的历史。藏族扎木聂包括四弦琴、十六弦琴、二十弦琴、六弦琴等，其中以六弦琴最为普遍。其基本弹法是左手持琴按弦，右手拨弦弹奏发音，可以边弹边唱边舞。

海南藏族扎木聂弹唱既保留了当地藏族民间音乐的成分，又吸收了说唱和舞蹈音乐的旋律，呈现出优美动人的风格。其内容可分为两类，一是史诗《格萨尔王》的说唱；二是即兴说唱，包括诗赞论说唱和乐曲乐说唱等。各地区扎木聂弹唱内容基本相同，而表现手法各有特色。可一人或两人弹唱，也可多人合唱，同时配以简单的动作。弹唱音域一般在十一度之间，采用五声音阶，以商、徵调式及宫调式为主，也有个别六声音阶的曲子。藏族扎木聂弹唱的歌词为多段体叙事诗，演出时有唱有白，节奏整齐，活泼流畅。其代表曲目有《格萨尔降魔》、《赛马称王》等。

藏族扎木聂弹唱有着广泛的群众基础，显现出浓郁的民族特色，语言、音乐、舞蹈的个性十分鲜明，具有极高的民族学、艺术学研究价值。目前，海南地区许多著名的扎木聂弹唱艺人已经去世，传承出现断层。随着社会的变迁，弹唱表演的生存空间也越来越小。藏族扎木聂弹唱正处于濒危境地，急需制定抢救保护计划并迅速落实。

631 II-132

申报地区或单位：新疆维吾尔自治区伊犁哈萨克自治州

哈萨克族冬布拉艺术

哈萨克族民乐队中的冬布拉组（邱海　摄）

哈萨克族冬布拉艺术是以古老的哈萨克民间乐器冬布拉为中心的一个民族民间乐种，流传于新疆维吾尔自治区伊犁哈萨克自治州、乌鲁木齐市、昌吉回族自治州各县及博尔塔拉蒙古自治州境内，至今已有几千年的历史。

哈萨克族冬布拉艺术由乐曲、弹唱音乐、民间舞蹈音乐、演奏方法与技巧、乐器与制作工艺五大部分组成，既可自弹自唱又可为舞蹈伴奏。哈萨克人将冬布拉乐曲称为“冬布拉奎依”，根据音乐结构和演奏技法的不同，又可分为“托克别奎依”（即弹击乐曲）和“切尔特别奎依”（即拨奏乐曲）两大类。“冬布拉奎依”的数量很大，据统计，在新疆哈萨克族民间流传的就达几千首。冬布拉乐曲在演奏时往往体现出一定的即兴性和创造性，表演开始前，冬布拉演奏者有讲述乐曲故事或描述乐曲内容的传统。

冬布拉弹唱按表现方式可分为“安”、“阿依特斯”、“铁尔麦”、“托勒傲”、“克萨”、“达斯坦”六类，其中“安”为弹唱，“阿依特斯”为对唱，“铁尔麦”为劝喻歌，“托勒傲”为歌谣续唱，“克萨”为短篇叙事诗，“达斯坦”为长篇叙事诗。以冬布拉弹唱方式演绎这些艺术种类，可以收到良好的效果。旋律悠扬、宽广、明快，擅

冬不拉演奏（那孜雅　摄）

长演奏哈萨克民族民间的混合拍子，伴奏、合奏、独奏都能应用自如，是冬不拉弹唱艺术的主要特征。除弹唱以外，冬布拉还是哈萨克族民间舞蹈音乐的主要演奏乐器。哈萨克冬布拉艺术长期在民间以口传心授方式代代承沿。

千百年来，哈萨克人以冬布拉弹唱方式记述着本民族的历史、文化、生活、信仰等多方面内容，冬布拉艺术由此成为哈萨克民族重要的精神资源和文化认同媒介。目前，现代化进程对传阅的哈萨克族冬不拉艺术产生了较大影响，传承、欣赏冬不拉弹唱的人越来越少，这一宝贵的民族艺术正处于消亡的边缘，亟待保护。

奎冬布拉和安冬布拉（新疆维吾尔自治区伊犁州文化艺术研究所　提供）

苏力坦哈孜·艾斯坎德尔制作的羊尾冬布拉（正反面）（那孜雅　摄）

632 II-133

申报地区或单位：新疆维吾尔自治区克孜勒苏柯尔克孜自治州、乌恰县

柯尔克孜族库姆孜艺术

弹奏库姆孜琴

库姆孜是柯尔克孜族独有的古老弹拨乐器，主要流传于新疆维吾尔自治区克孜勒苏柯尔克孜自治州乌恰县、阿合奇县和阿克陶县的柯尔克孜族聚居区。库姆孜是柯尔克孜语，意为“美丽的乐器”。库姆孜的历史十分悠久，古代早有“没有库姆孜琴参加合奏的乐曲，不成其为柯尔克孜乐曲”的说法。据说早在唐代，柯尔克孜族人民便将库姆孜作为贡品献给唐王朝。由此可见它在柯尔克孜音乐中的地位。

库姆孜系一种三弦弹拨乐器，全木质结构，长一米左右，琴箱稍扁，近似梨形，上安一个细长的颈。古代以羊肠为弦，近代改用丝弦，琴轸并列一侧。库姆孜按演奏形式可分为独奏、对奏、二重奏、合奏、伴奏等多种，按表现内容和状态又可分为按曲演奏、即兴演奏和说唱演奏等。其演奏音调具有和谐丰富的艺术特征，风格变化多端，可产生多样的变体。代表作品有《夜莺曲》、《松树上的啄木鸟》、《枣骝马驹》等。

库姆孜以独有的方式表达着柯尔克孜人的喜怒哀乐，在长期发展过程中逐渐成为柯尔克孜民族乐器的代表，进而成为柯尔克孜民族的标志。库姆孜琴伴唱史诗《玛纳斯》以艺术的形式记录了柯尔克孜民族演变和发展的历史，成为研究柯尔克孜民族极其重要的

库姆孜传承人培训班的学生正在学习库姆孜（张国荣 摄）

库姆孜琴弹奏（张国荣 摄）

库姆孜乐曲记录（张国荣 摄）

第一手材料。库姆孜既是柯尔克孜民族使用最广泛、传承最完整的乐器，也是中国柯尔克孜族与吉尔吉斯共和国吉斯孜族共有的传统乐器以及音乐实践活动，在柯尔克孜民族文化的传承发展及两国政治、经济、文化等方面的交流与合作中发挥着积极的作用。

近年来，许多库姆孜老艺人相继病逝，传承乏人，导致库姆孜特有的一些变体演奏技巧失传，无法再生和弥补。为使这一优秀的民族民间艺术继续存在和发展下去，有必要认真采取保护措施，从速展开抢救工作。

633 II-134

申报地区或单位：新疆维吾尔自治区阿勒泰地区

蒙古族绰尔

蒙古族绰尔，又称“冒顿潮尔”，亦称“胡笳”、“潮尔”，是一种边棱气鸣乐器。它产生于秦汉时期，在《太平御览》、《乐府诗集》、《说文解字》等传统典籍中均有记载，至盛唐时已在今内蒙古自治区及新疆维吾尔族自治区伊犁哈萨克自治州阿勒泰地区广泛流行开来，历代相沿，以迄于当世。

蒙古族绰尔吹奏（赵霆　摄）

蒙古族绰尔早期有两种形制，一种管身以芦苇制成，主要流行于蒙古族地区；另一种管身为木制，主要流行于中原汉族地区。清代以后，蒙古族绰尔基本以木制成。与所有中国传统吹管乐器不同的是，蒙古族绰尔是唯一没有簧片和堵头、两边通透的木管吹奏乐器吹管两头直径相同，长度一般为60厘米。根据目前掌握的资料，蒙古族绰尔共有38首传统演奏曲目，代表作品有《鄂毕河的波涛》、《哈瓦河的流水》、《卡纳斯河》、《鲜艳的花朵》等。

蒙古族绰尔演奏时，管身竖置，演奏者双手持管，两手食指、中指分别按住三个音孔，上端管口贴近下唇吹气发音，可奏出十二度的五声音阶。其演奏技巧十分独特，常以喉音吹奏或与管音结合同时发音。蒙古族绰尔带有浓郁的民族色彩，长于吹奏蒙古族长调乐曲，音色柔和优美、自然浑厚，可用于独奏、合奏或伴奏。

一管两声的蒙古族绰尔是传统边棱气鸣乐器和吹管乐器的最原始标本，在民族音乐史的研究中具有极其重要的参考价值。目前，由于自然生态环境和社会生产方式的改变，蒙古族绰尔艺术的生存发展陷入极度困境，仅剩下一个传承人，抢救保护工作刻不容缓。

蒙古族绰尔吹奏（赵霆　摄）

634 II-135

申报地区或单位：海南省保亭黎族苗族自治县、五指山市

黎族竹木器乐

鼻箫吹奏（李树林　摄）

独勺吹奏（李树林　摄）

保亭黎族苗族自治县的黎族传统器乐历史悠久，源远流长，主要流传于海南省中部五指山南麓的黎族聚居区。这一地区常见的黎族传统乐器主要有独木鼓、叮咚木、鼻箫、口弓、唎咧、口拜、洞勺、哔哒等八大件，这些乐器散发着原始社会生活的气息，系黎族群众利用大自然中的竹木和畜兽皮等原料手工制作而成，生动体现了当地黎族人民崇尚自然的生活和美学观念。据老艺人相传，黎族传统乐器在清代康乾年间最为盛行。

五指山市代表性的黎族民间传统乐器主要有筒勺、勺扒、鼻箫、口弓、口拜、唎咧、叮咚木、独木鼓等，主要分布在五指山市以毛道乡南冲村为代表的各黎族村寨。每逢喜庆节日或三月三，黎族民众都会取出自制的乐器即兴演奏，以抒发情感、赞美生活、愉悦身心，也有的将之用作谈情说爱的手段。黎族竹木器乐在民间以自发的方式持续发展传承，其乐曲内容十分丰富，涉及劳动、爱情、婚丧、礼仪、祭祀、娱乐等多种题材，大量作品长期散落于民间，现在收集到的仅有一百多首，其中代表作品有《罗尼调》《四亲调》《喂格罗调》等。

勺扒吹奏（李树林　摄）

黎族传统乐器在国内外乐坛均十分罕见，由此形成的竹木器乐具有强烈的民族风格，大大丰富了中国民族器乐的宝库。黎族竹木器乐中蕴涵了黎族发展历史、生产生活、人情风俗等方面的丰富信息，具有人类学、民族学、民俗学、音乐文化学等多学科的研究价值。目前，受时尚音乐的冲击，黎族竹木器乐渐趋式微，民间乐手青黄不接，传统乐曲多有失传之虞，急需大力抢救。

勺扒和独勺吹奏（李树林　摄）

635 II-136

申报地区或单位：四川省布拖县

口弦音乐

艺人切磋口弦技艺（游小军　摄）

布拖彝族口弦是流传于四川省凉山彝族自治州布拖县彝族群众中的一种传统民间乐器，它产生于新石器时代，是原始社会乐器的遗存。布拖彝族口弦长期保持着传统样式，制作精美，流布广泛，乐手众多，布拖县因此而享有“彝族口弦之乡”的美誉。

布拖彝族口弦在当地称为“勒果”，有竹质和铜质两种不同的形制，制作时以两片以上同材料的簧组合为一件。竹质口弦一般长十五厘米左右，宽一厘米多，形如短剑；铜质口弦一般长八厘米左右，形如树叶。簧片中刻出簧舌，用手指拨动簧片顶端，靠簧舌振动，每片可发出一个固定音。两片簧舌的口弦可发宫、商二音，三片簧舌的可发宫、商、羽三音，四片的可发徵、羽、宫、商四音，五片的可发徵、羽、宫、商、角五音。演奏时以左手执口弦尾部，将其放在微张的嘴唇间，右手指拨弄排成扇形的簧片，利用口腔的共鸣和唇、舌、口型的变动使之发声。除每片簧能发出基本音以外，还能发出一系列泛音。基音和它产生的泛音共同构成乐音音源，彼此交织，构成口弦音乐的主体。

口弦音乐演奏（游小军　摄）

口弦乐曲音量不大而音色变化多端，娓娓动听。彝族谚语称“口弦会说话”，是因为口弦具有模拟言语、表达语言的功能。长期以来，口弦音乐一直在布拖县的彝族群众中传承发展，广受欢迎，其代表曲目有《彝族口弦》、《口弦情》、《口弦声声》等。

布拖彝族口弦是布拖彝族民众生活中不可缺少的伴侣，由此形成的口弦音乐是民族音乐学研究的重要对象。目前，口弦的生存环境发生了巨大改变，布拖全县个体口弦加工作坊已基本消失，当地现有的竹制口弦为数极少，处于灭绝边缘。如不及时抢救保护，这一珍贵的民族乐器及相关音乐文化恐难免消亡。

四片铜口弦（游小军　摄）

三片口弦（游小军　摄）

吟诵调

常州吟诵

吟诵就是用乐音方式诵读古典诗文，以音乐形态而论，“吟”是用较长的音或几个音连缀而成的拖腔来“读”一个字，节奏较为宽缓；“诵”则是一个字配一两个较短的音，节奏较为紧凑。吟诵过程中，“吟”和“诵”往往结合、相间进行，而“吟”是吟诵艺术的基本方式，故吟诵常简称为“吟”。

古典诗文吟诵是一种历史悠久的民间艺术，有史料可据的“吴吟”始于战国时代。吟诵艺术是民族传统文化的重要内容之一，属“小众文化”，与古琴、昆曲相仿，具有文学、音乐、语言学等多方面的研究价值。吟诵调在中国流传极广，各地都有分布，且因方言不同而形成多种流派。深受汉文化影响的日本、韩国及东南亚各国在学习和传播中华传统文化方面发挥过重大作用，吟诵在这些国家和地区也产生着一定的影响。港澳台同胞和海外华人常藉诗文吟诵抒发爱国思乡之情，即此可知，在某种程度上，吟诵调有助于增强海内外华人的文化认同感。“五四”以来，吟诵之风逐渐消歇，20世纪上半期古典诗文吟诵便几乎成为“绝学”。目前其濒危程度更进一步加深，急需采取有效措施，利用现有条件，使传统的吟诵艺术得到抢救保护和发扬振兴。

吟诵调·常州吟诵

申报地区或单位：江苏省常州市

常州吟诵是运用常州方言进行吟诵的一种传统艺术形式，其流传区域以江苏常州市区为主，但吟诵者的分布范围较广，除常州本地居民外，还包括在各地生活和工作，能以常州方言吟诵诗文的常州籍人士。

表演常州吟诵（李燕良　摄）

常州吟诵表演（李燕良　摄）

南京师范大学文学院暑期在文化馆成立常州吟诵实习基地（李燕良　摄）

常州吟诵基本是个体表演，带有自赏自娱的性质，届时由吟诵者口头即兴创作，无谱可参。各吟诵传人“一人一调”，不尽相同，但总体上都具有江南民间音乐的特点。吟诵内容十分丰富，可以吟诗，包括七律、七绝、五律、五绝等近体诗和《诗经》、《楚辞》、乐府诗、杂言诗等古体诗；也可以吟词和文言文，此外旧时学生读书的音调和旧时家庭妇女闲时说故事的音调等也可归入常州吟诵之中。

常州话保留着入声字和部分古代读音，与中古语音相接近，具有抑扬顿挫分明的艺术特征，能较好地体现出唐诗、宋词等古典文学作品的声韵和节奏美感。

常州吟诵具有极高的文化品位，无论是在古典文学、传统音乐、语言学还是吴文化领域，它都是研究的重要对象。作为中国传统文化的特殊表现形式，常州吟诵还能激发海外华人的乡国之情，增强他们的文化认同感，为世界各地华人的团结协作发挥积极的促进作用。目前，现实社会环境不利于常州吟诵的生存，健在的吟诵人中年龄最大的已逾百岁高龄，最小的也有八十多岁，如不加紧抢救，采取有效的保护传承措施，这一传统艺术将不可避免地随着传承人的逝去而彻底消亡。

向小学生传授常州吟诵（李燕良　摄）

637 II-138

佛教音乐

- 天宁寺梵呗唱诵
- 鱼山梵呗
- 大相国寺梵乐
- 直孔噶举派音乐
- 拉卜楞寺佛殿音乐道得尔
- 青海藏族唱经调
- 北武当庙寺庙音乐

佛教音乐是佛教寺院在各种法事活动和节日庆典中使用的音乐。佛教约在东汉明帝年间传入中国，来自印度与西域的佛教音乐在长期发展过程中因吸纳中国民间音乐的艺术因素而具有了独特的面貌，成为中国佛教文化的重要组成部分。其中既含有中国的民族音乐曲调，又含有印度和西域少数民族的音乐曲调。佛教直接应用的音乐赞呗又称“梵呗”，它以短偈形式赞颂佛与菩萨，有独唱、齐唱、合唱等唱诵方式，唱诵时可用乐器伴奏。

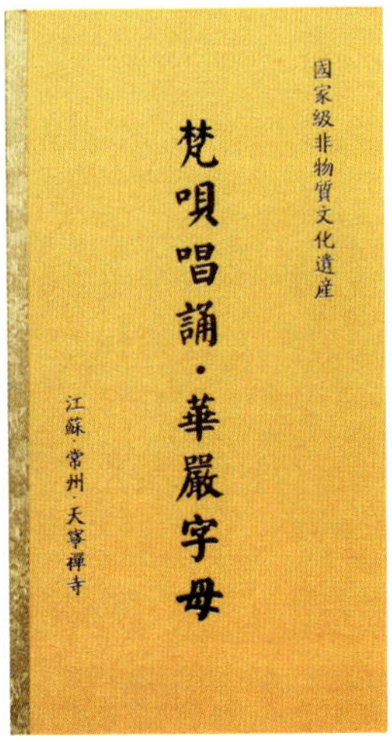

《天宁寺梵呗唱诵·华严字母》录音光盘及其封面（秦华　摄）

佛教音乐·天宁寺梵呗唱诵

申报地区或单位：江苏省常州市

江苏常州天宁寺为我国佛教禅宗著名道场，名列“禅宗四大丛林”之首。它始建于唐代贞观、永徽年间，至今已有一千三百多年的历史。

梵呗是佛教活动中赞颂佛与菩萨的一种唱诵式声乐。南北朝以来，梵呗的音乐风格形成南北两大派类型。常州为齐、梁帝王出生之地，南方梵呗发祥之处。南朝齐永明七年（490），天宁寺梵呗以哀婉为主的风格特点正式确立。20世纪40年代以来，常州天宁寺梵呗唱诵传遍海内外，中国内地和台湾、香港、澳门地区，东南亚各国及美国佛教寺院的梵呗

汉传佛教梵呗唱诵代表性寺院——常州天宁寺（李燕良　摄）

天宁寺梵呗唱诵“启告十方”（李燕良　摄）

诸山长老云集大雄宝殿唱诵梵呗（李燕良　摄）

唱诵皆以天宁寺梵呗为范型。到现在为止，常州天宁寺梵呗仍然完好地保留着一千五百余年前齐梁时代的雅乐传统和江南音乐风格，曲调有着较为统一的规范，节奏沉稳扎实，唱腔悠扬潇洒，呈现出古朴清雅的风格。它长期在天宁寺内有序传承。

常州天宁寺梵呗唱诵的主体部分按体裁可分为“赞”与“经”两大类，“赞”主要包括《炉香赞》、《宝鼎香赞》等，属诗歌体，押句尾韵，以类似歌唱的方式念诵，旋律性较强；“经”主要包括《心经》、《阿弥陀经》等，属散文体，无韵，使用乐音有节律地诵读，旋律性较差。此外，天宁寺梵呗还包括音乐形态介于“赞”和“经”之间的“偈”、“咒”、“真言”及“礼佛号”等。

唱诵《炉香赞》(袁瑾　摄)

常州天宁寺梵呗唱诵是佛教文化和吴文化相结合的产物，具有宗教学、民族音乐学等方面的研究价值。目前，随着现代化进程的加快和寺内外交流的增多，天宁寺的年轻僧人对梵呗唱诵的认同感逐渐弱化。在此情势下，天宁寺梵呗唱诵出现了逐渐变异的倾向，有必要采取措施，善加保护。

佛教音乐·鱼山梵呗

申报地区或单位：山东省东阿县

鱼山梵呗发源于山东省东阿县的鱼山并在当地长期流传，至今已有一千七百余年的历史。魏明帝太和三年（229），曹植受封为东阿王，在鱼山登览时闻听岩洞内传出梵音歌唱，遂拟写曲调并将《太子瑞应本起经》的内容编撰为唱词填入调中，后世传唱不绝，称为“鱼山梵呗”。

鱼山梵呗在佛教寺院的各种法事活动和节日庆典中演唱、演奏，主要用于讲经仪式、六时行道、道场忏法三个方面，称为“法集三科”。它以清净和雅、韵味悠远的咏唱风格来赞颂佛陀功德，演经说法，宣唱佛理，普度众生。鱼山梵呗按结构可分为单句式梵呗、齐句式梵呗、长短句式梵呗、套曲式梵呗等类型，其中单句式梵呗由一个句子重复构成，齐句式梵呗由句幅相等的乐句构

僧人在焰口法会上吟诵鱼山梵呗(李清洪　摄)

学僧表演《东阿王赞》（李清洪　摄）

成，长短句式梵呗由参差不齐、长短不等的乐句构成，套曲式梵呗则是一种声乐套曲。如按表演性质分，鱼山梵呗主要有声乐和器乐两大部分。由词句形式着眼，它又可归为赞、偈、咒、文四大类。赞包括五句赞、六句赞等；偈包括四言偈、五言偈、六言偈、七言偈等；咒包括咒语、真言、音译念、吟诵等；文包括经文、白话文等。鱼山梵呗应用的乐器又称为“法器”，主要有钟、鼓、大磬、引磬、木鱼、钹、铃、铛、铪云板、铃鼓、如意、金刚杵、毗卢帽箫、笛、琴、笙、管、琵琶、胡琴、角贝、铙钹等，这些乐器随腔伴奏，起到了衬托梵音唱诵的作用。鱼山梵呗的代表作品有《释加大赞》、《佛宝大赞》等。

鱼山梵呗随着佛教的东渐而传入韩国、日本，进而流播到整个亚洲及世界其他地区，对佛教的推广起到了一定的作用。在中国佛教史及佛教音乐发展史上，鱼山梵呗是一个不可忽略的对象，具有很高的研究价值。目前，随着社会的变迁，鱼山梵呗的发展传承出现危机，亟待抢救保护。

佛教音乐·大相国寺梵乐

申报地区或单位：河南省开封市

大相国寺位于河南省开封市，是著名的汉传佛教十大名刹之一。它始建于北齐天保六年（555），至今已有一千四百多年的历史。大相国寺梵乐起源于唐宋时期，其中融汇了宫廷音乐、寺庙音乐、民间音乐的精华部分。北宋时期，形成了以开封大相国寺为中心的中州佛教音乐体系，影响辐射及于整个中原地区。现今大相国寺梵乐主要流传于开封所辖地区及新密和白云寺等地，另外尚有《大相国寺音乐手抄秘诀谱》五本及《师旷六律》等梵乐乐谱留存于世。

大相国寺梵乐锡管演奏（释弘观　摄）

大相国寺梵乐团正在排练（释弘观　摄）

大相国寺梵乐团在澳门演奏场景（释弘观　摄）

大相国寺梵乐的演奏曲目十分丰富，数量达到两百多种，分为声乐和器乐两大部分。声乐曲的“偈”以释迦牟尼讲经说法为内容，由通偈的梵语32个音节构成，珍贵异常。器乐曲则以传统佛乐和中州地域音乐为主，编制严密，演奏规范。大相国寺每次举行重大庆典活动，均邀请各方著名乐僧协同演奏，场面蔚为壮观。其器乐代表作品有《炉香赞》、《戒定真香》、《宝鼎赞》、《小三宝》等。

大相国寺梵乐在佛教音乐中独树一帜，音声清新典雅，意韵幽远深长。唱诵者身心合一，物我两忘，聆听者胸襟豁然，神游情动，达到极高的人生和审美境界。大相国寺梵乐是中国佛教音乐的重要组成部分，具有很高的历史文化研究价值。目前大相国寺梵乐乐谱遗散，后继无人，急需投入力量进行抢救保护。

佛教音乐·直孔噶举派音乐

申报地区或单位：西藏自治区墨竹工卡县

直孔噶举派音乐演奏（西藏自治区非物质文化遗产保护中心　提供）

直孔噶举派音乐是西藏佛教寺院最主要的音乐形式，主要用于寺院的修供仪式、迎请仪式、羌姆神舞等各种佛事仪轨活动。直孔寺是西藏佛教噶举教派直孔派的祖寺，位于拉萨市东南的墨竹工卡县门巴乡。直孔噶举派宗教音乐队不仅为藏区各地直孔教派两百多座属寺的寺院宗教乐队树立了范型，而且影响到几乎所有的藏传佛教寺院乐队。直孔教派创始人觉巴·吉天贡布在1179年创立直孔噶举派后，逐渐形成了在护法殿内演奏宗教音乐的习俗，并出现了较为完整的寺院乐队。

直孔噶举派音乐古乐谱（西藏自治区非物质文化遗产保护中心　提供）

僧人用达玛鼓与苏纳演奏直孔噶举派音乐（西藏自治区非物质文化遗产保护中心　提供）

吹奏海螺号（西藏自治区非物质文化遗产保护中心　提供）

直孔噶举派音乐被称作“曲瑞”，意为供养乐，它有完整的演奏形式和高超的演奏技艺。直孔噶举派音乐的乐器种类十分齐全，主要有柄鼓、钹、铙、大号、藏式唢呐甲林、铜锣等十几种，其中一只钹、六只柄鼓、一对或几对大号和甲林是乐队的主要构成部分。此外，还有苏尔纳、达玛鼓、小平锣等特殊乐器。直孔噶举派音乐原有大型乐曲八十多首，现在能演奏的有二十多首，其中包含一个适用于各种佛事仪轨活动的乐曲系统，还有大量的专用和非专用乐曲。这些乐曲通过“瑞次”乐谱即乐队谱和老乐僧的口传心授传承下来，影响了各藏传佛教寺院乐队的演奏曲目。

直孔噶举派音乐作为西藏佛教寺院重要的音乐形式，保留了西藏佛教音乐的基本风貌，为研究中国丰富的传统文化提供了生动的实例。近年来，噶举派的老乐僧相继去世，能够解读“瑞次”乐谱者为数不多，急需抢救。

佛教音乐·拉卜楞寺佛殿音乐道得尔

申报地区或单位：甘肃省夏河县

道得尔乐队在演奏（段希义　摄）

拉卜楞寺地处甘肃省甘南藏族自治州夏河县，流传在这座寺庙中的佛殿音乐俗称“道得尔”，是寺主嘉木样大师起居和举行盛大典礼时使用的音乐。它始于1743年第二世嘉木样时期，经其后的几代嘉木样大师发展完善，最终成为一种别具特色的藏传佛教音乐。

道得尔的主要演奏乐器包括主管、笙、管子、九音云锣、钹、海螺、骨笛等，整个乐队由21人组成，演奏者从拉卜楞寺六大学院僧人中选调，闻思学院（大经堂）10人，其他五大学院各2人，另外再从演奏技艺高超的僧人中选出1人。乐队使用的藏文简谱和现代简谱基本一样，七音级，乐曲多为宫调式、商调式和徵调式。演奏曲目主要有《姜怀希索》、《喇嘛丹真》、《智钦嘉居》、《投吉钦宝》、《万年欢》与《五台山》等，其中大多源自西藏，属宗教乐曲，也有部分传自内地寺庙和殿庭。道得尔音乐具有藏、汉音乐交融的特征，最显著的特点是使用汉族乐器，而乐曲则汉、藏兼有，其中的汉族乐曲也都带有某些藏族风格。1980年11月，为迎接十世班禅大师，拉卜楞寺领六世嘉木样活佛法旨，组建了一支新乐队。拉卜楞寺佛殿音乐一直在寺内有序传承。

拉卜楞寺演奏乐队形成以来，经过两百九十多年的发展，形成了由管乐、打击乐、弦乐组成的藏族佛殿音乐，在寺院佛事活动中起伴奏作用。道得尔作为汉藏文化混合体的特点，使其具有很高的历史、文化研究价值。这种传统音乐表现形式，极具藏文化特点，深受当地僧俗两众的喜爱。道得尔乐团曾赴美国、加拿大、法国、英国、比利时等国和中国台湾、香港、澳门地区访问演出，在海内外引起强烈反响。目前，拉卜楞寺佛殿音乐道得尔的规模严重萎缩，部分传统乐曲和乐器演奏技艺后继无人，前景堪忧，有必要采取措施，保护传承。

道得尔乐队演奏场景（段希义　摄）

佛教音乐·青海藏族唱经调

申报地区或单位：青海省兴海县

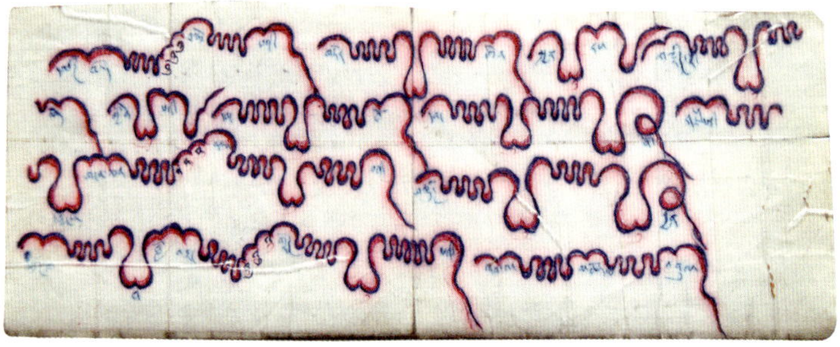
青海藏族唱经调原始曲谱（青海省文化和新闻出版厅　提供）

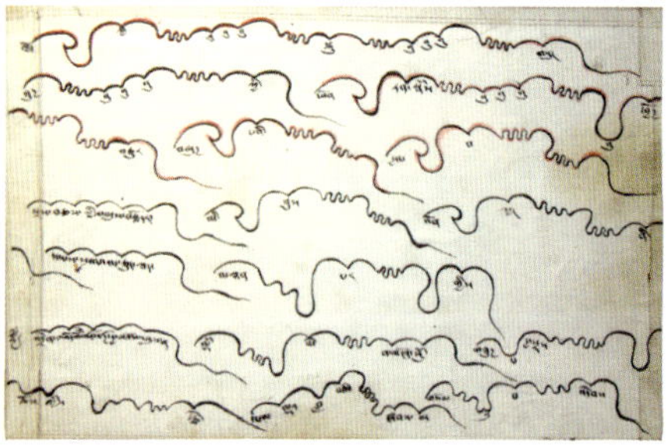
青海藏族唱经调原始曲谱（青海省文化和新闻出版厅　提供）

藏族唱经调主要流传于青海省海南藏族自治州兴海县的赛宗寺及加吾沟、桑当、河卡等农牧区，其中在加吾沟村农民中流传的“嘛呢式唱经调”至今已有一百多年的历史。青海藏族唱经调均有标题和曲词，其曲词属于寺院文学中的口头文学。现在流传的唱经调由“嘛呢式唱经调”、“米拉日巴与曲拉哇贡保多杰对唱式唱经调”和“护法神迎接式的唱经调”三部分组成，其中既有用于歌唱的乐曲，又有用于演奏的器乐曲，现存唱调法一百多种。“嘛呢式唱经调”按唱调可分为“尼洞”和“宜洞”，按演唱形式可分为“单唱”和“多唱”，按内容可分为“夯调”、“丧调”和“祈福调”。“米拉日巴与曲拉哇贡保多杰对唱式唱经调”以诗歌形式向信众宣传佛法，声调优美动听。“护法神迎接式的唱经调”具有异常浓厚的原始宗教色彩，主要在各种大型法会上演唱。青海藏族唱经调以古朴优雅、清丽婉约，又融入民间优美音调的特征，深受藏族群众喜爱。代表作品有《米拉日巴道歌》等。

青海藏族唱经调实践场景（青海省文化和新闻出版厅　提供）

青海藏族唱经调培训活动（青海省文化和新闻出版厅　提供）

青海藏族唱经调是青海藏区僧俗两众创造智慧的集中体现，作为佛教高僧和广大信众之间的一种精神纽带，在当地藏人的生活中具有不可替代的崇高地位。目前，各种节日、法会的佛教活动趋于简化，导致唱经调发生变异，同时唱经调乐僧也出现断层，为此必须积极做好抢救保护工作，确保这一传统宗教艺术顺利传承。

佛教音乐·北武当庙寺庙音乐

申报地区或单位：宁夏回族自治区平罗县

北武当庙位于宁夏回族自治区石嘴山市大武口区西北的贺兰山九泉口，寺庙中流传的音乐是释、道、儒三教合一的产物，经过上千年的发展演变，在来自印度的音乐中融入了当地的民歌小调和戏曲曲艺音乐，成为宁夏地区一种特殊的民间音乐形式。每逢大的庙会，北武当庙的僧人们都会在锣、鼓、木鱼、铙、钹及笙、箫、管、笛等乐器的敲击演奏声中唱诵经文。届时大殿中鼓乐齐鸣，经声朗朗，一派祥和景象。

演奏北武当庙寺庙音乐的部分乐器：铃、杵
（韩晓莉　摄）

北武当庙外景（宁夏回族自治区平罗县文化馆　提供）

北武当庙僧人正在演奏寺庙音乐（韩晓莉　摄）

北武当庙寺庙音乐一方面具有南国音乐的委婉之风，一方面又不失北国党项、蒙、藏等民族音乐的高亢。其唱词以多种语言文字构成，其中既有梵文、巴利文、藏文，又有汉语。北武当庙寺庙音乐有文乐和武乐之分，其中文乐即唱谱，用工尺谱加以记录；武乐又名“渣渣子”，用竖行式的记谱方法记录。两者结合，形成管乐与打击乐并奏的寺庙音乐。北武当庙寺庙音乐的演奏乐器有锣、鼓、木鱼、铙、钹、笙、箫、管、笛等，代表作品有《四季歌》、《醒世词》等。

北武当庙寺庙音乐在民族音乐史的研究中具有重要的参考价值，其唱词兼具各种语言文字，更是多民族文化交融的见证。目前，受现代音乐的影响，北武当庙寺庙音乐，传承乏人，已处于濒危状态，急需抢救保护。

北武当庙寺庙音乐演奏场景（韩晓莉　摄）

638 II-139

道教音乐

道教音乐又称“道场音乐”，是道教斋醮科仪活动中使用的音乐，它与道教一样，都是发端于古代巫觋的祭祀歌舞。道教音乐由器乐和声乐两部分组成，器乐采用钟、磬、鼓、木鱼、云锣等乐器主奏，配以吹管、弹拨、拉弦等乐器；声乐以唱诵为主，由高功法师宣戒诵咒、赞神、吟表的独唱和都讲道士的表白及道众的齐唱组成。

道教音乐·广宗太平道乐

申报地区或单位：河北省广宗县

广宗县位于河北省南部，是太平道乐的发源地。太平道乐源于东汉末年的太平道起义，至今已在广宗县传承延续了一千八百多年，在长期发展过程中不断吸纳佛

演出广宗太平道乐（吕苒　摄）

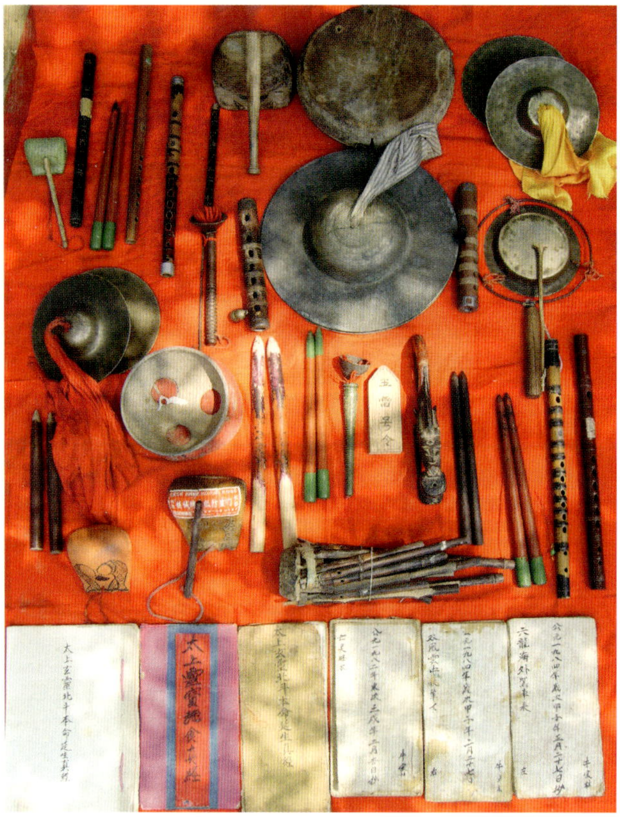

广宗太平道乐乐器与曲谱（吕苒　摄）

广宗太平道乐演奏场景（吕苒　摄）

广宗太平道乐表演现场（吕苒　摄）

教音乐和宫廷音乐的成分，同时大量吸收融汇广宗地区的戏曲和民间小调音乐，最终形成一套由经乐与器乐组成的完整太平道乐。

广宗太平道乐的演奏乐器以管、笙、笛、箫为主，坛鼓、云锣、铛子、铙、镲等为辅。其演奏形式分为两种，一种是静乐，演奏时或坐或立；一种是动乐，又称“舞乐”或“道舞”，边吹奏边行进。广宗太平道乐所使用的乐器同全国各地道观的丝竹、管弦不同，曲、谱、韵也和“全真”、“正一”两派有很大差异，一些曲调明亮高亢、起伏跌宕，既有道教音乐清逸脱俗的意味，又有粗犷雄浑的特性，风格十分独特。

广宗太平道乐拥有181种曲牌，其中伴弦曲牌48种、器乐曲牌41种、打击乐曲牌45种、失传曲牌47种，另有辗转传世的手抄太平道乐工尺谱一册。现留存下来的曲谱主要有【太平十八番】曲谱及号称“三仙曲”的【朝天子】、【经堂乐】、【玉芙蓉】曲谱等。此外，大型民间舞蹈《抬黄杠》等表演时与广宗道乐相伴，也是其重要的组成部分。

广宗太平道乐较好地保存了道乐的原始风貌，其遗存曲目、曲谱、演奏礼仪、传承方式、乐器及相关制作工艺等是研究古代道教音乐及其与民间音乐、民间习俗关系的重要参考。目前，由于社会环境和人们观念的变化，太平道乐生存的空间越来越小，不少传人相继去世，导致曲牌逐渐失传，亟待加强保护措施。

道教音乐·恒山道乐

申报地区或单位：山西省阳高县

北岳恒山是中国北方地区道教的圣地，流传于山西省阳高县境内的恒山道乐是北方道教音乐的一支。恒山道教音乐源于道教中东汉时创立的“北天师道”，在长期发展过程中吸收了汉魏以来的鼓吹乐和唐宋以来的法曲等的音乐成分，形成独特的风格。其演奏人员主要由恒山“应门士”即在家道士组成，当地称之为“恒山道乐班”，道乐班的出现最早可追溯到清代嘉庆年间。

恒山道乐班所演奏的音乐主要分为“赞叹”、“套曲”和“配曲”三部分，其中“赞叹”是唱经音乐，主要包括【老君经】、【三代赞】、【四字真言】、【洞玄经】、【十报恩】等曲调，每曲都含有颂神祈福的寓意，旋律性很强，演唱时以笙管伴奏，发声方法与“晋北道情”相同；“套曲”是演奏音乐，内容多系金元时代流行于中国北方的“北曲”，一般都具有庄重典雅、明丽宁静的风格，常演奏的套曲有【驻马听】、【大走马】、【水红花】、【普庵咒】、【骂玉郎】、【幺章】六种，演奏时要求“正套”必须“大工大尺”，严格按字谱拍板；“配曲”是套曲的延伸和过节曲，常与同一宫调的套曲配合使用，它数量很多，有“感皇恩”、“小八门”、“十番”等曲调，以生动火爆、高亢激越为主要风格。恒山道乐主要的演奏乐器有管子、笙、笛、法螺、鼓、铙、钹、云锣、铜磬、木鱼、法铃、帼、铛等。

恒山道乐在山西省阳高县及河北省、内蒙古自治区周边省市自成流派、自立体系，它古老的乐曲和完整的曲目是民族传统文化的结晶和遗存，具有音乐学、戏曲学和地方历史文化等方面的研究价值。目前，从事恒山道乐演奏的乐手大多年事已高，在后继力量不足的情况下，整个恒山道乐面临失传的危险，急需保护传承。

恒山道乐演奏场景（山西省阳高县上梁源村恒山道乐班　提供）

道教音乐·上海道教音乐

申报地区或单位：上海市道教协会

上海道教音乐源自苏州及江西龙虎山的道教科仪和音乐，至今已有八百多年的历史，经过三十代道士的传承发展，在其中融合进上海地区的音乐传统，声、器并重，在行腔和旋律装饰上表现出浓重的上海特色。

海道教音乐演奏场景（上海市道教协会　提供）

上海道教音乐包括两个部分，一是道教科仪伴奏音乐，二是表现道家思想的乐曲。道教科仪伴奏音乐也称“斋醮音乐”、“道场音乐”、“法式音”，主要用于各种道教斋醮科仪的伴奏，高功法师和道士诵唱时的伴奏音乐、法师演法时的伴奏音乐、科仪节次之间坛场变化的过渡音乐及科仪开场和结尾的音乐等均在其列。表现道家思想的乐曲为纯器乐曲，它以宣扬道家的思想观念为主旨，通过演奏传达出清静恬淡、返璞归真的意趣，这些道曲大多单独演奏，不包含在科仪之中。

上海道教科仪演习使用上海方言说唱，因此上海道教音乐东乡、西乡和市区三大派系的演唱和演奏都具有江南丝竹的韵味，细腻委婉，典雅清新。念白和吟诵部分讲究语言的抑扬顿挫，富于节奏感；曲调起伏延绵，优美动听；唱腔层次分明，段与段、句与句之间用曲调型的伴奏加以联结。首句的韵调往往与后面反复咏唱时的曲调不同，有时甚至在反复上起句，慢慢转入正调，造成曲调和调性的变化。演唱中音乐庄严华丽，带有较多的装饰音。除曲笛、钟鼓外，拉弦和弹拨乐器也在伴奏中发挥着重要作用，使整个音乐显得更为优雅和丰满。上海道教音乐的代表作品有《迎仙客》、《净坛科仪》、《十番锣鼓》等，现时代表性传承者为上海市道教协会。

上海道教音乐演奏场景（上海市道教协会　提供）

上海道教音乐在理论、曲目、唱奏技巧等多个方面对当地民间音乐产生了极大的影响，它长期保持着原传道教音乐的形态，是中国古代宗教音乐研究的重要内容。近代，中国内忧外患，上海多次经受冲击，道教音乐散失严重。目前，老一辈道教乐人的相继去世，古老的上海道教音乐传承乏人，濒临灭绝，亟待抢救保护。

道教音乐·无锡道教音乐

申报地区或单位：江苏省无锡市

流传于江苏无锡地区的道教音乐已有一千四百余年的历史，它承袭中国道教经典音乐传统，在发展过程中又吸收了当地民间音乐、苏南地方戏曲尤其是昆曲等的艺术因素，逐渐形成了返璞归真、超凡脱俗的鲜明艺术风格。

无锡道教音乐可分为腔口、梵音、锣鼓三种类型，其中腔口属声乐艺术，有赞颂、步虚、咒、道曲、朗念等表现形式；梵音亦称“十番鼓”，属器乐艺术，是用单皮鼓、曲笛、笙、胡琴、琵琶、曲弦等丝竹乐器演奏的一个独立乐种，其中以单皮鼓的运用最具特色；锣鼓亦称“十番锣鼓”，与梵音同属器乐艺术，也是独立乐种，在乐器配置、套路组合、演奏风格及斋事用法等方面都别具特色。

清末民初，无锡道教乐坛人才济济，高手辈出，一时涌现出“五个档”、“八兄弟”、“十不拆”等乐队组合，产生了琴家阚献之、南鼓王朱勤甫、道教音乐家华彦钧（阿炳）等无锡道教音乐的杰出代表。《二泉映月》、《十八拍》、《下西风》等作品就诞生在这片沃土之中，是无锡道教音乐对民族文

无锡道教音乐《将军令》演奏场景（无锡市道教协会　提供）

化艺术的巨大贡献。无锡道教音乐的代表作品有《救苦赞》、《桂枝香》、《十八六四二》等。

无锡道教音乐以其悠久的历史、浓郁的地方特色、宏大的规模和精到的套路享誉海内，在中国道教音乐乃至民族民间音乐领域独树一帜，具有宗教学、民俗学、音乐学等多方面的研究价值。20世纪60年代，无锡道教活动基本停止，直接影响到道教音乐的发展传承。后在杨荫浏等先生推荐下，无锡道教音乐逐渐为人所知，开始传遍大江南北。目前，无锡当地一些技艺高超的道教乐人已经谢世，许多技艺几近失传，迫切需要投入力量，积极展开抢救保护工作。

无锡道教音乐中的腔口属声乐艺术，有赞颂、步虚、咒、道、曲、朗念等表现形式。（无锡市道教协会　提供）

道教音乐·齐云山道场音乐

申报地区或单位：安徽省休宁县

齐云山道场音乐演奏场景（胡志明　摄）

安徽省休宁县齐云山为全国四大道教名山之一，齐云山道教文化源远流长，传承至今已有一千两百多年的历史。流传在这里的正一派道场音乐与各类斋醮科仪活动相辅相成，成为齐云山道教文化的重要组成部分。

齐云山道场名目繁多，主要包括“诸天科”、“慈悲科”、“水火炼度”等25种，有文场、武场之分。道场音乐演奏属于“文场”，由器乐、声乐两部分组成，采用鼓、大锣、小锣、磬、木鱼、二胡、琵琶、箫、笛、唢呐等乐器演奏。道场开始后，有音乐有舞蹈，有说有唱，登场道士少则七八人，多则十四五人，锣鼓笙箫不绝于耳，诵经之声整齐悠扬，营造出一个喧哗热闹而又庄严肃穆的氛围。

齐云山道场音乐以老调工尺谱的“工”、“尺”、“上”、“乙”、“是”、“五”、“六”七个音符进行演奏，韵律优美，意境玄奥。演奏时夹有经文诵白，因道士多为婺源人氏，诵白中夹杂着大量的方言俚语，提腔拉调，似言似唱，轻重缓急之间另有一种特殊的节奏感，显得庄重典雅、清逸脱俗。齐云山道教音乐演奏所用的主要曲牌有【步虚韵】、【驻云飞】、【真香初炷】、【大开门】等。

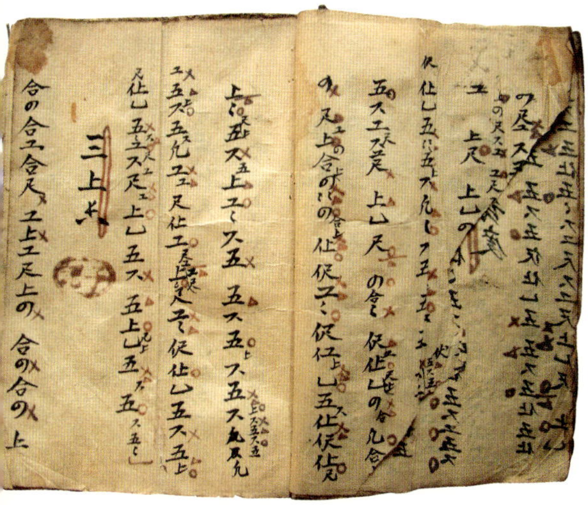

齐云山道场音乐乐谱（詹和平　摄）

齐云山道场音乐诵唱（胡志明　摄）

齐云山道场音乐诵唱（胡志明　摄）

齐云山道场音乐是徽文化的重要组成部分，具有原始宗教和历史文化等方面的研究价值。近几十年来，受“文革”时期影响和新时期经济大潮冲击，齐云山道场音乐日趋衰落，其间虽一度重振，但随着老一辈道人的去世，该遗产又面临生存危机，急需保护传承。

道教音乐·崂山道教音乐

申报地区或单位：山东省青岛市崂山区

崂山道教音乐主要流传于山东省青岛市崂山地区的一百二十多处宫观之中，按地理位置可分为“内山派”和“外山派”两大演奏流派。崂山道教音乐历史悠久，从南北朝至今一千五百多年的历史发展过程中，它吸纳了道乐、琴乐及俚曲、江南音乐等多种音乐的艺术因素，形成自己形简意远、清雅馨淡的自然风格。

崂山道教属于北全真派，故其音乐主要采用全真正韵，同时又结合进山东一带的地方语言和民间音乐，在演唱风格、旋法特征及结构形式上显现出鲜明的地方特色，形成闻名道场的“崂山韵”。

崂山道教音乐分为经韵音乐和器乐音乐两大类，其中经韵音乐又有殿坛经韵和应风经韵之分，其表现形式包括咏唱式、念唱式、朗诵式等几种，咏唱式音乐声调优美，有《步虚》、《吊挂》、《大赞》、《小赞》等代表作品；念唱式音乐起伏不大，似念似唱，多见于早晚功课之中；朗诵式音乐则主要用于“赈济”等斋醮仪式。器乐音乐以应风音乐和古琴乐为代表，总体上也可分为两大类，一类是“正曲”，用于内外坛的斋醮仪式；另一类是“耍曲”，一般在斋醮仪式开始之前演奏，起着调节气氛的作用。崂山道教音乐的代表作品有《离恨天》、《六问青天》等。

崂山道教音乐中保留了明清时期古典音乐的遗风，具有很高的音乐学研究价值。目前，传统民俗的逐步淡化和醮仪活动的不断减少使得崂山道教音乐的生存空间日渐缩小，与此同时，其演奏技艺的传承也出现危机，有必要合理规划，对这一古老的宗教音乐进行及时保护。

崂山道教音乐乐团在演奏场景（李峰　摄）

道教音乐·泰山道教音乐

申报地区或单位：山东省泰安市

泰山道教音乐流传于山东省泰安市境内，始于北魏，距今已有一千五百多年的历史。在长期发展过程中广泛吸收民间信俗、宫廷祭祀音乐及地方音乐的精华，使自身不断得到丰富和完善。由于历代中国人对泰山的崇拜，泰山道教音乐得以进入封禅大典，成为封禅仪式的重要内容。

泰山道教音乐的曲目十分丰富，在殿堂内的演唱主要采用全真派统一的“十方韵”。此外，它还广泛吸收民间音乐成分，逐步积累了一大批曲目，仅《玉音仙范》谱集收录的就有一百多首。据调查，泰山道教音乐中现存的可演唱曲目、岱庙馆藏曲目及散落于民间的曲目总计有五百多首。尤其值得注意的是，著名的泰山道教音乐“曲线谱”至今无人能够破译。

泰山道教音乐分为声乐和器乐两大类，声乐主要是全真派的经韵唱诵，包括颂赞、步虚、偈等形式，唱诵有独唱、齐唱和散板式吟唱等表现形式，根据场合的不同分出阴阳调，阳调主要用于祭祀，阴调主要用于外道场。器乐主要采用法器作为打击乐器，另以管弦乐器奏曲。其代表作品有《步虚第一》、《大学仙》、《迎内

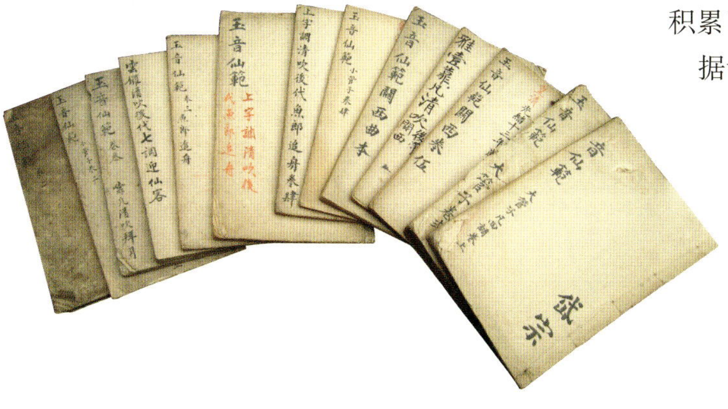

泰山道教音乐古乐谱（郑清华　摄）

道教音乐唱诵场景（张鲁　摄）

辇》、《清江引》等。

泰山道教音乐在全面继承道教音乐庄重肃穆、清逸古朴、高贵典雅艺术特征的同时，进行了创造性的发展，形成气势恢弘、大气磅礴的独特风格，在中国道教音乐中别立一宗，自成境界。它以古老厚重的泰山文化为底蕴，生动展示了传统文化博大精深的一面，具有宗教学、文化学、民俗学、历史学、美学、音乐学等多方面的研究价值。目前，随着老一代传承人的谢世，泰山道教音乐后继乏人，曲牌曲目已部分失传，亟待保护。

演奏泰山道教音乐场景（张鲁　摄）

道教音乐·胶东全真道教音乐

申报地区或单位：山东省烟台市

胶东全真道教音乐诞生于元朝，有八百多年的历史。在乐曲表现方面，烟台阳主庙道人朱相坤所传留的由四种宫调连缀演奏的器乐曲，在传统性、技术性以及数量、规范等方面最为完整。

据调查，现在胶东全真道教乐队使用的乐器有管子、笙、笛、云锣、铛、小镲、手鼓等，主要采用合奏方式演奏，独奏较为少见，尚未发现有为经韵伴奏的例子。在器乐演奏过程中，除镲、鼓等响器外，基本不用殿坛法器。器乐曲以管子主奏，其余乐器随奏。曲谱采用宋俗字谱及工尺谱的固定唱名法记谱，所采用的板式有散板、慢板、中板或行板、快板、流水板等，曲式主要表现在套曲形式上，多首曲牌连缀而成的套曲中，各首曲牌亦可独立演奏，但成套后冠以头尾，即形成散—慢—中—快或急的速度程式。演奏时常采用上字调、乙字调、勾凡调和靠凡调，习称“四大调”。胶东全真道教音乐吸收了古代传统曲目、胶东民歌、地方戏曲等多种元素，从而形成了独特的艺术风格。其代表作品有《三教赞》、《赞八仙》、《六句笺》等。

胶东全真道教音乐对胶东说唱音乐、文人音乐的发展产生过很大影响，在中国音乐史和民族音乐学的研究中占有重要地位，尤其是这一音乐样式中的同宫连缀形式，现仅存于山东，其源头十分古老，可视为传统套曲音乐的“活化石”。目前，在现代文明的冲击下，胶东全真道教音乐的传承发展陷入了困境，急需采取必要的保护措施。

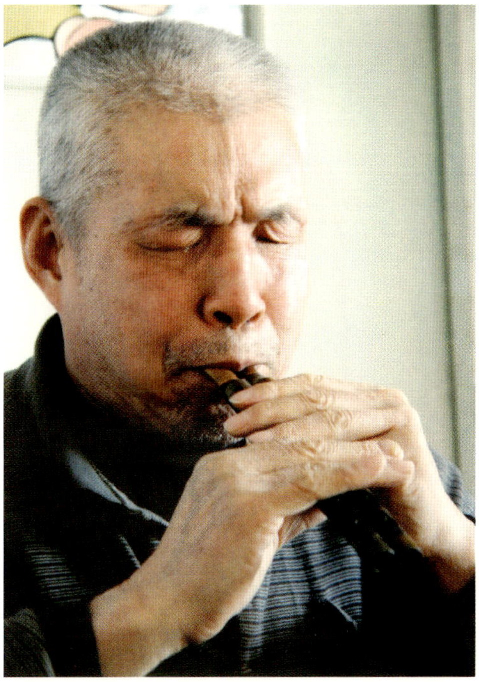

用九孔管吹奏胶东全真道教音乐（林裕超　摄）

胶东全真道教音乐乐器：九孔管（林裕超　摄）

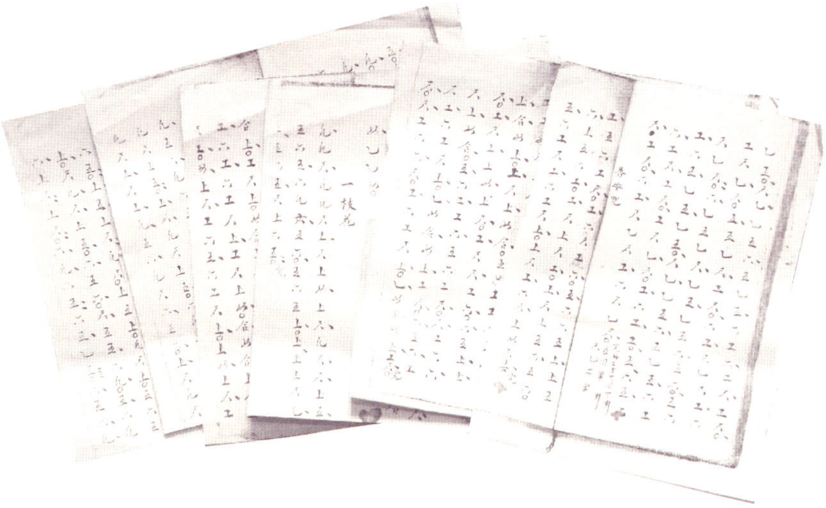

胶东全真道教音乐工尺谱（林裕超　摄）

道教音乐·腊山道教音乐

申报地区或单位：山东省东平县

腊山道教音乐演奏场景（孙健、李同芳　摄）

山东省东平县银山镇的腊山素有“小岱峰”之称，流传在这里的腊山道教音乐特点鲜明，在道教音乐中自成一格。这种音乐系由道教龙门派始祖邱处机所创，其弟子龙门派第十代住持杨清荣（1478—1548）在腊山修建祥龙观，对龙门派道教音乐作了进一步的发展，经过祥龙观历代道徒的反复演习和锤炼，逐渐形成别具特色的腊山道教音乐。

腊山道教音乐最初主要是在道观传道诵经时演奏，以烘托殿堂的肃穆气氛，外出做道场时亦可使用。发展到后来，民间婚丧嫁娶也请道教乐队演奏，腊山道教音乐逐渐融入民间生活，成为当地群众喜闻乐见的一种艺术形式。

腊山道教音乐以吹打乐为主，有小管、大管、唢呐、笙、笛、箫等演奏乐器。清末民初，道士祁合智用锡做成小管，别称“锡管”，形似去掉铜碗的唢呐，音声清亮，被列为道观音乐的主要乐器。除此以外，腊山道教音乐还有云锣、云鼓、磬、小铜板、铛子等打击乐器。道士张教普娴于此道，技巧十分纯熟。打击乐与吹打乐相配合，构成腊山道教音乐的重要特色。

腊山道教音乐乐团正在演奏场景（孙建　摄）

腊山道教曲牌音乐具有委婉悠扬、浑厚深沉的风格特点，或如行云流水，或如沧海波澜。据记载，腊山道教音乐兴盛时门内门外道徒达到三百多人，拥有曲牌三百六十多种。现存曲牌不到二十种，经过挖掘整理，【临清歌】、【小拜门】、【打枣】等曲牌已可用于演奏。腊山道教音乐是我国民间音乐的重要组成部分，其道乐具有相对独特的艺术文化价值。

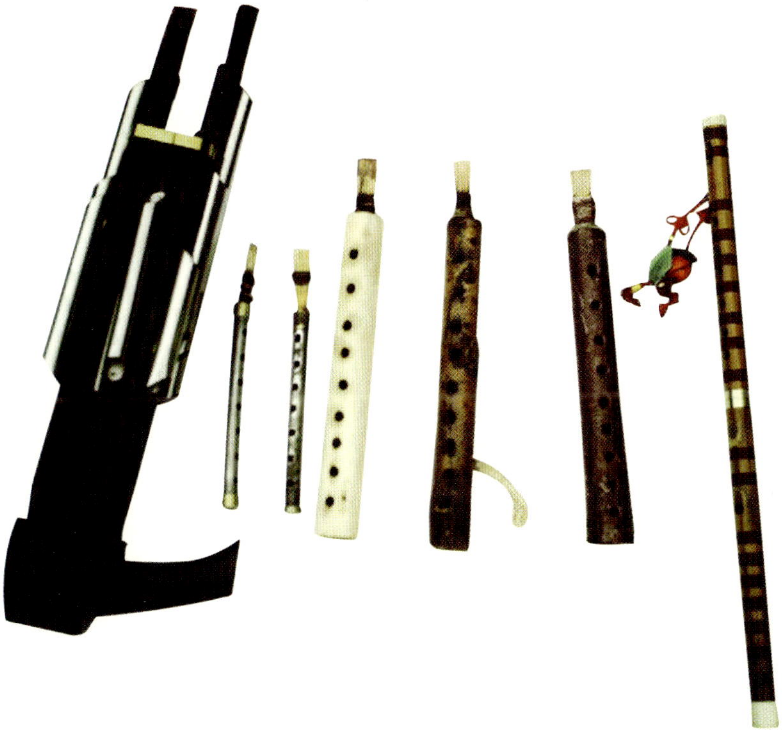

腊山道教音乐主要演奏乐器（孙健、李同芳　摄）

道教音乐·海南斋醮科仪音乐

申报地区或单位：海南省定安县

海南斋醮科仪音乐是海南省影响较大的一种民间音乐形式，它由江南一带的移民带入海南，明代时已相当盛行，广泛流传于海南省各地，在海南百姓的精神生活中占有重要地位。明代定安县进士王弘诲在目睹了当时斋醮祭祀活动的情形后，曾以“岁时伏腊走村氓，祝厘（即作斋）到处歌且舞”之句来描述斋醮科仪音乐的演出场景。

斋醮科仪音乐演奏场景（许丽姬　摄）

斋醮科仪音乐演奏场景（许现姬　摄）

海南道教斋醮科仪中，“醮”俗称“清斋”，用以祭祀与海南有关的伏波将军、冼夫人、苏东坡等历史人物和天妃娘娘、观音、真武、龙王等传说中的保护神；“斋”亦称“白斋”，用以济幽度亡。斋醮执事者按相应的科仪程式施行法事，在此过程中演奏科仪音乐。其演奏乐器基本上依照周代“八音”范畴配置，即“金、石、土、革、丝、木、匏、竹”，分为器乐和打击乐两大类。清朝中叶，斋乐的广为流传对琼剧产生了重要影响。晚清以后，斋醮科仪音乐又套用并改革琼剧的曲牌和部分唱腔。其音乐特征是：声调高、音域广。诵经念咒与音乐、击乐同步进行，其中诵经念咒语音有官话、粤话、海南话及各种语系，经文的长短句和语音不同致使伴奏经韵虚声衬音多，拖腔拉板长。海南斋醮科仪音乐的代表作品有《平安朝》、《牙驾朝》、《附功朝》等。

海南斋醮科仪音乐内容丰富，独具一格。其中包含了诸多民间音乐、佛道教音乐的信息，具有民俗学和音乐学的研究价值。在发展传承过程中，海南斋醮科仪音乐对当地的社会文化产生了巨大影响，海南最大的剧种琼剧即从斋醮科仪音乐中汲取了不少艺术因素，使其唱腔音乐得到进一步完善。目前，在现代文明的影响下，传统民间信仰逐渐淡化，海南各地的道观日益冷落，斋醮科仪音乐也随之走向衰落，濒临消亡，亟待抢救保护。

道教音乐·成都道教音乐

申报地区或单位：四川省成都市

成都道教音乐是一种融汇南北古乐精华的独特音乐形态，它以古蜀宗教祭祀乐舞为基础，经历代乐师反复锤炼而最终成形。经过一千八百多年的衍化，成都道教音乐不仅在成都及其周边二百多平方公里的范围内广泛传播，而且流布全国各地，影响及于东南亚地区和日本、美国。

成都道教音乐保留了许多古蜀祭祀音乐和巴蜀民间音乐的形态，同时吸收宫廷乐律，无论是诵唱的唱腔、演奏的曲牌，还是演奏者的衣饰穿戴和仪式的走步绕场都具有丰富的文化内涵，即使是同一主旋律的赞、颂、偈，行腔和旋律装饰也各不相同。它不仅用于道教的早晚功课和斋醮科仪活动，而且还可用于民间的婚丧喜庆典礼，因而深受流传地民众的欢迎。成都道教音乐主要有静坛派、善坛派、行坛派三大流派，习称为“三坛道乐”。其中静坛派和善坛派道乐为同一体系，主流均属道教全真派音乐系统，器乐以细乐为主，声乐采用全真正韵，句末多以音节衬腔，富有

青羊宫道乐团和青城山仙乐团赴台湾地区参加《蓬莱仙韵颂太平》演出（曾长青　摄）

青羊宫道乐团演奏成都道教音乐《长生酒》（李贲　摄）

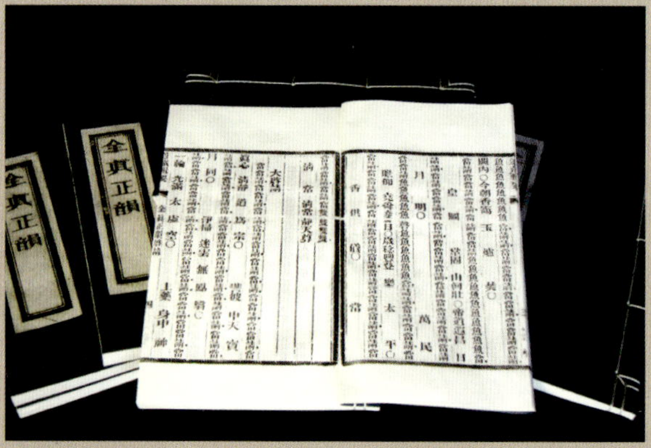

二仙庵刊刻的《全真正韵》当请谱（李贲　摄）

唱诵道教经韵（曾长青　摄）

气势，代表性曲目有《阴小赞》、《下水船》等；行坛派道乐为另一体系，主流属正一天师道和民间火居道士音乐系统，器乐以大乐为主，声乐主要使用广成韵，极富四川地方音乐特色，代表曲目有《步虚》、《救苦赞》等。成都道教音乐的曲谱均用工尺谱和当请谱记录，以口传心授方式传承。

成都道教音乐是中国音乐史和道教发展史的重要内容，具有极高的历史文化研究价值。目前，成都道教组织松散，乐师散布各处，曲目缺乏整理，急需采取有效措施，保护传承。

道教音乐·白云山道教音乐

申报地区或单位：陕西省佳县

白云山是西北地区最大的道观，地处陕西省榆林市佳县的崇山峻岭之中。明代万历三十六年（1608），北京白云观道士王真寿、张真仪等持陕西布政司帖到白云山总理教务，将北京白云观道教音乐传入陕西，白云山道教音乐由此具有了古朴典雅、庄重肃穆的风格，被誉为“白云神韵，圣境仙乐”。

白云山道教音乐由经韵曲调、笙管音乐和打击乐三部分组成，其中经韵曲调按音乐形态可分为讽经腔、诵诰腔、韵腔三类；笙管乐是白云山道教音乐极其重要的组成部分，几乎用于一切道教活动仪式，可以为经韵曲调的演唱伴奏，也可以单独演奏笙管曲牌；打击乐包括以大小铙镲为主击乐器的铙镲牌子和以铛铛、小镲为主击乐器的铛镲牌子两类，它既可在各项科仪活动程序的转换、连接处演奏，又可在经韵曲调、笙管乐的演唱、演奏中作为引子、间奏和尾声使用。现已搜集记谱的白云山道教音乐曲调有142首，包括经韵曲调65首，笙管乐曲52首，打击乐器25首。其代表乐曲有《刀兵记》、《中堂赞》、《三教圣人赞》等。

白云山道教音乐在传承过程中吸收了当地佛曲及晋剧、唢呐、陕北民歌等音乐曲调，使演奏风格和演奏技巧带上了鲜明的地方特色，成为当今少见的道教音乐和

演奏白云山道教音乐《排列颂神》（马宝林　摄）

白云山道教音乐乐器（马宝林　摄）

演奏白云山道教音乐《讽演仙经》（马宝林　摄）

民间音乐遗存，具有道教音乐史、民族文化史等方面的研究价值。目前，随着时代的发展演进，民俗祭祀活动逐渐宣告消歇，白云山老一辈道士相继去世以后，观中很难再组成一支阵容可观的乐队。长此以往，白云山道教音乐将面临衰亡危机。为此必须尽快制定保护扶持方案，保证这一宗教艺术能够按照以往的方式继续生存与发展下去。

道教音乐·清水道教音乐

申报地区或单位：甘肃省清水县

流传于甘肃省清水县的清水道教音乐也称“斋醮音乐”或“道场音乐”，它源自12世纪创建的道教全真派，明神宗万历年间形成了“龙门”和“华山”两个支派，属于全真派的道教科仪音乐。清水道教音乐以全真正韵作为龙门与华山支派宫观的统一范本，道乐一般由道士口传心授，高功则由士师密传。由于十方丛林之间联系密切，道士常四处游走，因此清水道教音乐在遵循全真正韵规范的同时产生了几种地方韵，音乐风格也带有鲜明的地方特色。

清水道教音乐演奏场景（刘海波 摄）

清水道教音乐常用经典有六十部一百八十多卷，它以经韵唱诵为主，主要以打击法器伴奏，也有笙、管、笛、箫等吹奏管乐，但丝弦乐器较为少见。道乐分为声乐和器乐两大类，声乐为纯人声演唱，可根据不同道场的具体状况配以不同的韵律交替演唱，最初有曲调三百六十种，至今尚存两百多种，多以经词命名，如《开坛韵》、《奠茶韵》、《大赞韵》、《山名韵》等。华山派柔中带刚、节奏舒缓，龙门派低回缠绵、婉约动听。

清水道教音乐是清水县特有的优秀民间艺术，具有音乐史、道教史等方面的研究价值。新时期以来，在外来文化大量涌入的情况下，清水道教音乐经历了严峻的考验。目前，这种音乐形式后继乏人，传承者大都年事已高，无法继续从事演奏活动。基于此，必须从速采取抢救措施，做好相关的保护工作。

清水道教音乐部分乐器、法器和经文（纪世明　摄）

第二批国家级非物质文化遗产名录

传统舞蹈

639 Ⅲ—42 鼓舞
- 花钹大鼓
- 隆尧招子鼓
- 平定武迓鼓
- 大奏鼓
- 陈官短穗花鼓
- 柳林花鼓
- 花鞭鼓舞
- 八卦鼓舞
- 横山老腰鼓
- 宜川胸鼓
- 凉州攻鼓子
- 武山旋鼓舞

640 Ⅲ—43 麒麟舞

641 Ⅲ—44 竹马
- 东坝大马灯
- 邳州跑竹马

642 Ⅲ—45 灯舞
- 青田鱼灯舞
- 莆田九鲤灯舞
- 鲤鱼灯舞
- 沙头角鱼灯舞
- 东至花灯舞
- 苏家作龙凤灯舞

643 Ⅲ—46 沧州落子

644 Ⅲ—47 十八蝴蝶

645 Ⅲ—48 火老虎

646 Ⅲ—49 商羊舞

647 Ⅲ—50 跑帷子

648 Ⅲ—51 官会响锣

649 Ⅲ—52 肉连响

650 Ⅲ—53 禾楼舞

651 Ⅲ—54 蜈蚣舞

652 Ⅲ—55 翻山铰子

653 Ⅲ—56 靖边跑驴

654 Ⅲ—57 查玛

655 Ⅲ—58 朝鲜族鹤舞

656 Ⅲ—59 朝鲜族长鼓舞

657 Ⅲ—60 瑶族长鼓舞

658 Ⅲ—61 傣族象脚鼓舞

659 Ⅲ—62 羌族羊皮鼓舞

660 Ⅲ—63 毛南族打猴鼓舞

661 Ⅲ—64 瑶族猴鼓舞

662 Ⅲ—65 高山族拉手舞

663 Ⅲ—66 得荣学羌

664 Ⅲ—67 甲搓

665 Ⅲ—68 博巴森根

666 Ⅲ—69 彝族铃铛舞

667 Ⅲ—70 彝族打歌

668 Ⅲ—71 彝族跳菜

669 Ⅲ—72 彝族老虎笙

670 Ⅲ—73 彝族左脚舞

671 Ⅲ—74 乐作舞

672 Ⅲ—75 彝族三弦舞
- 阿细跳月
- 撒尼大三弦

673 Ⅲ—76 纳西族热美蹉

674 Ⅲ—77 布朗族蜂桶鼓舞

675 Ⅲ—78 普米族搓蹉

676 Ⅲ—79 拉祜族芦笙舞

677 Ⅲ—80 宣舞
- 古格宣舞
- 普堆巴宣舞

678 Ⅲ—81 拉萨囊玛

679 Ⅲ—82 堆谐
- 拉孜堆谐

680 Ⅲ—83 谐钦
- 拉萨纳如谐钦
- 南木林土布加谐钦

681 Ⅲ—84 阿谐
- 达布阿谐

682 Ⅲ—85 嘎尔

683 Ⅲ—86 芒康三弦舞

684 Ⅲ—87 定日洛谐

685 Ⅲ—88 旦嘎甲谐

686 Ⅲ—89 廓孜

687 Ⅲ—90 多地舞

688 Ⅲ—91 巴郎鼓舞

689 Ⅲ—92 藏族螭鼓舞

690 Ⅲ—93 则柔
- 尚尤则柔

691 Ⅲ—94 蒙古族萨吾尔登

692 Ⅲ—95 锡伯族贝伦舞

693 Ⅲ—96 维吾尔族赛乃姆

639 III-42

鼓舞

花钹大鼓是专由儿童表演的民间舞蹈（李秀娟 摄）

中华鼓舞多以鼓谱丰富、情绪热烈、底蕴深厚见长，流布全国各地，影响及于全世界。《易·系辞》中有“鼓之舞之以尽神”之语，既形象地反映出中华鼓舞历史的悠久，又提纲挈领地道出了其主要功能。从原始的“击石拊石，百兽率舞”到后世的流风遍及大江南北，华夏鼓舞始终一脉相承，绵延不绝。中华鼓舞形制多样，分布广泛，舞蹈姿态各异，种类千差万别，其中较为典型的形态即有腰鼓舞、鼗鼓舞、花鼓（灯）舞、木鼓舞、长鼓舞、扁鼓舞、铜鼓舞、龙鼓舞、扇鼓舞、黄泥鼓舞、象脚鼓舞、猴儿鼓舞、花鞭鼓舞、竹鼓舞、铃鼓舞、羊皮鼓舞等多种。

鼓舞·花钹大鼓

申报地区或单位：北京市昌平区

花钹大鼓又名“雷音圣会子弟花钹”，俗称“花钹大鼓”，流传于北京市昌平区小汤山镇后牛坊村。花钹大鼓起源于清代乾隆年间，为鼓、钹舞高度统一的民间儿童舞蹈品种。在花钹大鼓中，

欢天喜地双对钹（李秀娟　摄）

花钹大鼓表演（李秀娟　摄）

老艺人在教授小学生跳花钹大鼓（李秀娟　摄）

鼓、钹、舞同出一辙，声、情、貌高度统一。鼓既用于指挥，又充当伴奏乐器；钹既参加伴奏，又是舞蹈道具。表演中鼓带钹声，钹追鼓点，音乐节奏以三拍子为主又加以变化，明快活泼、自然灵动。舞蹈以膝颤的律动贯穿始终，动作行云流水、一气呵成，表现出天真活泼的少年儿童特点。

花钹大鼓表演形式灵活多样，舞蹈语汇丰富，可以编排出多种表演套路；表演阵容十分灵活，少则两人，多则上千人；表演顺序不拘一格，时间可长可短，场地也不固定，可在平地表演，可在舞台表演，也可在行进中表演。无论如何变化，各表演套路都可紧密衔接，做到自然流畅、完整统一。

花钹大鼓是民间鼓舞艺术不可缺失的特色分支，具有民间鼓舞艺术和民俗文化方面的研究价值，可以为民族艺术的创新提供依据。花钹大鼓在北京传承已久，清代光绪元年（1875），二次起会后的五代会首分别是郝文亮、高义、郝纯芳、郝春林、高如常和郝维栋。近年来，后牛坊村花钹大鼓因技谱缺乏整理，会首和老艺人年事已高，传承出现危机，亟待抢救。

鼓舞·隆尧招子鼓

申报地区或单位：河北省隆尧县

招子鼓是河北特有的一种民间舞蹈形式，主要流布于隆尧县境内。隆尧地处太行山东麓，河北省南部，境内有午河、泜河、滏阳河、澧河、小漳河。古时河水时常泛滥，百姓束手无策，为祈神灵庇佑、精神安宁，村民常常敲起大鼓，后逐步形成招子鼓，原称“鼓会”；又相传李世民兄弟争位，手足相残，为逃避追杀藏于鼓中，故爱鼓，每逢喜庆，必鼓之。“鼓会”大约形成于明朝永乐年间。

招子鼓表演时，舞者腰系雅鼓状扁形革鼓，背插高约五尺左右的木棍，木棍顶端扎有俗称“鼓招子”的彩色鸡毛掸子。表演中舞者时而大幅度劲摆，时而小幅度快抖，顶端掸子随之突突颤动。整个舞蹈豪放洒脱、刚劲舒展，生动有趣。

隆尧招子鼓：大鸡上架（李明　摄）

隆尧招子鼓队参加〞文化遗产日〞演出（李明　摄）

隆尧招子鼓队参加邢台市元宵节民间乡艺展演（李明　摄）

招子鼓表演舞姿优美，表现形式灵活多样，不受时间、地点的限制，分为行进表演和定点表演两种方式，人数可多可少。行进表演时，队伍分为两大部分。第一部分一般由四路纵队组成，中间是两队小鼓，两侧各有一队大铙或大钹，总指挥手持令旗，掌握着队伍前进的速度和节奏，另有两名丑角手持小扇、脚踩鼓点节奏在鼓队中来回穿花、逗乐，别有情趣；第二部分是一部机动车（过去用马车），上架一面直径1.5米至2米的大鼓，由四人轮流或同时击打，两侧有四至六面小马锣，车头上方插一面鼓会的会旗，队伍在阵阵雄壮的鼓声中行进，集表演、音乐于一体。定点表演时，大鼓和马锣停在表演场地一侧，小鼓和大钹大展雄威，队形在有力的鼓声中展示无穷的变化。场图包括二龙出水、五股穿心、插花、跑对角、串八字、大围场、龙盘柱等多种样式，表演以小碎步、蹲步为主，风格飘逸优美，动作变化多端，给人以强烈的美感享受。

源远流长的招子鼓中熔铸了自强不息的民族精神和热情奔放的民族性格，显示出经久不衰的艺术魅力。时下因传承人年事已高、后继乏人等状况，招子鼓表演技艺日趋荒芜，对这一优秀民间艺术的抢救保护已成为迫在眉睫的任务。

鼓舞·平定武迓鼓

申报地区或单位：山西省平定县

迓鼓又名“衙鼓”、“砑鼓”，是山西省极具代表性的民间舞蹈之一。它产生于北宋神宗熙宁六年（1073），至清代，形成文、武、丑三种迓鼓。由文献记载看，迓鼓沿革脉络清晰，它在勾栏瓦舍中时以杂剧方式演出，转入市井乡间一变而为“元宵迓鼓”、“村里迓鼓”、“河转迓鼓”。

平定武迓鼓主要流传于山西省平定县，它以象征手法表现战争生活，代表性作品有《朱仝上梁山》、《赵匡胤下河东》、《李自成进京》等。舞蹈中运用扁鼓、音锣、小镲、铙、云锣等六种共21件打击乐器，21位演员人手一件，边演奏成套的古典锣鼓曲牌边进行舞蹈（耍回）表演，按套路排列出多种阵法并不断加以演变。在此过程中，演员身着古代武社火服饰，背插单靠旗，胸挽八宝绳花，女角正额及两颊各画一朵梅花图案，头饰及脸谱与戏曲人物略同。表演时，“帅”位中央的演员操鼓

平定武迓鼓表演（山西省平定县文化馆　提供）

平定武迓鼓街头文艺展演（山西省平定县文化馆　提供）

击节指挥，舞蹈风格英武洒脱、气魄雄浑。

平定武迓鼓保存了一整套古典锣鼓曲牌、演阵图案和耍回套路，演员各自背插单靠旗，女角画“梅花脸”，表演特征与宋杂剧之“装孤”极为接近，具有较高的历史文化价值，是研究古代军中鼓乐、阵法、宋杂剧表演形式和民间祀神风俗的活标本。

近年来，随着现代化进程的加速，平定武迓鼓渐趋衰落。目前，当地武迓鼓老艺人相继谢世，传承乏人，前景堪忧，亟待保护抢救。

鼓舞·大奏鼓

申报地区或单位：浙江省温岭市

在海滩上表演大奏鼓（周学军　摄）

大奏鼓原名“车鼓亭”，是浙江省温岭市石塘镇一带流行的一种渔村传统舞蹈。据说大奏鼓随福建惠安渔民迁移流传到石塘，至今已有三百多年的历史。

大奏鼓最初由八九人表演，后来发展到数十人，最多时可达60人。石塘当地有老人班、青年班和少年班等多种大奏鼓表演班社，遇到市、镇、村的重大活动，随时可以参加演出。

大奏鼓有马蹄跃步、摆浪步、颤肩四方步、小踏步等舞步，队形变化十分丰富，常用的队形图案包括“一箭绕八”、“双箭翻浪”、“双箭门”、“元宝阵”、“半月绕八字”、“滚浪翻花”、“十门阵”、“龙门阵”等。大奏鼓有场地表演和行进表演两

大奏鼓唢呐表演（钟亚冰　摄）

大奏鼓表演（林友桂　摄）

大奏鼓道具：铜钟（林友桂　摄）

种形式，演出时，演员手执乐器，且行且奏，动作粗犷，诙谐有趣。除敲鼓者外，其余八九人均可自由发挥。两支唢呐吹奏主旋律，木鱼、大钹、小钹、铜钟鼓、月锣、小锣等打击乐器伴奏。男扮女装是大奏鼓表演最为独特之处。演出过程中，男演员脸部以重彩化妆，头戴羊角状装饰和大耳环，赤脚扮成“渔婆”，边走边扭，这在汉族舞蹈中是不多见的。

大奏鼓的演出曲目众多，其中根据其原有素材改编的《台州湾渔鼓》、《箬山大奏鼓》、《太阳鼓》等节目曾多次参加浙江省、地、市的演出并获得奖项。

大奏鼓是节日喜庆队伍中“特地故事”的一种，也是唯一保存下来的“特地故事”。大奏鼓粗犷、幽默，男扮女装，动作诙谐，表演上讲究性情所至，熟能生巧，其艺术风格独特，对研究浙江省的民间舞蹈和民间习俗，以及人居迁徙、文化传播存在一定价值。

随着信息化时代的到来和地方工业的发展，以及新老文化的差异，大奏鼓生存空间日益缩小，传承十分困难，目前已处于濒危状态，亟待抢救保护。

鼓舞·陈官短穗花鼓

申报地区或单位：山东省广饶县

陈官短穗花鼓是一种独特的民间舞蹈，流传于山东省东营市广饶县陈官乡一带及商河县等地。它原是流浪艺人借以乞讨谋生

陈官短穗花鼓表演（张建利　摄）

陈官短穗花鼓：亮相（张建利　摄）

的手段，清朝时，广饶县陈官乡陈官村的张洪祥、张洪果跟随父亲张延水逃荒要饭，在此过程中逐渐学会了打花鼓。另据商河县的张凤云、李喜平等老艺人传述，清光绪二十九年（1903）以卖唱为生的王立礼、王立义兄弟与广饶艺人流浪到北京时学习并掌握了打花鼓技艺，随后便将这种表演形式传到广饶、商河一带的黄河下游地区。

陈官短穗花鼓由一人打镲说唱，一人击鼓表演，动作舒展、奔放，讲究“打场脚微颠，八字腿弓箭。击打头略晃，跑鼓轻如仙”。击鼓有三四十种套路，如张飞骗马、苏秦背剑等。现突破为一人唱或两人对唱，多人以锣、镲等伴奏。代表曲目有《串九州》、《枕头记》等。

新中国成立后，党和政府对陈官短穗花鼓非常重视，加工提炼后将之搬上舞台，使这一民间舞蹈由过去的要饭手段变成了艺术。1956年，广饶张延水的徒弟李宏元和商河县张凤云、李喜平的短穗花鼓舞参加山东省民间艺术汇演获奖。民间艺人张毅特地到陈官乡学习短穗花鼓，她表演的《花鼓舞》在1957年世界第六届青年联欢节上荣获金奖。

陈官短穗花鼓用鼓声歌声来表现对幸福生活的追求，独具当地的乡土风情，是当地传统文化的代表，具有人类学、民俗学研究价值。

陈官短穗花鼓动作难度大，因而流传不多。近年来，由于文化生态环境的改变，陈官短穗花鼓面临着严重的生存危机，人才匮乏，传承不力，急需保护扶持。

陈官短穗花鼓：回首望月
（常咸凯　摄）

陈官短穗花鼓表演道具：鼓、花鞭和镲
（张建利　摄）

鼓舞·柳林花鼓

申报地区或单位：山东省冠县

柳林花鼓参加广场展演（董凤城　摄）

柳林花鼓是“鼓子秧歌”的一种，其最初表演形式为“地秧歌”，后逐渐发展演变成“走街秧歌”。柳林花鼓约起源于清朝初年，所演绎的故事起源于《水浒》，百姓将宋江、吴用等化装成花鼓艺人劫法场救卢俊义的故事与本地流传的鼓子秧歌结合，变成固定表演形式延续下来，最终发展成“柳林花鼓”这种独特的民间舞蹈。目前，它仅存于山东省冠县柳林镇，演出范围及于周边的临清、聊城的数十个乡镇和河北馆陶等地。

柳林花鼓原来包括两部分内容，第一部分表现梁山好汉一路载歌载舞、化装进城的情形；第二部分表现他们劫法场营救卢俊义的战斗场面。现在保留下来的仅是第一部分。

柳林花鼓由舞蹈和武术融合而成，文武兼备、粗犷豪放，泼辣火爆。从艺术角度看，柳林花鼓特色鲜明、风格独特，在形形色色的“鼓子秧歌”中独树一帜，而且具有浓烈的地方特色，是土生土长的民间艺术，唱词中充满了当地百姓的俗词俚语，对于研究当地民间文化发展具有重要意义。

柳林花鼓在冠县当地享有很高声誉，历史上一直是临清庙会的重点节目。新中国成立初期，柳林花鼓曾在华东民间艺术汇演中获得一等奖，并赴抗美援朝前线慰问演出。近年来，柳林花鼓的艺人队伍日益老化，传承面临危机，前景堪忧，亟待抢救保护。

柳林花鼓参加民间文艺进城表演（董凤城　摄）

鼓舞·花鞭鼓舞

申报地区或单位：山东省商河县

商河县地处山东省鲁北平原，南距黄河35公里，东邻惠民县，北达乐陵市，西与临邑县接壤，花鞭鼓舞即流传于这一地区。清代光绪年间商河的王立礼、王立义兄弟到北京卖艺，拜流落在京的艺人李桂珍、李明雄兄弟为师，学会花鞭鼓舞，回家后勤苦练习，技艺日进。后王立礼兄弟将花鞭鼓舞技艺传授给乡人，一直流传至今。目前花鞭鼓舞在商河县张坊乡一带大为盛行，张坊乡苟家村的张氏家族几代都会跳花鞭鼓舞，逢年过节即进行演出，热闹非常。

花鞭鼓舞（侯炳文　摄）

花鞭鼓舞表演使用的是一般的腰鼓，同时以小锣、小镲伴奏。舞者头系白毛巾，身着短衣，左肋下斜挎腰鼓，双手各持一鞭，鞭杆长22厘米，鞭条长50厘米，鞭梢系成疙瘩。表演时两条鞭上下翻飞，甩至背后，在胸前和胯下准确地击打鼓面，鞭飞鼓鸣，独具一格，引人入胜。花鞭鼓舞有前八步、后八步、鹞子翻身、鲤鱼跳龙门、古树盘根、张飞骗马、苏秦背剑、二龙吐须、金丝葫芦、菊花盖顶、黑狗钻裆、就地十八滚等三十余种动作，表演时花鞭翻腾似金蛇狂舞，令人眼花缭乱，目不暇接；鼓音咚咚若战马奔腾，使人精神振奋，情绪高涨。

花鞭鼓舞表演道具（侯炳文　摄）

花鞭鼓舞充满鲁北地方色彩，具有历史文化、民俗学、舞蹈学等方面的研究价值。近年来，这一民间舞蹈的传承陷入窘境，发展前景令人忧虑，急需保护。

表演花鞭鼓舞（侯炳文　摄）

鼓舞·八卦鼓舞

申报地区或单位：山东省栖霞市

八卦鼓舞是山东省唯一归属于道教文化的广场舞蹈，主要流传于山东省栖霞与福山交界的庙后镇一带，现只有庙后镇上林家村有传人。据史料记载，元代以来栖霞的道教活动十分频繁，重阳宫鼎盛之时，道士有百人之多，声势浩大。传统的道教斋醮仪式需以鼓乐配合，八卦鼓舞由是而产生。栖霞独特的地理形态和文化根基造就了与道教文化联系密切的八卦鼓舞，这种民间舞蹈与传统武术相融合，以祭祖、祈福、避邪等为目的，反映了农民祈求风调雨顺的理想和愿望。

八卦鼓舞以男女对舞形式演出，表演中步法、手势、队形都要求走八字，显示出轻、飘、蹲、转的特点。舞队一般由八男八女组成，男队员腰前挎八卦鼓，左手扶鼓，右手持鼓槌，女队员双手握圆形平顶古铜色伞舞蹈。整个表演以鼓为主，以伞为辅，鼓伞配合，相得益彰。八卦鼓舞队形变化较为简单，常出现“八条街”、“双龙吐须”、“单串花”、“圆”中见“转”等样式。

八卦鼓老鼓（李玉光　摄）

八卦鼓舞表演（李玉光　摄）

八卦鼓舞表演（李玉光　摄）

八卦鼓舞是山东民间舞蹈的瑰宝，也是中国道教艺术的一朵奇葩。近年来，大环境的变迁使它逐渐陷于濒临失传的境地，急需抢救保护。

鼓舞·横山老腰鼓

申报地区或单位：陕西省横山县

横山腰鼓是一种传统的民间舞蹈，按表现形式可分为小场腰鼓、四人腰鼓、老腰鼓、新腰鼓几种类型。流传在陕北地区的横山老腰鼓又称“文腰鼓”，是现存唯一的老腰鼓，其产生可追溯到明代中期。它主要分布于横山县的芦河川、小理河川、大理河川、黑木头川流域，而以南塔乡张村地村最具代表性。

横山老腰鼓表演（陕西省横山县文体事业局提供）

陕北横山老腰鼓通常以舞队方式出现，表演形式包括单人打、双人打、四人打、八人对打、群场打等。舞队由伞头、鼓子手、腊花、杂色丑角等组成，其中鼓子手动作矫健有力、威武豪放、自由洒脱，在场面上频繁穿插；腊花含嗔带羞，舞步轻盈，与鼓子手成双配对，眉目传情，增添了

横山老腰鼓表演（陕西省横山县文体事业局　提供）

腰鼓、铰子、旋子都是横山老腰鼓的主要道具（陕西省横山县文体事业局　提供）

表演的艺术感染力。横山老腰鼓以虎撑、伞、腰鼓、鼓槌、铰子、旋子为主要道具，基本动作包括二脚不落地、三脚跳步、二转身、蹬腿打、踹腿打、过堂对打、缠腰对打、过堂连身转打等，主要场子有枣梳子倒开花、黑驴滚昼、黑虎掏心等。

横山老腰鼓长期保持着原生态的打鼓技法，在服装、道具、扮相、舞蹈动作等方面都极具特点，显示出豪放、粗犷、激越、诙谐的传统风格，具有重要的历史文化和艺术研究价值。

新中国成立以来，横山老腰鼓在全国性和省级的民间文艺汇演中屡屡获奖。目前，在全球经济一体化的影响下，横山老腰鼓的传承与发展遇到了极大挑战，亟待采取具体措施加以抢救保护。

鼓舞·宜川胸鼓

申报地区或单位：陕西省宜川县

宜川胸鼓是以鼓舞为基础的一种民间舞蹈形式，它原名“花鼓”，是著名的“陕北三鼓”之一。宜川胸鼓历史悠久，系由古代战争中擂鼓助战、传递信号、击鼓庆捷的形式演变而成，宋代以后在陕西宜川黄河沿岸地区逐渐盛行开来。

宜川胸鼓以刚劲矫捷、洒脱奔放、明快有力、清脆爽朗的风格独树一帜，既能登台表演，又适合在街头广场演出，演员男女皆有，人数可多可少。舞者扮相别具一格，男女各穿不同短服，头扎英雄巾，佩戴武士缨，胸打英雄结，身背英雄花，腰系彩色绸，手腕紧袖口，下腿扎裹缠，脚穿登云鞋，英武利落，生气勃勃。

宜川胸鼓表演

宜川胸鼓早期表演时由男女两人对舞，一人敲小锣，一人打边鼓。后发展为一至两名男鼓手击鼓，四至八名女鼓手手执金钱棍、彩绸、花扇，围绕着男鼓手边敲边舞。有的鼓手一人身背数鼓，能打出许多花样。新中国成立后经过挖掘整理，宜川胸鼓得到很大发展，演出时男女鼓手各半，旁设打击乐队，采用秧歌步、跑跳步等舞步来实现队形变化。

宜川胸鼓表演

宜川胸鼓气势磅礴，雅俗共赏，具有浓郁的生活气息和强烈的艺术感染力，是著名的“陕北三鼓”之一。1993年参加国庆四十五周年献礼演出；2003年，中央电视台将其拍摄成专题片向海外播出；1996年，宜川县被国家命名为“胸鼓艺术之乡”。

宜川胸鼓经历了由原始形式向鼓舞演变的过程，在民国至中华人民共和国建立初期这一阶段内不断加工改进，逐渐走向成熟。“文革”时期宜川胸鼓一度沉寂，后经抢救挖掘得以恢复。目前，宜川胸鼓传承乏人，亟待抢救保护。

鼓舞·凉州攻鼓子

申报地区或单位：甘肃省武威市

凉州攻鼓子是一种民间鼓乐舞蹈，流传于甘肃省武威市凉州区四坝镇的杨家寨。历史上，四坝镇自汉初至唐、五代时期都是北方众多少数民族的居住地，明朝以后又有山西、江浙等地汉人迁入，所以，此地一直是多民族聚居地。可以说，攻鼓子是西域乐舞与中原乐舞交融并蓄而生的独特西部鼓舞艺术。

凉州攻鼓子是古代出征乐舞的遗存，所有动作皆体现出“攻”的特征。表演者均为男性，几十至数百人不等，两人为一对，八人为一组，头戴黑幞帽，上插两支野鸡翎，帽边插扇形白纸花，身穿黑色“十三太保衣”（夸衣），足蹬快靴，腰挎红色鼓子，双手握鼓槌。攻鼓子的基本打法可用“双手胸前画弧线，交错击鼓轮换翻。上步踏地凭脚力，挺胸抬头身不弯”四句口诀加以概括，表演中显现“两足对垒”、“展示三军”、“四门斗敌”、“登高望远”、“套莲花”、“挂阵”等阵形，充分体现出古代武士英勇剽悍、勇往直前的阳刚之气，给人以威武雄壮而又神秘莫测的美感，在当地有沙漠“黑旋风”之誉。

凉州攻鼓子集娱乐性、艺术性、地方性、自发性和民族性于一体，具有很高的审美价值和文化认同意义。新中国成立以来，在凉州区文化部门的支持和指导下，攻鼓子得到了很好的挖掘整理。1996年9月，凉州攻鼓子参加文化部举办的第六届全国群星艺术节民间鼓舞大赛，获得银奖。

凉州攻鼓子表演（袁志强 摄）

在文化广场表演凉州攻鼓子（袁志强　摄）

在沙漠中表演凉州攻鼓子（袁志强　摄）

随着市场经济的发展与外来文化的影响，凉州攻鼓子已很少能引起当地年轻人的兴趣，部分青壮年攻鼓子表演骨干外出经商、打工，分散各地，老艺人年事日高，无法演出，这些都直接影响了攻鼓子的传承与发展。有关部门应迅速制定计划，抢救保护这一宝贵的民间舞蹈艺术。

凉州攻鼓子表演（袁志强　摄）

鼓舞·武山旋鼓舞

申报地区或单位：甘肃省武山县

武山旋鼓舞又称“扇鼓舞”或“羊皮鼓舞”，是羌族人民在长期农牧生活中形成的一种传统民间舞蹈，主要流传于甘肃省天水市武山县的滩歌镇、洛门镇百泉村、龙台乡、山丹乡等乡镇村庄。它以舞乐为载体，在祭祀中达到娱神、娱人的目的。武山旋鼓舞年代久远，其起源在历史上有牧羊人震狼说、祭祀说、军事说等多种说法。在长期的发展过程中，武山旋鼓舞逐渐演变成一种民间祭祀赛社娱乐活动，并分出北部山区旋鼓舞和南部山区旋鼓舞两大类型。

武山旋鼓舞表演活动于春末夏初举行，届时先由幼童在各村寨敲鼓，引发群众兴致，至端午节形成旋鼓舞高潮。旋鼓舞队组成人员几十至几百人不等，其中旋鼓手动作技巧性强，步履腾挪要求高，一般由青壮年男子充任。旋鼓舞表演有“喊山岳”、“千斤压顶”、“旋风骤起”等典型动作和“二龙戏珠”、“白马分鬃”、“太子游四门”、“丹凤朝阳”等传统套路，表演者在舞动中旋转是其主要特征。整个舞蹈动作刚健、节奏铿锵，具有广泛的群众性和浓郁的地方特色。

春节期间表演武山旋鼓舞（刘向东　摄）

武山旋鼓舞表演主要使用的羊皮鼓（刘向东　摄）

武山旋鼓舞表演主要使用羊皮鼓，它属于单面打击乐器，其形似扇非扇，近于芭蕉叶面。演出中还用到其他物品，包括鼓槌、钹、锣、响铃、幡、彩旗和一些独特的服饰。

武山旋鼓舞具有独特的陇原风情和鲜明的地方特色，最大特色在“旋”、“鼓”，是武山县特有的文化、娱乐活动，后经文艺工作者不断创编、改良，逐步有剧目适合舞台演出，并多次在国家、省、市获奖。其场面宏大，鼓舞人心，表现了武山的浪漫风情和文化精神，更深层次体现了武山旋鼓的艺术意蕴。

随着时代的变迁，武山旋鼓舞这一古老的民间舞蹈不断受到外来文化的冲击，逐渐走向衰落。目前，旋鼓舞表演人员日益递减，鼓具制作匠人也越来越少，制鼓手艺有失传之虞，旋鼓舞表演技艺也处于濒危状态，急需抢救保护。

640 III-43

申报地区或单位：河北省黄骅市
河南省兰考县
广东省海丰县

麒麟舞

麒麟舞是广泛流行于全国各地的一种传统民间舞蹈，至今已有五百多年的历史。它是祥瑞太平、风调雨顺、国泰民安的象征，表演时通常以锣鼓加唢呐伴奏，集歌、舞、乐于一体。

麒麟舞一般在农闲时节及节日或吉日的晚间演出，届时演出场地周围需栽上木桩，上悬灯笼照明。称为“麟头”、“麟尾”的两位舞者藏盖于道具麟皮之内，扮成麒麟状，表演啃痒、抖毛、盘桌子、盘板凳、盘灯笼、登高、跌扑、望月等技艺性很强的动作，同时以打击乐器从旁伴奏。麒麟舞粗犷活泼、激烈火爆、威风十足，在气势宏大、节奏感强烈的打击乐烘托下，给人以大气磅礴的感受，令观者精神为之一振。

河北省黄骅市的麒麟舞凭借不同凡响的高大艺术造型和惊、险、奇的高难度杂技动作征服观众，带给人以强烈的艺术震撼，展示出慷慨激昂的燕赵地方特色。河南省兰考县的麒麟舞保留着传统的表演形式、内容和艺术风貌，具有鲜明的中原文化特征。广东省海丰县的麒麟舞表演时，一人舞动麒麟头，一人牵动麒麟尾，在大锣、大鼓、大唢呐的伴奏下，表演麒麟打滚、舐脚、洗须、咬骚之类的动作和喜怒哀乐的情绪。麒麟舞后紧接武术表演，这是海丰麒麟舞的精华，主要包括打拳、弄棍、搬刀、舞尖串、尖串对铁尺、辗藤牌、集体搬棍对打等内容。

麒麟舞是华夏祖先留给后世子孙的一份宝贵文化遗产，既有很高的艺术欣赏价值，又有宗教学、民俗学、历史学等方面的研究价值。由于麒麟造型用料庞杂，造价较高，扎制费时费力，表演动作难度又很大，目前各地麒麟舞的表演规模日渐缩小，面临失传的危险，急需抢救保护。

广州中山纪念堂前的麒麟舞表演（广东省汕尾市非物质文化遗产保护中心　提供）

麒麟舞表演（郑勇　摄）

麒麟舞表演（广东省汕尾市非物质文化遗产保护中心　提供）

麒麟舞：登高（翟玉忠、石玉兴　摄）

麒麟舞：啃痒（翟玉忠、石玉兴　摄）

在广场表演麒麟舞（郑勇　摄）

麒麟舞（郑勇　摄）

641 III-44

竹马

东坝大马灯

邳州跑竹马

竹马也叫“跑马灯”、“活马”、“竹马灯”，是一种传统的民间舞蹈样式。它大约始于宋代，经历代民间艺人反复实践，形成固定的表演形式，多在春节、元宵节等喜庆节日的民间庙会中演出。竹马制作时一般先用竹皮或竹篾扎成骨架，再在外面糊上数层厚纸，彩绘后涂抹桐油，马脖部位系上铃铛，下面围上白布围裙，再于裙上画出奔驰状的马腿，还可在马腹两侧画出骑手的腿脚。

竹马表演形式简便，演出时舞者身着民族服饰，腰系用竹竿或竹篾扎成、分为前后两半的竹马，做出骑马状，不断变换队形和步伐，边演边走，观众则一路追看。表演动作也比较简单，以舞者跑动走场为主。整个表演人数可多可少，一人称“独马”，做演马、跳卧等表演，二人多演《小两口回娘家》，四人则多演《三英战吕布》。表演时多用锣、鼓、镲等打击乐器伴奏，也有的地方以唢呐吹奏民间乐曲烘托气氛、加强节奏。

竹马是一种独具特色的民俗乐舞，具有历史文化与艺术等方面的研究价值。目前，受现代经济大潮的冲击，竹马的传承发展遭遇困境，面临人才老化、道具陈旧等一系列问题，急需有关部门进行抢救性的扶持与保护。

制作东坝大马灯马架
（江苏省高淳县文化馆　提供）

竹马·东坝大马灯

申报地区或单位：江苏省高淳县

东坝大马灯流传于江苏省高淳县东坝镇东坝村，它起源于唐，盛行于宋，至今已有千余年的历史。这种大马灯由两人组合表演一匹马，造型上比一般马灯的道具高大。它用竹子制成马架，绒布制成马皮，另外饰以马鞍、缰绳、铜铃等。大马灯表演队列一般由七匹马组成，模仿真马昂首长啸、奔腾跳跃，看来栩栩如生。演出时以民间器乐伴奏，马队在鼓点的指挥下交替布阵，扮演刘备、关羽、张飞等三国人物的演员跃马出征，俨如疆场驰骋，令在场观众产生身临其境之感。最后，马队按“天下太平”四字的笔画走阵收场。大马灯演员都是东坝村村民，往往老少三代同台表演。

东坝大马灯表演（江苏省高淳县文化馆　提供）

东坝大马灯是吴风楚韵的具体表现，表演中反映出高淳人崇尚忠义的思想和改天换地的精神，表达了民众对风调雨顺、国泰民安的向往，具有重要的历史文化研究价值。

1949年以后，东坝大马灯多次在全国性和省级的民间文艺汇演中获奖。人民政府高度重视东坝大马灯的挖掘整理工作，尤其是改革开放以来，地方政府和市、县文化部门把抢救、保护东坝大马灯列为工作重点，在财力、物力上给予大力支持，为东坝大马灯的传承发展作出了贡献。但在现代化的冲击下，这一古老的民间舞蹈仍然难以避免逐渐衰落的危机，需要有关方面进一步做好抢救保护工作。

东坝大马灯表演（江苏省高淳县文化馆　提供）

竹马·邳州跑竹马

申报地区或单位：江苏省邳州市

跑竹马是流传于江苏省邳州市的一种传统民间舞蹈形式，俗称“竹马舞”、“竹马会”，其内容取材于鞑子（金兀术）跨马游春的故事。演出时装扮历史人物的演员腰挂竹坯和纸糊成的马或麒麟，表演出各种阵势。邳州跑竹马始于清代嘉庆元年（1796），至今已有两百多年的历史。跑竹马经过几代人的创造，先后加入打击乐、唢呐及歌唱等伴奏、伴唱形式，在传承发展中分化出不同的风格和流派。

跑竹马中的马形道具系在竹篾扎制的壳上糊以五彩纸做成，演出时舞者挎在腰间，不断跑动。邳州跑竹马以“跑”为特点，一个“跑”字贯穿表演始终，“跑出姿态，跑出阵势，跑出气势”是这种民间舞蹈的三大要领。跑竹马表演时有喝马起跑、催马小跑、放马轻跑、纵马快跑、鞭马疾跑、勒马倒跑、吁马停跑等多种套路，跑中见阵，阵中见情。其阵势也多姿多彩，主要包括“一字长蛇”、“二龙取水”、“四门兜底”、“五虎寻羊”、“八卦阵”、“十字梅花”、“乌龙摆尾”、“剪马股”、“双套环”、“单套环”、“双穿花”、“狗尾圈”等。

跑竹马经过数代人的演绎创造，先后融入打击乐、唢呐及歌唱等伴奏形式，逐渐成为一种载歌载舞、气氛热烈的地方民间舞蹈，并在传承发展中派生出了多种不同风格和流派，对于研究当地的历史、文化、艺术都有重要价值。

受现代经济大潮的冲击，邳州跑竹马的发展陷于停滞。目前，邳州八九个竹马队都面临着人才老化、道具陈旧等问题，古老的民间舞蹈样式跑竹马正不断走向衰落，亟待保护传承。

竹马是邳州跑竹马的主要道具，神态逼真可爱，马头可自由晃动，颈上的铜铃清脆悦耳（王兴华　摄）

邳州跑竹马：一字长蛇阵（王兴华　摄）

邳州跑竹马：二龙取水阵（王兴华　摄）

642 III-45

灯舞

灯舞古已有之，清代就有以灯为道具舞出文字的“灯舞”记载。每逢年节（尤其是元宵节）或祈雨、祭祀、乞求丰收等仪式，宫廷和民间往往都会进行灯舞表演。起初，灯舞以摆字为特征，后逐渐发展成以彩灯排列构造图案、创生意境的民间舞蹈样式，流传于全国各地。按灯彩外形区分，灯舞主要包括模拟动物的龙灯舞、狮子灯舞、鱼灯舞、蚌灯舞、蝴蝶灯舞、百鸟灯舞，模拟花卉的荷花灯舞、菊花灯舞、蜡花灯舞及船灯舞、车灯舞、云灯舞、绣球灯舞等其他形式的灯舞三种类型。灯舞表演形式丰富，一般在夜晚以群舞方式演出，声势较大。演员边走边舞，队形不断变化，舞蹈过程中还施放烟花爆竹，场面蔚为壮观。这种民间舞蹈样式多出现于汉族地区，同时也在一些少数民族地区流行。

灯舞·青田鱼灯舞

申报地区或单位：浙江省青田县

青田鱼灯舞是浙江省最具代表性的鱼灯类传统民间舞蹈，它主要流传于浙江省青田县，是青田渔文化和民间艺术相结合的产物。籍贯青田的明代开国功臣刘基曾将当地鱼灯中鱼的种类和数量加以发展，同时以大量阵图融入其间，由此形成带有军事操习风格的青田鱼灯舞。

青田鱼灯舞的道具呈现出以田鱼为主的淡水鱼形象，舞蹈动作则根据鱼的生活习性设计，演出时以锣、鼓、镲、钹等为伴奏乐器，演员包头巾、系腰带、扣护腕、打包腿，打扮得与古代武士相似。

每逢喜庆节令，青田乡村的民众都要进行鱼灯舞表演。届时领队手举长柄大红珠，参演者各举鱼灯一盏，按举红珠者所吹哨子的指挥走出各种阵图。表演开始时多用“进门阵”，行进时以“编篱阵”为基本阵图，高潮时则分出“春鱼戏水”、“夏鱼跳滩”、“秋鱼恋浒”、“冬鱼结龙”等阵图，最后以“鲤鱼跳龙门”结束。

在天安门广场表演青田鱼灯（浙江省青田县文化馆　提供）

青田鱼灯《鱼戏莲花》（余建栋　摄）

青田鱼灯舞具有极高的艺术和历史文化研究价值。它曾多次参加国内外文化交流活动并取得优异成绩，被誉为“天下第一鱼”。

在现代商业文化的冲击下，传统的青田鱼灯舞开始走向衰落，表演技艺、道具制作、音乐伴奏等方面的人才日渐减少，急需保护。

灯舞·莆田九鲤灯舞

申报地区或单位：福建省莆田市

流传于福建省莆田市荔城区黄石镇沟边村的九鲤灯舞是福建民间舞蹈苑囿中的一朵奇葩，它源于元宵节千姿百态的灯舞表演，经民间艺人世代沿袭传承，逐渐形成一套完整的舞蹈表演形式，明清时期达到鼎盛。

九鲤灯舞所用鱼灯制作考究，先以竹篾作骨架，扎成鲤鱼形状，而后再在外部贴糊红纸并画上鱼鳞和鱼鳍。制成的红鲤鱼灯一般有1.5米长，40厘米宽。演出时一支鱼灯队由十几盏鱼灯组成，为首的鱼灯稍大。九鲤灯舞有一整套规定动作，演出中还需以锣、鼓、铙、钹等从旁伴奏。鱼灯舞动时，只见大红鲤鱼在夜色中上下穿梭，悠游嬉戏，欢快之情令人深受感染。九鲤灯舞的表演者大都是农村中的青壮年，年纪较大者一般负责敲锣打鼓配合。演出时如果碰上邻村的舞龙队伍，则另有一套鱼龙相戏的舞法，用以表示彼此友好的诚意。

九鲤灯舞涉及民俗学、考古学、武术、艺术等诸多研究领域，具有群众性、娱乐性、观赏性的特征，其中稀有的九鲤道具及丰富的民间舞蹈语汇和表演程式受到有关专家学者的高度评价。如今这一独特的民间舞蹈只留存于沟边村北的家族式自然村中，道具制作技艺和舞蹈口诀也在家族内部进行传承。随着文化市场化趋势的加剧，传统的莆田九鲤灯舞急遽衰落，表演和道具制作人才不断减少，发展前景不容乐观，亟待抢救扶持。

莆田九鲤灯舞表演（肖伟　摄）

莆田九鲤灯舞表演（李鹏涛　摄）

莆田九鲤灯舞表演（肖伟　摄）

灯舞·鲤鱼灯舞

申报地区或单位：江西省吉安县

鲤鱼灯舞是流传于江西省吉安县固江镇棚下村的一种表演性民间灯彩舞蹈，其起源及部分表演内容与民间神话传说有关。鲤鱼灯舞的历史渊源可上溯到七千年前远古时代鱼族人的图腾"鱼舞"，它以一只鳌鱼为头，青虾为尾，九条鲤鱼居中，鱼虾亲密团结，衔尾而进，以求到达象征幸福美好境地的龙门。

鲤鱼灯舞表演道具：鳌鱼灯（傅江　摄）

组成鲤鱼灯舞表演的是一只外表庄严、昂扬，内心十分慈爱的鳌鱼，九只活泼灵敏的金丝鲤鱼和一只天真淘气的小虾。为了到达幸福美好之地——龙门，它们亲密团结在一起，互相咬着尾巴前进。前进途中，它们有时迷失方向，有时遇到敌人乌贼的

鲤鱼灯舞表演（平懿　摄）

女子鲤鱼灯队参加民俗展演活动（傅江　摄）

侵犯，但在鳌鱼的带领下，它们勇于拼搏，终于到达龙门。动作结构为16个环节：鳌鱼进场、鲤鱼出洞、单拆篾塔、双拆篾塔、斜拆篾塔、双斜拆篾塔、三盏球、漂带、上水翻潭、劈柴、寻食、跳龙门、穿龙门、积塔、团龙和咬尾。

鲤鱼灯舞主题思想积极向上，艺术形象生动优美，它抓住水的特点和鱼虾的生活习性，细腻地创编出美丽多姿的舞蹈动作，将生活真实和艺术创造融为一体。表演中鱼灯时而来回游动，时而上下翻滚，表现出鱼虾自在嬉戏腾跃的欢快场景，给人以赏心悦目的艺术享受。每年元宵节固江人都要在村间、街头和广场上表演鲤鱼灯舞的16个环节，以祈吉祥如意。夜间表演时，灯舞的艺术魅力更加突出。

数百年来，鲤鱼灯舞的民间表演活动维系了泸水河沿岸棚下村人的亲密关系，在迁居落户于固江的棚下村人走出自闭，与原住民友好交往并最终融入当地社会的过程中发挥了积极的作用。目前，鲤鱼灯舞演出活动萎缩，民俗内涵渐损，演出人员老化，传承不力，这种民间舞蹈的生存发展充满危机，亟待保护。

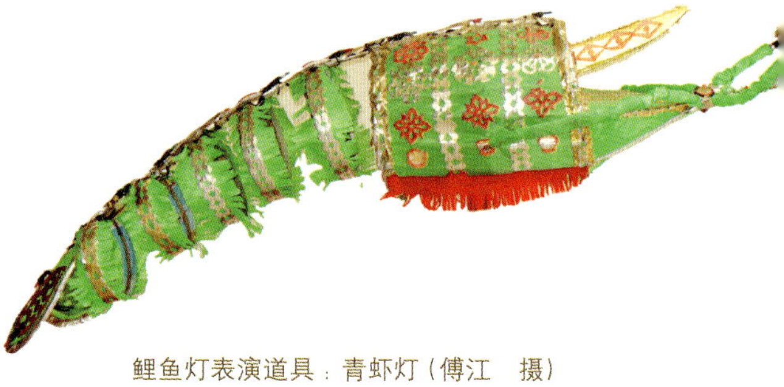

鲤鱼灯表演道具：青虾灯（傅江　摄）

灯舞·沙头角鱼灯舞

申报地区或单位：广东省深圳市

沙头角鱼灯舞是一种以鱼灯为道具的广场男子群舞，流行于广东省深圳市沙头角镇及香港新界沙头角一带。它起源于清代康熙年间，至今已有三百多年的历史。清初沙头角沙栏吓村吴氏族人的祖先从广东博罗迁至海滨新安县（宝安县旧称，即今广东省深圳市）沙头角后，结合当地民间元宵张灯作乐的习俗和早期从事海上捕捞的经验，创造出了独特的鱼灯舞。

沙头角鱼灯舞表演（陈观华　摄）

沙头角鱼灯舞所用鱼灯制作精巧，栩栩如生。制作时先用竹篾扎成鱼状，然后在上面糊纸绘彩，再涂上桐油，再在鱼灯下面装上短棍。灯舞中的鱼各有不同寓意，如黄鲤鱼象征任意欺压渔民的海盗，众鱼象征不畏强暴、团结抗争以争取幸福生活的广大渔民，等等。沙头角鱼灯舞表演一般在晚上进行，舞蹈场地不用添加灯光，舞者保持低马步，巧妙地将身体藏于鱼灯背后，举着鱼灯下的短棍俯身曲背穿梭起舞，同时以锣、鼓、钹、唢呐、螺号等从旁伴奏。整个表演主要突出鱼灯的形象，以集中体现各种鱼类的普遍习性和个性。沙头角鱼灯舞生动逼真，动作灵巧敏捷，具有较强的艺术性、趣味性和观赏性。

作为传统的中国民间舞蹈，鱼灯舞多年来牵系着中华同胞的情怀。在岭南文化、海洋文化、民俗学及深港两地关系史的研究中，沙头角鱼灯舞具有重要的参考价值。目前，这一宝贵的民间艺术传承乏人，亟待保护。

沙头角鱼灯舞表演（陈观华　摄）

灯舞·东至花灯舞

申报地区或单位：安徽省东至县

东至花灯舞是皖南山区民间舞蹈中的奇葩，至今已有三百多年的历史，主要在安徽省东至县张溪、洋湖、官港、木塔等乡镇的二十多个大姓家族中流传。东至花灯舞的演出以家族为单位，一般从正月初二开始，至正月十五结束，最长的表演要到二月初二圆灯才停止。

东至花灯由“六兽灯”、“磨盘灯”、“八仙过海灯”、“五猖太平灯”、“龙灯”、“狮子灯”、“蚌壳灯”、“旱船”等十余种形态各异的花灯组成，其中“六兽灯”又名“六兽太平灯”，六兽即麒麟、狮子、独角兽、象、鹿、獐。

东至花灯表演形式不尽相同，但都具有丰富的文化内涵，内容涉及民间舞蹈、民间音乐、民间手工艺、民间美术和原始宗教信仰等各领域。民间艺人们利用本地所产的竹、木藤、金属等材料制作各色花灯，用于张灯结彩，后演变为舞龙灯、玩花灯等多种形式的民间娱乐活动。

东至花灯舞是安徽农村重要的民俗活动，它汇集了本地原生或异地流入的工艺美术、戏剧、音乐、武术等多种民间技艺，保持着古朴粗犷的原始风貌，其表演融扎彩灯、唱文南词、黄梅戏、敲十番锣鼓等于一体，内中积淀了诸多历史信息，具有丰富的文化内涵。

目前，东至花灯舞仅靠口传身教的方式传承。随着老艺人的故去，原有的精湛表演技艺已部分失传，加上年轻人对这一民间艺术的价值认识不足，东至花灯舞后继乏人，急需抢救保护。

东至花灯"磨盘灯"（檀映芳、刘志军　摄）

东至花灯"六兽灯"（檀映芳、刘志军　摄）

东至花灯"六兽灯"（檀映芳、刘志军　摄）

灯舞·苏家作龙凤灯舞

申报地区或单位：河南省博爱县

苏家作龙凤灯舞是一种传统的民间舞蹈，它以不同历史时期的民间故事为表现内容，主要流行于河南省博爱地区。旧时，苏家作人以务农为主，文化业余生活相对较丰富。每年春节和火神庙会期间，苏家作人为庆贺一年劳动成果，期盼来年有好收成，都要把龙、凤、麒麟、老虎等象征吉祥的动植物形象制成花灯。除悬挂外，还根据一些民间故事，把花灯组织起来，进行耍类跳舞活动。清代道光二年（1826）是博爱的大耍灯节，为取得好成绩，苏家作艺人毋黑旦（大名不详）把龙灯、凤灯结合在一起，在龙凤共舞基础上，增加数十种伴舞灯，编了许多灯舞节目，并于当年农历二月二十九火神庙会期间演出。自此，苏家作龙凤灯舞最终形成。

龙凤灯制作精巧，以竹篾制作龙凤骨架，用彩绘纱布装饰龙身，白纱布彩绘凤衣图案。龙灯由9节组成，每节以一根木棍支撑。苏家作龙凤灯舞以龙游场、龙戏凤、龙脱皮、百鸟朝凤等表演最为精彩，传统节目有《十二美女拉纤》、《文王拉纤》、《姜子牙钓鱼》等，近代又编创出《丹凤朝阳》、《百鸟朝凤》、《龙凤呈祥》、《龙凤回头看牡丹》、《龙凤对戏》等节目。《龙凤对戏》重点突出一个“戏”字，紧张中透出宽松，嬉戏中蕴涵友情，具有极高的艺术价值。龙凤灯舞演出时，表演者可达五百余人，场面热烈，气势宏大。

苏家作龙凤灯舞表演体现出阴阳和谐的传统文化内涵，具有历史文化、民俗学、神话学等方面的研究价值。目前，苏家作龙凤灯舞已从鼎盛时期五百多人参与的宏大表演缩小为两三百人参加的演出，灯舞的编排技艺仅存于5位年迈老艺人的记忆中。这一宝贵的民间舞蹈艺术后继乏人，濒临灭绝的危险，亟待抢救。

传授苏家作龙凤灯舞（河南省博爱县非物质文化遗产保护中心　提供）

苏家作龙凤灯舞表演（河南省博爱县非物质文化遗产保护中心　提供）

643 III-46

申报地区或单位：河北省南皮县

沧州落子

沧州落子《三道弯》（刘辉 摄）

落子也叫“乐子”，是河北省具有代表性的民间舞种之一。它起源于清代嘉庆、道光年间，清末民初曾一度活跃，而以南皮县和沧县最为盛行。沧州落子演出时，一对对青年男女手执“彩扇”、“竹板”、“霸王鞭”等载歌载舞，十分热闹。发展初期，沧州落子只有4人执鞭表演，至清末民初出现了半农半艺的落子艺人，逐渐形成10人执鞭、6人执板、4人执扇的表演形式。落子有文武之分，以唱为主的称“文落子”，以武术和戏曲筋斗穿插其中的称“武落子”。

沧州落子最初演出时只着生活服装，后来为了美化，开始穿戴戏曲服饰。女角色扮相类似武旦或花旦，男角色扮相与戏曲舞台上的黄天霸、杨香武相仿。落子的舞姿、动律、节奏及连接动作带有鲜明的武术特征，每个动作都抢占两拍，抢拍的后半拍“起法儿”，弱拍为动作的运动过程，到下一小节强拍的前半拍完成整个动作，后半拍开始下一动作的“起法儿”，如此连续反复，直至结束。

沧州落子的传统节目多表现爱情故事及旧社会劳动人民的苦难生活，反映人们

沧州落子表演（刘辉　摄）

沧州落子中板表演（刘辉　摄）

沧州落子表演（刘辉　摄）

对自由、幸福、美好生活的憧憬，有《茉莉花》、《放风筝》、《叹情郎》、《绣手绢》、《尼姑思凡》等一批代表性作品。《茉莉花》、《放风筝》经过加工整理，更加优美动人，成为传统舞蹈久演不衰的保留节目。

20世纪初以来，落子在不断发展中因地制宜，因时改进，适当吸收一些戏曲中的动作与技巧，对自身加以改变，成为具有鲜明地方特色的民间舞蹈，对于研究当地社会历史变迁、戏曲文化发展具有重要价值。

沧州落子经由历代艺人传承发展，成为深受广大群众喜爱的民间舞蹈。目前，受文化标准化趋势和市场经济的影响，沧州落子的生态环境日益恶化，演出班社经济状况很差，传承后继乏人，前景堪忧，急需抢救保护。

644 III-47

申报地区或单位：浙江省永康市

十八蝴蝶

十八蝴蝶基本动作：对飞（朱幼吾　摄）

民间舞蹈十八蝴蝶又名"彩蝶迎春"，流传于浙江省永康市境内。它源于宋代方岩胡公庙会的娱神活动。1946年秋，村民王春山等人从蚌壳舞演员背挂蚌壳道具的张合动作中得到启发，制作出蝴蝶道具并将之用于精心编排的舞蹈队形，由此形成绚丽多姿而又别具一格的十八蝴蝶。

十八蝴蝶可以在舞台、广场、风景区甚至街头巷尾表演，演出时由18名少女身披竹篾丝绸制作的蝴蝶造型扮演彩蝶，与花仙结伴翩翩起舞，舞蹈过程中队形不断变化，排列成各种优美的图案。十八蝴蝶表演围绕"唤春、恋春、闹春"三个情节展开，"唤春"重点表现彩蝶迎春的意境，"恋春"通过蝶恋花、花盼蝶的深情舞蹈真诚歌颂美好的生活，"闹春"以热烈的舞蹈场面、优美的舞姿、鲜艳的色彩和欢快的节奏将整个舞蹈推向高潮，体现出较强的娱乐性和观赏性。十八蝴蝶以色彩斑斓的服装道具配合曼妙的舞姿和悠扬的乐曲，传达出灵秀典雅的江南韵味，反映了人们追求美好生活的心愿。

十八蝴蝶生动展现了中华民族的传统思想价值观，它倡导真善美，歌颂人与自然的和谐，以艺术方式充分体现出江南文化的阴柔之美，被誉为"江南文化奇葩"。目前，这一优秀的民间舞蹈艺术传承乏人，亟待保护。

在广场上表演十八蝴蝶（朱幼吾　摄）

十八蝴蝶基本动作：翻身（朱幼吾　摄）

645 III-48

申报地区或单位：安徽省凤台县

火老虎

火老虎是流传于安徽省凤台县山口村和淮丰村的一种民间舞蹈，至今已有千年历史，其演出活动一般在每年的农历正月初三到正月十五举行。火老虎所用道具分虎头、虎身、虎尾三部分，显示出夸张写意的特点。虎头制作时先用竹篾扎成骨架，然后缀上捻子；制作虎身是将21块泡桐板以细铁丝连接起来，每块泡桐板上钻出12个等距的小孔，再将捻子安进小孔里；最后用桑树条弯成上翘的形状，即成虎尾。表演者化装时戴上老头帽，护住头和脖子，只露眼睛，再穿着紧身衣，披上湿麻袋，戴起手套，然后将虎皮、虎头、虎尾捆在身上，两手各拿一棍作虎的前爪。

火老虎表演中有老虎、雄狮、雌狮、幼狮、土地神及领狮者等角色，演出时雄狮、雌狮首先出场玩"四门"，然后雌狮卧地，准备生产幼狮。幼狮生出后参拜四方，接着雄狮、雌狮和幼狮相互逗趣嬉闹。此时火老虎出现，雄狮、雌狮为保护幼狮，与之展开生死搏斗。火老虎不敌两狮，满身带火扑进水塘，演出至此方告结束。整个表演将狮子产崽的温馨景象同狮虎搏斗的激烈场面交织在一起，张弛有度，妙趣横生。

火老虎表演体现着淮河流域民众吃苦耐劳的精神品格和坚定乐观的生活信念，具有民俗学等方面的研究价值。目前，这一独特的民间艺术样式已陷入发展困境，面临生存危机，急需保护传承。

火老虎传承场景（周亚生、张驰　摄）

老艺人在制作火老虎道具（周亚生、张驰　摄）

老艺人在制作火老虎道具（周亚生、张驰　摄）

646 III-49

申报地区或单位：山东省鄄城县

商羊舞

商羊舞基本动作练习（杨勇 摄）

商羊舞是一种古老的民间舞蹈，它发源于山东鄄城县北部地区，流传于李进士堂镇、旧城镇一带，而以李进士堂镇的杏花岗村最为突出。据考证，此舞起源于商周时期，至春秋战国趋于成熟，宋明时期达于鼎盛。它最初是古代人模仿商羊动作进行的一种求雨活动，久而久之，求雨活动与传统祭祀仪式结合在一起，经过鄄城先民的升华和完善，逐渐形成一套完整的舞蹈模式，自商周世代相传至今。鄄城县旧城镇杏花岗村的杏花岗上有座三关庙，内塑尧、舜、禹像，每到天旱缺雨的年头，人们都要聚集在三关庙前跳商羊舞，祈神求雨。除天旱时用以求雨外，商羊舞一般固定在每年农历三月初三进行表演。

商羊舞道具：响板（杨勇 摄）

商羊舞是一种集体舞，舞者以12至16人为宜，男女各半。演出时，表演者头顶柳枝圈，赤足挽裤，脚腕手腕部位戴着串铃圈，在乐队伴奏下起舞，边模仿商羊鸟的动作，边执响板有节奏地撞击，发出脆响，舞蹈风格古朴典雅、欢快明朗。

富有地方特色和民俗特色的商羊舞是鄄城传统文化的代表，它涉及鄄城节日习俗的方方面面，具有重要的人类学、民俗学研究价值。因时代变迁，商羊舞后继乏人，生存困难，亟待保护。

647 III-50

申报地区或单位：河南省汤阴县

跑帷子

跑帷子的鼓乐队（张鸿新　摄）

跑帷子实践场景（杜保平　摄）

跑帷子是活跃在河南安阳市汤阴县城东白营、胡营、东西隆村一带的一种古老的民间舞蹈。相传它起源于春秋时期，它原为齐国将士纪念国君桓公之妾卫女的一项祭祀活动，至秦汉逐渐成形，后演变成一种大型的民间广场舞蹈，传承至今已有两千六百多年的历史。

跑帷子具有古代战争和民间祭祀活动的双重特点，与其他舞蹈相比，其舞步、阵式、道具、配乐等都别具一格，有着独特的艺术魅力。它由72名青壮年男性表演，每人手持一根染成红黑两色的木质长杆，杆顶上以彩带饰出帷幔式的“帷子”。演出时，舞者排成队列，以屈膝微蹲的姿势有节奏地小跑步前进，形成“围魏救赵”、“炮打香烟城”、“李渊劝将”等各种不同的阵式，并以“议事、演古、迎驾、送官”的仪式与之相配合。

跑帷子与汤阴当地的民俗活动紧密结合在一起，群众参与广泛、组织严密、仪式性强、表演场面恢弘壮观，呈现出独特的艺术风格，其中寓含着风调雨顺、五谷丰登、人畜兴旺的祈求，具有民俗学等方面的研究价值。长久以来，跑帷子一直以口授身传的方式传沿不绝。如今老艺人相继作古，传承乏人，导致表演水平整体下降，急需抢救。

跑帷子的开启阵势（杜保平　摄）

跑帷子阵中的仪仗（张鸿新　摄）

648 III-51

申报地区或单位：河南省项城市

官会响锣

官会响锣：四人挂脚（李媛　摄）

官会响锣是一种以铜锣为道具的民间舞蹈形式，它在河南省项城市流传甚广，至今已有三百多年的历史。传说清代乾隆年间皇帝下江南体察民情，安徽、河南、山东一带的官员到官会迎接。当地村民将锣和舞蹈连在一起，编排出响锣舞以欢迎皇帝。舞蹈得到官员和民众的一致认可，就此形成固定样式，代代相传。数百年来，官会响锣一直活跃于豫东广大农村地区，在红白喜事和庙会庆典活动中发挥着重要作用，深受地方民众的喜爱。

官会响锣以锣为道具，组成各种造型，时打时舞，变化微妙，达到了亦似亦不似、不似亦似的艺术境界。锣的敲奏带有程式化的特点，主要打法包括“七点锣”、“九点锣”、“十二点锣”、“十六点锣”、“二十四点锣”等。官会响锣表演形式独特，有“二郎担山”、“狮子绣球”、“天女散花”、“寇准背靴”、“青蛙啃泥”等多种套路。

独具豫东风情的官会响锣表演以强悍矫健的身姿、粗犷豪放的风格和蓬勃向上的气势征服观众，处处体现出中原文化豪迈奔放的特性，在民俗学、历史学、社会学、美学等方面的研究中显示出重要的价值。目前，这一重要的民间舞蹈艺术样式传承乏人，处于濒危境地，急需抢救保护。

官会响锣：蛤蟆啃泥（李媛　摄）

官会响锣：二郎担山（李媛　摄）

官会响锣：霸王拉车（李媛　摄）

649 III-52

申报地区或单位：湖北省利川市

肉连响

年逾八旬的老艺人与年轻人一起跳肉连响（彭一新　摄）

肉连响是一种少数民族地方舞蹈，主要流行于湖北省利川市的都亭、汪营、南坪一带。它是根据旧时“泥神道”演变而来的，源自社会最底层。新中国成立前，乞讨者将稀泥涂在裸露的身上，手舞足蹈，沿街沿门拍打，迫使主人施舍，俗称“泥神道”。20世纪80年代，利川市文化馆工作人员与“泥神道”传承人吴修富等人，对传统“泥神道”进行挖掘加工整理，并配上“莲花落”的曲调，辅以锣鼓点子，演绎成今天的群体健身舞——肉连响。它以独特的肢体表演为特色，演出过程中用手掌击打额、肩、脸、臂、肘、腰、腿等部位，发出有节奏的响声，因而被称为“肉连响”。

肉连响多由男子表演，场地大小不限。其表演风格生动诙谐、自由活泼，动律上讲究圆转柔美、自然协调，舞者须随着击打部位的转移不断改变身体倾斜角度。肉连响的主要动作有“秧歌步”、“穿掌吸腿跳”、“颤步绕头转身”、“双打”、“十响”、“七响”、“四响”、“三响”等十几种。最初演出时无唱腔和乐器伴奏，由艺人自编自唱，同时用舌头和手指弹动的声响伴奏，以增添舞蹈的欢乐气氛。在传承发展过程中，肉连响中先后糅进了秧歌、竹莲湘等民间舞蹈动作，且相应配上了“莲花落”的曲调。

三代人同跳肉连响（安家友　摄）

肉连响排练场景（彭一新　摄）

土家肉连响与利川灯歌、利川小曲一起，被誉为利川民族文化“三绝”。肉连响以其独特的表演形式成为土家族的“绝舞”，对于研究土家族人文传统具有重要价值。

因肉连响表演对动作的要求极高，习艺者不多，使得这一珍贵民间艺术传承链过于脆弱，需采取有效措施，加强保护。

650 III-53

申报地区或单位：广东省郁南县

禾楼舞

禾楼舞表演（广东省云浮市非物质文化遗产保护中心　提供）

禾楼舞流传于广东省郁南县连滩镇一带，至今已有两千多年的历史。据考证，它原是秦汉时期南江流域的越族乌浒人庆祝丰收、祭祀神灵的一种舞蹈，后由南江越过山界传到高州、化州、台山、阳江、郁南等地。

禾楼舞的动作原始而粗犷，禾楼歌旋律固定，曲调悠扬。领舞者头戴莲花冠，身着红色间黄披肩，左手举牛头锡杖，右手摇一个系有彩带的铜铃。其他表演者脸上戴着假面具，头顶小竹笠，身穿黑色衫裙，腰扎围巾，脚蹬麻鞋，手拿禾穗，边唱禾楼歌边摆身摇手踏足，朝着东南西北四方起舞。

禾楼舞是远古农耕文化的产物，它显示着古代百越之区（南江流域）独具的地方文化特色，被称为远古稻作文化的“活化石”，在古代百越生产生活、宗教信仰、日常民俗及岭南民间舞蹈史等方面的研究中有着重要的价值。经过挖掘恢复的禾楼舞曾多次登台亮相，屡获佳绩。目前，这一古老的民间舞蹈正面临严重的生存危机，亟待保护传承。

暮霭下的禾楼舞（广东省云浮市非物质文化遗产保护中心　提供）

禾楼舞巡游表演（广东省云浮市非物质文化遗产保护中心　提供）

651 III-54

申报地区或单位：广东省汕头市澄海区

蜈蚣舞

蜈蚣舞实践场景（广东省汕头市澄海区文化馆　提供）

蜈蚣舞是流传于广东省汕头市澄海区的一种民间舞蹈，起源于清代同治至光绪年间，由西门乡人陈成锦与其好友石文勇首创。这种舞蹈能惟妙惟肖地模仿蜈蚣的动态和习性，一经问世，便为当地民众所喜闻乐见，迅速流行开来，并一直传沿不绝。

蜈蚣舞是一种大型的广场性动物舞蹈，所用道具蜈蚣由头、身、尾三部分组成，全长22米。蜈蚣身躯为扁圆形，用28节硬、软布框衔接而成，宽80厘米，高60厘米，屈伸自如。表演时，一人擎彩珠在前带引，15人执蜈蚣跟随其后，舞彩珠者藏身蜈蚣腹下，弯腰屈腿，运用“双下堂”、“丁字马”、“弓步”、“观音坐莲”等动作操纵整条蜈蚣蜿蜒穿梭，矫健起舞，变化出“2”、“3”、“6”、“7”、“8”、“水波纹”、“盘梅花点”等造型图案。夜间表演时，偌大的蜈蚣俯仰穿梭，两眼绿光闪耀，躯体通明透亮，剪刀形的红尾巴高高举起，自由摇摆，在伴奏鼓乐和助威焰火的衬托下，更见宏伟壮观，呈现出一种磅礴的气势。

蜈蚣舞是潮汕传统文化的重要组成部分，它融音乐、舞蹈、武术于一体，具有很强的观赏性，同时还能为民俗学和潮汕地方文化的研究提供重要的参考材料。目前，这一优秀的民间艺术传承乏人，急需保护。

蜈蚣舞表演（广东省汕头市澄海区文化馆 提供）

652 III-55

申报地区或单位：四川省平昌县

翻山铰子

翻山铰子：铰子闹丰收（四川省平昌县文化局　提供）

翻山铰子是一种挥舞和击打铜质小镲“铰子”的男性舞蹈，主要流传于四川省平昌县一带。铰子原是俗称“端公”的平昌巫师使用的法器，当地居民遇到灾病，便会延请巫师击打铰子，以或风趣或优美的各种动作娱悦鬼神，使之不再为害。明末清初，翻山铰子在平昌十分盛行。至清代末年，翻山铰子在婚嫁、寿诞等各种喜事场合得到广泛应用，逐步形成现在的舞蹈样式。

根据铰绳长短的不同，翻山铰子可分为“长绳铰”和“短绳铰”两种类型。其打法包括四十多个动作，基本不超出打、擦、翻、转四种方式。大多数动作被冠以形象化的名称，如“白间亮翅”、“风吹杨柳”、“团鱼晒壳”、“青蛙晒肚”、“朴地蓬花”、“跑马射箭”，等等。

表演时，铰子手（表演者）应和着节拍挥动双铰，使之相互碰击，发出声响，并不时放长或收短铰上所系的绳子，忽而将铰子甩过头顶，忽而又使之绕过腰腿翻旋飞转，以便在各个不同部位击打铰子，展现出种种优美的舞姿和造型。整个表演动作舒展灵活，风格刚健粗犷，气氛欢快，热闹异常。

翻山铰子是汉民族舞蹈中十分独特的表演形式，在一定程度上反映了巴人的社会生活状况和文化习俗，是巴文化和中国舞蹈史研究的重要参考材料。目前，翻山铰子生存境况不佳，传承乏人，对它进行抢救保护已成为一项迫在眉睫的任务。

翻山铰子（四川省平昌县文化局　提供）

653 III-56

申报地区或单位：陕西省靖边县

靖边跑驴

靖边跑驴是陕西靖边社火中的一种歌舞形式，在民间有“骑毛驴”、“耍驴儿”、“拉犟驴”、“赶毛驴”等俗称，主要流传于靖边的宁条梁镇、东坑镇、镇靖乡等乡镇。据光绪《靖边县志》记载，跑驴在清代的靖边已相当盛行。

跑驴表演技巧丰富，风格独特，充满生活情趣。它通常用钢筋、铁丝焊接“驴”框架，加上可以转动的“轴承”，下有支架和4个小轮子，用电灯泡做眼睛，以兔皮、驴皮、驴耳、驴尾等不用加工的原料进行装饰，使“驴”成为“活道具”，不仅可以动耳、摇尾、眨眼、张嘴等动作，还可完成“旋转360度倒骑”、“落鞍下驴”、“双人同骑驴”等高难动作，一般尾随在秧歌队后进行即兴表演，主要特点是将驴拟人化，表演时传神、传情、诙谐、幽默，充分展现出民俗艺术的魅力和价值。

靖边跑驴舞台表演（陕西省靖边县文化馆　提供）

靖边跑驴游街表演（陕西省靖边县文化馆　提供）

靖边跑驴游街表演（陕西省靖边县文化馆　提供）

靖边跑驴具有浓郁质朴的乡土风情和生活气息，体现了当地独特的地理环境和悠久的历史，具有社会学、民俗学的研究价值，是陕北地区的代表性艺术表现形式。曾多次参加各种演出活动，在国内外产生了较大影响。目前，这一独特的民间舞蹈已处于濒危状态，急需保护传承。

654 III-57

申报地区或单位：内蒙古自治区阿拉善盟

查玛

内蒙古自治区阿拉善盟广宗寺僧侣在跳查玛（史学华 摄）

查玛原是藏传佛教为了弘扬佛法、传播教义、坚定信念、阻止邪恶诱惑而举行的一种原始宗教仪式，后逐渐演变成一种包含舞蹈、音乐、诗歌、美术、油塑、木偶等的综合性宗教艺术。它随着宗喀巴所创建的黄教传入内蒙古，在内蒙古流传至今已有四百多年的历史。

查玛有跳、唱、念、打等动作。先由徒弟喇嘛根据佛经的道理创作，经活佛、高僧们审定后，才能公开跳。"查玛本"是查玛的首舞。查玛穿金戴盔，手执多种兵器，以"九九八十一"的作战动作来表现查玛的武功，带有浓厚的战斗气息和英雄气势。然后跳兽禽舞、凤舞等拟兽禽类动作和生活情态的舞蹈段落，最后再跳带有祭祀送鬼仪式的一种综合性舞，以脚踢、踏、腾、跳、跺等动作，舞出各种清脆、复杂的节奏。

跳查玛场景（内蒙古自治区非物质文化遗产保护中心　提供）

内蒙古自治区境内绝大多数的寺庙每年都会由喇嘛跳一次查玛，其表现形式包括“经堂查玛”、“米拉查玛”和“广场查玛”三种，广场查玛舞蹈性强，程式固定，动作规范，参与人数众多，因而流传较为普遍。查玛一般由13—15个舞蹈段落构成，在内蒙古地区，以广宗寺、乌审召、镶黄旗的查玛最具代表性。其中广宗寺查玛系由阿拉善广宗寺第一代活佛罗桑图登加措所编创，主要流传于阿拉善地区的各大小寺庙，表演目的在于祛灾除祸，保佑生灵平安，祈祷世间安康吉祥。

广宗寺查玛共有14个舞段，跳完需60分钟，整场舞蹈以圆圈为线完成。它大致分为赞颂舞、欢乐舞、鸟兽舞三种舞形，其中的36个查玛神由36人扮演。舞蹈者有严格的出场顺序及各自固定的位置和动作，不得违反。查玛乐队由15人组成，其中迎神乐演奏5人，定位伴奏10人。演奏中方法灵活，变化明显。乐队所用主要乐器包括法鼓2面，苍（钹）2副，法号2只，甘登2只，毕西古尔4只。

广宗寺查玛具有浓厚的原始宗教色彩，对蒙古族舞蹈、音乐的发展产生了重大的影响，具有宗教学、民俗学、艺术学等多方面的研究价值。从1778年到1960年的两百多年间，广宗寺查玛在阿拉善各大寺庙从未间断，造就了一批查玛大师。目前，掌握查玛的大师已所剩无几，这项综合性的民间原始宗教艺术濒临失传，亟原始待抢救。

655 III-58

申报地区或单位：吉林省延边朝鲜族自治州

朝鲜族鹤舞

朝鲜族鹤舞：双鹤搭颈（金红敏 提供）

朝鲜族鹤舞：双鹤起舞（金红敏 提供）

鹤舞是发源于朝鲜的一种民族舞蹈，传入中国已有百年。它最早是大型宫廷歌舞五方处容舞中的一种穿插表演形式。李氏王朝时期，鹤舞在表演上出现了新的变化，两只鹤围绕两朵莲花翩翩起舞，形成独立的“鹤立莲花台舞”。传入中国后，经民间艺人重新加工整理，演出形式更为完善，深受广大群众的喜爱，新中国建立初期在延边地区各县市得到普及。目前，鹤舞在吉林省延边朝鲜族自治州西南部的安图县流传十分广泛。

朝鲜族鹤舞风格朴素、柔和、舒展，动律和动作以模拟鹤的形态为明显特征。表演时，由两名舞者装扮成鹤，且模拟鹤的悠闲姿态和搭颈、啄鱼、摆臂等动作，围绕两朵莲花盘旋舞蹈。

鹤舞是朝鲜族民间舞蹈中唯一的鸟类假面舞，它反映了朝鲜族人民对仙鹤的崇信和对善与美的热烈追求。鹤舞是文化传承，传播和再创造的生动见证。目前，这种民族舞蹈已处于濒危境地，传承乏人，急需抢救保护。

656 III-59

申报地区或单位：吉林省图们市

朝鲜族长鼓舞

朝鲜族长鼓舞表演（金红敏　提供）

朝鲜族长鼓舞是朝鲜族最具代表性的舞蹈之一，主要流传在吉林省延边朝鲜族自治州及其他朝鲜族聚居区。它脱胎于朝鲜族传统的农乐舞，至今已有上千年的历史。长鼓源于印度的细腰鼓，细腰鼓通过丝绸之路传入中原，再辗转传入朝鲜，成为朝鲜族主要的打击乐器。朝鲜族长鼓为两面鼓，两面音高不尽相同。明清时期，部分朝鲜族人从朝鲜半岛迁到中国，长鼓舞也随之传入，经过长期发展，逐渐形成了具有中国特色的朝鲜族长鼓舞。

朝鲜族长鼓舞既可集体表演，也可单独表演。女性长鼓舞风格优雅，男性长鼓舞活泼潇洒。表演时以扛手、伸肩、鹊雀步等动作为主，舞者肩挎长鼓，右手持鼓鞭，边跳边敲。长鼓不仅是舞蹈的道具，也是伴奏乐器。整个舞蹈集演奏、演唱、舞蹈于一体，实现了人、鼓、乐的高度协调。

朝鲜族长鼓舞具有鲜明的朝鲜族文化特色，在朝鲜族舞蹈史上占有十分重要的地位。它的传入丰富了中国民族民间舞蹈的艺术形式，也为文化交流留下了一段佳话。新中国成立后，经过朝鲜族舞蹈家的精心改编，在长鼓舞中注入了新的时代气息，使这一优秀的民间艺术更趋完善。目前，随着现代化的加速，朝鲜族长鼓舞陷入了生存困境，后继乏人，民间一些高难度的击鼓技巧已经失传，亟待保护抢救。

朝鲜族长鼓舞队在广场表演（金红敏　提供）

朝鲜族长鼓舞（金红敏　提供）

657 III-60

申报地区或单位：湖南省江华瑶族自治县
广东省连南瑶族自治县
广西壮族自治区富川瑶族自治县

瑶族长鼓舞

瑶族长鼓舞表演（盘新平　摄）

瑶族长鼓舞是中国瑶族的一种民间舞蹈，流行于广东、广西、湖南等省的瑶族聚居地区，多在瑶族传统节日及庆祝丰收、乔迁或婚礼喜庆的日子表演。瑶族长鼓舞历史悠久，它脱胎于起源很早的祭盘王仪典及一些巫术活动中的舞蹈，现已发展成为群众性的文娱活动。

长鼓在瑶语中称为“公”，瑶族长鼓以两鼓对接，中腰较细，可以握持，两端各以羊皮面覆蒙鼓面。瑶族长鼓舞有多种表演套路，或专门表现造屋动作，或在舞蹈中融入动植物有趣的形态，舞蹈动作矫健粗犷、生动活泼、神奇怪异、充满想象力。按表演形式分，瑶族长鼓舞包括“盘古长鼓舞”、“锣笙长鼓舞”、“桌台长鼓舞”、“芦笙长鼓舞”、“羊角短鼓舞”等多种类型。按表演人数分，它又包括单人舞、双人舞、群舞等类型。表演中，鼓的打法有“武打”、“文打”之分，也有“高桩”、“矮桩”之分。

湖南省江华瑶族自治县瑶族长鼓舞大赛现场（盘新平　摄）

欢乐的长鼓舞表演

江华瑶族长鼓舞在瑶族地区是观众最多的一种文化娱乐形式，它以“曲”的身姿和“拧”的换位展示了动人的曲线美，反映出瑶族人民的生活习俗和精神风貌，有着广泛的社会影响。连南瑶族长鼓舞属广场性的喜庆舞蹈，它是隋唐时期排瑶祖先迁徙到连南时带入的，其后随着耍歌堂的兴盛而

广东省连南瑶族自治县瑶族长鼓舞表演（广东省连南瑶族自治县非物质文化遗产保护中心　提供）

广东省连南瑶族自治县"耍歌堂节"上的长鼓舞表演（房建文　摄）

流行起来。这种长鼓舞有单人舞、双人舞、群舞之分，逢到春节、三月三、六月六、十月十六等传统节日和耍歌堂的日子，排瑶民众都会聚集到村前旷地或收割后的田野中，吹着牛角、敲动铜锣、跳起长鼓舞，以欢庆节日。富川瑶族长鼓舞场面壮观，竹笛吹奏出优美的旋律，吹芦笙者边吹边跳，打大长鼓、小长鼓和小锣者按照音乐节奏击拍，同时喊号子增加气氛，笛、芦演奏与号子声形成多部和声，高亢激昂、振奋人心，将活动推向高潮。

瑶族长鼓舞的舞蹈语汇十分丰富，从各个方面反映了排瑶的生产生活习俗和原始宗教信仰。它将瑶族的历史、艺术、文学、宗教等有机聚合在一起，形成平地瑶独具的长鼓舞文化，具有历史文化、民族学等多方面的研究价值。随着时代的发展，制鼓人越来越少，表演艺人日益递减，舞蹈面临衰落危机，急需抢救保护。

瑶族长鼓舞队中的吹芦笙者
（林振玉　摄）

658 III-61

申报地区或单位：云南省潞西市、西双版纳傣族自治州

傣族象脚鼓舞

象脚鼓舞是傣族流行最广泛、表演水平最高、最具代表性的一种传统民族舞蹈。它有独舞、对舞、群舞等多种表演形式，可在多种场合表演或自娱。表演目的在于祭祀神灵，驱灾避邪，庆贺丰年。象脚鼓舞不仅流传于国内的傣族、德昂族、景颇族、阿昌族等少数民族，而且还传播到东南亚许多国家。

关于象脚鼓起源的民间传说很多，如夫妻模仿芒果落水声音制成的；人们杀死制造洪水的恶龙，用龙皮欢庆胜利而制成的等。但最早的记载见于明代《百夷传》："大小长皮鼓以手拊之"。

傣族妇女表演象脚鼓舞（段其儒　摄）

傣族象脚鼓舞巡街表演（段其儒　摄）

以傣族象脚鼓舞为题材的绘画作品（段其儒　摄）

象脚鼓是傣族标志性的打击乐器。傣族象脚鼓舞的表演可分两种类型，一是击鼓而舞，傣语称为“协光”，其中包含有单人舞、双人舞、对舞、群舞等形式；二是跟鼓而舞，傣语称为“嘎光”，“嘎光”中的“三道弯”源于早期人类采摘树上果实的动作，后成为傣族及南亚、东南亚许多民族特有的舞蹈造型。象脚鼓舞表演中舞者的手臂要做出后轮翻腕、向前掏转的动作，这是傣族先民从背箩里取种、撒种的形象反映，表明当时傣族社会已进入农耕时代。傣族象脚鼓舞表演时，舞者以左肩背鼓、鼓面对前、鼓尾向下，以右手击鼓为主，左手配合，一般用拳、掌、指敲打鼓面，有时也用肘、膝、脚跟、脚趾等敲打，手敲鼓，膝即弯曲，抬手肘即站立。步伐有前点半步蹲、后点半步蹲、踏步全蹲、八字步半蹲，还有悠腿、抬腿、踢脚、吸腿跳等动作。根据鼓的长、中、小形状有三种跳法：长象脚鼓舞、中象脚鼓舞、小象脚鼓舞。

傣族象脚鼓舞是可以自娱也可表演的男子舞蹈，具有独特的艺术风格。由于鼓身长对人体运动的限制，因而舞蹈动作多以下半身为主，如提蹲走步、撩腿部、大八字步等，有时还配以身体的轻微闪动动作。傣族象脚鼓舞是傣族人抒发欢乐情绪的手段，因而成为群众喜闻乐见的充满阳刚之气的舞蹈。

傣族象脚鼓舞具有怡情悦性、强健身心、以舞会友的功能，舞蹈中的许多信息可以帮助人们认识傣族历史文化的变迁，具有很高的学术研究价值。目前，在外来文化强行介入的情势下，傣族等少数民族的传统文化受到巨大冲击，掌握象脚鼓舞表演技艺的民间艺人寥寥无几，一些高难度的击鼓技巧也已失传，亟待有关方面加强保护措施，及时抢救。

659 III-62

申报地区或单位：四川省汶川县

羌族羊皮鼓舞

羌族羊皮鼓舞（罗维善　摄）

释比法器：用于下坛经的羊皮鼓（罗维善　摄）

羌族羊皮鼓舞羌语称为“莫恩纳莎”或“布滋拉”，主要流行于四川省阿坝藏族羌族自治州汶川县的龙溪、雁门、绵篪等地，而以龙溪乡阿尔村的巴夺寨最为典型。据文献记载，羊皮鼓舞原是羌族“释比”做法事时跳的一种宗教舞蹈，后逐渐演变为民间舞蹈。

羊皮鼓舞是羌族社会实践、仪式、节庆活动中不可缺少的部分，神秘而带有浓厚的原始宗教祭祀色彩。其动作既刚劲有力，又卑微谦逊，体现出舞者对天地万物的敬畏之心。

释比也称为“许”，尊称“阿爸许”，是羌族最高文化的传承人。他们既是羌族历史文化的传播者，在文化传衍活动中起着至关重要的作用，又是羌民族的歌唱家和舞蹈家。每逢春耕之际的“祭山”和农历十月初一的“羌年”活动，羌族羊皮鼓舞队便会在领舞的释比引带下击鼓而舞，以祀万物。尤为奇特的是，羊皮鼓舞中的蹉跳步、踮跳步和商羊腿跳转步同晋代葛洪《抱朴子》中记述的“禹步”极为相似。

以“天人合一”为核心理念的羊皮鼓舞有利于促进人与自然和谐相处，至今仍在羌族社会生活中起着教化民众的作用。目前，因受到现代文化的冲击，古老的羊皮鼓舞正面临逐渐消逝的危险，急需保护。

释比法器：猴头帽（罗维善　摄）

660 III-63

申报地区或单位：贵州省平塘县

毛南族打猴鼓舞

毛南族打猴鼓舞队形（吴永胜 摄）

打猴鼓舞是毛南族独有的一种民间舞蹈，流传在贵州省平塘县的毛南族聚居区。打猴鼓舞一直在不足十万人口的毛南族中发展传承，至今已有六百多年的历史。该舞蹈分为“猴王出世”、“猴子敲桩”和“猴子引路”三部分。一人击铜鼓，一人击皮鼓，多人表演，动作滑稽、诙谐，全模仿猴子，内容独特，被誉为舞蹈中的“活化石”。

毛南族打猴鼓舞道具：皮鼓（杨方尧 摄）

毛南族打猴鼓舞道具：铜鼓（杨方尧 摄）

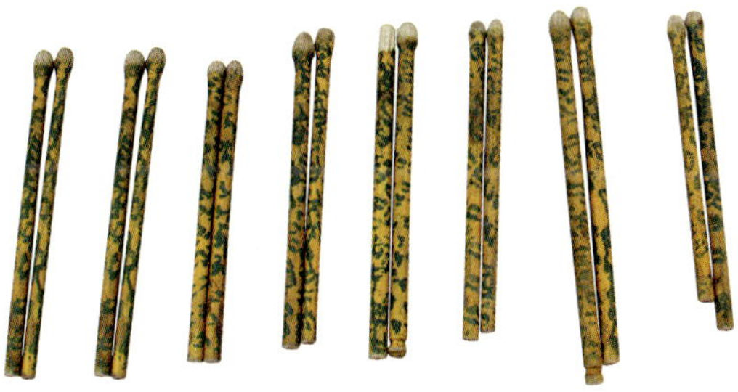

毛南族打猴鼓舞道具：鼓棒（吴永胜 摄）

毛南族打猴鼓舞：猴子钻桌（杨方尧　摄）

打猴鼓舞的表演有男子独舞、双人舞和多人舞三种形式，整个舞蹈显现出狂、野、粗、灵的风格特点。打猴鼓舞分“猴王出世”、“猴子敲桩”、“猴火引路”三段：第一段“猴王出世”表现毛南族先人自强不息的奋斗精神；第二段“猴子敲桩”表现毛南人顽强生存、团结勇敢的抗争精神；第三段“猴火引路”表现毛南人继承先人遗志、奋勇前进的开拓精神。打猴鼓舞表演时，击打铜鼓、皮鼓以控制节奏，用鼓点的强弱、轻重、快慢引导舞蹈动作的变化，双腿蹲跳的动作贯穿表演始终。

打猴鼓舞是毛南族民风民俗和图腾文化的具体体现，具有民族学、艺术学等方面的研究价值。目前毛南族从事民间法事活动的人都已年过七旬，无法再跳打猴鼓舞，年轻人又不愿学习这种动作难度较大的民间舞蹈。在此情势下，毛南族打猴鼓舞濒临灭绝，急需抢救保护。

毛南族打猴鼓舞表演服饰（吴永胜　摄）

661 III-64

申报地区或单位：贵州省荔波县

瑶族猴鼓舞

担任瑶族猴鼓舞领舞和指挥的铜鼓手向铜鼓敬酒（覃敬念　摄）

瑶族猴鼓舞：单人舞（莫立力　摄）

瑶族猴鼓舞瑶语称为“玖格朗”，是白裤瑶先民为纪念祖先和与之紧密相关的“先猴”而自发形成的一种仪式舞蹈，仅在贵州省荔波县境内的白裤瑶居住区流传。

瑶族猴鼓舞以皮鼓和铜鼓为乐器，表演时由皮鼓手担任领舞和指挥。众人围着皮鼓站成一大圈，另一侧悬吊几面乃至十几面铜鼓。每面铜鼓两名乐手，一人击鼓，一人在鼓后手持饭甑般的“共鸣箱”如舀水样一进一出，以使鼓声更加厚重深沉。皮鼓手围着皮鼓一边敲击，一边舞蹈跳跃。众人踩着鼓点纷纷起舞，模仿猴子的姿态和动作，攀爬跳跃，舞姿柔中有刚、轻重分明，显示出亢爽英武的风格。

猴鼓舞是原始社会图腾崇拜的产物，它缩影式地展示了荔波白裤瑶迁徙的历史，揭示了他们为生存而不懈奋斗的坚强意志和不畏强暴的民族精神，为白裤瑶历史的研究提供了具体的例证。随着社会的变迁，瑶族猴鼓舞的生存环境发生了巨大的变化，目前仅有一两位高龄艺人掌握全部的猴鼓舞技艺，这一古老的民族舞蹈后继乏人，正面临消亡的危险，亟待抢救保护。

瑶族猴鼓舞开场鸣枪场景（覃敬念　摄）

瑶族猴鼓舞的舞者随着鼓师的鼓点屈膝蹲颤（覃敬念　摄）

662 III-65

申报地区或单位：福建省华安县

高山族拉手舞

高山族拉手舞（李金城　摄）

拉手舞是高山族的一种自娱性民间舞蹈，广泛流传于台湾岛的中部山区，东部纵谷平原、兰屿岛和西部平原，以及大陆的福建、浙江等沿海地区。其历史悠久，至今已有一千多年的历史。

高山族拉手舞可在喜庆节日或婚庆仪式上表演，也可在平时供娱乐之用。日常跳拉手舞少则三五人，多则数十人，盛大节日时参加者可达数百人之众。跳舞时参加者围成一圈或数圈，多沿着圆圈或面向圆心进退，此外还有单排、双排、螺旋、龙摆尾等队形。舞蹈中通常由一位歌舞能手担任领唱，所唱歌词多是歌颂祖先、赞美英雄、祝贺丰收、鼓励生产、歌唱团结之类的内容。拉手的方式可分为两种，一是与两旁人相拉，通常称为“小拉手”，其中又有手拉手及以小拇指互相勾连等不同方式；二是隔一人相拉，形成互相交叉的连臂拉手，通常称为“大拉手”。“小拉手”时，双臂可前后、上下大幅度甩动，也可屈于身体两旁，“大拉手”则不便甩动手臂。拉手舞的动作主要由上步、撤步、抬腿、踏脚等步法组成，男子还有大幅度向前跳跃、全蹲继而直立等较激烈的动作，节

高山族拉手舞（李金城　摄）

高山族拉手舞（李金城　摄）

奏与组合的变化使舞步变得十分丰富。

高山族拉手舞在增进海峡两岸文化认同，促进社会和谐与祖国统一等方面具有不可替代的作用。目前，这一优秀民族艺术传承乏人，亟待保护。

663 III-66

申报地区或单位：四川省得荣县

得荣学羌

得荣学羌表演（钟健 摄）

得荣学羌是一种自娱性的民间歌舞表演形式，流传于四川省甘孜藏族自治州西南部得荣县子庚乡、子实、阿村村境内。它主要使用得荣方言表演，以得荣锅庄韵调为基本音乐，以得荣锅庄舞步为基本舞步。得荣学羌源远流长，其起源时间说法不一，有人认为它上千年以前即已出现，跨越了若干人类社会发展阶段，在得荣子庚地区以歌舞形式传承至今。千百年来学羌一直使用得荣方言和韵调传播，没有引起注意，直到近现代外界才知道它的存在。

得荣学羌刚劲有力、古朴大方，脚下踏跺组合是其舞蹈动作的主要特点。学羌表演时，下步有力，踏脚清脆，舞者俯身变化踏点后，这一动作又转而表现出柔韧洒脱的特点。跺脚与踏脚动作相结合，形成学羌舞独特的韵味。

作为一种民俗性舞蹈，得荣学羌与地方民俗活动紧密联系在一起。据传以前举行得荣学羌活动时，还会伴以“跳火堆”的游戏。每逢节日和集会，得荣县村村寨寨的男女老幼都会欢聚一堂，跳起学羌以示和睦吉祥。特别是秋收之夜，人们围着熊熊篝火边跳学羌边放声歌唱，尽情表达出丰收的喜悦。

得荣学羌充满了地方色彩，洋溢着浓郁的民族风情和淳朴的生活气息，是历史文化、民俗学、舞蹈学等方面研究的重要资料。目前，随着现代经济社会的发展，跳学羌的艺人日益减少，面临传承乏人的状况，亟待抢救保护。

得荣学羌表演（钟健　摄）

得荣学羌表演（四川省得荣县委宣传部　提供）

得荣学羌充满了地方色彩，洋溢着浓郁的民族风情和淳朴的生活气息，是历史文化、民俗学、舞蹈学等方面研究的重要资料。目前，随着现代经济社会的发展，跳学羌的艺人日益减少，面临传承乏人的状况，亟待抢救保护。

664 III-67

申报地区或单位：四川省盐源县

甲搓

甲搓（甲措）是摩梭人在长期生产实践及生活习俗中形成的一种原始民间舞蹈，长期以来一直在泸沽湖及其周围地区广泛流传。它的起源可以追溯到石器时代，与摩梭原始的宗教达巴教及生产、狩猎和战争等密切相关。

甲搓即打跳舞或锅庄舞，“甲”为美好之意，“搓”为舞的意思，就是为美好的时辰而舞。这种舞节奏明快，舞步刚健粗犷。通常由一吹笛子或芦笙的领舞者起头，舞伴们面向火堆，紧挽手臂，五指交叉，随逆时针方向翩翩起舞，舞步随音乐节奏速度快慢而变化。

相传甲搓原有72种曲调和舞蹈，完整流传至今的仅有“搓德”、“了搓优”、“格姆搓”、“阿什撒尔搓”、“卧曹甲莫母”等十多种。甲搓以群体性表演为主，歌、舞、乐紧密结合，舞曲旋律优美，舞步变幻多姿，融观赏性、抒情性、趣味性、参与性为一体，充满浓重的历史感和生活气息。

在美丽的泸沽湖畔跳甲搓（罗正国　摄）

摩梭人在笛子的伴奏下跳起甲搓（罗正国　摄）

作为原始歌舞艺术的活化石，甲搓充分展现了摩梭先民的智慧，它是中华民族文化宝库中一朵异彩纷呈、魅力独具的艺术奇葩，具有多方面的研究价值，可以为丰富群众文化生活、增进民族团结、弘扬民族优秀文化、构建和谐社会作出积极的贡献。随着时代的变迁，古老的原始民间舞蹈甲搓已处于濒危状态，传承乏人，亟待抢救保护。

围着篝火跳甲搓（游小军　摄）

665 III-68

申报地区或单位: 四川省理县

博巴森根

博巴森根表演（银福忠　摄）

博巴森根藏语意为“狮踞龙盘的藏人”，它是四川省阿坝藏族羌族自治州理县甘堡村独有的一种舞蹈，以嘉绒藏区的四土锅庄形式表现清代道光年间五屯（今理县所辖杂谷、甘堡、上孟、下孟、九子等地区）的历史文化与生活风俗。

博巴森根是藏族屯兵为纪念抗击英军的战斗和战斗中牺牲的战友而创作的，它通过对屯兵骁勇善战精神的歌颂，表达了藏族人民的爱国情怀。博巴森根活动在每年的端午节举行，届时全村男女老少都要参加。舞蹈分为两部分，整个表演过程约需两小时。第一部分由领舞者手持串铃，带领众舞者边唱边舞，绕圈而行。领舞者领唱一遍，众舞者跟唱一遍，唱完一段后，开始进入“钻”的环节。两位舞者右手高抬，领舞者从中钻过，其他舞者依次跟随，边唱边钻。其后即是“扭”，每一位舞者左手与前面舞者的右手相握并搭靠在前面舞者的右肩上。然后再开始“解”，舞者从“扭”的动作回复至手牵手状态，在此过程中逐步将领舞者围在中央。舞蹈第二部分由德高望重者在圈中央独唱，众舞者原地蹲坐倾听、复唱。演唱完毕，舞者齐声欢呼，抛撒龙达，以祈吉祥如意、幸福安康。

博巴森根沿用了嘉绒藏区古老的四土锅庄（藏舞中以西藏的踢踏、巴塘的弦子、四土的锅庄最为世所称）的表演形式，将之与藏族屯兵纪念仪式融为一体，形成了先舞后叙的嘉绒五屯锅庄，呈现出鲜明的地方特色。

博巴森根曲调简洁明了，采用民族调式中的“商”、“宫”二调式，并在舞蹈中创造了“钻”、“扭”、“解”等形式，独创了由领舞者叙事性演唱、众舞者倾听的表演形式。这些独一无二的浓郁的地方性、时间性等特色的研究价值不言而喻。

近年来，由于传统生产方式变化，主要经济支柱的改变，人民生活习惯的演变等原因，博巴森根的传承出现了严重的危机，急需抢救保护。

博巴森根表演（银福忠　摄）

博巴森根表演（银福忠　摄）

666 III-69

申报地区或单位：贵州省赫章县

彝族铃铛舞

彝族铃铛舞道具：
马铃铛（殷涛　摄）

彝族铃铛舞：苦得（相互体贴）（殷涛　摄）

彝族铃铛舞，彝语称为“恳合呗”，是彝族人民祭奠亡灵的一种传统民间舞蹈，主要流传于贵州省西北部的赫章县珠市乡，财神镇、雉街乡、河镇乡、双坪乡、安乐乡等乡镇也有分布。其历史可以追溯到公元前8世纪彝族先民笃尔帝分封六侯的时代。那时，各个诸侯氏族部落全民皆兵，组建战马队伍，国王、首领举行祭祀追悼先王时，部下都要组织120人的兵马队伍和数十人的歌舞队，在祭祀歌舞场上展示骑士风采。舞动中要摇响手中的马铃控制节奏，“铃铛舞”由此得名。

铃铛舞表现形式雄浑悲壮、豪放粗犷，两队舞者作跃马扬鞭状，相向而来，纵横有序，变幻无常。舞者先歌后舞，歌舞相同，舞所表现的内容为彝族人民传统的生产生活场景，内容朴实、健康。舞蹈以鼓、铜铃铛为节拍，铃声有时如急雨，有时如私语。舞蹈中有很多高难动作，翩若惊鸿，舞如蛟龙，把战场上勇猛威武的彝山汉子的血性气概表现得淋漓尽致。

彝族铃铛舞：阿糯发纳遮（猴儿吊岩）（殷涛　摄）

彝族铃铛舞：阿组改（鸡啄食）（殷涛　摄）

彝族铃铛舞：足书（撒种）（殷涛　摄）

彝族铃铛舞：足书（撒种）（殷涛　摄）

跳铃铛舞时，舞者右手执马铃铛，左手执彩带，欣然起舞。过去的“恳合呗”只允许男性青年跳，参演人数一般为4人或6人。新中国成立后，经过改编，铃铛舞表演形式更加多样化，舞台布局和队形穿插上出现了较大调整，内容也有所改变，主要表现彝族先民在与自然抗争中顽强生存，一代代男耕女织、生息繁衍的民族发展史。由此开始，女子也得以参与其中。

彝族铃铛舞保留着原始的风貌，是彝族保存最完整、艺术价值最高、流传最广的民间舞蹈形式，它生动反映了彝族人民的民族性格和审美情趣，在整个黔西北地区有着巨大的影响力。此外，彝族铃铛舞还是了解彝族丧葬习俗及彝族先民信仰、礼仪、习俗等的活素材和弘扬民族民间文化的范本，具有多方面的研究价值。

目前，由于文化生态环境的改变，艺人队伍日益老化，大环境的变迁、人才的匮乏让“铃铛舞”面临失传危机，急需抢救保护。

667 III-70

申报地区或单位：云南省巍山彝族回族自治县

彝族打歌

彝族女子手扣手跳起彝族打歌（云南省巍山县文化馆　提供）

彝族打歌也称“踏歌”，是云南省巍山县分布最广、影响最大也最为普及的一种自娱性民族民间舞蹈。据清代嘉庆《景东直隶厅志》记载，“打歌”当时已广为流传，除个别有严格的时间、地点规定外，每逢春节、小年（农历正月十五）、火把节或婚嫁、聚会，人们都会彻夜踏跳。

彝族打歌多在晚上进行，开始时先在舞场中央点燃篝火，人们以火为圆心，自然围成一圈或数圈，踏地为节，舞蹈歌唱。如是在白天打歌，则无需点火。芦笙和笛子是打歌不可缺少的乐器，活动进行时，圈内一人或数人吹芦笙，称为“歌头”；另有一人吹笛子，一至二人舞刀弄棍。除芦笙和笛子以外，有的地方还以三弦和月琴作为陪衬乐器。在巍山地区，西山一带的打歌多为男半圈女半圈，如此一圈一圈层层围拢，展开活动；东山一带则多为男一对女一对，如此数十对逆时针舞动，边唱边跳，逐渐形成圆圈，尽情展现优美的舞姿和嘹亮的歌喉。舞蹈动作以腰、腿为律动，队形变化不多，人数只能成双，手扣手，肩搭肩。

丰富多彩的巍山彝族打歌（云南省巍山县文化馆　提供）

打歌调曲调众多，主要有喜事打歌调、节日打歌调、忧事打歌调、善事庙会打歌调、平常打歌调等。曲调旋律优美，风格独特，曲调进行平稳，音程跳动起伏不大，多为上下句或四句乐段结构。一首曲调可根据舞者情绪的变化和需要，可快可慢，反复加花使用，并能加进自我风格。其歌词形式可分为四句式、六句式、八句式、十句式、十二句式、奇数式等多种，句式则包括五言、六言、七言和长短句等形式。

打歌在巍山地区的社会生活中占有重要地位，是当地彝族传统节日及婚丧嫁娶、飘梁竖柱等重大活动中不可缺少的内容。歌舞乐三者合一的打歌中积淀了彝族古老的历史文化内涵，具有社会学、民俗学等多方面的研究价值。在现代文化的冲击下，打歌这一古老的民间文化活动正面临消亡的危险，亟待保护。

表演打歌的彝族女子（云南省巍山县文化馆　提供）

668 III-71

申报地区或单位：云南省南涧彝族自治县

彝族跳菜

彝族跳菜实践场景（云南省南涧县文化馆　提供）

彝族跳菜又名“抬菜舞”，彝语称为“吾切巴”，是云南省南涧彝族自治县境内流传的一种礼节性风俗舞蹈。它起源于古老的祭祀，长期以来一直在南涧彝族地区传沿不绝。彝族民间办宴席上菜时，为敬重宾客、增加喜庆气氛，往往要跳起这种舞蹈。在《奉圣乐》伴奏下，舞者捧盘或托盘起舞，舞姿多以旋转为主，舞袖旋转，姿态繁多，时而刚劲，时而蹁跹。

彝族跳菜常见的有“席间跳菜”和“表演跳菜”两大类，“表演跳菜”以“席间跳菜”为基础，而以南涧境内流传的多种打歌步伐为主要舞步。“席间跳菜”按抬菜方式的不同可分为“头功跳菜”、“口功跳菜”和“手功跳菜”三种既相对独立又有整体表现性的形式。“表演跳菜”按表演风格的不同可分为“无量山系黑彝跳菜”、“哀牢山系黑彝跳菜”和“无量乡红星村白彝跳菜”三种；按表演场地的不同又可分为“舞台跳菜”和“广场跳菜”两种形式。“舞台跳菜”是在舞台上表演的跳菜，演员通常

彝族跳菜表演（云南省南涧县文化馆　提供）

彝族跳菜：仙猴攒食（云南省南涧县文化馆　提供）

彝族跳菜：喜鹊蹲窝（云南省南涧县文化馆　提供）

在二十人左右，舞蹈动作粗犷豪放、刚健有力，声音高亢嘹亮；“广场跳菜”演出场地宽广，演员少则数十人，多则数百人，呈现出一种气势恢宏、整齐和谐的艺术效果。

彝族跳菜反映了彝族人民对丰收的喜悦和对美好生活的憧憬，展现出他们善良淳朴、热情好客的特点，具有原始宗教及民俗文化等方面的研究价值。目前，跳菜这一古老的民间文化活动后继乏人，已处于濒危状态，亟待保护传承。

彝族跳菜：头顶金鼎（云南省南涧县文化馆　提供）

669 III-72

申报地区或单位：云南省双柏县

彝族老虎笙

彝族老虎笙（云南省双柏县文化馆　提供）

彝族老虎笙是一种同时具备祭祀性和自娱性的舞蹈，主要流传于云南省楚雄彝族自治州双柏县。

老虎笙舞姿以奔放雄浑著称，展现了山地民族的刚强性格，表达了彝族人民对虎的崇拜。其主要动作是模拟老虎的各种动态，生猛有力，体现了彝族人民图腾崇拜的习俗，古朴传统。

彝族先民认为虎尸分解创造了万物，他们崇虎、敬虎，以虎为祖先，自称“倮倮”，即“虎族”。双柏县法脿镇的小麦地冲是老虎笙的发源地，居住于此的彝族每年正月初八到正月十五有历时八天的“虎节”，其间会举行“祭虎”、“接虎”、“跳虎”、“送虎”等活动。跳虎者以黑毡捆扎成虎皮的样子，在身体裸露部位用颜料画上虎的花纹，整个人装扮成老虎的模样。跳老虎笙一般需16人，装扮成八头虎、两只猫、两位山神、一个道人，此外还有两个击鼓者和一个敲锣者。舞者排列成一行纵队，按逆时针方向行进。老虎笙的舞蹈动作十分丰富，其中既有老虎亲嘴、老虎搭桥、老虎擦屁股等模仿老虎习性的动作，也有送肥、犁田、耕地、撒秧、栽种、拔秧、收割等模拟农事活动的动作。

彝族老虎笙实践场景（云南省双柏县文化馆　提供）

彝族老虎笙实践场景（云南省双柏县文化馆　提供）

作为彝族虎图腾崇拜的活史料，老虎笙生动体现了彝族先民的崇虎观及人与自然和谐相处的发展观，它承载着许多彝族的历史文化信息和原始记忆，在长期发展中逐渐成为彝族传统文化传承的平台，具有很高的人类学、民族学、民俗学研究价值。

目前，古朴、神奇的老虎笙受到传统生活方式变迁及民俗活动商业化趋势的影响，原始面貌发生改变，传承面临严重危机，急需抢救保护。

670 III-73

申报地区或单位: 云南省牟定县

彝族左脚舞

彝族左脚舞表演（云南省牟定县文化馆　提供）

彝族左脚舞，彝语称为“咕遮”，古名“堕左脚”，是彝族一种代表性的传统舞蹈。它是在彝族长期的刀耕火种生活中逐渐形成的，歌、舞、乐合一，以娱人、交往、健身为目的。彝族左脚舞主要流传于云南省楚雄彝族自治州牟定县，对牟定县彝族人民乃至全县的政治、经济、文化都产生着重要的影响。

彝族左脚舞表演时，唱腔多样，舞姿起时先起左脚，垫三脚踢一脚，基本步法有直脚、甩脚、垫脚等，特殊动作为串花、翻身等。小伙子们弹起龙头四弦，拉起小二胡，姑娘们唱左脚调，共跳左脚舞，少则十余人，多则成百上千人，气势恢宏。舞蹈随意性较强，不限人数，不分男女老幼，不限时间、地点，内容涉及彝族文化、生产、生活方方面面，节奏明快、通俗易懂、表现力丰富。

彝族左脚舞记录着彝族人民对天、地、日、月、火、虎、自然等的原始崇拜，反映了彝族人民在漫长的历史发展过程中团结奋进、勇于创造的民族精神。它深深地扎根于彝族人民的生产生活之中，是牟定彝人及全县各族人民的精神食粮，其独特的乐器制作技艺和服饰特色充分体现了彝族人民高超的工艺水平和创造才能。彝族左脚舞中包含了彝族民风民俗、传统工艺、民族服饰等诸多文

彝族左脚舞表演（云南省牟定县文化馆　提供）

在广场表演彝族左脚舞（云南省牟定县文化馆　提供）

化内容，具有人类学、民族学、民俗学等多方面的研究价值。

长期以来，彝族左脚舞一直没有得到有组织、有计划的保护，在节庆活动城镇化、民俗活动商业化等现代社会发展趋势的影响下，其文化传统和习俗日渐淡化，具有歌、舞、乐综合素质的传承人越来越少。在此情势下，彝族左脚舞的生存面临重重危机，亟待抢救保护。

671 III-74

申报地区或单位：云南省红河县

乐作舞

在街头表演乐作舞（杨增辉　摄）

乐作舞是哈尼族和彝族共有的一种歌、舞、乐一体的古老民间舞蹈，流传于云南省红河哈尼族彝族自治州南岸红河县的哈尼族、彝族村寨。跳乐作舞，彝族民间称为“载比”；哈尼族民间称为“哈塞塞”，又名“龙纵撮”。

“乐作”的称谓至少已有一百多年的历史。根据哈尼语音译，“乐”是大家之意，“作”是玩跳之意。“乐作”就是大家来跳乐。据说在彝族中“乐作”这一名称是石屏、建水人称红河南岸彝族舞蹈的别称。经过近百年的演变，“乐作”在哈尼族、彝族群众中已成为约定俗成的舞蹈名称。新中国成立以后又经文艺工作者学习交流，把江外“乐作”的名称传播到全省乃至全国的文艺界，成为大家对江河南岸哈尼族摆放跳乐的统称。

传授乐作舞"撵调"套路（杨增辉　摄）

跳乐作舞不受时间、地点、人数和形式的限制，却有一定的程序。舞前先是有乐队伴奏的抒情性歌唱，乐队人员不参加舞蹈，但往往会随着伴奏的节拍摇晃身体，并以高昂的帮腔助兴。然后人们多呈双数围成圆圈起舞，边跳边唱，忽动忽停，间或拍手，有时交错对穿，有时翻身自转，但总体上始终保持圆圈的外观。舞者姿态优美，动作柔和而轻盈，舞动的手臂如同蜻蜓振翅，膝盖富有弹性地屈伸运动，舞步的套路丰富而完整，显示出鲜明的民族风格和浓郁的地方特色。

乐作舞是哈尼族和彝族人民的精神纽带，它在边疆各民族男女青年的社交活动中发挥着媒介作用，为增进边疆各民族的友谊和团结作出了巨大贡献。目前，由于保护措施不够健全，加上外来文化的影响，乐作舞已面临生存危机，亟待保护传承。

乐作舞"斗脚"套路（杨增辉　摄）

672 III-75

彝族三弦舞

阿细跳月

撒尼大三弦

彝族三弦舞是彝族人民代代相传的一种民间舞蹈，在休闲或欢乐时，彝族人往往都会跳起它。不同地区和不同的彝族支系对三弦舞各有不同称谓，流传于阿细彝区的三弦舞称“阿细跳月”，流传于撒尼彝区的三弦舞称“撒尼大三弦”。三弦舞是一种群体性的舞蹈，男女都可参加，但跳舞时只有男子使用三弦，女子只是踏着节奏伴舞。彝族三弦舞分为大三弦舞和小三弦舞两种，年轻人跳舞时用的是大三弦，所以叫“大三弦舞”；中老年人跳舞时用的三弦较小，因而称“小三弦舞”。大三弦舞源远流长，近几十年在大型庆典活动和影视节目中经常可以见到它的身影，因而在国内具有较高的知名度。相比较而言，小三弦舞的音乐、舞蹈节奏缓慢，故又称为“慢三步”。长期以来，营造欢乐祥和气氛的彝族三弦舞一直在增强群体意识，促进民族团结方面发挥着积极的作用，它被有关学者誉为远古舞蹈的“活化石”，为舞蹈起源与发展的研究提供了大量具有较高认识价值的宝贵材料。

彝族三弦舞·阿细跳月

申报地区或单位：云南省弥勒县

阿细跳月在阿细语中称为“嘎斯比”，意为“欢乐跳”。它是彝族阿细人最具代表性的民族民间舞蹈，源于阿细人古朴的“阿细跳乐”，因多在月光下的篝火旁起舞，故名“阿细跳月”。阿细跳月发源于云南省红河哈尼族彝族自治州弥勒县西山一带，在弥勒县彝族阿细人聚居的村寨及泸西、陆良等地广泛流传。

阿细跳月的起源有多种传说。远古时代，有个叫“木邓”的人钻杉木取火，为人们找到了保留火种的方法。人们欣喜若狂，拾柴架火，围着篝火跳舞欢庆，这就是阿细跳月的起源。人称之为“木邓比”，意为“跳篝火”。至于阿细人为何在“三步弦”中始终要保持跳跃的舞姿，还有着一段传说：很久以前，阿细地区的人们一直过着刀耕火种的奴隶生活。每到播种季节，为了抢时间，人们等不到烧荒火星的熄灭，就赤着脚在滚烫的田野上开始劳作。为使双脚少受田野上余火的灼烧，便一边跳跃一边劳作。后来，人们在这种不停跳跃动态的基础上，又增加了蹬脚和上肢的左右甩摆、击掌而逐渐形成了“阿细跳月”。新中国成立后，阿细人民成了国家和民族的主人，“跳乐”也逐渐摆脱了种种禁忌，变为逢年过节或节日喜庆不可缺少的群众民间文娱活动。

阿细跳月实践场景（陈保舜　摄）

阿细跳月参加者少则十几人，多则上千人，多在祭祀、节日、盛典时表演，具有很强的自发性、自娱性和群众性。它集歌、舞、乐于一体，有规范的舞步和套路，其舞蹈可分为老人舞和青年舞，舞步包括踹脚跳、鹤步单腿跳、弹跳步、跑步跳、转身跳、拍掌跳等形式，音乐为宫调式大三度五拍节，起舞时以大三弦、大中小竹笛、小三弦、三胡、月琴、唢呐、哨子等阿细民间自制乐器伴奏。阿细跳月节奏热烈欢快，动作豪放粗犷，舞姿矫健飘逸，韵律强劲，气势恢宏，撼人心魄，具有强烈的感召力。

阿细跳月带有鲜明的民族和地域特征，是彝族山地传统文化的典型代表，在增强民族团结，加强民族文化交流等方面具有重要作用。由于受到外来文化的冲击，彝族三弦舞中许多传统的舞蹈套路面临失传，阿细跳月已濒临生存危境，亟待保护。

跳月归来（陈保舜　摄）

彝族三弦舞·撒尼大三弦

申报地区或单位：云南省石林彝族自治县

居住在云南石林、丘北一带的彝族多为撒尼人，相传很久以前，有位如花似玉的撒尼姑娘为避土司逼婚而出逃，与一撒尼小伙中途相遇，彼此情投意合，燃点篝火而围之起舞，以火为证结成夫妻，由此形成撒尼大三弦舞蹈。除此之外还有一种撒尼人为抢种庄稼而在烧荒后的土地上跳动，后来发展成撒尼大三弦的说法。

大三弦是撒尼人娱乐、抒情的主要乐器，其制作十分简便，先以一节香椿树凿成圆空心，在一头蒙上山羊皮，再将一米多长的青松树精加工成三弦杆，配上三根中皮线，即可制成大三弦。

大三弦舞又叫“快三步”，它是撒尼人借鉴阿细跳月发展起来的一种民间集体舞蹈，其舞步以三步一踢脚为基本步伐，舞蹈时即按此步伐变化队形，称为“快三步”。跳快三步时，青年男子手操大三弦，以中笛、小笛和哨子伴奏。笛声一响，男青年边弹边跳，女青年则手牵着手，踏着乐声的节拍呈一字形横排急步向男青年跳过来，双方皆三步一踢脚，拍着巴掌欢快起舞。女青年三步后一般都会转身360度，因运动量较大，每次跳四五分钟即需休息片刻。快三步舞节奏明快，情绪热烈奔放，比较适合青年人，故称“青年舞”，也叫“跳大三弦”。每到夜晚，哨声脆响，金笛齐鸣，紧凑而急迫的弦声粗犷、整齐地响起，青年男女合着“1、3、5”的旋律对面而舞，踏三步起一脚，同时伴之以歌唱和“哦哦”的呼声，与弦声、掌声一起汇成欢快、激昂的声浪。

现时石林一带的撒尼族家家都有大三弦，人人会跳大三弦舞。为了更好地弘扬民族传统文化，延续“草根文脉”，需要进一步制定方略，保护撒尼大三弦舞顺利发展传承。

撒尼大三弦舞实践场景（陈保舜　摄）

673 III-76

申报地区或单位：云南省丽江市古城区

纳西族热美蹉

古朴自然的纳西族热美蹉（云南省丽江市古城区文化馆　提供）

纳西族热美蹉是纳西族历经数千年传承至今的一种原始集体歌舞，流传于云南省丽江市古城区坝子东北的大东乡，包括玉龙雪山以东、金沙江以西的崇山峻岭和沿江小片河谷地带。“热美蹉”是纳西语的汉字记音，纳西族热美蹉的历史沿革无明确的文字记载，据和世文等人对丽江地区歌舞的对比研究，它与至今保留在金沙江河谷地带宁蒗一侧的“窝热热”十分相似。

纳西族热美蹉将诗、歌、舞浑然融为一体，完整成套，表演时男女混唱，集体舞蹈，不用任何道具，人数也无限制，参加者少则十余人，多则数百人。男女老少手拉手围着火堆按顺时针方向边唱边跳，舞蹈动作古朴自然，唱腔几近呼喊，但每位参与者必须在歌舞中和其他人节拍一致，达到和谐。热美蹉的舞蹈动作毫无装饰，音乐是发自胸喉的天籁之声，所以不可能准确记录以供学习，纳西人须从年幼时开始通过长辈的口传心授和长时期的实践参与习得热美蹉技巧，并在场景激发下即兴发挥。

纳西族热美蹉历史悠久，内涵丰富，对丽江古乐和纳西古典音乐套曲《白沙细乐》都产生过明显的影响，具有民族学、艺术学及历史文化等方面的研究价值。目前，纳西热美蹉的传承正面临巨大困难，亟待抢救保护。

纳西族热美蹉实践场景（云南省丽江市古城区文化馆　提供）

纳西族热美蹉将诗、歌、舞融为一体（云南省丽江市古城区文化馆　提供）

674 III-77

申报地区或单位：云南省双江拉祜族佤族布朗族傣族自治县

布朗族蜂桶鼓舞

布朗族蜂桶鼓舞实践场景（云南省双江县文化馆　提供）

布朗族蜂桶鼓舞是布朗族跳鼓的总称，它起源于布朗族的创世传说和祭祀活动，在云南省临沧市双江拉祜族佤族布朗族傣族自治县邦丙乡、大文乡等的布朗族村寨中流传。

布朗族蜂桶鼓舞由跳蜂桶鼓（克广）、跳象脚鼓（克广紧）和跳甩手巾（刁袜帕洁）三个部分组成，它有5种套路、三步和五步两种基本步伐，其中“三步舞”动作优柔缓慢，“五步舞”动作激越刚健。蜂桶鼓舞既适合广场演出，也适合舞台演出，人数可多可少，参与的布朗族群众往往排成单行或双行，在寨子里的道路或广场上轻松起舞。这些参与者可分为男、女两队，男队身背蜂桶鼓边舞边敲，浪漫潇洒；女队手拿毛巾，随着鼓点的节奏边舞边甩，欢快自如。舞蹈过程中象脚鼓、金芒、锣、镲等打击乐器从旁伴奏，整个舞蹈场面壮观，姿态优美，显现出很强的感染力。

蜂桶鼓舞是布朗族特有的舞种，它以独特的舞蹈语汇反映着布朗人的历史观、道德观、价值观和思维方式，表达了布朗人祈求美好生活的愿望，具有极强的民族凝聚力和艺术感染力，在民族学、民俗学、社会学诸领域有着极高的研究价值。目前，传统的布朗族蜂桶鼓舞正受到时尚文化的冲击，对它进行抢救保护已成为迫在眉睫的任务。

布朗族蜂桶鼓舞实践场景（云南省双江县文化馆　提供）

布朗族蜂桶鼓舞实践场景（云南省双江县文化馆　提供）

675 III-78

申报地区或单位：云南省兰坪白族普米族自治县

普米族搓蹉

普米族搓蹉：踩毡舞（云南省兰坪县文化馆　提供）

搓蹉汉语意为“跳舞”，是普米族的一种民间舞蹈，主要流传于怒江傈僳族自治州兰坪县的通甸、河西、啦井、金顶及磴等乡镇普米族聚居的村寨。由于搓蹉以四弦的“比柏”伴奏，以羊皮鼓击节，因此又被称为“四弦舞”、“羊皮舞”。

搓磋源于普米族传说，据说很久以前，一位英俊的普米族小伙子，在星光灿烂的夜晚与仙女相会，第二天清晨仙女飘然而逝，小伙子为了纪念心中的仙女，便创作了一套搓磋舞。搓磋舞有很多形式，比如碗筷舞和撞胯舞。在碗筷的伴奏下，彼此有意的男女会用撞胯的方式来表达对对方的爱意。

普米族搓蹉保留了古代艺术歌、舞、乐三位一体的特点，活动时人们围成一圈或数圈，在四弦和羊皮包所奏音乐的引导下欢快起舞。舞蹈中舞步变化丰富，舞者在舞曲变换的空当放声歌唱，一领众和，张弛结合。普米族搓蹉分为开放式搓蹉和封闭式搓蹉两个类型，其中开放式搓蹉属自娱性舞蹈，它在长期发展过程中不断得到完善，成为普米族民众日常自娱自乐的重要形式，也成为普米族交际、喜庆之类大型活动中不可或缺的主要内容。普米族搓蹉不受时间、地点和人数的限制，参加者可随时介入舞蹈。舞者可以先后起步，也可以部分人舞蹈，部分人边走边唱，唱完后再行起舞。跳舞时，踏跺的力向为纵的关系，跨步的力向为横的关系，退步时前偏，上身和下身方向相反，上前时后仰，上下身方向亦相反。速度一般为中速。速度慢时，舞步轻盈、飘洒，仿佛微风有节奏地牵动着衣裙。速度加快时，舞步粗犷、有力。传袭至今的开放式搓蹉有十二套舞步，其队形包括手牵手的单圆圈、双圆圈和半圆圈几种，一般以逆时针方向跳，也可按顺时针方向跳。围成双圆圈时，同方向和不同方向跳均可。

搓磋舞蹈套名多，队形、舞步变化丰富，有张有弛，不受参与人数的限制，少则几十人参与，多可上万人齐跳，多用于各种自娱、喜庆、健身活动，表达了民族团结和欢乐的情绪，是普米族人民最喜爱的舞蹈，具有一定的艺术性。20世纪80年代起，文艺工作者整理改编的“搓磋”开始在国内外演出，多次获得省、国家级奖励。

目前，传统的普米族搓蹉正受到现代文化的冲击，出现生存危机，急需保护传承。

普米族搓蹉：龙跳舞（云南省兰坪县文化馆　提供）

676 III-79

申报地区或单位：云南省澜沧拉祜族自治县

拉祜族芦笙舞

拉祜族芦笙舞“斗鸡舞”（云南省澜沧县文化馆 提供）

拉祜族芦笙舞是拉祜族具有代表性的民间舞蹈，流行于云南省普洱市澜沧拉祜族自治县境内。芦笙舞是由最初的娱神祈福仪式演化而来的，其内容以表现拉祜族原始的宗教礼仪、生产生活，模拟动物，展现人的欢乐情绪等为主。拉祜族崇拜葫芦，把葫芦视作祖先诞生的母体象征。拉祜族人在葫芦上插上五根竹管制成芦笙，每年尝新节和春节跳起芦笙舞，表现对祖先的敬仰和对来年幸福生活的祈盼。芦笙舞经过数百代拉祜族群众和民间艺人的加工锤炼，现已形成一百多个套路。

每逢拉祜族传统节日、原始宗教活动或农闲时节，人们往往会兴致盎然地聚在一起，按一定的程序通宵达旦地开展芦笙舞活动，以庆祝丰收，感谢神灵护佑，祝愿来年平安幸福。在澜沧拉祜族居住区，芦笙舞已成为全民性的社会活动，男子人人会吹芦笙、跳芦笙舞。开展拉祜族芦笙舞活动时，男子吹起葫芦笙，围圈而舞，女子牵手在外围伴舞。整个舞蹈节奏稳定，动作简练，曲调优美，风格深沉坚毅、洒脱机巧，具有古朴的韵味。

拉祜族芦笙舞"鹌鹑舞"（云南省澜沧县文化馆　提供）

澜沧是全国唯一的拉祜族自治县，这里拉祜族人口最为集中，拉祜族传统文化也保留得最为完整。芦笙舞是拉祜族文化的典型代表，也是维系拉祜民族精神的纽带，在拉祜族历史文化的研究中具有极其重要的地位。目前，由于现代文化的冲击，拉祜族芦笙舞的套路逐渐流失，活动内容日益萎缩。在掌握芦笙舞技艺的拉祜族老艺人不断减少的情况下，这一宝贵的民族舞蹈正面临着严重的生存危机，急需对其实施有效的保护。

拉祜族芦笙舞"斑鸠拣谷子舞"（云南省澜沧县文化馆　提供）

677 III-80

宣舞

古格宣舞

普堆巴宣舞

宣舞是西藏所特有的一种民间舞蹈，主要流行于札达县境内地处中印边境的峡谷地带。它的起源目前可追溯到古象雄文明时期，到古格王国时期宣舞进一步得到发展，至今已有上千年的历史。古格遗址红庙大殿壁画中清晰地留下了宣舞的踪迹，壁画表现古格王为欢迎阿底峡大师而举行的盛大仪式场面，其中有十名身着艳丽服饰的女子在跳宣舞。据史书记载，1042年，宣舞在托林寺欢迎阿底峡大师的仪式上作为礼仪舞表演。

跳古格宣舞藏族女性（西藏自治区非物质文化遗产保护中心 提供）

宣舞·古格宣舞

申报地区或单位：西藏自治区札达县

古格宣舞有“十三宣舞”之说，它和民间宣舞统称为“古格宣舞”，是融说、唱、跳为一体的传统舞蹈。作为礼仪舞，宣舞只能在特定的时间、地点由特定演员身着特定服饰进行表演，不得在民间演出。除“十三宣舞”外，今西藏自治区阿里扎达县境内的底雅、楚鲁松杰、莎让等地还盛行着其他宣舞演出形式。表演时，一名男舞者手持皮鼓，女舞者双臂相连，以宣舞舞步边唱边跳，以“龙体”线条变幻队列，舞蹈节奏性强，先慢后快，循序渐进，具有古格地区独特的稳健风格。与舞蹈同时进行的歌唱内容丰富，节奏感很强。通常为一人起头唱，其他人接着跟唱起来，然后按逆时针前后左右随着歌声的节奏移动步伐。人数不限，共有十三种曲目，如果全部演完需十天十夜。

古格宣舞集说、唱、跳于一身，具有很强的观赏性。舞蹈语汇具有典型的地方特征，具有民族学的研究价值，承载了西藏古格的历史文化信息和原始记忆。目前，在外来文化冲击下，宣舞传承乏人，对它的抢救保护已成为迫在眉睫的任务。

古格宣舞表演（西藏自治区非物质文化遗产保护中心　提供）

古格宣舞表演（西藏自治区非物质文化遗产保护中心　提供）

古格宣舞表演（西藏自治区非物质文化遗产保护中心　提供）

宣舞·普堆巴宣舞

申报地区或单位：西藏自治区墨竹工卡县

普堆巴宣舞是藏族一种古老的自娱性歌舞，“宣”是象雄语，即歌舞之意。普堆巴宣舞最早起源于民间，长期流传于拉萨河上游直孔沿河的门巴乡地区，多在宗教庆典场合表演，以独特而华贵的服饰、优美而动听的歌声、典雅而稳健的舞步赢得群众的欢迎。

普堆巴宣舞集说、唱、舞为一体，舞姿融合了中藏和后藏民间舞蹈的精华。它以说唱节奏进行舞动，迈动步伐，节奏鲜明、欢快，动作少而简单，但韵味较难掌握。舞者边唱边舞，不唱的边听伴奏边舞。舞蹈涵盖了宗教、礼仪、风俗、节庆等各方面的内容，风格典雅稳健、优美自如。

宣舞历史悠久，内容丰富，早在吐蕃王朝之前即已出现。西藏民间曾有“普堆巴的宣，羊日岗的藏戏，章达的卓舞”之说，将普堆巴宣舞与同处拉萨河上游直孔沿河的羊日岗、章达两地的著名民间艺术相提并论，足见其地位和影响。据直贡·旦增白玛坚参《直贡法嗣》记载，直贡第十二代法嗣灌顶大国师顿珠杰布（约生活于14世纪）从内容、动作、服饰等方面对原有的普堆巴宣舞进行了规范和发展，使其艺术性、观赏性得到极大提升，更加丰富完善，由此达于鼎盛。五世达赖喇嘛时期，普堆巴宣舞曾赴桑耶寺参加全藏文艺大汇演，获得好评。

普堆巴宣舞只能在迎请直孔法王、法王坐床典礼、寺院开光等重大典礼上表演。这种舞蹈服饰豪华，一般的家庭无法承受，流行地的帮躲仓、替雪仓、杂堂本仓、仲堆、仲脉等大户人家只能以差役的形式表演普堆巴宣舞。

普堆巴宣舞融合了藏戏、舞蹈、说唱等主要的藏民族民间艺术，具有显著的地域和民俗特色，为民族学、民俗学的研究提供了宝贵的资料。目前，熟练掌握普堆巴宣舞的老艺人已相继去世，人亡艺绝的现象给普堆巴宣舞的生存发展带来了很大困惑，急需抢救保护。

普堆巴宣舞实践场景（西藏自治区非物质文化遗产保护中心　提供）

普堆巴宣舞实践场景（西藏自治区非物质文化遗产保护中心　提供）

普堆巴宣舞实践场景（西藏自治区非物质文化遗产保护中心　提供）

678 III-81

申报地区或单位：西藏自治区拉萨市

拉萨囊玛

拉萨囊玛表演（西藏自治区非物质文化遗产保护中心　提供）

拉萨囊玛是深受藏族人民喜爱的一种室内歌舞表演，它起源于西藏阿里地区，流传于西藏自治区拉萨、日喀则、江孜等地区，至今已有上千年的历史。拉萨囊玛舞姿优美，唱腔质朴，以赞颂自然万物为主要内容，同时表现对神灵的虔敬和对美好爱情的向往。

拉萨囊玛的结构分为“降板”、“既板”和“觉谐”、“快板”两大段，表演时先跳慢板，这一部分舞蹈很少，以弹琴清唱为主。待舞者齐声或领舞者单独呼叫一声“勒司”，舞蹈即转入快板阶段，舞者边唱边舞，时间长短由歌词决定，词终舞毕。囊玛的歌词内容丰富，有颂扬原始宗教、赞美家乡、谈情说爱、向往美好未来等多种主题。

拉萨囊玛的舞蹈表演者主要是女性，男性多持乐器在旁伴奏。表演时，乐队盘腿坐在一边，舞者站立场中，每人脚下放一块木板。因受表演场合和对象的制约，囊玛基本是在原地舞动，表演中演员脚下的木板会发出“嗒嗒嗒嗒”的节奏声。整个囊玛表演给人一种自由飞翔的感觉，舞蹈包含

拉萨囊玛实践场景（西藏自治区非物质文化遗产保护中心　提供）

有“后撤前冲步”、“两步两踩”、“撩腿步”、“连踏步”、“前后甩手”、“行礼手”等基本步法和手势，其中最有特色的动作是“连踏步”接“双摆手”。演出高潮时出现顶碗舞，演员将装满青稞酒的碗顶在头上表演。

囊玛是西藏民间发展到较高层次的歌、舞、乐一体的综合艺术形式之一，其中的器乐部分独立程度较高，可单独演奏。囊玛音乐历史悠久，风格独特，结构完整，对比性强，是西藏民族民间音乐中一朵奇葩。直到今天，囊玛在当地群众的文化生活及现代专业艺术创作、演出活动中仍发挥着重要作用，具有特殊价值。目前，随着时代的变迁，拉萨囊玛传承之人，亟待抢救保护。

拉萨囊玛民间乐队（西藏自治区非物质文化遗产保护中心　提供）

拉萨囊玛表演（西藏自治区非物质文化遗产保护中心　提供）

679 III-82

堆谐

拉孜堆谐

流行于藏族地区的堆谐是最早出现的一种由六弦琴伴奏的圆圈舞，原分布于雅鲁藏布江流域、日喀则以西和阿里地区，后逐渐在西藏各地盛行开来。传统的堆谐表演形式与羌族的洒朗和古格王朝宫堡遗址壁画中的舞蹈形式相同，男女舞者在体前或体后交叉拉手，以此区别于其他圆圈舞形式。

堆谐分为南、北两派，堆南地区人的表演属南派，风格比较优美；堆北地区人的表演属北派，风格偏于豪壮。堆谐表演可分为前后两部分，前一部分以歌唱为主，节奏舒缓，舞姿悠扬；后一部分以舞为主，节奏活泼，舞姿洒脱，富于感染力。堆谐是藏族传统文化的重要表现形式，它不仅具有很高的艺术价值，在藏族历史文化、民俗、原始宗教等方面的研究中也起着不可替代的作用。

堆谐·拉孜堆谐

申报地区或单位：西藏自治区拉孜县

堆谐在西藏广泛流传，至今已有七百多年的历史。“堆”指西藏地势较高之处，包括雅鲁藏布江上游日喀则地区的拉孜到定日县一带和阿里的部分地区；“谐”是歌舞的意思，堆谐系该地区民众中流行的一种融歌舞、说唱、弹奏为一体的民间艺术。它在日喀则最为盛行，常见于旷地、街头、庭院和林卡之中。

流传在拉孜县的堆谐以六弦琴为伴奏乐器，表演时演员边弹边唱边跳。参加演出的人数可多可少，既可独跳弹唱，也可双人或多人组合弹唱。拉孜县80%的群众都会弹唱六弦琴，每逢重大节庆活动，拉孜县都要进行堆谐表演。

在长期发展过程中，拉孜堆谐通过群众和艺人的加工规范，逐步形成程式化的表演模式，按内容和形式的不同可分成五十多个类型。拉孜堆谐内容丰富，旋律优美，表演节奏欢快，动作流畅洒脱，有头后、腰间、胸前三种主要的表演姿势，呈现出独特的艺术风格，在整个西藏地区乃至国内外都享有极高的声誉。随着时代的发展和现代文化的冲击，拉孜堆谐的生存出现危机，急需抢救与保护。

拉孜堆谐表演（西藏自治区非物质文化遗产保护中心　提供）

拉孜堆谐表演（西藏自治区非物质文化遗产保护中心　提供）

680 III-83

谐钦

拉萨纳如谐钦

南木林土布加谐钦

谐钦·拉萨纳如谐钦

申报地区或单位：西藏自治区拉萨市城关区

谐钦是藏族古老的大型仪仗歌舞，过去多在隆重的宗教仪式或在世俗生活的重要活动中表演。流传于西藏山南、拉萨、日喀则等地区，其中拉萨市城关区纳金乡纳如村一带的谐钦称为“纳如谐钦”。

谐钦相传起源于7世纪吐蕃王朝时期，雅砻部落的人把聂赤赞普尊为首领时，用肩膀把他抬回到部落所在的地方，从此人们叫他聂赤赞普。“聂”即颈部，“赤”是宝座，“赞普”为国王，意即“在肩上的国王”。当人们用肩膀抬“赞普”时，把自己当作马，便喊出了马叫声，从此开始形成“谐钦”。

谐钦融诗、乐、舞为一体，规模较大，形式结构复杂，通常为自唱、自说、自跳，无乐器伴奏。唱的舞蹈少，说的舞蹈热情饱满，动作丰富，变化多。一部完整的谐钦结构规模庞大，由多首带有标题的歌舞曲组成。首尾乐曲分别为“谐果”及“扎西”。每首乐曲又由慢板及快板两部分，或慢、中、快三部分组成。

谐钦用通俗生动的语言和形象的比喻祝颂吉祥撒满人间，表演以音乐为主，曲调丰富，词句朗朗上口、通俗易懂，带给人美的享受。谐钦多在比较隆重的喜庆节

拉萨纳如谐钦实践场景（西藏自治区非物质文化遗产保护中心　提供）

拉萨纳如谐钦实践场景（西藏自治区非物质文化遗产保护中心　提供）

日里表演，以往演员是由西藏地方政府、贵族、平康（大庄园）分派的世袭“艺差”，演出需用到32名歌舞演员，男女各半，其中领歌领舞师“谐本”也是男女各一。纳如谐钦分男歌和女歌两种，表演开始先唱几段，唱时不舞，但可结合歌词内容做些简单的手势，唱完后紧接着说几段道白并于此时开始舞蹈，词句和舞蹈关系密切，其内容可根据环境的变化而改变。

纳如谐钦韵调古朴，表现独特，显示出浓郁的西藏风情和鲜明的地方特色，具有较高的历史文化研究价值。随着岁月的流逝，尽管谐钦有所发展，但由于藏族地区多年来承袭着传统礼仪歌舞不得随意改动的风俗，所以谐钦基本保存了古代藏族歌舞的风貌。随着老艺人的逝去，承袭人日益减少，纳如谐钦这一古朴的表演艺术面临生存危机。

谐钦·南木林土布加谐钦

申报地区或单位：西藏自治区南木林县

南木林土布加谐钦又名“次久（意为藏历初十）谐钦”，由八世班禅丹贝旺秋所创建，是历代班禅前往驻锡地扎什伦布寺时沿途所举行的盛大迎送活动中一种专门的民间舞蹈，流传在日喀则地区南木林县一带。在藏语中，“谐”指歌舞，“钦”有盛况或隆重之意。南木林土布加谐钦起源于清代咸丰五年（1855），至今已有一百五十多年的历史。它歌舞结合，主要在迎请活佛及上层人士举办的盛大庆典场合表演，具有很强的参与性和自娱性，为广大藏族群众所喜闻乐见。

南木林土布加谐钦以歌舞为主，表演具有浓厚的藏族气息，歌词内容多样化，既有古典文人诗作，又有民间歌谣等，表演形式多样化。表演中，大部分有着相对规范的结构、曲式，各套中的调试、手势、旋律、节奏、速度，各有一定之规。男女服饰具有浓厚的西藏地区民族风情和强烈的视觉冲击力。土布加谐钦的歌词共有25篇，据传是由八世班禅丹贝旺秋创作的。

南木林土布加谐钦实践场景（西藏自治区非物质文化遗产保护中心　提供）

南木林土布加谐钦实践场景（西藏自治区非物质文化遗产保护中心　提供）

南木林土布加谐钦实践场景（西藏自治区非物质文化遗产保护中心　提供）

土布加谐钦在特定的时间、场合表演，以丰富多彩的词句内容、淳朴浑厚的曲调、庄重典雅的表演和热烈整齐的节奏表达出祈求风调雨顺、五谷丰登、万事吉祥如意的美好愿望。其服饰道具典雅庄重，表现形式淳朴浑厚。这些民间舞蹈技艺是劳动人民智慧的结晶，蕴涵着丰富的艺术基因，是一份极其宝贵的历史遗产，也是研究西藏宗教史、文化史、美学史的重要载体，对于丰富和完善藏学史研究也有着重要意义。发掘和保护土布加谐钦，对宣传本土民间艺术，促进当地传统文化与经济社会的协调发展，将产生深远的影响。目前，这一民族民间舞蹈已处于濒危状态，传承乏人，亟待保护扶持。

681 III-84

阿谐

达布阿谐

阿谐·达布阿谐

申报地区或单位：西藏自治区比如县

“达布阿谐”藏文意为达布夯歌，它流传于西藏那曲地区比如县境内，相传为比如（纳秀）第五世达布活佛所创，至今已有近百年的历史。

达布活佛是西藏有名的佛学家、哲学家和艺术家，他精通大小“五明”，有较高的佛学造诣。20世纪20年代他在修建珠德寺期间创立了曲调灵活多样、步伐矫健明快的达布阿谐，让劳工边工作边歌舞，以缓解疲劳、鼓舞士气。

达布阿谐实践场景（西藏自治区非物质文化遗产保护中心　提供）

达布阿谐实践场景（西藏自治区非物质文化遗产保护中心　提供）

集歌、舞、乐于一体的达布阿谐共分31个章节，涉及政治、宗教、文化、自然、地理、生活风俗等方面，其中包含了哲人箴言、文人诗歌、先知告诫等多种内容，表演起来载歌载舞，充满地方色彩。达布阿谐有合唱、齐唱、独唱等多种演唱方式，舞蹈技艺丰富多彩，队形变化无穷。表演者单人、双人、三人或上百人均可，人多时围成圆圈站成两排，不分男女，利用阿嘎（藏族落击体鸣乐器）随歌随舞。歌唱、跳跃时不时转动手腕，变换队形，右手持阿嘎，一边有节奏地歌舞一边砸夯。歌舞节奏变化多、形式多，有情歌，有对歌等，有的舞者在劳具上拴上串铃，按不同的节奏击出清脆的串铃声。

达布阿谐将原始宗教、民俗、文学、音乐、舞蹈等各种元素加以融汇，显示了多方面的成就，具有很高的学术研究价值。目前，这一民族民间歌舞传承乏人，急需制定计划加以保护。

682 III-85

申报地区或单位：西藏自治区

嘎尔

“嘎尔”藏语意为歌舞、乐舞，是藏族一种礼仪性的歌舞。起初为民间艺人在节日时表演的歌舞，尔后逐渐流入各地大寺庙，成为寺院大型宗教活动时必须表演的节目。嘎尔藏舞蹈造型优美，音乐风格独特，现主要在大型典礼和迎送班禅大师等重要场合表演。在阿里地区，嘎尔舞和宣舞统称为“嘎尔宣”。

嘎尔舞舞蹈音乐自由、宽广、悠长，舞蹈造型雕塑性非常强，舞者动作高度规格化，动作激烈、幅度大，队形变化多样。演员均为男性，分嘎尔珠巴、嘎尔巴、嘎尔本三种。嘎尔珠巴为男童歌舞者，嘎尔巴为歌舞者，嘎尔本为艺术指导及行政负责人。嘎尔舞分嘎尔和嘎尔鲁两种类型，嘎尔鲁是一种童声齐唱的艺术形式，表演时以六弦琴“扎年”、竹笛“林古”、扬琴、铁琴、根

嘎尔乐队（西藏自治区非物质文化遗产保护中心　提供）

嘎尔实践场景（西藏自治区非物质文化遗产保护中心　提供）

卡、艾噶等乐器伴奏。嘎尔又分波嘎尔和莫嘎尔两种，波嘎尔为男子歌舞，莫嘎尔为女子歌舞，其实两种歌舞都由男性表演，只是名称不同而已。

嘎尔是了解阿里地区习俗及信仰、礼仪等活动的活素材，是弘扬民族民间文化的重要艺术范本，具有民俗学、历史文化学等多方面的研究价值。嘎尔表演动作难度较大、规范性强，随着现代经济文化的冲击，面临人才老化、表演规模日渐缩小的境况，急需抢救保护。

演奏嘎尔音乐（西藏自治区非物质文化遗产保护中心　提供）

演奏嘎尔音乐（西藏自治区非物质文化遗产保护中心　提供）

683 III-86

申报地区或单位：西藏自治区芒康县

芒康三弦舞

芒康三弦舞表演（西藏自治区非物质文化遗产保护中心　提供）

芒康三弦舞是西藏地区的一种民间舞蹈，起源于西藏昌都地区芒康县曲孜卡乡的达许村，并在当地广为流传。据考证，芒康三弦舞至今已有四五百年历史。

芒康三弦舞以纯木制作的三弦琴为伴奏乐器，表演不受人数、场地的限制，男女伴随音乐边唱边舞。表演时，男女分开各半，男子拉弦子站立排头，带领人群拂袖起舞，时而聚圆，时而散开，时而绕行而舞；唱词为“谐”体的民歌，也可即兴创作；男女一唱一和，以男子拉弦子的音乐节奏为准，此起彼落。整个舞蹈动作奔放流畅，歌词清朗动听，乐曲由舒缓悠扬而渐趋欢快热烈，极具特色，寄寓了庆祝丰收、避灾祛祸、祈求吉祥的美好心愿。

古老神奇的芒康三弦舞历史悠久、形式独特、内容丰富，显现出鲜明的民族风格和浓重的高原特色，在藏、川、滇三省交界处及西藏自治区东南部有着重要影响，具有民族学、民俗学等方面的研究价值。目前，传统的芒康三弦舞受到商业大潮的冲击，陷入生存困境，濒临消亡，亟待抢救保护。

684 III-87

申报地区或单位：西藏自治区定日县

定日洛谐

定日洛谐表演（西藏自治区非物质文化遗产保护中心　提供）

定日洛谐是一种集歌、舞、乐、弹唱于一体的综合艺术形式，是藏族群众游牧耕田、祭天等生产生活的产物。它起源于西藏地区的民间舞蹈，据称已有六百余年的历史，广泛流传于西藏自治区定日县境内。“洛谐”藏语意为南部歌曲，“谐”泛指歌舞。定日洛谐历史悠久，内容丰富，表演风格独特。

定日洛谐歌舞结合，表演时男子弹着扎念琴和三弦琴等乐器演唱，女子手拉手连臂踏歌，顿地为节，男女分班，一唱一和，此起彼伏。整个表演动作流畅洒脱，旋律优美，曲调浑朴，呈现出鲜明的地域风格。

定日洛谐继承了西藏民间歌舞艺术的形态，又深受多元文化的影响，形成为乡土气息浓厚的民族舞蹈，具有艺术及历史文化等多方面的研究价值。目前，这一传统民间舞蹈在现代文化的冲击下面临传承乏人的状况，亟待保护。

定日洛谐表演（西藏自治区非物质文化遗产保护中心　提供）

定日洛谐表演（西藏自治区非物质文化遗产保护中心　提供）

在珠峰脚下表演定日洛谐（西藏自治区非物质文化遗产保护中心　提供）

685 III-88

申报地区或单位：西藏自治区萨嘎县

旦嘎甲谐

旦嘎甲谐实践场景（西藏自治区非物质文化遗产保护中心　提供）

旦嘎甲谐是流行于西藏自治区萨嘎县旦嘎乡的一种民间歌舞，它以传统民歌为主要内容，音乐曲调浑厚淳朴，风格独特，生活气息浓厚，具有很强的自娱性。旦嘎乡的甲谐闻名后藏，甲谐在这里世代相传，男女老幼都会表演。

旦嘎甲谐的起源有三种说法，一说是为庆祝战争胜利而营构的，一说是为在歌舞比赛中获胜而编排的，一说是为庆祝文成公主进藏而创制的。

旦嘎甲谐活动一般在每年的藏历新年和重大节日里进行，表演时男女分班，载歌载舞，一唱一和，步伐厚重沉稳，动作粗犷豪放，显示出藏民族剽悍勇敢的性格。道具有长腰刀、马鞭和装在小刀鞘内的小刀和筷子。表演时间可长可短，长的一般可以连续跳一整天。传说的表演方式主要为圆圈，男女各半圆。鼓手盘腿坐在中间，舞时边唱边向顺时针方向移动，有的男女轮流表演，表演威武雄壮，优美自如。表演内容有“鱼跃”、“雄鹰展翅”、“刀技”等。演出服饰均用绸缎制成，以红色和黄色为主，透出高贵典雅的气质。演员头戴又大又圆、缀有流苏的帽子，舞蹈时不停地摇摆头部，像狮子一样威武雄壮。

旦嘎甲谐实践场景（西藏自治区非物质文化遗产保护中心　提供）

旦嘎甲谐是西藏自治区萨嘎县特有的一种集体性舞蹈，体现了民族的生活、思想，是具有一定审美特征的艺术表现形式。其舞蹈的身韵、风格以及审美都为探讨古老藏族文化作出了贡献。目前，在现代文化的影响下，传统的旦嘎甲谐面临着后继乏人的窘况，亟待保护传承。

旦嘎甲谐实践场景（西藏自治区非物质文化遗产保护中心　提供）

旦嘎甲谐实践场景（西藏自治区非物质文化遗产保护中心　提供）

686 III-89

申报地区或单位：西藏自治区曲水县

廓孜

廓孜表演场景（西藏自治区非物质文化遗产保护中心　提供）

廓孜是藏族船夫的一种娱乐歌舞，流传于西藏自治区腹地拉萨河与雅鲁藏布江交汇处北岸的曲水县俊巴村，其历史至少可追溯到五世达赖以前。在藏语中，“廓”意为牛皮船，“孜”意为舞蹈，所以廓孜又叫“牛皮船舞”。

牛皮船是吐蕃时期以来西藏地区主要的水上交通工具。大约两千多年前，藏民族已经用牛皮船摆渡和运输物资，吐蕃时期开始出现牛皮船在雅鲁藏布江和拉萨河上竞渡的历史记载，桑耶寺、布达拉宫及罗布林卡的壁画中对此也有描绘。

廓孜表演场景（西藏自治区非物质文化遗产保护中心　提供）

每当雪顿节和望果节等传统节日来临之际，船夫们就会背扛起牛皮船进行廓孜表演。廓孜舞蹈多取自当地的果谐，具有灵活多变、顿地为节的特点，舞蹈第一段为“述道白”，第二段为“仲孜”（即野牛舞），第三段为“挑哈达”，第四段为“祝福歌”，整个舞蹈铿锵有力、粗犷朴实，呈现出鲜明的地域风格。

廓孜富有浓郁的地方特色和民俗特色，集娱乐性、艺术性、地方性、自发性和民族性于一体，对于研究民族文化、民俗学、历史文化方面有重要价值。

目前，俊巴村只有两位能跳廓孜的老艺人。由于廓孜是在特殊历史背景和生活条件下形成的，表演难度大，学习时间长，道具又极其沉重，现代人尤其是年轻人都不愿意学习，致使廓孜后继乏人，处于濒危状态，有待政府抢救扶持。

廓孜领舞者“啊热瓦”（西藏自治区非物质文化遗产保护中心　提供）

船夫们扛起牛皮船表演廓孜（西藏自治区非物质文化遗产保护中心　提供）

687 III-90

申报地区或单位：甘肃省舟曲县

多地舞

多地舞即罗罗舞，是目前甘南地区保存较完整的藏族民间舞蹈，主要流行于甘肃省甘南藏族自治州的舟曲县、迭部县等藏族聚居区。多地舞相传起源于甘肃舟曲一些藏族乡里，远古的时候人类狩猎而归，有时在岁末或丰收节日，人们架起篝火，围着篝火转圈而舞。这种吟咏呐喊声和手拉手的活动，就逐渐演化成了一种世代沿袭相传的民间歌舞。现在，遇到传统节日和丰收、祭祀等民俗庆典仪式，甘肃省甘南舟曲县等地的藏族群众便会跳起这种舞。

多地舞形式多样，风格古朴，民族色彩浓郁。整个表演节奏鲜明，配以歌唱，曲调淳朴，动作洒脱，显现出独特的地域风格特征和浓厚的乡土气息。

多地舞有赖萨多地、格班多地、贡边多地等十余种类型，不同的类型各有其表现形式和意义。多地舞开始时会做出头顶三下、脚跺三下的动作，以象征先民开天辟地的功绩，其后便叙述日月星辰、山川湖海的由来，颂扬这些自然物象的好处。表演过程中以舞姿展示自然景观的奇异变化，天上、草原、海洋等场景各有不同的舞蹈表现形态。

多地舞是羌文化和藏文化交融的产物，在藏羌文化起源、发展的研究中具有很高的参考价值。舞蹈中积淀了藏族人民的社会文化心理，在凝聚舟曲群众精神方面发挥着重要的作用。目前，由于大众传媒的普及，多地舞赖以生存的文化空间越来越小，正面临失传的危险，急需政府部门适当投入力量，予以抢救保护。

多地舞实践场景（张宝明　摄）

688 III-91

申报地区或单位：甘肃省卓尼县

巴郎鼓舞

巴郎鼓舞实践场景（李克若　摄）

巴郎鼓舞藏语称为“莎目”，是流行于甘肃省甘南藏族自治州卓尼县东部藏巴哇、洮砚、柏林三乡藏族群众中的一种民间歌舞。巴郎鼓舞的起源与古羌人的原始祭祀活动有关，它所使用的特殊道具羊皮鼓具有鲜明的民族地方特色，巴郎鼓舞即因羊皮鼓形状及其击打方式而得名。

根据卓尼当地习俗，每年正月初五为“莎目”的起日，开始跳起巴郎鼓舞，正月十五日为歇日，舞蹈活动至此结束，正月十六日将巴郎鼓供起。巴郎鼓舞一般由10至16人组成，每人手持一巴郎鼓，表演时随舞步节奏上下转动手柄。舞蹈以唱、跳为一体。歌声浑厚响亮，鼓声咚咚，舞步雄劲，节奏强烈。曲调节奏沉稳徐缓、雄浑凝重，旋律跌宕起伏。相关曲目流传下来的约有十余种，每种曲目都有曲名、固定的使用程式和相应的舞蹈动作。

巴郎鼓舞是一种传承至今的神舞，其中包含着古老的吐蕃民间宗教文化的遗存，具有宗教学、民俗学及少数民族音乐舞蹈等方面的研究价值。目前，巴郎鼓舞唱词、唱腔的搜集工作进展缓慢，而老一代艺人已所剩不多，古老的巴郎鼓舞面临失传的危险，急需加强抢救保护措施。

在广场上表演巴郎鼓舞（李克若　摄）

甘肃省甘南藏族自治州成立五十周年庆典上的巴郎鼓舞表演（李克若　摄）

689 III-92

申报地区或单位：青海省循化撒拉族自治县

藏族螭鼓舞

藏族螭鼓舞实践场景（青海省文化和新闻出版厅　提供）

藏族螭鼓舞是流传于青海省循化撒拉族自治县藏族聚居区的一种大型民间祭祀仪式舞蹈，于每年农历六月举行，旨在祈求神灵、禳灾驱邪，保佑村民人寿年丰、五谷丰登。“螭”是传说中的龙生九子之一，嘴大能吞海。表演螭鼓舞就是对水龙的祭祀，目前流传下来13套动作。

藏族螭鼓舞表演时，由多名男子组成舞队，舞者头戴五峰吉祥帽，身披金色棱形披肩，左手执鼓，右手拿鞭，边击鼓边舞蹈，别无乐器伴奏。螭鼓舞的舞姿棱角鲜明，富于男性阳刚之美，前屈腿勾脚击鼓与膝部屈伸颤动的动作形成独特的律动，展现出粗犷、刚健、热烈奔放的青藏高原舞蹈文化特征。整个舞蹈为多段体例，结构严谨完整，动作整齐划一，不能自由发挥。基本动作由“上步前屈腿跳击鼓”等组成，基本队形则包括顺时针方向走圆

藏族螭鼓舞实践场景（青海省文化和新闻出版厅　提供）

藏族螭鼓舞实践场景（青海省文化和新闻出版厅　提供）

藏族螭鼓舞实践场景（青海省文化和新闻出版厅　提供）

圈、方阵、螭摆尾、斜线交插、圆形交错换位螺旋绕圈、横排等多种，每段变换一种队形。

藏族螭鼓舞以集体舞形式表现请神、敬神、送神、降魔等过程，表现出古老纯朴的原始宗教文化遗风，生动形象地反映了当地少数民族的宗教信仰、生活状况和审美观念，具有较高的历史文化研究价值。近年来，由于社会环境的急剧变化，这一古老的舞蹈样式生存陷入困境，出现传承危机，急需保护。

690 III-93

则柔

尚尤则柔

尚尤则柔表演（青海省文化和新闻出版厅　提供）

则柔·尚尤则柔

申报地区或单位：青海省贵德县

在青海省海南藏族自治州贵德县河西镇的下排村，藏族歌舞十分盛行，其中以尚尤则柔最为突出。

“尚尤”是“下排”的意思，则柔又名“阿什则”，尚尤则柔在下排村已传唱了四百多年，它以歌伴舞的方式表现出下排村民对家乡自然风光的无限热爱。则柔保持了藏族舞蹈的一贯特点的同时，身体表现豪放，动作幅度大，充满喜庆色彩，有藏族舞蹈中少见的高抬腿动作，则柔本就有嬉闹玩耍之意，体现在舞蹈中也更具娱

尚尤则柔表演（青海省文化和新闻出版厅　提供）

尚尤则柔表演（青海省文化和新闻出版厅　提供）

乐性。则柔种类繁多，内容丰富，不但表现出强烈的自娱性，而且含有浓厚的庆典性、仪式性和高超的表演技能。尚尤则柔是歌与舞相结合的艺术，曲体与歌词较规整，地域特色鲜明，且具有广泛的群众参与性。在数百年的演变历程中，其演唱兼容并蓄，曲调由刚开始的几种发展到现在的二十多种，作品结构和表演也日趋成熟，成为则柔中的经典代表。

尚尤则柔历史悠久，种类繁多，广泛涉及民众生活的各个方面，并且保留着许多古老的藏族艺术传统，内容和形式都达到很高的艺术成就，具有人类学、民族学、民俗学及艺术等多方面的研究价值。目前，这一宝贵的民族传统舞蹈正面临着失传的危机，对它的抢救保护刻不容缓。

691 III-94

申报地区或单位：新疆维吾尔自治区和静县

蒙古族萨吾尔登

新疆维吾尔自治区和静县巩乃斯乡牧民跳起蒙古族萨吾尔登（邹东堂　摄）

萨吾尔登是蒙古族民间流传的一种地方舞蹈形式，主要分布在巴音郭楞蒙古自治区的和静、博湖、和硕、焉耆等县，博尔塔拉蒙古自治州和布克赛尔蒙古自治县及新疆维吾尔自治区的伊犁、塔城、阿勒泰等地区。萨吾尔登是蒙古族和硕特部独创的艺术，很多动作来自生活，有多种表现形式。经过漫长的历史，萨吾尔登舞几乎失传，2004年以来经努力挖掘，才恢复了现有的一部分。

萨吾尔登活动没有固定的场合和时间，蒙古族的大小节日、婚礼、家庭聚会、邻里聚会等各种时间、场合都可以跳，参加者男女老少不限。萨吾尔登有男女集体舞、女人集体舞、男人集体舞和男女双人舞等多种表演形式，模仿牲畜动作的男子舞蹈，表现妇女照镜子、穿漂亮衣服、劳动等内容的舞蹈及男女青年为表达爱慕之情而表演的双人舞蹈等都是萨吾尔登的重要组成部分。

萨吾尔登具有很强的艺术想象力和创造性，舞姿古朴优美，多出现摇摆肩膀、前后弯腰、手腕运动、前后运转等舞蹈动作，模仿人物或动物姿态惟妙惟肖，显示出诙谐幽默的特征。萨吾尔登有12种动作及与之相适应的12种乐曲，表演时以民族乐器伴奏，其中担任主奏的托布秀尔是蒙古族特有的弹拨弦鸣乐器。

新疆维吾尔自治区和静县巩乃斯乡的牧民跳起蒙古族萨吾尔登（邹东堂　摄）

在婚礼上跳蒙古族萨吾尔登（孟根　摄）

蒙古族萨吾尔登以独特的形式表现蒙古族人民的生活习俗和精神风貌，反映了蒙古族与自然和谐相处的生存状态和追求美好幸福生活的人生理想。随着社会的飞速发展，人们的文化生活日益丰富，萨吾尔登这一传统舞蹈形式的传承发展面临着严重的危机，急需有关方面采取有效措施，予以积极的保护。

692 III-95

申报地区或单位：新疆维吾尔自治区察布查尔锡伯自治县

锡伯族贝伦舞

锡伯族贝伦舞表演（关德光 摄）

锡伯族贝伦舞是锡伯族民间舞蹈的统称，它流布于新疆伊犁地区的察布查尔锡伯自治县等县市及塔城地区和乌鲁木齐市等锡伯族散居区，被锡伯人称为“生命舞蹈”。

贝伦舞形成于锡伯族发展的早期阶段，锡伯族先民在大兴安岭一带过渔猎生活时就有一种强身健体的娱乐形式，贝伦舞中即保留有其遗风，显示出较强的模拟性。

锡伯族贝伦舞是一种即兴式的民间舞蹈，具有很强的群众性和自娱性，每个人均可根据自己的特长自由表演。锡伯族贝伦舞大约有十多种，主要包括适宜中老年人的锡伯贝伦、明快激昂的多火伦阿合苏尔、行礼舞多若罗若贝伦、拍手舞嘎拉沙什喀拉热贝伦、召媳妇舞赫赫呼拉热贝伦等。贝伦舞乐曲旋律流畅、欢快跳跃、曲调简单但节奏感强烈，经民间艺人整理后形成相对固定的舞曲，以锡伯族民间弹奏乐器冬布尔演奏。

贝伦舞舞蹈形式体现了锡伯族人民的生活习俗和精神风貌，反映了锡伯族与自然和谐相处的生存状态和追求美好幸福生活的人生理想。目前，会跳原始风格贝伦舞的民间艺人大都年事已高，年轻人跳的贝伦舞变异较大，锡伯族贝伦舞的原始形态、表现语汇和艺术风格正在不断失落。在此情势下，应及时培养传承人，对这一古老的民族民间艺术进行及时的抢救与保护。

八十多岁的老人在跳锡伯族贝伦舞（舒峰　摄）

醉舞贝伦（关德光　摄）

693 III-96

申报地区或单位：新疆维吾尔自治区哈密地区、莎车县

维吾尔族赛乃姆

民间艺人弹唱维吾尔族赛乃姆歌曲（阿卜杜热西提·瓦伊提 摄）

赛乃姆是维吾尔族最普遍的一种民间舞蹈，广泛流传于天山南北的城镇乡村。它是维吾尔族日常生活中不可缺少的一部分，维吾尔人每逢喜庆佳节、婚礼仪式、亲友欢聚都要举行麦西来甫晚会并在晚会上热情地跳起赛乃姆以表庆祝。赛乃姆历史悠久、源远流长，主要发源于从事农业生活、民族聚居、文化极为发达的南疆各绿洲。从16世纪开始，在音乐大师克迪尔罕、雅尔坎迪、阿曼尼落罕（乃菲丝）等人的引导下，经过众多民间乐师的挖掘、收集和整理形成的十二木卡姆就吸收了早已在民间流传的赛乃姆，成为每个木卡姆中穷乃额曼的组成部分，而赛乃姆仍以其独立的形式广泛流传。

五堡赛乃姆是五堡地区普遍流行的维吾尔传统歌舞艺术之一，主要由《塞乃姆》、《巴拉代丁亚》、《牙尔代一多，牙纳代一多》、《迈力伯力萨牙尔托拉》、《布里布利克孜》、《托尔哈依》、《拜尔带尔代沙其勤克阿依拉》、《托拉卡日定曼桑哈》、《塔合地开卡丘尔达》等9个套曲组成，其中包括爱情歌谣、生活歌谣和表达人民群众悲欢离合的各种民间歌谣。

喀群赛乃姆是一种在维吾尔族手鼓、都塔尔、笛子、艾捷克、热瓦普、弹拨尔、唢呐等民族乐

庭院里的维吾尔族赛乃姆（阿卜杜热西提·瓦伊提　摄）

艺人拿着普塔（手绢）跳维吾尔族赛乃姆（阿卜杜热西提·瓦伊提　摄）

妇女们表演维吾尔族赛乃姆（阿卜杜热西提·瓦伊提　摄）

随着曲子跳起维吾尔族赛乃姆（阿卜杜热西提·瓦伊提　摄）

器伴奏下表演的传统歌舞，由喀群赛乃姆、塔吉汗赛乃姆、维萨力赛乃姆、托依赛乃姆、塔格赛乃姆等9个赛乃姆，51个调（曲子）和150首内容丰富的库夏克（诗歌）组成。其表演分为木卡姆、塞乃姆、塞勒克曲许尔格（尾段）和麦西来甫（共有15个单曲调的麦西来甫，其中含有一百多首库夏克）四大部分，在麦西来甫演奏间隙会穿插娱乐性的民间游戏以烘托气氛。

赛乃姆是民族文化的宝贵遗产，它充分反映了维吾尔族的原始宗教信仰、地方风俗及音乐舞蹈状况，具有很高的历史文化研究价值。目前，在外来文化的冲击下，维吾尔族赛乃姆传承乏人，亟待保护。

第二批国家级非物质文化遗产名录

传统戏剧

694　IV-93

保定老调

老调

保定老调《忠烈千秋》剧照（河北省保定市文化广播新闻出版局　提供）

保定老调《王佐断臂》剧照（河北省保定市文化广播新闻出版局　提供）

老调·保定老调

申报地区或单位：河北省保定市

保定老调是流传于河北省保定地区的一个地方戏曲剧种，又称“老调梆子”，最早为白洋淀周边农村花会中演唱的俗曲“河西调”，至清代道光、咸丰年间初具戏曲雏形。早期老调的行当以生、净为主，而这两行又都同唱老生调，故称“老调”。

保定老调多描写帝王将相、草莽英雄的传奇故事，剧目一是由当地流行的木板大鼓曲目改编而来，如《杨家将》、《呼家将》等；二是由高腔剧目移植而来，如《大战棋盘街》、《山海关》、《请清兵》等。

老调唱腔叙述性较强，风格质朴激越，雄浑宽厚，粗犷高亢，给人以深沉凝重、气势恢弘的感觉，显示出忠肠烈骨、慷慨悲歌的燕赵地域特色。老调唱腔属板腔体，基本曲调由结构相似、结音相同的上下句组成，若干上下句循环反复，构成唱段。唱词为说唱体格式，与大鼓词颇为相近。

保定老调《直隶总督唐执玉》剧照（河北省保定市文化广播新闻出版局　提供）

保定老调《潘杨讼》剧照（刘双禄　摄）

老调文戏、武戏角色齐全，有老生、老外、小生、武生、青衣、花旦、刀马旦、老旦、彩旦、花脸、丑等多个行当。其表演亲切朴实，自然流畅，举手投足、唱叹念白间散发着浓烈的乡土气息。

保定老调带有明显的地域特征，艺术风格极其鲜明，对于当地历史文化、民间风尚乃至中国地方戏起源、形成与发展的研究都有重要的参考价值。

四股弦

695 IV-94

冀南四股弦

四股弦·冀南四股弦

申报地区或单位：河北省巨鹿县、馆陶县、魏县、肥乡县

冀南四股弦又名“四根弦”，是河北地方戏曲剧种之一，其主要伴奏乐器大弦亦名“四胡”，上有四根丝弦，剧种由此而得名。冀南四股弦流传于河北省巨鹿县、馆陶县、魏县、肥乡县等地，远播京、津、鲁、豫地区，至今已有两百多年的历史。它最早是由民间的花鼓戏发展而成，19世纪初从山东传入河北，在民间俚曲的基础上吸收了乱弹、京剧、河北梆子等剧种的营养，逐渐演变成今天的规模。

馆陶县四股弦剧照（张玉兴　摄）

冀南四股弦《二进宫》剧照（赵敬敏　摄）

冀南四股弦清唱（王林菲　摄）

冀南四股弦《贺后骂殿》剧照（解会谦　摄）

四股弦生、旦、净、丑行当齐全，早期多演民间家庭生活小戏，经过逐渐发展，后来也演出传统历史戏和连台本大戏。其唱腔悠长舒缓，委婉流畅，有男腔、女腔之分。角色语言含蓄幽默，通俗易懂，为广大观众所喜闻乐见。冀南四股弦剧目众多，《刘金定下南唐》、《贺后骂殿》、《二进宫》、《坐楼杀惜》等是其中代表性的作品。四股弦是珍贵的民间戏曲文化遗产，具有很高的艺术价值，亟待扶持保护。

696 IV-95

申报地区或单位：河北省邯郸市、武安市、涉县
山西省朔州市

赛戏

赛戏《八仙祝寿》剧照（河北省武安市文化馆　提供）

赛戏又名“赛”或“赛赛”，是流行于内蒙古、山西、河北、陕西等地区的一个古老戏曲剧种，其历史渊源及形成时间均无记载，从演出戴假面、追逐驱赶等表演特征来看，它与周代就已成型的“傩”及其衍生出的傩戏可能有同样的历史渊源。

“赛”的本意是报祭，即具仪仗、鼓乐、百戏迎神祭祀的活动。赛戏的整体演出活动包括祭祀仪式、戏剧演出、广场社火等多个部分，表演以男性角色为主，在个别地区甚至根本没有女性角色。演出时以大锣、大鼓、大镲等打击乐器伴奏。各地演出剧目不尽相同，但大多为历史故事，也有表现革命题材的作品。河北省邯郸市上演剧目以三国戏为主，而以汉代戏、宋代戏为辅；武安市演出剧目达数十部，而以《幽州》、《三关》、《广武山》、《夜打登州》等较有代表性；涉县有《池县》、《宁武关》等剧目，叙述商、明等朝的历史故事；山西省朔州市有《三英战吕布》、《孟良盗骨》等剧目，为广大观众所耳熟能详。

赛戏是融民俗礼仪与表演艺术为一体的戏剧形式，表演原始朴拙，形式较为严谨，在中国戏曲史、民俗史等的研究中具有极其重要的参考价值。

赛戏《夜打登州》中的秦琼
（冯承庆　摄）

赛戏《送徐庶》剧照（王自国　摄）

赛戏面具（河北省武安市文化馆　提供）

697 IV-96

申报地区或单位：河北省永年县

永年西调

永年西调《潘杨讼》剧照（王林菲　摄）

邯郸市永年县位于河北南部，这里平原广袤，滏水、名河穿境而过，地理环境十分优越，永年西调就在这一地区普遍流传。永年西调又称“泽州调”，因常演袍带戏，舞台多设一搭板，又有“三搭板”的俗名，新中国成立初期正式定名为“西调”。

永年西调属板腔体，声腔主要由丝弦曲牌和大笛曲牌组成，有“二慢板”、“三慢板”、“四六板”、“垛板”、“慢长皮”、“介板”等繁复多样、成本成套的板式，善于表现高亢激昂、自由奔放和活泼欢快的情绪。其伴奏乐器十分独特，领奏的头弦锯琴是地道的自制民族乐器，它用皮做弦，采用五度定弦，内6外3，琴杆细而短，用楸木或桐木掏成的琴筒则比较粗长；土制京胡二把弦采用四度定弦，内3外6；三把弦（葫芦）属低音乐器，形似二胡，杆部较长，筒为扁形，声音低沉浑厚。西调原有“昆、梆、罗、卷、簧”五种声腔，目前仅演梆子腔，唱腔和念白摒弃晋音，向京白、韵白靠拢。

永年西调《潘杨讼》剧照（徐鹏　摄）

永年西调《八郎探母》剧照（徐鹏　摄）

永年西调角色行当齐全，表演上主要学习借鉴京剧、河北梆子的表演程式及翻打技巧，具有粗犷豪迈、简练朴实的特点，充满乡土气息。传统剧目一百多种均由上党梆子承袭而来，其中包括《小过山》、《罗章跪楼》等梆子腔剧目六十多种，《探阴山》、《空城计》等簧腔剧目三十多种，《封相》、《赐福》等昆腔剧目和《打面缸》、《上坟》、《顶砖》等罗腔剧目多种，原有的卷戏剧目现已失传。

永年西调以其独特的艺术魅力吸引着广大观众，成为当地人民生活中不可或缺的精神食粮，在河北地方文化、社会风俗等的研究中有一定的参考价值。目前，河北境内的西调艺术日渐衰落，仅永年县有一个西调专业剧团，人员少，经费紧，传承不易，生存困难，亟待抢救保护。

698 IV-97

申报地区或单位：河北省深泽县　安徽省宿州市

坠子戏

坠子戏《包公出世》剧照（纪书强　摄）

坠子戏来源于说唱形态的曲艺坠子，因以“坠子弦”（今称“坠胡”）为主要伴奏乐器而得名，广泛流传于河南、河北、安徽、山西、北京等地。坠子是由流行在河南、河北和皖北等地的曲艺道情、莺歌柳书、三弦书、坠子书等结合形成的，坠子戏以河南坠子的曲调为基础，吸收京剧、豫剧的一些表演方法，最终形成独具一格的地方戏曲剧种。

坠子戏《白罗衫》剧照（纪书强　摄）

坠子戏《打工奇缘》剧照（左大勇　摄）

坠子戏传统的音乐唱腔包括“过板”、“引子”、“平腔”、“大小寒韵”、“五字嵌”、“十字韵”、“快板扎”等，可采用单唱、对口唱、多人分唱等方式演唱，风格流畅婉转，词句通俗易懂，深受广大观众的欢迎。主奏乐器坠琴也叫“坠胡”，是由小三弦改制而成的拉弦乐器，演奏时多用顿弓、滑奏等手法，音色悠扬动听，表现力极为丰富。除此以外，坠子戏尚有二胡、二弦、笛、笙、唢呐、大提琴等多种伴奏乐器。

坠子戏是较有影响的传统戏曲剧种，在民间艺术、地方历史文化等的研究方面有一定的参考价值，值得重视并应加以保护。

坠子戏《歪脖子树上落凤凰》剧照（诸炳华　摄）

699 IV-98

申报地区或单位：山西省潞城市、黎城县

上党落子

上党落子《二进宫》剧照（山西省黎城县人民文化馆　提供）

上党落子是流传于山西上党地区的地方剧种，清代道光年间形成于浊漳河西岸黎（城）潞（城）交界地带，黎城上党落子亦称“黎城落子”。据史料记载，清代同治八年（1869）潞城的潞河村创办合意班，演唱落子，其后李家庄村、微子镇、黄牛蹄、小常村等处亦相继成立班社，上党落子演出流布潞城，进而传入相邻的平顺、壶关、长子、屯留等地。除上党地区以外，晋中的左权、榆社，河北的武安、涉县等地也都有上党落子的演出。1955年，这一地方戏曲剧种正式定名为“上党落子”。

上党落子的音乐是宫调式的，以板腔体唱腔为主，曲牌体唱腔为辅。板腔体的板式最主要的有“流水”、“清流水”、“散板”等，曲牌体唱腔则有“凹板”、“八板”、“锁板”等，大部分都是专曲专用，以四句体系段为基础，最后与“流水”板相连接。演唱起来简朴动人，自然亲切，激切高昂之中不失悠扬婉转，具有节奏分明、腔吻流动的特点，既可叙事，又可抒情，深受流传地观众的喜爱。

上党落子《朱元璋斩婿》剧照（山西省潞城市上党落子剧团　提供）

上党落子《唐宫悦》剧照（山西省潞城市上党落子剧团　提供）

上党落子形成初期演的是“三小戏”和“家生戏”，只有小生、小旦、小丑三个行当。后来经过发展，形成了比较齐全的角色行当，且比其他剧种多一个二套须生，有“七紧、八惯、九消停”之说。随着演出剧目的变化，各行当有了明确的分工，一人兼演两个行当的现象不复出现。

上党落子与民俗文化上党宫调、上党皮簧及上党傩戏、上党队戏流行于同一地区，底蕴深厚，具有民俗、宗教、历史文化等多方面的研究价值。

上党落子《白沟河》剧照（山西省黎城县人民文化馆　提供）

700 IV-99

眉户

运城眉户

华阴迷胡

迷糊戏

眉户又称“迷胡”、“曲子”、“清曲”，广泛流传于陕西、山西、甘肃、宁夏等地。眉户的起源有两说，一说它源出陕西的眉县、户县，因地而得名；一说它源出陕西的华阴、华县，因曲调悦耳动听而被称为迷人的戏，简称“迷戏”，俗称“迷胡”。

眉户是在民歌连唱的基础上由地摊说唱逐渐过渡到舞台演出的，它主要有两种表演形式，一种仍保留地摊演唱的曲艺形式，唱本多系折子戏，一唱到底，很少说白；另一种采用舞台演出形式，有白有唱有表演，曲牌的选用比较自由。眉户是特色鲜明的地方戏曲剧种，曲调丰富，流传区域广，在我国戏曲文化中占有重要地位。

眉户·运城眉户

申报地区或单位：山西省运城市

运城眉户最初是一种民歌演唱形式，在长期流传过程中逐渐发展为说唱，一些盲人和贫民以四页瓦击节、三弦伴奏，走街串巷打地摊表演或在婚丧喜庆场合演唱助兴，借以谋生。其后这种说唱更进而发展为家戏，由业余演员在舞台上装扮演出。最后出现了职业演出班社，运城眉户由此开始进入成熟阶段。

运城眉户的唱腔音乐属于曲牌体，有七十二大调、三十六小调，内容丰富，流传地域较广。其表演在吸收蒲州梆子的水袖、帽翅、靴子、翎子、椅子、帕子等程式的基础上形成了自己独特的面貌，得到当地观众的一致认同。运城眉户在发展过程中积累了一批演出剧目，《卖水》、《烙碗记》、《如意店》、《打经堂》、《三进士》、《张连卖布》等都是其中的代表性作品。在晋南地区，眉户演唱已成为老百姓婚丧喜庆典礼中不可或缺的内容之一，这一重要的民间戏曲剧种与当地群众的日常生活存在着千丝万缕的联系，其民俗学、社会学意义与艺术价值同样重要，值得认真加以研究。

运城眉户《张连卖布》剧照（山西省临猗县眉户剧团　提供）

运城眉户《果乡情》剧照（山西省临猗县眉户剧团　提供）

眉户·华阴迷胡

申报地区或单位：陕西省华阴市

迷胡是陕西地方戏第二大剧种，具有悠久的历史，华阴是其最早和最有影响的发源地之一。华阴迷胡常以“地摊子”坐场形式演出，主要是演唱叙事性的套曲，俗称“板凳曲子”，也叫“清唱曲子”。“清唱曲子”受宋代“弹词”、“赚词”及元曲杂剧的影响，在保持“地摊子”基本表演形式的前提下，部分开始向“高台”表演转化，逐渐形成戏剧形式的华阴迷胡。

华阴迷胡的唱腔音乐风格细腻柔媚，富有抒情性，其中包含了众多的曲牌，有“大调七十二，小调三百六”之说。

华阴迷胡《海港》剧照（程晓亚　摄）

华阴迷胡《江姐》剧照（程晓亚　摄）

华阴迷胡《情洒老岭》剧照（程晓亚　摄）

新中国成立前后，华阴境内地摊子型的“清唱迷胡”班社多达上百个，其中赵坪、南营、康营等村的自乐班社至今已有上百年的历史。华阴的几位主要迷胡艺人受聘于省迷胡剧团，大大提升了剧团的艺术水准，为这一戏曲剧种的发扬光大作出了巨大贡献。

华阴迷胡《沙家浜》剧照（程晓亚　摄）

眉户·迷糊戏

申报地区或单位：新疆生产建设兵团

迷糊戏伴奏乐班（曹斌才　摄）

眉户戏原流传于陕西、甘肃等省，大约19世纪中期随陕甘地区的逃荒者和移民流入新疆，经过一百多年的发展演变，成为深受新疆人民喜爱的一个戏曲剧种，在当地称为“迷糊戏”，主要流传于新疆生产建设兵团的五家渠、芳草湖、新湖、奇台垦区等地。

迷糊戏在流变过程中吸收了新疆曲子戏、秦腔等剧种的一些艺术因素，形成自己独具的特点。其唱腔具有浓厚的乡土韵味，演唱时以三弦、二胡、笛子、梆子、碰铃、竹板等乐器伴奏。

迷糊戏在新疆民间以口传心授方式传承，有文字记载的词谱很少。“文革”期间迷糊戏曾一度衰落，改革开放后，民间艺人和兵团退休职工又自发组织演唱，使这个边疆地区的戏曲剧种在一定程度上得到了恢复。但目前老艺人逐渐谢世，健在的也年事已高，迷糊戏后继乏人，濒临失传的危险，亟待抢救保护。

迷糊戏演出场景（曹斌才　摄）

701 IV-100

申报地区或单位：辽宁省鞍山市

海城喇叭戏

海城喇叭戏《梁赛金擀面》剧照
（辽宁省鞍山市艺术创作研究所　提供）

海城喇叭戏《王婆骂鸡》剧照（辽宁省鞍山市艺术创作研究所　提供）

海城喇叭戏艺人表演绝活“扑蝴蝶”
（徐强　摄）

海城喇叭戏广泛流传于辽宁鞍山、海城、营口、大石桥、辽阳及周边地区，因最早形成于海城西部的牛庄一带，主奏乐器唢呐又俗名“喇叭”，故习称为“海城喇叭戏”。

明末清初，海城喇叭戏初具戏曲形态。清代同治、光绪年间，随着海城高跷秧歌的盛行，喇叭戏由地秧歌进入高跷会，将跷功、手绢功等巧妙地融入表演之中，形成了跷戏结合的演出形式。海城喇叭戏现存传统剧目四十余种，大致可分为“单人戏”、“二人戏”、“三小戏”几个类别，《王婆骂鸡》、《傻柱子接媳妇》、《神州会》、《锔大缸》等是其中的代表性作品。这些剧目情节简单，语言朴实，大多反映底层劳动人民的生活，具有通俗性、娱乐性的特点，深受当地群众喜爱。海城喇叭戏的唱腔音乐属于曲牌体，柳腔和杂腔小调是其重要的组成部分。

海城喇叭戏现有艺人已为数不多，并且都年过古稀，而这一戏剧样式大多通过口传身授方式传艺，演员多是半农半艺，这就制约了喇叭戏的传承。受多方面因素的影响，喇叭戏的传统剧目也在大量流失。在此情势下，有必要制定措施，对处于濒危状态的海城喇叭戏进行抢救保护。

702 IV-101

申报地区或单位：吉林省农安县

黄龙戏

黄龙戏《歪梨娘娘》剧照（王颖　摄）

黄龙戏《圣明楼》剧照（陈大海　摄）

黄龙戏是东北特有的一个地方戏曲剧种，流传于吉林省农安县及其周边地区。它以“此地影”（当地民间艺人对本地皮影戏的俗称）的音乐和“此地影”演化而来的民间小戏（当地俗称“唱玩意儿”或“半截影”、“地蹦影儿”）为基础，充分吸收和借鉴本地萨满乐舞、民间说唱、口头文学、民间小调等艺术手段，形成独立剧种。黄龙戏的雏形大约出现于19世纪末，因农安在辽、金时期称“黄龙府”，1959年据此正式将这个剧种定名为“黄龙戏”。

黄龙戏诞生于北方民族渔猎游牧文化的纵深地带，显示出马背民族雄健、质朴的族群特征，在民俗史、社会风尚史、北方文化史等方面的研究中具有极其重要的参考价值。

703 IV-102

申报地区或单位：上海淮剧团
江苏省盐城市

淮剧

淮剧《金水桥》剧照（江苏省淮剧艺术研究会　提供）

淮剧又称“江淮戏”、“盐城戏”、“江北小戏”等，它起源于苏北的香火戏，在江淮之间的淮阴、盐城、扬州地区和沪宁线上的上海、南京、苏州、无锡、常州及安徽滁州、浙江长兴等地广泛流传。清末民初，江淮小戏闯进上海滩，经历了搭墩子、摆地摊、拉帏子等早期发展阶段，渐渐从茶楼戏园走上专业舞台。上海的淮剧班社吸纳了一些京剧演员，在演出中形成“京夹淮”的特点，取得长足进步。新中国成立后，这一戏曲剧种统一定名为“淮剧”。

淮剧唱腔音乐起源于民间说唱与劳动号子，以铿锵豪放、优美质朴著称，其主要曲调包括“淮调”、“拉调”、“自由调”等，具有鲜明的地域特色。淮剧经过几代艺人的发展传承，生、旦、净、丑脚色行当齐全，唱、念、做、打表演程式完备，同时积累了大量的传统剧目，号称“九莲”、“十三英”、“七十二记”。武戏是淮剧的一大特色，武打技艺受徽剧影响较深。劈叉、倒立、乌龙搅等动作堪称一绝。

有“古傩遗响，梨园奇葩”之誉的淮剧“花开上海，根在江苏”，是江苏、上海两地共同培育的一朵戏曲艺术之花。它既是江苏地方文化不可分割的重要组成部分，又与海派文化密切相关，同时反映着积淀深厚的江苏文化特征和积极创新的海派精神，具有民俗、宗教、历史文化等方面的研究价值。

淮剧武戏演出场景（上海淮剧团　提供）

淮剧《唢呐声声》剧照（江苏省淮剧艺术研究会　提供）

淮剧《赞貂》剧照（江苏省淮剧艺术研究会　提供）

淮剧《红灯记》剧照（江苏省淮剧艺术研究会　提供）

淮剧《太阳花》剧照（江苏省淮剧艺术研究会　提供）

淮剧专场演出剧照（上海淮剧团　提供）

704 IV-103

申报地区或单位：江苏省演艺集团锡剧团、无锡市、常州市

锡剧

锡剧《红花曲》剧照（无锡市锡剧院　提供）

锡剧《攀弓带》剧照（李燕良　摄）

锡剧旧称“滩簧”，是江苏省主要戏曲剧种之一。其发源地一说在无锡市东北乡，一说在常州市德安桥地区，因而有“锡滩”、“常滩”之称。清代乾嘉以来，吴语滩簧盛行，至道光年间出现了职业或半职业的滩簧艺人。在长期实践的基础上，这一民间说唱艺术逐渐发展演变为一个独立的戏曲声腔剧种。

锡剧唱腔音乐以“簧调”为基本曲调，同时兼有“大陆板”、“铃铃调”等数十种曲调。在多年的演出过程中，锡剧形成了姚（澄）派、王（兰英）派、沈（佩华）派、王（彬彬）派、梅（兰珍）派、王（汉清）派、吴（雅童）派等多种富于艺术个性的唱腔流派，积极推动了剧种的发展。锡剧表演行当以花旦、小生为主，代表剧目《双推磨》、《庵堂相会》、《庵堂认母》、《双珠凤》等都曾拍摄成戏曲电影艺术片。除传统剧目外，锡剧还有一批优秀现代戏，其中以《红色的种子》最为人所称道。近年来，新一代锡剧表演艺术家重新打造的传统剧目《珍珠塔》获文化部新剧目奖，标志着锡剧在新时期进一步的发展。

锡剧曲调优雅抒情，生活气息浓厚，别具江南水乡风韵，是吴文化宝库中的珍贵财富。它与同属滩簧系统的沪剧、甬剧、苏剧共同构成了江南戏曲艺术一道亮丽的风景线，为江南地方文化的研究提供了丰富的资源。

锡剧《二泉映月》剧照（无锡市锡剧院　提供）

锡剧《孟丽君》剧照（无锡市锡剧院　提供）

锡剧《烟村三月》剧照（常州市锡剧团　提供）

705 IV-104

申报地区或单位：江苏省淮安市、连云港市

淮海戏

淮海戏《三拜堂》剧照（苗运杰 摄）

淮海戏是江苏省主要的地方戏曲剧种之一，流行于连云港市、淮安市、宿迁市及徐州市、盐城市部分县区，至今已有两百多年的历史。1830年前后出现了淮海戏的演出班社，1880年后仅海州的东海、灌云两县就有一百多个淮海戏班。1940年抗战期间淮海戏艺人成立"艺人救国会"，编演了《小板凳》、《大后方》、《三星落》等一大批现代剧目，利用戏曲宣传抗战，起到了鼓舞士气民心的作用。

淮海戏唱腔音乐丰富多彩，有男腔和女腔的区别。男腔以"东方调"为基本腔，以"金风调"等为辅助唱腔；女腔以"好风光"为基本腔，以"二泛子"等为辅助唱腔。淮海戏唱腔的特点是乐句结尾突然翻高八度要腔，具有拉人魂魄的艺术魅力，故有"拉魂腔"之称。淮海戏的一些表演身段明显脱胎于苏北农村生活，带有浓郁的乡土气息。在长期演出中，淮海戏积累了一批经典的传统剧目，有"三十二大本，六十四单出"之说，其中的《皮秀英四告》、《三拜堂》、《催租》等久演不衰，在苏北地区几乎家喻户晓。

淮海戏《秋月》剧照（易欣　摄）

淮海戏《借靴》剧照（苗运杰　摄）

淮海戏《催租》剧照（吴永开　摄）

706 IV-105

申报地区或单位：江苏省通州市

童子戏

童子戏是江苏民间祈福活动中的一种演剧形式，流传于江苏省南通市及通州市中西部和周边部分地区，其表演形式已有千年以上的历史。

南北朝以来，南通逐渐成陆，后周显德年间始有建置，当时称为“胡逗洲”。成陆初期四面环水，交通闭塞，所以成了流人聚集的场所。这些流人成分复杂，南北皆有，发配或迁徙到南通，带来了巫觋演唱、祈福消灾的习俗，当地称之为“上童子”或“童子上圣”。

童子号称可自由游走于神、鬼、人三界，借此为百姓消灾除病、纳吉祈福。上童子技艺主要可概括为“表”和“圣”两大部分，“表”即上表请天神，“圣”即天神下凡附于童子之身。民间家庭演唱时最简单的形式是“化兰门”，只需一个童子，过程较为简易；最复杂的是“九表十三圣”，规模宏大，整个过程需时三天三夜，参加的童子达到数十人。除家庭演唱外，南通民间还有一种公开表演的童子会，亦称“消灾胜会”，这是一种集体性的消灾祈福活动，一般规模较大，文童子坐唱，武童子展示武功绝技以吸引观众。

上童子使用南通方言演唱，同时配以打击乐器的敲奏，声腔怪戾奇特、高亢悲怆，具有强烈的冲击力，演唱内容则多与降妖捉鬼、神仙灵异有关。在这种特殊的表现形式中，原始宗教与戏剧（含舞蹈、杂技）互为表里，演出剧目有《西游记》、《唐王游地府》、《刘全进瓜》、《审包公》等。南通童子戏的学术研究价值颇高，目前海内外已出版了一批有关专著。2004年，南通童子戏赴韩国访问演出，为国际民间文化交流作出了贡献。

童子戏《语神》吸引远近乡邻围观（张松年　摄）

707 IV-106

申报地区或单位：浙江省温州市

瓯剧

瓯剧《仇大姑娘》剧照（林绍祥　摄）

瓯剧《高机与吴三春》剧照（巨明华　摄）

瓯剧是温州地区最有影响的戏曲剧种，原名“温州乱弹”，它大约形成于清代初年，主要在浙江温州各县及丽水、台州部分地区流传，影响远及闽北及赣东北一带。瓯剧是一个多声腔剧种，以乱弹腔为主，兼唱昆腔、高腔、徽调、滩簧及时调等。

瓯剧剧目计有四百五十余种，基本来自南戏、元明杂剧及明清传奇。其中正宗传统大戏84本，有“三昆、四高、四徽、四冷、五老”之说，指的是《连环记》、《渔家乐》、《雷峰塔》三本昆腔戏，《雷公报》、《循环报》、《报恩亭》、《紫阳观》四本高腔戏，《回龙阁》、《龙凤阁》、《双秋莲》、《天缘配》四本徽戏及四本不常演的冷戏和五本老戏。

瓯剧舞台艺术独具特色，其角色行当文武不挡，文戏细腻含蓄，有“蹉步”、“麻雀步”、“三跳步”等表演技巧；武戏融“小南拳”拳棒于打斗中，热烈火爆，颇具地方特色。化妆脸谱以粗线条块凸显色彩的对比，文字脸、动物脸等自成一格，引人瞩目。各种声腔的演唱也别有韵味，昆腔流丽悠远，乱弹华彩激越，徽调古朴平直，滩簧委婉动人，时调通俗流畅，高腔干唱，采用帮腔，以锣鼓助节，铿锵喧腾的大锣、丰富的鼓经和古老脚鼓的独特击奏使瓯剧的音乐声腔更具特点，显示出动人的魅力。

瓯剧《酒楼杀场》剧照（瓯艺　摄）

瓯剧《双金印》剧照（林绍祥　摄）

瓯剧《东瓯王》剧照（巨明华　摄）

瓯剧《贤良福》剧照（林绍祥　摄）

708 IV-107

申报地区或单位：浙江省宁波市

甬剧

甬剧《陆雅臣卖妻》剧照（应佩佩　摄）

甬剧《秋海棠》剧照（应佩佩　摄）

甬剧是用浙江宁波方言演唱的地方戏曲剧种，音乐声腔属于滩簧。它的流布区域早期集中在鄞县、奉化一带，后逐步遍及整个宁波地区及舟山一带乡镇。随着上演剧目的变革，甬剧先后经历了男小旦、女小旦、改良甬剧等几个发展时期。新中国成立前，甬剧在上海、宁波等地相当活跃，出现了许多表演团体。1938年后，这一戏曲剧种正式被人称为“甬剧”或“改良甬剧”。

甬剧《霓虹灯下的哨兵》剧照（应佩佩 摄）

甬剧《宁波大哥》剧照（应佩佩 摄）

甬剧《春江月》剧照（应佩佩 摄）

甬剧音乐曲调丰富，其中包括从农村田头山歌、对山歌、唱新闻演化而来的"基本调"、"四明南词"，从乱弹班带来的"快二簧"、"慢二簧"曲调及一些地方小调等。"基本调"主要用来叙述故事情节，"四明南词"主要用来抒发人物感情，"二簧"主要用来表现高亢激昂的情绪，小调则用来表达一些特殊的情感。近五十年来，各种曲调交叉融汇，形成了一些新的综合曲调。

甬剧适宜于演出清装戏、20世纪30年代西装旗袍戏和现代戏，十分贴近现实生活，其传统戏《半把剪刀》、《天要落雨娘要嫁》、《双玉蝉》，现代戏《王鲲》、《亮眼哥》等经典剧目在反映现实方面都有出色的表现，受到广大观众的欢迎。

目前甬剧已出现衰落趋势，专业表演团体仅存宁波市甬剧团一家，急需有关方面予以保护扶植。

709 IV-108

申报地区或单位：浙江省余姚市

姚剧

姚剧《王阳明》剧照（汪一煦　摄）

姚剧诞生于南戏“四大声腔”之一“余姚腔”的发祥地浙江省余姚市，流行于浙东余姚和慈溪市中西部及上虞市曹娥江以东地区。姚剧属滩簧类吴语剧种，其前身为“余姚滩簧”，又称“鹦哥戏”或“秧歌戏”，系由余姚当地的雀冬冬、白话佬等民间说唱艺术和车子灯、旱船、采茶篮等民间歌舞发展而来，至今已有两百五十多年的历史。

姚剧传统剧目丰富，贴近民众心理，现存《打窗楼》、《秋香送茶》等72种，多为反映平民生活、男女爱情的“对子戏”、“三小戏”和多角“同场戏”。其表演质朴自然，带有浓郁的乡土生活气息，不受戏曲程式束缚，注重人物性格的刻画和真情实感的体现，唱、念、表演之中透出幽默诙谐的情趣。姚剧较早采用男女合演的表现形式，生、旦同宫异腔。其唱腔音乐富于民间艺术风味，以节奏明快、活泼流畅见长，主要包括“平四”、“紧板”两种基本调和数十种辅助性的小调杂曲。两种基本调兼具抒情和叙事功能，既能独立运用，又能相互转换。

姚剧群众基础深厚，为浙东广大农村观众所喜闻乐见。在长期发展过程中，它深刻影响了绍兴滩簧、桐乡花鼓戏、小歌班（越剧前身）等地方戏曲剧种，有力推动了这些剧种的发展。

姚剧表演专业班学员期末考试现场（吴斌　摄）

姚剧《王阳明》剧照（汪一煦　摄）

710 IV-109

申报地区或单位：浙江省绍兴市

绍剧

绍剧《孙悟空三打白骨精》剧照（胡芳华　摄）

绍剧又称“绍兴乱弹”，流行于浙江绍兴北部及相邻省区。这个剧种生、旦、净、丑脚色行当齐全，多披袍执笏搬演帝王将相征战杀伐故事。它在戏班组织和演出场面上都较道光、咸丰年间绍兴地区以一旦一丑搬演“戏弄”段子的“鹦哥班”为大，因有绍兴大班之称。各个行当的演员技艺均十分精湛，众人汇集戏班，一如群玉聚成，故绍兴大班常泛称“玉成”。

绍剧一直是绍兴赛社时主要的演出内容，乱弹班在庙宇草台、广场村野登台，锣鼓喧阗中面对万千观众引吭高歌，以慷慨激昂的唱做表现惩奸除恶、报仇雪耻等类的题材，繁音激楚，声震四方，起到了刺贪刺虐、警世醒民的作用。

绍剧《大禹治水》剧照（胡芳华　摄）

绍剧音乐朴实粗犷，演唱以高亢激越为特色，尤多动人心魄的抒情长腔。表演豪放洒脱，文武兼备，而武戏尤为擅长，工架稳妥，武技精湛，打斗激烈，场面壮观，令人击节叹赏。其中取材于《西游记》的《孙悟空三打白骨精》完美地塑造了集“人、神、猴”于一体的孙悟空形象，达到极高的艺术水准，使得绍剧艺术名扬四海，受到广大观众的青睐。20世纪60年代，《孙悟空三打白骨精》演遍全国，更走出国门，参加中外文化交流。根据舞台剧摄制的同名彩色戏曲片在世界上72个国家和地区放映，赢得了一致赞誉。

711 IV-110

申报地区或单位：浙江省金华市、江山市

婺剧

婺剧《百寿图》剧照（赵菊香　摄）

婺剧是我国古老的戏曲剧种，俗称“金华戏”，至今约有四百多年的历史。

婺剧有传统剧目五百多种，其唱腔音乐体系具有综合性的特点，其中包括高腔、昆曲、乱弹、徽调、滩簧和时调等多种声腔。婺剧在行头与化装体制上也有自身特点，脸谱、服装和道具都相当独特。文戏武做、武戏文做是婺剧表演的主要特色，堪称一绝。

在现代娱乐业迅速发展的形势下，婺剧市场受到很大冲击，日益萎缩，老艺人的相继去世又导致一批剧目失传，再加上普通话的推广使年轻一代对以方言土语演出的婺剧产生了隔阂，目前婺剧的传承和发展困难重重，前景堪忧，亟待抢救保护。

婺剧《穆桂英》剧照（赵菊香　摄）

婺剧折子戏《断桥》剧照（赵菊香　摄）

婺剧《昆仑女》剧照（赵菊香　摄）

712 IV-111

申报地区或单位：安徽省宿松县

文南词

20 世纪 50 年代文南词剧团使用的二胡（杨峰　摄）

20 世纪 50 年代的文南词曲谱（杨峰　摄）

文南词是产生于皖鄂赣三省交界地区的一个地方戏曲剧种，又名“文词腔”、“文曲戏”，它主要流行于安徽省宿松县、湖北省黄梅县和江西省九江市等地，至今已有近三百年的历史。进入发展繁荣阶段以后，宿松文南词的民间戏班迅速增多，常演出正戏和整本大戏。它在演出中借鉴传统灯歌和灯舞的表演形式，加入丝弦伴奏，形成了自身的剧种特色。文南词音乐底蕴丰厚，表现形式灵活，题材内容贴近底层民众生活，深受流行地观众的喜爱。在发展过程中，文南词深深影响了周边的地方剧种，它所包含的许多艺术元素为后起的黄梅戏所吸纳，对黄梅戏的变革发展起到了推动作用。

文南词《妇孺迷恋文南词》剧照（陈林　摄）

713 IV-112

申报地区或单位：安徽省宿州市、淮北市、宣城市
湖北省随州市、麻城市
湖南省岳阳市、邵阳市、常德市

花鼓戏

邵阳花鼓戏《磨豆腐》剧照（湖南省邵阳市花鼓戏剧团 提供）

花鼓戏是我国各地方小戏“花鼓”的总称，主要流传于湖南、湖北、安徽、浙江等地。明末范文若的传奇作品中描摹了演唱花鼓的戏剧场景，显示了这一艺术形态的最初面貌。花鼓演唱源出于民歌，后逐渐发展为一旦一丑表演的“两小戏”。在实践过程中，它借鉴地方大戏的表演模式，吸收各种艺术因素，最终发展成为独立的地方戏曲剧种。花鼓戏的音乐曲调基本上属于曲牌联缀体，同时又辅以一些板式变化。表演手段丰富多样，生动活泼，具有鲜明的地方特色和民间歌舞风格。传统剧目以反映生产劳动、男女爱情、家庭矛盾等民间生活内容为主，在后来的发展中也出现了一些反映现代生活的新作品。

湖南岳阳花鼓戏以湘北方言演唱，共有传统剧目123个。其声腔音乐分“锣腔”与“琴腔”两大类，“锣腔”有“南路锣腔”、“北路锣腔”与“专用锣腔散曲”之分，“琴腔”也

麻城花鼓戏《麻姑》剧照（杨金洲 摄）

麻城花鼓戏《十八相送》剧照（杨金洲　摄）

随州花鼓戏《不下马的将军》剧照（刘大江　摄）

邵阳花鼓戏《换狱》剧照（湖南省邵阳市花鼓戏剧团　提供）

淮北花鼓戏《阳光下的呼唤》剧照（华立仁　提供）

常德花鼓戏联唱（陈杰　摄）

花鼓戏《天下第一墨》剧照（潘华业　摄）

皖南花鼓戏下乡演出照（潘华业　摄）

邵阳花鼓戏《对脚迹》剧照（谭高荣　摄）

有“正调琴腔”与“琴腔小调”之分。邵阳花鼓戏唱腔丰富，曲牌众多，形成了以川调类、牌子类和小调类三种声腔融合一体的音乐体系，其表演与音乐根据基本艺术风格分为东、南、西三路。

淮北花鼓戏的主要曲调包括“宿州调”、“浍北调”、“口子调平板”、“寒板”等，其中的“寒调”尤具个性。其表演亦别具一格，以“花鼓大走场”最富特点，被认为是淮北花鼓戏的“绝活儿”。皖南花鼓戏有“淘腔”、“北扭子”、“四平”、“悲腔”四大主腔，另有灯曲和民歌小调等组成的花腔。其传统剧目有《扫花堂》、《打瓜园》、《假报喜》、《当茶园》、《打补钉》等。随州花鼓戏的演唱声腔分为“蛮调”、“奤调”、“梁山调”、“彩调”四大调式。麻城花鼓戏又称“东路子”，唱腔有“东腔”、“二高腔”、“二行”、“对腔”、“叹腔”和“小调”等，剧目有《卖花记》、《珍珠塔》、《告堤霸》、《闹公堂》等。

714 IV-113

申报地区或单位：安徽省亳州市
河南省开封市、滑县
山东省定陶县

二夹弦

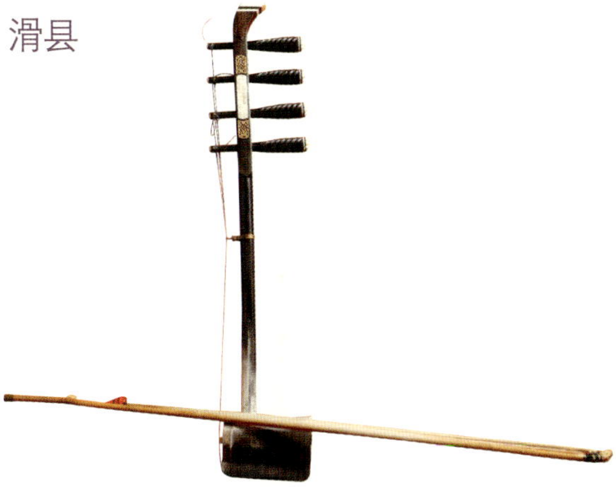

二夹弦伴奏乐器：四弦胡琴（陈祥银　摄）

二夹弦又名“两夹弦”，是一个历史悠久的地方戏曲剧种，广泛流行于苏、鲁、豫、皖四省，因主要伴奏乐器四胡的四根弦分别夹着弓上所系的两股马尾演奏而得名，至今已有三百多年的历史。

二夹弦最初为纺棉小调，后经历代艺人的发展创造，在“花鼓丁香”、“大五音”和“四根弦”等剧种的基础上逐渐形成了今天的二夹弦。二夹弦的唱腔音乐属板腔体和曲牌体相结合的“弦索声腔”系统，主要特点是演唱时真、假嗓音相互交替。其曲牌多取自民间音乐，许多仍保留着较为原始的状态。二夹弦板式丰富，音乐风格细腻，富于地方特色，擅演反映民间生活的“三小戏”，题材多具现实性。

二夹弦深受广大观众的喜爱，在其流行地甚至有“不吃不穿不过年，也要去听二夹弦”之说法。

二夹弦《访友》剧照（申天明　摄）

二夹弦《李双双》戏中戏《货郎翻箱》剧照
（田爱云　提供）

二夹弦《梁山伯与祝英台》剧照
（张延林　摄）

二夹弦《王宝钏》剧照
（杜文峰　摄）

传授二夹弦技艺
（潘东升　摄）

二夹弦《丝绒记》剧照
（杜文峰　摄）

715 IV-114

申报地区或单位：福建省泉州市

打城戏

打城戏《目连救母》中的黑白无常五色鬼（粟冰　摄）

打城戏特技：掷铙钹（朱煌年　摄）

打城戏又名“法事戏”、“和尚戏”、“道士戏”，是清代中叶在僧道法事仪式基础上发展起来的一个地方戏曲剧种，流行于福建泉州、晋江一带。打城戏兼具戏剧表演与民间宗教仪式的性质，依附于“做功德”等民间宗教活动而存在。其表演技巧性很强，独具特色，有叠罗汉、吃火吐火、甩须、甩发、蚌舞、黑白鬼舞、叉舞、旗舞等种种特技表演，对演员技艺的要求很高，如进行桌上翻跳表演时，连垒七八张桌子，演员须以双手、腋下、嘴、颈部夹住11个鸡蛋，从桌顶翻下来站在小凳上。由于各种复杂的原因，打城戏有逐渐被其他剧种同化的趋势，剧目遗失和人才流失现象日益严重，整个剧种陷于濒危状态，亟待保护。

716 IV-115

申报地区或单位：福建省屏南县

屏南平讲戏

屏南平讲戏《马匹卜换妻》剧照（余惠君　摄）

屏南平讲戏是闽东方言区最具影响力的地方高腔剧种，系由明末清初流行于闽东北民间、别称“肩头棚”的“驮故事”表演发展而来，普遍流传于福建省屏南县一带。其艺术形式比较简单原始，唱腔中多有当地民歌俚曲及道腔释乐的成分，演唱时只用“刀鞘板”配合锣鼓打出节奏。平讲戏与弋阳腔具有相同的演唱特点，采用徒歌与帮唱结合的“唱”、“和”形式，“一人成声而众人相和”。后来经过发展，逐步增加了弦乐伴奏，所用乐器有“毛胡”、“指呐”等。平讲戏常演的剧目包括习称为“七双”、“八赠”、“二十一杂”的一批经典作品及小生、小旦、小丑应工的一些“三小戏”，其表演质朴粗犷，接近生活。服饰化妆也很简陋，一般以印花土布缝制戏衣；小丑只在两颊画个白圆蛋，再插上两条鼻须

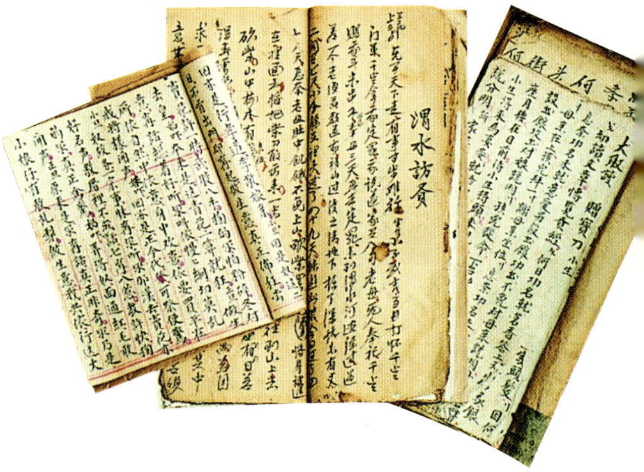

屏南平讲戏清代老剧本（张少忠　摄）

屏南平讲戏《八仙献寿》剧照（陆则起　摄）

即可上台；小生、小旦只用“厦门桃”在眉心、嘴唇和两颊各捺一点红就登场表演。

平讲戏保存着白字弋阳高腔的艺术特色和古朴的表演风格，为高腔特别是“白字高腔”的研究提供了重要的参照系。其传统剧目和表演艺术是我国戏曲文化的瑰宝，具有很高的艺术价值。

屏南平讲戏《铁血丹心》剧照（陆则起　摄）

717 IV-116

申报地区或单位：

山东省吕剧院、济南市、博兴县、东营市东营区

吕剧

吕剧《逼婚记》剧照（山东省济南市吕剧院　提供）

吕剧《大唐黜官记》剧照（王春艳　摄）

吕剧《收脚印》剧照（胡彬　摄）

吕剧原名“坐腔扬琴”、“化妆扬琴”，系在山东琴书基础上吸收民间花鼓、小曲、扽腔等发展演变而成，流行于山东和江苏、安徽部分地区。它属于乡村艺术，演农家事，唱农家情，角色以小生、小旦、小丑这“三小”为主，唱词和道白亦多取自民间用语，演唱时以坠胡、二胡、三弦为主要伴奏乐器。吕剧唱腔音乐系由民间俗曲演化而来，属于典型的板腔体结构，由“四平”、“二板”等调式和部分曲牌构成，曲调简单朴实，优美动听，自然顺口，易学易唱，洋溢着浓郁的生活气息和地方特色，在流行地群众中有“拴老婆橛子”的美誉。吕剧演出剧目近三百个，《王小赶脚》、《姊妹易嫁》、《李二嫂改嫁》等都是其中代表性的作品。

吕剧《墙头记》剧照（王春艳　摄）

718 IV-117

申报地区或单位：山东省即墨市

柳腔

柳腔《状元与乞丐》剧照（李峰　摄）

柳腔形成于山东省即墨市西部大沽河流域，在山东半岛广泛流传，至今已有两百多年的历史。它系由民间说唱“本肘鼓”演变而成，早期没有曲谱，使用“溜腔”演唱，后即以同音的“柳”字代替“溜”，称为“柳腔”。

柳腔音乐体系中有曲牌46个、锣鼓点33个，其母曲“花调”和“悲调”体现着这一剧种唱腔音乐的独特风格。柳腔拥有一大批演出剧目，包括传统剧目一百二十多个、移植剧目八十多个、现代剧目四十多个。传统剧目多表现男女爱情和悲欢离合故事，借以宣扬传统伦理道德，其中代表性的作品有《东京》、《西京》、《南京》、《北京》“四大京”和《金簪记》、《玉杯记》、《丝兰记》、《火龙记》、《风筝记》、《钥匙记》、《罗衫记》、《绣鞋记》“八大记”。

柳腔清新质朴，风趣生动，受到流传地群众的热烈欢迎，被誉为“胶东之花”。

719 IV-118

申报地区或单位：山东省菏泽市、泰安市、嘉祥县

山东梆子

山东梆子《碧霞元君》剧照（张宪春　摄）

山东梆子又名“高调梆子”，简称“高调”，距今已有四百多年的历史。它起源于山陕一带的梆子腔，梆子越太行而入山东，最初流行至菏泽，形成曹州梆子；继而东行，形成汶上梆子。

山东梆子流行范围极广，东到黄河之滨的临沂，西到河南省开封市、郑州市，南到江苏省徐州市、安徽省阜阳市和蚌埠市，北到河北省大名县、石家庄市等地。山东境内的山东梆子以菏泽市为中心，遍及济宁、泰安等县市。

山东梆子的唱腔音乐属板腔体，板式、曲牌繁复。其演唱既生动又平易，具有高亢奔放、刚劲激越、婉约和谐、舒展明亮的风格特征。表演程式丰富而又规范，注重技巧，动作粗犷，架式夸张，各行当的表演自具特点，争奇斗巧，异彩纷呈。

山东梆子剧目达一千多种，经常上演的有六百多种，其中包括号称“老十八本”、“十七山”、“十二关”的一批基本剧目，内容多取材于民间传说和历史故事。20世纪50年代以后，《墙头记》、《两狼山》等传统剧目经过整理改编，成为山东梆子演出的经典剧目，新创作的一批现代戏也在这一时期登上舞台。

山东梆子《回龙传》剧照（梁海涛　摄）

山东梆子《闯幽州》剧照（徐向东　摄）

山东梆子《反西唐》剧照（徐向东　摄）

720 IV-119

申报地区或单位：山东省莱芜市

莱芜梆子

莱芜梆子《杨门女将》剧照（刘刚 摄）

莱芜梆子《逼上梁山》剧照（刘刚 摄）

莱芜梆子《城市村官》剧照（刘刚 摄）

莱芜梆子是山东一种古老的地方剧种，它发源于泰沂山区，流行于鲁中、鲁东广大地区，至今已有两百多年的历史。乾隆末年，安徽著名徽戏班社老阳春循徽班进京之路北上，至泰安夏张定居下来，徽戏即此流入山东，与早已传到鲁西南的梆子腔（当地统称"本地梆子"）逐渐融合，在当地方言等因素的影响下逐步发展演变，最终形成莱芜梆子。

莱芜梆子的唱腔音乐属板腔体，主要板式可分为"慢板"、"流水板"、"梆子戏"、"散板"四类，此外还有曲牌一百多个，内容十分丰富。莱芜梆子具有丰富的剧目资源，共有演出剧目479种。新中国成立前传统剧目已达323种，其中除173种梆子戏外，还有老西皮、老二簧、老皮簧、乱弹、拨子、啰啰、昆曲、滩簧、小调等剧目一百余种。新中国成立后又改编移植传统剧目54种，创作、移植现代剧目102种，精品荟萃，蔚为大观。

721 IV-120

申报地区或单位：山东省菏泽市

枣梆

枣梆《杨门女将》剧照（徐向东　摄）

枣梆原名“本地傐”，主要流传于山东省菏泽市、郓城县等地及河北、河南、山西的部分地区。它是山西上党梆子流入菏泽后，在当地语言影响下发展形成的。枣梆的唱腔音乐属于板腔体，曲调流畅，表现力强，有丰富的板式和曲牌，演唱起来既高亢激昂又委婉活泼。其表演具有粗犷豪放的特点，与流行地的区域特性和观众的欣赏习惯正相吻合。

枣梆现存传统剧目八十多个，以历史题材为主，多阐扬传统美德，表现扶正祛邪、尊老爱幼之类的主题，具有较强的观赏性。作为独立的地方戏曲剧种，枣梆的音乐、表演和剧目自具特色，在中国戏曲文化中占有一席之地。同时它又是北方梆子系统的重要组成部分，可以为梆子的流变等研究提供重要的参证。

枣梆《龙门谣》剧照（徐向东　摄）

722 IV-121

申报地区或单位：江苏省徐州市

徐州梆子

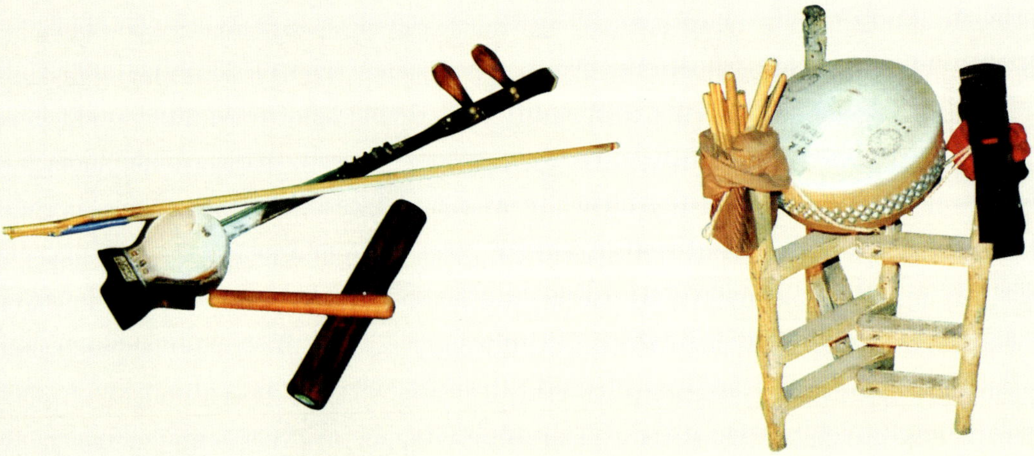

徐州梆子主要伴奏乐器：板鼓、板胡、梆子（王兴华　摄）

徐州梆子是一个具有鲜明地方特色的戏曲剧种，系由苏北民歌小调、杂耍曲艺、地方说唱和传入徐州的山陕梆子结合而形成，主要流传于江苏省徐州市地区。最早见诸记载的徐州梆子班社有"蒋门"（蒋花架子）、"殷门"（殷凤哲）及"滕贡生班"、"戴金山班"等，现江苏省梆子剧团著名演员蒋云霞即系"蒋门"第八代的传人。

徐州梆子《三断胭脂案》剧照（江苏省徐州市非物质文化遗产保护中心　提供）

徐州梆子《打金枝》剧照（江苏省梆子剧团　提供）

徐州梆子《擂鼓战金山》剧照（燕凌等　提供）

在调式、旋律节奏、语言和演唱风格上，徐州梆子既具备北方戏曲刚硬有力的特点，又具备南方戏曲婉转柔和的韵味。其唱腔音乐属板腔体，以“慢板”、“流水”、“二八”、“非板”四大板式为主，进而派生出“跺子”、“栽板”、“迎风”、“金挂钩”、“倒三拨”等板式。另有音乐曲牌两百多首，其中的唢呐牌子尤其为人称道。这些曲牌主要用来为演唱和舞蹈伴奏，同时也可以用之营造戏剧氛围、烘托人物心理。徐州梆子行当齐全，生、旦、净、丑分工细致，其中黑、红脸的演唱真假声结合，具有高亢激昂、淳厚刚烈的特色。

徐州梆子剧目众多，传统剧目约六百余种，新编历史剧和现代戏也在两百种以上。这些剧目中以描写重大历史事件、反映政治军事斗争、表现英雄人物业绩的正剧、悲剧最为突出，习称的“四大征”、“四大铡”、“新老十八本”等都是其中的代表性作品。

723 IV-122

申报地区或单位：陕西省大荔县

同州梆子

同州梆子《辕门斩子》剧照（李普生　摄）

同州梆子是陕西古老的戏曲剧种之一，发源于古称“同州”的陕西大荔，也称“东路秦腔”或“老秦腔”。它历史悠久，明末已经出现了专门的演出班社。同州梆子的唱腔音乐属板腔体，主要板式有“二六板”、“慢板”、“二导板”、“流水板”、“垫板”、“滚板”等，其唱腔因为旋律的不同而有欢音、苦音之分。同州梆子的伴奏乐队分文武场：文场乐器以二股弦为主，辅以琥珀（月琴）、板胡、二胡、唢呐、三弦、琵琶、笛子、管子、海笛、笙等；武场使用打击乐器，包括牙子、板鼓、堂鼓、梆子、手锣、云锣、大锣、铙钹、铰子等。同州梆子行当齐备，有正旦、老旦、老生（须生）、花脸、武生等角色，表演各具面貌。

同州梆子的传统剧目达一千多本，其中一部分今已失传，抄存的有两百多本，主要是历史戏，其中文武兼备，包括《黄逼宫》、《破宁国》、《反五关》等经典作品。

同州梆子深刻影响着陕西其他剧种及后来产生的其他梆子腔系剧种，对这些戏曲样式的形成起到了积极的促进作用。

同州梆子《辕门斩子》剧照（李普生　摄）

724 IV-123

申报地区或单位：河南省汝南县、范县

罗卷戏

罗卷戏俗称“喇叭戏”，系由“罗戏”和“卷戏”两个剧种融合而成。

罗戏在清代初年流入汝南，其音乐由唱腔音乐、吹奏乐和打击乐三部分组成。唱腔音乐为综合音乐系统，其中曲牌体与板腔体共存；吹奏乐以俗称“大笛子”的大唢呐为主奏乐器；打击乐除以一般戏曲乐队常备的大锣、二锣、手钹、梆子和鼓板小五件为演奏乐器，还配置有两对大铙和两对大镲，俗称“四大扇”。罗戏行腔粗犷豪放、激越高亢，适合演出神话戏、宫廷戏和征战之类的武打戏。

卷戏明代末年起源于汝南县的燕亭店、楚铺和戴堂村，系由寺庙音乐“卷调”发展演变而来。其音乐由唱腔音乐、吹奏乐和打击乐三部分组成，以俗称“小笛子”的小唢呐为主奏乐器，多演出民间传说、乡土风情和男女爱情题材的剧目。

卷戏擅演文场戏，罗戏擅演武场戏，为吸引观众，达到文武兼备、相互补益的目的，两个剧种经常同台演出，逐渐融合为一。民国以后，汝南一带群众按习惯直称之为“罗卷戏”或“卷罗戏”。罗卷戏道白多使用当地方言土语和中州韵，唱腔旋律亦与当地民间语音节奏相接近，具有十分鲜明的地方特色。

罗卷戏《对金刀》剧照
（孙冶钢　摄）

罗卷戏《李存孝吊孝》剧照（孙冶钢　摄）

罗卷戏旦角剧照（张绪斌　摄）

罗卷戏花脸剧照（张绪斌　摄）

罗卷戏传承人在说戏（孙冶钢　摄）

管弦相和，细练罗腔卷调。（孙冶钢　摄）

725 IV-124

申报地区或单位：河南省武陟县

二股弦

河南省武涉县大司马村二股弦剧团演出《对绣鞋》剧照（郭小白　摄）

二股弦是近年重新发掘的一个古老剧种，起源于河南省武陟县的大司马村，且仅在当地流传。它形成于明末清初，经过数百年的发展演变，在19世纪初达到成熟，清代道光以前曾出现过一度的辉煌。道光二十一年（1841）黄河滚河改道，大司马村不再是以前的水旱码头，商贸一落千丈，受此影响，二股弦也日趋衰微，好景不再。“文革”中当地仅有的5个二股弦班社停办，这一独特的地方戏曲剧种几乎销声匿迹。直到1993年，大司马村的二股弦剧团才重新得到恢复。

二股弦表演行当齐全，其唱腔为五声音，共有18个板式和曲牌，其中既有北曲弦索的遗存，又有受板腔体戏曲影响而形成的“五板”、“八板”、“散板”等板式。二股弦演出剧目在百种以上，多以民间生活故事为题材，《鸿雁传书》、《雷公子投亲》、《安安送米》、《孟姜女》等是其中代表性的作品。由于长期在农村自排自演，二股弦与众多流传广泛的戏曲剧种迥然有异，展示出浓郁的地方特色和明显的民间性特征。

726 IV-125

申报地区或单位：湖北省来凤县、咸丰县

南剧

南剧《张二嫂做中》剧照（肖旺　摄）

南剧《西兰卡普》剧照（李涛　摄）

南剧属皮簧腔剧种，是湖北省四大剧种之一，原名“人大戏”、“施南调”，流行于恩施土家族苗族自治州。它形成于清代隆嘉时期，成熟于道光年间，至今已有两百多年的历史。南剧声腔有南路、北路、上路之分，南路属二簧腔系，北路属西皮腔系，两者均源于荆河派汉剧，约在乾隆年间传入鄂西南山区；上路为弹戏、川梆子，约在嘉庆年间传入施南府。这些声腔与恩施本地的语言、民风及扬琴音乐、民歌小调等相互融合渗透，不断演变，逐步形成了具有鄂西南风格的南剧。

南剧《穆柯寨》剧照（李涛　摄）

南剧《七仙女》剧照（李涛　摄）

南剧剧目丰富，号称八百种，现有资料留存的约六百种，其中较为流行的达三百种左右，主要取材于历史演义、民间故事、神话传说等。南剧分生、旦、净、丑四大行当，各行均文武兼备，表演上尤重做工，往往文戏武唱，人物造型装扮也极受重视。

南剧原是土司和地主阶层欣赏玩味的艺术，后来逐渐走入广大群众的生活，成为深受当地人民喜爱的戏曲剧种。它既是巴楚文化碰撞结合的产物，又是土家族文化与汉文化交流融会的产物，在对巴楚文化及恩施少数民族地区经济、文化、社会状况的研究中具有极其重要的参考价值。

727 IV-126

申报地区或单位：湖北省崇阳县

提琴戏

提琴戏《双合莲》剧照（闻斌　摄）

提琴戏是湖北省崇阳县别具地方特色的戏曲剧种，在鄂东南、湘北、赣北等地区流传的梁山调与崇阳地方小调、民间音乐结合的基础上逐渐发展形成，因以提琴为主奏乐器而得名。提琴是用蛇皮、楠竹筒、梨木等制作的一种民族乐器，形似二胡，但上部的两个弦轴分别装在琴杆两边，下部与琴筒固定，演奏者以虎口夹住琴杆，将琴筒抵在腰间，站着也能拉。

提琴戏的板腔音乐分为正腔和小调两部分，正腔包括“正调”、“一字调”、“阴调”、“拖子”、“西湖调”、“反调”等曲调，均由上下两个乐句组成。提琴戏的演奏乐队有文武场之别，原来由“上手”、“夹手”、“鼓手”、“小锣”四人组成，“上手”担任主要伴奏任务，拉第一把琴兼吹唢呐；“夹手”辅助伴奏，拉第二把琴兼打锣鼓；“鼓手”掌鼓板，兼打小锣以外的所有打击乐器；“小锣”由学徒担任，负责打小锣和检场。

提琴戏《赶春桃》剧照（闻斌　摄）

提琴戏《双金杯》剧照（闻斌　摄）

提琴戏《母女讨饭》剧照（闻斌　摄）

提琴戏演出初期，角色行当主要包括老生、小生、奶生、正旦、花旦、闺门旦、婆旦和小丑，称为“三生、四旦带一丑”，其中丑角兼演摇旦和净角，民间有“七紧八松”之说。提琴戏剧目众多，既有《乌金记》、《灯笼记》、《三宝记》、《清风亭》、《柳毅下海》等大戏，也有《张广大拜寿》、《驼子回门》等小戏，有些剧目像《灯笼记》、《打花井》、《补背褡》等独具特色，在其他剧种中十分罕见。

提琴戏是我国戏曲苑囿中独具特色的一枝奇葩，具有地方戏曲史、民间音乐等方面的研究价值。从1994年至今，崇阳县已连续举办了六届提琴戏剧艺术节，受到省、市领导和专家的一致好评。在此基础上成立了“提琴戏发展基金会”，2000年开始，县财政拨专项资金两万元，用于提琴戏剧团演职员的培训、保护和提琴戏的发展。

728 IV-127

申报地区或单位：湖南省湘剧院、长沙市、桂阳县

湘剧

湘剧《一天太守》剧照（王硕平　摄）

湘剧是湖南省地方戏曲剧种之一，距今已有近六百年的历史，主要流行于长沙市、湘潭市、株洲市、桂阳县等地。因流行地域的不同，又分为长沙湘剧、衡阳湘剧等。

湘剧兼含高腔、弹腔、昆腔、低牌子四大声腔，有丰富的打击乐谱和过场音乐，程式严谨，表演、服饰、脸谱等都具有独特的湖湘地方风格。

湘剧传统剧目丰富，多数出自宋元南戏、元代杂剧和明清传奇，少数系由艺人创作改编而成。大小剧目共有一千多个，高腔、乱弹剧目占98%以上，代表剧目包括《拜月记》、《金印记》、《投笔记》、《琵琶记》、《白兔记》等，高腔的“四大连台”和“六大记”是其中演出时间最早、保留时间最长的代表性作品。

729 IV-128

申报地区或单位：湖南省祁剧院、衡阳市、祁阳县

祁剧

祁剧《跑坡》剧照（湖南省祁剧院　提供）

祁剧也叫“祁阳戏”、“楚南戏”，因发祥于湖南省祁阳县而得名。明代中叶，弋阳腔传入祁阳，与当地的民歌、小调相结合，形成了祁剧的雏形。在发展过程中，祁剧形成了永河、宝河两大流派，但均使用祁阳官话进行表演。祁剧唱腔中包含高、昆、弹三种声腔，演唱声调高亢嘹亮，辅以高音战鼓、帽形燥鼓、硬弓祁胡等乐器伴奏。在此状况下，须生演唱时用沙音以显苍老，小生用子音以显文秀，旦角用窄音以显秀媚，花脸用霸音或喝音以显粗豪。

祁剧脸谱通常以红、黑、白三色为基色，调色开脸，通过鲜明的色调、纵放的线条、精巧的图案、生动的写意表现出性格鲜明的人物形象。祁剧中的弹腔戏表演粗犷朴实，动作幅度大，唱腔慷慨沉雄，富于山野气息；高、昆戏表演细腻，唱腔委婉柔美，具有文雅蕴藉的风致。祁剧中跑马的舞蹈程式习称“马路”，在表演中最见特色，各个行当根据角色性格和戏剧情节的需要而改变“马路”风格，使之呈现出多样的形态。祁剧剧目和曲牌都很丰富，传统剧目达九百多个，曲牌现已整理刊印一千余阙。

祁剧《梦碟》剧照（谭高荣　摄）

730 IV-129

申报地区或单位：广东汉剧院

广东汉剧

广东汉剧《闹严府》剧照（广东省梅州市非物质文化遗产保护中心　提供）

汉剧是我国古老的戏曲剧种之一，广东汉剧原称“外江戏”，清代乾隆年间进入粤东，以潮州为中心，向邻近地区传布。其艺术风格与湖北汉剧有所不同，为显示区别，1956年定名为“广东汉剧”。1959年成立广东汉剧院，院址设在广东省东北部的梅州市。广东汉剧的唱腔音乐包括“二簧”、“西皮”、“大板”等各种声腔，而以“西皮”、“二簧”为主，此外还有昆曲、民间小调和少量梆子曲调。广东汉剧的角色分为生、旦、丑、公、婆、乌净、红净七个行当，各行当唱腔均有明显特点，舞台语言沿用“中州韵”、普通话，表演中唱、念、做、打的程式十分丰富。广东汉剧传统剧目繁富，约有八百多种。

广东汉剧行当齐全，表演艺术多姿多彩，音乐唱腔丰富优美，为广大观众所喜闻乐见，曾被周恩来总理赞誉为“南国牡丹”。这一别具特色的地方戏曲剧种是客家文化的重要组成部分，在客家文化及南方戏曲艺术的研究中具有极其重要的参考价值。

广东汉剧《蝴蝶梦》剧照（广东省梅州市非物质文化遗产保护中心　提供）

广东汉剧《宇宙锋》剧照（广东省梅州市非物质文化遗产保护中心　提供）

731 Ⅳ-130

申报地区或单位：海南省琼剧院、海口市

琼剧

琼剧《鉴真和尚》剧照（海南省琼剧一团　提供）

琼剧是海南省唯一的地方大戏，清代称为“土戏”或“海南戏”，琼山、海口一带称为“斋”，海外侨胞则称之为“琼州戏”、“琼音”。它以“琼剧”为名且见诸文字的时间为1936年，其后这一名称普遍流传开来，一直沿用至今。

清代咸丰年间，梆簧声腔传入海南，琼剧在吸纳外来戏曲艺术的基础上逐步发展更新，演化成以板腔体为主、兼有少量曲牌、用海南话演唱的一个地方戏曲剧种。与此同时，琼剧艺人编写的剧目也大量涌现。光绪二十三年（1897）前后，军戏、青楼戏衰落，并入琼剧班，形成文武大班的体制，琼剧中分出文戏佬倌和武戏佬倌两大系统。民国时琼剧编演文明戏，变革唱腔，向写实靠拢。新中国成立后，琼剧迎来改革发展的新时期，挖掘整理了大量的传统剧目、唱腔、曲牌和表演程式，编演了一批新剧目，又创新了一批有特色的板腔，行当体制也精简为生、旦、净、丑、末五大行。

琼剧是海南人民世代发展传承的一种地方戏曲文化，历史上曾给海南的发展以重要影响，在人类学、民俗学、区域文化学和国际文化交流史等方面都具有重要的研究价值。

传授琼剧表演技艺（海南省琼剧一团　提供）

732 IV-131

申报地区或单位：贵州省黔剧团

黔剧

黔剧《珍珠塔》剧照（朱宏　摄）

黔剧是在贵州曲艺扬琴基础上发展起来的一个新兴地方戏曲剧种，又名“文琴”、“贵州弹词”，1960年2月正式定名为“黔剧”。清代康熙年间，贵州扬琴开始在贵州境内流传，至今已有近三百年的历史。

黔剧唱腔音乐属板腔体，有“清板”、“二板”、“扬调”、“苦禀”、“二流”、“二簧”等基本曲调。伴奏乐器除扬琴外，还有瓮琴、月琴、小京胡、二胡、琵琶、三弦、箫、笛等。黔剧唱词以韵文为主，沿用讲唱文学“三三四”或“二二三”的句式，语言质朴，唱腔婉转，深受贵州群众的喜爱。

黔剧现存传统剧目四百多种，主要是由古典小说、戏曲改编而成，《搬窑》、《珍珠塔》、《三难新郎》等均属其中代表性的作品。多年来黔剧又创作、移植了大量剧目，其中改编自侗剧的《秦娘美》被拍摄成舞台艺术片，创作的彝族历史故事剧《奢香夫人》赴京参加中华人民共和国成立三十周年观摩演出，荣获文化部颁发的演出一等奖、创作一等奖，在全国造成了很大的影响。在音乐唱腔、乐器配备、表演程式、舞台美术等方面，黔剧也进行了革新，艺术上进一步发展成熟。

黔剧《春播顶云》剧照（朱宏　摄）

黔剧《奢香夫人》排练照（朱宏　摄）

733 IV-132

申报地区或单位：云南省滇剧院、玉溪市滇剧团、昆明市

滇剧

滇剧《白蛇传》剧照（李旭　摄）

滇剧是云南省主要的地方剧种，形成于清代道光年间，至今已有近两百年的历史。光绪年间，滇剧演出活动在玉溪等地区已经十分盛行。滇剧流行于云南全省及贵州、四川的部分地区，缅甸、泰国、新加坡、马来西亚等国家的一些地区也都有滇剧的演唱活动。

滇剧声腔独特，表现力强。其三大声腔丝弦腔、胡琴腔、襄阳腔分别源于秦腔、徽调、汉调等古老的声腔，同时又受到云南民族民间音乐的滋养。滇剧板式丰富多变，曲调自然流畅，能表演各种题材、样式、结构和情调的剧目，具有独特的艺术个性和风格，因而有“滇粹”之誉。

据记载，滇剧传统剧目多达1651种。历代艺人在排演传统剧目的同时，均能结合时代特点和云南当地状况编演反映边疆少数民族历史和现实生活的作品，为地方历史文化和西南边疆艺术的研究提供了宝贵的材料。

滇剧《十五贯》剧照（昆明市滇剧团　提供）

滇剧《李三娘》剧照（昆明市滇剧团　提供）

734 IV-133

申报地区或单位：陕西省合阳县

合阳跳戏

合阳跳戏又名“跳调”、“调调戏”、“调戏”或“锣鼓杂戏”，是沿黄河一带流传的一个古老地方剧种。它属于社戏性质，演出时没有唱腔，也不用弦乐，只有大锣、大鼓、铙钹和唢呐从旁伴奏，演出者借助“说”、“吟”完成“唱”、“白”任务，通过较为机械的古代民族舞蹈动作与观众沟通。

跳戏表演分哑跳（广场跳）和上台跳两种，哑跳开场前先用锣鼓“打旦子”，以召集观众；上台跳演出时先由“春官”上场，即兴自编幽默诙谐的台词，或表本地名胜，或述农民苦乐，或诉官绅压迫，或夸演出阵容，其后接以习称“打台子”的武打戏。本戏开演后，武角上场先“上势”，需踏遍舞台四角，踩够56个鼓点再坐帐或升堂；文角上场，亦有“踩四角”（踩场）的要求。“上势”、“踩场”和“跑场”都是跳戏的基本功，有一套固定的表演程式。跳戏剧目以武打见长，多取材于“三国”、“水浒”、“西游”、“封神”、“杨家将”故事，也有《玛瑙环》一类的“文跳”剧目。剧作台词简洁，多为四句七言的形式。

合阳跳戏演出照（梁绵　摄）

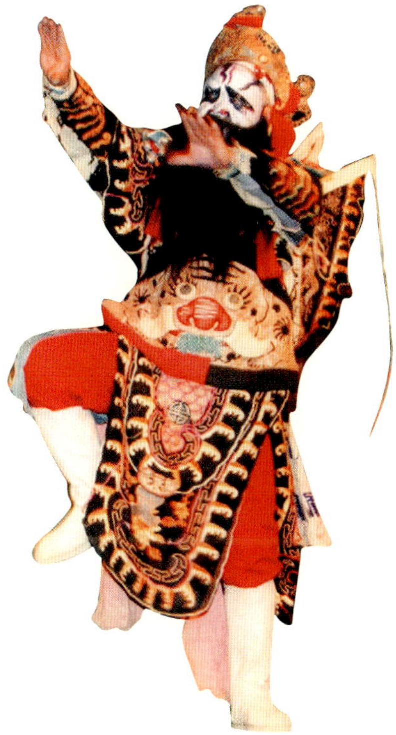

合阳跳戏净角“上势”（梁绵　摄）

合阳跳戏脸谱（赵小龙　摄）

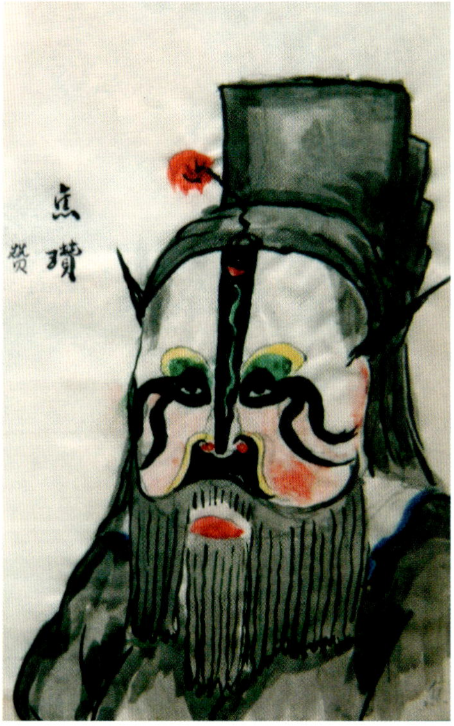
合阳跳戏脸谱（赵小龙　摄）

排练合阳跳戏《巫婆祈雨》（李娜　摄）

跳戏脸谱独特，曲牌别致，表演古朴，因衍生环境、风俗民情和传承人的差异而形成不同的表演流派。在我国戏曲发展史、舞蹈史及民间风俗史的研究中，跳戏具有的重要参考价值。

735 IV-134

申报地区或单位：甘肃省陇南市

武都高山戏

武都高山戏演出仪式"走印"（尹利宝　摄）

高山戏又名"高山剧"，是甘肃省独有的两大剧种之一，主要流传于甘肃陇南市武都区鱼龙镇。鱼龙、隆兴等地人称之为"演故事"、"走过场"，1959年10月正式定名为"高山戏"。

鱼龙镇位于陇南市武都区的东北部，山大沟深，交通闭塞，经济文化相对滞后。历史上，每逢灾年或庙会，人们便聚集到一起，请来"师公"（巫师）拜神祭祀，祈福禳灾。久之，这种以娱神为目的的"师公赞神"活动逐渐演变为自娱、娱人的民间娱乐活动把式舞。明初鱼龙镇人为纪念大将李文忠（大安爷）而形成了唱戏的习俗，把式舞亦在此情势下从田间地头、房前屋后的随意演唱升华为在舞台上"敷演故事"的戏剧性表演，经过数百年的发展，最终形成了高山戏。

武都高山戏旦角服饰（尹利宝　摄）

武都高山戏"把式"服饰（尹利宝　摄）

高山戏唱腔高亢嘹亮，优美自然，服饰自成一格，表演讲求"四功五法"，具有独特的风貌。其演出剧目（故事）多达六百个（折）以上，此外还有原始曲牌三百多种。高山戏文化中蕴含着古代劳动人民的世界观、价值观和历史观，是我国民俗文化和戏剧文化生动体现，具有重要的研究价值。

武都高山戏《讨债》剧照（尹利宝　摄）

736 IV-135

申报地区或单位：云南省腾冲县

佤族清戏

明末清初，湖北人根据古老的青阳腔创造出了清戏这种新的戏曲形式。清代咸丰年之前，过境的商贾军民将湖北清戏带到地处古丝路要冲的云南省腾冲县甘蔗寨，在甘庶寨佤族民众中传播开来，逐渐演变成佤族清戏。

佤族清戏的声腔包括“九腔十三板”，这些曲调抑扬顿挫，悦耳动听，既善叙事，又善抒情，保留着早期清戏原始古朴的特色，具有较强的艺术表现力和感染力。佤族清戏文辞优美，情节生动，人物性格鲜明。流传下来的常演剧目有《姜姑刁嫂》、《逐赶庞氏》、《芦林相会》、《安安送米》等十数折，均取材于汉族民间故事《三孝记》和《白鹤传》。

佤族清戏《芦林相会》剧照（段应宗　摄）

佤族清戏《安安送米》剧照（云南省腾冲县文化馆　提供）

佤族清戏《芦林相会》剧照（段应宗　摄）

737 IV-136

申报地区或单位：云南省大姚县

彝剧

彝剧《半夜羊叫》剧照（云南省大姚县文化馆　提供）

彝剧是楚雄彝族特有的一种地方民族戏剧，在云南省楚雄彝族自治州境内广泛流传。它是在彝族的传统节日和民俗活动中不断形成和发展起来的，其中融合了彝族民族民间文学、音乐、舞蹈、绘画等传统艺术的精华。

彝剧十分重视用音乐来烘托和渲染舞台气氛，围绕不同曲调、唱腔，进一步以富有乡土气息的民族音乐来表现内容。它采用彝族民间口语演出，注意突出彝族对话时常用比喻的特点，含蓄地表现人物的心理活动。场上对白时使用汉语彝腔，尤能凸显彝族白话中的幽默感。表演结合彝族人民能歌善舞的特点，大量采用彝族“三道弯”、“爬山式”、“跳跃式”、“打跳”等生活中随处可见的步子，使得表演动作舞蹈化，既丰富了剧种本身的艺术语汇，又显出了与其他戏曲表演形式的区别。

彝剧具有鲜明的时代性、地方特色和浓郁的民族风格，演出所用道具都是当地彝族人民常用的劳动工具，服装、头饰则是彝族妇女手工精心制作而成。它真实地表现了彝族的社会生活，展现出彝族人民的民族精神、宗教信仰和价值取向，在少数民族艺术和人类学、民族学、民俗学等的研究中具有重要价值。

738 IV-137

申报地区或单位：云南省大理白族自治州

白剧

白剧历史悠久，系由明代洪武年间从内地传入大理地区的吹吹腔戏和大本曲剧合流而形成。清代光绪年间，吹吹腔戏的演出在白族农村极度兴盛，渔、樵、耕、读等各种戏剧人物风趣幽默的表演，生动地展现出白族耕读传家的生活风貌。由于历史原因，民国初年吹吹腔戏走向衰微，退居边远山乡。因长期处于封闭环境，不受外界影响，所以一批传统剧目和一套古朴的演出程式完整保存至今，成为白族一份宝贵的历史文化遗产。1962年，白族古老的戏剧样式正式定名为“白剧”。

白剧剧目丰富，目前已知的共有四百多个，其中传统剧目三百多个，新中国成立后新创剧目八十多个，整理改编剧目约五十多个。目前，白剧和吹吹腔、大本曲一样，在白族民间仍然十分活跃，以原样的形态向广大群众展现着它生生不息的艺术活力。

白剧《望夫云》剧照（杨月明　摄）

白剧《红色三弦子》剧照（杨月明　摄）

白剧《蝴蝶儿女》剧照（杨月明　摄）

739 IV-138

申报地区或单位：广西壮族自治区南宁市

邕剧

邕剧《十八罗汉》剧照（广西壮族自治区南宁市邕剧团　提供）

邕剧是广西四大地方剧种之一，旧时习称为“广戏”、“老戏”、“五六腔”，流传于广西、广东、云南、贵州等省及越南、柬埔寨等国。它发源于湖南，属皮簧声腔系统，因活动中心在古邕州一带，且用邕州（南宁的古称）官话演唱，新中国成立后将之定名为“邕剧”。

邕剧扎根民间，在历代艺人的精心打造下逐步完善成熟，形成了一整套带有浓郁乡土气息和民族特色的音乐唱腔、表演程式、演出剧目，在民间拥有庞大的观众群体，深为南宁及周边地区各族人民所喜爱。

邕剧具有深厚的文化积淀，在东南亚地区颇具影响力。20世纪50年代末60年代初，中央领导多次观看《拦马过关》、《泗水关》、《五台会兄》等优秀邕剧剧目，给予高度评价。剧团在为越南、缅甸、柬埔寨、新加坡等东南亚国家领导人和代表团演出时，也同样获得高度赞誉。

邕剧《拦马过关》剧照（广西壮族自治区南宁市邕剧团　提供）

邕剧《打闭门》剧照（广西壮族自治区南宁市邕剧团　提供）

第二批国家级非物质文化遗产名录图典（二）

主编　王文章

文化艺术出版社
Culture and Art Publishing House

第二批国家级非物质文化遗产名录

曲艺

740 V—47 相声
741 V—48 京韵大鼓
742 V—49 单弦牌子曲（含岔曲）
743 V—50 扬州弹词
744 V—51 长沙弹词
745 V—52 杭州评词
746 V—53 杭州评话
747 V—54 绍兴词调
748 V—55 临海词调
749 V—56 四明南词
750 V—57 北京评书
751 V—58 湖北评书
752 V—59 浦东说书
753 V—60 讲古
754 V—61 湖北大鼓
755 V—62 襄垣鼓书
756 V—63 萍乡春锣
757 V—64 三弦书
沁州三弦书
南阳三弦书
758 V—65 莺歌柳书
759 V—66 平湖钹子书
760 V—67 宁波走书
761 V—68 独脚戏
762 V—69 大调曲子
763 V—70 湖北小曲
764 V—71 南曲
765 V—72 秦安小曲
766 V—73 徐州琴书
767 V—74 恩施扬琴
768 V—75 四川扬琴
769 V—76 四川竹琴
770 V—77 四川清音
771 V—78 金华道情
772 V—79 陕北道情
773 V—80 朝鲜族三老人
774 V—81 南京白局
775 V—82 武林调
776 V—83 绍兴宣卷
777 V—84 温州莲花
778 V—85 山东落子
779 V—86 说鼓子
780 V—87 广西文场
781 V—88 车灯
782 V—89 眉户曲子
783 V—90 韩城秧歌
784 V—91 金钱板
785 V—92 青海平弦
786 V—93 青海越弦
787 V—94 青海下弦
788 V—95 好来宝
789 V—96 哈萨克族铁尔麦

740 V-47

申报地区或单位：中国广播艺术团
北京歌舞剧院有限责任公司
天津市

相声

天津相声《促销》表演照（赵梵汐　摄）

相声是普及面最广、最受群众欢迎的曲艺品种之一，以滑稽、讽刺见长，充满戏剧性。它大约在清代咸丰、同治年间形成于北京，而后在广大北方地区广泛流传，尤以京津一带最为活跃，至今已传到第九代。

相声的表演最初分两种，在帷幕中表演的称“暗春”，以口技类节目为主；公开表演的称“明春”，以语言类节目为主。属于“明春”的相声演出形式包括单人表演的单口相声、两人表演的对口相声及三人或三人以上集体表演的群口相声三种，而以对口相声最为常见。在对口相声的演出文本中，演员分为甲、乙两人，甲负责逗哏，乙负责捧哏。结合表演状况而论，对口相声又可分为“一头沉”、“子母哏”和“贯口”等几种类型，近年来还出现了化装相声、相声小品等喜剧色彩浓郁的新兴表现形式。相声的传统段子异常丰富，经过加工整理而保留下来的主要有《连升三级》、《珍珠翡翠白玉汤》、《化蜡扦儿》、《小神仙》等单口作品，《夸住宅》、《白事会》、《满汉全席》、《黄鹤楼》、《关公战秦琼》、《戏剧杂谈》、《打灯谜》等对口作品和《扒马褂》、《金刚腿》等群口作品。

相声表演（北京歌舞剧院有限责任公司　提供）

天津相声自成一派，以说为主，以讽刺见长，火爆热烈，富于幽默感，像张寿臣的《哏政部》，小蘑菇的《牙粉袋》，马三立的《开粥厂》、《卖挂票》、《买猴》等作品讽刺意味强烈，是天津相声的代表。天津的文哏相声也有着悠久的历史传统，先后涌现出许多不同的表演流派，单以传统相声《文章会》为例，就有张寿臣、马三立、苏文茂等几种演出脚本，在舞台上表演时风格各有千秋。

如今相声正逐渐走向“快餐文化”的边缘，在大众传媒的作用下出现了某种程度的异化。目前后续力量的培养已成为相声传承发展的当务之急，需引起高度重视。

天津相声《汾河湾》表演照（赵梵汐　摄）

741 V-48

申报地区或单位：北京歌舞剧院有限责任公司
天津市曲艺团

京韵大鼓

京韵大鼓《宝玉悲秋》表演照（北京歌舞剧院有限责任公司 提供）

京韵大鼓主要流行于京、津、华北及东北地区，历史上曾有过“京音大鼓”、“小口大鼓”等名称。清末民初，鼓书艺人胡金堂（艺名“胡十”）、霍明亮、宋玉昆（艺名“宋五”）及后来的刘宝全等人对河北河间一带的木板大鼓进行改革，增加四胡和琵琶，与原有的三弦共同担任伴奏，同时将演唱所用的河间方言改为北京语音，又吸收京剧的发音吐字技巧与部分唱腔，大量采用清代流传于八旗子弟间的“清音子弟书”曲本，由此形成韵味独特的京韵大鼓。

京韵大鼓说唱结合，唱中有说，说中有唱，雅俗共赏，唱腔往往一曲多用，表演重在写意传神，一经问世，便以刚柔相济的风格迅速征服了观众。其后的几十年中，这个曲种不断走向成熟，先后出现了白云鹏创立的“白派”和骆玉笙（艺名“小彩舞”）创立的“骆派”等重要表演流派。京韵大鼓的唱词基本采用七字句，有时会在句中加入嵌字、衬字和垛句，每篇唱词有一百五十句左右。其甩韵以北京语音

骆玉笙京韵大鼓表演照（北京歌舞剧院有限责任公司　提供）

天津市非物质文化遗产系列展演京韵大鼓专场演出（赵梵汐　摄）

"骆派"京韵大鼓演出（天津市曲艺团　提供）

十三辙为准，一个唱段大都一韵到底。韵白讲究语气韵味，半说半唱，与唱腔衔接十分自然。表演时一人站唱，自击鼓板掌握节奏，旁边一般有三人操大三弦、四胡、琵琶伴奏，有时还佐以低胡。

京韵大鼓注重歌唱，唱腔属板腔体，专唱短篇作品。其曲目主要包括《单刀会》、《战长沙》、《白帝城》、《刺汤勤》、《探晴雯》、《黛玉焚稿》、《风雨归舟》等百余段传统叙事作品、写景抒情小段及新编现代和历史题材作品。新中国成立后京韵大鼓得到长足的发展，培养了一代又一代年轻演员。但目前这个曲种已出现后继乏人的状况，急需保护传承。

742 V-49

申报地区或单位：北京歌舞剧院有限责任公司
北京市西城区

单弦牌子曲（含岔曲）

单弦牌子曲简称“单弦”，流行于北京、天津和东北等地。它起源于清代乾隆年间，至今已有两百多年的历史，是在北京岔曲和八角鼓演唱艺术的基础上发展起来的一个曲种。单弦是满族与汉族民间艺术彼此交融的产物，具有浓郁的北京地方特色。

单弦音乐属于曲牌联缀体，在长期的演变中保存了清代以来北京联曲体曲艺演唱的风貌。单弦曲目有抒情和叙事两种类型，表演时往往根据内容表达的需要选用曲牌，常用的曲牌有【太平年】、【云苏调】、【怯快书】、【南城调】等六十多个。其曲文有长短句、上下句两种形式，词句中常加入三字头、垛句、嵌字、衬字等以增强表现力。单弦演出形式多样，可以一人自弹自唱，也可以一人击八角鼓站唱，另一人操三弦伴奏，还可以对唱、群唱。单弦的传统曲目十分丰富，多取材于中古以来的话本小说，《凤仪亭》、《翠屏山》、《高老庄》、《黛玉葬花》等均是其代表性作品。

岔曲系在京腔演唱的基础上发展演变而成，它大约出现于清代康熙年间，主要流传于北京地区，乾隆六十年（1795）北京出版的《霓裳续谱》中即收有岔曲148首。岔曲曲词亦雅亦俗，内容繁多，曲调悦耳。其表演方式有三种，多是一人自击八角鼓演唱，亦可两人操八角鼓演唱，还可集体演唱群曲，一人演唱时可有一人操三弦在旁伴奏。如今北京市的“霓裳续咏”、“永庆升平”、“金秋曲艺沙龙”、“老韵京音”、“曲坛之友”、“曲艺之家”等主要曲艺票房中时有票友演唱单弦和岔曲。

单弦牌子曲《棋》表演照（北京歌舞剧院有限责任公司　提供）

单弦演出照（北京歌舞剧院有限责任公司　提供）

由于单弦和岔曲较为高雅，掌握其演唱技巧有一定难度，所以能够唱好的专业演员越来越少，而达到一定艺术水平的票友中很多人也已进入耄耋之年。加之曲谱保留较少，许多流派的曲调濒临失传。单弦、岔曲等具有北京地方特色的曲艺样式后继乏人，随时有消亡的可能，亟待有关方面切实采取措施，做好抢救保护工作。

岔曲《金山寺》表演照（刘永生　摄）

岔曲《黛玉焚稿》表演照（刘永生　摄）

743 V-50

申报地区或单位：江苏省扬州市

扬州弹词

扬州弹词开篇《悠悠运河柳》表演照（江苏省扬州市曲艺团　提供）

扬州弹词主要流行于江苏省扬州市及周边地区，它原名“弦词”、“对白弦词”，形成于明末，兴盛于清初，至今已有四百多年的历史。

扬州弹词以说表为主，弹唱为辅。原由一人自弹三弦坐唱，故名“弦词”。后发展为两人配合演出的“双档”，增加了琵琶伴奏，称为“对白弦词”。扬州弹词的唱词安排在书词当中，有代言体和叙事体两种，以七字句为主，叠加的单句称为“凤点头”。其表演与评话大致相同，所异者一是更加注重语调韵味，讲究字正腔圆；二是演示动作幅度更小，重在显示面部表情。扬州弹词说表多用扬州方言，起角色时也用外地的“码头话”，以表现人物身份、刻画人物性格。双档演出时两位演员模拟不同人物的口吻、声调进行对话，上手演员侧重叙述，唱曲多由下手演员担任。

扬州弹词《双珠凤》表演照（胡展　摄）

扬州弹词常用的曲牌包括【锁南枝】、【耍孩儿】、【三七梨花】、【沉水】、【南调】等，以羽调和商调居多，朴实典雅，古色古香，多年来少有变化。伴奏三弦弹骨架音，疏放朴实，琵琶则润密多变，跌宕绮丽，因有“三弦骨头琵琶肉”之说。

扬州弹词自晚清以来即形成周派、孔派、张派等多个演唱流派，现在只有张派仍然传世。这一派的代表书目有《双金锭》、《珍珠塔》、《落金扇》、《刁刘氏》等，经过一百多年的发展，演唱技艺日臻圆熟。目前，在经济大潮和外来文化的双重冲击下，扬州弹词生存艰难，后继乏人，亟待保护，以利于传承发展。

扬州弹词《杨乃武与小白菜》表演照（包伟　提供）

扬州弹词《西厢记》表演照（李仁珍　提供）

扬州弹词《啼笑因缘》表演照（沈志凤　提供）

744 V-51

申报地区或单位：湖南省长沙市

长沙弹词

老艺人表演长沙弹词（刘忠宏　摄）

长沙弹词原名“弹词”，又称“唱讲”、“讲评”、“平讲曲”，发展至今已有百余年历史，其流传地域遍布湖湘主要城镇乡村，在港台甚至新加坡等东南亚地区的华人中也有忠实听众。

长沙弹词源于渔鼓道情，最初由两人演唱，在街头流动演出，俗称“打街”。演出时一人怀抱月琴，一人手执渔鼓筒、简板、钹，合称“三响”。后发展为茶馆“坐棚”演唱，既可出“单档”，由一人自弹自唱；也可出“双档”，由两人合作演唱。长沙弹词以长沙方言为基础，依字行腔，具有“古、多、广、情、谐”的艺术特征。唱腔甜美圆润，铿锵有力，朗朗上口，字字入扣。在长期的发展过程中，长沙弹词形成了廖、周、舒三大传统流派。后起的著名长沙弹词盲老艺人彭延昆博采众长，将弹词的九板八腔、十八套曲、方言十三辙加以规范，又融汇湘剧高腔、昆曲、小调、山歌等多种音乐元素，形成独具一格的彭派，丰富了长沙弹词的演唱艺术。其“现场问答”的表演独具特色，随机发挥，堪称一绝。长沙弹词题材广泛，曲目数千，基本上涵盖了各个历史时期的内容，为普及历史知识发挥了积极的作用，《五虎平西南》、《月唐传》、《残唐五代》、《杨家将》、《慈云走国》、《水浒传》、《七国志》等是其代表性的作品。

近二十年来，长沙弹词赖以生存的茶馆书棚均已成为历史，不少专业艺人相继作古，健在的也因年事已高而不能继续从艺，这一优秀的民间曲艺形式后继乏人，亟待保护。

大学生学唱长沙弹词（刘忠宏　摄）

745 V-52

申报地区或单位：浙江省杭州市

杭州评词

杭州评词《江面之火》表演照
（马来法　提供）

杭州评词俗称“小书”，以往还曾有过“文书”之名，系由明代的弹词演变而成，流传于浙江杭州及周边地区。

杭州评词演出时以叙事为主，演唱者自拉二胡伴奏，使用杭州方言说唱，时而以唱书人口吻表述故事中的情景，夹叙夹评；时而为书中人代言，同时借助身势、表情、动作和醒木、折扇、手帕等道具来刻画人物。一人多角，跳入跳出，灵活自如。杭州评词的唱腔属板腔体，演唱时讲究字正腔圆。基本曲调称为“平调”，其中又有“喜调”、“怒调”、“悲调”之分。唱词讲究逢双押韵，风格通俗易懂，多采用七字句，其中亦夹杂少量三五字句，有时还在句中加入衬词。

杭州评词的曲目分两类：一类是精短的唱段，名为“提唐诗”，又称“开篇”，全部用七字韵文演唱，有《韩信问卜》、《江边老渔翁》、《西湖十景》、《西厢记》等曲目；另一类是传统长篇书目，称为“正书”，一部可唱一至两个月，《双珠凤》、《珍珠塔》、《六美图》、《白蛇传》、《青蛇传》等四十余部书均是其代表性的作品。其中《白蛇传》、《青蛇传》的故事主要发生在杭州，书中的情节乃至细节充分显示出杭州的地域特色，与其他曲种、剧种的同题材作品迥然有别。

目前，杭州评词的演员队伍严重老化，后继乏人，急需保护传承。

《杭州评词白蛇传》书影
（杭州市文化馆　提供）

杭州评词《白蛇传》表演照（马鹰　摄）

746 V-53

申报地区或单位：浙江省杭州市

杭州评话

杭州评话的道具（马来法　提供）

杭州评话又称"杭州大书"，流行于浙江省杭州市及周边地区。其历史渊源可上溯到南宋时期临安（杭州古称）的"说话"、"讲史"、"小说"等古代曲艺形式。明末清初逐步形成了现代意义上的杭州评话，至清代道光、咸丰年间，这一民间曲艺样式进一步成熟，出现了王春乔、谢万春、沈蒲包等一批著名艺人。

杭州评话由一人采用杭州方言说表，叙事中可不时插入模拟代言内容，夹叙夹议。以第一人称模拟书中人物语言、语气、语调的部分称"白"，以说书人口吻叙述故事进展及对人物、事件、环境进行描绘、分析、评议的部分称"表"。说表中还常用韵文体的七言"赋赞"（俗称"赋儿"）来增强节奏、渲染气氛，像《帅堂赋》、《花园赋》、《盔铠赋》、《阵战赋》等都是其中的经典段落。杭州评话长篇有《西汉》、《东汉》、《三国》、《杨家将》、《水浒》、《武松演义》、《岳传》等五十余种传统书目，可分为讲史、公案、侠义、神话四大类。20世纪60年代初，艺人们又改编演出了二十余种长篇现代书目，为杭州评话的发展做出了有益的尝试。

杭州评话是江南艺苑的一枝奇葩，具有较高的艺术和历史文化价值。目前，杭州评话后继乏人，渐趋衰微，亟待保护传承。

杭州评话《杨家将》1977年表演照（马来法　提供）

杭州评话《武松打虎》表演照（屠润宇　摄）

747 V-54

申报地区或单位：浙江省绍兴市

绍兴词调

绍兴词调又称“花调”、“话词”，流传于浙江省绍兴市及周边地区。明清时期的许多材料中均有绍兴地区说唱词话、弹词、南词的记载，说明当时绍兴的民间说唱艺术已经发展成熟，为绍兴词调的最终定型奠定了基础。

绍兴词调大都在喜庆场合演唱，艺人以坐唱方式分角色表演，自唱自奏，绘声绘色，形成了雅俗共赏、明朗欢快、喜庆热烈的艺术特点。绍兴词调演唱有三品、五品、七品、九品之分，唱腔包括“蓑衣谱”、“本调”、“十字调”三种，此外尚有少数小调俗曲。“蓑衣调”是基本曲调，抒情叙事皆可使用；一些变化句式及“十字调”中的拖腔在行腔时似断若续，与连绵不断的伴奏相辅相成，别有意趣。

绍兴词调爱好者在演出（徐晓阳　摄）

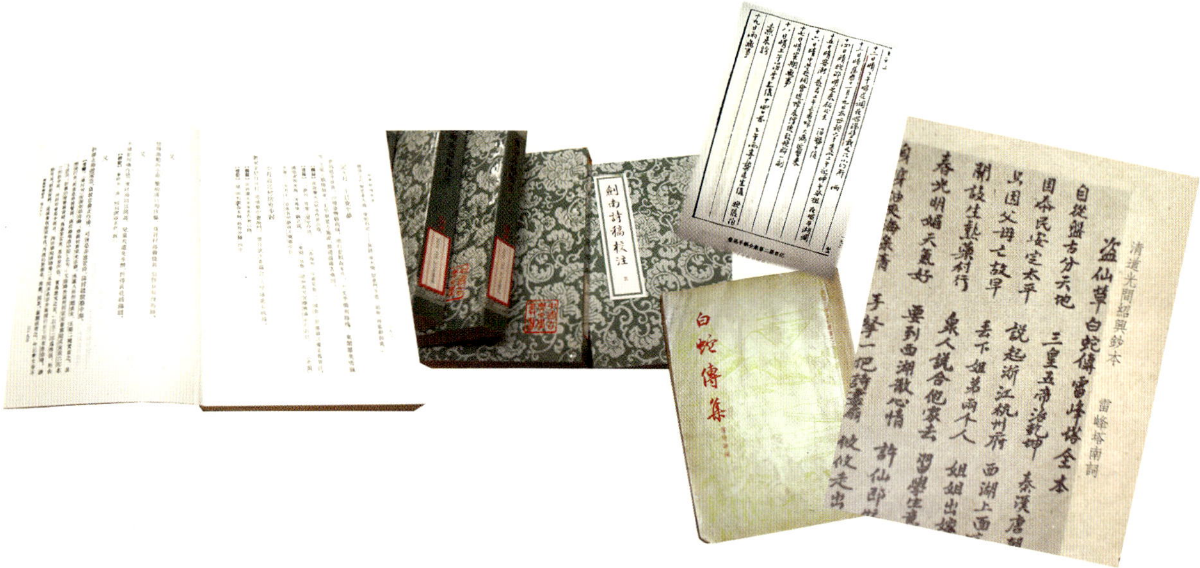

记载绍兴词调的相关书籍（徐晓阳　摄）

绍兴词调有《三国》、《水浒》、《雷峰塔南词》等二十多个传统曲目，这些作品文辞通俗，曲调优美，旋律丰富，风格独特，具有较高的艺术价值。现存的曲目、曲调、曲牌、伴奏音乐及演唱形式等都证明绍兴词调是江南弹词的一支，是明清时期浙江说唱艺术在绍兴的延续，在语言、民俗、社会历史等方面具有较高的研究价值。目前，随着老艺人的亡故，绍兴词调逐渐销声匿迹，濒临消亡，急需抢救保护。

绍兴词调《创丰收》1959 年演出照（徐晓阳　摄）

748 V-55

申报地区或单位：浙江省临海市

临海词调

临海词调表演照（郑瑛中、沈建中　摄）

临海词调又称“才子调”、“仙鹤调”，流行于浙江省临海市及周边地区，至今已有三百多年的历史。南宋时期出现的“海盐腔”流传到元初经杨梓加工后，不断发展，明代中叶盛行于嘉兴、温州和台州一带，明末最终演变出临海词调。

临海词调有【男工】、【女工】、【平和】等四十余个曲牌，曲调讲究韵律，幽雅清逸，婉转动听。演唱时行腔自然，圆润舒展，韵味无穷，讲究“字清、腔圆、音雅、板稳”，“句句有神，字字有功”。临海词调一般在传统民俗节日或农闲季节演出，表演者均为男子，其中的小嗓子唱旦角，粗嗓子唱花腔，道白一律采用台州府官话。演唱时旦角掌握檀板，其他演员均须演奏数样乐器。众人身着长衫，手持丝竹笙弦团团围坐，自奏自唱。

临海词调的曲目大多取材于历史故事和民间故事，以颂扬精忠报国的历史人物、鞭挞奸佞、讴歌忠贞爱情为主题，传统保留曲目有《三国》、《水浒》、《貂蝉拜月》、《断桥》等三十余种，辞藻华丽，

临海词调表演照（郑瑛中、沈建中　摄）

浙江省临海市回浦实验小学学生积极参加"春苗词调艺术团"选拔赛（郑瑛中、沈建中　摄）

格调幽雅。《大庆寿》是临海词调的典型曲目，其中包含12支曲牌，具有很高的历史文化研究价值。

2002年临海民间成立了"临海词调社"，对临海词调的保存和发展起到了一定的推动作用。但社中优秀演员缺乏，后继无人，古老的临海词调仍面临消亡的危险，急需抢救保护。

749 V-56

申报地区或单位：浙江省宁波市

四明南词

四明南词《双珠凤》演出照（马来法　摄）

四明南词俗称"四明文书"、"宁波文书"，主要流传于宁波、上海等地。它产生于明末清初，至今已有三百多年的历史。宁波历史上曾出现过一些四明南词行会组织，其中最有名的是清代同（治）光（绪）年间的"丝竹歌咏班"。班中一批人称"五公座"的演员技艺超群，是四明南词承上启下的关键人物，在观众中有着很大的影响力。他们将传统书目中的精彩章回改编为"折子书"演出，受到广大群众的喜爱。

四明南词用宁波方言说唱，演员集唱、奏、念、白、表于一身，表演上注重对人物动作的模仿，要求较高。唱词基本为七言句，多用【懒画眉】、【三五七】等曲牌和腔调。四明南词的音乐清丽幽雅，唱腔总称"书调"，基本唱腔包括"赋调"、"词调"和"平湖调"三种。其中"赋调"紧凑流畅，多用于叙事；"词调"婉约缠绵，多用于表现哀怨激越的情绪；"平湖调"活泼明快，多用于表现欢快豪放的情绪。三种曲调又各有丰富的花腔变化，

教唱四明南词开篇《西湖十景》、《阿拉宁波欢迎您》（孙雪华　摄）

排练四明南词（孙雪华　摄）

对其他宁波曲艺曲种如蛟川走书、唱新闻等产生过重要的影响。

四明南词演出通常采用双档形式，两位演员一人自弹三弦说唱，一人打扬琴伴奏；也有的演出表演者增至五人以上，另外再加入琵琶、二胡、笙箫等伴奏乐器。四明南词有文书、武书之分，文书重说白，武书重唱工。传统曲目包括长篇作品和短篇作品两类，《珍珠塔》、《因果录》《玉蜻蜓》、《大红袍》、《玉连环》、《丝发缘》、《六美图》、《合同记》、《盘龙镯》等是长篇曲目中的经典，《西湖十景》、《八仙上寿》等则是短篇作品的代表。

目前由于种种原因，原有的四明南词演员纷纷转行，仅存的几位老艺人也都已年逾古稀，导致这一优秀的地方曲艺曲种后继乏人，在此情势下，对它进行抢救保护已经刻不容缓。

750 V-57

申报地区或单位：北京市宣武区
辽宁省鞍山市、本溪市、营口市

北京评书

北京评书表演照（戈斌　摄）

北京评书源于唐宋，兴于明清，是北方地区影响深远的一种曲艺形式，主要流布于北京、天津、河北、辽宁、吉林、黑龙江等地。宋代以后“说话”艺术的兴盛在一定程度上推动了长篇白话小说的形成，为北京评书的最终出现奠定了坚实的基础。

北京评书表演时由一人坐于桌后，以折扇和醒木为道具，利用手势和表情等手段交代情节，刻画人物，还常借助口技模拟风、雨、炮、马等的声响，以增强节奏，渲染气氛。评书在长期的发展过程中形成了一套独有的程式规范，表现出“豪”、“紧”、“动”、“热”等艺术特色。它以“书梁子”、“回目”、“关子”、“拨口”等组织结构，以“赋”、“赞”等描人状物，恰切精当，层次井然。其演述充满口语色彩，风格豪放质朴，热烈明快，说来娓娓动听，引人入胜。

北京评书的传统书目主要有《东汉演义》、《西汉演义》、《三国演义》、《岳飞传》、《三侠五义》等，这些作品在传播过程中起到了普及历史知识、

传授北京评书技艺［北京市西城区文化馆（南区） 提供］

北京评书《话说本溪》剧照（宋雪 摄）

彰显传统美德的教育功能，具有不可低估的文化价值。近现代以来，北京评书业涌现出一大批艺术水准较高的表演艺术家，袁阔成、田连元、连丽如等。

目前，文艺形式的增加及大众传媒的发展造成社会文化生活的空前繁荣，在此背景下，人们对评书这一艺术门类的兴趣热情被大大削弱了。这种状况影响到北京评书的发展，致使评书从业者减少，曾经辉煌一时的优秀民间艺术后继乏人，传承正面临巨大困难，急需有关方面尽快采取措施，着手进行保护扶植。

751 V-58

申报地区或单位：湖北省武汉市

湖北评书

湖北评书表演照（孙仲江 提供）

湖北评书表演照（王建忠 摄）

湖北评书是湖北地区兴起的一种曲艺形式，主要流传于武汉、沙市、荆州、宜昌、孝感等地。明代崇祯十六年（1643），平贼将军左良玉驻兵武昌，招江南说书大家柳敬亭为幕客，在军中说书。南派说书艺人将柳敬亭视作行业祖师，尊为“柳祖”，湖北评书即是在柳氏影响下发展起来的。清代道光末年以来，湖北先后出现了“童、王、教、夏评书四杆旗”、“书坛五虎将”等一批评书表演艺术家，并产生了以容宗圣、陈树棠和江云卿为代表的三大流派。

湖北评书善于借助手势、身段、口技等动感表演和桌子、扇子、醒木、手帕等道具模拟书中的各色人物，渲染气氛。表演者表现人物对话多使用通俗的民间口语，描叙景物则常采用雅致的骈体。湖北评书的书目十分丰富，大体可分两大类。一类是按小说底本讲述的“底子书”和在“底子书”基础上发展加工而成的“雪夹雪”，《列国》、《三国》、《水浒》、《隋唐》、《英烈传》、《三侠八义十二雄》、《奇女报国》等作品属于此类；另一类被称为“路子书”，《王莽忠孝图》、《八门斗智》等作品属于此类。

湖北评书在文学、语言、表演等方面均显示出鲜明的特色，具有很高的研究价值，值得关注。如今，这一宝贵的民间艺术已后继乏人，前景堪忧，有必要加强对它的研究和保护工作。

752 V-59

申报地区或单位：上海市浦东新区

浦东说书

浦东说书《养猪阿奶》表演照（上海市浦东非物质文化遗产保护分中心　提供）

浦东说书起源于上海浦东的川沙、南汇，后流传于上海市郊全境及浙江省平湖市等地。因表演者单手击打钹子，也称“钹子书”，又称“沪书”、“农民书”等。

浦东说书常以浦东的东乡语和浦西的西乡语演唱，其声腔系由“说因果”的“因果调”演变而成，此外还吸收了当地民歌和姊妹曲种“打连发”的旋律。其旋律以五声部为主，腔系分为东乡调和西乡调两种。东乡调属徵调式，包括“东调”、“西调”、“氽调”、“娘娘调”、“急调”等，旋律平稳舒缓；西乡调为宫调式，旋律高起低落，唱腔前半句近似连说带唱的吟诵腔，字多腔少，曲式结构为单句式，次为上下句式。浦东说书的唱腔节拍较为自由，常随情节的发展和人物情感的变化而变换，时而短促，时而宽舒。浦东说书一般为单人坐唱，常用醒木、扇子、手帕等道具辅助表演；也有的只说不唱，说表以浦东和上海方言为主。发展到后来，浦东说书也开始说长篇正本，以说为主，一场一般为三个小时。1949年以后，又出现了双档、多档、小组唱和表演唱等各种新的表演形式。除《施公

浦东说书《末代皇帝》表演照（上海市浦东非物质文化遗产保护分中心　提供）

案》、《包公》、《济公》等传统书目外，浦东说书还有《山东马永贞》、《霍元甲》等近代书目和《铁道游击队》、《林海雪原》等根据长篇小说改编的现代书目。

目前，浦东说书的专业演员已不多见，这一民间曲艺正逐渐走向衰微，急需加强保护传承。

浦东说书《嫁女歌·三催轿》表演照（上海市浦东非物质文化遗产保护分中心　提供）

753 V-60

申报地区或单位：福建省厦门市思明区

讲古

讲古现场（陈鸣鹤　摄）

讲古是闽南地区特有的曲艺形式，流行于福建省厦门市及周边地区。它产生于清代中后期，至今已有百余年历史。讲古运用闽南话丰富的词汇、特有的韵律及谚语、俗话、掌故、歌谣等谈古论今，让听众在欣赏艺术的同时自然而然掌握闽南历史、风俗、社会生活等方面的知识，起到寓教于乐的作用，因而深受当地群众的欢迎。

民国初年，闽南民间出现了职业讲古艺人。20世纪20年代，讲古发展到鼎盛阶段。讲古演员表演时手执书本或折扇，绘声绘色地谈古论今，口若悬河，滔滔不绝，讲论中还时常穿插一些闽南俗语，风趣诙谐，引人入胜。讲古内容分文讲、武讲两大类，《西厢记》、《红楼梦》等才子佳人故事和《包公案》、《彭公案》等公案故事属于文讲，《水浒传》、《三国演义》、《七侠五义》、《薛仁贵征东》、《薛丁山征西》等战争和侠义传奇及《今古奇观》、《警世通言》、《拍案惊奇》中的故事或地方性故事等属于武讲。

绘声绘色谈古论今（朱镑　摄）

闽南文化进校园：讲古培训班（朱镑　摄）

现在，老一辈讲古艺人相继去世，讲古场也仅存金榜山一处，这一充满闽南地方特色的民间曲艺形式正处于濒危境地，亟待抢救保护。

754 V-61

中报地区或单位：湖北省武汉市、团风县

湖北大鼓

湖北大鼓原称“鼓书”、“打鼓说书”、“打鼓京腔”、“说善书”等，它形成于清代道光年间，至今已有两百余年的历史。过去流行于武汉、孝感、黄冈等地，经过长期的发展，现在流行至全湖北省。

湖北大鼓以鼓板伴奏，说唱兼长，风趣幽默。其唱词以七字句、十字句为主，其中也穿插一些五字句。演唱主腔称为“四平调”，风格平稳朴实，具有鲜明的鄂东北民间音乐色彩，既能叙事，又能抒情，并可根据表达需要变化成“快四平”、“慢四平”、“四平悲棚”、“四平数板”、“四平快流水板”、“诙谐腔”、“紧板急腔”等十余种不同板式、不同情绪的唱腔。此外，其演唱段落之间还常会出现丰富多彩的鼓点牌子，令人耳目一新。

湖北大鼓过去由一人自击鼓板演唱，从1958年起，演唱短篇曲目时加入了二胡、三弦等乐器的伴奏，以唱为主；演出中长篇曲目时不加弦乐，说唱并重，同时辅以手、眼、身、步的表演。在流传过程中，湖北大鼓出现了北路、南路、南北路三大派。北路高亢粗犷，长于演唱朴刀杆棒内容的作品，有《花和尚》、《罗成代嫁》

湖北大鼓《退保》表演照（王建忠　摄）

湖北大鼓《一堆垃圾》表演照（王建忠　摄）

演唱湖北大鼓（倪学霖　摄）

湖北大鼓表演照（王建忠　摄）

等曲目；南路细腻缠绵，长于演唱家庭公案题材的作品，有《滴血成亲》、《四下河南》等曲目；南北路则兼有南、北两路之长，演唱曲目繁多，尤擅演唱《反唐》、《征东》、《南京》、《北京》等历史演义作品。

经过长期的发展传承，湖北大鼓行业中出现了王鸣乐、陈谦闻、张明智等表演艺术家，使这一曲艺样式进一步走向成熟。湖北大鼓是湖北民间文化、地方语言、生活风习、社会风貌的展示平台，在社会学、民俗学、艺术和历史文化等方面具有较高的研究价值。但目前这一优秀的民间艺术后继乏人，趋于衰微，亟待抢救保护。

755 V-62

申报地区或单位：山西省襄垣县

襄垣鼓书

襄垣鼓书伴奏特色乐器：二簧、二把、胡呼（张岳公　摄）

襄垣鼓书简称“鼓书”，俗称“说书”、“脚蹬梆”，主要流行于晋东南的山西省襄垣县及其周边县区，远传至阳泉、陵川等地。它成型于明末清初，清代中叶发展成熟，达于兴盛，至今已有三百多年的历史。

襄垣鼓书由一人、两人或多人分持鼓、板、锣、钹和二把、二簧、胡呼、月琴、三弦、八角鼓、二胡、笛子、笙等乐器边说唱表演边自行伴奏，其演唱有独唱、轮唱、对唱、领唱、合唱、伴唱等多种形式。还根据不同场合的需要，分别配合以坐、站、走等舞台动作。有些技艺超凡的掌班（掌板的鼓师）艺人可以一人手脚并用，同时演奏平板鼓、挂板、脚锣、小锣、镗锣、脚梆、木鱼、镲、钹、惊堂木等全套打击乐器。

襄垣鼓书的唱腔音乐属于板腔体，有快、慢、跺、抢等多种唱法和“起板”、“二性板”、“紧板”、“慢板”、“散板”等多种板式，还有一些别具特色的闹场曲牌。在长期的发展流变中，襄垣鼓书吸收当地的地方小调、道士化缘调、民间叫卖调及梆子、落子、秧歌等的音乐元素，融会贯通，自成一格，深受民众的喜爱。其传统曲目有《水浒传》、《三国》、《包公》、《奇巧断》、《借亲记》等百余种，可分为历史、公案、侠义等几大类，内容极其丰富。

在村民家表演襄垣鼓书（张岳公　摄）

为村民表演襄垣鼓书（张岳公　摄）

襄垣鼓书不仅保存了诸多宋元“鼓子词”的艺术基因，还大量吸纳了明清以来当地民间艺术的精华成分，具有很高的艺术和历史文化研究价值。但目前这一古老的民间曲艺形式正面临着极大的生存危机，后继乏人，急需抢救保护。

756 V-63

申报地区或单位：江西省萍乡市

萍乡春锣

萍乡春锣演出道具（江西省非物质文化遗产研究保护中心 提供）

萍乡春锣流传于江西省萍乡市及其周边地区，系由明末流传于江西西部的“报春”演变而成，至今已有三百余年的历史。

萍乡春锣节奏明快，语言诙谐，有“见赞”等重要的表现特征。其表演有站唱和走唱两种形式，演唱者身披一黄色绸袋或布袋，左腹系一面直径约二十厘米的小鼓，鼓边挂一同样大小的铜锣，左手执鼓签，右手持锣槌，不时击打，以作为曲首的过门和段落过渡的间奏音乐。搬上舞台后，由一人演唱发展为对唱、群唱，增加了二胡、三弦、琵琶等伴奏乐器。

传统的春锣多演唱短篇曲目，如《赞春》、《赞酒》、《进门》、《喝茶》、《贴图》、《送春》等。至近代，春锣艺人才开始演唱《八仙过海》、《桃园三结义》、《许真君斩孽龙》等中长篇的历史和神话传说故事。目前，萍乡春锣承传乏人，生存困难，急需保护。

萍乡春锣表演照（胡国欣 摄）

萍乡春锣《养老歌》表演照（胡国欣　摄）

萍乡春锣《养老歌》表演照（江西省非物质文化遗产研究保护中心　提供）

757 V-64

三弦书

沁州三弦书

南阳三弦书

三弦书又称“三弦铰子书”，流传于晋东南的沁县、武乡、沁源、襄垣，晋中的左权、榆社，晋南的安泽、浮山等地和河南南阳及其周边地区。它形成于明末清初，至今已有三百多年的历史。

三弦书最初由演员腿缚节子、怀抱三弦弹唱，称为“腿板书”。后发展为一人手执铰子、八角鼓打拍演唱，另一人脚蹬梆子，手拨三弦伴奏，有时还加入笙、胡、筝等伴奏乐器。发展到后期，三弦书演出时一般采用站唱方式，演唱中加入各种表演，演员连唱带舞，伴奏者帮腔助势，一唱一和，情趣盎然。

艺人外出表演沁州三弦书（山西省沁县文化馆　提供）

三弦书·沁州三弦书

申报地区或单位：山西省沁县

沁州三弦书早期演出时由一人说唱，同时自行以三弦、捧板和小铙伴奏。后来发展出一人为主、多人分行当辅助说唱的群口演出形式，演唱时登台的众人分持三弦、二把和反二把、笛子、四弦、二胡等乐器，边唱边奏。其中承担主要说唱表演任务的人除弹三弦外，还需手打小铙、腿绑捧板。沁州三弦书的唱腔属于板腔体，由“月调”和“平调”两部分组成。“月调”包括“平板”、“垛板”、“颤板”（又作“战板”）、“哭板”等板式和唱法，“平调”由六个腔句构成，曲调优美动听，主要用来说唱一些小段。沁州三弦书表演前通常先要演奏一段器乐曲牌，接着吟诵四句“提纲”，然后“起板”或曰“叫板”，最后才转入“正书”说唱。其传统曲目以长篇为主，一部作品大致在三十至六十回左右，可连续演出一两个月。

目前三弦书在山西日趋衰落，后继乏人，急需采取相应措施，及时加以抢救保护。

在村里表演沁州三弦书（山西省沁县文化馆　提供）

沁州三弦书表演照（山西省沁县文化馆　提供）

三弦书·南阳三弦书

申报地区或单位：河南省南阳市

南阳三弦书全称“三弦铰子书”，其唱腔音乐属板式变化体，大致可分为铰子腔、鼓子腔两大类。整个唱腔体系又分三个流派，中路唱法以平弦弹唱为特点，西路唱法以低调唱工为特点，东路唱法以高弦唱工为特点，具有豫南民歌风味。南阳三弦书有“慢板”、“二八板”、“三六板”、“流水板”、“快板”、“正板”等多种板式，演唱多以铰子腔开始，中间转入鼓子腔，最后复转回铰子腔，经“二六板”、“快板”结束。南阳三弦书以三弦为主要伴奏乐器，持弦人俗称“弦子架”，伴奏以外，还

南阳三弦书《夫妻争灯》表演照

南阳三弦书《找原因》表演照

承担着和主演递二话、交流感情及接伴唱等任务。出节乐器主要包括腿梆、八角鼓、铰子等，其中铰子既可作出节的装饰音响，又可作表演的道具。南阳三弦书有两百多个传统曲目，《鞭打芦花》、《张良辞朝》、《凤仪亭》等都是其中代表性的作品。

目前三弦书在河南正面临着巨大的生存危机，传承乏人，前景堪忧，急需保护扶植。

758 V-65

申报地区或单位：山东省菏泽市

莺歌柳书

莺歌柳书表演照（陈华 摄）

莺歌柳书表演照（陈华 摄）

莺歌柳书亦名“莺歌柳子”，系由明代柳子戏曲牌【莺歌柳】演化而成，主要流传于鲁西南、鲁南及豫东、苏北一带。清代嘉庆、道光年间莺歌柳书艺人程梦卜、程作舟名闻鲁豫，表明这一曲艺样式已发展得相当成熟。清末民初，莺歌柳书与渔鼓腔相结合，又进一步衍生出“坠子书”。

山东菏泽已知最早的莺歌柳书艺人是清末民初曹县仲堤圈的张瞎子，在他以后相继出现了曹县的张保亮、何立稳、郑玉昆、郑海泉和定陶的曹志田等一批莺歌柳书艺人。郑玉昆晚年将技艺倾囊传授给曹县的郑文祥和菏泽的高志军，目前这两位老人是这一稀有曲种在菏泽地区仅有的传承人。

莺歌柳书表演时多出双档，两位演员一弹一唱，演唱者左手持八角鼓，以右手打击，伴奏者则在旁弹三弦应和。莺歌柳书早期表演以唱为主，有【节子韵】、【越调】、【平调】等曲牌，唱腔音乐丰富多彩；后期表演转为说白相间，音乐结构也相应变成单曲反复的形式。其基本唱腔为四句腔，其他唱腔均由此衍化发展而来。四句腔每句四小节，构成起承转合的音调旋律，其后的搭尾衬腔也是完整的四小节，极富表现力。

莺歌柳书题材广泛，曲目丰富，作品既文雅规整，又俚俗浅近，显示出浓郁的乡土气息，其主要曲目包括《许仙救湖》、《关公辞曹》、《龙凤镯》、《汗衫记》、《杨宗保下山》等十

余部中长篇作品和《妙常产子》、《卷箔记》、《兔子拐当票》等六十余种段儿书。莺歌柳书充分反映了山东、河南交界地带的风土民情和地域特点，在民间艺术、北方方言及民俗学等方面的研究中具有重要的参考价值。目前这一曲种传承乏人，几近灭绝，急需抢救。

莺歌柳书《偷诗》表演照（张伟胜　摄）

759 V-66

申报地区或单位：浙江省平湖市

平湖钹子书

在书场说唱平湖钹子书（浙江省平湖市非物质文化遗产保护中心　提供）

平湖钹子书选段《宠子不发》表演照（浙江省平湖市非物质文化遗产保护中心　提供）

平湖钹子书旧称“说因果”，新中国成立前后一度称为“农民书”，主要流布于浙江平湖及上海浦东的川沙、南汇和浦西的金山、松江、青浦等地。它起源于明代万历年间，形成于明末清初，至今已有三百多年的历史。

平湖钹子书起初的表演形式为“立白地”，后来经过发展，有了中长篇书目，才开始进入堂馆屋舍。新中国成立前后，它主要是在城乡茶室演出，观众以农民为主，故有“农民书”之称。

平湖钹子书以平湖方言演出，集说、唱、演于一体，而以说表见长。其演唱形式较为简单，常用一面钹子、一根竹筷、一块醒木为伴奏乐器，边敲边唱。后来增加了二胡、弦子、琵琶、扬琴等伴奏乐器，逐渐形成规模。平湖钹子书以单档方式演唱，曲调包括长调、慢调、急调、哭调等，节奏明快，富有地方特色，乡土气息淳厚，具有较高的艺术价值。唱词以七字句为主，带有吟诵风格，句末往往出现拖音，余音袅袅，别有韵味。

在漫长的岁月中，平湖民间艺人创作出了《杨家将》、《八义侠》、《天宝图》、《五龙图》、《彩妆楼》、《金告传》、《白鹤图》、《胡必松》、《独臂尼姑》、《毒手疯丐》、《九更天》、《十美图》等百多部传统长篇作品，其中有不少一部就能演唱数月之久。

目前，平湖钹子书的表演人才越来越少，前景堪虞，抢救保护已刻不容缓。

760 V-67

申报地区或单位：浙江省宁波市鄞州区、奉化市

宁波走书

在书场表演宁波走书（罗海英　摄）

宁波走书又名“莲花文书”、“犁铧文书”，流行于浙江省宁波市及周边地区。它起源于清代同治、光绪年间，经历代艺人的加工而逐步发展成形。

宁波走书的表演先后经历了三个发展阶段，最初是一人演出的“坐唱”，由一位演员边唱边操乐器自行伴奏；其后演变为“里走书”，一人坐于桌后演唱，一人坐在桌子横旁伴奏；再后演唱者与伴奏者分坐桌子两旁，演唱者可在台上走动表演，称为“外走书”。新中国成立初期，宁波走书已从“坐唱”发展到“走唱”，从单档发展到双档乃至男女双档。演出时舞台上设一张桌子，饰以紫红丝绒制作的精致桌围，上绣走书演员名字或曲艺队名称，桌上放置一把折扇、一块手帕、一块醒木几样表演道具。演唱者坐在桌子左边，伴奏者坐在桌子右边。演出双档走书时，两位演员分坐桌子两边，乐队坐于舞台右后方。演员除说、唱、弹外，表演中还需做到“噱”、“渔”。“噱”是以滑稽的语言动作引人发笑；“渔”是一人饰演生、旦、净、末、丑多种脚色。宁波走书演唱的曲调较多，其中最主要的是“四平调”、“赋调”、“马头调”，俗称“老三门”，此外还有“还魂调”、“词调”、“二簧”、“三顿”、“三五七”等三十余种曲调。“四平调”一般用作书目的开篇，末句常由乐队和唱；“赋调”往往随故事情节、人物性格而变化，有

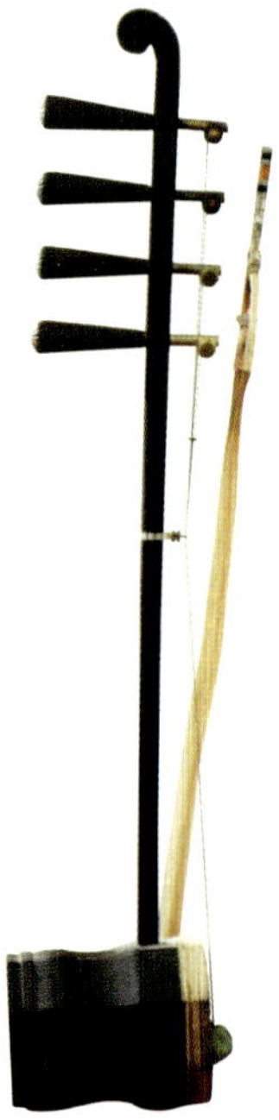

宁波走书伴奏乐器：四弦胡琴
（陈科峰　摄）

宁波走书早期演出形式：坐唱（罗海英　摄）

快、中、慢之分，适用于不同情境，像哀诉与回忆就常用慢赋；“马头调”则多用于叙述。宁波走书有四弦胡琴、琵琶、二胡、三弦等多种伴奏乐器，而以四弦胡琴为主。唱词一般采用二二三结构的七字句，双句结尾处用韵，以宁波音的十三辙为准，平仄通押。

新中国成立前夕，宁波鄞县的走书艺人以陈开祥、蒋顺海等最为著名，在群众中影响较大。新中国成立后至今又涌现出张志卿、徐志卿等知名度较高的走书演员，为这一曲艺形式在现当代的发展作出了贡献。宁波走书的演出书目包括《大红袍》、《绿袍》、《英列传》等历史大书和《双珠球》、《玉莲环》、《十美图》等小书，而以前者为主。

当前，由于外来文化的冲击和文化生态的变迁，宁波走书演出市场日益萎缩，曲艺队解体，大批走书演员纷纷转行，走书艺术陷于濒危之境，亟待抢救保护。

宁波走书表演照（陈科峰　摄）

761 V-68

申报地区或单位：上海市黄浦区
浙江省杭州市

独脚戏

独脚戏又称“滑稽”，始创于清末，盛行于民国初年，一直传承发展至今。它发源于杭州，流行于上海、江苏、浙江等地，仅上海黄浦区的老城厢一带就集中了独脚戏的千万热心观众。

独脚戏以上海方言和杭州话表演，它源自民间说唱和文明新戏，初时由一人单独演出，后逐渐发展为两人或多人同台表演。独脚戏一般有两种类型，一种以说为主，一种以唱为主。前者主要靠讲述滑稽故事和笑话来制造滑稽效果，亦可学讲各地方言；后者主要学唱各种地方戏曲声腔或民间小调，藉以博取观众的笑声。独脚戏的表演技巧与相声相似，主要包括说、学、做、唱四种，夸张、误会、巧合、对比、诡辩、差错、偷换、谐音等都是经常采用的搞笑手法。常见的独脚戏表演形式有三种，一是单口独脚戏，行话称“单卖口”，分叙事和散说两类，由一人表演，以“逗笑”的手法组合成串的“包袱（笑料）”，结束时特意安排一个出人意外的笑料，俗称“包袱底”，引得观众捧腹大笑；二是双档独脚戏，行语称“双卖口”，由二人对口表演，与对口相声相近；三是说时串渔，也称“彩扮”，演员简单化装后

独脚戏表演照（浙江省杭州市非物质文化遗产保护中心　提供）

以人物身份出现，常常一人多角，跳进跳出，随时通过改扮变换身份，表演轻松自由，喜剧性强，再进一步即发展为滑稽小戏。

独脚戏曲目丰富，内容包罗万象。民国时期有“拓荒者”之称的徐卓呆曾编演过《谁先死》、《阿福上生意》等，为独脚戏留下了一批重要作品。其后号称“滑稽三大家”的王元能、汪笑笑、刘春山都在演出中形成了各自的代表作，王元能编演的《各地堂倌》、《宁波空城计》、《哭妙根笃爷》，汪笑笑与鲍乐乐演出的《水果笑话》、《火烧豆腐店》、《大闹明伦堂》，刘春山演出的《游码头》、《汪家大出丰》等都以较高的艺术水准赢得了观众，丰富了独脚戏舞台。

目前，独脚戏演员队伍严重老化，后继乏人，急需保护振兴。

独脚戏表演照（浙江省杭州市非物质文化遗产保护中心　提供）

762 V-69

申报地区或单位：河南省南阳市

大调曲子

河南省南阳市曲剧团演员演奏大调曲子（赵剑锋　摄）

大调曲子又称“鼓子曲”，形成于明末清初，至今已有三百多年的历史。鼓子曲初见于开封，原分为周口、禹县、南阳三支，后禹县、南阳两支在发展过程中逐渐合流。传入南阳后，鼓子曲吸收了山、陕、川、鄂的一些小曲、戏曲声腔和民歌小调，内容、形式等方面均得到长足发展，最终形成具有地方特色的大调曲子，20世纪30年代后在南阳一带异常盛行。

大调曲子演出时采用坐唱方式，有演唱者自弹自唱的情形，但一般状况下都是演唱者与伴奏者围坐一起，手执手板，击节而歌。演唱中出现伴唱时，往往一唱众和，听众也可顺口帮腔，演出现场充满激情，气氛十分热烈。在实践过程中，大调曲子艺人里出现了许多技艺超群的代表性人物，周四少、王庚轩、马万寿、曹东扶、陈有兰、李长溪、翟文强等都是其中的佼佼者。

《南阳曲艺作品全集》书影（阎天民　摄）

大调曲子的音乐积累十分丰富，现存曲调229首，板头曲56首。其中既有下里巴人的民歌、山歌、渔歌、市井小曲，又有【满江红】、【哭子路】、【山坡羊】等阳春白雪的独奏、合奏曲；既有欢快流畅、热情奔放的【百鸟朝凤】，又有缠绵悱恻、如泣如诉的【孔子叹颜回】；既有幽雅高洁的【高山流水】、【汉宫秋月】，又有诙谐风趣的【唧唧咕】、【葡萄架】，可谓品类齐全，雅俗共赏。大调曲子的唱腔音乐属曲牌联缀体，有单曲和套曲两种形式。单曲用一个曲牌演唱一段故事或一个情景，如以【满江红】演唱《古城会》，以【寄生草】演唱《春游》等；套曲则将多支曲子按一定规则组合起来叙事抒情，大调曲子的套曲有多种类型，可分为鼓子套曲、垛子套曲、越调套曲、码头套曲等。

现在收集整理成册的大调曲子演出曲目已近千段，《拷红》、《残花自叹》、《林冲夜奔》等都是其中代表性的作品。目前大调曲子后继乏人，濒临灭绝，急需保护传承。

保存于民间的清代大调曲子曲目手抄本（河南省南阳市非物质文化遗产保护中心　提供）

763 V-70

申报地区或单位：湖北省武汉市

湖北小曲

湖北小曲表演照（湖北省武汉说唱团　提供）

湖北小曲原称“汉滩小曲”、“汉滩丝线”、“外江小曲”，主要流行于湖北的汉口、沙市、宜昌等长江沿岸地区。它源于明清俗曲，系由汉滩小曲和天沔小曲融合而成，至今已有三百多年的历史。

湖北小曲表演时说唱相间，形式自由灵活，可一人自拉自唱，也可两人以上坐唱、站唱、走唱，而以两人坐唱的形式最为常见，表演者分出生、旦行当，边唱边自行伴奏，生拉二胡，旦执檀板击节。其唱腔一般为多曲体，亦有单曲体的。唱词多为七字、四字、十字的上下句结构，间亦有五字、长短句及垛句。湖北小曲原有唱腔曲牌三百多个，其中一百二十多个流传至今，常用的有【南曲头】、【南曲正板】、【南曲尾】、【文词调】、【滩簧调】、【西腔】、【四平】、【叹五更】等，可用来演唱一些故事情节比较复杂的单折杂戏。这些曲牌大致可分为五类：一为南曲类，这是湖北小曲的主要唱腔；二为文词类，系由鄂东流行的文词音乐演化而来；三为滩簧类，系由流入的吴越曲调演变而来；四为西腔类，系由荆州“西腔”演化而来；五为杂牌小调，系由湖北民间小调采入。

湖北小曲表演照（何忠华　提供）

湖北小曲传统的演出曲目相当丰富，原来的大小三百多个曲目有一百八十多个流传下来，《抢伞》、《西京词》、《苏文表借衣》等是其中的代表性作品。曲目的内容多来自传奇、杂剧和民间故事，其中以爱情题材居多，也有一些作品以表现民众痛苦、反对民族压迫、反映妇女不幸命运、追求自由幸福、抗拒封建旧礼教为主题。除此以外，还有一些充满知识性、趣味性的小段子。在这些传统曲目中，《东征》、《西征》等长篇“大本头”可连续演唱数月，短篇曲目则与民歌中的“分节歌”相类似。湖北小曲显示出浓郁的湖北地方特色，在社会历史、地域文化、民间艺术等方面具有一定的研究价值。但这一珍贵的民间曲艺样式现已后继乏人，陷入危境，急需保护。

湖北小曲表演照（何忠华　提供）

764 V-71

申报地区或单位：湖北省五峰土家族自治县

南曲

弹唱南曲（刘杰 摄）

南曲亦称“丝弦”，流行于湖北省长阳土家族自治县、五峰土家族自治县一带。它产生于清代乾隆至光绪年间，至今已有两百年左右的历史。在长期传承过程中，南曲不断吸收土家民歌小调和皮影戏中的音乐元素，将当地的地方语言与曲调风格统一起来，形成强烈的艺术感染力，被曲坛誉为“郁香的山花”。

南曲表演主要采用坐唱形式，配以小三弦、二胡、四胡、扬琴、月琴（俗称“块子”）、云板（又称“简板”、“牙子”）等伴奏乐器，而以小三弦为主。在这些乐器的伴奏下，南曲演唱更加悦耳动听，显示出委婉细腻、优美抒情的艺术特征。演出时既可一人自弹自唱，也可由两位以上的演员分角色对唱，还可多人齐唱。表演过程中可安排一人专门弹奏，另一人边击板边唱；也可安排一人击板，几人各操三弦同时弹奏，并于拖腔之时施以帮腔。

南曲曲词以七字句为主，唱腔音乐属于曲牌体。长阳南曲现存传统唱腔曲牌31支，分为南曲和北调两类，南曲类基本曲牌包括【南曲头】、【垛子】、【上下句】、【滑腔】、【数板】、【浪板】、【火葫芦】、【悲腔】、【湖腔】等，北调类曲牌仅存【寄生

师徒共唱南曲（张勇　摄）

调】一支。南曲曲目众多，现在搜集到的约有二百五十个，大致可分为四类，第一类取材于小说和戏本，第二类取材于民间故事和传说，第三类取材于应酬和戏诫，第四类用以咏景抒怀。五峰南曲现存唱腔曲牌近三十支，曲目、文词丰富多彩。现存的一百多个曲目多取材于历史小说和传奇故事，《才子游江》、《三国英雄》、《昭君和番》、《打渔杀家》、《红娘递柬》等是其中的代表性作品。

南曲多在新婚典礼、寿诞庆祝、佳宾宴饮、良友聚会等场合演唱，带有一定自娱自乐成分，因出现“玩丝弦”之说。它文词清雅，音乐古朴，历史悠久，群众基础深厚，艺人众多，是土家族和汉族文化艺术交流融汇的结果，在民族学、文化学等的研究中具有重要的参考价值。目前，南曲后继乏人，生存出现危机，急需保护传承。

与学生们一起弹唱南曲《长乐听松》
（唐芳　摄）

765 V-72

申报地区或单位：甘肃省秦安县

秦安小曲

秦安小曲又称“秦安老调”，主要流行于甘肃省东南部的天水市秦安县及周边地区。据说这一西北民间曲艺样式形成于明代中叶，至今已有五百余年的历史。

秦安小曲采用秦安当地方言演唱，表演时或由一人自弹中三弦伴唱，或由两人分持三弦与摔子（铜质碰铃）对唱，或由多人分持三弦、摔子、四片瓦等乐器轮唱。其唱腔属于曲牌联缀体，有“大调”、“小调”之分，常用的曲牌包括【越调】、【越尾】、【穿字越调】、【四六越调】、【背宫】、【背尾】、【单背宫】、【三道蔓】等四十多支。秦安小曲的唱词多为长短句，也有五言、七言、八言、十言等句式，使用长短句式的曲牌有【岔儿曲】、【降夜香】、【前悲宫】、【马头调】等，使用七言句式的曲牌有【上数落】、【裙子调】、【诗篇】等，使用八言句式的曲牌有【乐一乐】等，使用十言句式的曲牌有【下数落】等。曲词文字精练，节奏感强，一般一韵到底，朗朗上口，具有音乐美感。词曲格式严谨，结构完整，每支曲牌的句数、每句的字数都有严格规定，不能违反。

秦安小曲的传统曲目系不同历史时期累积而成，除了相传由该曲种首创者胡缵宗采用【四六越调】创作的《玉腕托帕》外，还有清代嘉庆年间张思诚创作的《小登科》、《昭君和番》、《重台赠钗》及民国以来广泛传唱的《伯牙抚琴》、《王祥卧冰》、《状元祭塔》、《百宝箱》等。20世纪六七十年代，秦安小曲被打入“冷宫”，发展停滞。80年代以来，秦安小曲的老艺人日益减少，爱好者也所剩无几，这一西北民间宝贵的曲艺形式正面临生存危机，随时可能消亡，亟待抢救保护。

秦安小曲表演照（陈忠孝　摄）

766 V-73

申报地区或单位：江苏省徐州市

徐州琴书

徐州琴书双人档表演照（王兴华　摄）

徐州琴书又名“苏北琴书”，旧称“丝弦”、“唱扬琴”等，主要流行于以徐州为中心的苏、鲁、豫、皖四省接壤地区。它源于明代小曲，清代后期发展成形，至今已有近两百年的历史。

徐州琴书以徐州方言演唱，乡土气息浓郁，既有南方曲艺的婉转灵秀，又有北方曲艺的粗犷激昂。它唱腔优美，曲调丰富，音乐结构一般包括“起板”、“慢四板”、“大八板”或“花四板”、“过板”几个部分，入活儿时唱【凤阳歌】、【垛子板】或念说白，最后以“煞板”结束。除【凤阳歌】和【垛子板】外，其唱腔曲牌还有【莲花落】、【摩坷萨】、【银纽丝】、【刮地风】等。徐州琴书有单档、双档、表演唱等多种演出形式，单档又分用单脚梆伴奏和用单琴板伴奏演唱两种形式；双档也称“对口”，演唱者执檀板兼敲扬琴，伴奏者操筝琴，演出时既可独唱，也可对唱，还可帮腔或合唱；表演唱是演员边唱边展示表演动作，另有小型乐队在旁伴奏、帮腔。在漫长的发展过程中，徐州琴书艺人创作、改编了大量的演出曲目和唱段，通过

徐州琴书《山里娃》表演照（魏云彩等　提供）

徐州琴书《水漫金山》表演照（魏云彩等　提供）

这些作品惩恶扬善，宣扬社会伦理，表达民众意愿。《王天宝下苏州》、《张廷秀赶考》、《吕洞宾戏牡丹》、《水漫金山》等是其中较有代表性的曲目。

近年来，徐州琴书演出机会减少，老艺人年事已高，无法继续从艺，中年演员迫于生计，纷纷改行，导致这一曲艺样式后继乏人，濒临灭绝，对它进行抢救保护已成为一项迫在眉睫的任务。

767 V-74

申报地区或单位：湖北省恩施市

恩施扬琴

恩施扬琴以扬琴为主要伴奏乐器（杨官汉　摄）

恩施扬琴又名“恩施丝弦”，广泛流行于湖北省恩施市城乡和利川、咸丰、来凤、宣恩等周边县市。它形成于清同治、光绪年间，至今已有一百五十多年的历史。

恩施扬琴演出时分生、旦、净、末、丑等脚色演唱，表演内容达到高潮或进入尾声时以众和彩腔相伴。整个演出以扬琴为主要伴奏乐器，以碗琴为色彩乐器，与二胡、三弦、月琴、京胡、鼓、尺合称“八音”。演奏时扬琴居首，其余乐器环围四周。乐器伴奏不必严格随腔，往往采取腔繁奏简、腔简奏繁的方法。唱时点奏，过门重奏。鼓、尺除严格按板、眼演奏外，还需根据演唱内容的需要，以轻、重、缓、急的不同节奏随腔敲击。扬琴音乐中有【正宫】、【二六】、【皮簧】等声腔曲牌，可分板腔体曲牌、歌谣体曲牌、民间小调和器乐曲牌四类。

恩施扬琴表演曲目丰富多彩，文字精练严整，作品开头和结尾的诗句采用第三人称，人物对话和情节描绘中常常夹有韵白。其演出脚本的基本结构较为规范，开始用四句词点明主题，四句诗介绍内容梗概，随后用说白进入角色叙事，用唱词和对话分角色行当展开故事情节，最后用四句尾诗结束交代，点出接唱曲目。

恩施扬琴表演照（杨官汉　摄）

恩施扬琴艺术属于比较高雅的城镇市民文化，历史上没有专业演唱团体，表演者自命高雅，只在家庭间相邀传唱，或组建“清江琴社”、“伯牙琴会”、“琴音会”之类的民间“琴会”，定期交流，聚集演唱。从这个意义上说，恩施扬琴既是外来文化与本地土家族文化交融合流的产物，又是民间典雅艺术的代表，具有一定的历史文化研究价值。但这一曲种现已处于濒危境地，后继乏人，急需保护，以利传承。

三弦是恩施扬琴乐队的伴奏乐器之一（杨官汉　摄）

768 V-75

申报地区或单位：四川省曲艺团、四川省音乐舞蹈研究所、成都艺术剧院

四川扬琴

四川扬琴表演照（四川省成都市文化局　提供）

四川扬琴又称“四川琴书”，流布于四川省汉族地区，因采用扬琴为主要伴奏乐器而得名。据传，清代乾隆年间四川已出现以扬琴伴奏的说唱表演，演出时单人自弹自唱，以说为主，以唱为辅，唱腔比较简单，说白时还要使用醒木，故被人称作“话鼓扬琴”。

传统四川扬琴由五个演员分成生、旦、净、末、丑五个行当表演，行话谓之“五方人”。演出时一般以坐唱为主，也可站立表演。演员在场上有说有唱，同时自操乐器伴奏。曲目中人物众多、不敷分配时，可一人兼唱多角。扬琴唱腔包括省调和州调两类：省调指的是成都地区的扬琴唱腔，其中又有“大调”和“月调”（也称“越调”）之分，大调属板腔体，有“一字”、“快一字”、“二流”、“三板”等板式。月调属曲牌体，有【月头】、【叠断桥】等曲牌近二十支；州调指的是成都以外地区的扬琴唱腔，属板腔体，有“清板”、“二流”、“三板”等板式。

1912年至1949年间是四川扬琴发展的兴盛时期，出现了李连生等代表性的著名艺人。

四川扬琴表演照（丁旭伟　摄）

四川扬琴表演照（四川省曲艺研究院　提供）

李连生善于演唱《渔夫辞别》、《哭桃园》等悲壮慷慨的曲目，他在演出《华容道》时用“浪眼三板”行腔，取得了绝佳的效果，一时风靡四方。继起的李德才、叶南章等也各有出色表现，同样为四川扬琴的发展作出了贡献。四川扬琴传统曲目有《闯宫》、《醉酒》、《秋江》、《船会》等上百个，内部编印的《四川扬琴词本汇编》、《四川扬琴唱腔选集》达13册之多。扬琴艺术承载了巴蜀的历史文化，具有特殊的社会学、文化学研究价值。目前这一曲种后继乏人，前景堪忧，亟待保护传承。

769 V-76

申报地区或单位：重庆市三峡曲艺团
四川省成都艺术剧院

四川竹琴

四川竹琴流布于四川省汉族地区，因采用竹制的竹筒和简板为主要伴奏乐器而得名，民间又称为“打道筒”、“唱道筒”、“打尺乓乓”。它源于道观音乐，曾在唐代宫廷盛行一时。清代嘉庆元年（1796）以后，竹琴艺术开始流行民间，说唱者日渐增多。

四川竹琴最早的演唱形式为多人分角色坐唱，一般四五人一组同时演唱。20世纪30年代号称四川“曲坛三绝”之一的贾树三创造出单人演唱形式，由一人以坐唱或走唱方式演绎多个角色。在长期发展过程中，四川竹琴音乐由单一的曲调分化演变成中和调、扬琴调等多种风格各异的派别调型。中和调又称“综合调”、“中河调”，主要流行于川东、川南、川北，它由立门调、老南音调、南音调发展而来，又在这些曲调的基础上形成几个演唱派别；扬琴调又称“省调”，仅流布于成都及川西地区，其唱腔委婉流畅，有男腔、女腔之分。中和调、扬琴调均属板腔体，有“一字”、“三法”、“三板”、“摇板”、“大腔”等唱腔和俗称“苦腔”、“苦平腔”的“垛子”、“数板”等辅助唱腔。

四川竹琴《赞万州》表演照（庞德矛　摄）

四川竹琴道具：琴筒、简板
（庞德矛　摄）

四川竹琴表演照（四川省成都艺术剧院　提供）

四川竹琴表演照（四川省成都艺术剧院　提供）

清末民初，四川各地相继成立竹琴行业组织，促进了这一民间艺术的发展。四川竹琴演唱流派很多，其中以贾树三为代表的“贾派竹琴”影响最大。贾树三将竹琴演唱的四句腔简化为两句，改“慢七眼板”为“快三眼板”，并将川剧的弹戏、胡琴戏唱腔和四川清音、民歌小调等大胆移植到竹琴音乐中，创造了丰富多变的“彩腔”，很快即流传四方。“贾派竹琴”的经典曲目相当丰富，有《三国演义》、《包公案》、《白蛇传》、《风波亭》等几百个唱段，其中的唱词大都典雅华美，具有很强的文学性。近二十年来，四川竹琴发展陷于停滞，作品匮乏，人才青黄不接，观众流失，市场萎缩，正面临严峻的危机，急需保护振兴。

770 V-77

申报地区或单位：四川省成都艺术剧院

四川清音

四川清音表演照（四川省成都艺术剧院　提供）

四川清音曾有“唱小曲”的别称，因演唱时多用月琴或琵琶伴奏，又叫“唱月琴”、“唱琵琶”。它形成于明末清初，长期以来一直在四川省汉族地区流传，至今已有三百余年的历史。

四川清音演出时由一位演员执檀板击节站唱，琴师或小乐队在旁伴奏，有时还兼作帮腔。除单曲体唱腔外，四川清音还有“月调”、“背工”、“马头调”等联曲体唱腔。形成板式变化体的“汉调”和“反西皮”，其中有许多省外的民歌小调，如“无锡景”、“麻城歌”、“武昌调”、“边关调”、“凤阳调”、“陕五更”、“滩簧调”、“泗州调”、“东北风”等，也吸收四川民歌如《数蛤蟆》、《青㭎叶》、《十把扇子》等唱腔，还加入川剧的“反西皮”、“七句半”等，以及四川扬琴自己的“月调”、“平板”、“半边月”、“垛子”等，共计二百多个曲牌。

四川清音的保留曲目达百余种，其中既有《尼姑下山》、《昭君出塞》、《关王庙》、《断桥》、《思凡》、《悲秋》、《活捉三郎》等传统作品，又有“五四”后在新文化影响下产生的《佃客苦》、《双探妹》、《小丈夫》等新作品。目前，四川清音日趋衰微，后继乏人，已濒于消亡境地，急需制定可行方案加以抢救保护。

四川清音表演照（四川省成都艺术剧院　提供）

四川清音表演照（丁旭伟　摄）

四川清音表演照（丁旭伟　摄）

771 V-78

申报地区或单位：浙江省金华市、义乌市

金华道情

在茶馆表演金华道情（阎寿根　摄）

金华道情流行于浙江省金华市及周边地区，它形成于明末清初，可考的历史至少已有三百多年。

金华道情发源于义乌市，原为在道观内演唱的诗赞体“经韵”，后吸收其他词调和曲牌音乐，演变为在民间布道时演唱的“新经韵”，也称“道歌”。南宋开始在“新经韵”演唱时用渔鼓道情筒和指拍作伴奏乐器，这一形式明清以来得到广泛流传。民国时期，义乌道情已十分成熟，出现了骆樟林等名家。

金华道情表演时用金华方言单口坐唱，有连白带唱、唱中插白和间插平板几种方式。其音调多采用徵调式，结构完整，有头有尾，节奏多样，可紧可慢，也可适中。唱腔分为“平调”、“悲调”、“哭调”等，其中平调音域平缓，节奏稳健，多用于叙述故事情节的大段唱腔；悲调低沉凄凉，如泣如诉，多用于描述人物痛苦的遭遇；哭调模仿女性哭泣，主要用以强化人物的悲伤心情，渲染悲剧气氛。金华道情以金竹所制的情筒（又称“渔鼓”）和

金华道情表演照（戴东明　摄）

两块竹片组成的简板伴奏，演出时以打击乐为前奏，引出唱段。此外，伴奏还能表示句逗停顿、进行过门连接、呈现回环往复的旋律。

金华道情现存《黄金记》、《迎金记》、《金瓜记》、《银台记》、《胡牌记》等传统曲目425部，内容涉及金华及周边地区三百多年来社会、政治、经济及民俗等方面的演变，具有极高的历史文化研究价值。目前，老一辈道情艺人年事渐高，后继乏人，部分道情曲目已经失传，保护抢救工作迫在眉睫。

金华道情表演道具：道情筒与指拍
（金福根　摄）

金华道情表演道具
（章晓华　摄）

772 V-79

申报地区或单位：陕西省延安市、清涧县

陕北道情

陕北道情对唱《盘道》（魏小翎　摄）

陕北道情在陕西省子长县、延川县、清涧县集中流传，并辐射至晋西北、内蒙河套及甘肃、宁夏邻近陕北的地区。它源于唐代道教徒诵经的经韵，明清时期发展成形，至今已有千余年的历史。

陕北道情分为东路道情和西路道情两支，东路称“新调”，西路称“老调”，两者的音乐调式存在差异。东路为徵调式，演唱风格高亢明快；西路为商调式，演唱风格细腻委婉。但两者的唱腔曲牌大致相同，都有【平调】、【十字调】、【一枝梅】、【凉腔】、【耍孩调】、【五花腔】、【跌落金线板】、【滚白】、【介板】等，号称“九腔十八调”。其中【平调】又称“七字调”，为上下句结构，是陕北道情唱腔中最基本的调式，根据音乐情绪可分出“花音平调”、“立调”、“花腔调”等调式，根据音乐节奏可分出“大起板”、“慢板”、“哭板”、“还阳板”、“二流水”、“送板”、“落板”、“载板”、“一道腔”等板式，两方面结合，共同构成起、承、转、合、绕的陕北道情唱腔体系；【十字调】的曲句采用三三四的句式结构，两个相同的句子构成一个循环，其板式主要包括“慢十字调”、“快十字调”、“十字调侧板”、“十字调落板”等；【一枝梅】

演唱陕北道情（陕西省延安市文化馆　提供）

八十余岁老汉拄着拐杖演唱陕北道情（魏小翎　摄）

陕北道情《闹满月》表演照（魏小翎　摄）

的乐句方正对称，开头、结尾部分节奏自由舒缓，延长音多，中间段落节奏铿锵有力；【凉腔】又称“冒凉腔”，在陕北方言中特指“昂扬之气”，它按板式可分为“高音凉腔”、“乍腔”、“平调凉腔”、“抱句子凉腔”、“半凉腔”等，开头部分由低向高上翻七度音阶，中间由两个对称句组成，可自由反复，结尾则是前两部分旋律经节奏变化后的再现，高亢嘹亮，叙事性强；【耍孩调】由两大乐段组成，前段平和深沉，后段激越明快，适合单独演唱，其板式则有“整终南”、“乱终南”等；【跌落金线板】历史悠久，被视为“音乐活化石”，其音调低回深沉，节奏舒缓自由；【滚白】是无固定节奏的吟咏叙说，每句最后一个延音上锣鼓都会显示由弱到强、由快到慢的变化，表现力极强；【介钹】有板无眼，节奏急促，音调高亢。

陕北道情演出时原本是由单人或多人清唱，以小三弦、四音胡、管子及小锣、小钗等文场乐器伴奏，后逐渐发展成道情戏。传统曲目有《十万金》、《闹书馆》、《牡丹亭》等二十余种。传承方式主要包括以家庭为基本单位的父子相授和以村为基本单位的集体传承两种。目前，陕北道情生存困难，后继乏人，急需保护。

773 V-80

申报地区或单位：吉林省和龙市

朝鲜族三老人

朝鲜族三老人《养老院里的故事》表演照（金红敏　提供）

朝鲜族三老人主要流布于吉林省和龙市朝鲜族聚居区，是富有鲜明民族艺术特色的文化表现形式。

朝鲜族三老人融朝鲜族曲艺才谈、小丑戏（尔光代）、漫谈、幕间剧等形式为一体，说白为主，唱演为辅。演出时由三位演员模拟进步、中间、落后三种类型的老人，通过争辩颂扬先进，批评落后。朝鲜族三老人对白朴实，风格幽默，艺术特色十分明显。演员模拟的先进者正气凛然，智慧超群；中间派说白滑稽，左右逢源；落后者头脑简单，易走极端。三个人物对比鲜明，相映成趣。朝鲜族三老人的唱腔音乐带有典型的朝鲜族特点，易学易唱，朗朗上口。在演出中，演员不受年龄约束，年少者扮演老人更受欢迎。朝鲜族三老人扮相滑稽，表演富于喜剧性，具有人物类型化、结构

20 世纪 70 年代，艺人们在田间地头表演朝鲜族三老人（吉林省延边州非物质文化遗产保护中心　提供）

程式化、创作脚本化、情节戏剧化的特点。其演出曲目多反映新时代风貌，较有代表性的包括《百年大计》、《新的长征》、《去开会的路上》、《老人足球队》等。已编辑出版的朝鲜族三老人作品集《笑声》中汇集了不少演出曲目，有的作品还被收入《朝鲜族文学作品选》，影响深远。

目前，由于现代多元文化的冲击，朝鲜族三老人艺术后继乏人，处于濒危状态，亟待抢救保护。

朝鲜族三老人《老院的乐趣》表演照（金红敏　提供）

朝鲜族三老人《小鸡的故事》表演照（金红敏　提供）

774 V-81

申报地区或单位：江苏省南京市秦淮区

南京白局

南京白局流布于江苏省南京市区及其周边的六合、江浦、江宁和皖东的来安、天长等地。它形成于清代中期，光绪年间已在南京及周边地区广泛流传。当地的织锦工人与市民在劳作之余常相聚自娱，演唱明清俗曲和江南小调。每逢盂兰会或婚嫁喜庆之事，市民常邀请工人中唱得较好的玩友摆局表演，演唱者“受请不受物”，白唱不卖钱，故称“白局”，后来出现的收受酬劳的商业性演出则称为“红局”。

南京白局系用南京方言演唱牌子曲，基本演出形式是开席坐唱，即在街头置一长几，燃点香烛，七八人围坐，一人演唱，其他六七人以胡琴、月琴、三弦、笙、箫、铙、钹等乐器伴奏。红局班社演出时，配有绣堂名的堂围椅帔，排场稍显富丽。穷困艺人进行白局

南京白局表演照（江苏省南京市秦淮区文化馆　提供）

南京白局表演照（江苏省南京市秦淮区　提供）

南京白局《王瞎子算命》表演照（江苏省南京市秦淮区文化馆　提供）

南京白局表演照（江苏省南京市秦淮区文化馆　提供）

表演，则多在茶馆酒肆自拉自唱，而后捧一茶盅讨钱，俗称“抹桌子”；如带一女孩沿街卖唱，便称为“扬花”，盲艺人演唱则谓之“瞽目丝线”。1949年后，南京白局除坐唱外，也能进行表演唱和彩唱。其唱腔采用上、下句结构的俗曲曲牌【数板】，句与句之间用过门连接，可以无限反复。

南京白局的演唱内容往往与时事新闻和基层大众的生活相联系，代表曲目有《打议员》、《机房苦》、《王老头配茶壶盖》等，也有一些曲目如《金陵遍地景》、《南京风俗景》等，以描绘南京景色和社会风貌为主，具有浓郁的地方特色。目前，南京白局后继乏人，已成濒危曲种，急需保护传承。

775 V-82

申报地区或单位：浙江省杭州市

武林调

武林调表演照（马来法　提供）

武林调又称“杭曲”，流行于浙江省杭州市及周边地区。它系由清代民间宝卷的宣讲活动演化而来，清代后期逐渐成形，至今已有百余年历史。

武林调表现形式灵活多样，演出场所不限，表演者一般为4至5人，主要特点是分行当说唱，表演者借助生、旦、净、末、丑的表演行当来刻画人物，模拟其身份、动作、表情、语气等。有时可由一个表演者模拟数个人物，跳出跳入，变化多端。武林调的唱词多采用七字和十字句式，而在下句押韵，风格清楚明白，通俗晓畅。说白按行当而定，生、旦、净、末各角均使用杭州话书面语，丑角则使用杭州市井方言，生动活泼，特点鲜明。

武林调的唱腔音乐属板腔体，除“大陆板”、“二六板”、“平板”、“游魂调”等主要腔调外，还根据内容表达需要引入民歌小调和其他姊妹曲种的曲调，兼收并蓄，

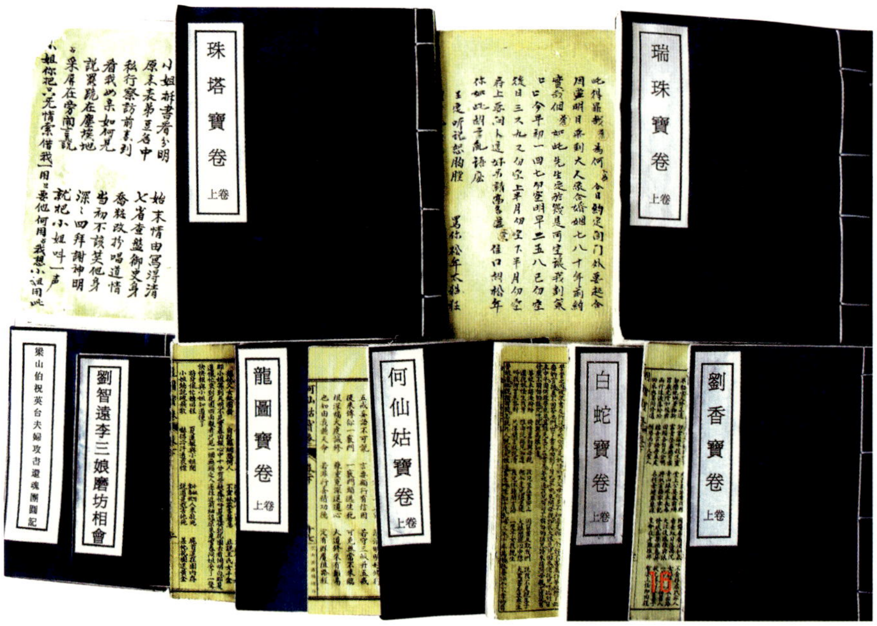

武林调相关曲谱（马来法　提供）

异彩纷呈。二胡、三弦、琵琶是武林调的主要伴奏乐器，早期演出以木鱼击节，后期改为鼓板。在长期的演出实践中，武林调积累了四十余部传统曲目，《方卿见姑》、《岳飞传》、《玉堂春》、《何文秀》、《梁山伯与祝英台》等都是其中的代表性作品。

1969年4月，杭州曲艺团解散，团内的武林调艺人多转行谋生，导致这一优秀的南方民间曲艺样式迅速走向衰落。目前武林调生存困难，濒临灭绝，急需采取积极措施加以抢救保护。

武林调表演照（屠润宇　摄）

776 V-83

申报地区或单位：浙江省绍兴县

绍兴宣卷

绍兴宣卷《卖花龙图》表演照（沈莹 摄）

绍兴宣卷是浙江绍兴地区的“五大曲种”之一，它形成于清代后期，清末民初流布上海、杭州、苏州、绍兴、宁波等地，至今已有一百五十多年的历史。

绍兴宣卷是一种具有宗教色彩的说唱艺术，主要用于祀神祈福活动。其唱本通称“宝卷”，艺人演唱置于桌上，照本宣唱，故名“宣卷”。一般的宣卷徒歌清唱，称为“平卷”；若加二胡、三弦、月琴等伴奏，则称为“花卷”。“平卷”最少需三人，分任生、旦、净、丑诸角色，一人可兼几个不同行当。演唱时围桌而坐，面南者称“禄位”或“书位”，负责翻卷本，多任旦角；东向者称“福位”或“鱼位”，负责以高音木鱼击节，多任杂色；西向者称“寿位”或“静位”，负责击醒木助唱，多任生角。若由四人演唱，则尚有与“书位”并坐的“茶位”，负责斟茶助唱。绍兴宣卷的唱腔音乐称“宣卷调”，其中包括来自绍剧的“五宫调”、“耍孩儿”，来自调腔的“阴四平”、“佛莲花”、“启奏调”及来自民间小调的“单双”、“阴世调”等。唱词以七字齐言对偶或十字齐言对偶为主，唱调音乐亦以上下句末三字始，帮唱必接以“南无阿弥陀佛”的辞腔。

1913 年上海中华书局石印刊本《龙图宝卷》书影（马来法　摄）

绍兴宣卷的卷本总数在百部左右，其内容或与佛教经籍有关，如《目连宝卷》、《刘香女宝卷》等；或与戏曲及其他曲种同目，如与绍兴调腔同目的《琵琶记》、《西厢记》、《循环报》、《粉玉镜》，与绍剧或越剧同目的《三官堂》、《凤凰图》、《碧玉簪》、《龙凤锁》、《双金花》、《卖花龙图》、《卖水龙图》、《割麦龙图》，与苏州弹词、绍兴词调同目的《玉蜻蜓》、《珍珠塔》、《玉鸳鸯》、《碧玉钗》等。宣卷艺人并无严格的师承，多系自愿组合成宣卷班，以“鱼位”为首，在神诞、寿庆、祭奠等典礼中演唱。

1950年起，受政治形势的影响，绍兴宣卷逐渐停止演出。目前虽有所恢复，但传承乏人，亟待抢救保护。

绍兴宣卷道具：醒木与木鱼（沈莹　摄）

777 V-84

申报地区或单位：浙江省温州市鹿城区、永嘉县

温州莲花

温州莲花表演照（汪凌霄　摄）

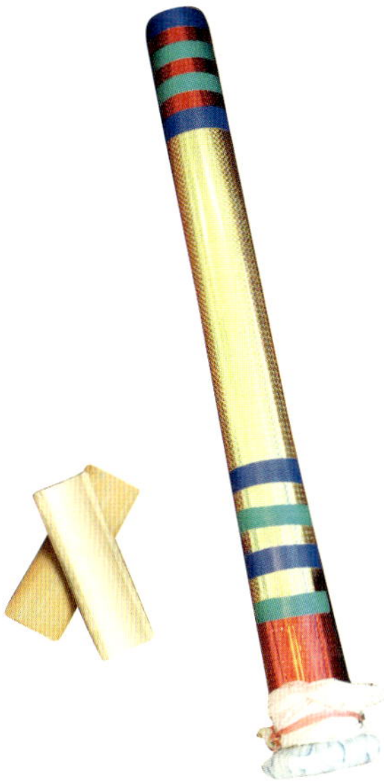

温州莲花演奏乐器：阴阳板和道情筒（周建树　摄）

温州莲花形成于清末，至今已有百余年的历史，在浙南的温州市区、永嘉、瑞安、乐清、平阳、泰顺及台州的部分地区广泛流传。它系由道情演化而来，清末民初已拥有大量听众，并涌现出徐邦忠、吴文高、徐顺杰、李钧金等一批著名艺人。

温州莲花的词句大多采用七字句，也有五字和十字句，一般双句押韵。演唱时，艺人往往在句中加入衬字、助词，以增强节奏，造成韵味。莲花的唱腔是在温州市永嘉县一带民间乡土音乐的基础上逐步形成的，它以"莲花调"为基础，而辅以"凤凰调"及温州民歌曲调。艺人演唱时会根据内容表达的需要，灵活运用"快板"、"慢板"、"散板"、"叠板"等板式，形成独特的艺术效果。温州莲花的伴奏乐器最初只有一支道情筒和一副阴阳板（即竹板），20世纪初才出现伴琴莲花，又加入牛筋琴、三弦、琵琶等，使音乐更为优美动听。

温州莲花题材多样，传统曲目达五十余部，以中长篇居多。其中既有《大开天》、《八仙》等神话题材作品，也有《麟麟豹》、《水晶宫》等世俗题材作品，还有《刘文龙》、《高机与吴三春》、《黄三女袅与林定郎》等地方乡土题材作品，内容十分丰富。一部传统中篇曲目可演唱3至4小时，传统长篇曲目则可演唱十小时左右，需分三至四场演出。温州莲花具有广泛的民众性和很强的地域特色，是研究浙南民间文学与社会风俗的重要依据，具有很高的历史文化价值。目前，这一宝贵的地方曲艺品种已出现生存危机，后继乏人，亟待保护传承。

温州莲花培训班现场（汪凌霄　摄）

温州莲花《姜子牙娶亲》表演现场（谢海光　摄）

778 V-85

申报地区或单位：山东省单县

山东落子

山东落子的伴奏乐器（丁可珂　摄）

山东落子表演照（丁可珂　摄）

山东落子表演照（山东省菏泽市非物质文化遗产保护中心　提供）

山东落子一名“莲花落”，流传于山东及江苏和安徽的北部，因以俗称“光光”的单页大钹和竹板为主要伴奏乐器，又有“光光书”的别名。它源于隋末唐初僧侣募化时演唱的“散花乐”，至宋代演化为乞丐歌唱的莲花落。明代在此基础上产生了叙事莲花落，入清后达于鼎盛。

山东落子曲调质朴无华，风格粗犷豪放，带有浓郁的乡土气息和地方色彩。以其流行地域、语言、唱腔的不同，山东落子可分为“南口”、“北口”和“东口”三种。南口落子流传于鲁南、鲁西南地区，以山东单县及周边市县为代表，受花鼓影响较大；北口落子流传于鲁西北地区，受山东大鼓影响较大；东口落子流传于济南市以东的潍坊市、平度市等地。

山东落子以唱为主，说白穿插，曲调平实，风格粗犷。演唱时常以铜镲和竹板伴奏，因不用管弦，唱腔较为随意，属于吟唱型板腔体，有“慢板”、“中板”、“快板”、“急板”、“垛子”等板式。其音乐调式采用七声雅乐徵调式音阶，明快爽朗，慢板抒情委婉，快板铿锵有力。唱词大致押韵，基本为七字或十字句，上下两句反复吟唱。山东落子的演出曲目较为丰富，现存《刘秀下两广》、《周仓偷孩子》等六十余种传统长篇作品和《黄桂英大闹双雄镇》、《孙二娘外传》等五十余种短篇作品，其中许多传统的中长篇曲目如《薛礼还家》、《杨秀英搬兵》等系从山东琴书移植而来。

山东落子表演形式简单，充满地域特色，在民俗、方言、社会历史等方面的研究中具有一定的参考价值。目前，随着现代化进程的加速，古老的山东落子失去了赖以生存的土壤，日渐衰落，急需保护传承。

779 V-86

申报地区或单位：湖北省公安县、松滋市

说鼓子

说鼓子《我还是个小娃娃》表演照（刘德发 摄）

说鼓子又称“说鼓”、“唱鼓子”、“公安说鼓子”等，流传于湖北省公安县、松滋市及其周边地区。它与宋代流行的民间说唱艺术鼓子词一脉相承，至今已有数百年的历史。鼓子词在宋以后的传衍过程中几经变化，于明末清初逐渐发展演变为说鼓子。清代同治年间，说鼓子已在湖北民间广为流传，为了适应观众的需要，它在传承过程中不断吸纳其他曲艺形式的艺术元素，以鼓和唢呐伴奏，并与当地方言相结合，最终形成定型的说鼓子样式。

说鼓子以说为主，说中带唱，同时辅之以动作表演。演出时以击鼓诵说方式讲述故事，诵说采用本地方言，声调上略作夸张，造成一种特殊的节奏韵律感。每段诵说末句的后三字以拖腔演唱，并有唢呐接腔，艺人往往在此处“抖包袱”，画龙点睛，掀起小高潮。表演者可根据需要调整身份，在角色和艺人之间自由进出，时而以第一人称模拟人物讲话，时而站在客观立场以第三人称叙事。传统说唱形式可分为三种，一是独角戏形式，表演者单独说唱，自行伴奏；二是上下手形式，一人击鼓说书，称“上手”，另一人以唢呐从旁伴奏，称“下手”；三是一唱双和形式，一人击

说鼓子表演照（刘德发 摄）

鼓说书，两人左右伴奏。常规演出中，以第二种形式的应用最为普遍。

说鼓子文词通俗易懂，生动形象，风趣幽默，乡土气息浓郁。其唱词可用韵文，可用散文，也可韵散交替，一般多为七字句，有时亦使用五字句或大致对称的长短句。说鼓子的传统曲目内容丰富，可分几个大类，一是取材于街谈巷议、笑话趣闻的故事，二是民间传说，三是历史演义及武侠公案小说。其代表曲目包括《桃花坞》、《地主图》、《杨家将》、《雕龙扇》、《八美图》、《双花记》等，除此以外，还有一批风趣幽默的书帽小段。

说鼓子是一种生动活泼、艺术性较强的民间曲艺形式，具有民俗、艺术等方面的研究价值。目前它后继乏人，陷于困境，急需保护扶植。

说鼓子道具：传统鼓（谷少海 摄）

说鼓子道具：唢呐（谷少海 摄）

780 V-87

申报地区或单位：广西壮族自治区桂林市

广西文场

广西文场《春兰吟》表演照（广西壮族自治区桂林市文化局　提供）

广西文场又名“文场”、“文玩子”、“文唱”、“小曲”、“杂调”、“扬琴小调”、“莺歌小调”等，产生于清代中叶，迄今已有二百年以上的历史。它流行于广西壮族自治区桂北官话地区，在桂林、柳州、宜山、平乐、荔浦等地尤为盛行。

广西文场的演唱形式多种多样，既有数人表演的“坐唱”、一人表演的“立唱”，也有唱做结合的“走唱”，还有“文场挂衣”的文场戏。在长期发展过程中，广西文场逐渐形成“光派”和“瞎派”两个艺术流派，前者以声腔华丽多彩著称，后者则追求质朴深沉的演唱风格。

广西文场音乐包括大调唱腔、小调唱腔、大小过门、引子、尾子和过场音乐等，大调唱腔包括俗称“四大调”的“越调”、“滩簧”、“丝弦”和“南词”，小调唱腔现存【寄生草】、【倒板桨】、【码头调】、【扬州红】、【水上琵琶】、【骂玉郎】等五十多个曲牌。传统的伴奏乐器以扬琴为主，加上琵琶、小三弦、胡琴和笛子，称为“五件头”，后来又增加了调胡、二胡、中阮等乐器；击节乐器则有板、鼓、碟子、酒盅等。广西文场的伴奏与唱腔连为一体，唱腔开始前有一“过板”，又称“引子”，乐句与乐句之间用小过板，大小调的小过板基本相同。道白时配合的曲调常用【一

广西文场传统曲目《贵妃醉酒》表演照（广西壮族自治区桂林市文化局　提供）

广西文场传统曲目《卖香烟》表演照（广西壮族自治区桂林市文化局　提供）

枝花】、【柳春娘】、【水龙吟】、【八大板】、【节节高】、【懒梳头】、【夜行船】等，这些曲调多数移植于广西民间乐曲和桂剧的过场音乐，用在文场演奏中，显得清新优美、婉转流畅。

广西文场有一批优秀的传统曲目，其中包括《琵琶记》、《西厢记》、《红楼梦》等十余种成套唱本，《双下山》、《王婆骂鸡》等六十余种单出唱本和《武二探兄》、《贵妃醉酒》等近百个段子。目前，广西文场艺术已走向衰落，后继乏人，急需保护，以利于传承。

781 V-88

申报地区或单位：重庆市曲艺团

车灯

双人车灯《老城门》表演照（李喆 摄）

车灯又称“车末妹”、“幺妹灯”、“车车灯”等，兴于明末清初，演变过程中吸收了民间小调的因素而发展成形，至今已有三百多年的历史，在成、渝两地和西南汉族地区流布甚广。

车灯以四川方言演唱，载歌载舞，唱腔旋律高亢激越，活泼欢快，易学易唱，流传十分广泛。表演时男扮女相的“幺妹”站立车内，随着手执彩扇的“丑伴娘”的“领唱”和推车“车夫”或推船“艄翁”的“帮唱”而起步摇摆。唱词多系即兴编排而成，唱腔属于板腔体，采用“起、平、落”曲式，平句分为“上平、下平”的对称句式，便于唱述上仄声、下平声偶句词格数千句唱词，并增加前引、后缀、过门等。帮腔“金钱梅花落”或“荷花闹海棠”是其特征性尾句。

车灯演唱以“四叶瓦”竹板和二胡等乐器伴奏，说唱曲调由单乐段发展为成套的多段式，强调中“平句”的“上下句”结构，多则达百十余句。

用以演唱人物故事，称为“车灯调”。在演唱基础上，车灯逐渐发展为一种系统的舞台表演，以出场、亮相、台步、身段等程式化动作来配合唱腔，演绎情节。车灯原有《懒汉和鸡蛋》、《犟姑娘》、《一把米》等传统曲目，新中国成立后又编创了《俩师徒》、《三峡红灯》等反映新时代风貌的作品。目前，车灯艺术后继乏人，渐趋衰微，亟待保护传承。

车灯表演道具：车灯板
（四叶瓦，唐德坤 摄）

782 V-89

申报地区或单位：陕西省户县

眉户曲子

艺人在广场演唱眉户曲子（刘珂　摄）

陕西省户县曲子主要流布于户县和眉县等地，它萌芽于明代正德年间，形成于清代初年，至今已有三百余年的历史。

户县曲子采用清曲坐唱的方式演出，演员不化妆，俗称“地摊子”，多在节庆、庙会、红白喜事等场合演出。演唱时以三弦为主要伴奏乐器，板胡、笛子、四页瓦和撞铃为辅助乐器，有时还加入碟子。

户县曲子的唱腔音乐属曲牌联缀体，其中包括36个大调和72个小调。大调较为古老，曲体结构复杂，旋律富于变化，拖腔悠长委婉，演唱难度大；小调多为民歌小曲，结构精短，旋律流畅。户县曲子演唱时往往根据内容来选择一些音乐情绪与之相适应的曲调，而后将这些曲调有机地加以组合，使之能完整地表现一种场景或人物的心理流程，像《五更鸟》即用了【月调】、【慢五更】、【岗调】、【戏秋千】等9个曲牌，《百戏图》更进一步用了【月调】、【银纽丝】、【劳子】等11个曲牌。套曲联缀有自身的规律，既灵活又严谨，如起腔为【越调】，尾声仍须用【越调】；起腔为【背尾】，落尾亦同样是【背尾】，等等。

户县曲子传统曲目已知的有《皇姑出家》、《寡妇验田》、《秦琼观阵》、《王大娘顶缸》、

陕西省户县栗峪口曲子演唱团在庙会上表演眉户曲子（刘珂　摄）

陕西省户县卢五桥曲子社的艺人唱眉户曲子自娱（刘珂　摄）

陕西省户县罗什堡曲子社在庙会上表演眉户曲子（刘珂　摄）

《雁塔寺祭灵》等一百五十余种，按其题材内容可分为风俗、演义、传奇、灵怪和开篇小曲等五大类。目前，户县曲子的传承面临困难，急需有关方面积极扶持，加以保护。

783 V-90

申报地区或单位：陕西省韩城市

韩城秧歌

韩城秧歌表演照（郭莹　摄）

韩城秧歌表演照（郭莹　摄）

韩城秧歌是融说唱、民歌、舞蹈为一体而以说唱统领整个表演的一种综合性曲艺形式，主要分布在陕西韩城及周边地区，它形成于清代同治、光绪年间，至今已有一百五十多年的历史。清代光绪二年（1876），韩城秧歌艺人韩敏卿曾带领秧歌班进京演出，一时名动京师，扩大了韩城秧歌的影响。

韩城秧歌有其固定的表演程式，开场首先由丑角登台“拜场”，唱一支“四六曲”表示自谦，然后开始“请场”，即请称为“包头”的旦角上场。“包头”登场后唱“开门调”亮相，接下来由丑角数落褒贬旦角，名为“数花”。丑角随即唱“四六曲”表示推让，“包头”则唱“四六开门曲”承接，谓之“推接”。正曲一般由丑角和旦角联唱，以叙述故事情节。退场时丑角和旦角唱“四六曲”表示自谦，并引出下一个曲目。旦角的表演以妖、巧、俏、媚为特点，动作妩媚，婀娜多姿；丑角则刚健悍勇，步态潇洒，常有跺脚蹬腿的

韩城秧歌表演照（郭莹　摄）

韩城秧歌表演照（郭莹　摄）

动作。二者刚柔并济，造成强烈对比。韩城秧歌的唱腔曲调属曲牌联套体，现存117种；舞蹈带有乡土气息，欢快矫健，层次清晰，变化丰富。有些节目装扮表演时具有一定的戏曲特征，因而得到“对对戏”的俗称。韩城秧歌传统的演出曲目相当丰富，有历史传奇、神话传说、民俗风情、民间故事等多种题材的作品。现共挖掘整理出曲目127个，出版曲本96种。

20世纪40年代末，韩城秧歌开始走向衰微，至六七十年代，其表演已很少见，现在更是只有在山区的个别村落才能见到。可以说，韩城秧歌已处于濒危状态，随时有消亡的可能，急需制定保护方案，抢救扶植，帮助传承。

784 V-91

申报地区或单位：四川省成都市

金钱板

金钱板表演照（四川省成都市艺术剧院　提供）

金钱板表演照（丁旭伟　摄）

金钱板流传于巴蜀汉族地区，它形成于清代道光年间，至今已有近两百年的历史。最初只是以简单的唱腔唱诵“劝世文”，艺人沿街叫唱以求生活。后经不断发展改进，逐渐成为独立曲种。

金钱板由单人表演，说唱并举，段末一句往往略用拖腔。说唱的同时，演员一手执打板，一手执底板和面板，通过三块竹板击打出各种节奏的声响，为演唱伴奏。其唱腔鲜明而独特，既采用【老调】、【狗撵羊】、【富贵花】、【红衲袄】、【满堂红】、【江头桂】等川剧曲牌，又吸收昆曲和四川民歌、山歌、小曲、号子等的音乐。唱词通俗易懂，富于节奏，每句字数不限，全篇多一韵到底，亦偶有转韵情况。金钱板传统的演出曲目比较丰富，《打董家庙》、《打洞庭》、《打毗芦荡》和《胭脂配》、《芙蓉配》、《龙凤配》、《金婵配》、《节孝配》等作品是其中的经典，习称“三打五配”。除此以外，还有《闹雅安》、《嫌贫传》、《蓝大顺起义》、《瓦岗寨》、《包公案》、《说岳传》等一大批代表性的作品。

金钱板艺术是巴蜀历史文化的载体之一，其中涵容着巴蜀地域的风土民情、社会风貌，具有一定的文化研究价值。目前，金钱板后继乏人，发展停滞，生存出现危机，急需抢救保护。

785 V-92

申报地区或单位：青海省西宁市

青海平弦

青海平弦又称“西宁赋子”，广泛流布于以青海省西宁市为中心的海东地区，至今已有两百多年的历史。

青海平弦以当地方言演唱故事，只唱不说。其表演形式亲切古朴，许多曲调演唱时带有“拉鞘子”，即常说的“帮腔”，观众可通过“帮腔”自然地融入表演，形成特殊的现场效果。青海平弦常以民族小乐队伴奏，伴奏乐器有三弦、扬琴、板胡、月琴、笛子、二胡等，演奏时旋律丰富而变化多端，显示出古典音乐在青海地区流变的轨迹。平弦唱腔曲调众多，属于曲牌联缀体，素有“十八杂腔、二十四调”之称，系以南方“赋子”的流变曲调为基础，吸收南北散曲、古今小曲和其他曲艺曲种的曲牌而成。赋子类曲调是标志曲种风格的主要曲调，除此以外，青海平弦还有背工、杂腔、小点、下背工等几大类曲调，称得起是一座蕴藏丰厚的音乐富矿。

青海平弦的传统曲目丰富多彩，仅各地搜集记录的就有二百余个，内容涵盖了历史、政治、文化、社会风俗、伦理道德等多个方面。这些作品多取材于历史故事、民间传说、唐诗宋词、元明杂剧、明清传奇和古典小说名著，如《白猿盗桃》源于《孙子兵法》，《孔子拜师》源于敦煌变文，《密建游宫》取材于《说唐》，《水漫金山》取材于《白蛇传》，等等。其中的曲词对仗工整，格律严谨，诗词

青海平弦以曲会友（青海省文化和新闻出版厅　提供）

青海平弦表演照（青海省文化和新闻出版厅 提供）

化程度较高，有些曲目甚至直接演唱古典诗词曲赋名作或其中的名句。青海平弦是海东地区历史文化的重要载体，在民俗学、民族学及曲艺曲种等的研究中具有一定的参考价值。目前，青海平弦后继乏人，陷于濒危状态，亟待保护，以利传承。

排练青海平弦（青海省文化和新闻出版厅 提供）

786 V-93

申报地区或单位：青海省西宁市

青海越弦

青海越弦彩排现场（青海省文化和新闻出版厅　提供）

青海越弦又名“越调”、“越背调”、“背调”，也记作“月调”、“曲子”或“座场眉户”，主要流传于青海省东部农业区，而以河湟谷地的西宁及其所属的大通县、湟中县、湟源县等最为集中。青海越弦在清代中叶由陕西传入青海，在长期流传过程中，艺人们大量吸收青海民间小调和古代小曲，从语言、语调、唱腔、风格等方面对原有的越弦进行丰富和改造，终使之成为独具特色的青海地方曲种。

青海越弦主要以演唱叙述故事情节，曲词通俗上口，唱段结构遵从固有的规定，开头使用前岔调，其后紧接前北宫调；结尾使用后岔调，而以后北宫调置于其前；中间的主体部分则根据内容的需要选用曲调。青海越弦唱腔音乐丰富，已记录的曲牌有五十多个，这些曲调优美动人，流畅舒展，刚柔并济，具有多样的表现力，叙事抒情兼擅。演出时，表演者手执一对俗称“水子”的碰铃登场，既以之击节，又用来作为舞台道具。除此以外，演唱过程中还有板胡、二胡、扬琴、三弦、梆子等乐器从旁伴奏。已记录的青海越弦传统曲目有一百多个，这些曲目多取材于唐宋传奇、金元杂剧、明清小说等，而尤以表现民俗生活见长，有《小姑贤》、《烙碗记》、《秋莲拾柴》等一批代表性的作品。

老艺人在演唱青海越弦（董连生　摄）

青海越弦爱好者相互切磋（青海省文化和新闻出版厅　提供）

作为青藏高原历史文化的重要载体，青海越弦对当地居民价值观、生活观及民风民俗的形成产生了一定的影响。作为重要的民间艺术遗产，它又具有音乐学、曲词学等多方面的研究价值，为中原文化在青藏高原的传播和青海民族的迁徙演化历史提供了宝贵的研究资料。目前，青海平弦生存出现危机，传承发展困难重重，急需保护。

787 V-94

申报地区或单位：青海省

青海下弦

盲艺人在演唱青海下弦（李锦辉　摄）

青海下弦流传于青海省西宁市及附近的河湟地区，它产生于清代末年，至今已有百余年历史。这一曲艺形式来源于乾隆时期“流栖所”中盲人的演唱，从清中叶直到清末民初，它一直在盲人中传唱，最后逐渐发展成熟，变成一个独特的曲种，因演唱中以下弦调为主而得名。

民间自制的青海下弦道具：三弦（石永　摄）

青海下弦由一至二人坐唱演出，形式十分简便，公园旅店、茶楼饭馆、街头巷尾皆可就地表演。男艺人单独演唱时自操板胡或三弦伴奏，女艺人单独演唱时自弹三弦，两人结伴演出则男拉板胡，女弹三弦。青海下弦以"下弦调"、"仿下弦调"、"软下弦调"为主要曲调，另有【下背工】等套曲和【前背工】、【离情】、【皂罗】、【后背工】等固定曲牌。唱腔音乐采用主体曲调加曲头曲尾的结构，其中主体曲调节奏鲜明，长于叙事；曲头曲尾可长可短，长于抒情；前奏和中间过门为独立乐段，用"下弦调"的定弦法演奏。下弦曲词一般为四句，可长可短，变化多端。唱腔曲调结构短小，演唱时一曲到底，四句唱虽然重复，因其中有许多变化，仍显得优美动听，沁人肺腑，尤其是曲头曲尾，随唱词而变化，词长则曲长，词短则曲短，摇曳多姿，别具风味。青海下弦有《三顾茅庐》、《出曹营》、《岳母刺字》、《林冲买刀》等传统曲目和《十二月开花》、《鸿雁捎书》等段子，其中《林冲买刀》又可分为《林冲求子》、《东岳庙还愿》、《买刀》、《拷堂》、《入监》、《林娘子饯行》、《下山》等小段。

目前，青海下弦的生存发展遭遇危机，陷于后继无人的困境，亟待保护。

盲艺人在演唱青海下弦（李锦辉　摄）

788 V-95

申报地区或单位：内蒙古自治区科尔沁左翼后旗

好来宝

好来宝表演照（内蒙古自治区非物质文化遗产保护中心　提供）

好来宝意为“连韵说唱”，流传于内蒙古科尔沁草原及周边地区，至今已有近千年的历史，它的产生与蒙古族人分散游牧的生产生活方式密切相关。

好来宝的表演主要有“当海”好来宝、“代力查”好来宝和“额乐古格”好来宝三种形式。“当海”好来宝即单口好来宝，其中又可分为古代无伴奏诉说和用四胡自拉自唱两种形式，它由一人演唱，以诗歌叙事，多用赞颂、讽刺、比喻等手法描绘事件和人物，也常用渲染烘托、夸张想象的手段叙述情节、表达情感；“代力查”好来宝即对口好来宝，其中又可分为“比图”好来宝和“扎得盖”好来宝两种形式，两者都属知识性、趣味性的娱乐形式，“比图”好来宝重在问答、辩论、猜谜，“扎得盖”重在比知识、比智慧，有一定的叙事性；“额乐古格”好来宝即多人好来宝，系由前两种好来宝发展融汇而成。演出时演员一般用低音四胡自拉自唱，多人好来宝则用小乐队伴奏。好来宝曲调丰

好来宝表演照（包秀奇　摄）

富，音乐变化多样，节奏轻快活泼，多人演出时会采用领唱、对唱、齐唱、伴唱等演唱形式，同时还辅以优美的动作。唱词一般为四句一节，各句第一音节叶韵，可兼押腹韵和尾韵，各段可联韵或交叉换韵，也有几十句唱词一韵到底的形式。

号称“一个人、一把琴、一台戏”的好来宝艺术集说、唱、舞、乐于一体，具有多样性、综合性、完整性、即兴性、群众性的特点。它是蒙古族历史文化的重要载体，具有民俗学、社会学、民族学、语言学、艺术学等多方面的研究价值。在现实生活中，它又是蒙古民族团结进步的推动力，为中华民族精神血脉的保持和延续发挥着积极的作用。目前，好来宝后继乏人，前景堪忧，急需抢救保护。

在舞台上表演好来宝（内蒙古自治区非物质文化遗产保护中心　提供）

789 V-96

申报地区或单位：新疆维吾尔自治区伊犁哈萨克自治州

哈萨克族铁尔麦

即兴演唱哈萨克族铁尔麦（邱海　摄）

铁尔麦是哈萨克曲艺的典型代表，“铁尔麦”一词系哈萨克语的音译，意为“撷取精华”、“精选”、“集萃”。作为地方曲种的铁尔麦是一种从哈萨克谚语、格言、诗歌中撷取精华，配上曲调演唱的“劝喻歌”表演形式，它流传于新疆维吾尔自治区等地域的哈萨克族聚居区，至今已有七百余年的历史。

铁尔麦以竞技式的对唱形式在众人聚集的场合公开表演，对唱没有固定的曲牌或唱腔流传，称为“阿肯”的艺人需根据所唱内容从语言本身生发出旋律和节奏，边唱边自弹冬布拉库布孜伴奏，也可徒口清唱，不用伴奏。铁尔麦唱词均为即兴创作，因此铁尔麦艺人必须世事洞明，人情练达，具有敏捷的才思和渊博的知识，能在瞬间出口成章，对答如流，以理以才服人。

铁尔麦对唱通常在不同部落、不同地区的艺人之间展开，由于带有竞技的特点，艺人们在表演时通常采取扬己抑人的方式，出语尖刻，咄咄逼人，力图以气势压住对方。对此艺人之间早有共识

哈萨克族铁尔麦表演照（新疆维吾尔自治区伊犁州文化艺术研究所　提供）

哈萨克族铁尔麦表演照（新疆维吾尔自治区伊犁州文化艺术研究所　提供）

和默契，彼此互相谅解。表演结束，胜者谦和有礼，败者也不以些微得失介怀。

铁尔麦是哈萨克民族的艺术瑰宝，其传统节目多表现哈萨克的历史文化和民族情感，从唱词到音乐都充满浓郁的哈萨克文学艺术的特点，被誉为哈萨克人民社会生活的“一面镜子”和“百科全书”。随着时代的发展，文化生活日趋多元化，人们的审美需求发生了重大的变化，哈萨克族的年轻一代对铁尔麦的兴趣越来越淡漠，导致它的观众和传承者后继乏人。这种古老的传统艺术正面临消亡的危险，急需保护。

在民间艺术节上表演哈萨克族铁尔麦（新疆维吾尔自治区伊犁州文化艺术研究所　提供）

第二批国家级非物质文化遗产名录

传统体育、游艺与杂技

790 VI-18 围棋
791 VI-19 象棋
792 VI-20 蒙古族象棋
793 VI-21 天桥摔跤
794 VI-22 沙力搏尔式摔跤
795 VI-23 峨眉武术
796 VI-24 红拳
797 VI-25 八卦掌
798 VI-26 形意拳
799 VI-27 鹰爪翻子拳
800 VI-28 八极拳
月山八极拳
801 VI-29 心意拳
802 VI-30 心意六合拳
803 VI-31 五祖拳
804 VI-32 查拳
805 VI-33 螳螂拳
806 VI-34 苌家拳
807 VI-35 岳家拳
808 VI-36 蔡李佛拳
809 VI-37 马球
塔吉克族马球
810 VI-38 满族珍珠球
811 VI-39 满族二贵摔跤
812 VI-40 鄂温克抢枢
813 VI-41 挠羊赛
814 VI-42 传统箭术
南山射箭
815 VI-43 赛马会
当吉仁赛马会
玉树赛马会
816 VI-44 叼羊
维吾尔族叼羊
817 VI-45 土族轮子秋
818 VI-46 左各庄杆会
819 VI-47 戏法
赵世魁戏法
820 VI-48 建湖杂技
821 VI-49 东北庄杂技
822 VI-50 宁津杂技
823 VI-51 马戏
埇桥马戏
824 VI-52 风火流星
825 VI-53 翻九楼
826 VI-54 调吊
827 VI-55 苏桥飞叉会

790 VI-18

申报地区或单位：中国棋院
北京棋院

围棋

下围棋的孩子（北京市东城区非物质文化遗产保护中心　提供）

围棋起源于中国，“琴棋书画”之“棋”，指的就是围棋。晋朝人张华在《博物志》中说：“尧造围棋以教子丹朱，以闲其情。”就是说围棋是尧发明的，用来教育儿子。《论语》中也提到了围棋游戏，称之为“博弈”，《孟子》中有对于围棋高手奕秋的记载。作为一种传统智力竞技游戏，围棋至今已有四千多年的历史。

围棋棋盘由纵横各19条等距离、垂直交叉的平行线构成，形成361个交叉点，简称为“点”。棋盘上还标有9个小圆点，称作“星”，中央的星又称“天元”。棋子分黑白两色，形状为扁圆形体。正式比赛棋子的数量为黑、白各180枚。对局双方各执一色棋子，空枰开局，黑先白后，交替着一子于棋盘的点上。棋子下定后，不再向其他点移动。轮流下子是双方的权利，但允许任何一方放弃下子权而使用虚着。一个棋子在棋盘上，与它直线紧邻的空点是这个棋子的“气”。直线紧邻的点上如果有同色棋子存在，这些棋子就相互连接成一个不可分割的整体。 直线紧邻的点上如果有异色棋子存在，此处的气便不存在。棋子如失去所有的气，就不能在棋盘上存在。围棋结构简单，内容却极其复杂，棋理博大精深，文化内涵深邃，充满辩证思维。

围棋比赛现场（北京市东城区非物质文化遗产保护中心　提供）

北京市冬季围棋段位赛比赛现场（北京市东城区非物质文化遗产保护中心　提供）

围棋空枰开局，对弈进程自简至繁，由浅入深，千变万化，终局后复又空枰，重待来者。这种由无至有、由空至实、周而复始、变化无穷的生存功能推演出无数战略与战术组合，并赢得“千古无同局”的美誉。围棋不仅是一种有趣的竞技运动，而且是一种高级的思维活动，其广阔、深邃的内涵已经构成独特的文化形态。围棋文化以技艺学为主干，以方法学为灵魂，在对弈、心理、棋手道德、文学表现和政治、经济等多方面显示出丰富深厚的底蕴，体现了东方文化的博大精深。

20世纪80年代中期，在国家的大力扶植下，中国围棋文化研究事业曾达到高潮。当前，面对现代经济与外来文化的冲击，源自民间的传统围棋文化研究环境急遽恶化，急需国家采取有效措施挽救和保护。

791 VI-19

申报地区或单位：中国棋院
北京棋院

象棋

象棋历史悠久，是中国传统文化的重要组成部分，在中国和亚洲乃至世界很多地区都有象棋爱好者，是一项普及性比较高的传统智力竞技游戏。棋盘中的九宫象征皇宫，代表皇帝的帅（将）及代表皇帝身边近卫的士只能在九宫中活动，代表大臣的象（相）则只能围绕九宫行走，代表战士的兵（卒）只能前进不能后退。这种布局是中国封建社会生活的真实写照，其对弈过程有教导、学习古代战争的意义。随着时代的前进，承载中国传统文化的象棋以其独特的思维方式、鲜明的竞技特点在世界文化中占据了一席之地。

象棋简单易学，又因变化无穷而易学难精，具有文化、教育、竞技和娱乐等多方面的价值，从古至今一直深受人们的喜爱。随着社会的发展和当代国际交往的增加，象棋已经在世界上得到了广泛的认可，世界象棋联合会和亚洲象棋联合会的成立将中国象棋的影响扩展到世界其他国家和地区。

尽管象棋具有多种重要功能，在中国乃至世界都有爱好者，但随着经济的发展，现代社会生活方式对传统文化体育项目造成了很大的冲击，象棋这一古老国粹也面临着新的危机，同样有待保护。

中国象棋比赛现场（北京市东城区非物质文化遗产保护中心　提供）

在“全民健身日”举办的中国象棋比赛（北京市东城区非物质文化遗产保护中心　提供）

给小学生讲棋（北京市东城区非物质文化遗产保护中心　提供）

小棋迷与大师们对弈（北京市东城区非物质文化遗产保护中心　提供）

792 VI-20

申报地区或单位：内蒙古自治区阿拉善盟

蒙古族象棋

蒙古族象棋比赛现场（史学华 摄）

蒙古民族传统棋牌游戏种类多，目前搜集整理比较完整的有蒙古族象棋、布古、吉日格、塔木英巧吉、哈日查盖敖尼苏、扎古大呼、沙盖、诺日布等十几种。蒙古族传统棋牌游戏文化的代表蒙古族象棋，有悠久的历史，在祖国边疆民族地区文化宝库中占有重要的地位，是北方蒙古高原的古代少数民族在长期流动生活和征战中形成的最具代表性的棋类游戏，在阿拉善盟部分苏木镇和民族学校流传。

蒙古族象棋棋盘为8乘8方格，分黑白或黑红两方。棋子共32个，各方有王爷1个、狮子1个、骆驼2个、马2个、车2个、孩儿8个，蒙语分别称为“诺彦”、“布日斯”、“特莫”、“毛日”、“特日格”、“呼本”。蒙古族象棋的棋盘、棋子、着法与国际象棋大同小异。

蒙古族象棋的棋盘和棋子（史学华　摄）

蒙古族象棋游戏既能开发锻炼人民群众的智慧，又有很强的娱乐性。蒙古族象棋没有定制，灵活性较强，目前很多早期遗留下来的内容已逐步退出历史舞台，传承濒危，急需保护。

蒙古族象棋比赛现场（史学华　摄）

793 VI-21

申报地区或单位：北京市宣武区

天桥摔跤

天桥摔跤表演（北京市非物质文化遗产保护中心 提供）

根据有关文物和史料记载，早在两千多年前中国已有摔跤运动，至清代这一运动得到极大发展，清廷设立善扑营，摔跤称为“官跤”，达到较高水平。清朝被推翻后，威震善扑营的“官腿”头扑户瑞五爷和宛八爷（宛永顺）在天桥红庙（金钟庙的下院）开设跤馆，收弟子朱六、魏德海、李连峰、沈友三、满广田、宝善林、孙宝才、何生等人。从此，“官跤”融入民间，统称为“掼跤”。

20世纪20年代，宛八爷的徒弟宝善林（1900—1965）在北京天桥设跤场，开创了独特的掼跤模式，以灵活多变、体型优美、解说幽默、文武结合加中幡为特色。掼跤技术的练法强调三盘，技法强调大绊子三十六、小绊子多如牛毛。其演出形式多样，量活（现挂）、灌口、“包袱”不断，说话风趣幽默。比赛规则为三局两胜制，每场必满三跤。

天桥摔跤作为一项优秀的民族文化表现方式，具有民俗、艺术、体育、文化、社会、历史等多方面的研究价值。目前，随着老一辈摔跤名家相继作古，跤坛后继乏人，加之没有固定的练功和演出场地，市场运作困难，这一古老技艺已面临失传的危险，对它的加强保护已是迫在眉睫的任务。

天桥摔跤表演（北京市非物质文化遗产保护中心　提供）

天桥摔跤表演（北京市非物质文化遗产保护中心　提供）

794 VI-22

申报地区或单位：内蒙古自治区阿拉善左旗

沙力搏尔式摔跤

沙力搏尔式摔跤（内蒙古自治区非物质文化遗产保护中心　提供）

沙力搏尔式摔跤是卫拉特蒙古族独创并保留至今的一项民族传统体育运动项目，是乌日斯那达慕盛会中体育比赛的主要项目之一，是蒙古族优秀的传统文化实践活动。沙力搏尔式摔跤在阿拉善盟各苏木镇和新疆、青海、甘肃的部分蒙古族聚居的地区广为盛兴。

根据世代相传的"朝力布尔"系法和出土的匈奴时期的文物图案以及《江格尔英雄传》记载证明，沙力搏尔式摔跤已有两千多年的历史。"沙力搏尔"一词是裤子的意思。沙力搏尔式摔跤和蒙古搏克、日本相扑、自由式摔跤等好多方面都有共同之处，也有它独特的地方。沙力搏尔式摔跤技艺中的砍铲、膝折、抓领等动作，是模仿公驼相互争斗动作特性而命名的。

沙力搏尔摔跤有以下几个特点：1．沙力搏尔式摔跤是最原始的摔跤形式之一，是世界上唯一的在沙滩上进行的摔跤项目；2．沙力搏尔式摔跤表现出了和谐、和平

沙力搏尔式摔跤（内蒙古自治区非物质文化遗产保护中心　提供）

的一面，因为它不像其他摔跤抢抓，在双方抓好固定抓把后方可开始，所以它有较强的观赏性，对身体无伤害，服饰材料柔软；3．沙力搏尔式摔跤从出场仪式、运动员服饰、称号标志物、裁判服饰都具有独特特点，包含了更多的文化韵味。

沙力搏尔式摔跤流传了上千年，有关它的起源、规则、仪式、技巧、服装、判罚等内容，代代传承。随着游艺方式的变迁，这一遗产的文化内涵逐渐被忽视，尤其是在青少年中影响逐渐消失，使得这些民间的文化体育项目难以维系，加上部分民间艺人后继无人，该项目濒临失传境况。

沙力搏尔式摔跤（内蒙古自治区非物质文化遗产保护中心　提供）

沙力搏尔式摔跤（陈丽英　摄）

795 VI-23

申报地区或单位：四川省峨眉山市

峨眉武术

峨眉武术：峨眉剑（林立 摄）

峨眉武术是起源于四川峨眉山地区并广泛流传于整个四川乃至西南地区的武术的总称。峨眉武术发祥于峨眉山，已有近三千年的历史，门派达八十多个，拳种、拳路成百上千，为中华武术三大流派之一。

峨眉武术通过与峨眉山的佛、道、儒文化相互融合，促进了自身的发展。据史料记载，峨眉武术起源于殷商时期，至南宋形成较为系统的理论体系。它讲究刚柔相济，内外兼修，动作似快而慢，快慢相间，似柔而刚，刚柔相济。目前峨眉武术仍存在68个门派和2638种徒手、器械、对练、套路、练功方法和技击项目，仅以峨眉拳为例，至今仍保有四大类（即峨眉高桩拳、峨眉矮桩拳、峨眉客架拳、峨眉法象拳等类）、八大门（即僧门拳、岳门拳、赵门拳、杜门拳、洪门拳、化门拳、字门拳和会门拳等）、十八家拳（即火龙拳、余家拳、峨眉剑手、钱家弦虎拳、峨眉六合拳、峨眉八卦莲花拳、峨眉猴拳、峨眉罗汉拳、盘跛拳、缠丝拳、峨眉派蛇拳、虎爪拳、绿林短打、青城洪拳、满手拳、梅丝拳、鹞子拳、峨眉地功拳等）。

受现代生活方式冲击，峨眉武术的完整传承面临多种困境，亟待加以保护。

峨眉武术：峨眉棍（林立 摄）

峨眉山中峰寺僧众在山间习武（林立　摄）

峨眉武术：峨眉刀阵（林立　摄）

796 VI-24

申报地区或单位：陕西省

红拳

红拳实战现场（杨新仓　摄）

红拳是起源并流传于陕西省关中地区的传统武术拳种，具有悠久的历史，影响遍及西北、西南、中原、东北等地区，流派有豫红、陇红、川红、滇红等。红拳套势有小红拳、大红拳、太祖红拳、中红拳、太宗红拳、二路红拳、粉红拳、老红拳、长小红拳、月明红拳、关东红拳、关西红拳等三十六路。红拳器械有枪术、棍术、鞭杆、刀术、大小链枷、春秋大刀、线锤等约四十余套。其中枪术完整保留了明代六合大枪枪法，包括大闪杆、小闪杆、大六合、小六合、推红六合、穿心六合、边拦六合、埋伏六合、大封闭、小封闭等，棍术可分为十六路单头母子棍，二十四路、三十六路双头母子棍，阴手琵琶棍，疯魔棍，盘龙棍，白蛇棍，八仙棍等，刀术有八步刀、青龙刀、翻身刀、梅花刀、五虎裙羊刀、五虎八门刀、五虎断门刀等。

红拳以《纪效新书·拳经捷要》记载的拳谱为拳法理论基础，注重技击性。现存红拳打手歌五篇，即："红拳拳谱"、"红拳跑拳搭手"、"红拳八大步法"、"红拳用武要言"、"红拳练功方法（药物等）"。红拳的主要特点是内外兼修，注重礼让谦和，

传授红拳

演练陕西红拳（杨新仓　摄）

但风格凌厉，先发制人。其套路布局精致饱满，手法刁钻奇巧，气势磅礴，演练流畅，节奏分明，生动象形，韵味十足，给人以雄健刚强之感。

红拳具有浓厚的地域文化气息，其中所蕴含的哲理性、技击性、健身性、娱乐性深刻体现出三秦文化的特色，显示出中国文化高雅、含蓄、宽容、平和、自强不息的精神内涵。目前，随着外来文化的流行和域外武技的登陆，红拳和其他武术流派一样呈现衰落状态，红拳文化的保护和传承任务已迫在眉睫。

797　VI-25

申报地区或单位：河北省廊坊市

八卦掌

八卦掌演练（王晖　摄）

八卦掌是一种以掌法变换和行步走转为主的拳术，系由河北省文安县人董海川所创，目前在北京、河北、山东、辽宁、吉林、湖北等地都有传承。这是一种把攻防招数和导引方法融合于绕圈走转之中的拳术，自清朝末叶传世以来，不断得到发展完善。

八卦掌向左沿圈绕走称为“阳仪”，向右沿圈绕走称为“阴仪”，其他种种变化和作用都是将攻防招术或一定的锻炼方法融于沿圈走转之中，对敌时需要不停地走转以与对手周旋，避实就虚，避正寻斜，讲究以动制不动，以快动制慢动，形成“以动为本，以变为法”的八卦掌技法规则。其基本掌法包括单换掌、双换掌、双撞掌、穿掌、挑掌、翻身掌、摇身掌、转身掌等八掌，基本步法包括起、落、扣、摆等。八卦掌的运动特点为一走、二视、三坐、四翻，以“蹚泥步”为入门基础，以拧翻走转为基本运动形式，以掌法的变化为主要技击手段，讲求内外兼修，强调身心合练，身捷步灵如龙游空，拧翻走转掌法变幻无穷。

表演八卦掌（王晖　摄）

河北省文安县董姓后人演练八卦掌（王晖　摄）

八卦掌强调在练功中以“调心”为主，其他为次，时刻都要静下心来，培养自己一团“中和之气”。肢体的一切动作，皆以“心意”来统领。从拳术本身来说，这是“气沉丹田、培本筑基”的源头功法。而从健身角度来说，只有心静下来，人的肢体和五脏六腑才能放松下来，自动去调节相互间的相对平衡，从而使之气血通畅，达到祛除病痛、强身健体的目的。可见八卦掌是身心同步协调发展的优秀体育项目，是传统体育文化中的瑰宝。

近些年来，不少武术名家和学者致力于八卦拳的研究和实践，取得了丰硕成果。但面对武术整体衰落的趋势，八卦掌前景堪忧，急需纳入国家保护范围。

798 VI-26

申报地区或单位：河北省深州市

形意拳

形意拳以三体势为基本桩步（张聪 摄）

形意拳是中国传统武术中优秀的拳种之一，由心意六合拳演变而来，为深州李老能所创。李氏弟子的拳法风格分为河北派和山西派（日本研究者松田隆智将其分为河北、山西、河南三派，其中河南派是心意拳），河北派以李老能之子李太和与李老能之徒郭云深、刘奇兰所传的拳法为代表，主要流传于河北省深州市的王家井镇、深州镇、木村乡和兵曹乡一带。

形意拳是传统东方哲学思想和医学、导引术及技击术的完美结合。此拳按天地万物化生之理而编创，内通脏腑经络、奇经八脉。深州形意拳以三体势为基本桩步，以五行拳为基本训练手段，以十二形拳为应用模式，有进退连环、安身炮、杂式捶等套路，还有内功、散手等功法、技法，器械则有刀、枪、剑、棍等，理论与技法十分完备。深州形意拳雄浑质朴，动作简练实用，整齐划一，讲究短打近用，快攻直取。其基本套路，如五行拳、十二形等，多是单练式，一个动作左右互换，来回走趟。日积月累，年复一年，一个动作可重复演练达数万次之多。一旦遇敌，在速度、力量、准确性方面均可达到惊人的进步。郭云深的弟子王芗斋曾在一招之内击倒世界最轻量级职业拳击冠军匈牙利人英格。他又曾多次应战日本柔道高手，均是一招将对方击倒。

形意拳功法套路练习（张聪 摄）

形意拳融健身、技法、养生为一体，通过锻炼强健体魄、防身御敌，兼作体育医疗之用，对多种慢性疾患有明显疗效。近年来，随着许多老拳师的相继去世，深州形意拳逐渐衰落，后继乏人，需引起有关方面的注意，对之进行必要的保护。

799 VI-27

申报地区或单位：河北省雄县

鹰爪翻子拳

鹰爪翻子拳演练（河北省雄县文化广播新闻出版局　提供）

翻子拳在明代称为“八闪翻”，后俗称“翻子拳”、“翻子”。鹰爪翻子拳是八闪翻繁衍出的一个流派，它以翻子拳的八个闪翻技法为基础，吸收“岳氏散手”的擒拿技法和鹰爪功法的刁抓擒拿手型，融合发展成为一个有“鹰爪”手型特点的翻子新拳种，广泛流行于京南、保定及河北其他地区。河北省安新县的李树园、李耕耘，雄县的国隐东、董宪周、刘士俊等人，都是清代晚期的翻子名家。

鹰爪翻子拳的主要内容是鹰爪行拳和鹰爪翻子连拳，所谓“出手拳打，回手鹰抓，拳密如雨，脆快似鞭”，既有鹰爪拳的风格，又有翻子拳的特点。器械套路有六合枪、梅花枪、杆子、齐眉棍等。此拳术的技艺内容和主要技法有抓、打、擒、拿、翻、崩、挤、靠和高挑、低压、翻崩、滚砸、蹿跳、搂抱、勾挂、撑趟、抽撤、连环腿等。主要手法有一号、二拿、三降、四守，粘衣号脉，分筋错骨，点穴闭气。在使用技法时讲究阴阳、里外、上下、软硬、长短、快慢、真假、虚实等八个方面。

鹰爪翻子拳不仅具有独特的健身价值和观赏价值，其刚猛的技击性又使它具有很强的实战价值，当今很多专业擒拿套路从中多作借鉴。

鹰爪翻子拳历经三百多年的传承，在现代社会生活方式的冲击下，已经不复昔日辉煌，对它的保护迫在眉睫。

鹰爪拳掌法练习（河北省雄县文化广播新闻出版局　提供）

800 VI-28

八极拳

八极拳·月山八极拳

申报地区或单位：河南省博爱县

月山八极拳源于河南省博爱县，由月山寺第二代住持苍公始创于金大定二十五年（1185），明永乐初年传至周围地区，距今已有八百多年的历史。至民国十六年（1927），月山八极拳已有二十四代僧人传承。抗战时期月山寺毁于战火，月山寺俗家弟子博爱县芦桥村马连升在家乡开设八极武馆，传承至今。

月山八极拳：并步插掌（孟艳丽　摄）

月山八极拳动作简练朴实，刚猛暴烈，气势雄健，以短制长，攻守兼备，重在实用。抢救和保护月山八极拳，对中国传统武术发展基本脉络、中国武术与地缘政治及经济社会发展的关系以及河南本土文化、佛教文化的传承发展等方面的研究都有重要的参考价值。

虽然目前演练八极拳者已遍布全国，甚至英、美、德、荷兰、日本以及东南亚各国亦不乏习练者，但随着老拳师的逐渐谢世，许多拳谱、拳法、拳艺濒临失传，急需加强保护。

月山八极拳：马步挑拳（孟艳丽　摄）

在发源地月山寺演练月山八极拳：弓步冲拳（孟艳丽　摄）

801 VI-29

申报地区或单位：山西省晋中市

心意拳

心意拳：乾坤六合混元桩（太极势）（山西省晋中市心意拳协会　提供）

心意拳：乾坤六合混元桩（阴六合）（山西省晋中市心意拳协会　提供）

心意拳：仙人指路（山西省晋中市心意拳协会　提供）

心意拳：美人照镜（山西省晋中市心意拳协会　提供）

心意拳又称"六合拳"，兴起于明末清初，流行于晋中及河南漯河、周口等地，数百年来世代相传。心意拳是晋中历史上的武术前辈们在继承姬氏原创心意拳的基础上，结合保镖护商等新的武术实践，遵"天人合一"之理，循"一气、两仪、三才、四象、五行、六合、七进、八卦、九宫、十方"之规，摄自然生灵之长，合"天干地支"之数，长期实践，共同研创而成的。

心意拳传承的内容包括拳学理论、散手套路、器械套路和处世哲学等。其主要特点是既有零招散式，又有盘练表演套路，同时还兼有内功功法。心意六合拳模仿鸡、龙、虎、蛇、燕、鹞、马、熊、鹰、猴的形态，并将其演变为拳法，举手投足要求意念集中、劲力裹含、蓄后而发，束身而起、长身而落，手随意发、力随声落，起势快如卷地风，发力刚、猛、狠、毒、快，展现出似火烧身的灵劲和爆发力，其主要拳法有外五形、十大形、四把捶、单把、双把等，另外还有锏、锤、刀、枪等器械套路，是一套集搏击、健身、防身、养生、修心于一体的优秀拳种。

心意拳数百年来被拳家视若珍宝，在国际上有重要影响。从养生作用来看，心意拳运动适量，可以左右互练，有导引内气、舒筋活络、势式平衡、刚柔相济的健身功效。大力挖掘心意拳，对于弘扬我国传统武术文化、增强人民体质、促进中外文化交流都具有十分重要的意义。

但是心意拳在传承上向来择徒很严，有"宁可失传，不可乱传"之说，师门内部也很少交流。随着许多老拳师的辞世，拳艺失传，濒临灭绝，亟待采取有力措施进行有效的保护和传承。

802 VI-30

申报地区或单位：河南省漯河市、周口市

心意六合拳

心意六合拳研讨会表演现场（买勇　摄）

心意六合拳流布于河南省漯河、周口市等地，是我国传统的内家拳之一，是中华武术的瑰宝。明末清初，河南洛阳马学礼遇一隐士传授此拳，其得意弟子马三元是漯河市临颍县繁城镇人氏，由此，数百年来此拳在漯河、周口一带世代相传。

心意六合拳的动作快而刚猛，柔中有刚，刚柔相济，技击性强，数百年来被拳家视若珍宝，在国际上有重要影响。

心意六合拳的练法有定式和动式两种，其内容主要有：心意把、十大形、四把捶、六合刀、六合枪等。心意六合拳的特点是动作简单，内涵丰富，集养生健身、技击为一体，小孩、成年人、老年人都可习练受益。

心意六合拳由于历代择徒很严，师门内部也较少交流，许多老拳师辞世，拳艺失传，濒临灭绝，亟待政府和民间共同采取有力措施对此项古老而优秀的拳种进行有效的保护和传承。大力挖掘心意六合拳对于弘扬我国武术传统文化，增强人民体质，繁荣武术艺术，具有十分重要的意义。

心意六合拳：横拳（范留喜　摄）

心意六合枪：狸猫上树枪（范留喜　摄）

心意六合刀：龙形刀（范留喜　摄）

心意六合拳习练（李志强　摄）

803　VI-31

申报地区或单位：福建省泉州市

五祖拳

五祖拳：达尊拳（释理刚　摄）

泉州武术渊源可追溯至东晋，当地的各种武技以五祖拳最具代表性。五祖拳是福建七大拳种中历史最悠久、传播地域最广泛的拳种，据现存古谱记载，它包括五种拳法：一达摩，二太祖，三罗汉，四行者，五白鹤。五祖拳有套路两百余套，空拳、长短兵器自成系统，其小套十分洗练，仅十数步，大套则繁复至百五六十技手。五祖拳精密而重实际，外形简单易学，讲究简单实用，直截了当，少见花招，各拳自有风格和独到之处，由于拳风近似，可以通学兼练。

五祖拳强调以谦为本修身修性，所谓“欲学拳术，需学善性。欲求善性，修身为本”。在传统武术中独具人文关怀。明清以来传播到港澳台和东南亚等地，成为泉州武术的支派，也是闽南文化的重要组成部分。

由于五祖拳授拳限于言传身教，历史上又经过“火烧少林寺”、“将拳棒一律禁止”的劫难，虽然经过国内外武术组织悉心整理、研究和弘扬推广，但由于精通五祖拳者多数年事已高，有的已经故去，所以这一古老拳法仍有失传之虞，亟待抢救和保护。

五祖拳：白鹤拳（苏君毅　摄）

五祖拳：罗汉拳（庄昔义　摄）

五祖拳：太祖拳（陈英杰　摄）

五祖拳：行者拳（卢鸿源　摄）

804 VI-32

申报地区或单位：山东省冠县

查拳

查拳起源于唐朝。“安史之乱”时期，唐朝向西域大食国借兵平乱，大食国军中的青年将领滑宗歧在战场上受伤，受到山东冠县张尹庄村穆斯林群众的精心照料。康复后，滑宗歧感到无以回报，便将自己擅长的拳术“架子拳”传授给村民。因跟随学艺者众多，滑又将自己的师兄查元义从哈密请来传授拳术“身法势”。查、滑二人去世后，当地人为纪念他们，便将“架子拳”称为“滑拳”，“身法势”称为“查拳”。因为自古“查、滑是一家”，后世便将两者统称为“查滑拳”，简称“查拳”。

查拳只在穆斯林民众中传授，很少外传，当时在冠县主要分布于县城西街、南街、城郊张尹庄及十里铺、沙庄、里固等十几个回族聚居的村庄，后来逐渐传播到全国各地的伊斯兰教众中，在武术界素有“南拳北腿山东查”之誉。新中国成立后，民族藩篱打破，查拳开始广泛传播，现已成为在全国拥有重要影响和众多习练者的著名武术流派之一。

通过长期的发展演变，约在清朝乾隆年间，查拳在山东冠县形成了两个不同的技术流派，即“张式”和“杨式”。“张式”查拳快速敏捷，拳法严谨，以冠县城外张尹庄张其维为代表。“杨式”查拳舒展大方，势正招圆，以冠县城里南街杨鸿修为代表。两派均涌现出一批武术大师，如张英振、王子平、张西太、张英健、常振芳、张文广、庞林太等，为中华武术的发展作出了重要贡献。

查拳以弹腿为基础，它包括十路查拳，还包括枪、棍、刀、剑等器械练习，动作舒展，节奏明快。查拳在鲁西南地区有着广泛的群众基础，近现代以来流传到上海、江苏、河南、山西、北京、云南等地。现代发展起来的新编长拳套路及现代竞技武术采用了较多的查拳动作素材，并吸收了查拳的运动风格。为中华武术发展作出了贡献。弘扬查拳对于发展民族运动、强健全民体魄具有重要意义。

随着武术的整体衰落，完整传承查拳也变得艰难起来，对查拳的抢救、整理、保护已经是刻不容缓的事情。

查拳演示（董凤城　摄）

查拳演示（董凤城　摄）

查拳演示（董凤城　摄）

查拳演示（董凤城　摄）

805 VI-33

申报地区或单位：山东省莱阳市

螳螂拳

螳螂拳（李春峰 摄）

据说螳螂拳为明末清初胶东人王朗所创，在今山东省沿海之胶东半岛多有流传，莱阳市流传最盛。

相传王朗体察螳螂捕蝉的动作，取其神态，赋以阴阳、刚柔、虚实之理，施以上下、左右、前后、进退之法，演古传十八家手法于一体而创螳螂拳法。其传人有李秉霄、梁梦香、宋子德等。螳螂拳从莱阳传出后，逐渐形成胶东的太极螳螂、梅花螳螂、七星螳螂、六合螳螂四种主要流派。螳螂拳派别虽多，但都强调象形取意，重在取意，“重意”不“重形”，手法、步法、腿法、身法密连而巧妙，稳健而灵活，活中求快，快中求稳，稳中求精。螳

螳螂拳：海底捞沙剑（李春峰 摄）

螳螂拳：六合棍（尹忆君　摄）

螂拳的手法主要是勾、搂、采、挂、黏、沾、贴、靠、刁、进、崩、打十二字诀。要求“不刁不打，一刁就打，一打几下”的连环进攻。螳螂拳的风格，总体来讲是快速勇猛、斩钉截铁、勇往直前。其特点是正迎侧击、虚实相互、长短兼备、刚柔相济、手脚并用，使人难以捉摸，防不胜防；用连环紧扣的手法直逼对方，使敌无喘息机会。手法很丰富，既有大开大合的长打手，又有短小快捷的偷漏手；既有肘靠擒拿，又有地趟摔打。在套路演练方面，讲究快而不乱、刚而不僵、柔而不软。套路结构严谨，动作之间衔接巧妙。外功是铁砂掌，内功是罗汉功。常练螳螂拳，可以培养人们的坚强斗志和敏捷应变能力。

螳螂拳是胶东半岛地方文化在武术领域的具体表现形式，它集中体现了中华民族的“尚武精神”，其独特的武术技法是追溯历史、研究中华武术文化的宝贵资料。

螳螂拳在胶东乃至全国、全世界都有习练者，但是随着武术的整体衰落，螳螂拳的完整传承也受到了严峻的挑战，习练者日渐减少，亟待挖掘、抢救、保护。

螳螂拳：春秋大刀（李春峰　摄）

806 VI-34

申报地区或单位：河南省荥阳市

苌家拳

苌家拳是中国武术中的一个重要流派，与少林、太极并列传统武术实践形式。

苌家拳创始人苌乃周（1724—1783）为清代河南汜水县（今为荥阳辖）苌家村人，出身书香世家，著有《易经讲义》八卷，收入《四库全书》。传说苌乃周“成童嗜武”，师从虎牢张八，从禹让学禹氏枪法，后受洛阳闫圣道指点，复得四川梁道传授，洞彻阴阳起伏之理，集易理、医理、拳理之大成，融内气、外形、技法于一炉，创苌家拳派，至今已近三百年。

苌家拳具有练气之术，极尽纵横开合之妙，其套路有拳、棒、剑、刀、枪、鞭、镰、弹（弓）等数十种，皆以图籍形式传世，有图有批，注解详明。苌家拳传人师承明晰，传承有序，理论资料和拳谱资料流传至今，保存完好，对挖掘整理传统武术文化具有十分重要的意义。

苌家拳：白虎拳（占字门势）（陈万卿　摄）

苌家拳：三十六棒（悬腿拉打）（陈万卿　摄）

除荥阳外，苌家拳传人遍布山西、陕西、福建等省和香港、台湾地区以及郑州、开封、安阳、巩义、新密等地，美国等国家也有苌家拳流传。近几年，不断有苌家拳传人和武术爱好者来荥阳寻根问祖，切磋交流。然而，受“不得在人前卖弄”、“三不传”等择徒授艺方面戒律的束缚，苌家拳日渐落寞、濒危，许多拳法濒临失传，亟待保护。

苌家拳：小罗汉拳（野马分鬃）（陈万卿　摄）

苌家拳：双剑谱（霸王观阵）（陈万卿　摄）

苌家拳：新式青龙出海（侧耳听风）（陈万卿　摄）

807 VI-35

申报地区或单位：湖北省武穴市

岳家拳

岳家拳弟子对练岳家棍（陈登峰　摄）

岳家拳技击特招：天罗地网（曾文朴　摄）

岳家拳为宋朝民族英雄岳飞所创，岳飞将所学拳术结合作战要求传授全军，岳家拳自此初具雏形。相传岳飞第四子岳震和第五子岳霆避难湖北时，将此拳术传授给民间，在鄂东一带流传。因金元时期禁止学练而沉寂，至明末清初重新发展到鼎盛时期。

岳家拳有着独特的技击功能，其套路具有动作古朴、简单易学的鲜明特点，身法运动以前进后退为原则，而以吞、吐、浮、沉为主，手法则以云雾抛托为主法，理法以残、疾、援、夺、牵、捺、逼、吸八字诀为主法，强调以四两拨千斤方式借力打力，消身闪打，刚柔相济，以打救打。岳家拳讲究内外兼修，注重精神、意识、气息的锻炼，通过内练培养人体的元气、正气，改善人体各系统和器官的功能，做到以内助外，以外促内，内养外修，内壮外强，达到壮内强外的全面健身作用。

传授塔吉克族马球技巧（都力坤·米那瓦尔　摄）

塔吉克族马球训练（都力坤·米那瓦尔　摄）

究塔吉克族马球对于丰富我国马背竞技的内容和形式，研究少数民族尤其是塔吉克族的体育史及马球在我国的发展史都有十分重要的意义。

目前，塔吉克族马球的传承人都已年近七旬，这项运动没有固定的场地、组织、经费来源，也没有完整的资料，想要传承发展下去困难重重，需要及时抢救保护。

塔吉克族马球比赛场景（都力坤·米那瓦尔　摄）

810 VI-38

申报地区或单位：吉林省吉林市

满族珍珠球

满族珍珠球：搬运宝珠（于起柱　摄）

珍珠球是满族人三百多年来传承不衰的竞技活动之一，其发源地为现在的吉林省吉林市龙潭区乌拉街满族镇。

清政府曾在乌拉地区设立打牲乌拉总管衙门，令其负责采集进贡各种土特产。流经乌拉地区的松花江中盛产极品珍珠，被称为“东珠”，按规定每年打牲乌拉要采珠上贡朝廷。这是一项由专门的打牲丁从事的艰苦劳动，在每年深秋河蚌成熟时进行。打牲丁必须潜到水底15米以下才能采到巨蚌，剥出珍珠，因此每年都有人为此而丧命。打牲丁采珠期间有半年不得回家，为打发寂寞难熬的日子，他们苦中作乐，创造了这一珍珠球游戏项目。珍珠球运动模仿采珠人的劳动情状，比赛时运动员可在“水区”内任意传、投、拍或滚动“珍珠”（球），力争让手持抄网站在得分区内的本方队员采到“珍珠”。场上攻守往复，银球穿梭飞舞，四只蛤蚌忽张忽合，一对抄网力求有所斩获。整个运动过程紧张激烈，精彩绝伦，令人目不暇接。三百多年来，作为乌拉地区一种特有的满族传统体育项目，珍珠球备受当地人的推崇，它是满族渔猎生活的活化石，对于传承满族文化有着深远的历史意义。

如今满族珍珠球活动远远未能形成应有的规模，亟待发扬光大。

满族珍珠球：发现宝珠（徐英南　摄）

满族珍珠球：争夺宝珠（于起柱　摄）

满族珍珠球：勇夺宝珠（于起柱　摄）

811 VI-39

申报地区：河北省隆化县

满族二贵摔跤

满族二贵摔跤表演（河北省隆化县文化馆　提供）

满族二贵摔跤表演（河北省隆化县文化馆　提供）

满族二贵摔跤由传统体育竞技“乔相扑”演化而来，是流传于河北省隆化县城乡的一种传统民间道具舞蹈，形成于清朝道光末年（1850）前后，距今已有一百八十多年的历史。二贵摔跤为单人表演形式，表演者背负一个装成两人的木架，做摔跤架势。表演时需着不同颜色的服装，以双腿和双臂扮作两人，做手脚互摔的动作。在道具围子的隐藏下，表演者以抡、转、滚、翻、摔、扫、踢、挡、下绊、托举、互相扭摔等武术套路、摔跤技巧和舞蹈语汇做出滑稽、幽默、逼真的摔跤动作，全部表演一气呵成，并有鼓乐烘托。

满族二贵摔跤是一种传统民间道具游艺，具有特殊的历史、学术、实用、研究和观赏价值。隆化满族二贵摔跤不同于其他民族地区的“二人摔跤”或“二鬼摔跤”，它在表演时双腿全蹲，双手直接拄地，形成两个夸张的矮人摔跤姿态，这样动作更加灵活，表演形象更加逼真，其独具一格的艺术魅力和舞台效果是其他任何形式的“摔跤”无法比拟的。近年来，二贵摔跤已由一人表演增为6到8人，变成群舞，增强了火爆热烈的气氛。但由于现代文化的冲击等原因，二贵摔跤已日渐衰败，几近消亡，亟待保护。

812 VI-40

申报地区或单位：内蒙古自治区鄂温克族自治旗

鄂温克抢枢

鄂温克抢枢实践场景（内蒙古自治区非物质文化遗产保护中心　提供）

鄂温克抢枢是一项传统民间体育竞技游戏，主要在内蒙古自治区流传。“枢”鄂温克语为“销子”，是指游牧民族所用勒勒车车轴上防止车轮脱落的加固式木制卡销。“体能”在鄂温克语中有“抢”的意思，因此抢枢鄂温克语又称为“枢体能”。

抢枢特别适合在山区、草原的游牧生活中举行，如一家几口人或几个家庭集中起来进行娱乐与比赛，从老年至青少年都能以不同的方式参加搏击。抢枢运动历史悠久，在呼伦贝尔草原和大兴安岭鄂温克人居住的地方，逢到“敖包会”、“那达慕”、“瑟宾节”，它会同摔跤、赛马、射箭等活动一起举行。抢枢比赛要求队员有较好的奔跑能力、敏捷的反应能力、较强的臂力、握力和良好的摔跤技巧。抢枢比赛过程中既有橄榄球式的争夺，也有角力式的摔抢，它集合了鄂温克人日常游牧、狩猎过程中的众多技能，以独特的比赛方式锻造鄂温克人强健的体魄和坚毅果敢的性格，深受鄂温克人民的喜爱，同时也为蒙古族、达斡尔族、鄂伦春族等兄弟民族所接受，是一项融思想性、教育性、娱乐性于一体的传统体育运动。

随着鄂温克族逐步迁向城市，鄂温克族的年轻人知道自己民族历史的人也越来越少，鄂温克抢枢的文化内涵正在现代化的大背景下逐渐淡化，对它的抢救保护已迫在眉睫。

鄂温克抢枢比赛用的"枢"（内蒙古自治区非物质文化遗产保护中心 提供）

鄂温克抢枢比赛（内蒙古自治区非物质文化遗产保护中心 提供）

选手在鄂温克抢枢比赛中激烈角逐（内蒙古自治区非物质文化遗产保护中心 提供）

813 VI-41

申报地区或单位：山西省忻州市

挠羊赛

挠羊赛场景（山西省忻州市摔跤俱乐部　提供）

挠羊赛是山西省忻州市盛行的群众性体育活动，起源于明洪武二年（1369），系由忻州传统的“角抵”演变而来。据史料记载，忻州境内的寺庙常定期或不定期地举办盛大庙会，“酬神演戏，角抵斗胜，蔚然成风”。角抵斗胜者连续摔倒六个人之后，会得到祭祀用活羊一只以为奖励。获胜者将羊高高举起，绕场一周，向“神灵”表示敬意，向观众致以谢意，民间因此有挠羊赛（忻州方言“挠”即举起的意思）之称。

比之中国跤正式比赛，挠羊赛最大的不同有二，一是不穿跤衣，赤膊上场；二是游戏规则简单，裁判权力不大，在场上几近看客。

挠羊赛还有一个最大的特点，就是没有时间限制，为此产生了一个专门词语叫“熬油”，意即场上跤手势均力敌，总也不分胜负，观众看得眼皮下沉却不愿离去，谓之“熬油”。民间挠羊经常挠到东方欲晓，观众无分男女皆兴致勃勃。这种健康、简单的竞技游戏，极大丰富了农村的文化生活，具有很高的娱乐价值。

近年来，由于青壮年外出打工者增多，农村文化活动减少，加之时尚文化的影响，参加挠羊赛的人员锐减，这一活动正面临着前所未有的危机，亟待保护。

814 VI-42

传统箭术

南山射箭

南山射箭比赛（青海省文化和新闻出版厅　提供）

传统箭术·南山射箭

申报地区或单位：青海省乐都县

南山射箭是流行于青海省乐都县的一项传统体育项目，明代时传入当地，至清代成形，历数百年而不衰。南山射箭比赛方式独特，内容丰富，深受当地汉、藏、回、土等各民族喜爱，是当地全民健身运动的主要形式。每到夏季，乐都南山地区各乡镇都举办射箭比赛，以乡村之间的比赛、擂台赛、邀请赛、集中赛、分散赛等多种形式进行，参加人数众多。南山射箭同时也是“花儿会”和物资交流会，每逢比赛日，各方商贩云集，观看的群众“漫”（唱）起花儿和“拉伊”（当地藏族情歌），整个赛场气氛热烈，每个观众都以不同方式参与其中，使南山射箭成为当地人民的狂欢节。

南山射箭比赛（青海省文化和新闻出版厅　提供）

青海省乐都县城台乡新庄村村民参加南山射箭比赛（武新秦　摄）

南山射箭具有丰富的文化内涵，它既是历史上河湟地区各民族融合发展的见证，又是弓箭文化和青海少数民族历史的重要载体。这一活动形式对增强各民族之间的交流与团结起到了积极的推动作用。

随着现代生活方式的深入推进，南山射箭的规模已经远远不能与过去相比，未雨绸缪，南山射箭的未来亟待规划。

815 VI-43

赛马会

当吉仁赛马会

玉树赛马会

当吉仁赛马会上的骑手（西藏自治区非物质文化遗产保护中心　提供）

赛马会·当吉仁赛马会

申报地区或单位：西藏自治区拉萨市

赛马藏语称“达久”，历史十分悠久，是藏族传统节日庆典不可缺少的重要组成部分，深受广大农牧民群众的欢迎。当吉仁赛马会每年藏历七月十日开始，历时三天，持续一个月之久。赛马射箭的三天中，牧民们穿着节日的盛装前往赴会，青年人更是踊跃参与，他们搭起图案精美的帐篷，唱歌跳舞，追逐情侣。来自西藏各地的农牧群众和商人亦携带着各类农畜产品和生活用品来此进行贸易。

当吉仁赛马会的参赛选手一般是12岁以上、20岁以下的青少年。比赛取20名入选者，给予奖励。赛马的马匹分为其林、甲达、都瓦、母庆、如欧等五类，比

赛中又将马匹分为走马和跑马。赛马会除跑马射箭、马上捡哈达、走马赛、赛马等民族传统项目外，还有赛牦牛、藏式举重、拔河、搬石头、藏式服装表演等活动。

目前，当雄县的当吉仁赛马会已成为拉萨市招商引资的重要平台，被赋予了新的文化内涵。发展赛马会对继承和弘扬西藏优秀民族文化、填补西藏民族赛马研究的空白有着重要的意义。

随着农牧民群众生活水平的提高，养马专业户越来越少，加之驯马人大多年事已高，年轻的一代又不愿继承这一传统技术，当吉仁赛马会这一传统民俗活动正面临消亡的危机，亟待保护。

赛马会·玉树赛马会

申报地区或单位：青海省玉树藏族自治州

玉树地区赛马会是当地传统的游艺活动之一，其源头可以追溯到吐蕃盛世，距今已有一千三百多年的历史。如今玉树地区无论祭山敬神、迎宾送客还是举办婚事，逢到喜庆都要举行赛马会。

传统的玉树赛马会每年7月下旬至8月初在扎西科草原举办。赛马会以燃柏煨桑这一敬天祭神的古老习俗拉开序幕，之后便是宗教仪仗队、歌舞表演队、马队的入场仪式，主要内容包括跑马射箭、乘马射击、跑马拾哈达、跑马倒立、跑马悬体等，此外还有远距离跑马赛、走马赛、牦牛赛及多姿多彩的民族民间传统歌舞、民族服饰表演等。

玉树赛马会是继承和弘扬藏民族优秀传统文化的重要途径，是玉树地区民俗文化的大汇聚，在此情形下，牧区群众以此方式直接参与文化娱乐活动，使这一承载着厚重历史文化积淀的盛会，具有鲜明的民族民俗文化特色和广泛的群众基础。

随着农牧业生产的变迁，驯马人大多年事已高，鲜有年轻人继承赛马会的传统技艺。玉树赛马会正濒临消亡，亟待保护。

玉树赛马会（青海省文化和新闻出版厅　提供）

816 VI-44

叼羊

维吾尔族叼羊

叼羊·维吾尔族叼羊

申报地区或单位：新疆维吾尔自治区巴楚县

骑马叼羊是维吾尔族、哈萨克族、柯尔克孜族、塔吉克族等多个新疆民族所共有的传统竞技项目，在新疆分布广泛。叼羊比赛一般在两个部落或两个群体间进行，以“叼”到羊后安全送达指定地点的一方为胜。

巴楚县是古代刀郎地区的一部分，至今仍保留着一些反映渔猎文明特征的传统习俗，叼羊就是全县十分普及的传统体育项目之一。作为一种在马上进行的角力性竞技活动，叼羊比赛具有强悍而勇猛的特点，并能培养参加者的勇敢精神和坚强、沉着、机智的品格。由于一家一户养马成本较高等原因，目前民间的叼羊活动日趋减少，有待保护。

维吾尔族叼羊选手在马上单手抢夺羊羔（汤影 摄）

在队友协助下争夺羊羔（汤影　摄）

叼羊上架，取得胜利。（汤影　摄）

817 VI-45

申报地区或单位：青海省互助土族自治县

土族轮子秋

土族轮子秋（王存辉　摄）

轮子秋是土族先民一项古老的体育活动。土族语称为“卜日热”，意为旋转，即转轮轮。轮子秋流行于青海互助土族自治县，多在农闲和喜庆节日举行。

关于轮子秋的起源，有一则美丽神奇的传说。相传土族先民先后用青龙和野牛犁地，都不成功；最后用黄牛耕地，获得了丰收。人们制作木车运送庄稼，最后一车青稞捆运上场时，车子翻倒，两个净肚娃娃在朝天的那扇车轮上飞舞，口唱丰收曲《杨格喽》。从此，每年冬季碾完场后，人们便在平整宽阔的麦场或者宽敞的地场上把卸掉车棚的大板车车轴连同车轮一道竖立起来，稳固住重心，朝上的一扇车轮上平绑一架长木梯，梯子两端牢系上皮绳或麻绳挽成的绳圈。两人相向推动木梯，使之旋转，然后乘着惯性分别坐或站在绳圈内，快速转动起来，同时表演出各种令人瞠目结舌的惊险动作。围观者则不时地帮推木梯，使之加速旋转。有时，一大群服装艳丽的男女青年在旁边围成圆圈载歌载舞，势如众星簇月。

轮子秋的原始形态（王存辉　摄）

飞旋的土族轮子秋（王存辉　摄）

20世纪80年代后，原来的车轱辘改为钢制轮盘，复套以滚珠轴承，使之更加结实和美观，而后再以各色彩旗装饰。活动逐渐由民间走向正规体育场，为高原上的汉、藏、回等更多的民族所熟悉和接受。

土族轮子秋运动主要锻炼人的平衡能力、坚强意志和合作精神，是土族人民勇敢、智慧、团结的象征，也是土族男女老幼喜闻乐见并踊跃参与的传统活动。然而受现代生活方式的影响，轮子秋活动的盛况已经有所衰弱，亟待加以保护。

818 VI-46

申报地区或单位：河北省文安县

左各庄杆会

左各庄杆会是流传于河北省文安地区的一种传统体育项目。与其他地区杆会不同，左各庄杆会主要使用活杆，可以随时随地用树干进行表演。主要技术动作包括打挺（单双）、串子、单臂折鱼、抓三叨两、仰丫转、圈上睡觉、挂脚面（单双）、倒脚面、捩脚面、挂脚后跟（单双）、粘糖人、手摆旗、脚摆旗、驴打滚、金鸡独立、耍流星、单横棍等。

从所使用的器具及演出内容上看，左各庄杆会与元明时期的杂技杆会，存在着渊源关系，它技艺精湛，有着严格的传承方式，在中国古代杂技艺术演变历程的研究方面具有较高的学术价值。左各庄杆会以特有的方式在民间传承生存，包含着丰富的民俗信息，也是研究民俗文化的珍贵资料。

如今杆会传承人大多年迈，年轻一代多不爱学习，能完整传承杆会的年轻人更是凤毛麟角，左各庄杆会急需抢救保护。

左各庄杆会杆上双人、三人表演（高立军　摄）

戏法·赵世魁戏法

申报地区或单位：黑龙江省杂技团

赵世魁（1914—1990）在中国杂技魔术界享有盛誉，人称“十三刀”、“罩子魁”，是黑龙江北派传统魔术的代表人物，在中国近现代魔术史上占有举足轻重的地位。赵世魁的魔术表演以出神入化的“罩子”绝活著称，他表演的手彩活变幻莫测，节目中的北方对口说白诙谐幽默，许多失传已久的传统表演技艺经他挖掘整理后在舞台上重放异彩，受到广大观众的热烈欢迎。赵世魁的魔术表演细腻自然、大方得体，滴水不漏，将魔术表演的神秘融于稳重之中，耐人寻味，比较经典的演出节目有《罩子》、《砸怀过米》、《仙人栽豆》等。

赵世魁的表演继承了中国传统戏法艺术的风格特征，是中华民族优秀文化艺术的代表，展示了中国人民的高超智慧和对美好生活的无限向往之情。目前赵世魁魔术的部分节目已经在舞台上绝迹，一些道具濒临失传，保护和传承赵世魁戏法，对于中国传统戏法与魔术艺术的传承发展具有积极的现实意义。

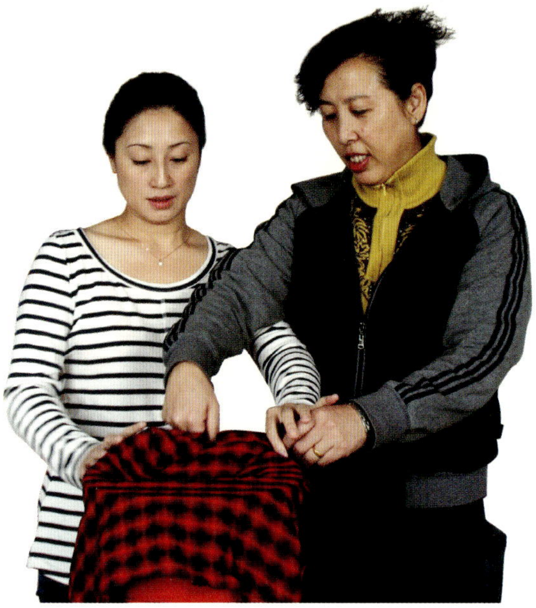

传授赵世魁戏法表演技艺（丁洪卓　摄）

传授赵世魁戏法表演技艺（丁洪卓　摄）

820 VI-48

申报地区或单位：江苏省建湖县

建湖杂技

建湖杂技“十八团”分布于江苏省盐城市建湖县中部的庆丰镇，历史上以庆丰为轴心的18个自然村庄错落有致，形成18个马戏团体。

明末清初，建湖18家马戏班足迹踏遍中国及东南亚地区。据史料记载，十八团杂技已有十二代传人，清初建湖“百戏”艺人达二百多户，其中高、万、吴等十大家族技艺超群，名声远播。

建湖十八团杂技融刚劲粗犷与柔美隽秀于一体，寓高难技巧于轻松、活泼、精巧的动作之中，借鉴舞蹈、体操等姊妹艺术，形成了独特的南派杂技。《对手顶碗》、《双人钢丝》、《滚杯》、《高车踢碗》、《双人花坛》、《敦煌造型》、《变脸》、《春江花月》等是建湖杂技的传统节目。

建湖十八团杂技是各国人民友好往来的桥梁、经贸合作的纽带、文化艺术传播交流的使者，在葆有地方特色文化资源、促进当地社会经济发展方面发挥着积极作用。

当前，如何培育国内观众，让更多的国人了解它、喜爱它，是建湖杂技作为中华民族优秀的非物质文化遗产必须面对的问题。在这个意义上，建湖杂技亟待保护。

建湖杂技《雏鹰飞翔》表演照（金重庆　摄）

建湖杂技《金鼓散花》主要展示女演员精湛的脚上功夫和对道具重心的掌控能力（卜树权　摄）

《起航：转动软钢丝》通过演员高超的"钢丝"技巧展现建湖杂技的特色技艺（卜树权　摄）

821 VI-49

申报地区或单位：河南省濮阳市

东北庄杂技

乔家班的两位老艺人在表演东北庄杂技《蹬大缸》（河南省濮阳市文化局　提供）

河南省濮阳市华龙区岳村乡东北庄杂技形成于元末明初，在该村传承已有五百多年，主要有刘姓、乔姓、李姓三个演出群体。“刘家班”形成于明初，“乔家班”形成于清中期，“李家班”形成于清朝末年。清代乾隆年间，“乔家班”曾奉清廷之命，由乔志清率团到日本、印度等二十多个国家演出。光绪年间，慈禧太后亲授“乔家班”万寿龙灯两盏，以彰其技。民国时期，“李家班”在川、陕、豫、晋一带活动，其演出深受欢迎，盛极一时。新中国成立后，许多民间艺人走出濮阳，成为了著名艺术家，为杂技艺术的繁荣发展作出了重要贡献。

东北庄杂技演出各具特色，形成众多流派，其总体特点是乡土气息浓郁，其中历史上最负盛名的乔家班节目广泛吸取中华武术和民间技艺精华，将武功、气功、跑马、变戏法和带彩绝技等融入杂技，遍游中原，颇有影响。《双层晃板》、《草帽》、《女子排椅》、《晃梯》、《轻蹬技》、《顶碗》、《飞叉》等是东北庄杂技比较有名的节目。东北庄杂技有广泛的传承、传播基础，挖掘和整理东北庄杂技艺术对于我国杂技艺术的研究具有十分重要的意义。

东北庄现有杂技世家13家，杂技道具、文物一千余件，老艺人以授徒方式传承技艺。必须注意的是，东北庄杂技中许多不借助道具表演的传统项目正面临失传的危险，急需挖掘保护。

东北庄杂技表演（王际元、崔建凯　摄）

小朋友表演东北庄杂技《晃梯》（河南省濮阳市文化局　提供）

儿童在田间练习抛草帽（祖明　摄）

822 VI-50

申报地区或单位：山东省宁津县

宁津杂技

宁津杂技流行于鲁北地区，至明代达到鼎盛，鲁北因此成为全国杂技的汇聚地和活动中心。宁津杂技在漫长的发展过程中逐渐形成各具特色的门类和派别，演出规模和范围日渐扩展，以“惊、险、奇、美”的艺术特点闻名遐迩，《蹬板凳》、《舞中幡》、《小花旦抖空竹》等节目深受国内外观众喜爱。

改革开放以来，宁津县杂技团大胆创新，充分借鉴姊妹艺术的训练方法和表现技巧，丰富发展了杂技艺术的表演形式。该团曾多次应邀赴韩国、泰国、沙特阿拉伯、西班牙、俄罗斯等国演出，以新颖的艺术风格和精湛的表演技艺受到国外观众的热烈欢迎。

宁津杂技为丰富国内外观众的文化生活贡献甚多，在频繁的交流演出中也加深了各国人民之间的友谊。为繁荣杂技事业，1959年，宁津县杂技艺术学校组建成立，先后为全国各级杂技艺术演出团体输送了两千余名杂技艺术人才。1995年，宁津县被文化部命名为“中国民间艺术（杂技）之乡”。虽然如此，随着物质生活水平的提高，越来越多的人们不希望自己的孩子到杂技团吃苦，宁津杂技传承人随时有链条断裂的危险，亟待保护。

宁津杂技《中幡》表演（马广金　摄）

宁津杂技团在韩国演出《转碟》（马广金　摄）

宁津杂技《小武术》表演（马广金　摄）

823 VI-51

马戏

埇桥马戏

马戏·埇桥马戏

申报地区或单位：安徽省宿州市埇桥区

埇桥马戏艺术起源于明末清初，成形于20世纪二三十年代，恢复于20世纪50年代，发展壮大于改革开放时期，经历了一个由马背上的武艺、马背上的杂耍到动物的展演、动物的驯化再到马戏表演、马戏艺术的发展过程。

埇桥马戏集杂技和动物表演于一体，人与动物同台演出，把赖以生存的技艺演绎得红红火火，共同创造出生命的乐园。埇桥马戏的《双猴飞人》、《狗熊倒立》、《走钢丝》、《羊蹬花瓶》和《人蛇群舞》、《驯狮虎》等节目深受国内外观众好评，为各国人民搭起了友谊与文化交流的桥梁。埇桥马戏艺术有着深厚的文化底蕴，马戏艺人将地方戏曲曲艺、民间艺术、历史文化、社会生活及优秀的外来文化等因素巧妙融

埇桥马戏《驯狮虎》（张永恒　提供）

埇桥马戏《老虎滚球》（张永恒　提供）

埇桥马戏艺人正在驯熊（陈曙光　摄）

入马戏艺术之中，使埇桥马戏不断得到丰富和发展。

安徽省宿州市 桥区如今拥有各类马戏团245家，从业人员 ·万多人，年演出纯收入两亿多元，其马戏演出占据了全国的半壁江山。埇桥马戏虽然红火，现代生活方式对它的冲击却不可小视，培养更多的优秀传承人、更好地适应现代文化生态环境，是它急需解决的问题。

824 VI-52

申报地区或单位：山西省太原市

风火流星

风火流星表演（山西省太原市晋源区晋阳风火流星民间艺术工作室　提供）

晋阳风火流星俗称“火流星”，是一门融民间杂技与中华武术为一体的民间社火表演艺术。主要在山西省太原市晋源区一带流传。其表演一般在晚上进行，由单人或多人做“背花”、“馒头花”等动作，使绳子两端的铁笼在空中由慢到快旋转起来，笼中火花四溅，火借风势，风助火威，形成各种各样的图案。风火流星表演中演员可做出行、站、坐、卧、翻滚等多种动作，人在火中，火随人转。其表演套路与武术套路大致相似，有双龙开道、火龙缠身、悟空舞棍、火龙十八滚等样式。表演时用小锣鼓配乐，在不同的鼓乐声中变换动作，扣人心弦。

风火流星要求演员有武术功底，所以表演比一般的杂技更具观赏性，是古晋阳民间社火文化的一枝奇葩。发掘、抢救、保护火流星，可以促进地区民间社火文化的发展。由于风火流星本身具有危险性大、习练难度高等局限性，这一神奇的杂技艺术正面临难以维系的尴尬境地，急需抢救、保护。

风火流星：火龙穿桥（山西省太原市晋源区晋阳风火流星民间艺术工作室　提供）

风火流星：单指双龙飞舞（山西省太原市晋源区晋阳风火流星民间艺术工作室　提供）

风火流星：口含双龙飞舞（山西省太原市晋源区晋阳风火流星民间艺术工作室　提供）

825 VI-53

申报地区或单位：浙江省杭州市、东阳市

翻九楼

九楼又称“洪楼”，多在浙江省东阳市流传。据传最早与秦朝孟姜女长城祭夫相关，是民间道教施仪形式的一部分。举行这一活动的目的：一为祈求太平，二为超度亡魂，三为祛凶辟邪。“九楼台”一般提前一天进场布置，在施仪场地上竖起两根13米高（9层）的粗杉木，称为“九龙柱”，然后用高1米、长1.5米、宽0.7米的“九楼桌”11或13张（分9层、11层等）紧靠九龙柱叠上，形成九楼台。场内设神坛、仙桥，用水竹拱建“九重门”，用大毛竹竖立“星竹”，上悬“照妖镜”。九楼台最高可由23张九龙桌叠成。

活动时先由“山人”（道士）举行一系列施仪形式，接着正式开始翻九楼。两名“九楼先师”自下而上腾翻到顶上的九楼台，焚烧超度文书，复又自上而下翻下九楼。待“山人”布道后，“九楼先师”第二次腾翻九楼，上到九楼台，表演过“开扇”、“抛赠”以后，开始做一些惊险的高难度动作，如竖蜻蜓（倒立）、滚叉、舞流星锤、溜五张（溜索）等，然后自上翻下。而后召巫官灭灾收耗（灾难），最后“山人”吹响龙角，免煞送神。

翻九楼技巧性、观赏性较强，它的演出套路对现代杂技有一定影响，具有较高的民俗学、宗教学研究价值。

随着现存艺人年龄的增长，翻九楼这项长期存在于民间的活动后继无人，已逐步走向衰亡，亟待抢救保护。

翻九楼表演（浙江省杭州市非物质文化遗产保护中心　提供）

翻九楼：溜五张（溜索）（龚明伟　摄）

腾翻九楼（龚明伟　摄）

翻九楼所用器械（浙江省杭州市非物质文化遗产保护中心　提供）

826 VI-54

申报地区或单位：浙江省绍兴市

调吊

调吊表演（徐晓阳 摄）

调吊是一项纯粹运用肢体语言进行表演的空间悬垂运动形式。作为个人锻炼方法和民间杂耍，它已有悠久的历史。据已故老艺人回忆，大约在二百年前，调吊就在浙江绍兴和安徽安庆一带出现。开始只是江湖艺人的杂耍，有“三上吊”、“杠上单吊”等名目，动作比较简单。绍兴第一个有名的调吊艺人是清末绍兴城里仓桥头的金阿祥，他以摇船为业，体格强健，在不断的摸索和实践中，创造出“十八吊”至“四十九吊”等复杂的调吊动作，后经子孙几代的创新和发展，形成“七十二吊”乃至“一百零八吊”的高超吊技。

调吊作为庙会民俗活动的惊险节目，具有很大吸引力，为广大人民群众所喜闻乐见。清代同治末年，调吊被目连戏和绍剧“平安大戏”所借用，成为其中最精彩的节目——“男吊”。鲁迅的《女吊》一文中，就有对男吊精彩演出的具体描述。当时，调吊艺人还被许多剧团特邀加演节目以招徕观众，从而保证整个演出的票房收入。

20世纪50年代，调吊技艺的继承者将它发展到了运动场上，多次在省、市及全国体育运动会上表演，1953年曾代表华东地区参加全国民族形式体育表演及竞赛大会，获得金质奖章，并受到了贺龙同志的嘉奖。

调吊是绍兴民间艺人的独创，动作难度大，技巧性强，充满生活情趣，同时又非常惊险刺激，具有很强的观赏性，富于江南水乡地方文化特色。调吊对于绍兴和江南地区民间社戏及空中杂技的研究具有很高的参考价值。

时至今日，因调吊演出的主要载体——庙会民俗活动的形式和内容发生了很大变化，调吊的演出日益减少。调吊的第三代传人已过七十，虽有第四代传人，但家族式传承链条比较单薄，急需培养新的传承人。

调吊表演（金光侠　摄）

调吊表演（徐晓阳　摄）

827 VI-55

申报地区或单位：河北省文安县

苏桥飞叉会

苏桥飞叉会成员在表演飞叉（王晖 摄）

苏桥飞叉会创办于清代同治年间，在京、津、冀地区广泛流传，长演不衰。清末民初，河北省文安县苏桥镇靳文斌承上启下，将通背、太极、花叉三技融为一体，创办苏桥飞叉会，之后传人有靳月庭、狄希彭、赵景田、王树芳等。

苏桥飞叉会除在地面表演外，还能站在方凳上用双腿表演单叉、双叉。飞叉表演分为单人舞叉、双人舞叉、数人对舞等，套路名称有云罗背剑、飞龙滚地、怀中抱月、壮士架桥、流星火叉、迷人哑叉等，整个表演叉随人转，人随叉转，上下翻飞，令人眼花缭乱，可谓美不胜收。

苏桥飞叉会成员全都是农民，飞叉表演极大丰富了城乡人民的文化生活，对于建设和谐社会有着良好的促进作用。然而随着农村经济的发展变化，农民在农闲季节从事商业贸易和劳动力输出已成为普遍现象，加之飞叉表演存在一定的危险性，苏桥飞叉会传承严重受阻，亟待保护。

第二批国家级非物质文化遗产名录

传统美术

828 VII—52 面人
北京面人郎
上海面人赵
曹州面人
曹县江米人

829 VII—53 面花
阳城焙面面塑
闻喜花馍
定襄面塑
新绛面塑
郎庄面塑
黄陵面花

830 VII—54 草编
大名草编
徐行草编
莱州草辫
沭川草龙
湖口草龙

831 VII—55 柳编
广宗柳编
维吾尔族枝条编织

832 VII—56 石雕
煤精雕刻
鸡血石雕
嘉祥石雕
掖县滑石雕刻
方城石猴
大冶石雕
菊花石雕
雷州石狗
白花石刻
安岳石刻
泽库和日寺石刻

833 VII—57 玉雕
北京玉雕
苏州玉雕
镇平玉雕
广州玉雕
阳美翡翠玉雕

834 VII—58 木雕
曲阜楷木雕刻
澳门神像雕刻
武汉木雕船模

835 VII—59 核雕
光福核雕
潍坊核雕
广州榄雕

836 VII—60 椰雕
海南椰雕

837 VII—61 葫芦雕刻
东昌葫芦雕刻

838 VII—62 锡雕

839 VII—63 汉字书法

840 VII—64 藏文书法
德格藏文书法
果洛德昂洒智

841 VII—65 木版年画
平阳木版年画
东昌府木版年画
张秋木版年画
夹江年画
滑县木版年画

842 VII–66 彩扎

风凰纸扎

秸秆扎刻

彩布拧台

邳州纸塑狮子头

佛山狮头

843 VII–67 龙档

乐清龙档

844 VII–68 常州梳篦

845 VII–69 麦秆剪贴

846 VII–70 北京绢花

847 VII–71 堆锦

上党堆锦

848 VII–72 湟中堆绣

849 VII–73 瓯绣

850 VII–74 汴绣

851 VII–75 汉绣

852 VII–76 羌族刺绣

853 VII–77 民间绣活

高平绣活

麻柳刺绣

西秦刺绣

澄城刺绣

红安绣活

阳新布贴

854 VII–78 彝族（撒尼）刺绣

855 VII–79 维吾尔族刺绣

856 VII–80 满族刺绣

岫岩满族民间刺绣

锦州满族民间刺绣

长白山满族枕头顶刺绣

857 VII–81 蒙古族刺绣

858 VII–82 柯尔克孜族刺绣

859 VII–83 哈萨克毡绣和布绣

860 VII–84 料器

北京料器

861 VII–85 瓯塑

862 VII–86 砖塑

鄄城砖塑

863 VII–87 灰塑

864 VII–88 糖塑

丰县糖人贡

天门糖塑

成都糖画

865 VII–89 瓷板画

866 VII–90 软木画

867 VII–91 镶嵌

彩石镶嵌

骨木镶嵌

嵌瓷

868 VII–92 新会葵艺

869 VII–93 传统插花

870 VII–94 盆景技艺

扬派盆景技艺

徽派盆景技艺

英石假山盆景技艺

871 VII–95 布老虎

黎侯虎

872 VII–96 建筑彩绘

白族民居彩绘

陕北匠艺丹青

炕围画

828 VII-52

面人

面人也称“面塑”、“江米人”，是以食用面粉、糯米粉为主要原料的一种传统塑作艺术，它流行于全国各地，深受百姓喜爱。面人多以动物和神话传说、历史故事及地方戏曲中的人物为题材，基本形制分“签举式”和“案置式”两种。前者多为娱乐儿童的食玩品，造型简略，形态生动；后者则是雅化的陈设艺术品，做工考究，造型精致，还需在原料中混入添加剂作防裂、防虫、防霉处理。面人制作一般先采用捏、搓、揉、掀等手法塑造大体形制，再用竹刀灵巧地点、切、刻、划，刻画手脚、头面、神情等局部细节，最后加上发饰、衣裙及相关插件，作品即告完成。面人艺术主要依靠走街串巷的游方艺人即兴创作，他们掌握了娴熟的塑造技艺，题材、造型、配色等工艺程式了然于心，顷刻间就能将面团变成神采飞扬的艺术形象。在民间传承发展的面人艺术寄托着广大民众的审美情怀和生活理想，为中国民间历史、习俗和艺术的研究提供了重要的实物资料。

北京面人郎《贵妃醉酒》
（郎志丽作，宋朝晖摄）

面人·北京面人郎

申报地区或单位：北京市海淀区

北京面人郎是北京特有的一种民间面塑艺术，这一技艺系由郎绍安（1909—1992）所创，他曾跟从“面人大王”赵阔明学艺，后形成自己的面塑艺术风格。面人郎艺术题材面广，注重表现现实生活，对三百六十行的情形和各种老北京民俗都有生动的反映。在长期的艺术实践中，郎绍安练就了“眼明手快”、“看得准，拿得稳”的捏塑绝技，其作品手法简洁，造型准确，形态逼真，装饰洗练，在北京面塑艺术中独树一帜。1957年，郎绍安之女郎志丽开始随父学习面塑。从艺五十多年来，她继承父亲的技艺特点并加以创新，进一步发展了北京面人郎的面塑艺术。与此同时，她还注意总结父亲的艺术经验，整理出版了《我的面塑艺术生涯——郎绍安》一书。近几年，郎志丽创建了“面人郎艺术工

北京面人郎《打糖罗》（郎志丽作，宋朝晖摄）

作室”，致力于北京面塑艺术的传承、研究和发展。北京面人郎的面塑作品不仅具有较强的艺术欣赏和收藏价值，而且还能为老北京民俗风情和民间手工技艺研究提供重要参考。

北京面人郎《元春省亲》（郎志丽作，宋朝晖摄）

北京面人郎《平安五福》(郎志丽作，宋朝晖摄)

上海面人赵《林冲夜奔》(赵阔明作，方阳摄)

面人·上海面人赵

申报地区或单位：上海工艺美术研究所

上海面人赵技艺是海派面塑的杰出代表，由素有“面人大王”之誉的赵阔明（1900—1980）开创。它主要流传于上海地区，但在发展中逐渐形成了超越上海一隅的广泛影响。赵阔明在继承前人技艺的基础上归纳、总结出面塑的“手掐八法”和“工具八法”，大大丰富了面塑艺术的表现力，尤其加强了对人物相貌和对象质感的表现。上海面人赵的作品人物众多，场面宏大，塑造逼真，表情刻画细腻，形象富于质感，衣带装饰轻灵飘逸，体现出鲜明的海派文化特色。赵阔明的创造性努力强化了面塑艺术的雅化倾向，使之由流行民间的普通玩物发展成反映现代都市审美趣味的精致艺术。面人赵作品题材丰富，代表作《二进宫》、《关公夜读》、《民族大团结》、《友谊长城》等已成为面塑艺术的典范。

上海面人赵爬娃制作的最后工序是装上颈部围巾（共 39 道工序）（方阳　摄）

目前以面人赵为代表的海派面塑发展陷于困境，艺人老龄化的情况十分严重。为了在现代市场环境中生存，面塑制作往往追求迅捷简便，工艺草率粗劣，无法继续保持面人赵精工细作的艺术特色。长此以往，这项精湛的技艺将失去原有的魅力，在沉寂中走向消亡。保护和传承上海面人赵艺术已成为一项紧迫的任务，急需有关人士共同努力。

上海面人赵《二进宫》（局部，赵阔明作，方阳摄）

曹州面人（冉文侠　摄）

面人·曹州面人

申报地区或单位：山东省菏泽市牡丹区

曹州面人是长期流传于山东省曹州地区的一种民间面塑艺术，至今已有一百五十多年的历史。由郝胜、杨白四、王清源、郭湘云等民间艺人开始，经过六代面人艺匠的传承发展，曹州面人逐渐摆脱了充当民间祭神“花供”的功用，成为一种观赏性的民间工艺品。20世纪20年代，曹州面人行业出现了并称“文武二李”的李俊兴、李俊福兄弟。李俊兴擅长捏塑才子佳人，李俊福则擅长捏制武将侠客。兄弟二人技艺超群，成为曹州面人制作的代表性人物。至20世纪30年代，中国面塑逐渐形成了山东的李派、上海的赵派和北京的汤派、郎派等艺术流派，几派虽各具特色，但无一例外均受到曹州面人的影响。自李俊兴、李芳清等面塑大师出国表演传艺以来，曹州面人日益受到东南亚、欧美等地区民众的喜爱，驰誉国际，进一步确立了其在面塑史上的地位。

曹州面人来源于生活，乡土气息浓郁，它造型概括，简练生动，形象逼真传神，比例夸张适当，工写结合，堪称中华民间艺术的瑰宝。20世纪90年代以后，随着经济的发展和社会生活需求的多样化，人们对传统面塑的热情逐渐衰退，曹州面人的传承发展面临严重危机，亟待保护。

面塑艺人在传授技艺（户向宾　摄）

面人·曹县江米人

申报地区或单位：山东省曹县

曹县江米人是流行于山东省曹县一带的传统面塑艺术，由古代祭祀神祇的供品演变而来。据当地制作江米人的老艺人介绍，明代洪武年间曹县桃源镇、安蔡楼镇等地已有用“花供”祭祀天地、火神的风俗，“花供”中即包括用江米面捏制的人物、瑞兽、花鸟等供品。这种以面塑供品表达祈福心愿的民间风俗一直延续至今，但表现题材已大为拓展，出现了祥禽瑞兽、仙花芝草、戏文故事、神话传说、历史人物、民俗风情及现实生活等多方面的内容。不用作供品的时候，曹县江米人主要是游方艺人边做边卖、娱乐儿童的“签举式”食玩品。曹县江米人样式丰富，造型简略，色彩绚丽，塑造传神，显示了较强的艺术性。作为与祭祀民俗联系紧密的传统技艺，它在民间宗教文化的研究中具有重要的参考价值。目前，在现代生活方式的冲击下，曹县江米人生存空间不断缩小，已面临着极大的传承危机，亟待抢救保护。

艺人用来制作曹县江米人的工具箱
（潘鲁建　摄）

曹县江米人制作流程（潘鲁建　摄）

和面

揉面

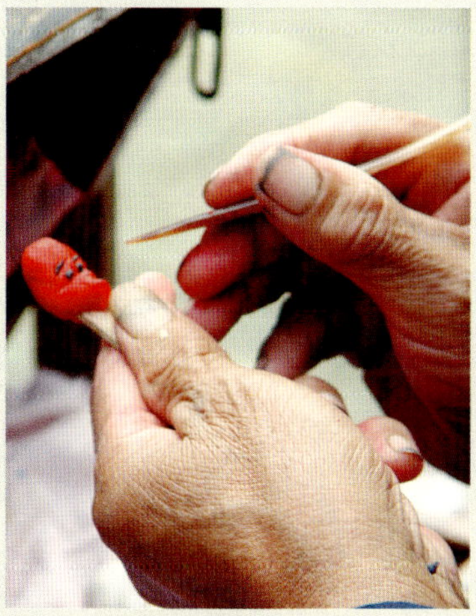

捏制手法：挑

曹县江米人《福禄寿》（王锡金作，潘鲁建摄）

曹县江米人《西游记人物》（王锡金作，潘鲁建摄）

829 VII-53

面花

阳城焙面面塑

闻喜花馍

定襄面塑

新绛面塑

郎庄面塑

黄陵面花

面花俗名“花馍”、“窝窝花”、“糕花”，也称“面塑”，是流行于山东、山西、河南、陕西、甘肃等北方地区的一种传统食用塑作艺术，同时也是一种与民众生活十分贴近的节俗艺术。面花的起源与传统民间的饮食和信仰习俗有着密切的关系，新疆吐鲁番阿斯塔那墓葬出土的唐代面塑遗物表明，这种民俗艺术在中国有着悠久的发展历史。在北方地区，面花塑作具有深厚的群众基础，每逢传统佳节，家家户户都会依照当地的习俗和惯例制作面花。这些面花制品形式多样、姿态各异，兼具供奉、观赏和食用等多种功能，也可以用作馈赠亲友的礼品，成为民间社会交往的重要媒介。这种自发的面花塑作活动充分展示了民众的审美理想和艺术才能，使蕴涵在民间习俗中的文化传统得到自然的传承和彰显。各地不尽相同的风土人情和礼俗讲究造成面花艺术丰富的表现形态和鲜明的地域特色，面花制品别致的造型和斑斓的色彩将传统节日的文化空间装点得分外美丽。

面花·阳城焙面面塑

申报地区或单位：山西省阳城县

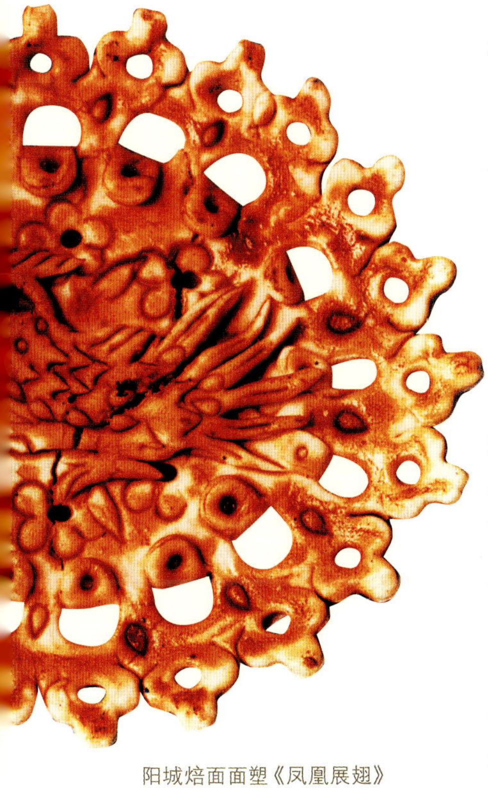

阳城焙面面塑《凤凰展翅》
（山西省阳城县文化馆　提供）

阳城焙面面塑也称“焙面娃娃”，是流行于山西省阳城县一带的传统民间食用塑作艺术。阳城面塑样式繁多，根据制作方法的不同而有生面、炸面、蒸面和焙面之分。焙面面塑是阳城面花中的佼佼者，用特制的砂土套锅烤制而成。焙面面塑具有鲜明的地方特色，它以上好的麦面为主料，而以杏仁水、糖稀搭色水、黑豆和花椒子等为辅料，经捏塑后焙烤出的面花“形状美，闻着香，吃着脆”，是阳城最具特点的面食。阳城焙面面塑内容丰富，传说故事、戏曲人物乃至飞禽走兽、花鸟鱼虫都可以作为表现的对象。目前，受现代化进程的影响，阳城地区的人文和自然环境发生了很大改变，焙面面塑赖以生存的传统习俗遭到巨大冲击，加上一些掌握传统塑作技艺的老人相继去世，这种特殊的民间食用塑作艺术面临失传的危险，急需加强保护措施。

阳城焙面面塑《钟馗斩鬼》
（山西省阳城县文化馆　提供）

阳城焙面面塑《嫘祖养蚕》
（山西省阳城县文化馆　提供）

阳城焙面面塑《藏舟》（山西省阳城县文化馆　提供）

闻喜花馍（山西省闻喜县文化馆　提供）

面花·闻喜花馍

申报地区或单位：山西省闻喜县

闻喜花馍是流行于山西省闻喜县一带的传统食用塑作艺术，它历史悠久，与当地的传统习俗联系紧密，在节庆、祭祀、婚嫁、寿诞、丧葬、上梁、乔迁等民俗活动中应用广泛。闻喜花馍既无流传范本供参照，也无现存底样作依据，全凭巧妇信手捏制而成，因而被誉为“母亲的艺术”。制作时先用和好的面捏出各种构思巧妙的造型，再点上水色作为装饰。蒸熟的花馍形体饱满，色彩明艳，透出勃勃生机。闻喜花馍制作精美，魅力独特，深受当地民众的喜爱。随着市场经济的深入发展，闻喜花馍已作为体现山西地方文化特色的名优土特产品进入了商品市场，行销海内外，声誉与日俱增。

闻喜花馍作品（山西省闻喜县文化馆　提供）

面花·定襄面塑

申报地区或单位：山西省定襄县

定襄面塑《彩绘面老虎》（山西省定襄县文化中心　提供）

定襄面塑又称“定襄面花”，是流行于山西省定襄县一带的传统食用塑作艺术。面塑所表现的内容极为丰富，既有民间故事、戏曲人物，又有飞禽走兽、花鸟鱼虫、十二生肖等等。其形象塑造简练概括、粗犷豪放，夸张的形态显得朴实敦厚，透出一种天真烂漫的神韵，极富地方特色。定襄面塑反映着当地民众的饮食习俗和审美情趣，洋溢出民间艺术的素朴之美，它凭借丰厚的文化内涵引来关注目光，许多从事民俗和民间艺术研究的专家将定襄面塑与剪纸、刺绣、雕刻等民间艺术联系在一起进行综合性研究，从中探寻中国民族艺术的渊源和产生发展规律。目前，随着社会生活的变化，定襄面塑已逐渐遭到冷落，面临人亡艺绝的危险。如不抓紧抢救保护，这种珍贵的民间艺术将有失传之虞。

传承人在制作定襄面塑（山西省定襄县文化中心　提供）

传承人在教授定襄面塑技艺（山西省定襄县文化中心　提供）

新绛面塑《孔雀开屏》
（山西省新绛县文化馆　提供）

面花·新绛面塑

申报地区或单位：山西省新绛县

新绛面塑俗称“花馍”，是流行于山西省新绛县一带的传统民间食用塑作艺术。早在宋代，当地人祭祀时就已开始用面塑来代替猪、羊等牺牲品。其后这种方法相沿成俗，在新绛一带长期延续下来。每遇岁时节令，人们便用模拟动物、瓜果、花卉等形象的面塑来祭祀神灵，同时也以之作为人情往来的馈赠礼物。在此情势下，新绛面塑技艺逐渐发展成熟。这种面塑作品内容和形式都极为丰富，品种多达六十余个。因受面团柔软特点和发酵状况的限制，新绛面塑在造型上极度简练概括，不重写实而以神似为主。目前，随着社会风气的变化，当地年轻人对传统的风俗习惯甚为冷漠，新绛面塑正日渐失去以往的社会功能，生存困难，大有失传的危险，亟待抢救保护。

新绛面塑《八仙庆寿》（山西省新绛县文化馆　提供）

面花·郎庄面塑

申报地区或单位：山东省冠县

郎庄面塑俗称“面老虎”，是流行于山东省冠县郎庄的一种传统食用塑作艺术。据郎庄村碑记载，明代洪武年间有郎姓兄弟从山西迁徙至此，以姓立村，名为“郎庄”。后因“郎”字与“狼”同音，寓意凶险，有巧手村民捏制“面老虎”以制“狼”克邪，祈求平安。其后捏虎制狼之法相沿成俗，在郎庄世代延续，经后人不断发展完善，形成当地特有的面塑艺术。郎庄面塑散发着浓郁的乡土气息，充分反映了当地民俗文化的特点和民众的审美创造力，具有较高的历史文化价值，可以为地方民俗和民间艺术的研究提供鲜活的例证。

郎庄面塑作品（李保山作，董凤城摄）

郎庄面塑制作场景（董凤城　摄）

面花·黄陵面花

申报地区或单位：陕西省黄陵县

陕西省黄陵县因境内有轩辕黄帝陵寝而得名，黄陵面花即是流行于这一地区的传统民间食用塑作艺术。自出现以来，它即与当地的黄帝祭典礼俗紧密联系在一起。当地人习惯用面塑成各色动物、花卉，以代替祭典中的三牲。在当地日常的生产生活和岁时节令、婚丧嫁娶、诞育寿庆等习俗活动中，面花的使用更加普遍。黄陵面花工艺复杂，制作精巧，形象塑造栩栩如生，活灵活现，极具艺术感染力。丰

黄陵面花《雄狮猛虎》（王民正作，孟军摄）

富多彩的黄陵面花反映了当地民众数典崇祖、敬天爱人的传统美德，从一个侧面显示出轩辕黄帝故里深厚的历史文化积淀。作为黄陵历史文化的承载物之一，黄陵面花具有民俗学、社会学、历史学等多方面的研究价值，可以为黄陵礼俗的挖掘整理提供重要参考。

黄陵面花《二龙戏珠》（赵爱芳作，孟军摄）

黄陵面花《狮子》（赵爱芳作，孟军摄）

830 VII-54

草编

草编是以草本植物为主要原材料的一种传统编结手工艺。作为人类最古老的技艺之一，早在远古时代，编结就已成为中华先民制造实用物品的重要手段。草编技艺在中国民间流传了几千年，在此过程中不断得到发扬光大。各地民间工匠因地制宜，因材施艺，充分利用草本植物柔韧的秆、皮、芯、叶、根，创造和总结出编、结、辫、扣、扎、绞、缠、网、串、盘等丰富的编结技法，使草编成为广大民众日常生活用品的一个重要来源。我国草本植物资源丰富，南北方均有不少适宜编结的原材料，因此各地草编种类繁多，且各具地方特色。草编制品以草席、草帘、草垫、草篮、草扇、草帽、草鞋等实用品为主，也有一些用作陈设的观赏品。从19世纪40年代起，草编开始远销国外。20世纪中叶以来，由于适应了现代生活的需要，草编得到迅速发展，花色品种越来越多。作为在中国民间十分普及的一种传统手工艺，草编有着广泛的群众基础，具有很强的实用性和艺术性。

大名草编作品（河北省非物质文化遗产保护中心　提供）

草编·大名草编

申报地区或单位：河北省大名县

大名草编是一种传统民间家庭编结手工艺，流行于河北省大名县卫河以东地区。清代雍正年间，草编技艺从山东掖县传入大名县西付集乡朱家村，后又进一步传到卫河以东地区，流播范围遍布整个大名县境。大名草编以麦秆为原材料，制品以草帽、提篮居多。20世纪80年代以前，大名草编在全县及周边地区已形成一定的影响，但制品大多被编织者留作自家使用，只有部分草帽在市场上销售。大名县建立草编厂以后，通过深加工，开发出提

大名草编脸谱（河北省非物质文化遗产保护中心　提供）

袋、茶垫、坐垫、地席、门帘、果盒、纸篓、拖鞋及用麦草制作的贴画、贴盒等约千种新产品，对当地经济的发展和农民收入的增加起到了积极的促进作用。目前，费时费力的草编制作因难以适应市场的要求而陷入发展的停滞阶段，从业者不断减少。大名草编正面临着衰亡的危险，急需扶持保护。

草编·徐行草编

申报地区或单位：上海市嘉定区

徐行草编的主要原料是当地出产的黄草秆茎
（赵军　摄）

徐行草编是一种传统的民间编结手工艺，主要流行于上海市嘉定区徐行镇。徐行系江南著名的草编之乡，当地民众习惯使用本乡出产的黄草秆茎来编织生活用品。早在清代，徐行编制的嘉定黄草拖鞋即已远销欧亚各国。徐行黄草质地光滑坚韧，色泽淡雅，用它编织出的工艺品纹理清晰，细密匀称，松紧有度，平整光洁，染色或缀以鲜艳的花纹图案后更显精致美观。徐行草编制品有拖鞋、拎包、果盆、杯套、盆垫等二十大类上千个品种，色彩丰富，样式美观，使用轻巧方便，地方特色鲜明，乡土气息浓郁。现在，黄草由野生改为人工培育，用于草编，质量更佳。徐行草编采用纯手工制作，编织时要花费大量的时间，无法形成规模化的生产，经济效益不高，难以抵御现代市场经济的冲击。目前，徐行以草编为生的手工艺人已是凤毛麟角，仅有少数农村妇女利用闲暇编织一些草鞋、提包零星销售。此外，城市建设的发展使得大片黄草迅速消失，导致徐行草编原材料日趋匮乏。在此情势下，积极而全面地保护徐行草编技艺的传承发展已成为一项刻不容缓的工作。

妇女们在编织上海世博会草编作品（赵军　摄）

艺人在编织莱州草辫（韩国英　摄）

草编·莱州草辫

申报地区或单位：山东省莱州市

莱州草辫是流行于山东省莱州市的一种传统编结手工艺，它最早起源于莱州沙河镇一带的农村，据说已有一千五百年的历史。《莱州市志》称，明代沙河一带的草辫经直隶、豫州等地在国内传播。鸦片战争后，莱州草辫成为中国最早进入西方市场的商品之一，曾在美国旧金山举办的太平洋万国巴拿马博览会上获得过特别奖，被誉为“世界最优质的草辫”。莱州草辫的编织技艺有三根草掐法、五根草掐法和七根草掐法之分，掐法不同，花样也随之变化。但总的来说，各种掐法基本都是拇指掐正面，食指掐反面，而后再作压、挑处理。几根麦秆在草编艺人手里左右上下翻飞变化，迅即化作优美的艺术品，技法之精，堪称一绝。20世纪中叶以来，莱州草辫发展迅速，当地相继建立了益新和育新两家专业厂，草辫的花样品种也增加到两千多个，全国各地都有人到沙河学习草辫工艺。在莱州，草辫成了许多农民家庭收入的主要来源，为莱州农村经济的发展作出了重大贡献。

莱州草辫代表作：提篮（杨玉兴　摄）

草编·沐川草龙

申报地区或单位：四川省沐川县

沐川草龙又称“黄龙”，是流行于四川省乐山市沐川县一带的民间草扎技艺。沐川草龙历史悠久，相传其起源与唐太宗登基前枕稻草而眠的历史有关，后人因此将稻草编扎的龙灯视为祥瑞的象征，当众舞动戏耍以祈来年风调雨顺、五谷丰登。沐川草龙的编扎材料系从当年收割的稻草中精选出来的上品，颜色金黄，秆身没有斑点。草龙的扎制工艺非常复杂，整个过程要用到编、织、镶、绕、缠等十多种手法，技巧性较强。沐川草龙形制讲究，龙头、龙身、龙尾的设计尤为精巧，龙眼、龙须、龙角、龙鳞、龙爪等细节都处理得活灵活现，舞耍起来气势夺人，蔚为壮观。舞龙者为训练有素的强壮男子，届时他们描花脸，裸上臂，着草帽，披草肩，系草裙，扎草护腿，穿草鞋，在锣鼓音乐的伴奏下，按照传统程式激情舞耍，将沐川草龙精、妙、奇、神的风采展现得淋漓尽致。

沐川草龙参加艺术节展演（四川省沐川县文化体育新闻出版局　提供）

沐川草龙表演（四川省沐川县文化体育新闻出版局　提供）

沐川草龙参加展演活动（四川省沐川县文化体育新闻出版局　提供）

湖口草龙的扎制工艺非常复杂，技巧性较强（江西省非物质文化遗产研究保护中心　提供）

草编·湖口草龙

申报地区或单位：江西省湖口县

湖口草龙俗称“谷龙”，是流行于江西省湖口县一带的民间草扎技艺。湖口草龙历史悠久，据传它起于隋唐，盛于明清，在当地长期传沿不绝。按当地旧俗，每年秋收以后，人们要用稻草扎制草龙串村游玩，以庆祝丰收。其后湖口草龙不断朝精致化方向发展，出现了世代相传的专业艺人。生于19世纪末的周雍发是精致化湖口草龙的开创者。湖口草龙以稻草为主要材料，用竹木做支架，整条龙由单数节段构成，通常为9到21节。草龙编扎工艺极为复杂，前后需采用编、插、织、嵌、镶、绕、缠、悬、挂、空、别、剔、镂、透等十多种手法，要求成品自

草龙世家正在扎制湖口草龙（江西省非物质文化遗产研究保护中心提供　图片）

草龙世家三代人共同扎制湖口草龙（江西省非物质文化遗产研究保护中心　提供）

然生动，古朴典雅，不露人工痕迹，完美体现出瑞龙庄重威严的气度。草龙游耍时，舞者需穿上整齐鲜艳的服饰，由金童玉女举龙灯引路，游行过程中视情形进行惊险的杂技表演或做出妙趣横生的逗乐动作，欢声笑语不绝于耳，一派活泼热闹景象。湖口草龙融民间舞蹈、杂技、音乐、美术、手工技艺于一体，具有很高的艺术价值，是民俗学、社会学和民间艺术等学科值得研究的对象。

湖口草龙（江西省非物质文化遗产研究保护中心　提供）

831 VII-55

柳编

广宗柳编

维吾尔族枝条编织

柳编是以柳树等木本植物枝条为主要原材料的一项传统编结手工艺。远古时代柳编已在中国出现，经过几千年的传承，这一技艺得到很大的改进，逐渐发展成熟。柳编常用原料有沙柳、白柳、杞柳、季柳等，桑条、荆条等也可用作编织的材料。柳条剥皮后表面光滑，色泽新润，既柔软又坚韧，以此编成的制品质量稳定，经久耐用。柳编技法十分丰富，不同的产品、不同的形制编法各不相同，与编织技法配套的还有劈条、上链、布套等辅助工艺和漂白、染色、着色、上油等装饰处理手段。柳编制品十分讲究造型、款式和纹理的美观，成品以箩筐、提篮、簸箕、斗盆、箱包、椅凳、几架等实用品居多，也有一些制作更加精细的陈设品。这些制品具有很高的实用价值和艺术价值，是富于民族特色的传统工艺品，深受广大群众的欢迎和喜爱。

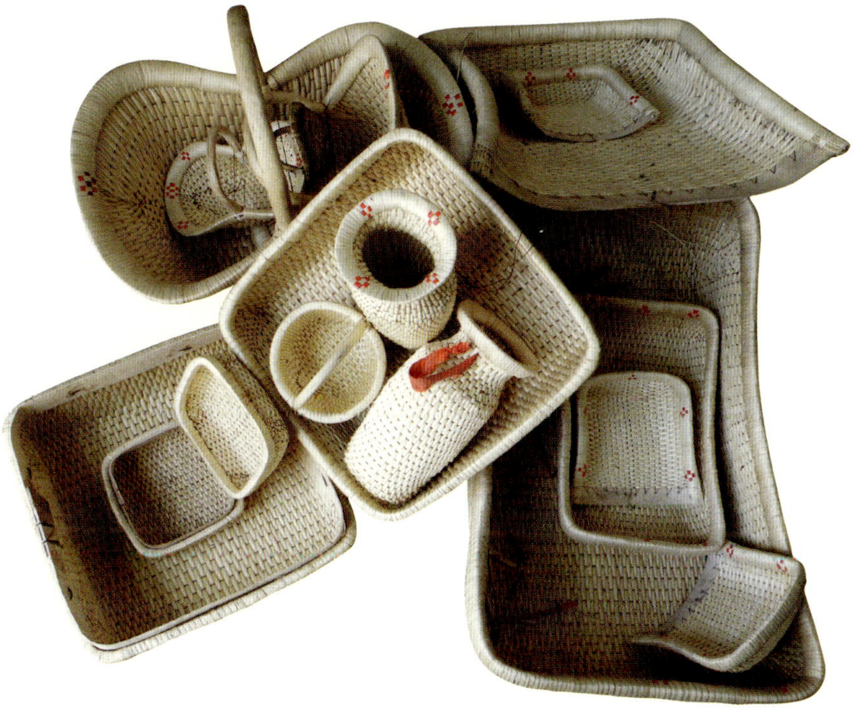

广宗柳编制品（吕苒　摄）

柳编·广宗柳编

申报地区或单位：河北省广宗县

广宗柳编是流行于河北省广宗县一带的传统编结手工艺，它起源于清初，至今已有三百多年的历史。广宗地处黄河冲积平原，土地沙碱参半，为防沙抗盐碱，当地村庄周围多栽种柳棵子，这为柳编业的发展打下了物质基础。广宗柳编制品以篮子、簸箩、八斗、盒子、矿工帽等实用器具居多，也有一些观赏性的工艺品，其形制并无定式，多依艺人的制作经验和实用需要而定。广宗柳编技艺以口传心授的方式在家族内部和师徒之间世代传承，一直未形成完整的文字材料。融自然美和工艺美于一体的广宗柳编制品精致实用，是当地民众十分喜爱的日常生活用品。

艺人在编制广宗柳编制品（吕苒 摄）

柳编·维吾尔族枝条编织

申报地区或单位：新疆维吾尔自治区吐鲁番市

维吾尔族枝条编织是流行于新疆维吾尔自治区吐鲁番市一带的传统编结手工艺。从史料记载和古墓葬出土的大量树条筐、箭袋实物来看，这项技艺在吐鲁番地

维吾尔族枝条编织技艺传承场景（阿布拉·托乎尼牙孜　摄）

维吾尔族枝条编织作品：养鸡筐子、抬把子（阿布拉·托乎尼牙孜　摄）

区至少已有近三千年的发展历史。维吾尔族民众利用当地出产的榆树枝、红柳枝、杨树枝、桑树枝、柳树枝等原材料编结出235种制品，其中包括耙子、抬把子、筐子等农具，食槽、鸡笼、筛子等畜牧用具，筐子、驴驮子、笊篱、篮子、果盘等生活用品和花瓶、葫芦、酒杯、苏公塔等工艺品或旅游纪念品。维吾尔族枝条编织以在经干间穿进突出的“平织”和用于边沿的“麻花织”为基本方法，所编图案有菱形、链条形、波浪形、椭圆形等多种。在实践中不断提高和完善的维吾尔族枝条编织技艺呈显出鲜明的地域特色和民族风格，它是维吾尔族传统文化的重要体现，具有社会学、民族学、民间工艺史等方面的研究价值。

具有鲜明的地域特点和民族风格的维吾尔族枝条编织作品（阿布拉·托乎尼牙孜　摄）

832 VII-56

石雕

煤精雕刻
鸡血石雕
嘉祥石雕
掖县滑石雕刻
方城石猴
大冶石雕
菊花石雕
雷州石狗
白花石刻
安岳石刻
泽库和日寺石刻

石雕亦称“石刻”，是以石材为原料的一种传统手工雕刻技艺。中国的石雕艺术有着悠久的历史，千百年来承沿不绝，流传至今，显示出传统民间工艺的精湛技术、巧妙构思和丰沛创造力。石雕创作一般在大理石、花岗岩、青石、砂石等天然石质材料上进行，在此过程中需运用圆雕、浮雕、透雕和线刻等一系列纯熟的民间雕刻技法。由于这些石质材料得诸自然，能够长期保存，因此石雕技艺多用来制作大型雕塑和装饰性雕塑。按照用途，石雕制品主要可分为三类：一是建筑构件和装饰品，如台基、牌坊、石狮等；二是神佛像，如山西云冈石窟、河南龙门石窟的造像等；三是既可欣赏又具实用性的生活用品，如案头摆件、砚台等。传统石雕以斧、锤、凿等为工具，近代开始采用甘油火药及简单机械等一些较为先进的用具。随着社会的发展，石雕工艺日臻完善，相关制品作为独特的商品在市场上广泛流通，别具艺术魅力。

石雕·煤精雕刻

申报地区或单位：辽宁省抚顺市

煤精雕刻是辽宁省抚顺市特有的一种民间雕刻艺术，它以当地特产的煤精为原料，堪称独一无二。煤精又称“煤玉”，是一种乌黑发亮、质地坚硬的自然资源。煤精雕刻的滥觞可追溯到20世纪初年，赵昆生、赵景霖兄弟在实践中不断探索，终于创造性地发展出煤精雕刻这门独特的工艺。在他们的口传身授下，抚顺煤精雕刻艺术得到顺利传承，至今已历七代。煤精雕刻制品有人物、动物、素活三大类型

煤精雕刻《自在观音》（程斌作，李晓泉摄）

两百多个品种，款式更是花样繁多。为适应材料本身的特性，煤精雕刻形成了砍、铲、走、抢、磨、抛、滚、擀、剁、刨、钻、搓等一系列独特的技法和工艺。地域特色鲜明的抚顺煤精雕刻将中国传统文化与北方地域文化有机地融合在一起，显示出非同一般的工艺水平，具有较高的艺术研究价值。

煤精雕刻具有一系列独特的技法和工艺（李晓泉　摄）

艺人在整块煤精上雕刻（李晓泉　摄）

煤精雕刻《龙凤链瓶》（马翥作，李晓泉摄）

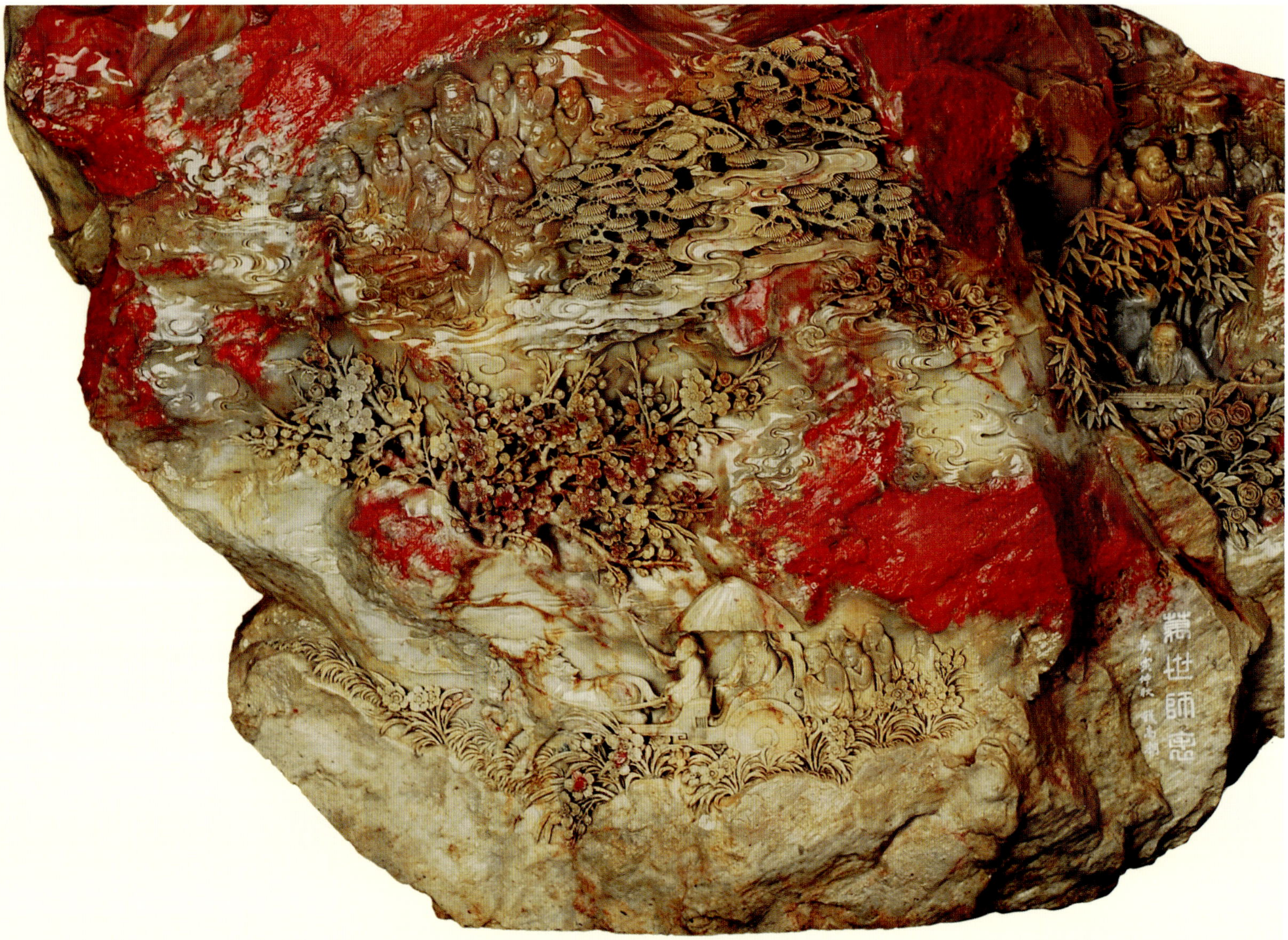

鸡血石雕《万世师表》（钱高潮作，徐江保摄）

石雕·鸡血石雕

申报地区或单位：浙江省临安市

鸡血石雕是流行于浙江省临安市大峡谷镇的一种传统雕刻艺术，它采用当地玉岩山出产的鸡血石为原料，这种石料天然具有鲜红艳丽、晶莹剔透的特点，石质珍贵，被誉为中国六大“国石”之一。从战国时期至今，鸡血石雕已有两千多年的发展历史。清代中期，石雕艺人在鸡血石产地落户，逐渐形成鸡血石雕独具的艺术特色和传承谱系。天然血色是鸡血石最宝贵之处，鸡血石雕即根据材料的这一特点，因石配工，依血取巧，力求做到文质相彰、材艺天成，从构思、技法直至造型全泯人为痕迹，尽显鬼斧神工之妙。历史上鸡血石雕制品曾被列为贡品，用作帝王印玺，这大大提高了鸡血石雕的档次，使得鸡血石雕制品成为不可多得的工艺珍品，受到历代文人雅士的青睐。

石雕·嘉祥石雕

申报地区或单位：山东省嘉祥县

嘉祥石雕是山东省嘉祥地区流传的一种传统雕刻艺术。嘉祥石雕有着悠久的历史和辉煌的成就，这一点可由出现于当地的东汉武氏墓群石刻、隋开皇三年隋碑、五代后唐时期石佛及清代乾隆御碑等历代石雕石刻珍品得到具体证明。嘉祥石雕技

嘉祥石雕创作场景（祝司华　摄）

制作泥塑小样是嘉祥石雕的前期工序（李伟　摄）

嘉祥石雕《麒麟献宝》（梁海涛　摄）

艺繁复，包括圆雕、浮雕、透雕、线雕、平雕、影雕等多种雕刻样式。它以当地出产的天青石为主要原料，而以大理石、花岗石、汉白玉等为辅料，刻制成人物雕像、石麒麟、石狮、石碑、石桌、石塔、石亭、龙柱、大型牌坊及仿古器皿等众多形式的作品，造型端庄凝重，线条刚直简劲，气势雄伟恢弘，显示出中国北派石雕艺术的典型风格。在千百年的传承过程中，嘉祥形成了以梁氏、杜氏、徐氏等为代表的一些石雕世家。目前，受现代文明的影响，嘉祥石雕的传统工艺内涵逐渐衰减，导致石雕作品艺术面貌也不断变异，如不及时抢救保护，这一历史悠久的优秀民间工艺将面临消亡危机。

嘉祥石雕《石破天惊》（王忠英　摄）

石雕·掖县滑石雕刻

申报地区或单位：山东省莱州市

掖县滑石雕刻技艺传承场景（韩国英　摄）

掖县滑石雕刻是以滑石为原料的一种传统雕刻艺术，主要流传于山东省莱州市掖县地区。滑石质地柔软细腻，色泽晶莹似玉，适宜用作雕刻材料。据记载，掖县滑石雕刻源于宋代，清末时当地出现了大量以滑石雕刻为业的家庭作坊，20世纪下半叶进一步形成百余家工厂作坊，大大扩展了生产规模。经过历代艺人的传承发展，掖县滑石雕刻形成了一套完整的技法，能刻制炉瓶、人物、动物、花鸟、山水、钮章、文具、器皿八大类两千多种样式的产品。掖县滑石雕刻艺人善于根据石料的天然纹理和色泽进行创作，往往因材定型，因材施刀，其作品特别是“巧色”作品的花色千变万化，美不胜收，一经上光打蜡处理，更显精妙非凡。目前，受市场经济的影响，掖县滑石雕刻整体上呈衰退之势，亟待加强保护。

掖县滑石雕刻《太狮少狮》（王石麟　摄）

掖县滑石雕刻《福寿流长》（王石麟　摄）

石雕·方城石猴

申报地区或单位：河南省方城县

方城石猴是以滑石为原料的一种民间石雕艺术，主要流传于河南省方城县，因主要雕刻猴子形象而得名。滑石在方城当地俗称为“花石”，它质地松软，色白面光，中间夹杂的淡黄色筋纹别具自然美感，宜作雕刻之用。方城石猴据传起于宋代，有据可查的历史可追溯到清代光绪年间。清末当地具代表性的方城石猴艺人有王建奎等，其技艺以家族传承的方式延续至今。方城石猴作品有单猴、双猴、母子猴、猴背猴等多种样式，都与当地民俗相合而表现出吉祥的寓意。方城石猴雕刻成型后，需用古法特制的红、黄、绿、黑四种颜料进行着色或勾画装饰，最后还要罩上一层桐油。方城石猴作品造型古朴，粗犷稚拙中别见质直率真，显露出淳厚的地方色彩和浓郁的乡土气息。在方城当地，石猴被视为吉祥物，常用以佩挂珍藏或馈赠，民俗意义十分突出。

方城石猴主要流程（铁兵　摄）

方城石猴原料：花石

恁第

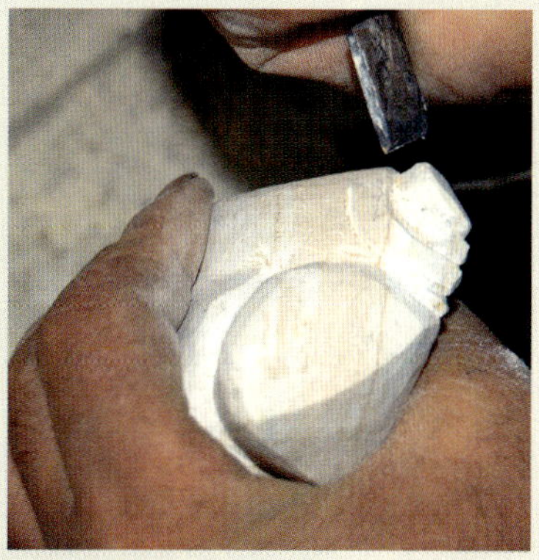

粗雕

细雕

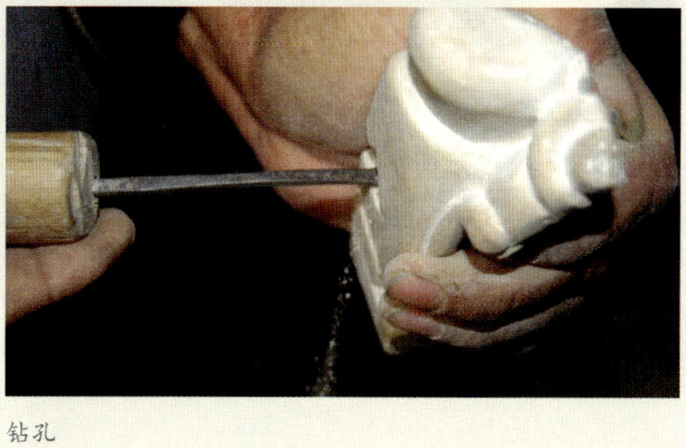

钻孔

方城石猴（铁兵　摄）

石雕·大冶石雕

申报地区或单位：湖北省大冶市

大冶石雕是湖北省大冶市保安镇尹解元村特有的一种民间石雕艺术。据《尹氏家谱》记载，唐代时尹姓先人由甘肃天水辗转来到江西瑞昌等地，其后复迁至大冶，在尹解元村定居下来，依山采石，雕刻为生，大冶石雕的历史即始于此时。石雕技艺在尹解元村世代相承，从“国”字辈到“成”字辈，先后传承了二十代。这些石雕传人凭借一锤一錾，在民间留下了大量的艺术珍品。珍藏于尹解元村的浮雕《渔樵耕读》系清代艺人尹光德所刻制，这件作品以江南风光为题材，设计巧妙，构图严整，雕刻精致，具有强烈的纵深感和空间感，充满装饰趣味，呈显出大冶石雕的基本特征。以尹解元村为代表的大冶石雕能制作用于生产、建筑、装饰、纪念、信仰等方面的多种类型产品，而以碑碣和石狮为多。目前，在现代市场经济的冲击下，大冶石雕的生存空间日渐缩小，发展困难，前景堪忧，急需保护扶持。

大冶石雕创作场景（柯小杰　摄）

大冶石雕《盲人摸象》（柯小杰　摄）

大冶石雕《猎人争雁》（柯小杰　摄）

石雕·菊花石雕

申报地区或单位：湖南省浏阳市

菊花石雕是以菊花石为原料的一种传统石雕艺术，主要流布于湖南省浏阳市一带。相传菊花石雕在浏阳已有二百六十多年的历史，成形作品曾被当作贡品进献朝廷。菊花石又名“石菊花”，是一种珍奇的石料，深灰色的石材中蕴有白色花纹，酷似怒放的菊花。当地石雕艺人充分利用石料的这种特点，依据其自然纹理、形态和色彩精心设计，巧施雕琢，将隐藏在石料中的“菊花”凸显出来。菊花石雕技艺有一套针对材料特点和造型需要而设计的工艺技术，整个雕制过程由采料、选料、开花、造型、设计、雕刻、上漆封蜡、制座底等十几个环节构成。经过加工，素朴的石材变成一件栩栩如生的菊花石雕作品，材美、工巧融为一体，充分显示出民间艺匠的审美品格和艺术创造力。

菊花石雕主要流程（陈继武　摄）

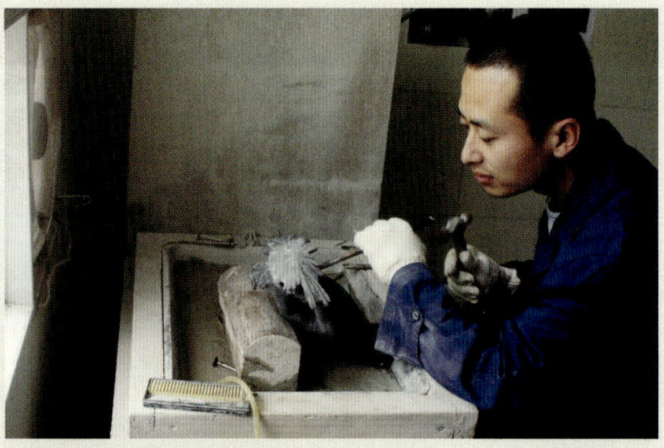
开花

雕刻

精修

底座设计

菊花石雕《含香聚瑞》（陈继武制作并拍摄）

菊花石雕作品（陈继武　摄）

石雕·雷州石狗

申报地区或单位：广东省雷州市

雷州石狗是流行于雷州半岛的一种民间雕刻艺术。雷州古属骆越之地，骆越族的“盘瓠蛮”部落曾聚居于此，他们自称为狗的后人，素有崇狗拜狗的习俗。以玄武岩雕刻的石狗即是这种民间信俗的具体化和物质化表现形式，它被当地民众尊为“守护神”、“吉祥物”。在日常生活中，雷州人每每遵照传统习俗，在门口、村口、路口、水口、庙前、墓前立以石狗，逢年过节或遇红白喜事时供奉敬事。这种石狗寄托着人们祈福迎祥的美好意愿，甚至还有“契石狗为父”的神圣意义。以雷州石狗雕刻及相关习俗构成的“石狗文化”是汉、越文化融合的产物，以雷州市为中心在环北部湾地区形成了一个“石狗文化圈”。雷州石狗雕刻包含着丰富的历史文化信息，在某种程度上可以视为雷州历史和民俗的浓缩，具有文化人类学、民族学、社会学、历史学等多方面的研究价值。

雷州石狗雕刻及其相关习俗构成了当地特有的〞石狗文化〞（王伦三　摄）

雷州石狗（王伦三　摄）

雷州石狗《寿神》（王伦三　摄）

石雕·白花石刻

申报地区或单位：四川省广元市

白花石刻是以大巴山白花石为原料的一种传统雕刻艺术，流传于四川省广元市。白花石坚硬如铁，细润如肤，当地艺人利用其红白或绿白相间的天然色彩和纹理进行雕刻加工，创造了别具一格的白花石刻艺术。石刻艺术在广元当地有着悠久的发展历史，从北魏到隋唐时期，广元曾出现过众多的石窟雕刻和摩崖造像，遗迹至今尚存。清代以来，白花石刻得到很大发展，形成了极富地方特色的雕刻艺术。它有深雕、浅雕、镂空等各种雕刻技艺，每每取山水、人物、花鸟、走兽为题材，制品以烟盒、文具、花钵、花架、石屏等实用品居多。白花石刻艺人善于因材施艺，将石料的天然美感和构思的精微之处巧妙统一在作品上，体现出精湛的工艺水平和独特的艺术面貌。

艺人在采集白花石（唐骏作，朱海摄）

白花石刻《苏武牧羊》（唐骏作，朱海摄）

安岳石刻《仿唐代观音头像》（代宝林　摄）

安岳石刻《紫竹观音》（代宝林　摄）

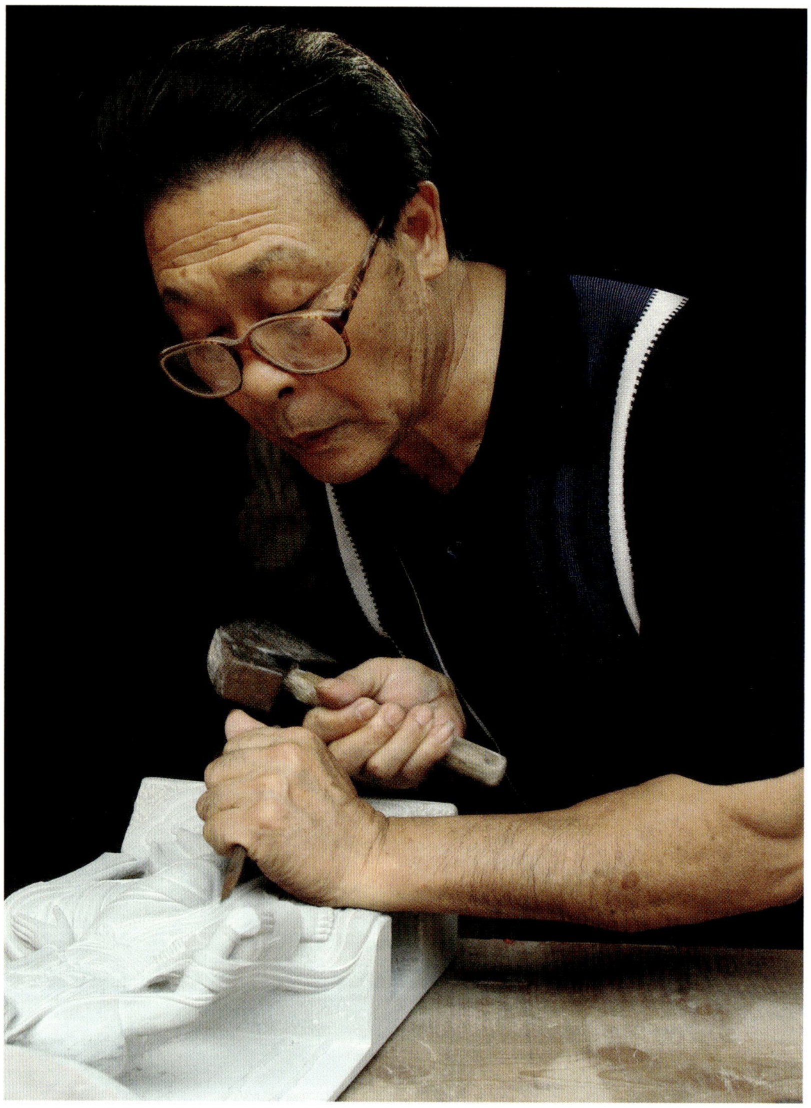

修光（代宝林　摄）

安岳石刻《贾岛雕像》（代宝林　摄）

石雕·安岳石刻

申报地区或单位：四川省安岳县

安岳石刻是四川省安岳地区流传的一种传统雕刻艺术。安岳历史悠久，人文荟萃，以摩崖造像闻名遐迩。当地的摩崖造像始于南北朝而盛于唐宋，以佛教造像为主，亦有道教造像，境内现有古代石刻遗存五百余处、造像十万余尊。安岳石刻继承和延续古代的摩崖造像艺术传统并加以发扬光大，它有圆雕、塔雕、壁雕、碑刻等技艺形式，刻工精细，刀法娴熟，匠心独运，人物形象生动而富有情趣，显示了高超的工艺水平。

石雕·泽库和日寺石刻

申报地区或单位：青海省泽库县

泽库和日寺石刻是以石材为原料的一种藏族民间雕刻艺术，流传于青海省泽库县和日乡和日寺及周边地区。它起始于清代嘉庆年间和日寺寺主三世德尔敦迎请石刻艺人刻制经文和佛像，其后经过了罗加仓活佛和几代民间艺人的传承，至今已有百余年历史。“文革”期间石刻制作一度停顿，宗教政策恢复后，寺僧公保才旦老人带徒传艺，使传统石刻技艺得到振兴。和日寺石刻包括经文雕刻和佛像雕刻两大类型及线刻、浮雕、圆雕等技艺形式，它工艺精湛，图案精美，形象生动，字迹清晰，刻成的作品质地细腻滑润，石刻经文字体清秀工整、遒劲有力，石刻佛像造型舒张丰满、线条流畅，带有鲜明的佛教艺术特色。泽库和日寺石刻为藏学及藏族艺术的研究提供了弥足珍贵的“石书”资料，具有很高的历史文化价值。

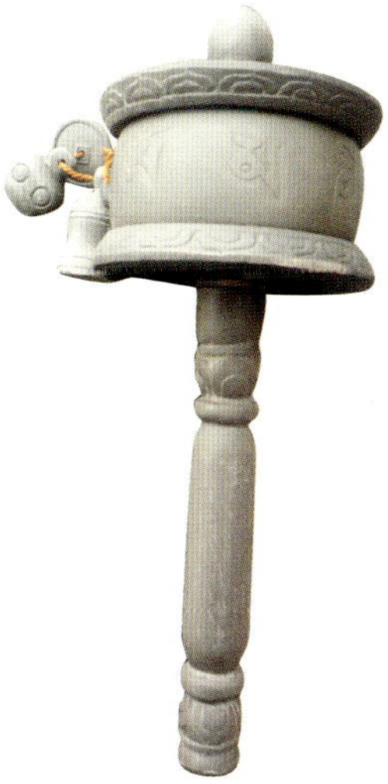

石刻转经筒（青海省文化和新闻出版厅　提供）

泽库和日寺石刻（青海省文化和新闻出版厅　提供）

泽库和日寺石刻（青海省文化和新闻出版厅　提供）

833 VII-57

玉雕

中国从原始社会即开始治玉，随着社会的发展，玉石制作逐步形成为独立的行业。历史上王室贵族阶层的需要促使玉雕工艺不断发展，日趋成熟。由于玉石的硬度较高，所以加工时必须使用特殊的工具和方法。制作之先需经过选料、画样、锯料、做坯等一系列严格的工序，而后以琢和磨两种基本的工艺手段对玉石进行加工处理。琢、磨工艺的优劣及形象表现、形式把握水平的高低决定着玉雕制品质量的好坏。自宋代开始，苏州玉雕一枝独秀，以其精湛的做工和空灵飘逸的美感蜚声南北。清代乾隆年间，玉雕工艺发展达于鼎盛，形成了历史上著名的“京作”和“苏作”流派。近现代以来，广东等地的玉雕工艺异军突起，使这项传统的手工技艺焕发出蓬勃的生机。

设计师在原料上勾画草图（李宁　摄）

玉雕·北京玉雕

申报地区或单位：北京市玉器厂

北京玉雕又称“北京玉器”，是流传于北京市的一种玉石雕刻技艺。它兴起于元代，始祖为全真道士丘处机。明代宫廷御用监下设玉作，汇集全国治玉良师，北京的宫廷玉雕业由此出现兴盛局面。清代北京风行玩玉，琢玉工艺达到历史高峰。1911年以后，北京民间玉雕业日渐兴旺，出现了潘秉衡、刘德盈、何荣、王树森等才华出众、绝艺惊人的著名艺匠，将北京玉雕带入一个全新的历史阶段。新中国成立后，北京玉雕行业发展迅速，一度达到几千人

北京玉雕（翡翠）《花薰》（北京市玉器厂　提供）

北京玉雕主要流程（李宁　摄）

清料：挖去瑕疵，探明暗藏绺裂位置和深度，初步提供设计用的玉石形态。

设计师在原料上创作

抛光

对去皮后的原料进行深加工

的规模，人才荟萃，技艺争新出奇，这一时期制成的四件翡翠国宝《岱岳奇观》、《含香聚瑞》、《四海欢腾》、《群芳揽胜》精工细作，尽态极妍，呈现出极高的艺术水准，受到国务院的嘉奖。

北京玉雕素有“工精料实”的美誉，它继承宫廷玉作的技艺传统，用料讲究，制作精美，种类齐全，能生产器皿、人物、花卉、鸟兽、盆景、首饰等多种制品。北京玉雕技艺包括相料、清料、开料、设计、磨活、抛光等多个环节，造型雄浑厚重、端庄典雅，装饰精巧细腻、明丽质朴，体现着高超的工艺水平。20世纪80年代以来，由于资金短缺、人才断档，北京玉雕的特色品种和技艺不断流失，抢救保护刻不容缓。

玉雕·苏州玉雕

申报地区或单位：江苏省苏州市

苏州玉雕创作场景（苏州蒋喜·美石坊玉雕工作室　提供）

考古发掘证明，六七千年前苏州地域已有玉石雕刻品出现。春秋时期，吴国玉工造出鹦鹉首拱形玉饰和双系拱形起脊玉饰，显示了高超的技艺水平。明清时期，苏州玉石雕刻名动海内，堪称同行业的翘楚。据史料记载，当时苏州专诸巷一带到处可闻沙沙的琢玉声，明人宋应星的《天工开物》一书中因而有“良玉虽集京师，工巧则推苏郡”之说。清代乾隆年间，宫廷专设造办处琢玉坊，多次召集苏州玉工赴京制作玉器。以后这些玉工在北京安家落户，“苏帮”玉器制作技艺由此开始在京城传布。这一时期，苏州玉工人才辈出，贺四、刘谂、王小溪、陆子刚等均凭借琢玉技艺名震京师，饮誉天下。

苏州玉雕以中小件为主，多制作炉瓶、鸟兽等陈设摆件和珮、坠、环、簪、镯等挂饰件。制作时往往采用白玉、翡翠等名贵材料，工艺精巧，手法洗练，题材内容十分丰富。玉雕制作一般要经过选料、开料、设计、雕刻、抛光等多道工序，讲究因材施艺，边设计边雕刻制作，特别是巧妙利用材质天然颜色的“巧雕”，全靠艺人匠心独运。最后的抛光可以保持雕刻的原汁原味，使玉质更加温润可人，细部刻画更加精致细腻。

苏州玉雕具有空、飘、细的技艺特点。空，就是虚实相称，疏密得当，使人不觉繁琐而有空灵之感；飘，就是造型生动，线条流畅，使人不觉呆滞而有飘逸之想；细，就是琢磨工细，构思精巧，使人不觉粗犷而有巧夺天工之叹。现代苏州玉雕技艺继承“苏帮”传统的艺术风格，图案线条柔顺而富装饰性，点缀、疏密、转折、粗细均有讲究，总体上力避纤巧，在丰满之中显出浑厚朴实之意。挂佩饰件的构思尤为独特，玉雕艺人将丰富的生活感悟和现代审美情趣自然蕴涵其中，古韵今风，更见功力。

获2006年“天工奖”银奖的苏州玉雕《天禄瑞兽》（苏州蒋喜·美石坊玉雕工作室　提供）

苏州玉雕《薄胎瓶》(瞿利军作、苏州市中鼎玉雕工作室提供)

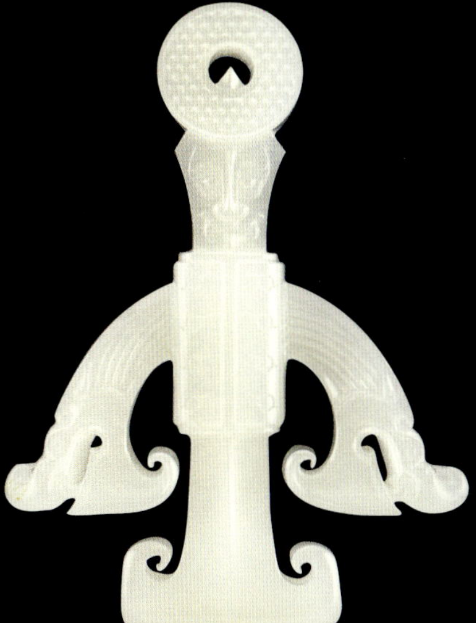

苏州玉雕人形佩(苏州蒋喜·美石坊玉雕工作室　提供)

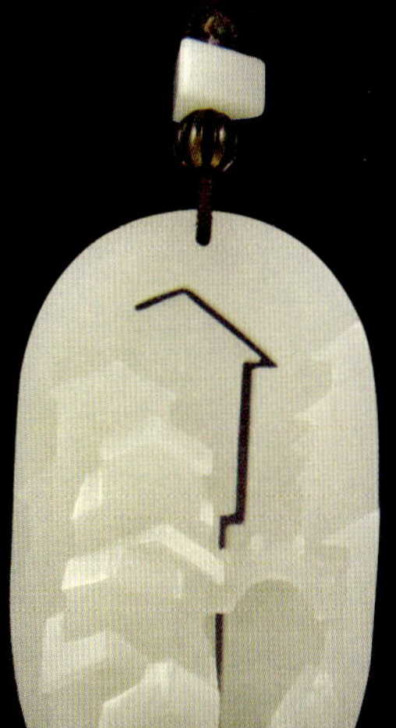

苏州玉雕《江南水乡》(杨曦作，苏州杨曦南石玉雕工作室　提供)

玉雕·镇平玉雕

申报地区或单位：河南省镇平县

镇平玉雕是流传于河南省南阳市镇平县的一种民间玉石雕刻技艺。南阳独山出产闻名遐迩的独山玉，这种玉也称“独玉”，是我国“四大名玉”之一，具有色泽鲜艳、透明度好、硬度高的特点。独玉开采历史悠久，以之为基础进行的雕刻可以追溯到四千五百年前的安国城遗址龙山文化层中。镇平玉雕除以南阳独山玉为原料外，还广泛采用东北岫玉和外国进口的玉料。按技法分，镇平玉雕包括花活、素活两大类型。花薰、转炉、飞禽、走兽、仕女人物等都属于花活，刀法复杂，雕工细腻，造型新颖。戒指、手镯、耳环、项链等则属于素活，制作时特别讲究玉料的色泽和质地。镇平玉雕继承传统，博采众长，形成“花活以技取奇，素活以色显贵”的技艺特点。在所有产品中，以“多层转动球”、“九龙转动花薰”、“鸳鸯转心壶”等为代表的内雕和透雕制品特色鲜明，工艺精湛，驰名海内外，成为镇平玉雕的典范之作。目前，由于玉石雕刻技艺复杂，掌握不易，镇平玉雕后继乏人，急需保护传承。

镇平玉雕主要流程：创意绘图（张英超　摄）

镇平玉雕主要流程：雕刻多层转动球（特殊工艺内雕透雕）（张英超　摄）

镇平玉雕《金瓜溢香壶》（张英超　摄）

玉雕·广州玉雕

申报地区或单位：广东省广州市荔湾区

广州玉雕是流传于广东省广州市的一种民间雕刻工艺，其历史相当久远。广州飞鹅岭新石器时代遗址中即有玉环存在，1983年南越王墓中出土的玉璧、玉盒、玉印、玉角杯等一百三十多种“汉玉中的稀世之宝”说明广州玉雕工艺在西汉就达到了相当高的水平。清代道光年间，广州玉雕已成行成市，且出现了行会组织。广州玉雕多以粤西信宜出产的南方玉为原料，玉质呈草绿色，半透明，多自然斑纹，琢磨后晶莹通透，可以加工制成玉镯、戒指、耳环、玉坠等首饰和花卉、人物、鸟兽及玉球、花舫、宝塔、瓶罐等摆设品。广州玉雕博采众长，同时吸收广州牙雕技艺，在品种、工艺、用料等方面都形成了自己独具的风格。通雕玉球是广州玉雕艺人攻克玉石高硬度的创造性成果，它以大球套小球，里外多达二十余层，层层都能转动自如。与庄重古朴的北派玉雕相比，广州玉雕典雅秀丽，轻灵飘逸，剔透玲珑，显示了岭南文化的特色。20世纪80年代以来，受玉器市场商业形势的影响，传统玉雕工艺渐趋衰落，从业人员锐减，行业内出现人才断层现象，急需加强保护。

广州玉雕（缅甸翡翠）《童趣》（高兆华作，广东省广州市非物质文化遗产保护中心提供）

广州玉雕（黄龙玉）《渔汛》（高兆华作，广东省广州市非物质文化遗产保护中心提供）

广州玉雕《福馨和谐》（高兆华作，广东省广州市非物质文化遗产保护中心提供）

玉雕·阳美翡翠玉雕

申报地区或单位：广东省揭阳市

阳美翡翠玉雕是广东省的一种民间玉石雕刻技艺，它兴起于20世纪初，流布于揭阳市东山区磐东镇阳美村一带。阳美翡翠玉雕工艺系由旧玉器加工技术发展而来，目前已成为当地的经济支柱，形成了巨大的产业链。阳美翡翠玉雕用料考究，制品主要采用缅甸北野人山区（帕敢玉石场）和国内出产的优质玉石，这些原料质地晶莹剔透，硬度极高。阳美翡翠玉雕善于利用玉石的天然纹理，讲求奇、巧、精、特，造型小巧玲珑，逼真生动，雕工精湛纯熟，玉器制品宛若天成。中国翡翠雕刻艺术分南北两大风格体系，阳美翡翠玉雕属于"南派"，有浮雕、立体雕、托地雕、镂空雕、调水雕等多种技法和样式。在技艺形成过程中，阳美翡翠玉雕在不同程度上受到潮汕木雕、石雕、潮绣等当地民间传统手工艺的影响，显示出鲜明的岭南地方特色。

阳美翡翠玉雕主要流程（广东省揭阳市非物质文化遗产保护中心　提供）

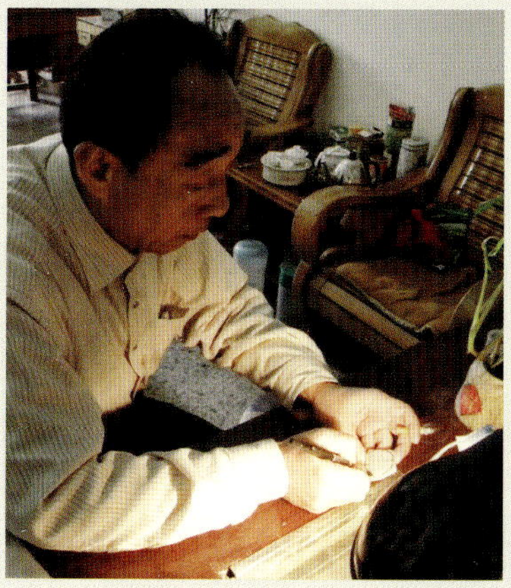
取材

打胚

设计

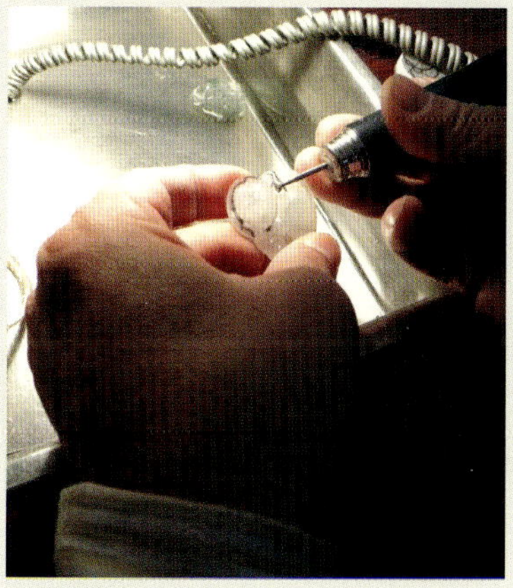
雕刻

精雕

打磨

阳美翡翠玉雕《九龙吉祥杯》（林潮明作，广东省揭阳市非物质文化遗产保护中心提供）

阳美翡翠玉雕《花香鸟语》（林潮明作，广东省揭阳市非物质文化遗产保护中心提供）

抛光后的阳美翡翠玉雕成品

木雕

木雕是在木材上进行雕刻创作的一种民间工艺，它一般选用质地细密坚韧、不易变形的木材如楠木、紫檀、樟木、柏木、银杏、沉香、红木、龙眼等为原材料，采用圆雕、浮雕、透雕、镂雕等技法进行雕刻，有的还在成品表面涂色施彩，以保护和美化作品的材质。木雕技艺在中国古已有之，最早可以追溯到战国时期。早期木雕多用于贡品制作、神像塑造和建筑装饰等方面，明清时期木雕摆件和日用器物的制作得到长足发展，形成了多种富于地域特点的不同风格。现时民间木雕主要突出玩赏性和装饰性，注重发挥木质本身的美感，制作时往往相形度势，因材见意，在继承传统的基础上将现代理念融入其中。在各种木雕中，澳门神像雕刻始终秉承以宗教目的为主的创作宗旨，自成一格，引人瞩目。

木雕·曲阜楷木雕刻

申报地区或单位：山东省曲阜市

楷木雕刻也称“楷雕”，是流行于山东省曲阜市的一种传统雕刻艺术，至今已有两千多年的历史。它以当地独有的珍稀植物楷树为原材料进行雕刻，在长期实践中逐渐形成了独特的艺术面貌。历史上，上乘的楷雕名贵非凡，是孔府衍圣公进献帝王将相、达官贵人的贡品或礼品。楷木雕刻有圆雕、浮雕、透雕、镂空雕等多种形式，全部工艺过程由十几个制作环节构成。传统产品以寿杖、如意为主，现今品种已发展到近百个，可以雕制孔子像及人物、花鸟、走兽等各种形象，也可以制作文具。楷木雕刻刀法古朴简约，工艺精致细腻，造型端庄厚重、形神兼备，具有民族气派和地域特色。目前，在原有基础上保证这项特殊工艺的进一步传承和发展是未来一段时间内曲阜楷木雕刻行业的主要任务。

曲阜楷木雕刻以当地独有的楷木为原料，传统产品以寿杖、如意为主（山东省非物质文化遗产保护中心提供）

曲阜楷木雕刻《八仙庆寿》（孔繁彪　摄）

曲阜楷木雕刻《百寿如意》（孔繁彪　摄）

木雕·澳门神像雕刻

申报地区或单位：澳门特别行政区

神像雕刻是流行于澳门特别行政区的一种传统雕刻艺术，它起源于当地渔民和其他居民的宗教信仰，其发展经历了从简朴到精致、从小型到大型、从单体到组装的过程。澳门神像雕刻秉承中国古典造像艺术的优良传统，保持了包括金漆工艺在内的古法髹饰及堪称江浙造像主流的宁波派形制，同时又借鉴缅甸等外来造像艺术的造型因素和接合方法并加以改良和创新。澳门神像雕刻主要制作木雕佛像，工艺过程包括选材、设计、雕刻、接合、打磨、造底、上彩、金漆、贴金箔等主要环节，其雕像产品可分为渔民信仰神像、道教及民间信仰神像、佛像及神龛佛具、民居商号装潢杂项和公共雕塑、木雕大型佛像五个类型。澳门特别行政区现有“大昌佛像雕刻木器”和“广荣造像雕刻木器”两家神像雕刻店，前者还是当地的百年老店，在神像雕刻方面具有不容置疑的代表性。澳门神像雕刻融传统工艺和现代手段于一体，选料上乘，工艺精湛，造型严谨，装饰华美，显示出较高的艺术水平。

澳门神像雕刻（何元成　摄）

澳门神像雕刻半成品（何元成　摄）

澳门神像雕刻：上漆（澳门特别行政区大昌佛像雕刻木器　提供）

木雕·武汉木雕船模

申报地区或单位：湖北省武汉市硚口区

武汉木雕船模按比例模拟制作各类木船，造型逼真传神（龙从发　提供）

木雕船模是流传于湖北省武汉市的一种传统雕塑艺术，它创始于清末，至今已有百年左右的历史。宜昌艺人龙启胜原来开设小作坊从事船模制作，经过五代人的传承发展，逐渐形成独具特色的船模技艺，在武汉地区流传。武汉木雕船模按比例模拟制作各类木船，工艺精美考究，刻画细致入微，造型逼真传神。整个制作过程包括设计、出料、放样、船体制作、零部件制作、髹漆、装配等主要工艺环节，“镂空精梭”和“精工制模”是全套技艺的精髓，前者将传统的单面梭发展为双面梭和多面梭，要求镂空的花纹清晰匀称且宽度控制在一毫米以内，精细异常；后者要求模型造型中规中矩，衔接无缝，活动的部位启动自如。武汉木雕船模不仅具有观赏价值，而且可借以认识和了解中国舟船的建造技术与结构样式，具有一定的科学研究价值。

武汉木雕船模《三峡号子船》（湖北省武汉市硚口区非物质文化遗产分中心　提供）

武汉木雕船模《湘江宝船》（湖北省武汉市硚口区非物质文化遗产分中心　提供）

武汉木雕船模《大龙舟》（湖北省武汉市硚口区非物质文化遗产分中心　提供）

835 VII-59

核雕

光福核雕

潍坊核雕

广州榄雕

核雕是在核桃壳及各式果核上进行雕镌的一种传统民间工艺，长期以来一直流行于中国南北各地。早在新石器时代，中国的雕镌技艺即已取得了不小的成就，核雕便是这项技艺的进一步发展。从明末魏学洢《核舟记》中描绘的情况来看，核雕技艺在明代已达到很高的水平。核雕以核桃壳、桃核、橄榄核、杏核、樱桃核及其他一些质地致密的果核为原材料，利用核桃壳或果核的天然形态和起伏变化，采用雕、镂、镌、锉、凿、钻等技法在其上雕刻各色人物、花鸟、兽虫、山水、舟船、楼阁等形象和文字内容。民间核雕往往周身施刻，布局系统、周密而严谨，刀法畅快利落，形象刻画入微，生动而无雕琢之迹，可谓体微艺精，出神入化，以此赢得“鬼工神技”之誉。江苏、山东和广东等地的核雕艺术在长期流传过程中形成了一定的传统，所创核雕作品各具特色，历来为世人所爱重。

核雕·光福核雕

申报地区或单位：江苏省苏州市

光福核雕《双面罗汉》（宋水官作，宋水官核雕工作室提供）

光福核雕是一种以果核为材料的传统雕镌艺术，主要流行于江苏省苏州地区，而以苏州市光福镇和香山街道舟山村为发源地。明清时期，苏州核雕即已达到很高的艺术水准。明末魏学洢的《核舟记》生动记述了天启年间王叔远桃核雕刻作品《东坡游赤壁》的方方面面，誉之为“灵怪之材”；清代乾隆年间，苏州微雕艺人杜士元在桃核上雕刻的《东坡游赤壁》被时人称作“鬼工”。光福核雕主要以质地坚硬而细腻的广东乌杭橄榄核为材料，外形基本保持果核原形，有珠串式、坠件式和摆件式等主要样式，题材内容涉及神仙人物、民间故事、民俗生活、山水园林等。光福核雕工艺精巧细腻，线条明晰，立体感强，形象刻画生动传神，体现着苏州雕刻“精、细、奇、巧”的技艺传统。在长时间的衰落以后，由于改革开放，核雕技艺在苏州又有复苏的趋势，出现了一些优秀的艺人，但其中年轻人不多，技艺高超者更少，急需加强措施，促进光福核雕的振兴和发展。

光福核雕作品实践场景（余丽芳　摄）

光福核雕《三十八人游舟》（陈素英作，陈素英核雕艺术馆提供）

光福核雕作品（永兴斋殷氏核雕工作室　提供）

核雕·潍坊核雕

申报地区或单位:山东省潍坊市

潍坊核雕是流行于山东省潍坊地区的一种传统雕镌艺术，它以桃核为主要材料，发展历史可追溯至清代末年。潍坊核雕由都氏核雕世家的都渭南及其子都兰桂一脉传承，当地崇尚桃木的古俗有力推动了这一民间艺术的继承和发展。都氏核雕布局严谨，刀法细腻，形象生动逼真，呈现出一种纳天地万物于方寸之间的博大气象，具有鲜明的风格特色和广泛的社会影响。潍坊核雕有佩挂、扇坠、念珠、耳环、手串、纽扣、印章等诸多品种，创作时多因材施艺，充分利用桃核的自然形态和纹理来构造物象，技艺精巧，题材丰富，形象刻画栩栩如生，有着极高的艺术价值。此外，潍坊核雕还与乡风民俗结合在一起，具有较深刻的文化内涵和广泛的社会意义，成为民俗学和山东地方历史文化研究的重要参考对象。核雕技艺难度较大，不下苦功无法真正掌握，且短期内不易出成果，很少有人能坚持习学，因此目前潍坊核雕技艺后继乏人，濒临失传，亟待保护传承。

潍坊核雕实践场景（崔洁　摄）

潍坊核雕传承场景（赵伟　摄）

潍坊核雕《十八罗汉》（都传恭作，崔洁摄）

核雕·广州榄雕

申报地区或单位：广东省增城市

广州榄雕是流行于广东省增城市一带的一种传统雕镌艺术，其历史可以上溯到明清时期，代表人物有清代乾隆年间的广州籍宫廷匠人陈祖章和咸丰年间的新塘民间艺人湛谷生等。广州榄雕以乌榄核为基本材料，增城自古盛产乌榄，为榄雕的形成发展奠定了物质基础。秉承岭南文化精神的广州榄雕刻工细腻精微，形态小巧玲珑，造型秀丽雅致，线条流畅生动。它可以分座件、挂件、珠串、核舟等品类，技艺形式则包括浮雕、圆雕、镂空雕等。以"东坡游赤壁"为题材的核舟是广州榄雕的传统样式，历代名家均有此类作品传世。20世纪中叶以来，广州榄雕得到进一步发展，花色品种增加至五十余种，出现了多层花舫、通雕蟹笼、撒网渔船、国际象棋等一些新品种。由于乌榄树遭到大量砍伐，榄雕材料紧缺，加上产值不高，规模性的榄雕生产时下已不复存在。在此情势下，广州榄雕发展迟滞，前景堪忧，急需采取措施，加大保护力度。

广州榄雕《何仙姑》（李伟光　摄）

清代道光年间制作的广州榄雕小艇（广东省广州市非物质文化遗产保护中心　提供）

836 VII-60

椰雕

海南椰雕

海南椰雕艺人在培训班上指导学员（李汉仁　摄）

椰雕·海南椰雕

申报地区或单位：海南省海口市

海南椰雕是以椰壳、椰木和椰棕为原料的一种传统雕刻艺术，主要流传于海南地区。海南盛产椰子，产量占全国的99%以上，这种资源优势为海南椰雕艺术的产生和发展提供了得天独厚的自然条件。唐代即已出现关于海南椰雕的记载，明清时期椰雕被作为珍品进贡朝廷，赢得“天南贡品”之誉。20世纪中叶以来，椰雕技艺在继承传统的基础上又有了新的提高。椰雕制品种类很多，其中既有日用品，也有用于观赏的工艺品，成品上雕有精致的装饰性图案，制作技艺十分精良。在椰壳、椰木和椰棕上施刻，成本低廉，可以变废为宝，体现物尽其用的原则。椰雕带有浓郁的地方特色和乡土气息，相关技艺易于普及，很适合作为家庭手工劳动项目进行推广，以增加农民的经济收入，解决社会就业问题。

海南椰雕老艺人在雕刻作品（海南省非物质文化遗产保护中心工作室　提供）

海南椰雕展示活动现场（海南省非物质文化遗产保护中心工作室提供）

清代雕刻的椰碗
（海南省非物质文化遗产保护中心工作室　提供）

椰雕原料（吴乾阳　摄）

837 VII-61

葫芦雕刻

东昌葫芦雕刻

山东省聊城市堂邑路庄的老艺人在雕刻葫芦（郭春峰 摄）

葫芦雕刻·东昌葫芦雕刻

申报地区或单位：山东省聊城市

东昌葫芦雕刻工艺流传在山东省聊城市，其分布以东昌府区堂邑镇为中心，遍及梁水镇、闫寺办事处和今冠县辛集镇等地区。

明清时期，作为京杭大运河沿岸九大商埠之一的东昌府是鲁西平原政治、经济、文化的枢纽，这里舟车来往，商贾云集，繁荣昌盛达四百余年。东昌自古就有用雕刻葫芦蓄养蝈蝈的风气。在此情形下，带有当地特点的雕刻葫芦成为运河两岸农家重要的商贸产品。20世纪三四十年代，东昌雕刻葫芦远销全国各地，新中国成立后仍保持着良好的发展势头，曾一度兴盛。

东昌葫芦雕刻加工基地（于凤刚　摄）

东昌葫芦雕刻培训现场（于凤刚　摄）

东昌葫芦雕刻用料考究，刻工纯熟，线条流畅，图案丰富，制作精良，呈现出鲜明的地域特色。这种葫芦雕刻工艺将典雅的造型技巧与写实手法相结合，形成了一套完整的艺术体系。成品葫芦多刻有表达吉祥寓意的图案和纹样，以表现与生殖崇拜、图腾崇拜等一脉相承的古老文化主题。在漫长的发展历史中，东昌葫芦雕刻技艺的传承严格按照师带徒的方式进行，代代相沿不绝。

东昌葫芦雕刻是中国民间艺术的瑰宝，其材料的特殊性、题材的广泛性、技法的独特性和风格的多样性在其他传统工艺中实不多见，可以为传统民间艺术、山东历史文化及运河文化等研究提供重要参考。东昌雕刻葫芦用途广泛，既可作日常器具、祭祀用品，又可作工艺品、生活饰品，还可入药食用。葫芦上雕刻的图案、纹样充满吉祥寓意，文化内涵极其丰富。发掘、抢救和保护东昌葫芦雕刻工艺有助于丰富群众的精神文化生活，促进和谐社会的建设。

838 VII-62

申报地区或单位：山东省莱芜市
浙江省永康市

锡雕

锡雕工艺精湛，包括熔化、造型、雕刻等多种工序（王绪贤 摄）

锡雕也称“锡艺”、“锡器”，是广泛流行于中国民间的一种传统锡作艺术。传统制锡工艺历史悠久，源远流长，河南殷墟出土的锡块、镀锡虎面铜盔、锡戈及云南楚雄万家坝春秋中期墓葬出土的含锡量高达99.15%的锡器表明，早在商周时期，中国的制锡工艺已相当成熟。锡有无毒、不锈、防潮、耐酸碱等优点，质地软，熔点低，易于加工，故锡艺向来都与民众的日常生活保持着密切联系。宋代以来，锡器的使用十分普遍，锡茶叶罐、锡“汤婆子”等一批日用器具在民间广为流行，锡作也因此而成为一个热门行当。传统锡作以制造日常生活用品为主，亦生产部分供奉用品。锡作工艺自成体系，主要包括熔化、铸片、造型、剪料、刮光、焊接、擦亮、装饰、雕刻等工序和技巧，生产时按实用功能构造器物形制。成品锡器造型丰富，装饰精巧，工艺精湛，充分体现出设计制作者的匠心。

莱芜锡雕是流行于山东省莱芜地区的传统锡作艺术，它在清代乾隆年间达于

鼎盛，从业者不下千人。早先的锡制品以日用器物居多，后被定为朝廷贡品，逐渐发展出一些具有高度观赏价值的锡雕艺术品。由王时行创始的王家锡雕是莱芜锡艺的突出代表，迄今已有八代传人。在长期的发展过程中，历代传人努力创新，改进制作工具，完善加工技艺，开发品种样式，使莱芜锡艺不断精进。莱芜锡雕工艺繁多，主要包括浮雕、圆雕、线雕、凹雕、镶嵌等制作手段和锻、錾、塑、雕、焊等加工技法，可以生产礼器、酒具、茶具、文房用具、艺术摆件等许多锡器品种。莱芜锡雕造型精巧，雕饰雅致，工艺考究，保持了锡器工艺的优秀传统，同时表现出鲜明的地域特色。

永康锡艺俗称“打镴”，是流传于浙江省永康市的传统锡作艺术。永康锡艺历史悠久，世代相传。直到民国时期，锡器制作仍是当地一种重要的手工艺行当，从业者逾千，产品种类过百。永

锡雕《独占鳌头砚》（王绪贤　摄）

锡雕《九龙兽耳香鼎》（王绪贤　摄）

锡雕制品：茶壶、茶叶罐、蜡台（朱幼吾 摄）

康锡艺制品多为酒壶、汤罐、粉子盒、果盒等生活用品和婚嫁时使用的成套妆奁，也有拟形香炉、烛台、八仙、仪仗兵器、道具等祭祀供器或佛事法器及各种祥瑞题材的锡制盆景。永康锡艺产品制作时一般需经过成形、锉平、打磨、打孔、焊接、刨光等工序，精致的产品还需事先雕模、铸模。制出的成品做工精细，质地光亮，古色古香，带有明显的地域风格，实用性和观赏性都很强。

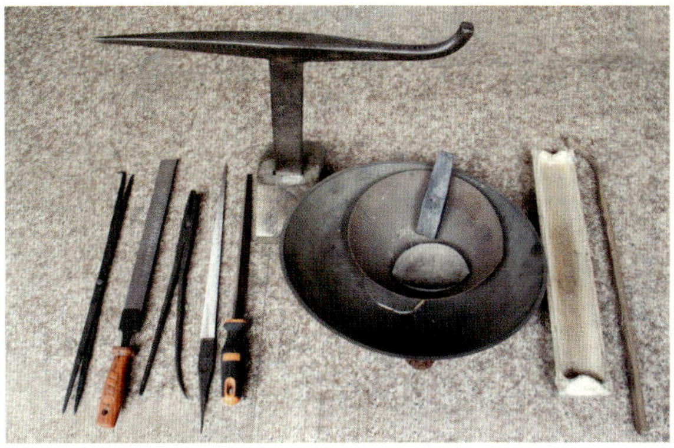

浙江永康锡雕的打镴工具：中步（圆规）、锉刀、铁钳、铁笼、铁锅、烙铁、竹芭、竹签（朱幼吾 摄）

打制茶叶罐毛坯场景（朱幼吾 摄）

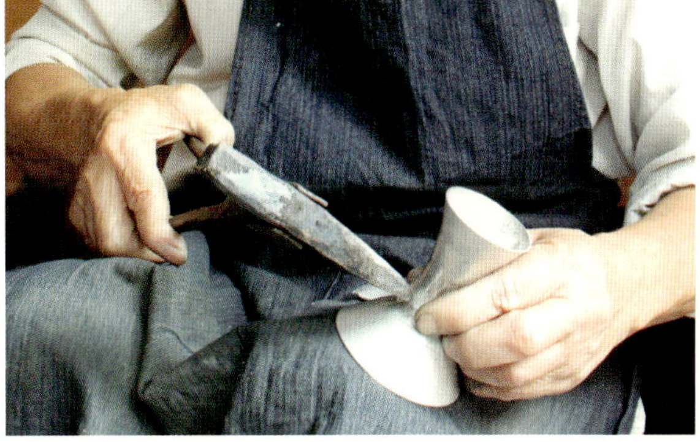

焊接酒壶场景（朱幼吾 摄）

839 VII-63

申报地区或单位：中国文学艺术界联合会书法家协会
中国艺术研究院中国书法院

汉字书法

书法教学示范（中国艺术研究院书法院　提供）

书法家在指导学生赏评书法作品（中国艺术研究院书法院　提供）

汉字书法习称“书法”，是流行于全中国的一种书写汉字的传统艺术。作为规律性的汉字书写手段和通过汉字书写表情达意的艺术形式，书法在中国已经历了数千年的发展，从甲骨文、金文演变为大篆、小篆、隶书，再定型为东汉、魏、晋的草书、楷书、行书诸体，它依托象形的汉文字符号，使用独特的书写工具，以特定的文辞、用笔、结体和章法体现着中华民族的思维方式、价值观念和审美意识，传达出中国人特有的人格风范与性情志趣，成为中华文化不可分割的重要组成部分。在世界各民族中，能将实用文字的书写发展成与绘画、音乐、舞蹈、雕塑、文学并列的艺术，只有中华民族的汉字书法。从这个意义上说，它不仅是中华民族的文化瑰宝，也是世界文化艺术宝库中的珍贵财富。

20世纪以来，随着中国现代化进程的不断深入，中国传统文化的生态环境受到严重冲击，汉字书法所赖以生存的社会基础逐渐变异，为书法提供滋养的文化氛围也变得越来越淡薄。字形的简

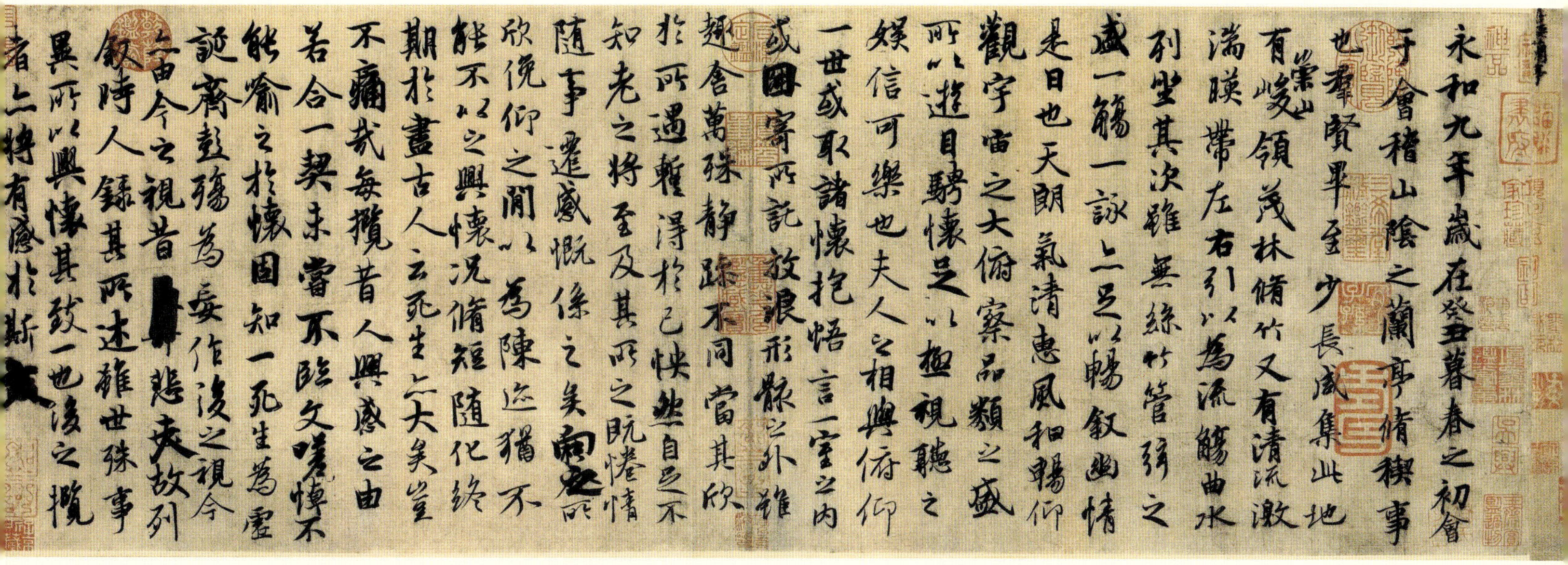

王羲之行书《兰亭集序》（中国艺术研究院中国书法院　提供）

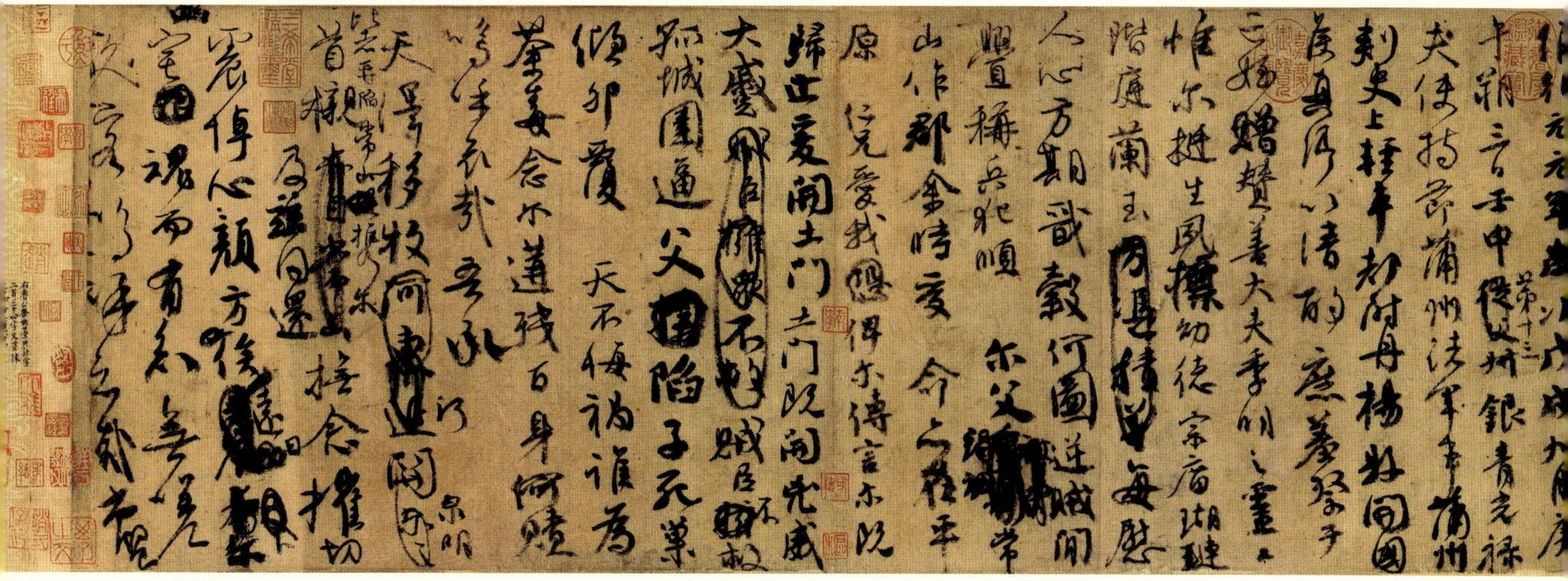

颜真卿行书《祭侄稿》（中国艺术研究院中国书法院　提供）

化、书体的标准化和书写的数字化使得汉字特有的审美意味和文化内涵不断流失，硬笔、电脑、打印机和互联网的应用与普及深刻地改变了人们的书写、阅读和交流方式，使得书法的实用性、亲和力与影响力大大减弱。加之有机的书法训练被排除于现代教育体系之外，汉字书法的全民性基础瓦解速度进一步加快。在此情势下，书法的前景不容乐观，有必要立即展开工作，对之进行大力提倡和全面保护。

840 VII-64

藏文书法

德格藏文书法

果洛德昂洒智

藏民族历来十分重视书法艺术。藏族书法以字体种类繁多而闻名于世。作为书写最为快捷的实用书体，形体优美流畅的酋体在藏文化流行地区得到广泛应用。按照藏族传统的学科分类法，书法属于大五明中工巧明的一个小分支。藏文书法有真、行、草三体，真书用于镌刻，行书用于公文及其他较庄重的手书文字，草书则用于普通记录和信札。藏文书法以硬笔书写，笔大多用竹子做成，也有铁制的笔。多姿多彩的藏文书法不仅具有较高的艺术价值，而且蕴藏着丰富的文化内涵，为藏族文学、哲学、医学、音乐、绘画等的研究提供了广阔的空间。

藏文书法·德格藏文书法

申报地区或单位：四川省德格县

德格藏文书法藏语称为“德真”，是在藏区广为流行的一种传统藏文字书写艺术。德格藏文书法经历了由楷书到行书、草书的演变过程，至今已有七百多年的发展历史。它最初主要在土司、僧侣、头人等阶层传播运用，是德格地区草拟文书、

德格藏文书法作品（四川省德格县文化馆　提供）

德格藏文书法演示（四川省德格县文化馆　提供）

德格藏文书法演示（四川省德格县文化馆　提供）

德格藏文书法作品（四川省德格县文化馆　提供）

信函及记载物事的“官用书体”，德格印经院建院以来所形成的内部典籍及经板的雕刻和拓印均以不同书体的德格书法作为标准样式。在当时以德格为中心的康巴地区的传学和运用过程中，德格藏文书法逐渐形成自己的艺术风格并不断加以丰富和完善。同时，它也逐步进入寻常百姓家，在广泛的社会生活中得到发扬光大。

与卫藏、安多等地藏文书法不同的是，德格藏文书法的楷书、草书带有自己独具的风格特色。至今为止，康巴地区不少学者在书写中仍采用德格书法谋篇布局的方法。德格藏文书法线条遒劲，字头舒放，布局精巧，结体疏密得当，其楷书、行书、草书等不同书体均显出轻快而劲健、凝重而灵动、舒放而练达的风格特色。

藏文书法·果洛德昂洒智

申报地区或单位：青海省果洛藏族自治州

果洛德昂洒智演示（青海省文化和新闻出版厅　提供）

果洛德昂洒智即德昂洒体书法，是流传于青海省果洛藏族自治州达日县德昂乡及周边部分地区的一种藏文书写艺术。它因起源于德昂乡而得名，创始人为德昂籍僧人洒安旦增。果洛德昂洒智已有两百余年的发展历史，基本以单传方式承沿至今，先后已历七代，德昂寺八十余岁老人巴智目前是这一独门书法的唯一传人。果洛德昂洒智属硬笔书法，线条简洁流畅，近似于刻印体。其书写多采用乌金体（楷体）和乌梅体（行书），兼有大黑体、小黑体、圆体、兰扎体（古印度梵文体）及艺术体等。果洛德昂洒智的书风别具特点，于温馨中见刚直，硬朗中显柔韧，显示出音乐和舞蹈般的美。这种书法看似

果洛德昂洒智书写工具（青海省文化和新闻出版厅　提供）

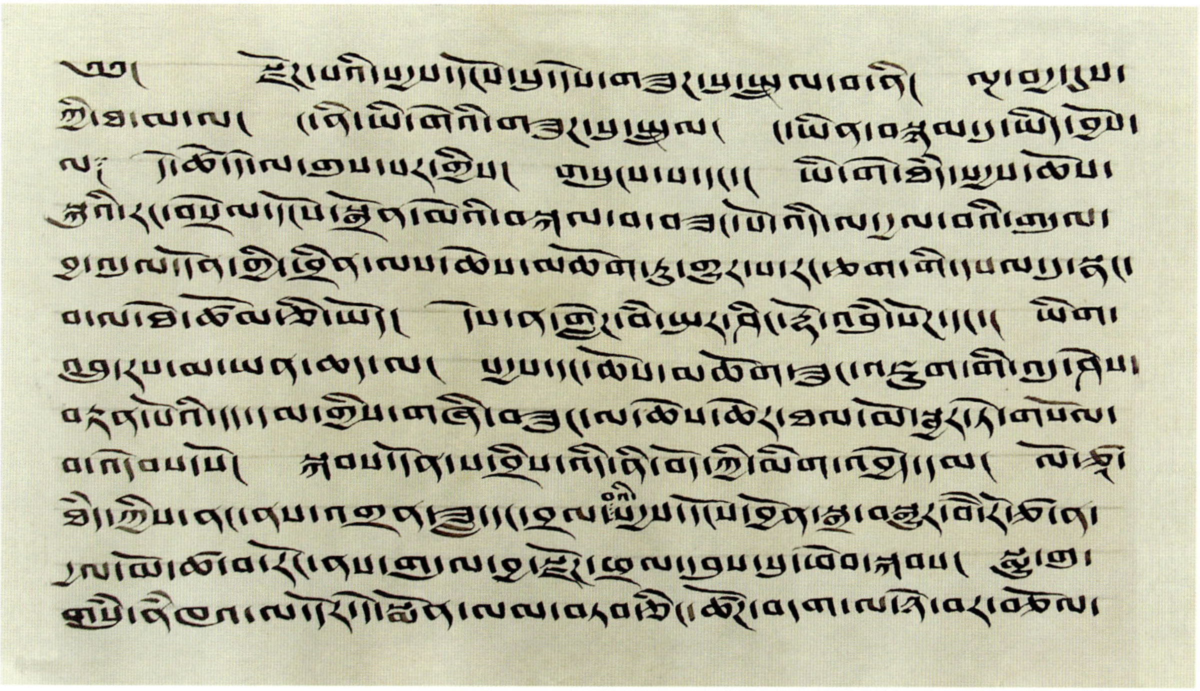

果洛德昂洒智作品（青海省文化和新闻出版厅　提供）

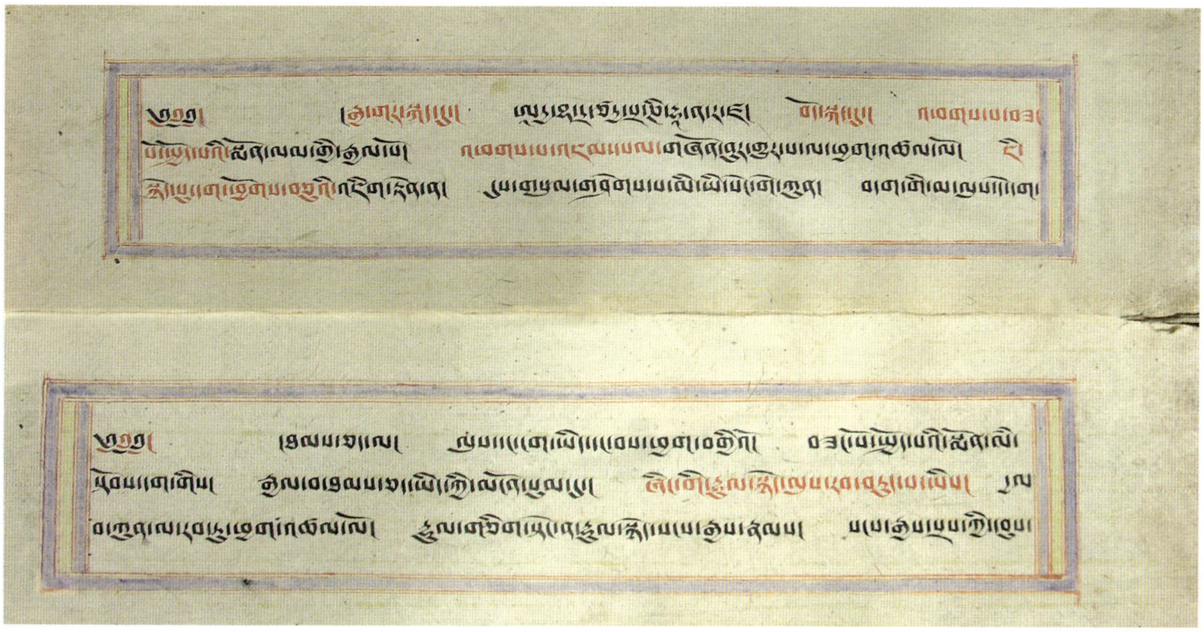

果洛德昂洒智体书法（青海省文化和新闻出版厅　提供）

简练，实际却不易掌握，它要求书写者具有深厚的功力和高深的文化素养。果洛德昂洒智的书写工具也非常考究，笔、墨、纸都有严格的规定，竹笔是其中最重要的书写工具。果洛德昂洒智的用品按严谨的工艺流程制作，在制笔、造纸、印刷、研墨等方面都显示出一定的科学性。果洛德昂洒智是藏族文化艺术和社会发展历史的重要成果，具有较高的民族学、艺术学和历史文化研究价值。

木版年画

木版年画是中国民间在年节之际用以迎新接福的一种普及性的传统艺术样式，它传达了广大民众的生活理想，反映出社会生活和民间文化的诸多特性，成为中国民间美术的重要组成部分。木版年画用传统的木版水印方法印制，它的出现与雕版印刷密切相关。木版年画历史悠久，相传在汉代即已出现，宋代称之为“纸画”，明代则叫“画帖”，至清代始正式定名为“年画”。在千百年的发展过程中，逐渐形成了若干个相对集中的木版年画产地，各产地既保持着与其他地区技术上的交流关系，又保持着自身在题材和形式上的独创性。从题材着眼，木版年画可分驱凶辟邪、祈福迎祥、戏文传说、喜庆装饰、生活风俗五个大类，主要样式包括贡笺、中堂、对屏、历画、炕围等。木版年画手法多样，色彩鲜艳，因地域差异而产生出多种风格。它审美品位高，艺术特色鲜明，信息承载量大，蕴涵着深刻的民族心理和传统的人文观念。

木版年画·平阳木版年画

申报地区或单位：山西省临汾市

平阳木版年画是流传于山西省临汾地区的一种民间美术样式，它始于宋金，盛于元代，至明清进入发展的黄金时期。《中国古代印刷史》称平阳木版年画为年画的“始祖”，《中国版画史》也有“版画之头，平阳启之”的论断。中国最早的张贴画（版画）珍品——宋金时期的《隋朝窈窕呈倾国之芳容》和《义勇武安王位》即是古代

印制平阳木版年画场景（山西省临汾市平阳木版年画博物馆 提供）

平阳木版年画《福禄寿》（山西省临汾市平阳木版年画博物馆　提供）

平阳木版年画的代表作，曾被郑振铎先生誉为“世界版画精髓”。平阳木版年画一度失传，新中国成立后，晋南的美术工作者在农村广泛收集原存的旧版年画，于20世纪50年代酝酿建厂恢复平阳木版年画的制作。目前新成立的平阳木版年画博物馆大力开展发掘、保护和恢复平阳木版年画的工作，取得了一定成效。平阳木版年画包括中堂画、门画、影壁画、门头画、窗画、条屏画、灶瓮画、桌裙等多个门类，其题材以传统内容为主，画面主题突出，形象夸张生动，色彩明快艳丽，显现出较强的装饰性，给人以豪放洒脱的印象。

木版年画·东昌府木版年画

申报地区或单位：山东省聊城市

东昌府木版年画是流传于山东聊城的一种民间美术样式，主要分布在山东省聊城市东昌府古城区内的东关街、清孝街，堂邑镇的许堤口及梁水镇的大赵等城镇乡村。东昌府木版年画至今已有三百多年的历史，民国时期一度达到鼎盛。从鲁西平原到山东各地，从晋、陕、冀、豫到东北三省，到处都有东昌府木版年画的销售市场。东昌府木版年画将年画与门神画融为一体，兼具审美欣赏和驱邪祈福的功能。它取材广泛，既有现实生活、历史人物、戏曲故事和神话传说的内容，又有围绕福、禄、寿、喜等祥瑞主题的表现。这些年画作品构图简洁，格调高，整体感强，人物造型夸张，形体丰满朴实，线条圆润流畅，刚柔相济，色彩鲜艳亮丽，对比强烈。东昌府木版年画历来只有"草版"，即只印不画，画面全部采用木版分色套印，通常有红、黄、灰、青、黑五种基本色，多时则为"七色八版"。印成的年画五彩缤纷，装饰性很强，面部一般不着色，因此人物形象在画面上颇为醒目。东昌府木版年画是当地社会生活和历史文化的生动反映，具有丰富的文化内涵，可供民间美术研究者参考。

东昌府木版年画艺人在刻版（郭春峰　摄）

晾晒东昌府木版年画（李绍亭　摄）

东昌府木版年画印制场景（李绍亭　摄）

木版年画·张秋木版年画

申报地区或单位：山东省阳谷县

山东省阳谷县地处鲁西平原，黄河北岸，隶属于号称江北水城的山东省聊城市。张秋木版年画于元代时传入阳谷县境内，至今已有数百年的历史。清末民初以前在阳谷开设画店的主要是山西人，后来才逐渐转为本地人经营。

清末民初，张秋镇有源茂永、鲁兴聚、景顺和三家较大的画店，每家印纸用量达一千五百余令，印成的木版年画销往山东、山西、河南、河北及东北三省等地。后景顺和店主刘振升将画店迁往聊城，以“张秋景顺和”、“张秋景顺”、“东昌景顺”、“老店景顺”的名义经营年画，促进了东昌木版年画的发展。抗战时期，源茂永店主闫均振与其他画店一道，配合冀鲁豫文联的文艺工作者创制了一批新内容木版年画，大大激发了当地爱国军民的抗战热情。

张秋木版年画题材新颖，形式多样，品种达到三百个以上。它刻版精细，印刷讲究，线条流畅简洁，构图丰满停匀。人物刻画夸张而朴实，造型独具特色，眼睛窄长，眼皮纹路清晰，鼻梁鼻翼瘦窄。画面色彩以亮青、大红、二红、大绿、绛绿、丹红、黄、蓝八色为主，明快沉着兼而有之。

张秋木版年画印制场景（李健　摄）

张秋木版年画《花篮娃娃》（李健　摄）

张秋木版年画《门神》（李健　摄）

木版年画·夹江年画

申报地区或单位：四川省夹江县

夹江年画是四川省夹江县特有的一种民间美术样式，据县志记载，夹江年画与绵竹年画和梁平年画齐名，为四川三大年画之一。约在明代中叶，夹江县已出现年画作坊，当地著名的董大兴荣作坊至今已有两百多年的历史。1949年，夹江城区近郊有二十多家年画作坊，一般在农闲时印制，年底出售，作品远销省内及云南、贵州等省，最远可销至东南亚等地，年销售量达四百多万

夹江年画套印场景（四川省夹江县文体广播电视局　提供）

夹江年画《御前卫士》（吴泽全　摄）

份。夹江年画题材丰富，主要内容包括神像、门神、山水花鸟、戏剧故事、神话传说等，也不乏反映民间生活、针砭时弊之作，在这些作品中，以“黄丹门神”最受欢迎。画面上的形象生动夸张，与整体的祥和喜庆气氛相协调。夹江年画以木版套色印制，色版少则四套，多则八套，其制作工艺与绵竹年画和梁平年画不同，先用黑烟子印出墨线和黑发眉眼及衣饰，接着印出黄色，再套印绿、章丹、蓝、紫等色，最后以红色印制衣纹。夹江年画工艺精湛，特点鲜明，色彩艳丽，久不褪色，具有很高的艺术欣赏价值，可以为西南地区民俗和民间工艺的研究提供有益的参考。

夹江年画刻制场景（张磊　摄）

木版年画·滑县木版年画

申报地区或单位：河南省滑县

滑县木版年画是流传于河南省滑县的一种民间美术样式，它源于明武宗年间，前后历经二十七代人的传承，至今已有五百多年的历史。滑县木版年画有族谱、中堂、对联等百余种表现形式，多以历史典故、传说故事、吉祥图案等传统内容为题材。它采用上等梨木板材雕版，印制工序细致繁复，画面构图均衡匀称，造型夸张简括，形象饱满敦实，线条刚劲有力，色彩明艳鲜亮，呈现出黄河流域民间艺术普

老艺人在给滑县木版年画上色（韩霞　摄）

遍具有的粗犷豪放品格。与朱仙镇木版年画相比，滑县木版年画最大的特点在于它更多地带有原生态民间艺术的朴素性，更多地体现了乡村社会的精神信仰和审美趣味，显示出民俗学、社会学等方面的研究价值。

艺人在印制滑县木版年画墨线稿（河南省滑县非物质文化遗产保护中心　提供）

滑县木版年画扇面画《五哭头》（河南省滑县非物质文化遗产保护中心　提供）

滑县木版年画《五神像》（韩清亮作，韩霞摄）

842 VII-66

彩扎

彩扎是一种普遍流行于南北各地的传统民间工艺，它与祭祀、节庆、游艺等民俗活动密不可分，经过不断的衍生发展，在民间形成巨大的影响力。彩扎技艺以篾骨纸裱为主，同时辅以表面彩绘。由于各地风俗和物产不同，具体用料上存在着一定的差异。有些地方即以秸秆替代竹篾做骨，以素色布、绸或皮纸作面，河北邯郸的彩布拧台则直接用各色布料进行装裱，色彩装饰也会因地域的变化而各具特点。总的来说，北方彩扎粗犷豪放，对比强烈；南方彩扎文秀细腻，活泼可爱。彩扎制品形态丰富，花灯、狮头、戏台、古建模型等均在其列。狮头等工艺品在创制时往往以产地的戏曲脸谱作为原型，做成后配以布、麻、绢花等饰物，常能达到惟妙惟肖、生动传神的境界。

彩扎·凤凰纸扎

申报地区或单位：湖南省凤凰县

纸扎是一种与民间社会生活关系密切的民俗艺术，在中国民间十分普及，主要用于祭祈、节庆和各种礼仪庆典活动。凤凰纸扎主要流行于湖南省凤凰地区，发展历史相当长远。清末民初，凤凰纸扎成为当地颇为兴盛的手工艺行当，一个县城即开设了十多家纸扎铺子。凤凰一年四季都有应时的纸扎制品，春节期间更是纸扎的旺季，狮头、龙头、蚌壳、彩船、虾、蟹、鱼、鳖、云朵、盆花、灯笼等千姿百态的纸扎制品不仅行销本地，还销往邻县他乡，在湘、鄂、川、黔边界具有很大的影响。凤凰纸扎用篾条扎骨，外面糊以皮纸并施以彩绘，显现出很高的艺术水准。“聂氏纸扎”博采众长，出类拔萃，所扎人物、动物、花草、虫鱼等形象皆生动逼真，活灵活现。凤凰纸扎具有丰富的民俗内涵，可以为民俗学及民间工艺学的研究提供鲜活例证，需要大力保护弘扬。

凤凰纸扎主要流程

捆制（杨胜富　摄）

裱糊（杨胜富　摄）

彩绘（杨胜富　摄）

凤凰纸扎半成品：丹顶鹤骨架（侯力文　摄）

凤凰纸扎《狮头》（邱云生　摄）

彩扎·秸秆扎刻

申报地区或单位：河北省永清县

秸秆扎刻是流传于河北省永清县的一种民间扎制艺术。永清盛产高粱，手巧的家庭妇女常常用高粱秸秆钉制成盖板或放置食品的容器，在此基础上逐渐发展出了高超的秸秆扎刻技艺。永清秸秆扎刻以上好的高粱秸秆为原材料，借助卡尺、剪、锥、刀、竹签、油灯等工具，以手工方式攒装、扎刻出各种观赏工艺品，技艺精湛，造型工致，充分显示出当地民间艺人的审美情趣和艺术创造力。20世纪60年代，永清秸秆扎刻艺人用高粱秸秆扎制蝈蝈笼子，并在此基础上将技艺往精致化方向发展，扎制出观赏价值较高的秸秆花灯和古建筑模型等，在工艺上取得了较高的成就。目前，永清秸秆扎刻技艺发展迟缓，仅靠艺人个人的力量难以将之发扬光大。这项优秀的民间艺术需要传承延续，亟待有关方面加以保护扶持。

秸秆扎刻主要流程（杨林　摄）

测量

开槽

组装锁榫

组装

上窗

彩扎·彩布拧台

申报地区或单位：河北省邯郸市

彩布拧台是流行于河北省邯郸市大隐豹村的一种独特的民间彩扎艺术，其技艺手段主要是在木搭戏台骨架的基础上用各色花布拧扎仿古戏楼及表演场面。相传这一技艺在明代永乐年间由山西移民带入当地，早先被冀南一带的豪门望族用于灵棚搭建，其后经大隐豹村人创造性地加以运用，形成了深受人们喜爱的彩扎艺术。遇到丰年庆典，大隐豹村的村民便会制作彩布拧台，其后相沿成俗，经久不衰。彩布拧台一般高10米，宽13米，深10米，其台脊、瓦楞、小檐、走水、屏风及圆柱、方棂、斗拱、匾额等皆以彩布拧扎而成，谨严细致，十分精美。台上的戏曲人物、历史故事、花鸟鱼虫等各种造型也同样用彩布拧扎，形象逼真，姿态生动，极富神彩。彩布拧台的正面通常会悬挂一方“三看匾”，人们从不同角度可看到龙、虎和“娱乐亭”匾字三种图案，设计制作十分巧妙。大隐豹村的彩布拧台艺术蕴涵着丰富的民间文化信息，具有民俗学、地方历史文化及工艺美术等方面的研究价值。

用彩布拧扎的钟鼓楼上的龙形图案（王林菲　摄）

用彩布拧扎的钟鼓楼（王林菲　摄）

彩扎·邳州纸塑狮子头

申报地区或单位：江苏省邳州市

邳州纸塑狮子头是流行于江苏省邳州地区的一种民间彩扎艺术样式。据记载，纸塑狮子头的制作在邳州当地已有五百多年的历史。它集雕塑和绘画于一体，同邳州民间的舞蹈、绘画、泥塑等地方艺术根脉相连。邳州纸塑狮子头主要用于民间舞狮表演，有各种形制和大、中、小多种型号，可以适应不同舞蹈套路和动作的需要。制作时以竹篾扎骨、糊纸塑型、彩笔勾勒、苘麻装饰，极具苏北地方特色。其形态结构略呈梯形，造型夸张，生动传神，五官以彩色勾勒，鲜艳明亮，对比强烈，用色借鉴传统木版年画并模仿传统戏曲脸谱，体现出北方彩扎艺术粗犷豪放、诙谐幽默的特点，从而与南方狮头面具的文秀细腻形成鲜明对比。

邳州纸塑狮子头挂件：公狮、母狮

艺人在制作邳州纸塑狮子头（江苏省徐州市非物质文化遗产保护中心　提供）

邳州纸塑狮子头绘色程序

彩扎·佛山狮头

申报地区或单位：广东省佛山市

佛山狮头是流传于广东省佛山地区的一种民间工艺美术样式，其扎作技艺源于明代，清代乾隆年间正式在当地兴起，至今已有两百多年的历史。

佛山狮头汲取了广东石雕狮子的造型特点，以神似为追求，形体和装饰设计上均采用了夸张而浪漫的表现手法。其扎作过程大致由竹篾扎廓（造型骨架）、扑纸（成型）和表面装配（饰）等步骤组成，扎制出的狮头按造型可分为文狮、武狮、少狮三大类。文狮以刘备、关羽面相为脸谱，表现狮子温良驯善的神态；武狮以张飞面相为脸谱，反映狮子勇猛好斗的性格；少狮是一种狮头面具，专供儿童玩耍。以狮头的脸谱和色彩特点来区别，又可分出刘、关、张狮和彩狮两大品种。

佛山狮头造型既夸张又浪漫，既威武又风趣，生动逼真，活泼可爱。狮头的图案纹样线条粗犷豪放，刚劲有力，灵活多变，紧凑生动。色彩则层次分明，基调明快，节奏感强烈，充分彰显了各种狮子不同的个性风格特征。佛山狮头注重装饰效果，不同色彩的脸谱装配不同颜色的饰物，彼此相映生辉，看去活灵活现，别具神采。拟人化的造型、富于民族特点的用色、多彩的装饰和精巧娴熟的扎作工艺使佛山狮头带上了鲜明的地方特色，成为南方狮头艺术的典型代表。

佛山狮头是地方民俗喜庆活动和群众武术体育活动中十分重要的用具，目前舞狮已被列为佛山民间传统娱乐项目，而以狮头为名的比武竞技运动则遍及我国华南、港澳及东南亚地区乃至欧美的华人居住区，为传统文化的继承发扬和中外文化的沟通交流发挥着积极的作用。

佛山狮头（梁国澄　提供）

虎班面狮头狮额手绘图（黎伟　提供）

制作小狮头的工具（黎婉珍　提供）

843 VII-67

龙档

乐清龙档

龙档·乐清龙档

申报地区或单位：浙江省乐清市

乐清龙档俗称“凳板龙”，是流行于浙江省乐清地区的一种传统民间雕刻艺术。据传从明代开始，乐清人每年元宵节以龙档为道具举行群众性的游行表演活动，至今已有五百多年的历史。乐清龙档以樟树和榆树为原料，采用圆雕、镂雕、浮雕、透雕等多种技法制作完成。它一般由活动的档身、档板连接而成，全长十多米至五十多米不等。档身通常髹饰金漆彩绘，再在上面装插各色戏文雕刻、灯笼、彩旗和响铃，同时还配有可供执掌表演的木柄。龙档造型层次分明，色彩绚丽，人物雕刻生动精巧。出游时，玲珑剔透的龙档看去金碧辉煌、流光溢彩，与喧天锣鼓和情绪激荡的氛围相配合，营造出壮观的声势。乐清龙档合雕刻与彩扎艺术为一体，别具地方特色。它体现着乐清当地的生活风俗和民众的传统理念，成为古代瓯越文化的重要组成部分。

乐清龙档全貌图（禹昊川　摄）

乐清龙档主要流程（禹昊川　摄）

准备原料

打坯

修光雕刻（雕龙头）

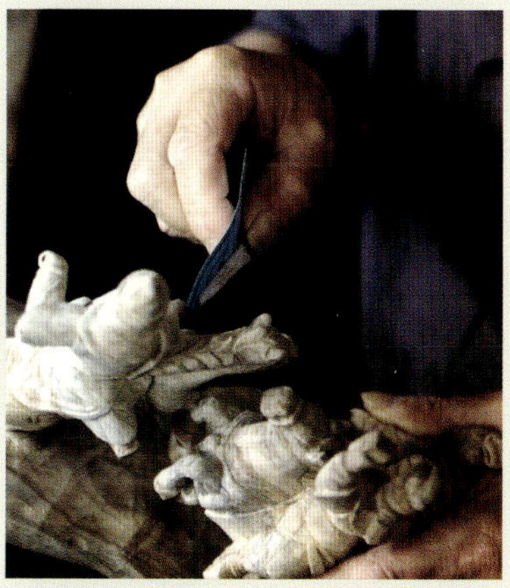

磨砂修细

龙珠镶嵌

测试装配

上油漆

做灯光

刺绣

844　VII-68

申报地区或单位：江苏省常州市

常州梳篦

常州梳篦制作流程：手工开齿、打磨（李燕良　摄）

常州梳篦是江苏省常州市特有的一种传统手工艺品。据地方文献记载，常州梳篦具有悠久的历史，其制作工艺在明代已达到相当高的水平，生产的梳篦被选为宫廷贡品，享有“宫梳名篦”的美誉。常州梳篦制品主要包括梳篦和木梳两个种类。梳篦也称“篦箕”，以毛竹、牛骨、生漆等为原料，经七十多道工序制成；木梳以黄杨木、石楠木为原料，整个生产过程由28道工序组成。无论是梳篦还是木梳，通常都以雕花、描花、刻花、烫花、嵌式五种工艺进行装饰。常州梳篦选料精细，制作精良，美观实用，是家居必备的日常用品和馈赠亲友的上佳礼物。目前，受大环境影响，常州梳篦发展困难，处境堪忧，关键的制作技艺濒临失传，急需抢救保护。

常州梳篦：竹梁漆绘大丁篦（李燕良　摄）

常州梳篦：漆雕双凤红木梳（李燕良　摄）

845 VII-69

申报地区或单位：浙江省浦江县

麦秆剪贴

麦秆剪贴《鸳鸯戏水》（洪国荣　摄）

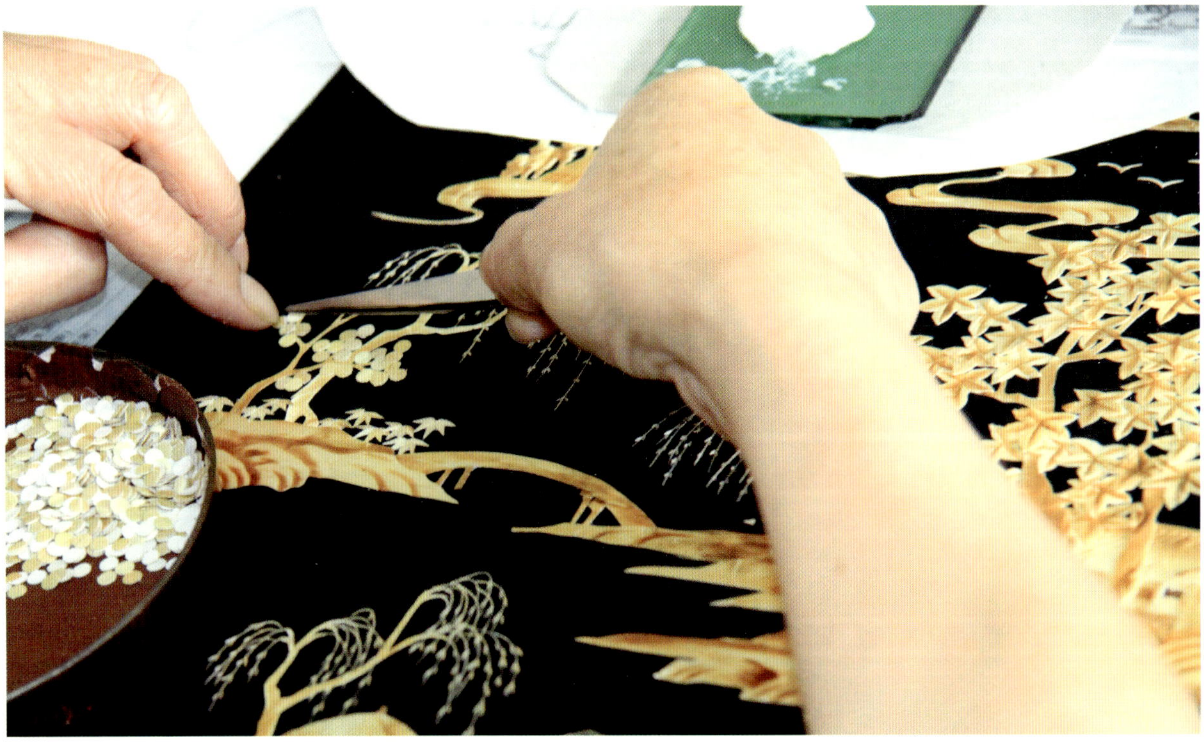

麦秆剪贴做工精细，地方特色鲜明（洪国荣　摄）

麦秆剪贴是以麦秆为原料的一种民间装饰艺术，主要流行于浙江省浦江地区。浦江麦秆剪贴旧时曾替代刺绣被用作团扇、草帽等麦秆编结品的装饰，后逐步发展成挂屏、台屏等陈设品的装饰。清代以来，麦秆剪贴已成为一种观赏性的装饰艺术品，多用作婚嫁、生日、祝寿、开业、乔迁等喜庆活动中的馈赠礼物。浦江麦秆剪贴有浸、熏、蒸、漂、破、刮、染等二十余道工序，制作时选料讲究，做工精细，呈现出鲜明的地方特色。发展至今，浦江麦秆剪贴技艺已十分成熟，能在保持麦秆自然光泽与纹理的基础上借鉴其他艺术手法，不断增强自身的表现力，其产品既显露出乡土艺术的质朴风格，又不乏高雅艺术的精美特点。

麦秆剪贴《清明上河图》（局部）（洪国荣摄）

麦秆剪贴《鸟语花香》（洪国荣　摄）

846 VII-70

申报地区或单位：北京市崇文区

北京绢花

制作北京绢花（北京市东花市街道　提供）

北京绢花亦称“京花”，是流传于北京市的一种传统彩扎艺术，最早起源于崇文门外花市一带。清代康乾盛世时，崇文门外花庄、花局、花作甚多，周边多数家庭都以扎制绢花为业，逐渐形成了制花、售花一条龙的规模化服务。这一地区由此成为“京花”的集散地，被人称作“花市”，名称沿用至今。北京绢花以丝绸、绫绢、电力纺、洋纺、绉纹缎等为原料，制作时需经过浆料、凿活、染色、握瓣、粘活、攒活、包装等多道工序，制出的成品工艺精湛，形态逼真，具有独特的观赏价值。北京过去有“花儿金”、“花儿高”等著名绢花世家，其中“花儿金”是金桂、金文广、金宝顺、金玉林祖孙四代的统称。据《旧都文物略》记载：“光绪间有金姓者，制纸质盆花及瓶花精巧无匹，人呼为‘花儿金’，至今此业尚无出金姓右者。”目前，受时势影响，绢花行业极其不景气，北京绢花厂宣告倒闭，掌握绢花扎制技艺的艺人为数寥寥，名噪一时的北京绢花艺术面临失传的危机，亟待抢救。

北京绢花《嫦娥奔月》
（金铁铃作，蔡树文摄）

847 VII-71

堆锦

上党堆锦

堆锦·上党堆锦

申报地区或单位：
山西省长治市堆锦研究所、长治市群众艺术馆

上党堆锦俗称“长治堆花”，是山西省上党地区（今长治市）特有的一种传统手

上党堆锦作品（山西省长治市群众艺术馆 提供）

上党堆锦主要流程（涂必成　提供）

设计

描样

裁剪

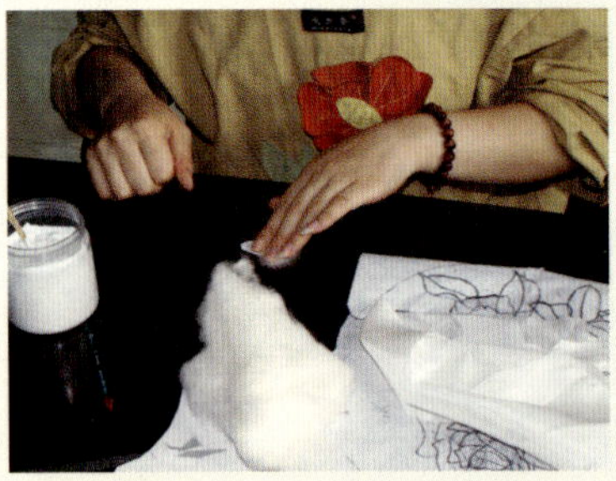

在薄板纸块（片、条）上贴“飞边”、絮棉花、压纸捻

将薄板纸块蒙上丝绸锦缎或特殊纺织品并拔硬褶或捏软褶

将包有棉花的丝绸锦缎块按要求堆粘在一起

彩绘

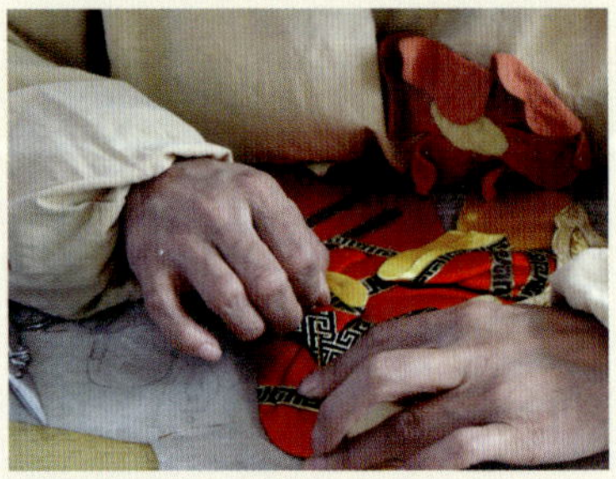

对所需部位用金、银、彩线和珠宝加以装饰

将半成品堆粘在已经绘画好的场景上呈浮雕效果

工艺。唐中宗神龙三年（707），时受封为临淄王的李隆基就任潞州（今长治市）别驾，将宫廷中以丝绸为材料的堆绢工艺带到上党地区，其后流入民间，经千余年的实践探索，逐渐形成精巧的上党堆锦工艺。20世纪以来，当地出现了一批优秀的堆锦艺人。70年代初，弓氏苦心钻研，在继承传统的基础上改革创新，使堆锦技艺得到进一步的发展。现在的上党堆锦在保持绸缎艺术特有的雍容华贵之美的前提下，呈现出具有时代特点的新面貌，其产品既有中国画的笔墨韵味，又有油画的塑造效果，同时还产生出一种浮雕式的立体感。通过精选材料和进行工艺处理，上党堆锦可以不生蛀、不褪色，这使它可以更为长久地保存于世，传之于后。

848 VII-72

申报地区或单位：青海省湟中县

湟中堆绣

湟中堆绣（乔应菊作，青海省文化和新闻出版厅提供）

湟中堆绣是流行于青海省湟中县一带的民间刺绣艺术，主要分布在当地的田家寨、多巴等几个乡镇。湟中堆绣是汉藏文化彼此融合的结晶，其历史可追溯到唐代文成公主进藏时期。当时文成公主将中原的丝绸、刺绣带至吐蕃，之后各种织绣技艺逐渐流布到青藏地区，湟中堆绣即是在这一背景下形成发展起来的。明代嘉靖年间，湟中堆绣进入鼎盛时期，至清代中晚期开始衰落。

湟中堆绣精品《塔尔寺堆绣》

民国初年，二世嘉雅堪布洛桑达杰大力推广堆绣艺术，使之重现振兴之势，在寺院僧人和民间艺人中传承至今。湟中一带有“会做针线活就会做堆绣”的说法，由此可见堆绣艺术在当地有着广泛的群众基础。湟中堆绣主要表现藏传佛教题材，它以剪、堆等技法塑造形象，多用于唐卡制作。珍藏在湟中县塔尔寺中的堆绣是藏传佛教艺术的瑰宝，被誉为塔尔寺艺术“三绝”之一。湟中堆绣将刺绣与浮雕艺术完美地结合在一起，粗犷中显细腻，质朴中见华美，呈现出动人的民族特色和超强的艺术感染力。

湟中堆绣《唐蕃古道》

849 VII-73

申报地区或单位：浙江省温州市

瓯绣

绣制瓯绣作品（蒋锡淼　摄）

瓯绣是流行于浙江省温州一带的传统民间刺绣艺术，它历史悠久，最初起源于民间妇女的绣房习作。结合瓯绣的针法路数进行辨析，它是由唐代锦衣发展而来。明末清初，温州对外交通日渐发达，使瓯绣得以吸收姐妹艺术之长，在技艺上趋于成熟，自具一格。清代道光末年，瓯绣在温州已十分流行，民间形成了“十一十二娘梳头，十二十三娘教绣”的传统和以绣花罗裙作为青年男女定情礼物的风俗。当时开设的多家绣铺对外承接官衣锦服、戏装、旗袍等绣活，生意十分红火。瓯绣构图简练，色彩绚丽，针法严谨，运针灵活擅变，绣理分明，绣面光亮，呈现着与众不同的东瓯地域特色。融诗文、书画、刺绣之美为一体的瓯绣讲究针法、笔法和物象理法的统一，显示出高超的技艺水平和深厚的传统文化内涵。20世纪70年代以来，由于种种原因，瓯绣日趋衰落，濒临人亡艺绝之境，抢救保护工作迫在眉睫。

瓯绣《锦羽迎春》（蒋锡淼　摄）

瓯绣《雄姿奋发》（蒋锡淼　摄）

850 VII-74

申报地区或单位：河南省开封市

汴绣

汴绣《东风吹遍百花开》（局部）（赵志鸿摄）

汴绣也称“宋绣”，是流行于河南开封一带的传统刺绣艺术，因产生于北宋的都城汴京开封而得名。北宋时期汴京刺绣业兴盛，已达到很高的技艺水平，故《东京梦华录》中有“金碧相射，锦绣交辉”之誉。宋钦宗靖康二年（1127），金兵攻破开封，宋室南迁，后复值兵祸水患，开封城市经济一蹶不振，刺绣业逐渐衰落。新中国建立后，几代汴绣艺人努力发掘整理宋代刺绣技艺，并借鉴苏绣、湘绣等其他绣种的长处，总结出36种汴绣针法，使汴绣工艺日臻完善成熟。汴绣长于绣制花鸟虫鱼、飞禽走兽等传统题材，同时也精于摹绣名画。其绣作形象逼真传神，针法严谨工致，技艺精巧细腻，色彩古朴典雅，是刺绣艺苑中不可多得的珍品。20世纪90年代以后，汴绣艺人适应现代审美需要，在人物肖像刺绣方面取得了重大突破，受到专家和社会各界的赞誉。

绣制汴绣作品（李力　摄）

汴绣《虢国夫人游春图》（程曼平绣制，赵志鸿摄）

汴绣《虢国夫人游春图》（局部）

汴绣《花卉长卷》（韩玉琴绣制并拍摄）

851 VII-75

申报地区或单位：湖北省武汉市汉江区

汉绣

汉绣《博古图》（湖北省武汉市江汉区非物质文化遗产保护分中心 提供）

汉绣设计图（湖北省武汉市江汉区非物质文化遗产保护分中心 提供）

汉绣是流行于湖北省荆沙、武汉、洪湖一带的传统刺绣艺术，据史书记载，它始于汉，兴于唐而盛于清。作为古楚之地，武汉地区特殊的地理环境为汉绣的发展提供了文化土壤。石首市绣林镇、洪湖市峰口镇一带的绣花堤和汉口的绣花街等皆因刺绣集中而得名。汉绣以楚绣为基础，融汇南北绣法之长，逐渐形成以铺、压、织、锁、扣、盘、套为主要针法，平金夹绣为主要表现形式的刺绣艺术体系。汉绣强调“花无正果，热闹为先”，一般从外围起绣，逐层向内走针，

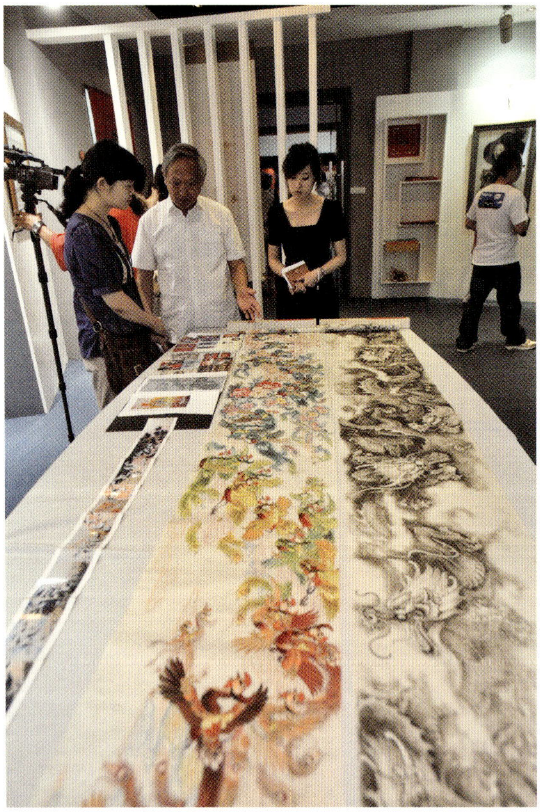

汉绣设计图（曾蓉　摄）

汉绣一般从外围起绣，逐层向内走针（湖北省武汉市江汉区非物质文化遗产保护分中心　提供）

直到铺满绣面为止。根据绣品不同的质地和花纹，刺绣时需灵活运用各种针法，做到下针果断，讲究图案边缘的齐整即“齐针”，讲究分层破色的层次感和立体感。汉绣构思大胆，色彩浓艳，画面丰满，装饰性强，处处流露出楚风遗韵，在中国刺绣园地里自成一格，大放异彩。

汉绣绣品（反面）（湖北省武汉市江汉区非物质文化遗产保护分中心　提供）

852 VII-76

申报地区或单位：四川省汶川县

羌族刺绣

羌族妇女在制作腰带（王志刚　摄）

羌族刺绣是流行于四川等地羌民族聚居区的一种传统刺绣艺术，它有着悠久的历史。明清时期，羌族挑花刺绣在羌族地区已十分盛行。劳动之余，羌族妇女挑针走线，信手为绣，在实践中创造出了富于民族特色的羌族刺绣。羌绣针法以精巧细致的架花（挑花）为主，此外还有织字（提花）、纳花（扎花）、撇花（平绣花）、勾花（链子扣）等多种。这些针法各有特色，如纳花独具明丽清秀的效果，勾花则显得粗犷豪放等。羌绣多以花草蔬果、飞禽走兽为题材，也可表现人物，所绣内容无不精致秀丽，栩栩如生，充满吉祥寓意，反映出羌族民众对美好生活的憧憬。羌绣制品以花围腰和云云鞋最为著名，所绣图案多呈几何形状，构图严谨，组织匀整，装饰性极强。其色彩爽丽明快，以黑白为多，而挑花和纳花上的设色绚丽夺目，宛若五彩霓虹。羌绣既美观又实用，以绣样装饰的部位均系服饰穿戴用品易于破损之处，密密麻麻的针脚增强了衣物的耐磨性，可见羌族人民在工艺设计上的睿智匠心。

羌族刺绣：漕鞋（罗维善　摄）

羌族刺绣：飘带
（罗维善　摄）

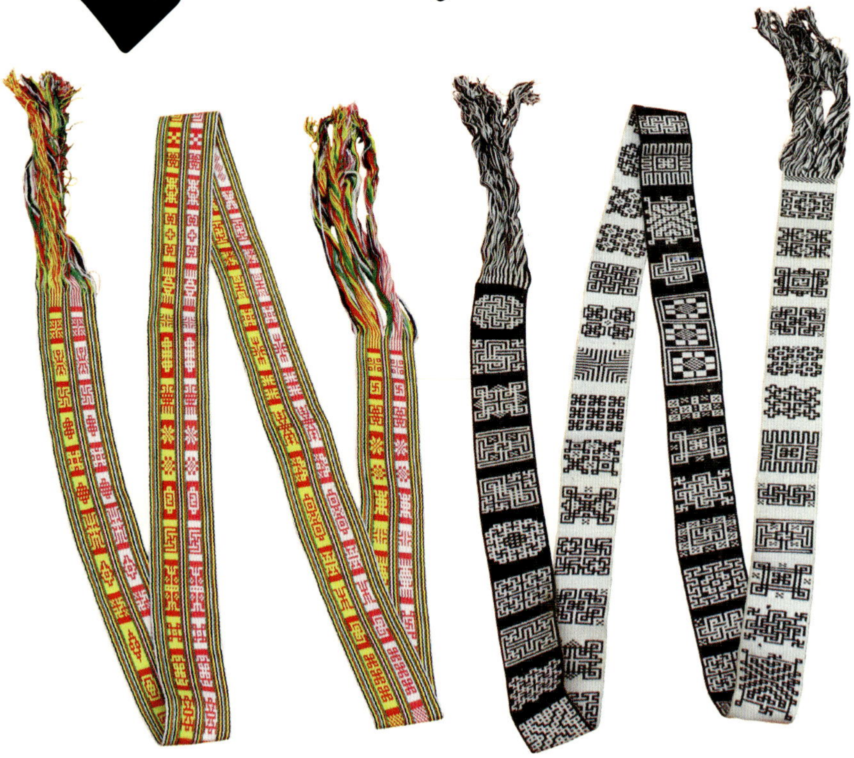

羌族刺绣：彩色腰带
（罗维善　摄）

羌族妇女在刺绣（罗维善　摄）

853 VII-77

民间绣活

- 高平绣活
- 麻柳刺绣
- 西秦刺绣
- 澄城刺绣
- 红安绣活
- 阳新布贴

民间绣活又名“针绣”、“扎花”、“绣花”，由于多系妇女所为，又习称“女红”。它是一种传统的民间工艺，运作时以针穿引彩线在织物上刺缀，使绣迹形成特定的纹样或文字。民间绣活制成品是民俗活动中不可缺少的礼品和装饰物，它历史悠久，与普通百姓的日常生活关系密切，自古以来中国民间即流传有“谁家女儿巧，要看针线好”的说法。民间绣活题材广泛，文化内涵丰富，流传地域遍布大江南北、长城内外。在江苏、浙江、湖南、广东、四川、北京等地，民间绣活得到创造性的发展，形成了各不相同的地域风格。

高平绣活惯用黑、蓝、红、紫或淡蓝、金、银等颜色进行搭配，颇具地方特色（山西省高平市文化馆　提供）

高平绣活：粉擦（山西省高平市文化馆　提供）

高平绣活《吕洞宾戏牡丹》（山西省高平市文化馆　提供）

民间绣活·高平绣活

申报地区或单位：山西省高平市

高平绣活是流行于山西高平一带的民间刺绣艺术，根据相关留存遗物考证，其历史可追溯到明代中期。高平刺绣分丝线绣和布贴绣两种类型，其中丝线绣有平针绣、打籽绣、盘金绣、披金绣等针法。平针绣表现力最为丰富，打籽绣结实耐磨，盘金绣、披金绣则能产生富丽堂皇的效果。布贴绣是对服装裁剪所剩各色布头加以利用的一种艺术，制作时按照构思将布头剪裁成一定的图形，再堆贴在底面上锁边，完成的绣品朴素大方，色彩艳丽。

高平绣活作品《大粮山》（山西省高平市文化馆　提供）

高平绣活在色彩搭配上颇具地方特色，它惯用黑、蓝、红、紫或淡蓝、金、银等颜色进行搭配，在长期实践中形成了一套体现对立统一关系的配色规律。为增强装饰效果，高平绣活多采用夸张变形的手法，作品重神采而不求形似，体现出绣制者的艺术匠心和当地民众的审美品位。

民间绣活·麻柳刺绣

申报地区或单位：四川省广元市

麻柳刺绣俗称"扎花"，是流行于四川省广元市朝天区一带的民间刺绣艺术。麻柳刺绣与生活习俗关系密切，广元有"谁家女儿巧，要看针线好"的说法，当地的姑娘六七岁就开始学习刺绣，主要是绣制帐帘、枕套、围腰、手巾、花鞋等日常生活用品。过去麻柳刺绣多以黑、白、红三色土布和彩色土线为材料，现在则改用白布或其他纯色布料，绣线也更加多样。麻柳刺绣有"全挑"、"全绣"、"半挑半绣"等多种绣法，绣制时不用底稿，而是通过"数底布的丝线"来确定刺绣图案的大小和位置，这就保证了绣样线条的均匀整齐。麻柳刺绣色彩明艳，题材丰富，内容涉及花鸟兽虫、耕种收割、婚嫁礼仪等许多方面。其构图方式可分为连贯式和分段式两种，无论是单独使用还是交替使用，都能巧妙组合，洋溢出浓郁的乡土气息，带有很强的装饰感和鲜明的羌绣特色。

麻柳刺绣技艺实践场景（王佳华　摄）

麻柳刺绣：挑花手巾（四川省广元市朝天区宣传文化中心　提供）

麻柳刺绣：蝶恋花围腰（四川省广元市朝天区宣传文化中心　提供）

麻柳刺绣：枕巾（四川省广元市朝天区文化广播影视新闻出版局　提供）

民间绣活·西秦刺绣

申报地区或单位：陕西省宝鸡市

西秦刺绣是流行于陕西省宝鸡地区的一种民间刺绣艺术。在宝鸡的西周井姬墓葬中曾发现有刺绣遗迹，可见刺绣在当地有着十分悠久的发展历史。西秦刺绣与宝鸡一带的社会生活和民俗风情关系密切，它普遍流传于当地乡村，通过家族、亲戚、邻里等社会关系持续传沿，成为农家妇女必备的一种手工技能。西秦刺绣题材丰富多样，构思奇巧浪漫，造型简洁夸张，色彩明快热烈。其技艺自成体系，有平绣、悬绣和拼缝等各种绣法。作为一种植根于乡土的民间艺术，西秦刺绣中蕴涵着大量的历史文化信息，它充分体现着当地农民对生命、自然和社会的认识，以艺术的方式传达出他们的价值观和人生理想，可以为陕西民俗和地域文化的研究提供鲜活的参考材料。

刺绣是当地农家妇女必备的一种手工技能（陕西省宝鸡市群众艺术馆　提供）

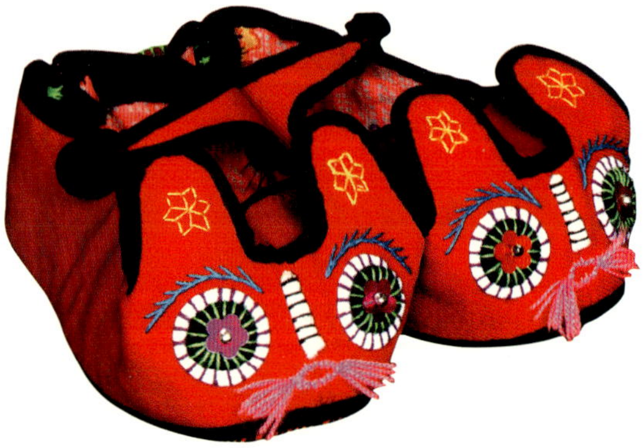

西秦刺绣：虎鞋（陕西省宝鸡市群众艺术馆　提供）

西秦刺绣：猪鞋（陕西省宝鸡市群众艺术馆　提供）

西秦刺绣：绣帐（陕西省宝鸡市群众艺术馆　提供）

当地居民正在刺绣（陕西省宝鸡市群众艺术馆　提供）

民间绣活·澄城刺绣

申报地区或单位：陕西省澄城县

澄城刺绣是流行于陕西省澄城县一带的民间刺绣艺术，它历史悠久，源远流长。在澄城地区，刺绣具有深厚的群众基础，它广泛应用于日常的生产生活，同婚丧嫁娶、节庆祭祀等各种民俗活动联系紧密，当地乡村妇女基本都能掌握一定的刺绣技艺。澄城刺绣施针、用线、配色不拘一格，既讲求实用，又富于美感。绣品种类繁多，以枕顶、被面、鞋垫、围裙等生活用品最为常见。澄城刺绣题材广泛，布局密实，纹样简洁大方，色彩明快艳丽，构思充满天真烂漫的想像，流动飞扬中透着沉稳与敦厚，表达出对生命繁衍的讴歌和对美好生活的祈望。承载着诸多传统文化和生活理念的澄城刺绣生动反映着陕西农民的价值观念与审美意识，具有民俗学、民间艺术等方面的研究价值。目前，乡村生活方式的改变、传统社会习俗的淡化、现代机绣产品的冲击等现实原因导致澄城刺绣出现传承危机，亟待保护抢救。

澄城刺绣：云肩《鱼戏莲》（王炜民　摄）

澄城刺绣：围嘴《瓜瓞绵绵》（王炜民　摄）

澄城刺绣：发夹《游龟山》（王炜民　摄）

澄城刺绣：发夹《凤戏牡丹》（王炜民　摄）

民间绣活·红安绣活

申报地区或单位：湖北省红安县

红安绣活是湖北省红安县一带流行的民间刺绣艺术，其绣品以连袜绣花鞋垫为突出代表。据传红安绣活始于汉代，至明清达于兴盛。在红安，连袜绣花鞋垫既是日常生活用品，又是一种具有特别意义的民俗艺术品，妇女们借它来展示才艺，制成的鞋垫既可作为馈赠礼品。又可作为男女传情的信物。连袜绣花鞋垫的绣制、交流、展示、馈赠等系列活动营造出充满人情味的民俗氛围，使红安绣活最大程度地深入了当地民众的生活。将鞋垫和袜子结合为一，这是民间智慧的体现，它可以延长棉袜的使用寿命，同时让制作者和使用者产生一种彼此会心的亲切感。红安绣花鞋垫的制作者基本是识字不多的乡村妇女，她们借自由的艺术形式表达自己的心意和愿望，使红安绣活成为广大乡村民众传情达意的重要媒介。目前，红安绣活的传承发展状况已大不如前，有必要积极倡导，加强保护，让这一优秀民间艺术在当地广大乡村妇女的巧手中生生不息。

红安绣活展演现场（刘伟　摄）

红安绣活《凤穿牡丹》、《富贵双全》（刘伟　摄）

民间绣活·阳新布贴

申报地区或单位：湖北省阳新县

阳新布贴是流行于湖北省阳新县一带的民间布艺。作为世代沿袭的乡土手工艺，阳新布贴的起源和沿革没有文字记载可考，根据其婆媳传承的世系来推断，它在当地至少已有两百年的历史。阳新布贴属于民间实用艺术，其工艺和制品应用范围很广。据粗略统计，它有近三十个品种，从童装到嫁衣，从日常穿戴到庙观器物，都不乏布贴制品。阳新布贴多采用黑色或深蓝色的土布为底布，而以鲜艳亮丽的花布在上面贴花，成品具有黑漆点金般的直观效果，色彩和明度对比极其强烈。布贴

阳新布贴实践场景（李祥斌　摄）

阳新布贴：虎头枕（李祥斌　摄）

阳新布贴：虎头馋兜（李祥斌　摄）

阳新布贴制作、展示场景（李祥斌　摄）

阳新布贴：八方菱角披肩（李祥斌　摄）

的构图自由随意，天上人间、山禽水族集于同一画面，表现不求形似，每以夸张变形手法构象写意，洋溢着浓郁的乡土气息，呈现出鲜明的楚文化特征。除此之外，阳新布贴还以细致的刺绣工艺来调和色彩，丰富大块贴布的韵味。以精美考究的刺绣纹样和“遇折回转”、绕边细密的针线做工充分反映出民间艺人的独特匠心。

854 VII-78

申报地区或单位：云南省石林彝族自治县

彝族（撒尼）刺绣

撒尼妇女在挑花（杨新民 摄）

彝族（撒尼）刺绣也叫“撒尼十字绣”，彝语称为“拿窝”，是流行于云南省石林彝族自治县彝族支系撒尼人聚居区的一种民间刺绣艺术。相传彝族（撒尼）刺绣起源于唐宋时期，明清两代趋于成熟。它在撒尼人的日常生活中占有十分重要的地位。撒尼妇女自幼习绣，个个巧艺在手。经过世代传承和不断发展，撒尼刺绣艺术日臻完善。撒尼刺绣按布纹的经纬运针走线，以斜十字针组成花纹，有单挑、双面挑、素色挑、彩色挑等多种手法，所绣制的多系背包、桌布、窗帘和花包头、花围腰、服饰花边等生活日用品。撒尼刺绣针脚细密，工艺精湛，图案构思巧妙，组织匀称，色彩明丽，充分显露出撒尼人的聪明才智和艺术创造力，带有鲜明的民族风格和地方特色。

彝族刺绣"太阳花组合"绣片（杨新民　摄）

撒尼妇女服饰上的挑花（杨新民　摄）

855 VII-79

申报地区或单位：新疆维吾尔自治区哈密地区

维吾尔族刺绣

维吾尔族刺绣：枕头花
（马合木提　摄）

维吾尔族刺绣是一种富于民族特色的民间刺绣艺术，主要流行于新疆维吾尔自治区哈密地区。它是在伊斯兰教文化的基础上借鉴、融合汉满文化和佛教文化而形成和发展起来的，流传至今历史已十分久远。维吾尔族妇女几乎都精于刺绣，姑娘出嫁前都要勤学各种绣工技艺，以完成绣花枕之类出嫁时必不可少的生活用品。维吾尔族刺绣有各种不同的表现形式，其中“花帽花”、“枕头花”、“衣边花”和“褂单花”四种类型最能体现维吾尔民族的文化特色。在工艺上，维吾尔族刺绣吸收苏绣和京绣的一些技巧，形成了平绣、结绣、盘金银绣、十字绣、扎绒绣、格架绣、综合

维吾尔族妇女几乎都精于刺绣（新疆维吾尔自治区哈密地区文化馆　提供）

维吾尔族刺绣在枕头、被子、褥子等日常用品上随处可见（马合木提　摄）

绣等多种绣法。哈密维吾尔族刺绣艺术是维吾尔族多元文化和哈密本土文化的产物，具有民族学及民间艺术等多方面的研究价值。保护传承这一优秀的民族艺术，有利于加强民族团结，促进民族融合，为和谐社会的构建作出重要贡献。

维吾尔族刺绣：男士花帽（马合木提　摄）

维吾尔族刺绣：女士袜子（马合木提　摄）

856 VII-80

满族刺绣

岫岩满族民间刺绣

锦州满族民间刺绣

长白山满族枕头顶刺绣

刺绣是满族最具特色的传统艺术，自古至今一直流传于满族民间，经久不衰。满族刺绣实用性很强，在日常生活用品和服饰上随处可见，其中以枕头顶刺绣最为精美。满族刺绣吸收苏绣、蜀绣、广绣等汉族名绣之长，将之与本民族的审美观念和生活习俗巧妙地融合在一起，形成自身的品格和风韵，让人看到了满族先代的古朴民风和八旗女子的巧手灵心。满族刺绣用料以纱或缎织物为主，自织布和青白布为辅。作品布局上讲究左右对称，或对等呼应，或左青龙右白虎，或用割绣法使左右完全一致。满族刺绣花样繁多，将飞禽走兽、花草鱼虫、人物故事等内容尽皆采入幅内，表达出祈望吉祥的寓意。刺绣构图延续了我国传统的技艺法则，层层剥皮，疏密相间，做到了“疏可跑马，密不透风”，显示出很高的艺术水准。

民间艺人在切磋刺绣技艺（吴庚强　摄）

岫岩满族民间刺绣作品（吴庚强 摄）

锦州满族民间刺绣作品《鱼戏莲》（局部）（方玉贵 摄）

满族刺绣·岫岩满族民间刺绣

申报地区或单位：辽宁省岫岩满族自治县

岫岩满族民间刺绣流行于辽宁省岫岩满族自治县一带，至今已有近四百年的悠久历史。岫岩满族民间刺绣所用材料以缎、纱、粗布为主，制品多为生活实用品，主要包括绣花衣、绣花鞋、绣花帽及荷包、烟袋、腰褡、钱褡、披肩、绑带、枕头顶、桌围、床罩等。岫岩满族民间刺绣技法独特，其中既有扎绣、缎绣、割绣、补绣、包绣、编绣等繁复的绣法，又有套针、抢针、乱针、长针、锁针、花针、扎针、纳针等丰富的针法，各法每每于刺绣实践中交织使用，恍若龙蛇飞动，行云流水，不拘一格，绣品由此而形成或粗犷豪放或严谨细腻的风格特征。岫岩满族民间刺绣充分表现出当地满族人民的艺术创造热情和审美理想，同时生动展示了岫岩满族社会生活的主要风貌，具有社会学、民族学等方面的研究价值。

满族刺绣·锦州满族民间刺绣

申报地区或单位：辽宁省锦州市古塔区

锦州满族民间刺绣俗称“针绣”、“扎花”、“绣花”，它历史悠久，主要流行于辽宁省锦州一带满族人聚居的乡村地区。锦州满族民间刺绣通常取家织土布作底衬，绣品以虎头帽、头帕、云肩、衣

锦州满族民间刺绣：皮革补绣《虎神》（夏丽云作，方玉贵摄）

裙、肚兜、鞋帽及荷包、香囊、幔帐、门帘、被面、枕顶等生活实用品为主，也有嫁衣、寿帐、幡帐和戏曲行头等礼仪节庆用品。锦州地处满汉文化交融汇合的辽西走廊，故当地的满族刺绣一方面保留了女真人以皮革作补绣的朴拙工艺风格，有“生命树”、“嬷嬷人”和满族神话传说等许多具体体现萨满文化的图案和内容；一方面又大量吸收中原鲁绣、江南苏绣等汉族刺绣技艺和文人绘画的艺术营养，在粗犷的风格中融入细腻成分，显示出当地文化的丰富性和包容性。锦州满族民间刺绣题材广泛，风格多样，情趣盎然，寓意深刻，深受当地广大民众的喜爱。

满族刺绣·长白山满族枕头顶刺绣

申报地区或单位：吉林省通化市

长白山满族枕头顶刺绣是满族民间刺绣艺术的重要组成部分，流行于吉林省通化一带满族人聚居的长白山区。它起源于清太祖努尔哈赤时代，其时正是满族人开始农耕与定居生活、初步掌握植棉织布技艺的时期。长白山区天气寒冷，人们习惯枕布枕入睡。当地满族人中流传着一种独特的婚

满族姑娘从小学习绣嫁妆（王纪　摄）

俗，婚前姑娘必须自行绣出几十甚至上百对枕头顶，结婚时放置在洞房里进行展示。正因如此，枕头顶刺绣在长白山地区极受重视，当地满族妇女在枕头两端绣花纳朵，久之相沿成俗，形成了别具特色的枕头顶刺绣技艺。这种满族独有的刺绣艺术品类丰富，绣工精巧，艺术价值极高，对认识、了解和研究长白山满族文化及社会生活有着极大的帮助。

长白山满族枕头顶刺绣：神鸟崇拜（王宏硕　摄）

洞房里的被格与枕头顶刺绣（王纪　摄）

857 VII-81

申报地区或单位：新疆维吾尔自治区博湖县

蒙古族刺绣

蒙古族刺绣展示现场（乌仁其米克　摄）

新疆蒙古族刺绣在蒙古语中称为“哈塔戈玛拉”，是流行于新疆维吾尔自治区巴州博湖县及硕县、静县、焉耆县等周边地区的一种蒙古族民间刺绣艺术。元代以前，蒙古人就很注重刺绣艺术，刺绣在其社会生活中的应用也非常广泛。新疆蒙古族刺绣有绣花、贴花、缉花等几种主要的技艺方式，多用于生活用品，尤其是服饰的装饰。其日常袍服和摔跤服、赛马服的衣领、袖口、边缘处及靴子、帽子、褡裢上都有刺绣，绣线多浮凸于布帛或皮革之上，图案纹样如浮雕一般富有立体感，在绣面上形成突出的触觉肌理和视觉效果。蒙古族刺绣不以纤细秀丽见长，而以凝重质朴取胜，粗犷匀称的针法、简洁概括的形象、对比鲜明的色彩和饱满充实的格局让人充分领会到蒙古族人民敦厚的精神品质与放旷的审美情怀。

蒙古族刺绣技艺传承场景（吴东亮　摄）

蒙古族刺绣技艺传承场景（吴东亮　摄）

858 VII-82

申报地区或单位：新疆维吾尔自治区温宿县

柯尔克孜族刺绣

柯尔克孜族刺绣特别喜欢使用红色（阿不都沙拉木　摄）

柯尔克孜族刺绣是一种特殊的民族民间刺绣艺术，主要流行于新疆维吾尔自治区柯尔克孜族聚居区。经历了漫长游牧生活的柯尔克孜族擅长以家畜皮革和毛绒为原料制作生活用品，其刺绣艺术也因此而带上了草原游牧文化的特色。柯尔克孜族刺绣多以日月星辰、花草树木、飞禽走兽为题材，也有丰富多样的几何图案，主要用以装饰服装、鞋帽、腰带、枕头、布单、毡毯、帐帏、门帘等日常生活用品。这些绣品工艺精巧，色彩绚丽，图纹美观，具有一定的象征性，尤喜使用柯尔克孜族人所钟爱的红色。

柯尔克孜族刺绣工艺精巧，色彩绚丽（阿不都沙拉木　摄）

柯尔克孜族妇女在展示刺绣技艺（阿不都沙拉木　摄）

柯尔克孜族妇女在展示刺绣技艺（阿不都沙拉木　摄）

859 VII-83

申报地区或单位：新疆生产建设兵团农六师

哈萨克毡绣和布绣

哈萨克毡绣和布绣是新疆维吾尔自治区哈萨克族的民间刺绣艺术，主要流行于新疆兵团农六师红旗农场垦区、一〇七团和奇台农场垦区一带。哈萨克毡绣和布绣历史悠久，它们与哈萨克人的日常生活不可分离，多由家庭主妇亲自绣制，是人

哈萨克毡绣和布绣（新疆生产建设兵团农六师五家渠市博物馆　提供）

哈萨克毡绣和布绣主要流程（曹斌才 摄）

将洗干净的羊毛摊放在大块布上凉晒，再用树条或木棍拍打，将羊毛弹虚

将羊毛和席子一起卷起来，人在两边用绳子一起拉，让羊毛受外力挤压，形成粗毡

把成形的粗毡卷起来，几个人一起来回滚动用力挤压，最后形成毡子

用调制好的液体在毡子或布料上画上喜爱的图案

们十分熟悉的家庭日用品，也可用作亲友间彼此馈赠的礼物。哈萨克毡绣和布绣分别在毡子和布料上施绣，所绣内容与草原生活密切相关，构图多采用连环对称形式，构思巧妙，绣艺精湛，呈现出鲜明而独特的民族风格。施绣的毡子称为“花毡”，是哈萨克族最为普及也最具代表性的家庭工艺品。在哈萨克人的毡房中，首先映入眼帘的就是花毡。花毡的绣制工艺十分讲究，绣成的图案繁复精美，色彩绚丽夺目，令人叹赏不已。因此，绣花毡成为展现刺绣技艺的最重要方式之一，深为哈萨克妇女所重视。

用毛线或金丝线在画好的图案上绣制作品

860 VII-84

料器

北京料器

艺人正在制作料器（北京市东城区非物质文化遗产保护中心、北京京城百工坊艺术品有限公司　提供）

料器·北京料器

申报地区或单位：北京京城百工坊艺术品有限公司

北京料器是流传于北京的一种琉璃艺术。清代康熙年间，皇帝命工部在北京琉璃厂设置御厂，制造料器供奉内廷，时称“官料”、“御琉璃”。清王朝衰落后，料器制造由宫廷转入民间，形成浓郁的北京特色。北京料器制作对艺人的要求很高，它以低熔点的琉璃为原料，不用模具，也没有图稿，全凭镊子、剪刀进行手工操作，一次成形。料器制品质地莹润，做工精细，色彩斑斓，玲珑剔透。北京料器有几千种产品，从首饰等日用装饰品到鸟兽、花果、人物雕刻等观赏性工艺品，应有尽有。其中仿玉料器制品几可乱真，令人叹为观止。目前北京料器从业者人数极少，只有一位工艺大师。由于技术难度大，学艺时间长，从艺者寥寥，这门传统民间工艺有失传之虞，亟待保护振兴。

北京料器《仿玛瑙牛角》（北京市东城区非物质文化遗产保护中心、北京京城百工坊艺术品有限公司　提供）

北京料器《丝绸之路》（北京市东城区非物质文化遗产保护中心、北京京城百工坊艺术品有限公司　提供）

861　VII-85

申报地区或单位：浙江省温州市

瓯塑

瓯塑是流传于浙江省温州地区的一种传统塑作艺术，由我国传统漆艺中的堆漆工艺发展而来，因起源于浙南瓯江流域而得名。两宋时期，温州曾是传统漆艺的重镇，以漆灰堆出花纹的堆漆工艺在这一带颇为流行，民间俗称为“堆起门”，广泛应用于庙宇、民居、家具及嫁妆等的装饰。明清以后，堆漆在温州得到较大发展，形成了“隐起措金”、“隐起措漆”、“隐起措油”三个瓯塑工艺品种，具体说就是在堆漆的基础上贴金、髹色漆、髹色油。近代以来，温州民间工匠在技艺和材料等方面作了许多改进，瓯塑的艺术表现力因此而得到进一步的加强。瓯塑在温州地区经过多年传承，形成鲜明的地域特色。色彩丰富、表现力和附着力强的优点使它成为一种应用广泛的装饰手段，深受当地民众青睐。

瓯塑《洛神赋》（局部）（陈茅　摄）

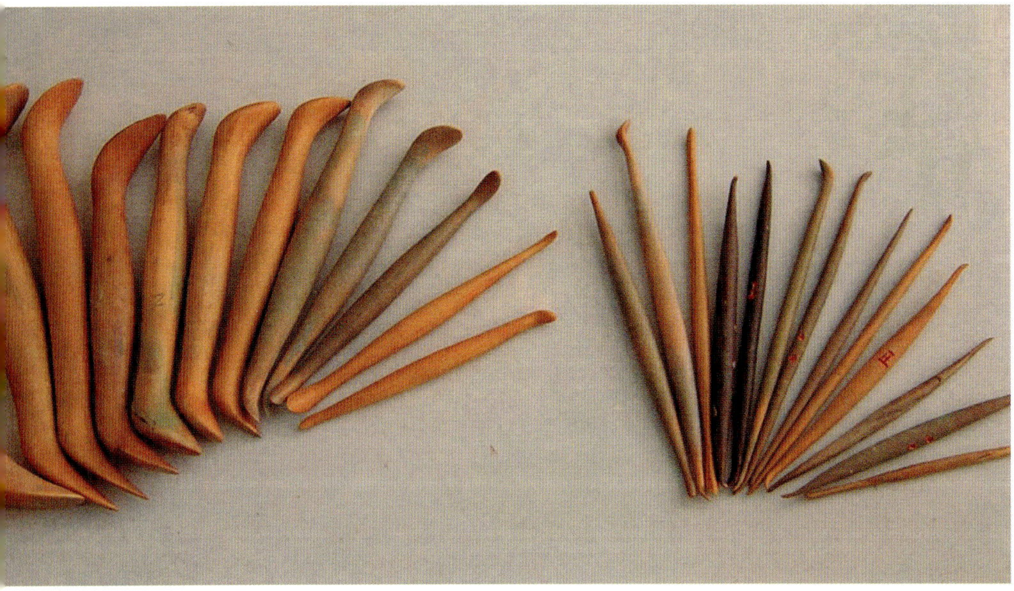

瓯塑制作工具：砑蹄儿（陈茅　摄）

瓯塑材料：漆泥（陈茅　摄）

862 VII-86

砖塑

鄄城砖塑

捏塑（杨勇　摄）

砖塑·鄄城砖塑

申报地区或单位：山东省鄄城县

鄄城砖塑是由山东省鄄城县谢姓世家创始并传承的一种传统雕塑艺术。清代光绪年间，鄄城人谢光芳经反复实践，创出了独特的砖塑技艺。由谢光芳到谢振乾再到现在的谢学运，鄄城砖塑在谢家传承已历三代。自成一格的鄄城谢家砖塑保持了传统民间捏塑和土陶工艺的特色，构思巧妙完整，手法朴质率真，层次分明有序，线条清晰流畅，造型生动传神，流露出浓郁的乡土气息和民间情调。以谢家砖塑技艺制作的神庙、家祠等建筑的装饰构件在鲁东、豫西一带流布颇广，方圆千里皆有声名。鄄城砖塑主要包括戏曲砖塑和花鸟砖塑两种类型，在总体创作中前者的比重相对更大一些，创作者往往选择群众喜闻乐见的戏曲故事，通过

戏曲人物砖塑（路维民　摄）

典型、生动的情节表现，歌颂正义、忠诚、善良等美好品德，鞭笞邪恶、奸佞、丑陋的事物，融意识形态于审美创造，充分发挥了传统艺术的道德教化功能，为民俗学、传统伦理思想和地方历史文化等的研究提供了生动的第一手材料。目前，由于现代建筑形式的普遍流行，作为传统建筑装饰艺术的鄄城谢家砖塑日趋衰落，急需大力保护。

鄄城砖塑作品（杨勇　摄）

863 VII-87

申报地区或单位：广东省广州市

灰塑

灰塑俗称“灰批”，是流行于广东省广州地区的一种传统雕塑艺术，主要分布于广州市区和增城、从化一带。据记载，灰塑在唐代已经出现。宋代灰塑得到普遍应用，南宋庆元三年（1197）始建的增城证果寺中即有灰塑“龙船脊”。明清时期，祠堂、寺观和豪门大宅建筑盛行用灰塑做装饰。灰塑有一整套独特的工艺技法，它以石灰为主要材料，具有耐酸、耐碱、耐温的优点，非常适合广州一带的湿热气候条件。此外，灰塑不需烧制，可现场施工，具有因地制宜、因材施艺的灵活性和便利性。广州灰塑主要用于门额窗框、山墙顶端、屋檐瓦脊和亭台牌坊的装饰。它题材丰富，造型生动，色彩艳丽，呈现出鲜明的岭南地域特色。匠人操作时会根据地理状况和实际需要在塑造的景物或图案间巧妙留出装饰性的通风孔，以减轻台风对脊饰的冲击。目前，在现代文明的冲击下，传统建筑行业趋于式微，受其影响，灰塑的发展状况也很不理想，急需有关方面尽快投入力量展开抢救保护工作。

灰塑作品（邵成村作，刘兆江摄）

灰塑主要流程（刘兆江　摄）

构图

制作骨架

起底

塑形

定型

塑色

上色

成品

864 VII-88

糖塑

糖塑是传统中国民间塑作的一个特殊种类，主要是利用食糖可塑的特性将之制作成形。与西方雕塑不同，中国民间塑作包含了绘画、雕塑、刻印、装饰等丰富的造型因素，更多地体现出自身传统的美学旨趣和技艺特色。糖塑多以俗称“糖稀”的麦芽饴糖和玉米糖为原料，综合采用捏、堆、贴、剪、吹、搓、拽、按、浇、拉等制作手段和绘、染、刻、划、点、戳、印、插、缀等装饰手法完成作品的塑造。糖塑制品既可欣赏娱玩，又可直接食用。在中国民间，糖塑遍布南北各地，有着广泛的群众基础，与民俗生活息息相关。

糖塑·丰县糖人贡

申报地区或单位：江苏省丰县

丰县糖人贡俗称“贡品”，是流行于江苏省丰县一带的民间雕塑艺术。它早期曾用于宫廷祭祀，后流入民间，清代中期传到丰县一带，在以丰县为中心的苏、鲁、豫、皖交界处的广大农村地区应用颇广。丰县糖人贡在当地以家族传承方式延续不绝，其中郭氏家族传承有序，至今已历六代。丰县糖人贡以优质白糖为原料，采用

糖人贡寿桃模具（王兴华　摄）

制作糖人贡（王兴华　摄）

梨木模具塑造成形，主要用于丧葬祭祀礼仪。它题材广泛，涉及社会生活、民间故事、神话传说等丰富的内容，制品有仙佛诸神、动物、果品、屋宇和器具等多种样式，显示出浓郁的民间信仰色彩。糖人贡造型优美，质白如玉，晶莹透亮，以食用色素精描细绘后，更是于纯净中见出艳丽、于质朴中透出典雅，别具特色和魅力。丰县糖人贡是古代丧葬文化的“活化石”，它为人们认识传统风俗提供了形象资料，具有民俗学、文化学、社会学等多方面的研究价值。

32件套丰县糖人贡贡品（王兴华　摄）

糖塑·天门糖塑

申报地区或单位：湖北省天门市

天门糖塑俗称“吹糖人”，是流行于湖北省天门市一带的民间雕塑艺术。它由唐宋古籍所记载的祭祀“糖供”演化而来，历史悠久，积淀着丰富的世俗文化内涵。天门糖塑中的“大玩意”如《龙凤烛》、《福禄寿三星》等至今仍保留着“糖供”用于祭祀、寿诞、婚庆礼仪时的基本形态，为传统祭祀习俗的研究提供了重要的实物例证。天门糖塑以特别熬制加工的麦芽糖为原料，用不同于画糖的“吹”、“塑”等方式塑造形象，造型夸张饱满，色彩明快热烈，其传统题材以表现人物走兽、花鸟鱼虫等为主，含有趋吉避凶的寓意。糖塑艺人善于用“泡活”扩充体量，用“头子活”丰富细节，用弹簧连接部件以造成妙趣横生的动感，这些巧妙的艺术处理充分显示了来自民间的审美趣味和创造智慧。随着时代的演进，社会生活发生了巨大的变化，在此状况下，天门糖塑渐趋衰落，技艺不断退化。目前这门传统技艺已无法吸引年轻人的注意，继承乏人，濒临失传，亟待抢救保护。

天门糖塑《麒麟送子》
（汪培林作，鲜鲁林摄）

天门糖塑《西天取经》（汪培林作，鲜鲁林摄）

糖塑·成都糖画

申报地区或单位：四川省成都市

成都糖画：戏剧人物（成都市锦江区糖画艺术家协会　提供）

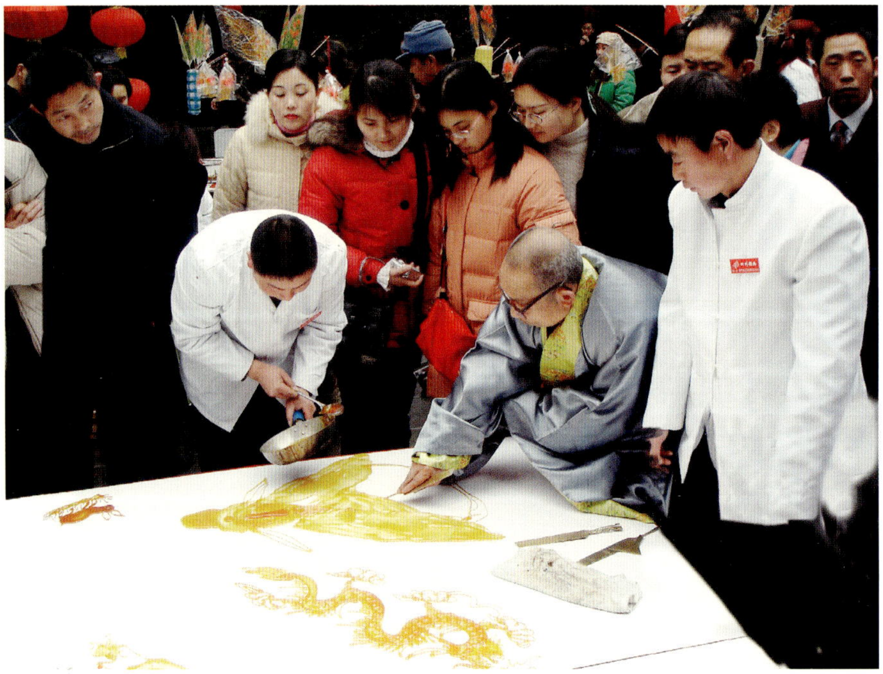

成都糖画演示场景（成都市锦江区糖画艺术家协会　提供）

成都糖画俗称“倒糖饼儿”、“糖粑粑儿”、“糖灯影儿”，是流行于四川省成都地区的一种兼具雕塑性和绘画性的民间艺术。成都糖画历史悠久，据《本草纲目》记载：“以白砂糖煎化，模印成人物狮象之形者为飨糖，《后汉书》注所谓猊糖是也。”以熔糖为原料的糖画即由“飨糖”演变而来，它在发展过程中不断吸收皮影、剪纸等民间艺术的表现手法，逐渐形成以块面、线条为造型特点的民间特种造型艺术。成都糖画多以花鸟鱼虫、飞禽走兽及戏剧人物为题材，其成品既是甜美的糖食，又是可供观赏的艺术品，可谓“观之若画，食之有味”。成都糖画含容了人们的祈福愿望和审美理想，其制品深受少年儿童的喜爱，因而在成都地区的城乡庙会、集市等群众文化活动场合都可以见到糖画的影子。

865 VII-89

申报地区或单位：江西省南昌市

瓷板画

瓷板画绘制（江西省南昌瓷板画研究保护中心　提供）

瓷板画是流行于江西的一种以人物肖像为主题的瓷绘艺术，主要集中在南昌、景德镇、九江等地。它以中国传统绘画、陶瓷彩绘和西方摄影术为基础，实现了绘画艺术与瓷绘工艺的巧妙结合。民国初年，南昌人梁兑石在中山路的繁华地段开设丽泽轩瓷庄，聘请艺人按顾客要求绘制肖像和粉彩瓷器，开了肖像瓷绘的先河。其后南昌陆续出现了中华

瓷庄、肖庐瓷像馆等多个画庄，同时涌现出梁夔亭、吴月山、杨厚兴、黄六子等一批优秀的肖像瓷绘画家，南昌因此而成为瓷板画的重镇。瓷板画融中西技艺于一体，笔调细致入微，刻画传神，带有鲜明的民族特色，深受广大群众的喜爱。

瓷板画《客家人》（江西省南昌市瓷板画研究保护中心提供）

瓷板画《奔马图》（江西省南昌瓷板画研究保护中心　提供）

866 VII-90

申报地区或单位：福建省福州市

软木画

软木画实践场景（刘晓莉　摄）

软木画《寿》（刘晓莉　摄）

软木画又名“木画”，是流行于福建省福州地区的一种软木雕刻手工技艺的别称。它形成于20世纪初，发源地是福建省福州市东郊的西园村。当时有一些类似“木画”的作品从德国流入中国，受此启发，福州工艺传习所总教习师、木雕名师陈春润和木雕技师吴启棋、建筑花板技师郑立溪等人充分吸收西方美术的优长，将之与中国传统木雕技法相结合，潜心研究出崭新的软木画技艺。它以从西班牙、葡萄牙和阿拉伯等地进口的栎树的木栓层软木为原

软木画《梅岩清香》（刘晓莉　摄）

料，制作时先将这种质地轻、松、富有弹性且纹理细润的软木切削成薄片，而后运用各种传统雕刻技法，以刀代笔，用手工方式精雕细镂，形成纹理纤细的复杂画面，再点缀以具有民族风格的亭台楼阁，同时利用画框内的有限空间营造景物的立体化效果。

软木画源于自然，画面中时见宋人笔意，场景生动逼真，意境高古深远，风格清隽秀雅，呈示出“丛山数百里，尽在一框中”的艺术境界，被誉为“无声的诗，立体的画”。1959年以来，北京人民大会堂曾四次邀请软木画艺术家赴京为福建厅、台湾厅作装饰，公开展示了《武夷风光》、《福州西湖》、《鹭岛风光》、《泉州东西塔》、《土楼奇观》等一批软木画的精品佳作。

867 VII-91

镶嵌

彩石镶嵌

骨木镶嵌

嵌瓷

中国镶嵌艺术历史久远，风格独特。殷商时代，铜器铸造中即已出现错金嵌玉的装饰纹样。随着工艺水平的不断提高，天然彩石、卵石、贝壳、螺钿、宝石、玉石和人造玻璃料器、陶瓷、木料等都成为了镶嵌的原料。在长期发展过程中，镶嵌艺术积累了许多重要的技术手段，主要包括直接镶嵌法、预制法、反贴反上法、正贴正上法等。除平面镶嵌外，也可以在浮雕上进行镶嵌，这种镶嵌方法可以进一步增强镶嵌对象的立体感。明清以后，浮雕镶嵌的方法广泛运用于各种工艺品的装饰，清代中晚期还出现了在不同"地子"上镶嵌戏曲人物故事的浮雕镶嵌法，嵌瓷、骨木镶嵌即属此类。镶嵌工艺品具有坚固、耐晒、耐潮湿、不易变色的优点，材料的质感及由此而产生的形、色、光效果使镶嵌工艺品平添了艺术魅力，尽显粗犷浑厚、华贵绚烂之美。

镶嵌·彩石镶嵌

申报地区或单位：浙江省温州市鹿城区、瓯海区，仙居县

彩石镶嵌是流行于浙江省南部的一种传统装饰艺术，由传统漆器工艺中的"嵌钿"演变而来，主要以色彩丰富的青田石为材料进行镶嵌。

彩石镶嵌有榫镶、拼嵌、粘嵌等工艺手法和浮雕、圆雕、镂空雕等表现形式，其工艺流程由稿、形、排、刻、砑、配、木、漆、嵌、雕、粘、蜡、理、描、装15道工序组成。浙南彩石镶嵌制品多为挂屏、立屏、大型连屏及案头陈设等观赏性工艺品，大件气势恢弘，小件玲珑剔透，构思、布局和制作都非常巧妙。利用石材天然色彩和纹理镶嵌而成的作品题材广泛，画面富于层次感，色彩效果突出。这些镶嵌制品或描绘山水花鸟小景，或表现重大历史事件，或复制经典字画，或再现文学名著人物场景，显示出很强的装饰性和工艺美感。

彩石镶嵌主要流程（周建树　摄）

切岩

刻板取地

排样

彩石镶嵌

彩石镶嵌《大中华》（局部）（谢炳华创作并拍摄）

彩石镶嵌《欢天喜地》（缪成金作，周建树摄）

骨木镶嵌作品（陈科峰　摄）

镶嵌·骨木镶嵌

申报地区或单位：浙江省宁波市

骨木镶嵌是流行于浙江省宁波地区的一种传统装饰艺术，它历史悠久，在长期的发展过程中先后经历了木嵌、骨木和嵌等阶段，最终形成稳定的工艺传统和风格面貌。明末清初，铜丝锯的应用对宁波骨木镶嵌艺术的形成和发展起了重要的促进作用。骨木镶嵌广泛应用于家具和建筑装饰，其制品不仅流行于浙江省内，而且大量销往长江中下游和东南沿海一带，传布颇为广泛。宁波骨木镶嵌有高嵌、平嵌、高平混嵌三种工艺形式，制作时通常先取牛骨、木片等原料预制出一定的纹样，然后在木坯上起槽，再以黄鱼胶粘结嵌入的花纹，最后进行雕刻、打磨和髹漆的工作。宁波骨木镶嵌题材丰富，多表现历史故事、民间传说、生活风俗及梅兰竹菊等带有吉祥寓意的图案，画面黑白对比强烈，富于装饰性和地域特色。

家具上的骨木镶嵌作品（浙江省紫林坊　提供）

骨木镶嵌主要流程（浙江省紫林坊艺术馆 提供）

1. 拷贝

2. 贴花

3. 钉骨

4. 锯花

5. 排花

6. 胶花

7. 拔针

8. 凿槽

9. 平底

11. 胶合

12. 刨平

10. 修边

13. 线雕

14. 髹漆

15. 刮漆

家具上的骨木镶嵌作品（浙江省紫林坊　提供）

骨木镶嵌平嵌作品（陈科峰　摄）

屋脊嵌瓷《鱼龙献瑞》（许少雄作，曾广锡摄）

镶嵌·嵌瓷

申报地区或单位：广东省汕头市、普宁市

嵌瓷又名“聚饶”、“粘饶”、“扣饶”，是流行于广东省潮汕地区的一种民间建筑装饰艺术。它以绘画、雕塑为基础，用专门烧制的彩釉瓷片粘嵌出人物、花卉和飞禽走兽等艺术造型，对庙宇和建筑物的屋顶、墙壁等部分进行装饰。潮汕嵌瓷的工艺技术别具一格，多采用半浮雕或圆雕样式，形象生动，色彩斑斓，质地坚实稳定，能经日晒雨淋而不褪色。在潮汕地区，瓷器作坊往往和嵌瓷工匠密切配合以烧制各种色彩的低温瓷器。这些瓷器复由工匠精心剪取，形成镶嵌所需的瓷片，再以粘合剂将瓷片拼制成局部构件，最后将构件组合出各种表现民俗、民间故事或祥瑞喜庆主题的图案或塑像。大寮嵌瓷和普宁嵌瓷是潮汕嵌瓷的突出代表，大寮嵌瓷至今已有一百多年的历史，它以潮汕风格为主，兼有闽南特色；普宁嵌瓷的历史则更为久远，可追溯到明代万历年间。

嵌瓷主要流程：点睛（陈华南　摄）

嵌瓷主要流程：配料组型（陈华南　摄）

嵌瓷《祝寿图》（局部）（陈华南　摄）

868 VII-92

申报地区或单位：广东省江门市新会区

新会葵艺

广东新会是一座文化底蕴深厚的历史名城，建制至今已有一千八百余年。这里盛产蒲葵，素有“葵乡”的美誉。新会葵艺历史悠久，东晋时期即已开始葵树种植和葵艺加工。经过千余年的探索，新会人将编织、绣花、绘画和印花等工艺融为一体，使葵艺产品的加工达到了出神入化的境地。清代乾隆至光绪末叶的两百多年间，新会葵艺的发展达到鼎盛。新会葵树种植面积最多时达到6万亩，年产葵扇最多可达1.5亿柄，产品远销欧美及东南亚各国。20世纪三四十年代，新会葵艺遭受毁灭性的打击，驰名远近的竹簃葵艺失传，整个葵艺行业一落千丈，只有赵氏家族仍尽力传承着火画葵扇技艺。1952年，老画师陈晚制作的火画扇被国家列为特种工艺品，新会葵艺借此机会得以重振，发展出花席、花篮、坐垫、牙签、通帽等十大类上千个花色品种。郭沫若曾用“清凉世界，出自手中。精逾鬼斧，巧夺天工。飞遍寰宇，压倒西风”的诗句赞誉新

葵扇成品（谭玉良 摄）

新会葵艺主要流程（黄炳壮　摄）

采葵叶

缝葵扇

烙画

会出产的葵扇，给新会葵艺以极高的评价。

进入20世纪90年代以后，在空调等现代家电的冲击下，葵扇逐渐退出了人们的日常生活，新会葵艺日渐式微，相关企业陆续倒闭，许多葵艺传人被迫转行。赵氏火画葵艺传人召集几名葵艺老匠人组建新会区会城葵乡传统工艺品开发中心，进行作坊式的葵艺生产，但产量十分有限。目前，新会葵艺传承中出现断层的局面已有所改善，但前景仍不容乐观，必须加大保护力度，保证这一传统工艺的有序传承。

869 VII-93

申报地区或单位：北京林业大学

传统插花

中国传统插花艺术崇尚自然简约之美（北京插花艺术研究会 提供）

传统插花是以花枝为材料的一种生活艺术。据考证，传统插花艺术萌芽于西周至春秋战国时期，至今已有三千多年的历史。在长期的发展过程中，传统插花经历了汉代的初始期、南北朝的发展期、隋唐的兴盛期、宋代的极盛期、元明的成熟期、清代后期的衰落期等各个阶段。中国传统插花艺术崇尚自然简约之美，善于用线条造型和不对称构图营造诗情画意的境界，充分表现出中华文化的民族特色和传统中国人的审美意识。从隋唐开始，中国传统插花艺术传入日本，深刻影响了日本花道的发展。传统插花分为民间插花、寺观插花、宫廷插花、

传统插花作品（北京插花艺术研究会 提供）

传统插花处理花材的主要流程（北京插花艺术研究会　提供）

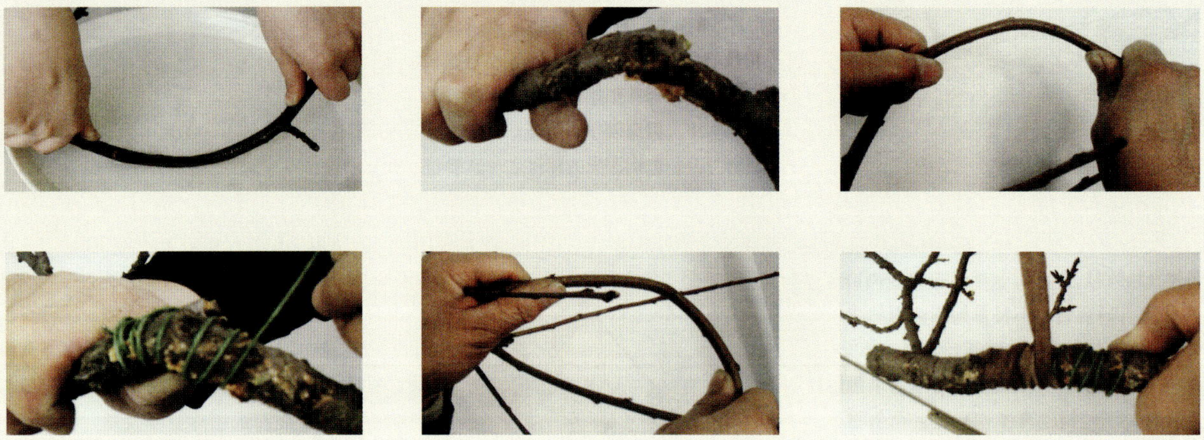

文人插花四种主要类型，其构思、构图、选材、修剪、固定、调整、陈设等环节均体现着丰富的文化内涵和审美观念。传统插花艺术在清末渐趋衰微，20世纪80年代以来重新复苏。目前，以王莲英、秦魁杰等为首的北京插花艺术研究会正致力于这项传统技艺的倡导、传承和发展、推广。

传统插花作品（北京插花艺术研究会　提供）

870 VII-94

盆景技艺

扬派盆景技艺

徽派盆景技艺

英石假山盆景技艺

扬派盆景代表作《腾云》（黄杨，扬派盆景博物馆提供）

盆景技艺是一种传统的人工置景手段，它将植物、奇石等种植和布置于盆内，经过艺术加工使之成为浓缩自然美景的一种陈设品。盆景制作技艺综合了园艺、奇石和美石鉴赏、雕塑造型等众多工艺技巧，成为一种源于自然又高于自然的艺术创作。

盆景起源于观赏植物，早在商周时代便有了观赏名木、花卉的习俗。汉代已出现“构石为山”的盆景，这一点在汉墓壁画上可以找到不少证据。魏晋以来，盆景制作取得了较大发展。至唐代，盆景成为富贵家庭的陈设品，当时的许多壁画和绢画都反映了这一状况。入清以后，传统的盆景艺术得到长足发展，进入了兴盛时期。

盆景主要可分为山水和树桩两个大的类别。山水类盆景将自然界的奇石、美石通过锯裁、雕凿、腐蚀、胶合、拼接等技法布置于盆中，点缀以陶瓷之类材料制成的微型亭台楼阁、小桥、农舍、舟车、行人、蓑翁等，配上池水、草木、苔藓，使之峰峦叠秀，起伏错落，咫尺而具千里之势，显现出深远的意境。树桩类盆景则将木本植物栽于盆中，长期经营，细心管理，借助修剪、绑扎、施肥等工艺和各种艺术加工手段形成美观而又奇特的植物造型，使树干苍劲有力，枝叶青翠茂盛，别具审美意蕴。

中国盆景制作技艺集中在江苏的苏州、扬州和安徽、广东等地，艺术风格虽各不相同，但总体上都是小中见大，虚实相间，既讲究艺术加工，又追求自然品格，反对过分的雕凿和修饰。

盆景技艺·扬派盆景技艺

申报地区或单位：江苏省扬州市、泰州市

流传于江苏省扬州市的扬派盆景技艺是中国盆景艺术极其重要的组成部分，它形成于明代，成熟于清代，享誉于当代，几与中国盆景的发展历史同步。清幽雅致的扬派盆景既得益于扬州文化，又是扬州文化不可或缺的一部分。

扬派盆景融诗、书、画、技为一体，堪称中国盆景艺术的代表。它造型精巧，意境深邃，富于装饰性，端庄大气、清丽古雅而不失灵动飘逸，层次分明、工稳严整而不乏朴质自然，是技艺与文化的完美结合。

扬派盆景以树木为主要材料，通过精心培育和艺术处理，在盆钵之中塑造出源于自然而又高于自然的美，“一寸三弯”的剪扎法至今仍是扬派盆景独擅的技艺。扬州盆景凝聚着创作者的艺术趣味和人生感悟，反映出一定时期的美学观念和集体意识。扬州市的扬派盆景博物馆存有一批古代遗存至今的扬州盆景，这些历经数百年变迁的植物一直保持着当初的盎然生机，为扬州历史文化的研究提供了第一手材料。

位于江苏中部长江下游的泰州系亚热带湿润气候，利于盆景剪扎。泰州盆景也属于扬派盆景，其历史十分久远，有史料可考的松林庵六朝松即是六朝时期出现的一种树形奇特的大型盆景。泰州盆景园现今还养护着一盆名为“郭子仪带子上朝”的明代崇祯年间的古柏盆景，具有很高的历史文化和工艺研究价值。

剪扎（张长东、李蕊　摄）

扬派盆景代表作《巧云》（黄杨，扬派盆景博物馆提供）

扬派盆景代表作《饮马图》（榔榆，赵庆泉　摄）

民国初年，泰州盆景艺人王子怡等以卖盆景、剪扎盆景为生，在泰州一带颇有名声。20世纪50年代，王氏后裔在赴山区采集盆景树桩材料的过程中，总结泰州盆景传统造型技法并加以进一步的发展。在盆景选材上，提出“山林气”的设计理念，在枝片布局上又提出“云片式”的构图方法，这些高屋建瓴的认识使泰州盆景达到了新的艺术高度。作为扬派盆景技艺的重要分支，泰州盆景技艺具有很鲜明的工艺特色，是研究江苏历史文化的重要参考对象。

盆景技艺·徽派盆景技艺

申报地区或单位：安徽省歙县

徽派盆景是中国盆景的主要流派之一，它始于南宋，盛于明清，发展至今已有一千多年的历史，因发源并主要流传于地属古徽州的安徽歙县卖花渔村而得名。徽州盆景技艺主要通过修剪、蟠扎、构图等艺术处理手段将当地特有的植物、山石等材料布置于盆盎之中，使其呈现出或苍古或自然或刚劲或幽雅的风格特点。制成的徽派盆景主次分明，虚实相生，疏密得当，动静相映，露中有藏，刚柔相济，枯荣对比，巧拙互用，达到了形神兼备的程度，充分体现出徽州文化的博大精深和当地民众的聪明才智。

徽州盆景技艺巧用"咫尺千里，缩龙成寸，小中见大，虽假犹真"的艺术手法，制成的盆景极少雷同。这些作品或铁杆虬枝、古朴苍劲，或盘根错节、势若蟠龙，或悬空倒挂、如龙探海，或亭亭玉立、峻峭挺拔，或错落有致、枝托粗壮，将枯木的神韵展现得自然完足。也有些作品树干苍劲，树冠秀茂稠密，呈朵云层叠之状，风神秀朗，春意盎然，颇具"平步青云"的意趣。游龙式梅花桩是徽州盆景的代表作，它俗称"徽梅"，以整齐、对称和庄严为主要特点，长期驰名海内，为徽派盆景技艺赢得了巨大声誉。

徽派盆景技艺主要流程（汪翔　摄）

炼苗

修饰

造型

培植

徽派盆景（汪翔　摄）

农家盆景园（汪翔　摄）

盆景技艺·英石假山盆景技艺

申报地区或单位：广东省英德市

英石假山盆景技艺流传于广东省英德市，是当地著名的传统手工技艺。英石因产于英山而得名，它由无数松散的板块构成，在暴冷暴热气候和风雨风化腐蚀的作用下，形成了“瘦、皱、漏、透”等特点。宋代宫廷御苑已选用英石点景，岭南历史名园如佛山梁园、番禺余荫园等处也都有英石制作的假山和盆景。发展到后来，全国不少地区均出现了以英石作材料的园林景点。18世纪以后，随着国门的打开，欧洲的宫廷和园林建筑也开始选用英石叠山、拱门或筑亭基、饰喷泉。

英石假山盆景技艺以自然奇石为基础，发挥能工巧匠的智慧，借英石“瘦、皱、漏、透”的独特形状表现佛、道两教“空”、“灵”的思想观念。英石假山盆景中的山水式、旱山式、山附树式造型充满艺术情趣，被誉为“无声的诗，立体的画”，深受广大群众的喜爱。英石假山盆景技艺蕴涵着中国传统园林艺术的宝贵经验，具有工艺史、建筑美学史、岭南地方文化等方面的研究价值。

英石假山盆景制作场景（范桂典　摄）

英石假山盆景半成品（范桂典　摄）

871 VII-95

布老虎

黎侯虎

布老虎·黎侯虎

申报地区或单位：山西省黎城县

黎侯虎是流行于山西省黎城县黎侯镇、停河铺乡一带的民间老虎布艺，因黎城古称“黎侯”，故名“黎侯虎”。黎城县西关村西周古墓出土的文物表明，早在商周时期，黎城人即以虎为崇拜

农家妇女在绣制黎侯虎（山西省黎城县人民文化馆 提供）

黎侯虎作品（山西省黎城县文化馆　提供）

对象，虎形器在当时的社会生活中占有重要地位。作为崇虎信仰相沿成俗的表征，黎城民间使用木雕石刻、草编纸剪的虎形器物或图案已是普遍现象，其中形态样式最为丰富、地域文化特色和民俗艺术价值最为突出的当数世代传承的黎侯虎。黎侯虎有大、中、小多种规格，制作时先以染色的棉布缝纫成虎形，再用贴布、彩绘、挂穗等手法进行装饰。以高度概括手法塑造而成的黎侯虎造型生动，昂首直立，威风凛凛，以艺术的直观方式寄托了民众扶正祛邪、万事如意的美好祈愿。受传统文化浸润的黎侯虎乡土气息浓郁、地域特色鲜明，不仅具有很高的审美价值，而且具有丰富的民俗内涵，为民俗学和山西地方历史文化的研究提供了重要参考。

872 VII-96

建筑彩绘

白族民居彩绘

陕北匠艺丹青

炕围画

建筑彩绘是一种相当宽泛的说法，它的一层含义与人们通常的理解相同，是指利用色彩、涂料、油漆等原料在建筑物墙体上平面描绘图像；另一层含义则是指借助土、石、木、布、纸、陶等材料对建筑物及其内部陈设进行装饰。基于地理和民俗的原因，中国各地区、各民族的建筑彩绘在整体风格和细节处理等方面存在着非常明显的差异，从材质、手法、色彩到内容都体现出浓郁的地方特色，充分显示了劳动大众因地制宜的聪明才智。

建筑彩绘·白族民居彩绘

申报地区或单位：云南省大理市

流行于云南省大理市一带的白族民居彩绘是大理白族文化的一朵奇葩，它内涵丰富，形式讲究，风格朴素而不失庄重，不仅用以进行神祠、庙宇和大型古建筑群体的装饰，而且广泛应用于白族民居建筑。

大理境内的白族建筑多为土木结构，往往呈现青砖、白墙、灰瓦的外观。与此相协调，建筑彩绘的色彩也以黑、白、灰为主，着重突出素白这一白族民居建筑的主体色调。白族民居多在大门、照壁、山墙、腰线、龙马角等部位饰以精致的彩绘，其中香草纹、如意云纹和回纹三种图案出现最多，成为彩绘中最具民族特色的部分。除彩绘图案外，白族民居还多在大门和屋檐部位装饰以木雕，做到雕画结合。照壁则以泥作斗拱，部分泥作浮雕。

白族民居彩绘是白族建筑艺术的精华部分，它深受汉文化影响，将北方建筑的恢弘大气和南方建筑的精巧别致有机地融为一体，洋溢着浓郁的民族风情，成为白族文化与汉族文化交流的印证。这些民居彩绘大大增强了房屋建筑的美感，生动地反映着白族人民健康向上的民族精神。

白族民居彩绘（云南省大理市文化馆　提供）

白族民居彩绘（云南省大理市文化馆　提供）

建筑彩绘·陕北匠艺丹青

申报地区或单位：陕西省

陕北匠艺丹青是陕北民间画匠以建筑、木工、石工等各种工艺手段为依托，将之与各类应用器械相结合而完成的一种民间绘画艺术，它广泛分布于陕西省榆林、延安两市各个区县的城镇及乡村，多见于民众窑居、城镇公共景观建筑和乡村的大小庙宇。

陕北匠艺丹青有庙宇壁画，非“官式”建筑彩画，彩塑，水陆画，神主、楼轿、过关彩画，炕围、灶台、箱柜画等各种表现形式，从事者多为农民，其中不少人出于著名的民间绘画世家。陕北匠艺丹青兼涵画、塑、木作、石刻、建筑设计、纸扎装置乃至“阴阳”等多项技能，它借助土、石、木、布、纸、陶、桐油、石色等材料，在公用建筑、宗教神器及民居环境和家具上施行工艺，将当地居民的现实物质生活与精神生活联系在一起。经过数百年的发展，陕北匠艺丹青形成了独特而完备的艺术创造与生态体系，承传谱系和图像图案谱系完整而清晰。

匠艺丹青是陕北人民生活的有机组成部分，它以民间工匠为创作和传承主体，扎根于山沟草原的农耕文化，同时纵向勾连农牧工商的市井文化。多种文化元素的杂糅形成了它特有的融合协调机制，显示出艺术人类学、民俗生态学、宗教及美术史学等方面的研究价值。

陕北窑居中的壁画：农家炕围画（王宁宇　摄）

神影布画：水陆画
（王宁宇　摄）

建筑彩绘·炕围画

申报地区或单位：山西省襄垣县

襄垣炕围画是流行于山西省襄垣县及邻近县区的一种民间绘画艺术，它至迟在元代即已出现于襄垣地区。与其他地区炕围画不同的是，襄垣炕围画集诗、书、画、印于一体，构成一种“全套型”组合式的民间艺术形式。

襄垣炕围画最初是当地民众为防止炕围墙面脱落而导致衣服被褥脏损所创造的一种实用性装饰艺术，多模仿壁画的表现手法，画风颇有建筑彩绘的味道。它整体上分为中心炕围、靠背、条屏和地围四个大的部分，中心炕围又可分为边道、花边、池子、内心等小的部分。

在襄垣当地，炕围画分为上、中、下三等。上等炕围画又有“单层楼”与“楼上楼”之分，主要用于婚庆，制作上乘，做工精细。中等炕围画亦颇为讲究，一般适合中老年人使用。下等炕围画图案简洁大方，在生活中的应用较为普遍。襄垣炕围画种类繁多，具有色调明快艳丽、主题突出的风格特点。它内容丰富，题材涉及人物、风景、花鸟、瑞兽、书法、图案等多个方面，表现上多采用象征隐喻手法，以福瑞喜庆、如意吉祥的纹样传递驱邪纳福、平安幸福的祈愿。襄垣炕围画是当地民众现实需要和精神追求的综合性产物，它生动反映了来自民间的审美意识和价值观念，具有社会学、民俗学等方面的研究价值。

绘制炕围画（张岳公　摄）

炕围画主要流程（张岳公 摄）

打样

绘制

上漆

全套型组合式炕围画

第二批国家级非物质文化遗产名录

传统技艺

873 Ⅷ—90 琉璃烧制技艺
874 Ⅷ—91 临清贡砖烧制技艺
875 Ⅷ—92 定瓷烧制技艺
876 Ⅷ—93 钧瓷烧制技艺
877 Ⅷ—94 唐三彩烧制技艺
878 Ⅷ—95 醴陵釉下五彩瓷烧制技艺
879 Ⅷ—96 枫溪瓷烧制技艺
880 Ⅷ—97 广彩瓷烧制技艺
881 Ⅷ—98 陶器烧制技艺
钦州坭兴陶烧制技艺
藏族黑陶烧制技艺
牙舟陶器烧制技艺
建水紫陶烧制技艺
荥经砂器烧制技艺
882 Ⅷ—99 蚕丝织造技艺
余杭清水丝绵制作技艺
杭罗织造技艺
双林绫绢织造技艺
883 Ⅷ—100 传统棉纺织技艺
884 Ⅷ—101 毛纺织及擀制技艺
彝族毛纺织及擀制技艺
藏族牛羊毛编织技艺
东乡族擀毡技艺
885 Ⅷ—102 夏布织造技艺
886 Ⅷ—103 鲁锦织造技艺
887 Ⅷ—104 侗锦织造技艺
888 Ⅷ—105 苗族织锦技艺
889 Ⅷ—106 傣族织锦技艺
890 Ⅷ—107 香云纱染整技艺
891 Ⅷ—108 枫香印染技艺
892 Ⅷ—109 新疆维吾尔族艾德莱斯绸织染技艺
893 Ⅷ—110 地毯织造技艺
北京宫毯织造技艺
阿拉善地毯织造技艺
维吾尔族地毯织造技艺
894 Ⅷ—111 滩羊皮鞣制工艺
895 Ⅷ—112 鄂伦春族狍皮制作技艺
896 Ⅷ—113 盛锡福皮帽制作技艺
897 Ⅷ—114 维吾尔族卡拉库尔胎羔皮帽制作技艺
898 Ⅷ—115 内联升千层底布鞋制作技艺
899 Ⅷ—116 黄金溜槽堆石砌灶冶炼技艺
900 Ⅷ—117 金银细工制作技艺
901 Ⅷ—118 斑铜制作技艺
902 Ⅷ—119 铜雕技艺
903 Ⅷ—120 藏族金属锻造技艺
藏族锻铜技艺
藏刀锻制技艺
904 Ⅷ—121 成都银花丝制作技艺
905 Ⅷ—122 维吾尔族传统小刀制作技艺
906 Ⅷ—123 蒙古族马具制作技艺
907 Ⅷ—124 民族乐器制作技艺
长子响铜乐器制作技艺
朝鲜族民族乐器制作技艺
苏州民族乐器制作技艺
漳州蔡福美传统制鼓技艺
维吾尔族乐器制作技艺
908 Ⅷ—125 花丝镶嵌制作技艺
909 Ⅷ—126 金漆镶嵌髹饰技艺
910 Ⅷ—127 漆器髹饰技艺
徽州漆器髹饰技艺
重庆漆器髹饰技艺

911 VIII—128 彝族漆器髹饰技艺
912 VIII—129 纸笺加工技艺
913 VIII—130 宣笔制作技艺
914 VIII—131 楮皮纸制作技艺
915 VIII—132 白沙茅龙笔制作技艺
916 VIII—133 砚台制作技艺
易水砚制作技艺
澄泥砚制作技艺
洮砚制作技艺
917 VIII—134 印泥制作技艺
上海鲁庵印泥
漳州八宝印泥
918 VIII—135 木活字印刷技术
919 VIII—136 装裱修复技艺
古字画装裱修复技艺
古籍修复技艺
920 VIII—137 传统木船制造技艺
921 VIII—138 水密隔舱福船制造技艺
922 VIII—139 龙舟制作技艺
923 VIII—140 伞制作技艺
油纸伞制作技艺
西湖绸伞
924 VIII—141 藏香制作技艺
925 VIII—142 贝叶经制作技艺
926 VIII—143 土碱烧制技艺
927 VIII—144 蒸馏酒传统酿造技艺
北京二锅头酒传统酿造技艺
衡水老白干传统酿造技艺
山庄老酒传统酿造技艺
板城烧锅酒传统五甑酿造技艺
梨花春白酒传统酿造技艺
老龙口白酒传统酿造技艺
大泉源酒传统酿造技艺
宝丰酒传统酿造技艺
五粮液酒传统酿造技艺
水井坊酒传统酿造技艺
剑南春酒传统酿造技艺
古蔺郎酒传统酿造技艺
沱牌曲酒传统酿造技艺
928 VIII—145 酿造酒传统酿造技艺
封缸酒传统酿造技艺
金华酒传统酿造技艺
929 VIII—146 配制酒传统酿造技艺
菊花白酒传统酿造技艺
930 VIII—147 花茶制作技艺
张一元茉莉花茶制作技艺
931 VIII—148 绿茶制作技艺
西湖龙井
婺州举岩
黄山毛峰
太平猴魁
六安瓜片
932 VIII—149 红茶制作技艺
祁门红茶制作技艺
933 VIII—150 乌龙茶制作技艺
铁观音制作技艺
934 VIII—151 普洱茶制作技艺
贡茶制作技艺
大益茶制作技艺
935 VIII—152 黑茶制作技艺
千两茶制作技艺
茯砖茶制作技艺
南路边茶制作技艺
936 VIII—153 晒盐技艺
海盐晒制技艺
井盐晒制技艺
937 VIII—154 酱油酿造技艺
钱万隆酱油酿造技艺
938 VIII—155 豆瓣传统制作技艺
郫县豆瓣传统制作技艺
939 VIII—156 豆豉酿制技艺
永川豆豉酿制技艺
潼川豆豉酿制技艺
940 VIII—157 腐乳酿造技艺
王致和腐乳酿造技艺
941 VIII—158 酱菜制作技艺
六必居酱菜制作技艺
942 VIII—159 榨菜传统制作技艺
涪陵榨菜传统制作技艺
943 VIII—160 传统面食制作技艺
龙须拉面和刀削面制作技艺
抿尖面和猫耳朵制作技艺
944 VIII—161 茶点制作技艺
富春茶点制作技艺
945 VIII—162 周村烧饼制作技艺
946 VIII—163 月饼传统制作技艺
郭杜林晋式月饼制作技艺
安琪广式月饼制作技艺
947 VIII—164 素食制作技艺
功德林素食制作技艺
948 VIII—165 同盛祥牛羊肉泡馍制作技艺
949 VIII—166 火腿制作技艺
金华火腿腌制技艺
950 VIII—167 烤鸭技艺
全聚德挂炉烤鸭技艺
便宜坊焖炉烤鸭技艺
951 VIII—168 牛羊肉烹制技艺
东来顺涮羊肉制作技艺
鸿宾楼全羊席制作技艺
月盛斋酱烧牛羊肉制作技艺
北京烤肉制作技艺
冠云平遥牛肉传统加工技艺
烤全羊技艺
952 VIII—169 天福号酱肘子制作技艺
953 VIII—170 六味斋酱肉传统制作技艺
954 VIII—171 都一处烧麦制作技艺
955 VIII—172 聚春园佛跳墙制作技艺
956 VIII—173 真不同洛阳水席制作技艺
957 VIII—174 官式古建筑营造技艺
北京故宫
958 VIII—175 木拱桥传统营造技艺
959 VIII—176 石桥营造技艺
960 VIII—177 婺州传统民居营造技艺
诸葛村古村落营造技艺
俞源村古建筑群营造技艺
东阳卢宅营造技艺
浦江郑义门营造技艺
961 VIII—178 徽派传统民居营造技艺
962 VIII—179 闽南传统民居营造技艺
963 VIII—180 窑洞营造技艺
964 VIII—181 蒙古包营造技艺
965 VIII—182 黎族船型屋营造技艺
966 VIII—183 哈萨克族毡房营造技艺
967 VIII—184 俄罗斯族民居营造技艺
968 VIII—185 撒拉族篱笆楼营造技艺
969 VIII—186 藏族碉楼营造技艺

873 VIII-90

申报地区或单位：北京市门头沟区
山西省

琉璃烧制技艺

琉璃系低温铅釉陶的习称，是一种常用于宫殿、陵寝、寺院、庙宇、宝塔等建筑的装饰材料。经过长期的生产实践，琉璃在造型样式、装饰风格、工艺技术等方面都达到了相当的高度。琉璃建筑将中国传统陶瓷文化和建筑文化有机结合起来，成为一种具有浓厚民族特色和文化内涵的建筑形式。

琉璃生产在山西省分布广泛，以太原、阳城、河津、介休等地为主。太原约在明代万历年间就已经开始生产琉璃，其后一直没有间断。当地烧制琉璃以苏姓家族最为著名。阳城烧造琉璃始于元代，至明清达于鼎盛。烧制地点起初在县城东关，后迁至后则腰村，其中以乔氏家族最为著名。河津琉璃的烧制也始于明代万历年间，主要集中在城西的东、西窑头村，吕姓为当地的琉璃世家。介休是山西烧造琉璃较早的地区，当地的唐代寺庙建筑中就已使用琉璃，至明代达到极盛，遗留下不少古迹。

传统琉璃制作技艺（郝玉水　摄）

介休琉璃作品（山西省非物质文化遗产保护中心　提供）

山西省介休琉璃烧制技艺主要工序（山西省非物质文化遗产保护中心　提供）

烧制琉璃的原料：坩子土

素烧准备

刷釉

北京市门头沟区琉璃烧制技艺主要工序（郝玉水　摄）

烧制琉璃的原料

托坯

挂色

坯烧

北京是辽、金、元、明、清五朝故都，大量的宫殿、园林、陵墓、佛塔、寺庙等建筑中都可见到琉璃。北京琉璃烧制始于辽代，门头沟区龙泉镇龙泉务村现有辽代窑场遗址。元代初期，官府在门头沟琉璃渠村设立琉璃窑场，称“官窑”或“西窑”。清代乾隆年间，门头沟官窑出现兴盛局面。琉璃渠村的琉璃烧造技艺系由山西省榆次县赵姓琉璃世家传入北京，窑场按清代工部规制烧造琉璃，这一规制一直被视为标准官式烧制法。一件琉璃制品一般要花费十多天时间，经过二十多道程序才能烧制完成。首先需选用钳子土，经过粉碎、筛选、淘洗、炼泥成型，晾干后入窑烧胎，俗称“素烧”。然后施以釉色，再入窑烧造，称为“彩烧”。

如今，随着传统建筑形式的衰微，琉璃的需求逐渐减少；又因琉璃煤窑烧制存在环保问题，加之产业萎缩、人员流失和制作技艺荒废等原因，琉璃烧制技艺这一传统工艺已濒临灭绝，急需引起有关方面的注意。

琉璃作品《故宫太和殿走兽》
（蒋建国作，郝玉水摄）

874 VIII-91

申报地区或单位：山东省临清市

临清贡砖烧制技艺

烧制完成的临清贡砖（雷建峰　摄）

明代永乐年间，明成祖朱棣迁都北京，用十多年时间大兴土木，营建皇家宫苑，为此特地在临清设立官窑烧制建筑用砖。临清官窑的生产一直延续至清代，前后达五百余年。据记载，临清砖窑从明代以来一直由工部营缮分司监督生产。清代顺治十八年（1661）改由山东巡抚监管，由临清州知州承办。乾隆五十年（1785），砖窑专归临清州管理。明清两代的临清砖窑约有数百座，分布在运河沿岸，范围达三四十公里，窑工有数万人之多。

明代中叶以后，临清官窑的制品成为建筑皇宫的主要用材，称为“临清贡砖”。砖窑之所以设在临清，一是由于临清紧靠运河，运输方便，成砖可搭附漕船解运京师；二是临清的土质特别。由于黄河的多次冲击，很多地方向下挖一米多深，即可发现红、白、黄相间的泥土，人称“莲花土”。这种土无杂质，沙黏度适宜，烧成砖后“击之有声，断之无孔，坚硬结实，不碱不蚀”。

临清贡砖烧制工艺十分复杂精细，制成的贡砖、副砖、券砖、斧刃砖、线砖、平身砖、望板砖、方砖、脊吻砖、刻花砖等一般在25公斤上下，重的可达三四十

砖窑（刘晓光　摄）

传统贡砖烧制工具：摔泥花叉子、刮坯弓子、修坯打板、夹板、墩板（刘晓光　摄）

制坯（刘晓光　摄）

公斤。现在北京故宫、天坛、地坛、日坛、月坛、钟鼓楼、文庙、国子监及各城门楼和各王府建筑上的临清贡砖处处可见。明十三陵、清东陵、清西陵等皇家陵园建筑中所用的寿工砖也由临清烧造。此外，南京中华门城墙、山东曲阜孔庙、德州张秋镇荆门、阿城等处也相继发现临清贡砖。这些贡砖至今不碱不蚀，敲击有声。

由于修缮文物古迹和修建仿古建筑需要大量贡砖，1996年，临清城东西陶屯贡砖窑户的后代继承传统工艺，恢复了贡砖生产。其烧制的贡砖与明清贡砖在规格和质量上基本保持一致，现已通过山东省工程建设监督中心的鉴定，并先后用于蓬莱阁、济南大明湖和成都杜甫草堂的维修。目前临清贡砖尚处于初期恢复阶段，仍需保护扶植，以保证传统生产技艺的继承和发展。

875 VIII-92

申报地区或单位：河北省曲阳县

定瓷烧制技艺

定瓷始于唐代，兴于北宋，是宋代名瓷之一，因其产地河北省曲阳县古代属定州，故名“定瓷”。定瓷胎质坚密细腻，釉色透明，柔润媲玉，除白色外，还有红、

定瓷烧制技艺主要工序（刘向阳　摄）

拉坯

修坯

刻花

施釉

定瓷作品《荷花双凫》（刘向阳　摄）

定瓷作品《梅花口刻花瓶》（刘向阳　摄）

黑、紫、绿诸色。宋代定、汝、官、哥、钧五大名窑中，唯定窑以装饰见长。

定瓷传统烧制工艺极其复杂，烧制前先要从当地掘取石英、长石、黏土等原料，按一定比例加工成泥料，经陈腐后拉坯成型，然后修坯，进行刻花装饰。采用浸入法施釉后，器坯即可入窑烧制。定窑最早用覆烧法烧制瓷器，成为陶瓷史上的一项发明。

定瓷在宋代被称为“天下第一瓷”。当时除供朝廷御用外，还大量出口到埃及、波斯、印度、日本和非洲一些国家。历史上的金宋战争使得当时极具影响力的定瓷迅速走向衰微，不少工匠因时局变动而南迁，定瓷生产一蹶不振。至元代，定瓷细瓷技艺已经失传，唯粗瓷烧制工艺遗存民间。20世纪70年代以来，定瓷工艺逐步得到恢复和发展，已经生产了一批仿定瓷制品，如孩儿枕、梅瓶、五足薰炉等，受到各界好评。但定瓷烧制技艺已失传多年，其生产工序十分复杂，要完全恢复并不容易，已经得到抢救的定瓷工艺目前仍需积极保护，以便继承发展。

876 VIII-93

申报地区或单位：河南省禹州市

钧瓷烧制技艺

钧瓷手工作坊场景（孙永和　摄）

钧瓷烧制技艺传承场景（孙永和　摄）

钧瓷为宋代钧、汝、官、哥、定五大名瓷之一，始创于唐，盛于北宋，其独特的窑变技艺在中国陶瓷烧制工艺中自成一格。北宋徽宗时期，官府在今河南省禹州市区东北部设置官窑，为皇宫烧制贡瓷。因窑址邻近古代春秋战国的钧台，故名为“钧台窑”，简称“钧窑”，所产瓷器即名“钧瓷”。北宋灭亡后，钧窑停烧。随

钧瓷烧制技艺主要工序（郝玉水　摄）

磨坯成型

烧窑

着钧窑工匠四处流散，钧瓷烧制技艺逐渐传布到各地。金元时期，江西、浙江、广东、山西等地都曾仿制过钧瓷，但由于原材料等因素，其艺术成就无法和宋代官窑制品相比。明清两代，钧瓷生产发展缓慢。新中国成立之后，钧瓷生产进入全面恢复时期。钧瓷世家任姓家族和卢姓家族的卢广东、卢广文等献出祖传绝技，为钧瓷的发展作出了贡献。

钧瓷之所以名贵，除了造型浑厚端庄外，最突出的有两个方面：一是钧瓷在烧制中会出现窑变现象，含有铜质的釉料经窑变后会形成海棠红、朱砂红、鸡血红等釉色，彼此渗化，相映成辉，有“进窑一色，出窑万彩”之说；二是钧瓷制作工艺复杂，成品率低，一件钧瓷从选料到烧成需经过72道工序。

近年来，随着陶瓷行业机械化技术的推广及天然气炉、电炉的应用，传统的钧瓷烧制技艺日渐式微，钧瓷在文化内涵、艺术质量等方面均出现下降趋势，保护钧瓷传统烧制技艺已刻不容缓。

钧瓷作品《渣斗》（河南省禹州市杨志钧窑有限公司　提供）

钧瓷挂盘《凤凰涅槃》采用宋代柴烧工艺制作（孙永和　摄）

877 VIII-94

申报地区或单位：河南省洛阳市

唐三彩烧制技艺

唐三彩是一种风格独特的陶器，盛行于唐代，至今已有一千三百多年的历史。所谓“三彩”，是指在白色素胎上饰以黄、绿、白为主的釉彩，以表示多彩之意。因大批唐三彩珍品在洛阳出土，故又称“洛阳唐三彩”。

唐三彩烧制技艺主要工序（河南省洛阳九朝文物复制品有限公司　提供）

拉坯

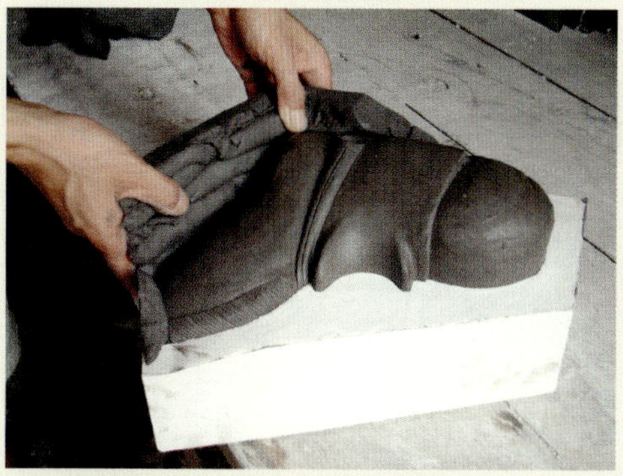

制模

成型

施釉

唐三彩的胎料以当地出产的白色高岭土为主。烧制上采用二次烧成法，先让雕塑坯胎成型干燥，而后入窑，以1000℃以上的温度素烧；再施以各种釉料，入窑釉烧，烧成温度约在900℃左右。唐三彩釉属低温透明釉，在烧制过程中，釉料融化后会自然垂流，相互浸润，产生独特的艺术效果。

自清代乾隆年间开始，孟津高氏家族用小窑烧制唐三彩，传男不传女，其技艺传沿不绝。新中国成立后，高氏家族的高松茂将唐三彩烧制技艺毫无保留地贡献出来，使唐三彩进入新的发展时期。洛阳唐三彩原先只能简单地仿制马和骆驼造型，现在其产品类型已经大大丰富，人物、动物、器皿、鸟兽等都可以用唐三彩烧制。

目前，进一步保护和传承唐三彩的传统烧制技艺仍然是十分迫切的问题。

唐三彩作品《啃蹄马》（高水旺作，河南省洛阳九朝文物复制品有限公司提供）

烧制

唐三彩作品《黑釉勾头马》（高水旺作，河南省洛阳市非物质文化遗产保护中心提供）

878 VIII-95

申报地区或单位：湖南省醴陵市

醴陵釉下五彩瓷烧制技艺

醴陵釉下五彩瓷制作场景（肖文范 摄）

醴陵釉下五彩瓷作品《豌豆图》（湖南省非物质文化遗产保护中心 提供）

釉下五彩瓷是湖南醴陵独创的技艺，具有悠久的历史。在唐代，长沙附近的铜官窑已有釉下绿彩、褐彩的花鸟纹样。醴陵釉下五彩瓷从原料到成品要经过近一百道工序，全部靠手工完成。制瓷填料、釉料和颜料均选用本地优质原料制作而成。其彩绘图画采用自制釉下色料，运用双勾分水填色等技法将画面溶于釉下，使其平滑光亮，具有饱满的水分感。覆盖在纹饰上的釉经高温烧成后，形成玻璃质，更显得莹润光洁。釉下五彩瓷所用颜料以金属氧化物为着色剂，其熔剂中不含铅、镉等有毒物质，能耐酸碱。坯件成型后须经800℃素烧，以提高坯件的强度。坯件彩绘完毕，以喷釉覆盖其画面，而后以1350℃—1410℃高温烧制出成品，使五颜六色的画面从釉层中显现出来。其使用釉下氧化钴着色的工艺被后世青花瓷器广泛采用。

醴陵釉下五彩瓷作品《书法麻雀》（江明智　摄）

醴陵釉下五彩瓷作品《小菖兰》（湖南省非物质文化遗产保护中心　提供）

近代以来，醴陵釉下五彩瓷器以其独特的工艺和优良的品质在国际国内屡屡获奖。1909年在“武汉劝业奖进会”上获得一等金质奖；1910年参加“南洋劝业会”获得一等金奖；1912年在“意大利都朗博览会”上获得最优奖；1915年在美国旧金山举行的“巴拿马太平洋万国博览会”上获得金牌奖。中华人民共和国成立后，醴陵釉下五彩瓷多次获得金奖和银奖，被选为中南海、人民大会堂等重要场所的专用瓷器，还多次作为国礼赠送给外国元首。

醴陵釉下五彩瓷烧制技艺是我国瓷器的一大发明，对世界陶瓷装饰方法产生了很大影响，具有较高的科技和历史文化价值。

879 VIII-96

申报地区或单位：广东省潮州市枫溪区

枫溪瓷烧制技艺

从八千多年前的新石器时代开始，广东潮州即已出现了瓷器。宋代以后，潮州枫溪成为陶瓷生产中心，这种情况一直延续至今。

枫溪瓷器烧制技艺有雕、塑、镂、捏、贴、刻、划、印、压等多种手法，装饰手段也丰富多彩，其中以镂雕、捏塑最为著名。枫溪瓷器艺人善于用写实、夸张、变形等手法塑造人物、动物形象，制成的产品具有很高的艺术性，光彩照人，独具神韵。枫溪瓷器烧制技艺中独树一帜的还有通体镂空艺术彩瓷与捏塑瓷花结合而成的通花瓷花技艺，即在原初的坯件上镂雕多式图案，并以瓷土捏塑多式花卉，而后入窑烧制。此外，还有多层次镂空和立体瓷塑花卉等独特工艺，均称得上技艺卓绝。

随着时代的变迁，瓷器生产企业改制，原有创作人员星散，不少瓷器老艺人为谋生被迫改弦易辙，中青年艺人多数下海经商，造成后继乏人的局面。目前枫溪瓷器生产大幅萎缩，一些技艺已经失传，急需保护抢救。

枫溪瓷制作场景
（广东省潮州市非物质文化遗产保护中心　提供）

三层1.3米枫溪瓷通花瓶
（叶竹青作，广东省潮州市非物质文化遗产保护中心　提供）

枫溪瓷作品《红楼十二金钗》（陈钟鸣作，广东省潮州市非物质文化遗产保护中心　提供）

880 VIII-97

申报地区或单位：广东省广州市

广彩瓷烧制技艺

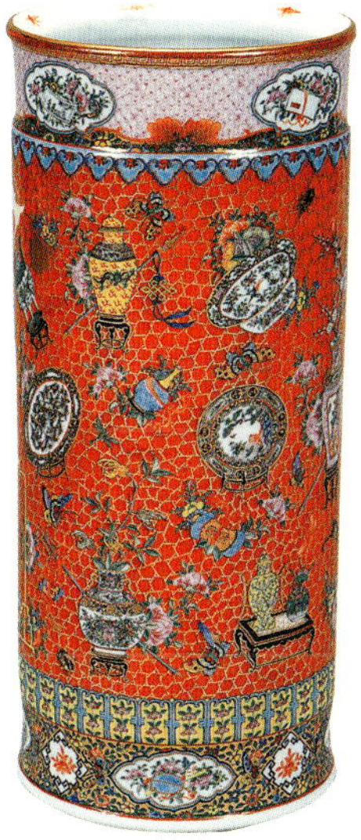

广彩瓷直筒瓶《叠彩生辉》
（余培锡作，广东省广州莲花彩瓷实业有限公司　提供）

老艺人制作广彩瓷场景（广东省广州莲花彩瓷实业有限公司　提供）

广彩瓷正德盘《蝶兰斗方》
（陈文敏制作并摄影）

广州广彩瓷烧制技艺是釉上彩绘的代表，它历史悠久，约始于清代康熙年间，至今已有三百余年。历史上，广彩瓷器曾因西洋商人的需求而大量出口。广彩瓷器题材广泛，色彩鲜明。其烧制技艺主要包括彩绘颜料制作、彩绘工具运用、封金"斗彩"技艺等。彩绘类型可分为手工彩绘、定烧彩绘、积金彩绘、岭南画派彩绘四大类。广彩瓷器品种繁多，主要包括日常用具、陈设及玩赏品、文具和娱乐用品、宗教法器等。

广彩瓷器有三彩、五彩、珐琅彩等不同的种类，还仿照西洋画法制成独特风格的彩绘瓷器。其烧制技艺根植于民间，体现出中西彩瓷技艺融合、颜料制作独特、岭南文化特色浓厚、彩绘手法和题材内容丰富这四大特征，具有重要的文化和历史研究价值。

作为岭南文化的重要载体，广彩瓷器烧制技艺至今在海内外仍享有崇高的声誉。

陶器烧制技艺

881 VIII-98

陶器烧制技艺·钦州坭兴陶烧制技艺

申报地区或单位：广西壮族自治区钦州市

广西钦州坭兴陶器起源于唐代，兴盛于清代咸丰年间。其陶泥质料选取的是钦州市钦江独有的西岸硬质土和东岸软质土，两种土混合后软硬相宜，泥质纯净细腻。坭兴陶器需经1200℃左右高温烧制而成，成品质地坚硬，打磨抛光后呈现古铜、墨绿、紫红、天斑等色，细致光润，色彩绚丽，无砂粒，无气孔，无毒性。

用坭兴茶壶贮茶，经过一两天仍能保持原来的茶色茶味。使用日久，壶里会积聚茶积（俗称“茶芽”），即使不放茶叶，只要冲进开水，仍会散逸出茶香。坭兴花盆、花瓶还具有护花功能，用以栽花或者插花，能使花繁叶茂。

老艺人向学徒传授雕花技艺场景（杨国光　摄）

钦州坭兴陶烧制技艺主要工序（杨国光　摄）

塑形

雕花

烧制

钦州坭兴陶器作品《壮乡石榴瓶》
（李人帡作，杨国光摄）

钦州坭兴陶器作品《高鼓花樽》
（杨国光　摄）

陶器烧制技艺·藏族黑陶烧制技艺

申报地区或单位：四川省稻城县
云南省迪庆藏族自治州
青海省囊谦县

尼西黑陶烧制技艺实践场景（赵天祜　摄）

藏族黑陶烧制技艺历史悠久，特色显著，主要分布于云南省迪庆藏族自治州香格里拉县尼西乡汤堆村、四川省稻城县赤土乡阿西村和青海省玉树地区囊谦县等藏民居住区。迪庆藏族自治州香格里拉县尼西乡汤堆村村民具有烧制黑陶的传统手工艺，这一技艺在当地的传承历史悠久，具有较高的研究价值。近年来，在文化旅游开发的环境下，汤堆村的原始制陶业得到发展。汤堆村的藏族黑陶烧制工艺采用黏性大、可塑性强的白色和红色陶土，加上风化沙石研磨而成的石粉，混合形成制坯原料。其制作工具以木拍、木刮、木垫、木榔头等为主，极其原始和简单。与此相比，烧制工艺就显得十分讲究了。烧制黑陶要依次经过选土、练土、制坯、镶瓷、磨光、装饰、阴干、烧制、渗炭、防裂等12道工艺。制作陶坯采用泥条盘筑的方

藏族黑陶制品
（云南省迪庆藏族自治州文化馆　提供）

法，技术要求较高。先是取揉拌均匀的陶土，用木拍打成条状后置于基座上，而后再根据所需器物的形制，用手捏出轮廓，接着磨光内外器壁和沿口，然后镶嵌白瓷片，点饰动物和几何纹图案，最后高温烧制约一小时后即成成品。

汤堆村藏族黑陶手工艺产品大致可分为日常生活用品和宗教用具两大类，它品种齐全，用途广泛，藏族人民使用的各种餐具、炊具、茶具、酒具、饮具及香炉、酥油灯等均一应俱全。这种陶器融使用性、观赏性、工艺性为一体，充分显示了藏族民间陶艺的创造力和表现力。

四川省甘孜藏族自治州稻城县赤土乡阿西村烧制藏族黑陶。阿西黑陶以当地泥土加上其他两种泥土混合成原料，然后借助捏、捶、敲、打等手工技艺使之成型，再用碎瓷片装饰花纹。这些步骤完成后，架起松柴点火烧制，黄褐色的陶土在此过程中变为黑色。烧制成的陶锅、陶罐、陶盆、陶壶、陶瓶都是藏族人民不可或缺的生活用具。最初藏民以陶锅等换取粮食和其他物品，现在阿西黑陶已走向市场，成为具有鲜明地方特色的手工制品。

藏族黑陶：脸谱（青海省文化和新闻出版厅　提供）

藏族黑陶烧制技艺主要工序（青海省文化和新闻出版厅　提供）

练土

制坯

制坯

制陶

佛像面制作

准备烧制

阿西藏族黑陶制作场景（齐明　摄）

阿西藏族黑陶作品（多吉　摄）

青海省囊谦县是玉树文明的发祥地，历史悠久，文化灿烂。囊谦藏族黑陶是囊谦地区传统的手工艺品，主要产于囊谦县山荣村。相传囊谦藏族黑陶技艺是唐代文成公主进藏和亲，途经玉树地区时流传到当地的，从这个角度来看，它是藏汉文化融合的结晶。

囊谦藏族黑陶采用原始手工方式制作，选材讲究，用当地纯净细腻的红胶土和黏土为原料，经手工捣碎、筛选、拉坯、晾晒、修整、压光、绘制等工艺制成坯体，封存于大陶罐中，然后采用独特的封罐熏烟渗碳方法烧制。烧制时严格控制温度和湿度，使碳粒在烟熏过程中渗入陶坯，最后成为“黑如碳，硬如瓷”的黑陶。囊谦藏族黑陶制品目前主要包括坛罐、壶、香炉、酥油灯具及宗教用品等，其中以宗教用品和贡品最为精致。囊谦藏族黑陶烧制技艺在藏文化发展史和藏汉文化交流史的研究方面都具有较高的学术价值。

藏族黑陶作品：吉祥壶（青海省文化和新闻出版厅　提供）

陶器烧制技艺·牙舟陶器烧制技艺

申报地区或单位：贵州省平塘县

牙舟陶器产于贵州省平塘县牙舟镇，其生产始于明代洪武年间，距今已有六百多年的历史。牙舟陶器烧制现仍保持原始古老的手工制作方式，以古朴淳厚著称，特色鲜明，具有较高的实用价值、观赏价值和收藏价值，尤其是陶器的玻璃釉能自然流淌，在烧制过程中随着温度的变化而产生各种纹理（俗称“窑变”），令人叹为观止。

由于现代生活的冲击，牙舟陶器生产正面临着前所未有的困境。一是当前不少老艺人相继辞世或年事已高，而当地的年轻人又纷纷外出打工，不愿学习制陶，牙舟陶器烧制技艺的传承有中断之虞。

牙舟陶器烧制技艺主要工序（吴永胜　摄）

拉坯

贴花

雕刻

手工上釉

出窑

二是生产成本不断增高，利润较低，产品又受到现代生活的冲击，销量骤减。三是设计人才缺乏，不能适应市场需要，进一步发展受阻。综上所述，牙舟陶器烧制技艺已面临失传的危险，亟待保护。

牙舟陶器作品《龙倒须壶》（吴永胜　摄）

陶器烧制技艺·建水紫陶烧制技艺

申报地区或单位：云南省建水县

建水县位于云南省南部，被誉为中国名陶的建水陶器就产于该县碗窑村。

碗窑村烧制建水紫陶的技艺始于清代道光年间，但此前碗窑村在宋元时代就已能够烧制一般陶器，遗存至今的元代龙窑和陶器残片即是明证。碗窑村以烧制陶器而得名，现有近三千人从事陶器生产。

建水陶器烧制技艺由制泥、手工拉坯、湿坯装饰、雕刻填

建水紫陶作品《宝相梅瓶》（云南省建水县　提供）

拉坯（云南省建水紫陶研究会　提供）

绘饰（云南省建水紫陶研究会　提供）

泥、高温烧制、无釉磨光等工艺组成。建水陶器所用的陶土呈紫色，故又称“紫陶”。成品无铅，无毒，具有良好的透气性能，其品质明净如镜，叩之清脆如磬。建水陶器多以传统中国书法、绘画作为装饰，风格古朴高雅，文气盎然。

陶器烧制技艺·荥经砂器烧制技艺

申报地区或单位：四川省荥经县

四川省荥经砂器是一种工艺性强、文化内涵丰厚的民间手工艺品。早在两千多年前，荥经已出现了砂器生产。荥经砂器制作沿用历史上遗留下来的传统手工生产方式，分为采料、制坯、上釉、烧制等工序，制坯造型是其中的重要环节。生产过程中，手工操作力度的轻重、图案的精粗、打磨的程度、上釉的优劣、焙烧的火候等都直接关系到成品的质量。

荥经砂器烧制技艺主要工序（四川省荥经县文化馆　提供）

制坯

窑闭取釉

上釉

焙烧

荥经砂器的原料主要是黏土和煤渣。粉碎工序采用役牛碾细的原始方法，在原料和水后，经牛踩完成。制坯则采用托转盘、脚蹬踩转盘的方式，其后的成型、贴花、雕刻、造型等均在成型工序内完成。荥经砂器的晾晒采用自然阴干法，杜绝暴晒。阴干的毛坯放入特制的地坑或烧窑，点火封闭，以1000℃以上的高温焙烧。出炉时将带着高温的产品放入上釉地坑燃烧上釉，最后形成成品。

荥经砂器作品《高颈茶具》（四川省荥经县文化馆　提供）

蚕丝织造技艺

蚕丝织造技艺·余杭清水丝绵制作技艺

申报地区或单位：浙江省杭州市余杭区

浙江省杭州市余杭区地处杭嘉湖平原，当地出产的清水丝绵有着悠久的历史。早在周代，这里已家家户户种桑养蚕。到唐代开元年间，余杭清水丝绵远近闻名。这种丝绵具有色泽洁白、厚薄均匀、质地柔韧等优点，因而被朝廷列为贡赋。南宋时期，余杭丝绵冠于全浙。清代以后，清水丝绵名声更大，康熙年间曾远销日本。民国时期，余杭“老恒昌”清水丝绵更是享誉国内外。1929年，余杭清水丝绵在西湖博览会荣获特等奖。

余杭清水丝绵以水净漂清而得名。余杭位于苕溪两岸，天目山泉泻于苕溪，温而不寒，杂质较少，利于制绵。清水丝绵的制作需经历一个去除蚕丝外层丝胶的过程，包括选茧、煮茧、漂洗、剥茧做、扯绵撑、晒干等六道工序。制作中丝胶去除愈净，丝绵质量愈好。余杭清水丝绵制作对手工技能的要求很高，其生产完全依靠制绵者的技巧来完成。长期以来，清水丝绵制作技艺以口传心授的方式世代相沿不绝，在此过程中，传承者积累了丰富的实践经验，并不断将之融汇到制绵技艺中，使这一技艺成为余杭人民集体智慧的结晶。余杭制作的清水丝绵色白体匀，手感柔滑，弹性好，拉力强，无绵块、绵筋和杂质，品质优异，向为世人所重。

20世纪70年代以来，余杭境内的大批桑树遭到砍伐，加之蚕桑生产经济效益不高，蚕桑养殖大量减少，蚕户纷纷转行，使得丝绵制作原料缺乏，成为无源之

余杭清水丝绵成品（浙江省杭州市余杭区　提供）

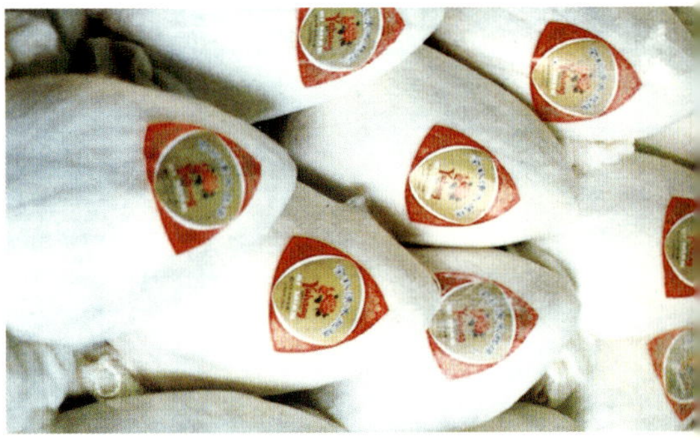

包装贴牌后的余杭清水丝绵（浙江省杭州市余杭区　提供）

余杭清水丝绵制作技艺主要工序（唐永春　提供）

剥茧

扯大兜

扯绵

扯绵兜

晒绵

水。同时，由于科技的发展，新技术对传统工艺造成了巨大冲击，清水丝绵制作技艺一时难以为继。保护和传承这项古老的工艺已成为迫在眉睫的任务，需要政府部门和民间社会共同努力完成。

蚕丝织造技艺·杭罗织造技艺

申报地区或单位：浙江省杭州市福兴丝绸厂

杭罗与苏缎、云锦同为中国华东地区的三大丝绸名产。杭罗原产杭州，系用纯桑蚕丝以平纹和纱罗组织而成，其绸面有等距的直条形或横条形纱孔，孔眼清晰，质地光柔滑爽。这种织品穿着舒适凉快，耐穿耐洗，多用作帐幔、夏季衬衫和便服面料等。

织造杭罗的机器（浙江省杭州市非物质文化遗产保护中心　提供）

技师织造杭罗场景（浙江省杭州市非物质文化遗产保护中心 提供）

杭罗织造工艺：撑幅（浙江省杭州市非物质文化遗产保护中心 提供）

杭罗成衣（浙江省杭州市福兴丝绸厂 提供）

杭罗成品的花纹（浙江省杭州市福兴丝绸厂 提供）

杭罗历史悠久，早在宋代地方志中就已有记载，至清代成为杭州丝绸的著名品种。生产杭罗的织机几经变革，但其生产流程中仍保持着大量精细缜密的手工技艺，对生产者技能的要求极高。原料丝进厂后，必须严格检验、筛选，历经浸泡、晾干、翻丝、纤经、摇纡等系列工艺，然后才能上机织造。织成的粗坯还要经过精练、染色等工序，才能成为精致的杭罗。

由于工艺复杂，杭罗历来传人不多。20世纪以来，在化纤织物的强烈冲击下，传统的丝绸生产举步维艰，杭罗生产尤为困难。目前生产杭罗的仅有福兴丝绸厂一家，厂长出身于杭罗世家，直接承传了杭罗的织造技艺。福兴厂生产的杭罗历来由北京“瑞蚨祥”、苏州“乾泰祥”等老字号经销，深受国内外消费者欢迎。现在该厂的杭罗生产正面临着重重困难，亟待抢救保护。

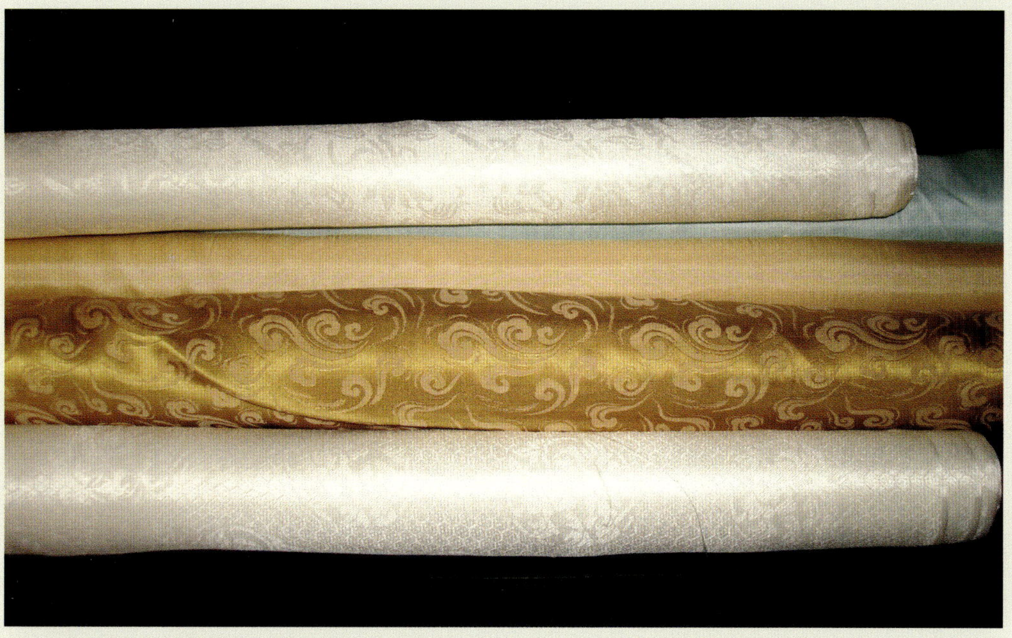

双林绫绢成品：花绫和锦绫（盛昌民　作）

蚕丝织造技艺·双林绫绢织造技艺

申报地区或单位：浙江省湖州市

浙江省湖州市双林绫绢传统织造技艺源远流长，绫绢是绫与绢的合称，“花者为绫，素者为绢”。据记载，东晋时双林已盛产绫绢。太元年间（376—396），著名书法家王献之出任吴兴郡（今浙江省湖州市）太守时就曾以白绢书写。南北朝时期的宋代（420—479），双林绫绢已闻名于世，远销林邑（今越南）、扶南（今柬埔寨）、天竺（今印度）、狮子国（今斯里兰卡）等十多个东南亚国家。至唐代，双林镇绫绢被列为贡品，并远销日本。据《吴兴县志》载，明代双林镇的绫绢织造技艺更为发达，织品巧变百出，名目繁多，有花有素，轻重兼备，尤以东庄倪姓所织双龙缎为最佳，其缎上有双龙，龙睛突出，闪烁发光，一时被称为极品，专用于朝廷奏本。

声誉卓著的湖州双林镇绫绢是我国丝织文化的重要组成部分，其织造技艺一直沿袭至今。在第五届亚太博览会上，“汉贡牌”花绫荣获金奖，得到业内外人士的一致好评。但在目前形势下，湖州丝织工艺逐渐趋于萎缩，双林绫绢织造技艺的继承亦因此而受到影响，对这一具有重要历史价值的传统手工艺加以保护，应引起有关方面高度重视。

绫绢制作工艺：织造（盛昌民　摄）

883 VIII-100

申报地区或单位：河北省魏县、肥乡县
新疆维吾尔自治区伽师县

传统棉纺织技艺

河北省肥乡县的织字土布工艺（刘庆峰　摄）

我国传统纺织技艺历史悠久，自7世纪棉花从印度传入后，中国纺织业即由麻纺转为棉纺。到元代，在黄道婆纺织技术改革的影响下，河北魏县、肥乡县等地的纺织业逐步发展兴盛起来，用土布裁制的衣被成为人们生活的必需品。

河北省魏县的传统纺织技术工艺比较繁杂，包括搓花结、纺线、打线、染线、浆线、络线、经线、印布、掏缯、闯杼、绑机、织布等十二道工序。决定纺织布条格、花纹的关键工序是经纬色线的设计排列和缯的确定。缯有二页缯、三页缯、四页缯三种，二页缯用单梭能织出白布和条纹布，经纬色线的有序排列则能织出多样的方格布。魏县广大妇女经过长时间的生产实践，创造出了二百余种条格和花纹布的织造样式。

河北省肥乡县的织字土布有纺线、拐线、浆线、络线、经线、刷线、印线、掏缯、闯杼、上机、贴字模等工序，技艺十分独特。织造时把书法样模贴在织布机卷

河北省魏县传统棉纺织技艺主要工序

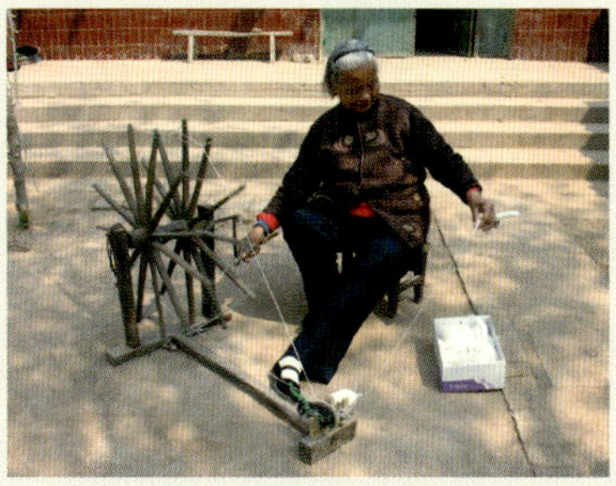
纺线（陈达非　摄）

浆线（霍连文　摄）

印布（霍连文　摄）

河北省肥乡县织字土布上织出的书法作品（刘庆峰　摄）

布轴下，透过经线可以看到字体样模，按字体串梭便可织出相应的字样。除书法外，运用肥乡县织字土布技艺还可织出胡椒花、斜纹、鱼眼、许状元拜塔、蝴蝶等图案。到20世纪60年代，由于机器纺织业的发展，土布生产渐渐衰落下去。目前，老年织造技工相继去世，青年人不愿学习这门传统手艺，导致织字土布技艺失传，保护抢救已刻不容缓。

传统棉纺织技艺展示场景（王林菲　摄）

在织布机上绕经线（李凯春　摄）

织布机（李凯春　摄）

棉纺织技艺传授场景（李凯春　摄）

新疆伽师县维吾尔族传统手工棉纺织技艺具有广泛的群众基础，其古老的生产方式现在仍有保留，工艺程序依次为弹花、纺线、拐线、络线、经线、印布、掏缯、织布等。19世纪，伽师县维吾尔族传统手工纺织技艺在每个村都有专业户，生产的棉布深受群众喜爱。作为新疆地区传统文化的重要组成部分，传统手工纺织技艺反映和表现了西北民族共同的思维习惯和生活习俗，规范着人们的生活方式，具有重要的文化价值和实用价值。

20世纪90年代以后，随着工业化进程的加快，各种新型服装面料涌入市场，现代纺织品代替了手工织布，这给维吾尔族传统手工纺织技艺造成了很大的冲击，导致手工纺织的市场需求减少，手工纺织艺人纷纷转型改营他业，手工织布专业户骤减至目前的十余户。现有的老织工平均年龄近六十岁，从事纺织已渐渐力不从心，而年轻人又不愿意继承传统的手工纺织技艺，维吾尔族传统手工纺织技艺正濒临灭绝，急需引起关注。

新疆维吾尔自治区伽师县传统棉纺织作品（李凯春　摄）

毛纺织及擀制技艺

毛纺织擀制技艺是一种特殊的织造工艺，它先将羊毛、骆驼毛等用热水浸湿，然后加以挤压，用棍棒碾轧和揉搓等方式使毛绒粘合在一起，形成名为“毡”的无纺织型毛织品。毡在古代称为“氈”或“氀”，早在新石器时代，我国就已有用棍棒碾轧制毡的工艺。周代史籍记载：毡，撚毛也，揉毛或毡。北魏（386—534）时期贾思勰的《齐民要术》称：“凡作毡不须厚大，唯紧薄均调乃佳。”可见当时毡的制造已较为常见。进入唐代，毡的使用更加普遍，原州（今宁夏固县）、灵州（今宁夏灵武县）、宁州（今甘肃宁县）、丰州（今内蒙五原县）的鞍毡均闻名西北。据《新唐书》记载，吐蕃国（位于今青藏高原）也以红毡、霞毡著称，并进贡长安。目前毡的主要产地集中在四川、甘肃、青海、内蒙、宁夏等西北少数民族地区，根据用途可分为多个品种，其中包括炕毡、坐垫毡、祈祷毡、内围毡（围于蒙古包等内壁）、外围毡（围于外壁）、彩色毡（以彩色羊毛擀制而成）、绣活（饰以刺绣）、剪刻毡（按毡上彩色图案轮廓剪成立体状）、火炉毡（置于火炉旁）等。毡还可用于缝制挎包、褡裢、杂物袋等，是西北少数民族日常生活中不可缺少的必需品。

毛纺织及擀制技艺·彝族毛纺织及擀制技艺

申报地区或单位：四川省昭觉县

四川省凉山彝族自治州位于四川省西南部，是我国最大的彝族聚居区。彝族主要生活在海拔两千五百米左右的凉山地区，这里盛产绵羊，彝族人在长期的生产生活中形成了以羊毛和羊皮制作袈什、瓦拉、毛裙、毡帽、毡袜等服饰的习俗。

“袈什”汉语名为披毡，主要以羊毛擀制而成。它是彝族男女老少不可或缺的服饰，颜色以黑、白、蓝为主。擀制袈什的工具包括竹席、弹弓、夹板、竹帘等，擀制的工序比较复杂。袈什有

彝族毛纺织成品：擦尔瓦（游小军　摄）

彝族毛纺织及擀制技艺主要工序（游小军　摄）

弹羊毛

纺线

擀制

彝族妇女织布场景（游小军　摄）

单层和双层之分，单层袈什擀制完成后，加水打湿，叠成30至90个2寸宽的皱褶，而后再用夹板夹起晒干，即制作完成。单层袈什一般用2至3斤羊毛擀制，双层袈什则要用5至7斤。

“瓦拉”是另一种彝族的代表性服装，其制作工艺由剪毛、捻线、弹毛、搓线、织毛布、缝制等环节组成。毛布织成以后，按照设定的长度用剪刀剪裁，再把单幅的毛布缝制连缀起来，就形成瓦拉的雏形。随后把织布时预先留下的垂线三线一股、三股一根地搓成一根根一尺左右的吊须，再在领口处缝上一根毛线编制的扁形毛绳，收拢领口。这样，一件完整的瓦拉便制作成功了。瓦拉分有吊须和无吊须两种款式，可单件穿着，也可搭在披毡外面。除原毛色外，彝族人还常常根据自己喜欢的颜色，用植物染料把瓦拉染成蓝、青等色。彝族瓦拉具有厚重、保温、耐用等特点，夏日能防晒，冬季可保暖，是彝族人民常年必备的衣物，充分显示出与其他少数民族服装相区别的特色，具有标志性的意义。

凉山彝族毛纺织和擀制技艺工序复杂，费工费时，目前从事这一技艺的工匠正日益减少，需要积极开展相关的抢救保护工作。

毛纺织及擀制技艺·藏族牛羊毛编织技艺

申报地区或单位：四川省色达县

藏族牛羊毛编织技艺是草原特定生态环境的产物，从远古至今，这种技艺及其制品一直伴随着草原牧民，成为其历史文化中的重要组成部分。千百年来，四川省色达县藏族牧民从日常生活用品到衣着和居住帐篷等，都离不开牛羊毛编织技艺。色达县毛绒织品是以牦牛、绵羊、藏山羊等牛羊毛为原料，应用纺织、擀制工艺加工生产而成的，既保温防潮，又经久耐用，极具青藏高原特色。

编织帐篷最重要的工序：织褐（刘波　摄）

藏族牛羊毛编织技艺的基本工序由原材料加工、牛羊毛擀制、纺线、织褐、裁剪、缝制等环节组成，其中还包括擀毡歌、结绳、编绳、帐篷缝合等，充分反映出草原牧业文化的深厚内涵。用牛羊毛纺织和缝合的帐篷是牧区最典型的传统手工艺品，是牧民在“逐水草而居”的过程中自然形成的基本生活设施。牛毛帐篷既是牧民游牧的住房，又是生产工具，其形制、颜色十分特殊，是高原牧区民居建筑的典型样式。

藏族牛羊毛编织技艺：纺线（刘波　摄）

藏族牛羊毛绒编织成品（刘波　摄）

毛纺织及擀制技艺·东乡族擀毡技艺

申报地区或单位：甘肃省东乡族自治县

东乡族自治县位于甘肃省中部西南，擀毡是东乡族家庭必备的炕上用品。早在元代至元年间，东乡境内已出现了擀毡工艺，它是由东乡族先民撒尔塔人从中亚传入的。历史上这一技艺在整个自治县境内均有流传，而以龙泉、董岭等乡最为突出。

擀毡是东乡族的传统工艺，其工序包括选毛、弹松、成形、洗毡等。毛毡的种类有春毛毡、沙毡（山羊毛制成）、秋毛毡和绵毡等，其中以秋毛毡和绵毡为佳。毛毡按大小规格通常可分为四六毡（宽4尺、长6尺）、五七毡、单人毡、礼拜毡等，按颜色则可分为白毡、花毡、红毡、瓦青毡（黑白羊毛混合制成）等。此外，毛毡还可以制成毡帽、毡鞋、毡鞍鞯（垫马鞍用）等。东乡毛毡以柔软、舒适、匀称、洁净、美观大方、经久耐用而驰誉西北，深受各族人民及牧区群众的喜爱。正因如此，它在当地成为姑娘出嫁时重要的陪嫁品之一。

随着社会的发展和时代的变迁，制毡工艺受到现代纺织技术的冲击，几近失传，擀毡技艺后继乏人，急需保护。

东乡族擀毡技艺主要工序（唐致福　摄）

选毛

弹松

成形

洗毡

成品毡

885 VIII-102

申报地区或单位：江西省万载县
重庆市荣昌县

夏布织造技艺

夏布织造场景（江西省非物质文化遗产研究保护中心　提供）

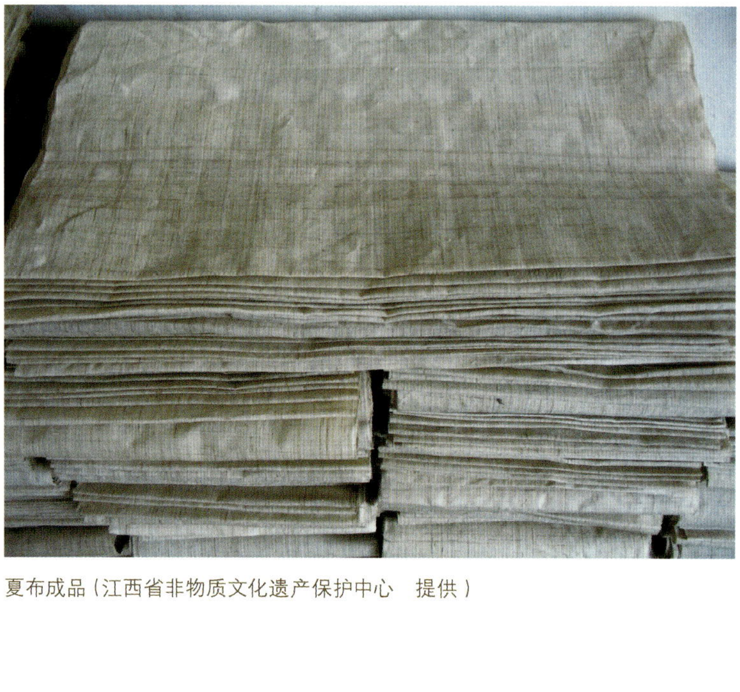

夏布成品（江西省非物质文化遗产保护中心　提供）

夏布生产可溯源到东晋后期，唐代夏布被列为贡品，以江西万载和四川荣昌生产的夏布为主要代表。

万载夏布是江西传统手工布的典型，它起源于东晋，至今已有一千五百余年的历史。由于新织麻纱呈圆形，又称“圆纱夏布”。它与外地的扁纱夏布相比，质地更好，麻更精细、更耐用。这种夏布品质精细，边缩平整，织造均匀，色泽清秀，透气性强，凉爽清汗，不起皱，不变形，易洗涤，越洗越白，是一种纯手工、纯环保的产品，对人体和环境没有任何污染。由苎麻到夏布，整个生产工艺过程主要分为苎麻种植、原料制作、夏布制作三个部分、几十道工序。万载夏布按规格可分为四种，按品质分为五个品型，按等级分则有五等。万载夏布可用于服装、帷帐、工艺品等的制作，也可用来题诗作画。

荣昌县地处重庆市西部，夏布织造主要分布在该县的盘龙镇。荣昌夏布历史久远，汉代称为“蜀布”；唐宋时期称为“斑布”、“筒布”，主要用作贡品。清代康熙年间作为商品生产，以后销往省外，甚至远销朝鲜、日本

夏布织造工艺：绩纱（江西省非物质文化遗产研究保护中心提供）

夏布织造技艺传承场景（江西省非物质文化遗产研究保护中心提供）

重庆市荣昌县夏布织造技艺主要工序（甘勇　摄）

穿扣

刷浆

编布

过浆

荣昌夏布成品

和南洋等地，成为荣昌著名的传统手工艺品。荣昌盘龙镇夏布以苎麻为原料，成品有细布、粗布、罗纹布三大类别。其生产工艺包括打麻、挽麻团、挽麻芋子、牵线、穿扣、刷浆、织布、漂洗、整形、印洗等工序，织成的夏布细密平整，莹洁润滑，坚韧耐用。由于麻质的特性，这种布穿后易洗易干，古朴雅致，美观大方，凉爽吸汗，舒适宜人，是人们夏日衣着用料的上等佳品。

目前机械生产的化纤布日益增多，加之传统夏布的原料苎麻日益减少，夏布生产的利润越来越低，许多人不愿从事此项繁复的手工技艺，同时夏布的印染技艺也后继乏人。在此情况下，我国夏布织造技艺濒临消亡的危境，有待抢救保护。

886 VIII-103

申报地区或单位：山东省鄄城县、嘉祥县

鲁锦织造技艺

鲁锦是山东的纺织品，系用彩色棉线分经纬织造而成，因其上的几何图案绚丽似锦，故名“鲁锦”，在鲁西南俗称“土布”、“粗布”等。鲁锦织造技艺主要分布在山东省济宁、菏泽两市及周边地区，其中尤以鄄城县和济宁市的嘉祥县为代表。

鄄城县鲁锦约始于元代，清代濮州（今山东省鄄城县）的鲁锦曾被用作贡品。鄄城县鲁锦用色线交织成各种几何图案，并通过几何图案的平行、重复、连续、间隔、对比等变化形成特有的节奏和韵律，图案精致古雅，色彩绚丽，品种繁多，

鲁锦织造技艺主要工序

纺线（侯秀迪　摄）

掏综（路维民　摄）

织布（梁海涛　摄）

鲁锦围巾（路维民　摄）

鲁锦成品（梁海涛　摄）

鲁锦成品（梁海涛　摄）

质地细密，舒适耐用。其独特的手工提花织造工艺和色彩对比强烈的图案，与山东其他地区的手工织布有着明显的区别，具有鲜明的地方特色。

在漫长的岁月中，心灵手巧的鄄城农家妇女不断创新、改进鲁锦织造工艺，逐渐形成现代鲁锦融提花、打花、挑花工艺于一体，于浑厚中见艳丽、粗犷中显精细的独特风格。鲁锦过去多用作嫁妆，大大增强了当地婚嫁民俗的喜庆意味。

嘉祥县早在春秋时代便产桑蚕，纺织业十分发达。元代以后，棉花在山东大面积种植，嘉祥人民将传统的丝织技艺应用于棉纺织技艺，形成民间棉布织锦。嘉祥县鲁锦织造技艺共有72道工序，经线、闯杼、掏缯是其中最主要的环节。嘉祥县的鲁锦织造能够染成22种色线，织出两千种左右的图案。嘉祥县鲁锦图案美观，种类繁多，寓意吉祥，且采用天然原料，纯手工织造，舒适、环保，应用广泛，具有很强的实用价值。

鲁锦织机（梁海涛　摄）

887 VIII-104

申报地区或单位：湖南省通道侗族自治县

侗锦织造技艺

侗族妇女织造侗锦场景（吴景军 摄）

侗锦织造技艺主要分布在湖南省通道侗族自治县，其历史可追溯到距今两千多年的春秋战国时代。两汉至唐宋时期，侗族先民的纺织和印染工艺已形成自己独特的风格。明清时期，随着侗民族的形成及其民族传统文化的日趋成熟，侗锦织造技艺也得到极大的发展。

侗锦分素锦、彩锦两种，都以手工操作织成，需要经过轧棉、纺纱、染纱、绞纱、绞经、排经、织锦等工序。侗族妇女通过织锦展示她们的聪明才智和精湛的手工技艺。侗锦图案演绎了侗族的历史和文化，反映了侗族人民的图腾崇拜、宗教信仰以及避凶趋吉、消灾纳福、与自然和谐共存等民族文化心理。富有民族特色的图案，丰富而深刻的文化内涵，亮丽和谐的色彩，高雅凝重的品质，使侗锦成为我国著名的织锦之一，具有独特的文化艺术价值、社会历史价值和科学技术价值。

进入21世纪以来，我国民族地区的社会经济有了突飞猛进的发展，少数民族传统与生活习俗受到工业文明的冲击，侗锦这一传统工艺的传承同样也受到影响。保护少数民族传统文化、保护侗锦这一优秀的民族传统工艺已刻不容缓。

侗锦织品上的哆耶舞图案与斗鸡图案（张红　摄）

侗族妇女在纺纱（张红　摄）

888 VIII-105

申报地区或单位：贵州省麻江县、雷山县

苗族织锦技艺

苗族织锦技艺传承场景（杨玄青　摄）

贵州省苗族织锦距今已有七百余年的历史。20世纪90年代以前，苗族织锦以母传女的方式世代相传，盛行不衰。麻江县苗族织锦主要有锦布和花带两种。锦布一般宽一尺余；花带根据用途宽窄不一，宽者五六厘米，窄者仅二三厘米，长度同样根据需要确定。苗族织锦所用丝纱分素、彩两种，彩纱可有五色。织锦图案多源于生产、生活，以自由灵活的装饰纹样为主，主体是几何图形，以大菱形为框架，各种图案花纹相互连接在一起，布满画面，整体图案规整紧凑，饱满对称，美观大方。

雷山县苗族织锦有手织和机织两种，而以手织为主。所谓手织，是将织锦带的一端系于固定的树干，一端系在织者的腰带上，然后用综线在织锦带上挑织经线纬线。织平布的综线只要两综，一般用黑线和白线即可织成；织锦则至少要五综以上，经纬交织，显出立体感较强的图案。一般情况下苗锦都是反面织线，正面现图，交替使用红与绿、黑与白等彩线以造成颜色的交错，在对比中实现图案的和谐统一。

身穿苗族织锦服饰的苗族妇女（聂凯华　摄）

苗族锦缎服饰（杨玄青　摄）

苗锦是苗族人民生活中不可或缺的物品，多用做衣服、围腰、背带、背包、腰带等的面料。它反映着苗族的历史和社会形态，具有学术研究价值。织锦本身构图精美，图案灵活多变而又协调对称，立体感强，具有极高的美学研究价值。

由于苗族织锦全是用手工织造而成，既费时又辛苦，而年轻一代的苗民喜欢穿着汉装，不愿穿本民族服装，所以现在从事苗锦织造的人不多，爱好而愿意学习的也为数极少。目前这门富于特色的手工技艺已经濒临失传，掌握它的只有极少数中老年妇女，保护苗族织锦技艺已成为当务之急。

苗族妇女在织锦（杨玄青　摄）

苗族织锦（聂凯华　摄）

织机（聂凯华　摄）

织机上用的线网（聂凯华　摄）

889 VIII-106

申报地区或单位：云南省西双版纳傣族自治州

傣族织锦技艺

傣族妇女在织锦（段其儒　摄）

傣族织锦是傣族先民劳动的产物，是傣族传统手工艺最早期的重要品种。傣族织锦与傣族人民的日常生活及佛教信仰、鬼神崇拜等方面都有着紧密的联系，在傣族社会生活中占有相当重要的位置，具有独特的历史文化价值和美学价值。

傣族织锦出于妇女之手，体现了傣族地区男耕女织的农耕社会风习。傣族妇女劳作之余，在彩锦上织造出高洁的荷花、挺立的槟榔、吉祥的孔雀、庄重的大象、威严的麒麟和龙凤、佛塔等图案，表达了傣族人民对真善美的追求和向往。

傣族织锦往往以白底衬托单一独立的图案或多次重复的连续图案，还有些图案呈现为剪影式的侧面造型，形象生动、轮廓鲜明，给人以深刻的印象。此外，傣族织锦还强调图案的对称性、对比性和连续性，讲究疏密结合、具象和抽象结合。傣族织锦既含蓄又明朗，想像丰富，构思巧妙，手法独特，在我国织锦艺术中占有重要的一席之地。

但是，由于扶持、保护不力，傣族织锦技艺现在正面临灭绝之境。科学、合理地保护和开发傣族织锦，对于弘扬傣族的优秀文化具有不容低估的重要意义。

挂毯上的傣族织锦图案（阮宏　摄）

890 VIII-107

申报地区或单位：广东省佛山市顺德区

香云纱染整技艺

晾晒香云纱（广东省佛山市非物质文化遗产保护中心 提供）

佛山市顺德区位于珠江三角洲腹地，素有“南国丝都”之美誉，这里完整保存了香云纱的染整技艺。香云纱染整技艺即晒莨，是采用植物染料薯莨为丝绸染色的一种工艺。唐代已有关于薯莨的记载，北宋沈括和明代李时珍都曾记述过薯莨的染色作用。明代永乐年间，广东莨纱已经出口到国外，清末民初生产的莨纱更是受到国内外市场的欢迎。佛山市顺德区的养蚕缫丝业有着悠久的历史，20世纪20年代缫丝业鼎盛时期，顺德有晒莨工厂五百多家，工人一万余人，日产香云纱四千多米。

香云纱又名“响云纱”，具有多种优点，它挺爽柔润，日晒和水洗牢度佳，防水性强，易洗易干，色深耐脏，不沾皮肤，轻薄不易起皱，柔软而富有身骨，经久耐穿，非常适合炎热的夏天穿着，因此深受广大消费者欢迎，闻名中外，曾远销欧美、印度、南洋等地，被海外人士誉为“黑色闪光珍珠”服装，成为中国丝绸的著名产品。香云纱在14道工序的染色过程中，只采用天然植物薯莨的汁液和含有高价铁离子的河涌泥，不含任何化学助染剂，也不产生污染环境的有害废料。

由于香云纱系纯手工制作，工艺繁复，产量少，而且受天气和环境限制，所以产量不高，从业人员日益减少。现在顺德的伦教成艺晒莨厂已成为仅存的一家晒莨厂，而且厂内通晓晒莨的只有两名师傅。香云纱染整技艺后继乏人，已经濒临失传，急需抢救。

佛山传统双井对鱼纹莨纱（广东省佛山市非物质文化遗产保护中心　提供）

香云纱染整技艺主要工序（梁丹　摄）

浸莨水

晒莨

洗泥

卷绸

891 VIII-108

申报地区或单位：贵州省惠水县、麻江县

枫香印染技艺

瑶族妇女在点花（聂凯华　摄）

枫香印染是一种独特的民间手工技艺。其工艺流程是先在老枫香树脂中加入适量牛油，用文火煎熬后过滤形成枫香油，然后用毛笔蘸上即时溶化的枫香油，在自织的白布上描绘图案，再用蓝靛浸染，沸水脱去油脂，清水漂洗，晒干，碾平。贵州省枫香印染主要集中在贵州省麻江县和惠水县。

麻江县瑶族枫香印染技艺主要流传于以麻江县龙山乡河坝村为主的18个自然村寨，在邻近的干桥、秧塘村的部分村寨也有流传。清代的众多地方志对此均有记载。麻江县瑶族枫香印染中，技艺和用料自成一体，极为讲究，所用材料均取自天然枫香树油和牛油，用配制成的油料在布上绘图点花，渗透力强，风干后质地柔软，图案清晰，色彩对比强烈。产品主要用于服装、背带、被面等。瑶族人民有语言无文字，枫香印染技艺全靠口传心授，印染的图案承载了瑶族的历史变

枫香印染工序：在白布上描绘图案（王煜　摄）

枫香印染童装（聂凯华　摄）

迁、生活状况、民俗风情等人文信息，具有珍贵的民族历史、民俗学和美学研究价值。

惠水县枫香印染技艺流传于惠水县城东南部，承传者以布依族民众为主，至今已有一百五十余年的历史。印染成品主要用以裁制床单、被面、帐沿、服饰等。惠水县枫香印染图案清新明快，画面精细，纹样寓意吉祥，独具风格，其青、蓝、白色的图案蕴蓄着深厚的民族文化内涵。

但是，枫香印染技艺生产费工费时，同时目前年轻人大多崇尚时装，不喜传统印染产品，导致枫香印染急剧衰落。现麻江县龙山乡河坝村只有10人掌握枫香印染技艺，实际操作的染匠仅有2人。枫香印染技艺后继乏人，保护工作迫在眉睫。

瑶族妇女将点好花的头巾染色（聂凯华　摄）

枫香印染床单（王煜　摄）

892 VIII-109

申报地区或单位：新疆维吾尔自治区洛浦县

新疆维吾尔族艾德莱斯绸织染技艺

艾德莱斯绸成品（阿不都力米提·吐送巴克 摄）

艾德莱斯绸是新疆维吾尔自治区洛浦县著名的民族工艺品。该县的吉亚乡和布亚乡是艾德莱斯绸的重要发源地。

艾德莱斯绸可分为四大类，一是黑主色类绸，图案纹样主要有耳坠、流苏、栅栏、公羊角、镰刀、花卉等；二是红主色类绸，图案纹样主要有梨、苹果、锯子、木槌、植物叶、小花、热瓦甫琴、巴达木杏等；三是黄主色类绸，图案纹样主要有苹果、木梳、链条、栅栏、巴旦杏等；四是莎车类绸，色与色之间彼此相隔，形成多组合形式，呈现出一种跳跃的韵律。

吉亚乡有艾德莱斯绸织艺培训学校，注册登记的艾德莱斯系列产品“沙漠之花”、“沙漠丽人”十几年来受到国内外游客的普遍欢迎。目前，吉亚乡艾德莱斯绸织艺培训学校在保护、发展艾德莱斯绸织染技艺方面的作用正在不断加大。

新疆维吾尔族艾德莱斯绸织染技艺主要工序（阿不都力米提·吐送巴克 摄）

将蚕茧的丝线抽出

扎染

给丝线染色

解开扎上的部位

织艾德莱斯绸

893 VIII-110

地毯织造技艺

北京宫毯织造技艺
阿拉善地毯织造技艺
维吾尔族地毯织造技艺

手工羊毛栽绒地毯织造技艺是我国富于民族特色的手工技艺，它将羊毛线盘绕起来打成结扣，栽在由经纬棉线交织而成的地毯底基上，以形成高出的绒面。我国以羊毛线编织地毯约始于新石器时代，从新疆维吾尔自治区罗布泊地区和民丰县汉墓出土的双股羊毛线栽绒地毯来看，东汉时期地毯编织已经达到了很高水平。唐代宫廷和富豪宅第均铺设地毯。元代，受蒙古族生活方式影响，宫廷设置剪毛花毯作坊等。明清两代，甘肃、新疆、宁夏、内蒙古、北京等地的地毯织造得到迅速发展。

地毯的织造技艺包括设计、织造、平活、剪片(用剪刀将平面图案剪成立体状)、洗毯、整理等环节。织毯的羊毛线有的仍采用古代植物染料加以印染。我国地毯不仅是少数民族生活的必需用品，而且大量出口到海外。地毯的图案吸收了古代青铜器、刺绣、织锦、瓷器等图案的特点，新疆、内蒙古、青海、宁夏、西藏等地少数民族的地毯更呈现出各自不同的艺术特色。

地毯织造技艺·北京宫毯织造技艺

申报地区或单位：北京市

北京手工地毯旧称“官坊毯”，又称“宫毯”。织毯技术西汉时由西域传入我国，到唐代，中原地区的地毯织造已大致成熟。元代织毯业兴盛，出现了大规模的织毯作坊。明代官营织毯机构开始织造高质量的官坊毯，入清以后，北京官坊毯的图案渐渐形成多民族色彩、纹样相融合的艺术风格。

20世纪以来，北京宫毯得到了进一步的发展。1900年，北京宫毯在法国巴黎世博会上获得金奖。1920年，北京宫毯作坊已有354家，成为中国地毯的主要产地之一。1956年，公私合营的北京第一地毯厂成立，后与地毯三社合并，更名为“西城地毯厂”，1965年又更名为“北京市地毯五厂”。70年代末到90年代初，北京宫毯出口处于鼎盛期，在国际上获得广泛的声誉。

花鸟纹宫毯（北京市地毯五厂　提供）

北京手工地毯织造技艺主要包括三个方面的内容：一是织毯使用专业设备，即机梁；二是织毯专用工具和量具；三是织毯按传统可分为抽绞地毯织造和拉绞地毯织造两种技艺类型。北京宫毯生产的工艺流程主要由前期准备、织毯成型、美化整理三个工序组成，其特点是：一、图案设计精细，构思完美；二、选料精心，配线

北京宫毯纹样《吉祥》（北京市地毯五厂　提供）

北京宫毯纹样《火光》（北京市地毯五厂　提供）

北京宫毯纹样《云鹿》（北京市地毯五厂　提供）

北京宫毯纹样《岁寒三友》（北京市地毯五厂　提供）

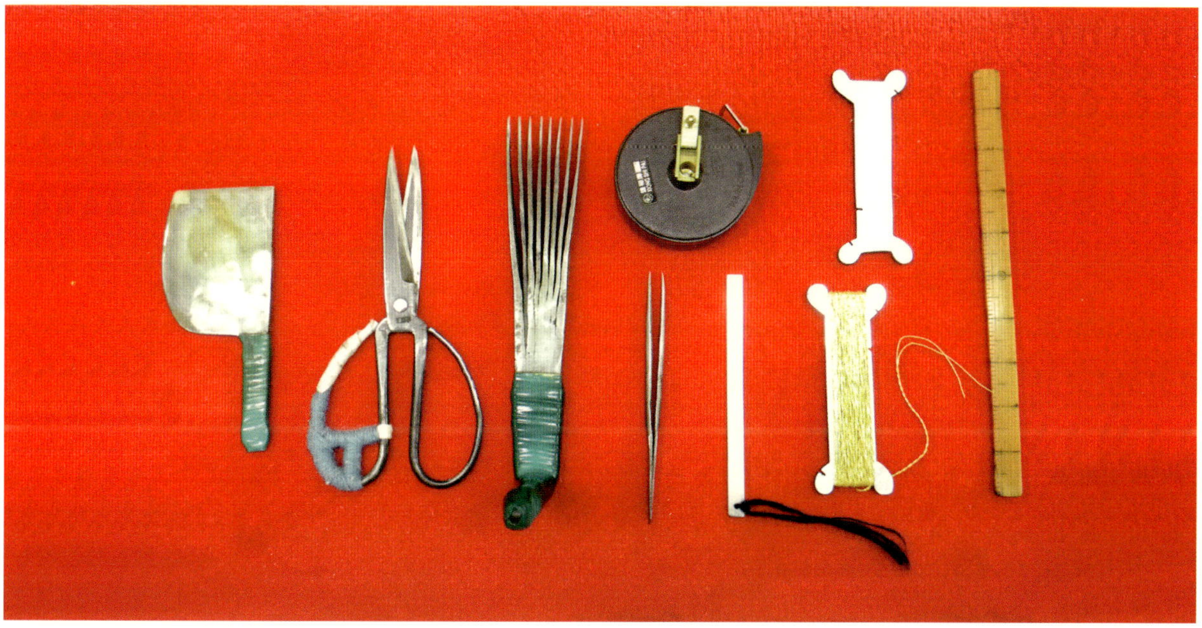

北京宫毯主要生产工具（北京市地毯五厂　提供）

北京宫毯织造技艺主要工序（北京市地毯五厂　提供）

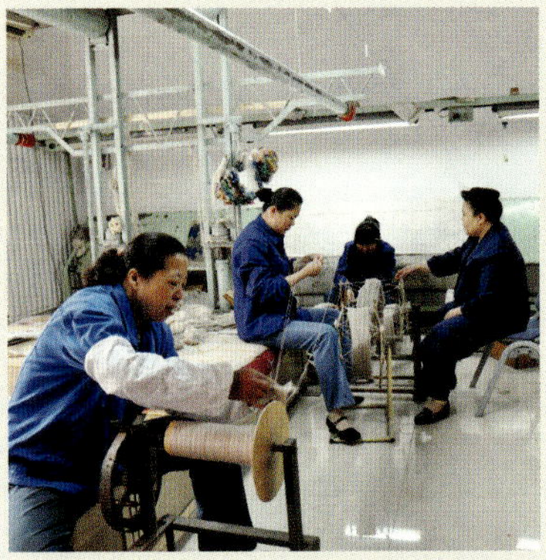

倒线

图案设计

编织

片剪

整修

洗毯

北京宫毯作品《牡丹》（康玉生作，王敏摄）

准确；三、加工一丝不苟，精益求精。北京手工地毯充分体现出中国传统文化和北京宫廷艺术的特色，业内称之为“京式地毯”，并在其基础上向民间拓展，使之既存皇家气派，又有民间韵味。

北京宫毯织造技艺一直依靠口传心授方式传承，目前受现代化地毯工业的冲击，织毯企业举步维艰，后继乏人，织造技艺面临失传的危险，需积极进行抢救保护。

地毯织造技艺·阿拉善地毯织造技艺

申报地区或单位：内蒙古自治区阿拉善左旗

阿拉善地毯作品《九龙》（内蒙古自治区非物质文化遗产保护中心　提供）

内蒙古自治区阿拉善地毯织造技艺继承了阿拉伯地毯和京式宫廷地毯织造的传统，在织毯行业内独树一帜，以精细独特的做工和醇朴秀美的图案著称于世。

阿拉善的地毯制造业由来已久，大约兴起于清代乾隆初年，至今已有二百七十多年的历史。至20世纪40年代，阿拉善左旗定远营共有地毯作坊二十多家，他们织出的地毯享誉内蒙古和全国各地。

阿拉善左旗地处漠北，土壤干燥，土种羊毛既粗又白，物理性能极好，织出的地毯具有刚劲、弹性和拉力强、光泽度佳等特点。阿拉善左旗地毯织造技艺复杂，从设计到完成，要经过构思设计、织造、平、剪、洗、造旧等工艺环节。其代表性产品“三蓝”（三种不同深浅的蓝色）仿古地毯以苍天和厚土的蓝、黄为主色调，沿用民间流传数千年的结扣工艺，仿宫廷图案精心织造。这种仿古地毯的出现与蒙古族的生活习惯和崇尚蓝色的心理密切相关，它显示了内蒙古西部的地域生态文化和审美情趣，成为蒙古族文化历史的一个缩影。

阿拉善地毯作品《凤栖梧桐》（内蒙古自治区非物质文化遗产保护中心　提供）

地毯织造技艺·维吾尔族地毯织造技艺

申报地区或单位：新疆维吾尔自治区洛浦县

新疆维吾尔自治区和田地区洛浦县地处玉龙喀什河流域冲积平原地带，向北延伸入塔克拉玛干大沙漠，这里气候干燥，属典型大陆性干旱沙漠气候，畜牧业、蚕桑业比较发达，手工地毯是当地著名的工艺品。

维吾尔族地毯织造技艺在新疆和田地区已有两千年的历史。1959年，我国考古工作者在民丰古墓中发现一块东汉时期的毛织物残片。1983年，洛浦山普鲁古墓出土一块汉代树纹鞍毯，尉犁县出土一块汉代动物纹样地毯残片。这些考古发现为和田地毯织造技艺的发展历史和早期状况提供了形象的材料。目前，和田地区地毯有16种传统样式，其中伊朗努斯卡系从伊朗传来，阿拉班尼努斯卡

维吾尔族地毯织造技艺主要工序（张金玲　摄）

将染好的毛线绕团

在织架上穿经线

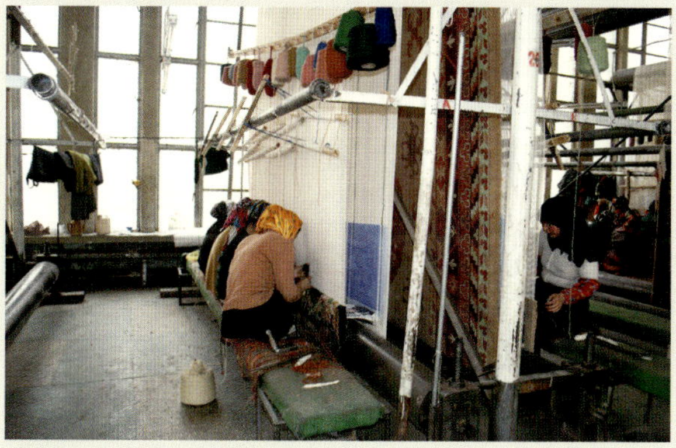

按照图纸开始编织地毯

将线压实

挂毯（张金玲　摄）

（又名“托盘纹”）系从阿塞拜疆传来，扎伊乃玛子努斯卡是随伊斯兰教传入的祈祷毯，阿纳尔古丽努斯卡为石榴花纹样地毯，恰其曼努斯卡为散花纹样地毯，偶依古丽努斯卡为月亮纹样地毯。此外还有团花式、八角散花式、卓克努斯卡式及从内地传来的牡丹式地毯等多种类型。

和田地区维吾尔族地毯织造技艺历史悠久，在两千多年的发展中又吸收了伊朗和内地地毯织造技艺的长处，具有很高的历史和文化研究价值，应积极地保护和传承。

894 VIII-111

申报地区或单位：山西省交城县

滩羊皮鞣制工艺

摊羊皮成品（山西省非物质文化遗产保护中心　提供）

滩羊皮鞣制工艺原材料：獭兔皮（山西省交城县人民文化馆　提供）

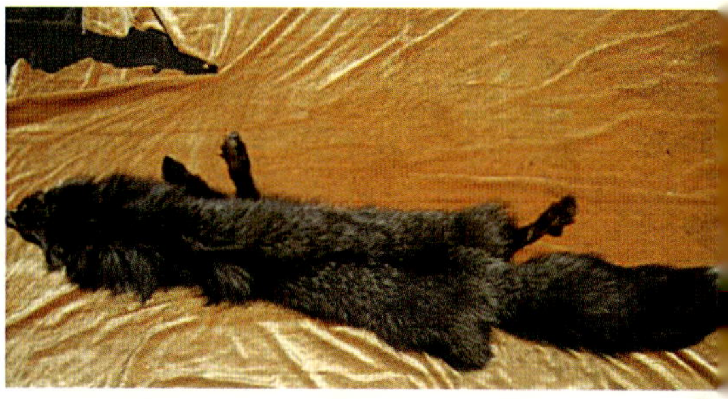

滩羊皮鞣制工艺原材料：银黑狐皮（山西省交城县人民文化馆　提供）

交城滩羊皮是山西省交城县加工鞣制的名贵裘皮品种，因以陕甘宁和青海地区戈壁滩的滩羊皮为原料而得名。滩羊皮鞣制起源于明代中叶，1937年日寇侵犯华北时因遭破坏而停产，前后达四百余年。

交城滩羊皮的鞣制技艺较为复杂，完全依靠手工操作，有洗、泡、晒、铲、钉、鞣、吊、压、裁、缝等20道工序，鞣制过程中需加入黄糜（和黍同类的谷物）、皮硝、皂角等辅料。生产出的成品精美绝伦，价格昂贵。

交城滩羊皮质地细润轻柔，洁白如雪，光泽如玉，毛穗自然弯曲，有的弯曲多达九道。用它制作的男女冬装，轻柔暖和，美观大方，具有很好的装饰效果。滩羊毛纤维细长均匀，绒毛轻柔蓬松，富有弹性，也是制作毛毯、披肩、围脖、毛衫等的高级原料。交城滩羊皮以其优良的品质和独特的风格驰名世界，在欧美国家，妇女冬季的服装常以它为材料，显得雍容华贵，时髦而得体。

20世纪80年代，交城毛皮厂破产。现在交城县从事滩羊皮鞣制的老技工年龄最小者已近七旬，这项工艺后继乏人，濒临失传，对其进行抢救和保护已迫在眉睫。

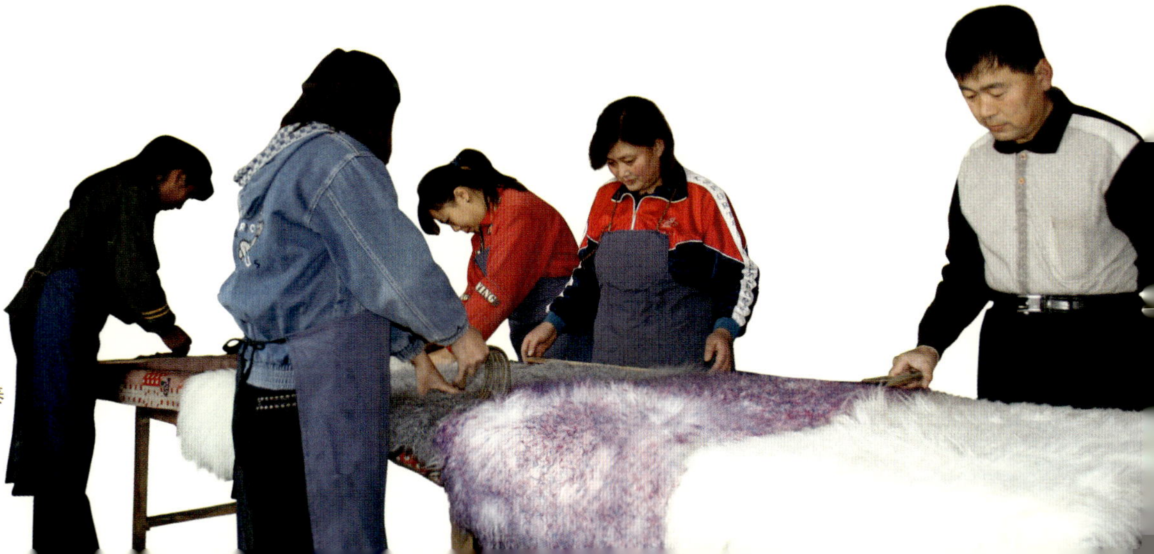

鞣制滩羊皮（山西省交城县义泉泰皮业有限公司　提供）

895 VIII-112

申报地区或单位：内蒙古自治区鄂伦春自治旗
黑龙江省黑河市爱辉区

鄂伦春族狍皮制作技艺

艺人鞣制狍皮（张敏杰　摄）

鄂伦春族兽皮制作技艺是我国北方游猎民族独特的手工技艺，具有浓郁的民族和地域特色。鄂伦春族人世代以游猎为生，长期食兽肉、衣兽皮，在此过程中创造了极具特点的兽皮手工技艺。鄂伦春族兽皮制作技艺的工艺流程包括皮张采集、鞣皮、拼剪缝合、染色、纹饰、刺绣等，生产的成品按用途可分为服饰、生活用品、宗教用具等类别。

狍皮文化是鄂伦春族在特定历史条件下产生的独特文化。黑龙江省和内蒙古自治区鄂伦春族的狍皮生活用品有被子、大衣、手套、帽、套裤、靴子、荷包、挎包等，这些用品主要用扎刀和其他一些独特的工具制成。狍皮用品的制作是鄂伦春民族充分利用自身创造的兽皮文化抵御寒冷、保护自己、适应环境、积极生存的创举。

黑龙江省黑河市爱辉区的鄂伦春族人民世代游猎在小兴安岭的深山密林中。鄂伦春人没有本族文字，兽皮制作技艺及其制品便成了鄂伦春狩猎文化的载体。这是一部没有文字的史书，其中深刻映现着鄂伦春人的生活观、审美观、宗教观，是认识和探究鄂伦春民族文化的重要依据，具有很高的学术研究价值。随着社会的进步发展，鄂伦春人的着装发生了很大的变化，加之狍皮资源日减，掌握狍皮制作技艺的老工匠相继谢世，这项宝贵的民族手工技艺濒临灭绝，亟待保护和传承。

狍皮帽（内蒙古自治区非物质文化遗产保护中心　提供）

女式狍皮手套（内蒙古自治区非物质文化遗产保护中心　提供）

女式狍皮大衣（内蒙古自治区非物质文化遗产保护中心　提供）

男式狍皮手套（内蒙古自治区非物质文化遗产保护中心　提供）

狍皮靴子（内蒙古自治区非物质文化遗产保护中心　提供）

896 VIII-113

申报地区或单位：北京市东城区

盛锡福皮帽制作技艺

盛锡福皮帽制作技艺传承场景（傅蔷　摄）

“盛锡福”是1911年创始于天津的老字号，20世纪30年代到北京开设分号。创始人刘锡三在生产经营中不断聘请行业内的高级技师，并吸收国内外优秀的制帽技术，博采众长，最终形成了别具一格的盛锡福皮帽制作技艺。

盛锡福皮帽制作工艺流程复杂，加工制作一顶皮帽通常要经过几十道工序，每道工序都精益求精。配活时要求原料精良，毛的倒向要一致，长短粗细密度要一致，颜色、软硬也要一致。裁制皮毛时，可有直刀、顶刀、斜刀、人字刀、弧形刀、月牙刀、梯子刀、鱼鳞刀等多种刀法，不拘一格，需要随机应变、灵活运用。缝制时，要求顶子圆、吃头均、缝头匀。蒙皮面，要求缝对缝、十字平，其勾扇、翻帽、串口等工序的诸多要求更是精细异常。

盛锡福皮帽外形端雅大方，做工考究精致，戴着轻软舒适。民国时期，盛锡福皮帽就备受推崇，“头顶盛锡福”成为高品质生活的标准之一。新中国成立后，盛锡福皮帽更是深受海内外消费者的青睐。盛锡福技师多次为国家领导人制帽，盛锡福皮帽还曾被选作馈赠国际友人的礼品。

现在能纯熟掌握盛锡福皮帽制作工艺的第四代技师仅有两位，他们的弟子也都年逾不惑。必须对这一优秀的传统手工技艺加以足够的重视和保护，让它继续传承下去。

盛锡福皮帽制作技艺主要工序（傅蔷　摄）

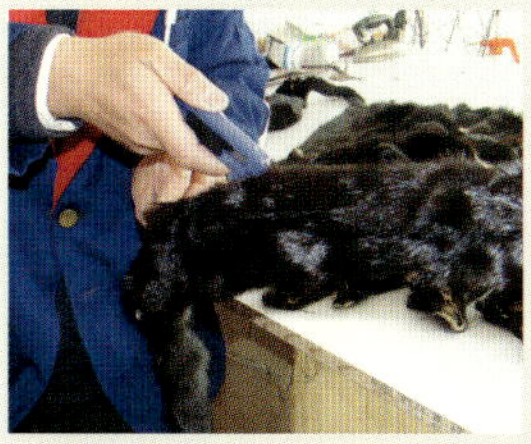
挑皮

配活

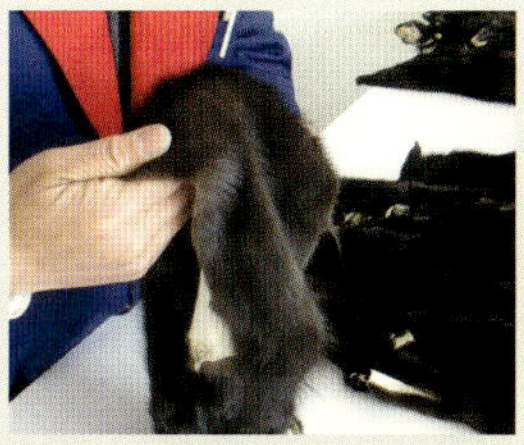
吹风

缝合

闷皮

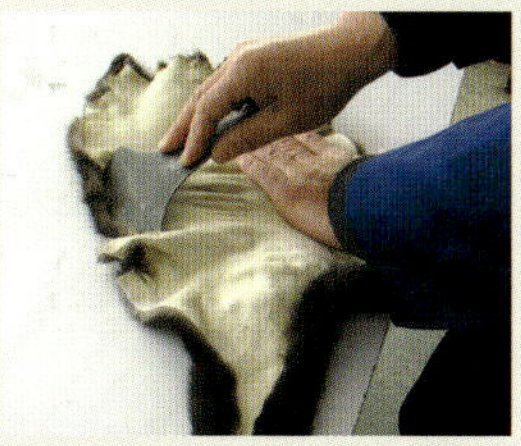
平皮

裁制

套里

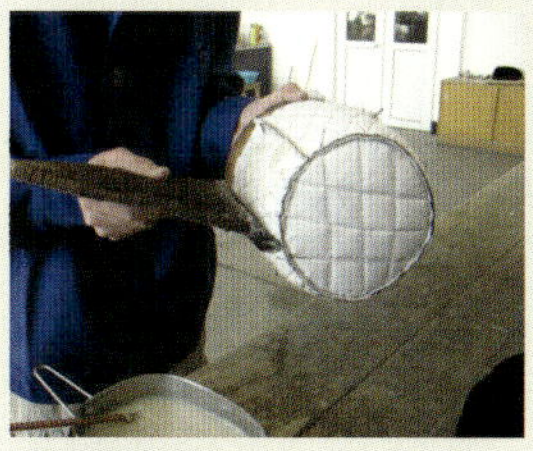
上浆

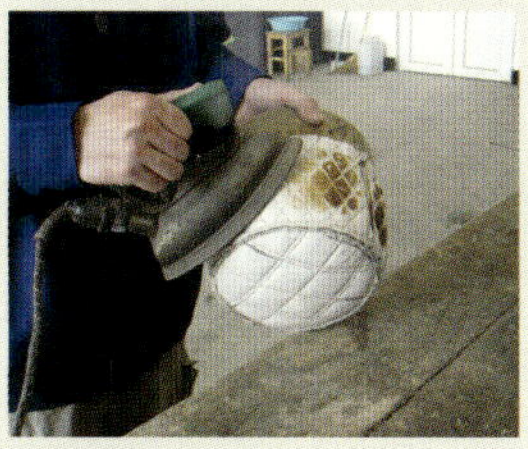
熟胎

打口条

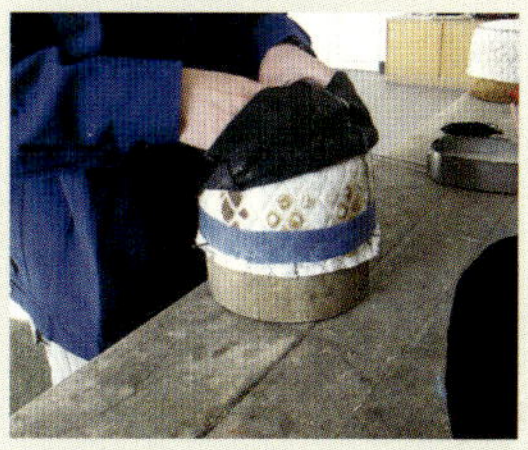
蒙面

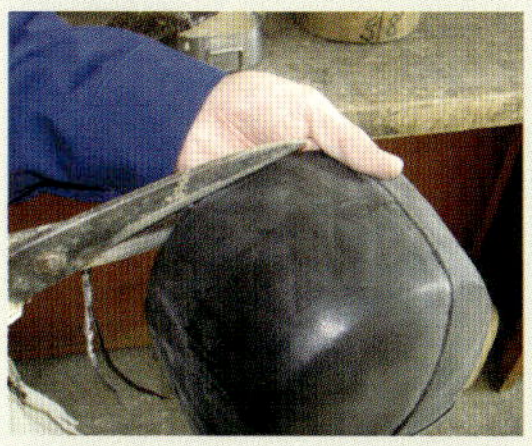
齐壳

包口

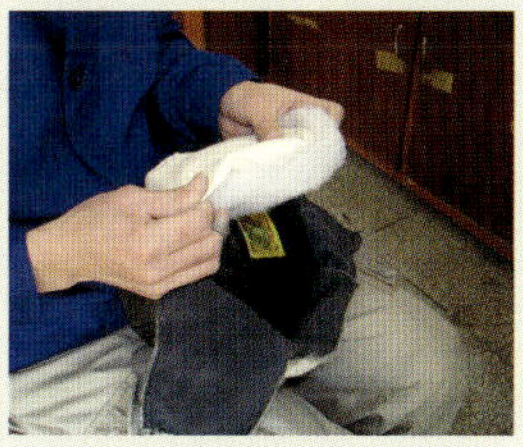
绱扇

绱完耳扇

纤口

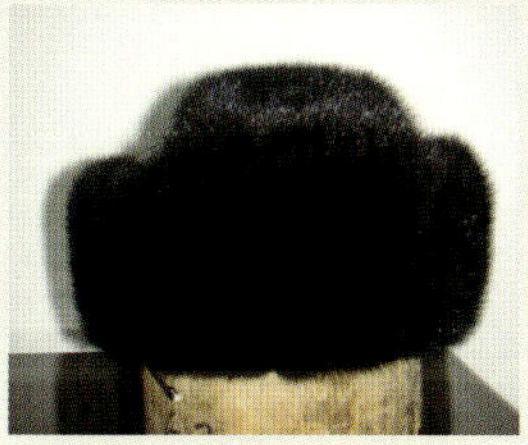
成品

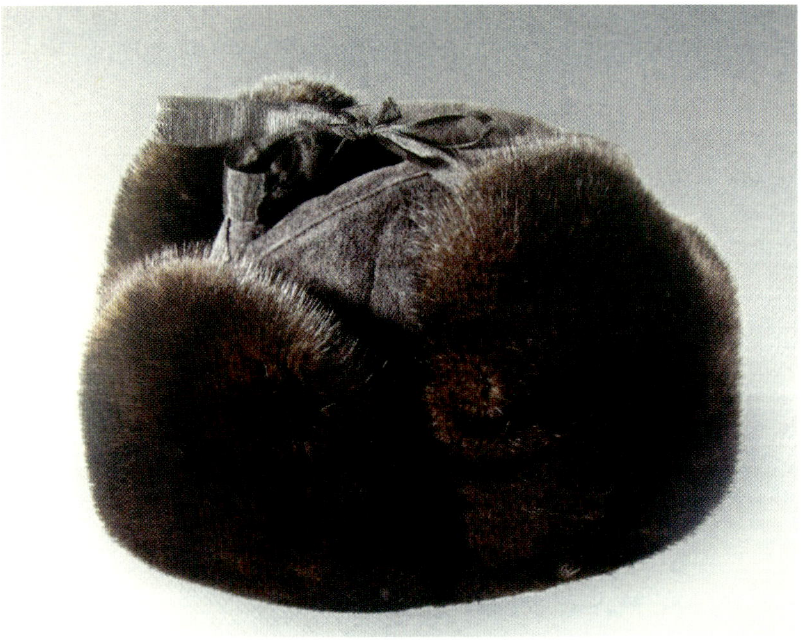

盛锡福皮帽：法式男爵帽（李金善　作）

盛锡福皮帽制作工具：尺子、帽尺、针篦子、奔刀、剪刀、裁刀（北京市盛锡福帽业有限责任公司　提供）

897 VIII-114

申报地区或单位：新疆维吾尔自治区沙雅县

维吾尔族卡拉库尔胎羔皮帽制作技艺

卡拉库尔胎羔皮帽（尤丛志　摄）

在巴扎出售卡拉库尔胎羔皮帽（尤丛志　摄）

新疆维吾尔自治区沙雅县位于天山南麓、塔里木河中游、塔克拉玛干沙漠北缘。沙雅先民自古以来即农牧兼营，塔里木河谷的胡杨林区是绝好的天然牧场，因而成为卡拉库尔羊的生产基地。卡拉库尔羊胎羔皮是世界珍贵裘皮，皮毛手感温润、柔软坚韧，

毛质紧密、富于光泽，花纹色泽温和、形态美观，有卧蚕形、跃鼠形、肋形、豌豆花形、水波纹形等样式。

沙雅是龟兹古城的一部分，历史上深受中原华夏文化、印度文化、阿拉伯波斯文化和古希腊罗马文化的影响。各种文化在这里融汇交流，最后形成了沙雅具有浓郁民族特色的地域性文化。卡拉库尔胎羔皮帽即是这一地域文化的具象表现。汉代古城玉什喀特城中曾发掘出卡拉库尔胎羔羊皮及胎羔皮帽，说明当时胎羔皮帽制作技艺已经相当成熟。在其后的漫长岁月中，沙雅卡拉库尔胎羔裘皮及胎羔皮帽源源不断地出口到中亚地区，又从中亚辗转流入西亚、东欧等地，被称为“波斯羊皮”和“波斯羊皮帽”。

卡拉库尔胎羔皮帽制作技艺利用本地盛产卡拉库尔羊的优势，对胎羔皮进行深加工，生产出高质量、新款式的羔皮服饰及帽子，既展示了维吾尔民族高超的手工技艺，也体现出了维吾尔族独特的风俗和服饰文化。

维吾尔族卡拉库尔胎羔皮帽制作技艺主要工序（尤丛志　摄）

设计样式

画图样

缝制帽子

敲去成品帽上的灰尘

898 VIII-115

申报地区或单位：北京市

内联升千层底布鞋制作技艺

内联升千层底布鞋制作技艺传承场景（北京内联升鞋业有限公司　提供）

内联升靴鞋店创立于清代咸丰三年（1853），起初专为皇族和各级官员制作千层底朝靴，最早的店址在北京东江米巷（今台基厂），创始人为赵廷。店名中的“内”是指皇宫大内，“联升”则寓意着店里制作的朝靴让官员穿上可致连升三级。清王朝覆灭后，内联升将制作官靴的技艺用于千层底布鞋的制作，其成品质量优异，有口皆碑，一时名闻京城。

内联升千层底布鞋制作技艺一直沿用传统手工制作方法，工艺严格，技术独特，选料考究，做工精细。其技艺特点可归纳为“一高四多”，“一高”即工艺要求高，“四多”即制作工序多、纳底花样多、绱鞋方法多、布鞋品种多。制作一双千层底布鞋往往需要花上四五天的时间，经过九十余道工序才能完成，每道工序都有严格的要求，讲究尺寸准确、

内联升千层底布鞋制作技艺主要工序（北京内联升鞋业有限公司　提供）

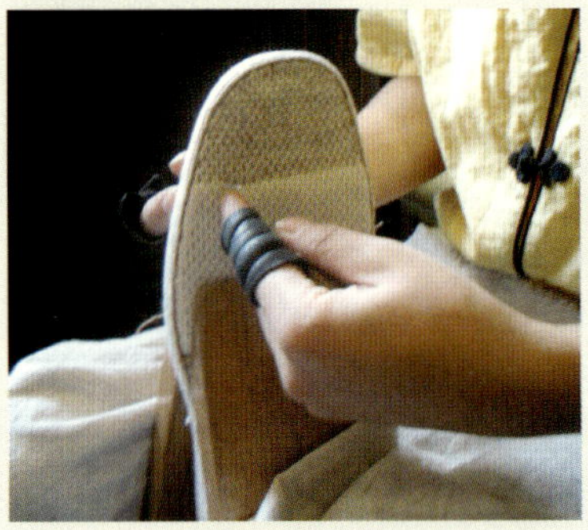

纳底

关底

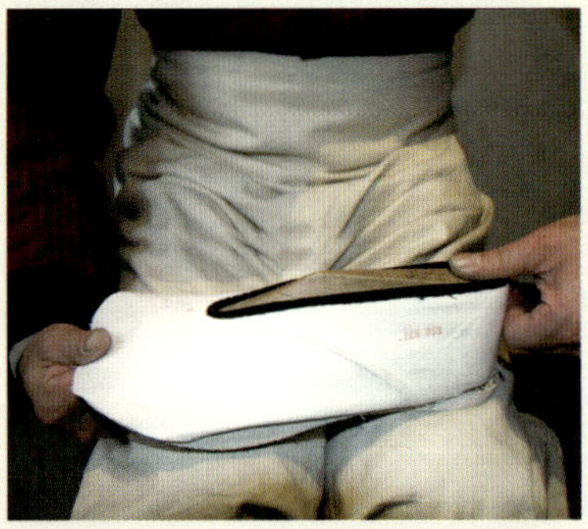

绑楦

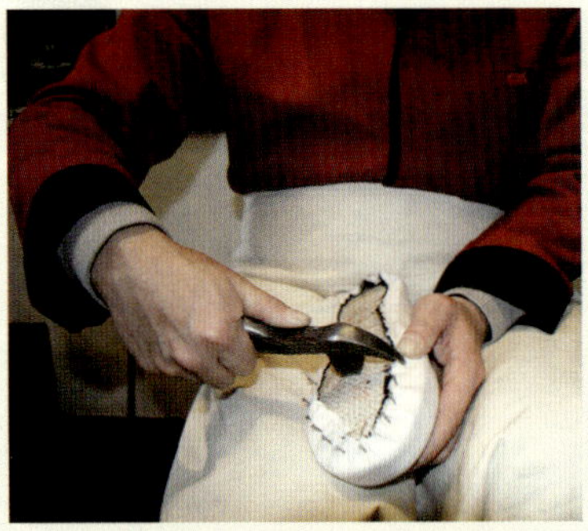

绑楦

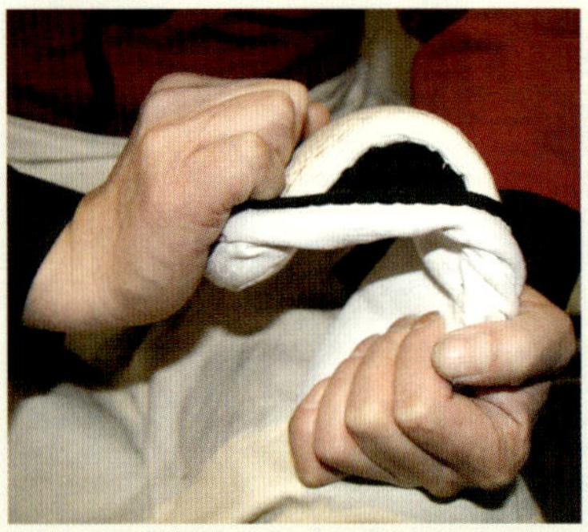

翻鞋

整鞋

皮底绣花布鞋（北京内联升鞋业有限公司　提供）

手法熟练、力度适宜、用心细致。其中仅绱鞋技艺就有正绱、反绱、明绱三种不同的手法，整个制鞋过程中使用的工具有近四十种之多。除制作工艺精益求精外，内联升对原料、辅料、配件的质量要求也很高。

内联升根据季节、年龄、性别、风俗等不同，先后创制出一千五百多个品种及样式的布鞋产品，对中国北方民间传统的鞋文化进行了全面而有效的挖掘整理。其千层底布鞋主要包括男鞋、女鞋、童鞋、拖鞋四个系列的产品，具有养脚、舒适等优点，深受广大消费者的欢迎。

内联升千层底布鞋制作技艺以师带徒的传统模式传承，但由于这种技艺繁复高深，学习难度大，学艺时间长，学徒需要三年多才能出师，所以学习这一技艺的人越来越少，传承面临着很大的危机，需要引起有关方面的重视。

899 VIII-116

申报地区或单位：山东省招远市

黄金溜槽堆石砌灶冶炼技艺

山东省招远市是我国最大的黄金采冶基地，境内黄金矿脉遍布。2002年1月，招远被命名为“中国金都”。招远的黄金采冶起源于春秋战国时期，至宋代已很兴盛。黄金溜槽堆石砌灶冶炼技艺是招远人民的发明创造，自宋代传承至今已逾千年。

黄金溜槽堆石砌灶冶炼技艺采用铁锤、石臼、石磨、石碾、溜槽、簸箕、陶尊（或坩埚）等为工具，整个生产流程包括破碎、磨矿、拉溜和熔炼等工序，全部以手工操作。这一古老的采冶技艺长期发挥着重要作用，其中的重力选矿法，至今仍被采用。黄金溜槽堆石砌灶冶炼技艺不仅可借鉴指导当今的黄金生产，它本身还具有重要的历史、文化和科学研究价值。

由于黄金溜槽堆石砌灶冶炼技艺主要靠口传心授传承，掌握技术全凭个人经验，缺乏理论总结和科学记载，所以现在掌握这一传统技艺的人已经不多，且有日益减少的趋势。尽快对此技艺加以保护，促使其顺利传承，是当务之急。

冶炼出的金条成品
（王金勇铸，王建平摄）

黄金溜槽堆石砌灶冶炼技艺主要工序（刘培武　摄）

破碎

磨矿

拉溜

熔炼

900 VIII-117

申报地区或单位：上海市黄浦区
江苏省南京市、江都市

金银细工制作技艺

雕錾（孙万刚 摄）

金银细工制作技艺是一门制作金银器物的传统工艺，所制的金银器物主要用于室内陈设欣赏，亦兼有实用功能。金银细工制作技艺源远流长，最早可上溯至商周时代，至今已有三千多年的历史。东汉时期已形成完整的金银制作手工艺，至明清时期，珐琅、景泰蓝工艺的运用促进了金银制作的发展，使得造出的金银器物更加晶莹剔透，流光溢彩。上海老字号银楼老凤祥、南京宝庆银楼的制作技艺和江都金银细工技艺在这一行业中最为著名。

创始于清代道光二十八年（1848）的上海老凤祥是著名的中华老字号，它历经清代、民国、新中国数代人的传承，全面继承了中国金银细工的精湛工艺，从制作金银饰品、翠钻珠宝、器皿、镀金珐琅到制作徽章、盾牌摆件、微型建筑，各种技艺基本具备，几乎涵盖了我国传统金银细工的所有内容。其抬压、鎏金、扳金、拗丝、镶嵌和錾刻等技法自古沿用至今，是具体、生动反映我国金银细工历史的活材料。

金银细工制作工具（上海市黄浦区非物质文化遗产保护分中心 提供）

上海老凤祥金银细工技艺主要工序

（上海市黄浦区非物质文化遗产保护分中心　提供）

釾

种蜡树

江苏省南京市宝庆银楼创始于清代嘉庆年间，至今已有两百余年的历史。民国时期，宝庆银楼居南京各银楼之首。1929年，宝庆银楼制作的《银鼎》荣获杭州“西湖博览会”特等奖，名噪当时。新中国成立后，南京金银细工行业继承传统，融南北工艺特色于一体，在题材、造型和表现形式上有所创新，由此成为江南实镶錾花工艺的典型代表。2006年12月，宝庆银楼被商务部授予全国首批“中华老字号”称号。

金银细工作品《八仙神葫》（上海市黄浦区非物质文化遗产保护分中心　提供）

金银镶宝酒具作品《九龙酒具》（华幼山、杜方设计，江苏省江都金属工艺厂制作，孙万刚摄）

江苏省南京市宝庆银楼金银细工制作技艺主要工序（南京宝庆首饰总公司　摄）

熔锡

抬拱

酸洗

錾花

装配

江苏省江都金银细工技艺主要工序

（孙万刚　摄）

雕錾

焊接

錾光

江苏省江都传统金银细工技艺传承了我国古代金银细工的传统技法，历史悠久，东汉时已能制作精细的小金饰件。清代康熙、乾隆年间，江都商业繁荣，银楼林立，民间流行佩戴金银首饰，金银细工行业得到飞速发展，制作技艺在此过程中日趋成熟和完善，一直传承至今。

随着经济体制的变革，传统生产模式受到巨大冲击。在多种因素的影响下，金银细工技艺遭遇人才流失、后继乏人的窘况，前景堪忧，急需政府部门和社会各界的扶持与帮助。

金银细工摆件作品《春秋战马》（江苏省江都金属工艺厂设计制作，孙万刚摄）

901 VIII-118

申报地区或单位：云南省曲靖市

斑铜制作技艺

艺人品鉴斑铜制品《双龙抱耳瓶》（张克康作，云南省曲靖市文化馆提供）

早在先秦时代，云南就以铜器制作而闻名于世。秦汉时期，朱提、堂琅（今云南昭通市、东川县、会泽县）等地生产的“朱提洗”、“堂琅洗”等铜器行销各地，为时所重。至明代，云南铜器匠师采用东川附近的天然斑铜矿石，用冷锻成型的方法制作成人物、动物及仿古的瓶、鼎、炉、罐、爵等斑铜制品，为铜器制作开创了一条新路。

铜中掺杂进金、银等其他未能全然融合的金属，会出现一种特殊的辉斑，形成斑铜。斑铜有深蓝、紫金、赤红等色，其中最耀眼的是金黄色。匠师们用斑铜制作器物，表面抛光后，古铜色的底子上会显出斑彩熠熠的天然效果，且各器物的斑影无一雷同。斑铜制作技艺是云南独特的传统手工艺，具有很高的历史、文化价值。保护并发展斑铜制作技艺对于展现民族文化创造力具有重要意义。

斑铜制作技艺工序：打磨（云南省曲靖市文化馆　提供）

902 VIII-119

申报地区或单位：浙江省杭州市

铜雕技艺

铜雕作品制作（黄芳　摄）

杭州铜雕是古代青铜器制造的延续，在吴越和南宋时期得到很大发展，至清代达于鼎盛，距今已有一千多年的历史。吴越和南宋建都杭州，大量铜艺工匠随之迁入，杭州由此成为全国铜工艺品的重要产区。打铜巷即为铜作坊集中之地，其地名一直沿袭至今。清代同治以后，以“朱府铜艺”为代表的杭州铜雕技艺日趋成熟，经四代相传至今，约有一百三十年的历史。

铜雕作品《国之清和》（朱炳仁作，黄芳摄）

铜雕作品《灵隐寺铜殿》（黄芳　摄）

杭州铜雕将传统艺术和现代社会生活完美结合在一起，深受各界赞誉。其产品涵盖了建筑、雕塑、书法、壁画、室内装饰等方面，内容十分广泛。按品种分，杭州铜雕主要包括铜塔、铜殿、铜桥、铜船、铜门、铜像等。在生产中，杭州铜雕应用镂空、叠镶、烘炼、制绿、熔模、点刻等传统技艺，使成品达到完美的艺术效果。用这种传统技艺建造的杭州雷峰塔和灵隐寺铜殿、江苏常州天宁寺宝塔、四川峨眉山大雄宝殿、台湾省台中市金坛祖师庙及大型铜浮雕《佛祖降魔图》、《玄奘求法图》等均是杭州铜雕的代表作，具有很高的艺术价值。

杭州铜雕作为中国青铜器的变体，代表着中国铜艺的先进水平，这份宝贵的历史遗产是现代科技所无法替代的。目前由于技艺难度大，学艺时间长，青年人都不愿学习传统的铜雕技艺。随着社会生活的变迁，铜壶等日用品逐渐被淘汰，铜雕生产实践陷于停滞。加之对这门优秀的传统手工艺缺乏科学研究，错金、叠镶等一系列制作技艺能继续存在的已经不多。杭州铜雕技艺已处于濒危状态，对之进行保护抢救极为必要。

903 VIII-120

藏族金属锻造技艺

藏族锻铜技艺

藏刀锻制技艺

藏族金属锻造技艺所生产的产品种类很多，主要有佛像、各种法器（如转轮、密宗金刚杵）、香炉等，而尤以藏族刀具最为著名也最为常见。

藏族腰刀刀面净光，刀刃锋利无比；刀把（柄）用牛角、硬木（如枣木）制成，并缠以铜丝、银丝；顶端箍铜皮，并镶以黄铜或錾刻图案。刀鞘也十分讲究，上刻龙凤、虎狮、花卉鸟禽等图案，有的还缀以宝石和玛瑙，风格华贵富丽。藏刀既是藏族人民生活的必需品，又是著名的藏族手工艺品，深受艺术收藏家、鉴赏家喜爱。

藏族金属锻造技艺·藏族锻铜技艺

申报地区或单位：西藏自治区南木林县

藏族锻铜技艺主要流传于西藏自治区的南木林县，其源头可追溯到十世达赖喇嘛时期，距今已有一百多年的历史。锻铜主要用于铸造佛像，技艺精湛，手法洗练，艺术风格独特，显示出南木林地区手工技艺的优秀传统。整个锻铜生产过程步骤繁多，制作严谨，所用材料的质地不同，工序也不尽相同。锻造材料以紫铜、黄铜、白铜为主，有时也采用金、银等，但很少选择青铜和铁，因为这类材料质硬而脆，缺乏延展性，不利于塑造、锻制。金属材料使用前先要放在胶泥做成的坩埚中熔炼，自然冷却成金属铸块后再锻成金属板。而后经由焊接造像、镏金、磨光、上红等环节，最终锻铸出庄严曼妙的佛像。

锻铜艺人正在制作佛像（西藏自治区非物质文化遗产保护中心　提供）

藏族铜器作品（西藏自治区非物质文化遗产保护中心　提供）

藏族铜器制作工具（西藏自治区非物质文化遗产保护中心　提供）

工匠正在制作藏族铜器（西藏自治区非物质文化遗产保护中心　提供）

藏族金属锻造技艺·藏刀锻制技艺

申报地区或单位：四川省白玉县
西藏自治区拉孜县
青海省玉树藏族自治州

錾花（四川省白玉县文化旅游体育广播电视局　提供）

藏族金属锻造技艺历史悠久，风格独特，工艺精湛，其传统产品与藏族人民的生产、生活和宗教信仰紧密联系在一起，具有鲜明的民族性和地域性。藏刀具有生产、生活、自卫、装饰等功能，它是藏族众多工艺品中最具代表性的品种，更是藏族文化的重要组成部分。

四川省甘孜藏族自治区的白玉县以金属手工艺闻名遐迩，有“手工艺之乡”的美誉，当地生产的藏刀人称“白玉藏刀”，向为广大藏民所喜爱。白玉县藏刀生产较为集中，主要分布于河坡、热加两乡。据统计，全县现在从事手工艺生产的专业户有407户，从业人员634人，其中仅河坡乡就有专业户192户，从业人员264人。

白玉县河坡乡的金属手工艺品主要可分五类，而以藏刀为主。藏刀主要包括男式长腰刀、中长腰刀、吊刀，女式吊刀、刺刀、格萨尔刀等。白玉县藏刀生产的历史悠久，最早可追溯到公元7世纪唐代初期，至今已有一千三百多年的历史。宋代岭·格萨尔王时期，河坡的金属手工产业以生产兵器为主，有“格萨尔兵器库”之称。元明清三代以来，在甘孜呷拖寺的建造过程中，汉藏民间工艺文化互相交流，河坡乡金属手工技艺得到很大的发展，并从制作传统兵器转为制造生活用品。除藏

青海玉树安冲藏刀制作场景（青海省文化和新闻出版厅　提供）

刀外，还生产马具（马鞍、马镫等）、佛具（酥油灯、净水碗、净水瓶等）、生活用具（银碗等）和饰品（打火链、耳环、头花、腰带、项链等）等。

西藏自治区拉孜县的藏刀主要产于拉孜雪村，人称“拉孜雪刀”，至今已有一千多年的历史。拉孜地区锻制的藏刀有长刀、短刀和小刀三种。长刀最长可达一米，短刀长约四十厘米左右，小刀仅长十几厘米。藏刀的一般制作工艺由冶炼、模具翻铸、敲抠大形、刻花镶嵌、焊接组合、加固、锉磨整形、精雕细刻及抛光等环节组成。拉孜藏刀系以钢材锻制而成，加工精细，刀面净光，刀刃锋利。刀把以牛角或木料制成，缠以银丝或铜丝，高档的刀把顶端包镶铜皮，有的还镶以银饰。刀鞘也十分考究，往往包银或包铜，并錾刻花卉、动物图案，甚至还会镶嵌珠宝或镀金，显得华丽异常。

青海玉树安冲藏刀（青海省文化和新闻出版厅　提供）

青海玉树安冲藏刀（青海省文化和新闻出版厅　提供）

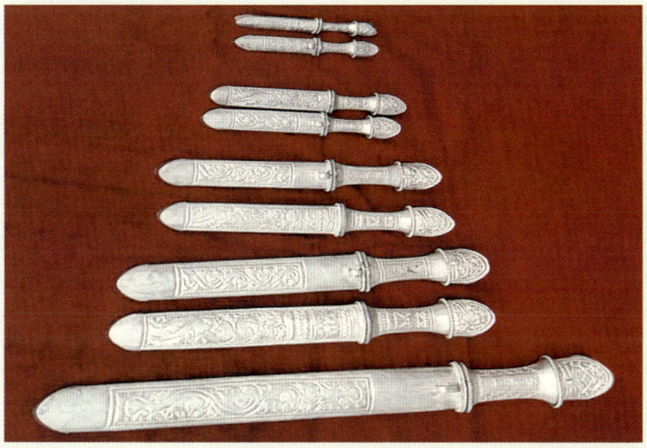

拉孜藏刀精品（西藏自治区非物质文化遗产保护中心　提供）

拉孜藏刀精品（西藏自治区非物质文化遗产保护中心　提供）

青海省玉树藏族自治区的安冲藏刀以造型精美、性能良好而闻名，它以金、银、铜等金属为主要制作材料，以牛角、牛骨为装饰材料。安冲藏刀分男式和女式两种。在造型上，女式藏刀大多呈月牙形，做工玲珑细致，造型美观，刀鞘上鋆刻龙凤、花卉、佛教八宝中的法轮等图案，并镶嵌有珊瑚、绿松石、玛瑙等。男式安冲藏刀造型与普通刀相同，镀金镶银，刀刃如霜，锋利无比，藏族人民称之为“三用刀”，意指此刀一可用于割食牛羊肉，二可用于抵御野兽和防身，三可用于腰间佩饰，增添英豪之气。安冲藏刀不仅闻名于青海、西藏和四川、甘肃等藏区，而且还驰誉世界，国内外游客都将其视为不可多得的宝物，悉心收集并珍藏。

艺人正在制作拉孜藏刀（西藏自治区非物质文化遗产保护中心　提供）

904 VIII-121

申报地区或单位：四川省成都市青羊区

成都银花丝制作技艺

成都金银器制作在秦汉时代就颇为发达，至清代中叶已形成一定规模，其中银花丝制作技艺最为突出，已有两千多年的历史。银花丝技艺以花丝平填著称，做工精湛，造型别致，显示出浓郁的民族特色和独特的地方风格。银花丝产品主要有瓶、盘、薰、鼎、盒等传统摆件及钗、环、镯等饰品，近年又开发出了“银丝画”等新品种。成都银花丝制作技艺以白银为材料，综合运用花丝和錾刻、填丝、垒丝、穿丝、搓丝、焊接等技艺，按照设计要求精心制作出各种手工艺品，其成品具有很高的艺术和收藏价值。

成都银花丝作品《锦鸡芙蓉盘》（四川省成都市金银制品有限公司　提供）

成都银花丝作品《梅兰竹菊玲珑瓶》（四川省成都市金银制品有限公司　提供）

成都银花丝制作技艺主要工序

（彭云思　摄）

设计图稿

搓丝

抛光

905 VIII-122

申报地区或单位：新疆维吾尔自治区英吉沙县

维吾尔族传统小刀制作技艺

维吾尔族传统小刀制作技艺传承场景（帕合尔丁阿布拉　摄）

维吾尔族小刀是维吾尔族传统的手工艺品，造型别致，制作精巧，实用美观，既可作刀具，又有艺术价值，深受新疆各族人民的喜爱。维吾尔族小刀的制作技艺主要流传于喀什地区的英吉沙县和阿克苏地区的沙雅县。

英吉沙小刀一般长11—12厘米，最长的可达半米以上，最短的仅两寸左右。这些刀样式各异，有月牙、鱼腹、凤尾、雄鹰、红嘴山鸦、百灵鸟头等造型，刀身上一般刻有字迹。制作材料往往采用钢材、黄铜、牦牛角、鹿角、黄羊角等，刀刃采用优质钢材手工锻制而成，锋利异常。刀柄用铜、骨等为原料制作而成，并用银、铜、玉、宝石等镶嵌精美图案，刀鞘则用牛羊皮模戳压制而成。

维吾尔族传统小刀（吾甫尔·热合曼作，帕合尔丁阿布拉摄）

随着现代工业品的大量涌现，维吾尔族传统小刀的制造受到巨大冲击，市场销路不佳，生产受阻，因此从业者不多，掌握相关制作技艺的匠人越来越少，有些工序复杂的小刀制作技艺正面临失传的危险。保护和发展维吾尔族小刀制作技艺已经迫在眉睫。

906 VIII-123

申报地区或单位：内蒙古自治区科尔沁左翼后旗

蒙古族马具制作技艺

蒙古族马鞍（内蒙古自治区非物质文化遗产保护中心　提供）

蒙古族被誉为“马背上的民族”，在长期的生产生活中积累了丰富的马具制作经验，出现了众多的马具制作匠师，精湛实用的马具制作工艺已成为草原文化的重要组成部分。马具制作融木工、刺绣、皮毛、金属等工艺于一体，在蒙古族传统手工艺中占有重要的地位。马鞍用柳木、榆木等打造而成，笼头、马鞍、马鞭、绳索等的制造采用皮革工艺，马镫、马环、马钉、马箍等则以金属工艺制成。部分马具还要镶嵌玉、石、骨、贝壳等，褡裢(放在马鞍上的口袋）要绣上吉祥图案。科尔沁左翼后旗地处内蒙古自治区东南部，这里的马鞍、马镫、缰绳、褡裢、马笼头等马具以独特的制作工艺和风格为世所重。

蒙古族马具制作技艺主要工序（内蒙古自治区非物质文化遗产保护中心　提供）

鞍桥制作

马鞍制作

皮具制作

挽具制作

马具是草原游牧文化的标志，凝聚着手工艺人的聪明才智，它的产生在北方草原文明的发展进程中具有重要意义。马具制作综合多种工艺，集中体现了蒙古族的审美意识及其民族文化特征，具有重要的文化研究价值。马具的加工制作方法中蕴含着一定的科技因素和文化信息，很难用现代技术取代，有其特殊的工艺价值。

长期以来，马具制作一直是科尔沁左翼后旗的重要产业之一。目前科左后旗的马具制作匠人已散布到旗内各地，老艺人年事已高，年轻的传承人又寥寥无几，马具制作技术已濒临失传，急需有效保护。

907 VIII-124

民族乐器制作技艺

中国民族乐器历史悠久，源远流长，与各族人民的文化生活密切相关，是中国传统文化的重要组成部分。这些乐器造型简练优美，结构合理，做工精巧，音色纯净，为历代音乐爱好者所喜爱。古往今来，凡民间逢年过节、婚丧喜庆、迎神赛会，或宫廷、官府举行重大的政治、军事和宗教活动，都要演奏民族乐器。民族乐器的制作技艺已成为我国一项重要的传统手工技艺，流传至今，影响深远。

中国民族乐器制作品种繁多，技艺精湛，蜚声中外。其中长子响铜乐器、朝鲜族民族乐器、苏州民族乐器、蔡福美制鼓和维吾尔民族乐器的制作技艺较有特色。

民族乐器制作技艺·长子响铜乐器制作技艺

申报地区或单位：山西省长子县

山西省长子县约在唐代贞观年间即已开始制造乐器，是我国最早的响铜乐器产地之一，享有“铜乐器之乡”的美称。这里的响铜乐器锻制技艺属典型的传统手工技艺，包括熟锻、淬火、冷锻、二次定音、抛光等环节。平调大锣、蒲剧锣、开道锣等近三十种乐器产品，都是用这种方式生产的。长子响铜乐器制作技艺主要通过口传心授方式在家族和师徒间传承，传承者需要经过长期实践才能真正掌握这一技艺。整套响铜乐器制作工艺中有很多工序（例如“千锤打锣，一锤定音”的定音技术等）完全靠手工操作完成，是现代技术难以替代的。

长子响铜乐器（山西省长子县西南呈村玖兴炉响铜乐器厂　提供）

长子响铜乐器制作技艺主要工序

（山西省长子县西南呈村玖兴炉响铜乐器厂　提供）

熔炼制坯

冷锻整形

定音

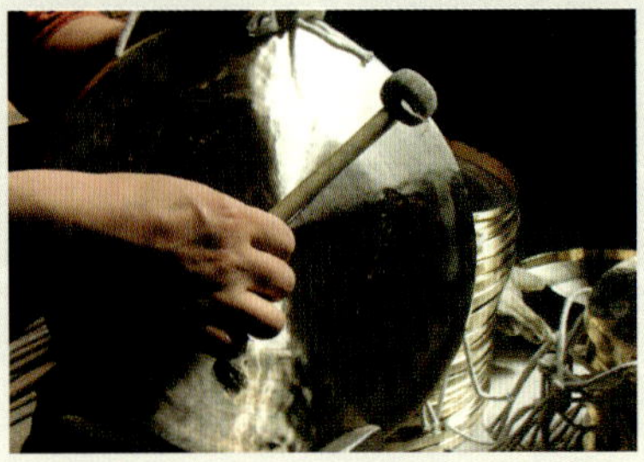

定音

长子响铜乐器（山西省长子县西南呈村玖兴炉响铜乐器厂　提供）

民族乐器制作技艺·朝鲜族民族乐器制作技艺

申报地区或单位：吉林省延边朝鲜族自治州

吉林省延吉市的朝鲜族民族传统乐器已有近两千年的悠久历史。目前常用的朝鲜族民族乐器有三十多种，以竹木管乐器和打击乐器为主，弦乐为辅。其制作的关键工序是打磨、组装和定音。流传至今的竹木管乐器有横笛、洞箫、短箫等，打击

朝鲜族民族乐器制作工序：检查牙筝排弦距离（金红敏　提供）

乐器有长鼓、圆鼓、龙鼓、手鼓等，它们都是研究中国传统民族乐器的珍贵材料。朝鲜民族乐器构造独特，音色优美柔和，奏出的音乐以旋律清新、流畅、婉转、轻快及长短节奏丰富而著称，常用于歌舞伴奏和器乐合奏。吉林省延边朝鲜族自治州延吉市是朝鲜民族乐器的主要研究、开发和生产基地。

洞箫制作技艺传承场景（金红敏　提供）

朝鲜族民族乐器：牙筝（金红敏　提供）

民族乐器制作技艺·苏州民族乐器制作技艺

申报地区或单位：江苏省苏州市

苏州乐器制作历史悠久，最早可追溯到春秋时期。在数千年的发展传承过程中，能工巧匠们不断改良技艺，终使之享誉全国。苏州制作的乐器品种繁多，二胡、阮、古筝、琵琶与一度失传又恢复制作的箜篌、编钟是其中的代表。苏笛、苏箫、苏锣、苏鼓等一批用“苏”字命名的民族乐器更是具有苏州地域特色。这些乐器以造型优美简练、结构合理、做工精巧、音色甜美纯净而闻名。

苏州民族乐器制作技艺精湛，一件乐器的完成需要经过开料、配料、木工、雕刻、漆工、镶嵌、校音等多个环节，制造打击乐器（响铜乐器）需要选料、熔炼、制片、成型、拷音、车刮、定音等多道工序有序配合，每道工序都有独立的技艺。现在除木材锯料、开料、配料等工序已部分用机械替代人工外，木工、雕刻、漆工等大部分工序仍需通过手工完成。

苏州民族乐器制作场景（江苏省苏州民族乐器一厂有限公司　提供）

云锣（江苏省苏州民族乐器一厂有限公司　提供）

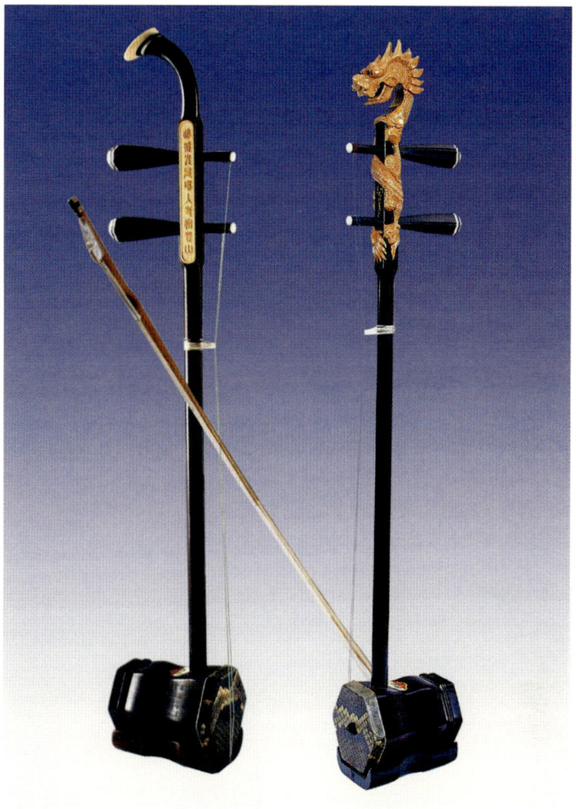

老红木二胡（江苏省苏州民族乐器一厂有限公司　提供）

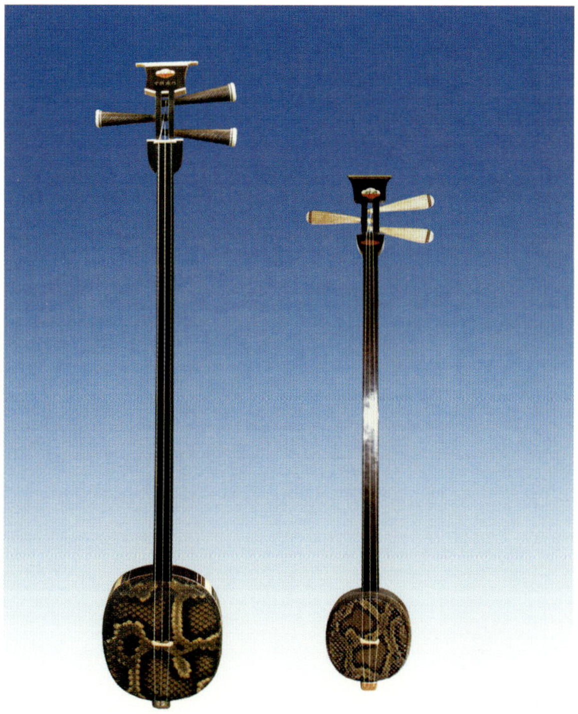

三弦（江苏省苏州民族乐器一厂有限公司　提供）

红木嵌镙钿专业中阮（江苏省苏州民族乐器一厂有限公司　提供）

民族乐器制作技艺·漳州蔡福美传统制鼓技艺

申报地区或单位：福建省漳州市

福建省漳州市蔡福美鼓铺创立于乾隆年间，至今已承传了十三代，时间长达二百多年。蔡家鼓早在清代中叶就畅销闽、粤、台，福建省各寺庙所用的鼓八成以上均由“蔡福美”制作。

蔡福美鼓的鼓面以具有韧性的南方水牛皮制成，成本较高，也因此而与其他鼓铺的产品迥然有别。“蔡福美”鼓铺所制的鼓有庙鼓、狮鼓、龙船鼓、剧鼓、腰鼓、红鼓、小潮鼓等13个品种二十多种规格。除鼓面大小不同外，音响也有高低。

漳州蔡福美传统制鼓技艺主要工序（林瑞红 摄）

拼接鼓桶木料，箍制鼓墙

鼓皮用水牛皮制作，将牛皮剪成圆形再用削皮刀将牛皮削均匀

把鼓皮套进鼓桶，用绳子拉紧，再用木塞将牛皮拉紧

人站在鼓皮上踩揉，让牛皮尽量拉长松懈，将牛皮再次拉紧，打上鼓钉

鼓皮钉好后，在鼓桶上涂好油漆，鼓便制作完成了

抢救和挖掘以蔡福美制鼓技艺为代表的漳州传统制鼓技艺，厘清漳州制鼓行业的传承体系、生产原理及漳州市制鼓业与台湾省传统制鼓业的历史渊源等相关问题，将会在促进福建民族民间工艺的进一步发展、增进两岸的文化认同感等方面发挥很大的作用。

民族乐器制作技艺·维吾尔族乐器制作技艺

申报地区或单位：新疆维吾尔自治区疏附县、新和县

新疆维吾尔自治区疏附县号称“民族乐器之乡”，所制作的乐器反映着维吾尔族的民族特点，并与该民族的文化活动紧密联系。疏附县生产的维吾尔民族乐器制作考究，装饰精美，音质独特，充分体现了维吾尔民族的智慧和艺术天赋。

新疆维吾尔自治区新和县维吾尔族乐器制作技艺起源于汉代的古龟兹国，至今已有两千多年的历史。它在制作材料方面要求严格，选用上等桑木，从而形成特殊的音响效果。新和乐器制作严谨，装饰精美，音色独特，多用于家庭宴乐，表现出维吾尔族传统的文化特色。

刻调技术传授场景（吐尔孙·依米尔沙　摄）

维吾尔族乐器半成品及其制作工具（吐尔孙·依米尔沙　摄）

维吾尔族乐器（热合曼·阿布都拉　提供）

908 VIII-125

申报地区或单位：北京市通州区
河北省大厂回族自治县

花丝镶嵌制作技艺

花丝镶嵌制作场景（贯会学　摄）

花丝镶嵌是一门传统的宫廷手工技艺，主要使用金、银等材料，通过镶嵌宝石、珍珠或编织等工序，制作成工艺品。花丝镶嵌工艺复杂，大致可分掐、填、攒、焊、堆、垒、织、编八种手法，技艺精湛，造型优美，花样繁多，具有传统的艺术特色。花丝镶嵌产品一般分为两类：一是花丝，即把金、银抽成细丝，用堆垒、编织等技法制成工艺品；二是镶嵌，即把金、银薄片锤打成器皿，然后錾刻图案，镶以宝石、珍珠。

花丝镶嵌历史悠久，早在春秋时即已出现，至明代达到高超的水平。清代以后，花丝镶嵌有了更大的发展，精品不断涌现，饮誉海内外。北京市与河北省大厂回族自治县的花丝镶嵌技艺特点显著，在行业中最为著名。

花丝镶嵌作品《牦牛角薰》
（马维盛　摄）

北京花丝镶嵌以编织、堆垒见长，还常采用点翠工艺，即把翠鸟的蓝绿色羽毛贴于金银制品之上，以增强艺术效果。老北京的花丝镶嵌匠人多聚居于通州，1958年成立的北京花丝镶嵌厂是北京花丝镶嵌工艺品的主要生产企业，产品多用于出口。20世纪80年代末，该厂出口数量锐减，呈现衰落局面。2002年，北京花

花丝镶嵌制作技艺主要工序（马维盛　摄）

刹活

镶嵌

錾刻

掐丝

花丝镶嵌作品《单峰金驼》（贯会学　摄）

丝镶嵌厂宣告破产。现在，北京花丝镶嵌技艺后继无人，不少绝技已经失传，急需抢救。

河北省大厂回族自治县的花丝镶嵌制作技艺在汉代即已初露端倪。明代永乐年间，明成祖迁都北京，西域金银匠师随同北迁，纷纷定居大厂回族聚居地区。他们带来了传统的波斯图案和手工技艺，将花丝镶嵌技艺提高到一个新的水平。明清两代，大厂花丝镶嵌飞速发展，产品被朝廷定为贡品。大厂花丝镶嵌工艺复杂，整个制作过程包括设计、下料、制胎、描图、划线、做丝、粘丝、焊丝、镪（强酸）活、洗活、选石、粘嵌、组合、镀金、镀银等多道工序。产品造型多样，图案丰富，制作精良，具有很高的艺术价值。大厂花丝镶嵌制作技艺过去多为父子相授，后又出现师徒传承的方式。已故的蒙錾石镶大师马作文曾携弟子制作出《布达拉宫》、《十二世班禅金印》等花丝镶嵌工艺品，一时声名远扬。

近年来，受市场经济的冲击，多家花丝工艺厂倒闭，导致技艺人对传统工艺失去信心和热情。花丝镶嵌制作技艺面临失传的危险，发掘、抢救和保护这一宝贵的传统手工艺已成为一项迫在眉睫的任务。

花丝镶嵌作品《捧盒》（贯会学　摄）

909 VIII-126

申报地区或单位：北京市

金漆镶嵌髹饰技艺

金漆红雕填镶嵌银锭套盒（北京金漆镶嵌有限责任公司　提供）

彩绘描漆（北京金漆镶嵌有限责任公司　提供）

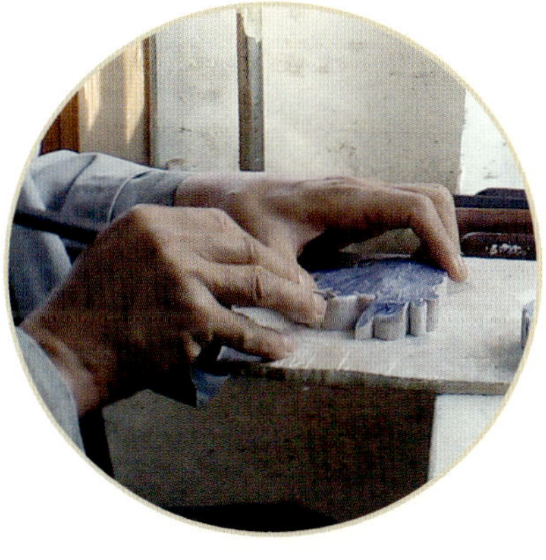

铲嵌（北京金漆镶嵌有限责任公司　提供）

金漆镶嵌是中国传统漆器工艺的重要门类，已有七千余年的历史。北京是我国历史上重要的漆器产区，官府手工艺作坊如元代油漆局、明代雕漆工场果园厂及清宫内务府造办处的兴起，为北京漆器的发展奠定了基础。现在北京金漆镶嵌从工艺技法到艺术风格等许多方面都直接继承和发展了明清宫廷的漆器制造艺术。

北京金漆镶嵌髹饰工艺繁多，题材广泛，艺术表现手法丰富多彩。其中的镶嵌类产品层次清晰，玲珑剔透；彩绘类产品色彩艳丽，灿若锦绣；雕填类产品线条流畅，富丽堂皇；刻灰类产品刀锋犀利，气韵生动；断纹类产品古朴大方，隽秀雅致；虎皮漆类产品五彩斑斓，近于天然。按用途分，北京金漆镶嵌产品包括器皿、家具、屏风、牌匾、壁饰等种类。这一古老的手工技艺具有较高的艺术研究价值，其产品既方便实用，又可收藏，深受广大消费者喜爱。

新中国成立以后，特别是改革开放以来，北京金漆镶嵌又有了长足的发展，但也不无可忧之处。原来从事金漆镶嵌的工人曾多达

金漆镶嵌髹饰技艺主要工序（马维盛　摄）

手绘设计

木工加工

木胎刮灰

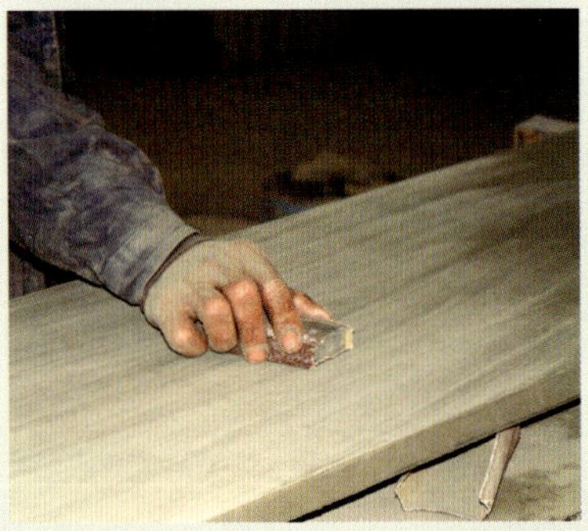

打磨灰胎

髹漆

磨退漆胎

镶嵌铲活

彩绘描漆

雕填剞活

刻灰起地

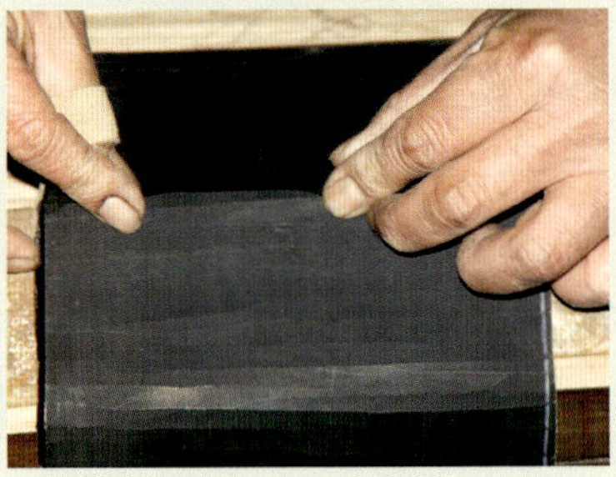

断纹工艺（撅断）

金漆镶嵌髹饰屏风作品《花香凝翠》（万紫设计，北京金漆镶嵌有限责任公司提供）

一千余人，现在老职工陆续退休，同时由于劳动条件比较艰苦，工资偏低，年轻人大都不愿选择这一职业，目前继续从事金漆镶嵌的只剩下160人。这一古老技艺面临断档失传危机，亟待保护传承。

金漆镶嵌髹饰大型矫嵌屏风作品《锦绣前程》（柏德元设计，北京金漆镶嵌有限责任公司提供）

910 VIII-127

漆器髹饰技艺

徽州漆器髹饰技艺

重庆漆器髹饰技艺

漆器髹饰技艺·徽州漆器髹饰技艺

申报地区或单位：安徽省黄山市屯溪区

徽州漆器早期主要产于安徽省歙县、岩寺（现徽州地区）等地，距今已有一千多年的历史。其中的螺甸漆器至宋代已相当成熟，被誉为“宋嵌”。菠萝漆产品在南宋曾被用作贡器。明清两代，漆器工艺空前发展，雕漆、漆画、金漆、雕填、戗金、螺甸、百宝镶嵌等争奇斗艳，蔚为大观。明代徽州漆工黄成总结漆器制作经验，著成《髹饰录》一书，这是中国古代唯一流传至今的漆工专著。此书还通过文化交流远传日本，对日本的民间手工艺生产产生了一定影响。

徽州漆器作品《仿唐绿斑菠萝漆莲花漆盒》（汪翔　摄）

徽州漆器使用的主要原材料有生漆（植物漆）、桐油、木材、麻布、贝壳、各种天然色彩的玉石、金粉、金箔及牛骨、瓦灰、棉纸、猪血等。徽州漆器髹饰技艺与中国传统漆器工艺一脉相承，都是将各地出产的天然彩石、贝壳、牛骨、蛋壳、珍珠等用锯割、雕刻、开纹的方法镶嵌在漆版上。用彩漆在漆器底色上描绘图案，可形成彩绘漆器；将贝壳镶嵌在漆版上，经过打磨而使之与漆版一样平整，可形成平磨螺甸漆器。

徽州漆器髹饰技艺主要工序（汪翔　摄）

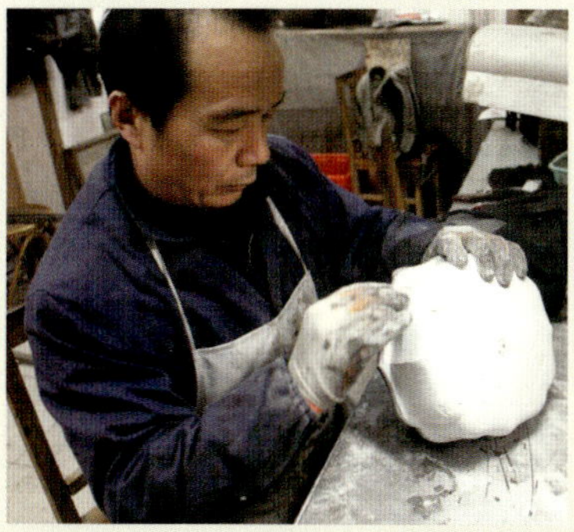

漆胎制作

上灰

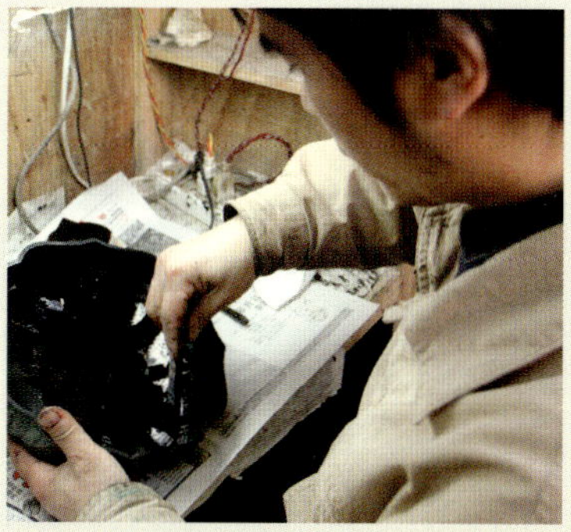

上漆

打磨

抛光

1959年，屯溪工艺厂数位老漆工赴首都为人民大会堂安徽厅制作漆画屏风《百子图》。1978年，徽州漆器工人又研究复制出久已失传的漆砂砚。徽州生产的菠萝漆砂砚、彩石镶嵌屏风等先后获得国家轻工业部“百花奖”。

随着现代社会生活的变迁，漆器产品销路锐减。另外，漆器髹饰技艺复杂，学艺时间长，劳动条件艰苦，现在愿意从事这一行业的人不多。在此情况下，徽州漆器髹饰技艺后继乏人现象严重，亟待保护。

徽州漆器作品《菠萝漆大圆盒》（汪翔　摄）

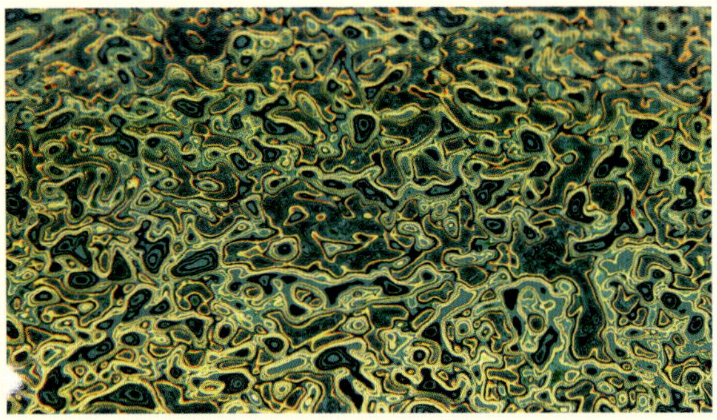
徽州漆器：绿斑菠萝漆漆器（局部，汪翔　摄）

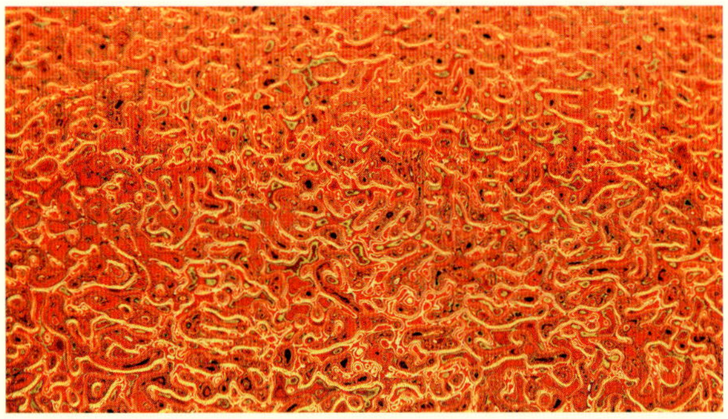
徽州漆器：红斑菠萝漆漆器（局部，汪翔　摄）

漆器髹饰技艺·重庆漆器髹饰技艺

申报地区或单位：重庆市

重庆漆器髹饰技艺发展于秦汉，鼎盛于隋唐，延续至宋和明清时期，具有独特的地方风格。重庆漆器制作种类繁多，主要包括透明漆、黑推光漆、厚料漆、明光漆等各种髹饰技艺，产品可按用途分为生活、娱乐、装饰、旅游、收藏和兵器等六大类约数百个品种。其工艺复杂精巧，有制胎、髹漆、打磨等数十种，还有独创的研磨彩绘、蛋壳镶嵌、金银粉分光等特殊技法。重庆漆器产品曾出口到苏联和东欧等国家，并多次赴欧洲、美洲参加国际文化交流活动，还被当作国礼赠送给外国元首。北京故宫博物院、英国维多利亚博物馆、中国工艺美术馆等都收藏有重庆漆器作品。1954年以后，重庆漆器《金鱼盘》、《蛋壳嵌凤盘》等多次荣获国际和国家级大奖。

由于社会的发展变异，漆器产品渐渐淡出了人们的日常生活。加之重庆漆器髹饰技艺工艺复杂，工时长，成本高，经济效益不显著，目前这一古老的手工技艺已面临失传的危险，急需保护抢救。

重庆漆器制作场景（重庆明珠漆艺有限公司　提供）

重庆漆器作品《三峡》（重庆明珠漆艺有限公司　提供）

重庆漆器作品《故乡》（重庆明珠漆艺有限公司　提供）

911 VIII-128

申报地区或单位：四川省喜德县
贵州省大方县

彝族漆器髹饰技艺

髹饰漆器（胡小平　摄）

彝族漆器（余孟益　摄）

彝族漆器之乡喜德县位于四川省凉山彝族自治州中北部，漆器制作在这里已有一千七百多年的历史。从制造远古简陋的木质生活用具，到以黑漆髹饰生活用品，再到使用生漆、银朱和石黄等天然原料制作精美的彩绘漆器，彝族漆器髹饰技艺在漫长的演进历史中不断得到发展和提高。

喜德县依洛乡依洛村是远近闻名的彝族漆器发源、传承之地。居住在这里的吉伍家族是彝族漆器世家，漆器髹饰技艺在这个家族中已传承了整整19代。彝族漆器选用优质杜鹃木、酸枝木、樟木等为原料，有选伐原木、干燥、打坯、打磨、补灰、水磨、打底、髹饰、清洗、阴干等四十多道工序。其中髹饰一般以黑漆为底色，在上面加绘黄色和红色的花纹组成各式图案，色彩对比强烈，显示出独特的民族风格。

喜德县凉山彝族漆器髹饰技艺具有多方面的优点，制作出的漆器产品做工精致、造型多样、美观大方，无毒、无异味、耐酸碱、耐高温、不变形。目前这一珍贵的少数民族民间手工艺已逐渐衰亡，濒临灭绝，急需抢救和保护。

贵州省大方县位于黔西北地区中部，气候温暖湿润，适宜漆树的生长。这里是我国重要的产漆地区，生漆资源丰富，质量优异。大方漆器髹饰技艺最早出现于东汉年间，至今已有近两千年的历史。彝族先民常喜以生漆涂髹马鞍、箭筒等，进而以牛皮制成胎坯，用生漆涂髹，制成酒具、乳具、茶具等漆器。明代洪武年间，独特的大方皮胎漆器曾作为贡品进献给朝廷。1915年，大方漆器在美国旧金山巴拿马博览会上荣获银质奖章。1958年后，大方的漆器生产得到很大发展，产品还曾获得省“优质奖”。

大方漆器髹饰技艺工艺独特，生产流程复杂，制漆、胎坯、灰地、漆地、装饰等五大工艺共有五十多道工序八十多道生产环节，地方特色极其显著。保护和发展大方漆器髹饰技艺，对于落实少数民族政策，继承我国漆器工艺优良传统具有十分重要的意义。

目前大方的国营漆器厂已经停业，只剩三家私营企业和作坊还在勉强撑持着制作漆器。大方彝族漆器髹饰技艺发展举步维艰，传承困难重重，急盼有关方面加以关注，组织力量进行抢救保护。

彝族餐具系列（游小军　摄）

制作漆器木坯（吉伍依作　摄）

贵州省大方县彝族漆器髹饰技艺主要工序（张兴泉　摄）

制漆

翻模

制胎模

灰地

刮灰

铺漆

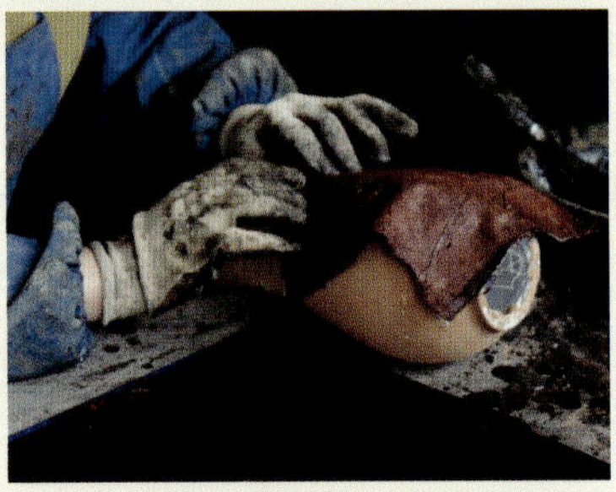
脱胎

漆地

打磨

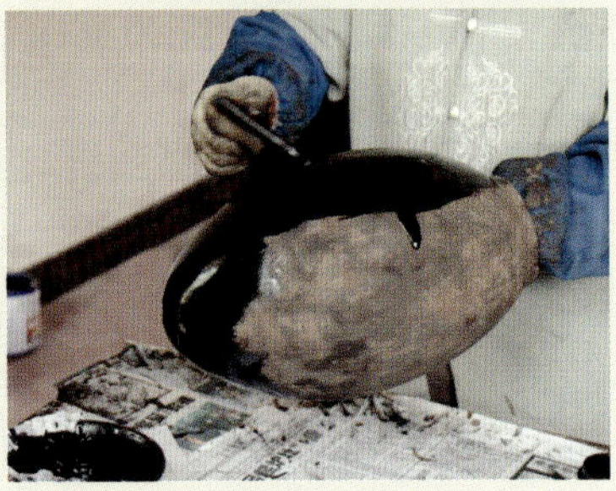
上漆

上烫漆

饰髹

 VIII-129

申报地区或单位：安徽省巢湖市

纸笺加工技艺

纸笺加工技艺工序：手绘描金笺（安徽省巢湖市掇英轩文房用品厂　提供）

精制纸笺加工技艺是传统造纸工艺技术的延伸与发展，它主要是对纸张进行再加工，以使纸的质地更优异，外观更精美，文化内涵更丰富。

我国纸笺加工技艺源远流长，早在东汉即已出现了研光、防蛀和染色技艺。魏晋南北朝时期的施胶、施粉及唐代的蜡笺、粉蜡笺、泥金笺、冷金笺等纸笺加工技艺精巧而细致，为宋、元、明、清各代纸笺加工技艺的发展奠定了基础。在历史上，南唐的澄心堂纸及明代的宣德纸制造工艺名动一时，对后世纸笺加工技艺的革新与发展有着重要影响。清代中期，安徽泾县宣纸逐步取代宣德纸，其时纸笺的加工技艺也达于鼎盛。清代后期至民国年间，纸笺行业和加工工艺渐趋消亡。新中国成立时，历史上留传下来的纸笺加工工艺已处于绝灭的边缘。改革开放后，安徽省巢湖市掇英轩文房用品厂致力于这一古老技艺的研究，恢复了一些失传百年的名品，如手绘描金粉蜡笺、造金银印花笺、朱砂笺、羊脑笺等。但恢复后的纸笺加工工艺如何保护传承，仍是一大难题。保护和发展我国传统精制纸笺技艺，对于丰富人民物质文化生活，繁荣文化市场，促进书画艺术市场的发展具有较大的现实意义。

纸笺加工技艺工序：洒金（安徽省巢湖市掇英轩文房用品厂　提供）

描金笺成品（安徽省巢湖市掇英轩文房用品厂　提供）

木版水印纸制作场景（安徽省巢湖市掇英轩文房用品厂　提供）

纸笺加工技艺工序：粉蜡笺的施胶拖染工艺（安徽省巢湖市掇英轩文房用品厂　提供）

913 VIII-130

申报地区或单位：安徽省宣城市

宣笔制作技艺

宣笔是毛笔的一种，因产于宣州而得名，它以独特的制作工艺和性能在当代中国毛笔中占有重要的地位。

宣笔的原产地宣州地处皖南山区，当地出产的野兔毛是制作宣笔的主要原料。唐代宣州以野兔紫毫制作毛笔，天宝二年（743）被列为贡品，宣州由此成为全国的制笔中心，名闻四海。宋代，宣笔制作技艺日臻完善，名工辈出，声誉日隆，制笔名家诸葛氏创制的无心散卓笔质量上乘，为世所重。宋末元初，战乱频仍，宣笔生产日渐式微，部分宣笔技工逃难到徽州及江浙等地，导致浙江湖笔迅速崛起。明清时期，宣笔技艺再度兴盛。新中国成立之后，宣州地方政府积极组织宣笔生产，"三兔"、"三毛"等品牌的宣笔先后荣获省、部优质产品称号，还获得过金奖。宣笔生产对于当地经济的发展起到了很好的促进作用。

文房四宝之一的宣笔，笔毫软硬适宜，书写流利，不仅具有独特的历史文化价值，而且制作考究，具有显著的工艺价值。

宣笔（伍森严　摄）

宣笔制作技艺主要工序

制杆（伍森严　摄）

扎笔（范瓦夏　摄）

整毫（伍森严　摄）

晒笔（范瓦夏　摄）

检验（范瓦夏　摄）

部分制笔工具（张文年　摄）

914 VIII-131

申报地区或单位：陕西省西安市长安区

楮皮纸制作技艺

楮皮纸制作技艺是传统手工纸生产的重要技艺之一，陕西省西安市长安区北张村至今仍保留着这种原始的民间手工艺。

北张村坐落在秦岭脚下，由于人多地少，当地百姓自古以来就依靠山区的楮树（俗名“构树”）资源，以造楮皮纸维持生计。北张村是造纸术的发源地之一，著名的西汉霸桥纸就是在这里出土的。改革开放以前，这里基本上家家户户都有造纸作坊。

北张村传统的楮皮纸生产有很高的工艺价值，整个生产流程不仅不使用任何现代机械，而且不使用纸药，却能进行分张。这套生产工艺在国内的手工纸制造业内极为罕见，是研究手工纸工艺演化进程的“活化石”。从20世纪70年代起，北张村原始的造纸技艺就引起了国内外学者的高度关注。2002年，美国史密森协会民俗生活与文化遗产中心曾特邀北张村造纸传承人张逢学参加第36届民俗生活艺术节，近十万名参观者观看了张师傅精彩的抄纸、揭纸表演。

随着社会的变迁，传统的楮皮纸制作技艺逐渐衰微。目前北张村仅有十余户造纸作坊还在维持生产，形势不容乐观，必须尽快保护楮皮纸制作技艺这一古老的民间手工艺。

北张村传统造纸流程图（陕西省西安市长安区文化体育广播电视局　提供）

楮皮纸制作技艺主要工序（陕西省西安市长安区文化体育广播电视局　提供）

捣浆

抄纸

晾晒

915 VIII-132

申报地区或单位：广东省江门市

白沙茅龙笔制作技艺

制作精美的白沙茅龙笔（王畅怀　摄）

广东省江门市的白沙茅龙笔起源于明代，至今已有五百多年的历史。白沙茅龙笔的创始人是明代理学家、诗人、书法家陈献章，号白沙先生，笔即由此而得名。白沙茅龙笔系以新会圭峰的茅草为主要材料，经多道工序精心制作而成。这种笔的制作成功开创了以植物纤维制笔的新途径，成为传统手工艺的杰出代表。

白沙茅龙笔古朴雅致，笔锋极富弹性：笔触苍涩，牵丝、飞白效果极佳，宜作行草，亦可用以勾勒山水。由于茅龙笔的笔锋富有弹性，笔画顿挫拙重，别具一格。以茅龙笔书写的作品刚劲有力，气势豪放。陈白沙的"茅龙书"代表作《慈元庙碑》、《种蓖麻诗卷》等清奇瑰伟，纵横开阖，是珍贵的艺术文物。茅龙笔做工考究，豪华高雅，古朴大方，极富自然美感。

改革开放以来，随着社会经济的持续发展，农民纷纷外出务工，茅草无人收

白沙茅龙笔制作技艺主要工序（王畅怀　摄）

筛选、晾晒茅草

浸泡

把浸泡好的茅草清洗后，要用小铁锤把根部砸扁

捆绑装饰，包装成品

割，致使白沙茅龙笔的制作原料供应匮乏。同时，茅龙笔制作技艺独特，制作工序较为复杂，因而产量有限，市场销路不广。以上原因使白沙茅龙笔制作技艺陷于濒危境地，迫切需要保护振兴，传承发扬。

砚台制作技艺

砚台制作技艺·易水砚制作技艺

申报地区或单位：河北省易县

易水砚是河北省易县的著名手工艺品，因流经产地的易水而得名。易水砚的制作始于战国，盛于唐宋，至明代渐趋成熟。当时的鉴赏家对易水砚给予了极高的评价，认为其“质之坚润，琢之圆滑，色之光彩，声之清冷，体之厚重，藏之完整，为砚中之首”。千百年来，易水砚一直以其天然的优等材质和独特的艺术风格而为世所重。

易水砚制作场景（河北省易县文化广电新闻出版局　提供）

易水砚《二龙戏珠》（河北省易县文化广电新闻出版局　提供）

易水砚《书简》（河北省易县文化广电新闻出版局　提供）

易水砚所用石料为太行山区西峪山的水成岩，有的呈柔和的紫灰色，有的点缀着天然的碧绿或淡黄色斑纹，还有的是呈叶状叠积的暗紫、碧绿色，俗称“紫翠石”、“玉黛石”，石面光泽，细润如玉，最适合制砚。易水砚的制作因料定型，顺理成章，刀法精细，纹样生动。取得石材后，制砚匠师们根据其形体，运用传统浮雕技法在上面雕出人物、花草、龙凤、鸟虫等图案。常见的图案有二龙戏珠、九龙戏凤、金龟献寿和十二生肖等。

易水砚做工精细，造型古朴，典雅大方，具有很高的观赏和收藏价值，向为收藏家所珍爱，曾多次被评为全国高档名砚。从应用角度看，这种砚质地细腻，硬度适中，发墨快，不伤笔毫，砚池内所储墨汁滋润而不易蒸发，是书画家理想的创作工具。近几年来，易水砚制作技艺的发展出现停滞趋势，亟待保护和扶植。

砚台制作技艺·澄泥砚制作技艺

申报地区或单位：山西省新绛县

绛州澄泥砚产于山西省新绛县，是我国名砚中唯一的陶砚。其制作可追溯至西汉时期，至唐宋达于兴盛，明代取得进一步发展。历代都将澄泥砚奉为贡品。

绛州澄泥砚制作技艺利用汾河湾得天独厚的自然条件，择取沉积淤泥，经过滤、制坯、雕刻、煅烧等几十道工序，历时年余制出成品。正因为如此，这种砚产量稀少，价值颇高。澄泥砚的特点是质坚莹润，哈气生津，抚似童肤，纹理纷呈，色泽素雅，应用时晶莹细腻，不损笔毫，贮水不涸，厉寒不冰，发墨极速，墨色泛光。澄泥砚可按颜色分成多个品种，其中“鳝鱼黄”、“绿豆砂”、“玫瑰紫”、“朱砂红”等都是难得一见的上乘佳品，深为历代帝王和文人学士所喜爱。

由于历史原因，绛州澄泥砚制作技艺至明末清初已基本失传。为了抢救这一珍贵的民族文化遗产，绛州人蔺相如的后裔蔺永茂、蔺涛父子多方搜集资料，潜心研究，反复实验，苦磨精炼，终于恢复了澄泥砚的生产，使这一国之瑰宝得以重放异彩。目前新恢复的澄泥砚制作技艺尚处于发展时期，急需政府扶植帮助。

水磨工序（山西省新绛县绛州澄泥砚研制所　提供）

蔺氏澄泥砚（山西省新绛县绛州澄泥砚研制所　提供）

砚台制作技艺·洮砚制作技艺

申报地区或单位：甘肃省卓尼县、岷县

甘肃洮砚，即洮河绿石砚，是中国名砚之一。洮砚制作创始于唐，盛行于宋明清，距今已有一千三百多年的历史。洮砚色绿形雅，质坚而细，莹润如玉，发墨快而不损毫，储墨久而不干涸，长久以来享誉海内外，是文房四宝中的珍品。

洮河绿石产于甘肃省南部洮河中游卓尼县、临潭县、岷县交界的喇嘛崖一带峡谷中。洮河矿带三面环水，砚石长年受湿润之气滋养，石质坚润细密，淡绿色中含有墨绿色条纹，形成变化万端的流水、云霞、清漪、雾霭等天然纹理。以之制作成砚，由于石质湿润，可以呵之成珠，下墨既快又细，发墨生光，贮墨砚中，经月不涸不腐。

洮砚造型主要分规矩形砚和自然形砚两种，砚体由墨池、水池和砚盖三部分构成；按款式分，则有单片砚和双片砚两种。砚面往往以图案和文字装饰，最具代表性的传统图案是龙凤和原始宗教器物。

洮砚采用手工制作，生产流程大致包括选料、制坯、透空、精雕、上光等十几道工序。雕刻以透雕和浮雕为主，辅以线雕、圆雕等多种手法，图案造型古雅，美观大方。

洮砚具有丰富的文化内涵和浓郁的地方特色，艺术鉴藏价值很高。近年来，由于自然资源日益减少、边远地区经济发展缓慢等原因，洮砚的制作技艺面临发展困境，需要有关部门予以重视，采取实际措施对之进行抢救保护。

洮砚《荔枝》（李克若、王玉明　摄）

洮砚雕刻（包新田　摄）

洮砚《龙砚》（李克若、王玉明　摄）

917 VIII-134

印泥制作技艺

印泥是图章盖印所使用的一种涂料，因其中的主要原料朱砂呈鲜红色，古代又称之为“丹泥”、“印朱”等。印泥源于春秋战国时代的封泥，当时无纸，人们以简牍（用来书写的竹板）为书写材料。传递公文时，书函外覆以空白简牍，用绳系扎后外敷以泥，再于泥上加盖印章，以为封缄的标志，此泥即是封泥，又称“印泥”。纸张发明后，简牍、封泥俱废。但人们仍仿封泥之法，在公告、信札等之上加盖图章，而以印泥作为涂料。

印泥以朱砂为主要制作原料，先将艾叶捣如棉绒状，再和陈蓖麻油加朱砂等反复搅拌，这样制成的印泥色泽鲜丽夺目，久不褪色。南朝梁代（502—557）的《文心雕龙》中已出现关于印泥的记载。唐宋时期，随着书画艺术的兴盛，印泥制作技艺不断进步。至明清两代，传统书画艺术在各地普遍发展，印泥的制作亦相应有了很大提高，相关的制作技艺一直传承至今。

印泥制作技艺·上海鲁庵印泥

申报地区或单位：上海市静安区

鲁庵印泥系20世纪初上海印泥名家张鲁庵所创，其制作技艺别具特色，在上海乃至整个江南地区独树一帜。

张鲁庵是清末民初上海的印泥大师，也是当时全国篆刻资料最丰富的收藏家之一，他收藏的印谱有《十钟山房印举》等四百余种。鲁庵印泥的创制与上海书画的发展休戚相关。著名书画家吴湖帆、贺天健、高振霄、王福厂等都专门使用这种印泥。用此印泥，即便连续盖印十方，印文也不走样。因此，当时鲁庵印泥备受江南和上海书画名家的青睐，名声大噪。

鲁庵印泥制作中需经过一个自然氧化的过程，其生产主要包括研朱、搓艾、制油三道工序。鲁庵印泥有特定的配方和制作技艺，成品质薄匀净，细腻而黏稠度高，热天不烂，寒天不硬，永不褪色，按在纸上不渗油、不跑色，色彩鲜艳沉着，

上海鲁庵印泥制作技艺主要工序

（上海市静安区非物质文化遗产保护分中心　提供）

研朱

研磨

搓艾

经两年的大伏暴晒并已陈放八年的蓖麻油

符制鲁庵印泥成品

呈现出一种堆积的厚实感。

目前，鲁庵印泥的传承人仅有两位，都年事已高，继续从事印泥生产有一定的困难。由于这种印泥制作成本高，市场需求有限，发展前景不容乐观。印泥是中国书画艺术创作中不可或缺的用品，是传统文化的物质载体之一，保护印泥制作技艺对于弘扬传统文化具有重要意义。处于后继无人状态的上海鲁庵印泥制作技艺迫切需要保护传承，有关方面应将之当作一个重要的任务来完成。

印泥制作技艺·漳州八宝印泥

申报地区或单位：福建省漳州市

福建省漳州市出产的八宝印泥创始于清代康熙十二年(1673)。创始人魏长安原先经营源丰药店，店内制作的八宝药膏造价昂贵，问津者寥寥。魏素好书画，一次偶然用药膏钤印，鲜艳非凡，效果甚佳，于是他便在药膏的基础上研制成“八宝印泥”。这种制作技艺摒弃历代沿用的以蜜敷朱法，克服了印色容易脱落的缺陷。后来，魏长安开设丽华斋专营八宝印泥，并将之作为贡品，八宝印泥声名远扬。孙中山先生使用过漳州八宝印泥后，也对之赞赏有加。

1956年，原丽华斋传人宋月娇携带配方进入漳州文教用品厂(漳州市八宝印泥厂前身)，并研制出新的配方，使八宝印泥的生产和创研一直延续至今。现今漳州生产的八宝印泥系以珍珠、玛瑙、金箔等多种珍贵材料为原料，以特殊加工方法精制而成。制作时将诸多原料放在瓷坛中研细，再加上陈年晒油、艾绒等，反复多次调研，经过繁复的手工操作，最终制出八宝印泥。其成品明爽润洁，易干，不落不泞(淤积)，不粘不冻，具有鲜艳饱和、气味芬芳、浸水不化、色泽长新、燥天不干、雨天不霉、夏不渗油、冬不凝冻等八大优点，漳州八宝印泥由此而获得“印纸则桃花欲笑，钤朱而墨韵增辉”的美誉。

漳州八宝印泥主要工序(林瑞红　摄)

把八宝印泥原料按照一定比例混合在一起，放进石臼中锤炼、研磨

用胡椒、花椒、八角等中草药与蓖麻油混合泡制成品油

将成品漆平装盒

918 VIII-135

申报地区或单位：浙江省瑞安市

木活字印刷技术

用木活字印刷技术印制的族谱（吴小淮　摄）

东源村位于浙江省瑞安市西南部，据当地《太原郡王氏宗谱》记载，元代初年，隐居在福建省安溪县的王法懋开始把木活字印刷技术引入族（宗）谱编修事业，“梓辑”（运用木活字印刷编修宗谱的工艺）之艺由此问世，历代相承不绝。明代正德年间，王法懋的部分后裔由福建迁入浙江平阳。清代乾隆元年（1736），王法懋五世孙王应忠率其子孙由平阳迁入东源，“梓辑”之艺就在东源扎根，一直传承至今。

东源木活字印刷技术已有八百多年的历史，是已知的我国唯一保留至今且仍在使用的木活字印刷技艺，堪称世界印刷术的“活化石”。东源木活字印刷技术的生产流程包括刻字、检字、排版、校对、印刷、打圈、划支、填字、分谱、草订、切谱、线装等二十道工序，完整再现了古代活字印刷的作业场景，是木活字印刷术源于我国的最好实物证明。

随着机械化印刷的高速发展，东源木活字印刷技术的刻版、印刷等技艺继承者寥寥无几，濒临灭绝，亟待保护。

活字印模和印制出的族谱

字（吴小淮　摄）

字模（阮立忠　摄）

印刷宗谱（阮立忠　摄）

919 VIII-136

装裱修复技艺

古字画装裱修复技艺

古籍修复技艺

装裱修复技艺·古字画装裱修复技艺

申报地区或单位：北京市荣宝斋、故宫博物院

技师在修复扇面

古字画装裱修复技艺是我国独特的传统手工技艺，主要用于书画、碑帖等的装饰和修复还原，距今已有一千七百多年的历史。装裱古代称为“裱褙”，亦称“装潢”、“装池”。这一技艺的出现，为保存珍贵的民族文化遗产、传承古代文明作出了巨大的贡献。

中国传统书画装裱修复技术历经晋、唐、宋、元的长期发展，到明清时期基本定型，形成了以北京为中心的“京裱”和以苏州为中心的“苏裱”两个流派。久负盛名的老字号装裱店“荣宝斋”的古字画装裱修复技艺具有自己独特、完备的工艺流程，是“京裱”最集中的体现，在全国装裱界独树一帜。

装裱修复后的宋代古画《征人晓发》（北京市荣宝斋　提供）

揭画心（张旭光　摄）

民国时期，中国的书画修复业曾形成以琉璃厂的玉池山房、大树斋和上海的汲古阁、刘定芝装池为代表的两大流派。新中国成立后，刘定芝装池、玉池山房等处的装裱高手都被请到故宫博物院，专门负责故宫所藏书画文物的装裱修复工作，先后修复了宋代张择端的《清明上河图》、隋代展子虔的《游春图》、唐代韩滉的《五牛图》、五代顾闳中的《韩熙载夜宴图》等一批国宝级书画文物，同时为故宫博物院培养了许多掌握古字画装裱修复技术的专业人员。

北京古字装裱修复技艺在多年的发展过程中形成了自己独特的面貌，拥有自己专门的工具、材料、款式和工艺。由于装裱修复技艺内容复杂，需要掌握不同朝代的绘画、纸张、绢缎等系列知识，学艺时间长，传承有一定难度，目前已濒临失传，需要积极加以保护和抢救。

全色接笔（张旭光　摄）

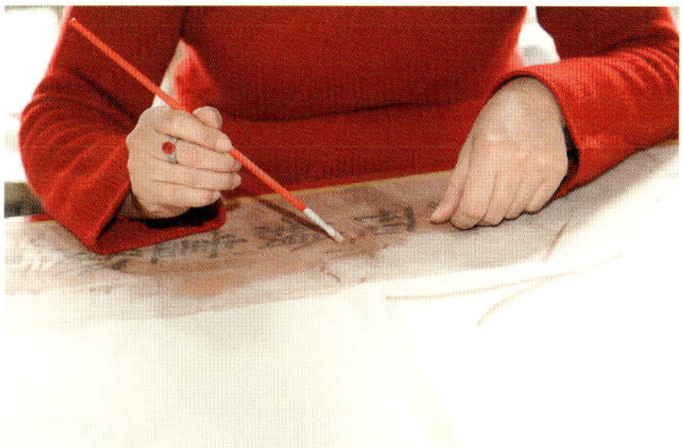

补画心（张旭光　摄）

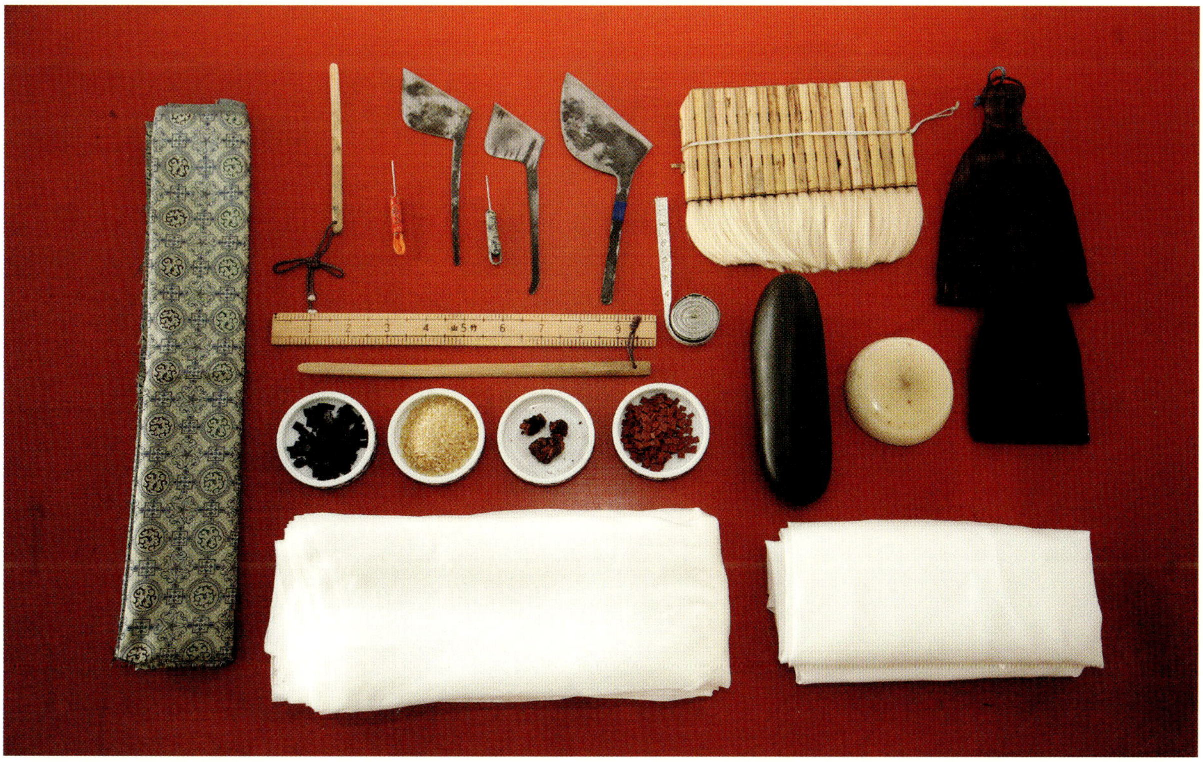

装裱修复古字画的工具与材料（张旭光　摄）

装裱修复技艺·古籍修复技艺

申报地区或单位：国家图书馆、中国书店

古籍修复是一项特殊技艺。在漫长的历史过程中，脆弱的古代典籍经过聚散和转手以及天灾、战乱毁坏，大多千疮百孔、破烂不堪。“修旧如旧”，化腐朽为神奇，是保护历代古籍完整流传至今的重要一环，因而各界人士将这项技艺誉为古籍的“续命汤”。

从事古籍修复工作不但要熟悉各个朝代书籍的形式和版本，还要了解各朝纸张、书皮及装订风格，更要有娴熟的技艺。修补一本古书往往要经过十几、甚至几十道工序，一招一式极为考究，对从事古籍修复人员的要求更是近乎苛刻。

修复的古籍（徐晓静　摄）

古籍修复技艺主要工序（田婷婷、提娜　摄）

补书叶

折书叶

锤平

用压力机压平

缝线

中国国家图书馆是综合性研究图书馆，是国家总书库，和全国书目中心，其藏书可上溯至南宋，馆藏珍品古籍众多．

国家图书馆文献修复工作历史悠久，早在京师图书馆时期就配备了文献修复人员。1949年，为修复当时刚刚入藏北平图书馆的国宝藏经《赵城金藏》，经由当时的军管会批准，组建了一支由8名技工组成的修复队伍，即今天国图修复组的前身。1953年正式成立“图书修整组”，至此古籍修复工作作为图书馆的一项专职业务走上了专业化、正规化的发展道路。2001年，“图书修整组”改名为“善本特藏修复组”。

国家图书馆文献修复工作在历史上取得了比较辉煌的成绩，修复完成的国宝级珍贵文献包括《赵城金藏》、《永乐大典》、西夏文献、部分敦煌遗书和宋元善本、清代《赋役全书》等。可以说正是凭借着代代国图修书人的不懈努力，一件件馆藏国宝的风采才能重新展现于世人面前。

北京市肄雅堂是以装裱修复古籍、碑帖、书画著称的百年老字号。它开设于清代光绪年间，店主为丁梦松。清末民初之时，肄雅堂便以装裱技艺在京城极负盛名。当时京城不少装裱高手都出自肄雅堂。1958年，肄雅堂归属中国书店，先后有三代装裱传人在这里辛勤耕耘，抢救性地修补残破的珍贵古籍30余万部，其中不乏善本、孤本。

当前，古籍保护形势十分严峻。目前，全国各图书馆、博物馆、文物管理单位需要修复的古籍超过1000万册件。但据统计，全国图书馆古籍修复人才不足100人。除人才数量严重不足外，还存在综合素质低、职称低、年龄老等情况。保护古籍修复技艺已刻不容缓。

技师在补破（徐晓静　摄）

920 VIII-137

申报地区或单位：江苏省兴化市
浙江省舟山市普陀区

传统木船制造技艺

艏部兽头制作场景（浙江省舟山市普陀区非物质文化遗产保护中心　提供）

木船是古代水乡人民生活、出行和劳作的重要工具，在长期的实践过程中，形成了独特的木船制造技艺，一直流传至今。这一技艺内容复杂，工序繁多，造出的木船古朴大方，轻盈灵巧，坚固耐用。随着历史的发展，木船的用途逐步由农用、摆渡、内河及沿海捕捞拓展至交通、商业、邮运等领域。

传统木船“绿眉毛·朱家尖”号（浙江省普陀区非物质文化遗产保护中心　提供）

传统木船"不肯去观音号"的艉部雕刻（浙江省普陀区非物质文化遗产保护中心　提供）

江苏省兴化市竹泓镇境内河湖港汊纵横，是典型的水乡泽国，木船成为人们日常生活的重要用具。竹泓木船以材质结实而有韧性的老龄杉木为主要原料，以铁钉、麻丝、石灰、桐油等为辅料，整个制作流程包括选料、备料、断料、配料、破板、分板、拼板、投船、打麻、油船等十多道工序，每个环节均以手工操作，工艺复杂，难度大。造出的木船吃水浅，浮力大，载重多。20世纪80年代末期，竹泓全镇有270多户从事木船制作，全年约产木船一万多条。目前竹泓的木船制造已出现衰落之势，全镇专业从事木船生产的工人不足70人，各类小木船的年产量也减少到4000条左右。

安装传统木船艉封（浙江省舟山市普陀区非物质文化遗产保护中心　提供）

舟山市普陀区面临东海，渔业生产发达。千百年来，普陀岛上产生了无数修造船舶的能工巧匠，岑氏木船作坊便是其中的代表。岑氏打造的木帆船数量品种都很可观，主要有仿古大型木帆船、渔船、仿古船等系列。其制作工艺主要包括设计、放样、放龙筋、制配底壳等十六个环节，造船使用的工具如龙锯、拉缝锯、长短锤等都十分独特。岑氏木船作坊打造的帆船除航行速度快、安全性能好之外，还具有很高的艺术价值，它美观的造型和精美的装饰往往会给人留下深刻的印象。

由于时代的变迁，钢质渔船日益得到普及推广。在此形势下，传统木船手工作坊不断萎缩，木船制作工艺也随之而逐渐流失，传承、保护和进一步发展木船制造技艺已成为当务之急。

传统木船制造技艺主要工序（龚为　摄）

刨料

凿眼

冲钉

打麻

水乡小木船（龚为　摄）

921 VIII-138

申报地区或单位：福建省晋江市、宁德市蕉城区

水密隔舱福船制造技艺

正在建造的水密隔舱木帆船（徐维耕　摄）

宋元时期，中国的远洋木帆船备受各国商人、使节的青睐，重要原因在于中国帆船具有很高的安全性，这种安全性即来源于帆船中的水密隔舱。所谓水密隔舱，就是船舱中以横隔板分隔开的彼此独立且不透水的各个舱位。水密隔舱的使用不仅增加了船体的强度，而且即使某一舱位触礁进水也不危及其他舱位，保证了船舶航行的安全性。与此同时，水密隔舱作为船壳板弯曲的支撑点，也提高了帆船的坚实度。我国的水密隔舱造船技艺早在13世纪末就由马可·波罗介绍到西方。此后，这一技术逐渐为世界各国造船业所普遍采用，对人类航海事业的发展产生了重要影响。

古代泉州素以发达的造船业著称，据清代嘉庆时的《西山杂志》记载，唐代天宝年间，泉州地区所造海船已有“十五格”，即船上分出15个隔舱。出土文物证明，最迟在宋代，泉州所造海船已采用成熟的水密隔舱结构。传统的水密隔舱木帆船建造技术在目前的泉州晋江市深沪镇仍有存留，当地正按传统模式设计木帆船。所造帆船从船型设计、选料、建造工艺、外观涂装到建造过程中的种种仪式都遵循传统，14道隔舱板将船分为15个舱，隔舱板下方靠近龙骨处有两个过水眼，每个隔舱板与板间的缝隙用桐油灰加麻绳捻密，以确保各舱之间相互隔绝。

水密隔舱福船制造技艺工序：定主龙骨（陈海烽　摄）

水密隔舱福船制造技艺工序：安梁（陈海烽　摄）

宁德市蕉城区漳湾镇岐后村的造船技艺系明代洪武年间由闽南传入，其后世代传承，直到今天。民国时期，漳湾多制造200—300吨位的“三桅透”木帆船。新中国成立后，漳湾船厂承制了为数众多的捕捞船与运输船，其中很多是60吨位以上的水密隔舱结构木帆船。20世纪80年代改革开放以后，由于金属船的普遍应用，漳湾福船制造业日益萎缩。目前岐后村虽仍保留小规模生产，但传承人日渐稀少，水密隔舱福船制造技艺已处于濒危状态。

随着现代交通事业的发展，木船日益失去生存的土壤，木船生产行业也随之衰落，制造技艺逐渐流失。在此状况下，必须从速制定相应的抢救和保护措施，以保证传统木船制造这种珍贵民间手工艺的有效传承。

采用水密隔舱技艺建造的“太平公主号”木帆船（徐维耕　摄）

922 VIII-139

申报地区或单位：广东省东莞市

龙舟制作技艺

龙舟坐板制作场景（叶嘉铭　摄）

广东省东莞市中堂镇是龙舟之乡，这里的龙舟制作已有一百多年的历史。中堂龙舟制作的工艺流程较为复杂，包括选底骨（龙骨，主要选笔直的大杉树做底骨）、起底（钉蝴蝶底，起蝴蝶底）、起水（拗弯龙骨，使之呈流线型）、打水平（中线定位，平衡蝴蝶底）、转水（安装挡水板）、做大旁、做横挡（排骨）、做坐

新龙舟下水（叶嘉铭　摄）

板（划龙舟者座位）、安龙肠、加固中肠（用竹片加固座位与龙肠）、上桐油灰（板与板之间缝隙加固，防漏水）、刨光、涂清漆（使舟光滑）、制作安装龙头、安装尾舵等多个重要步骤。

中堂龙舟制作在材料选择上经历了三个历史发展阶段。清代为第一阶段，造龙舟主要使用进口木材，材质坚固耐用，舟身重，舟行时阻力大，制作时间约需三个月。民国至20世纪末的近一百年为第二阶段，用料以松木为主，舟身重量有所减轻，舟速有所提高，制作时间约一个月。近十多年为第三阶段，龙舟改以杉木为料，重量轻，成舟吃水浅，舟速快，制作时间为六至七天。以前龙舟用料尺寸等数据全凭师傅经验和记忆，不见诸文字记载。

龙舟竞渡是我国端午节的传统民俗，因此龙舟制作技艺不仅具有工艺价值，还蕴藏着深厚的文化和民俗内涵。随着广东社会经济的高速发展，传统的乡土生活正逐渐淡出人们的视界，龙舟竞渡之类的活动已不常举办。加之龙舟制作工艺复杂，目前从事相关行业的人员日益减少，制作技艺濒临失传，急需保护。

龙船制作技艺工序：装龙头（叶嘉铭　摄）

龙舟成品（叶嘉铭　摄）

923 VIII-140

伞制作技艺

油纸伞制作技艺

西湖绸伞

1.8尺精品龙凤油纸伞（王伟　摄）

油纸伞扎制场景（王巽庠　摄）

伞是日常生活中用以遮阳或挡雨的工具，可张可收，携带方便。我国制伞技艺有着悠久的历史，据传说，春秋战国时代鲁国著名匠师鲁班之妻王氏将竹子劈成细篾条，上蒙兽皮，张如盖，收如棍，此即最初的伞。古代伞有“盖”、“华盖”、“伞盖”等别称。西晋时期，帝王和贵官出巡时往往有侍从执伞随侍，成为仪仗。古代伞面均用丝绸制成，南北朝时代北魏君主、臣僚等出行已采用罗帛制成的伞盖，不同级别的人使用的罗伞大小、色彩各不相同。东汉蔡伦造纸成功后，伞面逐渐由丝绸改为纸质，至宋代出现了油纸伞。我国油纸伞产于四川、湖南、广东、福建、浙江、贵州等地，是劳动人民的生活必需品。当前由于尼龙绸折叠伞的普遍流行，传统的油纸伞和绸伞已经悄然从人们身边隐退，相关的制作技艺亦逐渐湮没不彰。

伞制作技艺·油纸伞制作技艺

申报地区或单位：
四川省泸州市江阳区

据《泸县志》记载，四川省泸州市分水油纸伞起源于明末清初，至今已有四百多年的历史。分水伞厂

油纸伞制作技艺主要工序（王伟　摄）

网伞边

石印印花

贴伞边

顺伞

是泸州油纸伞制作技艺的传承者，它以传统手工方式制造的桐油纸伞至今仍显示出古老工艺的独特价值。

分水油纸伞选料精细，上油厚重，绘图雅丽，呈现出民间传统的艺术特色。分水油纸伞以泸州当地盛产的桐油、楠竹、水竹、岩桐木、皮纸等为原料制作完成，伞身轻便美观，伞面诗画兼备，具有浓郁的乡土气息，是民间举办婚庆、进行原始宗教活动时常用的物品。泸州油纸伞制作技艺流程复杂，一把油纸伞要经过锯托、穿绞、网边、糊纸、扎工、晥油、箍烤等九十多道工序才能最终完成，缺一不可。制成的产品质量优良，反复撑收三千余次不坏，清水浸泡24小时不脱骨，顶五级风行走不变形。泸州分水油纸伞深受用户和民间收藏者的欢迎。

油纸伞制作场景（王伟　摄）

伞制作技艺·西湖绸伞

申报地区或单位：浙江省杭州市

杭州西湖绸伞始创于1932年，其工艺由杭州都锦生丝织厂研创，传承至今已有七十余年。西湖绸伞以杭州本地独有的淡竹、杭州丝绸为原料，以杭州西湖风景为装饰图案，整个生产流程包括18道重要工序。

西湖绸伞主体由伞骨和伞面组成，伞骨制作采用古老的套合技艺，不用任何黏合剂。伞面用丝绸为面料，而以刷花、彩绘和刺绣等技法加以装饰。刷花以杭州西湖风景为题材，采用多种套色；彩绘利用传统国画技法，在伞面上绘制仕女、花鸟等内容；刺绣题材多样，工艺精细，鲜丽秀雅，具有良好的艺术效果。西湖绸伞按其用途可分为日用伞、装饰伞、舞蹈伞、杂技伞、排须伞等种类。西湖绸伞造型轻盈，设计奇巧，制作精细，高雅美观，既很实用，又有艺术欣赏价值。

西湖绸伞成品（浙江省杭州市非物质文化遗产保护中心　提供）

伞面与伞骨粘合工艺传承场景（厉剑飞　摄）

924 VIII-141

申报地区或单位：西藏自治区尼木县、墨竹工卡县

藏香制作技艺

藏香制作场景（西藏自治区非物质文化遗产保护中心　提供）

藏香相传系公元7世纪时由松赞干布的大臣吞米·桑布扎所创，距今已有一千三百多年的历史。藏王松赞干布虔信佛教，为供奉从长安和尼泊尔请来的两尊释迦牟尼生前亲自开光的佛祖12岁和8岁等身佛像，松赞干布责成大臣吞米·桑布扎研制供佛之香。吞米·桑布扎以藏医学为指导，精心研制出了手工水磨制香技艺，从此藏香开始在各地流传。

传统的藏香制作技艺采用柏树干、麝香、白檀香等几十种香料为原材料，制作时先把柏树干锯成若干小段，去皮，再用水车磨成柏树木泥，和各种香料一起搓揉，然后把混合各种香料的柏树木泥放入牛角内压挤成型，再经过两到三天的晾晒，即制成藏香。

藏香具有祛病除灾、养神益智、清洁空气、杀菌消毒、促进人体新陈代谢、增强免疫功能、驱虫、预防流行性疾病等功效，历史上主要供高僧大德供佛礼拜时燃点，使用范围极其有限。由于原料稀缺，掌握藏香配方的僧人极少，藏香濒临失传。近年来，在西藏自治区墨竹工卡县直孔替寺的努力下，藏香生产已得到初步恢复，但仍需保护和扶植。

传统藏香是以几十种香料为原料制作而成的（西藏自治区非物质文化遗产保护中心　提供）

藏香制作场景（西藏自治区非物质文化遗产保护中心　提供）

挤制藏香场景（西藏自治区非物质文化遗产保护中心　提供）

925 VIII-142

申报地区或单位：云南省西双版纳傣族自治州

贝叶经制作技艺

贝叶经（段其儒　摄）

贝叶经傣语称“坦兰”，是用铁笔刻写在贝多罗树叶上的佛教经文。它最早起源于古代印度，公元7世纪前后传入斯里兰卡，复经缅甸、泰国传入我国云南省西南边疆地区。现在发现有贝叶经文遗存的国家除中国以外，还有印度、泰国、缅甸、老挝、斯里兰卡等国。调查显示，云南省西双版纳、思茅、临沧、德宏一带是较为完整地继承了贝叶经制作技艺的地区，除傣文贝叶经外，这里还发现了用老挝文、缅甸文、泰国文刻写的贝叶经。

在西双版纳发现的贝叶经有巴利文本和傣文本两种，其规格包括每页四行式、五行式、六行式和八行式四种。傣族人民除利用加工后的贝叶刻写佛教经文外，还将傣族的天文历法、社会历史、法规、民俗、医药、生产、生活、伦理道德、文学艺术等内容大量记录在上面。

贝叶经是傣族传统文化的重要载体，具有重要的史学、民族学研究价值。傣族人民对傣文贝叶经倍加珍惜，视为传世之宝，并誉之为“运载傣族历史文化的神舟”。贝叶经也是傣族人民的“百科全书”，西双版纳的许多佛寺和普通百姓家都虔敬地加以珍藏。

贝叶经制作技艺主要工序

（云南省西双版纳傣族自治州云南省少数民族研究所　提供）

加工贝叶

刻写经文

926 VIII-143

申报地区或单位：新疆生产建设兵团

土碱烧制技艺

以碱蒿烧制土碱的技艺主要流传在新疆生产建设兵团农六师芳草湖和新湖农场垦区等地，至今已有两百余年的历史。新疆老人逢年过节有吃灰面的习惯。灰面是用民间自行烧制的一种土碱和面，用手工捏制而成的面食，它食用时光滑滋润、筋道、口感好。

新疆气候干燥，土质盐碱含量大，在这片土地上到处生长着耐寒、耐碱、生命力顽强的野生植物碱蒿子。在长期的屯垦实践中，当地群众积累了一定的生产、生活经验，发现碱蒿子除可用来沤肥或当柴烧以外，还能烧制土碱。碱蒿子烧制土碱，经济实用，成本低廉，尤其是在物资供应紧张的艰苦年代和经济水平相对落后的地区，既能减少群众的支出，又可创收。土碱和面的效果是现在市场上销售的食用碱所不能代替的。在新湖、芳草湖垦区的新疆老人中，土碱烧制技艺以口传心授的方式传沿至今。但目前仅有个别当地居民在进行复杂的土碱烧制和灰面制作活动，这项别具地方特色的民间手工技艺有逐渐走向灭绝的危险，亟待保护、传承、发扬。

碱蒿子土碱烧制成品（宋胜先　摄）

土碱烧制技艺主要工序（宋胜先　摄）

在碱地上挖出喇叭口的土窖，便于通风

把长20厘米—30厘米的钢筋放在十字通道上以便通风，使烧碱凝固

将碱蒿子从窖口上陆续加入，在窖内进行焚烧，直到烧完后，盖住窖口，一两天后焚烧的碱蒿子会凝结成绿色的土碱

927 VIII-144

蒸馏酒传统酿造技艺

蒸馏酒酿造是先将谷物、薯类等富含淀粉或糖质的原料制成酒醅（没有过滤的酒）或发酵制成酒醪（浊酒），而后再蒸馏成酒。蒸馏酒呈白色或微黄透明，因而俗称“白酒”。其气味芳香纯正，入口绵甜爽净，酒精含量较高，属烈性酒。按照使用原料和糖化发酵剂来区分，蒸馏酒酿造时会有大曲、小曲、麸曲酿造技艺的不同。

蒸馏酒用料以粮食为主，可分高粱酒、玉米酒等种类，其中高粱含淀粉量高，蛋白质适中，最利于酿制蒸馏酒。按照香型，蒸馏酒又可分为酱香型、清香型、浓香型、米香型、复香型等多种。

蒸馏酒古称“烧酒”、“醇醲酒”，最初是由低酒精度的米酒演变而来，约成形于宋代，至今已有八百多年的历史。我国的蒸馏酒主要产于四川、贵州、河南、河北、沈阳、吉林、北京等地区，其酿造工艺的形成和当地的谷物（盛产高粱）、气候（寒冷或潮湿）、水质及生活习俗等有着密切的关系。

蒸馏酒传统酿造技艺·北京二锅头酒传统酿造技艺

申报地区或单位：北京红星股份有限公司、
北京顺鑫农业股份有限公司

北京是我国酿酒历史悠久的地区之一，城内至今仍保留着三条明清时期遗留下来的以烧酒为地名的胡同。北京二锅头酒传统酿造技艺是北京酿酒技艺的重要代表，它萌芽于元明时期，成型于清代康熙十九年（1680）。1949年，政府对酒实行专

北京红星二锅头酒传统酿造技艺主要工序（王新生　摄）

拌料

出料

开缸出料

蒸馏

装甑

红星珍品二锅头酒
（王新生　摄）

52度牛栏山经典二锅头酒
（阮劲松　摄）

卖，华北酒业专卖公司试验厂接收12家老烧锅，1951年注册“红星”二锅头商标，全面继承了北京二锅头酒酿制技艺。

牛栏山为京北古镇，地处燕山之麓，东临潮、白二河汇合处，地下水资源丰富，水质好，适宜酿酒。清朝初年，牛栏山酿酒业已十分发达。历经数百年的发展，牛栏山二锅头酒逐渐形成我国北方清香型酒中极具特色的酒品。1952年，在“公利号”、“富顺成号”等老烧锅的基础上成立了牛栏山酒厂，继续沿用传统酿造技艺生产二锅头酒。

北京二锅头酒传统酿造技艺以口传心授的方式世代相传，并在生产实践中不断加以发展，逐渐形成了老五甑法发酵、混蒸混烧、看花接酒、中段接酒等特有的绝技。二锅头酒传统酿造技艺凝聚了北京酿酒技师的聪明才智，在当今二锅头酒的生产中仍持续发挥着不可替代的作用。

北京二锅头酒具有清香芬芳、纯正典雅、甘洌醇厚等特点，长久以来畅销全国，并出口到美、日等国家和地区。“红星”商标被评为“中国驰名商标”，北京红星股份有限公司被命名为还名列“中华老字号”，获得多项殊荣。

目前北京二锅头酒生产面临着极大挑战，生产基地屡遭迁徙，洋酒冲击、人才短缺、假冒侵权等问题层出不穷，令生产厂家疲于应付。针对这一状况，应及时出台合理的保护措施，以保证北京二锅头酒的正常生产及其传统酿制技艺的完整传承。

北京牛栏山二锅头酒传统酿造技艺主要工序（阮劲松　摄）

装甑蒸酒：把取出的酒醅和原辅料混合物均匀地撒入甑中，这是最为关键的一道工序，直接影响到出酒率和酒的品质

掐酒：出酒时掐去酒头和酒尾，只保留第二锅口感好的这一批酒

窖存：将分段摘取的原酒放入陶缸封口后，入地下酒窖贮存，至少贮存三个月以上（阮劲松　摄）

蒸馏酒传统酿造技艺·衡水老白干传统酿造技艺

申报地区或单位：河北省衡水市

河北省衡水老白干酒是中国老白干香型白酒的典型代表，是中国北方地区优质大曲白酒的典范，具有醇香清雅、酒体谐调、醇厚甘洌、回味悠长的特点。

衡水老白干酒采用优质东北高粱为原料，将本地优质小麦通过曲房自然接种、控制发酵培养制成中温大曲后，用作糖化发酵剂，酿造时采用传统的续茬配料、混蒸混烧老五甑手工技艺，地缸发酵，缓火蒸馏，分段掐酒，分级入库，陶坛贮存，精心勾调，最终制成纯正的老白干。老白干传统酿造技艺以其独特的工艺受到人们的喜爱，多次在国内和国际上获奖。

千百年来，衡水老白干酒酿造技艺以口传心领、师徒授受的方式代代相承，并在此过程中不断得到创新和发展，显示出浓郁的地方文化特色。挖掘和保护衡水老白干传统酿造技艺，大力培养高素质、高技能的传承人队伍，对这一珍贵酿造技艺的不断发展和提高具有重要的意义。

衡水老白干传统酿造技艺工序：装甑（王俊清　摄）

衡水老白干传统酿造技艺工序：窖藏（王俊清　摄）

衡水老白干发酵区（王俊清　摄）

衡水老白干制作工房（王俊清 摄）

蒸馏酒传统酿造技艺·山庄老酒传统酿造技艺

申报地区或单位：河北省平泉县

山庄老酒产于河北省平泉县，这里地处河北省东北部、燕山山脉末端，山清水秀，气候宜人，自古就是天然酿酒的好地方。山庄老酒酿制技艺产生、形成于清初，康熙年间以后日趋成熟，民国至新中国成立初逐渐走向衰落。20世纪90年代末开始，山庄老酒酿制技艺有了新的发展。2005年，山庄老酒被认定为“中国地理标志产品”。2006年，“山庄”商标被认定为“中国驰名商标”。

山庄老酒制作工房（李振东 摄）

山庄老酒酿造技艺传承场景（李振东　摄）

山庄老酒以高粱为主要原料，以优质小麦和大麦、豌豆混合配料酿制。酿造时首先培制中高温曲，而后用续糟(或渣）配料，清蒸混烧，经发酵缓火蒸馏，掐头去尾，中温流酒，分段摘酒，最后取其精华，陶罐密封，适温贮存，最少要贮存四年。山庄老酒传统酿造技艺是古老酿酒技艺的遗存，在研究北方白酒发展历史方面具有较高的学术价值。

板城烧锅酒传统五甑酿造技艺工序：量质摘酒（孙大庆　摄）

蒸馏酒传统酿造技艺·板城烧锅酒传统五甑酿造技艺

申报地区或单位：河北省承德县

传说乾隆三十八年（1773），清高宗偕宠臣纪晓岚微服私访，来到承德下板城庆元亨酒店，酒酣之时以“板城烧锅酒”巧对“金木水火土”，一时传为佳话，板城烧锅酒由此而得名。

板城烧锅酒以优质高粱和小麦为主要原料，将传统老五甑工艺与现代微生物技术相结合。老五甑酿造工艺讲究原料与出窖的香醅在同一甑桶同时蒸煮糊化，窖内原有四甑发酵原料，出窖后加入新原料，分成五甑发酵。板城烧锅酒老五甑酿造工艺让原料多次发酵，以提高出酒率，积累香味前驱物质，增加白酒香味。

板城烧锅酒传统五甑酿造技艺主要工序（孙大庆　摄）

蒸馏出糟

制曲拌料

制曲车间

检验产品质量

精心酿造而成的板城烧锅酒具有酒体清澈、酒香浓郁、回味悠长、饮后不上头的特点，2005年被认定为“中国驰名商标”，2006年被国家商务部评为“中华老字号”，2007年又被商务部评为“中国名酒”。

蒸馏酒传统酿造技艺·梨花春白酒传统酿造技艺

申报地区或单位：山西省朔州市

山西省应县梨花春酒是晋北名酒，其酿造技艺凝聚了千年来当地酿酒师的智慧，具有很高的历史文化价值。梨花春酒系以大麦、豌豆、麸皮为制曲原料，以高粱为酿酒原料，在自然生态环境下酿造而成。其中的制曲、酿造、蒸馏、勾兑等许多工序都有独到之处，整个酿造技艺既体现着以汾酒酿造技艺为代表的清香型蒸馏酒的酿造模式，又包含了从少数民族酿酒技艺中汲取的先进经验。

梨花春白酒传统酿造技艺主要工序（山西省梨花春酿酒集团有限公司　提供）

原粮粉碎

润料堆积

蒸煮糊化

原料冷散

入池发酵

看花摘酒

梨花春传统酿造技艺采取中温制曲、堆积增香、地缸发酵、慢火蒸馏、分级贮藏、精巧勾兑等独特工艺，许多环节的操作都依靠酿酒师代代相传和亲身积累的经验来完成，至今一些关键的工序仍需手工操作。

蒸馏酒传统酿造技艺·老龙口白酒传统酿造技艺

申报地区或单位：辽宁省沈阳市

辽宁省沈阳市老龙口白酒酿造技艺起源于清代康熙元年（1662），当时山西省太谷县酿酒商人孟子敬在盛京（今辽宁沈阳）小东门外创建了“义隆泉”烧锅，后改为“万隆泉”。因该地相传为清代“龙城之口”，故称“老龙口”。珍藏在老龙口酒博物馆内的石磨、酒海（储酒容器）、老商标等11件国家级历史文物见证了老龙口白酒酿造的历史。1949年，“万隆泉”烧锅定名为“沈阳特别市专卖局老龙口制酒厂”，1960年改名为“沈阳市老龙口酒厂”，2000年改为“沈阳天江老龙口酿造有限公司”。

老龙口位于沈阳市区东北部，地处长白山余脉与辽河冲积平原过渡地带。公司酒厂内有百年古井一眼，名为“龙潭水”，水质清澈甘洌，为老龙口酿酒技艺的发展提供了得天独厚的条件。老龙口白酒历史上多由山西人经营，经过三百多年的传承演变，形成了北方独特的酿酒工艺。老龙口白酒酿造技艺有水好粮精、端午踩曲、老窖发酵、甑桶蒸馏、酒海陈酿、精心勾调六大特征，酿出的酒浓头酱尾，甘洌爽净，绵甜醇厚，回味悠长。

老龙口白酒传统酿造技艺主要工序（姜春秀　摄）

蒸馏

凉楂

酒醅原料掺拌

出窖

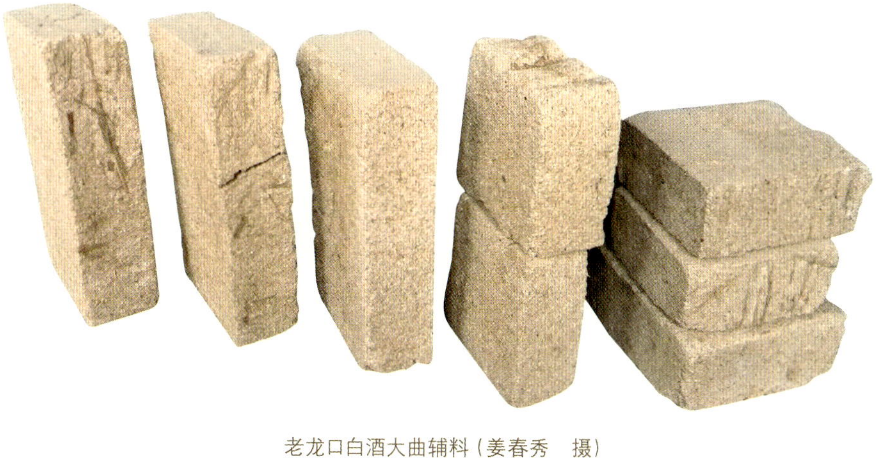

老龙口白酒大曲辅料（姜春秀　摄）

老龙口白酒传统酿造技艺是东北寒冷地区酿酒技艺的典型代表，对北方酿酒历史及酿造技艺演进的研究具有重要参考价值。同时，这一技艺中蕴涵的许多生物技术奥秘，具有很高的科学研究价值。

蒸馏酒传统酿造技艺·大泉源酒传统酿造技艺

申报地区或单位：吉林省通化县

大泉源酒产自朝鲜族等近十个少数民族聚居的吉林省通化县西南山区，这里气候寒冷，人们普遍喜欢饮酒，因此酿酒业曾是该地区重要的支柱产业。

大泉源酒传统酿造技艺主要工序（关宝树　摄）

粉碎原料

将高粱粉碎后掺入母曲发酵

甑桶出糟

大泉源酒酿造技艺创制于清代光绪十年（1884），它在山西商人传入的传统酿酒技艺基础上融合当地酿造技艺，逐渐形成自己独特的风格，它既有老五甑酿造工艺的优长，又有自己的地域风格。特别是生产出来的高度原酒勾调当地优质的矿泉水，可谓独具一格，这使大泉源酒具有了品质优良、清香醇正、绵柔爽净等特点，深受当地广大民众的喜爱，进而行销全国甚至海外。

大泉源酒厂的古窖遗址（关宝树　摄）

大泉源酒厂的古井遗址（关宝树　摄）

大泉源酒厂至今仍有使用百年以上的古井、古地窖，原藏的酒海（储酒容器）被列为省市级保护文物。这些文物连同酿酒技艺共同成为东北酒文化的重要组成部分，具有很高的历史文化研究价值。

蒸馏酒传统酿造技艺·宝丰酒传统酿造技艺

申报地区或单位：河南省宝丰县

宝丰酒属清香型白酒，因产于河南省宝丰县而得名。其酿造历史可上溯到夏禹时代，至唐宋年间达于鼎盛。数千年来，宝丰酒深受文人墨客的喜爱，并由此演绎出众多动人的故事，唐代诗仙李白、画圣吴道子等人都曾留下与宝丰酒有关的作品。

宝丰酒以本地产优质高粱为原料，用大麦、小麦、豌豆混合制曲，采用“清蒸二次清”工艺和地缸发酵、陶坛贮陈等技艺酿制。酒品清香纯正，甘润爽口，回味悠长。宝丰酒多次被评为国家级优质名酒，并于2002年获国家原产地标记保护注册认证。宝丰酒传统酿造技艺的关键环节全靠手工操作，工艺复杂，成本高昂。20世纪末以来，一些以现代化工艺生产的低价酒大量倾销，使宝丰酒受到巨大冲击，其酿造技艺亟待保护和扶植。

宝丰酒传统酿造技艺主要工序（丁冠一　摄）

中低温制曲

地缸发酵

清蒸清烧

陶坛储陈

蒸馏酒传统酿造技艺·五粮液酒传统酿造技艺

申报地区或单位：四川省宜宾市

宜宾市位于四川省南部，当地酿酒业有着悠久的历史，大约从宋代即已开始。五粮液酒酿造工艺产生于宜宾，并一直发展传承至今。

以杂粮酿造为特色的五粮液，其前身可追溯到宋代的“姚子雪曲”。大约在明代，陈氏在宜宾开设温德丰糟坊，亲任酿酒师傅，几经摸索，创立了“陈氏秘方”。民国初年，邓子均继承“陈氏秘方”后，又多次对配方进行调整，使之在配比上更加科学合理。五粮液传统酿造技艺以高粱、大米、糯米、小麦、玉米五种粮食合理配比的“陈氏秘方”为核心，整个生产过程由制曲、酿源、勾兑等三大工艺流程一百多道工序组成。1915年，五粮液在美国“巴拿马—太平洋国际博览会”获得金质奖章，从此享誉世界。2006年，五粮液获得商务部颁布的第一批“中华老字号”称号。

特殊而复杂的五粮液酒传统酿造技艺集中了众多民间传统酿酒工艺的精华，即便在今天，这一传统工艺仍然有其不可替代的价值，是我国酒文化的重要组成部分。

五粮液酒以高粱、大米、糯米、小麦、玉米五种粮食酿制而成，历史悠久。（四川省宜宾五粮液股份有限公司　提供）

五粮液酒传统酿造技艺特殊而复杂，整个过程由一百多道工序组成主要工序（四川省宜宾五粮液股份有限公司　提供）

五粮液酒传统酿造技艺主要工序（袁党予　摄）

五种粮食配方

稳准配料

甑桶蒸馏

陶坛陈酿

蒸馏酒传统酿造技艺·水井坊酒传统酿造技艺

申报地区或单位：四川省成都市

水井坊酒传统酿造技艺明清时期起源于成都东门府河、南河两江汇合处的水井街酒坊，一直传承至今。水井坊酒与宋代成都锦江之滨酿造的蜀中名酒“锦江春”有着密切的关系。一千年来，

老窖与天锅基座（四川水井坊股份有限公司　提供）

水井坊酒传统酿造技艺主要工序（四川水井坊股份有限公司　提供）

制曲

起糟

拌料

上甑

经过世代传承，“福升全”、“全兴成”等酿酒作坊推陈出新，先后酿造出薛涛酒、八百春、全兴大曲、天号陈等名酒，水井坊酒即是其中的一种。

水井坊传统技艺在浓香型白酒酿造技艺中具有显著特色，其酒曲系以上等小麦为主要原料，添加高粱焙制而成，有三月“桃花曲”和盛夏“伏曲”等区别。配料上，完美融合单粮酒和多粮酒特点；发酵蒸馏采用原窖分层堆糟法；以勾兑调味方法使多年贮存的原酒最终形成“浓而不艳，雅而不淡”的浓香型淡雅风格。

水井坊酒酿造至今仍沿用具有六百多年历史的古窖群，这是酿酒微生物的储藏库，可借以研究酿酒微生物的特性及酿酒工艺的变革。

蒸馏酒传统酿造技艺·剑南春酒传统酿造技艺

申报地区或单位：四川省绵竹市

剑南春酒产于四川省绵竹市，它采用糯米、大米、小麦、高粱、玉米五种粮食为原料，酿造时先以小麦制成中高温曲，在泥窖中固态低温发酵，而后采用续糟配料、混蒸混烧、量质摘酒、原度贮存、勾兑调味等工艺酿制完成。剑南春酒传统酿造技艺较为繁复，包括泥窖的制作维护保养技艺、大曲药制作鉴定技艺、原酒酿造摘酒技艺、原酒陈酿技艺、尝评勾兑技艺及其他的一些相关技艺等。

剑南春酒传统酿造技艺主要工序（袁党予　摄）

剑南春酒原料：粮食

制曲

酿造

泥窖发酵

泥窖发酵

出酒

陶坛贮藏

剑南春酒传统酿造技艺在盛唐时期已基本成型，经过宋元明三代的传承发展，到清代康熙年间，以剑南春为代表的绵竹大曲酒传统酿造技艺不断完善，日臻成熟。剑南春酒的生产一直采用古老的“泥窖固态纯粮发酵”酿造技艺。“天益老号”酒坊中十一口建于清代康熙初年的窖池至今仍在发挥作用，被称为酿酒史上的“活文物”。剑南春酒芳香浓郁、纯正典雅、醇厚绵柔、甘洌净爽、余味悠长，酒体丰满圆润，被视为中国浓香型白酒的重要代表。

蒸馏酒传统酿造技艺·古蔺郎酒传统酿造技艺

申报地区或单位：四川省古蔺县

古蔺郎酒以洞藏方式促使新酿酒老熟陈化的技艺极具个性特点（四川郎酒集团有限责任公司　提供）

古蔺郎酒传统酿造技艺流传于四川省古蔺县，是古蔺郎酒厂传承百年的传统技艺。北宋年间，古蔺县开始生产风曲法酒。1903年起，在该县二郎镇出现大规模以回沙工艺酿酒的糟房，其中以惠川糟房、集义糟房为代表，其产品命名为“回沙郎酒”，综合概括了产地和工艺的特点。1933年，回沙郎酒更名为“郎酒”。郎酒的酿造具有“四高一长”的显著特点，即高温制曲、高温堆积糖化、高温发酵、高温馏酒和长期贮存。生产过程中需两次投粮、八次加曲发酵、七次蒸馏取酒、三次以上洞藏储存，最后以传统技术精心勾兑调味。

古蔺郎酒传统酿造技艺主要工序（四川郎酒集团有限责任公司　提供）

准备原料：二郎镇特产米红粱

轻抛匀撒、探气上甑

上甑铺槽

高温馏酒

看“花”摘酒、掐头截尾

古蔺郎酒传统酿造技艺在当地民间酿酒工匠中以口传心授的方式世代相传，其中延续百余年的五月端午手工制曲、九月重阳投粮、高温生产、以洞藏方式促使新酿酒老熟陈化等技艺极具个性特点，在中国川南、黔北酿酒文化发展中具有很高的历史价值。古蔺郎酒传统酿造技艺善于培植独特的微生物菌群，显示出高超的传统科技手段，为酱香型白酒的酿造提供了有益的借鉴。

郎酒厂区（四川郎酒集团有限责任公司　提供）

蒸馏酒传统酿造技艺·沱牌曲酒传统酿造技艺

申报地区或单位：四川省射洪县

泰安酢坊内景（边缘　摄）

沱牌曲酒产于四川省射洪县，系由唐代春酒、明代谢酒发展而来。清末民初，柳树镇泰安酢坊主人李明方酿造的春酒在继承明代谢酒工艺的同时引进曲酒生产技术，既保持传统特点，又有所创新。前清举人马天衢感而咏成“沱泉酿美酒，牌名誉千秋”之句，将佳酿命名为“沱牌曲酒”。1951年，泰安酢坊改名为“射洪实验酒厂”，聘请李氏父子担任顾问，传承原有工艺技术，恢复生产沱牌曲酒。

沱牌曲酒酿造技艺从原辅料选择到酿制储存，各环节均靠酿酒技师“看、闻、摸、捏、尝”来判断生产情况，实施操作，其传承也主要是以口耳相授的方式进行。有一千三百多年历史的沱牌曲酒传统酿制技艺是中国传统蒸馏白酒酿造技艺的典型代表，在我国酿酒历史及传统生物发酵工业等研究方面具有较高的学术价值。“沱牌”2006年被商务部授予“中华老字号”称号，沱牌曲酒传统酿造技艺的重要传承载体泰安酢坊也被国家文物局认定为“中国食品文化遗产”。

沱牌曲酒传统酿造技艺主要工序（郭洪志　摄）

剥窖

看糟配料

上甑蒸馏

看“花”摘酒

酿造酒传统酿造技艺

928 VIII-145

封缸酒传统酿造技艺
金华酒传统酿造技艺

酿造酒俗称“黄酒”，系以稻米、黍米、玉米等为原料，淘洗、蒸熟、淋净后以白曲和酒母为糖化发酵剂，加入江曲、优质水，发酵后酿成熟醪（浊酒），再经压榨、泼清、沉滤等工序而最终制成。酿造酒色黄，清亮透明，香气浓郁，入味醇和。酿造酒是我国传统的酒种，营养成分丰富，具有通血脉、暖肠胃、润皮肤、散湿气、滋补强身等功效，尤为江南人民所喜爱。

中国是酿造酒的发源地。浙江绍兴早在春秋战国时代即能酿制黄酒，至今已有两千四百年的历史。金华地区在春秋战国时代也出现了以糯米、白蓼曲酿制的白醪酒。酿造酒主要产于浙江、江苏、上海等地，其中以浙江省绍兴市、金华市和江苏省金坛市最为著名。

酿造酒传统酿造技艺·封缸酒传统酿造技艺

申报地区或单位：江苏省丹阳市、金坛市

黄酒是中国最古老的酒种。江苏省的丹阳封缸酒、金坛封缸酒都是黄酒的高档品种，其历史可追溯到两千年前的秦汉时代。封缸酒酿造技艺独特，营养价值极高，是江苏省著名的地方特产，在国内外享有盛誉。

金坛市属于鱼米之乡，这里种植的糯米粒大均匀，味香性黏，洁白如玉，历代都是进献皇家的贡品，优良糯米的生产为封缸酒的酿造创造了得天独厚的条件。丹阳封缸酒酿造技艺复杂，技术要求高，酿制过程中需长期封缸陈酿，故此得名。酿成后酒色棕红，呈琥珀光泽，香气馥郁，滋味醇厚，鲜甜爽口，有“味轻花上露，色似洞中春”之美誉。

封缸酒以特产糯米和当地的茅山泉水为原料，是黄酒中极具特殊风味的酒品。经过历代技师的不断努力，封缸酒酿造技艺日臻成熟，形成了独特的封缸酒文化，被誉为“酒林一绝”。封缸酒具有极高的营养价值和药用价值，一向为世所珍，为消费者所喜。

封缸酒成品（李国强　摄）

封缸酒传统酿造技艺主要工序（李国强　摄）

准备原料：糯米

蒸饭

淋饭

榨酒

但随着现代人饮食习惯的改变，浓甜性黄酒的市场逐渐缩小，这给封缸酒的生产带来了一定的影响。及时对封缸酒传统酿造技艺加以保护和传承，已经成为当前的紧迫任务。

酿造酒传统酿造技艺·金华酒传统酿造技艺

申报地区或单位：浙江省金华市

金华酒产于浙江金华，是中国历史名酒之一，它以悠久的历史、独特的酿造技艺、清洌甘醇的色味和养生益体的功效在我国众多黄酒中自成一格。

春秋战国之际，金华地区就已出现以糯米、白蓼曲酿造的“白醪酒”。唐宋以后，金华酒以优异品质而驰誉海内，跻身全国名酒行列。金华酒酿造技艺十分独特，其特征主要表现在四个方面：一、造曲方法独特。传统的金华酒主要以白曲为糖化发酵剂，其原料除一般白曲所用的麦粉外，又加入蓼草汁，以促进发酵和增强辛辣感。二、用曲方法新异。金华酒在用白蓼曲的同时，又兼用红曲（米曲），酿造出的寿生酒既醇厚爽适，具有麦曲酒的香；又澄红鲜亮，具有红曲酒的色泽。三、时间安排严格。金华酒的酿制过程包括造曲、前期酿制和后期发酵三个阶段，

金华酒传统酿造技艺主要工序（徐庆丰　摄）

制作红曲，以表面呈红光、内呈白色者为佳。

开耙

压榨：把酒醅分离成酒与酒糟（徐庆丰　摄）

窖藏封泥

造曲在端午前后开始，至伏天方成；前期酿制在冬至后开始，月余完成；后期发酵紧接前期酿制，将初步酿成的酒灌坛储藏，一年左右酿造成功。四、酿造工序复杂。金华酒酿造前后有数十道工序，每道工序都要根据气候和酿造情况随时进行适当调整。

金华酒酿造技艺是我国古代早期米酒酿造技艺的典型代表和完整遗存形态，其中蕴藏着丰富的文化内涵。由于金华酒一直采用家庭小作坊手工操作的方式酿造，目前掌握这门手艺的技师多已年届古稀，而他们的后辈又很少愿意学习这门传统技艺，如不尽快采取保护措施，金华酒传统酿造技艺的传承和发展前景堪忧。

金华酒成品

配制酒传统酿造技艺

配制酒传统酿造技艺·菊花白酒传统酿造技艺

申报地区或单位：北京仁和酒业有限责任公司

菊花白酒是用菊花为主料，辅以二十余味名贵中药材酿制而成的
（杨亮　摄）

菊花酒系重阳佳节的必备饮品，酿制历史悠久。明清两代的御制菊花白酒是在民间菊花酒基础上结合宫廷特殊需求创制出的名贵酒种。它用菊花为主料，辅以人参、枸杞、沉香等二十余味名贵中药材，与基酒混合蒸馏而成，具有养肝明目、疏风清热、益气健脾、滋阴补肾之效。创办于18世纪中期的老字号“仁和”专门承制宫廷御酒，同治年间从宫中取得菊花白酒制作秘方，传承至今已有七代。

菊花白酒酿制技艺独特，选取二十余种名贵中药，需经过八个月左右的时间，数十道工序酿制而成（杨亮 摄）

菊花白酒成品（北京仁和酒业有限责任公司 提供）

菊花白酒酿制技艺继承了蒸馏白酒固态发酵、固态蒸馏的工艺传统，结合露酒生产工艺，形成以提香、除杂为主，固液结合、分段取酒的一整套特殊蒸馏工艺。这种酒酿制周期较长，前后约需八个月左右，主要工序包括预处理、蒸馏、勾兑、陈贮等。酿成的菊花白酒晶莹无色，集菊香、药香、酒香为一体，芳馥诱人。

菊花白酒酿制技艺对于工料要求严格，提倡料必精品，工必讲究。其配方科学严谨，符合中药方剂学理论，凝聚着中医传统的实践经验，它提倡以酒保健，以药养生，具有很高的科学价值，在提高国民身体素质、改善国民生活质量方面起到了积极的作用。

菊花白酒以重阳节为依托，具有一定的季节性，加之酿制成本高、手工生产效率低等原因，相关的酿造技艺发展缓慢，传承受阻，需要保护和抢救。

陈贮（北京仁和酒业有限责任公司 提供）

花茶制作技艺

传授张一元茉莉花茶制作技艺（北京张一元茶叶有限责任公司　提供）

张一元茉莉白龙珠（北京张一元茶叶有限责任公司　提供）

张一元茉莉针王（北京张一元茶叶有限责任公司　提供）

花茶制作技艺·张一元茉莉花茶制作技艺

申报地区或单位：北京张一元茶叶有限责任公司

花茶系将绿茶与茉莉花置于一处，多次窨制而成。这是我国特有的茶种，茶以花名，花因茶胜。花茶源于宋、始于明而成于清。在清代，北京的不少茶庄均以销售茉莉花茶而著称。清代末年，张昌翼开办张一元茶庄，世代传承，专门制作销售茉莉花茶。民国年间，张一元名噪北京城。澡堂、戏园的常客喝茶几乎都点名要张一元，京剧名家裘盛戎、马连良、谭富英等也都是张一元的老主顾。1956年公私合营后，张一元逐渐失去了专销花茶的原有特色。1992年，张一元传统茉莉花茶制作工艺重新得以恢复。

张一元茉莉花茶制作时采用福建烘青绿茶——春茶为茶坯，初制过程主要包括萎凋、杀青、揉捻、烘焙等工序。这种深受京城百姓喜爱的花茶风味独特，物美价廉，蕴涵着深厚的老北京文化底蕴，具有广泛的市场。但张一元茉莉花茶制作技艺较为复杂，手工劳动相当辛苦，所以愿意学习这一技艺的人越来越少，花茶窨制工艺的传承和发展成为当前亟待解决的问题。

采茶（北京张一元茶叶有限责任公司　提供）

张一元茉莉君山银针（北京张一元茶叶有限责任公司　提供）

炒制（北京张一元茶叶有限责任公司　提供）

张一元茉莉花茶（北京张一元茶叶有限责任公司　提供）

931 VIII-148

绿茶制作技艺

我国茶叶制作技艺有着悠久的历史。三千多年前，西周祭祀的仪礼上已出现了用来佐饮的茶。古代茶称为“荼”，名见《诗经》。三国和西晋时代，江南饮茶已成习尚。唐代茶风大盛，玄宗在《开元文字音义》中将“荼”改为“茶”，其后还出现了陆羽的《茶经》。宋代以前，饮用的茶多为紧压茶，即将茶叶蒸后捣碎，制成团块状，饮时用水烹煮，有时还在茶中放入瓜仁、松子等干果。至清代改为沸水冲泡，相沿至今。

绿茶是以高温杀青而未经氧化、发酵的茶种，又称“不发酵茶”。其制作流程主要包括采摘鲜叶、杀青、揉捻、干燥等步骤。上品绿茶以初萌的纤嫩新芽制作，一般需在清明或谷雨前采摘，成茶俗称“明前”或“雨前”。唐代已流行采摘初萌的小茶芽，这种嫩芽尖锐如枪，旁出形状如旗的小叶，因称“旗枪”，其名称一直沿用至今。杀青是以蒸、炒等高温工艺强化绿茶色碧香清的特点，可分蒸青和炒青两种。我国古代用高温蒸汽杀青，称为“蒸青”；近代改为用铁锅炒杀青，转而形成“炒青”。杀青使茶叶变得柔软，以手指轻揉细捻而使之卷紧成油条状，谓之“揉捻”。揉捻有利于成品冲泡时浸出茶汁，同时缩小茶叶体积，便于贮运。

绿茶目前主要产于浙江、江苏、安徽、福建、四川等地，其中以浙江的杭州西湖龙井、金华婺州举岩，安徽的黄山毛峰、太平猴魁、六安瓜片，江苏的苏州东山碧螺（原作“萝”）春等最为著名。

绿茶制作技艺·西湖龙井

申报地区或单位：浙江省杭州市

西湖龙井茶源于唐，成名于宋元明而盛于清。它主要产于浙江省杭州市西湖区，西湖的龙井村盛产色绿、香郁、味醇、形美的优质茶叶，因而名之为“龙井茶”。

西湖龙井茶是中国名茶，以西湖龙井茶为代表的绿茶与中国人的日常生活密切相关。通过长期生产实践，西湖龙井茶区的茶叶栽植和制作逐渐形成了选育良种、勤

青锅（章懿　提供）

炒茶（章懿　提供）

耕栽培、精细采摘、科学炒制等一系列茶叶生产经验，特别是在炒制过程中摸索出了一套具有鲜明技术特色的炒制工艺，其中包括抖、带、挤、甩、挺、拓、扣、抓、压、磨等龙井茶炒制“十大手法”。整套茶叶制作工艺凝聚了当地茶农的智慧，显现出深厚的文化内涵。

随着西湖龙井茶声誉的不断上升，不少产茶区为获取经济利益，争相效仿西湖龙井茶的炒制方法，并且冒充龙井茶，以假乱真，从而影响了西湖龙井茶的声誉。此外，由于城市发展进度加快，茶园面积逐年减少，龙井茶产量日益降低。在机械化生产代替手工操作的形势下，古老的龙井茶手工炒制工艺也逐渐衰微。传承保护西湖龙井茶采摘和制作技艺已经时不我待，必须尽快提到工作日程上来。

第一锅西湖龙井茶炒制现场（章懿　提供）

龙井村（章懿　提供）

绿茶制作技艺·婺州举岩

申报地区或单位：浙江省金华市

婺州举岩产于浙江省金华市北山双龙洞顶一带，因金华在隋唐时期称为“婺州”而得名。婺州举岩茶的制作始于唐，兴于宋，盛于明清。唐五代时期它是十大茗品之一，明清时期成为进献皇家的贡品。

婺州举岩茶大多生长在岩石缝隙或山冈斜坡上，一般在清明至谷雨期间茶的一芽一叶或一芽二叶初展时采摘，炒制1000克干茶需采摘6万片左右的芽叶。举岩茶叶细紧略扁，微带茸毫；色泽银翠交辉，香味持久；冲泡时汤色嫩绿明亮，叶底嫩绿匀整；入口则鲜醇甘美，清新宜人。婺州举岩制作技艺主要由拣草摊青、青锅、揉捻、二锅、做坯整形、烘焙、精选储存7道工序组成。炒制时以焙为主，炒焙结合，形成独具特色的工艺。

婺州举岩茶味浓，性甘，且营养丰富，含有茶单宁、蛋白质等多种对人体有益的物质，其中茶多酚、咖啡碱、氨基酸含量极高。这种茶具有很高的药用价值，唐代的《本草拾遗》、宋代的《茶赋》及明代李时珍的《本草纲目》中对此都有记载。

目前，婺州举岩原材料紧缺，茶园面积不足百亩，其周边为国家级风景名胜区，难以扩大种植面积。同时，许多制茶技师年事已高，年轻人大都不愿学习这门传统手工艺。现在能够制作举岩茶的技师只剩下6人，婺州举岩茶制作技艺面临后继无人的状况，急需抢救保护。

婺州举岩制作技艺主要工序（师锋涛　摄）

青锅

揉捻

做坯整形

烘焙

婺州举岩茶（曹伟　摄）

绿茶制作技艺·黄山毛峰

申报地区或单位：安徽省黄山市徽州区

安徽省黄山自古以来就是名优茶的生产基地。黄山毛峰至今已有一百多年的历史。优良的自然品质和精湛的手工制作技艺使之逐步成为烘青茶中的佼佼者，对其后烘青类绿茶的研制产生了极大的影响。

清代光绪元年（1875），徽州漕溪人谢正安在当地创办“谢裕大茶行”。他凭着多年种、采、制茶的经验，带领家人于清明前后摘取肥壮的嫩茶芽叶，以“下锅炒（杀青）、轻滚转（揉捻）、焙生坯（毛火）、盖上圆簸复老烘（足火）”等一套技艺精心加工，制成形似雀嘴、汤色清澈、味道沁人心脾

黄山毛峰茶成品（江奔　摄）

的新茶叶。由于该茶“白毫披身，芽尖似峰”，故取名“毛峰”。毛峰茶叶运到上海，即受到当时在华的英国茶商的称赞，不仅名扬上海，而且出口英国，驰誉欧洲。后来，毛峰种植扩展到整个黄山南北麓，出产的茶叶相应改名为“黄山毛峰”。1955年，黄山毛峰被评为全国十大名茶之一，1982年获商业部“名茶”称号，1986年被外交部选定为礼品茶。

改革开放以来，谢正安的玄孙继承祖业，1993年在黄山毛峰发源地漕溪建立漕溪茶厂，1995年注册“漕溪”商标，2002年获得原产地标记注册认证。漕溪茶厂出品的毛峰茶在国内外茶叶博览会上屡获金奖，誉满海内外。

处于最佳采摘期的茶芽（汪翔　摄）

黄山毛峰制作技艺主要工序（汪奔　摄）

采摘

杀青

揉捻

烘焙

绿茶制作技艺·太平猴魁

申报地区或单位：安徽省黄山市黄山区

安徽省黄山市黄山区气候温和，雨量充沛，每年有两百多个雾天，极适宜茶树生长。全区茶园面积达三千四百多公顷，年产茶千余吨，其中名优茶占80%以上。

黄山区产茶历史悠久，早在一千多年前的唐代天宝年间，这里就有茶叶生产的记载。当时这里名为太平县，故所产的茶称为“太平茶”。太平县居民多以产茶为业，当地将“建茶亭以利行人”视为行善积德之举，长期践行，相沿成风。

太平猴魁茶创制于清代光绪二十六年（1900），当时太平茶在长江一带极为流行，有茶商请茶农将尖茶中枝头整齐的芽叶单独拣

太平猴魁成品

太平猴魁制作技艺主要工序（汪翔　摄）

采摘

分检成“两枪一叶”大小

检后晾干

杀青

整行

烘焙

出，高价销售，获得重利。家住猴岗的茶农王魁成受到启发，认为与其成茶后再挑选，不如从采鲜叶开始就精挑细制，于是在高山茶园内专门选摘壮挺的一芽二叶，精心制作成茶。由此太平县猴坑、猴岗一带所产的茶叶品质为尖茶之魁，而茶叶制作技艺首创者又名“魁成”，因而以“太平猴魁”命名。

太平猴魁以优良的品质在国内外久负盛名，1912年获农工商展示会优质奖，1915年获“巴拿马—太平洋国际博览会”金奖，1955年被评为全国十大名茶之一，2004年后在国内外茶叶博览会上屡膺殊荣，并成为国家礼品茶。

绿茶制作技艺·六安瓜片

申报地区或单位：安徽省六安市裕安区

安徽省六安市的六安瓜片茶源于六安茶。早在明代，徐光启的《农政全书》即指出：“六安州之片茶，为茶之极品。”清代，六安瓜片被列为贡品，制作达于鼎盛。当时此茶的生产制作主要集中在六安麻埠街一带。

新中国成立后，周恩来总理等国家领导人对六安瓜片赞赏有加。1971年7月，美国国务卿基辛格首次访华，中国政府即将六安瓜片作为国礼馈赠给他。现在六安瓜片仍在继续生产，其产区主要集中在六安市裕安区独山、黄涧河、同心寺、龙门冲、迎将冲、红石埂等地。

六安瓜片制作技艺主要工序（储昭伟　摄）

采摘

拉火

炒制

红茶制作技艺

红茶制作技艺·祁门红茶制作技艺

申报地区或单位：安徽省祁门县

祁门红茶简称“祁红”，是中国十大名茶中唯一的红茶，因产于安徽省祁门县而得名。祁门产茶历史悠久，可远溯至南北朝时期。清代光绪二年（1876），祁门红茶创制成功，一经问世，即以其超凡出众的品质蜚声中外。1915年，祁红参加“巴拿马—太平洋国际博览会”，荣获金奖。1987年，祁红荣获“第26届世界优质食品评选大会”金奖，祁门也被国家有关部门命名为“中国红茶之乡”。

传统的祁门红茶全系手工制作，其质量取决于制作工夫，因此祁红又有“祁门工夫”之称。祁红制作技艺分为初制和精制两大部分，其中初制包括萎凋、揉捻、发酵、干燥等工序，精制包括筛分、切断、风选、拣剔、复火、匀堆等工序。制成的祁红色泽乌润，条索紧细，锋尖秀丽，冲泡时汤色红艳透明，叶底鲜红明亮。祁红最具魅力的是其香气，国内外茶师称之为“砂糖香”或“苹果香”，其中又蕴藏有兰花香，芳馥持久，有“祁门香”之誉，祁红也因此而名列世界高香红茶之首。

近年来，由于受国内外茶叶市场行情的影响，祁门红茶销路不畅，传统手工制作技艺也后继乏人。为此，祁门县委、县政府专门制定发展规划，采取了多种有效措施，努力促进祁红生产，以期振兴和弘扬传统的祁门红茶制作技艺。

祁门红茶（汪峰／摄）

祁门红茶制作技艺主要工序（江峰　摄）

萎凋

揉捻

发酵

撼筛

飘筛

初抖

分筛

抖筛

净抖

打软袋

乌龙茶制作技艺

933 VIII-150

铁观音制作技艺

乌龙茶制作技艺·铁观音制作技艺

申报地区或单位：福建省安溪县

福建省安溪县产茶历史悠久，始于唐末，兴于明清而盛于现代。清代雍正、乾隆年间，因安溪所产茶品质特异，乌润结实，沉重似铁，香韵形美，犹如观音，故此得名“铁观音”。

安溪铁观音精湛的制作技艺在我国茶类制作技艺中别具一格。安溪茶农综合借鉴红茶全发酵和绿茶不发酵的制作原理，结合当地实际，发明出一套半发酵的独特制茶工艺，并以此制作出我国六大茶类之一的乌龙茶。

安溪铁观音传统制作技艺由采摘、初制、精制三个部分组成。采摘前先要确定采摘期，制定采摘标准，然后再熟练运用技术进行采摘。初制工艺包括晒青、凉青、摇青、炒青、揉捻、初烘、包揉、复烘、复包揉、烘干十道工序。精制工艺包括筛分、拣剔、拼堆、烘焙、摊凉、包装六道工序。制茶时，要根据季节、气候和叶的鲜嫩程度等各种情况灵活处理。制作安溪铁观音，先要以晒青、凉青、摇青等方法控制和调节茶青，使之发生一系列物理、生物变化，形成“绿叶红镶边”和独特的色、香、味，再以高温杀青，制止酶的活性，最后进行揉捻和反复多次的包揉、烘焙，形成带有天然兰花香和特殊韵味的高雅茶品。安溪铁观音传统制作技艺是安溪茶农长期生产经验和劳动智慧的结晶，具有较高的科学价值。

铁观音制作技艺主要工序

凉青（陈祖洪　摄）

摇青（黄东华　摄）

炒青（黄东华　摄）

包揉（佘西湖　摄）

934 VIII-151

普洱茶制作技艺

贡茶制作技艺

大益茶制作技艺

云南普洱茶传统制作工艺历史悠久，最早可以追溯到商周时期。至唐代，普洱茶已远销内地和西藏。宋代，在“茶马互市”的贸易政策中占有重要的地位。明代，普洱茶销行更广，出现了“士庶所有，皆普洱茶”的盛况。清代，普洱茶被列为贡品，朝廷增设官茶局专司有关的茶事。云南普洱茶主要产于宁洱哈尼族彝族自治县和勐海县等地，在长期生产过程中形成了独特的制作技艺。

普洱茶制作技艺·贡茶制作技艺

申报地区或单位：云南省宁洱哈尼族彝族自治县

宁洱县普洱茶制作技艺又称“贡茶制作技艺”，是当地茶工在千百年的实践中积累经验而逐步形成的。这种技艺与地方民俗紧密结合在一起。茶叶采摘开始前必

普洱贡茶制作场景（云南省勐海茶厂　提供）

须先行祭礼，即向茶神行敬献仪式。仪式结束后，制作开始，制茶者按一定标准严格选择采摘地和采摘时节，遵照具体技术要求，以手摘方式采选原料。原料备齐后即进入杀青揉晒环节，以特定工艺将鲜叶加工成晒青茶。随后是蒸压成型，即通过蒸、揉、压、定型、干燥、包装等工序将晒青茶制成各种成品茶。

普洱贡茶独特的传统制作技艺、深厚的历史文化内涵及与之相关的民俗文化是中华茶文化的重要组成部分，其合理的生产流程则成为现代普洱茶工艺研发的基础。普洱贡茶在历史文化、民族学、民俗学、科技史等方面均有较高的研究价值，从现代人追求回归自然生态、追求健康的文化消费趋势看，它还有许多潜在的开发利用价值。

制作普洱贡茶茶饼（云南省勐海茶厂　提供）

普洱茶制作技艺·大益茶制作技艺

申报地区或单位：云南省勐海县

云南省勐海县旧称“佛海”，是世界茶树发源地之一。1939年，著名茶人范和钧创建勐海茶厂，生产“大益”牌普洱茶，经过六十多年的不懈努力，“大益”已经成为国内外著名的茶叶品牌。2006年，“大益”普洱茶被农业部评为“中国名牌农产品”。大益茶制作技艺的关键在于拼配和发酵。拼配是根据各个茶叶品种的特点进行有效、合理的组合，取长补短，以弥补单一品种之不足；发酵是指“人工后发”的特殊技艺。大益茶制作技艺的研究成功为普洱茶生产的发展作出了重大贡献。

大益茶成品（云南省勐海茶厂　提供）

晒茶（云南省勐海茶厂　提供）

935 VIII-152

黑茶制作技艺

千两茶制作技艺

茯砖茶制作技艺

南路边茶制作技艺

黑茶是茶类中唯一可以长期存放的品种，其生产全由手工操作。黑茶以质优取胜，制作标准严格，精益求精，要求选茶准、烘茶干、装茶满、踩茶紧，生产流程环环相扣，一丝不苟。我国黑茶以湖南省的安化千两茶、益阳茯砖茶和四川省的雅安南路边茶最为著名。这些黑茶都具有历史悠久、文化底蕴深厚、制作技艺科技含量高等特点。

黑茶制作技艺·千两茶制作技艺

申报地区或单位：湖南省安化县

湖南省安化县素有“中国茶乡”之称。唐代中期，这里出产的“渠江薄片”茶被列为贡品。宋代熙宁年间，安化置县时，当地的茶已“甲于诸州市”。明代万历年间，安化黑茶被定为官茶，销往西北和国外，民间因而有黑茶“无安化字号不买”之说。清代道光元年（1821），当地茶商为便于运输，将黑茶踩捆成小圆栓形，每支定为100两；同治二年（1863）又增加为1000两，故有“安化千两茶”之名。安化千两茶的制作分黑毛茶制作和精深加工两个阶段，黑毛茶制作包括杀青、揉捻、渥堆、复揉、烘焙5道工序，精深加工工序则要复杂得多，包括筛分、拼配、软化、装篓、踩压、扎箍、锁口、冷却、干燥等一系列环节，经日晒夜露55天制作成黑茶成品。

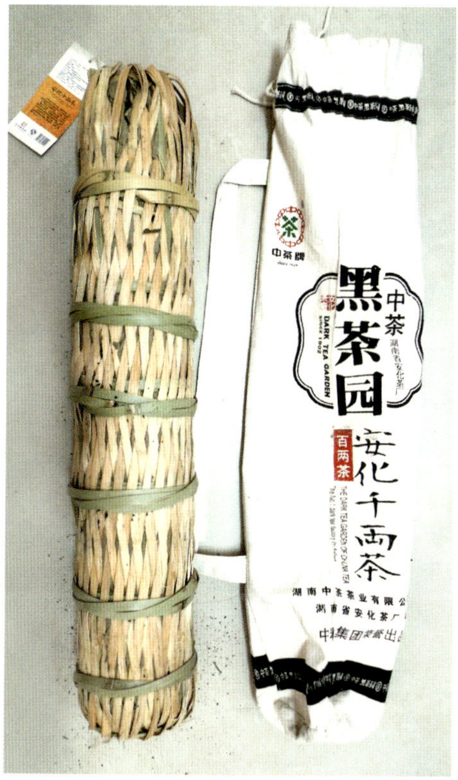

千两茶（湖南省非物质文化遗产保护中心 提供）

千两茶制作技艺主要工序

选制（龙潭 摄）

踩制（邓葵庭 摄）

压制（龙潭 摄）

晒制（邓葵庭 摄）

黑茶制作技艺·茯砖茶制作技艺

申报地区或单位：湖南省益阳市

茯砖茶产于湖南省益阳市，这是黑茶类中唯一具有发花工艺从而能产生有益菌的一个茶种，系以优质黑毛茶为原料，经渥堆、发酵、筑制成型和发花等环节制作而成。数百年来，在我国西北地区，茯砖茶与奶、肉并列，以其不可替代的独特功效成为各少数民族的生活必需品，被誉为中国古丝绸之路的“神秘之茶”和西北各少数民族的“生命之茶”。茯砖茶中独含的两种活性物质——茯茶素A和茯茶素B，具有促进人体新陈代谢，显著降低脂肪、血脂、胆固醇、甘油酯、血糖、血压等功效。茯砖茶集医药价值、收藏价值于一体，对人们的物质和文化生活产生了深刻的影响。

茯砖茶制作技艺主要工序（姚坚　摄）

渥堆发酵

拌茶

计量称茶

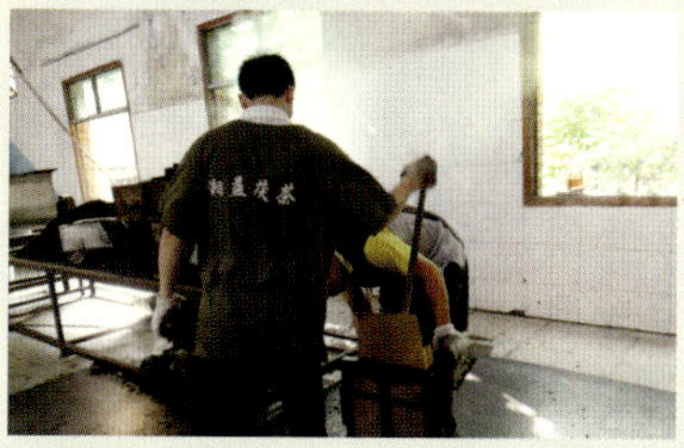
套模

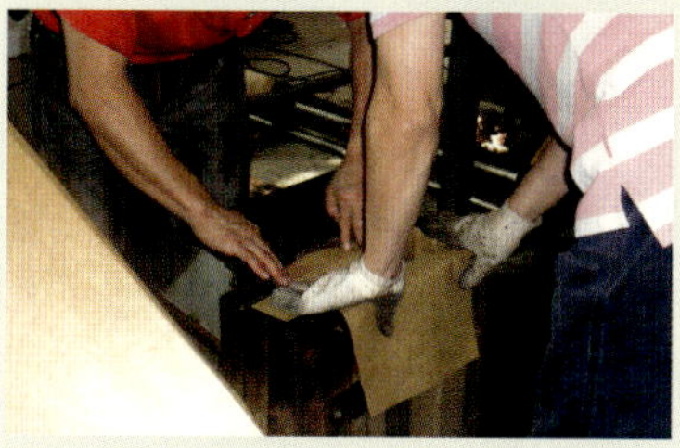
装模

蒸茶

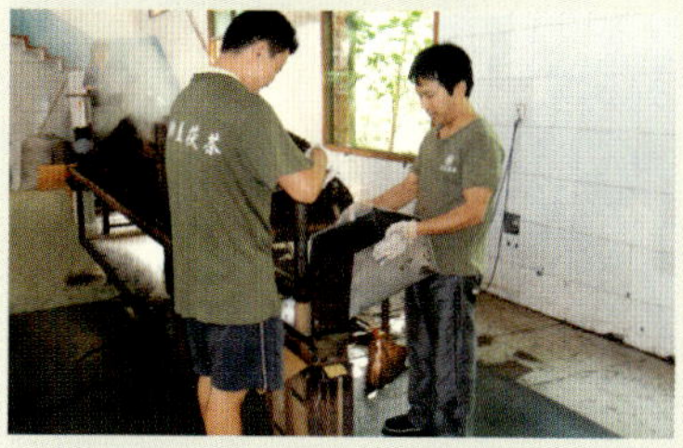
入料筑茶

退模

捆扎

凉置

金花酵库发花

产品检测

出烘堆码

产品成箱入库

黑茶制作技艺·南路边茶制作技艺

申报地区或单位：四川省雅安市

南路边茶产于四川省雅安市，又称“乌茶”、“边销茶”、“南边茶”、“雅茶”、“藏茶”等，系采用自然干燥、特殊压制、包装等工序，以手工操作方式制作完成，其生产技艺具有重发酵、后发酵、多次发酵、非酶促发酵、转色发酵等特点。雅安南路边茶主要供应西藏、青海和四川甘孜、阿坝等藏区，在藏族人民中享有崇高的声誉。这种黑茶品质优良，汤色褐红明亮，滋味醇和悠长，可加入酥油、盐、核桃仁末等搅拌成酥油茶，是藏族同胞每天必不可少的饮品。

随着社会经济的发展，受信息、交通、供求等因素影响，黑茶市场竞争激烈，价格差异加大，企业间的恶性竞争导致产品质量下降，影响了黑茶的声誉。整顿、规范黑茶市场，保护、弘扬黑茶制作技艺已成为目前刻不容缓的工作。

南路边茶制作技艺：发酵（四川省雅安市文化局　提供）

南路边茶制作技艺：春包压制（四川省雅安茶厂　提供）

竹篾包装的南路边茶，每条 4 块茶，每块 5 斤。（四川省雅安茶厂　提供）

936 VIII-153

晒盐技艺

海盐晒制技艺

井盐晒制技艺

晒盐技艺·海盐晒制技艺

申报地区或单位：浙江省象山县
海南省儋州市

晒盐是一门古老的技艺，它与人们的日常生活和生产劳动密切相关。海盐晒制技艺以海水为基本原料，利用海边滩涂及其咸泥（或人工制作掺杂的灰土），结合日光和风力蒸发，通过淋、泼等手工劳作制成盐卤，再通过火煎或日晒、风吹等方法，使盐卤自然结晶成原盐。整个晒制过程有十几道工序，纯以手工操作，其中包含了丰富的生产技术经验。

浙江省象山县的盐民收盐场景（曹定杰 摄）

收盐技艺传承场景（黄进龙　摄）

刮收盐巴场景（吴乾阳　摄）

晒沙场景（黄进龙　摄）

盐巴（吴乾阳　摄）

浙江省象山县海盐晒制历史悠久，其制作工艺是近千年中国海盐传统生产技艺的缩影。《新唐书·地理志》等书中已有象山晒盐的历史记载。元代称晒盐为“熬波”，制盐技艺得到进一步发展。元代以后，刮泥淋卤和泼灰制卤法逐渐得到采用。清代嘉庆以后，象山盐业从舟山引进板晒结晶和缸坦晒结晶方法，实现了制盐工艺的巨大变革。20世纪60年代后，平摊晒法试验成功，象山的海盐生产开始采用新技术，并逐渐以机器生产代替部分繁重的手工操作，但仍保留了海盐晒制的传统手工技艺。

海南省儋州市洋埔半岛盐田方圆七百五十多亩，是当地重要的海盐产区，共有大小晒盐石槽七千三百多个，其中有些石槽已存在了一千多年。洋埔盐田使用的传统晒盐工艺属板晒法，距今已有一千多年的历史。其工艺是先让涨潮时的海水淹没蓄海水池，用以浸泡晒盐泥地（盐田）里的泥沙。退潮后将海水淹浸过的泥沙翻耙曝晒两三天，泥沙干后再铺垫干茅草，将之夯填入堆筑起来的过滤池（盐泥池）。随后把蓄海水池中的水倒入过滤池以湮浸池中泥沙，海水慢慢渗漏到盐泥池底后，透过石缝流入旁边低于地面的盐卤水池。次日上午待池中盐卤水积蓄到一定数量并沉淀澄清后，直接浇灌到石槽里，经过大半天的曝晒，下午即可结晶成盐。洋浦盐田是目前国内保存比较完好的古盐场，这里沿用至今的传统晒盐技艺是我国制盐工业发展过程中留下的珍贵历史文化遗产。

浙江省象山县新桥盐场（曹定杰　摄）

海盐晒制技艺主要工序

盐工制作过滤池（黄进龙　摄）

舀挑盐（卤）水（吴乾阳　摄）

古老的海盐煎制方法（赖钟鸣　摄）

老盐民在制作荆竹盐（赖钟鸣　摄）

挑盐上垛（曹定杰　摄）

晒盐技艺·井盐晒制技艺

申报地区或单位：西藏自治区芒康县

芒康盐田（西藏自治区非物质文化遗产保护中心　提供）

西藏自治区的盐井盐田位于昌都地区芒康县的纳西乡和曲孜卡乡，这里的盐业生产有着悠久的历史。据考证，当地在唐代就已开始晒盐。盐井晒盐是最原始的盐业生产方式，目前在我国乃至全世界都是独一无二的。纳西乡和曲孜卡乡的井盐晒制现仍沿袭传统方式，盐民用木制水桶从澜沧江边的盐卤水井中背上卤水，倒在各自的卤池中风干浓缩，再倒在盐田里风干结晶成盐。这种以传统方式进行的盐业生产，其生产工具和工艺都显得极为原始。

芒康是“茶马古道”由四川进入西藏的第一站，历史上曾为茶马古道的食盐运输作出过重要贡献。芒康井盐制作是人类文明史上的一大奇观，独特而原始的晒盐技艺中凝结着当地群众的心血和智慧。盐业的兴盛促进了芒康的发展，使之成为西藏东南部对外政治、经济、文化交流的重要窗口。

盐民搬运盐水场景（西藏自治区非物质文化遗产保护中心　提供）

937 VIII-154

钱万隆酱油酿造技艺

酱油酿造技艺·钱万隆酱油酿造技艺

申报地区或单位：上海市浦东新区

钱万隆官酱园坐落在有五百多年历史的上海浦东新区张江镇（旧名“张江栅”）。清代光绪六年（1880），浦东绅士钱锦南在上海南市磨坊弄创办了万隆酱园。其子钱子荫继承父业，于光绪二十三年（1897）将酱园迁至张江栅北街，改名为“钱万隆酱园”，并在南市、浦东、川沙地区设有直销和代销店。张江栅的钱万隆酱园占地15亩，内有酱缸四百多只，用工二十多人，因经营有方，酱园生意兴隆，信誉良好，江浙两省衙门特颁发“官酱园”三个金字的青龙匾牌作为奖励。民国初年，第三代酱园主钱安伯创制出风味醇厚、酱香浓郁的“晒街油”、“晒卫油”，年产5万公斤，因质量优良，其价格和豆油相等。第四代酱园主钱显平解放初期去台湾

钱万隆酱油成品（上海市非物质文化遗产保护中心　提供）

钱万隆酱油酿造技艺主要工序（上海市浦东新区非物质文化遗产保护分中心　提供）

浸豆

接种

拌料

制曲工序中的翻曲

开设酱园。1954年，留在上海的钱万隆酱园经公私合营改为“地方国营张江酿造厂”，1984年又改名为“上海钱万隆酿造厂”。20世纪70年代中期，工厂进行技术改造，组织老师傅和科技人员恢复传统工艺，创制出富于江南和上海特点的“特晒酱油”。1983年由上海食品进出口公司代理出口，远销香港、丹麦、挪威等十多个国家和地区，出口量达到1200吨。该产品先后荣获“上海市优质产品”称号和中国第一届食品博览会银奖，且被指定为南极科考队专用产品。1993年，国内贸易部授予钱万隆酱园“中华老字号”称号。

一百多年来，以钱万隆酱园为基础的酿造企业始终在张江镇原址生存与发展，传统的手工酿制技艺一直相沿至今。以传统技艺酿造的“特晒酱油”采用不含转基因的东北大豆，酿造过程中不放任何化学添加剂，产品具有自然、健康的特点。钱万隆酱油的生产流程由搬料（大豆）、浸豆、蒸豆、拌料、制曲、制酱醅、晒酱、榨油、炒酱色、配酱色、晒油和酿成出缸12道工序组成，整套酿造技艺的精髓在于“料好、曲优、艺精、晒制”，制作手法的关键在于“眼看、心记、手研、鼻嗅、口试”。

近年来，由于市场竞争激烈，上海市的27家酱油厂目前只剩两家。行业内低价竞争使钱万隆酱油卖不出应有的价格，企业连年亏损。与此同时，特殊的酱油酿造手工技艺后继乏人，传承出现危机。中华老字号钱万隆正面临着巨大的生存压力和传统酿造技艺失传的严峻挑战，亟待有关方面加以扶植和帮助。

938 VIII-155

豆瓣传统制作技艺

郫县豆瓣传统制作技艺

郫县豆瓣成品（四川省郫县绍丰和调味品实业有限公司　提供）

豆瓣传统制作技艺·郫县豆瓣传统制作技艺

申报地区或单位：四川省郫县

郫县豆瓣是重要的川菜烹饪佐料，被誉为“川菜之魂”。郫县位于四川省成都平原中部，境内盛产胡豆（蚕豆）和辣椒。明末清初，一位陈姓人士流落四川，在特殊情况下将发霉的胡豆瓣与辣椒拌食，竟发现滋味奇佳。陈氏家族落户郫县后，开始经营酿造业。清代嘉庆八年（1803），陈氏孙辈陈逸仙在县城西街开设顺天号酱园。清代咸丰三年（1853），陈逸仙之孙陈守信在南街将顺天号与他店合并，开

郫县豆瓣半成品（四川省郫县绍丰和调味品实业有限公司　提供）

设益丰和酱园。陈守信潜心钻研豆瓣制作技艺，总结出“晴天晒，雨天盖，白天翻，夜晚露”的十二字真诀，郫县豆瓣传统手工制作技艺至此臻于完整。清代光绪三十一年（1905）后，陈守信之子陈竹安仔细研究辣椒、胡豆、盐三者之间的配合比例，经过反复实践，改良了原有的豆瓣制作技艺，并开发出黑豆瓣、金勾豆瓣、香油豆瓣等品种。1956年公私合营，以益丰和酱园为主体成立了郫县豆瓣厂。

郫县豆瓣民国时期曾广泛行销湘、鄂、云、贵、藏及陕、甘等地，1916年被四川省劝业会授予优等奖。郫县豆瓣富有营养价值，在川菜文化中占有重要的一席之地，其传统酿造技艺应得到很好的继承和发扬。

郫县豆瓣传统制作技艺主要工序（四川省郫县文化馆　提供）

浸泡干蚕豆

翻

晒

露

盖

939 VIII-156

豆豉酿制技艺

永川豆豉酿制技艺

潼川豆豉酿制技艺

豆豉酿制在我国有着悠久的历史，南北朝时期的《齐民要术》中即已出现了有关豆豉制作的记载。豆豉是一种健康食品，具有降血脂、抗衰老、防癌症、增强人体免疫力等功效，深受人们欢迎。它以优质黑豆为主要原料，五香、八角和其他中药、香料为辅料，经过发酵、蒸煮、洗霉、增香、脱水等工艺制作而成。豆豉可分毛霉型、米曲霉型和细菌型三种类型，其中以毛霉型为最佳。我国的豆豉酿制技艺主要流传于四川、湖南、重庆等地。

豆豉酿制技艺·永川豆豉酿制技艺

申报地区或单位：重庆市

豆豉是川东和重庆的特产之一。重庆市永川的豆豉制作约始于明代崇祯十七年(1644)，至民国年间，已有13家作坊从事生产。永川豆豉的正宗原产地为重庆市永川区，这里空气污染少，温度适宜，平均湿度84%，地下井水资源丰富，这些自然条件能促进以毛霉为主的微生物繁殖，适合豆豉的制作生产。永川豆豉属毛霉型豆豉，它以大豆为原料，生产流程包括选杂、淘洗、浸泡、摊晾、制曲、拌和、装罐及后期发酵等十余道工序，制作时需让大豆在微生物的作用下，在低温和常温中进行长达一年的发酵。大豆内的蛋白质在多种酶的作用下产生氨基酸，最终形成光亮黝黑、清香滋润、味美适口的豆豉。永川豆豉不仅鲜美可口，便于消化，而且还有丰富的营养，具有养身健体的作用，在国内外市场上广受消费者欢迎。

永川豆豉质量和工艺均属上乘，但其手工酿制的方法在目前市场经济情况下，价格较高，竞争力较差，应尽快采取措施对其进行必要的保护。

永川豆豉成品（重庆市永川豆豉食品有限公司　提供）

永川豆豉酿制技艺主要工序

拌和
（重庆市永川豆豉食品有限公司　提供）

豆豉在地窖里发酵，图为地窖外观。
（重庆市永川豆豉食品有限公司　提供）

入窖
（重庆市永川豆豉食品有限公司　提供）

蒸煮
（曾凡玉　摄）

制霉
（重庆市永川区文化广播新闻出版局　提供）

制曲巡查
（重庆市永川豆豉食品有限公司　提供）

豆豉酿制技艺·潼川豆豉酿制技艺

申报地区或单位：四川省三台县

潼川豆豉（郭桂玲　摄）

潼川豆豉是四川省三台县最具盛名的地方特产，至今已有三百多年的历史。据《三台县志》记载：清代康熙九年（1670），邱氏家族从江西迁徙到潼川府（今三台县）定居。邱家人采用毛霉制曲生产工艺酿造色鲜味美的豆豉，并根据三台的气候和水质状况不断改进技术，使豆豉酿制技艺具有独特的风格，产品愈加鲜美。因为这种豆豉出产于潼川，故称“潼川豆豉”。康熙十七年（1678），潼川知府以此作为贡品，使得潼川豆豉名噪京都。传至

潼川豆豉酿制技艺主要工序（袁成松　摄）

蒸料

毛霉制曲发酵

装坛

装坛发酵

检查发酵情况

分类包装

位于三台县的龙眼井，龙眼井水是生产潼川豆豉的专用水（袁成松　摄）

邱家第五代邱正顺时，他在城区东街开办了正顺号酱园，年产豆豉二十多万斤。潼川豆豉营养价值高，能促进造血机能，且易于为人体所吸收，是天然的营养保健品。

潼川豆豉品质优良，但由于采用手工酿制，成本高，窖藏周期长，在市场竞争激烈的今天要维持生产已相当困难，有必要制定相应的措施，加强对其传统酿制技艺的保护。

腐乳酿造技艺

腐乳酿造技艺·王致和腐乳酿造技艺

申报地区或单位：北京市海淀区

早在汉代，我国就发明了豆腐。为了便于贮存，人们加入酒糟进行腌制，由此形成腐乳。至清代，腐乳酿造技艺得到完善和提高，出现了名重一时的王致和腐乳，其传统生产技艺一直传承至今。

清代康熙八年（1669），安徽举人王致和进京赶考，住在北京安徽会馆。在备考期间，他依靠贩卖豆腐维持生计。王致和利用老家的腐乳酿造技艺保存卖剩的豆腐，不经意间发明了臭豆腐这一独特品种。其后臭豆腐生意日益红火，王致和于是弃学从商，于清代康熙十七年（1678）在前门外延寿寺街创办了“王致和南酱园”，前店后厂，生产臭豆腐。1958年公私合营后，王致和南酱园迁至北京市海淀区，生产规模逐年扩大。

王致和腐乳酿造技艺传承毛霉型发酵腐乳的制作工艺，主要生产红腐乳和青腐乳（臭豆腐），产品具有“细、软、鲜、香”的特点。王致和腐乳以大豆为原料，红曲、白酒、白糖、食盐为辅料，经微生物发酵而成，制作工艺较为复杂，从原料投入到成品产出需经大豆筛选、清洗、浸泡、磨浆、浆渣分离、豆浆加温、凝固、压榨、切块、接菌、前期发酵、腌制、灌装、后期发酵等几十道工序，为期约为三个多月。旧时王致和腐乳酿造所用的工具很多，主要有大缸、石磨、柴锅、石块、木板、笼屉、坛子等。在历史上，食用腐乳是广大劳动人民摄取植物蛋白的重要途径。王致和腐乳属于发酵性豆制品，不仅营养丰富，而且富于药用价值，具有降低胆固醇含量、降血压等多种功能，是不可多得的理想保健食品。

近年来，王致和腐乳在生产上得到了进一步的发展。“王致和”商标被国家有关部门认定为“驰名商标”，王致和南酱园被商务部确定为“中华老字号”。目前，王致和腐乳行销全国31个省、市、自治区，远销美国、加拿大、澳大利亚、欧盟等多个国家和地区，广受海内外消费者的欢迎和赞誉。

王致和腐乳产品

王致和腐乳酿造技艺主要工序（北京王致和食品集团有限公司　提供）

制坯

接菌

摆块

搓毛

装瓶

灌装

王致和腐乳传统工艺展区

941 VIII-158

酱菜制作技艺

六必居酱菜制作场景（北京六必居食品有限公司 提供）

酱菜制作技艺·六必居酱菜制作技艺

申报地区或单位：北京六必居食品有限公司

北京六必居老酱园约建于明代嘉靖年间，因其注重产品质量的“六必”经营理念而得名。六必居由山西省临汾县的赵氏三兄弟创立，迄今已有四百七十多年的历史，是北京著名老字号之一。它制作的酱菜素以酱香浓郁、鲜甜脆嫩而著称，清代以来的文人笔记中对此多有称誉。

六必居酱菜的传统制作技艺向以选料独特、制作复杂、工艺严谨而闻名，长期以来一直以口耳相授的方式世代传承。其制作加工注重品质，经营管理讲究诚信，

产品丰富多样，包装新颖独特，服务热情周到，在广大顾客中享有良好的信誉，这也是六必居延续数百年而长盛不衰的关键原因。

作为北京历史悠久的著名老字号，六必居拥有一系列丰富深刻的企业文化理念。首先，它恪守传统的“六必”生产经营理念，讲究“秫稻必齐，蘖麯必实，湛炽必洁，水泉必香，陶器必良，火齐必得”，即用料必须齐全，下料必须充足，制作过程必须清洁，用水必须纯净，设备必须优良，火候必须适当。六必居在管理和经营方式上讲求规范，以诚信为本，它较早采用了契约合伙、股份制等经营模式，同时还重视文化宣传，为现代企业文化建设和商业运营模式的建立提供了良好的借鉴，蕴蓄了丰富的商业文化内涵。

六必居新品：酱至天下（北京六必居食品有限公司　提供）

酱渍前装布袋（北京六必居食品有限公司　提供）

942 VIII-159

榨菜传统制作技艺

涪陵榨菜传统制作技艺

涪陵榨菜原材料：青菜头（冉崇文　摄）

涪陵榨菜（辣妹子集团有限公司　提供）

榨菜传统制作技艺·涪陵榨菜传统制作技艺

申报地区或单位：重庆市涪陵区

涪陵榨菜产于重庆市涪陵区，这里地处三峡库区，长江和乌江在城区交汇。涪陵榨菜创制于清代光绪二十四年（1898），面世以来一直深受消费者喜爱，影响日益扩大。

涪陵榨菜的制作全靠手工劳动，工艺繁杂，技术难度和劳动强度大，生产成本高。其生产采用原始的风干脱水及“三腌”加工工艺，整个制作流程包括原料（青菜头）收购、剥皮、穿串、上架脱水、下架、第一次腌制（加食盐）、起池囤压、第

涪陵榨菜传统制作技艺主要工序

风干脱水（冉崇文　摄）

榨压（杨润渝　摄）

清洗（杨润渝　摄）

装坛（杨润渝　摄）

二次腌制（加食盐）、起池囤压、修剪看筋、整形分级、淘洗、囤压腌水（压榨）、配辅料、后期发酵、装坛、清封坛口、套竹篓、成品等多个复杂的技术环节。

手工制作出的涪陵榨菜鲜嫩爽口，风味独特，是现代化工艺生产的榨菜所不能比拟的。随着农村劳动力的外流和三峡库区内河滩地区的淹没，涪陵榨菜的加工制作日趋衰微。目前老一代的榨菜制作技师已越来越少，涪陵榨菜传统制作技艺濒临失传，亟待抢救保护。

943 VIII-160

龙须拉面和刀削面制作技艺

抿尖面和猫耳朵制作技艺

传统面食制作技艺·龙须拉面和刀削面制作技艺

申报地区或单位：山西省全晋会馆

山西传统面食历史悠久，品种繁多，其中以龙须拉面和刀削面最具代表性。

龙须拉面是流行于山西省太原一带的传统面食，风味独特，制作精巧。它原是宫廷食品，后来流传到民间。传说因此种拉面细若须发，不绝如缕，状似龙须，故皇帝赐以现名。在山西，遇到寿诞之庆或相聚之欢，人们即食此面，以祝愿长寿，表示喜庆。

龙须拉面传统制作技艺场景

（山西传统面食文化研究会　提供）

和面

揉面

拉面

拉面绝艺之哪吒跪楼

拉面绝艺之苏秦背剑

拉面绝艺之瀑布倾斜

龙须拉面传统制作技艺主要工序（山西省全晋饮食文化有限公司　提供）

和面

出条前要溜条10分钟左右

上案出条时要用力均匀

拉至6—8扣时可下锅煮食

拉至10—12扣时可制点心“窝酥”

龙须面配料精细，制作讲究，其方法过去视为绝招，秘不外传。制作时先按5∶3的比例调配面和水，和好面后，在上面抹些香油。然后将面放在案板上，揉或搓成长条，双手抻开再卷起。如此抻卷数次之后，将拉好的面放在撒满面粉的几案上抖开，两手像搭毛线那样抻开面并不断抖动。随即面条便会如瀑布般泻下，蔚为壮观。片刻之后，细若丝线的龙须拉面便告制成。

刀削面又称“飞刀削面”，是以刀削方法制成的一种面食，相传始于元代。制作时先将面揉成尺余长的筒状，而后站在烧开的锅前，一手托面，一手持特制的削刀由上往下一条条将面削进锅里。削出的面条呈三棱形，宽厚长度相同，状似柳叶。刀削面以细、薄、长而著称，有筋骨，口感好，柔软光滑，易于消化。

近年来，西式快餐业的发展给龙须拉面和刀削面的制作和销售带来了一定的冲击。加之技艺繁杂等自身的局限性，传统龙须拉面和刀削面制作技艺已濒临失传，亟待制定计划加以保护抢救。

刀削面制作技艺主要工序（山西省全晋饮食文化有限公司　提供）

以太极手法和面

八卦掌揉面：叠回

八卦掌揉面：压揉

形意腕削面

入锅百秒便熟，随削随捞

刀削面呈柳叶形，七寸长

传统面食制作技艺·抿尖面和猫耳朵制作技艺

申报地区或单位：山西省晋韵楼

山西面食历来在全国备受赞誉，有“中国面食在山西”之说。普通的面团在山西人手中可以做出近百种花样，显示出浓厚的地方特色。抿尖面和猫耳朵都是山西面食的重要品种。

抿尖面约在民国年间开始流行于太原郊区，系用豌豆和小麦合成的豆面制作而成。制作时先在和好的豆面团中加水，使呈软糊状，然后放置在密布筛孔的木制抿尖床上，右手按床架，左手拿抿拐，通过筛孔将糊状豆面抿（刷抹）到沸水锅里，煮熟后用笊篱捞入碗中即可食用。食时浇上内含豆腐丁、土豆丁、豆角丁等的素汤，并以韭黄、芝麻、辣酱、香菜等为佐料，其味带有豆香，清淡可口。抿尖面是山西面食中的佼佼者，深受当地人民喜爱，也受到外乡人士的欢迎。

猫耳朵是山西晋中、晋北等地区的传统风味面食，俗称“碾疙瘩”、“碾饦饦”等。猫耳朵历史悠久，与北魏《齐民要术》中讲到的“馎饦”形似，约有一千五百年的历史。它形如猫耳，小巧玲珑，筋滑利口，是久传不衰的大众面食。猫耳朵制作简便，面和匀后，擀成面片，再切成面块，撒上面粉，双拇指按住面块往前推，使之形成猫耳朵状即成。也可以先搓成食指粗的面条，用右手掐小块，在左掌中碾压制成。

随着时代的进步、经济的发展，社会风俗发生了巨大变化。抿尖面和猫耳朵两种传统面食在选料、形制，尤其是口味上都有了显著的改变，原汁原味的已不多见，导致其传统制作技艺逐渐式微，急需保护。

抿尖面制作技艺主要工序（山西省太原清徐人家晋韵楼餐饮文化发展有限公司　提供）

和面

将面团放上抿床

抿入锅中

捞出

豆面抿曲

猫耳朵制作技艺主要工序（山西省太原清徐人家晋韵楼餐饮文化发展有限公司　提供）

擀面

切条

切丁

捻型

捻好的猫耳朵

三色猫耳朵

944 VIII-161

富春茶点制作技艺

茶点制作技艺

茶点制作技艺·富春茶点制作技艺

申报地区或单位：江苏省扬州市

富春茶点制作技艺传承场景（富春茶社　提供）

江苏省扬州市富春茶社创建于清代光绪十一年（1885），是一座以花局起家的别具特色的茶馆，以独创的茶点制作技艺享誉国内。2006年12月，富春茶社被商业部认定为首批“中华老字号”。它将花卉、茶艺、点心、菜肴结合在一起，让人在闲静雅致的环境中品赏色、香、味、形俱佳的美食。

富春“魁龙珠”茶系富春茶社独家创制，它取浙江龙井之味、安徽魁针（太平猴魁绿茶）之色、福建珠兰之香，以扬子江水沏泡，谓之“一壶水煮三省茶”。此茶澄澈清香，醇正绵和，解渴去腻，堪称茶中珍品。

富春茶点制作场景（富春茶社　提供）

富春茶艺师在配置魁龙珠茶叶（富春茶社　提供）

富春茶点：翡翠烧麦（富春茶社　提供）

富春茶点：三丁包（富春茶社　提供）

富春点心采用传统方法手工制作，技艺精湛，造型雅致，品种繁多，各具滋味，被商业部认定为“中国名点”、“中华名小吃”，曾荣获国家金奖。富春茶点制作技艺将茶艺和点心制作相结合，为饮食行业树立了典范。

945 VIII-162

申报地区或单位：山东省淄博市

周村烧饼制作技艺

周村烧饼（杭永　摄）

周村烧饼是山东省周村的地方特产，清末曾作为贡品进奉朝廷。春秋战国时代，周村属于齐国，商业发达，文化底蕴深厚。明代中期，周村已成为山东著名的地方市集，商户集中，繁盛一时。周村烧饼用料简单，只需用面粉、芝麻仁、食糖或食盐即可制成。它以薄、酥、香、脆而著称，“薄”是指烧饼薄如纸片，拿起折叠，会发出“刷刷”之声；“酥”是说烧饼入口一嚼便碎，失手落地即摔成碎片；“香”是说烧饼入口久嚼不腻，越嚼越香，回味无穷；“脆”则与酥相辅相成，给人以上佳的口感。独特的传统手工技艺、原料配方、延展成型和烘烤是周村烧饼成败的关键，其核心在于一个“烤”字。烤主要看火候工夫，所谓“三分案子七分火”，若非高手，掌握不好烤的技艺，烧饼质量就难保上乘。

清代光绪六年（1880）后，“聚合斋”烧饼老店采用对环境没有污染的纸包装，这一形式一直沿袭至今。20世纪50年代，“聚合斋”老店并入周村食品厂，成为现今周村烧饼有限公司的前身。作为百年老字号的继承者，周村烧饼有限公司传承了周村烧饼制作技艺，并进一步将其发扬光大，赢得了良好的社会声誉。

周村烧饼制作技艺主要工序（杭永　摄）

分坯

揉剂

延展

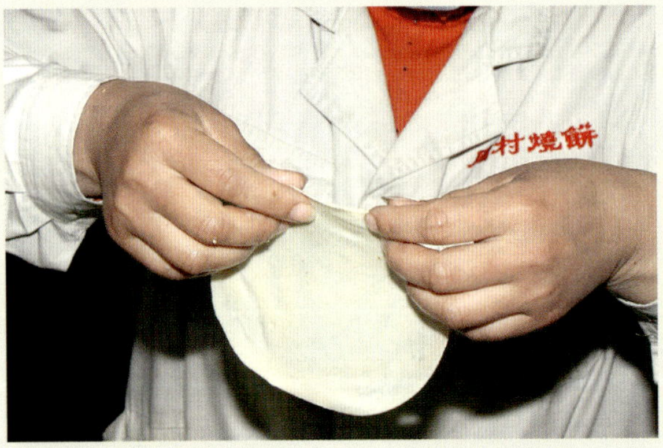

成型

着麻

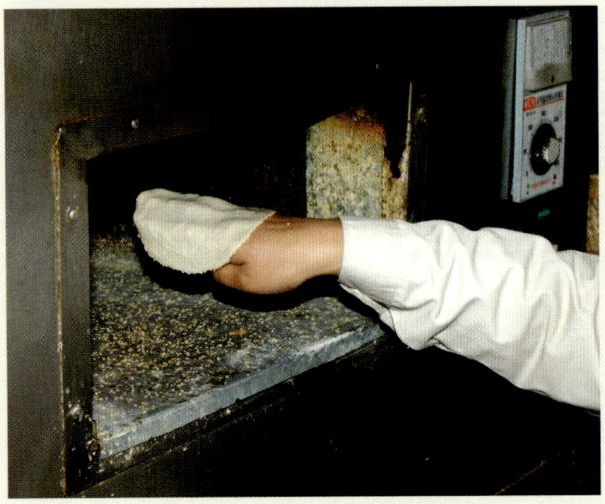

贴饼烘烤

出炉

月饼传统制作技艺

946 VIII-163

郭杜林晋式月饼制作技艺

安琪广式月饼制作技艺

月饼传统制作技艺·郭杜林晋式月饼制作技艺

申报地区或单位：山西省太原市

郭杜林晋式月饼是山西特产，形制古朴，口味醇厚，酥绵爽口，甜而不腻，以“酥绵、利口、甜香、醇和”而名闻四方。

郭杜林晋式月饼制作技艺最早可上溯至清代康熙年间，距今已有三百多年的历史。清代光绪年间，郭杜林月饼已经享誉晋中、太原、大同、临汾等地，成为中秋馈赠的佳品。郭杜林月饼在原料和辅料的选择上异常精心，皮面揉制手法与馅

郭杜林晋式月饼制作技艺主要工序（山西省太原双合成食品有限公司　提供）

皮面制作

包制

压模成型

刷米稀

烘烤

料制作工艺十分独到，烤饼的吊炉形制独特，烘烤温度完全依靠人工控制，烤成后通过窖圈熟藏使月饼香味更加浓郁，具有上佳的口感。郭杜林月饼生产保留着明清以来山西民间制饼业的传统技艺，其“以面为馅”的特殊工艺显示出北方制饼技艺的特征。

作为晋式月饼技艺的正宗传承者，太原双合成食品有限公司为这一月饼品种的发展、延续作出了重要贡献。由于近年来作物种植结构的调整，白小麦等作物产量锐减，导致晋式月饼原料匮乏。而传统的手工制作方式又使厂家难以机械化地批量生产，在此情况下，晋式月饼制作技艺的生存空间难以扩展，迫切需要保护。

月饼传统制作技艺·安琪广式月饼制作技艺

申报地区或单位：广东省安琪食品有限公司

广式月饼又名“广东月饼”，是中国月饼的一个重要类型，因产于广东而得名，主要行销广东、海南、广西等地。由于近代广东开放较早，广式月饼最早走出国门，远销至东南亚及欧美各国的华侨聚居地，清末民初即已享誉国内外。

安琪广式月饼是广式月饼的重要分支，它起源于清代新会梁氏的“永记饼店”。经过几代人的传承发展，其面皮制作、馅料煮制、包馅、烘饼等多道工序均能独树

工人们用传统方法烘烤安琪广式月饼（广东省食品行业协会　提供）

安琪广式月饼制作技艺主要工序（广东省食品行业协会　提供）

制饼皮

包蛋黄

煮糖浆

刷蛋浆

一帜。安琪广式月饼馅料以莲蓉、豆蓉、咸蛋黄为主，制成的月饼皮薄馅丰，滋润柔软，饼面图案花纹浮凸玲珑，油润光亮，色泽金黄，口味有咸有甜，味美香醇。从饼皮上划分，广式月饼有糖浆皮、酥皮和冰皮三大类，以糖浆皮为多。这种饼皮柔软滋润，颜色金红。豆蓉馅的甜饼、海味类的咸饼、核果仁类甜咸兼备的月饼均为糖浆皮月饼。

制作安琪广式月饼的饼模（广东省食品行业协会　提供）

素食制作技艺

功德林素食制作场景（上海功德林素食有限公司 提供）

素食制作技艺·功德林素食制作技艺

申报地区或单位：上海功德林素食有限公司

功德林素食制作起源于寺庙。清代同治年间，庙宇素食逐渐流入社会。1922年，杭州城隍山常寂寺讲经法师维均的弟子以“弘扬佛法，提倡素食，解杀放生”为宗旨，在上海市北京路贵州路口开设功德林蔬食处。以豆腐、菌菇、蔬菜为原料，素食荤烧，即以手工烹饪出形态逼真的“鱼”、“肉”等菜肴。由于制作精良，口味独特，顾客盈门，生意兴隆。最初创办时功德林全店面积仅300平方米，1927年移迁至黄河路43号，面积扩大至1000平方米，分出三个楼层，一楼为小吃餐厅，二楼为包厢，三楼为佛堂。此时功德林开始从全国寺庙招聘素食厨师，生意蒸蒸日上，以独特的素食手工制作技艺和烹调方法赢得了广大上海市民的赞誉。

功德林素食菜肴：黄油蟹粉（上海功德林素食有限公司　提供）

功德林素食菜肴：虾仁富贵鱼（上海功德林素食有限公司　提供）

功德林有黄油蟹粉、响油鳝丝、糟溜鱼片、糖醋黄鱼、香卤嫩鸡、鲫鱼冬笋等著名的素食菜肴。这些素菜选料精致、制作考究，形态逼真、花色繁多，口味仿荤、烹调方法多样。每款菜肴皆精工细作，兼具饮食与艺术观赏的双重功能，顾客可以边观赏，边品尝。

1997年，因上海城市改造，功德林迁移至南京西路，其素食制作继续发展创新，仍以其鲜明的特色吸引着众多消费者。

刀工展示（上海功德林素食有限公司　提供）

948 VIII-165

申报地区或单位：陕西省西安市

同盛祥牛羊肉泡馍制作技艺

牛羊肉泡馍制作工序：煮馍（陕西省同盛祥牛羊肉泡馍馆　提供）

羊肉泡馍有着悠久的历史，先秦时代祭祀宗庙、招待上宾时便有“献羔祭韭”、“朋酒斯飨，曰杀羔羊”的礼仪，传沿演变至今已有两千多年的历史。20世纪20年代初，同盛祥饭庄在西安经营牛羊肉泡馍等。在此过程中，饭庄的烹饪师不断创新，将牛羊肉泡馍发展成为具有鲜明地方特色的美食。同盛祥牛羊肉泡馍料重味醇，肉烂汤浓，馍筋光滑，香气四溢，风味独特。其制作工艺十分考究，从选料、煮肉、熬汤、加料、调味到泡馍始终坚持做到精细、标准、规范。牛羊肉泡馍是风味独特的滋补佳品，同时兼有暖胃功能，长期以来深受陕西乃至西北人民的喜爱。

牛羊肉泡馍制作工序：煮肉（陕西省同盛祥牛羊肉泡馍馆　提供）

牛羊肉泡馍具有鲜明的民族饮食特色和独特的地域风味，在全国久负盛名。近百年来，同盛祥饭庄在继承传统的基础上继续创新发展，使牛羊肉泡馍在色、香、味、形等各方面都得到了很大的提高，成为陕西最具清真风味的代表性饮食。

同盛祥牛羊肉泡馍成品（陕西省同盛祥牛羊肉泡馍馆　提供）

牛羊肉泡馍制作工序：烙馍（陕西省同盛祥牛羊肉泡馍馆　提供）

949 VIII-166

金华火腿腌制技艺

火腿制作技艺

老技师传授金华火腿腌制技艺（叶坚　摄）

火腿制作技艺·金华火腿腌制技艺

申报地区或单位：浙江省金华市

浙江省金华火腿以鲜艳的色泽、独特的芳香、诱人的风味、美观的外形，即色、香、味、形“四绝”而闻名天下，是我国腌腊肉制品中的精品。金华地区四季分明的亚热带气候和独特的地理环境造就了别具一格的火腿腌制技艺。早在唐代，金华即已有了火腿的腌制工艺。及至明代，金华火腿被列为贡品，其生产遍布金华地区的东阳、永康等地。

制作金华火腿所选用的猪有“中华熊猫猪”之誉，头颈部和臀尾部呈黑色，其余部位则为白色，俗称“两头乌”，其体型大小适中，骨细，皮薄，肥瘦适度，肉质细嫩，腿心饱满。腌制火腿时，即以它的后腿为专用原料。猪必须在立冬和次

老技师指导学生检查火腿是否晒足火候（叶坚　摄）

老技师传授金华火腿打签定级的技艺（叶坚　摄）

年立春之间屠宰，选用制作火腿的猪后腿要求爪白，脚直，腿形完好无损，重量在6至7.5公斤之间。金华火腿一般在每年立冬到次年立春之间以低温进行腌制，而后经过中温脱水、高温发酵等一系列工序，入伏后才最终出香成熟，整个腌制工艺精细而复杂。制作过程中以削、割、修、压、绞、敲、捧、拍等多种手法统一火腿形状，使成品形如竹叶或琵琶。腌制成的金华火腿瘦肉呈玫瑰红色，肥肉晶莹透亮，肥而不腻，口味鲜美，在自然温度下贮存三四年仍能保持原有品质。

千年的历史传承造就了金华火腿独特的腌制工艺和与之相关的饮食及地方民俗文化。1905年，金华火腿在德国莱比锡万国博览会上荣获金奖。此后金华火腿在国际餐饮业中声誉日高，成为海外华人餐饮中的高级佐料。

950 VIII-167

烤鸭技艺

全聚德挂炉烤鸭技艺

便宜坊焖炉烤鸭技艺

烤鸭是北京最著名的菜肴，古称“烧鸭子”、“炉烧鸭”、“南炉鸭”等。据元代《饮膳正要》记载，当时宫廷已有烧鸭子。清代《帝京岁时纪胜》、《都门杂记》等书也记载，宫廷御膳房每逢中秋佳节，除桂花月饼外，还准备南炉鸭供帝王享用，清高宗（乾隆）对此尤为喜爱。

北京的烤鸭店以便宜坊、全聚德为主。便宜坊创始于明代永乐十四年（1416），全聚德创始于清代同治三年（1864），均有悠久的历史。烤鸭系以专门饲养的填鸭为原料，经宰杀、清洗、制（烤鸭）坯、晾皮、上饴、烤炙等环节而制成。北京烤鸭有挂炉（明火）、焖炉（暗火）、缸炉、叉烧等不同的制作工艺，烤出的鸭子外皮酥脆，肉质鲜嫩，肥而不腻，口味鲜美，深得中外人士赞许。

烤鸭技艺·全聚德挂炉烤鸭技艺

申报地区或单位：北京市全聚德（集团）股份有限公司

北京全聚德烤鸭店始建于清代同治三年（1864），创办人为杨全仁。该店制作的挂炉烤鸭系以果木为燃料，将鸭坯挂在特制的烤炉中明火烤制而成。经过历代烤鸭师的努力，全聚德挂炉烤鸭已形成一套标准、规范的工艺流程，整套工艺由宰烫、制坯、烤制、片鸭4道工序31个环节组成。全聚德烤鸭以优质的北京填鸭为原料，加工设备和工艺流程自成一格，烤出的成鸭风味醇香，健康安全，以皮层香酥、肉质鲜嫩、色彩鲜亮、气味芳香的特色而蜚声中外，被列为北京特产之首。

全聚德挂炉烤鸭中含有蛋白质、脂肪、维生素 B_1、维生素 B_2、矿物质等多种营养元素，脂肪大部分均匀地分布在肌肉组织纹理中，所以肉质柔嫩，味道鲜美。

全聚德烤鸭的吃法也很有讲究。食用时以筷子夹起片好的鸭肉，蘸上少许甜面酱，配上葱丝或黄瓜条，卷在荷叶饼

全聚德挂炉烤鸭技艺工序：片鸭［北京市全聚德（集团）股份有限公司　提供］

全聚德烤鸭制作技艺工序：烤制［北京市全聚德（集团）股份有限公司　提供］

全聚德烤鸭套餐［北京市全聚德（集团）股份有限公司　提供］

中食用；也可将鸭肉蘸上甜面酱，同葱丝一起夹在芝麻烧饼中食用。除烤鸭外，全聚德还首创了全鸭宴席，可与烤鸭配合进食。

烤鸭技艺·便宜坊焖炉烤鸭技艺

申报地区或单位：北京便宜坊烤鸭集团有限公司

便宜坊焖炉烤鸭技艺工序：烫鸭（米少云　摄）

北京便宜坊创建于明代永乐十四年（1416），以经营焖炉烤鸭为主。焖炉烤鸭在制作过程中，鸭子不见明火，烤出的成品呈枣红色，外皮油亮酥脆，肉质洁白细嫩。便宜坊焖炉烤鸭技艺在历代烤鸭师的手中不断得到发展，形成所谓“三绝”，即焖炉特制技艺绝、选鸭制坯技艺绝、烤制片鸭技艺绝。

数百年来，口味鲜美、外酥里嫩的便宜坊焖炉烤鸭一直吸引着各方食客。明代名臣杨继盛曾为便宜坊题写匾额，乾隆皇帝及许多清代臣僚和文人雅士都曾光顾便宜坊。现当代，到便宜坊品尝焖炉烤鸭的各界人士更多，既有政府领导人，又有社会知名人士，还有慕名而来的外国元首，他们在品尝之余为便宜坊留下了不少珍贵的铭文墨宝。在近六百年的变迁中，便宜坊积累形成了独特的烤鸭技艺和企业文化，产生了广泛的社会影响。

便宜坊香酥焖炉烤鸭（米少云　摄）

便宜坊焖炉烤鸭技艺工序：出炉（米少云　摄）

“便宜坊”是商务部首批授牌的“中华老字号”。目前，便宜坊烤鸭集团有限公司中技术全面的烤鸭师已为数不多，青年技师的培养尚无法满足技艺传承和发展的需要。同时，在激烈的市场竞争中，便宜坊焖炉烤鸭的品牌形象正受到假冒伪劣产品的不良影响。急需采取有力措施，保护这一优秀传统手工技艺的有效传承。

片好的便宜坊焖炉烤鸭（米少云　摄）

951 VIII-168

牛羊肉烹制技艺

牛羊肉烹制技艺·东来顺涮羊肉制作技艺

申报地区或单位：北京市东来顺集团有限责任公司

东来顺饭庄是北京清真餐饮的代表，始建于清代光绪二十九年（1903），距今已有一百多年的历史，原址在北京王府井大街东安市场北门，创始人为丁德山。东来顺涮羊肉是北方火锅的代表，素有“中华第一涮”的美誉。1955年11月，东来顺成为公私合营企业，1988年改建为公司，2003年成立北京市东来顺集团有限责任公司。

传承人在展示切肉技艺（北京市东来顺集团有限责任公司 提供）

东来顺涮羊肉席（北京市东来顺集团有限责任公司　提供）

羊前腿（北京市东来顺集团有限责任公司　提供）

东来顺涮羊肉制作技艺融合羊肉批制和切肉、火锅制作、糖蒜制作、调料制作等多种技艺，形成东来顺涮羊肉选料精、刀工美、调料香、火锅旺、底汤鲜、糖蒜脆、配料细、辅料全的八大特点，以色、香、味、形、器的和谐统一创造了富于个性的饮食文化特色。东来顺历来受到社会各界的喜爱，无论是政府首脑、名人雅士，还是平民百姓，都纷纷前往东来顺品尝正宗的涮羊肉。

如今的东来顺注重发展联合企业，扩大规模，实行集约化经营，力求降低成本，保持平民化、大众化的经营模式，使自身进一步贴近平民百姓。但由于“文革”等历史原因及王府井大街改造，东来顺饭庄已迁离原址，大量珍贵的历史资料和技术力量也在此过程中流失，需要抢救保护。

牛羊肉烹制技艺·鸿宾楼全羊席制作技艺

申报地区或单位：北京市鸿宾楼餐饮有限责任公司

北京鸿宾楼开业于清代咸丰三年（1853），是一家主营清真风味菜肴的老店，原址设在天津，1955年迁入北京经营。

鸿宾楼全羊席菜品制作场景（北京市鸿宾楼餐饮有限责任公司　提供）

鸿宾楼菜品制作场景（北京市鸿宾楼餐饮有限责任公司　提供）

鸿宾楼全羊席（北京市鸿宾楼餐饮有限责任公司　提供）

鸿宾楼全羊席菜品："独云花"
（聚德华天控股有限公司　提供）

鸿宾楼全羊席菜品："冰花松肉"
（聚德华天控股有限公司　提供）

鸿宾楼全羊席金牌菜："独鱼腐"
（北京市鸿宾楼餐饮有限责任公司　提供）

清代宫廷以高档次的全羊席招待信仰伊斯兰教的宾客。清末民初全羊席盛行于市肆酒楼，鸿宾楼的名厨宋绍山等在师承前人的基础上对之进行丰富完善，创制出有120道菜肴的特色宴席。全席以羊为主料，因材施艺，结构完整，布局缜密，且有循章扣法之功。鸿宾楼全羊席烹饪手段丰富，将传统技法发挥得淋漓尽致。宴席以羊首开始，以羊尾结束，依次上菜，有条不紊。仅就羊首部位而言，头顶为"麒麟顶"，焖制；后脑肉为"金冠"，扒制；脑为"云头"，烩制；耳中段为"顺风"，炝制；眼皮肉为"户皮"，灼制；羊耳的后边肉为"核桃肉"，炸制；羊鼻骨下面的肉为"望峰坡"，烹制；鼻脆骨为"明骨"，蒸制，如此等等。

因此席系承清末传统而来，故特避慈禧太后生肖属羊之讳，虽用全羊，菜名中却无一"羊"字，而是结合菜肴特征，冠以优雅的别名，如以羊眼、脊髓为主料的菜称"鞭打绣球"，以羊肝为主料的菜称"红叶含霜"等。鸿宾楼全羊席制作技艺在中国烹饪史上占有重要地位，其雅致的命名方法更显示了传统文化的特点，在中国饮食文化研究方面具有一定的参考价值。

牛羊肉烹制技艺·月盛斋酱烧牛羊肉制作技艺

申报地区或单位：北京月盛斋清真食品有限公司

北京月盛斋创建于清代乾隆三十年（1765），创始人为马庆瑞。因店址选在北京前门箭楼西月形墙路南，又系于回族斋月期间开业，故取名“月盛斋”，寓意月月兴盛。月盛斋以酱羊肉和烧羊肉而闻名一时，在北京清真食品行业具有很高的地位。

月盛斋熟肉制作工艺分酱制和烧制两大类，在吸收宫廷酱肉技术和民间传统特色的基础上，又引入传统中医的养生理论及相关医药知识，制作中使用二十多种既能调味又有药用价值的香料，做出的肉品不仅味道更加鲜美，而且还具有滋补养生的功效。

月盛斋酱烧羊肉制作工艺较为复杂，尤其讲究火候，除选料、配方和独一无二的兑老汤技术外，又有验料、选材、调汤、煮制等约二十道工序。在整个制作过程中，月盛斋始终坚持“选料精良，肥瘦俱备，绝不省事；配方精致，色味俱佳，绝不省钱；制作精细，酱烧俱全，绝不省工”的

乾隆四十年（1775）月盛斋正式开业时的门面示意图

月盛斋酱烧牛羊肉制作主要工序（北京月盛斋清真食品有限公司　提供）

熟肉起锅

给五香酱牛肉淋油

过油炸制五香烧羊肉

月盛斋五香酱牛肉（北京月盛斋清真食品有限公司　提供）

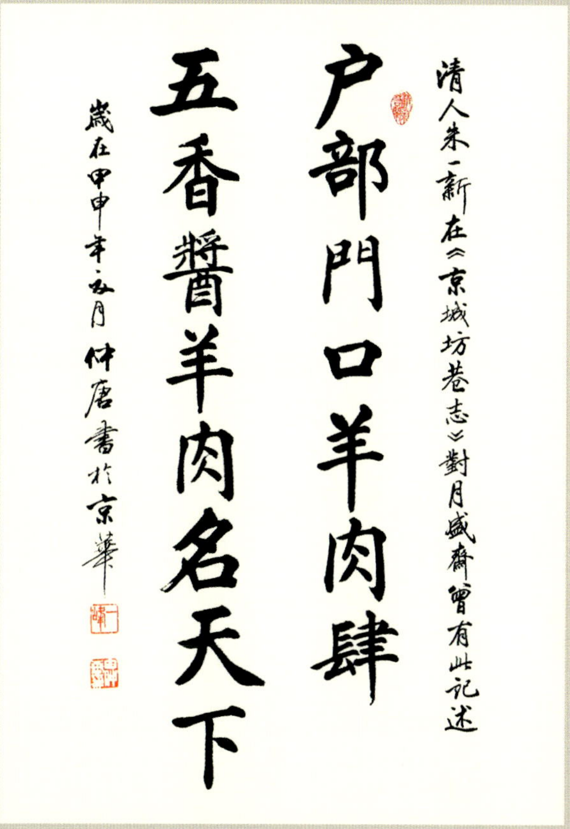

《京城坊巷志》对月盛斋酱烧牛羊肉的记述（北京月盛斋清真食品有限公司　提供）

原则。制成的菜品肥而不腻，瘦而不柴，外焦里嫩，香酥爽口，不膻不腻，咸淡适中，浓香适口，回味悠长，融肉香、酱香、药香、油香于一体。

月盛斋熟肉在历史上曾作为宫廷食品而名扬天下，清代史籍中对此多有记载，不少名人都曾为之题词留墨。从这个意义上说，月盛斋牛羊肉制品负载着一定的文化内涵，在中国传统饮食文化方面具有一定的研究价值。如今月盛斋承担着为北京市信仰伊斯兰教的群众供应日常生活所需清真肉制品的任务，同时还负责为国内、国际大型会议提供特需的清真肉食。

随着社会的变革，月盛斋在经营中碰到了不少问题，尤其是市场的不良竞争等因素使这一老字号的发展遭遇困境。月盛斋酱烧牛羊肉制作技艺的传承目前已出现了严重的危机，亟待保护。

月盛斋五香酱羊肉（北京月盛斋清真食品有限公司　提供）

牛羊肉烹制技艺·北京烤肉制作技艺

申报地区或单位：北京市聚德华天控股有限公司

北京烤肉主要包括“烤肉季”的烤羊肉和“烤肉宛”的烤牛肉，这两家的烤肉制作工艺代表了北京烤肉的最高水准。北京烤肉历史悠久，风味独特，用料讲究，技艺精湛，在北京乃至中国烹饪史上具有较高的地位。烤肉是北京独具特色的风味菜品，制作时先将切好的牛、羊肉片加以腌渍，而后置于特制的圆形铁盘（又称“炙子”）上进行烤制。北京烤肉起源于明代宫廷，当时称为“吃炙羊肉”，其后流传至民间，在市井中盛行起来。

烤肉季制作的烤羊肉北京店（聚德华天控股有限公司　提供）

传统烤肉制作场景（北京市聚德华天控股有限公司　提供）

传承人在传授选肉技巧（北京市聚德华天控股有限公司　提供）

"烤肉宛"开业于清代康熙二十五年（1686），店主是京东大厂回族自治县一位宛姓回民，其家由推车卖炭火、烤牛肉开始，三代苦心经营，终于在宣武门附近买房立了铺面，字号为"烤肉宛记"，后改为"烤肉宛"。三百多年来，"烤肉宛"烤牛肉久盛不衰，深深扎根于北京民间，与市井民俗紧密结合，一直传沿至今，成为京味饮食文化和技艺的重要代表。

"烤肉季"创始于清代道光二十八年（1848）。清代什刹海荷花市场每年农历五月初一开市，七月中旬至九月初九前后，季德彩都会推车到银锭桥畔支摊卖烤羊肉。季家烤肉溢油荡香，引得众多游人纷纷光顾，生意十分兴隆。其后季家烤肉技艺经几代传承，日趋成熟完善，逐渐由摊商变为坐商，在银锭桥畔建立"烤肉季"字号。1956年后，"烤肉季"发展更快，名气也更盛。从创立至今，"烤肉季"从未离开什刹海，已成为这一地区富有特色的风味名吃，游人食肉观景，其乐融融。"烤肉季"烤肉制作技艺及经营模式具有北京饮食文化和民俗文化特色，研究价值较高。

牛羊肉烹制技艺·冠云平遥牛肉传统加工技艺

申报地区或单位：山西省冠云平遥牛肉集团有限公司

平遥牛肉是山西省平遥县独具地方风味的肉食产品，以色、香、味而享誉全国。这种牛肉颜色红润鲜亮，肉质细软绵嫩，味道清香醇厚，不仅营养丰富，而且有扶胃健脾之功，是中华肉食的上佳产品。

平遥牛肉的产地平遥古城是国家历史文化名城，当地大量饲养和使用耕牛，为牛肉传统加工技艺的发展提供了条件。相传唐代文成公主进藏时，即有平遥牛肉加工技师随行，可知当时平遥牛肉已达到了很高水平。明清两代，晋商崛起，平遥商人四方经营，其家乡平遥成为各处货物的集散地，因而平遥牛肉也随着当地商业的发展而传遍大江南北。

平遥牛肉卤煮工艺（山西省冠云平遥牛肉集团有限公司　提供）

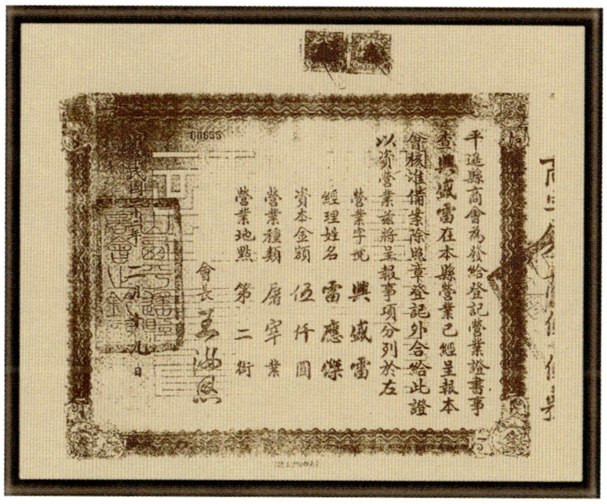

平遥縣商會為發給登記營業證書事
查興盛雷在本縣營業已經呈報本
會核准備案除照章登記外合給此證
以資營業茲將呈報事項分列於左
營業字號 興盛雷
經理姓名 雷應傑
資本金額 伍仟圓
營業種類 屠宰業
營業地點 第二街
會長

"兴盛雷"老字号在民国二十二年（1933）的营业执照（山西省冠云平遥牛肉集团有限公司　提供）

色香味美的平遥牛肉（山西省冠云平遥牛肉集团有限公司　提供）

上千年的历史积淀使平遥牛肉传统加工技艺日臻完善。从清代道光时期至清末民初，平遥牛肉作坊“兴盛雷”、“自立成”、“源盛长”、“隆盛旺”等在山西省内都是声名赫赫。岁月更迭，如今平遥牛肉已传承到第七代。平遥牛肉集团有限公司被商务部命名为“中华老字号”企业，平遥牛肉的品牌、加工规模也都得到了很大的提升和发展，已成为地域经济的主导产业。

平遥牛肉既是实惠可口的美食，又蕴涵着晋商的敬业精神和诚信传统，具有较高的文化研究价值。但是，平遥牛肉传统制作技艺全是手工作坊式工艺，靠老技师口传身授来传承。目前随着技师年龄的老化，传统工艺出现断代现象，平遥牛肉传统加工技艺已濒临失传。抢救和保护这一珍贵的传统食品加工技艺是当代人不能规避的责任和义务。

牛羊肉烹制技艺·烤全羊技艺

申报地区或单位：内蒙古自治区阿拉善盟

阿拉善烤全羊是内蒙古自治区阿拉善地区特有的美味佳肴，早在三百多年前就已成为阿拉善王府宴席上的珍品。其烤制方法系由蒙古族传统的烤羊技艺发展而来，是游牧民族智慧的产物，在我国饮食文化中占有重要的一席之地。

阿拉善烤全羊以色、香、味、形俱佳而闻名，它所采用的原料为土种绵羯羊，肉质细嫩而无膻味。燃料则采用当地植物梭梭，火力强而持久，且无异味。全羊烤制时，须使用特制的烤炉和特殊的配料，要经过十几道工序才能最后完成。

烤全羊技艺是蒙古族人民世代传承下来的宝贵文化遗产，富于地方风味和民族特色，是蒙古族餐饮中的珍品。保护和传承阿拉善烤全羊传统手工技艺，对于研究游牧民族的生活和民俗，丰富和发展中华民族饮食文化，具有不可低估的意义。

阿拉善烤全羊

烤全羊技艺主要工序

（内蒙古自治区非物质文化遗产保护中心　提供）

煺羊毛

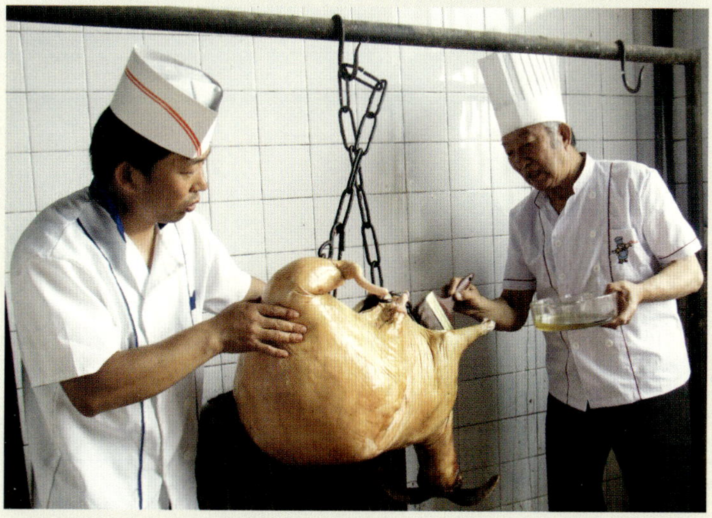

把油涂在羊的表面

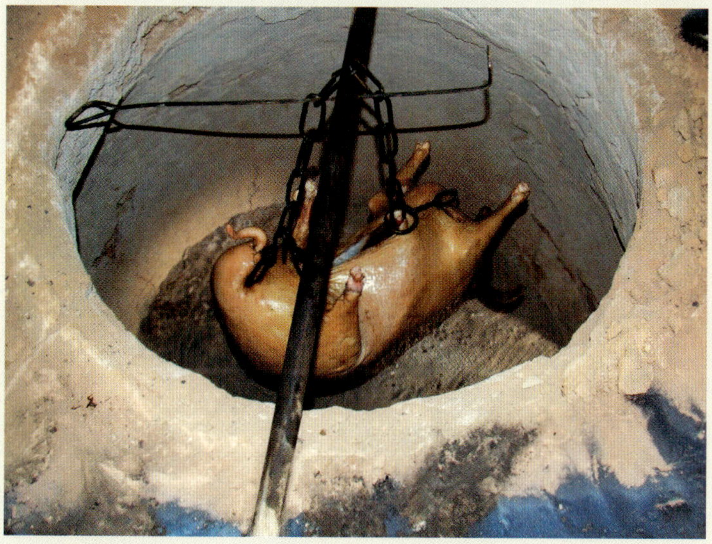

把收拾好的全羊放入烤炉中

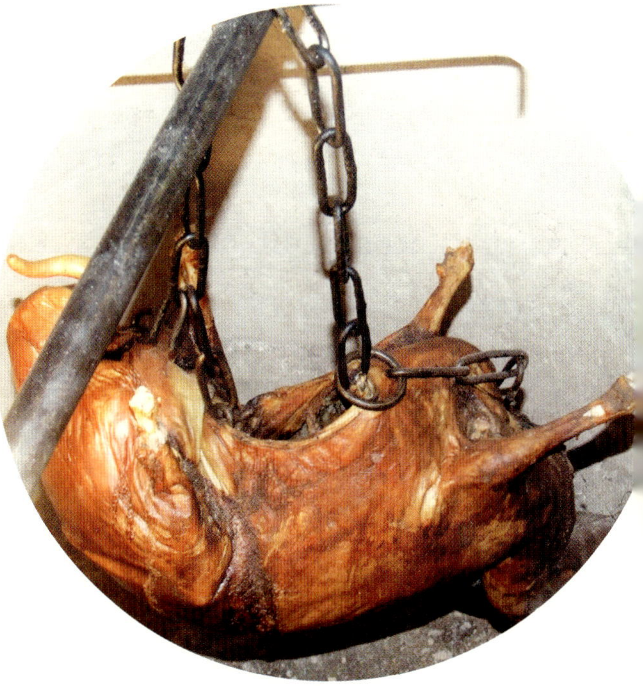

烤熟的全羊

952 VIII-169

申报地区或单位：北京天福号食品有限公司

天福号酱肘子制作技艺

天福号酱肘子制作场景（北京天福号食品有限公司　提供）

天福号酱肉铺始创于清代乾隆三年（1738），当时山东大旱，颗粒无收，山东掖县人刘凤翔领着孙子刘抵明逃荒来京谋生，在西单牌楼东北角开了一家酱肉铺，取名“天福号”，寓上天赐福之意。天福号制作的酱肘子香酥可口，品质俱优，吸引上至达官贵人、下至平民百姓前来光顾。慈禧太后品尝后也大加赞赏，并赐“天福号腰牌”，规定天福号每天凭腰牌定量送酱肘子进宫。自此“天福号酱肘子”成为贡品，名声益振。1993年，“天福号”被评为“中华老字号”。至今“天福号”已传承八代，在二百七十余年的历史变迁中，其生产的酱肘子等产品始终保持着超群的品质。

天福号酱肘子制作技艺是刘氏祖孙二人在经营中反复研究形成的，其酱制方法独特，与众不同。天福号酱肘子选料精细，制成后肥而不腻，瘦而不柴，皮不回性，浓香醇厚。进入21世纪以来，由于老企业负担过重、资金和人才短缺、生产场地狭小、技术工人老龄化、技术人才外流等多方面的原因，天福号酱肘子制作技艺的传承日趋艰难，后继乏人。要改变这一现状，必须尽快制订出有效的保护措施。

天福号酱肘子（乔羽　摄）

天福号酱肘子制作技艺主要工序（乔羽　摄）

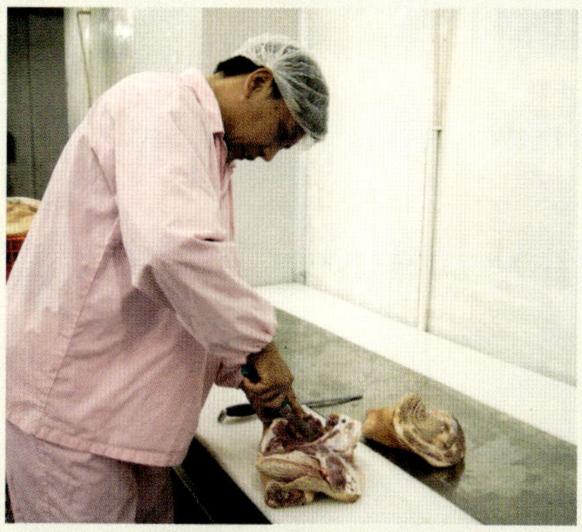

剔骨

调汤

出锅

953 VIII-170

申报地区或单位：山西省太原六味斋实业有限公司

六味斋酱肉传统制作技艺

六味斋酱肉成品（山西省太原六味斋实业有限公司　提供）

山西省太原市的六味斋创建于清代乾隆三年（1738），为著名的“中华老字号”，它所生产的酱肉是三晋名吃，曾被当作贡品进献清廷，由此享誉京师。

六味斋酱肉熟而不烂，甘而不浓，咸而不涩，辛而不烈，淡而不薄，香而不厌，肥而不腻，瘦而不柴，充分体现了中国肉食文化的特点。为保持传统食品的原汁原味，六味斋至今仍完全按照承袭了二百六十多年的传统制法进行生产。其制作工艺包括选料、分割、煮制等环节，煮制时用文火慢慢炖煮，可使配方中的几十味中药材融入酱肉中。这样制作出来的酱肉不仅色香味俱佳，绵软可口，香气浓郁，而且营养十分丰富，与其他肉类相比，饱和脂肪酸减少了30%—50%，胆固醇降低了50%以上。

由于六味斋酱肉传统制作工艺比较复杂，且完全采用手工操作，传承不易，应该认真地加以保护。

六味斋酱肉传统制作技艺主要工序

(山西省太原六味斋实业有限公司　提供)

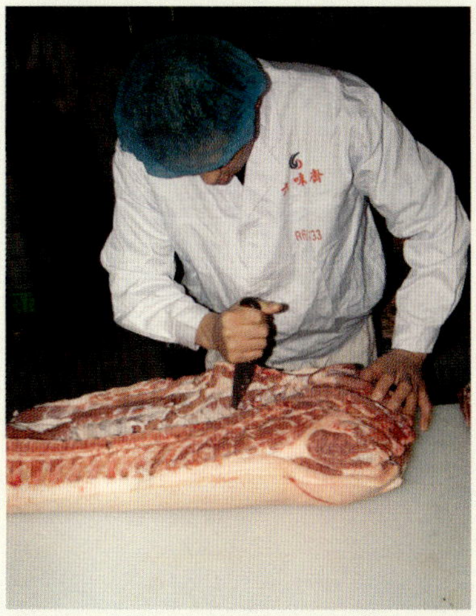

剔骨

分割

浸制

酱制

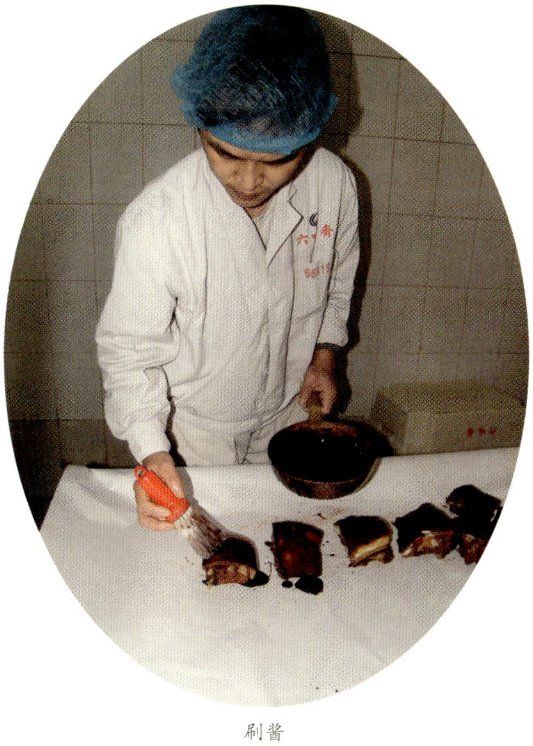

刷酱

954 VIII-171

申报地区或单位：北京便宜坊烤鸭集团有限公司

都一处烧麦制作技艺

都一处烧麦（北京便宜坊烤鸭集团有限公司　提供）

北京都一处老店创建于清代乾隆三年（1738），起初是山西人王瑞福开设的小酒店“王记酒铺”，乾隆十七年（1752）更名为“都一处”，主要经营烧麦。

在数百年的发展过程中，都一处形成了一整套精湛的烧麦制作技艺，其中烧麦的擀皮工艺堪称一绝，擀出的烧麦皮每张都是24褶。都一处烧麦品种之多，在全国仅此一家。老店最初以猪肉馅、牛肉馅、素馅和三鲜馅（猪肉、海参、虾仁）烧麦闻名，随后又根据季节时令的变化，增添了鱼肉、蟹肉、虾肉等海鲜馅的烧麦以及以猪肉为主，分别与白菜、韭菜、茴香、南瓜、大葱、西葫芦等相配而制成的四季烧麦。20世纪80年代以来，都一处又相继开发出山楂烧麦、一品红烧麦、枸杞烧麦等滋补类烧麦，还创新工艺，制成双色烧麦、彩色烧麦、翡翠烧麦、薄荷烧麦等特色烧麦。同时，积极丰富烧麦口味，推出

都一处烧麦制作技艺主要工序（北京便宜坊烤鸭集团有限公司　提供）

压花

制作烧麦皮

包烧麦

上锅蒸制

了酸、甜、咸、鲜、香、辣等十几个系列三十多种烧麦。

都一处烧麦独具特色，既鲜美可口，又具有极高的观赏价值。烧麦顶部的麦穗有24褶，如同细腰叠裙，皮薄透馅，青白透明，亭亭玉立。食之则香而不腻，回味无穷。都一处制作的烧麦曾先后获得过全国烹饪大赛第一名、“金鼎奖”及“中华名小吃”等殊荣，都一处老店也荣获“中华饮食名店”等称号。

目前资金短缺、发展空间受限、人才培养难度大等问题正影响着都一处的发展，也影响着其烧麦制作技艺的顺利传承，有关方面对此应加以重视，制订合理的解决方案。

955 VIII-172

申报地区或单位：福建省福州市

聚春园佛跳墙制作技艺

“佛跳墙”是福建省福州市的名肴，它形成于清代道光年间，是闽菜的经典。聚春园茶馆坐落在福州市中心东街口，该店创始于清代同治四年（1865），是福建现存年代最长久的历史名店。“佛跳墙”是聚春园的传统名菜，它继承了传统的“佛跳墙”制作工艺，又加以丰富和发展，一直相传至今。

“佛跳墙”是坛煨菜肴的代表，它原名“福寿全”，因当时在聚春园菜馆雅集的文人即兴所赋诗中有“坊启荤香飘四邻，佛闻弃禅跳墙来”之句，故更名“佛跳墙”。“佛跳墙”选料精细，所用的原料和配料达到三十多种，有荤有素，荤者包括肉、海鲜之类，素者包括冬菇、鲜果等。制作时先以十几道工序进行初步加工，再根据不同原料的性质和特点，细心地将它们依次装进绍兴酒坛里用微火煨制。煨制后启坛，荤香飘溢，美味可口，令人久久不能忘怀。如今佛跳墙制作技艺已遍布四方，除北京、成都、广州、香港外，还流传至新加坡、美国、丹麦、新西兰、加拿大等国家，受到世界人民的广泛欢迎。

聚春园制作的佛跳墙（福建省福州聚春园集团有限公司　提供）

聚春园佛跳墙制作技艺主要工序（林腾铮　摄）

准备食材

烹饪

装坛

煨制

装坛即位

956 VIII-173

申报地区或单位：河南省洛阳市

真不同洛阳水席制作技艺

真不同洛阳水席菜品："双凤瑶柱"
（河南省洛阳酒家有限责任公司　提供）

洛阳水席制作技艺传承场景（河南省洛阳酒家有限责任公司　提供）

真不同洛阳水席菜品："牡丹燕菜"
（河南省洛阳酒家有限责任公司　提供）

真不同洛阳水席菜品："秘制八宝"
（河南省洛阳酒家有限责任公司　提供）

河南省洛阳水席是豫菜的重要代表，因以汤羹类肴品为筵席主菜而得名。其菜肴制作工艺最早可以远溯至东周时期，筵席组合形式则可以上溯到唐代。

洛阳水席中的汤羹是早期中国烹饪的主要品种，系膳食中的主体。东周时期，宫廷宴会以大羹、和羹、铏（古代盛羹的器具）羹这“三羹”为重。豫菜及洛阳当地菜肴一直坚持这一传统，重视汤羹类肴品的制作。洛阳水席在八道冷菜之后，从豫菜的四大件、八中件、四压桌共十六种菜肴中选择了十种优秀的汤羹菜品，使之成为整席中热菜的主要组成部分。

洛阳水席在品种设置上，有以素代荤、以假乱真的传统，这需要有高深的制作技艺才能完成。洛阳虽有多家饭店经营水席及相关菜肴品种，民间亦能仿效，但掌握洛阳水席精髓、能制作出高质量水席的以洛阳真不同饭店为代表。

957 VIII-174

北京故宫

官式古建筑营造技艺

官式古建筑营造技艺·北京故宫

申报地区或单位：故宫博物院

北京故宫是我国现存规模最大最完整的宫殿建筑，它初步建成于明代永乐十八年（1420），以后不断维修改建，集历代宫殿建筑之大成，成为我国古代宫殿建筑的典范。

在建造维修故宫建筑的过程中，形成了一套完整的、具有严格形制的宫室古建筑营造技艺。它由瓦、木、土、石、油漆、彩画、镶嵌、裱糊等各工种匠作技艺组成，营造中选料上乘，工艺严谨，做工精细，宫殿各部位的做法和施工工序都有严

官式古建筑营造技艺（瓦作）主要工序（李增林　摄）

墁地

干摆砖墙

压灰背

灰背粘麻

屋面铺瓦

官式古建筑营造技艺（木作）主要工序（翁国强　摄）

安装翼角椽

吊装修补后的桁檩

墩接柱子

制作老角梁

铺钉望板

官式古建筑营造技艺（石作）主要工序（李建国　摄）

弹线

齐边

剁斧

雕刻

安装栏板

官式古建筑营造技艺（油作）主要工序（刘增玉　摄）

木基层处理

刷章丹油

刷油

框线贴金

地仗

格的定式。正是由于工艺技术的保证，以故宫为代表的中国宫殿才能在数百年间始终保持其华贵精美、壮丽辉煌的建筑特色。作为古建筑营造技艺的典范，官式古建筑营造技艺对于中国尤其是北方地区古建筑技术的发展起到了重要的引领作用。

故宫从营建之日开始，一直保留着一支相对固定的队伍从事宫内建筑的维修和建造。20世纪50年代初期，故宫博物院从社会上延聘高师良匠，重新组建古建修缮队伍，以担负故宫古建筑的维修工作。多年来，这支建筑队伍一直在为故宫服务，在成员逐渐更新的过程中，通过师徒口传心授的方法将传统的官式古建筑营造技艺不间断地传承下去。

官式古建筑营造技艺（彩画作）主要工序（张世荣　摄）

拍谱子

沥粉

打金胶

刷色

贴金

官式古建筑营造技艺（裱糊作）主要工序（张世荣　摄）

糊顶棚打底

糊顶棚补空

裁剪底纱

刷糨糊

糊好的顶棚面层

958 VIII-175

申报地区或单位：浙江省庆元县、泰顺县
福建省寿宁县、屏南县

木拱桥传统营造技艺

溪东桥始建于明代隆庆四年（1570）、重建于清代道光七年（1827）（季海波　摄）

中国桥梁营造技艺已有数千年的历史。古代劳动人民凭借自己的聪明才智创造了优秀的桥梁工艺。编梁木拱廊桥营造技艺就是其中的一种，现主要流传在浙江、福建等地。

浙闽编梁木拱廊桥历史悠久，造型丰富，数量众多，在国内同类廊桥建筑中独领风骚。编梁木拱廊桥源于唐代的木拱桥三条桥这一特殊类型，具有特殊的历史研究价值，在中国造桥史上占有重要地位。

庆元县位于浙江省西南部，境内谷深涧幽，人们苦于“舟楫不通”，望壑兴叹。在此情形下，木拱廊桥便应运而生，成为山区必备的交通设施。据光绪《庆元县志》记载，自宋代以来，庆元县境内营造过各式木拱廊桥两百三十多座，目前尚存九十余座，为全国之冠。2005年9月，庆元县后坑编梁木拱廊桥荣获联合国教科文组织亚太地区文化遗产保护卓越（一等）奖。浙江省泰顺县目前也保存着大量的编梁木拱廊桥，其中15座被列为国家级文物保护单位。在这些木拱廊桥中，以明代隆庆年间的溪东桥历史最为悠久。

浙江省泰顺县木拱桥传统营造技艺主要工序（林上兆　摄）

搭拱架：搭建三节苗构件

搭拱架：搭建五节苗构件

上梁

建桥屋

仙居桥始建于明代景泰四年（1453），重建于清代康熙十二年（1673）（季海波　摄）

浙江省庆元县木拱桥传统营造技艺主要工序（姚家飞　摄）

独特的桥面铺设工艺

安装三节苗

立将军柱

重建庆元濛淤桥

福建省寿宁县的木拱廊桥以坑底乡小东村的小东上桥最为著名，它是清代嘉庆六年(1801) 由匠师徐兆裕营造的。徐氏家族世代造桥，一百六十年来在闽浙边界共营造木桥二十多座，有13座保存至今。福建省屏南县从宋代开始建造木拱廊桥，目前境内尚存历代遗留廊桥13座，其中长桥镇的万安桥五墩六孔，全长达97.6米，是我国现存最长的编梁木拱廊桥。

福建省屏南县木拱桥传统营造技艺主要工序

上桥板苗（王多兴 摄）

上三节苗（李章勇 摄）

上五节苗（郑道居 摄）

万安桥位于福建省屏南县（饶瑞声 摄）

木拱廊桥营造技艺的主要特征是：一、造型美观。二、跨径普遍较长，建筑质量普遍很高。如浙江省泰顺县现存的仙居桥，其单孔跨径达34.5米。三、结构特殊。国内的编梁木拱廊桥仅存于浙闽交界的山区，其木拱结构与全国其他地区的木拱桥迥然不同。其基本组合单元是六根杆件，纵向四根，横向两根，平面呈“井”字形。木桥因受压而产生摩擦力，使构件之间越压越紧密。这种结构不用钉铆，全靠相同规格的杆件穿插、搭接，其独特的结构体系体现了编梁木拱廊桥抗倾斜、抗位移的功能。四、历史悠久。根据历史文献记载，三条桥唐代即已出现。在遗留至今的廊桥构件中，人们还发现了有宋代纪年的实物。五、木拱廊桥营造技艺依靠家族传承，一般是子承父业，因此有较为清晰的传承谱系。

总之，分布在浙西南山区和闽东北地区的木拱廊桥展现了独特的实用价值和审美格调，其营造技艺充分体现了古代工匠们高超的营建手段，具有很强的地域特色和很高的文化价值。

959 VIII-176

申报地区或单位：浙江省绍兴市

石桥营造技艺

宋代微拱石梁桥：绍兴八字桥（陈晓　摄）

浙江省绍兴市境内水道纵横，有水乡、水城之誉。绍兴最早见于史籍的石桥为灵汜桥，始建于越王勾践时期。绍兴石桥数量众多，分布范围广泛，据1993年底统计，全市共有10610座。这些桥梁在日常生活中发挥着重要的功能。

绍兴石桥营造技艺门类齐全，其中包括了石梁桥、折边拱桥、半圆形拱桥、马蹄形拱桥、椭圆形拱桥、准悬链线拱桥等各类石桥的建造技术。施工建造石桥时有一套完整的技术方案，从地点选择、桥型设计、基础施工、桥体结构、加工安装到石材的运输等均有系统的工序和方法。一般的建筑程序包括选址、桥型设计、实地放样、打桩、砌桥基、砌桥墩、安置拱圈架、砌拱、压顶、装饰、保养、落成等环节。

绍兴石桥营造技艺极具个性，部分石桥（如八字桥、广宁桥等）的营造技艺为国内所罕见。形式多样的石桥建造工艺构成完整而系统的技术体系，在各个不同时代均处于全国领先水平，以此技艺营造的石桥一般寿命长达千年以上。绍兴石桥不但营造技艺高超，而且还有深厚的文化底蕴，显示出极高的美学价值，它在环境布

五折边石拱桥：绍兴拜王桥（陈晓　摄）

七折边石拱桥：绍兴广宁桥（陈晓　摄）

局、结构装饰等方面所展露的美感令人充分领略到江南水乡文化特有的神奇魅力。“垂虹玉带门前来，万古名桥出越州。”绍兴石桥文化早已成为越文化的重要组成部分。

在市场经济时代，由于石桥营造成本高，工艺繁杂，一般建筑公司都不愿承建。这使得绍兴石桥营造工艺渐现衰落之势，传承后继乏人，积极保护这一先进的民间建筑技艺已成为一项迫在眉睫的任务。

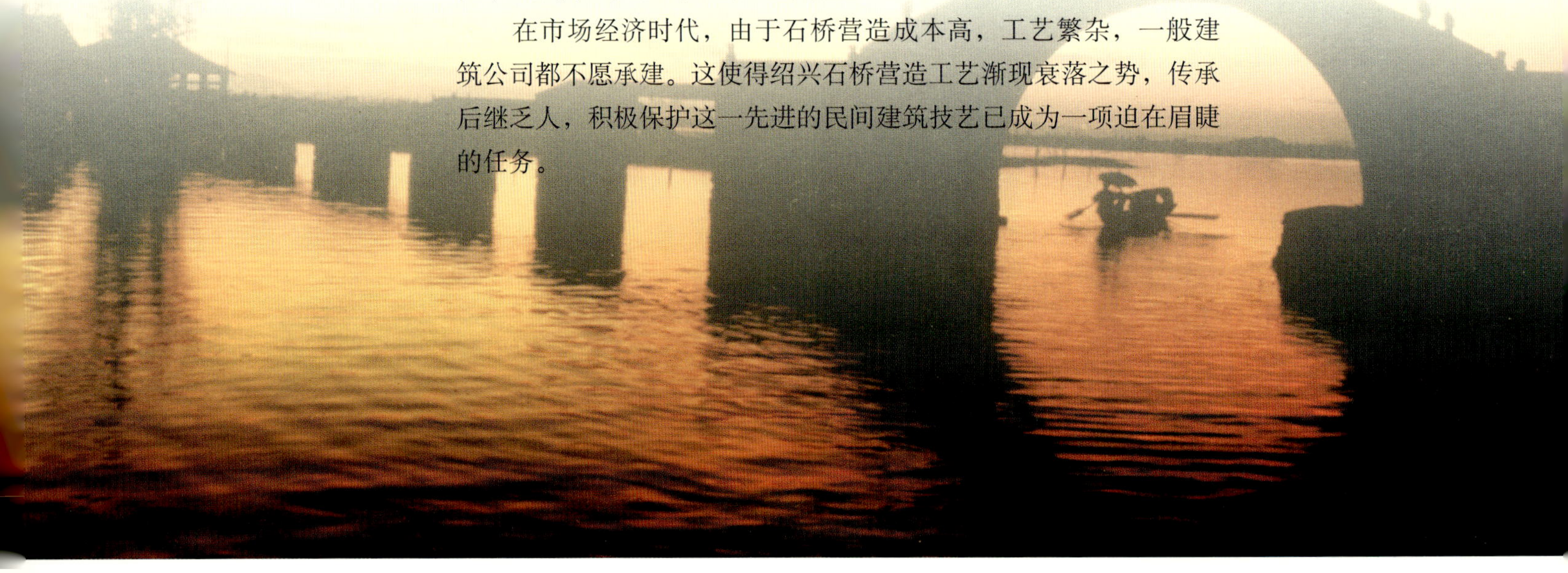

960 VIII-177

婺州传统民居营造技艺

诸葛村古村落营造技艺

俞源村古建筑群营造技艺

东阳卢宅营造技艺

浦江郑义门营造技艺

浙江省中部的金华地区古称“婺州”，其传统民居主要分布在东阳、兰溪、武义、浦江等地。这些历史悠久的建筑布局巧妙，装饰精美，充分显示出高超的营造技艺。

浙江省兰溪市诸葛村现有明清民居两百多座，当地最早的建筑约建于元代至正十年（1350）。武义县俞源村最早的建筑建于南宋，现存明清民居130座。东阳的卢宅属明清大型民居建筑群，建筑面积约1.7万平方米，其中著名的肃雍堂建于明代永乐年间。浦江县郑宅镇为郑氏家族聚居的古镇，始建于北宋初年，占地面积约5000平方米。

婺州传统民居在建筑设计中注重和周围自然环境完美结合，融为一体，所建居宅大多依山傍水，背阴向阳，冈阜起伏，并有溪河蜿蜒流淌其间。有的建筑格局为传统的左右对称形式，巷坊纵横；有的则为八卦式，由中心向外辐射。建筑形式有祠堂、影壁、牌坊、石桥、厅堂、店铺、书馆、戏台、粮仓、膳房、寝室等多种，功能齐全，居住舒适方便。祠堂系浙中传统民居的核心建筑，它不仅是祭祀祖先的场所，同时也是族人聚会议事和长辈训导晚辈之处，建筑格局中充分反映出儒家伦理文化的深刻影响。

诸葛古村落民居（吴建清 摄）

婺州传统民居建筑装饰艺术多种多样，有石雕、木雕、砖雕、彩绘等形式。木雕广泛运用于梁枋、斗拱、雀替、大门和窗棂花格等处，东阳卢宅在这方面表现最为典型。村落民居一般采用青砖、灰墙、（屋顶）马头墙的形式，有的居宅如卢宅门口有石狮对峙，令人产生威严肃穆之感。婺州的传统民居建筑中，兰溪诸葛村、东阳卢宅、浦江郑氏镇均为全国重点文物保护单位，武义俞源村是浙江省历史文化保护区。

婺州传统民居营造技艺·诸葛村古村落营造技艺

申报地区或单位：浙江省兰溪市

诸葛村古村落建筑物梁柱上的木雕

元代末期，约公元1350年前后，诸葛亮第二十七代孙诸葛大狮择居高隆，建立村落。其后该村日益兴旺，声名远扬，渐以诸葛姓氏冠于村名之上。诸葛村地处浙江省兰溪市，位于浙中盆地北部，冈阜起伏，负阴抱阳，背山面水，环境十分优美。村人按先祖诸葛亮所传九宫八卦模式设计村落整体布局，村内以钟池为核心，八条小巷内外辐射，形成内八卦；村外八座小山四围环抱，构成天然的外八卦。至今诸葛村内尚有保存完好的元明清古建筑两百多座，这些建筑布局合理，错落有致，檐牖呼应，巷道纵横，层次井然，景观多样，构成一个变化丰富、形貌奇特的建筑群落，其“青砖灰瓦马头墙，肥梁胖柱小闺房”的建筑风格被专家学者誉为“江南传统古村落、古民居的典范”，在中国建筑史、民俗史等方面具有很高的研究价值。1996年，诸葛村古民居被国务院列为全国重点文物保护单位。

婺州传统民居营造技艺·俞源村古建筑群营造技艺

申报地区或单位：浙江省武义县

俞源村古建筑群位于浙江省武义县城西南20公里，该村落始建于南宋，经过历代规划建设，发展成今天的规模。村中现存元代桥梁两座，明清民居一百三十余座，建筑类型包括宗祠、庙宇、店铺、私塾、书馆、花厅、民居、戏台、桥梁及古墓等多种。全村古建筑分上宅、下宅和前宅三大片，占地面积3.4万平方米。

俞源村古建筑以公共建筑最具特色，其中俞氏宗祠为全村总祠，规模宏大，构造讲究，保存完整。其他古建筑如幼儿启蒙的家训阁、供青少年读书的遗安堂、赡养老人的养老轩、村民娱乐的藏花厅、举办喜事的堂楼厅、祈梦圆梦的洞主庙及客栈、药店、作坊等也都各有特色。俞源村俞氏

俞源古村民居（邢尔谦　摄）

头门牛腿结点（邢尔谦　摄）

家族世代书香，耕读传家，明清时期共出进士、举人68人。家族内部十分注重对族人的教育，多数民居内设有书房、书馆，村中另建有专设私塾两处。此外，俞源村古建筑内还保留着大量的壁画，题材广泛，笔致流畅，体现了村人对理想生活的追求。

俞源村古建筑群被誉为“江南水乡民居建筑的辞典”，它是武义俞氏历代祖先智慧和辛勤劳动的结晶，也是俞氏家族精神的物化表现，具有建筑学、民俗学及社会文化史等多方面的研究价值。

俞源古村民居（邢尔谦　摄）

婺州传统民居营造技艺·东阳卢宅营造技艺

申报地区或单位：浙江省东阳市

卢宅位于浙江省东阳市城东，是一个大型的明清住宅建筑群，占地面积2.68万平方米，建筑面积1.69万平方米。肃雍堂轴线是卢宅的主体建筑，前后九进，纵深320米。东侧与肃雍堂轴线平行的前有世德堂轴线前后四进、树德堂轴线前

东阳卢宅冰玉堂大木构架安装场景（吴新雷　摄）

东阳卢宅全景（吴新雷　摄）

东阳卢宅肃雍堂梁架（吴新雷　摄）

后三进、大夫第东吟堂轴线，中有大雅堂轴线（善庆堂、惇叙堂），后有爱日堂三进。西侧与肃雍堂轴线平行的有存义堂前后二进及忠孝堂、铁门里、慎修堂。南面临街的有东西荷亭书院、茂槐堂、方伯第冰玉堂。

无论从哪个方面看，卢宅都堪称是东阳厅堂建筑的博物馆。其中的古建筑风格多样，别具特色，如肃雍堂宏敞肃穆，树德堂高大巍峨，东吟堂小巧精致，分别代表了不同的建筑理念和文化思想。其建筑形式也异常丰富，仅屋顶就有多种悬山和硬山式，既代表了不同的等级，也增加了建筑形式的变化。

卢宅的府第厅堂院落重重，雕饰华丽，融东阳木雕、石雕、砖雕及彩绘艺术于一体，其中尤以木雕艺术最为突出，各处的梁枋、斗拱、雀替、门窗格扇等均雕刻精美，显示了高超精湛的手工技艺。

东阳卢宅树德堂前厅牛腿（吴新雷　摄）

婺州传统民居营造技艺·浦江郑义门营造技艺

申报地区或单位：浙江省浦江县

郑义门古建筑群位于浙江省浦江县郑宅古镇。北宋初年，河南新郑的郑氏先人辗转来到浦江白麟溪畔定居，至今已有九百多年的历史。浦江的郑氏家族长期聚居，在发展过程中恪守儒家行为规范，至元末明初达于鼎盛，多次被朝廷旌表为“郑义门”、“孝义家”、“九世同居”等，成为当时以儒治家的典范。

郑义门古建筑群中的郑氏宗祠占地五千多平方米，共有两弄64间，分设门廊、师俭厅、中庭、有序堂、拜厅、听训堂、会膳厅、寝室、粮仓、制膳房、总理室和厢房等，规模宏大，功能齐全。师俭厅前后庭院中有元代古柏9棵，粗可合抱，枝若苍虬，传为明代浦江著名文学家宋濂手植。师俭厅内挂有朝廷颁发和历代名公巨卿题写的匾额楹联，其中包括明代洪武年间颁赐的“孝义”、“江南第一家”匾等。四壁有碑记多方，元代大臣脱脱书写的“白麟溪”碑即在其内。

郑义门民居门楼（洪国荣　摄）

郑义门郑氏宗祠（洪国荣　摄）

郑义门民居（洪国荣　摄）

郑义门郑氏宗祠内部结构（洪国荣　摄）

郑氏宗祠不仅是郑氏家族举行典礼、祭祀先人、训诫子孙、议事集会的场所，还是族人听训和进餐的地方，在浦江郑氏家族的历史上起着重要的作用。郑义门古建筑群在建造思想上融古代建筑理念、传统民俗和儒学文化为一体，其中留存的文物古迹都具有较高的文物价值，同时还反映着中国封建社会以儒家礼仪治家的历史状况，在中国伦理史、社会史、宗族史等方面具有很高的研究价值。

郑义门牌坊群（洪国荣　摄）

961 VIII-178

申报地区或单位：安徽省黄山市

徽派传统民居营造技艺

徽派建筑外景（汪翔　摄）

徽州民居（张媛媛　摄）

徽州民居是中国传统建筑艺术的主要类型，其传统营造技艺具有重要的历史和文化价值。徽州传统民居营造技艺是徽州文化的典型表现，它在安徽省徽州地区世代相传，显示出浓厚的地方特色，同时具有很高的学术价值和艺术价值。

徽州传统民居营造技艺历史悠久，最早可追溯到秦汉时期，当时在营造中主要采用穿斗式的结构方式。发展到宋代，穿斗式与抬梁式融于一体，营造技艺有了较大的提高。明代徽州民居出现了内设天井的平面布局和三间五架的建筑形式，且基本形成固定程式。徽州民居营造技艺由此趋于稳定，以口传心授的方式在师徒间代代相承。

徽州建筑工匠借助锯、凿、尺、刀、板、锤、铲等各式工具在传统民居营造过程中各显身手，彼此协作。各行工匠均有明确的分工，如铁、窑两行工匠为房屋营造提供建筑材料，砖、木、石三行工匠相互配合，具体负责施工建造等。徽州木雕、砖雕、石雕是徽州古建筑中的精华部分，彩画艺术也在建筑中得到了很好的应用，为传统徽州民居增添了无限的光彩。

徽州民居：马头墙（汪翔　摄）

徽州民居：瓦面（汪翔　摄）

徽州民居：用榫卯连接的木结构（汪翔　摄）

徽州府衙（汪翔　摄）

962 VIII-179

申报地区或单位：福建省泉州市鲤城区、惠安县、南安市

闽南传统民居营造技艺

闽南传统民居营造技艺：试装中路二通（王少卿　摄）

闽南传统民居营造技艺：抛平（王少卿　摄）

闽南传统民居营造技艺是中原文化和闽南本土文化相结合的产物。它与泉州的地理、气候条件及文化习俗等相结合，形成一种独特的建筑形式，传播于闽南的泉州、漳州、厦门等地及港澳台和东南亚等地区。

闽南民居最为独特的建筑俗称“皇宫起”，惠安民居营造技艺即通过“皇宫起”宫殿式大厝的建造表现得最为典型。“皇宫起”源起于唐五代时期，至今已有一千多年的历史。当时闽王王审知（862—925）的嫔妃黄厥系惠安人，因得闽王宠爱而被特许按宫殿规制和外形在家乡大兴土木。后来，“皇宫起”宫殿式民居大厝由此成为当地民居争相仿效的样式，并逐渐流传四方。南宋皇室南外宗正司迁入泉州后，把中原宫殿建筑技艺带入民间，使宫殿式“皇宫起”的民居建筑进一步发展。这种宫殿式大厝有单护厝、双护厝、四护厝等类型和三开间、五开间等样式，为横向扩展布局，纵深二落、三落、五落不等。“皇宫起”以庭院为组织单元，而以走廊、过水贯穿全宅，建筑中较多运用砖瓦，以石砌基础和红砖砌筑外围墙，以穿斗木构架做承重结构，采用硬山式屋顶和弯曲起翘的燕尾脊式屋脊。

南安市蔡氏古民居建筑群是明清时期闽南民居宫殿式大厝的典型代表，被列为国家级文物保护单位。蔡氏古民居群为菲律宾华侨蔡浅所建，从清代咸丰五年（1855）至光绪三十三年（1907）陆续建成，前后历时52年，占地1.6万平方米，共有大小房间400间。它坐北朝南，每座民居均为二进

福建省惠安县科山寺圆通宝殿（王少卿　摄）

杨阿苗民居镂空石雕（蔡逢年　摄）

杨阿苗民居彩绘（蔡逢年　摄）

或三进，有护厝或东西厢房，主体建筑为硬山及卷棚式屋顶，上铺红瓦及筒瓦，燕尾形屋脊，穿斗式木构架，雕梁画栋。门前墙砖石浮雕，窗棂雕花刻鸟，装饰华丽。各大厝既是独立门户，又以花岗岩石条铺筑成的石路彼此连接在一起，这些石路可作行路，又可用为晒谷场及休息纳凉之地。整个建筑群规整通透，布局精妙，反映着明清时期闽南传统民居建筑的主要特点。

坐落在泉州市鲤城区的清末著名华侨杨阿苗的住宅也是“皇宫起”宫殿式民居建筑，被列为福建省文物保护单位。它始建于清代光绪二十年(1894)，历时18年，至宣统三年(1911)完工。杨阿苗民居总面积1349平方米，主体建筑为五开间，东西两侧前为三开间，后为对称护厝单列，进深三落。整座民居前铺大石埕，石埕外围为砖砌围墙，东西两侧各有大门直通门外。这座民居共有五个庭院，俗称“五梅开天井”；又在东侧花厅前加造一个卷棚式方亭，亭内设有木栏。房屋内外的墙上、檐下、壁间、柱头和门窗都装饰以精美的木雕、砖雕、灰雕和石雕等，其中以青石雕最为精美。

随着现代化进程的加速，城市改造及房地产建筑业兴起，很多闽南传统民居被拆迁或损毁。同时，现代建筑工艺迅猛发展，传统建筑市场萎缩，一些名师名匠及其传人或去世或改行，闽南传统民居营造技艺面临消亡的危险，急需有关方面抢救保护。

蔡氏古民居全景（魏文枢　摄）

963 VIII-180

申报地区或单位：山西省平陆县
甘肃省庆阳市

窑洞营造技艺

地窨院（山西省平陆县文化馆　提供）

窑洞是黄土高原特有的一种民居形式，是人类早期穴居发展演变的实物遗存，广泛流布于山西、陕西、甘肃等地。窑洞一般长达一二百米，极难渗水，直立性很强的黄土为窑洞提供了良好的自然条件。同时，干燥少雨、冬季寒冷、树木较少等自然地理状况也为经济实用、不需木材的窑洞营造技艺提供了发展和延续的契机。窑洞在不同自然环境、地貌特征和地方风土的影响下，形成了各种不同的样式。

窑洞的种类很多，根据建筑的布局结构形式划分，主要有明庄窑、土坑窑、独立式窑洞、靠崖式窑洞、下沉式窑洞等。窑洞营造技艺丰富多样，如平顶式窑洞是在平地上用土坯或砖石垒砌而成。靠崖式窑洞是将山坡一面垂直铲平后在平面上凿挖而成。天井式窑洞较为讲究，一般先在平地上挖坑，深约七米，四周见方，然后在坑的四壁下部凿挖，形成天井式四方宅院。

山西省平陆县的窑洞称为“地窨（地下）院”，又称“地坑院”、“天井窑院”、“下沉式窑院”等，依不同用途可分为居住窑、储存窑、牲畜窑、茅厕窑及门洞窑等，其营造技艺距今已有四千余年的历史。“见树不见村，见村不见房，窑洞土中生，院落地下藏”，这一民谣对地窨院的营造特征作了形象生动的描绘。

有拦马墙（女儿墙）、马面、滴檐的地窨院（山西省平陆县文化馆　提供）

窑洞庙宇（甘肃省庆阳市西峰区文化馆非物质文化遗产办公室　提供）

甘肃省庆阳市西峰区远在旧石器时代就有人类活动，以窑洞为基本居处之所。夏商时期，先人们在这里挖窑洞，建村落，耕耘稼穑，开我国农耕文明的先河。随着历史的发展，人口不断增长，窑洞越来越多。据《庆阳方志》记载，20世纪40年代末，全区有窑洞86491孔，建筑面积246万平方米，占乡村民居建筑总面积的88%；60年代末，全区有窑洞86491孔，建筑面积504.112万平方米，占全区民居建筑面积的47%。

窑洞营造技艺主要工序

（甘肃省庆阳市西峰区文化馆非物质文化遗产办公室　提供）

挖毛筒

剔削

窑洞建筑美观耐用，冬暖夏凉，舒适安静，既可以节约土地、保护植被，又经济省工，是一种因地制宜的完美建筑形式。在农耕文明时代西北地区建筑史、社会生活史和相关的民俗文化研究方面，窑洞营造技艺具有不可替代的重要参考价值。20世纪90年代以后，人们的生活得到极大改善，盖起了瓦房，加上现代化生活方式的影响，农村城市化进程加速，原来的窑洞被大量废弃，因无人居住而致塌陷。有些村庄甚至推倒窑洞，填坑造田。在此形势下，窑洞营造技艺有可能随着窑洞的消失而彻底走向绝灭。对原有窑洞进行选点保护，对窑洞营造技艺进行抢救保护，已是迫在眉睫的任务。

窑洞院落（甘肃省庆阳市西峰区文化馆非物质文化遗产办公室　提供）

964 VIII-181

申报地区或单位：内蒙古自治区文学艺术界联合会
西乌珠穆沁旗、陈巴尔虎旗

蒙古包营造技艺

坠绳用公马的鬃毛或鬃尾拧成，拉紧时可以防止大风把蒙古包吹走（珠兰　摄）

蒙古包是蒙古族和北方游牧民族最有代表性的民居，早在秦汉时期就以“穹庐”、“毡帐”等名称见之于我国史籍，从清朝开始以满语音译和意译的方式改称“蒙古包”。

蒙古包以木头、毛绳、毡子三位一体的材料，“套脑”（天窗）、“乌尼”（伞股式辐射的椽子）、“哈纳”（网格状木围墙）三位一体的架木，幪毡（覆盖天窗的部分）、顶篷（覆盖“乌尼”的部分）、围毡（覆盖“哈纳”的部分）三位一体的苫毡，组合成一种最适合北方气候和游牧生产的独特民居。由于它基本上是一种“三段组合”的房屋，可以化整为零，材料也轻捷便携，可以反复使用，所以建造、拆卸、搬迁、修理都十分方便。

西乌珠穆沁旗位于内蒙古自治区锡林郭勒盟东北部，旗内蒙古族居民近五万人，占总人口的68%。西乌珠穆沁旗蒙古包制作工艺讲究，结构主要由架木、苫毡、鬃绳三部分组成，一般采用榆木制作，构架中不能有铁钉。这种蒙古包内部宽敞舒适，用特制的木架作“哈纳”，用两至三层羊毛毡围裹，再用马鬃或驼毛拧成

蒙古包营造技艺主要工序（内蒙古自治区非物质文化遗产保护中心　提供）

搭建"哈纳"

把门装在"哈纳"上

蒙古包的门与围好的"哈纳"

制作乌尼杆

安装乌尼杆

"乌尼"的撑杆和顶圈插结构成了蒙古包顶部的伞形骨架

搭建好的蒙古包木质构架

在建好的木质构架上围上毡子

的绳子捆绑在外。其顶部用"乌尼"作支架，呈天幕状。圆形尖顶开有天窗即"套脑"，"套脑"上覆盖四方的羊毛毡，可通风、采光。

陈巴尔虎旗蒙古包又称"苇帘蒙古包"，系用苇子建成。陈巴尔虎旗人于清代雍正十年（1732）自齐齐哈尔迁至蒙古，驻守呼伦贝尔，他们因地制宜，利用当地的柳条和湖边的芦苇搭建了夏天住的蒙古包。这种蒙古包就地取材，手工制作，简洁实用，美观大方，不渗不漏，凉爽宜人。

蒙古包营造技艺由架木和苫毡的制作及装饰等环节构成，它集木工、刺绣、雕刻、绘画、编织等为一体，集蒙古族民间手工技艺之大成。蒙古包及其营造技艺是蒙古民族游牧文化的重要组成部分，它在长期的生产斗争、生活实践中积累形成，与自然环境相适应，具有独特的地域文化风格。"哈纳"具有伸缩性，能自由变化，蒙古包的高低、大小可按需要调节，遇到雨季、风季气候突变和居住人口增减等情况都能应付自如。圆形结构造型减少了风雨和沙尘对蒙古包的袭击，使之能够更好地适应蒙古高原严寒、酷热的大陆性气候。技法独特、传承久远的蒙古包营造技艺具有很高的历史文化价值，当前游牧生活逐渐转向定居生活后，蒙古包营造技艺趋向衰微，值得认真总结和传承。

965 VIII-182

申报地区或单位：海南省东方市

黎族船型屋营造技艺

黎族船型屋：谷仓（王海昌　摄）

黎族传统的住宅外形像篷船，内部像船舱，因而称为“船型屋”。据宋代典籍记载，黎族古老的民居采用的是干阑式建筑形式。黎族村落中普遍设有短脚式谷仓，状似船型屋，这是古代遗留的干阑房屋的演变形式。在长期的历史发展过程中，黎族民居由干阑式逐步演变为船型屋和金字形茅草屋。海南省东方市江边乡的黎族船型屋即反映了这一演进过程，同时显示出黎族独特的建筑艺术风格。黎族船型屋是海南黎族传统建筑文化的典型表现形式，具有重要的研究价值。

近年来，政府重视黎族人民生存居住条件的改善，制订措施进行民居改造，逐年推进，2007年底按计划彻底消灭茅草房船型屋。在此情况下，黎族船型屋营造技艺已失去发挥作用的余地，面临彻底灭绝的危险。有必要采取措施加以保护。

黎族船型屋：住宅（王海昌　摄）

966 VIII-183

申报地区或单位：新疆维吾尔自治区塔城地区

哈萨克族毡房营造技艺

哈萨克族毡房外景（郭伟东　摄）

哈萨克族的毡房营造是一项古老的工艺，距今已有两千多年的历史。哈萨克毡房与游牧生产生活方式紧密相连，既是生活资料又是生产工具。它采用木结构框架式组合，在民居建筑中独树一帜。哈萨克毡房主要由骨架和毡子两部分组成，整体架构精巧灵活，具有机动性，易搭、易卸、易携带，可防震，可随放牧生活不断迁徙移动。

哈萨克族毡房营造技艺包含雕、刻、凿、编、扎、染等多种工艺，过程相当复杂。毡房营造者自制染料，并染出彩色毛线，以之编织草帘、擀制花毡，且不用任何图纸和纹样，边绣边制。这些都显示出哈萨克人民高超的智慧和无穷的创造力，表明哈萨克民族的手工技艺已达到高超的水准，其中凝结着哈萨克族的审美观念、人文思想、民俗特色及历史记忆，在少数民族美学、民俗学等的研究中具有重要的参考价值。

哈萨克族毡房在我国民居建筑中占有重要地位，其中所涉及的力学和材料学方法、综合动态造型艺术及工艺思想都有很高的研究价值。近年来，工业化生产的价廉物美的地毯、绣花地毯和轻便钢管房屋的出现给传统的哈萨克族毡房营造技艺带来巨大冲击。这一少数民族手工技艺的传承人年龄偏大，而且正逐渐减少，技艺传承有后继无人之忧，亟待保护。

哈萨克族毡房营造技艺主要工序（玛依拉·卡德尔汗　摄）

将制作毡房的水曲柳剥皮待用

制作毡房曲缘椽

制作顶顶圈、栅栏

预制曲缘椽头

967 VIII-184

申报地区或单位：新疆维吾尔自治区塔城地区

俄罗斯族民居营造技艺

传承人在工房中制作俄罗斯族民居房檐（郭向飞 摄）

新疆维吾尔自治区境内流传的俄罗斯族民居营造技艺是在清代咸丰元年（1851）俄罗斯人迁居新疆塔城等地区时传入的。一百五十多年来，俄罗斯族人根据新疆的地理环境和气候条件，吸收维吾尔、哈萨克等民族的文化，借鉴汉族的建筑技巧，发展出独具一格的俄罗斯民居营造技艺，成为中国少数民族建筑工艺的重要组成部分。

新疆的俄罗斯民居营造技艺在房屋结构和装饰风格上的特点最为明显。以这种技艺建造的民居多为砖木结构，也有一部分采用纯粹木结构。房屋一般修建得比较高大，空间宽敞，有利于空气流通，具有冬暖夏凉的特点。俄罗斯族民居更注重外部和内部的装修，房屋外观呈现出较强的艺术美感。

俄罗斯族的民居与营造技艺在建筑结构、建筑风格上都与其他少数民族的民居不同，独具欧洲特色。保护和传承俄罗斯族民居营造技艺，对研究我国新疆俄罗斯族的文化、历史、民俗等都具有重要意义。目前俄罗斯族民居营造技艺传承乏人，许多俄罗斯民居已经毁坏，需要尽快加以保护和抢救。

俄罗斯族民居屋檐（李莉霞　摄）

俄罗斯族民居外观（李莉霞　摄）

俄罗斯族民居户门（郭向飞　摄）

968 VIII-185

申报地区或单位：青海省循化撒拉族自治县

撒拉族篱笆楼营造技艺

明清三合院式篱笆楼（青海省文化和新闻出版厅 提供）

青海省撒拉族古代民居篱笆楼营造技艺现仅存于循化撒拉族自治县东部的清水乡孟达村内。元代撒拉族先民定居孟达村，开始在居处营造平顶房院建筑。至明清时期，青海循化撒拉族自治县孟达、白庄和甘肃省的大河家一带修建了众多的篱笆楼，形成富于地方特色的撒拉族风格建筑群。

篱笆楼整体建筑布局多样，有三合院式、拐角式、横字式等形制，一般坐北朝南。楼院由大门、楼体、平房组成，门开东南，以楼座为房院的主体建筑。篱笆楼建筑通常有三、五、六间形，进深两间，楼墙底层为石砌篱笆混做，上层为木板和篱笆混做，并可循斜置板梯登楼。墙基为石、泥混砌，围墙以土夯成，门窗装修另有讲究。二层房檐、扶栏和大门楣檐一般以木雕装饰，图案花色繁多，精美异常。楼体建筑宽敞清朗，古朴优雅。大门多采用四柱二梁形制，也有的为楼底通道式。房院中设有花坛，用以栽植花卉果树等。

撒拉族篱笆楼营造技艺主要工序（青海省文化和新闻出版厅　提供）

编笆

笆背抹三合土泥

墁石

墙顶砌饰砖瓦

套架

撒拉族古民居篱笆楼的营造技艺是撒拉族人民智慧的结晶，也是我国少数民族建筑文化的重要组成部分，它对研究撒拉族的社会、历史、经济、文化状况具有重要的参考价值。

多种形式的编笆

969 VIII-186

申报地区或单位：四川省丹巴县

藏族碉楼营造技艺

丹巴角碉（益西桑丹　摄）

丹巴县位于四川省西部，是以嘉绒藏族为主的多民族聚居地。丹巴县古碉堡楼群历史悠久，是嘉绒藏族先民的建筑艺术杰作。丹巴县是中国乃至世界古碉堡楼数量最多、最集中、类型最全的

藏族碉楼营造技艺主要工序

和泥巴（包世文　摄）

选石（益西桑丹　摄）

砌古碉（包世文　摄）

砌墙子（益西桑丹　摄）

地方，这里古碉堡楼的历史最早可追溯到秦汉时期。隋唐以后，古碉堡楼在丹巴西部和整个藏东地区大为盛行，并传沿不绝。据2004年统计，丹巴全县现存古碉堡楼562座。

丹巴古碉堡楼建筑形式多样，有四角、五角、八角、十三角等类型，而以四角楼最为常见。整个建筑角如刀锋，端正笔直，墙体光滑，墙壁厚实牢固，虽年代久远，仍凌空屹立。以丹巴古雕堡楼为代表的藏族砌石建筑传统技艺被称为“叠石技艺”，它能自然运用建筑力学原理，用天然石材砌筑造型优美、结构坚实的碉堡楼，显示出很强的地域特色。这种建筑技艺中，反手砌筑技术十分发达，引人注目。丹巴现存的藏族碉楼营造技艺是该地区藏族历史文化的活化石，具有无与伦比的历史、文化、科学研究价值。

随着社会的发展，原来相对封闭的农耕文明不断受到现代文明的冲击，丹巴能熟练掌握砌石碉楼营造技艺的匠人已经不多，古老的藏族民间建筑工艺濒临失传，亟待抢救保护。

丹巴碉楼（益西桑丹　摄）

第二批国家级
非物质文化遗产
名录图典（三）

主编　王文章

文化藝術出版社
Culture and Art Publishing House

第二批国家级非物质文化遗产名录

传统医药

970 IX-10

中医养生

中医学认为，人体的生命健康是人和自然适应的过程，是机体生、长、壮、老、已的变化过程。疾病是内外环境不平衡的结果，其病因有三：一为外因，指自然气候变化的影响；二为内因，指机体自身调节的失常；三为不内外因，指意外伤害的侵袭，而内因起着主要的作用。因此，中医非常重视人体主动的养护、调摄和预防，这就是中医养生，也叫“摄生”。养生思想应贯穿于人的一生，但未病以前的保健养护尤为重要。

中医养生的内容包括居住环境、饮食起居、心理卫生和未病先防各个方面。《黄帝内经》认为，“上古之人，知其道者，法于阴阳，和于术数，食饮有节，起居有常，不妄作劳，故能形与神俱，而尽终其天年”。意思是说生命要合乎天地之道，顺应气候之变；饮食要有节制，膳饮宜有所养；生活应有规律，房事不宜过度；劳逸应该结合，身心保持健康。后世人们在生活实践中，创造了不少养生保健、饮食调理和“治未病”的方法和经验，不断丰富中医养生的内容。

中医养生·药膳八珍汤

申报地区或单位：山西省太原市

傅山药膳八珍汤俗名“头脑”，是一种对养生健体有良好功效的清真食品。自明代崇祯年间由名医傅山创立以来，在太原地区传承了三百七十多年，是太原地区独具特色的地方名吃。

八珍汤是以羊肉、粮食和八种中草药为原料，经过精细复杂的工艺制作而成的一种汤糊状食品，经常食用可起到舒筋活血、养心益肾、补血生阳、健脾开胃、益气调元、滋虚补亏的作用。

八珍汤选料讲究，工艺复杂，要求精选成块的上等肥嫩羊肉做原料，经过清洗、净肉、加辅料煮炖、出锅晾存等诸道工序将肉加工好，并将羊汤、羊油撇出备用；同时将诸种辅料严格按照既定制法或煨、或腌、或煮、或蒸，做好备用。制作

八珍汤时将上述材料按照既定的程式、比例上火熬煮，并加入黄酒调制。

近年来八珍汤的传承与发展遇到了困难。掌握传统工艺的老师傅都已年逾古稀，后继乏人，这一地方名吃正面临着失传的危险。

药膳八珍汤主要制作流程（山西省太原傅山文化园　提供）

蒸煨面

煨面糊糊过箩

切羊肉

熬八珍汤

中医养生·灵源万应茶

申报地区或单位：福建省晋江市

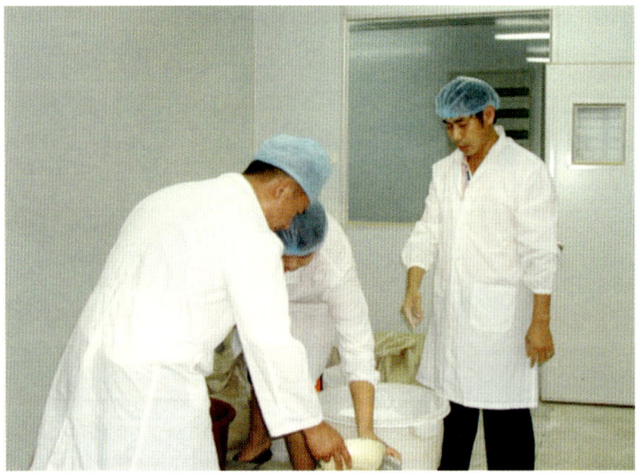

灵源万应茶制作工艺：配料（吴培荣　摄）

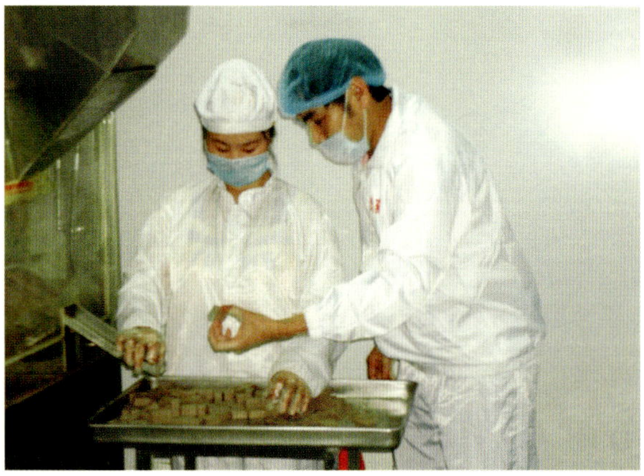

灵源万应茶制作工艺：成形（吴培荣　摄）

中华老字号“灵源万应茶”系泉南名寺福建晋江灵源禅寺三十一世高僧沐讲禅师研制，始创于明代洪武元年（1368），迄今已有六百三十多年历史。沐讲禅师采集山茶、鬼针、青蒿、飞扬草、爵床、野甘草、墨旱莲等17种灵源独特的青草药并配以中药精心炮制，制成“菩提丸”，济世救民，普度众生。“菩提丸”经六百多年的演绎、传承、发展，成为今天的“灵源万应茶”。该药茶具有疏风解表、调胃健脾、祛痰利湿之功能，对伤风感冒发热、中暑痢疾、腹痛吐泻等疾病疗效显著，更是防暑降温的理想药茶。为解当地百姓的疾苦，六百年来，寺中僧尼秉承沐讲禅师“广施万民，不求图报”之志，世代继承此秘方，后来寺中僧人还俗，还把该秘方及制作方法传授给灵水、曾林两村的百姓。灵源万应茶遂成为闽南地区特别是沿海一带民众预防疾病、增进健康的必备良品。

灵源万应茶虽然已经规模化生产，但是受西医西药的冲击，在中医药整体不景气的大环境下，灵源万应茶并未摆脱濒危的命运，亟待国家大力保护。

灵源万应茶系列产品（徐维耕　摄）

中医养生·永定万应茶

申报地区或单位：福建省永定县

永定万应茶袋泡剂半成品（陈鸿宁　摄）

采善堂万应茶饼始于清代嘉庆年间，由福建永定著名老中医卢曾雄采用彰州独有的高山茶叶和三十多种名贵地道中药材，用独特的中药炮制工艺加工配制而成。该药可治多种外感和消化道疾病，疗效显著，行销甚广。有一云游老僧患病，服后即愈，遂赠联“采集名山药，善疗天下人”，从此药铺改名为“采善堂”。清代道光九年（1829），永定进士翰林院编修巫宜福回乡返京时，卢曾雄之子卢宏汉赠他万应茶饼。适值京城瘟疫流行，巫宜福即将万应茶饼赠与病人，治好很多人，从此万应茶饼美名远扬。随着人们对万应茶饼的需求不断增加，1988年，采善堂制药厂将现代先进工艺技术和传统工艺相结合，研制成功了万应茶袋泡剂。既保留了万应茶饼原有的药效，又具有泡服方便、见效快的特点，而且包装新颖、实用，自面世以来，深受消费者喜爱，成为永定人赠送亲朋好友和海外侨胞的佳品。

永定万应茶主要适应于轻型腹泻、消化不良、饮食不调、水土不服、脾胃虚弱、外感风寒和中暑引起的头痛、头昏、恶心、腹胀、呕吐，以及食物过敏、醉酒等引发的症状。

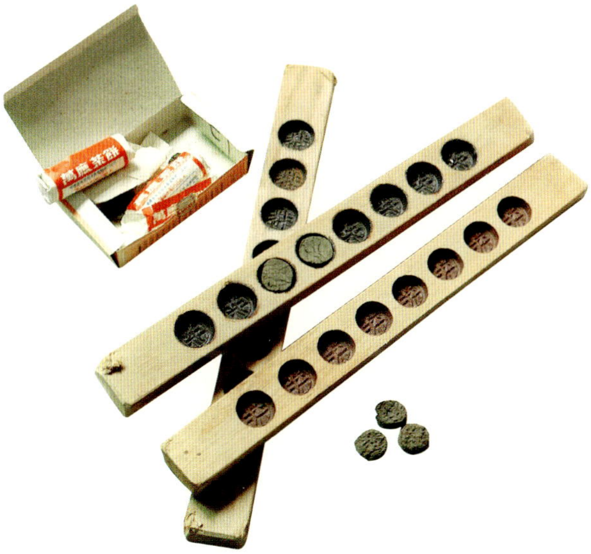

万应茶饼制作模具（陈鸿宁　摄）

971 IX-11

传统中医药文化

鹤年堂中医药养生文化
九芝堂传统中药文化
潘高寿传统中药文化
陈李济传统中药文化
同济堂传统中药文化

中医学是中国古代社会形成的人体生命之学和人类健康之学，它不仅是一方一药、一技一招的简单积累，而是一种关乎人体生命健康的知识体系。这个知识体系具有深厚的传统文化背景。它以独特的哲学思维、系统的基础理论、丰富的科学内涵和鲜明的人文色彩屹立于世界医学之林。它既是中国传统文化的活化形态之一，又是传统文化的巨大发展空间。例如恬淡从真的养生之道，冲和中庸的治疗法则，清心内守的性命理念，以人为本的医道准绳，诚信无欺的行业规范，始终贯彻于中医药理论与实践的各个方面，成为一切中医药人物、著作、文物、事业的灵魂，也成为今天中医药企事业引以自豪的优良传统和敬业精神。

传统中医药文化·鹤年堂中医药养生文化

申报地区或单位：北京鹤年堂医药有限责任公司

鹤年堂创建于明代嘉靖年间，先后由曹萨飒、王圣一、刘一峰等世医家族传承，是北京医药行业现存历史最悠久的老字号。

鹤年堂是中国传统医药的传承者和弘扬者，数百年坚持“生身以养寿为先，养身以却病为急”的理念，形成了以“调元气，养太和”为文化内涵的鹤年堂中医药养生文化。包括“和者鹤寿”

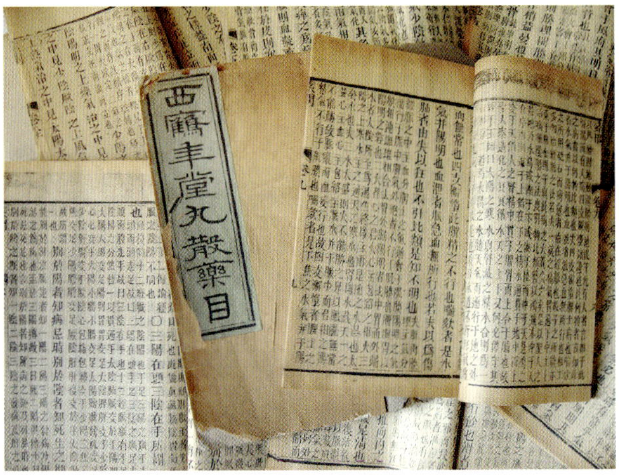

乾隆二十四年（1759）刊行的《西鹤年堂丸散药目》（北京鹤年堂医药有限责任公司　提供）

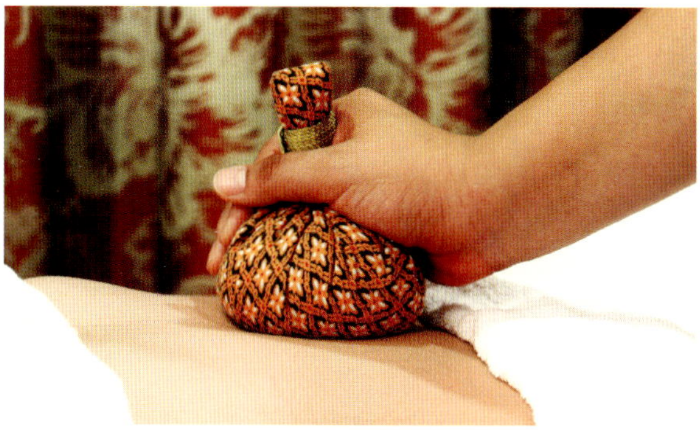

鹤年堂中医疗法：脐疗（北京鹤年堂医药有限责任公司 提供）

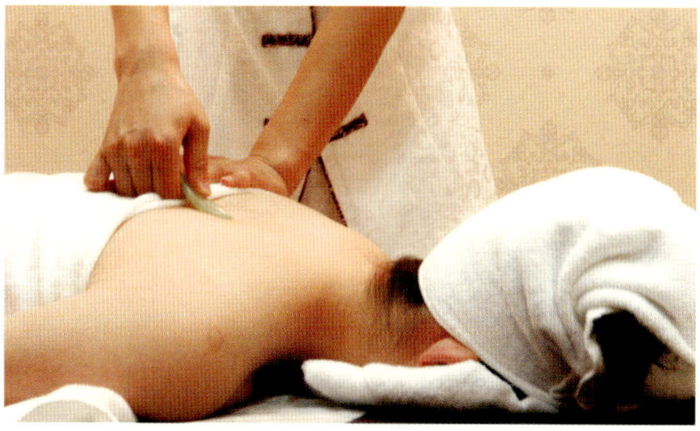

鹤年堂中医疗法：经络疏理（北京鹤年堂医药有限责任公司 提供）

的天年观，“阴阳之律，性命之本”的认知观，“终身养生不辍，整体平衡不偏”的整体观，“生命无养，逆之于体”的“天道鹤年”观，“生命无调，体自弱衰”的“人道鹤年”观和“未病常调、将病预调、已病医调”的“以调求和”之法，“节、律、神、和”四字诀的“以神求和”之法及形养术、神养术、药护术、食养术、按摩术等。鹤年堂饮片的传统炮制技术誉满京城，《西鹤年堂参茸醪醴丸散膏丹价目表》中记有694种药品，技艺独特，传承至今，堪称中医药养生宝库。

鹤年堂中医药养生文化充分体现了中华民族传统文化的杰出创造力和旺盛的生命力，也是数百年来祖国中医药曲折发展的历史缩影。鹤年堂中医药养生文化有着数百年的实践基础，是现代生活方式下人们实现健康长寿的有效手段，对提高全民健康水平、构建和谐社会有着重要的现实意义。

近年来中医药的发展受到西医西药的冲击，保护、发展鹤年堂传统中医药养生文化是弘扬中医药文化的当务之急。

鹤年堂通络薰蒸技艺（北京鹤年堂医药有限责任公司 提供）

传统中医药文化·九芝堂传统中药文化

申报地区或单位：湖南省九芝堂股份有限公司

九芝堂传统中药加工场景（湖南省九芝堂股份有限公司　提供）

清代顺治七年（1650），劳澄在湖南长沙坡子街创建了九芝堂。劳澄在创建初期就仿效神农氏亲自试药，立下了“吾药必吾先尝之”的规矩，为九芝堂中药文化奠定了最初范型。

在其后的发展壮大过程中，九芝堂发扬了湖湘文化中的“敢为人先”和“经世致用”的精神，传承“悬壶济世、利泽生民”的湖湘中医药文化传统精髓，将传统的中药制药技术与湖南当地水土环境结合，形成了九芝堂特有的“药者当付全力，医者当问良心”的人文精神。经世代相传，该祖训已成为九芝堂人的行为准则，并成为传统中医药文化的一部分。

九芝堂将传统中药炮制技术和传统制剂技术（包括独家方剂和特有的中药炮制技术）加以完善和提高，代表了湖湘传统中药制药技术和方法的较高标准和水平。

九芝堂“恤苦济贫，优益同业”、“扶危救人”、“重质量、讲诚信”、“九分情、一分利”的经营理念对医药行业的发展具有重要的促进作用。

近年来，中医药的发展受到西医西药的冲击，弘扬九芝堂传统中药文化，对于弘扬祖国优秀的中医药文化具有重要推动作用。

存药罐（湖南省九芝堂股份有限公司　提供）

碾磨药材的工具：跳碾（彭静　摄）

原药材（彭静　摄）

原药材（彭静　摄）

九芝堂传统中药加工场景再现（泥塑）（湖南省九芝堂股份有限公司　提供）

传统中医药文化·潘高寿传统中药文化

申报地区或单位：广东省广州潘高寿药业股份有限公司

投料加工（广东省广州市非物质文化遗产保护中心　提供）

选材（广东省广州市非物质文化遗产保护中心　提供）

质量控制（广东省广州市非物质文化遗产保护中心　提供）

1890年，潘百世、潘应世兄弟在广州开设药铺“长春洞”。之后，潘百世的四子潘郁生根据岭南独特的气候特征，将具有润肺镇咳作用的川贝母和有祛痰作用的桔梗与枇杷叶一起熬炼，于1928年制成了止咳化痰的新药，定名为“潘高寿川贝枇杷露”。

作为“中华老字号”的潘高寿，首创了独特的川贝枇杷露制作工艺，突出体现了立足传统、大胆革新的岭南医药文化特征。对高品质原材料的把关以及严格的制作工艺流程，造就了潘高寿在止咳药行业里一枝独秀的局面，使之成为中国本土止咳药最突出的代表。

同时，潘高寿又集中体现了岭南商业文化的特征，是目前所知岭南地区最早的维护知识产权的百年老店。目前，由于西医西药的冲击，以及历史上的火灾，潘高寿中药文化的发扬光大受到了影响。

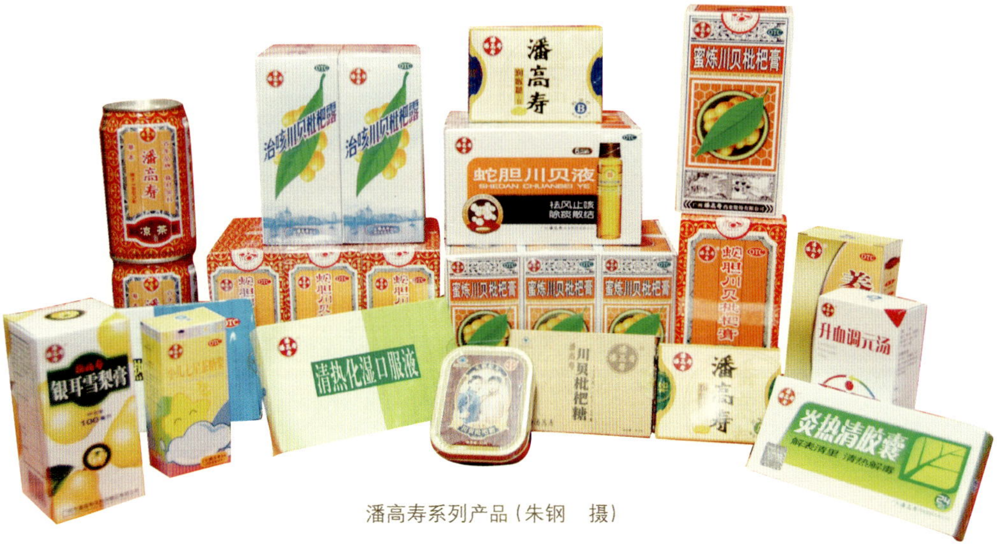

潘高寿系列产品（朱钢　摄）

传统中医药文化·陈李济传统中药文化

申报地区或单位：广东省广州陈李济制药厂

作为“中华老字号”的陈李济，是中国最早建立的制药企业之一，所谓“北有同仁堂、东有胡庆余堂、南有陈李济”，陈李济是清末全国三大中药品牌之一。

陈李济中药文化的核心即“诚信为本，同心济世”的文化传统。陈李济是由陈姓商人和李姓医生共同出资创立的，陈李各取一字，以示永远合作，同心济世。本着“工艺虽繁必不减其工，品味虽多必不减其物”的宗旨，陈李济制药务求精工，选料必须上乘。几百年来陈李济订下规矩，凡是路过门市者，一旦晕倒或受伤，必施药相救。

陈李济博物馆展示厅抓药旧景再现（蜡像）（黄一文　摄）

陈李济牌匾（黄一文　摄）

陈李济保存的逾二百年历史的制药工具：榨油槽（黄一文　摄）

陈李济制蜜丸剂型模拟场景（蜡像）（黄一文　摄）

陈李济成功地将蜂蜡与木蜡混合，制成既不软也不硬的蜡壳，用来包裹药丸，带来了医药制剂领域的巨大革新。在初做蜡丸的时候，陈李济还创立了独特的陈皮储藏方法。如今年代久远，再加上受西医西药的冲击，陈李济中药文化的传承受到影响。

传统中医药文化·同济堂传统中药文化

申报地区或单位：贵州省同济堂制药有限公司

同济堂始建于清代光绪十四年（1888）。在一百多年的时间里，形成了一套严格的质量管理制度、经营理念和方法，以及独特的质量文化和诚信文化。同济堂在边远的少数民族聚居地区坚持和弘扬祖国传统医药文化的同时，吸收了当地丰富的少数民族医药精华，形成了同

同济堂药师实践场景（周婷　摄）

同济堂传统中药配制流程：铺纸（周婷　摄）

同济堂传统中药配制流程：抓药（周婷　摄）

济堂传统医药的特殊风格。

同济堂传统医药文化集中体现为“同心协力、济世为民”的价值观，“购药须出地道，制作必须精细，配售必依法度”的质量观和“货真价实”、“童叟无欺”的经营理念，“济世活人，急人之急，质量取胜，济世取信”的职业道德，同济堂的品牌和特有标记，以及同济堂传统的中药炮制技术。同济堂的医药特色是传统中医药与民族民间医药的融合。

但是受西方现代文化的影响，传统医药面临困境，同济堂的传统医药文化也不例外，急需得到社会的支持和保护。

972 IX-12

蒙医药

赞巴拉道尔吉温针

火针疗法

蒙医药学是蒙古族世代积累并延传下来的科学结晶。它以独特的理论体系、独到的临床疗效为中华民族的繁衍昌盛作出了应有的贡献。蒙医药学主要分布于内蒙古地区、东北三省、青海、新疆、甘肃、北京等地区。

蒙医药学在大内科范围内对消化、肝胆、心血管、呼吸、泌尿系统和脑血管意外等慢性疾患以及风湿病、血液病等多种疾病有独特的治疗方法，疗效甚好。对儿科的呼吸道感染、消化系统疾病，妇科的功能性子宫出血、子宫肌瘤、产后疾患也有独特的疗效。蒙医整骨历来堪称一绝，对各种骨伤、慢性骨病、关节疾病的治疗效果向来为人推崇。特别是“以震治震”的疗法（如对脑震荡等器官的震荡进行方向相反的再震荡的治疗方法），治愈率之高令人叹服。

传统蒙药炮制、晾晒场景（内蒙古自治区非物质文化遗产保护中心　提供）

蒙药标本（内蒙古自治区非物质文化遗产保护中心　提供）

蒙医药·赞巴拉道尔吉温针

申报地区或单位：内蒙古自治区

赞巴拉道尔吉温针是蒙医药学的重要组成部分。赞巴拉道尔吉是19世纪著名的蒙药学家，内蒙古原昭乌达盟奈曼旗第九任郡王巴拉朝格之子，被封为台吉（蒙古贵族的称号）。他生于1792年，青少年时期受居士戒，后来入佛门勤修佛法，名扬天下，1855年圆寂。

蒙医药典籍（内蒙古自治区非物质文化遗产保护中心　提供）

赞巴拉道尔吉疗法实践场景（内蒙古自治区非物质文化遗产保护中心　提供）

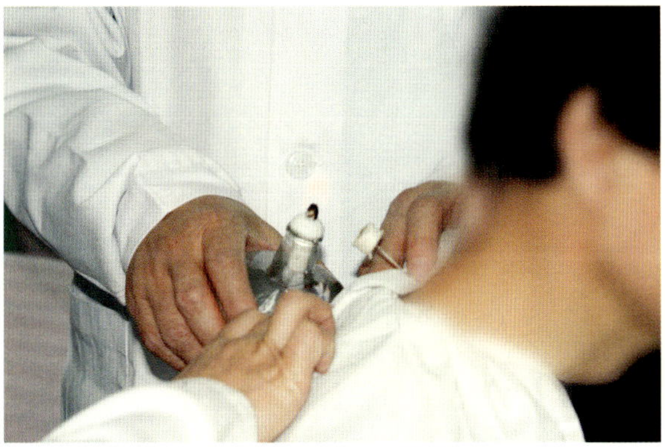

赞巴拉道尔吉温针疗法实践场景（内蒙古自治区非物质文化遗产保护中心　提供）

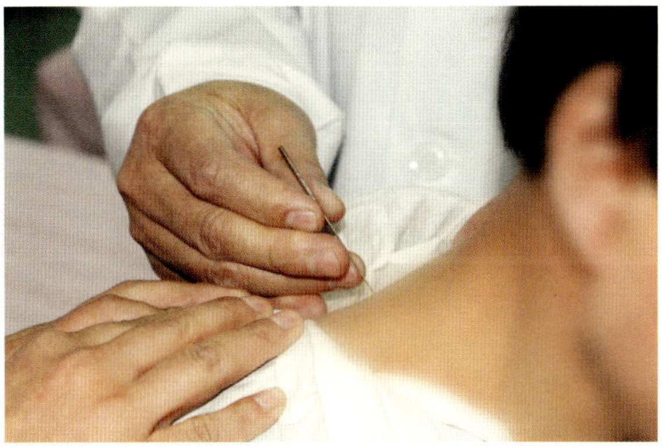

赞巴拉道尔吉温针疗法实践场景（内蒙古自治区非物质文化遗产保护中心　提供）

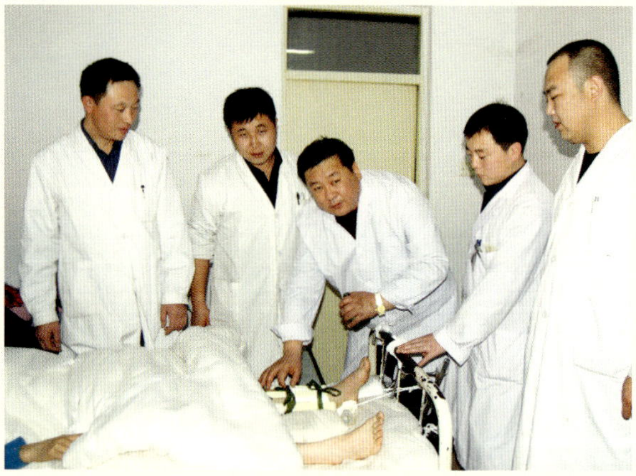

病房巡诊（周国华　摄）

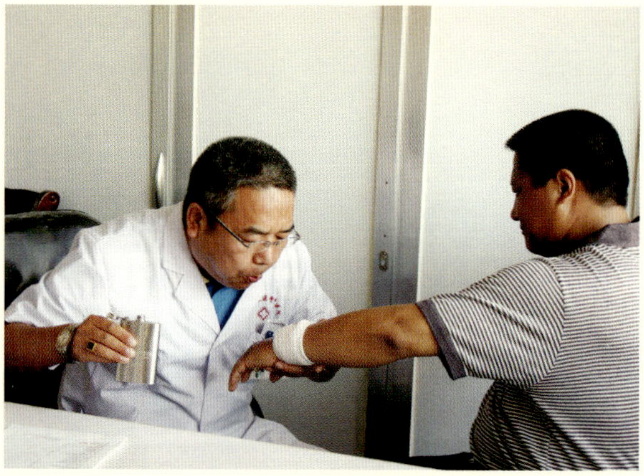

赞巴拉道尔吉温针疗法实践场景（周国华　摄）

赞巴拉道尔吉温针疗法是用特制的银针在人体的固定部位或其他部位给予针刺加温灸刺激，达到预防、康复和治疗疾病目的的一种蒙医传统疗法。该疗法治疗风湿性关节炎、腰椎间盘突出症、急慢性腰扭伤、腰椎骨质增生症、颈椎病、肩周炎等疾病都取得了非常满意的疗效。

目前，中医药的整体衰微也影响了赞巴拉道尔吉温针疗法的传承，对它的保护已迫在眉睫。

蒙医药·火针疗法

申报地区或单位：内蒙古自治区

火针疗法是蒙医药学的重要组成部分之一，是先将针放在火上灼热，之后迅速进行针刺的治疗方法。此疗法主治疖痈、炭疽、白喉、化脓等疾病，其优点和功效是化学药物所无法比拟的。火针疗法理论体系独特，药物天然，疗效神奇，对人类健康具有极为重要的价值。由于传承人数量剧减、外来文化的冲击以及对蒙医药学的认识浅乏等种种原因，蒙医药学中的火针疗法已日益萎缩，发展空间急剧减缩，处于濒危状态。

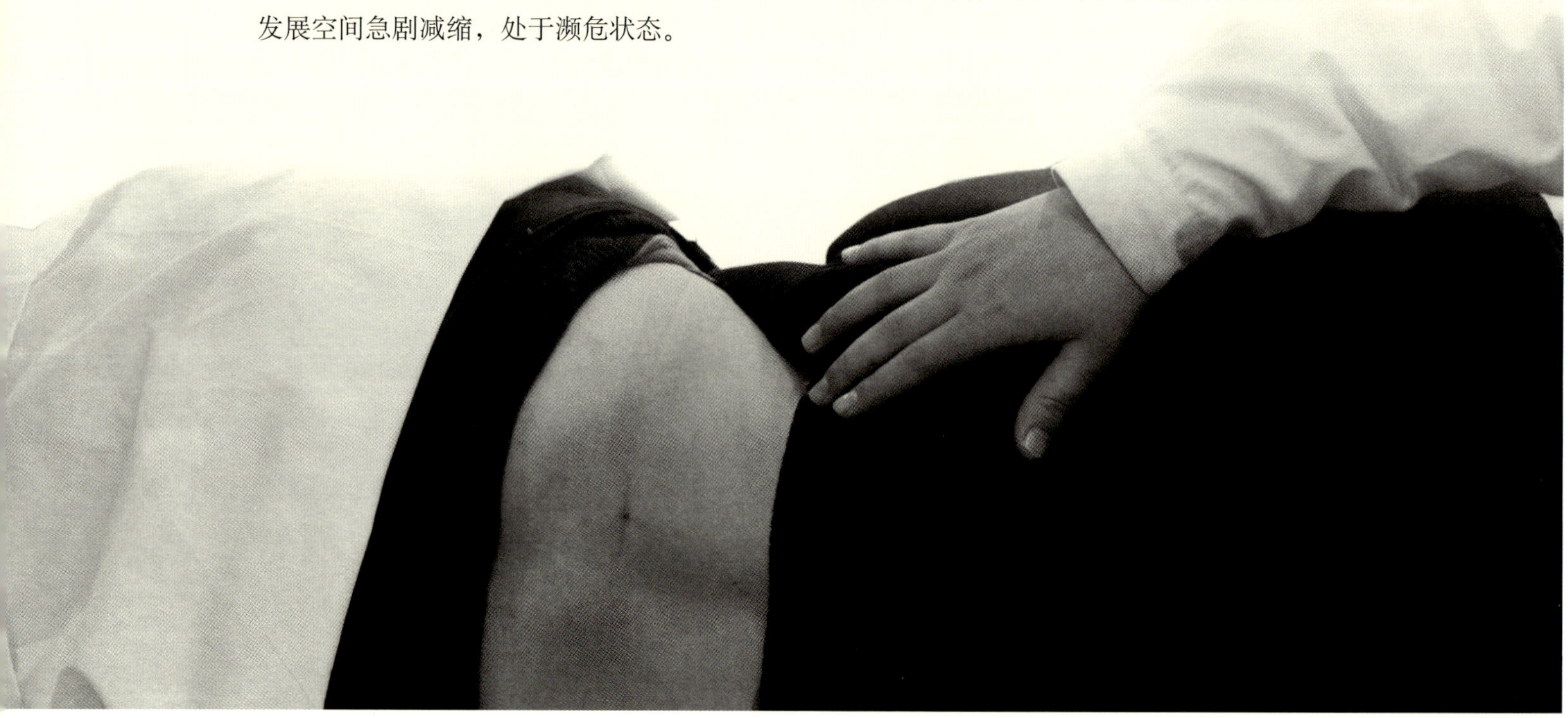

火针疗法针具（内蒙古自治区非物质文化遗产保护中心　提供）

火针疗法传承场景（内蒙古自治区非物质文化遗产保护中心　提供）

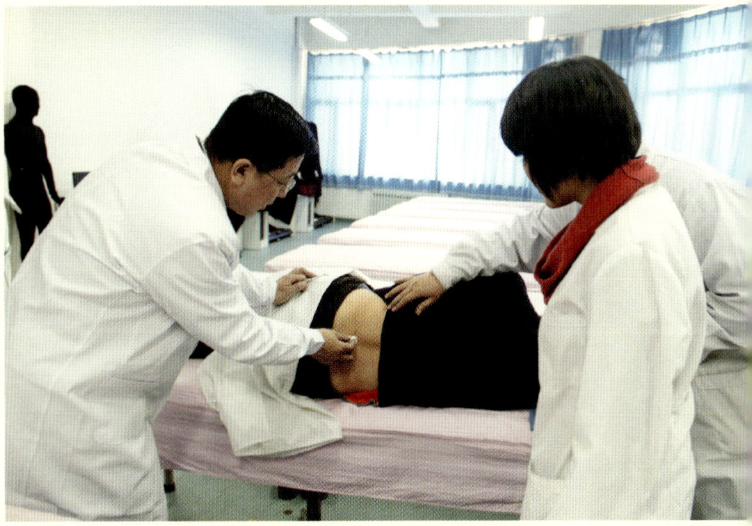

火针疗法实践场景（内蒙古自治区非物质文化遗产保护中心　提供）

畲族医药

痧症疗法

六神经络骨通药制作工艺

畲族医药主要分布在浙江省丽水市景宁畲族自治县、莲都等七个县（市、区）的畲族乡镇。辐射地区有浙江省的泰顺、文成及福建省的部分乡镇。

畲族医药是畲族人民在长期生产、生活实践中，为适应生活环境和生存健康要求而探索创造出来的一门传统医学，是中国传统医药的重要组成部分，具有地区性、民族性、家传性等特点。由于畲民居住在山区或半山区，他们有独特的医疗方法与用药习惯，在医治跌打损伤、蛇伤、风湿、黄疸肝炎、小儿疳积、肺炎、骨髓炎等方面积累了很多祖传秘方和经验方法。由于畲族有语言无文字，畲医药大多为口传心授，习而验之，医药一体，重于实践，其自诊、自采、自制、自配、自用的特点决定了它传承的艰难性。现大多数民间畲医均年事已高，有些名畲医已去世。因此，抢救整理畲医药、开发畲医药已成为当务之急。

畲族医药·痧症疗法

申报地区或单位：浙江省丽水市

畲医痧症疗法是畲族医药中最具特色的治疗方法之一，许多畲医和畲民仍传承和掌握着多种发痧技术，多有手到病除之效。痧症的治疗大法就是发痧疗法，对

畲民在摊晒鲜药（鄢连和　摄）

于病情较轻者，常采用刮痧、撮痧、焠痧和搓痧等治疗方法。对于病情急重者，则采用针刺、放血、挑痧或配合畲药治疗，其治疗以单味、验方或辨证组方为主，最常用的药物有山苍子、破铜钱、塌地蜈蚣、粘花草、叶下白等十多种。

畲族医学对痧症的认识比较直观、形象，富有哲理，治疗极具特色。但对痧症的种类至今还没有统一的说法。有的认为痧症有36种，但多数认为有72种，还有108种之说。

畲医痧症疗法是畲族医药学的重要组成部分，也是祖国医药宝库中的瑰宝，对传承发展祖国医药文化有着重要的意义。目前这一民族传统医药文化与其他传统医药文化一样面临西医西药的冲击，举步维艰，亟待保护。

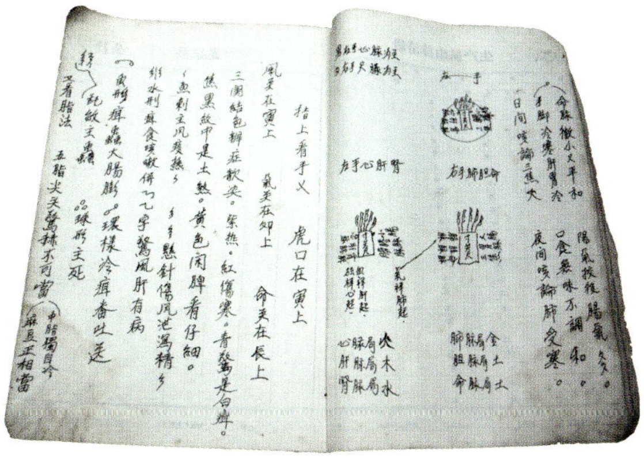

畲医传人手抄医书（鄢连和　摄）

背着药袋的畲医（鄢连和　摄）

畲医正在调配外用药（鄢连和　摄）

畲族医药·六神经络骨通药畲族医药制作工艺

申报地区或单位：福建省罗源县

六神经络骨通药制作工艺是畲族传统医药学的重要组成部分之一。福建省罗源县松山镇八井畲族村的畲医畲药，是畲族人民在长期与疾病斗争过程中，总结和积累防病治病经验而形成的独特技艺。除八井村以外，畲医畲药还散布于罗源县塔里、黄家湾、旺岩、水口洋、山垅湾、庭洋坂等畲族村。

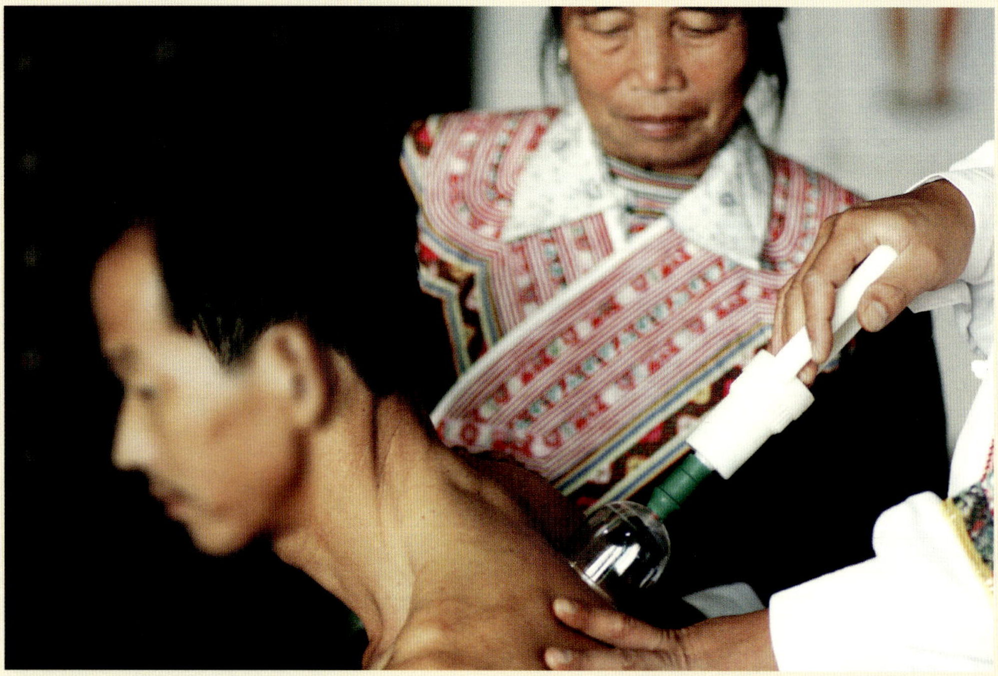

拔罐治疗场景（黄美洲　摄）

畲医验方及畲药近千余种，畲药高效价廉，简洁方便，四季可采，遍地皆有。畲医在治疗内、外、眼、骨科及跌打损伤、风湿、痢疾、癫痫、牙痛、痔疮、小儿疳积等常见病方面有许多秘方、偏方、成方。医生既懂药又懂医，治病多取草药，有时用全草，更多的是用叶、茎、花、果、皮、根，有木本、藤本、蕨类、菌类等。畲医出诊常身背布袋，边出诊边采药，遍地皆采，随用随取。其治疗跌打伤和疑难杂症专科病的效果十分突出。

与其他民族医药一样，目前畲族传统医药文化传承后继乏人，亟待保护。

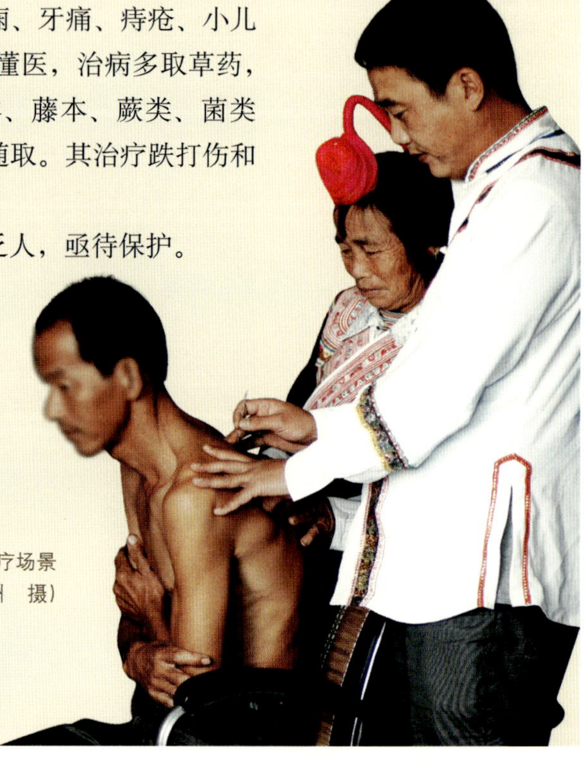

针灸治疗场景
（黄美洲　摄）

974 IX-14

瑶族医药

药浴疗法

瑶族医药·药浴疗法

申报地区或单位：贵州省从江县

瑶族药浴疗法是贵州省从江县境内高坡瑶寨瑶民以药物洗浴来强身健体、抵御风寒、消除疲劳、防治疾病的传统养生治疗方法。它是瑶族祖先独创的传内不传外的保健良方。这一瑶族独特的养生文化传承了数百年，是瑶族民众集体智慧的结晶。

瑶族药浴主要是将多种植物药，经过高温烧煮成药水，倒入杉木桶，让人坐于桶内薰浴浸泡，使药液渗透到人体的五脏六腑、全身经络，达到祛风除湿、排汗排毒、活血化瘀的功效。

此药物洗浴无副作用，对人体内脏、血液、神经系统有益无害，符合现代人对绿色医药的追求。不过受制于种种客观条件，瑶族医药（药浴疗法）的发展并不尽如人意，急需保护、弘扬。

采药（韦德刚　摄）

选药（韦德刚　摄）

煮药（韦德刚　摄）

药浴（韦德刚　摄）

975 IX-15

苗医药

骨伤蛇伤疗法

九节茶药制作工艺

黔东南苗族侗族自治州是苗族同胞的主要聚居地，共有苗族一百七十余万人，占全国苗族总人口的四分之一。苗族素有“百草皆药，人人会医”之称。苗族民间流传有“千年苗医、万年苗药”、“三千苗药、八百单方”之说，对疾病的病因、诊断、用药，药物的命名、加工炮制、养生保健都有独具民族特色的方式方法，形成了两纲、五经、三十六大症、七十二疾、一百零八小症和四十九翻的理论体系。苗医掌握的疾病有二百余种，广泛涉及内、外、妇、儿、骨伤等科。其中外治法别具特色，著名的有薰蒸、滚蛋、化水、踩铧口、挑筋、发泡、火针、爆灯火、刮痧等疗法，治疗伤科正骨、刀箭枪伤以及蛇虫咬伤非常有效。

苗医药·骨伤蛇伤疗法

申报地区或单位：贵州省雷山县

苗族医生是治疗接骨和蛇伤的行家里手。2006年，贵州省雷山县卫生局组织调查的113名苗医中，就有47名苗医擅长治疗上下肢骨、肋骨、颅骨、锁骨等外伤骨折，15名苗医擅长治疗毒蛇咬伤，有6名能兼治这两种伤患。

方祥乡水寨村苗医行医24年，擅长用祖传秘方治疗骨折和毒蛇咬伤，骨折的治愈率为90.4%，毒蛇咬伤的治愈率达84.9%。永乐镇加勇村苗医擅长用祖传秘方治疗上下肢骨和肋骨骨折，治愈率达89.3%。

苗族骨伤、蛇伤疗法的传承主要是祖传和师授两种方式。因为苗族没有文字，苗医多是文盲或半文盲，加大了传承的难度，传承谱序不完整，苗族骨伤蛇伤疗法处于濒危状态，应该加大扶持抢救和研究的力度。

蒲公英是苗医药的常见药材（杨玄青　摄）

苗医在采药（杨玄青　摄）

苗医在配制苗药（杨玄青　摄）

苗医在向村民介绍苗药（杨玄青　摄）

苗医诊疗实践场景（杨玄青　摄）

苗医药·九节茶药制作工艺

申报地区或单位：贵州省黔东南苗族侗族自治州

九节茶药是药膏型药剂，来源于黔东南自治州锦屏县、榕江县、黄平县等地的苗医经验方，其方剂来源于锦屏县苗医杨氏家族。

九节茶药的处方主要为九节茶1500克、野葡萄根1200克、水三七1000克、水冬瓜800克、滚山珠500克、螃蟹500克。制作工艺是按处方将药称量配齐，滚山珠、螃蟹、白蜡单放。先将九节茶、水冬瓜、水三七、野葡萄根等药物碎断成细块，将滚山珠、螃蟹碾成细粉过80—100目细罗。炸料是另取茶籽油1500克，倒入锅内加热，将九节茶、水冬瓜、水三七、野葡萄根等炸枯至黄色时，去渣、过滤。制膏是取白蜡500克加入药油内溶化，倒入缸中待温，将滚山珠、螃蟹粉兑入，搅匀即成药膏。贮藏用搪瓷缸或陶瓷罐装，密封置室内阴凉处，勿受高热。九节茶药的功效是散血退肿、续筋接骨，主治骨折、跌打损伤瘀肿，是苗族医药的重要组成部分。

苗族没有文字，苗医苗药的传承十分脆弱，急需加大保护力度。

苗药药材
（贵州省黔东南州文化局　提供）

九节茶药制作工序：采药（贵州省黔东南州文化局提供）

九节茶药制作工序：切药（贵州省黔东南州文化局提供）

加热待用的九节茶药膏（贵州省黔东南州文化局提供）

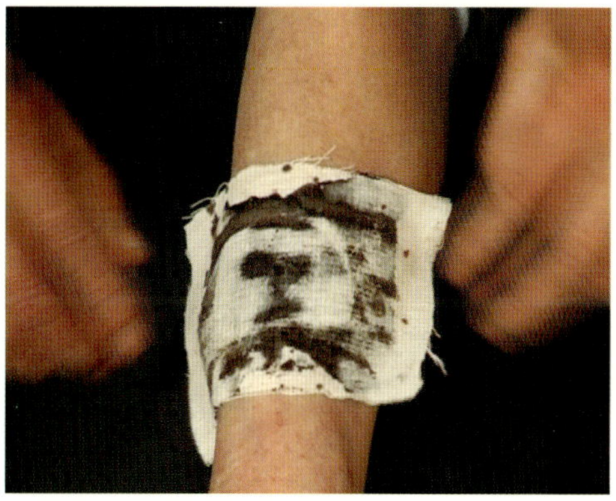

九节茶药有散血退肿、续筋接骨的功效（贵州省黔东南州文化局　提供）

侗医药

侗药药材
（贵州省黔东南州文化局　提供）

侗药药材（贵州省黔东南州文化局　提供）

侗医药·过路黄药制作工艺

申报地区或单位：贵州省黔东南苗族侗族自治州

侗族是我国民族医药知识最丰富、最普及的民族之一，侗医在当地有着广泛的群众基础，“天、地、气、水、人”五位一体的思想是侗医学术思想的核心。侗医把疾病分为二十四大症、七十二小疾，广泛涉及内、外、妇、儿、骨伤等疾病，对伤科正骨、刀箭枪伤以及蛇虫咬伤更是卓有成效。过路黄药的制作工艺便是侗族传统医药的精华之一，其在炮制工艺以及检查病因、病机，诊断、用药、养生保健等方面，都独具特色。

过路黄属报春花科珍珠菜属植物，是黔东南侗族医药中普遍应用的天然药用植物，全草供药用，有止血、抗菌、抗病毒、消炎等功效。根据不同的病症，按照不同的方法进行采摘，或全草入药、或部分入药，配以其他草药制成所需的剂型，主

百岁侗医（贵州省黔东南州文化局　提供）

采药（贵州省黔东南州文化局　提供）

侗医诊疗场景（贵州省黔东南州文化局　提供）

要剂型有过路黄鲜药汁、鲜药敷剂，复方过路黄煎剂、酒剂、膏剂等。侗医把过路黄药广泛用于治疗尿路结石、胆囊炎、胆结石、黄疸性肝炎、水肿、跌打损伤、毒蛇咬伤及毒蕈和药物中毒，外敷治火烫伤及化脓性炎症等消化系统疾病。

过路黄药制作工艺是侗族人民在长期使用药用生物资源、矿物资源的过程中积累和创造的、依靠口传方式传承的民间医药知识。随着现代社会的发展，侗医药（过路黄药制作工艺）的传承变得脆弱起来，急需保护。

977 IX-17

回族医药

回族医药是祖国传统医药的重要组成部分。回族医学源远流长，是古代阿拉伯医学与中医学及西域地区各民族医学互相渗透的结晶，但保留了回族的医疗经验、香料药物和文化特征。《回回药方》是元明时代重要的代表性回医著作，原书36卷，现仅存4卷。近年出版的《中国回族医药》、《回族医药简史》、《回族医药奥义》、《回药本草》等著作，对回族医药做了全面深入的介绍。《回回药方》（残卷）一书也有较好的考释本问世。这些著作都为回族医药的继承发展奠定了基础。

回族医药在养生保健、回医医术、香药应用和饮食疗法等方面均有独特的理论和经验，不少养生习俗、诊疗技术和食疗经验一直为回族人民所传承和应用。

回族医药·张氏回医正骨疗法

申报地区或单位：宁夏回族自治区吴忠市

张氏回医正骨疗法是通过拔拉、复位、合位等传统正骨手法，采用世传“回回接骨”、金疮等自配秘方药剂，并以自制材料（包括小夹板等）外固定的方式，不开刀、不打石膏、不用金属物穿刺牵引治疗骨折、关节脱位等骨伤疾病的治疗方法。

张氏回医正骨疗法是张氏几代人在少数民族地区的骨伤临床医疗实践中不断探索、研究整理出的临床经验和行医感悟，其疗效显著，特色彰显，具有鲜明的民族性、民间性和地域性。张氏回医正骨疗法对于建立完善祖国回族医学体系，以传统的民间医药技术服务大众尤其是广大农村群众，提高大众健康水平，将产生积极深远的影响。

张氏回医正骨疗法只在民间以家族传承得以延续，许多治疗经验和药方得不到系统的发掘和整理，更得不到文字上的总结和归纳。由于长期处于个体投入和家族传承的维持状态中，难以形成应有规模，张氏回医正骨疗法亟待保护。

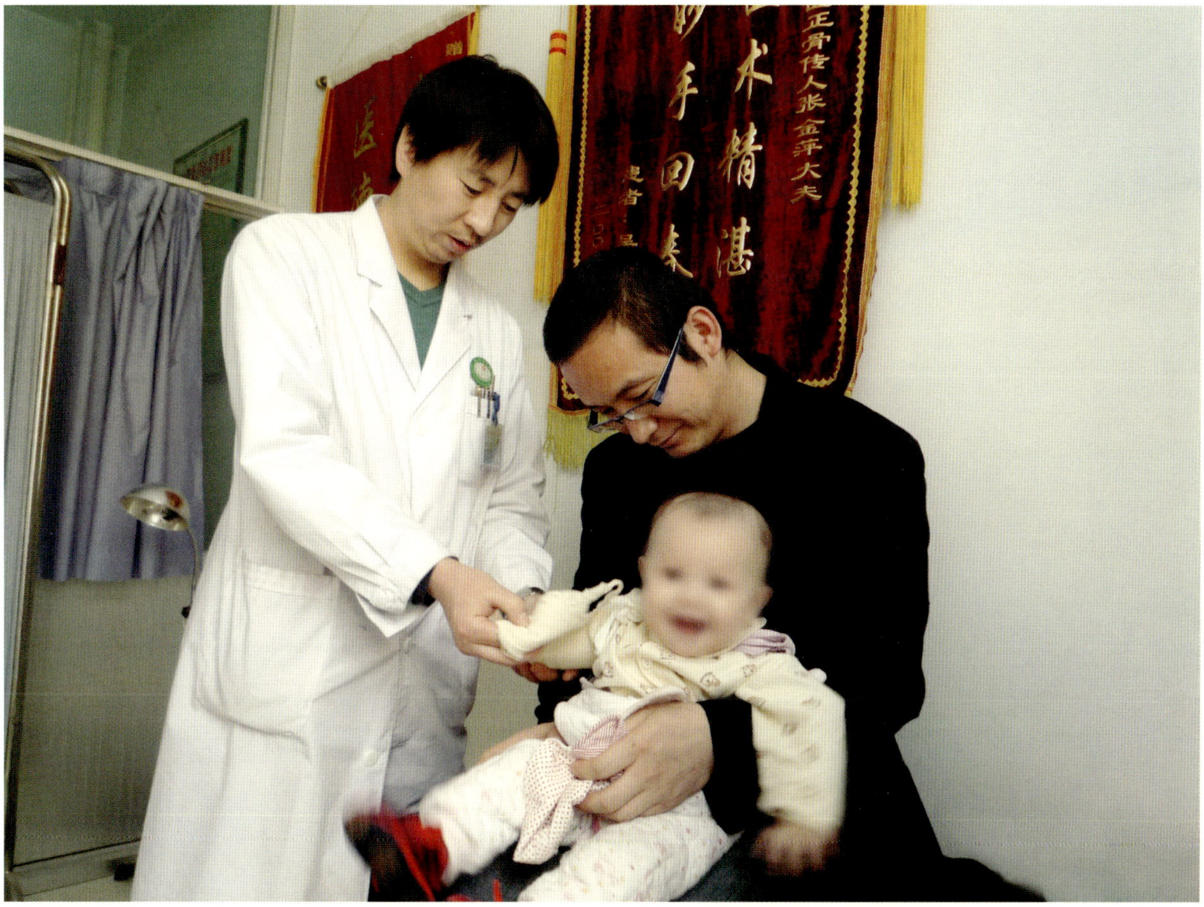

医师为患者做正骨复位治疗（宁夏回族自治区张宝玉传统回医骨伤专科医院　提供）

医师为学员们讲解张氏回医正骨技术（张金垒　摄）

张氏祖辈制作回药的器具（张金东　摄）

回族医药·回族汤瓶八诊疗法

申报地区或单位：宁夏回族自治区银川市

汤瓶八诊疗法起源于中东，波斯穆斯林通过“丝绸之路”传入中国。历经千余年的不断实践，我国回族八诊疗法形成了较为完整的、有主次的八种疗法，被后人称之为“汤瓶八诊”。

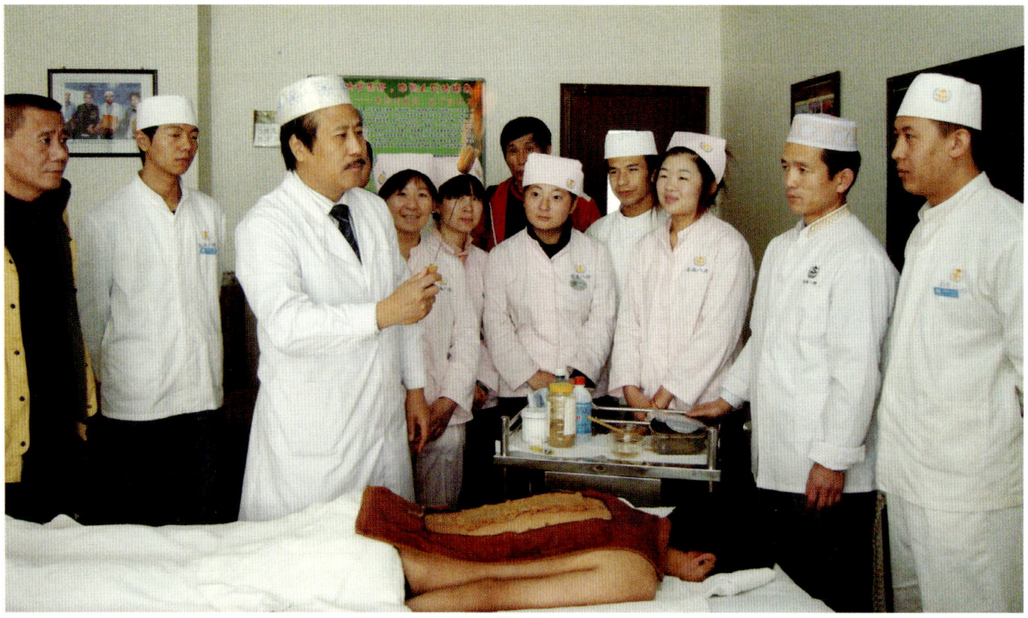

回族汤瓶八诊疗法：火疗（杨慧东　摄）

医师使用汤瓶八诊疗法为回族群众治疗（杨慧东　摄）

回族汤瓶八诊疗法包括头诊、耳诊、面诊、手诊、脚诊、骨诊、脉诊、气诊八种诊疗方法。主要施诊手法包括推、压、捏、拨、点、捋、颤等，其施治过程有着明显的民族风格，如口颂杜阿一、汤瓶水疗等。汤瓶八诊诊疗器具包括汤瓶壶、牛角棒、耳诊棒、刻有杜阿一的羊角板等。千百年来，它一直以口传心授、言传身带的方式在西安、河南、宁夏一带穆斯林中间流传。

回族汤瓶八诊疗法常用诊疗器具（杨慧东　摄）

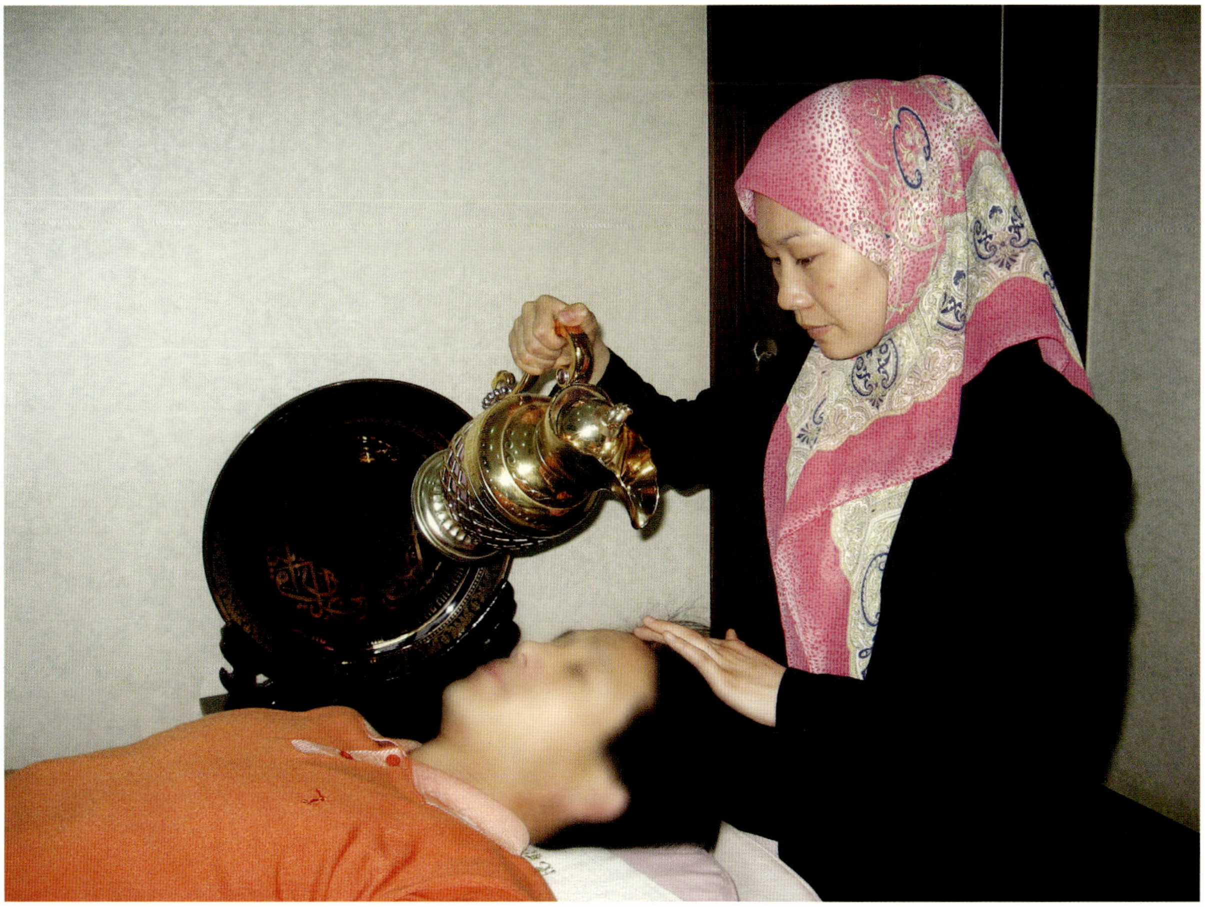

回族汤瓶八诊疗法：头诊（杨慧东　摄）

作为回族民间传统文化，汤瓶八诊疗法目前的发展状况令人担忧，面临着后继无人的局面。汤瓶八诊疗法的施诊者必须具备一定的中医学理论基础，需要有专业知识且热爱回族文化的年轻人学习传承，但是由于种种原因，愿意学习的年轻人很少。急需采取各种措施，以确保这项遗产的传承。

第二批国家级非物质文化遗产名录

民俗

978	X-71	元宵节
		敛巧饭习俗
		九曲黄河阵灯俗
		柳林盘子会
		蔚县拜灯山习俗
		马尾—马祖元宵节俗
		泉州闹元宵习俗
		闽台东石灯俗
		枫亭元宵游灯习俗
		闽西客家元宵节庆
		永昌县卍字灯俗
		九曲黄河灯俗
979	X-72	渔民开洋、谢洋节
980	X-73	畲族三月三
981	X-74	宾阳炮龙节
982	X-75	苗族独木龙舟节
983	X-76	苗族跳花节
984	X-77	苗族四月八姑娘节
985	X-78	德昂族浇花节
986	X-79	江孜达玛节
987	X-80	塔塔尔族撒班节
988	X-81	灯会
		苇子灯阵
		胜芳灯会
		河曲河灯会
		肥东洋蛇灯
		南安英都拔拔灯
		石城灯会
		渔灯节
		泮村灯会
		自贡灯会
989	X-82	羌年
990	X-83	苗年
991	X-84	庙会
		妙峰山庙会
		东岳庙庙会
		晋祠庙会
		上海龙华庙会
		赶茶场
		泰山东岳庙会
		武当山庙会
		火宫殿庙会
		佛山祖庙庙会
		药王山庙会
992	X-85	民间信俗
		千童信子节
		关公信俗
		石浦—富岗如意信俗
		汤和信俗
		保生大帝信俗
		陈靖姑信俗
		西王母信俗)
993	X-86	青海湖祭海
994	X-87	抬阁（芯子、铁枝、飘色）
		葛渔城重阁会
		宽城背杆
		隆尧县泽畔抬阁
		清徐徐沟背铁棍
		万荣抬阁
		峨口挠阁
		脑阁
		金坛抬阁
		浦江迎会
		肘阁抬阁
		大坝高装
		青林口高抬戏
		庄浪县高抬
		湟中县千户营高台
		隆德县高台
		阁子里芯子
		周村芯子
		章丘芯子
		霍童铁枝
		福鼎沙埕铁枝
		屏南双溪铁枝
		南朗崖口飘色
		台山浮石飘色
		吴川飘色
		河田高景
995	X-88	打铁花
996	X-89	朝鲜族花甲礼
997	X-90	祭祖习俗
		大槐树祭祖习俗
998	X-91	鄂温克驯鹿习俗
999	X-92	蒙古族养驼习俗
1000	X-93	长白山采参习俗

1001 X–94 查干淖尔冬捕习俗
1002 X–95 蚕桑习俗
含山轧蚕花
扫蚕花地
1003 X–96 洪洞走亲习俗
1004 X–97 蟳埔女习俗
1005 X–98 汉族传统婚俗
孝义贾家庄婚俗
宁海十里红妆婚俗
斗门水上婚嫁习俗
1006 X–99 朝鲜族传统婚礼
1007 X–100 塔吉克族婚俗
1008 X–101 水乡社戏
1009 X–102 界首书会
1010 X–103 洛阳牡丹花会
1011 X–104 三汇彩亭会
1012 X–105 石宝山歌会
1013 X–106 大理三月街
1014 X–107 茶艺
潮州工夫茶艺
1015 X–108 蒙古族服饰
1016 X–109 朝鲜族服饰
1017 X–110 畲族服饰
1018 X–111 黎族服饰
1019 X–112 珞巴族服饰
1020 X–113 藏族服饰
1021 X–114 裕固族服饰
1022 X–115 土族服饰
1023 X–116 撒拉族服饰
1024 X–117 维吾尔族服饰
1025 X–118 哈萨克族服饰
1026 X–119 珠算
程大位珠算法
珠算文化
1027 X–120 南海航道更路经
1028 X–121 藏族天文历算

978 X-71

元宵节

元宵节又称“上元节”、“元夕节”、“灯节”，是中国的传统节日，普遍流行于全国各地。在中国，农历正月是元月，古代称夜为“宵”，所以一年中第一个月圆之夜正月十五名为“元宵节”。

我国自汉代开始即在元宵燃灯，由此逐渐发展成为一种风俗；至唐代这一风俗更为盛行，“火树银花合，星桥铁锁开”之句描述的就是长安元宵节的盛况；明代元宵节已成为民众生活的重要组成部分，届时会连续赏灯10天；清代元宵节是全民共欢的一个民俗节日，赏灯活动中还会燃放烟花爆竹助兴。

元宵节还会进行一些传统活动：一是“猜灯谜”，这项活动又叫“打灯谜”，最早出现于宋代，活动时悬谜待猜，中者有奖；二是吃元宵，元宵最初称为“浮圆子”，又叫“汤团”或“汤圆”，是由糯米粉制成的球形食品，多带馅心，在水中煮熟后食用，甘美异常，吃元宵象征着全家人团团圆圆，和睦幸福。一些地方的元宵节还有“走百病”的习俗，又称“烤百病”、“散百病”。人们在元宵日结伴行走，或相随过桥，或远赴郊外，象征着祛病除灾，安宁康泰。近现代以来，各地元宵节活动中又增加了耍龙灯、耍狮子、踩高跷、划旱船、扭秧歌、打太平鼓等传统表演项目，使元宵节在传承中有了新的发展。

有两千多年历史的元宵节不仅盛行于海峡两岸，在海外华人聚居区也备受重视。除汉族以外，满族、朝鲜族、赫哲族、蒙古族、达斡尔族、鄂温克族、鄂伦春族、回族、锡伯族、藏族、白族、纳西族、苗族、瑶族、畲族、壮族、布依族、黎族、仡佬族等少数民族也过元宵节，节日活动各具特色。

元宵节·敛巧饭习俗

申报地区或单位：北京市怀柔区

北京市怀柔区琉璃庙镇形成于清代嘉庆、道光年间，由此开始，琉璃庙镇的女性村民每年元宵节期间都会聚在一起吃敛巧饭，这一地方习俗传沿至今已有一百八十多年的历史。

每年正月十六前夕，村中十二三岁的少女至各家敛收粮食、菜蔬。正月十六当天，年长的妇女协助少女们将饭菜做熟，全村女人共食。做饭时要在锅内放入针线、铜钱等物，吃到的人会认为自己求到了巧艺和财运。另外，“巧”字是当地人对雀类的别称。吃敛巧饭前，人们要扬饭喂“巧”即麻雀、山雀等鸟类，同时口念吉祥之词，一是向雀儿谢恩，二是祈求来年丰收。饭后在冰上行走，名曰“走百冰（病）”，以此寄寓百病消除之意。逢到敛巧饭活动，戏班和花会都会举行助兴演出。

敛巧饭习俗历史悠久，长期绵延不绝，即使在“十年动乱”期间仍坚持定期举行，受到群众的欢迎和喜爱。这种习俗是中国北方农耕文化的遗存，它在发展过程中逐渐成为怀柔当地春节民俗活动不可分割的重要组成部分，生动地呈现出北京地区独特的传统民间文化形态。随着社会生活环境的变化及多种娱乐方式的出现，敛巧饭习俗中的一些传统活动已经消失，另一些活动则渐渐失去原始寓意，急需采取有力措施加以挖掘保护。

少女敛饭场景（田正科　摄）

市民品尝“敛巧饭”（田正科　摄）

元宵节·九曲黄河阵灯俗

申报地区或单位：北京市密云县

九曲黄河阵灯俗俗称“灯场子”，流传于北京市密云县东田各庄村。

明代洪武四年（1371），山西移民将“灯场子”传入东田各庄，传承至今，已有六百多年的历史。

村中刘继华老人保存的九曲黄河阵灯会图谱已有百年历史，图中阵式按周易九宫八卦方位，以富贵不断头的传统图案九曲而成。阵内乾、坎、艮、震、巽、离、坤、兑八宫加上中宫共有九宫，系模拟古代战阵而成。

每年春节期间，东田各庄农历正月初十开始扎灯，正月十四、十五、十六三天正式举行灯会，正月十七后撤灯。灯会期间，人们从四面八方赶来观灯赏会，走灯阵，看大戏。走进灯阵入口以后，如能顺利地通过连环阵，再从出口返回，就意味着一年顺顺当当、平平安安，故当地有“顺着灯阵走，能活九十九”的说法。

东田各庄九曲黄河阵灯俗有两个主要特点，一是灯场与花会相结合，二是灯会与戏曲表演相结合。九曲黄河阵灯会带有某种智能游戏的性质，灯阵及其外延的灯会包含着丰富的文化内涵，具有较高的历史文化研究价值。由于多方面的原因，九曲黄河阵灯俗现已处于濒危状态，密云县已制定切实有效的措施对之进行抢救保护。

“灯场子”民俗活动场景（李娟、张永红　摄）

元宵节·柳林盘子会

申报地区或单位：山西省柳林县

柳林盘子会又称“天官会会”、“小子会会”，是流行于山西省柳林县城及城郊穆村一带的一种民俗文化活动。活动时间在每年的农历正月十三至二十六，而以元宵节为高潮。其间各街巷分段轮值，张灯结彩，高搭彩盘，遍点社火，或配以秧歌、弹唱，或佐以转九曲、斗活龙，人们汇聚在一起共庆节日，祈求来年风调雨顺。

盘子会围绕盘子展开，盘子是一种组合型阁楼式仿古建筑模型，实际相当于放大的神阁子，它制作精美，一般高三至四米，分四角、六角和单层、双层等几种样式，多采用质地细密硬实的上等木料制成。这种木制的小阁楼设有几个乃至十几个神龛，分别供奉天官、财神、送子娘娘、观音菩萨等神祇。

柳林盘子会至今已有五百余年历史，一般以街坊邻居集股投资方式运作。据介绍，民国年间柳林的盘子不下五十座。目前，柳林盘子共有两百余座，保存最古老的是清代光绪二十六年（1900）穆村江曲的木刻盘子。

盘子旺火（山西省柳林县文化馆　提供）

盘子会前的秧歌表演（山西省柳林县文化馆　提供）

柳林盘子会（山西省柳林县文化馆　提供）

拜灯山活动开始前的祭拜准备（河北省蔚县文化馆　提供）

元宵节·蔚县拜灯山习俗

申报地区或单位：河北省蔚县

蔚县拜灯山习俗是民间社火活动的一个种类，流传于河北省蔚县宋家庄镇上苏庄村。蔚县拜灯山习俗出现于明代嘉靖年间，至明末清初进入成型期，清末民初它与民间社火戏曲相结合，内容、形式更加丰富完善。

每年的农历正月十二，宋家庄镇上苏庄村人即开始准备举行拜灯山活动，一方面清洁灯山楼和村里的大小庙堂，张灯结彩；另一方面准备祭祀用的供品和点灯山用的灯捻、灯盏、麻油等。正月十四上午，在灯山楼和三义庙之间的十字街口竖起灯杆，并将火神的牌位供于灯杆之上。从堡门外到堡内正街还要挂起木框做架、以纸糊成的长方形排灯和五颜六色的过街纸，上面写有吉祥短语。排灯为十路，取十全十美之意；过街纸平常年挂十二路，闰月年挂十三路，寓意月月平安，风调雨顺。

拜灯山活动场景（河北省蔚县文化馆　提供）

拜灯山活动开幕前的表演（河北省蔚县文化馆　提供）

正月十五晚上，拜灯山习俗正式开始。主要内容分为点灯山、拜灯山、耍社火、唱大戏四部分。夜幕降临，人们用蜡烛点燃摆成图案的灯盏，呈现出灯火字画。拜灯山时，选一名父母双全的男童扮作灯官，四名青壮年村民扮成衙役，抬着独杆轿让灯官乘坐，村里戏班的演员粉墨浓妆伴随左右，从堡门外进堡，村民及观光者则一路敲锣打鼓到灯山楼前祭拜。拜灯山结束后，开始耍社火、唱大戏，戏楼前灯彩辉煌，鞭炮震响，鼓乐齐鸣，村里戏班的演员化装登场，表演以历史故事和神话传说为题材的戏曲。

蔚县拜灯山习俗形式独特，文化内涵丰富，极具民俗学研究价值。保护和利用好这一民俗资源有利于促进河北地区传统民族民间文化的有效传承，为和谐社会的建设发挥积极作用。

元宵节·马尾——马祖元宵节俗

申报地区或单位：福建省福州市马尾区

马尾、马祖位于闽江出海口两岸，相隔不到一百海里。两地居民自古以来便有春节、元宵期间送花灯、闹花灯的节俗活动，这一习俗的起源与闽江口两岸一个古老的传说有关。据说很久以前，玉帝三太子因打抱不平而触犯天规，被贬凡间，投生渔家，在东海岸边与讨海人同甘共苦。他扶困济贫，慷慨仗义，为帮助渔家驱邪消灾，与龙王三太子发生争斗。玉帝大怒，派天兵捉拿，处以分尸三段的酷刑后，将其头部扔在黄岐半岛和马祖列岛之间的“马祖澳”。正月十一日，半岛渔民将玉帝三太子的头抱回岸上，设坛祭奠并尊之为海神。此后每逢正月，渔民们都会自发地扎糊海神头像灯，在元宵节前后举火把通宵陪游，以为纪念。这一活动世代相沿，长期传承不绝，逐渐成为马尾和马祖两地的习俗，寓有祈求平安富足之意。

改革开放以来，两岸民间交流不断加强，马祖居民和海外侨胞纷纷返乡寻根问祖。福州马尾经济文化交流合作中心与海峡对岸的马祖经贸文化交流联谊会继承传统，联合举办马尾－马祖闹元宵

马祖元宵节"肩头戏"活动场景（刘述先　摄）

第九届"两马同春闹元宵"民俗踩街活动场景（刘述先　摄）

活动。每年正月十五之前（约在正月十一），马尾方面将制作好的各式花灯航运至马祖列岛。马尾经济文化交流合作中心还开展了形式多样的民间文化交流活动，给马祖岛乡亲送春联、送闽剧，举办书画摄影展览，马祖乡亲则在元宵当天过海峡到大陆参加马尾灯会。每年元宵之夜，马尾与马祖两地灯火辉煌，人山人海，烟花爆竹五光十色，踩街队伍翩翩起舞，欢快热闹的气氛令每一位身临其境者深受感染。尤其是"两马"并列的彩灯制作精巧，寓意深刻，十分引人注目，充分体现了海峡两岸人民盼团结、求统一的美好愿望。

泉州闹元宵习俗

申报地区或单位：福建省泉州市

泉州闹元宵习俗源于中原地区，以灯会为主要表现形式。据南安桃源《傅氏族谱》记载，唐僖宗广明元年（880），河南固始人、威武军节度招讨使傅实从长安带兵入闽镇守泉州，在南安丰州兴建唐王宫（桃源宫）。元宵节时，傅实按照长安结灯仪式与民同乐，其后当地相沿成俗，每年都要举行闹元宵活动。

泉州闹元宵习俗流传于福建泉州各县，流布至漳州、厦门、台湾等地。其中泉州灯会习俗包括挂灯、送灯、观灯、点灯、游灯等内容，古代还有抢灯的风俗。泉州方言“灯”、“丁”同音，“出灯”同于“出丁”，寓意人丁兴旺。元宵节家家户户挂花灯，男女老少成群结队上街赏灯，小孩走街串巷嬉戏“游灯”，有新嫁女的人家要给亲家送红、白莲花灯和观音送子灯。点灯时不慎把灯烧了，叫做“出灯”。

泉州闹元宵习俗还有猜灯谜、“妆人”等文艺活动。踩街古称“妆人”，其中包括民间民俗表演阵头、花灯、彩车、南少林武术和各种文艺表演，遇到有人放鞭炮，要停下表演表示感谢。泉州元宵还有“敬公”（祭祖）、“听香”等祈福习俗，“听香”者一般为妇女，她们手持点燃的香，倾听别人不经意的话，借以预卜吉凶。除此以外，泉州人还要食用元宵丸、润饼菜等应节食品，寓意全家团聚。

泉州闹元宵习俗是一项全民性活动，届时满城出动，人流如织，一派兴旺热闹景象，连港澳台同胞和东南亚侨胞也都组团到泉州参与灯会，共庆佳节。泉州闹元宵习俗由此成为当地社会繁荣稳定的具体表征和海外侨胞文化认同的情感纽带，具有民俗学及地方历史文化等方面的研究价值。

灯谜竞猜场景（福建省泉州市鲤城区文体旅游局　提供）

元宵节·闽台东石灯俗

申报地区或单位：福建省晋江市

海峡两岸有两个同名为东石的滨海乡村，一个在福建晋江，一个在台湾嘉义，两地共有一种全国独一无二的元宵灯俗，世称“闽台两东石，共数一宫灯”。

明代以前已有晋江东石人到台湾谋生，嘉靖年间去台人数增多，他们开山拓海，垦植新区，以故乡村名为聚居地命名，在台湾形成东石、布袋嘴等村落，还将晋江东石嘉应庙的“三公爷”分灵过海，在台湾东石乡建庙供奉，现在台湾已有二十多处嘉应庙分炉。

东石数宫灯活动从农历正月十三开始，为期三天。闽台两东石上一年新结婚的新郎都要把新娘陪嫁的宫灯挂到三公宫内。元宵午夜时分，众新郎官齐集三公宫。一盏公共大红绣球灯挂在正中，主事者通报当年台湾及当地的宫灯数，共庆两岸人丁兴旺。然后举行数宫灯活动的重头戏“卜灯”。新郎官们在三公爷座前掷茭杯，掷杯数最多的人放鞭炮，以大红甲吹迎请红绣球灯回家。其他人也将各自的宫灯迎回家中，挂在新房内，祈求三公爷保佑婚姻幸福美满，早生贵子。

晋江东石挂宫灯时，台湾的东石乡亲于正月十三提前派人回乡祭祀“三公爷”，同时带来与过去一年内台湾乡亲新婚数相符的宫灯数，再捎回故乡的宫灯数，两地互报宫灯数，共祝子孙兴旺。这种世代相沿的元宵数灯习俗反映了两岸东石人对家族兴旺、子孙昌盛的热切期盼，是中华民族文化凝聚力的生动体现。

东石数宫灯场景（徐维耕　摄）

元宵节·枫亭元宵游灯习俗

申报地区或单位：福建省仙游县

枫亭位于福建莆田、泉州两地交汇处，是集自然景观、名胜古迹、生态园林、山海田河于一体的千年文化名镇。枫亭元宵夜游灯的习俗始于宋代，至明代更是盛况空前，传承至今已有九百多年的历史。

每年农历正月十三至十七日，游灯活动在枫亭集镇区的下桥、下街、兰友、学士社区及下街北门自然村依次举行，参与者达四千余人。仪仗队簇拥着装饰精美的头牌主匾前行，车鼓队、十音八乐队、女子腰鼓队则穿插在各式各样的游灯方队之中行进。由蜈蚣灯、松树灯、宝伞灯、水族灯、莲花灯、花篮灯、蝴蝶灯、鸽子灯、蜻蜓灯、凤凰灯、菜头灯等组成的灯架队阵容壮观，千奇百态，异彩纷呈。百戏彩架灯中融入了戏剧、杂技和灯艺技巧，精彩绝伦，令人叹为观止。古朴典雅的棕轿舞、皂隶舞、童身舞别具特色，成为福建民俗文化一绝，舞龙舞狮更是让元宵游灯锦上添花。

枫亭元宵游灯汇集了篝火、社火、放灯、游神、古巫、武舞等多种古典文化和民俗文化内容，将民间灯艺、曲艺、舞蹈、十音八乐、戏剧、杂技等各类艺术融为一体，构成千年古镇的独特民俗，在福建地域传统文化、民俗文化、民间艺术演变等方面的研究中具有十分重要的参考价值。在东南沿海及东南亚地区的华人中，枫亭元宵游灯的节俗深入人心，具有很强的亲和力与吸引力，成为团结海内外同胞的一种重要文化媒介。

枫亭元宵游灯场景（张力　摄）

枫亭元宵游灯场景（张力　摄）

枫亭元宵游灯活动中的彩灯（陈静　摄）

元宵节·闽西客家元宵节庆

申报地区或单位：福建省连城县

客家是汉民族一个特殊的支系，中古以前，客家先民大多居住在北方中原地区，由于战乱等原因，从西晋开始，客家先民先后五次南迁。在南迁过程中，客家人不仅保留了古老汉民族的文化传统，而且吸收了闽越、畲、瑶等族的文化和风俗，逐步形成闽西客家传统的元宵节庆活动。闽西客家元宵节庆活动主要流传于闽西的连城县、永定县、长汀县、武平县、上杭县五个客家聚居地，其中最具代表性的内容包括连城姑田游大龙、连城罗坊走古事、连城芷溪花灯、永定抚市花灯故事、连城新泉烧炮等。

闽西客家节庆活动场景（马华军　摄）

客家人以百米特制屋角龙灯游村庆元宵（马华军　摄）

连城芷溪花灯：用特制灯笼三轮车搭载花灯绕乡村一周（马华军　摄）

闽西客家元宵节庆具有全民性、娱乐性、竞技性、神秘性、艺术性等特点。连城姑田游大龙承传至今已历二十二代，主要道具大龙采用杉木板、篾条、棉纸、牛皮等制作，整个活动由迎接“公爹”、制作大龙、游前准备、出龙、游龙、烧龙等环节组成。连城罗坊走古事承传至今已历二十八代，主要用品古事棚重约200公斤，活动包括组织落实、制作古事棚、安神斋戒、准备活动、竞走古事、古事下溪等环节。连城芷溪花灯采用竹篾、棉纸、通草纸、蜘蛛纱、米粒珠、彩色木偶头、琉璃杯、五彩小绒球、火螺、花灯竹等制成，其制作包括劈竹篾、制作花灯骨架、刻花

板、上糨糊布花灯、制作走马灯、组装花灯等步骤，承传至今已历二十五代。新泉烧炮承传至今已历五代，活动所用器具主要有鞭炮、门板、香纸、蜡烛、“三太祖师”菩萨轿、锣鼓、十番乐器等。

闽西客家元宵节庆习俗是客家传统文化的一个重要组成部分，也是客家社会形态、传统精神赖以世代相传的一种重要载体，它具体生动地反映了客家人的价值观和审美理想，具有社会学、人类学、民族学、美学等方面的研究价值。

元宵节·永昌县卍字灯俗

申报地区或单位：甘肃省永昌县

永昌县卍字灯俗主要流传于甘肃省永昌县红山窑乡毛卜喇村，据《永昌县志》记载，明代洪武三年（1370），毛卜喇村人将卍字灯从京城引入甘肃永昌。闹灯活动所用图谱绘在一块土织白布上，上面同时标注方位进出口。闹灯时在村中心选择一块空地，按灯谱栽杆，杆高2米，每排19根，横竖各19排，共361根，间距一般为2米，呈正方形排列。主场正中一根为主杆，高8至10米，上挂大型花灯，其余杆上分挂360个小型花灯，象征农历360天，进出口处还要扎一彩门彩灯屏障。杆间按图谱用绳子联结，观灯者只能按规定路线行进，左旋右转，盘旋迷宫，趣味无穷。灯场对面设置“灯山”，用360盏花灯逐次排成不同的祝福字样。闹灯时秧歌队顺道盘舞，热闹异常，表演内容有老牛推车、雄狮舞、旱船、龙舞、熊舞、节子舞等，演唱风格粗犷豪爽，唱腔深受地方戏曲的影响。

永昌县卍字灯阵夜景（甘肃省永昌县文化馆　提供）

永昌县卍字灯阵彩门（甘肃省永昌县文化馆　提供）

卍字灯会植根于中华民族传统文化之中，表现出浓厚的地方特色，在民俗学及西北地方文化的研究中具有一定的参考价值。随着现代社会经济的飞速发展，属于传统民间文化范畴的永昌卍字灯俗受到外来文化、强势文化和流行文化的冲击，日渐衰落，濒临消亡，亟待保护抢救。

永昌县卍字灯阵彩门（甘肃省永昌县文化馆　提供）

永昌县卍字灯阵灯笼（甘肃省永昌县文化馆　提供）

九曲黄河灯会场景（武新秦　摄）

元宵节·九曲黄河灯俗

申报地区或单位：青海省乐都县

七里店九曲黄河灯俗流传于青海省乐都县岗沟镇的马家台、七里店、李家、水磨湾四个行政村。七里店有一座修建于明代万历三十六年（1608）的三官庙，据《西宁府志》记载，这座三官庙正名为赐福观，建观后即开始举办黄河灯会，以作为庙会的一项重要内容，灯会期间还要搭台唱戏。黄河灯会全名为“九曲黄河灯阵”，其式样布置系由八卦图演绎而来，按“太极生两仪、两仪生四象、四象生八卦、八卦成九宫”的阵法设计总城、城壕、胡同、内城、仪门等。灯城栽高杆16根，每杆挂高灯一盏，同时按五方不同的方位各悬不同色彩的神幡一幅。

七里店黄河灯会每三年举办两次，俗称“三年两头”。点灯会期三天，始于农历正月十四，至正月十六结束，每晚七点亮灯，约十一点结束，届时整个黄河灯城流光溢彩，璀璨夺目，犹如一片灯海。七里店地区各农户家中也同时悬挂各种高灯和门灯，光焰与灯城相互映衬，融汇为一，照耀数里。每逢灯会，十里八乡的群众身着节日盛装，从四面八方涌向会场，赐福观外游人如织，每天的观灯人数平均在一万以上。

扎灯（青海省文化和新闻出版厅　提供）

九曲黄河灯会场景（青海省文化和新闻出版厅　提供）

979 X-72

申报地区或单位：浙江省象山县、岱山县
山东省荣成市、日照市、即墨市

渔民开洋、谢洋节

浙江省象山县渔民开洋、谢洋节举办地：东门天后宫（陈朝晖　摄）

渔民开洋、谢洋节是我国沿海地区一种特殊的民俗活动，主要流传于浙江省的象山县、岱山县和山东省的荣成市、日照市、即墨市等地。

浙江象山、岱山的渔民开洋节是当地渔民在渔船出海时举行的一种祈求平安、丰收的民俗活动，谢洋节则是渔船出海平安归来后渔民为感谢大海恩赐而举行的一种民俗活动。作为表达渔民内心祈望的一种精神性活动，开洋、谢洋节以祭祀为核心，以民间文艺表演为主轴，含有多种文化内容，同时表现出娱神和娱人的特性。据记载，象山的渔民开洋、谢洋节活动至今已有一千多年的历史，而以清代雍正年间至民国期间最为兴盛。节日以祭海为主要内容，其影响之大、参与面之广、延续历史之长在舟山群岛诸多渔家习俗中较为罕见。每逢渔汛，开洋、谢洋时节都要举行祭海仪式，渔民称之为“谢龙水酒”或“行文书”。历史上岱山祭海分为官祭与民祭两种，礼仪定式讲究，程序完整，目前岱山部分渔村仍沿袭着这一传统的民间习俗。作为舟山民俗的代表，开洋、谢洋节反映了东海渔民对海龙王及海上诸神的信仰和崇拜心理，显示出我国东部沿海民众与自然和谐相处的智慧。

山东省即墨市渔民开洋、谢洋节上的盛大的祭海仪式（山东省即墨市非物质文化遗产保护中心　提供）

山东省即墨市祭海仪式（山东省即墨市非物质文化遗产保护中心　提供）

山东省日照市群众载歌载舞欢庆渔民开洋、谢洋节（山东省即墨市非物质文化遗产保护中心　提供）

山东省荣成市渔民开洋、谢洋节祈福仪式（王秀玉　摄）

山东省荣成市院夼村的地理位置与气候十分独特，每逢谷雨的节气，深海鱼虾便会遵循季节洄游的规律涌至院夼村南的黄海近海水域，当地因此流传着“鱼鸟不失信”、“谷雨百鱼上岸”的说法。院夼渔民将海上渔业生涯的平安和丰收寄托在东海龙王身上，特选择谷雨日祭海，以表达虔诚之意，祈求龙王的庇佑。

山东日照沿海一带的两城镇、石臼所、裴家村等沿海村镇自古即主要从事渔业生产，当地传说农历六月十三是海龙王生日，届时渔民们聚集在龙王庙举行祭拜活动，同时安排来年的渔业生产。

浙江省渔民开洋、谢洋节巡游活动场景（黄松挺　摄）

山东省荣成市渔民开洋、谢洋节仪式场景（王秀玉　摄）

这种祭拜海神的习俗形成于明代洪武年间，是渔民人舟平安、渔业丰收愿望的具体显现。

山东省即墨市田横镇周戈庄村的上网节又称“祭海”，是当地渔民的盛大节日。上网仪式在明代永乐年间初见规模，后逐步演变成一种民间习俗活动，传承至今。周戈庄上网节活动多在每年谷雨前后举行，即将出海作业的村中渔民带着虔敬之心祭祀海神，以祈平安丰收。

渔民开洋、谢洋节是传统海洋文化的典型代表，在民俗学、宗教学、社会心理、地方历史文化等方面的研究中具有重要的参考价值，有必要采取措施，保护传承这一古老的海洋民俗。

980 X-73

申报地区或单位：浙江省景宁畲族自治县

畲族三月三

长夜盘歌（严慧荣　摄）

中国畲族民歌节在浙江省景宁县大均乡举行（严慧荣　摄）

农历三月初三是畲族人民的传统节日，畲民对它的重视程度可与春节相媲美。浙江省景宁县是全国唯一的畲族自治县，畲族三月三的习俗即在这里流传。

畲族三月三上的民俗活动：腹顶棍（严慧荣　摄）

每年三月三，畲乡家家户户宰杀牲口，祭祀祖先。除此之外，畲民也多选择这天作为男女定情与婚配的日子。相传唐代畲族起义军曾兵败退入深山，因缺乏粮草而采食一种称为“乌稔”的乌色野果充饥，军威大振，于三月初三冲出包围。以后每年三月三畲民都要采乌稔叶煮出汁水，拌入米中烧饭，以示纪念，做乌饭、吃乌饭因而成为三月三一项重要的活动。夜幕降临以后，畲民还要举办篝火歌会，会上互相对歌，表演传统歌舞及龙灯舞、狮子舞、鱼灯舞、火把舞等，同时还要举行传统的畲族体育竞技活动。

畲族三月三是维护畲民团结的重要纽带，在加强畲汉民族团结方面也发挥着重要的作用。畲族没有文字，三月三对歌时要求以畲语演唱，客观上起到了保护畲语的作用。节日期间畲族男女老少都穿上民族盛装，客观上也有利于民族服饰的保护传承。

各地畲族山歌手围在篝火旁载歌载舞（严慧荣　摄）

981 X-74

申报地区或单位：广西壮族自治区宾阳县

宾阳炮龙节

宾阳炮龙：金龙吐珠（广西省南宁市文化新闻出版局　提供）

炮龙节是融合了汉、壮民族文化特色的一项综合性民间节庆系列活动，流传于广西壮族自治区南宁市的宾阳县。

宾阳炮龙节发端于宋元时代，清末民初趋于成熟，至今已有上千年的悠久历史。相传宋仁宗皇祐年间，狄青率大军赴广西征剿侬智高，在宾阳昆仑关屡攻不克。当时正值元宵节，狄青令兵士以稻草扎成龙形，放火烧竹，在竹子燃烧爆裂后发出的炮仗般响声中舞龙大闹元宵，以此麻痹敌方。侬智高果然放松了戒备，最终为狄青所克。当地人据此认定舞炮龙能带来吉祥好运，每年农历正月初十至十五都要舞龙，后来相沿成习，舞龙活动固定在正月十一进行，逐渐形成独特的炮龙节。

宾阳炮龙节活动由“游彩架”、“灯会”、“舞炮龙”三个部分组成，每部分各有特色。“游彩架”也叫“彩架游行”，游行队列由彩色台架、舞龙队、舞狮队等组成，长达半里甚至一里以上，中间彩架台上有数名孩童，分别坐立于特制的手指或伞、扇、剑、弓、刀之类的小道具上，装扮成特定情景下的形象造型，神气毕见，妙趣天成。“灯会”俗称“灯酒会”，包括乡饮、取灯等活动内容。

威风凛凛的炮龙（广西省南宁市文化新闻出版局 提供）

扎龙师傅在扎制炮龙（广西省南宁市文化新闻出版局 提供）

炮龙节上的彩架表演（广西省南宁市文化新闻出版局 提供）

乡饮以村屯和街巷为单位，由上一年生男丁的家长担任“头人”筹集“丁款”，每户派一男性到祠堂或村社商讨当年的农业生产问题，聆听村规民约，然后会餐。取灯有“求嗣取丁”之意，灯会当日，“头人”引领生有三男二女的“抱花岳父”和擅长山歌的“抱花岳母”同众人一道从村社庙宇或祠堂出发，为取灯人家送去“莲花灯”。舞炮龙是整个炮龙节的高潮，正月十一晚七时整，在庙宇或代表社稷之处为炮龙开光后，以龙珠、龙牌（龙灯）、锣鼓、文武场开路，举行热闹火爆的舞炮龙表演，舞到村头街尾的既定地点后，在会首带领下举行传统的送龙升天仪式。

宾阳炮龙节是中华龙文化的重要组成部分，它可以满足民众禳灾祈福的心理需求，营造祥和的节日气氛，因而成为民俗学、文化学等学科研究的对象及和谐社会建设运动的有益借鉴。随着现代化进程的加速，外来文化对中国传统文化的冲击日趋严重，宾阳炮龙节也不可避免地受到一定影响。近年来，炮龙节活动得到恢复，“炮龙”数目有所增加，参加者愈来愈多，其中包括宾阳周边县市及国内外的游客。在此情势下，宾阳炮龙节正逐渐发展成为一个多民族文化交融的节庆盛典。

982 X-75

申报地区或单位：贵州省台江县

苗族独木龙舟节

台江苗族独木龙舟节是贵州苗族的一个传统节日，时间在每年农历的五月二十四至二十七，苗语称作“dab kiang vongx”，音译为“恰酿涌”，流行于贵州省台江县、施秉县清水江两岸和台江县巴拉河下游两岸。节日期间，苗族群众聚集在清水江中游施洞镇塘坝村河段举行为期三天的划龙舟大赛，比赛规模盛大，气氛热烈，赛事礼仪独具一格，闻名遐迩，每年都能吸引数万人前往观光。

独木龙舟节反映着苗族多神的巫教信仰。苗族世代居住山区，信巫事神，造龙舟时选龙树、砍龙树都要挑吉日，祭拜天地山水诸神。独木龙舟节所用龙船长度在24至27米之间，重约三四吨，龙身以三根削尽枝丫的大树干刳制而成，一般须用直径1米、高30米以上的大杉树。苗族以鼓作为氏族或部落的代表，每届以民主方式选举产生的氏族首领称为“鼓主”，一般是具有组织管理能力、德高望重的长者，施洞苗族每届龙舟赛事都必须在鼓主的主持下进行。划龙舟时“鼓头”头戴礼帽，身穿古礼服，端坐击鼓。男童装扮的“童女”全身新衣银饰，与“鼓头”对坐打锣。36

龙舟节祭祀仪式（龙金平　摄）

苗族独木龙舟节赛龙舟场景（龙金平 摄）

苗族独木龙舟节赛龙舟场景（龙金平 摄）

个桡手统一身着民族新装，头戴马尾丝编制、后缀燕尾银片的斗笠，轮桨点水，口唱飞歌，迅速将龙舟划向前方。

节日期间，台江等地的苗族家家准备好鸡鸭鹅和几百斤米，盛情接待八方来客，表现出朴实善良、热情好客的风尚。苗族独木龙舟文化中的龙舟赛事及各项礼仪均显示了很强的地域民族风格，具有重要的研究价值。

983 X-76

申报地区或单位：贵州省安顺市

苗族跳花节

苗族跳花节场景（邱高顺　摄）

苗族跳花节是贵州的苗族群众为祝愿风调雨顺、五谷丰登、六畜兴旺而举行的一种民俗活动，每年约有五万多人到坡上参加跳花，其中以安顺市瓦窑村每年正月初七至初九举行的跳花坡活动最具规模。

跳花活动从正月初六即已开始前期工作，先是在德高望重的寨老主持下用多种万年青树枝组成一棵花树，交给上年接花树后生下孩子的户主，户主在唢呐的吹打声中再将花树从家内直送到山顶。正月初七跳花节来临，各处的苗族男女云集跳花坡。未婚男青年男扮女装吹芦笙；已婚男青年背上背扇和棉被，将银饰、绣花等物品挂于棉被上，吹着芦笙参与活动；小孩则背背扇参加跳花。正月初九下午跳花结束后，结婚多年未生子女的夫妇将花树接到家中供奉。如有男女青年在跳花活动中彼此相中，男方便可请人到女方家提亲。

苗族跳花节是苗族群众生活中不可缺少的重要组成部分，它作为一种民族节日流传至今，为增进民族团结、促进社会和谐发挥了积极作用。如今，随着苗族青年生活习惯和价值取向的改变，人们参加跳花活动的热情也在不断衰减。在此情势下，跳花习俗文化内涵及实践有消失的趋势，亟待保护。

苗族跳花节盛况（邱高顺　摄）

苗族跳花节盛况（邱高顺　摄）

984 X-77

申报地区或单位：湖南省绥宁县

苗族四月八姑娘节

苗族四月八姑娘节民俗活动：背媳妇（王群荣　摄）

苗族四月八姑娘节又称“黑饭节”、“跳花跳月节”。每年农历四月初八，湖南省绥宁县及周边广大苗族地区的妇女欢度“四月八姑娘节”。四月八姑娘节历史悠久，形式多样，它集祭祀活动、饮食习俗、歌舞表演、情爱婚俗、服饰展示等于一体，显示出浓郁的民族风情。节日期间的主要活动包括接出嫁女回娘家、兄弟背姐妹进堂屋、祭先祖神灵、祭狗祭牛、吃黑饭、赶菜、舂糍粑、耍龙舞狮、对山歌、吹木叶、爬藤、

盛大的苗族四月八姑娘节活动场景（王群荣　摄）

苗族四月八姑娘节民俗活动：吃黑饭（王群荣　摄）

苗族四月八姑娘节民俗活动：跳傩舞（王群荣　摄）

逗春牛、抬故事、跳傩舞、跳花跳月等，而以吃黑饭、祭女祖为主要内容，彰显出苗族崇尚女性的独特风习。歌唱的内容以颂扬祖先功德、赞美男女爱情、咏叹大自然的神威、讲述杨金花的传奇故事为主。活动中应用的铜锣、牛皮鼓、蛇皮琴、芦笙、唢呐、土琵琶、竹笛侗箫等各种物品大都就地取材，由苗族群众自己制作。除此之外，姑娘节活动还会用到纸扎花、五彩狮、蓑衣、牛、傩面具、傩刀等物品。

四月八姑娘节保存了大量苗族古代祭祀仪式、民俗风情和口头文化，显示出苗族人民的智慧，可以在激发民族精神、促进文化认同、增强民族凝聚力、维护民族团结等方面发挥积极的作用。

在苗族四月八姑娘节期间举办的爬藤比赛（王群荣　摄）

985 X-78

申报地区或单位：云南省德宏傣族景颇族自治州

德昂族浇花节

欢度德昂族浇花节的青年（云南省德宏傣族景颇族自治州文化馆　提供）

浇花节是德昂族一年一度的传统佳节，主要流传于云南省德宏傣族景颇族自治州的德昂族民众中。浇花节从清明节后第七天开始，前后历时三天。节日的第一天，德昂族群众都会穿起节日盛装，背上从井里打来的清水，带着早已准备好的食物，手捧鲜花，汇集到本寨的奘房中。节日仪式由寨内的长老主持，仪式过程中，男青年敲响象脚鼓，女青年和着鼓点跳起“堆沙舞”，其他群众则身背精致的小花篮，手捧竹水筒举过头顶，依次往水龙槽里倒水，为佛像冲浴，以祈来年风调雨顺。仪式过后，人们将带来的食物摆到佛像前的供盘中，齐声朗诵祭词，然后尽情品尝各种食物。食毕排成长队，以象脚鼓队为前导，翻山越岭来到井旁或泉边取水。每次取水都很讲究，要举行取水供物仪式，男女青年还要进行传烟、对歌、赛舞等文艺表演。

浇花节是德昂族文化的结晶，它涉及德昂族的宗教礼仪、民间歌舞、民间工艺、婚姻习俗和传统饮食等多方面内容，具有十分丰富的民族文化内涵。

德昂族浇花节盛况（云南省德宏傣族景颇族自治州文化馆　提供）

德昂族浇花节盛况（云南省德宏傣族景颇族自治州文化馆　提供）

986 X-79

申报地区或单位：西藏自治区江孜县

江孜达玛节

达玛节上的歌舞场景（西藏自治区非物质文化遗产保护中心　提供）

江孜达玛节藏语意为跑马射箭，是集体育竞技、文艺表演、物资展销为一体的藏民族传统节日。它流行于西藏自治区江孜县一带，时间在藏历四月十日至二十八日。

据传绕丹贡桑帕巴桑布是萨迦王朝的内务大臣，又是江孜法王，在群众中颇有威望。帕巴桑布去世后，其弟子每年设祭以示纪念。后因战乱，祭祀被迫中断。至藏历火鼠年（1408），绕丹贡桑帕担任江孜法王，遵照父亲贡桑帕的遗嘱恢复祭祀。这一年藏历四月十日至二十七日，绕丹贡桑帕为其祖父设祭念经，直到二十八日才开始娱乐活动。活动由法王的部下、兵丁、佣人承办，主要内容包括展佛轴画、跳神、角力、跑马、抛石头等。由此开始，将藏历每年的四月十日至二十八日固定为祭祀节日。到扎西绕丹帕（1447）统辖江孜时期，节日的娱乐活动更加丰富，增加了跑马射箭比赛等内容，江孜达玛节至此正式形成。

江孜达玛节上的歌舞场景（西藏自治区非物质文化遗产保护中心　提供）

江孜达玛节上的赛马活动（西藏自治区非物质文化遗产保护中心　提供）

987 X-80

申报地区或单位：新疆维吾尔自治区塔城地区

塔塔尔族撒班节

塔塔尔族群众汇聚一堂共度撒班节（谭斌成　摄）

撒班节亦称“犁头节”，是塔塔尔族的传统农事节日，主要流传于新疆维吾尔自治区的乌鲁木齐、塔城、伊犁地区和奇台县等地。据说撒班是生长在中亚地区的一种野生植物，塔塔尔族先民鞑靼人以放牧、农耕和狩猎为生，春夏之际从草原和农田归来时都要在长满撒班的草滩相聚，开展体育竞技和文化娱乐活动，以祈风调雨顺、粮食满仓，久之便形成了撒班节。历史上的撒班节是在春耕时举行，后由于气候的变化，节日时间改到6月中下旬。

撒班节内容丰富，节日活动中会展示独特的饮食、服饰习俗，举行音乐、舞蹈和体育竞技活动。这个民族节日对于我国少数民族饮食、服饰、音乐、舞蹈发展史及塔塔尔族民间民俗文化、美学观念、道德观念等的研究都具有极其重要的价值。如今，新疆只有60岁以上的部分塔塔尔族老人知道该节日活动的详细内容和前后过程。有关方面应立即采取行动，保证这一独特的民族节日顺利传承发展下去。

塔塔尔族舞蹈《快乐的塔塔尔》（谭斌成　摄）

塔塔尔族传统饮食（谭斌成　摄）

988 X-81

灯会

灯会是中国民间传统的群众性节庆活动，它流行于全国各地，在海外华人聚居区也颇为盛行。灯会多出现在元宵节期间，也有些地方在农历七月十五举行灯会，不同地区的灯会特色各不相同。

"元宵节"也称"灯节"，元宵燃灯的风俗起自汉代，唐宋时得到进一步发展，明清时期各地灯会活动已经达于鼎盛。按照传统习俗，正月十五月圆之夜，人们要张挂和燃点各式各样的彩灯，同时举行观灯、赏灯、赛灯等庆祝活动，以祈阖家团圆、人寿年丰。以灯会为中心，各地形成了猜灯谜、吃元宵、走百病等一系列富有特色的元宵节俗。

随着时间的推移，元宵节的活动日益丰富，不少地方在元宵节庆中增加了耍龙灯、耍狮子、踩高跷、划旱船扭秧歌、打太平鼓、抬阁等传统民俗表演，使灯会显得更加热闹红火。

灯会·茾子灯阵

申报地区或单位：河北省邯郸市

茾子灯阵是一种将工艺制作与舞蹈表演有机结合的民间艺术形式，流传于河北省邯郸市峰峰矿区以西的义井镇东王看村。相传原磁县贾壁村一带战国时期已有逢年过节演出茾子灯的风尚，到了明代，邻近的东王看村村民前往贾壁村观看表演时学得灯艺。从此茾子灯开始在东王看村流行，而贾壁村的茾子灯表演却慢慢失传了。

茾子灯的制作十分讲究，灯架以高粱秆或竹竿、木杆制作的茾秆插成，灯的内外层均用棉纸和彩纸装饰，蜡烛系以羊油为材料特制而成。灯有24杆，象征一年24个节气风调雨顺。茾子灯阵多在春节期间表演，每年一进腊月，东王看村村民就

制作苇子灯（贺心　摄）

参加首届民间艺术节展演（贺心　摄）

开始采购灯油、红绿纸等材料，剪贴铰装，精心制作灯阵道具，将丰收的心情融入艺术之中。

元宵节是表演苇子灯阵的高峰期，届时东王看村村民披红挂彩，欢天喜地地出门观看，场景热闹非凡。苇子灯阵由年轻体壮的小伙子32人于夜间表演，其中24人擎苇子灯，8人提小灯笼，通过灯的流动形成各种图案或字样，场面十分壮观。表演中需用到9盏小灯笼、24杆苇子灯等道具及墩鼓、小钹、大钹、小锣等打击乐器。传统的苇子灯阵节目有《跑圆场》、《四马投唐》、《八门套九星》、《倒卷帘》、《二龙出水》等，表演者还可以组合出“天下太平”等多种字样。

苇子灯阵以艳丽的装饰、粗犷的表演营造了节日的喜庆气氛，生动展现出流行地民间文化的质朴风貌和民众的审美意识，具有重要的民俗学研究价值。

灯会·胜芳灯会

申报地区或单位：河北省霸州市

胜芳灯会的传统花灯：猪八戒（张磊　摄）

胜芳花灯源远流长，明初已闻名京津华北一带。它由盂兰盆灯会、元宵冰灯和元宵花灯三部分组成，主要流传于河北霸州地区。

“盂兰盆灯会“又称“中元灯会”，于每年农历七月十五晚上举行，届时渔民会在水中投放“河灯”，以悼念逝者，追荐亡魂。元宵冰灯和元宵花灯活动都在元宵节期间举行，整个元宵灯会历时五天，自正月十三开始至正月十八结束。灯会最早是在街心老爷庙前的中心广场搭起一座高2米、面积60平方米左右，俗称为“鳌山”的灯台，灯台上吊满精选出来的数百种自制花灯。元宵灯会期间，白天有七十多道古老民间花会踩街巡演，戏院书馆、酒肆茶楼等处全天义演。入夜，百姓云集鳌山周围观灯听唱，民间艺人轮流表演，到处喧哗沸腾，一派兴旺景象。改革开放以来，随着地域环境及城市建设的变化，胜芳灯会又增添了一些新的表演形式。

元宵节胜芳花灯展（张磊　摄）

胜芳花灯上的大型龙灯（张磊　摄）

胜芳传统花灯有两千种之多，以动物、植物、人物、器物、建筑、神佛等题材的作品为主。这些彩灯是在特定的地域环境、生产生活方式和民俗风习中产生出来的，它们工艺严谨，制作精细，造型美观大方，风格上自成体系，其中一些花灯形式独特，为胜芳所独有，如猪八戒灯有几十张嘴，可以同时张合，等等。

一年一度的元宵灯会充分展示了胜芳人民的聪明智慧和创造精神，它丰富和活跃了当地人民春节期间的文化生活，为社会的安定和谐及传统民间文化的传承发展作出了不小的贡献。

胜芳花灯上的大型凤凰花灯（张磊　摄）

河曲河灯会夜景（山西省河曲县文化体育发展中心　提供）

灯会·河曲河灯会

申报地区或单位：山西省河曲县

河曲河灯会是晋、陕、蒙三省交界地区一种盛大的民间节庆活动样式，流传于山西省河曲县境内。每年的农历七月十五，黄河两岸三省的民众纷纷赶到河曲会合，共同参加河灯会活动。活动开始，首先以隆重的仪式祭奠大禹，随后由僧人诵经，与会民众将做好的河灯摆供于神龛前，祈求神禹保佑风调雨顺，消灾免难。晚间，河路社、渡口社、炭船社等河运组织出面举办大规模的放河灯活动，追悼亡灵，祈祷平安。整个活动持续三天，每晚除放河灯外，还有戏乐助兴。

河曲河灯会已进入晋、陕、蒙三省区民众的集体记忆，成为河曲地区传统习俗的重要组成部分，具有社会学、民俗学及地方历史文化等方面的研究价值。

放河灯场景（山西省河曲县文化体育发展中心　提供）

各界共祭放河灯场景（山西省河曲县文化体育发展中心　提供）

灯会·肥东洋蛇灯

申报地区或单位：安徽省肥东县

肥东洋蛇灯表演（安徽省肥东县文化馆　提供）

编制肥东洋蛇灯框架（安徽省肥东县文化馆　提供）

洋蛇灯产生于安徽省合肥市肥东县包公镇的大邵村，相传元明之交大邵村的邵姓婆媳为躲避元兵而藏身山洞，元兵发现二人后欲图不轨，此时一条数丈长的白蟒飞下山崖，惊散元兵，婆媳因而得救。邵家认定巨蟒是“东海蛇神”，为感念其救命之恩，村人扎成蛇灯，取名“洋蛇”，意指巨蟒为海洋中的蛇神。由此开始，洋蛇灯在大邵村的邵姓族人中世代相传。

洋蛇灯制作工艺复杂，有一整套绑、扎、凿、勾、翘、压、衬的方法，通过老艺人的口传身授加以传承。蛇身以竹篾扎成鳞状，外蒙白布，不绘鳞。夜间燃点时，蛇腹内烛光照耀，白布上出现鳞纹。蛇眼也用蜡烛点亮，看去活灵活现，气足神完。在大邵村，每过18年才会将灯取出玩赏一次，每次玩赏都要增加一节，每节长1.6米，目前洋蛇灯长度已经达到104米。

洋蛇灯表演中有“长蛇出海”、“走径折”、“摇大车”、“四蟒翻身”、“盘宝塔”等舞蹈动作，以锣鼓和民间礼炮“三眼铳”伴奏，主要乐曲有“长槌”、“十番”等。现在，洋蛇灯已成为大邵村居民欢庆元宵节的一项重要活动，独特的舞蛇表演别具魅力，深受城乡人民的喜爱。

肥东洋蛇灯成品（安徽省肥东县文化馆　提供）

灯会·南安英都拔拔灯

申报地区或单位：福建省南安市

英都镇位于福建省南安市西部，四面环山，交通闭塞，在此封闭的环境中形成了独特的春节民俗活动。英都春节习俗由正月初二的祭祖、正月初九的拔拔灯会和正月十一的"割香"三大部分组成，其中拔拔灯会是整个年俗活动的高潮。

宋代泉州海上丝绸之路的崛起促进了英溪内河驿渡运输的繁荣，南宋淳祐年间，陈姓船夫为祈风调雨顺，从丰州九日山的敕建昭惠庙分灵到英都奉祀，并创造性地将上元观灯改为更具喜庆气氛的"天诞日"游灯。游灯队伍的灯笼以大绳拉拴，为首者肩负大绳弓身拉动队伍前行，生动再现了英溪纤夫逆水行舟，与自然相搏的壮观场面，堪称一绝。后来英溪船运式微，陈姓船夫迁徙别处，昭惠庙由洪姓乡民奉祀，拔拔灯会成为当地农民一年一度的祈福盛典，世代传承，至今已历七百余年。另有"车鼓舞"、"花鼓唱"等民间文艺形式依附于拔拔灯会流传下来，现已成为灯会重要的组成部分，显示出浓郁的地方风格和强烈的艺术感染力。

拔拔灯会活动再现了当年英溪纤夫拉纤行船的场景，从一个特殊角度反映出泉州海上丝绸之路内河驿渡运输的繁荣状况，具有很高的历史文化研究价值。如今海内外的南安乡亲几乎每年都会踊跃回乡拔灯、观灯，拔拔灯会成为凝聚亲缘、族缘的纽带，为团结海内外华人共同参加家乡建设发挥了巨大作用。

拔拔灯穿行在街道（洪宗洲　摄）

灯会·石城灯会

申报地区或单位：江西省石城县

石城灯会：蚌壳灯（郝明 摄）

石城灯会：金龙祈福（江西省非物质文化遗产保护中心 提供）

石城灯会是一种别具一格的民间习俗，主要流布于江西省赣南的石城县，江西石城方言中，“灯”、“丁”同音，因此舞灯便有祝愿人丁兴旺、家宅吉祥之意。明清时期新春舞灯活动在石城已经盛行，农历腊月一到，乡村间一些文艺爱好者便自发组织起来，制作各式灯彩，自正月初一起游村串户舞灯为戏，直至元宵“谢灯”方才停止。

石城灯会的道具、舞蹈、音乐都极为优美，其灯彩包括龙灯、狮灯、马灯、蛇灯、菜篮灯、宝伞灯、牌灯、鲤鱼灯、罗汉灯、蚌壳灯、船灯、八宝灯、板桥灯、麒麟送子灯等几十种，均以各色纸张和竹篾通过编、扎、画、剪、贴等手段精制而成；其中龙灯、狮灯表演动作粗犷豪放，菜篮灯等的表演轻盈活泼、泼辣诙谐、生动灵活；伴奏音乐多为石城特有的民间打击乐，曲调则多采用石城地方歌曲和赣南采茶戏旋律，节奏明快，悠扬动听。

石城灯会深深扎根于人民群众之中，具有鲜明的地方特色。其灯彩制作、舞蹈表演及音乐创作等充分展现了客家先民的文化艺术创造力，从一个方面反映出石城深厚的客家文化底蕴。

石城灯会：游龙（温礼明 摄）

石城灯会：花灯长廊（朱岩　摄）

灯会·渔灯节

申报地区或单位：山东省烟台市

渔灯节是山东省烟台市沿海渔民特有的一个传统民俗节日，它流传于烟台地区的山后初家、芦洋、八角等十几个渔村，至今已有五百多年的历史。起初，烟台沿海渔民未能完全摆脱对农耕文化的依附，将陆地习俗搬到了船上。随着历史的变迁，渔家文化不断发展，在烟台地区形成了渔灯节的雏形，其后这一节日逐渐从传统的元宵节中分化出来，成为渔民专有的节日。农历正月十三、十四午后，烟台沿海渔民从各自家中出发，抬着祭品，高举彩旗，一路燃放鞭炮，先到龙王庙或海神娘娘庙送灯、祭神，再到渔船上祭船、祭海，最后到海边放灯。

渔灯节是胶东沿海地带渔家文化的典型代表，具有鲜明的渔家特色和丰富的文化内涵，在长期发展过程中渐渐融入渔民生活，成为胶东渔民习俗中不可缺少的重要组成部分。

渔灯节：祭海大典（朱岩　摄）

灯会·泮村灯会

申报地区或单位：广东省开平市

泮村灯会流传于广东省开平市水口镇的泮村乡，至今已有五百多年的历史。每年农历正月十三，泮村乡彩旗蔽日，爆竹声声，四十多个村庄户户张灯结彩，全乡群众簇拥着三米多高的大花灯，由晨至昏游遍全乡，游灯时前以罗伞开路，旁有龙、狮相随。

起灯：上午九时，负责起灯的村民把灯竖立，高高举起，龙、狮齐齐起舞，锣鼓喧天（余沛连　摄）

舞灯：舞灯队伍来到牛口村时，为避忌“送龙灯入牛口”，只能冒着寒风从村前的池塘淌水进村（余沛连　摄）

打灯：游完全乡所有村庄后，在爆竹声中，村民们一涌而上，争抢灯纸和灯篾，作为吉祥物拿回家（余沛连　摄）

送灯：由送灯队伍负责护送，以三声地炮为号，继而龙、狮伴着花灯徐徐起行（余沛连　摄）

泮村灯会起源于明代，当时官场腐败，社会黑暗，盗匪横行，民不聊生，泮村邝姓十三世祖祁健斋前往拜见曾在泮村执教的名儒陈白沙（1428—1500），询问消灾避祸的办法。陈白沙指示说，泮村有狮山、虎山、象山、马山、牛山五座黑石兽山，五兽镇村，本可确保平安，但作为五兽之王的狮子昏睡未醒，其余四兽捣乱，才导致当地灾祸频仍。他建议乡中各家挂灯鸣炮、敲锣打鼓以吵醒狮子，让它管住四兽。泮村民众听从指点，明英宗天顺八年（1464）正月十三，家家户户点灯鸣炮，摇旗呐喊，响声震天。据说自此以后，泮村又回复了太平景象。由这一年开始，每年的农历正月十三泮村民众都要举办舞灯活动，以消灾祈福、辞旧迎新。每年台山、新会、鹤山等邻近县市的群众都会赶来参观助兴，整个灯会一派喜气洋洋的景象，热闹非凡。

灯会·自贡灯会

申报地区或单位：四川省自贡市

自贡位于四川盆地南部，沱江流域釜溪河河畔。自贡灯会历史悠久，早在唐宋年间这里就有了新年燃灯的习俗，清中叶以来，自贡的“狮灯场市”、“灯竿节”、“提灯会”、“瞒天过海”、“牛儿灯会”等会节活动相沿不绝，显示出浓郁的地方风情。随着社会的变迁和科技的发展，现代自贡灯会变得比以往任何时期都更加繁荣兴盛。从1964年到2006年春节，自贡已成功举办了19届灯会。

自贡灯会以元宵节灯会最为著名，场面宏大，灯彩丰富异常。按类型分，自贡元宵灯彩主要包括工艺灯、座灯、组灯等几种。其中以组灯最具特色，它多表现优秀民间传统、古典名著、神话故事等题材内容，具有大型、群体、联动的特点，成为中华民族彩灯文化中的一枝奇葩。自贡灯彩构思巧妙，制作精细，用料独特，瓷器餐具、玻璃瓶、蚕茧、细竹篾、扎染、丝绸等均可用为制作灯彩的原材料。传统制作技艺与现代科学技术相结合，制成的灯彩五光十色，令人目不暇接，呈现出绚丽多姿的面貌，将自贡灯会推向了更高的艺术境界。

自贡灯会的盛况（罗莫中　摄）

989 X-82

申报地区或单位：四川省茂县、汶川县、理县、北川羌族自治县

羌年

羌年期间，跳喜庆沙郎（徐正斌　摄）

日麦节（羌历年）也叫"羌历新年"、"过小年"、"丰收节"等，是羌族的隆重节日，活动内容以庆丰收、送祝福、祈平安为主，主要流行于四川省茂县23个乡镇的广大羌族聚居区，在汶川县、理县、松潘县、北川羌族自治县等的羌族分布地区也有流传。日麦节系由羌族平阳历而得名，一般以农历十月初一为节日，为期三至五天。从内容上看，这种羌年活动反映的主要是羌族早期农耕文化的状况，但从表现方式中仍然显现出许多游牧、狩猎文化和万物有灵崇拜的遗存。

每当羌年来临，各寨都要在德高望重的老人的主持下举行隆重的庆祝活动。男女老少在草坪上围成一个个圆圈，先是载歌载舞，俗称"跳喜庆沙朗"，继而开饮咂酒，彼此互赠美食，共祝新年，纵情狂欢，直到深夜才尽兴而归。

羌年是羌族人民宝贵的文化遗产，它集信仰、历史、歌舞、饮食于一体，从节庆活动中体现出羌人崇拜自然和先祖的民族个性，具有民族学、民俗学、社会学、历史学、文化学等多方面的研究价值。

羌年祭祀活动（陈海元　摄）

羌年祭祀活动中的祭岩神仪式（银福忠　摄）

990 X-83

申报地区或单位：贵州省丹寨县、雷山县

苗年

苗年期间，主人家盛情款待远方的客人（黄晓海　摄）

苗年即苗族新年，一般在秋收完毕、一年农活基本结束时举行，过苗年一是为了悼念五千多年前在部落大战中罹难的苗族始祖蚩尤，二是庆祝一年劳作的收获，三是祭祀祖宗神灵及苗族视为保护神的枫木、竹木、岩妈、水井等。

在贵州省清水江、都柳江流域的苗族聚居区，苗年是一年中最为重要的节日。自古至今，这一地区的苗族一直使用着与汉族农历不同的苗历，苗历岁首即为苗年。当地过苗年需通过协商按顺序进行，这使得不同苗寨可以在不同年份轮流成为节日狂欢的中心区域。

苗年是苗家一年劳作的结束与欢乐的开始，苗年期间人们走村串寨，你迎我往，杀年猪、打糯米粑、祭祖、吃团年饭、喝串寨酒、跳芦笙舞，部分地区还举行斗牛、斗鸟、赛歌等活动，喜庆活动一个又一个，芦笙盛会一寨接一寨，欢乐一直持续到早春二月的“翻鼓节”。

在贵州省丹寨县及其周边县市，苗族“嘎闹”支系的四个亚支系有过苗年的习俗。其中“尤”支系主要居住在丹寨北部、凯里南部和麻江东部，“恭”支系主要居住在丹寨境内、凯里南部和剑河、台江、黄平、麻江的部分地区，“白领苗”支系主要居住在丹寨南部、三都北部，“清江苗”支系主要居住在雷山西部、丹寨东部。

随着社会经济的全面发展，农村城市化进程不断加快，人民生活水平得到很大提高，广大人民群众对节日的期盼心情已经逐步淡化。走出苗寨的年轻一代过苗年时也不回家，这样苗年的节日气氛大为减弱，导致整个苗年的传统节俗趋于衰微，亟待保护振兴。

准备糯米饭招待客人（黄晓海　摄）

跳芦笙是苗年的主要活动之一（王钦平　摄）

991 X-84

庙会

庙会又称“庙市”，是在寺庙及其附近定期举行的一种民间信仰活动，流行于全国各地。一些大型庙会在唐代已有相当规模，至今仍传承不绝，影响广泛。各种庙会都有自己规定的会期，大多为某个传统农历节日或宗教及民间信仰纪念日。庙会具有集中性、群体性、固定性的特征，庙会期间，各种民俗活动、技贸活动得以当众充分展示，活动内容丰富多彩，迎神赛会也是庙会的一种形式。在我国香港和澳门特别行政区，以及台湾地区，信众普遍的传统庙会都是从大陆传入的，与母体有着割不断的联系。在海外华人居住区，许多从祖国带去的庙会都香火旺盛，以特殊方式传承着中华民族的文化血脉。

庙会·妙峰山庙会

申报地区或单位：北京市门头沟区

妙峰山古称“妙高峰”，地处北京西郊，距市中心35公里，属北京市门头沟区管辖。妙峰山传统庙会每年举办两次，农历四月初一至四月十五为春香，七月二十五至八月初一为秋香，其中以春香为盛。庙会活动区域分娘娘庙和香道茶棚两部分，娘娘庙建在山顶，由灵官殿、惠济祠、回香阁、玉皇顶等建筑构成。

妙峰山庙会是华北最重要的庙会之一，它始于明代中后期，至清代香火旺盛达于极点，每年要迎接数十万香客。香会共有三百余档，门派各不相同。会首是香会的组织者、指挥者和主要传承者，仅北京市就有会首两百多人，会中的各种规矩、礼仪、技艺均由会首以师带徒的方式传承下去。

妙峰山庙会盛况（北京市门头沟区文化委员会　提供）

妙峰山庙会场景（北京市门头沟区文化委员会　提供）

妙峰山庙会保留了华北庙会以民间信仰为特点的传统民间吉祥文化，是研究华北地区民众世界观和生活情状的重要依据，在民俗学研究中具有重要的参考价值。香会是一种民间文化活动组织，它传承和保留了众多的民间艺术、民间体育竞技活动和民间手工艺，丰富了群众的文化生活。香会活动带有很强的群众性和自娱性，从中体现出民众的自治能力和传统社会急公好义、谦和互助的精神。

庙会·东岳庙庙会

申报地区或单位：北京市朝阳区

东岳庙庙会是北京历史上最早的庙会之一，它在元代即已出现雏形，至明代正式形成，入清后达于鼎盛。庙会以北京东岳庙为依托而展开，逐渐形成包含信仰、商贸、娱乐等多方面内容的群体性系列活动。历史上东岳庙庙会的会期主要在春节、农历三月十五至三月二十八的东岳大帝诞辰日和每月的朔望日。庙会期间，人们到庙中祭祀东岳大帝和民间吉祥神，以祈福迎祥。各地民间香会在此行善助善，各行业也利用这一机会举办活动。除此以外，还有规模极大的庙市，出售节令用品、地方土特产、风味小吃及日常生活用品等。如今东岳庙庙会主要在春节期间举办，在继承传统习俗的基础上，增加了展览、讲座等活动内容，使东岳庙庙会成为新时期文化庙会的典型代表之一。

北京东岳庙庙会以东岳大帝信仰为核心，以祈福文化为重要内容，体现出广泛的群众性，有利于社会和谐气氛的营造。东岳庙庙会习俗中凝结了众多的传统民俗样式，为研究华北地区的民风民俗提供了重要材料。

1949年后，北京东岳庙庙会因庙宇场所被机关占用而陷入沉寂。20世纪末，庙会重新恢复并延续至今，成为京城最有影响的节庆庙会之一。

东岳庙庙会上的传统游艺摔跤（北京民俗博物馆　提供）

东岳庙庙会上的推福碾（北京民俗博物馆　提供）

东岳庙庙会上的传统技艺吹糖人儿表演（北京民俗博物馆　提供）

东岳庙庙会上的台阁表演（北京民俗博物馆　提供）

庙会·晋祠庙会

申报地区或单位：山西省太原市晋源区

晋祠位于山西省太原市西南郊，祠中的圣母殿建于北宋太平兴国九年(984)，用以奉祀周武王之妻、姜太公之女、叔虞之母邑姜。明洪武二年(1369)为圣母加封号后，形成了七月初二祭祀圣母的盛典。后逐渐演变成晋祠传统庙会，古称“赛神会”，明清以来长盛不衰，一直延续至今。

晋祠庙会上的演戏场景（山西省太原市晋源区晋祠镇文化站　提供）

晋祠庙上的舞龙场景（山西省太原市晋源区晋祠镇文化站　提供）

晋祠赛神会农历七月初一开始，在水镜台演戏酬神。七月初二是祭祀圣母诞辰的正日，县、乡、村社的官员、乡绅、社首斋戒沐浴，到晋祠恭谨致祭。先在圣母殿前的献殿陈设香案祭品，然后上香鸣钟，由知县恭读祝文，行礼如仪。自正日起，水镜台演戏五日，同时在全县范围内举行赛神会，活动逐步趋向高潮。

晋祠庙会历史悠久，它生动体现了太原当地古老的乡风民俗，具有重要的民族学、历史学研究价值。

庙会·上海龙华庙会

申报地区或单位：上海市徐汇区

上海龙华庙会是华东地区著名的庙会之一，其产生时间可以追溯到唐代。龙华寺相传为弥勒菩萨的道场，每逢弥勒菩萨化身布袋和尚的涅槃日，龙华寺都会举行隆重的纪念法会，以众姓水陆道场为主。至明代，龙华庙会由单一的礼佛庙会发展为兼容商贸、娱乐的综合性庙会。清代，庙会更与赏桃花的习俗结合起来，正日由农历三月初三推至三月十五，规模和影响进一步扩大，娱乐内容也有所增加，庙会进入全盛时期。20世纪20年代以后，龙华庙会由乡村庙会向都市庙会转化。新中国成立后，政府参与组织龙华庙会，使庙会结束自发状态，进入新兴阶段。

上海龙华庙会"吉祥出会"（孙卫忠　摄）

龙华庙会具有都市性、商贸性和娱乐性的基本特征。商贸活动是庙会的重要内容，这不仅缘于与长三角地区重商的传统和商业发达的背景，也与庙会的时间有关。龙华庙会一般在清明前后举行，此时正是春播时间，需要农具、种子等物品，因此庙会就成了这些农用物品最好的交易场所。饮食是庙会商贸习俗的一个重要方面，龙华羊肉、龙华五香豆、龙华豆腐干、龙华素斋等都是龙华庙会上常见的特色食品，与当地食俗和生活方式有着密切的关系。娱乐活动也同样是龙华庙会的重要内容，庙会期间，人们愉快地踏青赏桃花、观赏皮影戏、花鼓戏、舞龙舞狮和荡湖船等表演，使龙华庙会成为了上海新春时节最为欢快的节日。

在龙华庙会的发展过程中产生了众多的传说故事、诗词、谚语，这些作品的产生既说明了庙会在民众生活中的重要作用，又体现了庙会的巨大影响力和强大辐射功能。庙会的发展直接导致了龙华古镇的形成并促进了上海地区的形成与发展。作为观察上海的一扇窗口，龙华庙会在上海地方文化的研究中起到了重要的参考作用。

上海龙华庙会上的传统民俗活动"称大秤"（高兴林　摄）

庙会·赶茶场

申报地区或单位：浙江省磐安县

“秋社”时节的民间艺术表演项目：人物灯（马时彬 摄）

赶茶场是浙江省磐安县玉山一带的传统民俗，玉山古茶场位于磐安县玉山镇马塘村，它始建于宋代，清代乾隆年间重修，是目前全国发现的最早的古代茶叶交易场所遗存。

晋代许逊在游历玉山时为当地发展茶叶生产、打开茶叶销路作出过巨大贡献，玉山百姓感其恩德，尊之为“茶神”，建庙立像，四时朝拜。至宋代，又为茶神重建庙宇，同时在边上开设茶场，庙宇因此被称为“茶场庙”，并形成了以茶叶交易为中心的“春社”、“秋社”两季庙会。

“春社”时间定在农历的正月十五，届时当地茶农穿着盛装来到茶场，举行社戏表演、挂灯笼、迎龙灯（亭阁花灯）等民俗文化活动。“秋社”在农历十月十五举行，茶农和百姓拎着茶叶和货物从四面八方到茶场赶集，形成热闹非凡的盛大庙会，除货品交易外，“秋社”期间还有各种民间艺术表演，如三十六行、叠罗汉、抬八仙，等等。

赶茶场庙会中，茶叶、药材贸易与农业生产紧密相连，促进了当地生产的发展、经济的繁荣与社会的和谐。赶茶场有一整套隆重的茶神祭奠仪式和一系列丰富多彩的民间艺术活动，群众参与面广，流传时间长，由古至今从无间断。保护和传承这一民俗文化活动对于古茶场的维护和当地茶叶生产的发展具有极其重要的现实意义。

“祭茶神”之茶神巡游茶山（马时彬 摄）

庙会·泰山东岳庙会

申报地区或单位：山东省泰安市

泰山东岳庙会上的打擂场景（周长海　摄）

泰山东岳庙会是一种融宗教文化、商业贸易为一体的综合性民俗活动，长期流行于山东省泰安市的泰山东岳庙。它源于民间的泰山崇拜意识及东岳大帝、碧霞元君信仰，汉代初步形成，唐宋两代得到发展，元明清及民国时期渐趋鼎盛。

自宋代开始，将东岳大帝降诞之辰农历三月二十八定为祭祀日，由此形成东岳庙庙会的固定会期。新中国成立后，泰山庙会一度被不定期的物资交流会所取代。"文革"期间，连物资交流会也被取消。1986年，在岱岳观旧址一带恢复了泰山庙会，会期是公历5月6日至12日，庙会内容除正常的宗教活动外，以物资交易、文化娱乐和旅游观光活动为主。1991年的泰山庙会为期六天，与会者达一百二十万人次。1992年泰山庙会扩大了规模，以红门路为中轴线，南起白鹤泉，北到关帝庙，西临普照寺，东至王母池，范围达到一平方公里，会期也延长至十天。

泰山东岳庙会是中国民俗文化的重要组成部分，它起自民间，特色鲜明，规模盛大，内容丰富，会制规范，集中体现了中华民族特有的生命观、价值观、道德观、哲学观及历代政治、经济、文化生活状况。泰山东岳庙会是我国乃至世界庙会文化的典范，在发展过程中，其影响辐射全国，成为各地东岳庙会的源头。目前，泰山东岳庙会中的一些优秀民间文化样式已处于濒危状态，亟待保护。

泰山东岳庙会上的地方戏曲演出（周长海　摄）

庙会·武当山庙会

申报地区或单位：湖北省十堰市

武当山庙会是由信徒们独特的朝山进香活动演化而成的一种民俗活动，流行于湖北省十堰市的武当山地区。庙会每年共有两期，时间为农历腊月二十三至第二年的三月十六、九月初一至九月初十，其中以三月三、九月九的庙会最为隆重。

香客在武当山紫霄宫庙会主会场祭祀真武主神（叶增良　摄）

香客在武当山庙会主会场紫霄宫祭祀真武主神（叶增良　摄）

香客向真武大帝祭拜进香（叶增良　摄）

香客向真武大帝宣读祭文（叶增良　摄）

武当山庙会始于东汉末年，兴于宋而盛于明清，主要活动内容包括朝山进香、做斋醮道场、举行民间艺术活动等。朝山进香有三种形式，一是香会进香，二是道教信徒苦行进香，三是进散香。武当道场主要是做小启朝和大启朝法事，小启朝需用一天时间，大启朝则需三天。庙会期间，民众可踏青登山、看灯览胜、观看武当武术擂台比赛、欣赏礼花燃放等表演活动。

武当山庙会是当地民俗生活的缩影，它极大地丰富了当地群众的文化生活，具有很高的民俗学和历史文化研究价值。

庙会·火宫殿庙会

申报地区或单位：湖南省长沙市

火宫殿位于湖南省长沙古城坡子街北侧，其火神庙主要供奉火神祝融。据《湖南通志》载，明末清初湖南各府、州、县建有火神庙一百余座。随着历史的变迁，众多的火神庙早已荡然无存，唯有长沙火宫殿火神庙保留至今，成为传统火神崇拜民俗传承的重要场所。

火宫殿庙会场景（李嘉华　摄）

火神庙（李嘉华　摄）

庙会上的传统技艺展示（李嘉华　摄）

祭祀火神是火宫殿庙会的重要内容，历史上，春秋仲月有官祭和民祭两祭。祭祀仪式后唱湘剧大戏三天，《目连救母》是必演的连台剧目。庙会期间，演社戏、玩杂耍、唱长沙弹词等民众文艺活动丰富多彩，令人应接不暇。火宫殿庙会的风味小吃独具特色，远近闻名，成为庙会的一大亮点。如今以火宫殿命名的一家中华老字号餐饮店传承了火宫殿庙会的美食文化，在当地乃至全国餐饮行业中有着十分重要的地位。

2001年以来，长沙市有关部门为恢复火宫殿原貌，投资三千五百多万元重修古牌坊，重建火神庙、财神庙、观音庙，新建火文化博物馆，并先后举办各种火神庙会六十余次，参加者达一百多万人次，为火宫殿火神庙会的传承和发展奠定了良好的基础。

庙会·佛山祖庙庙会

申报地区或单位：广东省佛山市

北帝诞庙会是流行于珠江三角洲的一种综合性民俗文化活动，其中以佛山祖庙北帝诞庙会的历史最久、规模最大，影响也最为深远。

每年农历三月初三是北帝诞日，届时民间要举行规模盛大的庆祝活动。佛山祖庙北帝诞庙会活动由两部分组成，一是北帝诞庆典仪式，包括赴庙肃拜、北帝巡游、演戏酬神和烧大爆等内容；二是与北帝诞相关的活动，如正月初一至十五及每月初一、十五的行祖庙，正月初六至三月三十的北帝坐祠堂，二月十五、八月十五的春秋谕祭，九月初九的北帝崇升“飞升金阙”等。庙会期间，“举镇数十万人竞为醮会”，规模十分壮观。改革开放后，随着人们精神文化需求的不断加强，北帝诞活动在民间自发恢复起来，呈现出一年比一年兴旺的势头。近年来，佛山祖庙北帝诞庙会又开始呈现出“鼓吹数十部，喧腾十余里”的盛况。

佛山祖庙庙会融民间信仰与群众文化活动为一体，具有世俗性、群众性、娱乐性的特点，为广东地方文化及民俗文化的研究提供了具体生动的参考材料。

舞狮迎宾（何绍鉴　摄）

佛山祖庙北帝诞庙会盛况（杨耀桐　摄）

祭拜北帝（杨耀桐　摄）

民俗大巡游（何绍鉴　摄）

庙会·药王山庙会

申报地区或单位：陕西省铜川市

药王山五峰分布形如手指，古称“五台山”，因被尊为“药王”的隋唐时代伟大医药学家孙思邈曾归隐于此，故改称“药王山”。它位于陕西省铜川市耀州区城东1.5公里处，地处关中平原与渭北高原接壤地带，具有典型的北方丘陵峡谷地貌特征，古柏参天，殿宇宏伟，碑石林立，风景秀丽，被列为第一批全国重点文物保护单位。

药王山庙会场景（陕西省铜川市耀州区文化馆　提供）

药王山庙会是因纪念孙思邈而产生的，北宋时纪念活动在南庵静明宫举行，明代嘉靖年间祭祀的中心道场开始移向北洞。据清代顺治十一年（1654）的《施饭碑记》载，药王山举办庙会时，“秦人男女无远近少长，人马丁攘之声尽夜，经月余不绝。即秦晋藩王、士大夫，糜不登临而拜”。清末至民国时期，药王山庙会的会期改为十天，即由农历二月初二起会，初六开始演戏，至十一日结束。

庙会期间，钟磬齐鸣，鼓乐喧天，有“路畔灯”、狮子、龙灯、花火、“天明戏”等表演活动，数以万计的群众从四方云集，现场气氛热闹异常，庙会高潮时更是达到万人空巷的地步。

药王山庙会弘扬了药王孙思邈的医德医风，促进了祖国传统中医药文化的继承和发扬，具有民俗学、社会学及陕西地方文化等方面的研究价值。

孙思邈塑像（陕西省铜川市耀州区文化馆　提供）

992 X-85

民间信俗

信俗又称“俗信”，是人们在长期生产生活过程中形成的一种约定俗成的传统理念，在这种理念的支配下，民众会对某种民俗现象产生心理和行为认同。传统民间信仰崇拜的神灵是信俗产生的一个重要源头，祈福避害则是传统信俗传承不断的内在原因，各种民俗文化表现形式的集合构成了民间信俗的文化空间。

民间信俗·千童信子节

申报地区或单位：河北省盐山县

千童信子节是两千多年前徐福携千名童男童女东渡扶桑历史事件的文化遗存，流行于河北盐山地区。信子节只在农历甲子年的三月二十八举行，其他年份的农历三月二十八进行一般性的祭祀活动。

千童信子节祭祀活动从农历三月二十八上午辰时开始，大约到午时结束。活动过程中，参加人员在主事者带领下沿街游祭。做完祭祀法事，信子还要沿街回到开化寺，由主事人率领着再拜千童碑、千童殿。信子节所使用的信子造型先后有过筑高台、绑木架、焊铁架三种形式，在传统的绑木架形式中，以木杆、铁棍绑制成木架，竖杆顶端用铁棍、木板搭起空中舞台，台上有童男童女表演各种艺术造型。支撑舞台的木杆下端固定在铁、木制作的架子上，36名粗壮大汉抬起架子，踏着锣鼓点稳步前进。架子前以三节棍和狮子舞表演开道，架子后紧跟着落子、高跷、旱船、竹马、花狸虎、秧歌等各种花会，边走边演，十分热闹。

千童信子节是盐山当地民间信仰的重要体现，具有较高的民俗学和历史文化研究价值。它丰富和活跃了当地人民的文化生活，为河北地区民族民间文化的传承发挥了重要作用。

信子《击浪东渡》表现的是公元前 209 年徐福带领童男童女及随从等五千多人劈波逐浪、东渡日本的情景（史冬　摄）

信子《饶安征募》表现了秦代方士徐福奉秦始皇之命在当地征召培训童男童女的情景（史冬　摄）

民间信俗·关公信俗

申报地区或单位：山西省运城市
河南省洛阳市

在中国民间，关公与孔子并称，被尊为“武圣人”。关公庙祭祀是中华传统文化的重要组成部分，影响波及海外，至今承沿不绝。

关公信仰随历史的发展而逐渐形成相对固定的模式。东汉至五代时参照古社稷和孔子祭仪奉祀，北宋行太牢礼祀的祭典，明代洪武年间增加了“迎神”、“娱神”、“送神”等内容，清代康熙帝钦定关公诞祭日为五月十三日，在洛阳关林举行的祭祀仪式由视牲、陈设、盥洗、初献、拜四方、谒拜、终献、圆墓等环节组成，由洛阳县令主持。

山西省运城市解州镇是关公故里，围绕关公形成的关公祖庙信俗内涵极其丰富。解州关帝祖庙是全国最大的关庙，它敕建于隋代开皇九年（589），前朝后寝，在国内外数以万计的关帝庙中规格最高。这里自古以来都要在每年的农历六月二十四关帝生辰、四月初八及九月初九举行庙会，久之形成习俗，一直沿袭下来。

河南洛阳关公庙大殿群像（河南省洛阳市非物质文化遗产保护中心　提供）

在山西解州关帝庙演出关公戏（山西省运城市解州关帝庙文物保管所　提供）

河南洛阳的关林是我国唯一冢、庙、林三祀合一的古代建筑群，至今已有千余年历史。它因葬有关羽首级而形成庙祀，明代万历二十年（1592）在汉代关庙的原址上形成今天庙会的基本规模。关林庙会于每年春、诞、秋三祭日即正月十三、五月十三、九月十三举行，祭祀仪式汇集了狮舞、鼓舞、武术、杂技、面塑、海神、高跷曲子等洛阳地方民间艺术，同各种信俗传说融为一体。

关公信俗的核心内容是信义为本、忠诚为贵的传统观念，这一思想得到海内外华人的广泛认同，成为华人世界价值观的重要内容。目前关公信俗活动中的面塑、宫廷乐、海神、高跷曲子等形式知者极少，已面临失传的危险，急需抢救保护。

山西解州关帝庙全景图（山西省运城市解州关帝庙文物保管所　提供）

民间信俗·石浦——富岗如意信俗

申报地区或单位：浙江省象山县

浙江省象山县石浦镇渔山渔村和台湾省台东县富岗新村共同信奉着鲜为人知的海上平安孝神如意娘娘。如意娘娘信俗是一种民间自生现象，它与妈祖信仰相似，是浙江宁波、台州、温州沿海一带渔民的精神寄托。据传浙东地区民间信奉如意娘娘已有几百年的历史。20世纪的内战造成中国大陆与台湾地区彼此隔绝的特殊状况，在此情势下，形成了象山石浦与台东富岗（小石浦）两岸如意娘娘往来省亲迎亲的习俗。

石浦——富岗如意信俗是增进海峡两岸文化认同的情感纽带和推进中华传统道德传承的有效手段，作为民间信仰的有机组成部分，它为民俗学、宗教学等学科的研究提供了重要的参考。

两岸信众朝拜如意娘娘（曹定杰　摄）

妈祖如意省亲迎亲活动（陈朝晖　摄）

中国台湾地区富岗新村同胞抬着他们海神庙的如意娘娘来省亲（解亚萍　摄）

中国台湾地区海神庙的如意娘娘（曹定杰　摄）

民间信俗·汤和信俗

申报地区或单位：浙江省温州市龙湾区

汤和信俗是流传于浙江南部温州地区的一种民俗文化，也是我国古老的中元节习俗中最具典型性的个案。

明初，东南沿海频遭倭寇侵扰，百姓不堪其苦。大将汤和奉太祖朱元璋之命沿海岸线修筑卫所59处，温州宁村所即为其中之一。倭患平息后，民间感念汤和的功德，在东南要塞宁村建庙立祀，并于每年农历七月十五中元节举行“汤和出巡”、“追悼倭难亡魂”等仪式。整个活动持续五天，仪式所到之处，人们夹道摆祭迎候，久之逐渐形成颇具规模的汤和节，至今已有四百多年的历史。

汤和信俗在东南沿海一带影响深远，具有广泛的民间性和自发性。它突破中元节祭祖和送鬼的一般习俗，形式上涵括了手工技艺、歌舞、曲艺等众多的民间艺术门类。信俗中注入爱国主义与缅怀先辈两大主题，表达了人们对民族英雄的尊崇和热爱，有助于中华民族精神的弘扬和优秀传统道德的传承发展。

汤和庙（项绍雄　摄）

路祭（项绍雄　摄）

汤和神像出巡（何光德　摄）

民间信俗·保生大帝信俗

申报地区或单位：福建省厦门市海沧区、龙海市

保生大帝祭典：献舞（林广明　摄）

保生大帝信俗包含祭祀、进香、祈求药签、巡游等内容，其起源可追溯至北宋中期。明代后期及有清一代，保生大帝信仰随开垦者渡海流入台湾。现时中国大陆及台湾的保生大帝祭祀均延袭古制，与地方民俗相结合，形成一套带有闽台地域特色的祭典仪式，在海内外极具影响力。

保生大帝姓吴名本，北宋同安县白礁乡人。他精通医术，以高超的治疗手段救济生民，被民间私谥为“医灵真人”，身后又得到历代褒封。明代永乐十七年(1419)，朝廷敕封吴本为“恩主昊天金阙御史慈济医灵妙道真君万寿无极保生大帝”。在民间，保生大帝又被称为“吴真人”或“大道公”。

慈济宫位于福建省厦门市海沧区青礁村东鸣岭山麓的岐山，九龙江北岸每年前往青礁慈济宫保生大帝祖庙朝拜的海内外香客达十几万人，青礁慈济宫因此而成为世界保生慈济文化的中心。

白礁慈济宫位于福建省龙海市角美镇白礁村，白礁慈济宫吴真人诞辰祭典仪式是海峡两岸民众共同奉行的一种传统祭祀仪式，参加者以龙海人为主，延及海峡两岸民众和东南亚地区的华侨华人。

龙海市首届海峡两岸保生大帝文化节（高建国　摄）

龙海市白礁慈济宫吴真人诞辰祭典仪式（高建国　提供）

龙海市首届海峡两岸保生大帝文化节（高建国　摄）

农历三月十五是吴真人诞辰日，民间照例举行自宋代即形成的吴真人诞辰祭祀仪式。祭典由多个环节构成，首先鸣钟九响，擂鼓三通，然后鸣炮，与祭者分香，行上香礼，再向吴真人献花、献茗、献果、献牲、献财帛，向吴真人暨列位尊神行三跪九叩礼，恭读疏文，恭化财帛，望燎。接着进行绕境活动，巡游队伍蹈火出阵，以白礁慈济宫宫旗、神童阵、肃静牌、神像、凉伞为前导，同时配以全套乐队。祭典期间还开展民间文艺活动，漳州木偶戏、南音和来自台湾的芗剧等都参加表演。

保生大帝信俗涵括了闽台民间文化、闽台历史、民间医药、民间艺术、民间宗教信仰等一系列内容，具有社会学、宗教学、民俗学、闽台地方历史文化等多方面的研究价值。

民间信俗·陈靖姑信俗

申报地区或单位：福建省古田县、福州市仓山区

福建省古田县临水宫主祀道教神女陈靖姑，朝拜陈靖姑、举行请香接火仪俗是目前福建省乃至江南地区最具影响力的一种民间信仰活动，其影响甚至波及东南亚和世界各地的华人社区。陈靖姑信俗肇始于宋而盛于明清，香火一直传承不断。据明万历《古田县志》载，陈靖姑生于唐代，传说她是福州仓山下渡人，24岁时脱胎祈雨，为解除旱情、拯救百姓而献出了年轻的生命，身后被尊为儿童妇女保护神，仓山下池许真君庙附近的一座旧木屋也被当地人视为陈靖姑祖屋加以供奉。

陈靖姑信俗影响及于闽、台、港、澳、浙、赣、湘、粤、桂、鄂、皖等省（区）和世界各地的华人社区，信众达八千多万，出现四千余座临水宫分庙，形成一种特殊的民俗文化现象。请香接火仪俗全年进行，而以农历正月陈靖姑诞辰月的仪俗活动最为隆重。届时各地信众组成“夫人社”到古田临水宫庆祝圣诞，并从祖宫请香接火回乡祈神醮仪，反映出大众中普遍存在的祈福求安愿望。

福建省古田县朝拜陈靖姑、举行请香接火仪俗场景（余炳炎　摄）

安座

参神

护圣

回銮

讨圣

福建省福州市陈靖姑信俗（福建省福州市仓山区文化馆　提供）

迎神

祈福

请花

游神

三六婆官送子

祀拜（陈秉森　摄）

祀拜

在此过程中，各地不同流派的道教科仪、民间音乐、戏曲舞蹈、传统武术、民间曲艺等都得到充分的展示。台湾有四百多座临水宫分庙，近二十多年来台湾到古田祖宫朝圣者已有四十多万人次。以请香接火仪俗为媒介，台湾同胞在人同祖、神同缘的俗信仪式中增进了与大陆同胞的情感交流和对民族文化的认同。

西王母信俗实践活动场景（赵勇　摄）

民间信俗·西王母信俗

申报地区或单位：甘肃省泾川县

西王母信俗是甘肃省平凉市泾川县群众中长期流行的一种民俗文化，这种在漫长农耕生活中形成的信俗以西王母文化为载体，以酬神娱人为主要特征，包含有历史、宗教、民俗、礼仪、节庆、工艺、技能等诸多文化内容，显示出鲜明的西北地方特色。

西王母信俗始于宋代，北宋开宝元年（968）农历三月二十在泾川回山的西王母祖庙举行了隆重的祭祀仪式，翰林学士陶谷奉宋太祖之命撰成《重修王母宫颂》碑，详尽记载了西王母古部族的历史及泾川地区盛大的西王母祭典状况。由此开始，西王母祭典在当地一直绵延不断，至今已逾越千年，传承1039届，深深植根在广大民众的心中。

每逢农历三月二十西王母祭典，泾川人几乎倾城出动，许多信众凌晨三时许即赶到西王母祖庙抢烧头香。早上七时许，各乡镇群众潮水般地从四面八方涌向祖庙焚香化表，或求神赐子嗣、祛病痛、降吉祥、保平安，或祷请风调雨顺、国泰民安。陕西、宁夏、河南等省和庆阳、西峰、宁县、镇原等市县的信众不顾路途遥远，也纷纷携带各种供品赶来参祭。

西王母信俗反映了广大民众追求和谐团圆的美好生活愿望，有助于增强中华民族的凝聚力、促进民族团结、进一步推动和谐社会的建设。

西王母像（赵勇　摄）

993 X-86

申报地区或单位：青海省海北藏族自治州

青海湖祭海

青海湖祭海场景（青海省文化和新闻出版厅 提供）

青海湖祭海是环青海湖地区规模最大的一种民间祭海活动。祭祀青海湖的历史最早可追溯到汉代，唐天宝十年（751）正月朝廷在敕封东南西北四位海神时，将西海海神封为广润公并遣使礼祭，青海湖祭海活动由此延续下来，至今已有一千两百多年的历史。

青海湖祭海于每年的农历七月十五举行，届时在海滨搭建煨桑台，点燃松柏枝，由喇嘛诵经，藏、蒙古等族群众投献哈达、白酒、五色粮食、酥油炒面等祭品，向空中抛洒纸风马“隆达”。祭献完毕，法师手持五色丝线缠裹的五谷包，率领手持各种法器的喇嘛仪仗队及吹着藏唢呐和法号，头戴鹿首、牛首面具的鹿神、牛神和其他地方神拥向湖岸。法师站在岸边朝着湖水念诵咒语，祭祀者则向湖中投掷祭物，表示对海神的崇拜，同时祈祷海神保佑众生幸福、国泰民安。祭海仪式后，在湖边举行赛马、赛牛、射箭等体育活动和跳神、佐斗候、桑德舞、吉祥鹿舞等表演。

青海湖祭海保留了相当完整的传统民俗，其中的祭词、经文和传统体育比赛等内容具有较高的宗教学、民族学研究价值，是探察中国古老民族发展演变历史的宝贵资料。

青海湖祭海场景（青海省文化和新闻出版厅　提供）

青海湖祭海：煨桑（青海省文化和新闻出版厅　提供）

994 X-87

抬阁（芯子、铁枝、飘色）

葛渔城重阁会

宽城背杆

隆尧县泽畔抬阁

清徐徐沟背铁棍

万荣抬阁

峨口挠阁

脑阁

金坛抬阁

浦江迎会

肘阁抬阁

大坝高装

青林口高抬戏

庄浪县高抬

湟中县千户营高台

隆德县高台

阁子里芯子

周村芯子

章丘芯子

霍童铁枝

福鼎沙埕铁枝

屏南双溪铁枝

南朗崖口飘色

台山浮石飘色

吴川飘色

河田高景

抬阁又称“抬角”、“抬歌”、“高抬”、“挠阁”、“脑阁”、“高装”等，是传统节庆活动中的一种民俗巡游表演形式。抬阁起源于中原地区的迎神赛会活动，后逐渐传到东南沿海及西北地区，在清代盛行一时，流传过程中与各地具体情况相结合，形成不同的特色。

抬阁活动中由数名儿童扮作古装戏曲人物，根据剧情组成精彩的造型，固定在四方形阁子的铁柱和支架上，由人抬着行走。抬阁传统造型多取自《梁山伯与祝英台》、《天仙配》、《白蛇传》、《西游记》、《昭君出塞》、《蓝桥会》、《黄鹤楼》、《打渔杀家》等剧目，造型高度在3至5米左右，阁子3层至5层不等，一般每层1人，也有的底层4人，中层5至6人，顶层1人。抬阁巡游时，一般用到4架阁子，多时可达

6架甚至8架，每个阁子由4人或8人扛着前行。

抬阁熔绘画、戏曲、彩扎、纸塑等艺术于一炉，造型优美，画面壮观，为广大群众所喜闻乐见，长期在民间盛行不衰。随着现代化进程的加速，抬阁活动渐趋式微，农村中出现了抬阁制作技艺后继无人的状况，相关的抢救保护工作迫在眉睫。

抬阁（芯子、铁枝、飘色）·葛渔城重阁会

申报地区或单位：河北省廊坊市

河北省廊坊市安次区的葛渔城重阁会系在清代乾隆年间由山西传入当地，至今已有两百多年的历史。表演时由上下两层演员组成戏曲人物造型，而以下一层演员为主，故下面的“底座”须选身强力壮、善于表演的男演员装扮男角，上层的“二节人”则选形象好、善于表演的十岁左右儿童扮成女角。托举儿童的道具称为“芯子”，是一种铁铸的双搭肩背架，中间伸出一根铁杆。“底座”背着“芯子”，上面的儿童下半身固定在铁杆上，穿着成人戏服，双臂舞动，风姿绰约。由于要稳住上面的“二节人”，“底座”的身体必须保持平衡，同时还要进行表演，所以其舞步和动作都很讲究，技巧难度极高。两人表演的“芯子”重六七十斤，三人或四人表演时“芯子”更加沉重，难度也相应增

葛渔城重阁会抬阁巡游场景（董振生　摄）

大，非大力士无法表演，所以演出时每架“芯子”都有两三个替换演员。

自复兴以来，葛渔城重阁会很好地传承和发展了传统的抬阁巡游技艺，深受当地群众喜爱，所到之处人潮如涌，场面蔚为壮观。现在重阁会共有14架铁芯子，表演剧目有《鸿恋情》、《穆柯寨》、《孙悟空三打白骨精》、《猪八戒高老庄》、《画皮》、《桃树枝》、《打渔杀家》、《花为媒》、《唐知县审诰命》、《杜十娘》、《秦香莲》、《吕洞宾戏牡丹》、《白蛇传》、《天河配》等。

葛渔城重阁会集中展示了廊坊地区的民间艺术状况，为地方民俗文化的研究提供了丰富的资料。目前重阁会的坐唱形式已不存在，坐唱曲牌大部分失传，仅剩下【扬子江】、【吴氏飞霞】、【春景】、【夏景】、【渔家乐】等少量残存曲牌，需要有关方面组织力量进行挖掘抢救。

抬阁（芯子、铁枝、飘色）·宽城背杆

申报地区或单位：河北省宽城满族自治县

宽城背杆俗称“背歌”，主要流传于河北省宽城满族自治县的宽城镇北村。据老艺人回忆，宽城背杆始于清代，兴盛于民国时期。

宽城背杆表演者众多，队伍庞大。传统背杆要求表演架次三天内不重样，演出的扭童一日一换。历史上庙会演出的背杆多由官、商、民三方联办，困难时期则通过商会集资和个人集款方式为活动提供资金支持。

宽城背杆道具制作精细，上下角绑缚极其讲究，像《算粮登殿》中的算盘、《火洞天》中哪吒踩踏的风火轮、《麻姑献寿》中鲜红的寿桃等都制作得十分逼真，巧夺天工。宽城背杆的重量平均为26.5至27公斤左右，好背手一副架最多能扛顶三四名扭童，负重达一百多公斤。现在使用的架杆均为铁架，上下角以活动自如、安全可靠为前提，上下杆绑缚要求极高，必须尽量避免摩擦挤压。表演时打叉、挑凳者若干人紧随其后，各尽其职，责任分明。

宽城背杆《排风挡马》（河北省宽城县文化馆　提供）

宽城背杆《血手印》（河北省宽城县文化馆　提供）

宽城背杆历史悠久，风格独特。目前第十三代老艺人大部分已相继去世，仅剩年近八十岁高龄的一位老艺人传承背杆技艺，亟待保护。

抬阁（芯子、铁枝、飘色）·隆尧县泽畔抬阁

申报地区或单位：河北省隆尧县

隆尧县泽畔抬阁是流行于河北省隆尧县的一种群众性民间艺术，它源于元代末年的扛神活动，至今已有五百余年历史。

泽畔抬阁最初以人扛抬神像，后逐渐演变为扛抬活人化装的神，多表现为两个八人抬阁形式。一般的抬阁床长1.5米、宽1米、高1米。表演时，一演员站立或端坐在抬阁床上，另一演员好似站在其手上或肩上。整个表演充满惊险意味和诙谐幽默风格。泽畔抬阁演员选择极为严格，多在农历腊月由班头挑选十二虚岁以下的少年男女上抬阁，一般一抬阁男女各一。入选演员者全家庆贺，村人羡慕。抬阁所表现的情节以戏曲故事和民间传说为主，也可根据具体情况穿插具有时代气息的题材，“吕洞宾戏牡丹仙子”、“赵匡胤千里送京娘”、“三打白骨精”、“关公保皇嫂”、“白蛇与许仙”、“哪吒智斗三太子”、“岳飞与秦桧”等都是其中较为常见的内容。

泽畔抬阁以对子鼓等打击乐器伴奏，而以马锣领奏，演员服装则根据内容需要选用相应的戏装。按照惯例，逢到龙虎年才能进行抬阁表演。平时抬阁道具均由专人看管，制作工艺保密。

隆尧县泽畔抬阁集戏曲、舞蹈、杂技、美术、音乐等于一体，特色鲜明，造型别致，为河北地区民间艺术及民间风俗的研究提供了鲜活的例证。

河北省隆尧县泽畔抬阁表演
（吕苒　摄）

抬阁（芯子、铁枝、飘色）·清徐徐沟背铁棍

申报地区或单位：山西省清徐县

女子铁棍（山西省清徐县文化馆　提供）

清徐徐沟背铁棍是一种极具地方特色的民俗活动，流传于山西省清徐县的徐沟镇。这一民间艺术形式系由抬神求雨活动演化而来，其起源可以追溯到金代大定二年（1162）。至明代嘉靖年间，背铁棍活动最终成形，至今已盛行四百余年。

清徐徐沟背铁棍内容上取材于民间传说、戏曲故事及现实生活，以一根棍反映一出戏或一个故事。表演时一支彩枝悬挂一人，一根弓弦站立一人，上下一体，同歌共舞，显示出无限的魅力。清徐徐沟背铁棍吸纳了当地民间手工技艺、民间美术、民间音乐、民间口头文学、民间戏剧、民间杂技等的重要因素，呈现出惊险奇特、灵动优美的风格，被誉为“空中舞蹈”、“无言戏剧”、“活动雕塑”、“流动杂技”，具有很高的民间艺术研究价值。

随着生活方式的变迁，并受现代文娱形式的影响，清徐徐沟背铁棍的艺术特色正逐步淡化和消失，背铁棍制作和表演艺术同时出现传承上的断层，濒临灭绝，亟待抢救。

抬阁（芯子、铁枝、飘色）·万荣抬阁

申报地区或单位：山西省万荣县

万荣抬阁是一种极具地方特色的民间艺术形式，它起源于明末清初，一直在山西省万荣县流传，至今已有四百多年的历史。万荣抬阁构思新颖，内容丰富，以奇制胜，以险动人，一出折子戏、一个故事、一段传说就是一架抬阁，以艺术形式表现出来，可达到出神入化的程度。万荣抬阁融多种技艺于一体，设计复杂，制作工序繁多，财力物力消耗大，公众参与程度高。

20世纪90年代，万荣抬阁的发展达到高峰。每年正月十五，观看抬阁表演的人蜂拥而至，万荣抬阁由此成为当地广大民众文化生活的重要内容。由于抬阁没有明显的经济效益，所以年轻人不愿参与，更不愿学习传承，目前万荣抬阁已面临后继乏人的局面，急需保护。

抬阁表演"关公出征"（山西省万荣县西村乡西村村民委员会　提供）

万荣抬阁表演前期的绑装工作（山西省万荣县西村乡西村村民委员会　提供）

抬阁（芯子、铁枝、飘色）·峨口挠阁

申报地区或单位：山西省代县

峨口挠阁是一种特殊的百戏杂艺，流传在山西省代县雁门关内外，而以峨口为中心。挠阁由乐队与表演队两部分组成，内容古老而传统，形式独特而别致，道具原始而质朴。乐队有鼓、唢呐、笙等八种乐器，表演队伍一般由六十架（组）左右的挠阁组成，每架（组）两人，成人儿童各一人，特殊架（组）三人。小演员一般要选五六岁的漂亮儿童，装扮成各种各样的古装戏剧人物后站立在特制的铁架上，用宽布带绑缚固定，再由体魄健壮、音乐感强的成年男子挠在肩上。表演开始，原始奔放的乐曲响起，下面的壮汉迈开粗犷沉稳的步伐，肩上的小演员随着翩翩起舞。欢快热烈的乐曲声中，儿童与壮汉舞在一起，演员情绪与

峨口挠阁表演中的小演员（山西省代县峨口挠阁保护研究会　提供）

峨口挠阁表演场景（山西省代县峨口挠阁保护研究会　提供）

音乐氛围融为一体，民众的狂欢达到高潮。

峨口挠阁集中反映了代县民间艺人的高超技艺，表现出这一地域的文化特色。发掘、抢救、保护峨口挠阁，有助于提高人民群众的整体素质，促进民族文化事业的发展。由于时代的变迁，目前峨口挠阁已陷于濒危状态，急需保护。

抬阁（芯子、铁枝、飘色）·脑阁

申报地区或单位：内蒙古自治区土默特左旗

庙会上的脑阁表演（内蒙古自治区非物质文化遗产保护中心　提供）

脑阁是内蒙古自治区呼和浩特地区群众喜爱的一种民间社火，内蒙古脑阁系清代中期由晋北地区传入，至今已历经三百多年的发展演变，其中以土默特左旗毕克齐镇的脑阁最为有名。脑阁的“脑”是山西、陕西、内蒙古等部分地区的方言，意为将东西举起扛在肩上。脑阁一般由成人和儿童组合表演，下面的成人上身套上铁架子，称为“色脚”；上面被“脑”的儿童也用铁架子固定起来，称为“色芯”。下方“脑”的人腰要挺直，扭、颤、摆、行走、舞动和旋转是其动作特点，扭动时劲全部用在膝盖以下的小腿上，在进行中要带动上边被“脑”的儿童一同摆动。小演员一般选择三到八岁的漂亮男童女童，穿上色彩鲜艳的服装后扮成各种历史人物或戏

曲人物，再以花草彩云加以装饰，由成人“脑”起后头和胳膊，随着铿锵的锣鼓节奏自然舞动，显得活泼可爱、真切动人。按照当地民间说法，凡是上过脑阁的孩子一生都会健康幸福、平安吉祥。

内蒙古地区的脑阁题材广泛，内容丰富，其中既有《梁山伯与祝英台》、《天仙配》、《白蛇传》、《西游记》等神话和民间传说，也有《昭君出塞》等表现内蒙古地区历史文化的故事。

脑阁是草原文化与黄河文化的结合体，它集戏剧、杂技、美术、舞蹈、音乐于一体，显示出深厚的黄河文化底蕴和鲜明的民族特色。多年来，象征吉祥、喜庆、平安的脑阁已经成为内蒙古各族群众喜闻乐见的重要民俗活动之一，每逢节庆之日，民间艺人便装起脑阁，走上大街，以动人的造型和故事表现出各民族人民对美好生活的憧憬和热爱。

抬阁（芯子、铁枝、飘色）·金坛抬阁

申报地区或单位：江苏省金坛市

金坛抬阁表演场景（叶林生　摄）

金坛抬阁是金坛庙会中的一种大型民俗活动，它兴起于明代，在江苏省金坛市金城镇及周边地区流传。

金坛抬阁造型典雅，内容丰富，吹打乐伴奏铿锵而富于节奏，表演时气氛热烈，场面壮观，为广大民众所喜闻乐见。金坛抬阁所用的“阁”是一种六尺长、五尺宽的长方形座架，下面有四条腿的长方底座，底座中以木杆为支架，饰有假山、曲桥、栏杆、花卉、绿阴和亭台等。“阁”以木桩和插销为骨，上下连成一体，由上至下分为五层，上下高达二丈五尺。“阁”上共有五至七个装扮成各种戏曲人物的童男童女，年龄均在十岁左右。出行时由十六个壮汉“八抬八插”，即八人用肩扛抬，八人用杠插撑。抬阁兴盛时，金坛曾有城隍庙、忠佑祠庙、河西庙、李王庙、八蜡庙、殿值祠、河东庙七处“抬阁”同时出会，规模和声势十分浩大。

金坛抬阁是一种与传统戏曲结合较为紧密的杂技表演艺术，属民间艺术中稀有的珍贵品种，在传统戏曲、民间杂技与民俗活动之间关系的研究中具有较高的参考价值。

金坛市第三届文化艺术节上的抬阁表演场景（叶林生　摄）

金坛抬阁表演引来众多村民围观（李燕良　摄）

抬阁（芯子、铁枝、飘色）·浦江迎会

申报地区或单位：浙江省浦江县

浦江迎会是一种极富特色的节庆巡游民俗活动，相传它起源于纪念胡公大帝的祭祀仪式，长期流行于浙江省浦江县的黄宅、前吴、通化（今属兰溪）等地。浦江迎会始于宋代，至清代达于鼎盛。清代道光二十九年（1849）十月，通化乡青山岩举行迎会活动，盛况空前。

抬阁巡游是浦江迎会的重要活动之一，因此浦江迎会又称“抬阁”并以奇、险取胜。抬阁由会桌、抬扛、会栅、抬会人、站会小演员五部分组成，每张会桌挑选数名三至五岁活泼秀丽的童男童女扮演传统戏曲故事人物，在会桌上或悬空而立，或凌空飞舞，其造型采用传统戏曲人物形象为主体并进一步加以艺术化设计。会桌由四至十六名青壮年抬着行走，在行走中扮演者还要变换造型。浦江迎会根据“孙悟空借扇”、“劈山救母”、“姜太公钓鱼”、“三请梨花”、“借伞”、“蟠桃盛会”等会桌上的故事情节取会名，一张会桌就是一台戏。迎会时以铜铳、铁铳开路，龙虎旗、长旗、华盖等为先导，大锣鸣道，会桌和什锦班紧接其后，队伍庞大，气势壮观。

浦江迎会《八仙过海》在新加坡表演场景（余镇海　摄）

随着时代的变迁，迎会的内涵发生了变化，逐渐成为节日及各种民间盛典中的庆贺活动。浦江迎会集中体现了浙中和江南沿海一带以民众信仰为基础的传统民间文化，保留着戏曲、杂技等民间艺术的演出传统，具有不可替代的民俗研究价值。

浦江迎会准备工作：上会桌（朱瑞芳　摄）

抬阁（芯子、铁枝、飘色）·肘阁抬阁

申报地区或单位：安徽省寿县、临泉县

抬阁是一种综合性的民间文艺活动形式，因由人抬着表演，故称“抬阁”。它集造型、彩扎、杂技、戏曲于一体，充满诗情画意。肘阁是抬阁的一种特殊形式，流行于安徽省的寿县和临泉县，因表演者利用肘部力量和技巧进行抬阁表演而得名。

明清时期，肘阁与抬阁自山西、河南传入安徽寿县、临泉等地，至清末民初达于鼎盛。肘阁与抬阁的芯子上均有不同数量的小演员进行表演，其制作巧妙隐蔽，化装和服饰具有很强的故事性，表演中有锣鼓和笙、箫、笛、管伴奏。但肘阁和抬阁支撑小演员的底座不同，肘阁是一人顶，“小抬阁”是二人扛，“大抬阁”则是多人抬，体现出高、难、险、美的特点。

肘阁多表演“水泊娘娘震四洲”、“群仙赴羊石”、“卧冰求鲤”、“弃官寻母”、“扼虎救父”等传统民间故事的内容。肘阁抬阁技巧与难度并重，保留节目有《刘全进瓜》、《孙悟空盗桃》、《天女散花》等。在流行地的年节、传统祭祀和大型群体性喜庆活动中，肘阁抬阁是最受人们欢迎的表演形式。

肘阁抬阁积淀着古老淮河文化，它反映了沿淮流域居民的生活风俗、审美情趣和价值观、美学观，具有民俗学、社会学等方面的研究价值。

肘阁表演（马晓源　摄）

抬阁（芯子、铁枝、飘色）·大坝高装

申报地区或单位：四川省兴文县

大坝高装是一种特殊的民间造型艺术，它源于清代康熙年间，流传于四川南部兴文县境内的大坝苗族乡。

大坝高装游街表演于每年农历二月初一、初二举行，游行队伍前有二十八宿开路，神童骑马领队，高装、古董抬架、龙灯、狮灯、芦笙队（苗族）、锣鼓、唢呐等紧随其后，一路锣鼓喧天，炮声震耳，热闹异常。

大坝高装参加全国第七届民间艺术节表演场景（四川省兴文县文化局　提供）

高装装架为四柱铺板的木制高台，台高二米，台面四平方米。平台中竖有一根四至六米的铁杆，称为“装亭”，装亭上端打铸成“ㄣ”形弯曲。办装一般需备四架，每架装为一出戏，处于装亭上端顶装的为女主角，站在平台上的则为配角，角色全由十二三岁的儿童装扮，他们手执道具，做出各种造型。每架装以两根大夹杠夹牢，由八人抬起沿街缓缓而行，一般

大坝高装在宜宾市表演场景（四川省兴文县文化局　提供）

十六人一台，互相轮换。高装的特色之处在于“掩头”和“假脚”，“掩头”是高装演出的主要道具，它被巧妙地安排在铁亭中部、顶装演员脚下。顶装演员穿绣花鞋的假脚站在“掩头”上，另一只同样的假脚则向后翘起，在袍服的遮盖下看不出任何伪装的痕迹。

大坝高装有着悠久的历史，在长期流传过程中深受兴文县人民的喜爱，成为研究当地历史文化、风土人情的生动资料。

抬阁（芯子、铁枝、飘色）·青林口高抬戏

申报地区或单位：四川省江油市

青林口高抬戏又称“飘色”、“抬阁”，是一种民间乔装戏表演样式，流传于川西北地区江油青林口古镇。清代乾隆年间，青林口古镇即已出现了高抬戏。每年农历二月初一，青林口都要举办传统庙会，其间便有高抬戏的表演。

高抬戏表演无需舞台戏楼，全靠传统绑扎手段将民间传说故事化作鲜活的艺术形象，呈现为高台之上定格的戏剧片段，以人力托起以供大众观赏。高抬戏的绑扎十分复杂，前后要经过11道工序。人物形象基本采用传统民间年画的构图方式，造型十分夸张。高抬戏最为突出的特点是能巧设机关，将剧中人物悬于空中，给观众以强烈的视觉冲击。

青林口高抬戏表演场景（文在军　摄）

每年农历二月初一青林口古镇举行的高抬戏表演场景（沈佑民　摄）

青林口高抬戏绑扎主要流程（唐黎明　摄）

削木楔，用于固定金属立桩。

安装立桩

安装假脚

安装踩脚板

着装

完成高抬戏绑扎过程后的高抬戏人物

抬阁（芯子、铁枝、飘色）·庄浪县高抬

申报地区或单位：甘肃省庄浪县

庄浪县高抬是一种民间造型艺术样式，往往以民间故事或传统戏曲中的某个情节作为表现内容。它历史悠久，主要流传在甘肃省庄浪县的水洛、朱店、南湖等乡镇。

庄浪县高抬构思奇巧，造型独特。它在木台上安装铁柱，称为“铁芯”，根据情节需要将铁芯加以弯曲，形成高抬的主体框架，而后依附铁芯扎绑人物、动物和道具，再用彩条、绸布伪装铁芯，并以假山水、花草树木和禽兽等烘托人物和故事情节。高抬制作完成后，用人抬或车载着行进，在高抬设计制作者的指导下表演，显示出奇、险、俊、巧的艺术特色。

庄浪县高抬既有民间手工制作工艺精细、造型美观、色彩鲜明的特点；又有杂技表演奇、险、巧的特征，在陇上闻名遐迩，广受群众欢迎。它是庄浪社火的重要组成部分，也代表着庄浪社火的最高艺术成就，为庄浪人民的节庆生活增添了色彩。

庄浪县高抬《天官赐福》（李付省　摄）

抬阁（芯子、铁枝、飘色）·湟中县千户营高台

申报地区或单位：青海省湟中县

千户营高台是流传于青海省湟中县的一种艺术样式，主要于在春节期间展演，湟中县城每年春节的文艺社火调演中以千户营高台的演出规模最大，艺术性也最高。千户营高台的起源可追溯到明代洪武年间，至今已有五百多年的历史。

千户营高台集当地绘画、刺绣、木雕等民间艺术于一台，具有浓郁的地方色彩。它制作绝妙，不但能塑造传统的戏曲人物，还能不断创新，表现现代人物和现实生活。千户营高台是青海民间艺术的突出代表，是研究西北高原地区文化渊源、民族历史、民间艺术的珍贵材料。

灯节高台展演场景（青海省文化和新闻出版厅　提供）

抬阁（芯子、铁枝、飘色）·隆德县高台

申报地区或单位：宁夏回族自治区隆德县

隆德县高台是由祭神活动演化成的一种社火形式，每年正月初九定期举行表演。宁夏回族自治区隆德县境内的温堡、峰台、山河、沙塘等乡镇几乎都流行高台马社火。

隆德县民间文化源远流长，社火类型繁多、品种齐全，高台马社火、狮子、高跷、推推车、赶毛驴、花船、秧歌队、竹马、彩车、腰鼓队、喜人等民间社火表演形式，包含着表演、造型、语言、彩绘、手工制作等多种艺术内容，成为六盘山区民间艺术的活化石。

随着时代的发展，隆德县高台的制作日趋精巧细腻，更加注重人物性格的刻画和内容情节的展现，在装饰、技巧和高度等方面也有了很大发展。设计者利用力学原理为高台装上滚珠、齿轮，又开发出升降、旋转功能，再以高科技材料进行装潢，使高台表演达到了一个更高的艺术境界。

隆德县高台是隆德人民世代传承的珍贵传统艺术，具有较高的民俗学和民间艺术研究价值。随着现代化的快速发展，隆德县高台日益受到冷落，发展空间不断缩小。目前众多老艺人年事已高，后继乏人，隆德县高台濒临消亡，亟待保护。

春节期间在县城巡演隆德县高台（雷侃　摄）

抬阁（芯子、铁枝、飘色）·阁子里芯子

申报地区或单位：山东省淄博市临淄区

芯子又称“抬阁”、“高台”，是山东一种深受群众欢迎的传统民俗活动。阁子里芯子流传于山东省淄博市临淄区南王镇南仇东村，它源于明代正德年间，至今已有五百多年的历史。在传承过程中，经过老艺人不断创新，阁子里芯子逐渐成为了一种地方文化实践方式。它利用铁质支架将装扮成各种戏曲人物的儿童表演者稳定在高竿或其他造型上，以演绎各种故事。因铁支架如灯芯般在内支撑，故称“芯子”，一个芯子一般表现一个故事情节。远远望去，表演芯子的儿童如同悬在空中，显示出神奇、惊险的特点。

阁子里芯子构思奇妙，装饰华美，置景独特，布局高雅，芯子上所装的花卉盆景和五彩缤纷的植株用器等达到了以假乱真的程度。表演时，男女儿童在绽开的荷花或一条弓弦、一根花枝、一支竹笛上轻身而立，奇异的景象令人叹为观止。阁子里芯子融民间舞蹈、音乐、美术、传说于一体，具有一定的艺术学、民俗学和地方历史文化研究价值。

扮装后的小演员（山东省淄博市非物质文化遗产保护中心　提供）

阁子里芯子《锯大缸》表演场景（山东省淄博市非物质文化遗产保护中心　提供）

抬阁（芯子、铁枝、飘色）·周村芯子

申报地区或单位：山东省淄博市周村区

周村芯子是一种独特的民间表演艺术形式，其起源可以追溯到明清时期，至今已有四百余年历史。传说泰山碧霞元君为山东周村常山人，农历三月初三是她的生辰。每逢碧霞元君诞日，周村人会以一系列仪式迎请她回家乡。每年三月初三至三月十五，周村都要举行一年一度的社火祭祀表演。周村人从高跷和蜡烛台得到启发，依靠发达的织机技术，创造出别具一格的周村芯子并使之成为迎接碧霞元君社火中极为重要的一项表演形式。后来周村人又将芯子这一独特的艺术形式搬到元宵节进行表演，为周村元宵节增添了一个亮点。成形后的周村芯子传至博山并波及淄川、张店和临淄等地，长期流布不绝。

周村芯子表演场景（杭永　摄）

芯子有“抬芯子”、“车芯子”、“撅芯子”之分，又有单人芯子、双人芯子、多人芯子之分。周村芯子历来多是“双人芯子”，由上下两人组成。表演时，两位小演员化装为戏曲和历史故事中的人物，如梁山伯与祝英台、张生与崔莺莺、许仙与白娘子等等，而后扎缚在铁芯上，先将一根钢筋（铁筋）一端固定在牢固的基座上，紧贴着下面一人的身躯通过，再从手部或其他部位伸出，延伸至上面一人的腿和腰背部；然后再将底部装饰为花草或神台，看去恰似上面演员站在下面演员的手掌或其他景物上，奇妙无比，趣味盎然。缚在铁芯上的演员身形稳固，动作轻俏，随着锣鼓的伴奏翩翩舞动，将故事中的人物表现得栩栩如生。

周村芯子装饰物：珍珠塔（山东省淄博市非物质文化遗产保护中心　提供）

抬阁（芯子、铁枝、飘色）·章丘芯子

申报地区或单位：山东省章丘市

章丘芯子是一种特殊的民俗表演形式，它起源于明代，系在颤轿的启迪下创制而成。起初人们为了驱逐邪魔祈求吉祥，将男女儿童装扮成神话中的天神形象，在扎制的平台或方桌上移动，后逐渐演化成一种表演形式。章丘芯子流传于山东省章丘市文祖镇的三德范村及辛寨乡等地，在当地的春节民俗活动及大型群众集会活动中占有极其重要的地位。

经过几代民间艺人的创造革新，章丘芯子在人物造型、制作工艺、演出内容、表演技巧等方面日趋丰富完善，深为观众所喜爱。章丘芯子的表演内容多取材于传统戏曲或神话故事，按人物的多少和造型、表演方式的不同，又分为桌芯子、转芯子、单杆芯子、扛芯子、车芯子等。

章丘芯子丰富了当地群众的精神生活，为广大民众提供了一种表情达意、自我调节的有效形式。

扛芯子表演场景（山东省章丘市文化馆　提供）

转芯子表演场景（山东省章丘市文化馆　提供）

章丘芯子《白蛇传》（山东省章丘市文化馆　提供）

抬阁（芯子、铁枝、飘色）·霍童铁枝

申报地区或单位：福建省宁德市蕉城区

铁枝是“抬阁”的一种表演形式，霍童铁枝流传于福建省宁德市蕉城区霍童镇，其历史可追溯到隋代。据当地史料记载，隋谏议大夫黄鞠为避炀帝迫害，徙家咸村，后与早年定居石桥村的姑丈朱福易地而居。为报答姑丈情谊，黄鞠于每年农历二月初一姑丈诞辰之日都要举办灯会活动，白天表演高跷，傍晚举行纸扎、铁枝、线狮、舞龙等游艺表演。后来灯会传播到霍童四境，每境一个晚上，共需演出四晚，称为“小迎”。灯会五年一轮，各境重复举行一次，共八晚，称为“大迎”。

霍童铁枝是霍童“二月二”灯会精彩的项目之一，为整个活动增添了热闹气氛。其表演内容如“孙悟空三打白骨精”、“观音佛与金童玉女”等多取自传统文学作品和民间故事。霍童铁枝制作综合运用铁枝、美术、灯光等技术手段，采用锻铁、铁条等为骨架，按情节需要将化装的儿童演员安排在铁架上，形成或立、或悬、或卧的静态和动态人物造型，然后再配置场景、彩灯等，进行景物造型。霍童铁枝技艺巧妙，制作精巧，具有隐蔽、惊险、生动的特点，被誉为“东方的隐蔽艺术”。

霍童铁枝是宁德地区民间节庆文化的一项重要内容，它反映着当地民俗风情的重要特点，为福建民间艺术的研究提供了鲜活的材料。

霍童铁枝人物内部结构展示（黄允佃　摄）

制作铁枝人物（黄允佃　摄）

抬阁（芯子、铁枝、飘色）·福鼎沙埕铁枝

申报地区或单位：福建省福鼎市

流传于福建省福鼎市沙埕镇的铁枝俗称“杠”、“阁”，是沙埕渔家元宵节传统的民俗活动之一。它早期为竹木结构，单层高二至三米，表演时用人抬扛，称为“平阁”。后发展成钢管或铁条焊接的树丫枝状，经过艺术加工和装饰后固定在车辕上，在车辆的行进中表演。

福鼎沙埕铁枝多层的高达七八米，层与层之间称为“过枝”，简称“枝”。一台铁枝中部以一根钢条为杆，从底盘分两根钢条通往上层，根据铁枝内容的需要将钢条制作成各种形状，而后将人物、道具分层固定。演员坐在扶枝位置上，手持道具，表演简单情节或杂技动作，铁枝车在推行中前进，乐队随后伴奏，谓之“搬铁枝”。铁枝表演精彩纷呈，光芒闪耀，在夜幕的映衬下形成一派壮观景象。

搬铁枝闹元宵是沙埕人民难以割舍的传统民俗，在当地已延续了几百年。福鼎沙埕铁枝吸收了传统戏曲、舞蹈、杂技等的艺术因素，成为福鼎众多民俗活动中最具地方特色的一种民间艺术样式，可以为民族艺术学、民俗学等的研究提供参考。

福鼎沙埕铁枝《年年有鱼》（刘端富　摄）

屏南双溪铁枝表演场景（余惠君　摄）

抬阁（芯子、铁枝、飘色）·南朗崖口飘色

申报地区或单位：广东省中山市

南朗崖口飘色独树一帜的"秋千色"（广东省中山市非物质文化遗产保护中心　提供）

绚丽多彩的各式布绣是南朗崖口飘色的重要内容（广东省中山市非物质文化遗产保护中心　提供）

飘色是流行于广东的一种民俗表演形式，与北方的"抬阁"、"芯子"相类似，均以童男童女饰扮历史故事中的人物，在一个色柜上造型定格，再由人扛抬上街进行巡游表演，表演过程中辅以乐曲伴奏。

流传在广东省中山市南朗镇崖口村的南朗崖口飘色又称"出会景"、"枭色"，它源于唐代耍菩萨的祭祀习俗，后逐渐发展成现在的表现样式，每年农历五月初六龙王诞时，崖口村都要举行飘色表演。

长长的飘色队伍走过乡间田野（吴飞雄　摄）

崖口飘色多采用民间传说故事为表现题材，而以最具当地特色的“秋千色”为重要组成部分，在下的演员称为“色脚”，在上的演员称为“色芯”。出巡时“色脚”、“色芯”不用固定在“色梗”上，可随秋千上下飘动，还可以随时更换。崖口飘色绚丽多彩，灵动飘逸，故事性强，动作富于节奏感。除此以外，出巡时所用的头牌、罗伞和彩旗上均选用精致的粤绣，这成为崖口飘色的另一个重要特征。

20世纪三四十年代，崖口飘色曾先后到香港、澳门表演，造成了一定的影响。1998年，中山慈善万人行新民俗活动创办，崖口飘色由此得到新的发展。

抬阁（芯子、铁枝、飘色）·台山浮石飘色

申报地区或单位：广东省台山市

台山浮石飘色是一种具有传统特色的民间造型艺术，它始于明末清初，在广东省台山市的浮石村一带流传，至今已有三百多年的历史。每台飘色以两个俗称“色仔”的八到十岁儿童扮成历史故事、神话传说中的人物，由村民用“色柜”抬着出游。站在色柜面上凌空而起的色仔称为“上色”，也叫作“飘”；坐在色柜面上的色仔称为“下色”，也叫作“屏”。“飘”与“屏”互相辉映，靠一条“色梗”即精心锻造的纤细钢枝支撑，构成完美的飘色整体。飘色的迷人之处在于“飘”，色仔左足立于一根桃枝上，右足摆动，身体凌空，若无凭依，令人称奇。

台山浮石飘色的造型内容有“赵子龙拦江截斗”、“嫦娥奔月”、“牛郎织女”、“吕布貂蝉”、“平贵别窑”、“穆桂英挂帅”、“杨金花争帅印”、“木兰从军”、“劈山救母”、“白蛇青蛇”等。每年农历三月三的北帝诞日，台山浮石村的村民便组成游行队伍，部分人抬着北帝塑像在前行进，而以头牌、色标、罗伞、飘色、舞龙、舞狮、高跷、八仙、八音锣鼓等后随，遍游全村十坊。

1996年浮石村被广东省文化厅命名为“广东省民族民间艺术之乡——飘色之乡”，1999年又被文化部命名为“中国民间艺术之乡——飘色之乡”。

台山浮石飘色赴澳门参加庆回归文艺大巡游场景（陈天[illegible] 摄）

浮石飘色在村中巡游（许荣盼　摄）

老艺人为色仔上装（许荣盼　摄）

抬阁（芯子、铁枝、飘色）·吴川飘色

申报地区或单位：广东省吴川市

流传于广东省吴川市的吴川飘色是集戏剧、音乐、美术、魔术、杂技于一体的综合造型艺术，以“高、精、险、奇、巧”的特点闻名于世。它造型独特，艺术形式多样，内容以历史故事和神话故事为多，一台飘色就像一座活动的小舞台。

吴川民间艺术节巡游表演场景（许志明　摄）

安装飘色（冼亦文　摄）

吴川飘色在每年农历正月十六、十七日闹元宵时表演，巡游队伍长达数里，场面十分壮观。飘色人物靠一根隐蔽的“色梗”支撑，演员年龄一般在六到十二岁之间。在柜台上的小舞台上或坐或立的人物称为“屏”，凌空而起的人物造型则称为“飘”。吴川飘色过去多为一屏一飘，现在则发展为一屏多飘甚至多屏多飘。

吴川飘色曾先后到广东省的茂名、中山、江门、深圳、广州及海南省的海口和云南省的潞西等地参加文化展演，以强盛的艺术生命力带动和促进了周边地区飘色创作与表演水平的提高，给外省市民间艺术的发展以深刻的启迪。1992年和1997年，吴川飘色两次晋京参加中央电视台春节联欢晚会。2003年，吴川飘色造型作品荣获中国首届文物仿制品暨民间工艺品展金奖。

吴川飘色参加月饼节汇演（冼亦文　摄）

抬阁（芯子、铁枝、飘色）·河田高景

申报地区或单位：广东省陆河县

高景是“飘色”的另一种称呼。河田高景是流传于广东省汕尾市陆河县河田镇的一种传统民俗，客家先民南迁到粤东山区以后，在交通相对闭塞的环境中形成了这种带有明显地方特色的民间艺术形式。河田高景表演定在每年农历的正月十九、二十两天，时间、路线和基本仪式都比较固定。

河田高景由景床、景梗、景物三部分组成，景床是个长1.2米、宽1米、高0.8米的粗木架，用以固定景梗和景物；景梗是根长六到八米的锻造小钢条；景物由景童、景旦和道具组成，景童由十三四岁以下的少男少女担任，景旦由五六岁的小童担任，道具包括服装、饰品等。

高景出游时，除景童、景旦外，每架景一般要配备四至八人负责抬景，六至八人负责导景，另有三四人担任护景，一两人担任监景。整架高景由四至六人抬着，在众人的严密监护下前行。高景之后跟随着众多的狮班、乐队和旗仗，共同组成一支庞大的游艺队伍，载歌载舞，欢快异常。

河田高景具有“高、险、巧”的突出特点，“高”是指景旦所处的位置高，一般在空中七到八米的地方；“险”是指整台高景仅由一根六到八米长的不规则小钢条独立支撑，景旦立于景梗正上方，看上去毫无依托，令观众提心吊胆；“巧”是指高景的各有机单元巧妙组合，奇特考究，绝对不暴露景梗的脉络，留下悬念让观众猜测。

河田高景历史悠久，题材广泛，文化积淀深厚，在启迪民智、传承民间文化等许多方面都发挥着不可替代的重要作用，为客家文化的研究提供了宝贵的一手材料。

河田高景巡游表演场景（广东省汕尾市非物质文化遗产保护中心　提供）

995 X-88

申报地区或单位：河南省确山县

打铁花

打铁花表演场景（河南省驻马店市非物质文化遗产保护中心 提供）

确山铁花又名“打铁花”，是河南省确山县流传的一种大型民间传统焰火，它始于北宋，盛于明清，至今已有千余年的历史。确山铁花表演时，在一处空旷场地搭出六米高的双层花棚，棚上密布新鲜柳枝，上面绑满烟花鞭炮和起货等。棚中间竖立一根六米高的老杆，使花棚总高度达到十米以上。旁边设一熔炉化铁汁，十余名表演者轮番用花棒将千余度高温的铁汁击打到棚上，形成十几米高的铁花，铁花又点燃烟花鞭炮，再配上“龙穿花”的表演，场景蔚为壮观，呈现出惊险刺激、喜庆热闹的特点。

打铁花技艺历史悠久，表演气势磅礴，场面宏大。打花艺人在千余度的铁花中赤膊上阵而能进退自如，不被烫伤，现代烟花的灿烂夺目和传统绝技的神秘惊险交织在一起，令人叹为观止。打铁花涵容了道教文化、商贸习俗、民间工艺等内容，丰富了中华民族的民间艺术宝库，为活跃人民群众的文化生活、提高民族自豪感和增强民族凝聚力发挥着重要作用。

996 X-89

申报地区或单位：辽宁省丹东市
吉林省延边朝鲜族自治州

朝鲜族花甲礼

晚辈给花甲老人祝寿（于波 摄）

朝鲜族自古就将尊重老人视为家庭乃至社会生活中的重要准则。花甲礼是朝鲜族为60岁老人举行的一种重要人生礼俗。它由生日祝寿和尊重老人的风俗演变而来，形成于17世纪中叶至18世纪中叶之间，主要流传于延边朝鲜族自治州和东北三省的朝鲜族聚居地区。

朝鲜族老人年届花甲之日，儿女们会为其摆设宴席，邀请亲朋邻里欢聚一堂，以表达对父母养育之恩的感激。祝寿是花甲礼的基本仪式，花甲宴的席面上摆满糖果、鱼肉、糕点和酒类，花甲老人坐在寿席中央，男左女右，同亲朋邻里中的同辈兄弟一起接受人们的祝寿。礼仪开始，祝寿者按儿女长幼之序和亲朋远近之别依次祝寿，或敬酒磕头，或献诗颂祷，或载歌载舞，祝福老人健康长寿，整个仪式充满人文关怀与和睦温馨的气氛。

朝鲜族花甲礼传承着尊老敬老的民族美德，进一步加深了家庭中父子、祖孙、儿媳与公婆之间的亲密关系，有助于促进社会风气的良性发展、加快和谐社会的建设。

“花甲寿宴”载歌载舞（于波　摄）

朝鲜族花甲礼由专人主持（于波　摄）

祭祖习俗·大槐树祭祖习俗

申报地区或单位：山西省洪洞县

山西洪洞大槐树移民活动始于宋室南迁时代，止于清代中后期，其中以明代洪武初年至永乐十五年之间的五十余年为高潮。元末明初战乱频仍，造成中原大地地广人稀的局面，但山西在改朝换代的巨变中未受重大影响，仍然保持着众多的人口。因此明代初年朝廷在五十年间共18次从山西迁出移民，其中以平阳府移民数量最多，集中移民的地址即在原洪洞县广济寺外的大槐树下。

山西洪洞大槐树移民构成中国历史上规模最大的移民运动，它直接涉及1230个姓氏和汉、回、蒙古等多个民族，移民迁徙地遍及全国18个省（市）的498个县（市）。时至今日，大槐树移民后裔已布满全球。几百年来，他们利用各种机会回到大槐树下祭祖，形成了丰富的移民传说和悠久的祭祖传统，大槐树也因此而成为

中元节祭祖大典场景（山西省洪洞县大槐树迁民遗址文物管理所　提供）

"中国·洪洞大槐树寻根祭祖大典"盛况（山西省洪洞县大槐树迁民遗址文物管理所　提供）

中国人寻根问祖的象征。从1991年开始，洪洞县政府顺应民情，在数百年民间祭祖活动的基础上吸纳大量民间祭祀仪规，于每年4月1日至4月10日举办"寻根祭祖节"，将历史悠久的大槐树祭祖习俗变成官民合祭的盛大民俗活动，得到海内外移民后裔的热烈响应。

大槐树祭祖习俗是中华民族同根同祖历史状况的生动反映，它强化了海外同胞的文化认同感，促使世界华人和谐相处，在传统中华文化的指引下携手共创美好未来。

寒衣节祭祖（山西省洪洞县大槐树迁民遗址文物管理所　提供）

998 X-91

申报地区或单位：内蒙古自治区根河市

鄂温克驯鹿习俗

绵延传承的鄂温克驯鹿文化习俗（内蒙古自治区非物质文化遗产保护中心　提供）

目前定居于内蒙古自治区根河市敖鲁古雅民族乡的敖鲁古雅鄂温克狩猎民族，历史上以狩猎和饲养驯鹿为生，他们常年居住在大山的密林深处，被称为“中国最后的狩猎部落”。

鄂温克人拥有中国唯一的驯鹿种群，是驯鹿唯一的饲养者，史称“使鹿部”。在三百多年的历史中，敖鲁古雅鄂温克狩猎民族逐步形成了自己独特的驯鹿文化，其中包括鹿的驯养繁育技艺、鹿的脱膏和鹿奶的制作使用、制酒技艺及鹿鞍具的制作技艺、鹿产品加工、民族手工艺品制作等内容。在长期发展过程中，敖鲁古雅鄂温克狩猎民族逐渐走出单一的狩猎饲养模式，学会对鹿产品和其他野生资源进行合理的开发利用，使之更好地为民族的发展进步服务。

鄂温克驯鹿习俗集生产知识和生活知识于一体，在传统的衣食住行、医药、工艺制作等各种技能中蕴含着独特的信仰观、审美观、价值观、生态观，具有独特的历史文化研究价值。

鄂温克驯鹿比赛现场（内蒙古自治区非物质文化遗产保护中心　提供）

冬日里的鄂温克驯鹿（内蒙古自治区非物质文化遗产保护中心　提供）

999 X-92

申报地区或单位：内蒙古自治区阿拉善盟

蒙古族养驼习俗

牧民为驼群祭洒白酒（李万钰　摄）

内蒙古自治区阿拉善盟素有“驼乡”之称，这里独特的地理环境为双峰驼的生存和大规模牧养提供了良好的条件。

在长期的牧业生产实践中，骆驼逐渐成为阿拉善和硕特、土尔扈特蒙古族牧民重要的生产生活资料。在此前提下，阿拉善的驼具制作工艺不断趋于精细，制品种类日益繁多，形成了一套系统的制作技巧。

祭骆驼是流传于阿拉善的一种民俗活动，由祭公驼、祭母驼、祭驼群等内容组成，仪式十分完整。

阿拉善蒙古族养驼习俗集宗教信仰、人文思想和生产技能于一体，其中渗透着阿拉善蒙古族纯朴的民族精神和独特的民俗文化内容。驼具制作技艺的不断成熟对阿拉善地区经济和社会的发展产生了深远的影响，祭骆驼活动所展示的人性化内容孕育了蒙古族忠厚善良、坚韧不拔的精神，活动中产生的“功臣驼”、“骆驼赞”、“祝颂词”、“劝奶歌”等大量口头文化，隐含着温柔敦厚、知恩图报、弃恶扬善的朴素哲理，成为蒙古族的生活理念和文化载体。目前阿拉善地区养驼习俗有日渐衰微的趋势，急需加强保护措施。

1000 X-93

申报地区或单位：吉林省抚松县

长白山采参习俗

长白山采参习俗：打蚊烟（曹保明 摄）

长白山采参习俗：挖参（曹保明 摄）

长白山区的人们将进深山老林寻采野山参称为“放山”，放山习俗流传于吉林省抚松县一带的长白山区。据《太平御览》记载，早在公元3世纪中叶，长白山区已经有人采挖人参。在长期寻采山参的过程中，长白山区的劳动者形成了一套包括专用语言、行为规则、道德操守、挖参技术、操作禁忌、野外生存技能、专用工具器物等多方面内容的独特习俗，在采参者中以口传身授方式相沿至今。

长白山采参习俗中的民俗信仰、道德规范、环保意识、价值认定和传统技能等方面极大地影响着当地民众的精神状态和生活理念，进而升华为一种独特的人参文化，丰富和完善了中华民族的传统文化，显示出鲜明的地方特色。

目前，经验丰富的放山把头大都年事已高，很少带徒进山，其中一些已相继谢世，系统掌握放山技艺的人已经不多。沿袭千年的长白山采参习俗出现传承危机，濒临灭绝，亟待抢救。

长白山采参习俗：祭山神爷老把头（曹保明　摄）

长白山采参习俗：抬棒槌（曹保明　摄）

1001 X-94

申报地区或单位：吉林省前郭尔多斯蒙古族自治县

查干淖尔冬捕习俗

查干湖冬捕的壮观场面（亿力奇　摄）

查干淖尔冬捕习俗流传于吉林省前郭尔多斯蒙古族自治县的查干湖、月亮泡周边地区。查干湖是中国七大淡水湖之一，蒙古语称“查干淖尔”，意为“白色的湖泊”、“圣洁的湖泊”。

东北地区有着悠久的渔猎历史，查干湖向来都是天然的渔猎之地。蒙古族崇拜自然，素有祭天、祭山、祭水之俗。公元1211年，成吉思汗占领金国塔虎城后，特地前往查干湖祭祀，由此产生祭湖仪式。其后在查干湖地区祭湖、醒网仪式逐渐固定化，当地渔民每年冬捕前都要祭网、醒网，久而久之形成神奇的查干淖尔冬捕习俗。

查干淖尔冬捕习俗奇特，场面壮观，一直在前郭尔多斯世代相传。这一习俗是前郭尔多斯地域民俗文化和渔猎文化的集中反映，具有民族学、民俗学等方面的研究价值。目前，气候、环境的变化和科技的发展对查干淖尔冬捕习俗产生了巨大影响，使这种带有远古色彩的渔猎文化日趋衰落，急需保护。

祭湖仪式（亿力奇　摄）

祭祀冰雪敖包（亿力奇　摄）

1002 X-95

蚕桑习俗

含山轧蚕花

扫蚕花地

我国是世界上最早从事蚕桑业的国家，在距今五六千年前的新石器时代中期，先民便开始采桑养蚕、取丝织绸。蚕桑是中国传统农业文化的重要组成部分，中国最早典籍《尚书》的《禹贡》篇就有“桑土既蚕”的记载，春秋时期著作《管子》的《山权术》中也有“民之通于蚕桑”的说法，汉代乐府《陌上桑》中描写民间蚕桑习俗的诗句“罗敷善蚕桑，采桑城南隅”更是脍炙人口。蚕桑业是中华民族智慧的结晶，也是中外文化交流通道“丝绸之路”的源泉。在蚕桑业产生发展的过程中，全国各地形成了许多敬蚕重桑、爱蚕护桑的美好习俗，在民间世代相传。祭蚕神、轧蚕花等活动即是其中较为突出的部分，它们与其他蚕桑习俗一道构成古老中华蚕桑文化发展兴盛的历史见证。

蚕桑习俗·含山轧蚕花

申报地区或单位：浙江省桐乡市

桐乡地处浙江北部，是江南蚕桑的主要产地，这里的乡间流传着丰富的蚕乡习俗，其中以祭拜蚕神的含山轧蚕花庙会最具代表性。含山当地流传着蚕神发祥或降临的传说，因此有“蚕花圣地”之称。含山轧蚕花庙会又叫“蚕花庙会”，大约起源于宋代，明清以来日趋兴盛。庙会时间分头清明、二清明、三清明几个阶段，从开始到结束前后延续十来天。

含山轧蚕花庙会历史悠久，内容丰富，带有鲜明的江南地域特色。它反映出桐乡蚕桑业高度发达的现实，为江南蚕桑生产、民间信仰、行业民俗等的研究提供了重要参考。

含山轧蚕花庙会上的龙舟竞渡活动
（浙江省桐乡市文化馆　提供）

村民自制蚕花进行交易（张新根　摄）

含山轧蚕花庙会上的高杆船表演场景（浙江省桐乡市文化馆　提供）

蚕桑习俗·扫蚕花地

申报地区或单位：浙江省德清县

唱扫蚕花地（余筱璐　摄）

表演扫蚕花地（余筱璐　摄）

扫蚕花地是清末至民国时期广泛流传于湖嘉地区的一种蚕俗，它起源于浙江省德清县，仪式的主要表演者都集中在德清一带。清末至民国年间，德清蚕农为祈求蚕桑生产丰收，于每年春节、元宵、清明期间请职业或半职业艺人到家中养蚕的场所举行扫蚕花地仪式，后逐渐流变为歌舞表演。举行扫蚕花地仪式时，通常由一化装女子边唱边舞，而以小锣在旁伴奏。唱词内容多是对蚕茧丰收的祝愿和对蚕桑生产全过程的叙述，与此相配合，表演者往往会做出扫地、糊窗、掸蚕蚁、采桑叶、喂蚕、捉蚕换匾、上山、采茧等一系列与养蚕生产有关的动作。

“蚕花”是德清人民心目中最吉祥的事物，扫蚕花地表演因而深受当地蚕农的欢迎。扫蚕花地是蚕桑生产习俗中重要的一环，每年寒食清明时节，“关蚕房门”生产以前，蚕农都要请艺人到家演出，以消除一切灾难晦气，祈愿蚕桑丰收，扫蚕花地表演由此呈现出一定的仪式性，成为浙江蚕桑生产的一种象征性反映，具有较高的民俗学研究价值。

1003 X-96

申报地区或单位：山西省洪洞县

洪洞走亲习俗

洪洞走亲场景（山西省洪洞县非物质文化遗产保护中心 提供）

以制度完备为特征的尧舜时代历来被认为是中华文明的起点，尧舜禅让、尧女舜妃等故事成为千古流传的美谈。山西省洪洞县的羊獬和历山两地流传着尧舜神话的次一级传说，认为地处汾河东岸河谷盆地的羊獬是尧的故乡，也就是娥皇、女英的娘家；而位于汾河西岸丘陵山区的历山是舜的故乡，同时也是两位女神的婆家。两地及沿途的居民因而互称“亲戚”，并由此引发出奇特的“接姑姑迎娘娘”走亲习俗。

每年清明前的农历三月初二，以男性为主的羊獬村民走亲队伍以隆重的仪式从本村神庙中抬出娥皇、女英两位女神的神轿“驾楼”，然后鸣锣开道，走出村庄，在仪仗的护持和喧天动地的“威风锣鼓”及震耳欲聋的铳炮之声伴随下越过汾河，涌上历山。第二天即农历三月初三，羊獬走亲队伍以更加隆重的仪式从历山神庙中请出两位女神的神像，一路趱行，迤逦回到羊獬，往返途中先后要经过二十多个村庄。四月二十八尧王生日时，历山人到羊獬给尧王拜寿，再将两位女神迎回历山，途中热闹一如三月三。走亲活动以后，进入农忙季节，两地农民开始全身心地投入农业生产。

洪洞走亲习俗从远古一直延续至今，通过将历史传说信仰化，化地缘关系为血缘关系演进，逐渐体现出其对构建和谐的村落关系，增进人与人之间的感情起到了积极的作用。同时，这一民俗活动具有重要的历史学、民俗学研究价值。

洪洞走亲场景（山西省洪洞县非物质文化遗产保护中心　提供）

洪洞走亲场景（山西省洪洞县非物质文化遗产保护中心　提供）

1004 X-97

申报地区或单位：福建省泉州市丰泽区

蟳埔女习俗

蟳埔女习俗是闽南特有的一种传统生活习俗，主要流传在福建省泉州市丰泽区东海街道的蟳埔、金崎、后埔、东梅等社区。

蟳埔女的服饰俗称“大裾衫、阔脚裤”，头饰俗称“簪花围”，这些闽南渔女特有的装束体现着海边生产劳作的特点，头饰中常用的素馨花、含笑花、粗糠花据说是宋元时期阿拉伯人蒲寿晟带来移植于当地的，流露出异域文化的气息。蟳埔蚵壳厝是最富于特色的闽南民居，它具有抗风防水、冬暖夏凉、墙体坚固等特点，极适宜海边多风潮湿的气候环境。据考证，蟳埔蚵壳厝所使用的大蚵壳并非泉州原产，而是宋元时期古刺桐港的远洋商船返航时转载来的。蟳埔保留了许多闽南传统习俗，其中以“半夜出嫁”的婚俗、“妈祖巡香”的祭祀仪式最为突出，而每年农历三月初九的妈祖生日则是闽南民俗集中展示的日子。

蟳埔曾是“海上丝绸之路”的起点，生活习俗中留下了不少海洋文化的痕迹。蟳埔蚵壳厝是人类建筑史上的奇观，这种独特的闽南民居为海洋文化在当地的传播提供了历史见证，同时也成为闽南民俗研究的重要内容。

妈祖巡香（许哲宗　摄）

蟳埔女的生活空间：蚵蚝壳厝（许哲宗　摄）

蟳埔女的生活空间：出海（许哲宗　摄）

1005 X-98

汉族传统婚俗

孝义贾家庄婚俗
宁海十里红妆婚俗
斗门水上婚嫁习俗

汉族传统婚俗源远流长，《礼记 · 昏义》中说：“夫礼始于冠，本于昏，重于丧祭，尊于朝聘，和于射乡，此礼之大体也。”数千年来，汉族婚礼一直被视为儒家之“礼”的重要组成部分。自周代起，“六礼”（纳彩、问名、纳吉、纳征、请期、亲迎）成为一种规范性的习俗，在整个封建社会的婚姻生活中持续发挥着重要作用。进入近现代以后，随着社会的变迁，传统的“六礼”从根本上宣告消歇，但在一些地区仍然保留着“六礼”习俗及其他传统婚俗的遗存，为民俗学和社会学的研究提供了极其宝贵的资料。

汉族传统婚俗·孝义贾家庄婚俗

申报地区或单位：山西省孝义市

山西省孝义市贾家庄婚俗是一种具有鲜明地方特色的民间文化现象，它产生于宋元时期，明清时期逐渐趋向定型。在长期的发展过程中，贾家庄婚俗与当地的民间音乐、舞蹈、文学、手工技艺及社会信仰、伦理道德观念等融为一体，具有广泛的群众基础，成为当地百姓精神生活的重要内容。

贾家庄婚俗形式古朴，内容丰富，它以古代婚嫁六礼为基础，结合当地文化与风俗特点演绎出喜庆热烈的婚嫁礼仪程序，为黄河流域的婚俗文化增添了色彩，成为我国多样化婚俗的一个特殊代表。

在现代文明冲击下，贾家庄婚俗逐渐失去了原有的光彩，许多礼仪程序濒临失传，亟待抢救保护。

贾家庄婚庆面食（山西省孝义市贾家庄村民委员会　提供）

孝义贾家庄婚俗：拜天地（山西省孝义市贾家庄村民委员会　提供）

婚前准备：坐糕基敲鼓求子（山西省孝义市贾家庄村民委员会　提供）

汉族传统婚俗·宁海十里红妆婚俗

申报地区或单位：浙江省宁海县

万工轿到达夫家门口（章亚萍　摄）

宁海十里红妆婚俗是浙江民间特有的一种迎亲嫁女习俗，长期流传于宁海及浙东东部地区。在宁海，每逢婚嫁，往往会出现嫁妆队伍绵延数里的壮观场面，民间夸张地称之为“十里红妆”，后逐渐在当地演变成婚嫁的代名词和明媒正娶的标志。

宁海十里红妆婚俗主要包括定情、做媒、相亲、备嫁妆、迎嫁妆、花轿迎娶、拜天地、闹洞房、回门等结婚礼俗和红妆器物特有的制作工艺。“千工床，万工轿，十里红嫁妆”构成浙东家喻户晓的婚嫁现象，也为四乡八村的民间文化活动提供了交流的平台。

必备的红妆器物：马桶（王任涛　摄）

宁海十里红妆婚俗是江南婚姻民俗的重要组成部分，它集中体现了江南手工技艺的特色，表达了喜庆、吉祥的美好祝愿，反映出江南人民积极乐观的生活态度。随着现代生活方式的改变和外来文化的冲击，十里红妆婚俗现虽在宁海乡村仍有传承，但总体上已普遍淡化，这一具有重要民俗学价值的婚俗正面临消亡的危险，急需加强保护。

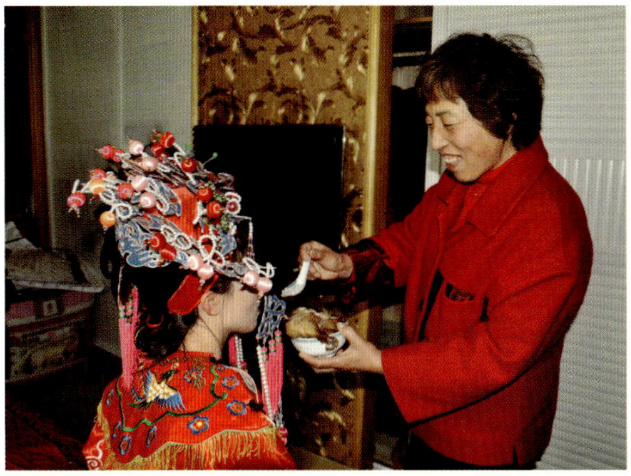

长辈喂新妇饭（章亚萍　摄）

新郎用木杆秤掀起红盖头（章亚萍　摄）

穿戴凤冠霞帔的新娘（章亚萍　摄）

洞房内红烛高照（章亚萍　摄）

汉族传统婚俗·斗门水上婚嫁习俗

申报地区或单位：广东省珠海市

广东省珠海市斗门区位于珠江三角洲西南端，是全国著名的水乡、侨乡。在斗门流行着一种独特的水上婚嫁习俗，至今已有几百年的历史，其中的一些习俗通过婚嫁关系辐射到中山、江门、佛山等珠江三角洲水乡地区。

水上婚嫁形式繁复多样，讲究礼仪，有比较固定的程序和约定俗成的礼仪，主要内容包括“坐高堂”、“上头”、“叹家姐”、“花船迎亲”、“拜堂”、“回门”等。整个婚俗与当地居民生活的环境紧密联系在一起，其中的“花船迎亲”，向“船太公”、“海龙王”敬拜等内容均明显带有“水”的特征。在水上婚嫁习俗中，沙田民歌发挥着不可或缺的作用，成为整个婚俗的有机组成部分。

斗门水上婚嫁显示出独特的水乡风情，它加深了当地民众的文化认同感，进而成为维系海外侨胞、港澳同胞乡情的精神纽带。目前由于受西式婚仪冲击，斗门水上婚嫁正面临改变甚至消失的危险，亟待抢救保护。

斗门水上婚嫁习俗（梁力生　摄）

起厨：举行婚礼的前两天，男女双方在家门口搭起竹棚，架起炉灶，准备酒席，宴请宾客

梳头：婚礼的前一天，由两位好命的男性长辈当梳头公，为新郎梳头，寓意婚后夫妻和睦，子孙兴旺

松头：在婚船上，新娘接过嫂子敬来的甜茶，敬过太公，敬过龙王，由嫂子给新娘再次梳头，让新娘更加美丽

迎亲：接了新娘，迎亲船放起鞭炮，敲锣打鼓向新郎家划去

跪拜父母：新娘被迎进夫家门，走进竹棚，跨过火盆，拜过祖宗，夫妻双双持鸡蛋甜茶，跪拜父母

1006 X-99

申报地区或单位：吉林省延边朝鲜族自治州

朝鲜族传统婚礼

新郎新娘分享鸡蛋（金红敏　提供）

朝鲜族曾长期实行“男归女家婚”，即新郎在新娘家举行婚礼并留居若干年，而后再带领妻子儿女返回自己家中。明清时期，朝鲜王朝受儒家思想影响，极力推行在结婚当天把新娘接回新郎家的“亲迎”方式，但面临传统习惯的阻力难以实行，于是将“男归女家”方式与“亲迎”方式相结合，创造出了折中的“半亲迎”方式：新郎在新娘家举行婚礼后只住两天，第三天即带领新娘返回新郎家。其后“半亲迎”方式成为朝鲜民族的主要婚娶方式。中国朝鲜族婚嫁在20世纪50年代以前采用“半亲迎”和“亲迎”两种方式，而以“半亲迎”方式为主，1950年以后统一为“亲迎”方式并一直沿用至今。

朝鲜族传统婚礼上的奠雁礼（金红敏　提供）

身穿朝鲜族传统结婚礼服的新人（金红敏　提供）

传统的朝鲜族婚娶方式包括议婚、大礼、后礼三大环节，其中议婚包括核对宫合（对照男女二人的生辰八字）、书写婚书、涓吉（确定结婚日期）等内容；大礼包括新郎家向新娘家赠送礼装函（彩礼箱）、奠雁礼、交拜礼、合卺礼、新郎接受大桌等内容；后礼包括新娘前往新郎家接受大桌，第二天举行妇见舅姑礼等内容。

朝鲜族传统婚礼是儒家文化的具体显现，其形式带有鲜明的民族特色，可以为儒家文化传播发展和朝鲜族民俗文化的研究提供参考。

1007 X-100

申报地区或单位：新疆维吾尔自治区塔什库尔干塔吉克自治县

塔吉克族婚俗

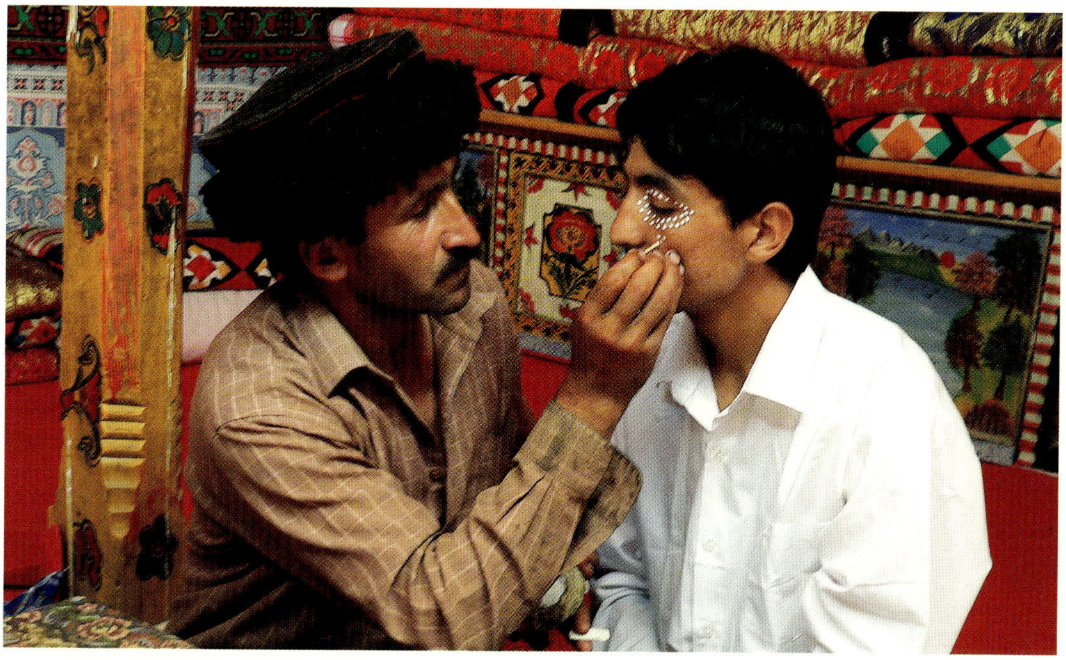

给新郎画脸谱（都力坤·米那瓦尔　摄）

塔吉克族婚俗是塔吉克民族的一项重要礼俗，主要流传于新疆维吾尔自治区塔什库尔干塔吉克自治县各乡镇。它由择亲、提亲、定亲、击鼓祝福、迎亲、结婚仪式、婚后三日揭面纱等程序组成，每一个程序都有其独特的文化内涵。如击鼓祝福的仪式体现了塔吉克族民众在生活中相互体谅的处世特点。仪式在即将举行婚礼的人家举行，主家要举行婚礼，须征得亲友中有丧事人家的同意，若亲友同意，则击手鼓表示，举行击鼓仪式时还要杀羊款待有丧事的亲友。

塔吉克族信仰伊斯兰教什叶派的伊斯玛依派，这在我国是独一无二的，这也使塔吉克民族的音乐、舞蹈、服饰、饮食文化具有鲜明特色，这些方面在塔吉克族婚俗中都有具体的体现。例如婚礼中的音乐不使用大型乐器，而以鹰笛和手鼓演奏为主，营造出欢乐的气氛，极具民族特色；又如新娘的服饰不仅颜色艳丽，而且装饰品多，展现出高原民族的特点。在塔吉克族婚礼中，无论新郎、新娘还是伴郎、伴娘，都要在脸上画脸谱，点上六十多个白点表示吉祥，这在新疆其他少数民族中也是罕见的。塔吉克族的婚期长达三天，在此过程中，时时处处充满欢乐、和谐、热烈的气氛，令每一位参加者沉醉不已。

塔吉克族婚俗历史悠久，文化内涵丰富，具有民俗学、美学、民族学、社会学、宗教学等方面的研究价值。

塔吉克族婚俗（都力坤·米那瓦尔　摄）

长者向新郎肩膀上撒面粉以示祝贺

给新娘画脸谱

新郎骑马去接新娘

新娘随新郎步入新家

证婚人为新娘揭开面纱

装扮华丽的新娘

1008 X-101

申报地区或单位：浙江省绍兴市

水乡社戏

临时搭建的水乡社戏草台（陈晓　摄）

水乡社戏是浙江农村和城镇一种以戏剧表演为核心的民俗活动，它具有祭神和娱人相结合的特点，普遍流行于绍兴地区。绍兴的社戏大致分为年规戏、庙会戏、平安戏、偿愿戏等几种类型，其中以庙会戏为主。社戏的演出程式比较固定，基本按照“闹场—彩头戏—突头戏—大戏—收场”的次序进行。彩头戏、突头戏一般在白天演出，大戏即正戏则从傍晚开始。大戏通常以历史戏和家庭戏为主，中间穿插的小戏也比较固定。

社戏的舞台可分成庙台、祠堂台、河台（水台）、街台、草台等几种，其中以河台（水台）最具特色，被称作“水乡舞台”。这是一种极具水乡特色的伸出式舞台，后台在岸上，前台在水中，为观众创造了一种水上、岸上同时观看演出的条件。

绍兴水乡社戏汇集和体现了不同剧种的表演风格，也充分展示了当地丰富多彩的民风民俗。千百年来，绍兴水乡社戏除承担高台教化的任务外，还要发挥娱乐功能，由此逐渐发展成江南民间最隆重、最活跃、参与面最广的一种节日庆典活动。水乡社戏扎根民间，深受广大观众喜爱，至今仍可在绍兴地区的城市和乡村见到它的影踪。

绍兴马太守庙戏台：庙台（陈晓　摄）

诸暨张氏祠堂戏台：祠堂台（陈晓　摄）

1009 X-102

申报地区或单位：安徽省界首市

界首书会

界首书会上的大鼓书表演（王晓燕 摄）

界首书会发源于安徽省界首市任寨乡苗湖村，至今已有三百多年的历史。苗湖地势低洼，连年灾荒不断。清代道光年间偶遇难得的丰收，坠子翁艺人苗本林于夏季在自家门旁编唱小曲加以赞美，在他的影响下，邻村曲艺艺人聚集苗湖，你拉我唱，喜庆丰收。苗湖村由此形成农历六月初六兴办书会的习俗，世代相传，经久不衰。

1932年，坠子翁第五代传人苗元普为纪念书会第一代发起人苗本林165周年诞辰，将闰年的农历六月初六正式定为苗湖书会会期。此后，界首苗湖书会在不断传承过程中又有所发展。"文革"时期，书会活动一度沉寂。1985年，苗湖书会重新得到恢复。

界首苗湖书会每届会期长达五天，书会举办期间，山东曹县、江苏坯县、湖北大悟县、河南周口地区及安徽阜阳、宿州地区的曲艺艺人相继赴会演出，方圆数百里内的民众也纷纷赶赴苗湖听书，场面宏大，热闹异常。

界首书会的出现使坠子艺术得到更大的发展，在颍河流域久唱不衰，许多说书名家都曾到苗湖书会说书献艺。界首苗湖书会以丰富的文化底蕴和真挚朴实的演唱艺术影响一方，推动了当地的经济发展与精神文明建设。

界首书会现场（李跃　摄）

界首书会现场（李跃　摄）

1010 X-103

申报地区或单位：河南省洛阳市

洛阳牡丹花会

游人在洛阳牡丹花会上赏花（河南省洛阳市非物质文化遗产保护中心 提供）

牡丹是中国名花之一，素有“花王”之称。牡丹栽培源于河洛，至今已有一千六百多年的历史。作为牡丹栽培中心之一，早在唐宋时期洛阳即已具备系统的栽花技艺，形成赏花习俗及与牡丹有关的诗词、书画、传说、服饰等，由此衍生出洛阳牡丹文化。

洛阳曾是唐朝的东京，交通方便，贸易兴隆，城内园圃林立，有几乎家家种植牡丹传统，赏花之风盛极一时，唐代诗人白居易“花开花落二十日，一城之人皆若狂”和刘禹锡“唯有牡丹真国色，花开时节动京城”的诗句正是东都洛阳牡丹品赏习俗的生动写照。宋代以降，赏牡丹习俗在民间更为盛行，欧阳修《洛阳牡丹记》描述说：“洛阳之俗，大抵好花。春时城中无贵贱皆插花，虽负担者亦然。花开时士庶竞为遨游，往往于古寺废宅有池台处为市，并张幄帟，笙歌之声相闻……至花落乃罢。”宋代洛阳牡丹有一百多个品种，不少品种称得起名贵非凡，其中的“姚黄”、“魏紫”被誉为“牡丹之王”和“牡丹之后”，尤受人们青睐。

从1982年起，牡丹花成为洛阳的“市花”，每年4月15日至25日当地都要结合牡丹花期（谷雨时节）举办“洛阳牡丹花会”。花会期间，观赏者围绕牡丹开展赏花、观灯、作画、赋诗等文化活动，使洛阳牡丹文化不断发扬光大。

花会期间盛开的牡丹花（河南省洛阳市非物质文化遗产保护中心　提供）

洛阳牡丹花会上的赏花人群（河南省洛阳市非物质文化遗产保护中心　提供）

1011 X-104

申报地区或单位：四川省渠县

三汇彩亭会

三汇彩亭会作品展示（万少荣 摄）

三汇彩亭会是流传于四川省渠县三汇镇的一种传统民间文化活动，它以亭子造型和表演为主要特点，每年农历三月十六日至十八日在街道或广场进行表演。三汇镇地处四川东部华蓥山北段西侧，跨州河、巴河、渠江，交通发达，物产丰富，商贾云集，经济活跃，彩亭会就在这种特殊的地理环境中产生发展起来。清代初年，彩亭会开始在三汇形成，清代中后期至民国年间逐步趋于兴盛。新中国成立后，三汇彩亭会成为当地民间文化活动的主要形式，在群众文化生活中发挥着重要的作用。

彩亭是彩亭会中最突出的表演形式，表演时，约四平方米的平台上竖立一根底柱细长而分节、首尾相衔的杆子，杆上支架（铁环）横伸斜展，"饰幼孩为戏妆，缚于舆杆上，用机环转动舁游"，将戏文或生活中的人物、故事扮演出来，叠成三到五层，高八至十米，"四人舁之以行，游曳大街，游乐码头"。表演过程中彩亭悠悠荡荡，似坠非坠，显示出"高、惊、险、奇、巧"的特色，令观众为之牵魂动魄，惊叹不已。除彩亭之外，彩亭会中还有龙灯狮子、高跷等十多种民间文艺表演。彩亭会期间，"男女游观，填街塞巷，邻封士女不远数百里争赴盛会，殆有举国若狂之概"。

1012 X-105

申报地区或单位：云南省剑川县

石宝山歌会

石宝山歌会上，白族群众聚集在一起弹弦唱曲（王仲宽　摄）

白族青年在石宝山歌会上弹弦唱曲（欧燕生　摄）

石宝山歌会是白族地区盛大的民族传统节日，流传至今已有上千年的历史。歌会于每年农历的七月二十七至八月初一在云南大理州剑川县石宝山举行，届时来自剑川、洱源、丽江、大理、兰坪等地的白族群众聚集一处，弹弦对调以歌觅偶，同时还可到各寺庙烧香拜佛，参加“阿吒力”佛教法事、白族地区中央本主及石雕女阴“阿央白”朝拜等民俗活动。歌会以即兴对歌为主，把弹弦唱曲、求神拜佛、本主崇拜、以歌觅偶等活动融合在一起，显示出多元文化和谐共处的特征。

石宝山歌会是白族歌谣诞生的摇篮和发展传播的基地，它充分展示了白族群众的创作天才，为人类学、民族学、历史学、考古学、美学等学科提供了珍贵的研究资料。

1013 X-106

申报地区或单位：云南省大理市

大理三月街

大理三月街是白族人民盛大的传统节日，主要活动地在云南省大理白族自治州大理市大理古城。它始于唐代永徽年间，系由庙会演变而成，其产生与佛教在大理的传播有着密切的关系。三月街街期为七天，从农历三月十五日开始，至二十一日结束。每年赶赴三月街的人数以百万计，全国各地及海外都有人参加。

三月街期间开展丰富多彩的民族文体活动，同时进行物资交易和文化交流。大理三月街除保留有传统的药材、大牲畜、日用百货交易外，还新辟出“洋人街”和地方民族食品一条街，又增设了珠宝玉器、电脑产品等交易市场，扩大了地方名特优新产品的销售规模。三月街期间，大理古城张灯结彩，装饰一新，街市上搭出

大理三月街街场（云南省大理市大理文化馆　提供）

大理三月街主会场（云南省大理市大理文化馆　提供）

大理三月街的赛马比赛（云南省大理市大理文化馆　提供）

“花山”，各家各户也在门前放置花木，将集风花雪月自然风光和人文景象为一体的大理装饰成娱乐的世界、商贸的海洋。人们既可以赶街购货，又可以在街旁的山坡、广场和集市里参与山歌对唱、民族器乐演奏、灯展、花展、民族服饰表演及射弩、秋千、摔跤、赛马、龙舟、民族歌舞比赛等异彩纷呈的文体活动。

三月街集白族民俗、宗教、经济文化交流于一体，在大理白族经济、文化、民俗及宗教发展史等的研究中具有不可替代的参考价值。

1014 X-107

茶艺

潮州工夫茶艺

潮州工夫茶：烫杯滚杯（广东省潮州市非物质文化遗产保护中心 提供）

茶艺·潮州工夫茶艺

申报地区或单位：广东省潮州市

潮州工夫茶艺是流传于广东省潮汕地区的一种茶叶冲泡技艺，它始自宋代，至清代中期已蔚然成风，甚至流传到东南亚各地。潮州工夫茶的冲泡有其一定的程式，主要由茶具讲示、茶师净手、泥炉生火、砂铫（煮水器具）掏水、榄炭煮水、开水热罐、再温茶盅、茗倾素纸、壶纳乌龙、甘泉洗茶、提铫高冲、壶盖刮沫、淋盖追热、烫杯滚杯、低洒茶汤、关公巡城、韩信点兵、敬请品味、先闻茶香、和气细啜、三嗅杯底、瑞气圆融等多个环节组成。除冲泡独特外，潮州工夫茶艺另有一个突出的特点，就是以乌龙茶为主要茶品。

潮州工夫茶：低洒茶汤（广东省潮州市非物质文化遗产保护中心　提供）

潮州工夫茶：提铫高冲（广东省潮州市非物质文化遗产保护中心　提供）

潮州工夫茶艺是潮州传统文化的重要组成部分，具有民俗学、潮学、社会生活史等方面的研究价值。随着社会的发展，人们的生活节奏不断加快，大多数年轻人对工夫茶已不甚了解，传统潮州工夫茶技艺为简化的冲泡程式所取代，潮州工夫茶技艺呈现出衰退的趋势，亟待保护。

潮州功夫茶茶具（广东省潮州市非物质文化遗产保护中心　提供）

1015 X-108

申报地区或单位：内蒙古自治区
甘肃省肃北蒙古族自治县
新疆维吾尔自治区博湖县

蒙古族服饰

蒙古族服饰制作技艺传承场景（吴东亮　摄）

蒙古族服饰在我国主要分布于内蒙古自治区境内，以及黑龙江、吉林、辽宁、新疆、甘肃、青海、云南等省、自治区的蒙古族聚居区域。

蒙古族服饰是我国北方游牧民族服饰中最具代表性的服饰之一，在元代得到前所未有的发展，成为奢华艳丽、气势恢弘、华贵考究的服饰。随着社会的不断变迁，蒙古族各部落有了独立的发展空间，蒙古族服饰的类型和种类不断增多，形成了各部落服饰的不同特色并延续至今。

蒙古族各部落服饰均有男女老幼、已婚未婚、四季服饰、礼仪服饰、日常服饰等区别。主要包括袍子（单袍、夹袍、棉袍、吊面皮袍、白茬皮袍、熏皮皮袍）、坎肩（敖吉、敖吉木格）、靴子

（毡靴、香牛皮靴、马海）、头饰及配饰（火镰、褡裢、香荷包）等部分。

蒙古族长期生活在塞北草原，严酷寒冷的高原气候，加之以游牧为特征的生活方式，马上活动时间较长，其服饰必须有较强的防寒作用而且又便于骑乘，长袍、坎肩、皮帽、皮靴自然就成了他们的首选服饰，因而具有浓厚的草原风格。长袍多为皮、毛、棉、绸面料制成，依季节而定，袍身肥大、袖长，下摆均不开衩。蒙古袍的领口、袖口、衣边常用锦缎花边镶饰，袍色因男女长幼而异。多喜爱红、白、蓝、黄、绿色，色彩搭配或对比强烈、鲜明热烈，或淡雅协调、含蓄婉约。腰带很长，男子腰带上多挂刀子、火镰、鼻烟盒等饰物。妇女头饰多用珠宝和金银玉器制成，琳琅璀璨、富丽堂皇。从服装款式上看，蒙古族服饰褒衣博带，雍容华贵、典雅端庄，既能体现蒙古族女性的曲线美，又能体现牧人的勇武剽悍、宽厚大度、粗犷坦荡的性格。其中，宗教服饰和蒙古族摔跤服也有各自的特色和用途。

蒙古族服饰集裁剪缝纫、贵金属加工、饰品制作于一体，是蒙古族文化不可分割的组成部分，其中凝聚着蒙古族人民的智慧，显示出丰富的文化内涵，具有历史学、民族学、美学等方面的研究价值。

传统蒙古族服饰：宽獭皮拉布西格、蔡格德格（甘肃省肃北蒙古族自治县非物质文化遗产保护中心　提供）

鄂尔多斯蒙古族服饰（内蒙古自治区非物质文化遗产保护中心　提供）

1016 X-109

申报地区或单位：吉林省延边朝鲜族自治州

朝鲜族服饰

朝鲜族女子服饰（金红敏　提供）

朝鲜族传统服饰以象征纯洁、善良、高尚、神圣的白色为主，呈现出素净淡雅的风格，朝鲜族因此而有“白衣民族”之称。20世纪初，随着现代经济的渗透，机织布和丝绢、绸缎等面料开始传入朝鲜族聚居地区，受此影响，朝鲜族服饰的颜色也变得多样起来。

朝鲜族传统服饰的最大特点是斜襟、无纽扣，以长布带打结，男女服饰迥然不同，男人穿裤，女人穿裙。男装的裤裆和裤腿都较宽，裤脚系布带，便于盘腿席坐；妇女所穿的短袄长度及胸，长裙则长及脚跟。

朝鲜族服饰以自织的麻布和土布为主要原料，制作时采用平面裁剪法，穿着时显得简洁明快、富于变化，完美地体现了服饰的直线美和曲线美。服饰的色彩搭配遵循阴阳五行原理，利用服装的色彩和衣料的材质演绎不同风格，使比色搭配和近似色搭配相得益彰。

朝鲜族传统服饰是朝鲜民族在长期生产生活中逐渐形成的，保留了朝鲜族民间服饰的显著特点。此外，它还继承了隋唐时期中原服饰的许多特点，在服饰史研究方面具有极其重要的价值。

朝鲜族男女服饰（金红敏　提供）

朝鲜族女性外出服（金红敏　提供）

朝鲜族传统麻布服饰（崔月玉　提供）

1017 X-110

申报地区或单位：福建省罗源县

畲族服饰

畲族姑娘在试穿新衣（郭宜梁　摄）

畲族女性平时走亲访友穿的围裙（陈雯　摄）

畲族服饰的主要特色在女性服饰上体现得最为明显。畲族自古以女性为尊，将女性视为公主和凤凰，因而服装以凤凰图案贯穿整体，头饰也显现出凤凰的整体轮廓，整套服饰处处体现凤凰吉祥之意，习称“凤凰装”。

畲族女性服饰主要流传于福建省罗源县和连江县所有的畲族自然村及福州和宁德南部地区，它由上衣、裙子、水巾、手巾、围身裙、脚绑、鞋七个部分组成，另有凤凰冠、耳仰（耳坠）、扁扣、手镯、脚镯和戒指六样饰品。与此相应，畲族女性的发式分为少女发式、订婚或准备订婚的姑娘发式及已婚妇女发式三种。

霍口畲族女性服饰传承了元末明初的古老风格，辐射区域及于闽侯、晋安、连江和罗源白塔、西兰、飞竹等四个地区及部分乡镇，对整个畲族地区都产生了巨大的影响。

霍口畲族女性服饰是古老畲族文化的具体体现，它反映着畲族的民俗风情，具有较高的民俗学、社会学和历史文化研究价值。

畲族女性服饰（郭宜梁　摄）

畲族老年妇女的衣服、裙带（凤凰彩带）（陈雯　摄）

1018 X-111

申报地区或单位：海南省锦绣织贝有限公司、海南省民族研究所

黎族服饰

传授黎族织锦技艺（容炜俊　摄）

流传于海南省的黎族服饰以黎族传统的纺、染、织、绣四大工艺为基础，利用海岛棉、麻、木棉、树皮纤维和蚕丝等织造缝合而成，其演变历史达数千年之久。

黎族传统服饰以织锦为材料，图样繁多，色彩斑斓，制作精美秀丽。它有160种以上的图样，类型纹样主要包括人形、动物、花卉、植物、用具、几何图形六种。黎族传统服饰植根于黎族的社会生活，内容与形式和谐统一，显示出鲜明的地方特色和丰富的民族文化内涵，在海南黎族社会发展历史、民俗、宗教信仰、生产生活等的研究中具有极其重要的参考价值。

随着现代化进程的不断加快，海南黎族地区自给自足的自然经济体系遭到破坏，在此情势下，掌握传统纺、染、织、绣技艺的人越来越少，黎族服饰的传承受到严重冲击，面临消逝的危险，亟待抢救保护。

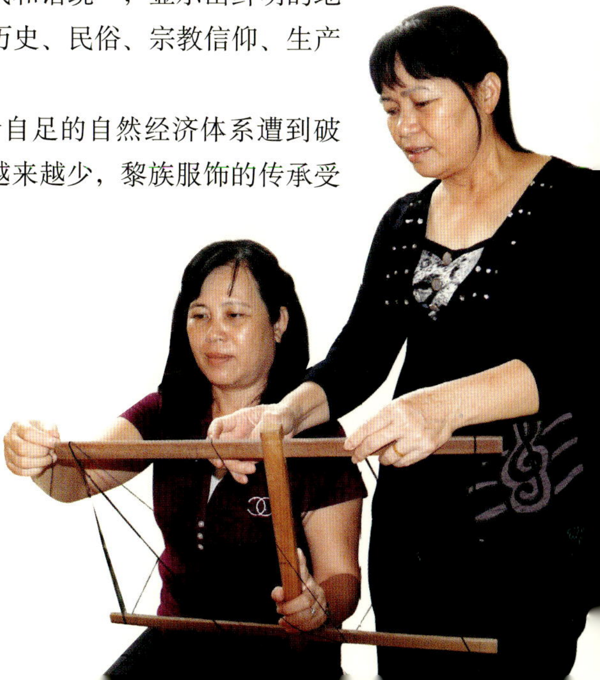

传授黎锦绕线技巧（容炜俊　摄）

哈方言女子服饰(郭凯　摄)

美孚方言女子服饰(郭凯　摄)

赛方言服饰(郭凯　摄)

保亭赛方言妇女服饰(吴乾阳　摄)

罗河少女服饰(吴乾阳　摄)

1019 X-112

申报地区或单位：西藏自治区隆子县、米林县

珞巴族服饰

西藏自治区米林县珞巴族女子服饰（西藏自治区非物质文化遗产保护中心　提供）

珞巴族服饰由“达努”（瑞香树皮）等植物纤维纺织的土布缝制而成，多为黑色、红色或白色相间。男子穿着时，将长条横斜披在背上，衣服的边角搭置于左肩，然后由左至右臂内绕身一圈半，到右胸前与搭肩边角相接，造成袒露肩臂的效果，再将衣服的下长翻折至膝盖，以竹针代替扣子，紧束腰带。这种没有领、袖、衣袋等的服饰是珞巴人终年不离身的唯一上衣，男女老少白天将它穿在身上，夜晚则取下当被盖。

由于珞巴族长期生活在野外，没有固定的住所，因此女子的衣服也用来装盛食物和物品，外出时还可将孩子放在衣服内。珞巴族男子头戴藤篾编成的藤帽，可分为博巴、嘎嘎、横巴三种类型。妇女终年赤足，部分男子穿麻或毛为原料的长筒靴。男女通用的日常饰物有耳环、项链、手镯等。

西藏自治区隆子县珞巴族男子藤帽（西藏自治区非物质文化遗产保护中心　提供）

珞巴族服饰与珞巴族长期从事采集、狩猎生产的活动方式及当地的气候条件密切相关，既是珞巴人民智慧的结晶，也是珞巴族社会发展的缩影。它较好地保持了民族特色，自然真实，美观大方，满足了珞巴人的爱美之心。

西藏自治区隆子县珞巴族早期服饰（西藏自治区非物质文化遗产保护中心　提供）

西藏自治区隆子县珞巴族当代服饰（西藏自治区非物质文化遗产保护中心　提供）

西藏自治区米林县珞巴族男士服饰（西藏自治区非物质文化遗产保护中心　提供）

西藏自治区隆子县珞巴族当代服饰（西藏自治区非物质文化遗产保护中心　提供）

1020 X-113

申报地区或单位：西藏自治区措美县、林芝地区、普兰县、安多县、申扎县
青海省玉树藏族自治州、门源回族自治县

藏族服饰

藏北安多服饰（西藏自治区非物质文化遗产保护中心　提供）

藏族传统服饰，主要流行于西藏自治区和青海省一带的藏族聚居地区。它主要包括措美县扎扎服饰、林芝工布藏族服饰、科迦妇女服饰、藏北安多服饰、巴扎藏族服饰、玉树传统服装、华热服饰等类型。

措美县扎扎服饰历史悠久，其来源在当地有着动人的传说。7世纪吐蕃王朝时期，扎扎服饰在社会上被视为高尚生活用品而得到推崇。服饰中的彩靴“甲黔”相传原是哲古宗给地方政府缴税时的一种贡品，它底子厚，皮面结实，穿着起来美观舒适。在有关吐蕃王朝与中原地区的文化交流及7世纪藏族历史、文化、艺术、民俗等的研究中，扎扎服饰有着重要的参考价值。

林芝工布藏族服饰深受当地特殊生活环境的影响，而与其他藏区的服饰产生了较大差异。这种服饰经历了一个从简单实用到华丽大方的发展过程，其产生与工布地区藏族先民放牧、打猎、砍树的生活习俗密切相关。林芝工布藏族服饰大体可分节日盛装、平时服装及特殊劳动时穿着的工作服三种类型，它有无领外套、无袖外套等样式，制作简单，风格华美。随着生活水平的提高，林芝工布藏族服饰在做工、质地、装饰物搭配等多个方面都得到进一步的发展完善，在保持原有服饰形态不变的前提下益显华贵动人。

着盛装的藏族女性（青海省文化和新闻出版厅 提供）

普兰县科迦村的藏族妇女服饰起源于后宏期，至今已有八百多年的历史。这种服饰包括服装和首饰两大部分，服装部分由咖啡色氆氇女藏装、彩虹鞋、披肩、帽子、羊羔皮、水獭皮、缎子等组成，首饰部分由嘎穷、嘎累、吉乌、恰恰、巴塔、那玉、方形纯天然金片、翡翠瓶、珊瑚、银片、银粒、松石、超级银链、超级松石链等6815件饰品组成。科迦妇女服饰造型别致，风格高贵典雅，在设计中采用夸张的艺术手法，体现出丰富的想像力，令人叹为观止。

藏北安多服饰历史悠久，它在盛唐时期受其他民族文化的影响而渐趋成熟，传承至今已有一千三百多年。安多牧民世代穿着羊皮藏袍以抵御高寒的气候，在此状况下，安多服饰与其他藏区的服饰形成了较大差别，这在帽子的制作上显现得尤为明显。安多以羊羔皮、丝绸等作为制帽原材料，帽顶中央竖有一根用布条卷成的小柱子，高度在二三十厘米左右。安多服饰的款式达一百八十余种，牧民服装有日常服饰与节日、礼仪日服饰之分，日常服饰讲求轻便耐用，节日、礼仪日服饰则注重精美大方。安多藏袍多有佩饰，男子腰带上往往佩带腰刀、火镰、子弹夹等，既反映出游牧文化的特点，又与现代生活发生着联系。

申扎县巴扎地区的服饰采用当地羊毛为原料，样式与造型十分独特。这种服饰系由牧民自己手工制作而成，制作工艺在家庭内部世代承传不绝。衣服上的手工刺绣古朴典雅、寓意深刻，与服装相配的装饰品精巧别致、美观大方。巴扎藏族服饰是当地民俗、历史和生产生活习俗的生动反映，具有一定的社会学、民俗学和历史文化研究价值。

玉树传统服装由服装和装饰两大部分组成，服装部分主要包括藏袍、藏帽、藏衫、藏裤、藏靴等。藏袍以藏族传统的长袍为基本款式，分冬、夏两种类型，最常见的冬装有察日桑古、勒察、察日等，夏装有加玛桑古、锦新、加玛等。除此以外，玉树服装还有常服和礼服之分，常服以各种布料氆氇、羊皮、羊羔皮为原料，礼服以各种毛呢、绸缎、氆氇、羊羔皮、狐狸皮为原料。玉树人称藏靴为“朗”，玉树藏靴种类较多，有“囊朗”、“高朗”、“藏巴尕夷”、“锅子朗”等不同的样式。玉树传统服装的装饰部分主要由头饰、耳饰、项饰、手饰、腰饰等组成，显示出浓郁的地方民族特色。

科迦藏族妇女服饰（西藏自治区非物质文化遗产保护中心　提供）

青海藏族服饰上的配饰（青海省文化和新闻出版厅　提供）

华热藏族服饰有男女之别，男性服饰以白色为吉祥，常采青、紫、草黄色，藏袍宽大，衣长过体，不用纽扣。华热藏族男性往往身穿白色褐衫、浅色布裤及用羊羔皮或豹皮做领、羔皮或氆氇嵌边的吊面皮袄或白板皮袄，腰系红绸带。华热藏族妇女夏季戴嵌黑边、顶缀红缨的尖顶白毡帽，穿布袍、藏靴，冬季戴被称为“四片瓦”的四耳皮帽，穿狐皮领、水獭皮边的吊面皮袍。华热藏族服饰中最有特色的是白色高筒毡帽，这种毡帽嵌有铜、银顶座，上缀红缨穗，风格华美，造型独特。华热服饰保留了华热藏族众多民间艺术和手工艺的原生形态，在藏族民间文化的传承中发挥着重要作用。

藏族服饰是藏族文化不可缺少的重要组成部分，其中凝聚着藏族人民的智慧，具有独特的藏学、社会学、民族学、民俗学、少数民族服装史和历史文化研究价值。

林芝工布藏族服饰（西藏自治区非物质文化遗产保护中心　提供）

申扎县巴扎服饰（西藏自治区非物质文化遗产保护中心　提供）

1021 X-114

申报地区或单位：甘肃省肃南裕固族自治县

裕固族服饰

裕固族服饰手工绣边工艺（贾生连　摄）

裕固族服饰的特征突出体现在女性服饰之中。裕固族未婚少女前额戴“格尧则依捏”，即一条长红布带的上边缘缀以珊瑚珠，下边缘以五色珊瑚和玉石小珠串成许多穗，垂在前额。除此以外，还要梳五条或七条发辫，辫梢内掺杂彩色丝绒线，系在背后的腰带里。已婚妇女头戴尖顶红缨毡帽和三条长形头面，头面系在三条发辫上，每条又分三段，以金属环连接，上镶银牌、珊瑚、玛瑙、彩珠、贝壳等饰品，构成美丽的图案。头面长短以佩戴者身材高矮而定，要求上齐耳环，下至长袍底边。

裕固族男子头戴金边白毡帽，身穿大领偏襟长袍，扎彩色腰带，腰挂香牛皮缝制的烟荷包。帽檐镶以黑边，后部卷起，帽顶正中彩缎上有金线织成的圆形或八角形图案，长袍多用白羊毛线织成的褐子或布和绸缎缝制，腰带上佩有腰刀、火镰、鼻烟壶等物。衣襟用水獭皮等镶边，下摆左右开衩并镶边。

裕固族服饰是裕固族生存环境、生产方式、经济和文化发展状况的生动写照，其中有许多与民族生活习俗、宗教信仰、英雄崇拜等相关的禁忌和规范，反映了裕固民族的社会生活形态，具有较高的历史文化研究价值。随着社会的发展，传统裕固族服饰的制作技艺大部分已濒临失传，其中一些服装的配饰刺绣品从传统工艺到原始图案都无法完整保存和传承，急需抢救保护。

裕固族服饰（杨永贤　摄）

裕固族姑娘服饰（贾生连　摄）

裕固族男子服饰（贾生连　摄）

1022 X-115

申报地区或单位：青海省互助土族自治县

土族服饰

纳信装（包广元　摄）

土族服饰种类繁多，别具一格，最古老的服饰有“托欢”、“扭达”、“普斯尔”、“秀苏”、“恰绕”等。互助土族服饰具有畜牧文化与农耕文化相交融的特征，其中凝聚着土族的民族精神，蕴含有丰富的历史文化、宗教文化及民俗文化内涵，显示出很高的历史及民族文化研究价值。

随着时代的变迁，各民族间的交流融合不断加强，互助土族一些古老的民族服饰已经失传，现存的很多土族服饰也逐渐失去了原有的特色。大力挖掘整理土族传统服饰，迫在眉睫。

土族服饰（王存辉　摄）

土族中年男子服饰（王存辉　摄）

身着土族服装的小姑娘（王存辉　摄）

1023 X-116

申报地区或单位：青海省循化撒拉族自治县

撒拉族服饰

撒拉族刺绣（青海省文化和新闻出版厅　提供）

撒拉族绣花鞋（青海省文化和新闻出版厅　提供）

撒拉族先民从中亚举族东迁已有七百多年的历史，其服装至今仍保留着中亚游牧民族的风格。撒拉族男子头戴黑、白色圆顶帽，身穿白汗衫，外套黑坎肩，腰系以黑红两色为主的布绸带，下身穿黑、蓝色大裆裤，脚穿布料鞋，寒冬季节则大都身穿白板羊皮短式皮袄或羊毛织的褐长衫，脚着轻便结实、御寒保暖的牛皮毡靴“骆缇”，而富有者会穿上绸缎或搭上布面的羔皮皮袄。做礼拜时，撒拉族老年男子有一套特定服饰，一般是头缠白色头巾“答斯达尔”，身穿礼拜服“中拜”长衫。

撒拉族妇女多穿长衣，戴盖头，头部仅露出面庞。年轻姑娘和结婚不久的妇女盖头为绿色，结婚时间较长或生孩子的妇女盖头为黑色，50岁以上的妇女或家中父母、丈夫去世的妇女盖头为白色。撒拉族妇女喜欢戴手镯、耳环和戒指等首饰，劳动时都以青布缠头，在喜庆节日还会披上带有花边的宽敞披风。

民间刺绣是撒拉族服饰文化不可缺少的重要组成部分，撒拉族刺绣从简单的牡丹花荷包开始，逐渐发展出花鸟、鱼类、山水等样

式，在一些特定的刺绣品如给新郎做的枕头帮子、腰带、袜底、绣花鞋、鞋垫中，图案尤其丰富。

撒拉族传统服饰（青海省文化和新闻出版厅　提供）

撒拉族新娘、新郎服饰（青海省文化和新闻出版厅　提供）

撒拉族女青年服饰（青海省文化和新闻出版厅　提供）

撒拉族服饰与其民族历史息息相关，其中既有从古代保留下来的突厥、蒙古等族服饰的特点，又有农耕文化的特点，作为民族文化的重要体现，它是研究撒拉族族源及其民族性的重要依据。

1024 X-117

申报地区或单位：新疆维吾尔自治区于田县

维吾尔族服饰

裁制皮日夹（阿布都热夏提·托鹘罗　摄）

于田县地处新疆维吾尔自治区南部，是一个以维吾尔族为主的少数民族聚居区。于田县维吾尔妇女的服饰、小帽至今已有两三千年的历史，其中于田妇女所独有的克奇克太里派克（小帽）和皮日夹是全自治区仅有的礼仪服饰。克奇克太里派克用墨皮、花缎料和望平绒布缝制而成，形似倒扣的小酒盅和喇叭，一般用别针固定在白纱巾和头发的右前方。在婚丧娶嫁的礼仪中，妇女穿戴整套的克奇克太里派克和皮日夹，看上去优美文雅，别有气派。

于田县妇女的维吾尔族装束是中华民族服饰文化的宝贵财富。克奇克太里派克是世界上最小的帽子，它和皮日夹一道为西域文化的研究提供了珍贵的实物材料。

制作克奇克太里派克（阿布都热夏提·托鹘罗　摄）

于田维吾尔族妇女服饰（阿布都热夏提·托鹘罗　摄）

1025 X-118

申报地区或单位：新疆维吾尔自治区伊犁哈萨克自治州

哈萨克族服饰

哈萨克族婚礼服（金艾斯古丽·努尔坦阿肯　提供）

哈萨克族男童服饰（达尔汗　摄）

哈萨克族服饰具有鲜明的民族特色，主要流传在新疆维吾尔自治区伊犁哈萨克自治州的伊犁、塔城、阿勒泰等地及巴里坤哈萨克自治县、木垒哈萨克自治县等哈萨克族聚居区。

哈萨克族服饰系在古代乌孙、瓦克、乃蛮、克列衣、吐热克等部落或氏族服饰的基础上不断发展而成，它选料考究，剪裁合理，色泽艳丽，种类繁多，颜色中包含着吉祥、祝福的意蕴，缝制、刺绣及饰品的精细加工等方面也都体现出鲜明的哈萨克民族特色。哈萨克人自古以畜牧业为生，过着逐水草而居的游牧生活，为适应游牧迁居需要和山区草原的气候，其服饰多以兽皮、牲畜皮及各种布料手工制作而成。

哈萨克族服饰展示了哈萨克人民的聪明才智及审美情趣，继承和发扬哈萨克服饰传统有利于丰富中华民族艺术宝库，加强中国少数民族文化与世界各国文化的交流，将民族服饰史、工艺史、美学史的研究进一步推向深入。

哈萨克族老年男子服饰（邱海　摄）

哈萨克族青年男子服饰（艾山江喀·英拜克　摄）

1026 X-119

珠算

程大位珠算法

珠算文化

珠算是以算盘为工具进行数字计算的一种方法，“珠算”一词最早见于汉代徐岳撰《数术记遗》。明代经济高度繁荣，由于商业发展的需要，珠算得到普遍推广，逐渐取代了以前通用的筹算。在此情势下，明人程大位编撰的《直指算法统宗》为珠算的推广和发展起到了极其重要的作用。

明代以后，中国珠算先后传到日本、朝鲜、东南亚各国，近年又逐渐流行于美洲。进入信息化时代以后，珠算开始走向衰落，其计算功能已由电子计算机承担。

珠算是中华民族的重大发明，在人类科技史上占有重要的一席之地。作为一种传统的民间知识和独特实践方式，珠算仍有其历史文化价值，急需大力抢救和保护。

珠算·程大位珠算法

申报地区或单位：安徽省黄山市屯溪区

程大位像（汪翔　摄）

程大位（1533—1606）是中国古代著名数学家，徽州休宁率口（今属安徽省黄山市屯溪区）人。他所编撰的《直指算法统宗》及其简明通俗本《算法纂要》流传之长久、广泛和深入在中国古代数学发展史上首屈一指。《直指算法统宗》是最早记载珠算开平方、开立方方法的古算书之一，它完成了计算由筹算向珠算的转变，使算盘成为主要的计算工具。

明末，程大位珠算法传至日本，开日本“和算”先河；清初又传入朝鲜、东南亚和欧洲，在这些地区得到应用。世界各国公认，中国是珠算的故乡，程大位是一代珠算宗师。

随着计算机技术的迅猛发展，算盘和珠算遭到冷落，已有被淘汰的趋势，急需采取有效措施加以保护。

瓷算盘（汪翔　摄）

金算盘（汪翔　摄）

珠算·珠算文化

申报地区或单位：中国珠算心算协会

20 世纪 80 年代前常用的上二下五珠竹木算盘（毛伟　摄）

珠算始于汉代，至宋走向成熟，元明达于兴盛，清代以来在全国范围内普遍流传。至迟从宋代开始，珠算逐步取代其他各种计算技术和用品，成为中国特有的计算工具。至明代，算盘在计算领域独领风骚，使用方法益加完善，促进了我国社会经济和科学技术的发展进步。

珠算文化涵盖了与珠算相关的数学科学、数学教育、应用技术及智能开发等内容，在文学、历史、音乐、美术等相关文化领域也有一定的作用。珠算适用面广，具有很强的科学性和实用性，这一特点促进了它的推广和普及，使它在中华大地代代相传，承沿至今。珠算文化不仅深深植根于中国，而且16世纪时还传播到周边国家和地区，对其经济、文化和科学技术的发展起到了推动作用。

珠算是中华民族祖先的重大发明，它在中华民族发展史上的贡献不亚于“四大发明”的任何一项。目前，随着电子计算机的普及，珠算已失去了原来的作用，在现代社会中日渐边缘化，濒临灭绝，急需各有关方面采取有效措施加以抢救保护。

现代常用的上一下四菱珠算盘（毛伟　摄）

幼儿园儿童正在学习珠心算（黄山市珠算协会　提供）

1027 X-120

申报地区或单位：海南省文昌市

南海航道更路经

传授南海航道更路经（吴乾阳　摄）

南海航道更路经是千百年来海南人民在实践过程中总结出来的南海航行的路线知识及实践。据史料记载，早在公元18世纪，我国南海沿岸的居民就已从事南海水产资源的开发。汉代，我国在南海开通了“海上丝绸之路”。海南省文昌市有南海航行的重要港口清澜港，出航南海诸岛多从此启航。海南岛沿海的居民总结航海经验，写成《南海更路簿》，以手抄本形式流传。除此以外，民间还流行着口头传承的“更路传”。

直至今日，南海航道更路经仍在发挥着重要作用，成为海南渔民出海的指南。作为古代海南人发现和开发南海诸岛的真实历史记录，南海航道更路经是认定南海诸岛自古就是我国领土的有力证据，为我国外贸史、航海史、南海开发史的研究提供了珍贵的史料。

向徒弟传授出海作业时识别航向、风向、经路等方面的技巧（廖贻春　摄）

1028 X-121

申报地区或单位：西藏自治区

藏族天文历算

西藏天文历算运算工具：沙盘和圭表测影器（西藏自治区非物质文化遗产保护中心　提供）

藏族天文历算是藏族“十明”文化的重要组成部分，它广泛流传于藏族地区，至今已有两千多年的历史。藏族天文历算学是一门独特的学科，它由原始天文历算学、五行占算、时轮历算、汉历即时宪历、占音术、风水学等许多分支组成，相关知识与实践不仅包括五大行星运动值的推算、闰月和重缺日的设置、日月食的预报，还包括进行中长短期天气预报，依据天文历算学原理推算各地适宜的农耕牧作时机、物候、节令和人体脉相变化周期等等。每年由藏医院天文历算研究所推算编制的藏历是天文历算研究成果的一种特殊表现形式。

藏族天文历算是藏族人民在长期实践中创造出来的宝贵财富，千百年来一直在藏民族的生产生活中发挥着指导作用。西藏的历法具有鲜明的特点，在全世界各种历法中独树一帜，占有很重要的地位。依据藏族天文历算学原理编写的藏族气象历书至今仍具有指导农牧业生产、预报气象等重要作用，它流行于西藏、青海、甘肃、四川、云南等省的藏区和不丹、印度、尼泊尔等邻近国家，深受广大农牧民群众欢迎。

五行算图表（西藏自治区非物质文化遗产保护中心　提供）

连环说：交互派的说法，认为四洲中有两个洲同时为夏至，其他两个洲同时为冬至。（西藏自治区非物质文化遗产保护中心　提供）

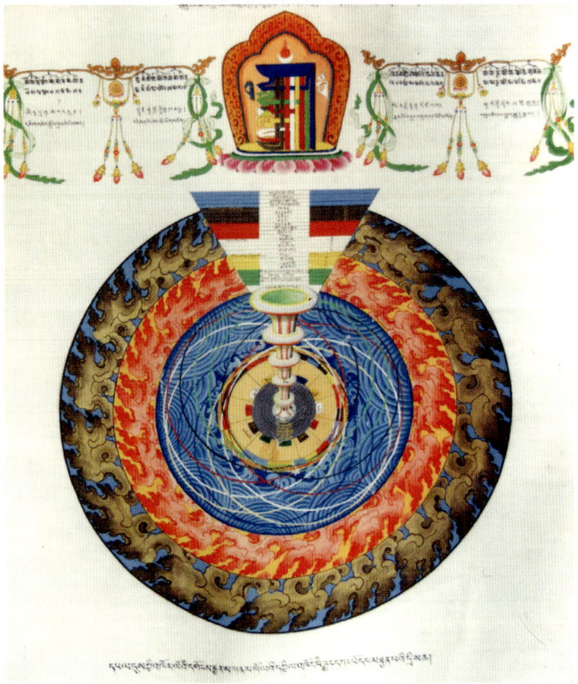

上生说：中交错派的说法，认为四洲四季同时。（西藏自治区非物质文化遗产保护中心　提供）

修复后的墨竹工卡县达布尼替天文观测台（西藏自治区非物质文化遗产保护中心　提供）

第一批

国家级非物质文化遗产

扩展项目名录

第一批国家级非物质文化遗产扩展项目名录

民间文学

8	Ⅰ-8	孟姜女传说
9	Ⅰ-9	董永传说
13	Ⅰ-13	宝卷
		靖江宝卷
		河西宝卷
22	Ⅰ-22	吴歌
31	Ⅰ-31	谜语
		澄海灯谜

8 I-8

申报地区或单位：河北省秦皇岛市
　　　　　　　　湖南省津市市

孟姜女传说

贞女祠内的孟姜女彩色泥塑像（张丽颖　摄）

孟姜女传说在战国时期即见端倪，明清以来大为盛行，是各地戏曲、唱本等俗文学作品的常见题材，主要揭露封建社会繁重的徭役和剥削，歌颂忠贞的爱情。

河北孟姜女传说最早源于《礼记·檀弓下》所记杞梁妻的故事。至唐代，故事情节和主题思想与后来的孟姜女故事已很接近，不过故事发生的时间由春秋时代改为秦朝，地点由“齐长城”变为“秦长城”，人物由齐国大将杞梁夫妻变为燕人杞良及其妻孟氏。到明代又多了“秦始皇逼婚”的情节，故事至此完全定型。孟姜女故事从江南松江府到北方山海关皆有流传，山海关东的凤凰山上建有贞女祠，即现今的孟姜女庙。

嘉山孟姜女传说是主要流传在湘西北澧水流域一带的民间爱情故事。以嘉山孟姜女传说为基本素材的歌谣、戏曲、民间故事等文艺作品很多，目前初步收集到的明清以来文人孟姜女吊古诗词就有上百篇，戏曲《嘉山孟姜女》、歌曲《孟姜女》、歌舞剧《秦时明月》等当代艺术创作亦层出不穷。嘉山孟姜女传说还与流传区域的民风民俗相互融合，在以澧水流域为中心的湘西北一带形成了独特的孟姜女傩文化，游傩、供傩、傩戏等活动在民间流传不绝。

湖南省津市市的孟姜女庙（王晓健　摄）

河北省秦皇岛市的贞女祠（张丽颖　摄）

香客在湖南修建的孟姜女殿（王晓健　摄）

湖南省津市市的孟姜女"望夫塔"（王晓健　摄）

孟姜女传说具有广泛的群众性和民间传承性，历史演变线索清晰，思想内涵丰富，故事情节曲折动人，具有很强的艺术感染力，在历史研究及文学艺术方面具有一定的价值。可惜的是，现在的青年人受时尚娱乐文化的影响，对传统民间文学的热情正在丧失。他们之中已很少有人了解孟姜女哭长城的故事，一些能够完整讲述孟姜女哭长城故事并能进行民间歌谣演唱的民间艺人日渐老去，孟姜女传说的传承面临后继无人的境况。现存于民间的相关文物、建筑遗址已经为数不多，有的已经或正在遭到严重破坏，急需投入大量资金予以保护和修葺。

9 I-9

申报地区或单位：江苏省金坛市
山东省博兴县

董永传说

山东省博兴县陈户镇董家村的董永祠（刘洪家、胡彬　摄）

董永传说是我国广为流传的四大民间传说之一，最早载于西汉刘向的《孝子传（图）》。

相传董永卖身葬父，孝行感天，七仙女下凡与之婚配；七仙女一夜织成十匹锦缎，将董永三年工期改为百日；天上玉帝查出七仙女私下凡尘，降旨七仙女午时三刻返回天庭，夫妻就此诀别，一年后七仙女送子下凡……两千年来，“董永与七仙女”故事传说的原生结构虽无改变，但故事情节、人物形象甚至思想内涵都在不断地丰富和创新。

江苏省金坛市直溪镇境内有董永村（原名“董里”），光绪《金坛县志》多处记载了孝子董永、七仙女及其子鹤生的传说内容。在当地与该传说相关的遗存、遗迹和实物多达四十多处（件）。直溪镇的董永村有董永庙，庙内墙壁绘有“二十四孝图”。村东头的方形跨河石桥名“望仙桥”，传说系因董永偕子董鹤生于七夕在此桥上望迎生母而得名；距当地老槐树东南约两公里的傅家村相传为当年董永卖身还债之处。

传说董永与七仙女定情的千年老槐树至今仍生长在董永村数里外的吕丘村（江苏省金坛市文化馆　提供）

民间艺人的肚子里都装满了董永与七仙女的故事（叶林生　摄）

珍藏于山东省博兴县博物馆的董永墓碑（张淑敏　摄）

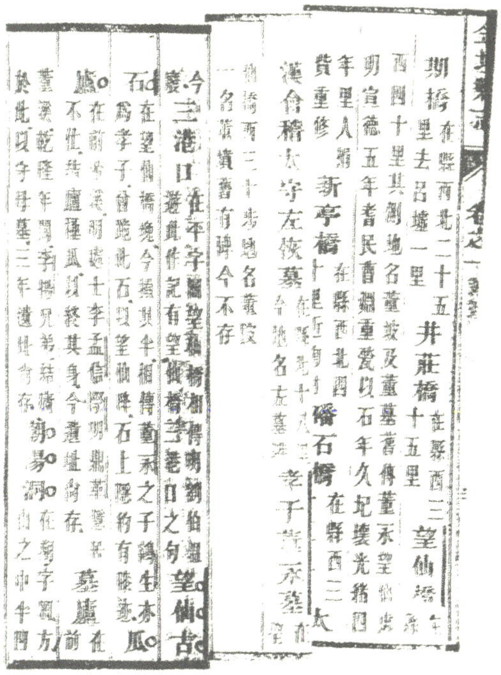
期橋 在縣西北二十五里去吕墟一里 井莊橋 在縣西三十五里 望仙橋 在縣西四十里其側地名董坡及董墓舊傳董永望仙處明宣德五年耆民曹熥重甃以石年久圮壞光緒四年里人翔貲重修 新亭橋 在縣西北四 石橋 在縣西三

漢會稽太守左恢墓 今地名左墓港 孝子董永墓

一名 今不存

光绪版《金坛县志》中关于董永传说的记载（江苏省金坛市文化馆　提供）

董永村西十余里的茅山顶宫立有碑文：“在家不孝双父母，何必灵山朝世尊。”最早赞颂董永事迹的《孝子图传赞》的作者、汉代文学家刘向和《搜神记》的作者、晋代学者干宝此前都曾游览茅山或在此寄居。金坛历代名贤咏叹孝子董永和七仙女的诗词也很多。当地不同版本的“董永与七仙女”传说故事多达数十种，且在不同程度上各有演绎发挥。

山东董永传说主要流传在山东省博兴县境内。董永传说在西汉刘向的《孝子传（图）》、三国曹植的《灵芝篇》、东晋干宝的《搜神记》中都有记载。山东省嘉祥县东汉武氏墓群石刻中就有董永鹿车载父、田间劳作的情景，并有“董永，千乘人也（今山东省博兴县）”的文字记载。董永传说在长期口耳相传的过程中，成为深受广大群众欢迎的文艺题材，出现了吕剧《圣贤楼》、《孝子董永》等影响深远的文艺作品。

董永与七仙女传说中的望仙桥（江苏省金坛市文化馆　提供）

乾隆三十七年（1776）重修望仙桥时砌入桥墩中的碑文，记述了董永与七仙女的故事。（江苏省金坛市文化馆　提供）

董永传说含有丰富的历史、文学意蕴，能为相关历史时期社会、政治、经济文化的研究提供一定的形象资料。该传说所宣扬的孝文化对于建设社会主义精神文明、构建社会主义和谐社会亦具有重要的现实意义。

13 I-13

宝卷

靖江宝卷

河西宝卷

靖江宝卷讲唱工艺展示（张岳林、王金甫 摄）

宝卷·靖江宝卷

申报地区或单位：江苏省靖江市

宝卷是由唐代变文和宋代说经演化而成的一种俗讲文本，明清以来包容进了大量的民间传说、民歌民谣和社会风俗内容，成为亦圣亦俗、亦庄亦谐、叙事为主、韵散结合的民间文学文体。

宝卷的讲唱曾流布于从甘陕到江浙的广阔地域，尤以长江下游的吴方言区最为盛行，习称“讲经”或“宣卷”，至今已有近三百年的历史。靖江宝卷旧有文本约一百余种，存世的各类印本、抄本六十多种。全市现有宝卷讲唱艺人一百二十多位，每年做会讲唱宝卷达三千场以上。

从《三茅宝卷》、《大圣宝卷》、《香山观世音宝卷》、《花灯缘》、《张四姐大闹东

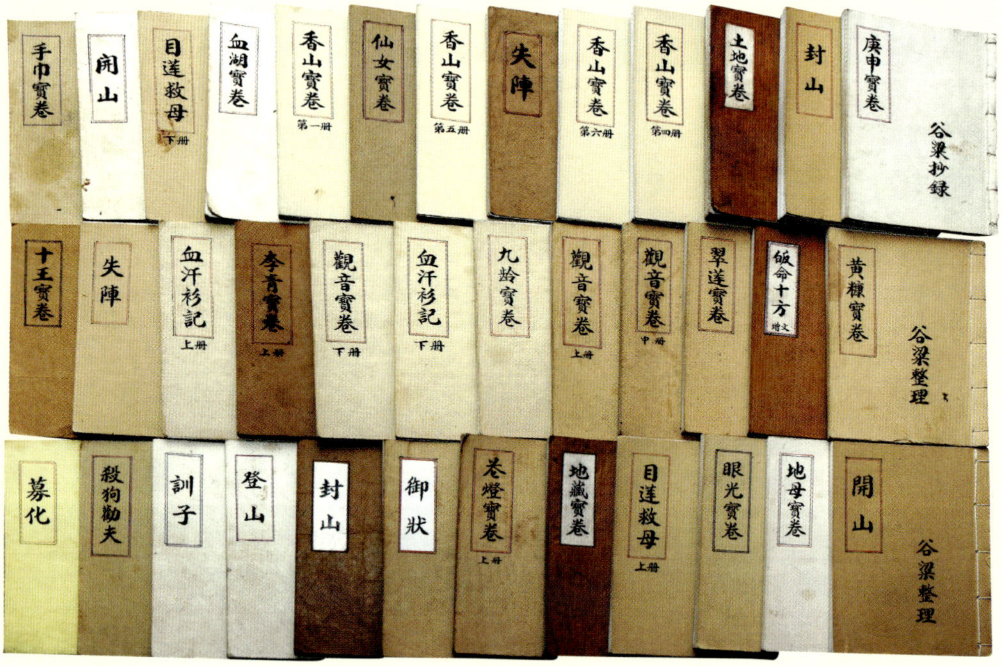

整理出的靖江宝卷文本（张岳林、王金甫　摄）

京》、《血汗衫记》、《九殿卖药》、《十把穿金扇》、《江阴要塞起义记》等宝卷内容可以看出，靖江宝卷集艺术、宗教、民俗于一体，其多文体的民间文学形式、多彩的民俗风情和丰富的民间知识为民间文学、民俗志和文化史的研究提供了大量的资料，被称为中国俗文学的“活化石”。2007年1月，靖江市被中国民间文艺家协会命名为“中国宝卷文化传承之乡”。

靖江讲经宝卷仍在传承，但也出现了濒危现象：其一，文本毁损缺失。靖江宝卷文本多为旧时的版印、石印或手抄本，年代久远，有些文本已残缺、虫蛀或丢失，已由过去的一百余种减少到六十余种。其二，传承队伍弱化，潜隐着后继无人的危机。其三，年轻听众减少。再过若干年，随着老年听众的谢世，宝卷的讲唱活动必然走向衰微，亟待保护。

靖江宝卷讲唱现场
（王金甫　摄）

宝卷·河西宝卷

申报地区或单位：甘肃省张掖市

河西宝卷是流传于甘肃省河西地区的一种民间说唱文学，由唐代敦煌变文、俗讲及宋代说经演变而来，在甘肃河西走廊一带的农村中广为流传。

河西宝卷受话本、小说、诸宫调及戏曲等的影响，内容包含儒、释、道三教教义，还有大量非宗教的民间神话、传说、戏曲和历史人物故事，多表现惩恶扬善、忠孝仁爱等传统道德教化内容。现已搜集到的河西宝卷达七百种以上，去其重复，得宝卷一百一十篇以上。其中的大多数是从中原传来的，在河西流传过程中，增加了许多当地人情风俗、方言俗语等内容。有少数是河西民间艺人自己创作的，如反映张掖人民斗争和生活的《仙姑宝卷》、反映武威大地震的《遭劫宝卷》和反映古浪大靖人民在武威大地震后又遭兵旱瘟疫等灾祸的《救劫宝卷》等。从内容说，可分为三类，每一类都可以从变文中找到源头。一是佛教内容的，如《目连三世宝卷》、《唐王游地狱宝卷》。二是中国历史故事和现实故事的宝卷，如《孟姜女哭长城宝卷》源于《孟姜女变文》，《天仙配宝卷》源于《董永变文》，写现实故事的有《还金得子宝卷》、《黄忠宝卷》等。三是寓言类宝卷，如《老鼠宝卷》和《鹦哥宝卷》。敦煌遗书中有两篇《燕子赋》，内容大体相同。

宝卷散韵相间，文词通俗优美，从庙会、娱乐场所直至家庭院落均可讲唱，深受民众喜爱。

宣卷人在宣讲开始前要洗手、漱口，然后点上三炷香，向西方（或佛像）跪拜，待静心后方开始宣卷。听卷者要宁静专心，不得喧哗和走动，唯中途宣卷人休息时才可稍事放松。

宣读河西宝卷（甘肃省张掖市文化馆　提供）

河西宝卷宣读场景（甘肃省张掖市文化馆　提供）

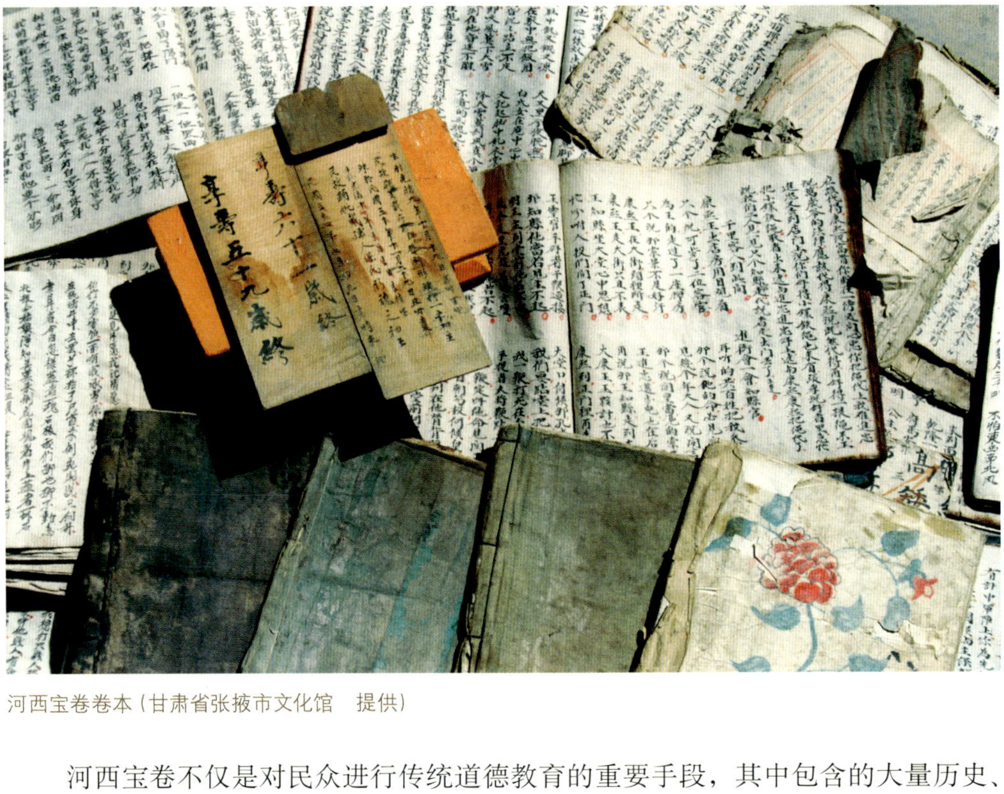

河西宝卷卷本（甘肃省张掖市文化馆　提供）

河西宝卷不仅是对民众进行传统道德教育的重要手段，其中包含的大量历史、文化、民俗信息对敦煌学及俗文学史、民俗文化史的研究也具有极为重要的意义。近几年，随着现代文化的冲击，宣卷与听卷的人数锐减，河西宝卷已濒临失传，亟待保护。

22 I-22

申报地区或单位：上海市青浦区
江苏省无锡市

吴歌

吴地民歌民谣总称“吴歌”，它是吴文化的重要组成部分。吴歌发源于江苏省东南部，是具有浓厚的民族和地域特色的民间文学艺术，距今已有三千二百多年历史。吴歌包括“歌”和“谣”两部分，从内容来看，它既包括情歌，又包括劳动歌、时政歌等；按音乐形式进行区分，吴歌有命啸、吴声等六类音乐。

江南颇具个性特征的民歌形式田山歌亦为吴歌之一种，主要集中在上海青浦的练塘、赵巷、金泽、商榻四个郊县，以及江苏的吴江、吴县和浙江的嘉善、嘉兴等邻近地区。上海田山歌是农民在耘稻、耥稻时所唱，形式为一人领唱、众人轮流接唱，又称“吆卖山歌”、“落秧歌”、“大头山歌”。

上海田山歌音调高亢嘹亮，旋律起伏自由，拥有大量拖腔和多声部形态。歌词内容主要来自当地民众的现实生活，多表现民众的劳动、生活、思想、爱情等，是观察上海及周边稻作地区社会生活、风情民俗的重要资料。

无锡东梅里一带及周边地区也是吴歌主要流传地之一。明清民国以来在无锡县的东亭、查桥、安镇一带吴歌演唱最为兴旺，常有对山歌活动。改革开放后，锡山区的吴歌工作者、爱好者通过普查，搜集、整理、出版（发表）了一大批中短篇吴歌和十多篇长篇叙事吴歌。其中有《小青青》、《薛

上海市青浦区练塘泖甸歌队在演唱吴歌（上海市青浦非物质文化遗产保护分中心 提供）

田间演唱吴歌（上海市非物质文化遗产保护中心　提供）

吴歌进校园活动（张浩生　提供）

六郎》、《陈瓦爿》、《金不换》，尤其是长篇叙事歌《沈七哥》，发表后在国内外引起了强烈反响。

吴歌生动地记录了江南下层人民的生活史，是十分宝贵的民间文化遗产。现今，生产力的飞跃发展、生产关系的变革，吴歌的传承载体——歌手群体人数锐减，保护吴歌已是当务之急。

31 I-31

澄海灯谜

谜语

谜语·澄海灯谜

申报地区或单位：广东省汕头市澄海区

澄海灯谜保留的“击鼓导猜”开猜形式，传承了南宋临安“司鼓引猜，曲乐助兴”的遗风（广东省汕头市澄海区文化馆　提供）

澄海地处粤东韩江三角洲平原，地形以平原为主，自古文风极盛，源于古代隐语、斗智炫巧的灯谜活动在当地有着较长的历史，至明清时代发展为极具地方特色的风俗文化。澄海灯谜中保留了宋代临安“击鼓猜射”的传统开猜形式，独具特色。此外还有“送谜标”、“猜谜母”等民俗形式，使用的创作法门达二十余类，谜目有数百种。

如今，澄海灯谜已是当地节假日娱乐和专题宣传活动中不可或缺的文化项目，且成为联结国内外乡梓情谊的文化纽带。1999年澄海被评为广东省“民族民间灯谜艺术之乡”，2000年5月又被文化部命名为“中国民间灯谜艺术之乡”。

由于受经济等多种因素的制约，目前澄海灯谜的发展不够平衡，谜艺水平有待进一步提高。有必要加大保护和扶持力度，使这一民间传统谜艺之花长开不败。

第一批国家级非物质文化遗产扩展项目名录

传统音乐

34 II-3

申报地区或单位：新疆维吾尔自治区巴音郭楞蒙古自治州、和布克赛尔蒙古自治县

蒙古族长调民歌

蒙古族长调民歌演唱（吴风翔　摄）

长调系蒙古语“乌日汀哆”的意译，它是北方草原游牧民族在畜牧业生产劳动中创造的一种民歌，在野外放牧和传统节庆时演唱。长调在蒙古族社会生活中占有重要地位，那达慕大会、婚礼、乔迁和婴儿降生庆典等传统社交与宗教节庆活动中都能听到长调的演唱。新疆地区的蒙古族长调民歌主要分布在巴音郭楞蒙古自治州及和布克赛尔蒙古自治县等地区。

长调历史久远，一千多年前，蒙古族祖先向蒙古高原迁徙，生产方式随之从狩猎转变为畜牧，长调民歌即在这一过程中产生和发展起来。这一艺术样式集中体现了蒙古游牧文化的特色，与蒙古民族的语言、文学、历史、宗教、风俗习惯及世界观、生态观、人生观等紧密联系在一起，贯穿于蒙古民族的社会生活之中。

传授蒙古族长调民歌传习（新疆维吾尔自治区巴音郭楞蒙古自治州非物质文化遗产办公室　提供）

蒙古族长调民歌演唱（吴风翔　摄）

长调歌腔舒展，意境开阔，声多词少，气息绵长，旋律极富装饰性（如前倚音、后倚音、滑音、回音等），尤以“诺古拉”（蒙古语音译，波折音或装饰音）演唱方式最具特色。长调民歌一般为上下两句，参差不齐的长短乐句以其特有的律动保持动态平衡，蕴含着丰富的音调与节奏变化。按内容分，长调的基本类型包括牧歌、思乡曲、赞歌、劳动歌、仪式歌、历史歌、时政歌、宴歌（也称“酒歌”）等。

长调民歌具有极高的研究价值，是人类学、民族学、音乐学等学科重要的研究对象。保护蒙古族长调民歌，对于蒙古草原文明的传承具有重要意义。现代化、城市化的进程使蒙古族长调民歌受到强烈冲击，目前能够演唱的艺人已屈指可数，其中许多人年事已高，长调的传承发扬面临危机，抢救、保护这一文化遗产已成为一项刻不容缓的工作。

蒙古族长调民歌传习交流（新疆维吾尔自治区巴音郭楞蒙古自治州非物质文化遗产办公室　提供）

35 II-4

申报地区或单位：新疆维吾尔自治区阿勒泰地区

蒙古族呼麦

用托布秀乐器伴唱蒙古族呼麦（赵霆 摄）

呼麦是新疆蒙古族楚吾尔音乐的一种，又称“霍林楚吾尔”，可分为“泛音呼麦”、“震音呼麦”、“复合呼麦”等类型，主要分布在内蒙古自治区的锡林郭勒、呼伦贝尔草原及呼和浩特市等地区，新疆自治区阿尔泰山一带的蒙古族居住地也能听到这种歌唱方式。除此之外，呼麦还远播蒙古和俄罗斯的图瓦地区。

呼麦是蒙古族人创造的一种神奇的歌唱艺术，演唱时歌手运用特殊的声音技巧，在同一时间唱出两个声部，表现为一个持续低音和它上面流动旋律的结合，形成罕见的多声部演唱形态。据有关学者考证，我国诸多古籍中记载的北方草原民族的歌唱艺术“啸”可能即是呼麦的原始形态。相传早在13世纪蒙古草原流行英雄史诗说唱艺术时，呼麦就已十分盛行。

因受特殊演唱技巧限制，呼麦的曲目并不十分丰富，大体可分为三种类型。一是咏

蒙古族呼麦演唱方法专业知识传习（赵霆　摄）

唱美丽的自然风光，如《阿尔泰山颂》、《额布河流水》等；二是表现和模拟野生动物的可爱形态，如《布谷鸟》、《黑走熊》等；三是赞美骏马和草原，如《四岁的海骝马》等。从风格特点上来看，蒙古族呼麦以短调音乐为主，但也能演唱一些简短的长调歌曲。

呼麦是蒙古民族杰出的艺术创造，它是一种来自民族记忆深处的久远回音，较多地保留了原始歌唱的某些因素，借以表达出蒙古人民对自然宇宙和世界万物深入的哲学思考。呼麦与蒙古族的历史、文化息息相关，对于人类学、民族学、民俗学的研究均有重要参考价值。目前，呼麦仅流传于极少数蒙古族农牧民中，有着深厚艺术造诣的艺人相继去世，传承乏人，已处于严重濒危状态，亟待抢救保护。

蒙古族呼麦演唱（赵霆　摄）

38 II-7

申报地区或单位：浙江省景宁畲族自治县

畲族民歌

传统畲族婚礼上畲族民歌演唱（季海波　摄）

唱山歌是畲族民众传授历史、文化、生产、生活等知识和进行文化娱乐活动的重要方式。因此，畲族民歌历史悠久，伴随着畲族人民祖祖辈辈，沿袭而来。畲民以歌代言、以歌叙事，形成了劳作对歌、三月三歌会、长夜盘歌、婚庆喜歌、祭祀颂歌、丧葬哀歌等歌俗。尽管畲族居住环境呈“大分散、小聚居”的特点，四周都是汉族村落，但畲族民歌曲调与周边的汉族民歌截然不同，较好地保留了本民族音乐的特色。

聚居在浙江省洞宫山南麓丽水市、温州市所辖各县境内的畲族大都系明清时期由闽东迁来，也有个别族系迁自赣南。浙江畲族民歌主要分布在浙南一带与闽东毗邻的洞宫山北麓。

浙江畲族民歌曲调按其分布和流行地域可分为丽水调、景宁调、龙泉调、文成调、平阳调、泰顺调等，各调均有平行式双乐句、起承转合四乐句及各种非规整性乐句等形式。同一首畲族民歌的词句基本不变，只是变换两次韵脚，使之一化为三，形成独特的“三条变”的“复沓”手法，这在中国民歌中是独树一帜的。

畲族歌手在竹林中对歌（季海波　摄）

畲族民歌的演唱有“高声”（假声）和“低声”（真声）之分，演唱形式包括独唱、对唱和重唱等。浙江畲族民歌有叙事歌（包含神话传说歌和小说歌）、杂歌（包含爱情、劳动生活、传授知识、伦理道德、娱乐生活等内容）、仪式歌（包含婚仪歌、祭祖歌和功德歌等内容）等，题材十分丰富。其中神话传说歌《高皇歌》唱述畲族起源的神话和民族大迁徙的史实，是畲族民歌的重要代表。

浙江畲族民歌涉及内容极为丰富，其手抄本历来受到我国民间音乐、文学界专家学者的重视，是我国民间文学宝库中的代表作之一。目前，能传唱畲族民歌的老艺人先后谢世，畲族民歌传承面临危机，亟待保护。

畲族歌手在畲族传统婚礼上表演敬酒歌（季海波　摄）

44 II-13

申报地区或单位：海南省乐东黎族自治县

崖州民歌

崖州民歌传习场景（陈定云　摄）

崖州民歌是海南民歌的古老歌种，根据老艺人的传说和对传统民歌遗存进行分析研究，发现崖州民歌发祥地主要在古崖州的乐罗、黄流（今属乐东黎族自治县的乐罗镇、黄流镇）一带乡村。崖州民歌自汉代开始不断生发、演化、丰富，至清代达于极盛，出现了大批的长篇歌册，目前收集到的已有七十多部约二百七十万字。

崖州民歌传习场景（陈定云 摄）

崖州民歌内容丰富，题材广泛，从人文历史、自然风光到生产劳动、社会生活，各个领域无不涉及。其中的二十多部长篇抒情大歌（俗称“大朝歌”），如《贫家织女歌》、《张生歌》、《梁生歌》等，是崖州民歌中的瑰宝，在当地流传甚广。崖州民歌曲词优美，其曲调主要包括拉大调、柔情调、嗟叹调、大朝调、摇篮调等，歌词多为七言，善用赋、比、兴等艺术手法。

崖州在历史上是高官名宦贬谪之所，唐宋时期被贬到崖州的名臣就有韦执谊、丁谓、卢多逊、赵鼎、胡铨等十余人。他们在贬所致力于传播中原文化，受其影响，崖州民歌明显带上了唐诗宋词的烙印。除此以外，崖州民歌还带有明显的佛教“斋歌”痕迹。唐代佛教传入海南，在古崖州（今三亚市崖城镇）建立大云寺。崖州民歌的嗟叹调就出自“斋歌”，当与寺庙中的念诵吟唱有一定关系。

崖州民歌为当地群众所喜闻乐见，是他们重要的精神食粮，长期以来依靠口传心授的方式代代传承不绝。崖州民歌还具有重要的历史价值，它源远流长，反映了崖州历史上方方面面的内容。改革开放以来，现代化潮流不断冲击着经济飞速发展的海南。在此情形下，崖州民歌很难与来势汹涌的流行音乐相抗衡，如不及时抢救保护，它将随着传承人的离去而最终消失。

51 II-20

花儿

新疆花儿

花儿广泛流传于甘肃、青海、宁夏及新疆四省区的回、汉、土、东乡、保安、撒拉、藏、裕固8个少数民族中，是运用当地汉语方言在村寨外歌唱的一种山歌形式，俗称“少年”、“山曲儿”、“花曲”、“野曲”（与“家曲”即“宴席曲”相对）等。花儿深受广大人民群众喜爱，其内容多为祈求风调雨顺、歌唱劳动生活和男女爱情等。花儿的传唱主要在日常生产生活与“花儿会”两种场合下进行。

花儿·新疆花儿

申报地区或单位：新疆维吾尔自治区昌吉回族自治州、巴音郭楞蒙古自治州

新疆花儿是新疆各地回、汉、锡伯等民族人民喜爱的民歌，主要分布在昌吉回族自治州各县（市）和北疆沿天山一带的乌鲁木齐市、沙湾县、伊宁市、霍城

花儿舞台表演照（新疆维吾尔自治区米东区文化馆　提供）

师徒共唱花儿（新疆维吾尔自治区米东区文化馆　提供）

县、新源县、特克斯县，东疆的吐鲁番市、哈密市、巴里坤哈萨克自治县及南疆的焉耆回族自治县等地。

花儿约有三百年的历史。新疆花儿源于河州花儿、洮岷花儿，系从甘肃、宁夏、青海等地传入，新疆独特的地理环境、民族习俗和语言音韵的影响使之逐渐成为一种具有鲜明地域特色的民歌形式。新疆花儿吸收了维吾尔、哈萨克等民族的音乐元素，除常见的徵、商、羽调式外，还采用了较为完整的小调式及调式交替手法。与关内“花儿”相比，“新疆花儿”装饰音少，多为规范的2／4节拍，具有很强的舞蹈性。

新疆花儿在山野田间、家庭场院、文化广场、舞台会场等各种场所都可演出，其表演有独唱、对唱、二重唱、合唱、表演唱、乐器伴唱等形式，主要使用板胡、二胡、三弦、竹笛、扬琴等伴奏乐器和彩折扇、彩绸巾（带）等道具。演唱时回族男歌手头戴小白帽，身穿白衬衣，外套黑坎肩，脚穿长靴；女歌手头顶纱巾，身穿连衣裙，色调以白、绿、粉红为主。

“新疆花儿”的曲牌（俗称“令”）有23个之多，目前已整理出版了新中国成立前后两个时期的花儿千余首，其中包括《花花尕妹》、《三十三石荞麦》、《月亮上来亮上来》、《歌手情话》、《双探妹》等代表曲目。花儿作为一种草根文化，歌唱爱情、歌唱生活，是一种珍贵的民间口头文学艺术形式，深受广大人民群众喜爱。至今仍有大量新疆花儿蕴藏在民间，亟待挖掘整理。而目前众多优秀的民间花儿演唱艺人年事已高，随着他们的离去，新疆花儿有可能逐渐失传。因此，抢救这一珍贵的少数民族民间音乐遗产已成为一项迫在眉睫的任务，亟待努力完成。

花儿演唱（新疆维吾尔自治区米东区文化馆　提供）

58 II-27

薅草锣鼓

薅草锣鼓又名“打闹歌”，俗称“打闹”，是一种流行于土家族聚居区的民间歌曲形式。土家人在薅草季节聚集数十乃至数百人集体劳动，此时往往请两名歌手面对薅草众人进行表演，一个击鼓，一个敲锣，随着锣鼓声边唱边舞，薅草众人则从旁和唱。其歌词多为一韵到底，内容则分为“歌头”（俗称“引子”）、“请神”、“扬歌”、“送神”等部分。舞时双手随脚步摆动，左手随左脚，右手随右脚，轻快活泼，柔中带刚。薅草锣鼓曲牌灵活多样，歌师能根据演唱时的时序和天色早晚变换唱词，以活跃气氛，使单调辛劳的农事劳作转为火热欢快的集体活动。

薅草锣鼓·武宁打鼓歌

申报地区或单位：江西省武宁县

武宁打鼓歌形成于清代乾隆年间，系湖北薅草歌传入后逐渐形成的民间音乐形式，距今已有三百多年的历史。它主要分布在江西省武宁县境内各乡镇及修水、瑞昌、德安和周边的湖北阳新、通山等地区，民间鼓匠则主要集中在武宁的船滩、东林、上汤、澧溪、杨洲、鲁溪、横路、罗溪、石门楼等乡镇。

武宁打鼓歌有着丰富多变的鼓点节奏，它一般为四番鼓，每一番鼓都有轻重缓急的速度变化，节拍有散板、2/4、4/4、3/4、5/4、6/4等类型，可因人、因时、因地而灵活变化。武宁打鼓歌旋律简单明快，基本由上下两个乐句变化构成，羽、徵两个五声调式交替进行，而以羽、徵、宫为骨干音，最后在徵音结束全曲。

打鼓歌章法结构分合自如，既有长篇叙事诗如360段的《梅花三百六》，也有短篇抒情诗如10段的《十送》、《十想》等，还有一段歌词的小诗，当地人称为“歌崽”。武宁打鼓歌表现手法多样，其中常见生动的比喻、大胆的夸张、灵活多变的衬字，每段歌词结尾的处理往往出人意料，韵味无穷。按其种类，打鼓歌可分为时政歌、情歌、风俗歌等。

在劳作时演唱武宁打鼓歌（江西省非物质文化遗产保护中心　提供）

在民间艺术节上演唱武宁打鼓歌（高峰　摄）

武宁打鼓歌是历代武宁人民集体智慧的结晶，在民间文学、音乐史学和民族音乐学等方面具有重要的研究价值。如今人们的劳动方式已发生了很大的变化，打鼓歌正逐渐失去赖以生存的民俗土壤。受现代流行文化的影响，很多年轻人都不愿意学习打鼓歌，与此同时，造诣深厚的艺人年老体衰，相继辞世。武宁打鼓歌这一古老的民间音乐形式正面临失传的危机，必须尽快加以抢救保护。

薅草锣鼓·宜昌薅草锣鼓

申报地区或单位：湖北省宜昌市

宜昌薅草锣鼓是夷陵民歌的重要组成部分，主要分布在湖北省宜昌市夷陵区的分乡、下堡平、雾渡河、龙泉等乡镇，距今已有一百五十多年的历史。

宜昌薅草锣鼓可根据不同农事活动而命名，如“栽秧锣鼓”、“扯草锣鼓”、“砍柴锣鼓”等；也可根据锣鼓的数量（编制）而命名，如一锣一鼓叫“一锣鼓”或“单锣鼓”，两锣一鼓或三锣两鼓搭配的叫“夹锣鼓”，两锣两鼓叫“对子锣鼓”，由锣、钹、马锣、鼓组成的叫“四样锣鼓”或“打四件”，在“一锣鼓”或“四样锣鼓”基础上加一只唢呐叫“吹锣鼓”，等等。由8个人、10样乐器组成的大型吹锣鼓班子称为“丝弦锣鼓”，是薅草锣鼓中的稀有品种，流行于夷陵的鸦鹊岭、龙泉等地。

由于夷陵当地人习惯于“以腔从词”和“以词配曲”两种歌唱方法，宜昌薅草锣鼓形成了语调旋律、韵调旋律、歌腔旋律、歌调旋律四种不同的“音乐方言”。宜昌薅草锣鼓属板腔联曲体，一般由十几个唱腔和曲牌组成，多者唱腔曲牌达到八十余个，因有“九腔十八板，三十六个号，七十二种腔”之说。单一三声腔歌有“561、612、613”三种结构形态，俗称“三音歌”。特别是两个小三度音程构成的三音歌，具有上古楚歌的遗风。

艺人喊起上工号子（湖北省宜昌市非物质文化遗产保护中心　提供）

唱曲牌（湖北省宜昌市非物质文化遗产保护中心　提供）

演唱扬歌《早上下田雾沉沉》（湖北省宜昌市非物质文化遗产保护中心　提供）

宜昌薅草锣鼓以师徒授受和村落延续两种方式传承。进一步挖掘整理宜昌薅草锣鼓，在当地民风民俗、语言文学、民族音乐等研究的推进上有着重要的意义。由于现代生产方式改变、艺人老化和年轻一代对传统普遍淡漠等原因，薅草锣鼓的生存面临危机，亟待抢救保护。

在田间演唱薅草锣鼓（湖北省宜昌市非物质文化遗产保护中心　提供）

薅草锣鼓·五峰土家族薅草锣鼓

申报地区或单位：湖北省五峰土家族自治县

五峰土家族薅草锣鼓是五峰民歌的重要组成部分，因多用锣鼓伴奏，又称“锣鼓歌”。它主要分布在湖北五峰土家族自治县的五峰、湾潭、仁和坪、付家堰、采花等8个乡镇，距今已有一百五十多年的历史。

艺人在田间演唱薅草锣鼓（周长军　摄）

五峰薅草锣鼓可因不同农事活动而命名为“栽秧锣鼓”、“扯草锣鼓”、“砍柴锣鼓”等，也可因锣鼓数量而命名为“一锣鼓”、“夹锣鼓”、“四样锣鼓”、“吹锣鼓”等。五峰薅草锣鼓的曲式结构属板腔联曲体，一般有十几个唱腔与曲牌，多的能达到八十余个，在当地有“九腔十八板，三十六个号，七十二种腔”的说法。单一三声腔歌俗称“三音歌”，有语调、韵调、歌腔、歌调四种不同的旋律风格，其中由两个小三度音程构成的三音歌中清楚地显示出上古楚歌的遗留因素。

五峰薅草锣鼓题材广泛多样，包含劳动生产、爱情生活、天文地理、风土人情、伦理道德、宗教信仰、文化娱乐等多方面的内容，其代表曲目可分为“曲牌名”、“腔名”和“内容名”三大类，以固定曲牌为名的有扬歌、半声子、一声子、五句子、月歌子等，以唱腔命名的有高腔、平腔、起马腔、傩愿腔、下山虎等，以内容命名的有露水号子、起床号子、梳头号子、下田号子、交情歌、送郎歌等。薅草锣鼓结构完整，艺人们通常遵循“早晨唱花名，中午唱古人，晚上唱交情”的规律演唱。

艺人在田间为薅草者加油鼓劲（周长军　摄）

五峰薅草锣鼓群众基础广泛，具有很强的文化传播功能，其中保留的某些古代文化信息在历史学、民俗学和音乐学等领域的研究中具有重要的参考价值。由于现代生产方式出现了很大改变，与旧式农业劳动联系紧密的薅草锣鼓已渐趋衰落，加之艺人老化，年轻人不愿学习传统艺术，导致五峰薅草锣鼓生存陷入困境，传承也出现危机，急需抢救。

薅草锣鼓·兴山薅草锣鼓

申报地区或单位：湖北省兴山县

兴山薅草锣鼓又称“打锣鼓”，因在薅草时边打锣鼓边唱歌而得名，它距今已有五百五十多年的历史，主要流布于湖北省兴山县各乡镇。

兴山薅草锣鼓主要是在苞谷田薅草、水稻田除草、开荒种地、修水库等集体生产劳动场合演唱，具体可分为两类：一是“花锣鼓”，因演唱花歌子（情歌）而得名，曲式结构复杂，词格多变，腔调丰富多彩；一是“攒鼓”，因演唱《千百攒》而得名，乐曲结构、腔调、词格较为简单，题材主要为历史故事。兴山锣鼓的发声方

法有三种，一是假声高八度歌唱，民间俗称“鬼音”、“天堂音”或“顶音”，三遍子锣鼓和攒锣鼓用此唱法；二是真声高八度歌唱，称为“满口音”，四遍子、五遍子锣鼓用此唱法；三是真声低八度歌唱，称为“二黄”，歌师傅唱累时适度采用这种唱法以调节。

兴山薅草锣鼓曲牌十分丰富，有七八十种之多，包括起鼓、煞鼓、采茶鼓、虎抱头等。旋律分“兴山特性三度体系”音调和“一般音调”两种类型，“兴山特性三度音阶”保留了较多荆楚古调的遗音，具有鲜明的地方文化特色。兴山锣鼓的声腔分为板腔体号子、扬歌和歌谣体杂歌子三种，乐曲结构类似回旋曲式，是套中有套的大型套曲，在中国民间音乐中独树一帜。

兴山薅草锣鼓是“巴楚古歌”的重要载体，为我们保留了较多的古代音乐文化信息，具有很高的历史文化和艺术研究价值。在社会急剧变革和外来强势文化不断冲击的形势下，兴山薅草锣鼓班子已锐减至不足30个，艺人年龄老化，后继乏人，亟待保护传承。

在田间演唱兴山薅草锣鼓（丁岚　摄）

薅草锣鼓·宣恩薅草锣鼓

申报地区或单位：湖北省宣恩县

宣恩薅草锣鼓又叫“山锣鼓”，是与生产劳动相伴而生的一种民间歌鼓，其渊源可追溯到周朝的击鼓祭祀，其后发展成独立音乐类型，元明至清初达于鼎盛，现主要流行于湘、鄂、渝、黔接壤的武陵山地土家族聚居区及相邻的汉族和其他民族地区。

宣恩薅草锣鼓一般由四个或四个以上的歌师在劳动队伍前方鸣锣击鼓演唱，伴奏乐器少则一锣一鼓，多则有马锣、头钹、二钹、唢呐四种。演唱程序包括歌头、扬歌、歌尾三部分，歌头和歌尾为固定的请神送神仪式，扬歌为即兴演唱，演唱形式包括领唱、合唱、穿歌、插白等几种，唱腔则分高腔和平腔两种。唱词有固定唱词和即兴唱词两种，多段词形成分节歌或变化分节歌的结构，多为民歌联缀成套。因乐器配备不同，宣恩薅草锣鼓又可分为文锣鼓、武锣鼓、夹锣鼓三类，锣鼓曲牌多达三十余个，常用的有十几个。

宣恩薅草锣鼓主要包括历史传说歌、长篇叙事歌、生活风情歌、儿歌等类型，题材丰富，涉及土家人生活的方方面面，蕴含着丰厚的古代文化遗存，为民俗学、民间文学和音乐学的研究提供

在田间演唱宣恩薅草锣鼓（袁红亚　摄）

宣恩薅草锣鼓的请神仪式（袁红亚　摄）

薅草锣鼓乐器：鼓（李莉　摄）

在田间演出薅草锣鼓（袁红亚　摄）

了宝贵资料。随着时间的推移，土家人的传统生活、劳动方式已发生改变，大规模的集体劳作方式不复存在，薅草锣鼓的生存空间也随之不断缩小。在市场经济和外来文化大潮的冲击下，人们对传统民俗活动日益淡漠。越来越多的土家族青年走出鄂西大山，掌握薅草锣鼓技艺的艺人相继辞世，健在者也已到衰迈之年，古老的民间艺术后继无人，相关的抢救保护工作已迫在眉睫，必须尽快着手进行。

薅草锣鼓·长阳山歌

申报地区或单位：湖北省长阳土家族自治县

"土苗兄妹"演唱长阳山歌（湖北省长阳土家族自治县非物质文化遗产保护中心　提供）

长阳山歌也称"锣鼓歌"，是人们在田间从事农业生产时唱的歌，其渊源可追溯到先秦的"蛮歌巴舞"和"下里巴人曲"。隋唐以来，文献中不断出现对土家族山歌习俗的记载。长阳山歌现主要分布在湖北省长阳县的11个乡镇，以榔坪、贺家坪、资丘、渔峡口、鸭子口、高家堰等土家族聚居区最为盛行。

长阳山歌高亢嘹亮，自由奔放，旋律多为级进，音域在八度与十一度之间。开门见山的七度大跳先声夺人，加之甩腔中颤音的运用，使山歌整体散发出浓郁的山野气息。长阳山歌为五声调式，羽、徵、宫调式和宫羽交替、羽徵交替形式较为常见，在表现上也有很多铺垫，往往设定悬念，然后哗然破题，造成痛快淋漓的审美效果。从内容上看，长阳山歌包括创世歌、劳动歌、时政歌、情歌、杂歌等，其演唱形式则可分独唱、对唱、一人领众和等几种。

长阳山歌曲牌分为号子、声子、五句子、采茶、腔类和杂歌子几大类。五句子是山歌的主要形式，可用不同曲牌演唱。长阳山歌中的"九板十三腔"是大型套曲结构，"九板"即"九声"，"十三腔"是起伏多变、结构庞大、各自独立的13个曲牌集合而成的套曲。长阳山歌曲式中最具特色的是"尾包头"结构，即将每首歌尾句或尾段作为起唱句，开门见山揭示主题，具有先声夺人的效果。演唱中通过完全重复、加衬句、重复尾句等手法，可使一段只有四句的歌曲扩充为三段体结构。

民间艺人在乡镇文化节上演唱长阳山歌（湖北省长阳土家族自治县非物质文化遗产保护中心　提供）

长阳山歌积淀着土家人数千年的文化信息，具有重要的历史、审美和艺术研究价值。如今土家人的生活和劳动方式已发生很大改变，薅草锣鼓的生存随之变得艰难起来。在市场经济和现代文化的冲击下，人们对传统民俗活动日益淡漠，传承长阳山歌演唱技艺的艺人年事已高，其中有些已经辞世，后继乏人的现象越来越严重，对长阳山歌的抢救保护已经刻不容缓。

民间艺人演唱长阳山歌（湖北省长阳土家族自治县非物质文化遗产保护中心　提供）

薅草锣鼓·川东土家族薅草锣鼓

申报地区或单位：四川省宣汉县

川东土家族薅草锣鼓又称“挖土歌”、“山锣鼓”、“合音锣鼓”等，是土家族人在长期田间劳作过程中形成的一种边打锣鼓边演唱的民间音乐形式。土家人称水稻中耕为“薅秧”，玉米中耕为“薅草”，这两项农事活动均在盛夏时节进行。为解除疲劳、振作精神，土家人在劳作时以锣鼓助兴，故名“薅草锣鼓”。薅草锣鼓现主要流传在四川宣汉县的55个乡镇及周边的万源、开江、重庆开县等地区，其渊源可追溯到巴人由渔猎生产向农耕文明过渡时期。

川东土家族薅草锣鼓两副四人合打、对打情景（张勇　摄）

川东土家族薅草锣鼓表演形式多样，有一人打鼓、一人打锣的“二人打唱”，也有锣鼓与马锣齐打的“三人打唱”，演奏形式则可分“文锣鼓”、“武锣鼓”等。土家族薅草锣鼓的歌词以七言、五言为主，间亦有十言、四言等形式，其语句高度凝练，多用赋、比、兴手法，衬词多为虚词。歌词内容由引子、请神、扬歌、送神四部分组成，引子、请神和送神都有较固定的唱词，扬歌是歌的主要内容，多即兴创作，随编随唱，所涉及的内容十分广泛，包括民族历史、生产知识、宗教祭祀、礼仪孝亲、男女恋爱、日常琐事、打情骂俏等。土家族薅草锣鼓的音乐旋律多为民族五声徵调式，唱腔高亢流畅，豪放粗犷，铿锵有力，朴实大方。其音乐为上、下句的单段体或多段体结构，具有浓郁的地方特色。

唱着川东土家族薅草锣鼓收工回家
（四川省宣汉县文化馆　提供）

川东土家族薅草锣鼓演唱（张勇　摄）

川东土家族薅草锣鼓演唱（张勇　摄）

川东土家族薅草锣鼓是几千年来川东土家人口头历史的重要载体（当地人称“肉口传”），为土家人长期的生产、生活留下了真实的写照，其中所蕴含的丰富传统音乐文化具有重要的艺术欣赏和研究价值。随着现代化进程的加速，当地人对传统的民俗活动已逐渐失去了兴趣，加之老艺人年事已高，纷纷辞世，川东土家族薅草锣鼓传承无人，已处于消亡的边缘，亟待抢救保护。

川东土家族薅草锣鼓伴奏乐器：锣和鼓
（四川省宣汉县文化馆　提供）

59 II-28

申报地区或单位：贵州省从江县、榕江县

侗族大歌

侗族大歌侗语称“嘎老”，是侗族民间一种极富特色的民歌演唱形式。早在宋代，侗族大歌即已较为成熟，其后传沿不绝，明代邝露在《赤雅》中曾明确记载过侗人“长歌闭目”的情景。贵州省的侗族大歌主要流传于从江、榕江等地，小黄侗族大歌自清代康熙年间形成独立体系以来，经过十多代歌师的传承，不断向周边的二千九、六洞、九洞和黎平、三江、榕江等地传播，极大丰富了侗族大歌的曲目。

侗族大歌主要包括鼓楼大歌、声音大歌、叙事大歌、情歌、伦理大歌、礼俗大歌、儿歌、戏曲大歌、老人歌等形式，其歌唱在多声思维、合唱技艺等方面达到较高水平，演唱时通常分两个声部，在民间有“雄音”（高声部）、“雌音”（低声部）之称。侗族大歌最小的结构单位称“角”（jogx），汉译为“句”；若干“角”构成一“省”（sengh），汉译为“段”；若干“省”构成一“枚”（meix），汉译为“首”。如此累加聚合，形成分节歌性质的多段联缀体，体现出各类大歌的基本结构。

贵州省榕江县千人演唱侗族大歌的盛况

村民在榕江加锁鼓楼演唱侗族大歌（王霓　摄）

童声侗族大歌演唱（杨秋平　摄）

侗族大歌演唱（韦德刚　摄）

传授侗族大歌（杨光黔　摄）

演唱侗族大歌场景（杨光黔　摄）

侗族大歌绝大多数无需乐器伴奏。除叙事歌外，男声演唱侗族大歌均可用大琵琶伴奏。大歌多为羽调式，一般音域较窄，音程跳动不太大，多用真嗓演唱，语言音调、音节、重音极为丰富，节拍变化多样。其代表曲目有《蝉歌》、《送动牙到忙要月头》（汉译为《我俩的情意何时了》）、《打花了》（汉译为《人老花过》）等。

侗族大歌以其独特的演唱方式和组织形式传承着侗族的历史和文化，是侗族社会结构、婚恋文化和精神生活的重要组成部分。侗族大歌内容极其广泛，涉及民族学、音乐学、社会学、婚姻史、思想史、教育史等诸多领域，具有重要的学术研究价值。随着市场经济的迅速发展和现代文化的广泛流播，侗族大歌这种传统的少数民族民间艺术已面临失传的危险，对它进行保护和传承已刻不容缓。

61 II-30

多声部民歌

- 潮尔道——蒙古族合声演唱
- 瑶族蝴蝶歌
- 壮族三声部民歌
- 羌族多声部民歌
- 硗碛多声部民歌
- 苗族多声部民歌

多声部民歌指的是织体结构形态为多声部形式的民间歌曲，中国的多声部民歌主要集中在壮、侗、布依、高山、毛南、提佧、苗、彝等十多个少数民族中，多数采用二声部形式，少部分为三声部和四声部艺术。

多声部民歌·潮尔道——蒙古族合声演唱

申报地区或单位：内蒙古自治区锡林浩特市

潮尔道是一种历史久远的独特演唱形式，主要流传于内蒙古锡林郭勒盟锡林浩特市和阿巴嘎旗部分地区。它大约起源于12世纪末13世纪初，明末清初达于鼎盛。潮尔道不仅在宫廷里演唱，在寺庙、民间饮宴和祭祀典礼等不同场合也广泛应用。

潮尔道是蒙古族别具一格的多声部音乐，表现为在旋律下方有持续低音声部，这种低音声部只能依附于高腔旋律而不能独立存在。演唱时由一位出色的长调歌手用高腔演唱婉转而跳跃的旋律，另有数名歌手用浑厚的喉音演唱低音部，在旋律下方构成持续低音。潮尔道采用宫、徵调式，旋律悠长，节奏自由，适于表现古代蒙古人在恶劣的自然环境中不屈不挠奋斗图存的民族精神。潮尔道以短词配合长曲，开头和结尾形式特殊，能充分发挥长调音乐的特点，其二声部合唱艺术呈现出庄重、深沉、细腻的艺术风格，五八度和声的大量应用则增强了音乐功能的支撑力和艺术的感染

艺人演唱潮尔道（内蒙古自治区非物质文化遗产保护中心　提供）

潮尔道演唱场景（内蒙古自治区非物质文化遗产保护中心　提供）

在草原上演唱潮尔道（内蒙古自治区非物质文化遗产保护中心　提供）

力，在中国多声部民歌中显得较为独特。潮尔道的代表性作品有《圣主成吉思汗》、《呼德希勒》、《日升》等。

潮尔道是草原文化的代表和蒙古族音乐的结晶，它以旋律的完美性、和声的独特性、调式的科学性、曲式的复杂性而引人瞩目，堪称蒙古族民间音乐的佼佼者。近年来，随着老一代著名潮尔道传唱者的相继去世，潮尔道濒临失传，急需制订具体措施加以抢救保护。

多声部民歌·瑶族蝴蝶歌

申报地区或单位：广西壮族自治区富川瑶族自治县

瑶族蝴蝶歌演唱（钟新建　摄）

历史悠久的瑶族蝴蝶歌是富川瑶族的标志性民歌，大致形成于明朝，主要流布在广西壮族自治区富川瑶族自治县的白沙镇、莲山镇、柳家乡、古城镇等地。

蝴蝶歌用汉语方言土语“梧州话”演唱，内容以情歌为主，因为在歌的衬字衬词中常出现“蝴的蝶”字样，由此得名“蝴蝶歌”。这种歌采用二男或二女的同声二重唱形式演唱，同起同收。它分为短蝴蝶歌和长蝴蝶歌两类，短蝴蝶歌一般有四句，第一、二、四句均为七言，末字押韵，第三句常加衬词衬句；长蝴蝶歌又称“歌母”，多被民歌手用来锻炼气息、口舌和声部，它是在短蝴蝶歌基础上发展而来，每首歌的第三句可由歌手任意加长，形成长垛句，又称“双飞蝴蝶歌”。

蝴蝶歌为五声调式，其中多宫、徵、商、羽调，歌腔中频繁出现衬词，“的”字应用尤多，几乎每字必衬，使歌曲显得热烈活泼，这在中国瑶族民歌中是很罕见的。其和声音程具有富川瑶族音乐艺术独有的特点，以大小三度为主，但经常出现长时值的大二度音程，然后解决到同度。蝴蝶歌的代表性作品很多，主要有《情郎下海我下海》、《流水欢歌迎客来》等。

瑶族蝴蝶歌声部结构严谨，曲调欢快优美，它的出现标志着中国民族民间多声部音乐已发展到了相当水平，具有重要的艺术欣赏和研究价值。可以说，蝴蝶歌是瑶族文化多源性的象征，具有珍贵的历史、文化价值。目前，随着传统民间节日文化的淡化，演唱蝴蝶歌的机会日益减少，加之一些优秀的民间歌手年事已高，瑶族蝴蝶歌演唱后继无人，亟待保护和传承。

多声部民歌·壮族三声部民歌

申报地区或单位：广西壮族自治区马山县

壮族三声部民歌源于广西南宁市马山县的加方乡等地，被当地群众称为“欢哈”（意为“合声”山歌），目前主要集中分布在古寨乡、里当乡，上林县的镇圩乡、西燕镇、塘红乡，忻城县的北更乡、遂意乡、古蓬镇，都安县的龙湾乡、菁盛乡及大化县的贡川乡、共和乡。早在唐代末年，壮族三声部民歌就开始在马山县东部传播，至明代中期达到空前繁盛的程度。

壮族三声部民歌常唱蛮欢、卜列欢、加方欢、结欢等调，其结构为三个声部，第一声部和第二声部具有独立音调，第三声部陪衬和声，三个声部都能突出和丰富主旋律，且彼此之间互相协调，音调柔和，风格统一。壮族三声部民歌一般有相对固定的演唱歌本，如《达红欢》、《灯焕欢》、《二十四孝》等，但也有根据日常生活即兴创作的内容。歌词一般为五言四句或五三五言六

歌手在艺术节上演唱壮族三声部民歌（李海瑛　摄）

壮族三声部民歌演唱（广西壮族自治区南宁市群艺馆　提供）

句式，有严格的腰脚韵。壮族三声部民歌主要在生活生产、交往娱乐、恋爱、婚丧和娱神等活动中演唱，其中用于婚嫁、丧葬和娱神等仪式的民歌尤显庄重。代表性作品有《欢雅娜》、《孤儿欢》、《孝儿欢》等。

壮族三声部民歌是中国民间多声部民歌的重要代表，它充分反映了壮族社会的主要特点，是壮族文化独特的表现形式。目前由于社会环境的变化，歌唱展示的平台不断减少，壮族三声部民歌的特色日渐淡化，急需保护和恢复。

民间歌手演唱壮族三声部民歌（广西壮族自治区南宁市群艺馆　提供）

多声部民歌·羌族多声部民歌

申报地区或单位：四川省松潘县

羌族多声部民歌演唱（陈玉华　摄）

羌族多声部民歌仅存于四川省松潘县小姓乡与镇坪乡的少数羌族山寨，在当地的羌族人民中世代相传。

羌族多声部民歌均由二声部构成，从歌唱场合和社会功能方面着眼，可将其大体分为山歌、劳动歌、酒歌、风俗歌和舞歌五类。羌族多声部民歌是藏缅语族少数民族多声部音乐的代表，其旋律多为五声性，一般先由领唱起唱，跟唱声部相隔一拍或数拍与领唱声部重叠，到句尾再同度相合。这种二声部中频频出现四、五度及大二度音程的纵向结合，跟唱声部超越领唱声部，更有我国其他地区少见的大幅度慢速颤音唱法，显露出鲜明的羌文化特色。羌族多声部民歌的代表性作品有《哈依哈拉》、《哈卢拉依》、《萨姆》等。

从羌族多声部民歌歌种与曲目的丰富、形态的稳定、结构的完整、歌唱的成熟和风格的古朴来看，它拥有较为久远的历史，具有独特的历史价值、审美价值与文化艺术研究价值。羌族多声部民歌所流布的松潘县小姓乡与红原藏区毗邻，当地人生活受藏族文化影响，各方面都呈现出藏羌文化交融的特征，在此背景下认识羌族多声部民歌，也为其他藏缅语族多声部民歌的研究提供了有益的借鉴。随着时代的发展，多声部民歌所依存的生活基础与社会条件逐渐消失，加之多声部歌唱难度大，对歌手素质的要求较高，因而目前羌族多声部民歌的传承陷入困境，古老的艺术形式面临消亡的危险，有待积极抢救。

唱劳动歌（陈玉华　摄）

羌族多声部民歌情歌对唱（黄素兰　摄）

多声部民歌·硗碛多声部民歌

申报地区或单位：四川省雅安市

位于四川省雅安市宝兴县的硗碛乡堪称歌舞之乡，具有悠久的民间艺术传统。硗碛多声部民歌以独特的风格、浓厚的宗教色彩和恢弘的气势在硗碛歌舞中占据着显赫的位置。

根据演唱场合可将硗碛多声部民歌分为四种。一是“抬菩萨”仪式多声部合唱。硗碛传统宗教活动“抬菩萨”（转经会）在正月十七举行，至今已有近两千年的历史。届时四人用轿将弥勒像抬出经堂，数以千计的藏胞尾随轿后，一路不停地歌唱，在此过程中声部不断叠加，逐渐形成庞大的二声部、三声部甚至多声部演唱，气势磅礴，场面壮观。“抬菩萨”多声部合唱均为散板，各声部在同一基调上先后出现，自由即兴发挥，但偶尔也会出现统一的节奏和“卡农”式的进行。二是佛教道场多声部合唱。硗碛藏民办丧事都要请喇嘛做道场超度亡灵，仪式举行时应邀或闻讯赶来的客人聚集在一个较大的房间里席地而坐，少则几十人多则百余人，由喇嘛领唱经书，众人伴唱，形成一唱众和的混声合唱，其肃穆庄严的气氛和浑厚深沉的吟唱具有极强的情绪感染力。三是“打麦子”多声部合唱。收获时节，藏民们在动作协调一致的打麦子的劳动中，歌声、号子声交织在一起，气氛十分热烈。而在旁扫地的妇女也不时加入进来和唱，由此形成“打麦子”的多声部合唱。合唱中男女两部调性叠置，声部关系较为简单。四是锅庄中的多声部合唱。锅庄在硗碛极为盛行，曲调主要是同声部进行，但引子及开始部分也会有少量多声部音乐。

硗碛多声部民歌已经成为当地藏民精神生活的重要组成部分，人们把自己的信仰、渴望及喜怒哀乐都融进了神秘而绝俗的乐声和古朴的舞蹈之中。从这个意义上说，硗碛多声部民歌为藏民族文化的研究提供了宝贵的材料。随着社会生产方式的变化和传统习俗的消失，硗碛多声部民歌正面临消亡的危险，亟待抢救。

歌手在神木垒演唱硗碛多声部民歌（杨洪　摄）

歌手演唱硗碛多声部民歌《敬酒歌》（杨洪　摄）

歌手演唱硗碛多声部民歌《敬酒歌》（杨洪　摄）

多声部民歌·苗族多声部民歌

申报地区或单位：贵州省台江县、剑河县

苗族多声部民歌是流传于贵州省台江县、剑河县等地苗族村寨的一种原生态民歌，据老歌手推算，这种由青年男女传唱的民歌已有七百余年的历史。它以宫、商、羽、徵、角为主要音列，和音为纯五度、纯八度、大三度和大六度，节拍相对自由，多以3/4、4/4、2/4和6/8混合使用，曲调优美动听，情感细腻动人，显示出明显的民族和地域特色。

苗族青年在游方场上演唱多声部情歌（孙亚光、郜伟生　摄）

苗族多声部情歌的演唱方式有主旋律男女对唱和主旋律男女合唱两类，具备鲜明的民族特点。一首完整的多声部情歌一般为六至十六乐句不等，以八乐句情歌为例，开头第一至六乐句为男声单声部，从第七乐句开始，女声部加入和声形成多声部，男声部唱完第八乐句后，女声部主唱第二段，男声部和音形成复调，从第三乐句开始为女声单声部，到第二阶段第七乐句，男声部加入和音形成多声部。如此反复相和，构成苗族复调音乐的雏形。

多声部情歌的内容大多反映青年男女从接触到成婚的过程，其中包括“见面歌”、“赞美歌”、“单身歌”、“青春歌”、“求爱歌”、“相恋歌”、“分别歌”、“成婚歌”、“逃婚歌”、“离婚歌”等，各用不同的曲调演唱，演唱时歌手一般都在两男两女以上。苗族多声部民歌的代表性作品有《假如你是一朵花》、《阳春三月好风光》等。

苗族青年男女对唱民歌（邓东凤　摄）

苗族多声部民歌是当地苗族现存传统文化最重要的组成部分。它的萌生、发展和最终形成与苗族的民族史、文化史及民俗学息息相关。受现代经济和文化的冲击，目前贵州苗族村寨的生产生活方式都在发生改变，会唱多声部情歌的人越来越少，古老艺术濒临失传，迫切需要抢救保护。

65 II-34

古琴艺术

古琴又称“琴”、“七弦琴”，别称“绿绮”、“丝桐”等，是一种平置弹弦乐器。古琴艺术是中国历史上最古老、艺术水准最高且最具民族精神、审美情趣和传统艺术特征的器乐演奏形式，除独奏外还包括唱弹兼顾的琴歌及琴箫合奏等。目前考古发掘的资料证实，古琴形制至迟到汉代已经完备。经历代琴人和文人创造性的发展，古琴艺术不断趋于成熟和完善，它与社会生活、历史、哲学、文学等发生了紧密的联系，在曲目积累、演奏技巧、乐律学、传承方式、斫琴工艺等方面都取得了巨大的成就，显示出丰富的人文内涵。

古琴艺术·虞山琴派

申报地区或单位：江苏省常熟市

虞山琴派是中国古琴流派之一，它发源于江苏常熟，影响遍及全国各地。先秦夫子言偃在南方奠定了儒家文化的基石，也使常熟成为古琴之乡。明末清初严天池创立“虞山琴派”，四百年来盛传不衰，影响深远，被后人誉为“古音正宗”。之后的徐青山、吴景略等虞山派古琴大师都为古琴艺术的发展作出了杰出的贡献。

虞山琴派的琴乐讲求气韵生动，将“中和”的儒家音乐观和“大音希声”的道家音乐观融合为一，使动静之美交相辉映，形成“博大和平，清微淡远”的琴风。三百年来，虞山琴派不仅催生了广陵琴派、梅庵琴派、日本古琴音乐、今虞琴社，而且也深深影响了岭南派、闽派、川派等琴派的艺术思想。在长期的发展中，虞山琴派以自己的艺术实践自然融入常熟的人文环境，植根在常熟群众的文化生活之中，至今仍传续着生生不息的传统文化精神，在国内琴界占据着举足轻重的地位，其代表性曲目有《普庵咒》、《梧叶舞秋风》等。

古琴传承后继有人（江苏省常熟市虞山派古琴艺术馆　提供）

在江苏省非物质文化遗产展示活动上演奏虞山派古琴（江苏省常熟市虞山派古琴艺术馆　提供）

虞山琴派是明清之际最有影响的琴派，该派的《松弦馆琴谱》在琴界有较大的影响，被琴界奉为正宗。目前虞山琴派的古琴演奏艺术已出现濒危趋势，有必要大力加强保护工作。

古琴艺术·广陵琴派

申报地区或单位：江苏省扬州市

广陵琴派是中国古琴艺术的重要流派之一，主要流传在江苏省扬州一带。这一琴派产生的源头可追溯至春秋战国时期，其地域风格与流派特征则至唐宋方开始逐渐显露。明末清初，一代古琴宗师徐常遇编著的《澄鉴堂琴谱》，标志着广陵琴派已臻成熟，“其指法探微泄奥，极古人所未尽，学者当之为广陵宗派，与熟派并称焉”。1932年，广陵琴家孙绍陶、张子谦、刘绍椿、胡滋甫等正式创建广陵琴社，使广陵琴派以团体形象出现在世人面前。

广陵派琴家一以贯之地保持着流派自身固有的艺术特色，以“轻松脆滑，高洁清虚，幽奇古淡，中和疾徐”为艺术标准，崇尚“清微淡远”的同时又追求“洒脱畅扬”的情趣，其演奏讲究“重而不虚，轻而不鄙，疾而不促，缓而不弛，若吟若揉，圆而无碍，以绰以注，定而或伸，行回曲折，疏而实密，抑扬起伏，断而复联”。广陵派琴曲既有北派的刚健之气，又具南派的柔和之情，两相融合，形成“音随意走，意与妙和”的艺术风格。《渔歌》、《樵歌》、《昭君》、《龙翔操》、《梅花三弄》等均是其独具特色的代表曲目。

广陵琴派琴谱（史可法纪念馆　提供）

演奏广陵派古琴（史可法纪念馆　提供）

古琴广陵派演奏（史可法纪念馆　提供）

广陵派古琴艺术数百年薪火相传，英才辈出。1984年，广陵琴社恢复中断已久的古琴活动，除每年组织琴人聚会外，还与兄弟琴社进行琴艺交流，为中外宾客献艺，取得了良好的社会反响。但受当前外来文化的冲击和琴乐本身艺术形式等因素的制约，广陵派古琴艺术难以适应现代音乐教学职业化、专业化的趋势，也难以通过市场经济等手段谋求生存之道，有关方面应尽快制订切实可行的保护措施，挽救和振兴这一古老的民族艺术。

古琴广陵派演奏（史可法纪念馆　提供）

古琴艺术·金陵琴派

申报地区或单位：江苏省南京市

金陵派琴艺传习（秦淮区文化馆　提供）

金陵琴派是我国古琴艺术流派之一，形成于明末清初，艺术活动主要集中在江苏省南京地区。历史上，金陵琴派与其他琴派借鉴互补，促进了古琴艺术的全面发展。清末民初，金陵琴派出现了黄勉之、杨宗稷等代表人物，黄勉之创办的金陵琴社让琴坛充分领略了金陵气象。1934年，由王心葵、徐元白、夏一峰等人发起创立青溪琴社，活跃金陵琴坛的同时，坚持进行古琴艺术交流与人才培养工作。1954年12月，南京乐社正式成立，社中包含一个古琴组，其后古琴组独立出来，定名为“金陵琴社”。

在长期的艺术实践中，金陵琴派融南北琴风于一体，在节奏、指法和音乐意境等方面形成了自己独特的风格。金陵琴派强调琴家应具有全面艺术修养，认为只有通过由“琴心合一”到“天人合一”的道路，才可能达到高雅精致、清澄脱俗的艺术境界。金陵琴派主张琴歌与琴曲并存，反对一味雷同，其指法灵活细腻，演奏风格飘逸洒脱、跌宕起伏，尤善以“顿挫”取胜，《蔡氏五曲》、《关雎》、《秋塞》、《梅花三弄》、《醉渔唱晚》、《潇湘水云》等都是其代表琴曲。

2006 年，金陵琴派古琴方阵演出（江苏省南京市秦淮区文化馆　提供）

金陵琴派既是我国古琴艺术的一个重要流派，又是南京地区最具代表性和影响力的民间音乐流派之一，在中国古琴音乐史占据一席重要位置，并对后世山东诸城等琴派产生较大影响。金陵琴派的艺术活动在“文革”期间被迫停止，1978年后重新恢复。近年来西方强势音乐文化的冲击和职业化、专业化音乐教育的发展，使古琴原有的传承系统遭到破坏。目前金陵琴派在后继人才培养、曲目整理、音像资料保存及乐器保护与修复等方面存在着诸多问题，有关方面对此应予以高度重视。

古琴艺术·梅庵琴派

申报地区或单位：江苏省南通市、镇江市

梅庵琴派是我国古琴艺术的代表性流派之一，现流传于江苏省的南京、南通、镇江及上海、浙江、安徽、福建、北京、江西、香港特别行政区台湾地区等地，南通梅庵琴社、镇江梦溪琴社、合肥梅庵琴社等团体都属于这一流派。

梅庵派古琴艺术起源于山东，清代嘉庆年间济南人毛伯雨总结古琴艺术经验，编成《龙吟馆琴谱》，这一艺术成果至清末民初为“诸城二王”所继承，并传授于王燕卿。后经康有为推荐，王燕卿到南京国立高等师范学校（现东南大学前身）教授古琴，培养出徐立孙、邵大苏等传人，并留下《梅庵琴谱》。1929年梅庵琴社成立，对琴坛产生了广泛的影响。现在镇江的梦溪琴社与合肥的梅庵琴社即分别由徐立孙的学生刘景韶、刘赤城所创建。

梅庵琴派一改传统琴乐的审美观念，强调古琴音乐的艺术性，重视演奏技巧，突出旋律之美，体现了积极的革新精神。梅庵派的琴谱标明节奏，开点拍之先河；其琴曲则吸收民间音乐风格，具有极强的感染力，其中许多琴曲为历代琴谱所未见，代表性曲目有《长门怨》、《平沙落雁》、《捣衣》、《搔首问天》、《洞庭秋思》等。

古琴梅庵派弹奏（王庆平　摄）

梅庵派古琴艺术免费传习班（郭小川　摄）

梅庵琴派在琴界具有较大影响力，1931年出版的《梅庵琴谱》是近十年来流传最广、翻印次数最多、影响最大的琴谱，还是迄今唯一译成外文的琴谱，享有国际声望。1949年以后，梅庵琴派仍在持续发展，其间曾因缺乏经费和场地等原因而一度中止活动。目前，梅庵琴派一些造诣深厚的艺人年事已高，渐渐退出琴坛，能较好继承其琴艺的传人并不多，掌握古琴修复和制作技艺的琴家同样稀少，梅庵琴派的演奏技艺、演奏风格及相关艺术资料面临失传的危险，亟待采取有力措施加以保护。

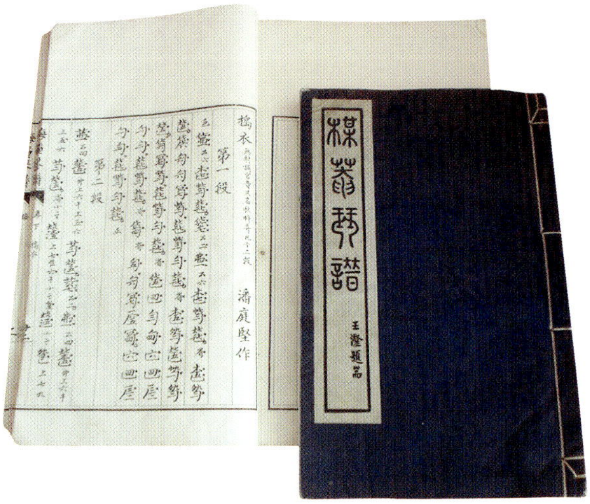

线装本《梅庵琴谱》（高培新　摄）

古琴艺术·浙派

申报地区或单位：浙江省杭州市

浙派古琴艺术流传于浙江地区，这一流派的发展分古代和现代两个时期。古代浙派古琴艺术起于南宋，创始人为郭楚望。郭氏传艺于刘志方，刘志方又传毛仲敏、徐天民，由此形成在当时琴界占有重要地位的浙派。其后徐天民门下在元明时期传承

古琴浙派演奏（浙江省杭州市非物质文化遗产保护中心　提供）

四代，将浙派古琴艺术推向顶峰，一时有“浙操徐门”、“徐门正传”之目。入清以后，浙派古琴艺术渐趋衰微。

现代浙派古琴艺术的兴起与琴家徐元白有着密不可分的关系。徐元白的琴艺得清末琴家大休上人真传，理论思想则主要源于清代浙派琴学专著《春草堂琴谱》。1939年徐元白在南京与徐芝荪等组建“清溪琴社”，1945年与杨洁武等人在重庆组建“天风琴社”，1946年又返回杭州与张味真等人组建“西湖月会”，与此同时还编撰了《天风琴谱》及琴论多篇，以自己的艺术实践和理论极大推动了浙派古琴艺术的复苏和繁荣。

浙派古琴演奏追求“微、妙、圆、通”的音色，以“清、微、淡、远”的艺术境界为指归，追求文雅、恬静、简洁、洒脱的意境。经典曲目数十首，包括郭楚望的《潇湘水云》，毛仲敏的《渔歌》、《樵歌》，徐天民的《泽畔吟》等，传世的浙派琴谱则有《紫霞洞谱》、《霞外琴谱》、《梧冈琴谱》等十余种。古代浙派古琴艺术取得了很高的艺术成就，史书载：“近世所习琴操有三：曰江、曰浙、曰闽……习浙操者十或六七。”近代浙派也在演奏、琴论、制琴、打谱等方面取得了重要成就。目前浙派古琴艺术主要以西湖琴社和霞影琴馆为平台，活动多处于自发状态。如不采取有效措施加以保护而任其自生自灭，很可能重蹈古代浙派由盛而衰的覆辙。

文雅、恬静、简洁、洒脱是浙派古琴追求的意境
（浙江省杭州市非物质文化遗产保护中心　提供）

古琴艺术·诸城派

申报地区或单位：山东省诸城市

山东省诸城市既是诸城琴派的故乡，又是中国古琴的发源地之一。诸城派古琴艺术又称“琅琊派古琴”，形成于19世纪中叶，经几代琴家的探索发展，逐渐形成了一个具有鲜明艺术个性和特定曲目传谱的古琴流派。诸城派是中国古琴艺术的代表性流派之一，其代表人物有王溥长(既甫)、王雩门(冷泉)、王作祯(心源)、王露(心葵)、王宾鲁(燕卿)等，人称“诸城琴史五杰”。其中王露和王宾鲁曾分别在北京大学和南京高等师范学校担任古琴导师，使诸城派的影响遍及全国，甚至远播海外。

诸城派古琴演出(别培海　摄)

诸城派古琴的立调体系以三弦为宫而以律吕命调，艺术风格刚中带韧，密中见疏，实中有虚，一气流转，重而不滞，显示出空灵回荡的古典之美。其琴谱划分节奏并附有简谱，节奏固定，标准统一，其中王冷泉所辑《琴谱正律》载琴曲21首，王既甫、王心源、王秀南祖孙三代相传的《桐荫山馆琴谱》载琴曲16首，王露所辑《玉鹤轩琴谱》载琴曲30首，王宾鲁所传《梅庵琴谱》载琴曲14首。《长门怨》、《秋风词》、《关山月》等是诸城派独有的演奏曲目。

历史上，诸城派古琴艺术曾在我国琴坛产生过重要影响，是我国近代琴坛上一支融古开今、别具一格的古琴艺术流派。“文革”期间，它和其他古琴艺术一起遭受了重创。如今在西方文化和现代传媒的影响下，人们对古琴等中华民族传统艺术十分隔膜，诸城派古琴艺术正面临后继乏人的窘境，对它的抢救保护工作已是迫在眉睫，刻不容缓。

学生们在学习演奏诸城派古琴（别培海　摄）

古琴艺术·岭南派

申报地区或单位：广东省广州市

岭南派古琴艺术主要流传在广东省广州市及周边地区，其渊源可追溯到南北朝时期。五代十国期间，南汉国吏部郎中陈用拙著成《大唐正声琴籍》10卷，备载琴家评论及古代名琴师事况。南宋末年，元军入侵中原，宋帝从临安南迁冈州崖山，一批中原琴谱随之流入冈州。古冈州即今天的广东新会县，相传新会的《古冈遗谱》即为当时的遗留。明代广州琴人辈出，陈白沙、梁启运、释闻一、邝露、陈子壮、陈子升等均名盛一时。至清代，岭南琴派声名日显。道光年间广东新会人黄景星编成《悟雪山房琴谱》，共收集琴曲50首，集中反映了这一时期岭南琴派的艺术成就。除上述诸人外，云志高、何洛书、何耀琨、杨锡泉等也都是岭南派中影响较大的琴人。

岭南派古琴艺术受儒道两家思想的影响，在曲目、音乐结构、音色及演奏技法等方面形成了清和淡雅、温柔醇厚、优雅恬静的风格。其琴曲多感慨世事，寄情山水，追求中和至静的境界，代表作品有《水东游》、《碧涧流泉》、《渔樵问答》、《神化引》等。在琴谱和琴学理论方面，岭南派也颇多建树，主要流派典籍包括云志高的《蓼怀堂琴谱》（1686）、黄景星的《悟雪山房琴谱》（1836）、何斌襄的《琴学汇成》（1869）、容庆端和林芝仙的《琴瑟合谱》（1870）、朱启连的《鄂公祠说琴》（1898）等。此外，岭南派还拥有"天蠁"、"松雪"、"振玉"、"水仙"等名琴，清音雅奏与传世法曲相映生辉。

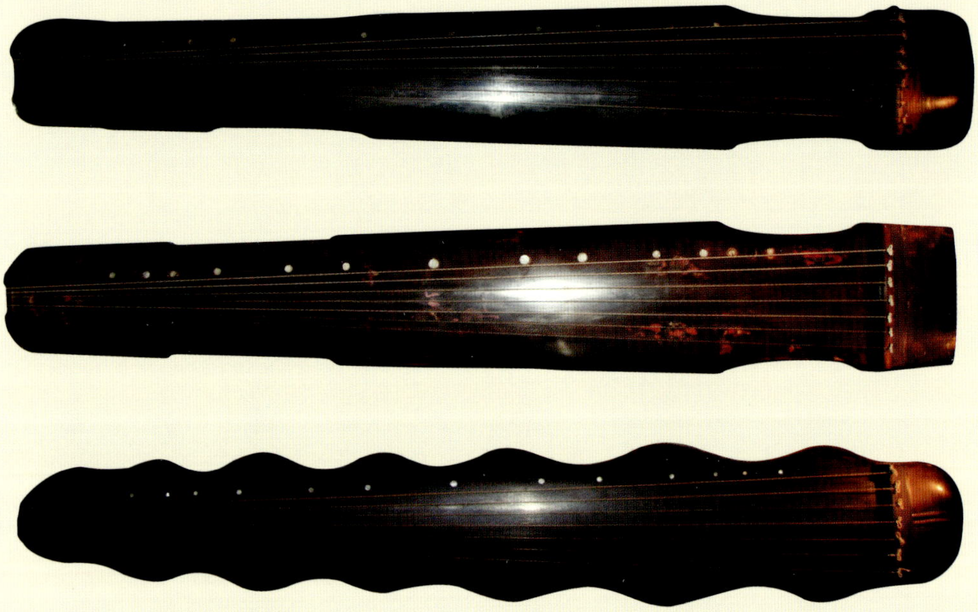

清代畅合琴（上）、明代响谷琴（中）、现代玉涧秋琴（下）（陈尚　摄）

岭南派古琴的演奏营造了清、微、淡、远的意境，构筑出传统文人抒情达意、陶冶情操、净化心灵的殿堂，具有浓郁的中华民族特色。随着现代化进程的加速，外来文化的影响不断增强，古琴等传统民族艺术呈日益萎缩的趋势。再加上古琴“难学”、“难传承”、“难遇知音”等原因，岭南琴派的古琴艺术正面临失传的危险，亟待抢救保护。

岭南派古琴演奏（陈尚　摄）

66 II-35

申报地区或单位：吉林省前郭尔罗斯蒙古族自治县

蒙古族马头琴音乐

吉林省前郭尔罗斯蒙古族自治县的学生在演奏马头琴（亿力奇　摄）

马头琴是蒙古族特有的一种弓弦乐器，蒙古语称为“潮尔”，因琴首雕有马头而得名。马头琴与另一种蒙古族乐器火不思之间有着很深的渊源关系，火不思先演变为诺门图·火不思，再演变为抄兀儿，最后演变为马头琴。郭尔罗斯马头琴音乐在吉林省前郭尔罗斯蒙古族自治县的蒙古族民众间广泛流传，影响辐射到周边的乾安、长岭等市县。正式场合之外，民间婚典仪典和亲友聚会等日常活动中也有马头琴的演奏，它既可伴奏又可独奏，具有浓郁的民族特色。

马头琴由音箱、琴杆、琴弦、弦轴和拉弓几部分组成，琴杆用梨木、红木制作，大者长124厘米，小者长70厘米。音箱多为正梯形或倒梯形，也有六方形或八方形的。框板用硬木制作，两面蒙马皮、牛皮或羊皮，上面绘有图案，也有背面蒙松木薄板的，两侧开有音孔。琴杆上部左右各置一弦轴，弓以藤条为杆，拴以马尾，另以两条马尾为琴弦，纯四度或纯五度定弦。演奏时左手持琴按弦，右手执弓拉奏，往往要应用顿弓、击弓、碎弓、斗弓、跳弓等弓法及颤指、滑音、双音、拨

前郭尔罗斯蒙古族自治县查干花蒙古族小学音乐教师在教授马头琴演奏技艺（亿力奇　摄）

弦、揉弦、泛音等左手技巧。马头琴的发声原理和演奏技巧中的指法、弓法都具有非常丰富的内涵，同时与中外各种弦乐器又有很大差异。

马头琴的传统曲目多从民歌演化而来，可分为五类。一是原生民歌，如《朱色恋》、《八雅铃》等；二是英雄史诗曲牌，如《奔马调》、《打仗调》等；三是马步调，主要为表现骏马形象的曲调；四是从民歌发展而来的琴曲，如《荷银花》、《莫德烈》等；五是传统的汉族曲调，如《普安咒》、《柳青娘》等。

马头琴在蒙古民众中极受尊崇，已成为蒙古族文化的重要表现形式，具有蒙古族文化史及民俗学等方面的研究价值。近几十年来，马头琴音乐的发展遇到严重困难。马头琴历史上的四大演奏流派各有自己的传统曲目，但时至今日，马头琴传承人日渐稀少，各派曲目失传现象都很严重，保护工作刻不容缓。

前郭尔罗斯蒙古族自治县马头琴乐团在查干淖尔草原上齐奏马头琴（亿力奇　摄）

吉林省前郭尔罗斯蒙古族自治县草原文化馆四胡演奏队为群众表演四胡齐奏（亿力奇　摄）

67 II-36

申报地区或单位：吉林省前郭尔罗斯蒙古族自治县
黑龙江省杜尔伯特蒙古族自治县

蒙古族四胡音乐

蒙古族四胡是一种弓弦乐器，由古代库莫奚族人所用的奚琴演变而来。清代将之用于宫廷乐队，称为“提琴”。蒙古族四胡音乐流行于内蒙古、东北和华北各省区，对蒙古族和汉族的民间说唱产生了深远的影响。

蒙古族四胡由琴筒、琴杆、弦轴、琴膜、琴码、琴托、千斤、琴弓、琴弦等组成，制作时主要使用木、皮草、马尾、虫丝线、松香粉等材料。它原来多用作古代草原流浪艺人说唱乌力格尔和好来宝的伴奏乐器，后逐渐发展成一种较为完善的民族乐器，其精湛的演奏技巧成为蒙古族音乐文化的重要组成部分。

蒙古族四胡以五度定弦，分高音四胡、中音四胡和低音四胡三类。高音四胡音色明快脆亮，多

蒙古族四胡音乐演奏（亿力奇　摄）

蒙古族四胡音乐进校园（李铁　摄）

用于独奏、重奏、合奏；中低音四胡音色浑厚圆润，擅长演奏抒情性乐曲，主要用来为科尔沁的乌力格尔和好来宝等说唱艺术伴奏。郭尔罗斯蒙古族四胡演奏技法自成门派，能产生蹄鼓似的“弹音”、百灵般的“扣音”、清泉般的“点音”和风雨般的“扫音”等独特音响，代表曲目有《八音》、《普德列玛》、《杜姐》等。杜尔伯特四胡演奏技艺亦自具特点，代表曲目有《响马传》、《红岩》等。

蒙古族四胡音乐是蒙古族人民杰出的艺术创造，它表现力丰富，旋律古朴悠扬，演奏技艺自成一体，在历史学、民俗学、艺术学、中外文化交流史等方面都有很高的研究价值。近年来，由于社会的飞速发展和外来文化的大量涌入，蒙古族四胡音乐正逐步失去生存空间，对它进行保护已是刻不容缓。

68 II-37

唢呐艺术

唐山花吹
丰宁满族吵子会
晋北鼓吹
上党八音会
上党乐户班社
丹东鼓乐
杨小班鼓吹乐棚
于都唢呐公婆吹
万载得胜鼓
邹城平派鼓吹乐
沮水呜音
呜音喇叭
远安呜音
青山唢呐
永城吹打
绥米唢呐

唢呐是阿拉伯语“surna”（祖尔纳）的音译，古称“琐嘹”、“苏尔奈”，在亚、非、欧的多个国家广泛流传，至迟于金元时期传入中国。在中国民间，它还有铜笛、锡笛、梨花、海笛等名称。此外，福建南曲演奏中使用的小唢呐称为“嗳仔”或“南嗳”；莆仙戏伴奏使用的唢呐称为“梅花”或“吹鞭”，较大的一种则称“大笼”或“大海笛”；维吾尔族的全木唢呐称为“苏尔奈”；藏、苗、蒙古、朝鲜等族也各有形制不同的唢呐。

唢呐由哨、芯子、气盘、杆、铜碗等部分组成，其按音孔根据七声音阶顺次排列，各个孔距基本相等，可翻转七调，音域一般为两个八度加大二度。唢呐有滑音、吐音、气拱音、气顶音、打嘟噜、循环换气（长时间吹气不断）等多种吹奏技巧，是一种表现力很强的独奏乐器。

唢呐音量洪大，音色高亢明亮，是吹打乐队中不可缺少的乐器之一，在古代除吹奏军乐外还用于衙门鼓吹及戏曲、歌舞等的伴奏，在民间日常生活中则多用于节庆、婚丧嫁娶和戏剧场面。

演奏唐山花吹《喜讯到农家》（崔书琴　摄）

唢呐艺术·唐山花吹

申报地区或单位：河北省唐海县

流传于河北省唐山地区的唐山花吹是在传统鼓吹乐基础上发展起来的一个以乐器为载体，集演奏、表演于一体的乐种，约形成于清代光绪年间，距今已有一百多年的历史，多在红白喜事、门市开张、节日、庙会、闹秧歌等民俗活动中表演，深受人民群众的喜爱。

唐山花吹音量洪大，音色脆亮，穿透力强。花吹由两支大杆喇叭（杆长一尺一寸）、一个堂鼓和一副小钹组成，喇叭为主奏乐器，鼓、钹为伴奏乐器。喇叭演奏一般采用口吐鼻吸的循环换气法，演奏技巧主要有反腕、点、剜、正反摩挲、单双倒手、倒杆、摘碗、呼哈卡、正反转碗、甩碗、推拉碗、套碗、横呜噜、正反翻转、平转、口曲子卡、鼻子吹卡等。堂鼓花奏和小钹花奏技巧也十分丰富，堂鼓花奏技巧包括单点、双点、嘟噜点、艺人指路、单双端肩、摇肩、前点后坐、前后双戳、翻腕、单双转、单双击圈、点打、颠打、垫打、捻打、阴阳打、交叉打、双击、仿军鼓、升调打等，小钹花奏技巧则包括正反打、绕打、点打、边打、摩打、揉打、敞打、闷打、背打、腿下打、头后打等。花吹具有演奏灵活、妙趣横生的艺术特色。

唐山花吹是民间艺人集体智慧的结晶，是华北鼓吹乐的重要品种，在传统音乐及地方文化研究等方面具有重要价值。在长期的发展过程中，唐山花吹形成了许多代表性的曲目，主要有《满堂红》、《大姑娘爱》、《拉洋片》、《绣得勒》等。目前，能全面掌握唐山花吹的艺人屈指可数。在外来强势文化的强烈冲击下，唐山花吹的传统生存环境已发生了很大改变，面临传承断档、后继乏人的局面，抢救保护工作迫在眉睫。

唢呐艺术·丰宁满族吵子会

申报地区或单位：河北省丰宁满族自治县

丰宁满族吵子会是分布于河北省承德丰宁满族自治县十余个乡村的一种民间器乐演奏形式，已有三百年的历史，最初系由八间房村村民张克富创始，经王老、王大辫子等十一代传人辗转承沿至今。

吵子会分为“吹打曲”和“杂曲”两种，以唢呐、打击乐器为主。全部演奏分为“起鼓”、“凤阳歌”、“柳新年”、“鼓楂子”、“斗鹌鹑”、“祭腔”、“扫地风”、“结尾”等16个部分。整个乐队由两名唢呐吹奏者和10名打击乐演奏者组成，其中皮锣演奏员是乐队的指挥。吵子会的曲牌大多是满族的，有的曲牌可以单独演奏，有的为民间花会伴奏，有的用于当地办红白喜事。在长期流传过程中，丰宁满族吵子会融汇吸收了其他一些姊妹艺术，形成独特的音乐风格，既有北方音乐的剽悍、劲健、畅旺，又有中原地区音乐的柔美、和谐、细腻。吵子会没有固定的演唱场合和演出时间，除年节固定活动外，多为各档花会伴奏，还常常在婚丧嫁娶、满月寿诞、开张开业等场合演奏。

吵子会是满族传统文化的突出代表，涉及满族的民俗民风、宗教信仰等多个方面。其音乐在旋律构成、乐器形制、乐队编制等方面表现出满汉文化融合的特征，在民族学、民俗学和音乐学等的研究中具有重要的参考价值。由于“文革”的严重摧残和现代经济大潮的强烈冲击，满族吵子会的生存空间日益缩小，目前许多老艺人已相继辞世，健在的也年事已高，吵子会传承乏人，已处于濒危状态，亟待抢救保护。

吵子会演出场景（姜丽　摄）

唢呐艺术·晋北鼓吹

申报地区或单位：山西省阳高县、忻州市

晋北鼓吹是流传在山西省大同、忻州地区的一种民间器乐合奏形式，主要应用于岁时节令、庆典祭祀、婚丧社火等民俗活动。它源于元明时期北方流行的鼓吹音乐，至明代发展成形，清末民初达于兴盛，至今已有六百多年的历史。

晋北鼓吹以“八音会班”为单位，一般有班主1人，响工（或称吹鼓手）10人，所用乐器包括管子、唢呐、口琴、笙、海笛、小锣、镲、板、鼓、梆子、胡琴、三弦等，以唢呐为主奏乐器，鼓、锣、镲等用以烘托气氛，演奏时主副相衬，彼此呼应，整体气势颇为雄壮。晋北鼓吹的曲调多源于民歌、民间器乐曲、戏曲曲牌及宗教音乐，它主要演奏【八大套】、【大得胜套】等套牌音乐，代表曲目有《将军令》、《水龙吟》、《百鹤宴》、《大雁落》、《上巧楼》、《大八门》、《柳河吟》、《小雁落》等。著名的五台八大套有八大曲牌，共约65个曲目；忻州八音在清中叶以前主要吹奏当时流行的套牌音乐，至清末民初开始仿学吹戏，演奏内容得到极大丰富。

晋北鼓吹集庙堂音乐的宁静恬淡、关塞精神的雄浑激越、游牧艺术的奔放高亢、农耕文明的和谐浑厚于一体，是中华民族历史文化与山西地域文化的结晶。晋北鼓吹八大套曲采用传统工尺谱，每套曲目都有相配的传说故事，为研究中国吹奏乐的内涵和起源提供了丰富的资料。由于社会变革的影响，晋北鼓吹目前多演奏现代曲目和区域性戏曲音乐，掌握八大套等传统曲目的艺人寥若晨星，亟待采取有效保护措施。

山西省忻州市晋北鼓吹乐队参加山西省民歌、民乐、民舞调演（山西省忻州市忻府区文化馆　提供）

忻州市晋北鼓吹演奏场景（山西省忻州市忻府区文化馆　提供）

唢呐艺术·上党八音会

申报地区或单位：山西省长子县

上党八音会是山西省长子县一带流传的一种民间器乐形式，它起源于唐代，在宋代获得较大发展，至明清盛极一时。

“八音”是中国古代对乐器的分类，也常用作乐器统称，它指的是金、石、土、革、丝、木、匏、竹八种类型的乐器。上党民间的八音会班社主要使用鼓、锣、镲、笙、笛、哨、管、胡八种乐器，以此而得名。它主要用于迎神赛社、婚丧嫁娶、节日庆典等民俗活动，在长期的发展与形成过程中，融汇宫廷大曲、戏曲音乐、民歌、小曲等多种音乐的精华，形成了平易大气、热烈奔放的艺术特色。

上党八音会以打击乐为主，演奏吹打并重。其吹奏分“文吹”、“武吹”两种。文吹是普通的吹奏，内容多为民间小调、戏曲唱段和戏文（包括不同行当念白）等；武吹则主要展现包含杂技因素的各种绝活，对吹奏技艺有很高的要求。打击乐是八音会中最为火爆、热烈、出彩的部分，演奏者随乐曲情绪或坐或站或跳，以轻击、连击、重擂、击边、刮鼓钉、鼓槌耍花互击等技巧打出各种鼓乐音色，锣、镲等打击乐器则上下翻动，发出嘹亮的响声。整个演奏热烈奔放、高亢嘹亮、婉转悠扬，显示出鲜明的晋北风格。

上党八音会有【打地鼓】、【劝金怀】、【大赐福】、【迎神鼓】等多种曲牌，主要曲目有《霸王鞭》、《大十番》、《小十番》、《节节高》、《一串铃》、《戏牡丹》、《大观灯》、《十样景》、《老花腔》等百余种。

上党八音会与流传地的各种民俗活动联系在一起，具有突出的音乐学和民俗学研究价值。“文革”期间，八音会遭到破坏性冲击，几近绝迹。如今相关活动虽重新得到恢复，但由于市场经济和外来文化的影响，人们原有的审美观念已发生了改变，八音会面临传承乏人、濒临灭亡的窘境，亟待挖掘、整理、保护。

上党八音会演奏场景（山西省长子县文化馆　提供）

唢呐艺术·上党乐户班社

申报地区或单位：山西省壶关县

上党乐户班社是上党地区的民间器乐演奏的一种形式，主要流布在山西省东南部的上党地区，包括现在长治和晋城两市所辖的19个县区（习惯上称为“晋东南地区”）。在不同历史时期，上党乐户班社从事过多种演奏活动，既为宫廷、王府、地方官署和军旅服务，又在民间祭仪、婚丧礼俗等活动中表演。上党乐户班社的演奏具有鲜明的礼仪性、民俗性和地域性特征，集中体现了上党地区的赛社与乐户文化。

上党乐户班社所用乐器分为吹奏、打击、拉弹三大类别，包括唢呐、笙、鼓、锣、钹、巨琴、板胡、三弦、月琴等。其演奏乐曲遵规守礼，礼乐并举，按词章动乐，依曲调和音。乐户班社曲目丰富，【太平鼓】、【朝天子】、【迎仙客】、【大赐福】、【小八板】等曲牌和上党梆子、上党落子、壶关秧歌、襄武秧歌、河南豫剧、河北涉县落子等戏曲音乐都是其演奏的主要内容。

上党乐户班社的传承者主要是生活在这一区域内的乐户后裔。艺人们在长期的音乐实践中形成了较为系统的演奏方式、宫调理论和乐律学说，在音乐史、戏曲史、民俗学等领域具有重要的研究价值。近年来随着西方文化的大量涌入，上党乐户班社活动的礼仪特征日渐模糊，传承艺人逐年减少，古代曲牌失传现象十分严重，原有的演奏绝技丧失殆尽，传承与发展面临危机，亟待保护抢救。

上党乐户班社演奏场景（山西省壶关县牛府鼓乐班社　提供）

唢呐艺术·丹东鼓乐

申报地区或单位：辽宁省丹东市

丹东鼓乐中的演奏双管（张吉武　摄）

丹东鼓乐简称“鼓吹乐”，亦称“鼓吹”、“吹打”等，是一种以管乐器和打击乐器为主的传统器乐演奏形式，它长期流行于辽宁省丹东地区，至今已有百年以上的历史。

丹东鼓乐所用吹管乐器包括唢呐、管子、笙等，打击乐则包括鼓、锣、钹、碰钟等，有的鼓乐班还加入弓弦乐器和弹拨乐器。根据所用乐器的不同，丹东鼓乐可分为以唢呐为主奏乐器的“唢呐乐”和以管子为主奏乐器的“笙管乐”两大类。唢呐乐又分为喇叭乐（低音唢呐主奏）、小喳子乐（高音唢呐主奏）、三不搁（低音、高音、中音三支唢呐合奏）和咔戏等演奏形式。一些鼓乐班在唢呐、笙管主奏的演奏形式中加入打击乐器、拉弦乐器和弹拨乐器作为配乐，进一步丰富了鼓乐的表现力。

丹东鼓乐按曲体结构大致可分为堂吹曲、牌子曲和套曲三大类。堂吹曲也称“坐堂”，一般由引子、身子、尾子三部分构成；牌子曲比较短小，风格偏于活泼欢快，常用于喜庆场合；套曲则由若干乐曲组成，是一种大型的曲式结构。丹东鼓乐的板式包括散板、慢板、快板、水板等，代表曲牌则有【南池涝】、【金沙滩】、【前后风】等。

丹东鼓乐气势宏伟，热情洋溢，具有深厚的群众基础，是辽宁地域文化的重要组成部分，具有一定的历史和艺术研究价值。目前能够传承丹东鼓乐技艺的老艺人已寥寥无几，如不加大挖掘、整理、保护工作的力度，这一优秀的民间艺术形式将面临失传的危险。

丹东鼓乐双唢呐与叠罗汉表演（张吉武　摄）

唢呐艺术·杨小班鼓吹乐棚

申报地区或单位：黑龙江省肇州县

杨小班鼓吹乐棚是黑龙江省肇州县城内仅存的一家原生态民间礼俗乐队，也是我国现存极少的以家庭方式传承的民间礼俗乐队。其创始人杨殿甲祖居山东莱州，从小逃荒到东北，在鼓乐班学艺。1904年，他在吉林省扶余县创建乐班，后一直活跃在黑龙江省“三肇”地区，主要为民间婚丧、节日庆典、祭祀礼仪等民俗活动服务。杨小班鼓吹乐棚前后传承五代，至今已有百年历史，一直保留着较为传统的面貌。

杨小班鼓吹乐棚珍藏并应用祖传工尺谱手抄曲目，记谱和解读方式十分独特。他们所演奏的乐曲包括套曲、组曲、牌子曲、改良曲、变奏曲等类型，其中有些乐曲体现出江南音乐特色，大多数则融汇了塞北音乐风格。杨小班鼓吹乐棚常用的曲牌包括【小放牛】、【打枣】、【送情郎】、【靠山调】等，代表曲目有《红雁落沙滩》、《大花篮子》等。

杨小班鼓吹乐棚的乐器组合可分为两类，一是唢呐配置，二是笙管配置。其打击乐器包括定音鼓、大板、竹板、云锣、手锣、铙、钹、梆子等。杨小班的演奏传承了满汉唢呐的音乐风格，在发展过程中丰富了笙管等乐器的技巧，达到较高的艺术水平。杨小班鼓吹音乐显示出鲜明的北方音乐特色和传统文化特征，在音乐学、民俗学、历史学等方面具有重要的研究价值。目前，随着西方文化的大量涌入，杨小班鼓吹乐棚的生存空间越来越小，年轻人不愿继承传统技艺，加之乐班没有固定活动场所，乐器破旧，收入又极其低微，杨小班鼓吹乐棚的演奏技艺正面临失传的危险，亟待抢救。

杨小班鼓吹乐棚演出场景（矫会　摄）

唢呐艺术·于都唢呐公婆吹

申报地区或单位：江西省于都县

于都唢呐公婆吹演奏场景（肖继岳　摄）

于都客家唢呐在江西省流传得十分广泛，至今已有几百年的历史。客家唢呐吹奏形式公婆吹主要分布在江西省于都县的宽田乡、禾丰镇、靖石乡、盘古山镇等地区，并辐射到邻近的瑞金、会昌、石城等县市，这种别具特色的吹奏形式在民间红白喜事、圆屋拜寿、庙会祭祀、文艺活动等场合应用得十分普遍。

于都客家唢呐演奏以扁鼓和唢呐为主奏乐器，配以小钹、马锣，演奏中齐奏、对吹、吹打并重，不受时间、场地等条件的限制，演奏者可坐可行，动作轻便灵活。于都唢呐音乐吸取了赣南采茶戏“灯腔”、“茶腔”的特点，分为“喜调”和“悲调”两种风格。唢呐吹奏讲究鼓板分明，粗细结合，高昂悠扬，音响协调，乐曲处理上主要采取加花、减字、变调等技巧，以实现节奏层次的变化。

公婆吹吹奏时采用两种型号各异的唢呐，“公”唢呐音色低沉浑厚，“婆”唢呐高亢嘹亮，两种唢呐交替吹奏，时而激昂嘹亮、响遏行云，时而饱满圆润、和谐悦耳，时而委婉幽怨、如泣如诉，处处显示着客家传统艺术的特色。公婆吹曲牌多达两百八十余首，代表曲目有《斑鸠调》、《公婆吹》、《拜将台》等。

公婆吹是客家音乐文化的重要代表，内中蕴含着深厚的民俗内容和传统积淀，在赣南文化及民族音乐学研究中具有极为重要的参考价值。如今，能演奏“公婆吹”的唢呐老艺人大多年事已高，不再从事演奏，而许多年轻人纷纷外出打工，传承乏人，于都唢呐公婆吹濒临失传，保护工作刻不容缓。

在庆典上演奏于都唢呐公婆吹（江西省非物质文化遗产研究保护中心　提供）

唢呐艺术·万载得胜鼓

申报地区或单位：江西省万载县

万载得胜鼓是流传于江西省万载县的民间器乐形式之一，主要分布在该县的潭埠镇、株潭镇、黄茅镇、岭东乡、高城乡一带，同时流布到邻县乃至邻省的部分乡镇。得胜鼓成形于北宋年间，主要取材于唐朝平定“安史之乱”的历史事件。全部鼓乐分请战、四将、二将、皇帝登台、游兵、下战、进城、登台退位、大小圆台9个乐段，以展现唐代朝廷取得平乱胜利的过程。

万载得胜鼓参加文化节“中秋拜月”仪式表演（江西省非物质文化遗产研究保护中心　提供）

万载得胜鼓演出照（江西省非物质文化遗产研究保护中心　提供）

万载得胜鼓是民间唢呐曲牌与锣鼓乐有机结合的代表，在节拍、节奏、旋律、调式、音色、力度、速度等方面变化幅度较大。唢呐与锣鼓同步结合，小打行云流水、欢快流畅，大打气势磅礴、庄重热烈。唢呐特殊的单指抖音技巧别具特色，模仿战马嘶鸣十分逼真；禁鼓、战鼓的重击铿锵有力，敲奏时场面蔚为壮观。

得胜鼓是万载极其重要的民俗活动之一，凡遇娶亲嫁女、生日祝寿、华厦落成、开业庆典、欢庆佳节等事当地人都要演奏得胜鼓。经历代艺人传承发展，万载得胜鼓的演奏技巧不断完善，艺术性不断提高，对万载民间器乐和万载华灯音乐的形成发展起到了重要的推动作用。

万载得胜鼓是珍贵的民间文化遗产，具有重要的艺术和民俗学研究价值。在万载当地，得胜鼓乐队原有五十多个，由于时代的变迁，演奏队伍逐渐衰落，出现了演奏人员青黄不接、传统唢呐曲牌和锣鼓经逐步失传的趋势。如今能够完整演奏得胜鼓的仅剩潭埠镇潭埠村乐队一家，保护工作刻不容缓。

万载得胜鼓主要乐器（江西省非物质文化遗产研究保护中心　提供）

唢呐艺术·邹城平派鼓吹乐

申报地区或单位：山东省邹城市

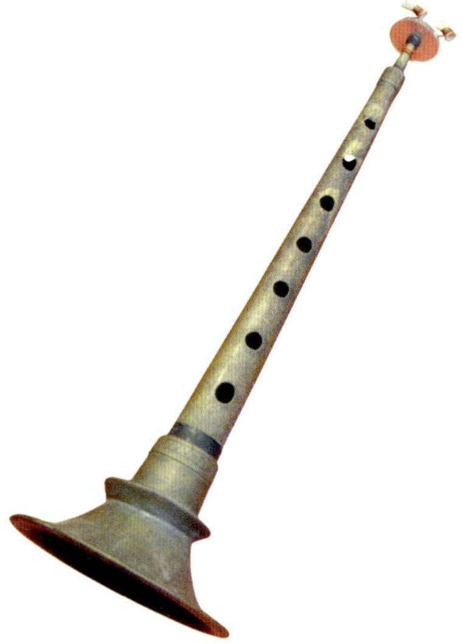

邹城平派鼓吹乐专用乐器：铜杆唢呐
（刘源　摄）

平派鼓吹乐是流传于山东省邹城一带的民间鼓吹乐种，约形成于清代嘉庆末年。至民国初年，已有孙家班、张家班、丁家班、周家班等几十个鼓吹乐班活跃在鲁南及其周边地区。这些乐班将平派鼓吹乐传播到各地，扩大了平派鼓吹乐的影响，使它逐渐成为一个独具特色的鼓吹乐流派。

平派鼓吹乐的演奏乐器主要有唢呐、笛子、笙、管子、鼓、锣、铙钹、木鱼、梆子、高胡、二胡、三弦、琵琶等，其特色乐器铜杆唢呐系用铜皮制作而成，杆长25厘米左右，铜碗直径约6厘米，杆下端的圆筒直径2厘米左右，哨片多用秋天芦苇中未发出的苇缨制作，音色响亮清脆，铮铮若金属之声，极富穿透力。铜杆唢呐的音域包含两个八度，可分别演奏平调、雅调、越调、五字调、凡调等。演奏技法除常用的吐音、滑音、花舌、指花、颤音及吞、吐、垫、打、抹、压外，还有舌冲音、气拱音、反弹音、反双吐、连弹音、气唇同颤音、指气同颤音、三弦音、箫音及循环换气（长时间吹气不断）等，有时还糅进魔术和杂技表演。平派鼓吹乐的代表曲目丰富多彩，主要的曲目有《哭长城》、《哭五更》、《集贤宾》、《十样景》、《五六五》、《朝天子》、《柳青娘》、《火烧葡萄架》、《鸟兽闹春》等。

平派鼓吹乐风格平和轻柔、婉转细腻，给人以“平如行云流水，稳似泰山青松”之感，平中见奇，稳中有变，刚柔相济，扣人心弦，深受人们的喜爱。平派鼓吹乐源于民间，服务大众，与广大人民的生活习俗息息相关，在山东邹城民俗发展与演变历史的研究方面具有一定参考价值。目前，平派鼓吹乐老艺人年事渐高，以前演奏所用的一些古老乐器逐步为现代乐器所取代，传统演奏技艺与曲牌不断消亡，亟待政府采取有效措施进行抢救保护。

演奏邹城平派鼓吹乐（刘源　摄）

唢呐艺术·沮水呜音

申报地区或单位：湖北省保康县

沮水呜音是流传于湖北省保康县一带的一种民间吹打乐形式，先秦时期即兴盛于荆山山地，历经数千年的演变，一直传承至今。它主要用于祭祀远祖祝融（火神）和祭奠亡灵等场合，具有明显的仪式音乐特征。在千百年的传承中，这一音乐实践活动从主要用于祭祀事神向庆典娱人方向转化，在红白喜事场面中均可见到。

沮水呜音的演奏乐队由长号、呜音喇叭、战鼓、边鼓、钩锣、包锣、马锣、引锣、镲子、木鱼、竹笛等乐器组成，呜音喇叭比普通喇叭长，也比普通喇叭厚，发音低沉郁闷。沮水呜音的演奏程式十分规范，乐曲与《楚辞·九歌》的结构相一致，由头、腹、尾三段组成。音乐采用徵、羽、宫、商、清角五声调式，旋律级进舒展向上，跳进刚毅诡谲，节

沮水呜音：抛锣（王洪琪　摄）

演奏沮水呜音：呜嘟嘟（王洪琪　摄）

奏简朴稳健，充分反映了楚地的尚徵习俗。曲调上，除《靠锅》、《叶叶落》两个乐曲专用于白事外，其他乐曲均可用于红事。呜音靠艺人“嗯唱”传谱，用手指二关节摸音，讲究韵口。幽暗缥缈的鸣音及用在清角和羽音上、波动幅度大而缓慢的闪音是沮水呜音中极富特色的音响，其中又以鸣音最具代表性，正是这些音响使沮水呜音呈现出古朴典雅、神秘虚幻的风格。

沮水呜音蕴含着楚地特有的思维方式、精神特质和文化认知，是了解和研究楚文化的重要依据，在历史学、民俗学、音乐学等的研究中具有重要参考价值。目前，表演呜音的老艺人多已去世，在现代文化实践方式的冲击下，严谨规范、演奏难度较大的沮水呜音曲调越传越少，正面临消亡的危机，迫切需要抢救保护。

唢呐艺术·呜音喇叭

申报地区或单位：湖北省南漳县

呜音喇叭演奏（刘艳萍　摄）

呜音喇叭现主要盛行于河北省南漳县巡检镇峡口及保康接壤地区，其渊源可追溯至春秋战国时期，它原为楚国宫廷音乐，后流入民间，约有传统曲牌一百多种，是古代楚地音乐文化的活态遗存，被音乐史学界称为楚乐的“活化石”。

呜音喇叭的主奏乐器有长号、喇叭、边鼓、凸锣、大钹、小镲、勾锣等。呜音喇叭在演奏曲牌的应用上严格遵守祖训，在不同场合演奏不同曲牌，所谓“进门不吹叶叶落，出门不吹上山坡”。其常用曲牌分喜调和悲调两类，【娶亲调】、【虎报头】、【何仙姑】等喜调用于喜事，【上山坡】、【叶叶落】、【普天落】等悲调用于丧事。呜音喇叭的旋律多为徵调式，音乐结构与《九歌》、《离骚》十分接近。

呜音喇叭有较为固定的曲牌，其演奏与丧葬、婚庆、节庆、祭祀等民俗活动密切相关，音乐有楚国早期崇巫尚神民俗的遗风，是楚文化的重要组成部分，具有较高的审美价值和学术研究价值。

呜音喇叭没有乐谱记载，全凭历代乐师口耳相传，且传内不传外。20世纪80年代，湖北的专家学者曾对呜音喇叭进行过挖掘整理。目前活跃在峡口一带的呜音喇叭班仅存5个，会者不足60人，其中刘氏家庭班已传承六代，在与南漳接壤的荆门、远安、保康县一带颇有影响。但总的来说，掌握这一传统民间演奏技艺的老艺人正日益减少，而后起的年轻人又不愿意学习继承。在此情势下，呜音喇叭已濒临失传，亟待抢救。

在参加民俗活动途中演奏甩小锣（信国洋　摄）

呜音喇叭演奏（信国洋　摄）

唢呐艺术·远安呜音

申报地区或单位：湖北省远安县

远安呜音又称“巫音”，是我国民间器乐品种之一，流传于湖北省保康县、南漳县、远安县等地。远安呜音与楚文化关系密切，传承至今已有两百多年，主要在民间红白喜事和庙会等活动中演奏。

呜音乐班一般由6人、9人或12人组成，所用乐器包括呜音（喇叭）两支、大号两支、马锣两个，边鼓、咚鼓、钩锣、包锣等各1个，有的乐班还配以二胡、三弦和琵琶。呜音（喇叭）形似唢呐而略大，杆上只有六孔，后孔一般不用。远安呜音曲调古朴无华，浑厚优雅，演奏中起伏较大，而以跳进居多，唢呐筒音 sol 带有微升效果，可形成多种不同的音列，具有较为特殊的音程关系。

远安呜音留传下来的曲谱有五十多首。代表曲目有《六调引令》、《尺调引令》。呜音的联曲程序十分规范，起头的“开套”即是一个完整的结构，作为呜音主体部分的“长调”（一批独立曲牌的总称）则更为严谨。呜音演奏强调“口中带韵，手上带花”，喜用闪音和呜音。闪音如民歌的波音，呜音则似箫声。除此以外，呜音演奏还有喉音、打音及换拇指等技巧，在长期的实践过程中形成了古朴典雅的音乐风格。

远安呜音演奏场景（王光华　摄）

在迎亲途中吹奏远安呜音（曾翼　摄）

远安呜音包含着较多的楚文化元素，保存了我国古代音乐文化的某些信息，它独特的乐器结构、乐律特征和演奏方法不仅丰富了湖北地方戏曲音乐和民俗活动，也为中国音乐学和楚文化的研究提供了宝贵的材料。目前，许多呜音老艺人相继去世，加之呜音严谨规范、演奏难度大，年轻人愿意学习的很少，这一切使得呜音的传承发展步履维艰，呈现出日渐衰微的趋势，有待保护抢救。

唢呐艺术·青山唢呐

申报地区或单位：湖南省湘潭县

青山唢呐是中国民间吹打乐种类之一，主要流传在湖南省湘潭县的青山桥、石鼓、分水三乡镇及周边地区，主要在民间婚丧喜庆、玩龙耍狮、佛道仪式和巫傩祭祀等民俗活动中演奏。至迟到清代，以唢呐为主奏乐器的吹打乐在湘潭民俗生活中已相当普遍。

按其历史渊源、曲牌结构和表现功能，青山唢呐的曲牌可分为夜鼓牌子、路鼓牌子和堂牌子三种。夜鼓牌子是专用于丧葬的器乐曲牌；路鼓牌子以唢呐、锣鼓组合为主，多为行进演奏；堂牌子民间俗称“坐堂牌子”、“坐乐”、“坐堂”、“大乐”等，是与民间戏曲通用的一种吹打乐形式。在乐曲结构、曲牌名称、旋律特征、表现风格、演奏技巧等方面，各种牌子至今仍保持着较为原始的风貌，代表性的曲牌主要有【哭懵懂】、【对角飞】、【一点鼓】、【闹五更】、【双采莲】、【九腔】、【得胜令】、【耍孩儿】等。

在老街演奏青山唢呐（李广　摄）

青山唢呐以湘中典型的音调特征为基础进行加工创造，具有浓郁的地方特色，反映了流传地域的审美情趣、风俗习惯和传统观念，具有较高的艺术和民俗文化研究价值。20世纪二三十年代，青山桥地区涌现出一大批优秀唢呐艺人，成立了青山桥鼓乐工会。工会成员拥有高超的演奏技巧，声名远播，衡湘四县（衡山、双峰、湘潭、湘乡）因而将青山唢呐演奏称为“青山桥国乐”。目前，青山唢呐虽在青山桥等地具有广泛的群众基础，却一直缺乏专业、系统的研究整理。大批优秀的老艺人相继去世以后，许多曲牌也随之失传，人死艺亡的现象日益严重，青山唢呐演奏技艺同样面临消亡的危机，迫切需要有关方面积极加以保护。

唢呐艺术·永城吹打

申报地区或单位：重庆市綦江县

永城吹打是流传于重庆市綦江一带的民间器乐品种，其渊源可追溯至明末清初。当时四川受战乱和瘟疫影响，人口急剧减少，出现了“湖广填四川”的人口大

永城吹打乐班在演奏大台（大唢呐）、特台（倍低音唢呐）（重庆市綦江县文化馆　提供）

迁徙，多种地域文化随之传入四川，与当地民俗相交融，永城吹打便是在这种文化背景下形成发展起来的。演奏永城吹打的綦江刘家乐班迄今已传承十八代，前后历经三百多年，在当地产生了很大的影响。

永城吹打的演奏乐器由唢呐和打击乐组成，唢呐有叽呐子、三台、二台、头台、特台等七种形制，打击乐器则包括川钹、堂鼓、竹节鼓、苏镲、铰子、马锣、大鼓等。永城吹打以唢呐演奏见长，音域宽广，达四个多八度，可形成二声部或三声部复调雏形，音色高亢，气势恢宏，在民间吹打乐中别具一格。永城吹打按活动形式可分为“坐堂”和“行路”两种，按演奏形式可分为“贯吹贯打”、“夹吹夹打”两类，按音乐风格则可分为“悲调”、“喜庆”和“通江”三类。永城吹打拥有上千首曲目，代表性乐曲有《哥哥送亲》、《闹新娘》、《吊丧》、《懒蛇上坡》、《焰灯蛾》等。

永城吹打以丰富的曲目和精湛的技巧赢得了当地群众的喜爱，特别是其中的大台（大唢呐）和特台（倍低音唢呐），对现代民族管弦乐队中管乐声部低音表现、音域拓宽、色彩丰富等问题的解决具有重要的理论和实践启迪作用。随着现代化进程的加速，永城吹打逐渐失去了赖以生存的土壤，其演奏者多以务农为生，许多人迫于生计外出打工，极大地削弱了传统乐班的稳定性。与此同时，许多技艺高超的艺人年事已高，后继人才十分匮乏。永城吹打至此已处于濒危境地，亟待抢救保护。

永城吹打乐班在农家院坝坐堂演奏（重庆市綦江县文化馆　提供）

唢呐艺术·绥米唢呐

申报地区或单位：陕西省绥德县、米脂县

绥米唢呐是民间鼓吹乐种类之一，主要流传在陕西省绥德、米脂周边的子洲、清涧、吴堡、佳县、横山及与绥德隔黄河为邻的山西省柳林西部乡镇等地。其渊源可追溯至明代，至今已有六百多年的历史。

绥米唢呐乐班由多人组成，其中唢呐演奏者分为上下手，上手吹高音，下手吹低音，鼓手、镲手、锣手分别击打牛皮鼓、小镲和包锣。另有两把长号，由唢呐下手和鼓手吹奏，这种形式称为“大吹”，由小海笛、笙、管子、小铰子、小铜锣等乐器组成的形式则称为“小吹”。大吹多用于迎亲、出殡、秧歌、谒庙、请神等场合，在队伍行进之中演奏，小吹则多在厅堂院落围坐演奏。

陕北绥米唢呐曲牌丰富，风格多样，它的乐曲主要来自民歌小调、戏曲音乐和宗教音乐，具有多元文化特征。其中的代表曲目有《下江南》、《哭长城》、《水龙吟》、《柳青娘》、《千声佛》等，另外一些曲牌如【大摆队】、【大楚将军】、【三通鼓】、【得胜回营】等则体现出强烈的军乐特征。除此之外，听觉的震撼力，广泛的群众性以及反映黄土地人民精神、情感生活构成了陕北绥米唢呐的艺术特征。

绥米唢呐演奏（陕西省绥德县文化馆、米脂县文化馆 提供）

绥米唢呐演奏（陕西省绥德县文化馆、米脂县文化馆 提供）

绥米唢呐演奏（陕西省绥德县文化馆、米脂县文化馆 提供）

绥米唢呐与陕北人的日常生活及社会风俗密切相关，是当地民俗活动的重要组成部分，在民俗、历史、音乐等研究领域具有重要的参考价值。当前，在西方强势文化持续输入的影响下，绥米唢呐演奏中已引入小号、架子鼓等西洋乐器，出现某种程度的变异。其生存活动空间也进一步缩小，一些造诣很深的唢呐手年事已高，随着他们的相继离世，很多绝技都将失传。保护和抢救绥米唢呐演奏技艺已是迫在眉睫。

71 II-40

申报地区或单位：浙江省杭州市

江南丝竹

江南丝竹是流行于江苏南部、浙江西部及上海地区的丝竹音乐的统称，因乐队主要使用二胡、扬琴、琵琶、三弦、秦琴、笛、箫等丝竹类乐器而得名。

明代嘉隆年间，以魏良辅为首的戏曲音乐家在太仓南码头创制出昆曲水磨腔，当时由张野塘等组成规模完整的丝竹乐队，用工尺谱演奏。其后丝竹音乐基本由昆曲班社、堂名鼓手兼奏，在长期发展过程中逐渐形成专职演奏班社。至明代万历末年，新乐种“弦索”在吴中（苏州地区）形成，成为江南丝竹音乐的前身。

20世纪20年代，著名丝竹家王巽之在杭州西湖孤山东麓的“凌社”创办了杭州早期的江南丝竹组织“杭州国乐社”，演奏传统乐曲，国乐社整理、改编的丝竹演奏曲目很快传到上海等地，在音乐界产生很大影响。之后，王巽之又与丝竹前辈程午嘉在上海创办“华光乐社”，开启了沪杭丝竹界彼此交流的良好局面，丝竹音乐由此得到进一步的发展。

江南丝竹曲调优美淳朴，清新悦耳，轻快明朗，绮丽优雅，其技法丰富多彩，变化层出不穷，讲究“你繁我简，你高我低，加花变奏，嵌挡让路，即兴发挥”，显现出“小、细、轻、雅”的艺术风格。江南丝竹曲目丰富，传统乐曲主要有《中花六板》、《三六》、《行街》、《四合》、《云庆》等。

江南丝竹演奏场景（浙江省杭州市文化馆　提供）

江南丝竹演奏场景（浙江省杭州市文化馆　提供）

江南丝竹是江南水乡音乐文化的杰出代表，其演奏技法和音乐风格蕴藉含蓄，包含着追求谦冲、协调的深刻文化内涵，在民族音乐史、戏曲、民俗等方面都深具实践和理论研究价值。20世纪六七十年代，受时势影响，传统江南丝竹班社多自行解散。如今，老丝竹艺人相继离世，而传统曲目传谱又很少，所以江南丝竹在传承方面危机日深，前途堪虞，亟待保护。

江南丝竹演奏场景（浙江省杭州市文化馆　提供）

75 II-44

十番音乐

楚州十番锣鼓
邵伯锣鼓小牌子
楼塔细十番
遂昌昆曲十番
黄石惠洋十音
佛山十番
海南八音器乐

十番音乐又称“十班”、“五对”等，因用丝、竹、革、木、金制作的10件乐器演奏而得名。这种音乐轻松活泼，节奏感强，音律和谐，悦耳动听，在我国福建、广东、江苏、浙江等地广为流传。十番曲调大多来源于民间小调和哱牌（唢呐曲），同时也从戏曲、曲艺及歌曲曲调中吸取了不少养分，其演奏形式有坐奏、行奏、舞奏之分，演奏时一般由掌板者充当指挥。

十番音乐·楚州十番锣鼓

申报地区或单位：江苏省淮安市

清代道光年间，楚州民间词曲家孙育卿将乾隆十六年（1751）清高宗首次南巡时随行乐团演奏的昆曲音乐整理成册，加上带有地方风俗特点的唱词及独特的打击乐，形成雅俗共赏的民间音乐楚州十番锣鼓（武昆）。十番锣鼓在楚州盛行已两百多年，至今尚完整保存一册原工尺谱手抄本正本，上面记有九大首曲目和几十首独特的民间锣鼓曲牌及乐器定弦法、唱腔、锣鼓敲打法、记谱法等。

楚州十番锣鼓合唱、奏、敲打三个声部为一体，演奏乐器包括10件打击乐器和16件弦乐器、弹拨乐器、吹管乐器（亦称“双管制”）。乐曲中常加入锣鼓曲牌，结尾也多以锣鼓曲牌为主，器乐曲高潮处为衬托气氛、增强渲染力，常加入锣鼓与器乐合奏。在曲名、唱词、锣鼓曲牌、演奏乐器、演奏方式等方面，楚州十番锣鼓显示出独特的个性特征。像《金盆捞月》、《咏花》等曲名，中外各民族从古到今的艺术作品中都较为罕见，【出云山】、【金钱花】等锣鼓曲牌名亦与戏曲和民间锣鼓牌名迥然有别。楚州十番锣鼓采用对笛、对箫、对竹笛、对笙、对琵琶、对三弦等组成的双管制乐队配置，以弥补单管制声效不足的缺陷，这种双管制乐队至今已有几

楚州十番锣鼓演奏场景（江苏省淮安市楚州区文化馆　提供）

楚州十番锣鼓演奏技艺传习（江苏省淮安市楚州区文化馆　提供）

百年的历史。此外，楚州十番锣鼓的打击乐器也很有特点，它音响独特，声效由高到低，层次十分清晰。

楚州十番锣鼓由宫廷昆曲音乐演化而来，其间又融入了民间音乐家的创造，其形成发展过程可以为音乐史提供重要材料，具有较高的研究价值。但由于老一辈艺人相继谢世，政府财政投资少，楚州十番锣鼓的生存已是岌岌可危，迫切需要得到系统的研究整理和积极的抢救保护。

十番音乐·邵伯锣鼓小牌子

申报地区或单位：江苏省江都市

流传于江苏省江都市邵伯镇的邵伯锣鼓小牌子是苏中地区独具特色的民间器乐形式，它起源于明代，成形于清代，发展于民国，繁盛于新中国成立初期，具有较为长久的发展历史。

邵伯锣鼓小牌子吸收了道教音乐、粗细十番（丝竹乐）和当地“新春锣鼓”的精华，以多支曲牌联缀而成套头曲，将丝竹乐与打击乐密集交替演奏，形成扬州、里下河牌子曲中一个富有特色的音乐流派。邵伯锣鼓小牌子的演奏分坐台、踩街两种，坐台是指搭台坐式演奏，“观音会”、“盂兰会”都采用此种形式；踩街是指街头行进式演奏，主要应用于每年三月二十八的东岳庙庙会巡游。施展绝技是锣鼓小牌子的一大特色，在锣鼓小牌子历史上，高胡手颜琦的“头顶拉二胡”、锣鼓手程鹤林的“铙钹一水里冒葫芦”等表演都名动一时，令人拍案叫绝。特色小击乐是锣鼓小牌子的另一特色，其演奏者都具备较强的表现力，如能用牙筷敲击小瓷碟、小酒盅等。锣鼓小牌子演奏的曲牌多为富有乡土气息的地方民歌小调，据调查统计，其曲牌有三十多个，代表性的牌子曲共12支，包括《八段锦》、《十八省》、《十八省夹堂子》、《鹦鹉歌》等，这些曲牌均已收入《中国民族民间器乐曲集成·江苏》卷。

邵伯锣鼓小牌子演奏现场（郁兴　摄）

邵伯锣鼓小牌子特色小击乐演奏（张允生　摄）

邵伯锣鼓小牌子历代相传，其中融入了扬州地区的民风民俗，为音乐史和民俗史的研究提供了难能可贵的材料。目前，邵伯锣鼓小牌子演奏队伍老化，青黄不接，一些演奏绝技濒临失传，这一传统民间器乐生存发展前景堪忧，亟待保护。

十番音乐·楼塔细十番

申报地区或单位：浙江省杭州市

楼塔细十番是流传在浙江省萧山南片的一种民间器乐形式，根据楼塔前辈的忆述，这种细十番形成的时间是在明代，至今已有数百年的历史。楼塔细十番以古典曲牌为演奏内容，是一个属于十番的音乐门类。这种音乐专门歌颂大禹治水的功德，既不参与祭鬼敬神仪式，又不在婚嫁、丧事及庆寿等场合演奏。

楼塔细十番乐以民间曲牌【望庄台】、【一条枪】、【八板】为基本演奏内容，三个曲牌前后呼应，层次分明。【望庄台】主要描绘山河壮丽、国泰民安的盛世景象，【一条枪】展示劳动场面并重点突出其中的“抬石板”，【八板】表现欢庆的热闹场面，祈盼来年风调雨顺、五谷丰登。演奏人员由30至35人组成，整个演奏容纳了多样的形式，吹拉弹打齐全，使用乐器达二十多种，配置较为完备。其中包括笙、箫、管、笛等吹奏乐器，板胡、二胡、中胡、大胡、四弦胡、高胡等拉弦乐器，琵琶、大小三弦、月琴、扬琴、古筝、中阮、大阮等弹拨乐器及十番鼓、三块板、碰铃、三角铃、小钹、小鼓等打击乐器，而以十番鼓最具特色和代表性。

楼塔细十番演奏（王新江　摄）

楼塔细十番根据乐器功能的不同而采用相应的演奏技巧，中笛、箫主要吹奏主旋律，笙主吹复音以衬托气氛，拉弦乐长短弓交替运用并以打音、加花等手段丰富乐章，弹拨乐则借助弹挑、滚、轮等技巧烘托旋律。各种乐器都充分发挥自具的特长，呼应配合，融为一体，形成生新出奇的艺术效果，从而使楼塔细十番具有了很高的艺术价值。

楼塔细十番是一种仿古的民间器乐演奏形式，表演颇具汉唐遗风，有较高的历史文化研究价值。目前已挖掘出楼塔细十番中的【男滩簧】、【女滩簧】、【七朵花】、【梅花三弄】4首曲牌，还有十多首曲牌正在进一步整理中，有必要投入更多的人力物力，加强对这一宝贵民间艺术样式的保护。

楼塔细十番演奏场景（浙江省杭州市非物质文化遗产保护中心　提供）

十番音乐·遂昌昆曲十番

申报地区或单位：浙江省遂昌县

遂昌昆曲十番以民间器乐演奏传统昆曲曲牌，是我国一种极具特色的器乐表演形式。它形成于明代晚期，源头直接来自正（苏州）昆的曲唱谱。清代至民国年间，遂昌民间的昆曲十番、昆曲唱班、昆腔班世代传沿不绝，主要分布在遂昌县的妙高、石练、大柘、湖山等地。

遂昌昆曲十番使用的乐器包括笙、笛、梅管、云锣、扁鼓、胡琴、提琴（即提胡，一种蒙蛇皮的板胡式弦乐器）、双清、三弦等，弦乐器（胡琴、提琴）、吹奏乐器（笙、笛、梅管）、打击乐器（云锣、扁鼓）和弹拨乐器(双清、三弦)，彼此配合，相得益彰，显示出乐队编配和乐器组合的严谨与合理，其中梅管、提琴、双清等古乐器极具个性，在其他器乐演奏中较为罕见。遂昌昆曲十番所演奏的内容主要是明代著名剧作家汤显祖的《牡丹亭》、《紫钗记》、《南柯记》、《邯郸记》及另一些明清传统名剧《浣纱记》、《长生殿》等的昆曲曲牌。

在几百年的发展过程中，遂昌昆曲十番吸收了许多草昆（金华等地的民间昆曲）的内容，但它演奏的《牡丹亭》曲牌是草昆中所没有的。目前已搜集到的遂昌民间昆曲十番曲谱有民国初年署名有文氏的《响遏行云》手抄本（抄录93首曲牌）、民国二十年（1931）署名空我的《昆山遗韵》手抄本、萧根其保存的民国三十八年（1949）《白雪阳春》手抄本（抄录22首曲牌），这些手抄传承的乐谱采用的是工尺谱形式，工尺、板眼记录均十分规范。

遂昌昆曲十番演奏场景（陈敏民　摄）

石练女子十番队演奏遂昌昆曲十番（陈敏民　摄）

遂昌昆曲十番多在民间庙会巡游演奏，有时也在喜庆场合堂会演奏，从展示内容到表现形式都显示出很高的历史文化研究价值。目前，民俗治动文化内涵逐渐弱化，遂昌昆曲十番已陷入日趋衰微的窘境，急需保护。

十番音乐·黄石惠洋十音

申报地区或单位：福建省莆田市

黄石惠洋十音源远流长，有“闽中雅乐”、“太古遗音”之称，主要流传于福建省莆田市及毗邻的福清、惠安等县莆仙语系地区，进而流布到台港澳地区和新加坡、马来西亚等莆仙籍华侨华人聚居地。黄石惠洋十音形成发展于明清时期，清末民初进一步达到鼎盛。

经过历世沿袭传承，黄石惠洋十音至今仍保留着一批古老的乐器和曲牌，被誉为“南曲活化石”。惠洋十音班一般由10人至12人组成，演奏时使用的乐器较为独特，包括拉弹和吹打两大类，有四胡、尺胡、老胡、单弦、八角琴、单弦小三弦、飘笛等。其代表性曲目《孟道·风入松》、《古台序》、《古太栏》等都是历世相传的名曲。惠洋十音演奏时，弓法齐整，音色甜美，韵律明快，气

黄石惠洋十音演奏场景（李鹏涛　摄）

氛热烈，既有江南丝竹的柔婉风格，又有北方音乐的粗犷特征。惠洋十音主要在寺庙开光和婚娶、寿诞等民俗活动中演奏，具有多源性、丰富性等重要特征，显现出较高的艺术价值。

作为一种古老的民间艺术，黄石惠洋十音丰富多彩的内容及长久的传承历史在全国其他地方音乐中是不多见的。它不仅丰富和完善了中国音乐史，而且在世界音乐史中也占有一席之地。目前，黄石惠洋十音赖以生存发展的社会基础发生了变革，一些传统民俗日渐淡化，许多十音能手年事已高，十音发展举步维艰，迫切需要抢救保护。

黄石惠洋十音行进演奏场景（朱金环　摄）

十番音乐·佛山十番

申报地区或单位：广东省佛山市

佛山十番是一种颇具地方特色的民间器乐演奏形式，分布在广东省佛山市南海区佛山镇方圆五六公里的范围内，距今已有六七百年的历史。据老艺人口传，大约二百年前佛山十番由安徽、江浙一带传入当地。原有锣鼓合奏的“素十番”和丝竹锣鼓合奏的“混十番”两种形式，现仅存“素十番”一种，与苏南十番锣鼓关系密切。佛山十番中保留有元代南北曲曲牌，在流传过程中与民俗活动紧密结合，吸收了飞钹演奏和本地八音锣鼓的常用乐器，形成具有浓郁地方色彩的民间器乐形式。

佛山十番最大的特色是轻薄小钹不按常规碰击，演奏者一手执钹冠，一手甩动穿上绳子的另一钹擦击，10人8人同时表演各种花式，呈现出很强的可舞性和可观性，故有“飞钹”之称。这种飞钹表演目前在国内独一无二。佛山十番作为喜庆锣鼓乐，多在端午、七夕、中秋等民间节日及神诞、“出秋色”（又叫“秋景”）活动中演奏。目前有完整录音和乐谱记录的佛山十番曲牌共有两套，一套是“明星影映”的【挂牌】、【长锣】、【碎锦】，一套是茶基村的【耍金钱】、【合鼓引】、【套鼓起】、【长锣】。

在三月三民俗文化活动中演奏佛山十番（广东省南海区非物质文化遗产保护中心　提供）

老一辈佛山十番表演队（广东省佛山市南海区非物质文化遗产保护中心　提供）

佛山十番自成一格，具有较高的艺术和民俗学研究价值，同时还可以为苏南十番锣鼓的流变研究提供重要材料。20世纪30年代，由于战争的破坏，佛山各十番会都停止了活动。新中国成立后，当地一些十番组织重新得到恢复。目前，许多老艺人相继去世，能传承这一传统技艺的继承者为数不多，在此情形下，佛山十番岌岌可危，需要积极制订措施，迅速展开系统的保护工作。

广东省佛山市茶基村何广义堂十番锣鼓所用乐器：高边锣、苏锣、翘心锣、大钹、大鼓、云鼓、二锣、沙的、飞钹等（广东省佛山市南海区非物质文化遗产保护中心　提供）

十番音乐·海南八音器乐

申报地区或单位：海南省海口市

海南八音器乐是海南器乐的主要品种，因采用弦、琴、笛、管、箫、锣、鼓、铙八大类乐器演奏而得名。海南当地俗称所谓八音既包括乐器、乐曲，也包括乐队。海南八音唐宋时期即出现了雏形，至明代已发展得十分成熟。明代海南琼山县音乐家王浩然因熟操八音而闻名京城，成化年间与儿子同被选为宫廷乐师，他为后世留下了《琶瑟谱》三卷和《八音摘要》二卷。从清代到民国直至新中国成立，这一器乐形式在海南长期盛行不衰。它流布于整个海南岛，并随着琼侨的足迹走向东南亚各国。

海南八音的乐曲异常丰富，其演奏按习惯分为大吹打、锣鼓清音、清音和戏鼓四类。大吹打以双唢呐吹奏，配合大件打击乐器演奏《大开门》、《小开门》之类气势磅礴的乐曲；锣鼓清音分为两种，一是以小唢呐为主奏乐器演奏《庆丰收》等乐曲，二是以大唢呐为主奏乐器演奏《闹军坡》等乐曲。清音采用"文排"的弦、琴、笛、管演奏曲调轻巧跳跃、流畅明快的《弄手花》、《送姑》等乐曲；戏鼓以用唢呐代替演员的演唱，吹奏海南地方戏曲唱腔联缀而成的《琼花怒放》、《普天同庆》等"联套曲"，而以其余乐器伴奏。

从音乐史角度来看，海南八音器乐具有很高的研究价值。它根植民间，乡土气息浓郁，为广大

海南八音器乐演奏（吴乾阳　摄）

海南八音器乐大小唢呐演奏（吴乾阳　摄）

海南八音器乐演奏（海南省非物质文化遗产保护中心　提供）

群众所喜闻乐见。目前共收录到海南八音器乐的传统乐曲五百多首，征集到民国十三年（1924）左右遗存下来的手抄工字谱三部。受现代文娱方式冲击，海南八音队伍现已呈现青黄不接之势，有绝响之虞，急需抢救保护。

76 II-45

申报地区或单位：山东省菏泽市牡丹区

鲁西南鼓吹乐

演奏鲁西南鼓吹乐（户向宾　摄）

鲁西南鼓吹乐主要乐器（山东省菏泽市牡丹区文化馆　提供）

鲁西南鼓吹乐是我国北方鼓吹乐的一大支脉，它主要分布在山东省西南部的菏泽和济宁、枣庄的部分县（区），而以菏泽市牡丹区、巨野县、单县、郓城县最具代表性。鲁西南鼓吹艺术的历史可追溯到汉代，嘉祥武氏祠建造于东汉末年，祠内的汉画像石便生动描绘了当时鼓吹乐演奏的场面。

鲁西南鼓吹乐由吹管乐和打击乐组成，按演奏功能可分为一般鼓吹乐、祭祀乐和拜神乐三种，演奏形式主要包括行进演奏和坐场演奏两种。唢呐是鼓吹乐中最主要的乐器，其常用技法有泛音、指花音、打音、垫音、气拱音、气顶音、花音、滑音等。鲁西南鼓吹乐演奏曲目历史十分悠久，既有宋元以来的杂剧曲牌，也有大量的明清小曲，《百鸟朝凤》、《抬花轿》、《大合套》、《大笛搅》、《一枝花》、《锁南枝》等都是其中的代表性曲目。

鲁西南鼓吹乐朴实爽朗，粗犷雄健，浑厚挺拔而不失优美细腻，散发着浓厚的乡土气息，具有很高的艺术和学术研究价值，是享誉鲁西南乃至全国的艺术奇葩。当前，由于社会文化环境的变迁等诸多原因，鲁西南鼓吹乐班社无法实行系统有效的管理，很多优秀曲目得不到充分的挖掘、整理和保护，传承每况愈下，发展前景堪忧，急需重点保护。

85 II-54

申报地区或单位：湖北省五峰土家族自治县、鹤峰县

土家族打溜子

土家族打溜子是土家人在长年狩猎、伐木、垦植等劳动中形成的，最初称为打“家业”，俗称“围鼓”、“抽溜子”。湖北省的土家族打溜子主要分布在五峰土家族自治县和鹤峰县等地，鹤峰县打溜子又主要集中在走马镇铁炉乡的大部分村落，系二百多年前由外乡传入。

土家族打溜子用一面鼓、一面锣、两副钹和一个勾锣组合演奏，5件乐器由5人分别操持，称为“五合班”，在当地有“鼓一、锣二、钹三声，勾锣为龙点眼睛”之说。打溜子全靠鼓面上发出的“鼓眼”指挥演奏，调动音乐情绪，当地人因称之为“围鼓”。鹤峰土家族打溜子的乐牌有一百余种，演奏时用衔接性乐牌将若干单一体乐牌组成串联体乐曲，交替演奏。根据指挥乐器的不同，可分为“摩眼锣鼓”、“鼓眼锣鼓”等类，“鼓眼锣鼓”又根据变换和提示性演奏乐牌的不同而分为“文牌鼓眼”、“武牌鼓眼”和“点子鼓眼”。演奏中由鸳鸯钹（即头、二钹）此起彼落交替拍打出来的“钵钵儿音”、“荷叶儿音”、“疏花”、“挤花”等组成系列乐句，构成基本乐章。锣与鸳鸯钹交替编织乐曲，维

土家族打溜子表演队演奏土家族打溜子《八哥洗澡》（陈晓 摄）

系乐牌的主体与风格，鲜明地反映出锣鼓乐牌的线性结构即锣鼓经。而鼓与勾锣则顺合音响趋势，起着“画龙点睛”的作用。

演奏过程中，乐手可以充分利用速度、音色、力度、节拍的变化将各种不同曲牌有机地联缀成套，以表现诸多生动形象和各种情趣。很多曲牌都以动物动态命名，如【燕平翅】、【凤凰闪翅】、【龙虎斗】、【八哥洗澡】、【鹞子翻身】等，形象生动，具有一定的感染力。

土家族打溜子历史悠久，曲牌丰富，艺术风格独特，与当地群众的生活习俗紧密相连，极具艺术欣赏和学术研究价值。但随着社会经济的发展，当地群众的生活方式不断更新，加之外来文化强烈冲击乡土文化，土家族打溜子的生存环境已经与这种传统民间艺术形式不相协调，打溜子传承发展的前景令人担忧，采取措施对之进行必要保护已经迫在眉睫。

土家族打溜子表演队在田间演奏《蚂蚁上树》（王开学 摄）

90 II-59

冀中笙管乐

冀中笙管乐流传于北京以南、天津以西，沧州、定州以北的近三十个县市，是冀中平原一带特有的一个鼓吹乐品种，民间俗称“音乐会”，因主要用管子领奏、用笙等合奏，又称“笙管乐”。除笙、管、笛等吹奏乐器外，冀中笙管乐使用的乐器还有云锣、鼓、铙、钹、铛铛等击奏乐器。笙管乐的乐曲分套曲、小曲及独立成套的打击乐三类，其中套曲篇幅长大，结构复杂，是整个演奏曲目的主要组成部分。冀中笙管乐遍布整个冀中平原，这一地域内的农民以村为单位借乐结会，在本地的祭祀、丧葬等民俗活动中演奏，并以自己独特的方式世代传承。

冀中笙管乐·白庙村音乐会

申报地区或单位：北京市大兴区

白庙村音乐会流传于北京市大兴区长子营镇白庙村，以小型乐队形式演奏，属于僧传笙管乐，它与北京潭柘寺的渊源极深。相传明代末年，潭柘寺僧人将寺中乐曲传到白庙，其后又在传承中不断改进，融入道家音乐及民间音乐的成分，从而使白庙村音乐会具有了北京禅乐和民间鼓吹乐的特点。

白庙村音乐会乐队在潭柘寺演出场景（王巍　摄）

白庙村音乐会乐队演奏（土巍　摄）

白庙村音乐会所用乐器分为两类，一类是吹奏乐器，主要有笙、管、笛等；一类是击奏乐器（一律称为“法器”），主要有锣、鼓、铙、钹等。白庙村原藏有古乐谱，内收乐曲一百多首，皆采用中国古老的工尺谱方式记谱。“文革”时期乐谱全部被烧毁，目前仅存有《玉芙蓉》、《翠竹帘》等七十余曲的曲谱，系1985年后由老艺人根据记忆整理而得。

目前白庙音乐会乐队由15人组成，一般由9人或11人表演，管子领头，用小镲控制速度。表演时分前后两场依次坐定，前场由小镲开场，鼓、锣等打击乐器

演奏，后场由笙、管子、横笛等乐器演奏，前后两场交替进行，依次循环，直至曲目演奏结束。

白庙音乐会吸收了禅乐和民间音乐的精华，既有清虚的宗教色彩，又有浓郁的地方乡土气息，风格庄严肃穆、豪放高亢。在乡村社会的相关仪式中，白庙音乐会已成为地方民俗的重要组成部分。目前，白庙村音乐会乐器破损严重，人员青黄不接，技艺濒临失传，亟待抢救。

冀中笙管乐·雄县古乐

申报地区或单位：河北省雄县

雄县古乐属于民间鼓吹乐的北乐支系，它起于宋元，盛于明清，与宫廷音乐有着极深的渊源。目前仍活跃在民间的雄县古乐有亚古城、开口、赵岗、杜庄四家音乐会，这些音乐会与佛道等宗教信仰有着极为密切的关系，一直是雄县人民祝福迎祥、消遣娱乐不可或缺的重要艺术形式。

亚古城音乐会曲目文字古朴，曲意典雅，蕴喜含悲，别具特色。其中文场套曲包括《孔子探颜回》、《普坛咒》等曲目，开堂曲包括《小花园》、《大走马》等反调，散曲包括《挑袍》、《讨军令》、《四季》等曲；武场从开堂钹始，共七节，后钹头收，高亢激昂，令人耳目一新。开口音乐会是文武乐兼备的道传北乐，当地现存工尺谱集一部，其中有包括《骂玉郎》、《回雪》、《孔子探颜回》等在内的大套曲五部，小曲八十余首，会论一部，河西钹一部。赵岗音乐会为北乐，保存古乐曲二十多首，套曲二套，打击乐五套，按种类分有佛教曲、道教曲、民俗曲等。杜庄音乐会是典型

演奏雄县古乐《孔子探颜回》（孟贵成　摄）

演奏雄县古乐《妻上夫坟》(于海波　摄)

的北乐派系民间鼓吹乐，所奏曲目均为古曲，既可坐棚吹奏，亦可在行进中演出。

雄县古乐以民间音乐会为载体，自发组织，世代传承。音乐会曲目均以工尺记谱，乐队中文乐以管(大管、小管)为领奏乐器，辅以笙、笛、云锣，所奏曲目庄严肃穆。武乐以大镲、铙、钹、鼓为主，其中的河西钹气势雄伟，令人振奋。

雄县古乐的演奏曲目均是历经沧桑的古曲，较完整地保留了传统民族音乐的原貌，为中国古典音乐的研究提供了宝贵资料。目前，由于受西方文化和现代生活方式的冲击，雄县古乐人员老化，生存困难，亟待保护。

冀中笙管乐·小冯村音乐会

申报地区或单位：河北省固安县

流传在河北省廊坊市固安县渠沟乡的小冯村音乐会是用于祭祀和丧礼仪式的一种乡俗雅乐，它创始于明代洪武年间，因是道家所传，俗称为“道乐”。小冯村音乐会吹奏谱使用“四一上尺工六五凡合乙”十个音符，同时采用平仄变声和阴阳变调技法及变化莫测的“那口”垫音，使音乐更加悠扬动听、卓尔不俗。

小冯村音乐会演奏场景（武晓雨　摄）

小冯村音乐会演奏场景（武晓雨　摄）

小冯村音乐会采用大工调（降B调）演奏，其乐曲由传统曲牌和自身独有的曲目两大部分组成，涉及祭祀礼仪、道场规范、故事传说、封建宗法、军政事务、自然生态、节令、动物、景致及人物事迹等多方面的内容，目今尚有9支套曲、6支大板曲和三十多支小曲存世。音乐会使用的乐器包括小管、笙、笛子、引铃、云锣、木鱼、小镲等，另外还使用鼓、铛子、大镲、大铙、小铙等打击乐器，整个演奏阵容由八支管、八支笛、八攒笙、两架云锣、一只木鱼、一副引铃加全套打击乐器组

小冯村音乐会演奏场景（武晓雨　摄）

张庄音乐会室外演奏场景（张磊　摄）

成，共有三十多人参加演奏，具有阵容庞大、气势磅礴的艺术特点。小冯村音乐会的代表性乐曲有套曲《颜回》、《小花园》、《骂玉郎》等。

小冯村音乐会以特有的方式在民间传承延续，其中蕴涵着丰富的民俗文化信息，为民俗学、民族音乐学及音乐史学的研究提供了许多珍贵的材料。如今，传统生活方式和民族文化逐渐发生变异，在此环境背景下，小冯村音乐会的生存发展及传承情况不容乐观，需要有关方面认真制订措施加以保护扶植。

冀中笙管乐·张庄音乐会

申报地区或单位：河北省霸州市

流传在河北省霸州市信安镇张庄的音乐会俗称为“老道经”，属于正一派道传音乐。资料显示，清代乾隆晚期，张庄音乐会即已呈现纯正道传音乐的面貌。张庄村关帝庙最后一位传乐道士李都岐现已八十多岁，尚能吹奏大引子正调、小引子正调、小凡背调等。在当地，每年逢到正月十五放灯、二月十九南海大士寿辰、七月十五放荷灯和九月十五供火神，音乐会都会开坛演奏。

张庄音乐会所用笛为 E 调，曲调节奏进行稍快。演奏时，乐手可多可少，一般分两个队列，专门念唱经的“高公”居于两队队尾中间。平日音乐会主要在丧事等民俗活动中演奏，活动的每一个环节都要演奏相应的曲目，如“取水”时奏《取水小赞》，“观灯”时奏《金然神灯》。张庄音乐会所用乐器有文武场之分，文场以旋律乐器为主，包括小管、笛、笙、云锣等；武场以打击乐器为主，包

括鼓（手鼓）、钹、铙、小镲（小板）等。音乐会原有4本工尺曲谱，现仅存1本，系清代重抄本，内收145支曲牌和5支残曲，在传统音乐研究中有一定的参考价值。张庄音乐会的代表性乐曲包括《玉宝毒》、《二节》、《琥珀苗儿》等。

张庄音乐会自创立以来，从未受过其他音乐形式的影响，一直完整保持着原初的形态，是研究我国古代民间道教音乐的重要参照和资料。它立足当地，为乡里民俗服务，强化了张庄地区朴实淳厚的民风，充分凸显出音乐的教化功能。当前传统民俗活动越来越少，音乐会的生存空间正日益缩小。随着老艺人的相继辞世，张庄音乐会演奏技巧濒临失传，急需抢救保护。

张庄音乐会演奏场景（吕竑海　摄）

冀中笙管乐·军卢村音乐会

申报地区或单位：河北省廊坊市安次区

军卢村隶属河北省廊坊市安次区杨税务乡，这里的音乐传统历史悠久，早在19世纪末义和团运动之前，村中就有名为音乐会的民间乐队组织形式，长期活跃在当地群众中。义和团大师兄冯兆来善吹管子，是军卢村音乐会的主要成员。义和团在军卢村三关庙前设坛举义之后，音乐会全体成员

军卢村音乐会演奏场景（董振生　摄）

军卢村音乐会演奏乐器：云锣（董振生　摄）

都参加了义和团。冯兆来认为，义和团应该文武兼备，以武杀敌，以文鼓舞将士们的斗志。基于这种设想，他扩大了音乐会的规模，将之变成为军卢村义和团的“军乐队”，根据音乐所表达的不同情绪，对原有曲目进行选择加工和改编，使之为义和团的需要服务。

军卢村音乐会有文、武场之分，演奏者通常为10人，文、武场各5人。文场乐器由一根管子、一支笛子、一架云锣和两攒笙组成，武场乐器由一副钹、一副小镲、一架堂鼓或扁鼓及两副铙组成。

军卢村音乐会以往演奏的曲目很多，其中不少现在已经失传。当年冯兆来留下的乐谱在“文革”中被烧毁，现经老乐师回忆并整理成工尺谱传承下来的有《堂头令》、《望江南》、《浪淘沙》、《三教》、《斗鹌鹑》、《挂金锁》、《柳含烟》、《刀兵祭》、《翠竹帘》、《巧跳神》、《淘金令》、《倒提金灯》、《跌落金钱》、《三支箭》等三十余首。

军卢村音乐会源于民间，又与当地民众的斗争生活紧密相连，显现出鲜明的时代气息及地域特征，在义和团运动及相关历史文化和民间艺术的研究方面具有重要的资料价值。目前音乐会的传承状况很不理想，出现了青黄不接、后继乏人的局面，亟待抢救保护。

冀中笙管乐·东张务音乐会

申报地区或单位：河北省廊坊市安次区

东张务村位于河北省廊坊市安次区落垡镇，流传在这个村的音乐会属于禅宗临济派与曹洞派并传的佛教音乐，系清末由寺院传入民间。东张务音乐会的曲目十分丰富，其中最主要的是《三皈赞》、《普庵咒》、《往生咒》等佛教名曲。在义和团运动中，东张务村于1900年设立坛口，音乐会也投身参与，并在其中起到了积极作用。乐师们创作出《上马台》、《鹅浪子》、《扑蚂蚱》、《哭黄天》等一些与当时形势相适应的乐曲，以配合义和团运动的发展。尤其值得一提的是，东张务音乐会的乐师们曾经演奏着音乐参加了落垡阻击战，使古老的佛教音乐作为义和团的军乐，融入到抗击侵略者的战斗中，谱写了一曲中国农民自发组织的用血肉之躯捍卫民族尊严、抗击外来侵略的慷慨悲歌。

东张务义和团音乐会传承至今已有百余年的历史。为缅怀先烈，发扬爱国主义精神，义和团音乐会把这些音乐完善地保存下来，在节日和农闲时候演奏。

东张务义和团音乐会现有成员二十余人，各种乐器齐全，可以熟练演奏三十多首乐曲。但随着时间的推移，音乐会出现设备陈旧、后继乏人的现象，需要加以保护传承。

东张务音乐会的演奏场景（刘克亮　摄）

冀中笙管乐·南响口梵呗音乐会

申报地区或单位：河北省廊坊市安次区

流传于河北省廊坊市安次区落垡镇的南响口梵呗佛教音乐，其历史至少可以追溯到明成祖以前，至今已有五百多年，先后传承二十四代。1950年当地寺庙拆除时，梵呗音乐已传到“沙”字辈。

南响口梵呗吹音乐会演奏场景（王立群　摄）

南响口梵呗吹音乐会演奏场景（（王立群　摄）

南响口梵呗吹音乐会演奏场景（（王立群　摄）

南响口梵呗音乐会的乐队有固定编制，五吹四打一圆帽共10名乐手为满班，只有五吹或四打则为半班。五吹为文乐，其中包括吹笙乐师2名、吹笛乐师1名、吹管子乐师1名、打云锣乐师1名。云锣是打击乐器而非吹管乐器，所以五吹实际只有四吹。四打为武乐，其中包括打铙乐师1名、击钹乐师1名、敲歌子（小钹）乐师1名、鼓手1名。除五吹四打外，还有圆帽，只在诵经、参灵、拜佛时随班演奏。梵呗音乐会的演奏一般采用正调、背调、皆止调、小工调四种宫调，此外还有一种越调。念曲时常会出现借字现象，这是构成南响口梵呗音乐会的一个重要特征。南响口音乐会主要在寺庙诵经、散灯坑儿、迎会、庙会表演及民间丧事等场合演奏，丧事从棚是它主要的活动形式，其演奏形式也因场地、场合的不同而分为走街和坐吹两种。南响口梵呗音乐会代表性的乐曲则包括《柳含烟》、《出坛记》、《玉芙蓉》等。

南响口梵呗音乐会历经数百年传承，始终保留着传统音乐的诸多特征，是民俗学和民族音乐学研究的宝贵材料。目前在外来文化及市场经济的冲击下，这一古老民间音乐的发展传承已举步维艰，急需抢救保护。

冀中笙管乐·里东庄音乐老会

申报地区或单位：河北省文安县

里东庄音乐老会流传于河北省廊坊市文安县里东庄村，它源自明代寺庙音乐，嘉靖年间里东庄村观音庙住持和尚将佛门音乐传授给村人，其后一直在村中传承不绝，至今已有五百余年的历史。

里东庄音乐老会演奏场景（王晖　摄）

音乐会演奏时乐手们围长桌而坐，持管者居中，单独演奏打击乐器。合奏时鼓在中间，钹、铙及铛子、小镲演奏者分坐在鼓手两侧。演奏《琵琶令》、《辞曹》等翻调（也称“背调”）曲时，变调基本上不改换乐器，这种背调在河北省是少有的。音乐会的乐队编制自清朝中后期以来即不固定，一般包括管2支、笛1支、笙至少10攒、支锣1架、小镲1副及鼓、钹、铙、镲、铛子等。以笙管乐器为首带领乐队演奏，笙的数量不限。管在乐器中为主奏乐器，其他乐器随管齐奏。打击乐器中，鼓统领其他乐器。里东庄现存的演奏曲目中，大套曲有《大走马》、《锦堂乐》、《四季鹅郎》、《青吹山坡羊》、《关公辞曹》、背调《关公辞曹》，《玉芙蓉》、《哭城》、《讨军令》、《张公赶子》、《流水三归赞》等，小曲有《山东歌》、《滴落金钱》、《弦子令》、《琵琶令》及背调《琵琶令》、《弦子令》等。

里东庄音乐老会主要在正月十五、庙会庆典及丧事中演奏，它曲目丰富，套曲完整，乐手技艺精湛，传承方式比较严格。由于音乐会的传承一直是在相对封闭的状态下进行的，故能以原初状态保存至今，为我国传统佛教音乐及民俗学的研究提供了宝贵的材料。如今，里东庄乐师老龄化现象严重，年轻人又不愿学习传统艺术，因此音乐会的承继成为重大难题，需要有关方面采取措施，围绕这一传统民间音乐展开积极的保护工作。

冀中笙管乐·辛安庄民间音乐会

申报地区或单位：河北省任丘市

辛安庄民间音乐会是河北任丘最早的民间音乐会，始建于明代永乐十九年（1421），至今已有近六百年的历史。清代乾隆二十一年（1756），因一曲《关公辞曹》辛安庄音乐会受到皇封，由是出

辛安庄民间音乐会中的笙和管子演奏（金洁　摄）

现了与之相关的文字记载。自此以后，音乐会立标制旗的一应物件均采用原为宫廷专用的黄色。辛安庄音乐会也是河北省任丘市保留曲目最完整的音乐会之一，现存演奏曲目三十余套，在全市音乐会保留曲目中所占比例几近一半。辛安庄民间音乐会演出阵容强大，乐手多达四十余名，每年较大规模的演出活动有二十多次。辛安庄音乐会演奏风格优雅舒缓、自然流畅，主要乐器包括管子、笙、曲笛、云锣、大镲、小镲、大鼓、小鼓、铛子等，其中有些乐器是创会初期遗留下来的，如有一架云锣，已有几百年的历史，不但能演奏出动听的音乐，还具有较高的考古价值。音乐会演奏技艺最初以师徒授受方式传承，其后主要以家族继承方式历世传沿不绝。目前已搜集整理辛安庄音乐会古乐谱35套，谱中每个曲牌都包含着优美的历史传说或典故，具有音乐与文学的双重审美价值。

辛安庄民间音乐会历经六百年风霜传承至今，显示出顽强的生命力，它扎根乡土，深得民众喜爱，具有较高的艺术和历史文化研究价值。当前，音乐会骨干力量严重老化，后续力量不足，经费紧缺。整理出的35套曲谱一般乐师只能完整演奏出8套，其余27套仅有几个年事已高的老艺人能完整演奏。这说明辛安庄民间音乐会正面临失传的危险，急需展开一系列有效的抢救保护措施。

冀中笙管乐·安新县圈头村音乐会

申报地区或单位：河北省安新县

流传于河北省保定市安新县城东南圈头村的音乐会始创于明末清初，其乐谱、乐曲均为僧传，属北方音乐。音乐会的乐器包括笙、管、笛、云锣、鼓、镲、铙、

安新县圈头村音乐会乐队在庙会上的演奏场景（张伯瑜　摄）

安新县圈头村音乐会乐队在烈士祠的演奏场景（（项阳　摄）

钹、铛子等，其演奏乐曲中保留着明清乃至更早时代的曲目，历经数百年传承，相沿至今。圈头村音乐会形成以来，一直在本村及周边地区为民间丧礼、祭祀活动及官方庆典活动提供无偿服务，久而久之与当地民俗融为一体，成为地方民俗文化的重要组成部分。

安新县圈头村音乐会的演奏技艺极具特色，所使用的乐器均为E调，全套曲目共有乐曲40首和一套打击乐《坐禅谭》，其中包括小塌曲14首，短小精悍，略显低沉；小尖曲10首，同样短小，但曲调比塌曲高；小大曲13首，较前两类为长，演奏时间6至12分钟；大曲3首，演奏时间约20至40分钟。所有乐曲根据节拍可分为散板、导板、节子板、慢流水板和快流水板五种。圈头村音乐会信奉药王扁鹊及邳彤、华佗、孙林、张仲景、孙思邈、刘河间等中国历代十大名医，与民间信仰的结合使音乐会获得了丰厚的民间文化土壤，支持着它一直传承至今。圈头村音乐会代表性的乐曲有《柳黄烟》、《五四牌》、《大走马》等。

安新县圈头村音乐会整体上包含着丰富的文化信息，在民俗学、民族音乐学、音乐史等方面具有较高的研究价值。随着社会的发展，圈头村民众已经没有了农闲的概念，这使得乐队的训练受到极大影响，加上会资不够充裕、乐器年久失修等问题的困扰，圈头村音乐会的发展承传前景堪忧，需要积极加以保护。

冀中笙管乐·东韩村拾幡古乐

申报地区或单位：河北省易县

东韩村拾幡古乐是一种从清朝宫廷传入民间的古典音乐，流布于河北省易县凌云册满族回族自治乡东韩村。它演奏时使用乐器很多，最多时达到108件，故著“拾”字以概其全，又因演出仪仗队伍中有10面幡旗，所以称为“拾幡古乐”，又称“拾幡圣会”。拾幡古乐传承至今已历九代，有两百多年的历史。

东韩村拾幡古乐演奏场景（翟吉友　摄）

东韩村拾幡古乐在传承过程中融合了宫廷音乐、江南丝竹等多种成分，所用乐器种类数量繁多，其中的火不思、轧琴、提琴等都是古老稀有乐器。东韩村拾幡古乐的演奏形式包括行乐和坐乐两种，演奏时以宫廷传入民间的工尺谱为依据。乐谱包括文曲25首，武曲十余首，演奏起来风格古朴、鲜明、优雅，旋律高亢优美、婉转动听，既有江南丝竹的韵味，又有宫廷古典音乐的特征。

拾幡古乐文曲的曲式结构分只曲、联曲和套曲三种类型，只曲是由一支曲牌构成的乐曲，篇幅长短不一，【山桃红】、【万年欢】等皆属此类；联曲是两支曲牌联合构成的乐曲；套曲则是三支或三支以上曲牌按一定程序连起来构成的乐曲，以四支曲牌联缀构成的【春来】、【夏来】、【秋来】、【冬来】“四来”即是其中的代表。东韩村拾幡古乐中的武曲大多已经失传，保存至今的只有十余首。东韩村拾幡古乐中蕴含着丰富的民族音乐文化信息，对于古代音乐史、乐器发展史特别是清朝宫廷音乐的研究具有很高的参考价值。随着时代的发展，传统文娱方式受到冲击，这种古老的艺术逐渐失去了以往的活力，急需有关方面制订计划，进行积极有效的抢救保护。

冀中笙管乐·子位吹歌

申报地区或单位：河北省定州市

吹歌是河北省民间的器乐形式之一，它是打和吹的结合，系从古代鼓吹乐和清代铙歌乐发展而来。保定市定州子位镇的吹歌会是这一器乐演奏形式的突出代表，至今已有两百多年的历史。

子位吹歌乐队中包括管子、唢呐、笙、横笛、海锥（俗称“喇嘛号”）、大胡、鼓、小钹、手锣、梆子等多种乐器，而以管子（小管）、小唢呐为主。整个乐队的编制可根据具体情况进行增减，形成各种不同的组合。子位吹歌的演奏形式包括坐摊和行进两种，坐摊即摆场演奏，乐队围桌或横排而坐，多用两笙、两管、两唢呐加上锣、镲、鼓进行演奏；行进即踩街演奏，乐队排列中云锣在前，笛、笙、唢呐、鼓、镲、铛、钹依次在后。演奏时速度较快，旋律多变，声音高亢洪亮，风格热烈火爆，极富艺术感染力。

子位吹歌曲目繁多，既有传统民歌曲牌，又有地方戏曲唱腔和民间器乐曲牌等，其中的代表曲目包括《放驴》、《打枣》、《朝天子》、《茉莉花》、《万年欢》、《一枝花》等。新中国成立初期，音乐学家杨荫浏、曹安和曾对子位吹歌的乐器和乐曲进行记录，整理出版了《定县子位村管乐曲集》，收录乐曲34首，在国内外产生了广泛的影响。

子位吹歌乐手善于学习吸收各种民间小调、地方戏曲曲调及其演奏技艺，他们的表演自由夸张，不拘一格，甚至边吹边唱、边吹边舞，具有浓郁的乡土气息和鲜明的民间艺术风格。子位吹歌通过吹歌会代代传承，培养出一大批优秀的器乐演奏人才。子位吹歌以吹奏传统民歌、现代歌曲为内容，具有红火热烈、轻快活泼的演奏风格，是冀中民间鼓吹乐的典型代表，具有很高的艺术和历史研究价值。20世纪90年代中期，子位吹歌出现人才断档、实物资料流失等状况，传承陷入窘境，急需政府有关机构尽快展开系统全面的抢救、保护、整理、发掘工作。

子位吹歌演奏场景（河北省定州市文广新局　提供）

第一批国家级非物质文化遗产扩展项目名录

传统舞蹈

104 Ⅲ—1 京西太平鼓
石景山太平鼓
怪村太平鼓
105 Ⅲ—2 秧歌
济阳鼓子秧歌
临县伞头秧歌
原平凤秧歌
汾阳地秧歌
107 Ⅲ—4 龙舞
易县摆字龙灯
曲周龙灯
金州龙舞
舞草龙
骆山大龙
兰溪断头龙
大田板灯龙
高龙
汝城香火龙
九龙舞
埔寨火龙
人龙舞
荷塘纱龙
乔林烟花火龙
醉龙
黄龙溪火龙灯舞
108 Ⅲ—5 狮舞
白纸坊太狮
沧县狮舞
小相狮舞
槐店文狮子
席狮舞
丰城岳家狮
布依族高台狮灯舞
110 Ⅲ—7 傩舞
寿阳爱社
祁门傩舞
邵武傩舞
湛江傩舞
文县池哥昼
永靖七月跳会
112 Ⅲ—9 高跷
盖州高跷
上口子高跷
独杆跷
高抬火轿
119 Ⅲ—16 滚灯
奉贤滚灯
海盐滚灯
120 Ⅲ—17 土家族摆手舞
恩施摆手舞
酉阳摆手舞
122 Ⅲ—19 弦子舞
玉树依舞
123 Ⅲ—20 锅庄舞
甘孜锅庄
马奈锅庄
称多白龙卓舞
囊谦卓干玛
126 Ⅲ—23 苗族芦笙舞
127 Ⅲ—24 朝鲜族农乐舞
129 Ⅲ—26 铜鼓舞
田林瑶族铜鼓舞
雷山苗族铜鼓舞

104 III-1

京西太平鼓

石景山太平鼓

怪村太平鼓

太平鼓又称“扇鼓”、“单鼓”、“羊皮鼓”，是北京地区独特的一种民间节庆舞蹈。它明代即出现于北京地区，清代以后日渐盛行，具有广泛的群众基础。京西太平鼓早期是一种来自满族妇女的集体歌舞，至20世纪初才有男子加入。太平鼓活动在每年农历的腊月初一至来年二月初举行，所以北京地区也称之为“迎年鼓”。击打太平鼓象征着天下太平安乐，具有特殊的祈福迎新之意。

在金山岭长城表演京西太平鼓（张爱东　摄）

石景山太平鼓艺人表演扑蝴蝶（苏士奇　摄）

京西太平鼓·石景山太平鼓

申报地区或单位：北京市石景山区

石景山太平鼓至今已有两百多年的历史，以北京市石景山区的五里坨、模式口、北辛安、古城村、衙门口等村最为盛行，每年正月和腊月是它的活跃期。太平鼓大如蒲扇，下安鼓柄，有正圆、扁圆、梯形、八角形等多种鼓形。它以三种方式在民间传承，其中最主要的是家族传承，其次是村民自发学习传承。

石景山太平鼓风趣幽默，生活气息浓郁，可以通过节奏变化表现出不同情绪。鼓既是乐器，又是道具，表演时和舞有机配合，可边打边舞，也可间打间唱。舞者左手摇环，右手击鼓，发出清脆的音响，随着鼓点的节奏翩翩起舞，女性舞者的基本动律是“扭劲”和“颤劲”，男性舞者的基本动律是“搧劲”和“艮劲”。太平鼓音乐主要由鼓点和曲调两部分组成，鼓点有十几种之多，击打太平鼓手法多种多样，包括正面击、反面击、敲鼓心、打鼓沿、上下左右震颤铁环等一系列的技艺。

石景山太平鼓是京西太平鼓的组成部分，它历史悠久，流传广泛，内容丰富，风格独特，地域色彩浓厚，带有很强的自娱性，深受群众喜爱，具有较高的民俗学研究价值，是京西百姓文化认同的标志和村民间情感沟通的重要手段。近年来，石景山太平鼓逐渐丧失表演空间，后继乏人，急需抢救保护。

石景山太平鼓（甘丽娟　摄）

京西太平鼓·怪村太平鼓

申报地区或单位：北京市丰台区

太平鼓自明代起即在北京流传，入清以后在京城内外极度盛行。清代宫廷逢农历除夕也会击打太平鼓，以取太平安定之意，所以太平鼓在北京又有“迎年鼓”之称。丰台区王佐镇怪村的太平鼓来源于清代宫廷，至今已有两百多年的历史。据怪村老人讲，太平鼓在当地十分盛行，家家有鼓，人人能打，村中人早年曾应邀到北京的良乡、通县及河北等地进行表演，具有较高的知名度。

怪村太平鼓动作小巧，感情含蓄，节奏明快，具有较高的技术水准和艺术价值。其内容多取自村民日常生活，表演中散发着浓郁的生活气息；表演动作简单易学，队形变化丰富多样，是当地居民喜闻乐见的表演形式。

怪村太平鼓中用作舞蹈道具的鼓系以桑皮纸加工而成，制作工艺独特，结实耐用，声音清脆悦耳。怪村太平鼓套路众多，最多时可达几十种，目前仍保留有“圆鼓”、“圆鼓代推磨”、“四方斗”、“六方斗”、“八方斗”、“卧娃娃”、“三人两头忙”等13套，而以“三人两头忙”和“卧娃娃”最具特色。怪村太平鼓音乐由曲牌和歌词两部分组成，曲牌又叫“鼓点”，既是套路名称，又是音乐曲牌。太平鼓曲牌以2/4拍居多；歌词在表演时打一段鼓唱一段，它主要包括“绳歌”、“十二月古人名”、“太平歌词”等内容，目前能收集到的只有“十二月古人名”和“绳歌”。

怪村太平鼓是中国北方传统鼓文化的当代遗存，可以为北京地方历史文化的研究提供参考。近年来，由于生存环境的改变，怪村太平鼓后继乏人，急需抢救保护。目前，怪村村民正致力于培养太平鼓表演的后备力量，挖掘整理即将失传的珍贵资料，绘制动作图谱，将太平鼓这种深受群众喜爱的民间艺术形式完整传承下去。

怪村太平鼓表演场景（钟永祥　摄）

105 III-2

秧歌

秧歌又称“扭秧歌”，是我国汉民族具有代表性的民间舞蹈形式。它起源于插秧耕田的劳动生活，同时又和古代祭祀农神祈求丰收、祈福禳灾时所唱的颂歌、禳歌有关。在长期发展过程中，秧歌不断吸收民歌、民间武术、杂技、戏曲等民间艺术的形式技巧，逐渐由一般的演唱发展成为集体性的歌舞表演。秧歌动作丰富，形式多样，生动活泼，奔放热烈，为普通百姓所喜闻乐见，清代以后在全国各地流传广泛，成为一种深入人心的民间舞蹈样式。

秧歌·济阳鼓子秧歌

申报地区或单位：山东省济阳县

济阳县位于鲁北平原南部，北界商河，西北与临邑相连，徒骇河、黄河横穿东西，具有鲁北特色的济阳鼓子秧歌就产生和流传在这里。济阳鼓子秧歌历史悠久，相传兴起于明朝永乐年间，清朝年间就已普及，是黄河文化的优秀遗产。

济阳鼓子秧歌的表演形式有两种：“街筒子”和“跑场子”。街筒子是秧歌队走街串巷在行进中表演，前面是鼓队，后面是秧歌队。秧歌队分为三路和五路纵队，伞在中间成一单行纵队，两侧为鼓、棒、花相间的二纵队或四纵队。在街筒子的表演中既有集体舞，又有交叉于其中的对舞，所有变化都以伞为中心。“跑场子”是秧歌队到达场地后的表演。秧歌队根据锣鼓队的位置，面向大鼓，以一伞、四鼓、二棒、二花为一组，成单行依次排列进行表演。从两侧进场到场后左右分开，沿场地边缘行进，两队在场地前场中心相遇成一大圆圈。然后听从领伞人摇动拨槌发令，开始按预定的场图跑场。秧歌队跑场图不下几十种，场图套路分“文场”、“武场”、“文武场”。“武场”节奏欢快、热烈红火、舞姿雄伟，进出皆用舞蹈动作表现。“文场”场图变化明快流畅，舞者各自保持上身姿态，按所跑的场图路线快速穿行。也就是秧歌传人们常说的“武场看打、文场看走”。“文武场”则是半文半武的场图和动作变化，在表演中经常交替使用，进时多用“武场”，出时则多用“文场”。济阳鼓子秧歌锣鼓铿锵有力，舞姿粗犷豪放，气势恢弘磅礴，情感纯朴热烈，具有旺盛的生命力和鲜明的地方风格。这种秧歌的主要角色包括伞、鼓、棒、花几类，其中伞又有丑伞和小伞之分。稳健的丑伞、俊丽的小伞、明快的手鼓、柔美的拉花组成一支特殊的演出队伍，以自由奔放的舞蹈反映出鲁北人民豪

济阳鼓子秧歌表演（张敏　摄）

排演济阳鼓子秧歌（张敏　摄）

爽乐观、大方热情的性格。

济阳鼓子秧歌是济阳人民智慧的结晶，也是济阳人民淳朴善良、热情好客特点的形象体现。作为民间广场舞蹈的经典，济阳鼓子秧歌在艺术上达到了很高成就，在艺术学和民俗学等方面的研究中显示出一定的价值。目前，随着时代发展和社会人文环境的变迁，济阳鼓子秧歌的生态环境日渐恶化，生存出现危机，急需抢救。

秧歌·临县伞头秧歌

申报地区或单位：山西省临县

临县伞头秧歌是一种大型民间歌舞，它起源于我国古代祭祀活动中的迎神赛会和民间傩舞，主要在晋西吕梁山区的临县及其周边地区，包括离石的西山、柳林的北山、方山的西北部及与临县隔河相望的陕北佳县、吴堡一带流传。

临县伞头秧歌一般在街头和广场表演，秧歌队人数不定，少则七八十人，多则两三百人。演出时前有门旗、彩旗和鼓乐队开道，中有架鼓子和各种小会子表演，后队由龙舞、狮子舞收尾。所有参演者在伞头带领下踩着锣鼓唢呐的节奏尽情舞蹈，远望犹如一条欢腾的彩色巨龙。

伞头秧歌有三十多种舞蹈场图、十多首舞蹈曲牌和四十多种演唱曲调，舞蹈以架鼓子最具特色，一支秧歌队里可以有数架鼓子。架鼓子由担任打鼓的男角、担任拉花的女角和担任扇风的丑角组成，男角打鼓，动作粗犷有力；女角耍扇，表演细腻动人；男女互相挑逗，嬉闹传情，丑角再从中插科打诨，一次次将表演推向欢快的高潮。

在漫长的发展演变过程中，伞头秧歌吸收各种民间艺术养料，逐步形成了自己独特的艺术风格，在社火秧歌中独树一帜，成为黄河文化和黄土文化的典型代表。目前，临县伞头秧歌角色减少，曲牌流失，结构与内容变异，传人缺乏，面临生存危机，亟待抢救保护。

临县伞头秧歌表演场景（山西省临县伞头秧歌艺术协会　提供）

临县伞头秧歌《狮子舞》表演场景（山西省临县伞头秧歌艺术协会　提供）

秧歌·原平凤秧歌

申报地区或单位：山西省原平市

凤秧歌是流传于山西省原平市北贾村的一种民间舞蹈，它以独特的表演道具、舞蹈形式和演唱风格在全国民间舞蹈中独树一帜。凤秧歌最早的历史记载见于清代光绪六年（1880），从最早可考的民间艺人李正环开始，承传至今已历六代。

凤秧歌的传统表演形式分为过街、踩圈、开轱辘三部分。过街，主要在街头行进和广场打场子时表演，由水镲指挥，由11人至15人表演。踩圈，是过街以后的定场表演，过街时所用的腰鼓、小锣均不再用。其表现手法是叙事兼代言，跳出跳入类似表演唱，偶

原平凤秧歌表演场景（山西省原平市文化馆　提供）

尔伴以简单的手势。开轱辘，演唱具有角色和故事情节的民间小戏，此外也有从戏曲中截取的片断。以上三部分既有一定的联系，又可独立存在。凤秧歌共有四十余个节目，内容绝大多数是反映农村生产和生活的，如《五峰山赶会》、《观灯》、《看地》等。在纯舞蹈表演中，男角头戴覆有竹圈的小帽，身背特制小鼓，女角手打特制小锣。男角既要把帽子上富有弹性的竹圈甩出去绕着身体，又要把腰间的花鼓敲响，其特点是动作舒缓、刚柔相济、风趣幽默、引人入胜；女角的特点是在击锣的过程中，头部、两臂前后交替摇滚，尤似鲤鱼摆尾，以精巧雅致的古典美和玲珑剔透的艺术气质给人以美的享受。

凤秧歌的特色主要体现在竹圈甩帽上，受这种道具的影响，凤秧歌的舞步呈现出慢悠悠、晃悠悠的特点。与山西其他地方小戏和民歌相比，凤秧歌的演唱风格更为自由，其中运用了大量的虚词，整个曲调显现出高亢昂扬、舒缓悠长的特点。凤秧歌常与“上院”、“踩街”、“撵瘟神”等民俗活动连在一起演出，几乎成为民俗活动的一部分，因此在原平乃至晋北民俗和地方历史文化的研究中，具有不可低估的价值。随着社会环境和价值观念的变化，原平凤秧歌日趋式微，目前能够表演这一民间舞蹈的老艺人相继谢世，技艺逐渐失传，急需抢救扶持。

原平凤秧歌表演场景（山西省原平市文化馆　提供）

秧歌·汾阳地秧歌

申报地区或单位：山西省汾阳市

汾阳地秧歌是流传在山西省汾阳市、孝义市的一种民间艺术，分为文场和武场，文场地秧歌以演唱为主，武场地秧歌以舞蹈为主。它起源于唐朝宫廷艺术，后随汾阳王郭子仪后裔传往其属地汾阳栗家庄，逐渐发展而来。

汾阳武场地秧歌演员造型奇特，舞蹈形式系由武术动作和式法演变而来，表演套路丰富，变化多端。主要套路有，“开场大阵”、“二龙出水”、“蛇褪皮”、“蒜辫子”、“单勾心”、“十字花”、“三十六连勾”、“两条龙双引”等。花棒手有“叫棒”、“弓马势”、“虎势”、“恶虎扑羊”等基本势法，小锣手有“天女散花”、“踏步提锣”和“挑辫链”等，腰鼓手有“凤凰单展翅”、“朝天一炷香”等。器乐表演动作妖娆多姿、妙趣横生、舒展大方，具有浓厚的生活气息和乡土风味。

汾阳地秧歌历史悠久，乡土气息浓郁，在黄河流域农耕文化和汾阳地区娱神祟祀习俗等方面的研究中具有重要的参考价值。时下，汾阳地秧歌传人匮乏，技艺日渐简单化，演出队伍萎缩，人员老化现象严重，亟待抢救。

汾阳地秧歌表演场景（山西省汾阳市文化馆　提供）

汾阳地秧歌表演场景（山西省汾阳市文化馆　提供）

汾阳地秧歌的腰鼓动作矫健敏捷（山西省汾阳市文化馆　提供）

107 III-4

龙舞

易县摆字龙灯

曲周龙灯

金州龙舞

舞草龙

骆山大龙

兰溪断头龙

大田板灯龙

高龙

汝城香火龙

九龙舞

埔寨火龙

人龙舞

荷塘纱龙

乔林烟花火龙

醉龙

黄龙溪火龙灯舞

龙舞也称“舞龙”，民间又叫“耍龙”、“耍龙灯”、“舞龙灯”，是中国分布最广、影响最为深远的一种民间舞蹈。这种舞蹈具有多样的表现形式，不同民族、不同地域的龙舞风格迥然不同。

根据龙的造型来区分，龙舞有布龙、纱龙、纸龙、草龙、钱龙、竹龙、棕龙、板凳龙、百叶龙、荷花龙、火龙、鸡毛龙、肉龙等多种形态，龙的形态不同，其舞蹈造型和舞蹈技法也各不相同。中国龙舞的传统表演程序一般由“请龙”、“出龙”、“舞龙”、“送龙”等环节组成。龙舞中蕴涵着开拓奋进、天人合一的文化内涵，是中华民族精神和文化遗产的重要组成部分。

龙舞·易县摆字龙灯

申报地区或单位：河北省易县

河北省易县西陵镇忠义村位于清西陵，它始建于清代雍正元年（1723），原为建造泰妃陵的内务府衙门，辛亥革命后更名为“忠义村”，摆字龙灯即在这里长期流传。易县摆字龙灯系因龙体内置灯并可用龙体摆出各种字形而得名，又因龙体分节而产生“节龙”、“段龙”的别名。据传它原是乾隆年间成立泰妃陵衙门时由承德避暑山庄带来，至今已有二百八十余年历史。

龙体摆出的“天下太平”四字（河北省易县文化广电新闻出版局　提供）

龙盘柱（河北省易县文化广电新闻出版局　提供）

摆字龙灯由13节龙身组成，另加领龙绣球1个。龙身又称“龙节”，外罩绘有龙鳞、龙爪的龙衣。每节龙身长1.2米，直径约0.5米，节中央有一个固定的把手，身内设三环套月式蜡烛签3个。这种蜡烛签设置精巧，舞动时烛火始终朝上，不会熄灭。摆字龙灯由14人表演，引龙人“蜘蛛”在前领舞，另外13人分别举着龙头、龙身、龙尾摆字。表演常在晚上进行，届时先让周围的光线全部暗下来，而后在锣鼓镲铙的伴奏下，一条火龙夭矫起舞，舞龙者不断变换队形摆出汉字，组成“天下太平”、“安居乐业”、“立（利）见大人”、“正大光明”等吉祥祝福的词句。龙灯队形变化丰富，有龙摆尾、地卧龙、天卧鱼、龙塔垛、跑八字等多种形状。在整个表演中，龙尾可以单独行动，每个字的最后一笔均由龙尾完成，每摆好一字，龙尾都要绕场一周，再到达应在的位置，显示出轻松幽默、灵动活泼的特色。

易县摆字龙灯对于弘扬满族文化传统、保护和发展民间艺术具有推动作用。目前，易县摆字龙灯的传承人年事已高，加上当地民众的文化保护意识不强，这一古老的民间龙舞传承困难，濒临失传，亟待抢救保护。

龙舞·曲周龙灯

申报地区或单位：河北省曲周县

曲周龙灯起源于宋代，是河北省曲周县独有的一种传统民间舞蹈。据传，宋代曲周县十年九涝，禾稼欠收，当地农民贫困交加。为求龙王保佑风调雨顺、五谷丰登，人们特地制作了一条体内燃灯的龙，起名“龙灯”，舞动起来以表对龙王的崇仰。其后形成元宵舞龙灯的习俗，代代相传，延续至今。曲周龙灯最初兴起于曲周镇的东街村、南甫村，现已扩展到十个村落，而以东街村的龙灯最为典型。

曲周龙灯造型别具一格，龙头用竹篾编成，威武雄壮，大有雄霸天地、气吞八荒的气概。龙舞表演基本在夜晚进行，龙灯仪仗规模宏大，舞法奇特多变，有盘龙、滚龙、钻龙、跑龙等二十多种表演方式。表演开始，鼓乐手敲锣打鼓，纸糊的鱼、鳖、虾、蟹、河蚌等水族在龙前引领，打开场子。而后十个舞龙人随着鼓点摆开架势，大红蜘蛛上下蹿跳，龙头紧咬蜘蛛不放，龙身一节牵一节划着倒弧舞动起来，场面火爆而热烈。龙灯内点燃的油捻映照着随舞蹈而跳动的鳞片，呈现出或明或暗的效果。持火把人舞动烟火，冒出带着浓重烟雾的火球，给整个表演笼罩上一层神秘朦胧的色彩。

曲周龙灯是汉民族龙灯舞的典型代表，其圆身龙灯属于一种独特的创造。目前因经费短缺、制作和演出无保障、后备人才缺乏等缘由，曲周龙灯面临着严重的生存危机，亟待抢救。

曲周龙灯表演场景（王运良　摄）

曲周龙灯表演场景（贺心　摄）

曲周龙灯表演场景（贺心　摄）

龙舞·金州龙舞

申报地区或单位：辽宁省大连市金州区

金州龙舞又称“西门外龙舞”，流行于辽宁省大连市金州地区，至今已传承九代，历史长达一百二十余年。清代光绪七年（1881），毅军提督刘盛休率马步十二营驻防金州，每逢元宵节，均在军营内表演龙舞，但不许外传。光绪十一年（1885）至十三年（1887）铭字军接防，每年灯节依然耍龙。此时百姓可以进到营中与官兵们一起观看，金州西门外园艺村的扎棚匠陈德员和纸匠李田英利用这一机会偷仿了一条龙并逐渐加以改造，由此形成神奇而富有魅力的金州龙舞。

金州龙舞多在农闲、节庆时作助兴之用，动作变化多端，已成为带有辽南地区特色的民间舞蹈形式。表演中，一支舞龙队由两条龙和一个龙珠组成，共19人。舞姿变化多端，花样近40种。伴奏音乐主要运用东北秧歌的曲牌，对乐器、演奏的曲牌没有严格的要求。龙的形象剽悍俊美，具有审美价值；龙的动作的配合展现出中华民族的气质，并有着浓郁的乡土气息。

金州龙舞作为流传于民间久盛不衰的艺术形式，已不再是农民农闲时的消遣，也不单是节日里的助兴节目，而是具有辽南地区特色的民间舞种，具有很高的历史文化价值。近年来，在市场经济大潮的冲击和现代生活方式的影响下，金州龙舞传承困难，目前只有两支龙灯队坚持活动，如不及时加以抢救保护，这一珍贵的民间舞蹈的表现形式面临消亡危机。

金州龙舞广场演出场景（邢兆臣　摄）

金州龙舞传习（邢兆臣　摄）

龙舞·舞草龙

申报地区或单位：上海市松江区

舞草龙表演场景（上海市非物质文化遗产保护中心　提供）

草龙求雨是上海市松江区叶榭镇的古老习俗，相传唐代这里曾遇到一场旱灾，八仙中的韩湘子是叶榭镇埝泾村人，为解家乡危难，召来东海青龙普降大雨，使叶榭镇盐铁塘两岸得获甦生。以后乡民每年都以金黄色稻草扎成牛头、虎口、鹿角、蛇身、鹰爪、凤尾的四丈四节草龙，以祈风调雨顺。在传承过程中，逐渐形成了草龙舞、滚灯舞、水族舞等民俗舞蹈。

舞草龙是一种群体性的祭祀活动，在每年农历的五月十三、九月十三当地关帝庙会时举行。活动包括“祷告”、“行云”、“求雨”、“取水”、“降雨”、“滚龙”、“返宫”7个环节，仪式过程中供奉象征韩湘子的“神箫”和“青龙王”牌位，摆上陈稻谷、麦、豆、浜瓜、鲤鱼等供品以表感恩之情。表演中，舞龙的人充分运用手（甩、摆、翻）、眼（望、顾、盼）、身（转、仰、扭）、步（踩、蹲、蹉）四法，全队配合，箫龙合一。演到“降雨”段式时，8名村姑边跳欢快的“丰收舞”步，边将手中盆、桶之水不断泼向观众，称为“泼龙水”，泼到龙水即为吉利，故而观灯者纷纷争着让村姑泼水，将草龙舞推向高潮。

舞草龙表演：群龙出海（上海市非物质文化遗产保护中心　提供）

风格古朴的舞草龙具有深厚的文化内涵，具有独特性和代表性，地域风格异常鲜明。直至1950年，叶榭镇还为解除旱情而举行了舞草龙仪式。其后，这一活动随着庙会的式微而长期中断。近年来，舞草龙在叶榭镇有所恢复，但许多技艺都已逐渐失传，亟待抢救保护。

龙舞·骆山大龙

申报地区或单位：江苏省溧水县

骆山大龙至今已有四百多年的历史，它的兴起据说与江苏溧水孔镇骆山村的明代进士杨培庵有关。传说当年杨培庵避雨庙中，偶遇一条受到惩罚的小白龙。他见龙尾已断，心生怜悯，将其携归家乡，从此骆山村便有了舞龙的习俗。骆山大龙仿小白龙扎制，所以龙尾光秃，与众不同。

骆山大龙在当地具有广泛的群众基础，年终岁末，家家为孩子赶制绣衣，户户出人出钱参与舞龙。全村如过节一样忙着扎龙、糊灯笼、刺绣、排练，气氛热烈，情绪高昂。舞龙活动一般从头年的腊月二十四开始，至来年正月十八结束。骆山村邻近石臼湖，冬季为枯水季节，宽阔的湖滩就成了舞龙的最好场所。

骆山大龙主要由三部分组成：一、跳珠，由掌珠人在前面引导龙首前行；二、跳龙，掌珠人手持火红龙珠百般挑逗诱引，大龙在掌珠人的引导下，高低起伏跳

舞龙时，跳云的儿童全都盛妆打扮，他们的头饰和身着的彩衣、绣鞋都由母亲精心手工制作完成（江苏省溧水县文化馆　提供）

骆山大龙龙头高2.3米，宽2.2米。龙头上还要扎制桃园三结义的刘、关、张和杨宗保、穆桂英、樊梨花等民间传奇的英雄人物（江苏省溧水县文化馆　提供）

龙，其阵式有巨龙摆尾、一字长蛇阵、盘旋阵等；三、跳云，由66名8至12岁男童身着彩衣、彩帽、绣鞋，每人分别手持两块绘有云彩的云板，在龙身四周围起的空场中表演，表演分为“图阵”和“字阵”两种。

特殊的地理环境造成了骆山与其他地区不同的舞龙特色。一是龙身巨大，长近百米，头宽2.2米、高2.3米，每节龙身长2.8米，一共24节，号称“江南第一龙”。其与众不同之处是无龙尾。表演环节较多，分工明确，舞起来蜿蜒曲折、上下起伏，无论白天夜晚都要在龙身里点蜡烛，由9人负责换蜡，6人放马蹄炮，18人敲锣打鼓，8人吹唢呐。二是参与者众多，骆山舞龙的表演者达到500人，分别承担掌旗、掌灯、吹喇叭、舞龙、跳珠、跳云等任务。

由于历史原因，骆山大龙活动时常中断，造成几十年舞一回的局面，扎龙技艺失传，给传承带来了极大的困难，所幸舞蹈花样还有保留。据说20世纪它只在抗战胜利时和80年代进行过一些表演，中间断档很长时间。2005年后骆山大龙重新得到恢复，但仍处于濒危状态，亟待抢救整理，实施保护。

骆山大龙龙身共24节，每节长2.8米，加上龙头和龙尾，全长将近百米，号称“江南第一大龙”（江苏省溧水县文化馆　提供）

龙舞·兰溪断头龙

申报地区或单位：浙江省兰溪市

兰溪断头龙舞出了百姓对丰收吉祥的渴望（祝晓峰　摄）

兰溪断头龙表演场景（毛雄　摄）

断头龙是流传于浙江省兰溪市水亭畲族乡的一种民间龙舞，其起源与一则流传久远的民间故事密切相关。据说唐代贞观年间连年大旱，龙王为拯救凡间百姓，违背玉帝旨意连降大雨，获罪被斩，身首分离。兰溪百姓感于龙王救命之恩，特制成断头龙，春节期间沿街而舞以示纪念。

断头龙的最大特点是头身分离，整条龙由龙珠、龙头和7节龙身组成。龙头和龙珠可单独表演出多套高难度的技巧动作，龙身每换一个阵图，龙头和龙珠就舞出一个套路。龙头、龙珠和龙身中可燃点红烛，夜间起舞时光影闪烁、色彩斑斓。近百年来，断头龙在传承中不断发展创新，形成“双元宝”、“金瓜棚”、“八仙跌”等二十多个套路，后来又出现了“单龙”变“双龙”的尝试。

在元宵节舞动的大田板灯龙（林建伟　摄）

承载了百姓对龙王恩德的浓厚深情的“断头龙”，舞出了百姓的哀思，舞出了丰收吉祥的祝福，是民族历史积淀的产物。整个舞龙千姿百态，变化多端，敏捷轻快，具有独特的艺术血脉。目前，由于生存发展空间不断缩小，传承日益艰难，兰溪断头龙后继乏人，面临消亡的危险，亟待抢救保护。

龙舞·大田板灯龙

申报地区或单位：福建省大田县

大田县地处福建省中部，简称“岩城”，板灯龙在唐末传入这里，长期盛行不衰，一直承沿至今。每年的元宵节，大田人都要在乡村或街巷舞动板灯龙，俗称为“迎龙”。

大田板灯龙系用竹木、灯板、龙纸分节扎制连缀而成，分为龙珠、龙首、龙身、龙尾等几部分。龙头高近三米，龙身短则几百节，长则千余节，最长的有三千多米。每节灯板长约两米，上面钉着两个或三个裱贴透明龙纸的灯座，龙纸上画着鳞纹、花草或写着祈颂语，每个灯座配插一支粗

大田板灯龙的制作融绘画、剪纸、书法、雕刻和扎制编糊工艺为一体（林建伟　摄）

村民围观大田板灯龙表演（林建伟　摄）

长的龙烛。龙尾的灯板略长，扎有彩饰的尾鳍。灯板前后两端各有一个锄把大小的圆孔，一根尺把长的硬木龙轴从孔中穿过，将各个环节连缀成一条长龙。活动中，由表演者持硬木龙轴，或高举，或低举、侧举，蜿蜒前行。

大田板灯龙是炎黄子孙龙图腾崇拜的具体表现，其制作融绘画、剪纸、书法、雕刻和扎制编糊工艺为一体，表演熔体育、杂技、舞蹈为一炉，韵味无穷，具有民间艺术和历史文化等方面的研究价值。目前，大田板灯龙已陷入濒危境地，急需挖掘整理、保护扶持。

龙舞·高龙

申报地区或单位：湖北省武汉市汉阳区

汉阳高龙是湖北特有的一种龙灯艺术，盛行于湖北省武汉市汉阳区的江堤乡、永丰乡及蔡甸部分地区。它起源于唐代贞观年间，至今已有一千四百多年的历史。

汉阳高龙采用竖式舞法，与其他各种龙灯均不相同，其扎制、开光及相关的焚烧抢福活动也颇具特色。高龙的龙头高4米多，重40公斤，显得格外高大威猛，舞起来更是气势非凡。高龙舞表演场面宏大，气势壮观，其中舞龙头的动作套路包括叩高龙、扫高龙、举高龙、抖高龙等，表演者口衔齿托，将几十公斤重的高龙舞得飒飒生风，活力四射。

1999年12月，汉阳高龙应邀晋京参加中华舞龙大赛，获得“国安杯”金奖第一名和全国首届民间艺术最高奖“山花奖”第一名。作为中华龙舞的优秀代表，高龙在纸扎工艺、结构和造型等方面显示出华中地区舞龙纸扎工艺的鲜明特征。清末民初以来，经过周氏、李氏等数代民间扎龙、舞龙艺人的传承，汉阳高龙取得了长足的发展。目前扎龙技艺后继乏人，已处于自生自灭状态，濒临灭绝，急需抢救。

高龙绝技：口衔齿托（湖北省武汉市非物质文化遗产保护中心汉阳区分中心提供）

高龙贺岁（王建忠　摄）

高龙舞技：举（蓝青 摄）

高龙舞技：抖（蓝青 摄）

高龙舞技：顶（蓝青 摄）

高龙舞技：扫（蓝青 摄）

龙舞·汝城香火龙

申报地区或单位：湖南省汝城县

游走中的香火圆龙（朱主洪　摄）

汝城县地处湖南省东南部，湘粤赣三省交界之处。据传汝城香火龙最早起源于历史上祀龙止雨和祀龙止水的民俗活动，其形象则主要来自当地寺庙中有关龙的壁画和雕塑。香火龙以汝城所产稻草、棕叶、竹片、竹竿及特制龙香为主要制作材料，用当地传统的扎制工艺制成。

舞香火龙的招龙仪式多在每年的元宵节期间举行，届时人们齐聚空场，在夜色中舞起龙灯，以祈新年风调雨顺、五谷丰登、国泰民安。仪式中，有翻滚、喷水、沉海底、跳跃、吞食、睡眠等动作，其中“沉海底”和“吞食”表演技巧上难度较高。引路和尾随的两头狮子，除各自翻滚跳跃的动作外，还做些引龙和随龙“护驾”的动作。香火龙龙头复杂精美，先生角，次生嘴，依次是龙须等，环环紧扣，形成整体。待各部分扎成后，水平方向于龙身两侧插龙香，用细篾片连接形成线，密密匝匝，十分壮美，装上抬杆，煞是好看。

汝城香火龙盛会以城郊乡的益道村、津江村、厚坊村及土桥镇的广安所等一百二十多个村最为热闹，这些村落的香火龙造型精美、气势威猛、香火明丽，招龙仪式气氛热烈，场景壮观，呈现出鲜明的地域特色。

汝城香火龙及与之相关的招龙仪式集传统工艺、音乐、舞蹈及民俗礼仪于一体，形象地展示出当地人民的聪明才智和对美好生活的殷切期盼。在汝城地域民族来源、民族性格、传统工艺及当地民间音乐、舞蹈、礼仪等的研究中，汝城香火龙都有着极其重要的参考价值。近年来，汝城香火龙传承困难，后继乏人，生存出现危机，亟待抢救保护。

扎制好的汝城香火龙（朱主洪　摄）

点燃龙香的香火龙（朱主洪　摄）

龙舞·九龙舞

申报地区或单位：湖南省平江县

九龙舞发源于湖南省平江县的伍市镇并长期在当地流传，它始于汉代，至唐达于兴盛。相传爱国诗人屈原投江后，每年的端阳节人们都要划起龙舟前来打捞。此事感动了洞庭龙王的9个儿子，9条小龙大闹洞庭，逼着老龙王将屈原遗体送回人间。为纪念九龙的义举，人们模仿其舞姿创造了九龙舞。

平江九龙舞表演套路复杂，包括“九龙戏水”、“八宝笼灯”、“金盆吊水”、“老龙脱壳”、“铁龙关象”等在内的传统套路有26套之多。这些套路排列有序，变幻莫测，9条龙时而相互缠绕，时而组成精美图案，转眼又变化成新的阵式，令人目不暇接。曾有一本规范九龙舞表演套路的《龙谱》在当地姚姓家族内部传承，其范式沿用至今。

九龙舞表演阵容强大，气势磅礴，撼人心魄。表演中9条彩龙配以4面龙旗、4面大堂鼓、4面大铜锣和4把长号，186名舞龙队员头戴龙盔，身着龙服，足穿龙靴，高举“政通人和，风调雨顺，人寿年丰，四海升平”的长条幅，威风凛凛。九龙舞从洞庭阵出场，经过“二龙戏珠”、“五龙捧圣”、“七层花楼”、“九龙戏水”、“群龙聚首”、“铁龙关虎”、“老龙脱壳”等环节，最后以“龙归大海”结束。表演所用锣鼓等打击乐器均由平江民间的铜匠、鼓匠艺人制作，音色浑厚，对比强烈，带有强烈的

九龙舞实践场景（梁欢文　摄）

感情色彩。旧时白杨村设有“龙会”，铜锣一响，号令全村。每次出龙都要在祠堂设摆香案，燃放鞭炮，以雄鸡祭龙。香案下面摆有一口五担水的大缸，内盛汨罗江畔智峰山中的清泉水。祭龙赞语为四言韵词，祭祀完毕，九条彩龙依次在香案前摇头摆尾而过，然后大吼一声，冲出祠堂。九龙外出后，祠堂内香火不熄，由9位老人轮流值班，日夜祭拜。香案前的神水散予乡民饮用，以祛病消灾。

九龙舞是中国民间艺术一绝，传遍三湘四水。近年来，平江九龙舞艺人日渐老去，生存发展出现困难，前景堪忧，急需加大保护力度。

龙舞·埔寨火龙

申报地区或单位：广东省丰顺县

埔寨火龙是广东省丰顺县埔寨镇村民闹元宵的传统活动内容，据《丰顺县志》记载，早在乾隆六年（1741），埔寨镇就有火龙表演的习俗。每逢新春佳节，埔寨镇村民便会出钱出力制作火龙，并于元宵之夜在埔寨的龙身（地名）进行表演，以祈风调雨顺，吉利祥和，年年丰收，岁岁平安。火龙舞动时，居住在周边的数万名群众闻声来观，久而久之形成一种民俗传统，世代传沿不绝。

埔寨火龙表演由燃放“禹门”、“烟架”、“火龙”三个部分组成。“禹门”高6米、宽10米，内装各式烟花，用导火线进行连接。“烟架”高达十余米，以木料搭成，上下若干层，每层有着不同的景观，也用导火线进行连接。“火龙”最早以稻草扎结，缚上硫磺、白硝和木炭制成的火药即成，手法十分简单。经过长期不断的实践，埔寨火龙

制作埔寨火龙（广东省梅州市非物质文化遗产保护中心　提供）

绚丽多彩的埔寨火龙表演（广东省梅州市非物质文化遗产保护中心　提供）

埔寨火龙舞动时能自动点燃和发射各类烟花火药（广东省梅州市非物质文化遗产保护中心　提供）

的制作变得日益复杂，它全长可达35米，内装各式烟花、火箭，外部用纸裱面，绘上色彩后显得精致美观，栩栩如生。制成的“火龙”可以张嘴、吐珠、躬身、摇尾、喷火，舞动时能自动点燃和发射各类烟花火药，造成绚丽耀目的景观。“火龙”表演夜晚时在广场举行，由火缆队、喜炮队、龙灯队和鼓乐队共一百多人配合表演。表演者赤膊上阵，高擎龙头，舞动龙身，摆弄龙尾，边舞边发射出各类烟花、火箭，在穿梭的鱼虾映衬下，形成蔚为壮观的宏大场面。

埔寨火龙发展至今，已由原来的丈余发展到三十多米长，烟架也由5架、7架发展到现在的13架，高15米。其中失传六十多年的“禹门”经重新挖掘后发展为民间艺术。近年来，埔寨火龙后继乏人，面临生存危机，亟待保护传承。

龙舞·人龙舞

申报地区或单位：广东省佛山市

人龙舞是流传在广东省佛山市顺德区杏坛镇光华村的一种传统民间广场舞蹈。岭南水乡光华村是著名的南派武术之乡，传统文化底蕴深厚。清代中叶，人龙舞已在光华村兴起。道光十年（1830），光华村人梁耀枢高中状元，村中的武林高手自动发起180人表演舞人龙活动，迎接状元荣归故里，一时轰动全村。自此，光华村每逢喜庆节日都会表演人龙舞助兴，世代沿袭，承传至今。

人龙舞表演时，数十人至百余人组成长达数十米的龙形。整个人龙分为龙趸（龙的底部）和龙面（龙身）两部分，担任龙趸者须体魄强健，能用肩部和腰部承托龙身。担任龙身者骑坐在龙趸肩膀上，身体后仰躺在后一龙趸的肩膀上，双手挥动

杏坛人龙舞参加民间艺术大巡演（李世文　摄）

红色绸带作龙爪。龙头由3人组成，一人双手持龙角骑坐在龙趸肩上，另一人双脚紧夹龙趸腰部，上身悬空向前伸出作龙舌。龙尾亦由3人组成，一人双手合掌高举作龙尾，或持龙尾道具骑坐在前一龙趸肩膀上后仰，由最后的龙趸用头部顶着其背部。人龙舞队服饰整齐，随锣鼓起舞，呈示出阳刚大气的面貌。

人龙舞保留了古百越族龙图腾信仰的遗风，展现出南国水乡龙文化的精髓。它将民间舞蹈因素融入南派武术，被媒体誉为“中华一绝，别无他龙”。近年来，人龙舞的生存空间日益缩小，发展传承面临重重危机，亟待保护扶持。

人龙舞表演的动作需要高度协调（招雪枝　摄）

龙舞·荷塘纱龙

申报地区或单位：广东省江门市蓬江区

荷塘镇位于广东省江门市东北部，是西江主航道下游的江心岛。这里常住人口四万三千多人，分散在海外的华侨和港澳台同胞有近四万人。荷塘纱龙即起源于荷塘镇的篁湾村，明代篁湾举人李唐佐在本地草扎游龙的基础上模仿四川彩龙扎成纱龙灯，后在长期发展过程中得到不断改进，一直传承至今。

荷塘纱龙表演场景（广东省江门市荷塘镇文化站　提供）

荷塘纱龙全长五十多米，以竹篾、木板等材料做骨架，纱布做龙衣，彩色布贴做龙鳞，头、身、尾以四条粗绳连接。制作时一般先扎龙头，再扎龙尾、龙珠、鲤鱼、龙身，最后上龙布。夜晚舞龙时，还要在龙体内装上特制的防风防滴蜡烛。荷塘纱龙材质优良，工艺细巧，形神兼备。龙舞有平面式和立体式两种套路，平面式套路采取行进路线的姿势，立体式套路采用技巧性龙舞造型。整套纱龙舞表演约需一个多小时，共有二十余种舞步，花式纷呈，高难动作频见，反复舞动，龙体内蜡烛始终不灭。舞龙者每轮26人，接力交替时龙舞不停歇、不乱阵，堪称绝技。

荷塘纱龙具有很强的广东地方特色，是增进社会和谐、加强海外侨胞文化认同感的重要纽带。近年来，荷塘纱龙日趋衰落，传承不力，急需保护。

荷塘纱龙塔花式表演场景（广东省江门市荷塘镇文化站　提供）

荷塘纱龙表演场景（广东省江门市荷塘镇文化站　提供）

荷塘纱龙跳龙花式表演场景（广东省江门市荷塘镇文化站　提供）

龙舞·乔林烟花火龙

申报地区或单位：广东省揭阳市

乔林乡位于广东省揭阳市区西部，地当岐山之阳、榕江之滨。俗称“烧龙”的乔林烟花火龙是揭阳最隆重的一种民间艺术活动，它始兴于明代，在磐溪都古乔(今揭阳市东山区磐东镇乔东村、乔西村和乔南村)传承不绝，至今已有六百多年的历史。

在潮汕民间，人们以烟花火龙表演来祈求平安兴旺、吉祥如意。在历代艺人的发展加工和民众的参与下，乔林烟花火龙融舞蹈、服饰、潮州音乐、武术于一体，表演风格刚强威猛，语言动作洒脱干练，呈现出独特的潮汕民间艺术特征。一条龙需三十多位青年组成队伍表演，舞动中有许多花样套式。表演中，掌珠人在前面引导龙首前行，龙身、龙头、龙尾均火花四溅，十分壮观，曲折蜿蜒，高低起伏，时而盘龙，时而腾云驾雾。

乔林烟花火龙反映了当地人民刚强勇敢、百折不挠的品格，且到达较高的艺术水准，具有舞蹈学、民俗学、潮汕音乐等方面的研究价值。近年来，乔林烟花火龙的生存出现危机，亟待有关方面进一步加强抢救保护措施。

乔林烟花火龙表演场景(广东省揭阳市非物质文化遗产保护中心 提供)

乔林烟花火龙制作工序：安装火药（广东省揭阳市非物质文化遗产保护中心　提供）

乔林烟花火龙表演场景（广东省揭阳市非物质文化遗产保护中心　提供）

龙舞·醉龙

申报地区或单位：广东省中山市

醉龙是古代广东中山民间特有的一种舞蹈，它起源于宋，盛于明清，原为自发的即兴跳神舞蹈，后发展成道具舞蹈，每年在农历四月初八浴佛节祭祀后举行的巡游活动中表演。醉龙源于中山西区的长洲村，并从长洲辐射到石岐张溪、沙溪、大涌、火炬开发区濠头等地。除此以外，它还经由早年从长洲等地移民澳门的中山籍邑民传到澳门。

醉龙表演场景（广东省中山市非物质文化遗产保护中心提供）

舞醉龙者口喷酒，手抱龙头，醉步起舞（广东省中山市非物质文化遗产保护中心 提供）

醉龙表演包括拜祀、插金花、请龙、三拜九叩、喝酒、席间舞龙、灌酒和巡游等内容。表演过程中，舞龙者需先被灌入足量的酒，然后带醉而舞。稍稍清醒，持酒埕者必从旁强灌，务使之进入沉醉状态。表演队伍除了龙头、龙尾有倒酒人，每条龙需“喝”两瓶酒，舞龙者喝至似醉非醉，口喷啤酒，手抱龙头，醉步起舞，热闹开幕。似醉非醉的舞步看似踉跄，实则精彩。原先舞醉龙者在拜祀过程中随意舞动龙头、龙尾，称为“转龙”，后发展成一种民间舞蹈。

醉龙融会了武术南拳、醉拳、杂耍等技艺，自古以来深受中山当地群众欢迎，影响及于周边地区，堪称中华民族民间舞蹈的瑰宝。目前，醉龙的主要传承人年事已高，这一独特的民间舞蹈濒临灭绝，亟待保护。

黄龙溪火龙灯舞融龙、灯、舞、火于一体，具有浓郁的川西地方特色（四川省双流县文化馆　提供）

龙舞·黄龙溪火龙灯舞

申报地区或单位：四川省双流县

双流县黄龙溪是一座文化底蕴深厚的川西水上古镇，火龙灯舞是这里最驰名也最具民间韵味的一项传统群众文化活动。它起源于南宋，当地先民根据主宰光明与黑暗的“烛龙”、主管风雨的“应龙”及“龙生九子”等相关的神话传说，融合蛇身、鹿角、虎眼、牛耳、象腿、马鬃、鱼鳞、兽须，创造了火龙灯舞这一优秀的民间表演艺术。

火龙灯舞历史悠久，流传广泛，黄龙溪每遇年节和典礼盛会都要照惯例舞起火龙灯。为了使火龙表演更加神奇，人们研制出热量较小而火花艳丽的独特火药，舞龙时喷射出来，绚丽异常。黄龙溪火龙表演时，宫灯、排灯、牌灯在前开道，龙身随着龙头起伏摆动，在伴奏的乐声中做出各种飞舞的姿态，烧花人对准队伍进行烧花表演，场面十分热闹。

黄龙溪火龙灯融龙、灯、舞、火于一体，具有浓郁的川西地方特色。它展示了川西的民俗风情和乡土文化，是传承优秀民族文化、弘扬中华民族精神的重要手段。近年来，黄龙溪火龙灯舞面临生存危机，急需抢救。

黄龙溪火龙灯舞使用的火药较为独特，热量较少而火花艳丽（四川省双流县文化馆　提供）

龙在伴奏的乐声中飞舞，热闹异常（四川省双流县文化馆　提供）

108 III-5

狮舞

狮舞又称“狮子舞”、“狮灯”、“舞狮”、“舞狮子”，是中国传统百戏杂耍的重要组成部分。狮舞有着悠久的历史，它普遍流行于中国汉族地区，在春节等节日庆典活动中频繁出现，通过热闹欢快的表演寄托中国人祈求吉祥、消除灾害的美好愿望。中国各地的狮舞形态不尽相同，地域特色十分鲜明。它一般分南狮、北狮两大类，南狮矫健凶猛，多表演高难技巧；北狮娇憨可爱，多以嬉戏玩耍为表演内容。

狮舞·白纸坊太狮

申报地区或单位：北京市

北京的狮子舞有“太狮”和“少狮”两种，单人扮演的小狮子为“少狮”；有一人演狮头，一人演狮尾的大狮子称“太狮”。传统表演有十三套路，二十把活，有“小三样”、“长五相”、“单团式”、“对头”、“龙抱柱”、“香炉角”、“金钱章子”、“旱船大赶”、“戏水”等。

白纸坊太狮最初是行香走会中的一种表演形式，后逐步独立出来，成为深受北京群众欢迎的民间舞蹈表现形式，它起源于北京宣武区白纸坊的太狮老会。据说这个著名的民间花会成立于清代乾隆五年（1740），同治九年（1870）白纸坊地区的大户李庭朴、陈子鹤出面重整太狮老会，两人先后担任会首。陈子鹤是工部火药局的四品官员，他参照紫禁城太和殿门前的石狮子重新设计了太狮造型。狮身前后长约一丈二，狮头重约七十多斤，威武凶猛，大碑额头，翻鼻孔，窝窝眼，血盆大口，上面缀挂着七个大铜铃铛。陈氏又聘请永定门里永安桥一位绰号“筛子刘五”的舞狮艺人传授表演技艺，广集会众，屡屡参加京城各处的行香走会。

白纸坊太狮舞表演场景（北京市西城区文化委员会　提供）

自同治五年（1866）白纸坊太狮重整算起，其发展传承脉络清晰有序，第一代舞狮艺人为“筛子刘五”，第二代传人为陆姓艺人，第三代传人为陆氏之子，第四代传人为原白纸坊印刷局工人何金玉，第五代传人为丁秉亮，第六代传人为著名太狮艺人、原北京印钞厂退休工人刘德海，第七代传人为北京印钞厂退休职工王建文。1956年刘德海所在的北京印钞厂成立舞狮队，置办了全套服装道具，由刘德海负责传授太狮技艺。目前，白纸坊太狮的主要演出活动都在北京印钞厂的组织和领导下进行。

按照“黄毛狮子蓝毛吼”的民间传说，白纸坊太狮表演时，一黄一蓝两只太狮同时出场，凶猛粗犷、形神兼备，具有鲜明中国民间“北派”舞狮特征。

白纸坊太狮是北派狮舞艺术的突出代表，集中体现了北京尤其是宣南地区的民风民俗，显示出很强的地域文化特色。目前，白纸坊太狮已陷入人员老化、后继乏人的窘境，生存困难，亟待抢救保护。

俏皮的白纸坊太狮形象（西城区文化委员会　提供）

狮舞·沧县狮舞

申报地区或单位：河北省沧县

沧县位于河北省东南部，东临渤海，北靠京津，古运河穿境而过。沧县狮舞明代即以同乐会形式出现，于县境内广泛流传，早期多在庙会和春节民间花会上活动。

沧县文狮舞表演场景（王建国　摄）

沧县狮舞分为文狮和武狮两类。早期被称为“狮戏”，多系文狮表演，以兴济为代表。文狮表演重在一个“逗”字，主要模仿猫科类动物的本能行为与戏耍动作，以威武雄壮的鼓点从旁配合。武狮系由文狮发展而来，后在表演中糅进叠立、走钢丝、上高凳、爬杆、高台翻滚、水中望月、巧走立绳、荷花怒放等武术、杂技类动作。沧县武狮以黄递铺乡北张村为代表，动作技巧性强，鼓点以快节奏为主，火爆、热烈、欢快，引导着整个狮舞的进程。

沧县狮舞中传统型的狮头重达七八十斤，狮皮重达二三十斤，现代型狮头也重达十几斤，非练武者不易承受。所以无论文狮还是武狮，沧县狮舞表演中的引狮人和舞狮人都由功底较深的习武者担

沧县狮舞道具：早期狮皮（王建国　摄）

沧县武狮舞表演场景（王建国　摄）

任。舞狮队一般有大狮两至三头，小狮一至两头，大狮由两人装扮，小狮由一人装扮。

沧州有“狮城”之誉，藏有我国最大的“大周广顺三年铸”的铁狮子。沧州人舞出了“狮舞的学问”，沧州狮舞拥有别具风格的承传与发展。目前，随着社会的变革，除黄浦乡的北张、刘吉，纸房头乡的南小营等村尚有数支舞狮队，其他各地多已不进行此项活动，沧县狮舞面临传承窘境，亟待保护扶持。

狮舞·小相狮舞

申报地区或单位：河南省巩义市

河南省巩义市小相村位于伊洛河与黄河交汇的“太极点”上，属于河洛文化中心地带，拥有丰厚的传统文化积淀。小相狮舞是小相村流传的一种传统舞蹈节目。据记载，小相狮舞于明代后期开始演出，至清代嘉庆年间达于鼎盛，声誉鹊起。

小相狮舞有文狮（地台、桌子）、武狮（高台）和群狮（顶天柱）之分，其表演洒脱大方，稳重细腻，有一定的故事情节，既能以顽皮诙谐的动作表现人与动物和谐相处的至善境界，又能以雄放粗犷、刚劲有力的舞姿表现狮子威武勇猛的气质和矫健灵活的神态。引狮人多由武僧担任，表

演中手握绣球，倒立行走，以翻、跳、腾、跃、打、斗、扑、卧等特技逗引狮子，往往取得极佳的艺术效果。

小相狮舞是中原狮舞的代表，在弘扬民族优秀传统文化、增强民族自信心和凝聚力、维护民族团结和社会安定等方面，发挥着不可替代的重要作用。近年来，小相狮舞团队内技艺高超的艺人年龄老化，70岁以上的老艺人只有两位，40岁以上的艺人也仅有20人，加上资金缺乏、道具破损严重等原因，小相狮舞活动的正常开展受到极大的影响。政府有关部门应采取积极有效的措施，帮助这一宝贵的民间艺术尽快走上发展振兴之路。

小相狮舞：狮子上牢杆（马静　摄）

小相狮舞：狮子上牢杆（马静　摄）

小相狮舞：狮子上牢杆（马静　摄）

狮舞·槐店文狮子

申报地区或单位：河南省沈丘县

沈丘槐店回族文狮子舞是生活在中原的少数民族所特有的一种民间舞蹈表现形式，源于汉唐时期西域的“五方狮子舞”和“胡人假狮子”。南宋端平元年（1234），蒙古将领察罕平金时，回族文狮子舞随波斯尼沙布尔人海鼻耳传入中原，并长期流传于沈丘县槐店回族镇。

河南省沈丘县槐店镇位于沙颍河和西蔡河的交汇处，境内河道纵横，世居此地的回族民众是元代从中亚强行征入中原的波斯人、钦察人和康里人的后裔。

槐店文狮子一改兽中之王的威猛形态，以慈善之心创造出文静的狮子形象，意欲以此感化执政者减少暴戾，施行仁政。经过与沈丘当地汉民族兽舞交流沟通，槐店文狮子逐渐形成独角虎舞、麒麟舞、狮舞三部分表演内容。演出时，先在鼓、锣、镲的节奏声中奏出麒鸣、狮吼、虎啸之音，随后独角虎出场巡回瞭望，麒麟表演“麒麟送子”故事，最后文狮子登场展示巡山、搔痒、饮水、舔毛、观景、生小狮子等一系列动作。

槐店文狮子以拟人手法演绎猛虎徘徊、麒麟送子、母狮生子的生动场面，风格迥异，妙趣横生，通过文狮子的安闲与柔顺表现出期盼政治清明、社会和谐的民众心理，震撼人心，具有社会历史等方面的认识和研究价值。在传统民俗节日文化内涵不断被弱化的今天，槐店文狮子逐渐失去演出平台，艺术水准大幅度下降，许多艺人因年事已高不能登场，致使这一优秀的民族民间艺术面临严重的生存危机，亟待保护。

槐店文狮子：吉祥麒麟舞（芦山　摄）

槐店文狮子：神兽独角虎舞（芦山　摄）

槐店文狮子：母子情深（芦山　摄）

狮舞·席狮舞

申报地区或单位：广东省梅州市

席狮舞也称“打席狮”，是广东省梅州市梅江区城郊范围内客家人特有的一种传统舞蹈，也是“香花”佛事独有的项目。唐文宗大和年间，佛教传入梅州，与当地的文化相结合，形成独具特色的“香花”派。古代梅州人多依山傍水而居，房舍矮小，住处极为分散。一旦遇到丧事，往往需昼夜处置，延续时间很长，这样参加丧礼的宗亲族戚和朋友的住宿便成了不易解决的难题。在此情势下，“香花”佛事中的席狮舞以特殊的方式帮助人们寄托哀思，并祝愿在世之人安康祥和，因而成为了丧礼中的重要环节。

席狮舞表演场景（广东省梅州市梅州区文化馆　提供）

席狮舞表演以神似取胜。活动进行时，表演者以草席罩身，模仿狮子行走跳跃。整个表演包括“出狮”、“引狮”、“舞狮”、“种青”、“偷青”、“藏青”、“抢青”、“逗狮”、“入狮”等环节，前后约需20分钟，演出时以锣、鼓、钹和客家大锣鼓等打击乐器从旁伴奏。

席狮舞因诙谐的表演风格和鲜明的客家特色深受梅州群众的喜爱。其所使用道具和伴奏乐器简朴，显现出一种质朴亲和之美，颇具“鼓盆而歌”、“长歌当哭”的意味，席狮舞因而成为梅州丧葬文化的重要组成部分。近年来，这一传统舞蹈面临生存危机，急需抢救保护。

传授席狮舞场景（广东省梅州市非物质文化遗产保护中心　提供）

狮舞·丰城岳家狮

申报地区或单位：江西省丰城市

岳家狮是江西丰城地方民众为纪念民族英雄岳飞而创造的一种民间艺术活动，源于宋代，成于明代，至今已有四百多年历史。

岳飞被害后，民间处处掀起习练岳家拳的热潮，经久不衰。据说明代嘉靖年间，岳家军旧部之后、著名武师罗洪先传承了岳家拳绝技。名将邓子龙幼年师从罗洪先，得到岳家拳尤其是“岳飞长枪”绝技的真传。宦途失意被贬回丰城老家后，邓子龙将丰城“学门拳”和“岳家手”（硬门拳）加以融汇，独创岳家狮，充分展现出岳家拳雄、险的特征，在新建、安义、崇仁、樟树等地广泛流传。

狮舞由岳家水、火流星开始。先表演岳家枪、岳家锤、岳家拳，后依次表演后刃、棍棒、板凳。表演各尽所长，尽情发挥。狮子由流星引出，在“雪花盖顶”、“流星赶月”、“过背”、“连环手”等流星动作的陪衬下，翩翩起舞，表演“引颈”、“伸懒”、“梳须”、“舔尘”等动作。

岳家狮集百家之长，才兼文武，风格特点为“威”、“雄”、“险”，强调硬功夫，行动一致，最忌花拳绣腿，着重于“三阴”、“三阳”。阴为静，阳为燥，静而不止，燥而不乱，有将帅风度。

表演丰城岳家狮：步步高（江西省非物质文化遗产研究保护中心　提供）

丰城岳家狮将武术、舞蹈糅为一体，意、念、形、态熔于一炉，以拳术显示书法，以舞艺表现剧情，蕴藏着深厚的文化内涵和高雅的艺术趣味，展示了中华民族坚韧不拔的精神意志，具有很高的艺术和历史文化研究价值。目前，演出队伍萎缩，人员老化，传承人匮乏，技艺也日渐退化，亟待抢救。

表演丰城岳家狮：顶天立地
（江西省非物质文化遗产研究保护中心　提供）

狮舞·布依族高台狮灯舞

申报地区或单位：贵州省兴义市

瓦嘎布依族高台狮灯舞是流传在贵州省兴义市马岭镇瓦嘎村的一种民族民间舞蹈，于东汉时期传入盘江流域，三国南北朝以后逐渐盛行。元明清时代，舞狮活动在这一带的布依族中广泛流传。

布依族高台狮灯舞表演时，用六张或八张八仙桌叠成高台，最上的一张翻转过来四脚朝天，狮子自下盘旋而上，时而转动，时而跳跃，在此过程中完成翻、滚、叠等惊险动作。上到顶部以后，狮子在四只桌脚上凌空起舞。遇到这种凌空表演，瓦嘎的狮灯艺人会用高难度的“跳脚”技巧迅速准确地跳过去，表现出高超的功夫。高台狮灯的打击乐器称为“响器”，由马锣、钵、堂锣、鼓等组成，打法有上百种，新颖别致，变化极大。

瓦嘎布依族高台狮灯舞活跃于布依族的传统节日及婚丧嫁娶等场合，是布依族传统文化的重要组成部分。它生动展示了布依族的生产状况、生活习俗、宗教信仰和理想追求等，为增强民族凝聚力、弘扬优秀民族文化发挥了积极作用。近年来，高台狮灯舞面临生存危机，急需制订有效保护措施进行抢救保护。

表演布依族高台狮灯舞（张霆　摄）

依族高台狮灯舞艺人要在六张或八张八仙桌叠成的高台表演，表现出高超的功夫
霆　摄)

布依族高台狮灯舞表演（张霆　摄）

110 III-7

傩舞

寿阳爱社
祁门傩舞
邵武傩舞
湛江傩舞
文县池哥昼
永靖七月跳会

傩舞是传统社会具有祭祀礼仪性质的原始舞蹈，历史悠久。据传，周代时曾有“大傩”、“乡人傩”的称谓，汉代以后逐渐成为国家正统礼法制度的重要组成部分。傩舞以驱瘟逐疫、祈求平安为主要目的，具有很强的群众参与性。表演时，舞者头戴面具，呼喊赶逐，引来众多追随围观者，场面十分热闹。傩舞广泛流传于全国各地，尤以长江流域的云南、贵州、四川、湖南、江西、安徽和黄河流域的山西、陕西、甘肃、河北分布最多。在西南地区的众多少数民族中，还流传着不少形式多样、功能复杂的傩仪及傩舞，极具民族特色。

傩舞·寿阳爱社

申报地区或单位：山西省寿阳县

爱社傩舞发源于远古时期的黄河流域中部，是黄河文化发祥地极其古老、原始的一种民间舞蹈形式，现仅流传于太行山西麓的山西省晋中市寿阳县境内。寿阳古有上艾、中艾、下艾（今盂县）之称，爱社傩舞即因此而得名。

寿阳爱社傩舞借助巫傩形式演绎“轩辕大战蚩尤”的传说，展现了远古人类狩猎时代的傩崇拜意识和炎黄儿女勤劳勇敢、顽强奋斗的民族精神。爱社傩舞主要在轩辕黄帝生日庆典、祭祀和祈雨等场合表演，前后约需50分钟。舞队由24人组成，

寿阳爱社面具（山西省寿阳县文化馆　提供）

寿阳爱社实践场景（山西省寿阳县文化馆　提供）

其中6名大鬼戴鬼脸面具表演，18名小鬼在两边站成城郭形助阵。整个表演由“武势”（基本动作，表现战前准备）、“倒上墙”（摆阵对垒）、“直墙”（队形变蛇蜕皮）、“小场”（攻城失败，重新布阵）、“过关”（脱靴偷袭，越城夺旗）、“耍桌”（攻城胜利，百姓沿街犒赏）等环节组成，显示出质朴自然的特征。

寿阳爱社傩舞反映了远古人类由狩猎文明向农耕文明演变的历史进程，对这一古老艺术进行挖掘整理，有利于促进山西乃至整个中原地区传统文化的弘扬和传承。目前，爱社傩舞传人年事渐高，面具制作工艺几近失传，亟待抢救。

寿阳爱社实践场景（山西省寿阳县文化馆　提供）

傩舞·祁门傩舞

申报地区或单位：安徽省祁门县

流传于安徽省祁门县的傩舞源于原始巫舞，是中国远古时代在腊月举行的一种驱鬼逐疫仪式。傩仪过程中，人们戴上面具装扮成傩神，跳起凶猛、狂热的舞蹈驱逐邪祟。在徽州，汉代就已有“方相

祁门傩舞《狮子告平安》实践场景（周海荣 摄）

舞”和“十二神舞”的名称。其后傩的内涵日益丰富，增添了袪邪扶正、祈福求安、祭祀祖先、祝祷丰收等内容，又有了表现劳动生活与民间传说的内容。

祁门傩舞历史上一直存在，明清时期更为盛行。祁门很早就有“傩仆”制度，大户人家养着傩戏班，每逢庙会、祭祀、送灶、秋醮、迎春，均会演出傩戏傩舞。表演时，舞者头戴木刻面具，身穿蟒袍，手执干戚等兵器，在节奏强烈的音乐和鼓点伴奏下表演驱鬼仪式和神话传说故事。祁门芦溪村的傩仪保持着古代傩祭的原始风貌，沿村行傩，边走边舞。每年正月初二先行请神仪式，然后开始傩舞表演，节目有“先锋开路”、“土地杀将军”、“刘海戏金蟾”等。初三至初六到本村许平安愿的人家表演，各家以木盘盛米酬神，演毕，舞者将米倒入布袋带走。全部演出节目均无唱腔、对白，仅以锣鼓伴奏。黟县西武乡的绛霞、章墩和碧山乡的西山下等村每年正月初三都要迎请傩神老爷，祈求辟邪消灾，也是行傩的一种形式。

祁门傩舞《跳和合》实践场景（周海荣　摄）

祁门傩舞实践场景（汪翔　摄）

祁门傩舞是传统傩文化的形象体现，从中可体察出古代先民的宗教意识、民俗意识和审美意识，为我国不同历史阶段民风民俗和文化风貌的研究提供参考。祁门傩舞是宝贵的民族文化遗产，目前面临着人员老化、传承人匮乏、经费不足等各种现实问题与困难，濒临失传，急需抢救保护。

傩舞·邵武傩舞

申报地区或单位：福建省邵武市

邵武傩舞是福建省邵武市一种古老的舞蹈形式，流行于邵武的大埠岗、和平、肖家坊、桂林、金坑等乡镇。据和平镇坎下村前山坪自然村遗存的一方清代道光十五年（1835）的石碑记载，邵武傩舞始于宋代，至今已有上千年历史。当地不使用“傩舞”的名称，而以“跳番僧”、“跳八蛮”等具体节目名相称。各村跳傩所举行的时间和奉祀的愿神都不尽相同。

邵武傩舞留存了祭仪乐舞中驱傩的原生形象，没有故事情节也没有说唱，在面具、服饰和舞蹈动作等方面均明显带有古傩的余韵。除保留中原地区原始的驱疫逐鬼内容外，邵武跳傩还增添了祈求健康平安、生子添丁、学业有成之类的内容。表演时，舞者头戴面具，脑后缀一块红布，伴随着鼓点乐曲前后穿梭跳跃，在空旷的大地上歌舞、呼号，舞蹈动作复杂，展现一股质朴粗犷的气质。

邵武傩舞是中原文化、楚文化和古越文化交汇的产物，它融释、道、儒和民间信仰于一体，内涵丰富，在全国各种地方傩文化中独具一格，具有历史文化、宗教、民俗、艺术等方面的研究价值。近年来，原有的傩舞班日益凋零，老艺人相继谢世或年事已高，面临接班人缺乏的问题。而现代文化生活的日益多彩多姿，也给了傩舞这一古老文化以重创。

邵武傩舞实践场景（韩承伟　摄）

民间傩舞队走乡串户为百姓祈福（韩承伟 摄）

福建省邵武市大埠岗镇河源村龚氏家祠前的“跳弥勒”（韩承伟 摄）

傩舞·湛江傩舞

申报地区或单位：广东省湛江市麻章区

广东湛江上古为百越之区，清代以前系雷州府与高州府属地。湛江傩舞是古代湛江地区人民祭雷遣灾、祷神求安的一种传统舞蹈，俗称“走清将”、“考兵”、“舞六将”、“舞二真”等，流传于湛江市麻章区的湖光、太平，雷州市的南兴、松竹、雷高、杨家、白沙、附城、沈塘及吴川市的黄坡、博铺等地。

据《雷州府志》记载：“自十二日起曰‘开灯’，连至十五夜。每夜彩灯或三四百为一队，或五六百为一队，放爆竹，烧烟火，装鬼判诸色杂剧，丝竹锣鼓迭奏，游人达曙。城市为最，各乡圩间有之，是曰傩，谓之‘遣灾’，亦有至二十八日或二月十二日乃傩者。”湛江傩舞在农历正月十三至正月二十八日或二月十二日祭雷遣灾保平安活动中表演，以雷首公与五方位雷公将的活动为主要表现内容。

傩仪活动是由道士在庙前设坛，向神灵燃烛、焚香、烧纸宝、供三牲。接着颁令、颁符、敬请五色旗队、八宝、飘色、锣鼓班、傩舞队等各路兵马到坛前扎寨练兵，然后到各家各户赶鬼驱邪，保佑平安。之后游神，游神队伍浩浩荡荡到村镇各土地公管辖境界敬祭。游神之后，队伍回到神庙广场前，再次举行祭神仪式至结束。

湛江傩舞的面具十分突出，其中有木质面具、橹罟质面具、牛皮质面具及彩冷脸谱等极具地域特色的傩面具，还有保存了六百多年的雷傩面具。面具造型，武相豪放不羁、粗犷狞厉，文相端庄俊秀、气宇轩昂，是古代雷州半岛人民敬雷崇雷文化的承传，是独具特色的民间艺术。

湛江傩舞“考兵”表演场景（陈鸣鸿　摄）

湛江傩舞面具（王志乐　摄）

湛江傩舞是湛江地区最古老的民间艺术，反映了古代雷州半岛人民敬雷崇雷的风俗，具有宗教、民俗、历史文化等多方面的研究价值。近年来，湛江傩舞传承不力，影响到整个舞蹈的生存发展。目前，湛江市政府正在下大力挖掘、整理和研究这一古老的民间文化表现形式，以期形成“社会参与，共同保护”的氛围，从而达到有效保护、促进传承之目的。

湛江傩舞表演场景（陈鸣鸿　摄）

傩舞·文县池哥昼

申报地区或单位：甘肃省文县

甘肃省陇南市文县古称“阴平”，位于甘肃省最南端。其境内林海苍莽，碧水萦绕，既有北国之雄奇，又有南疆之灵秀，文县傩舞池哥昼即产生于此。

池哥昼又称“鬼面子”，因表演时头戴面具，亦称“白马面具舞”。在白马藏族语中，“池哥”为山神之意，“昼”表示舞蹈。白马人是古代仇池国白马氐族后裔，距今有两千多年历史。白马藏族没有文字，也不识藏文，却有其独特的语言，民族舞蹈便是他们记录语言的肢体文字，伴随着他们民族的形成而诞生。

文县池歌昼流传于文县的铁楼藏族乡和石鸡坝、天池等地，它集舞、歌、乐于一体，既带有神秘的宗教气氛，又显示出浓厚的娱乐色彩。池哥昼是山寨群体性活动，有固定的表演形式，它以舞蹈贯穿始终，服饰、道具、舞姿等都有别于其他歌舞样式。池哥昼舞队一般由9人组成，其中4人扮成山神，称为“池哥”；两人扮成菩萨，称为“池姆”；两人扮成夫妻，称为“池玛”；还有一个十多岁的儿童扮成猴娃子。四个“池哥”和两个“池姆”均戴面具，两个“池玛”一般装束，猴娃子脸抹锅黑，颇似舞台丑角。每年春节期间，各村的池歌昼传人“乐佰”都要组织祭祀活动，从东向西逐村逐户地为村民除恶驱邪、祈福迎祥。活动自正月十三日从铁楼乡的麦贡山村开始，逐村挨户欢跳，大村寨两天，小村寨一天，正月十八日在李子坝、迭堡寨村结束。

文县池哥昼是遗存于白马藏族生活中的一种原始古朴的群体祭祀舞蹈，千百年来一直承载着白马人的喜怒哀乐。目前，传统生活方式发生巨大变革，池哥昼的传承链出现断裂，亟待抢救保护。

文县池哥昼实践场景（高君　摄）

文县池哥昼实践场景（高君　摄）

文县池哥昼实践场景（高君　摄）

傩舞·永靖七月跳会

申报地区或单位：甘肃省永靖县

老艺人在传授永靖七月跳会《杀虎将》（史有东　摄）

永靖傩舞俗称“七月跳会”，流传于甘肃省永靖县西部山区杨塔、王台、红泉和三塬等乡镇的汉族聚居村落。据考古发掘发现，早在新石器时代，永靖便已出现了祭坛和彩陶纹饰。据《水经注》记载，杨塔、王台一带的小积石山岩堂之内有“鸿衣羽裳”的“神人”活动，被羌人称为“唐述山”、“唐述窟”。另据炳灵寺石窟墨书题记和明代《河州志》记载，唐代永靖曾有过“防秋健儿”戴着假面防御番人抢收麦子之事。作为实物例证，七月跳会中的古旧面具正反映出唐代和明代的文化风尚。

七月跳会一般在因丰收而酬神还愿并祈求来年风调雨顺、人畜平安的仪式上表演，整个傩舞由下庙、献盘、献牲、会手舞、发神舞、面具戏、赛坛等环节组成。傩舞队由九辖、牌头、旗手、锣鼓手等五十多人组成。两名九辖引领各大牌及会首祈福纳祥，九辖身着八卦衣，手握大刀，走在队形最前面；牌头、会手等头戴

表演永靖七月跳会《五将》（史有东　摄）

红缨鞋帽，身穿长袍彩服，随着九犗的方位变化而变化；锣鼓奏“跳舞”规定音乐。旗手的队形变化有“三回九转”、“跑大圈”、“跳方阵”等。面具（俗称“脸子”）有刘备、关羽、张飞、周仓、曹操、吕布、三眼二郎、阿阳、中、马及红、绿二鬼等三十多面。各庙所用的面具数不等，有的18副，有的36副，其中最精美也最古老的是杨塔焦壑庙面具。

傩舞戏表演剧目丰富，形式多样。按其演出的内容可分为歌舞型、戏剧型、杂耍型三种。歌舞型以歌唱舞蹈和锣鼓伴奏为表现形式，有《斩貂蝉》、《方四娘》等。戏剧型用人物之间的道白及简单唱腔展开故事，交战时用锣、鼓、钹等助威。每剧演出时间较长，保留着早期戏剧的雏形。主要剧目有《二郎赶祟鬼》、《五将》、《李存孝打虎》、《出五关》等。杂耍里的面具造型滑稽，人物插科打诨，内容幽默可笑，观之令人捧腹。主要有《笑和尚赶过雨》、《庄稼佬》等剧目。

永靖七月跳会是西北地区傩文化的典型代表，其中蕴含着数千年的文化积淀，在古代宗教、民俗、音乐、舞蹈等的研究中具有一定的参考价值。目前，受现代文娱方式的冲击，永靖七月跳会出现失传危机，亟待保护。

112 III-9

高跷

盖州高跷

上口子高跷

独杆跷

高抬火轿

盖州高跷：空中飞人（王超　摄）

高跷也称“高跷秧歌”，是一种历史悠久的民间舞蹈，广泛流传于全国各地，因表演时多用双脚踩踏木跷而得名。高跷一般以舞队的形式表演，参演者十数人至数十人不等，多扮演古代神话或历史故事中的人物，服饰多模仿戏曲行头，演出中常用的道具包括扇子、手绢、木棍、刀枪等。高跷有“踩街”和“撂场”两种表演形式，其中“撂场”又分“大场”和“小场”两种。“大场”由舞队集体表演，边舞边走各种队形图案；“小场”由两三人表演，多为男女对舞，有时边舞边唱。各地高跷所用木跷从30厘米至300厘米不等，根据表演风格又可分为“文跷”和“武跷”两种，文跷重扭踩和情节表演，武跷则重炫技表演。

高跷·盖州高跷

申报地区或单位：辽宁省盖州市

盖州高跷秧歌是辽南盖州地区劳动群众自娱自乐的一种民间舞蹈形式，它是在古代民间杂技、踏跷和百戏基础上发展演变而成，主要在春节、庆典、庙会、祭祀等活动中进行表演。盖州高跷秧歌兴于明末清初，清代康熙、乾隆年间十分兴盛，至民国中期进入鼎盛阶段，新中国成立初期更见繁荣兴旺。“文革”中曾遭破坏，发展受阻，20世纪80年代初至今重新得到恢复，在政府的重视下有了一定

盖州高跷：骆驼（王超　摄）

的发展。盖州高跷秧歌历史上著名艺人很多，民国中期至新中国成立后这一历史时段中出现了郭锡成等红极一时的“四大名旦”。

盖州高跷秧歌熔歌唱、舞蹈、戏剧、杂技于一炉，带有扭、稳、浪、俏、哏、相、逗、兴、默的艺术特点，活泼浪漫，炽烈火爆，舒展豪放，乡土气息浓郁。

盖州高跷秧歌蕴含了大量历史文化和民俗等方面的信息，在辽南历史生活习俗、风土人情、民间艺术及地方审美观念等的研究中具有重要价值。目前，盖州高跷秧歌的著名艺人都已谢世，新生代人才极少，部分绝活几乎失传，急需抢救保护。

高跷·上口子高跷

申报地区或单位：辽宁省大洼县

辽宁省大洼县东部西安镇上口子村东傍辽河，西靠渤海，南邻营口大石市，北接台安县，与海城隔河相望。大辽河上口子高跷秧歌即出自这一区域，以其独具特色的表演风格闻名遐迩，素有“辽南一枝花”之称。

上口子高跷秧歌是一种带有浓厚地方特色的民间舞蹈表现形式，至今已有三百多年历史。据传，清代康熙年间，来自关内的青年蓝小二将高跷秧歌带到大洼县。高跷秧歌自此在辽南地区长期流传。光绪年间，又在其中融入要孩儿、戈戈腔、喇叭戏、二人转等民间艺术因素，产生了以高振锋为会首的一批民间高跷艺人，上口子高跷秧歌进入新的发展阶段。民国年间，上口子高跷秧歌受到辽河文化影响，又出现了几代知名艺人，日趋兴盛。新中国成立后，大洼县的跷会越来越多，基本上每村一个。到20世纪八九十年代，大洼的高跷秧歌队伍进一步得到完善。90年代，

上口子高跷丑角表演场景（唐恒　摄）

高跷秧歌技巧已恢复原有风采。目前，上口子高跷秧歌队有队员32人，平均年龄28岁，在高跷秧歌传承人的组织下，演出活动日益红火。上口子高跷秧歌动作灵活，技艺精湛，对高跷中的“扭、浪、逗、相”进行了有机结合，并在上象和前大场添加了一些复杂的造型动作。至20世纪初叶，又在两三人的小场中增加了“落子腔”，动作中增加了难度较大的杂技成分，跷腿增高。上口子高跷秧歌表演火爆热烈，风格喜庆欢快，深为广大地方民众喜闻乐见。

上口子高跷已流传了三百多年，早在清朝年间，辽河两岸就流传着古老的高跷艺术。坐落在大辽河西岸的西安镇上口子村，当时曾出现过著名的高跷艺人兰小乙、大手（艺名）、高振锋等。

上口子高跷造型：架相（唐恒　摄）

高跷·独杆跷

申报地区或单位：山东省泰安市

山东省新泰市地处鲁中腹地，位于泰安市东南部，北邻莱芜，东接沂源，南连平邑，西交宁阳。独杆跷即发源于新泰市羊流镇的大洼村。

独杆跷是山东地区极具特色的一种民间舞蹈表现形式，它大约产生于清代光绪二十三年（1897），至今已有百余年历史。当时，新泰、羊流一带经济发达，民间杂耍极为盛行。高跷队众多，高手云集，其中一些技艺超卓的艺人发明了单脚踩跷跳台阶的绝技，后经第二代传人王家络发展到极致，形成了“独杆跷”的基本模式，即以圆木为道具，中部设踏板，由锣鼓伴奏，表演时双脚踩踏板，独杆在地上蹦跳走动。第三代传人王兆杰又将民间戏曲融入独杆跷表演，编创了深受民众喜爱的经典剧目《刘海戏金蟾》。

独杆跷从道具、乐器、造型到绝技表演都有一定的规模和套路，形成了完整的表演体系，是山东省最古老、独特的民间艺术奇葩。其造型奇特，生动逼真，动作活泼诙谐，成为山东乃至全国民间舞蹈中的独门绝技。随着时代的变迁，独杆跷生存条件日益恶化，后继乏人，濒临失传，亟待抢救保护。

独杆跷表演场景（李勇　摄）

高跷·高抬火轿

申报地区或单位：河南省沁阳市

高抬火轿是河南的一种民间舞蹈样式，流传在沁阳市的万南村，其形式独特，在方圆五百里内都有重大影响。万南高抬火轿历史悠久，据说唐宋时期，当地居民就有踩高跷、抬花轿、闹新春的习俗。

高抬火轿以舞蹈和说唱结合的形式进行表演，以管子、唢呐和锣鼓从旁伴奏。表演过程中，16人分为两班，交替踩着五尺的高跷抬花轿行进，坐在轿内的演员边说边唱。有4至6人踩着6尺高跷转动“祥伞”引领火轿前行，高跷队中另有人踩着2尺至5尺不等的高跷，打着宫灯、纱灯、祥伞、棋子灯和回避肃静牌，模拟皇帝或官员出巡及百姓婚嫁等场面。表演中还融进了“锣鼓经谱”、“醒世词”、“情理词”等内容。高抬火轿一般在重大节日的夜晚表演，将一般民间舞蹈中的花轿改为火轿，布轿改为纱轿，插上点燃的蜡烛，寓有红红火火、兴旺发达之意。整个表演充满惊险感和喜庆气氛，显示出鲜明的地方特色。

高抬火轿是一门祖传绝技，历史悠久。后经明代乐律学家郑王朱载堉改造，将踩高跷和抬花轿两种民间艺术融为一体，形成绝活，以其特有的艺术表现手段抬高了基层“轿夫”的卑贱地位和形象。近年来，高抬火轿艺人年龄老化，后继乏人，许多特殊技巧逐渐失传，急需抢救保护。

高抬火轿表演（陈太刚　摄）

高台火轿《小登科》表演场景（张子林　摄）

高台火轿《小登科》表演场景（李亚峰　摄）

119 III-16

滚灯

奉贤滚灯

海盐滚灯

滚灯是一种流传广泛的民间舞蹈表现形式，各地表演形式不尽相同，按其流传地区分，主要有浙江滚灯、奉贤滚灯、青海滚灯、松滋滚灯、海盐滚灯等种类。滚灯表演所使用的灯一般以竹木纸布扎制，直径数十厘米至百厘米不等。由内、外两部分组成，外观多为球形，内部装有灯火。滚灯多由青年男性或儿童表演。演出时一般会做出抱耍、掷推、扛舞、系绳旋转甩动之类动作，也有的利用球灯或花灯进行技巧和歌舞表演。表演以锣鼓伴奏，技巧性强。

滚灯·奉贤滚灯

申报地区或单位：上海市奉贤区

奉贤滚灯起源并流传于上海市奉贤区西部，至今已有七百多年历史。奉贤地处杭州湾入海口，历史上水患频繁，于是在民间产生了戴二郎神面具舞滚灯以求降伏

奉贤滚灯表演场景（上海市非物质文化遗产保护中心　提供）

水魔的祭祀仪式。在长期发展过程中，奉贤滚灯从祭神走向娱神，进而发展为娱人。每逢奉贤各镇灯会、节庆或者庆丰收、贺高升之日，庆贺活动都以舞滚灯为荣。滚灯体积大，在人群拥挤的地方，只要灯舞动，围观人群马上闪到两边，为后面的出灯队开一条畅通无阻的道路，因此，滚灯被民间称为“百灯之首”、“灯中之王”。

奉贤滚灯表演场景（上海市非物质文化遗产保护中心　提供）

奉贤滚灯艺人正在表演“蜘蛛放丝”（上海市非物质文化遗产保护中心　提供）

春节游行队伍中的奉贤滚灯队（上海市非物质文化遗产保护中心　提供）

奉贤滚灯以12根毛竹片条扎制，分大、中、小三种规格。灯体主要由外球和内球两部分组成，内球固定在外球体中心，内装蜡烛，大球体还装有一只铁转销。以红布包裹内球的灯称为“文灯”，黑布包裹内球的则称为“武灯”。

奉贤滚灯的各种动作套路，经过好几代人的创造发展形成了自己独特的表演风格，传统大灯有缠腰、白鹤生蛋、鲤鱼卷水草等，集中跳、爬、窜、转、旋、腾、跃、甩等多种人体肢体语言，中滚灯和小滚灯也有各自不同的代表动作，各种套路组合成了各种形态的民间滚灯舞。其中“缠腰”、“蜘蛛放丝”等十多套大灯动作集旋、跃等多种技巧于一体，别有神采；“彩云拱月”、“嫦娥盘头”等中灯动作与“小花”、“甩手”等小滚灯动作相配合，使滚灯表演呈现出多姿多彩的动人风貌。滚灯表演以锣鼓伴奏，服饰以民间戏服为主，扮演兵士者着短打服装。

奉贤滚灯的传统表演手法既是艺术形象的体现，又是历代劳动人民期盼美好的意愿象征，体现了淳朴的民族精神。多灯种男女同台表演，鼓乐伴奏再加以音乐烘托，是创新与传统的完美结合。目前，受外来文化冲击，滚灯的生存发展面临很大困难，一批老艺人相继谢世，个别高难度技巧濒临失传，急需加大抢救扶持的力度。

滚灯·海盐滚灯

申报地区或单位：浙江省海盐县

海盐滚灯是浙江民间在节庆和灯会期间表演的一种竞技舞蹈，起源于浙江省海盐县，并在当地长期流传，至今已有八百多年历史。南宋和清初的海盐地方文献中均有记载。

据民间传说，海盐地处杭州湾北岸，濒临大海，古代又有通商口岸澉浦港，经常遭受海患和海盗的侵袭。为御外侮，海盐当地形成了尚武的风气，民间盛行滚灯竞技比武活动，以此来展示村坊的实力。比武时有的村出红心灯，有的村出黑心灯，夺到黑心灯的村坊公认为武艺高超、实力强大，连海盗也闻风而避，不敢侵犯。清代海盐文人彭孙贻在《轮灯》诗的小序中记载了海盐滚灯表演的状况：“儿童缚竹为轮，展转相环，旋转飞覆，而灯不倾灭。壮士运之，衢中腾掷不休，曰滚灯。”可见当时滚灯在海盐十分流行。

滚灯在海盐民间世代相传，每年元宵节都要进行表演，这种习俗一直延续到1949年。1956年，秦山镇滚灯队参加全县文艺汇演，首次将滚灯表演搬上舞台。20世纪80年代，海盐滚灯经挖掘整理被收入《中国民族民间舞蹈集成·浙江卷》，此后又多次搬上舞台。

海盐滚灯表演中，每套动作难度各不相同，有重技巧的，有重力度的。一般根据各人之长，因人而异。舞蹈时，除不停地上、下、左、右旋转灯具之外，还要围着灯打“虎跳”、“旋子”等翻滚动作，并辅之以“晃手”、“涮腰”、“踏步翻身”等古典舞动作。伴奏以“急讽”锣鼓为主，并即兴配以“走马锣”、“七字锣”以烘托紧张气氛。

海盐滚灯是劳动群众自娱自乐的一种民间竞技舞蹈表演形式，主要用于春节拜年、庆典庙会等活动，是当地民俗文化的典型代表。在动作风格上既有南方地区典型的婉约小巧，又有劳动人民的纯朴、爽快，寄托着劳动人民对生活的美好愿望。近年来，随着时代的变迁，海盐滚灯出现传承危机，亟待抢救保护。

海盐滚灯（浙江省海盐文化馆　提供）

海盐滚灯表演场景（薛梦婕　摄）

120 III-17

土家族摆手舞

恩施摆手舞

酉阳摆手舞

摆手舞也称"舍巴日"，是土家族春节期间在土王庙前表演的一种仪式性集体民间舞蹈，流传于湖南省的永顺、龙山、保靖一带及湖北、四川两省交界的土家族聚居地区。

摆手舞有"大摆手"和"小摆手"之分，大摆手表演三至五年举行一次，历时七八天，有数万人参加，表演中有复杂的军事狩猎内容，需摆出套路阵法；小摆手表演则每年都在土家族村寨举行，它以农耕为主要内容，舞蹈时参与者围成多层圆圈，一人领舞，众人随跳，具有很强的即兴性。

土家族摆手舞·恩施摆手舞

申报地区或单位：湖北省来凤县

老人在祠堂里跳起恩施摆手舞（田志杰　摄）

摆手舞土家语称为"舍巴"、"舍巴格痴"，意为敬神跳，是流传于鄂湘渝边区酉水流域土家族中的一种祭祀性舞蹈。恩施摆手舞是湖北省恩施地区土家族居住区普遍盛行的一种民众文化活动，流行于恩施酉水流域。过去百户之乡皆建有摆手堂，有的还建有排楼、戏台等。

来凤县的舍米糊、大河等地至今保存有摆手堂遗迹。《湖广通志》中关于五代时"摆手舞与普舍树"故事的叙述，生动描绘了一千多年前土家人围着普舍树跳摆手舞的情景，这是来凤土家族摆手舞在史籍中最早的记载。舍米糊村邻近庙堡摆手堂中的残碑上刻有"生而为英，死而为灵"的铭文，是土家族跳摆手舞敬祖的最好注脚。

恩施摆手舞表演场景（李涛　摄）

舍米糊村的小摆手舞具有原始特色，保留较为完整。舞时男女齐集摆手堂前的土坝，击鼓鸣鼓摆手。其特点是摆边手，躬腰屈膝，以身体扭动带动手的甩动，表演内容多为生产生活动作。摆手舞以狩猎、农事、军事和社会生活为主要表现内容，表演中歌、乐、舞浑然一体，间有锣鼓伴奏和摆手歌穿唱。摆手舞与其他舞蹈相区别的最大特征在于甩同边手、走同边脚，其舞蹈动作粗犷健美，摆姿流畅自如、稳健大方，摆手动作主要包括“单摆”、“双摆”、“回旋摆”等几种，以“顺拐、屈膝、颤动、下沉”为动作要领。

摆手舞是土家人世代传承的精神财富，在鄂湘渝黔边区民众中影响很大，具有祭祀、娱乐、教育、交际等多方面的社会功能。在社会加速现代化的今天，恩施摆手舞开始走向衰落，面临着后继乏人、技艺失传的危险，应切实加强保护。

在篝火晚会上跳起土家族恩施摆手舞（向代元　摄）

土家族摆手舞·酉阳摆手舞

申报地区或单位：重庆市酉阳土家族苗族自治县

隶属于重庆市的酉阳和酉水河上游的鄂西，同下游的湘西山同脉水同源。此地春秋时期为巴国南境，西汉时建县，在湖南省境内辖有永顺、古丈、龙山三县。土家族强宗大姓彭、白、田三族之祖，曾在洞庭湖地区多次遭遇战争，被迫逆流而上，定居于酉水河中游的可大和后溪等地，带来了祭祀土王和先祖的仪式。此后，土家族摆手舞在这一带广为流传。

酉阳摆手舞具有独特的民族个性和地域特色，舞姿多模仿跋山涉水、农事劳动、战斗姿态、雄鹰展翅和日常生活等动作，舒展大方，生活气氛浓郁，表现出土家人粗犷豪放的性格。其舞蹈动作有“单摆”、“双摆”、“抖虼蚤”、“撵野猪”、“叫花子烤火”、“螃蟹上树”、“岩鹰展翅”、“状元踢死府台官”等二十多种，队列有环形摆、双圆摆、双铜钱、插花摆、一条龙、螺丝旋顶、绕山涉水等三十多种。

酉阳摆手舞形象地反映了湘鄂渝黔边界农耕渔猎时期土家先民的生产生活习俗，史诗般地表现了土家族远道迁徙、狩猎征战、刀耕火种、饮食起居的状况。它融歌、舞、乐于一体，汇聚了丰富的民歌、民谣和民间传说，成为土家族文化传承延续的重要方式。近年来，酉阳摆手舞面临传承危机，急需抢救保护。

酉阳农事摆手舞表演场景（李化　摄）

弦子舞

弦子舞·玉树依舞

申报地区或单位：青海省玉树藏族自治州

玉树依舞是青海省玉树藏族地区广泛流传的一种民间舞蹈，历史悠久。自旧石器晚期起，藏族先民就繁衍生息于玉树地区。位于澜沧江、通天河两岸的玉树地区，农业相对发达，人口集中，藏族先民在此长期从事集体性的生产劳动，在劳动中创造了边唱边跳、载歌载舞的玉树依舞。

玉树藏族民间舞蹈有四百余种，其中依舞约占一半以上。玉树依舞单个舞种的名称不尽相同，但多数已形成统一的称谓，如“阿拉塔拉”、“格萨拉”、“嘎松亚卓”、“拉查毛”、“琼珠索娜措”、“仔琼嘎松卓玛”、“扎西才琼才达”、“索阿木勒毛”等。这些舞蹈在传承过程中一直保持着原生形态，形成了鲜明的音乐风格，并成为舞蹈品种区分的标志。

玉树依舞的舞姿飘逸潇洒，动作大起大落，舞步强劲有力，节奏明快流畅，风格粗犷豪放。女舞者的基本动作有点摆步、双扭步、垫步跳、双绕手、单扭步、左

玉树依舞表演场景（贺大明　摄）

玉树依舞表演场景（青海省文化和新闻出版厅　提供）

右悠腿、前进点步、辗转、前踏后辙步九种；男舞者则手持弦子，边拉边唱，脚步动作与女舞者相似。其中，舞彩袖为玉树依舞的基本特征，三步一弯是其舞步中的基本动作。玉树依舞的歌词多采用传统内容，以赞美家乡山水、歌唱劳动生活、祈祷吉祥幸福为主。

玉树依舞是藏族舞蹈中最具代表性的一种民间舞蹈表现形式，深为玉树藏族民众喜爱。当前玉树依舞在全国各地的专业舞蹈学校中被作为民间舞蹈专业的必学舞种。

玉树依舞表演场景（青海省文化和新闻出版厅　提供）

123 III-20

锅庄舞

锅庄舞是流行于藏族地区的一个民间舞蹈类型。它随着藏民族社会历史的发展而不断变化，既有反映打青稞、捻羊毛、喂牲口、酿酒等劳动状况的歌舞，又有表现藏族风俗习惯的歌舞和在男婚女嫁、新屋落成、迎宾待客时表演的歌舞。

锅庄舞有古旧锅庄和新锅庄之分，古旧锅庄带有祭祀性质，只能演唱专用歌词，不得做任何改动，舞蹈多具有缓慢、稳健、古朴、庄重的特点。新锅庄多反映农牧业生产和经商贸易活动，歌词内容和舞蹈动作都比较灵活。根据流行地域的不同，锅庄舞又可分为甘孜锅庄、马奈锅庄等类别。一般的锅庄舞人数多少不限，一人或多人均可。男女分队围成圆圈，面朝圈内，翩翩起舞。其舞步包括“郭卓”和“枯卓”两大类，前者为走舞，后者为转舞。

锅庄舞·甘孜锅庄

申报地区或单位：四川省石渠县、雅江县、新龙县、德格县

甘孜州作为我国第二大藏区的重要组成部分，包括西藏昌都、青海玉树、云南迪庆等地在内的康巴藏区，是底蕴丰厚的康巴文化的传承实践的重要地区。

锅庄意为“圆圈舞”，是一种古老的传统歌舞形式。据西藏《拉达克王系》一书记载，远在吐蕃王国兴起以前的德跷工时期，藏区的锅庄就已发展起来，经一千多年的发展演变，已形成几大派系。甘孜锅庄就是其中一支。

甘孜锅庄形成于甘孜州地区。民国时期，甘孜每年都要组织一个锅庄队（男女不限）到寺庙为土司及头人表演，逐渐形成“舞差制”，直到新中国成立后才取消。1978年后，甘孜锅庄活动更趋活跃，已经成为节日活动时必不可少的一项群众性文娱活动。

甘孜锅庄的表演方式为：男女围成圆圈，或男女各围成小圈。男女各有一能歌善舞的“卓本”（领舞人）。起舞前，先由男女各队唱一遍散板型的“引子”，随

甘孜锅庄：新龙下占男子锅庄（鑫雯旅　摄）

甘孜锅庄：新龙上占锅庄（鑫雯旅　摄）

独特的德格锅庄表演（四川省德格县文化馆　提供）

即按顺时针方向起舞。男队唱跳时，女队只跳不唱；女队唱跳时，男队只跳不唱。舞时男女或联臂或不联臂而舞，节奏由慢渐快，进入高潮以快节奏结束。依传统习惯，甘孜锅庄的唱词、舞曲有一定的程序，不可随意变动，即一唱欢聚、二唱祈祷、三唱赞扬、四唱逗趣、五唱婚嫁、六颂佛法，通常要唱跳10支舞曲才结束一个锅庄。

在舞蹈风格上，甘孜锅庄古朴舒展，尤其是快节奏阶段，旋律热情明快。男舞者动作粗犷雄健，女舞者秀丽活泼，具有鲜明的地方特色。

甘孜锅庄的舞曲和舞姿，新中国成立前后基本相同。歌词随时代的发展有所变化。民国时期歌词内容多为赞颂神佛和土司头人，新中国成立后，保留了部分传统歌词的同时，创作了一些赞颂社会主义制度、歌唱共产党、歌颂人民勤劳勇敢的歌词。这类民歌的歌词形式通常是属于对歌或长诗之类，最常见的是三段体，每段2句至8句不等，每句多为8个音节。曲谱以2/4拍为最普遍，此外还有部分是3/4、6/8等较为复杂的节拍。常见调式为羽调式和商调式。

锅庄舞·马奈锅庄

申报地区或单位：四川省金川县

马奈锅庄长期在四川省金川县境内流传，起源于苯教在金川修建雍忠拉顶寺时期（藏历土狗年），迄今已有一千多年的历史。马奈锅庄最初属于苯教的祭祀活动，表演中融入了苯教文化的内容，形成一套特殊的程式，例如表演前先要请苯教高僧诵经、煨桑（燃烧柏树枝）祭祀麦尔多神山等。

马奈锅庄表演开始前，需向部落首领、土司头人敬献珍贵的兽皮和鹿角等礼品，或是向出征的亲人敬献哈达，祝亲人早日凯旋。近代改为女领队向男领队敬献哈达和帕子表示尊敬，希望他能带领舞队跳好锅庄。近年经过不断地再创新，表演前先在场中摆放一两坛咂酒，由德高望重的艺人祝词开坛，同时点燃柏枝。

马奈锅庄表演时，男女舞队齐声唱起延绵婉转的歌曲，男女领舞人随着歌声来到场中央，女领舞人双手捧着哈达，行过三拜之礼后将哈达献给男领舞人，男领舞人同样行三拜之礼，表演就此正式开始。马奈锅庄舞蹈动作动静结合、忽动忽静，这在少数民族舞蹈中比较少见。唱词格律严谨，词句采用七字句和八字句格式，曲调为五声性七声音阶，角调式，旋律优美流畅，起伏不大。马奈锅庄的服饰为三件套，与其他锅庄皆不相同，最外层是长1.8米、宽1.3米、黑白相间的披风，近代改为红白相间，第二层为大襟藏袍，最里层为彩色白褶长裙。

随着时代的更迭，人们对锅庄的感情日趋淡漠。相关的抢救保护工作任重道远。

马奈锅庄表演场景：交帕子（刘文勇　摄）

马奈锅庄表演场景（刘文勇　摄）

马奈锅庄起式（刘文勇　摄）

锅庄舞·称多白龙卓舞

申报地区或单位：青海省称多县

白龙卓舞流传于素有“歌舞之乡”美誉的青海省玉树藏族自治州称多县称文镇白龙村，有着悠久的传承历史。据说早在九百多年前，白龙卓舞艺人就已应邀在格萨尔王的婚礼上进行表演。在漫长的发展过程中，作为以往的宴会舞或迎宾舞，白龙卓舞在藏区民间舞蹈中具有崇高的地位。

白龙卓舞既保持了藏族舞所特有的粗犷、延绵之态，又具有较其他藏族舞蹈更为活泼、轻快的风格。其舞蹈动静结合、忽动忽静，身体重心下沉，主要以脚下的步伐组合和手臂的摆动为主，行动时，腿部主要发力，上半身呈随动状态。

白龙卓舞是锅庄流派中的重要支系，九百多年来一直为藏族同胞所喜爱和传承。随着时代的变迁，一批批老艺人逐渐衰老，相继离世，曾红极一时的白龙卓舞风光不再，日趋衰落。卓舞发祥地白龙村现仅存16位卓舞艺人，平均年龄为57.6岁。原有的80个舞种也仅剩30个，艺人中能娴熟唱跳这30种卓舞的只有1人，其余人都只能跟唱跟跳。神奇的白龙卓舞面临着后继乏人、濒临消亡境地，亟待抢救保护。

称多白龙卓舞表演场景（青海省文化和新闻出版厅　提供）

锅庄舞·囊谦卓干玛

申报地区或单位：青海省囊谦县

囊谦卓干玛是青海省玉树藏族自治州囊谦县境内流传的一种古老民间舞蹈，相传起源于北宋宣和年间，至今已有近九百年历史。

囊谦卓干玛最早是贵族家庭在宗教活动或节日表演的舞蹈，以康区藏语创作，用“颂歌”加“舞蹈”的形式表现。表演时舞者手牵手，男女分班唱和。舞动时腿部主要发力，上半身呈随动状态，脚下步伐多变。以笛子、牛角胡和鼓伴奏，其中鼓是主要乐器。歌词押韵且对仗工整。从音乐到舞

囊谦卓干玛表演场景（青海省文化和新闻出版厅　提供）

蹈以及演出服饰，均以古朴、典雅著称。囊谦卓干玛较其他藏族舞蹈更为沉稳、庄重，有的演出曲目略带仪式感。它有多个演出曲目，近年来当地有关人士已收集整理了其中的22个。

囊谦卓干玛的服饰最具特色。男舞者头戴红绳，扎有藏语称为“杂罗”的红黑相间的盘头长辫。内着白色丝绸长袖衣，外着酱红色氆氇藏袍，腰扎用皮质材料和金银制成、珊瑚装点的火镰、藏刀和弹夹腰带，下着白色丝绸灯笼裤，脚穿皮制藏式长靴。女舞者头饰复杂多变，头发梳理出50至60个小发辫，两鬓戴金银制藏式发卡，头上饰以藏式绸缎缝制的长条装饰玉腰印，顶部有三个琥珀，腰间束着具有囊谦特色的金银铜打制装饰的皮腰带，腰带上还带有金银铜打制的女式藏刀和藏式钱夹，脚穿皮制中腰藏靴。

囊谦卓干玛是康区囊谦藏族人民集体智慧的结晶，具有广泛的群众性和民间传承性。目前，这一独特的民族民间舞蹈表现方式正面临着后继乏人的窘境，急需保护。

在玉树赛马会上表演囊谦卓干玛（青海省文化和新闻出版厅　提供）

老艺人在教授囊谦卓干玛（青海省文化和新闻出版厅　提供）

126 III-23

申报地区或单位：贵州省雷山县、关岭布依族苗族自治县、榕江县、水城县

苗族芦笙舞

芦笙舞是苗族人民举行祭祖和节日、喜庆活动时所跳的传统民间舞蹈，源于古代播种前祈求丰收、收获后感谢神灵赐予和祭祀祖先的仪式性舞蹈，广泛流行于苗族地区。其中贵州的苗族芦笙舞主要分布在雷山、关岭、榕江、水城等地。芦笙舞表演时气氛热烈而欢快，现已成为苗族民众在稻谷收获后至来年春播前的农闲期间和喜庆佳节时都要演出的自发性舞蹈。

芦笙舞的舞曲和舞步各地大同小异，芦笙舞曲根据内容可分为礼乐曲、叙事曲、进行曲、歌体曲和舞曲等。芦笙舞有吹笙伴舞、吹笙领舞和吹笙自舞几种形式，吹笙伴舞、吹笙领舞两种形式中吹笙者7人、9人、11人或更多人均可，吹笙者不舞或在场中小舞，周围男女群众层层环绕舞蹈，场面蔚为壮观。芦笙舞动作可概括为走、移、跨、转、立、踢、别、勾、翻等主要类型，这些动作或庄重肃穆，或生动紧凑，或明快洒脱，或轻灵敏捷，反映了苗族人民多样的生活与文化形态。

雷山苗族芦笙舞因节日内容的不同而舞姿各异，每个舞姿都包含一定的内容，表演起来优美自然、和谐圆融，带有鲜明的地域特色。关岭苗族芦笙舞是在长期的农耕、狩猎生活中逐渐形成的，其中蕴涵了大量的原始农耕文化祭祀礼仪，承载着苗族许多重要的历史文化信息和原始记忆，西部方言苗族歪梳苗支系每年都要在“绕坡”活动中表演这种舞蹈。滚仲苗族芦笙舞以滚仲苗寨为中心，分布于贵州榕江县八开、乐里、平永、塔石、兴华等乡镇的部分地区，表演中芦笙种类和曲调都很

苗族芦笙手（杨玄青　摄）

榕江摆贝苗族芦笙队（朱法智　摄）

大团结芦笙舞（杨玄青　摄）

多，音色高亢清亮，男性动作热烈欢快，女性动作飘逸轻盈，在贵州苗族芦笙舞中独树一帜。水城苗族芦笙舞又称“箐鸡舞”，是苗族同胞聚会时表演的一种集体竞技舞蹈，来源于苗族“老谱”在民族斗争和生产生活中的经历，以水城县南开乡小花苗支系芦笙手所跳的舞蹈最具代表性。

目前，这一独特的民族民间舞蹈表现形式正面临着后继乏人、濒临失传的窘境，急需抢救保护。

127 III-24

申报地区或单位：辽宁省铁岭市

朝鲜族农乐舞

农乐舞是朝鲜族传统舞蹈之一，在朝鲜族民间广泛流传。辽宁省北部的铁岭市是多民族聚居区，朝鲜族人口达到23434人。在铁岭及周边出土的墓葬中发现的5世纪前后的壁画中，形象描绘了朝鲜族先民欢快舞蹈的场景。铁岭朝鲜族农乐舞源于祭祀性活动，在发展过程中逐渐演变成一种自娱性舞蹈，现流传在铁岭一带的朝鲜族中，每逢喜庆之日都要进行表演。

铁岭朝鲜族农乐舞是一种大型综合性舞蹈，由假面舞、小鼓舞、长鼓舞、象帽舞等组成，全部演出需要几小时。表演以打击乐器锣鼓为先导，起始、中间变换和结尾时均由充当引领人的打铜锣者指挥。打锣者之前有一位打旗人，手执写有“农者天下之大本”的旗帜尽情舞动，满怀豪情。农乐舞表演中没有演员和演奏者之分，一般都是演员边演奏边舞蹈。演出过程中铜锣、铮、大鼓、小鼓、洁鼓、长鼓、大平箫、喇叭、螺角等演奏的旋律称为“十二拍”，它可以决定舞蹈的动作和队形变化。

朝鲜族农乐舞表演场景（吴致鸫　摄）

朝鲜族农乐舞表演场景（吴致鸫　摄）

朝鲜族农乐舞表演（崔秀香　摄）

农乐舞的音乐具有独特的多样旋律，称作“十二拍”。“十二拍”是按照舞蹈构成的方法排列的，并以此规定它的舞蹈动作和构图，农乐舞是大型的综合性舞蹈，其全部演出需要几个小时才能完成。

铁岭朝鲜族农乐舞是民族杂居地区朝鲜族农乐舞的典型代表，以特殊方式反映了朝鲜族的发展历史和生产生活状况，在促进民族文化认同方面具有重要作用。

129 III-26

铜鼓舞

铜鼓舞是我国壮族、彝族、瑶族民间流传最广、影响最大的古老舞种之一，它来源于文山壮、彝等族先民的自然崇拜和祖先崇拜活动。铜鼓舞表演时，鼓手有节奏地击鼓，通过鼓点节奏的变化引起舞蹈队形和动作的变化。铜鼓舞中的集体舞有多种队形，男女青年可以围成圆圈，也可以排列成半圆形、一字形、纵形、交叉对跳、四方形等。舞者情绪随舞蹈而起伏，舞法矫健有力，舞姿粗犷灵活，舞蹈场面欢快动人，显示出鲜明的民族和地域特色。

铜鼓舞·田林瑶族铜鼓舞

申报地区或单位：广西壮族自治区田林县

瑶族铜鼓舞是瑶族人民创造的一种民间舞蹈形式，流传于广西壮族自治区田林县各地“木柄瑶”、“长发瑶”中的铜鼓舞至今已有两百多年的历史，深受当地瑶族群众喜爱。

每年农历正月初二至正月三十或二月初二，各瑶寨都会跳起铜鼓舞，以纪念先人、欢庆节日、祈求健康长寿、五谷丰登、六畜兴旺。大年三十或正月初二，全寨男女老少穿上节日盛装，由寨老主持进行一年一度的“起宝”仪式。众人将分为一公一母的两个铜鼓挖出来，摆设香案，放上供品致祭。祭罢铜鼓，寨中青年在寨老指挥下将铜鼓和木鼓吊挂起来。主祭人先打一轮鼓，而后其他人轮流击打。开始时鼓声轻柔和缓，随后便逐渐加快，趋向高亢激昂，最后如疾风骤雨般连续震响。两位击打牛皮鼓者为铜鼓舞的领舞者，他们时而正面打，时而转身打，鼓槌不断在脑后、腰后、胯下出现，击打到鼓面上，形成鲜明的节奏，两人边打边舞，动作协调，天衣无缝。场上的男女老少随之纷纷加入舞蹈行列，先跳圆圈舞，再跳迎春舞、扁担舞，动作热烈奔放，场面异常壮观。铜鼓舞没有人数限制，全寨居民都可参与。每年跳完铜鼓舞后，铜鼓又被埋入地下，埋藏地点秘不外宣。

田林瑶族铜鼓舞在田林瑶族文化的认定中有着重要的意义，可以为民族学、艺术学等方面的研究提供参考。

田林瑶族铜鼓舞队正在排练（黄卫平　摄）

田林瑶族铜鼓舞演出场景（黄卫平　摄）

铜鼓舞·雷山苗族铜鼓舞

申报地区或单位：贵州省雷山县

雷山苗族铜鼓舞是苗族特有的一种民族民间舞蹈，主要流传在贵州省雷山县大塘乡的掌坳村。苗族有着崇拜鼓的风俗，每个支系都拥有一只铜鼓或木鼓，一般每隔13年就要过一次鼓藏节，宰水牯牛或猪来祭鼓。与此同时，人们还要跳起祭鼓舞来表示对祖先的尊重和追念。

铜鼓舞是用一头有面、中空无底、呈平面曲腰状的“铜鼓”为打击乐器伴奏的舞蹈，也是我国南方少数民族舞蹈文化的代表。据考古发现，早在公元前4世纪之前（春秋末期），铜鼓舞就已出现在乐舞场面之中。虽然苗族是在进入封建社会初期才开始接触铜鼓这一礼器（后来主要用作乐器）的，但在继承和发展我国古代铜鼓文化方面作出了重要贡献。至今，苗族还保存着较完整的演奏形式和舞蹈形式。黔东南地区的苗族人民在欢度传统节日和喜庆之日时仍常跳铜鼓舞。

据贵州《八寨县志稿》记载，在击铜鼓时“以绳耳悬之，一人执木槌力击，一人以木桶合之，一击一合，使其声洪而应远”。苗族铜鼓舞的活动形成，现在常见的是将铜鼓悬于庭前和场坝之中，由击鼓者一手执木槌敲鼓腰，另一手持皮头槌击鼓面伴奏。舞者则围成圆圈，踏着顿抑分明、铿锵有力的鼓声，时里时外，且进且退，至兴高采烈时，还击掌呼号，喊出“嗨哧哧”之声以助兴。其动作主要来源于狩猎生活、农业生产劳动和对动物形态动作的模拟，如“骑马”、“赶鸭”、“捕鱼”、“捞虾”等。

苗族铜鼓舞以胯部的扭动和上身的摆动为主要特点，舞步豪放，舞蹈幅度大、难度高，时而如蜻蜓点水，时而如猛虎下山，独具风格。

雷山苗族铜鼓舞表演场景（李玉贵　摄）

雷山苗族铜鼓舞相传有12种，其中一种已经失传，目前能收集到的有捉蟹舞、翻身舞、迎客舞、获猎舞、鸭步舞、送客舞、祭鼓舞、放牧舞、捞虾舞、送鼓舞、共欢舞11种。每种舞均有鼓点鼓曲，舞姿也各不相同。每种舞姿都包含一定的内容，它们有的来自对动物的模仿，如鸭子走路等；有的来自各种生产生活行为，如捞虾捉蟹、狩猎生产等。雷山苗族铜鼓舞主要在鼓藏节和庆祝丰收、祭祖等活动中表演，往往因节庆活动的不同而选择不同的舞蹈风格，如鼓藏节时舞姿庄重厚实、庆祝丰收时舞姿粗犷奔放、模仿动物时舞姿夸张有趣，等等。

由于铜鼓舞流传地域较窄，所以有些铜鼓舞和铜鼓舞鼓点的表演技艺目前已经失传，古老的雷山苗族铜鼓舞正处于濒危状态，亟待抢救保护。

雷山苗族铜鼓舞鼓手（杨玄青　摄）

男女老幼踩铜鼓（杨玄青　摄）

第一批国家级非物质文化遗产扩展项目名录

传统戏剧

148 Ⅳ—4 潮剧
160 Ⅳ—16 秦腔
162 Ⅳ—18 晋剧
165 Ⅳ—21 上党梆子
166 Ⅳ—22 河北梆子
167 Ⅳ—23 豫剧（桑派）
170 Ⅳ—26 大平调
171 Ⅳ—27 越调
172 Ⅳ—28 京剧
175 Ⅳ—31 汉调二簧
179 Ⅳ—35 荆河戏
183 Ⅳ—39 乱弹
　　威县乱弹
187 Ⅳ—43 柳子戏
188 Ⅳ—44 大弦戏
192 Ⅳ—48 高甲戏（柯派）
194 Ⅳ—50 四平调
195 Ⅳ—51 评剧
197 Ⅳ—53 越剧（尹派）
200 Ⅳ—56 扬剧
207 Ⅳ—63 柳琴戏
209 Ⅳ—65 采茶戏
213 Ⅳ—69 曲子戏
214 Ⅳ—70 秧歌戏
　　蔚县秧歌
　　祁太秧歌
　　襄武秧歌
　　壶关秧歌
215 Ⅳ—71 道情戏
　　洪洞道情
　　沾化渔鼓戏
217 Ⅳ—73 二人台
221 Ⅳ—77 灯戏
222 Ⅳ—78 花灯戏
224 Ⅳ—80 藏戏
　　德格格萨尔藏戏
　　巴塘藏戏
　　色达藏戏
　　青海马背藏戏
226 Ⅳ—82 壮剧
227 Ⅳ—83 侗戏
233 Ⅳ—89 傩戏
　　万载开口傩
　　仡佬族傩戏
　　鹤峰傩戏
　　恩施傩戏
235 Ⅳ—91 皮影戏
　　北京皮影戏
　　河间皮影戏
　　岫岩皮影戏
　　盖州皮影戏
　　望奎县皮影戏
　　泰山皮影戏
　　济南皮影戏
　　定陶皮影戏
　　罗山皮影戏
　　湖南皮影戏
　　四川皮影戏
　　河湟皮影戏
236 Ⅳ—92 木偶戏
　　孝义木偶戏
　　杖头木偶戏
　　平阳木偶戏
　　单档布袋戏
　　湖南杖头木偶戏
　　五华提线木偶
　　文昌公仔戏
　　三江公仔戏

148 IV-4

申报地区或单位：广东省揭阳市

潮剧

潮剧《还官记》剧照（广东省揭阳市非物质文化遗产保护中心　提供）

潮剧是一个古老的地方戏曲剧种，至今已有四百多年的历史。它源于宋元南戏，用潮州方言演唱，流布于广东东部、福建南部、台湾地区、香港地区以及东南亚各国。潮剧唱腔有曲牌联套体和板式变化体两种体制，以轻柔抒情见长。

揭阳市位于广东省东南部，是潮剧的重要发祥地，潮剧演出在这一地区十分流行。晚清至辛亥革命时期，揭阳有数十个潮剧戏班，一时被称为“戏县”。新中国成立后，揭阳潮剧蓬勃发展，演出传统戏、新编历史剧和现代戏剧目近五百个。现在全市共有潮剧演出团体17个。揭阳潮剧是潮剧艺术不可或缺的组成部分，在传播中华文明、增强海内外潮汕人的文化认同感等方面，发挥了重要的作用。

目前，经济大潮和多元文化的冲击使揭阳潮剧处于传统丢失、艺术滑坡、人才青黄不接的濒危状态。保护和抢救这一珍贵的地方剧种已成为当务之急。

潮剧《四郎探母》剧照（陈玉盛　摄）

潮剧《龙井渡头》剧照（陈玉盛　摄）

160 IV-16

申报地区或单位：甘肃省秦剧团

秦腔

秦腔是我国西北地区最大的剧种，流行于陕西、甘肃、青海、宁夏、新疆等地。甘肃秦腔形成于明清之际，系由甘肃“皮影腔”（又称“兰州影”）和“西秦腔”融合衍变而成，行腔念白采用甘肃方言。

甘肃秦腔的声腔体制较为特殊，表现为“板式加曲牌，曲牌兼佛曲”的形式，其中包括【慢板】、【二六板】、【尖板】、【倒板】、【滚板】、【带板】六类板式，【听更鼓】、【鸿雁飞】、【吹腔】、【高腔】、【状元令】、【中军令】等近百支曲牌，以及源出于寺庙法曲的“佛祭子”、“达摩”、“佛号”、“道歌”、“劝善调”等佛曲。甘肃秦腔的音乐手段丰富多样，板、牌均可花、苦音对置。其伴奏有文武场之分，文场基本保持明清西秦腔的伴奏形式，以胡琴、闷胡子、三弦、月琴、笛为主要乐器，而由胡琴领衔主奏；武场以鼓板、锣、铙、钹为主要乐器，而以梆子击节定眼，檀板和干鼓则具有指挥全场的作用。甘肃秦腔的角色包括生、旦、净、丑四个行当，每行又进一步细分，在演出实践中形成了各自

秦腔《锁麟囊》剧照（王卫东　摄）

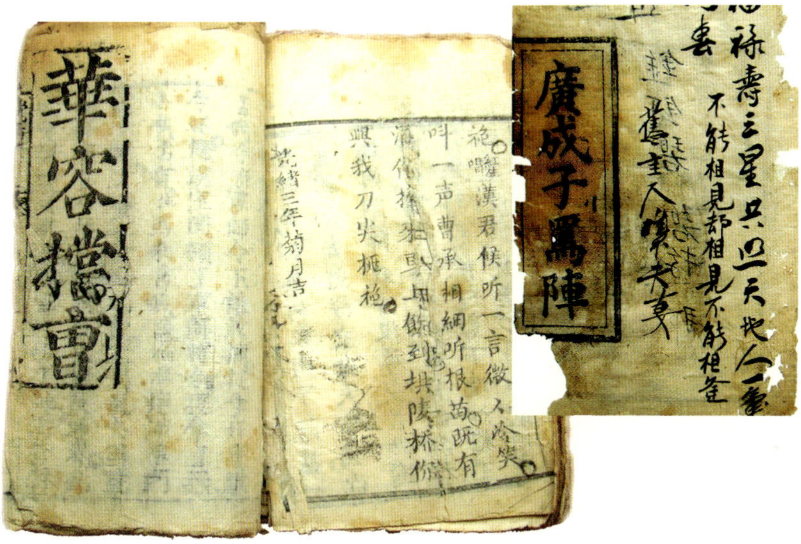

秦腔刻本书影（甘肃省秦剧团　提供）

的行当唱腔和表演程式。其表演“重架架”、“重生净”、“重特技绝活”，充分体现出热烈火爆、刚健雄武的风格。

甘肃秦腔剧目丰富，传统剧目约有三千多个，大多取材于“列国”、“三国”、“杨家将”、“说岳”等故事，现存最早的剧本出自明代永乐年间。秦腔剧目对各重要地方戏曲剧种均有不小的影响，在某种程度上培养了我国城乡民众的审美心理，为民族审美意识的发展作出了积极贡献。

秦腔《三义庄》剧照（甘肃省秦剧团　提供）

162 IV-18

申报地区或单位：河北省张家口市
山西省太原市

晋剧

晋剧《审御案》剧照（山西省太原市实验晋剧院　提供）

晋剧是山西省“四大梆子”剧种之一，因产生于山西中部，故又称“中路梆子”，外省称之为“山西梆子”，主要流布于山西中部、北部及陕西、内蒙古和河北的部分地区。清代初年，蒲州梆子流入晋中，与祁太秧歌及晋中民间曲调相结合，在晋商和当地文人的作用下，发展成晋剧。其后几经变化，在晋中、晋北及内蒙古、河北、陕北的部分地区传播开来。

晋剧传统剧目丰富，经常上演的有两百多出，包括《渭水河》、《打金枝》、《临潼山》、《乾坤带》、《沙陀国》、《战宛城》、《白水滩》、《金水桥》、《火焰驹》、《梵王宫》、《双锁山》等。在发展过程中，晋剧保留了蒲州梆子慷慨激昂的艺术特色，同时形成了婉转细腻的抒情风格。它唱腔丰富，有乱弹、腔儿、曲子几种演唱声腔，板式多变，表现力强，如乱弹板路就分【平板】、【夹板】、【二性】、【流水】、【介板】、【滚白】、【导板】七种。张家口晋剧也称“口梆子”，它吸纳当地方言并借鉴京剧、评剧、河北梆子等的艺术特点，演唱起来富有韵味，同时也形成了一批特有的剧目。

晋剧《三关点帅》剧照（山西省太原市实验晋剧院　提供）

在现代生活方式的影响和商品经济大潮的冲击下，晋剧上演剧目迅速减少，城市观众大量流失，农村观众则以老年群体为主。在此情势下，晋剧前景堪忧，急需保护。

晋剧《合符釜山》剧照（杜春江　摄）

165 IV-21

申报地区或单位：山西省长治市

上党梆子

上党梆子是山西省四大梆子剧种之一，流行于山西东南部古上党郡地区。它形成于明末清初，清代道光末年被官方称为“本地土戏”。1934年赴太原演出，改称“上党宫调”，当地群众则称之为“大戏”。1954年山西省首届戏曲观摩演出大会始定名为“上党梆子”。

上党梆子以演唱梆子腔为主，兼唱昆曲、皮黄、罗戏、卷戏，俗称“昆、梆、罗、卷、黄”（其中的罗戏、卷戏已很少演出）。上党梆子行当齐全，以生、净、青衣、武小生应工的戏最多，小生、小旦、小丑戏不占重要地位。各种行当的基本表演程式称为“三把”，运用起来头昂胸挺、腕柔臂圆，显示出稳健有力、强烈明快的表演风格。上党梆子剧目丰富，传统演出剧目达到七百余个。

1985年晋东南地区分成晋城、长治两市，上党梆子剧团迁往晋城，长治以演上党落子为主，戏剧舞台显得较为单一。1994年长治市上党梆子剧团成立，吸收了一批较有实力的基层演员加入，形成了一支有力的演出队伍。剧团不断下乡演出，常年坚持不懈，培养和巩固了长治的观众群体，为上党梆子的进一步发展奠定了基础。

上党梆子《闯幽州》剧照（山西省长治市上党梆子剧团　提供）

166 IV-22

申报地区或单位：北京市河北梆子剧团
天津河北梆子剧院

河北梆子

河北梆子《辕门斩子》剧照（刘伟　摄）

河北梆子是河北省最具代表性的地方声腔剧种，曾有“京梆子”、“直隶梆子”、“卫梆子”、“秦腔”等称谓，1952年正式定名为“河北梆子”。清代中叶流入北京的秦腔、山西梆子与河北地区方言、民间音乐相结合，于道光年间正式形成了河北梆子，主要流行于河北、北京、天津及山东、东北的部分地区。河北梆子充分体现出河北的地域文化特点，拥有一批深受观众喜爱的著名演员，

北京、天津的河北梆子演出也各有其风格。

河北梆子声腔音乐属板腔体，有【慢板】、【二六】、【流水】、【尖板】等板式及各种引腔和尾腔，演唱时以梆子击节，以板胡、笛、梆子、笙等乐器伴奏，音调于高亢激越之中时时透出委婉凄楚的风格，擅长表现慷慨悲壮的情绪。河北梆子的传统剧目有五百多种，其中《宝莲灯》、《秦香莲》、《金水桥》、《杜十娘》、《蝴蝶杯》、《窦娥冤》、《教子》、《断桥》、《三上桥》、《喜荣归》、《打金枝》、《荀灌娘》、《南北合》、《苏武牧羊》等影响较大。

20世纪30年代以后，河北梆子开始出现衰落趋势。目前这一剧种面对市场经济的压力，生存艰难，濒临灭绝，急需抢救保护。

河北梆子《闹天宫》剧照（北京市河北梆子剧团　提供）

167 IV-23

申报地区或单位：河北省邯郸市

豫剧（桑派）

豫剧《桃花庵》剧照（王林菲 摄）

豫剧是我国梆子声腔剧种中极为重要的一支，又称“河南梆子”、“河南高调”、“河南讴”，在豫西山区还有“靠山吼”的别称。清代乾隆年间，它已成为河南极具影响的地方戏曲剧种，传承至今已有两百多年的历史。豫剧在全国许多地区都有流传，河北邯郸是其重要的流行地区之一。

豫剧拥有丰富的剧目资源，传统剧目近千种，有“唐三千，宋八百，唱不完的三、列国”之说，《斩子》、《牧羊卷》、《刘全进瓜》、《抱琵琶》、《铡郭槐》、《红下山》、《大祭桩》、《借妻》、《红娘》、《花木兰》、《穆桂英挂帅》、《对花枪》、《唐知县审诰命》

等都是其中代表性的剧目，在舞台上盛演不衰。

豫剧《桃花庵》剧照（王林菲　摄）

豫剧音乐中有四大板类，数十个唱腔板式和数十种调门唱法，其唱腔不仅有多种地方唱调，而且在演唱中形成了众多的艺术流派。其中邯郸豫剧表演艺术家桑振君所创造的桑派艺术久享盛誉，深受当地观众欢迎，在实践中长演不衰。

170 IV-26

申报地区或单位：山东省东明县、菏泽市牡丹区

大平调

大平调《圣祖尧王》剧照（马春霞　摄）

大平调本名“平调”，又称“大油梆”、“大梆戏”，现通称“大平调”，遍及冀、鲁、苏、豫、皖五省边缘城乡，距今已有五百多年的历史。大平调早期班社较多，明清以来，较知名的班社有19个。数百年来这一戏曲剧种涌现出许多知名艺人，在群众中享有盛名。近代以来，大平调逐渐形成了东路平调、西路平调和河东平调三个支派，山东东明、菏泽等地流行的大平调属于河东平调。

大平调的唱腔音乐属板腔体，板式、曲牌十分丰富，唱腔既生动又平易，高亢奔放、刚劲激越中不失婉约和谐、舒展优美的韵味。大平调表演程式多样，夸张中不失真实，豪放中更求完美，粗中见细，刚中寓柔，个性十分鲜明。在表演实践中，大平调艺人曾吸收民间武术套路，真刀真枪在舞台上表演，可谓独具一格。

大平调演出剧目多据《东周列国志》、《三国演义》、《包公案》、《杨家将》等古典小说改编而成，也有的取材于民间传说、历史故事等。新中国成立后，又创编了一批现代剧目，演出后获得良好的反响。

171 IV-27

申报地区或单位：河南省许昌市

越调

越调是河南省主要的地方剧种之一，流行于河南、湖北北部、陕西、山西及安徽部分地区，距今已有三百多年的历史。

越调具有独特的艺术风格和广泛的群众基础，其声腔音乐以越调为主，也兼唱吹腔、昆腔、七句半等，带有中原地区民间音乐的特色和浓厚的乡土气息。越调脚色齐全，包括大红脸、二红脸、文生、武生、大净、二毛、三花脸、正旦、花旦、闺门旦、浪旦、武旦、老旦等十几个行当，在表演实践中形成了一些著名的表演流派。越调有三百多种传统和新编剧目，其中不少作品为广大群众所熟悉和喜爱。

许昌越调是河南越调的代表之一，该剧种著名演员毛爱莲以乱弹为主架结构的唱腔，风格鲜明，独具特色，被称为“毛派艺术”，在观众中具有很大的影响。

越调《收姜维》剧照（时腾飞　摄）

172 IV-28

申报地区或单位：湖北省京剧院

京剧

京剧《徐九经升官记》剧照（吴招才 摄）

京剧属皮黄剧种，至今已有两百多年的历史。湖北凭借其独特的地理位置而成为“皮黄”的发源地，进而首创“皮黄合奏”的汉剧（汉戏），清代称为“汉调”、“楚调”、“楚曲”。其后汉调艺人将汉剧的音乐、表演、剧目等带进徽班，形成了“班曰徽班，调曰汉调”的演出格局。在长期演出实践中，以西皮、二黄为特色的汉调与以吹腔、拨子为特色的徽调及昆曲、秦腔（梆子腔）、北方曲艺、民间音乐曲调等相融合，最终演变为京剧。京剧形成早期，湖北艺人米应先、余三胜、谭鑫培等都为这一剧种的发展作出了重要贡献。

19世纪末，京剧南下，风行武汉，此后这里一直是京剧演出的重镇之一。1950年，中南京剧工作团成立，后更名为“武汉市京剧团”。

京剧《白帝城》剧照（吴招才　摄）

京剧《法门众生相》剧照（吴招才　摄）

175 IV-31

申报地区或单位：湖北省竹溪县

汉调二簧

汉调二簧《娘子县官》剧照（湖北省竹溪县山二簧剧团　提供）

汉调二簧又称“山二簧”，流行于陕西、湖北及四川、甘肃的部分地区。其唱腔以西皮、二簧为主，此外又吸收其他声腔和当地民间音乐，而以方言演唱。流行于郧阳地区（十堰市）的山二簧系湖北十堰的地方戏曲剧种，距今已有两百五十多年的历史。清代乾隆年间黄州府移民迁徙到鄂西北，将带去的楚调与鄂西北方音及民间音乐相结合，逐渐形成山二簧。新中国成立后，郧阳地区各县相继建立了山二簧剧团，竹溪县二簧剧团即为其中之一。

山二簧声腔贴近乡音，道白贴近土语，剧情贴近生活，演员贴近民众，表演不拘一格，程式灵活，手段丰富多样。既能演传统戏，又能演现代戏；既能演整本大戏，又能演生活小戏；既有大剧种的风范，又有地方剧种的特色，雅俗共赏，妇孺皆宜。竹溪县山二簧剧团演出剧目达一百多种，其中常演的有三十多种，以《清风亭》、《墙头记》最具影响力，在城乡常演不衰，家喻户晓。

目前，山二簧现存资料缺乏整理，随着老艺人的逐渐离世，许多口传心授的艺术材料不断失落，唯一演出山二簧的竹溪县二簧剧团也正面临人才断代、青黄不接的局面。这一珍贵的地方戏曲剧种已濒临灭绝，亟待抢救保护。

179 IV-35

申报地区或单位：湖北省荆州市

荆河戏

荆河戏原名“荆沙戏”，俗称“上河戏”、“上河路子”、“荆河调”，湖南俗称“大台戏”、“大汉班”，新中国成立后定名为“荆河戏”。它流行于湘西北及荆州（沙市）一带，至今已有四百多年的历史。现在流传于荆州市沙市区、荆州区的荆河戏中还有不少剧目保留着原来的“单钹路子”。

明代万历年间，沙市的戏曲演出十分繁盛。至清代顺治八年（1651），这里已有荆河戏的演出活动。清代嘉庆、道光年间，“泰寿”、“三元”两大荆河戏名班出现在沙市，名伶荟萃，在荆沙一带享誉百多年。时至今日，土生土长“单钹路子”的荆河戏仍在荆沙一带流传，受到荆州中心城区及周边地域群众的欢迎。

荆河戏属于多声腔剧种，兼唱高腔、昆腔、弹腔（南北路）、杂腔小调等，又吸收了荆楚民间劳动和生活歌谣的不少音乐元素。其音乐南北交融，别具韵味；演

20 世纪 50 年代演出的荆河戏代表剧目《太白写表》

荆河戏《禅台报》剧照（邓磊　摄）

荆河戏《斩三妖》剧照（赵玉春　摄）

唱高亢激越，优美婉转；表演大气直率，贴近生活。目前荆河戏尚有工尺谱曲牌300个，剧目近千种。

荆河戏在中国戏曲史上占有一定的地位，曾对恩施南剧及西南地区各南北路剧种产生过不同程度的影响，在民族民间戏曲和音乐研究方面具有重要的参考价值。半个世纪以来，荆河戏发展停滞，渐趋衰落。目前荆河戏第四代、第五代传人虽尚健在，但大多年事已高，无法从事演艺活动。荆河戏后继乏人，处于濒危状态，急需保护传承。

183 IV-39

乱弹

乱弹·威县乱弹

申报地区或单位：河北省威县

乱弹是清代康熙末年兴起的地方声腔剧种，至嘉庆、道光时已形成独特的风格。京徽合流以后，乱弹脱颖而出，自立门户。威县乱弹是一个多声腔剧种，主要流行于河北省威县一带，其声腔包括乱弹腔、昆腔、扬州乱弹、高腔、罗罗、唢呐二黄和杂腔小调等。

威县乱弹以板腔体的“乱弹腔”为主要唱腔，有明显的俗曲痕迹，演唱上近似丝弦腔，但较丝弦腔更为浑厚、粗犷。演唱时男女腔均以本字咬音，假嗓拖腔。其主要板式包括【一鼓头】、【二鼓头】、【慢板】、【流水板】等，唱词为上下句结构，一般采用七字和十字句式，昆腔唱词则采用长短句式。乱弹曲牌流传至今尚有一百多支，其中“混牌子”一般都有唱词和锣经，“清牌子”分大唢呐曲牌、笛子曲牌和海笛曲牌三部分。威县乱弹的音乐采用“纯律”，唱腔与伴奏采用“支声复调”的多声

威县乱弹《顶灯》剧照（刘新旺　摄）

威县乱弹《汴梁图》剧照（刘新旺　摄）

威县乱弹《高平关》剧照（刘新旺　摄）

部音乐表现形式，每个声部在整体制约下独自运行，形成独特而微妙的旋律对比效果，这在中国戏曲声腔中是独一无二的。其锣鼓经也十分丰富，仅开场锣鼓就达9种之多。

威县乱弹保留了南曲以檀板司节奏的习惯，以唢呐等吹奏乐器伴奏，具有民间吹鼓乐的特点，音繁节促，红火热闹。传统文场伴奏乐器为唢呐两支、七孔笛一支、小方笙两攒。生脚多用唢呐、笙伴奏，旦脚多用笛子、笙伴奏，文角多用笛子、笙伴奏，武角多用唢呐、笙伴奏。

威县乱弹脚色体制规范，分生、旦、净、丑四大行当，表演浑朴古拙、粗犷热烈，注重唱、做、念、打。老生、胡子生为生行之首，重头戏较多。武戏讲究把子，成套把子达三十多种。

威县乱弹剧目丰富，约有三百多种，《临潼关》、《广武山》等是其中代表性的作品。

187 IV-43

申报地区或单位：河南省清丰县

柳子戏

老艺人在给弟子说戏

柳子戏是弦索系统的古老剧种，流行于山东、河南、苏北、冀南、皖北一带。清丰柳子戏又称“百（北）调子”、“柳子腔”、“弦子戏”，是由元明时期的北曲弦腔发展演变而成的一个地方声腔剧种，主要在河南清丰一带流传。

明代洪武年间，宫廷戏曲传入清丰县，唱腔音乐多为“南北合套”形式。它与当地流行的俗曲小令如【柳子】、【黄莺儿】、【山坡羊】、【锁南枝】、【耍孩儿】等结合，并以【柳子】定调，逐渐形成柳子戏。这一新剧种既有北曲豪放粗犷的风格，又有南戏委婉细腻的特征。清代光绪年间，柳子戏班社遍及清丰、濮阳的广大城乡，河北、山东和安徽的相邻地区也有柳子戏演出活动。

柳子戏表演行当齐全，声腔属于曲牌体，共有曲牌三百多支，分主腔、客腔两大类。主腔为弦索腔，也叫“拉罗腔”，多来自弦索，字少腔长，每支曲子由引子、主曲和尾声三部分组成；客腔包括昆腔、弋阳、乱弹等，吸收融入了其他声腔的曲牌，分【黄莺】、【驻云飞】、【锁南枝】、【山坡羊】、【娃娃】五大套，每一曲牌又有正体和变体等几种唱法。柳子戏历史悠久，文化积淀丰厚，演出剧目曾达到三百余种，流传至今的有一百余种。

188 IV-44

申报地区或单位：山东省菏泽市

大弦戏

大弦戏《追鱼》剧照（张国民　摄）

大弦戏又称“大弦子戏”，主要流传于山东西南部、河南东部和河北南部，至今已有五百多年的历史。它属于弦索声腔系统，是在元明俗曲小令的基础上融汇多种民间俗曲而形成的。

大弦戏在音乐结构体制和表演风格等方面极具特色，它原有曲牌三百余支，目前尚存二百余支，结构严谨规范，调式丰富多变，曲调行腔委婉，过门完整齐备。在元明以来北方戏曲音乐和元散曲的研究中，这些曲牌具有重要的参考价值。大弦戏表演程式丰富，注重技巧技能，动作粗犷泼辣，架势夸张。武戏功架吸收了大洪拳的身法，多用真刀真枪；文戏细腻典雅，显示出鲜明的地方特色。

大弦戏有传统剧目三百余种，多取材于历史故事和民间传说等，其中的《石玉点将》、《包公私访化州》等属于稀有剧目。

192 IV-48

申报地区或单位：福建省晋江市

高甲戏（柯派）

高甲戏旧称“戈甲戏”、“九甲戏”，是福建五大剧种之一。它孕育于明末清初，早期称“宋江仔”、“宋江戏”，清末始出现“高甲戏”之名。

高甲戏的脚色体制中，以丑行表演最具特色，吸引力最强，影响也最大。一代名丑柯贤溪以独具一格的表演艺术活跃在舞台上近一个世纪，征服了几代观众，开创了高甲戏艺术的新纪元。

柯派高甲戏的丑行有男女丑之分，男丑包括破衫丑、公子丑、傀儡丑、服丑、家丁丑等，女丑可由男角扮演，别具特色。柯派丑角的表演细腻生动，诙谐风趣，火爆热烈，妙趣连台，充满生活气息，女丑的表演尤显夸张幽默。其道白抑扬顿挫，吞吐有致，准确清晰，韵味十足，带有浓重的山野气息，向为闽南观众所喜闻乐见。柯派女丑表演时按人物年龄设计身段、表情、动作，形成了一套完整的表演程式，能精细地区别十七八岁少女、二三十岁青年妇女直至七八十岁老年妇女的不同特点。此外柯派还有一套“女丑十八法”，系统记录了女丑表演的技艺。高甲戏柯派丑行常演的代表性剧目有《唐二别妻》、《妗婆打》、《管甫送》、《骑驴探亲》等，演唱曲目则有“四季歌”、“福马郎”、“将水令”、“金钱花”、“灯红歌”等。

高甲戏（柯派）《选女婿》剧照（徐维耕　摄）

特征，既是闽南地区宝贵的历史文化财富，又是海外侨胞、台港澳同胞维系乡情的精神纽带，在民俗学、语言学及闽南地方历史文化等方面的研究中具有重要的参考价值。

高甲戏（柯派）《钟馗嫁妹》剧照（徐维耕　摄）

高甲戏（柯派）《花婆闹春》剧照（徐维耕　摄）

柯派高甲戏丑行表演艺术源于闽南，成于菲律宾，兴于晋江，与闽南语流行地域民众的文化生活关系密切。它见证了闽南地区发展的历史，带有明显的地域文化特征，既是闽南地区宝贵的历史文化财富，又是海外侨胞、台港澳同胞维系乡情的精神纽带，在民俗学、语言学及闽南地方历史文化等方面的研究中具有重要的参考价值。

194 IV-50

申报地区或单位：山东省金乡县、成武县

四平调

四平调《小姑贤》剧照（李涛　摄）

淮北花鼓至今已有近三百年的历史，流行于皖北、苏北、豫东北和鲁西南地区。清代花鼓戏屡遭禁演，为了生存，艺人们将之易名为"文明花鼓"、"花鼓叮当"。后又以花鼓戏【平调】板式为基础，吸收评剧、豫剧及京剧的部分唱腔，加上弦乐伴奏，形成"四拼调"。因其唱腔四平八稳，四句旋律一合，故又改称"四平调"。淮北花鼓由此演变成四平调，结束了地摊演唱生涯，搬上舞台演出。四平调以善唱而闻名，身段表演自成一体，演出时以高胡为主要伴奏乐器。

四平调演出剧目达两百余种，这些戏来自民间，带有浓郁的生活气息。百余年来，四平调在发展变迁过程中日趋成熟，积累了大量宝贵的艺术资料。目前四平调生存困难，前景堪

四平调《李文忠征北》剧照（孔祥华　摄）

四平调《借闺女》剧照（孔祥华　摄）

四平调《打銮驾》表演照（李涛　摄）

忧。山东原有多个四平调专业剧团，目前只有成武四平调剧团还在坚持长年演出，其他的业余剧团演出状况都不甚理想。在此情势下，有必要采取积极措施，对这一优秀的民间戏曲剧种进行抢救保护。

195 IV-51

申报地区或单位：北京市中国评剧院
天津评剧院

评剧

评剧《秦香莲》剧照（王祖强 摄）

评剧原名“蹦蹦戏”、“落子戏”，又名“平腔梆子戏”，简称“平戏”，1935年正式使用“评剧”的名称。它流行于北京、天津、河北及东北等地，有着广泛的群众基础。1910年前后，以成兆才为首的蹦蹦戏艺人在河北东部滦州一带的对口“莲花落”基础上吸收东北二人转、京剧、皮影、大鼓等的唱腔音乐和表演艺术，并在演出中采用全套河北梆子乐器伴奏，形成了评剧的基本样式。在实践过程中，新兴的评剧艺术不断发展完善，日趋成熟。

成兆才是评剧创始人，也是评剧的第一位剧作家，其代表作品《马寡妇开店》、《花为媒》、《杨三姐告状》等已成为评剧的经典保留剧目。评剧音乐属板腔体，有【尖板】、【搭板】、【大安板】、【小安板】、【三锤】、【导板】、【垛板】、【流水板】等板式，同时还有反调。伴奏乐器分为拉弹类、打击类和吹奏类三种，拉弹类乐器包括板胡、二胡、三弦等，打击类乐器包括板、底鼓、堂鼓、底锣、大锣等，吹奏类乐器包括笛子、唢呐等。评剧唱腔借鉴了京剧和梆子的音乐，分为男腔和女腔两种。

评剧《桃李梅》演出照（赵梵汐　摄）

评剧《花为媒》剧照

评剧《杨三姐告状》剧照（祁建、王祖强　摄）

中国评剧院继承西路评剧、东路评剧的传统，演出中保留了许多北京传统文化的内容，同时继承、发展和形成了白（玉霜）、新（凤霞）、魏（荣元）、孙（德福）、马（泰）等艺术流派。天津评剧院也同样实力雄厚，对李（金顺）、刘（翠霞）、白（玉霜）、爱（莲君）四大流派有很好的继承和发展。

随着时代的变迁，评剧的影响力正大大减弱，应当采取措施对它进行必要的保护扶植。

197 IV-53

申报地区或单位：福建省芳华越剧团

越剧（尹派）

越剧（尹派）《盘妻索妻》剧照（福建省芳华越剧团　提供）

越剧发源于浙江嵊县，20世纪初由“落地唱书”的说唱艺人化装登台演出，自此逐步发展为一个独立的戏曲剧种，流行于浙江、上海、江苏等地，并在舞台实践中形成了诸多艺术流派。

尹桂芳创立的越剧尹派艺术形成于20世纪40年代初期，当时越剧名家云集上海，各领风骚，尹派艺术即在这激烈竞争的氛围中脱颖而出，日臻成熟。它有力地推动了越剧的革新，为越剧从以花旦为主要行当到以小生为主要行当的转变奠定了坚实的基础。尹派越剧表演风格质朴高雅、逼真传神，演唱洒脱流畅、醇厚隽永，一经问世，当即风靡一时，长盛不衰。

20世纪五六十年代，尹派越剧的发展进入了第二个高峰期，无论是表演、唱腔还是其他舞台艺术都更趋成熟、完美，标志着尹派艺术已经自成体系。1959年，越剧尹派艺术随芳华越剧团从发祥地上海迁移到福建，从此尹派越剧在八闽大地生根开花，结出累累硕果。它以独特的风格、长存的魅力倾倒了无数的福建观众，同时对福建地方戏曲的发展创新产生了积极的影响。

200 IV-56

申报地区或单位：江苏省演艺集团扬剧团、镇江市

扬剧

扬剧《三女审子》剧照（汤溢　摄）

扬剧原名“维扬戏”，俗称“扬州戏”，流行于江苏省的扬州、镇江、南京等地和安徽省的部分地区，此外在上海也有扬剧的演出。扬剧以扬州民间歌舞小戏花鼓戏和苏北民间酬神赛会时由男巫扮演的香火戏为基础，吸收扬州清曲、地方民歌小调等，逐渐形成一个独立的戏曲剧种。20世纪初，进入上海、杭州等大城市，20世纪五六十年代，扬剧趋于繁荣，镇江、南京、扬州的扬剧演出盛行一时，形成了三足鼎立的局面。

扬剧的唱腔音乐属于曲牌体，主要由花鼓戏音乐、香火戏音乐和扬州清曲以及小唱三部分组成。其伴奏乐队有文、武场之别，文场主要使用主胡、正弓、琵琶、三弦、扬琴、笛、唢呐等丝竹乐器，武场主要使用板鼓、大锣、小锣、铙钹、堂鼓等打击乐器。

扬剧的脚色行当虽有生、旦、净、丑之分，但区别并不严格，演员戏路较宽，在唱腔上也只分

扬剧《白蛇传》剧照（汤溢　摄）

男腔、女腔。各行当的表演多借鉴吸收昆剧、京剧等的程式，但始终保持着花鼓戏朴素、活泼的特点，生活气息浓重。扬剧传统演出剧目达四百多种，其中影响较大的有《玉蜻蜓》、《珍珠塔》、《审土地》、《绣符缘》、《王昭君》、《闹灯记》、《三戏白牡丹》、《命妇宴》、《樵夫与画女》、《鸿雁传书》、《百岁挂帅》等。

近十年来，由于受到现代社会多元文化的冲击，人们的审美观念发生变化，导致扬剧观众减少，演出市场萎缩，生存艰难，在此情势下，有必要制定措施，加强对扬剧的保护扶植。

207 IV-63

申报地区或单位：江苏省徐州市　山东省临沂市

柳琴戏

柳琴戏俗称“拉魂腔”，又有“拉呼腔”、“拉后腔”等名称，1953年正式定名为“柳琴戏”。它形成于清代中叶以后，主要分布在江苏、山东、安徽、河南四省交接地区。其来源有两种说法，一说是以鲁南民间小调为基础，受当地柳子戏的影响发展而成；一说是由江苏海州传播而来。

柳琴戏唱腔音乐以徵调式与宫调式为主，徵调式温和缠绵，宫调式明快刚劲。其曲调包括“起板”、“导板”、“拉腔”、“射腔”、“叶里藏花”、“回龙调”、“四六长腔”、“男女拉拉腔”、“叠断桥”、“打牙牌”、“千金小姐进花园调”等多种，板式大致可分为【慢板】、【二行板】、【数板】、【紧板】、【五字紧板】等。演唱时以柳叶琴、笛子、坠琴、二胡、板胡、唢呐、笙及板鼓、大锣等乐器伴奏。

柳琴戏的表演粗犷朴实，节奏明快，乡土气息浓厚，演员的身段、步法明显带有民间歌舞的特点。柳琴戏的传统剧目异常丰富，山东省戏研室抄录的就有近两百种，江苏柳琴戏有大小剧目三百余种，多系从民间故事、章回小说改编而来。《四平山》、《八盘山》、《鲜花记》、《鱼篮记》、《断双钉》、《小鳌山》、《雁门关》、《白罗衫》、《喝面叶》、《小书房》等是其中代表性的剧目。

柳琴戏在长期发展过程中吸收了各种姊妹艺术的优点，并与流行地群众的生活有着密切的联系。它是一种地域文化的载体，在戏曲学、民俗学、地方文化等方面具有较高的研究价值。

柳琴戏《解忧公主》剧照（江苏省徐州市非物质文化遗产保护中心　提供）

209 IV-65

申报地区或单位：湖北省阳新县

采茶戏

采茶戏《梁山伯与祝英台》剧照（李文彬　摄）

采茶戏《玉燕记》剧照（李祥兵　摄）

阳新采茶戏是湖北省地方剧种之一，主要流传在阳新县一带。清代包括采茶戏在内的外来戏曲声腔沿长江水路和鄂赣陆路传播到阳新县，与幕阜山区的茶歌相结合，于清代道光年间形成阳新采茶戏。清末民初，阳新采茶戏在阳新籍汉剧大师朱洪寿的带动和影响下取得长足发展，并向周边县境流布。1965年，阳新县采茶剧团成立，标志着阳新采茶戏已发展成熟。

阳新采茶戏的唱腔音乐由正腔、彩腔、击乐三部分组成，正腔属板式变化体，包括“北腔”、“汉腔”、“叹腔”、“四平”等曲调，具有优美动听、可塑性强、富于表现力等特点；彩腔包括专用小调插曲四十余支，以彩腔为主的小戏载歌载舞，表演朴实奔放。阳新采茶戏使用方言演唱，有人声帮腔，表演内容接近生活，戏剧情感质朴而浓烈，深受当地群众喜爱。

阳新采茶戏传统剧目众多，约在百种以上。四十多年来，阳新县采茶戏剧团排演了大量优秀剧目，如《三姑出宫》、《闯王杀青》等，其中一些剧目曾获得省级会演大奖。

213 IV-69

申报地区或单位：新疆生产建设兵团

曲子戏

曲子戏业余剧团在演出（刘洪斌　摄）

曲子戏是新疆地区特有的戏曲剧种，流传于新疆五家渠、北疆昌吉地区和兵团农六师奇台垦区、芳草湖垦区、新湖垦区及红旗农场垦区等地。它是18世纪中叶中原移民、清朝驻军和逃荒灾民带来的中原戏曲、音乐与新疆当地语音结合而逐步形成的，同秦腔、眉户戏、甘肃大鼓及陕甘宁山歌有着密切的血缘关系。

曲子戏有为期不短的发展历史，早在清朝末年，《三下屯》、《十岁朝》、《蓝桥担水》、《绣荷包》等小调就在新疆各地传唱。曲子戏曲调丰富多样，据老艺人讲，它过去只有九腔十八调，发展到今天成了三十六大调、七十二小调，其中常用的有"越调"、"五更"、"东调"、"西字"、"岗调"、"连相"、"尖尖花"等。曲子戏的唱腔和表演深受新疆各地群众的喜爱，20世纪50年代，各地都有自发组织的曲子戏演出班子。现在不少曲子戏老艺人已相继去世，健在的也年事已高，这一地方剧种传承乏人，资料多有散失，宜制订计划，善加保护。

214 IV-70

秧歌戏

秧歌戏·蔚县秧歌

申报地区或单位：河北省蔚县

蔚县秧歌又名“蔚州梆子”、“蔚剧”，它产生于蔚县，流行于河北省张家口、晋北地区及内蒙古自治区的一些旗县，是深受流行地群众喜爱的一个戏曲剧种。蔚县秧歌早期用“训调”（民歌）演唱，以“两小”（小生、小旦）或“三小”（小生、小旦、小丑）戏为主，常在农村社火中演出。

蔚县秧歌深受山西梆子的影响，不仅吸收了梆子的袍带大戏，还借鉴梆子的音乐体制，形成了由梆子腔演变而来的各种板式。蔚县秧歌脚色齐全，分红（老生）、黑（又分大花脸、二花脸）、生、旦、丑等行当。唱腔以蔚县方言演唱，多采用真

蔚县秧歌表演场景（河北省蔚县文化馆　提供）

蔚县秧歌《剪纸谣》剧照（刘宁　摄）

蔚县秧歌《剪纸谣》剧照（刘宁　摄）

假声结合的发音方法。小生与旦可唱“训调”，“红”较少唱“训调”，“黑”则完全不唱“训调”。梆子腔类唱腔，除“黑”有特定唱腔外，其他行当唱腔结构大致相同。在长期舞台实践中，蔚县秧歌积累了两百多种演出剧目，《回龙阁》、《打瓦罐》等都是其中的代表。

目前蔚县秧歌面临着极大的生存困难，艺术形式的多样化造成演出市场的萎缩，使得演出团体大量减少。与此同时，老艺人纷纷离世，青年人又多不愿意学习这种声腔、程式都较为古老的艺术。在此情势下，蔚县秧歌传承乏人，濒临灭绝，亟待抢救保护。

秧歌戏·祁太秧歌

申报地区或单位：山西省祁县、太谷县

祁太秧歌是山西民间流传的一种地方小戏，它最初是耕作者在农事活动时传唱的一种民间小调，其渊源可追溯到唐宋时期。明代正统年间，民间艺人口传的秧歌开始在晋中平原流行起来。到清代道光年间，祁县已有了“同乐社”、“祁太喜乐班”、“祁太德威社”等秧歌班社。其后艺人们又逐渐将舞蹈、武术和各种技艺融入秧歌中，发展出“地秧歌”和“过街秧歌”；并进一步借鉴吸收外地民间艺术的内容和形式，使秧歌由街头演唱逐渐演变成拥有三百多个剧目的地方小戏。在此过程中，形成了以祁县、太谷为中心，旁及文水、交城等周边十余县区的祁太秧歌流行区域。

祁太秧歌集音乐、舞蹈、唱、念（道白）、做（表演）、打（武秧歌）于一体，以祁县、太谷及晋中农民的生活故事为表现内容，曲调优美动听，语言生动活泼，表演质朴粗犷，带有浓重的生活气息和地方特色，深受流行地区广大观众的喜爱，在晋中民俗及戏曲发生发展等方面具有一定的研究价值。

祁太秧歌《开店》剧照（山西省祁县文化馆　提供）

祁太秧歌《洗衣计》剧照（山西省祁县文化馆　提供）

祁太秧歌《古董借妻》剧照（山西省祁县文化馆　提供）

秧歌戏·襄武秧歌

申报地区或单位：山西省襄垣县、武乡县

襄武秧歌主要流行于山西省的上党和晋中地区，它源于明末清初的民间社火活动，早期是一种名为“挑高”的秧歌，后在当地说唱和民间歌舞的基础上吸收西火秧歌、上党梆子等的艺术因素发展成形，至清代中叶达于兴盛。

襄武秧歌唱腔属板腔体，调式为徵调式，早期主要演唱小曲小调，后逐渐形成完整的音乐体系，有【流水】、【乱弹】、【圪联板】等12种基本板式和多种辅助板式，还有曲牌体音乐，演唱时节奏明快，高亢激越之中不失悠扬婉转。

襄武秧歌的脚色早期以“三小”即小生、小旦、小丑为主，后在此基础上增加了须生、青衣、花脸等行当。道白以上党方言为主，表演形式简朴，带有浓郁的生活气息。襄武秧歌现存传统剧目一百五十多种、现代戏两百五十多种，多以家庭和社会生活为题材，情节简单明了，语言质朴风趣，充分展示出普通民众的喜怒哀乐，其中《嫁妻》、《落花记》等传统古装戏和《王贵与李香香》、《小二黑结婚》等现代戏是襄武秧歌最具影响的代表剧目。

随着社会的发展，襄武秧歌在现代文明冲击下生存空间越来越小，正逐渐走向衰落，急需采取措施加以保护。

襄武秧歌《金簪记》剧照（张岳公　摄）

襄武秧歌《坡前会》剧照（张岳公　摄）

襄武秧歌《二夫拉楼》剧照（张岳公　摄）

秧歌戏·壶关秧歌

申报地区或单位：山西省壶关县

壶关秧歌原是流传于山西省壶关地区的一种民间社火表演形式，形成于明末清初。它经常在街头、饭场、打谷场和炕头演唱，只有铜器伴奏而没有弦乐，所以又称“地圪圈秧歌”、“干板秧歌”。清末民初山西壶关已出现“西关壁”、“石坡”等一百多个业余秧歌班社，演出剧目主要有《打酸枣》、《苏姐姐梦梦》等。

被称为"庄户剧团"的壶关秧歌一般在院内、地头演出（山西省壶关县人民艺术剧团　提供）

1960年10月，壶关县政府正式组织成立专业秧歌剧团，对秧歌进行大规模的抢救整理。壶关秧歌曾多次赴省城汇报演出，屡屡获奖。近年来，随着生产、生活方式的变化，壶关秧歌演出市场日益萎缩，艺人生存艰难，整个秧歌艺术后继乏人，亟待政府扶植保护。

215 IV-71

道情戏

洪洞道情

沾化渔鼓戏

道情戏·洪洞道情

申报地区或单位：山西省洪洞县

洪洞道情是流行于山西省洪洞县一带的民间戏曲剧种，历史悠久，形式独特，带有浓厚的地方风味。其唱腔集法曲道情和民间歌谣为一体，充分体现了“三教所唱，各有所尚，道家唱情，佛家唱性，儒家唱礼”的特点。

洪洞道情《送茶》剧照（董玲玲　摄）

洪洞道情《送茶》剧照（董玲玲　摄）

洪洞道情产生于明代，清代咸丰年间始出现其班社的详细记载。1960年洪洞县成立青年道情剧团，至1970年解散，其间剧团曾先后参加过山西省第二届戏剧汇演和山西省现代戏调演。1991年有关方面组织道情中专培训班，2000年洪洞县文化馆成立演剧队，抢救恢复洪洞道情。

洪洞道情的曲调分为“官调”、“平调”和“高调”三类，主要剧目有《天仙配》、《龙虎山》等。

道情戏·沾化渔鼓戏

申报地区或单位：山东省沾化县

渔鼓戏起源于山东省沾化县胡家营村，至今已有两百八十多年的历史。它主要流传于山东沾化及周边县区，在山东东营与河北黄骅等沿海地区也有流布。清代雍正元年（1723）胡家营村重修道观时，请来道士进行说唱。村民学习其腔调后逐渐加以变化，融渔鼓（道情）、地方歌舞、武术和渔民号子于一体，又吸收了弋阳腔（高腔）和其他剧种的艺术因素，将原来的渔鼓说唱形式发展为在舞台上化装演出的渔鼓戏。

渔鼓戏的唱腔音乐属板式变化体，其唱词结构有“三句一番”的特点，韵脚讲究平起仄落，演唱中还常出现“引腔、腹腔、锁腔”，与沾化民歌在表现形式上如

渔鼓戏《洞宾戏牡丹》剧照（王先锋　摄）

出一辙。渔鼓戏行当齐全，文武兼备，在表演、伴唱和锣经等方面有着与众不同的独特表现。

渔鼓戏中有道教文化、移民文化与山东地方文化的历史遗存，为传统民间文化发展流变的研究提供了鲜活的例证。其板式和演唱形式独树一帜，在戏曲音乐、宗教音乐的嬗变等方面具有独特的研究价值。

老艺人在指导排练渔鼓戏（王先锋　摄）

217 IV-73

申报地区或单位：陕西省府谷县

二人台

民间艺人在村头表演二人台（陕西省府谷县文化馆　提供）

二人台主要流传于陕西省府谷县一带，它大约出现在清代同治年间，至今已有近两百年的历史。清末府谷民间艺人为求生存，结伙成班在黄河中游沿岸一带演唱二人台，形成了许多“玩意（儿）班子”。清末民初，二人台的内容有所丰富。新中国成立初期，民间艺人在“新秧歌运动”影响下对二人台进行了较大的改革。在此过程中，丁喜才、王向荣等民间艺人都发挥了重要作用。1953年，丁喜才代表西北地区参加第二届全国民间音乐舞蹈会演，演唱《五哥放羊》、《尼姑思凡》，受到了同行和专家的好评。

府谷二人台音乐有宫、商、徵、羽四个调式，而以徵、商调式居多。演唱时往往以小唱和曲牌音乐表现劳动人民的喜怒哀乐。二人台每场一般只有一丑一旦两个演员，早期二人台基本没有女演员，旦脚都由男演员扮演，丑脚演员围绕旦脚表演，称为“滚边”或“丢丑的”。二人台小唱、小戏出现后，剧中角色有所增加。

221 IV-77

申报地区或单位：湖北省恩施市

灯戏

灯戏《小说媒》剧照（刘桃源　摄）

恩施灯戏是湖北地方戏曲剧种，清代乾隆年间由四川流入恩施，至今已有近两百年的历史，主要流传在湖北恩施、利川及渝东地区的二十多个县市。

恩施灯戏的唱腔音乐主要由“正腔”和“小调”组成，正腔类唱腔主要包括“本腔”、“七句半”、“一字板”、“悲腔”、“神狗调”、“四平调”、“辰河调”等，均属板腔体，由两句唱词构成上下乐句；小调类唱腔自由灵活，多来自恩施一带流行的灯歌小调。

恩施灯戏的脚色行当主要有小生、小旦、小丑三种，角色小、戏小、班社小，对服装、道具、舞台均无严格要求，可随时随地演出，适应了当地山区的文化环境和地理条件。恩施灯戏现保存各类剧目112个，均为单本折子戏。这些剧目精巧简练，通俗易懂，寓庄于谐，为流传地广大观众所喜闻乐见。

经过数百年的锤炼，恩施灯戏一招一式、一腔一板都显示出独特的艺术魅力，保持着有别于其他姊妹艺术的鲜活个性。它多表现下层人民生活，展示当地风俗民情，在民俗学等的研究中具有重要的参考价值。

灯戏《小说媒》剧照（刘桃源　摄）

222 IV-78

申报地区或单位：贵州省独山县
云南省花灯剧团、弥渡县、姚安县、元谋县

花灯戏

花灯戏是贵州和云南的主要地方剧种，它源于民间花灯歌舞，清末民初发展成为地方戏曲，在流行过程中受各地方言、民歌小曲和习俗等的影响而形成多种不同的演唱与表演风格。花灯戏表演时艺人手不离扇、帕，载歌载舞，唱做结合得十分紧密。

贵州花灯戏主要流行于独山、遵义、毕节、安顺、铜仁等地，各地名称有所不同，黔北、黔西一带叫“灯夹戏”，独山一带叫“台灯”，思南、印江等地叫“高台戏”或“花灯戏”。其中独山花灯戏有一百四十多种演出剧目，包括《金铃记》、《蟒蛇记》等85种早期条纲戏剧目，《铡美案》等27种移植剧目和《七妹与蛇郎》等27种新创剧目。

云南花灯戏有昆明花灯戏、玉溪花灯戏和姚安花灯戏三大支系，此外的小支派名目极其繁多，文山、曲靖、楚雄、弥渡、罗平、元谋、禄丰、建水、蒙自等地都有自己的花灯戏。云南花灯戏最

花灯戏表演场景（云南省花灯剧团　提供）

花灯戏《打头台》剧照（潘光平　摄）

花灯戏表演场景（潘光品　摄）

初演出的是歌舞成分很重的花灯小戏，后来受滇戏等剧种影响，出现了情节较为曲折复杂的剧目，同时吸收其他剧种的曲调加以变化拓展和翻新，形成了花灯戏新调。

云南花灯戏最繁荣的时期是20世纪五六十年代，此时不仅涌现了史宝凤、熊介臣、袁留安等众多著名的花灯戏演员，还出现了《探干妹》、《闹渡》、《刘成看菜》、《三访亲》等一批享誉云南戏曲舞台的剧目。

224 IV-80

藏戏

藏戏·德格格萨尔藏戏

申报地区或单位：四川省德格县

德格格萨尔藏戏表演场景（四川省德格县文化馆　提供）

格萨尔藏戏发源于四川德格县竹庆寺（属藏传佛教宁玛教派），1870年开始编演，至今已有一百三十多年的历史。格萨尔藏戏的创始人为竹庆寺第五世寺主土登·曲英多吉活佛，他主持了格萨尔藏戏的编演，从剧本到曲调、面具、服装、动作，皆亲自过问。编排出的藏戏在竹庆寺破九节上正式跳演，剧中角色包括格萨尔的30员大将、11名烈女和其他将士。平常演出时，需由数十名演员同跳，表演人数多时可达一百八十余人。

德格格萨尔藏戏表演场景（四川省德格县文化馆　提供）

格萨尔藏戏最初在藏传佛教宁玛派的一些寺庙中交流表演，后来逐步发展到在五大教派的不同寺庙中演出。它一般在每年的藏历年和祭祀活动、宗教节庆中表演，多选择寺庙周围开阔的草原为演出场地。演出前先由寺庙组织僧侣进行编排，在此过程中不断有新的喇嘛和扎巴加入进来，这样以老带新，使格萨尔藏戏得到发展传承。

格萨尔藏戏以歌颂、缅怀史诗英雄格萨尔为主题，从《格萨尔王传》手抄本及民间传说中吸取营养，充满了神秘高古的文化气息。最初的格萨尔藏戏主要表演《诞生记》、《赛马登位》、《施发大食财宝》等内容，后来不断增加，跳演的剧目达到十多种。

藏戏·巴塘藏戏

申报地区或单位：四川省巴塘县

巴塘藏戏是康巴藏戏的一个流派，至今已有三百多年的历史。康巴藏戏藏语称作“江嘎冉”，是藏戏四大流派之一，形成于清代顺治十年（1653），其后又在巴塘不断发展，形成了风格独特的藏戏演出样式。

巴塘藏戏的演出分为舞台演出和坝子演出两种，而以坝子演出为主。演出时有简单的化装，通常要戴面具，尤其注重勾画神话传说中邪恶形象的脸谱，观众通过不同色彩的化妆、不同形象的面具和表演动作来区别剧中人物的美丑善恶。表演时除前场演员演唱以外，后场演员也可以帮腔，通常以鼓、钹等打击乐器伴奏，也有一些剧目用长号、唢呐、笛子、胡琴等伴奏。

巴塘藏戏《郎莎雯布》表演照（格桑泽仁　摄）

巴塘藏戏《顿月邓珠》表演照（格桑泽仁　摄）

巴塘藏戏的演出一般分为四个部分，第一部分为序幕“扎西协哇”，主要是祝贺节日吉祥如意；第二部分为开场式“恩巴”，主要是向观众介绍演员、预告剧目；第三部分为正式演出内容“雄”，按故事情节分场演出，一个剧目长则演两天，短则演两三个小时；第四部分为谢幕仪式“扎西交”，全体演员在歌舞中接受观众捐赠，同时向观众表示感谢，预祝来年丰收。

巴塘藏戏演出剧目较为丰富，主要包括《扎西协哇》、《文成公主》、《智美更登》、《郎莎雯布》、《郎莎姑娘》、《乘云之王》、《秋收时节》、《卓瓦桑姆》、《洛桑王子》、《顿月邓珠》等。

藏戏·色达藏戏

申报地区或单位：四川省色达县

色达格萨尔藏戏源于青海省智钦寺，早期是跳神的寺庙乐舞，又称“面具舞”。它以传统的八大藏戏为内容，在重大佛事活动中表演，演出时以唢呐、莽号、鼓、钹等乐器伴奏。

色达藏戏《天牧》剧照（刘波　摄）

色达藏戏是北派藏戏的代表，历史悠久且富于创新性。四川省色达县丰厚的格萨尔文化底蕴与深厚的藏戏艺术传统为格萨尔藏戏的形成发展奠定了基础。1948年，色达日洛活佛在安多藏戏的基础上大胆革新，在藏戏中加入景片、道具和弦乐器，改编创作了《志美更登》、《卓瓦桑姆》等剧目，在此过程中培养出一大批藏戏人才，使藏戏在色达广泛传播，成为当地普及面最广的民间艺术。1981年，以色达县著名学者班玛·塔洛仁波切为首的一批格萨尔研究专家和藏戏专家成功地将《格萨尔王传》史诗移植进藏戏，在独特的唱腔中融入折嘎说唱、弹唱、民族山歌、舞蹈、格萨尔说唱、服饰表演、民间故事传唱等艺术形式，完整表现了格萨尔王的事迹，取得了良好的观赏效果。色达格萨尔藏戏既有北派藏戏的特点，又超出北派樊篱而自成一体。

色达格萨尔藏剧以英雄史诗《格萨尔王传》为表演内容，使人感受到史诗的震撼力，以艺术的方式激励人们勇敢地去追求美好的生活。它将藏戏从寺庙宗教氛围中解放出来，使其转变为一种民间艺术，内容与形式趋向世俗化、人性化和大众化，这对于弘扬少数民族优秀文化、促进藏区的精神文明建设具有重大意义。

藏戏·青海马背藏戏

申报地区或单位：青海省果洛藏族自治州

马背藏戏创始于青海省果洛藏族自治州甘德县的龙恩寺，主要在果洛州境内流传，从20世纪90年代初开始，逐渐在甘南、甘孜、阿坝、玉树等周边藏族地区传播。

马背藏戏是在西藏藏戏基础上创立的独特剧种，它以草原为背景，以马背为舞台，始终在马背上再现英雄故事。这一戏剧形式起源于17世纪中叶果洛各部落的赛马会，当时为了更好地满足观众的欣赏要求，更完美地展现剧情，在表演中适当加入了马术，马背藏戏由此在果洛地区发展兴盛起来。它融藏族古典文学、音乐、舞蹈、美术、马术表演等为一体，通过说唱、舞蹈和逼真的马术表演再现剧中所描绘的历史场景及故事情节。时至今日，果洛州境内已有6个马背藏戏团。

马背藏戏保留了果洛地区的民间宗教文化及藏族民间表演艺术、民间手工技艺和民间体育竞技等，是反映历史上果洛藏族游牧生活的活史料，在社会学、民俗学、藏民族历史文化及宗教文化等的研究中具有不可替代的重要价值。

马背藏戏《赛马称王》表演照（青海省文化和新闻出版厅　提供）

马背藏戏《赛马称王》表演照（青海省文化和新闻出版厅　提供）

马背藏戏《赛马称王》表演照（青海省文化和新闻出版厅　提供）

226 IV-82

申报地区或单位：云南省文山壮族苗族自治州

壮剧

壮剧《杨三姐告状》剧照（杨清华　摄）

云南壮剧主要流传于云南省文山壮族苗族自治州，它有富宁土戏、广南沙戏和文山乐西土戏三个分支，各分支起源不尽相同。其中富宁土戏形成最早，至今已有三百多年的历史，云南壮剧最早的唱腔形式即源自富宁土戏；广南沙戏和文山乐西土戏均形成于清代光绪年间。

云南壮剧在融汇壮族山歌、舞蹈、音乐、说唱、民间故事等艺术形式的基础上不断吸收外来戏剧的长处，经过长时间的发展，成为成熟的地方戏曲剧种。在壮族最为隆重的“陇端节”上，壮剧是必演节目，有“陇端必有戏，无戏无陇端”的说法。

云南壮剧体现了云南壮族人民的精神追求、理想信仰和价值取向，其剧目涉及当地壮族群众日常生活、节日庆典、婚丧嫁娶等方方面面的内容，如同云南壮族社会的一部百科全书。文山壮族苗族自治州处于边境地区，各种境外的异国文化以有形或无形的方式影响着当地人民的思想。通过充满民族情感和民族气派的艺术表演巩固中华民族的文化观念和文化习俗，这是云南壮剧的特殊价值所在。

227 IV-83

申报地区或单位：湖南省通道侗族自治县

侗戏

侗戏《刘媄》剧照（杨少权　摄）

侗戏是深受侗族人民喜爱的地方戏曲剧种，它大约产生于清代嘉庆至道光年间，主要流行于贵州的黎平、从江、榕江，湖南的通道，广西壮族自治区的三江、龙胜等地。

通道侗戏产生之初，唱腔单调，形式简单，动作朴实，剧情单一。在与其他戏曲剧种交流的过程中，它博采众长，克己之短，努力丰富说、唱、奏、打、舞等艺术手段，提高了表演水平。同时注意增强戏剧冲突，推出了一批情节曲折的作品。流传于南部侗族方言区的“平腔”是通道侗戏最早的唱腔，只有一个上下句，由此派生出“旦腔”、“生腔”、“丑腔”、“哭腔”（悲腔）等众多曲调。随着通道侗戏的不断创新，其唱腔音乐出现了较大的突破，歌腔得到广泛应用，新腔也应运而生。通道侗戏演出剧目较多，传统和现代剧目总数达到三百多种，《刘媄》、《珠郎娘美》、《雾梁情》等都是其中的代表作品。

改革开放以来，通道侗戏受到多方面的强烈冲击，在经济大潮和现代传媒的影响下渐趋衰落。加上侗乡的大部分青壮年纷纷出外务工，戏师们年过古稀，不少人相继谢世，目前通道侗戏已跌入低谷，生存困难，传承乏人，正处于濒危境地，亟待抢救保护。

233 IV-89

傩戏

万载开口傩
仡佬族傩戏
鹤峰傩戏
恩施傩戏

傩戏又称“傩堂戏”、“端公戏”，是在民间祭祀仪式基础上吸取戏曲因素而形成的一种地方戏曲形式，广泛流行于安徽、江西、湖北、湖南、四川、贵州、陕西、河北等省。傩戏起源于远古时代，早在先秦时期就有既娱神又娱人的巫歌傩舞。明末清初，各种地方戏曲蓬勃兴起，傩舞吸取戏曲的艺术因素，发展成为傩堂戏、端公戏。清代康熙年间，傩戏在湘西出现，随即由沅水进入长江，迅速传播开来，与各地的民间艺术相融汇，形成多种不同的流派和风格，像湖南、湖北（主要流行于鹤峰和恩施地区）的傩堂戏就是吸收花鼓戏表演技巧而形成的。

傩戏·万载开口傩

申报地区或单位：江西省万载县

万载傩戏又称“跳魈”，流传于江西省万载县乡间和邻县。它大约诞生于元末明初，是当地民间驱鬼逐疫、祈福求平安的一种民俗活动。整个仪式中，当地民众奉唐末五代的“杨吴将军欧阳晃”为傩坛主神。到1940年，万载全县已有傩队17支，傩神庙9座，其中最早的潭埠镇沙江桥傩庙始建于明代初年。

万载傩戏分“开口傩”和“闭口傩”两类，开口傩有《关王下笺》、《开山》、《关鲍大战》等7个表演剧目，有生、旦、净、丑的脚色分工，演出动作古朴粗犷，唱、念、做、打齐全。万载傩戏在赣傩中占有重要位置，它是傩文化的载体，在傩舞发展和傩戏形成的研究中具有重要的参考价值。

表演万载开口傩：比刀（江西省非物质文化遗产研究保护中心　提供）

万载开口傩《关王下笺》剧照
（江西省非物质文化遗产研究保护中心　提供）

万载开口傩《土地》剧照
（江西省非物质文化遗产研究保护中心　提供）

万载开口傩表演场景（江西省非物质文化遗产研究保护中心　提供）

傩戏·仡佬族傩戏

申报地区或单位：贵州省道真仡佬族苗族自治县

仡佬族傩戏至迟在元明时期传入贵州省道真仡佬族苗族自治县，由此开始在当地流传。它以巫为内核，与贵州地域文化和仡佬族文化合流，形成佛巫或道巫、清巫、儒巫合一的特殊坛门形式。目前在道真从事傩仪活动的有五十多个坛班、六百三十多人。

道真仡佬傩戏以祈福迎祥为目的，由民间称为“道士先生”的艺人组班表演，它有冲傩、打保福、阳戏、梓潼戏等一百三十余种表现形式，演出时以锣、鼓、钹、唢呐等乐器伴奏，有歌有舞，或说或唱，庄谐交作，文武并重，山王、秦童等角色表演时需戴上特制的傩面具。参与表演者一二人至十余人不等，时间一两个小时至几天几夜不等，内容因信众目的与坛门派别而异，整个演出过程呈现出娱神和娱人结合、祭祀与艺术交融的特征。目前道真仡佬族傩戏记录成文的约有八百余万字，据初步估计，全部傩戏加以演示约需两个月。

仡佬族傩戏是仡佬族文化与贵州巫傩文化的重要载体，在宗教、历史、民俗、音乐、文学、教育等方面都具有重要的研究价值。

傩坛符印板（赵庆红　摄）

仡佬族傩戏：度关（赵庆红　摄）

傩戏·鹤峰傩戏

申报地区或单位：湖北省鹤峰县

湖北省鹤峰县最早见于文字记载的傩戏出现在明代天启年间，容美土司田信夫在《澧阳口号》中写出了当时傩戏在鹤峰盛行的情景："山鬼参差迭歌里，家家罗帮载身魔。夜深响彻呜呜号，争说邻家唱大傩。"

鹤峰傩戏班称"坛"，班主则称"掌坛师"，一个傩坛8人至10人不等。新中国成立前鹤峰约有25个傩坛，分布在走马、白果、锁坪、南北、阳河、铁炉、马家、五里、桃山、六峰、清湖、下坪、北佳、中营、邬阳等乡镇。目前燕子乡的清湖村、铁炉乡的江口村还有两支完整的傩坛队伍常年演出傩戏，入坛者中不乏当地青年。除此两处以外，其他地方亦有零散的傩戏艺人在活动。鹤峰傩戏有一套完整的祭仪，由"发功曹"、"白旗扫台"、"请神"、"修造"、"开山"、"打路"、"扎寨"、"迎神"、"窨茶"、"开洞"、"戏猪"、"出土地"、"点猖"、"发猖"、"报卦"、"收兵"、"扫台"、"邀罡"、"祭将"、"操兵"、"立标"、"勾愿"、"撤寨"、"送神"等表演环节构成，号称"二十四戏"，亦称"二十四堂法事"。简化的祭仪也仍有"发功曹"、"白旗扫台"、"扎寨"、"迎神"、"开山"、"出土地"、"祭将"、"立标勾愿"八个环节，称为"正八出"。

鹤峰傩戏《扎寨》表演照（陈晓　摄）

鹤峰傩戏《出土地》表演照（陈晓　摄）

傩戏·恩施傩戏

申报地区或单位：湖北省恩施市

湖北省恩施市流传的傩戏由“傩愿戏”和“坛傩”两个部分组成。傩愿戏现存于红土乡的漆树坪村和大河沟村，由湖南经湖北鹤峰县传入，有三百二十余年的历史；坛傩现存于三岔乡，它起源于明代洪武年间恩施谭姓、杨姓等人家祭祖的“弘农堂”，至今还保留有交牲、开坛、请水等25坛完整的法事。恩施傩戏带有鲜明的地方特色，其傩面具制作成就尤为突出，现为湖北独有，近百个面具每个都与神话传说和民间故事密切相关。

恩施傩戏《反五关》演出照（刘桃源　摄）

目前恩施傩戏尚保留着一批古老的剧目，如《鲍家庄》（关索戏）等，每年都会在当地及鹤峰县、宣恩县、建始县等地演出四五十场。红土傩愿戏“戏中有祭”，山岔坛傩“祭中有戏”，都包含着典型的古老祭仪。

恩施傩戏《鲍家庄》表演照（刘桃源　摄）

235 IV-91

皮影戏

北京皮影戏
河间皮影戏
岫岩皮影戏
盖州皮影戏
望奎县皮影戏
泰山皮影戏
济南皮影戏
定陶皮影
罗山皮影戏
湖南皮影戏
四川皮影戏
河湟皮影戏

皮影戏·北京皮影戏

申报地区或单位：北京市宣武区

北京皮影戏早期分为东西两派，东派消亡甚早，现存的西派皮影形成于明代正德年间。1842年满族人路德成继承北京西派皮影艺术，建立了北京祥顺影戏班。此后西派皮影在路氏家族中一脉相传，路德成之子路福元建立福顺影戏班，路福元之子路耀峰又建立德顺影戏班，传到路耀峰之子路景达已是四代，前后历经一百多年。

北京皮影戏形成期长，表现手法独特，表演、声腔、造型等方面有着不同于其他地区皮影的艺术特色。其声腔吸收北方昆曲、京剧、曲艺等的声腔曲调，自成一格，表演细腻夸张，有一些独特的艺术处理手法，如影人照镜子、流眼泪、梳妆打扮等动作细节都表现得十分真切。

随着老一辈艺术家的相继退休和离世，北京皮影戏出现了后继无人的现象。北京皮影戏的主要传承者北京皮影剧团1979年后长期没有自己的团址，也缺乏固定的演出场所，长期负债经营，演职员收入低，生存极为困难。在此情势下，北京皮影戏逐渐陷入濒危境地，传承乏人，慢慢淡出了观众的视野，亟待有关部门制订措施，加以保护。

北京皮影戏表演后台（赵德春　摄）

北京皮影剧团在悉尼演出（赵德春　摄）

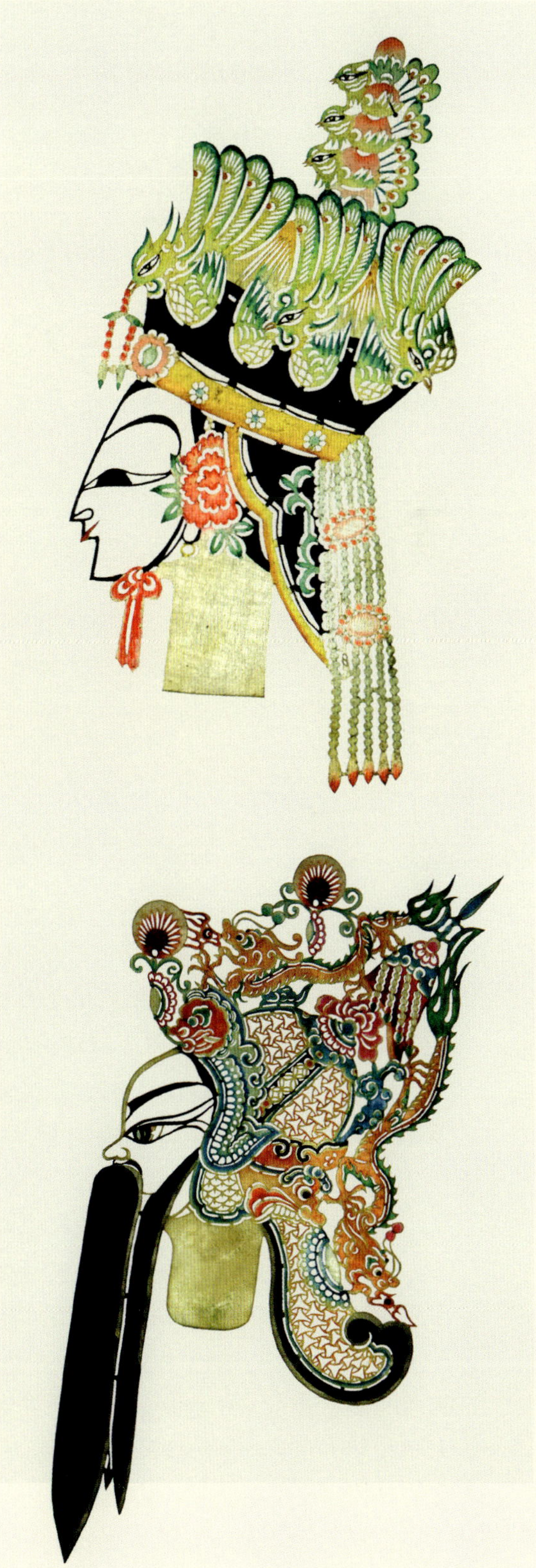

北京皮影人物（路连达作，北京京都文化投资管理公司提供）

皮影戏·河间皮影戏

申报地区或单位：河北省河间市

河间皮影戏技艺传习（侯国忠　摄）

河间皮影戏是冀中皮影戏的重要代表之一，流传于河北省河间市。冀中皮影戏早期由西部移民传入，当时称为“兰州皮影”，主要流布于河北省保定、沧州、廊坊、石家庄一带。目前冀中皮影戏在保定、廊坊等地基本消失，在河间还比较完整地保存着。

河间皮影戏在造型方面体现出我国西部皮影的特点，剧本、唱腔、演出等诸多方面则与北京西派皮影戏同脉同宗。河间皮影戏的唱腔被称为“老虎调”，有“大悲调”、“小悲调”、“平安调”等曲调，风格粗犷奔放、醇厚朴实，演唱时与当地方言紧密结合。其伴奏乐队有文武场之分，文场使用板胡、二胡、笙、笛等乐器，武场则使用板鼓、阴阳板、锣、镲等乐器。在长期的演出实践中，河间皮影戏形成了《拿蜘蛛》、《混元盒》、《五鼠闹东京》等一批丰富的口传剧目。

目前，由于老艺人陆续去世，河间皮影戏大量口传心授的珍贵曲目正处于逐渐消失之中，前景堪忧，急需加大力度予以抢救保护。

河间皮影戏影人（侯国忠　摄）

皮影戏·岫岩皮影戏

申报地区或单位：辽宁省鞍山市

岫岩皮影戏在明清时期传入辽宁省鞍山市岫岩地区，至今已有三百多年的历史。早期皮影表演为“独影”形式，清代同治年间形成“溜口影”，民国后演变为“翻书影”，现在岫岩皮影戏仍保留了部分“溜口影”的原始形态。

岫岩皮影戏唱腔音乐丰富，有【大慢板】、【慢板】、【流水】、【快流水】、【快板】五个板式，演唱时按生、旦、净、末、丑的行当分出大小两种唱法，各有固定的唱腔板式，唱词按句法结构可分为“三赶七”、“硬唱”、“七言句子”、“五字锦”、“十字锦”、“答拉嘴”等几种，表演则吸收戏曲程式化的表演方法，围绕剧情刻画人物。岫岩皮影戏影卷多、卷头大，内容繁复，有近百种传统剧目和二十余种现代剧目。

新中国成立前，岫岩有皮影19箱、从影艺人四十余名。新中国成立后，岫岩皮影戏得到迅速发展，1965年时全县已有皮影三十余箱、皮影艺人八十余名。目前，岫岩皮影戏严重衰落，2004年时皮影仅剩6箱，艺人也只有21名，且年龄多在60岁以上。岫岩皮影戏生存困难，传承乏人，已处于濒危状态，亟待抢救保护。

岫岩皮影戏演出队常年在乡镇、社区演出（吴庚强　摄）

岫岩皮影戏影人（吴庚强　摄）

皮影戏·盖州皮影戏

申报地区或单位：辽宁省盖州市

盖州皮影戏又称“辽南皮影戏”，流传于辽宁省盖州地区的岫岩、海城、大石桥、瓦房店、庄河等地。它起源于明末清初，至清末民初臻于完善。盖州艺人以驴皮为原料，将之刮薄至透明的程度，用来雕刻人物，制成工艺精美、造型独特的皮影形象。

盖州皮影戏的唱腔委婉动听，明显带有辽南民歌的风味，唱词格式规范，风格自然流畅，唱、念多使用盖州当地民间土语，显示出诙谐幽默的风格。伴奏乐队文武场齐全，主奏乐器是当地自创的梧桐四胡。盖州皮影戏的脚色分生、旦、净、髯、丑几个行当，表演生动活泼，富于地方特色。

盖州皮影戏中蕴含着大量的历史文化信息，其独特的造型工艺及原汁原味的辽南民间唱腔音乐在民间艺术研究中具有重要的价值。

盖州皮影戏《苏武牧羊》剧照（王超　摄）

皮影戏·望奎县皮影戏

申报地区或单位：黑龙江省望奎县

黑龙江望奎从清代起成为海伦府辖地，这里集聚了大量的中原移民，其中尤以河北移民为多，因而使用冀东口语在当地极为广泛。18世纪末河北乐亭皮影艺人到望奎落脚演唱，由此开始，皮影戏一直在当地延续发展。20世纪50年代，望奎皮影戏一度走红，打出了黑龙江皮影戏“江北派”的大旗。至70年代，它已经成为望奎城镇乡村主要的艺术演出样式。

望奎皮影戏保留了冀东民间小调的特点，在此基础上大量吸收双城皮影戏的外调及杂牌子曲牌，两相融合，形成自己的风格，因此有“两合水”影腔之称。望奎皮影戏传统影卷多以公案、剑侠、征战、宫廷、市井民俗及传奇故事为题材，经常演出的剧目有《五峰会》、《双失婚》、《岳飞传》、《包公案》等。

望奎皮影戏具有独特的艺术价值，它在自身发展的同时，还对本区域内的其他姊妹艺术产生了重大影响，黑龙江的民间剪纸、石木雕刻、京剧、评剧、龙江剧、民间舞蹈、二人转等舞台艺术都大量借鉴了望奎皮影戏的制作工艺、音乐、唱腔与表演。

望奎县皮影戏下乡演出后台（王丽君　摄）

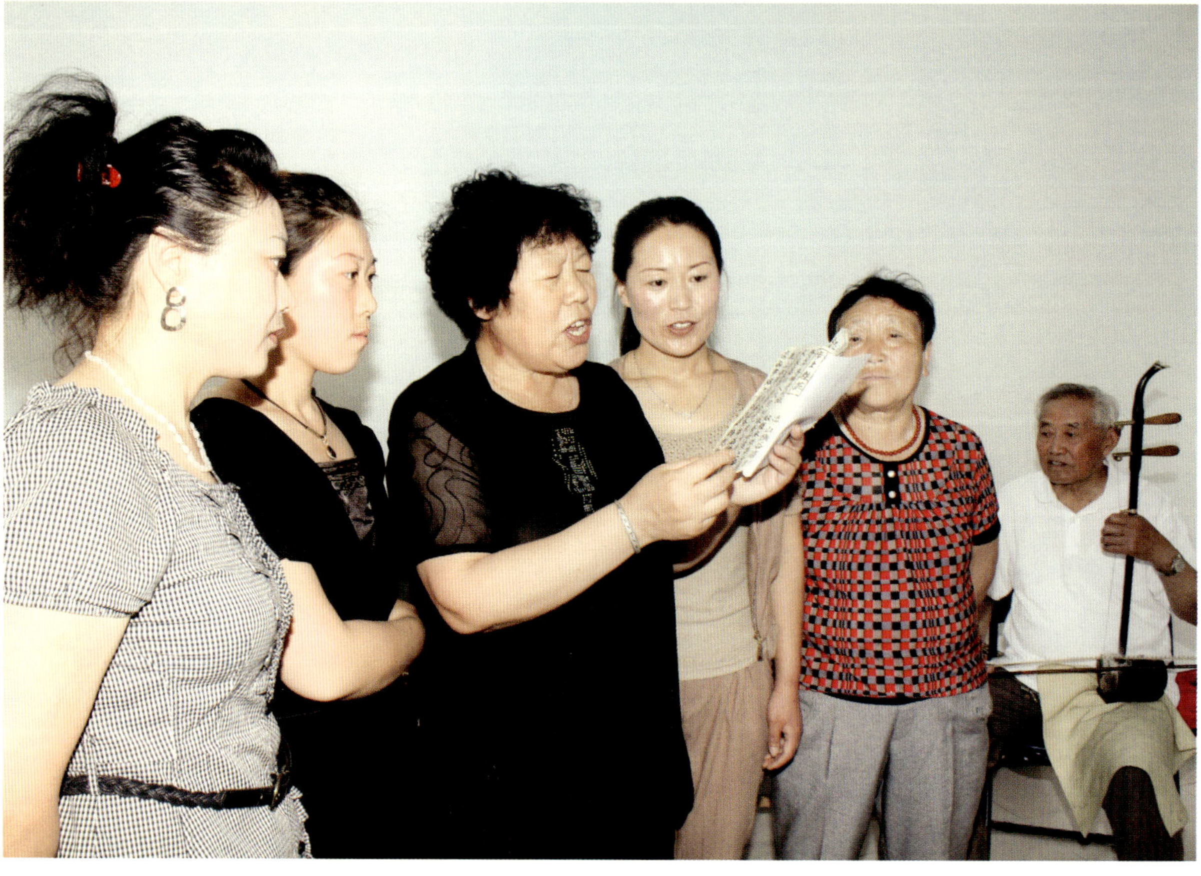

皮影艺人向学员传授皮影戏唱腔（王丽君　摄）

皮影戏·泰山皮影戏

申报地区或单位：山东省泰安市

泰山皮影戏是山东皮影戏的重要代表之一，从明代开始，其表演活动就非常频繁。清末民初至今，已有六代人传承了这一优秀的民间艺术。

泰山皮影戏《西游记》剧照（张鲁　摄）

泰山皮影戏声腔种类丰富，它不仅继承了早期山东皮影的“摩调”，还广泛吸收泰安当地流行的其他民间戏曲唱腔，形成了独具特色的声腔体系。泰山皮影戏的人物形象造型多借鉴泰山民间剪纸和传统戏曲脸谱，逐步形成了带有鲜明地域特点的脸谱系列。泰山皮影戏属典型的口传民间艺术，演出没有剧本，演员完全靠记忆表演发挥。演出剧目极为丰富，尤以《泰山石敢当》系列剧最为著名。

泰山皮影艺人在传承中保留了传统的皮影雕刻、表演技艺和口传剧本，并在此基础上加以创新和发展，如著名表演艺人范正安广泛吸收西河大鼓、山东四板书、十不闲等表演技艺，独创出一种能够同时操纵、演唱和伴奏的皮影戏表演技艺，成为当今中国皮影戏的一绝。泰山皮影戏是泰山文化的重要组成部分，它融泰安民间美术、音乐、戏曲为一体，在民俗及地方历史文化等的研究中具有重要的参考价值。

艺人在制作泰山皮影戏影人（张鲁　摄）

皮影戏·济南皮影戏

申报地区或单位：山东省济南市

济南皮影戏是山东皮影戏的一个分支，主要流布于山东省境内，同时也在河北、河南、安徽等地流传。山东皮影戏至少已有五百年的历史，清末艺人张盛旺专门从事皮影戏演出，当时称为“兰州皮影”。其徒李克鳌传承技艺后，于1915年将皮影自邹县带入济南，后经李福增、李兴堂、李兴时等人的继承和发展，逐渐形成了地域特色鲜明的济南皮影戏。

济南皮影戏表演声情并茂，由一人负责操作和说唱，一人负责伴奏。演唱初期采用和尚劝善念经的唱腔，后又在此基础上吸收五音戏、西河大鼓、山东琴书等戏曲音乐，形成了清新流畅的曲调。

济南皮影虽然只有八十多年的历史，但其表演形式和艺术风格影响广远，具有独特的艺术史和地域文化研究价值。

艺术家的绝活：一人一台戏（袁航　摄）

皮影戏·定陶皮影

申报地区或单位：山东省定陶县

山东定陶皮影又名“隔纸说书”，是由明代山西移民传到定陶的古传皮影戏，长期活跃在山东、河南、安徽、河北等地，至今仍保留着古传皮影的基本制作工艺、演出形态、表演程式、原始唱本和古老影箱。

定陶皮影戏保存的古老影箱中完整的影人有二百五十余套，种类较为齐全。这些影人高一尺有余，系用牛皮制成，色泽古拙，形制巨大，风格粗犷朴拙，显示出高超的雕刻技艺。

定陶皮影戏的唱腔融汇了其他地方戏曲、曲艺及民歌小调等多种艺术因素，音乐形象丰富，极富表现力。演出时少则六七人，多则一二十人，各有专人负责演唱、伴奏和操纵影人。其上演剧目有三四十种左右，连台本戏可连续演出月余，常演剧目主要有《封神演义》、《西游记》、《杨家将》等。

定陶皮影戏资料丰富，是研究我国早期皮影造型艺术的珍贵资料。

艺人在表演定陶皮影（潘东升　摄）

定陶皮影影人（潘东升　摄）

表演定陶皮影《西游记》（潘东升　摄）

皮影戏·罗山皮影戏

申报地区或单位：河南省罗山县

罗山皮影戏表演（河南省信阳市非物质文化遗产保护中心　提供）

罗山皮影影人制作（河南省信阳市非物质文化遗产保护中心　提供）

河南罗山皮影戏系由古代中原影戏逐渐演变形成，清末罗山艺人吸收滦州皮影戏的艺术经验，使罗山皮影戏得到进一步的发展。罗山皮影制作工艺用料讲究，镂刻精细准确，人物和亭台楼榭的造型具有江淮风格。

罗山皮影戏深得江淮地域观众的青睐，常在湖北、安徽、河南等地演出，活动范围非常广阔。其唱腔音乐蕴涵有江淮地区民间音

乐的元素，演唱时真假声转换自如，呈现出高亢明亮、委婉动听的艺术风格。唱词诙谐幽默，朗朗上口，体现着江淮民间口头文学的特点。历代相传的罗山皮影戏剧目有416个，其中经常演出的有231个，多取材于古典文学名著。目前，罗山皮影戏后继乏人，濒临消亡，亟待抢救保护。

皮影戏·湖南皮影戏

申报地区或单位：湖南省木偶皮影艺术剧院、衡山县

湖南皮影戏历史悠久，广泛流传于湖南各地。其影人多为“纸偶”，在影型制作上吸收了剪纸、绘画、雕刻等多种民间艺术的精华，雕刻刀法丰富，虚实结合，繁简相映，造型美观，惟妙惟肖。

湖南皮影戏脚色行当齐全，各行当又有进一步的分类，如旦脚细分为青衣、花旦、刀马旦等。表演时细腻传神，动作性很强。湖南皮影戏传统剧目达数百种，20世纪50年代建立的湖南省木偶皮影艺术剧院传承湖南皮影戏的艺术传统，半个多世纪以来创作演出了多种在国际、国内荣获大奖的优秀剧目，其中《龟与鹤》、《两朋友》等作品深受各界赞誉，成为剧院的保留剧目。

湖南皮影戏《琵琶进宫》剧照（刘宁兴　摄）

皮影戏·四川皮影戏

申报地区或单位：四川省阆中市、南部县

土皮影表演班为农村观众表演皮影戏（李天社　摄）

四川皮影戏主要包括土皮影、广皮影（又称“渭南皮影”）和阆中皮影戏三类。其中阆中皮影戏最具特色。

阆中皮影戏流行于以阆中市为中心的南充、广安等地区的36个县市，覆盖面积达53万平方公里。这种皮影戏系阆中民间皮影大师王文坤家族所创，王氏先祖结合土皮影、广皮影的优点，创出新型的阆中皮影戏。阆中皮影制作上极见功力，雕刻技法娴熟，线条流畅细腻，镂空留实得体，影人结构均衡，造型俊美，面部为椭圆形，头帽胡须不固定，服饰多用川北民间流行的传统花纹图案装饰，外观精致优美，具有浓郁的地方特色。阆中皮影戏的唱腔主要借用川剧五大声腔，此外还博采民间流行的山歌、小调及佛教、道教音乐，兼收并蓄，自成一体。

四川皮影戏充分反映了四川地区的风俗习惯、社会风貌和人文传统，具有重要的民俗学、艺术学研究价值。

皮影戏·河湟皮影戏

申报地区或单位：青海省

河湟皮影戏又称“青海皮影戏”，在当地称为“影子”或“皮影儿”，主要流传于青海省东部地区，少数民族自治州的汉族聚居地也有少量皮影戏班。

河湟皮影戏演出后台（青海省文化和新闻出版厅　提供）

河湟皮影戏约有两百多年的历史，在长期的发展过程中形成了一些固有的特征。它有独立、成熟的板腔体声腔体系，有专用的弦索音乐曲牌和打击乐曲牌，其唱腔音乐与其他地方剧种不能通用。河湟皮影人物造型设计独特，形象丰富逼真，它由11个部件组成，主要分稍子（头）和身子两大部分，稍子和头饰连在

河湟皮影制作主要流程（青海省文化和新闻出版厅 提供）

选择制作皮影的牛皮

雕刻

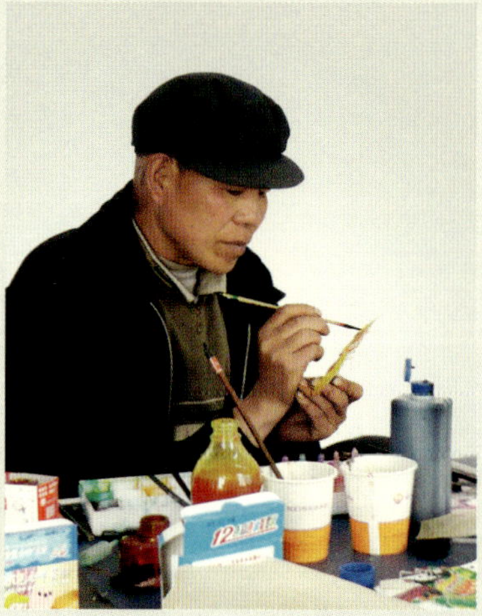

上色

一起，身躯四肢和服饰连在一起。河湟皮影戏很少有文字剧本，演出全凭艺人口头传承，在此过程中逐渐形成了一套特殊的记忆方法，多数艺人有即兴创作的本领。皮影戏班由五人组成，把式一人操纵生、旦、净、丑等脚色并兼任说唱，其他四人为乐手，负责文武场的全部音乐伴奏。

20世纪90年代以后，河湟皮影戏逐渐衰落，戏班锐减，已不足原来的五分之一，活动空间也从中心地区退向边远山区。目前，河湟皮影戏这一宝贵的民间艺术正濒临消亡，急需抢救。

河湟皮影戏演出场景（青海省文化和新闻出版厅 提供）

236 IV-92

木偶戏

木偶戏·孝义木偶戏

申报地区或单位：山西省孝义市

孝义木偶戏是山西地方特色剧种之一，流传于山西省孝义市及周边市县。

孝义木偶戏属杖头木偶戏，宋代时传入孝义地区。其木偶造型简洁粗犷，神态灵活生动，机关奇巧适用，极具北方特色。孝义木偶班社演出形式多样，素有“两种形式，三种唱腔”之说。“两种形式”是指木偶和皮影，孝义木偶戏原来独立成班，后与皮影戏合成“灯影班”，白天演木偶戏，晚上演皮影戏。“三种唱腔”是指皮腔、碗碗腔和中路梆子，孝义木偶戏最初演出时用孝义秧歌干板腔、皮腔和中路梆子（晋剧）演唱，后来又加入碗碗腔。

孝义木偶戏承载着孝义的风俗民情、社会伦理、审美风尚等内容，在演出中不断发挥着惩恶扬善、鼓舞人心的积极作用，为社会学、民俗学、地方历史文化等的研究提供了鲜活的材料。

孝义木偶戏表演（武斌　摄）

孝义木偶戏《人偶情》剧照（喻非卿　摄）

木偶戏·杖头木偶戏

申报地区或单位：江苏省扬州市

扬州是中国木偶戏的发祥地之一，宋代扬州木偶声名远扬，无论是乡村场头、庙宇路旁还是宫廷内宅，到处都有扬州木偶戏的演出。入清以后，扬州木偶戏先后吸收昆、徽、京等戏曲剧种之长，经过几代艺人的革新创造，最终形成了杖头木偶操纵表演的独特风格。

杖头木偶的表演要求演员练好托举木偶的“托举功”、操纵木偶的“扦子功”及体现人物步伐特征的“台步功”这三大基本功，把握好“稳、正、直、平”四大要素，演出中做到动作纯熟，运用自如。杖头木偶刻绘细致精到，表演生动传神，深受广大观众的欢迎。

杖头木偶戏的传统演出剧目多移植自昆、徽、京等剧种，现代新编剧目在题材内容和表现形式上都出现了新的追求，音乐配置往往视剧目和表现形式而定。

木偶制作（扬州木偶研究所　提供）

杖头木偶戏在国外演出场景（扬州木偶研究所　提供）

木偶戏·平阳木偶戏

申报地区或单位：浙江省平阳县

平阳木偶戏是一种综合性的木偶表演形式，具有很高的观赏性与艺术研究价值。它在浙江省平阳县流传的历史十分悠久，形成时间不晚于宋代，至明清时达于鼎盛。明代姜准的《岐海琐谈》称当时平阳一带的木偶戏艺人黄子复等“擅巧思制木偶，运动以机，无异生人……声音清越，冠绝一时”，清代张綦毋的《船屯渔唱》则以“儿童吻唇叶宫商，学得昆山和弋阳。不用当筵观鲍老，演来舞袖亦郎当”的诗句描绘平阳木偶戏演出的状况。由诗句可知，当时木偶戏演出时已兼唱昆山腔和弋阳腔。民国时期平阳木偶戏仍很盛行，至新中国成立初，全县尚有一百多班，其中以提线为主的有42班，以布袋为主的有75班，以杖头为主的有1班，从业人员达五百余人。平阳木偶造型别致，明清以来的木偶头与戏装制作精美，保存完整，具有浓厚的地方色彩。

平阳木偶戏兼唱高、昆、徽、乱、时、滩六种声腔，唱念兼用官话、瓯语和闽语。其表演形式多样，融提线、杖头、布袋、人偶四种木偶表演为一体而以提线为主。在长期的演出中，平阳木偶戏积累了繁多的剧目，仅传统剧目就有三百多种，题材涉及社会的方方面面，《水漫金山》、《时针飞转》等剧目多次获奖，并4次晋京、4次出国交流演出，驰名中外。

平阳木偶戏技艺传承场景（浙江省非物质文化遗产保护中心　提供）

平阳木偶戏《水漫金山》剧照（姜光树　摄）

木偶戏·单档布袋戏

申报地区或单位：浙江省苍南县

苍南单档布袋戏是一种独特的木偶戏表演形式，演出所用戏楼及全套行头一肩可担。演出时戏楼就地搭起，如同一座雕梁画栋的精巧楼阁，戏楼内仅有一个艺人操纵数十个布袋木偶表演。艺人脑、口、手、脚并用，双手执戏偶表演，时而还腾出右手演奏鼓、钹、板等乐器，双脚踩击大小锣，口中以不同的变音法模拟生、旦、净、丑、末等不同脚色的唱腔和道白，通过声音的抑扬顿挫和节奏的疾徐快慢逗、捧、说、唱，惟妙惟肖地表现小旦的哀怨、小生的斯文、老生的沧桑、小丑的滑稽，声情并茂，诙谐幽默。单档布袋戏表演上讲究巧手持物和巧手打斗，艺人凭借手指、手掌和手腕上的技巧淋漓尽致地展现不同人物的不同个性特征及整冠、亮相、走台、跑马、对打、翻身、倒茶等特技动作。单档布袋戏有传统剧目八十多种、三百余本，《黄恩佩义》、《擂台报》等是其中的代表作品。

单档布袋戏具有美、巧、精、便的特征，在木偶戏中较为独特，是戏曲史和民间艺术研究的重要对象。目前这一优秀的表演形式后继无人，处于濒危状态，急需有关方面予以保护。

单档布袋戏道具（杨思好　摄）

单档布袋戏《张大娘宰猪羊》剧照（方镇　摄）

木偶戏·湖南杖头木偶戏

申报地区或单位：湖南省木偶皮影艺术剧院

湖南杖头木偶戏在一些地区又称“木脑壳戏”、“棒棒戏”、“矮台戏”、“低台戏”、“观音戏”，演出木偶戏的班社则称为“矮台班”或“低台班”。湖南杖头木偶戏的分布状况与地方戏曲相同，有地方大剧种之处基本就会有木偶戏。湖南杖头木偶戏又分衡心杖头木偶、常德杖头木偶戏、长沙杖头木偶戏，衡山杖头木偶戏流行于衡山、衡阳等县，溆浦杖头木偶戏流行于溆浦、辰溪等县，常德杖头木偶戏流行于常德、桃源、华容等县，长沙杖头木偶戏流行于长沙、湘潭、湘乡等县。

湖南杖头木偶戏以传统剧目著称，老一辈艺人擅演短小精悍的折子戏，《拦马》、《鸿门宴》、《芦花荡》、《盗仙草》等都是很有特色的剧目。湖南木偶戏的继承者发扬传统，借鉴革新，使这个剧种得到进一步的发展。新创作的《金鳞记》、《白蛇

湖南杖头木偶戏《虞美人》表演照（谭青松　摄）

湖南杖头木偶戏《石三伢子》剧照（游振鑫　摄）

传》、《八百里洞庭》、《马兰花》、《火云鸟》、《猎人海力布》、《青蛙王子》、《石三伢子》等剧目深受广大观众的喜爱，其中一些作品还在国内外木偶艺术节上屡屡获奖。

木偶戏·五华提线木偶

申报地区或单位：广东省梅州市

广东省梅州市五华县的提线木偶戏源远流长，明代初年由福建传入，至今已有六百多年的历史。明清时期，五华提线木偶戏的演出已经十分兴盛。20世纪初，五华全县共有二十多个木偶戏班，技艺高超，演出十分活跃。1930年后，五华县的提线木偶班远涉重洋，前往印尼、马来西亚、新加坡、泰国、越南等国的客家籍华裔居住地区演出。1951年五华县木偶剧团成立，以其为龙头在全县范围内形成了以南片、中片、北片为中心的木偶戏分布网络，五华提线木偶戏在此时期得到了进一步发展。

五华提线木偶造型精细，形体高大，高度约为90厘米，操纵木偶的线有14至20条。其唱腔音乐以汉调为主，间唱客家山歌、民歌、采茶小调等，对白则使用客家话或普通话。五华提线木偶戏的演出剧目有106个，内容非常丰富。

五华提线木偶戏是客家文化的重要组成部分，它贴近生活、贴近群众，其演出足迹遍及五华的乡村，远到省内外和海外地区，受到各界群众及海外华侨的欢迎，起到了联络和团结海内外同胞的作用。

五华提线木偶戏《水漫金山》剧照（吴耀东　摄）

五华提线木偶戏在农家表演（吴耀东　摄）

木偶戏·文昌公仔戏

申报地区或单位：海南省文昌市

文昌公仔戏又称“木偶戏”，是具有海南地方特色的一个戏曲艺术品种。

元代时海南已出现俗称为“公仔戏”的手托木头班，用于表演的公仔（偶像）头部约40厘米，以木头雕刻，上半身以藤竹编织肩膀，两手用木刻成，下半身用袍

文昌公仔戏演员在幕后操纵公仔（吴乾阳　摄）

裙遮掩，而以靴、鞋代脚。为便于操纵，偶身插以木棍或藤条。演出舞台阔一丈左右，以布幔围遮，表演者在幕后唱戏，同时操纵偶像在幕前表演。偶像包括生、旦、净、末、丑及佛祖、女娲、海龙王、圣母、雷公、雷婆、老虎、仙女等二十多种形象，其表演有手势摆动、拱手作揖、跺脚、拂袖、跪马、滚翻，眼睛转动、嘴巴张合、双手抓拿等十多种程式，可根据剧情的需要灵活运用。公仔戏唱腔来源于兄弟剧种和海南当地的民歌曲调，常用的曲调有中板、高腔、程途、小曲等三十多种，演出剧目则有《吴城之战》、《罗卜挑经》等五百多种。

文昌公仔戏是不朽的民间艺术瑰宝，它融文学、美术、音乐、戏剧为一体，在海南流行四五百年而不衰，具有艺术、民俗等多方面的研究价值。

三江公仔戏公仔和伴奏乐队（吴乾阳　摄）

木偶戏·三江公仔戏

申报地区或单位：海南省海口市

海南省海口市三江镇的公仔戏历史悠久，独具特色。公仔戏元代就已出现于海南，在三江镇流传至今已有五百多年的历史。

三江公仔戏的表演场地十分简单，用木板或桌子搭成一丈左右的舞台，以布幔围遮，前挂幕布，表演者一边在幕后演唱，一边操纵偶像表演。公仔（偶像）包括生、旦、净、末、丑及各种动物的形象，头部用木雕成，栩栩如生。三江公仔戏的唱腔吸收兄弟剧种和海南当地的民歌曲调，以板腔为主，兼有少量曲牌，演唱时以八音乐器伴奏，具有浓郁的地方风味。其表演程式灵活多样，演出剧目既有历史戏、古装戏，也有现代戏。

三江公仔戏通俗浅易，生动有趣，寓教于乐，为广大观众所喜闻乐见。它装备轻便，利于上山下乡演出，可以极大地丰富群众的文化生活，在精神文明建设中具有特殊的作用。

第二批国家级非物质文化遗产名录图典（四）

主编　王文章

文化藝術出版社
Culture and Art Publishing House

第一批国家级非物质文化遗产扩展项目名录

曲艺

237 V-1

申报地区或单位：上海市书场工作者协会

苏州评弹

苏州评话

苏州弹词

苏州评话《宏碧缘·劫救任正千》表演照（上海市书场工作者协会　提供）

苏州评弹是苏州评话和苏州弹词的合称。评话俗称“大书”，弹词俗称“小书”，清代乾隆、嘉庆年间兴盛于苏州地区。19世纪中叶，苏州评弹传入上海。随着上海经济和人口的快速增长，说书市场不断扩大，表演水平不断提高，涌现出一大批轰动当时、影响后世的著名演员和流派。20世纪20年代前后，评弹活动中心已经从苏州转移到上海。

苏州评弹在上海仍以苏州话演出，音乐优美，唱腔既能叙事又能抒情，带有浓厚的江南水乡韵味。其演出常常采用说、唱、弹、噱、演等艺术手段，书词中的散文部分以“说”来表现，这称之为“表”和“白”，即以说书人的口吻叙述和描写故事中人物的言行及其活动的环境；七字句为主的韵文则以“唱”来表现，且弹三弦或琵琶伴奏。评弹表演中一人演出称为“单档”，以三弦自弹自唱；两人演出称为“双档”，在场上分为上下手，各以三弦和琵琶自弹自唱，并相互伴奏。为增加趣味性，演出时在故事表白中穿插进戏剧因素，称之为“噱”。演员模仿故事中人物的言行表情，称之为“沿”，也称“做”、“学”。弹词艺人在长期演出过程中除发展了

苏州评话《康熙皇帝》表演照（上海市书场工作者协会　提供）

苏州弹词《描金凤·弟兄相逢》表演照（上海市书场工作者协会　提供）

弹词演唱的“书调”外，还吸收【山歌调】、【乱鸡啼】、【费伽调】等牌子曲，丰富了唱腔音乐。评话表演以“说、噱、演”为主，长篇传统书目数量众多，约有五十余部，包括《三国》、《隋唐》等历史演义类，《施公案》、《七侠五义》等公案侠义类及《封神榜》、《济公传》等神话怪异类作品。弹词则以传奇故事类作品为多，其中蕴涵了中华民族丰富的文化心理，折射着人民群众的传统道德观念及生活理想，反映出江南地域的人文特征及价值观念。

苏州评弹书目除具有很高的艺术价值外，在语言学、历史学、民俗学、伦理学、社会学等方面的研究中也具有重要的参考价值。目前苏州评弹在上海的传承遇到一些困难，后继乏人，需加强保护。

240 V-4

申报地区或单位：河北省鸡泽县、威县

梨花大鼓

山东大鼓

梨花大鼓表演照（王晓辉　摄）

山东大鼓是我国北方现存最早的曲艺鼓书暨鼓曲形式，相传形成于明代末年，至今已有三四百年的历史。由于使用半月形犁铧片伴奏，又被称为“犁铧大鼓”等。它最初发源于鲁西北农村，后来流传到北京、天津、河北、东北乃至南方的上海、南京、重庆等地。

流传在河北省南部的山东大鼓称“梨花大鼓”，主要流布于邯郸的鸡泽县、邢台的威县等地。演出时多为单人站唱，也有二人对唱的形式。演员右手执鼓槌击鼓，左手操钢板敲击演唱，乐师以三弦为之伴奏。梨花大鼓的演唱风格朴实，声情并茂，曲调高昂，说唱道白兼备，叙事抒情融为一体。其唱腔属板腔体，主要包括慢板（头板）、二板（流水板）、快板等板式，丰富多变，素有“腔多字少七十二哼哼”之说；句式则分为十字韵、七字韵等。山东大鼓唱腔以板腔体的梨花腔为主，板式主要包括慢板、二性板、快板、散板、匀板等，月牙板（也叫“梨花片”）、三弦、铜板、京鼓是其主要伴奏乐器，20世纪70年代后又加入四胡、二胡、扬琴等以加强表现力，大大增进了演奏效果。

山东大鼓一人多角，形式简单，一桌一凳即可演唱，多出现在庙会、堂会、集市等场合，深受广大群众欢迎。主要传统书目有《杨金花夺印》、《刘大哥劝老婆》、《丝绒记》等。冀南的三个主要流派各具特色，其中“老北口”派唱腔粗犷豪放，速度慢，尾音长，板起板落，咬字狠，吐字真，落音重，字密声促，擅用顿音，俗称“老牛大摔缰”；“小北口”派较为巧俏，委婉细腻，擅演“文书”，唱中夹叙；“南口”派婉转悠扬，字少腔繁，节奏舒缓，娓娓道来，且在演唱中加入了一些曲牌体唱腔，分快慢两种，更显得丰富多变。

山东大鼓历史悠久，唱腔独特，书目丰富，地方色彩浓郁，具有很高的历史文化价值。目前，一些传承大鼓表演技艺的老艺人相继离世，许多珍贵资料没能及时保留下来，急需采取措施，积极开展抢救保护工作。

梨花大鼓伴奏乐器：梨花片
（河北省鸡泽县文化馆　提供）

梨花大鼓伴奏乐器：鼓
（李亮民　摄）

梨花大鼓伴奏乐器：三弦
（李亮民　摄）

梨花大鼓下乡演出场景（王晓辉　摄）

241 V-5

申报地区或单位：河北省廊坊市

西河大鼓

西河大鼓另有“大鼓书”、“西河调”、“梅花调”、“弦子鼓”、“河间大鼓”等名称，它源于木板大鼓和弦子书，主要流传于河北及周边地区。清代乾隆年间，保定刘传经、赵传壁、王路三人首创木板大鼓、弦子书搭档演出。传到木板大鼓艺人马三峰，逐渐形成西河大鼓。马三峰首传弟子朱化麟创出朱派艺术，为西河大鼓的发展作出了重要贡献。

西河大鼓表演时由一人自击铜板和书鼓说唱，另有专人操三弦伴奏。其唱腔简洁苍劲，风格似说似唱，韵味独特。传统书目长、中、短篇都有，已知名目的中、长篇作品达一百五十余部，书帽及小段有三百七十多段，内容多为历史征战故事和民间通俗演义，情节曲折，语言生动，是在北方广泛流传的优秀民间艺术。

西河大鼓自诞生之日起就受到流行地广大群众的喜爱，先后出现过马瑞河、朱化麟（朱大官）、毛贲（王振元）、王再堂（转眼王）、张双来等著名艺人以及《响马传》、《呼家将》等经典书目，具有较高的历史文化价值。目前，西河大鼓的传承与发展出现了空前的危机，创演凋零，传人断档，亟待抢救和保护。

西河大鼓表演（王晖　摄）

242 V-6

申报地区或单位：辽宁省锦州市、瓦房店市、岫岩满族自治县
吉林省榆树市
黑龙江省五常市

东北大鼓

东北大鼓表演照（丁克　摄）

东北大鼓是一种地方性的曲艺鼓书暨鼓曲，主要流行于我国东北三省，历史上曾有过“奉天大鼓”、“辽宁大鼓”等名称。它最初由表演者一人说唱并以小三弦自行伴奏，后发展为一人自击书鼓和简板，以东北方言演唱，另有乐师操三弦伴奏。20世纪初，东北大鼓在流传过程中形成了“奉调”、“东城调”、“江北派”、“南城调”和“西城调”等多种不同的艺术流派，各派的唱腔风格和传统曲目都独具特色。

复州东北大鼓在瓦房店地区已有三百年的历史，著名艺人有关永安、赵文义、聂田盛、林正信、宋玉玺、陈世新等。

东北大鼓传承场景（李昕　摄）

岫岩东北大鼓至今已有近一百五十年的历史，书目以长篇为主。它采用四大口、澄清板、流水等板式演唱，丰富了大鼓唱腔，增强了刻画人物的艺术手段。新中国成立后，岫岩东北大鼓形成了以马德廉、崔广烈、唐国志为核心的三大派别，争妍斗巧，各擅胜场。

西城派东北大鼓以锦州为中心，其表演主要有两种风格，分别以宋修仁、陈仲山为代表。宋氏师徒风雅动情，一唱三叹，长于表现忧男怨女的离情别绪；陈氏父女的“新西城”派则帅美精奇，俏皮幽默，唱说灵活，包袱响脆，适于演唱多个层次的书曲。西城派东北大鼓除子弟书、三国段及一些长中篇传统书目外，还有《回龙传》、《回杯记》、《大明五义》（宋派）、《薛丁山与樊梨花》、《曹家将》、《隋唐演义》（陈派）等独家书目。

榆树“东城派”东北大鼓至今已传承五代，历时二百多年。它的书目和曲目都很丰富，有多种长、中、短篇作品，按内容可分长袍、短打、公案、志怪等类别。这种大鼓曲牌也很多，常用的即有二十多个。

五常东北大鼓属于北派大鼓中的“江南派”，它融合了当地满族音乐的诸多元素，又大量吸收满族萨满仪式中演唱的古调，唱腔婉转优美，跌宕起伏，吐字清晰，真切动人，具有很强的抒情性，《忆真妃》、《黛玉悲秋》、《露泪缘》等都是其代表作品。

各派东北大鼓在流行地人民的文化生活中占有重要地位，大鼓的曲目和音乐对当地其他艺术产生了不小的影响，在东北地方民俗及历史文化的研究中具有较高的参考价值。目前各地演唱东北大鼓者越来越少，老艺人相继过世，大部分艺人转入其他行业，整个东北大鼓的生存已近濒危状态，亟待保护传承。

246 V-10

申报地区或单位：河北省廊坊市

京东大鼓

京东大鼓表演照（洪艳萍　摄）

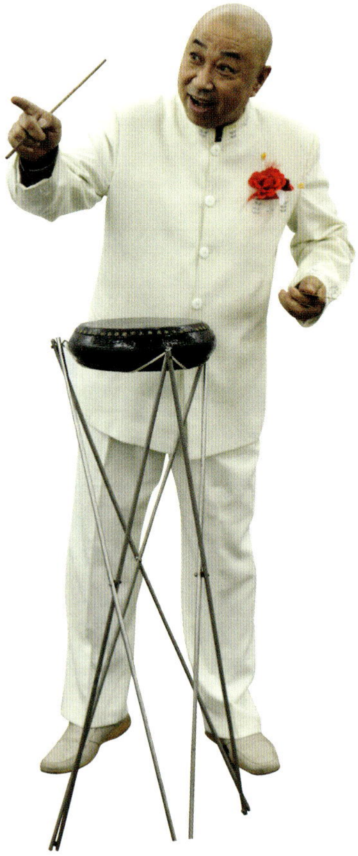

京东大鼓表演照（洪艳萍　摄）

京东大鼓是一种用京东方言演唱的鼓曲，在不同时期和不同流行地先后有过“平谷调大鼓”、“乐亭调大鼓”、“四平调大鼓”、“铁片大鼓”、“铁板大鼓”等名称。清代乾隆中叶始兴于京东三河、宝坻、香河一带的农村，后在京、津、冀地区普遍流传。表演时由一人站唱，左手敲板，右手击鼓为节，旁有乐师伴奏。其唱腔采用板腔体结构，常用板包括头板、二板、快板、锁板等。

京东大鼓传统书目约有百余部，其中包括《施公案》、《杨家将》、《大八义》等三十余部长篇作品，《水牢双合印》、《三全镇》、《罗通扫北》等二十余部中篇作品，《瞎子逛灯》、《王二姐思夫》、《王三姐剜菜》等短篇唱词及只说不唱的《王婆骂鸡》、《杨八姐拜寿》、《鞭打芦花》等四十余篇作品，另有书帽《两头忙》、《十三月古人名》、《老虎吃猫》等近二十篇。京东大鼓反映了京津及河北地区民间文化的特征，在民俗学、语言学、艺术及历史文化等的研究中具有重要的参考价值。这一宝贵的民间鼓曲艺术现已后继无人，濒临失传，急需保护传承。

247 V-11

申报地区或单位：山东省青岛市

胶东大鼓

胶东大鼓伴奏器具（李峰　摄）

胶东大鼓表演照（山东省青岛市非物质文化遗产保护中心　提供）

胶东大鼓流行于山东胶东半岛沿海地区，至今已有近二百年的历史。它早期多以艺人所在地命名，因而有“蓬莱大鼓”、“栖霞大鼓”、“荣成大鼓”等多种名称。由于艺人都是盲人，故又有“盲人调”之称。

胶东大鼓分北、东、南三路，而以北路影响最大。北路流行于蓬莱、费县、牟平、福山、烟台等地，其中最具代表性的流派是梁派，其演唱高亢挺拔，迂回婉转，善于运用唱腔的变化来表现各种人物；东路流行于文登、荣成、威海、乳山等地，主要有以荣成盲艺人彭润之为代表的彭派，演唱时曲调质朴，注重声韵，特点较为鲜明；南路流行于海阳、莱阳、即墨、掖县、栖霞等地，流传过程中出现了以徐尚厚为代表的绿派，表演时唱腔流畅优美，富于地方戏曲风味，深受当地群众的喜爱。

胶东大鼓的唱腔属于板式变化体，有起板、甩板、平板、花腔、悲调、快板、反调快板、数板、落板、散板和烧纸调等多种表现形式。其板腔组织多种多样，往往随故事情节发展的需要而改变结构。其中起板只用在演唱的开始，平板基本用于叙述，其他各种板腔则可通过落板来自由衔接。

胶东大鼓的传统曲目十分丰富，其中包括《湘子上寿》、《诸葛亮打狗》等六十余种短篇作品，《紫金镯》、《蜜蜂记》等十余种中篇作品，《呼杨合兵》、《天门阵》等十余种长篇作品。胶东大鼓与流行地人民的生活紧密联系在一起，地方特色十分突出，具有较高的民俗及地域文化研究价值。这一珍贵的民间鼓曲形式现已后继乏人，濒临灭绝，急需抢救保护。

254 V-18

申报地区或单位：浙江省杭州市、绍兴市

摊簧

杭州摊簧

绍兴摊簧

摊簧表演照（马鹰　摄）

摊簧产生于清代乾隆年间，至今已有二百余年的历史。它主要流传于杭州及周边的绍兴、嘉兴、湖州等地。流传于杭州的名为“杭州摊簧”，简称“杭摊”，又称“安康”；而流传于绍兴的则名为“绍兴摊簧”，又名“绍兴鹦哥戏”。

摊簧表演时分行当说唱，往往以五人为一班，自奏自唱，生拉胡琴，旦弹琵琶，净弹三弦，末击鼓，丑打板。也有7至11人为一班的，随着演唱人员的增多，可在班中加入筝、笙、箫、笛、扬琴等乐器。摊簧演唱前先以《四合如意》、《二六》、《行街》等合奏曲静场，称为“和音”。正式演唱时先唱开篇，后唱正书。摊簧唱词句式整齐，文辞典雅，讲究声韵格律。其唱腔包括基本调、曲牌和民间小曲三类，基本调是“杭摊”主要演唱的曲调，有男女宫之分，所使用的板式包括平板、快板、流水板等；曲牌主要有【点绛唇】、【端正好】、【风入松】、【急三抢】等；

杭州摊簧表演的老照片（马来法　提供）

民间小曲则有《四喜调》、《采茶调》、《杨柳青》、《游魂调》等。摊簧中无打击乐器，伴奏乐器主要是鼓、板和弦乐器。

摊簧的传统曲目共有120折（段），分“前摊”与“后摊”两类。“前摊”的人物念白除丑角外均用中州韵，唱词以七言的上下句式为主，“落调”不用一上一下的“凤点头”。其曲目多系从昆曲移植而来，如《白兔记》之《产子》、《送子》、《出猎》、《回猎》等，曲词较原昆曲词句为通俗，但仍是比较文雅的书面语。词句讲究“二五”、“四三”的平仄格律，除两句唱词的末字要求上仄下平外，还要求“一三五不论，二四六分明”。“前摊”在唱法上讲究“使嘴劲，准四声，吐字真，拖腔轻，语调准，重感情”，气息运用上则讲究“透、偷、煞、吹、关、收”等。相比之下，“后摊”显得较为市井化，其曲目均属单本生活故事，如《卖草囤》、《荡湖船》、《磨房串戏》、《草庵相会》、《瞎子捉奸》等，唱词用方言演唱，基本调七言上下句仍为“二五”、“四三”句式。丑角演唱【快板】、【流水板】时则常用“起、叠、落”式的唱词。与“前摊”不同，“后摊”念道白时采用的是生活化的杭州、绍兴等地方言。

在流传过程中，摊簧音乐为杭剧、绍剧所吸收，其曲牌及基本唱腔有些至今仍在传承，显示出很高的艺术文化研究价值。

255 V-19

申报地区或单位：青海省西宁市

西宁贤孝

贤孝

西宁贤孝流传在以西宁为中心的青海东部农业区，它形成于明代中期，因演出节目多以弃恶扬善、彰孝劝化为主题而得名。

西宁贤孝使用的伴奏乐器主要是三弦，有时也加入板胡。演出时男女二人结伴演唱，往往男拉板胡，女弹三弦。若一人演唱，则怀抱三弦自弹自唱。贤孝表演不受环境限制，可以走街串户，在庭院茶社、田间地头等各种场合演唱，也可以在红白喜事中演唱。唱腔曲牌包括大贤孝调、小贤孝调、小曲等多种，其音乐曲调和旋律结构为西宁地区所独有。唱段分前岔曲、主曲、后岔曲三部分，数百行曲词婉转流畅，一气呵成。主曲虽只是四个乐句，却可根据内容和情感需要在节奏旋律上进行润饰变化。西宁贤孝的演唱者以民间艺人为主，其传统曲目丰富多彩，内容

西宁贤孝表演照（青海省文化和新闻出版厅　提供）

西宁贤孝下乡演出照（青海省文化和新闻出版厅　提供）

广泛，大多为劝善主题，重要作品如《白鹦哥吊孝》、《赵五娘吃糠》、《方四娘》等均是从明清宝卷中变化而来，十分珍贵。目前已搜集的百余曲目大致可分为演义、传奇、志怪、劝喻、生活故事等类型，代表曲目有《芦花计》、《李翠莲上吊》、《白猿盗桃》等。

西宁贤孝从多个角度反映了古代青海地区的历史、文化、生活状况及人们的理想和愿望，在地方历史文化研究中具有重要的参考价值。如今，贤孝艺人普遍年事已高，正陆续故去，这门古老的艺术后继乏人，大量资料流失，已处于灭绝的边缘，对它的抢救保护刻不容缓。

257 V-21

申报地区或单位：山东省菏泽市

山东琴书

山东琴书又名“唱扬琴”、“山东扬琴”等，发源于鲁西南菏泽地区，迄今已有两百五十多年的历史。作为南路山东琴书的发祥地，菏泽一直都是这种优秀民间艺术发展流布的重要区域。

山东琴书分南、北、东三个流派，菏泽南路山东琴书是最早的一派。南路山东琴书中，最具代表性的艺术流派系由茹兴礼所创。茹派演唱行腔深沉，咬字真切，节目多表现愤世之情。在南路的基础上，商派创始人商秀岭在胶东创出了东路山东琴书，邓派创始人邓九如在济南创出了北路山东琴书。

山东琴书表演照（张伟胜 摄）

山东琴书《反正话》表演照（贾晋军　摄）

南路山东琴书的音乐中遗存了大量明清俗曲曲牌，已搜集到的【凤阳歌】、【垛子板】、【梅花落】、【混江龙】、【哭寒江】、【倒推船】、【长龙尾】、【满地红】、【叠断桥】等百余支曲牌都是音乐研究不可多得的材料。其唱腔采用牌子曲联缀形式构成，一般多以【上段调】或【凤阳歌】开头，而以【垛子板】或【梅花落】结尾，中间根据表达需要选取情绪相宜的曲牌，自由组合，并无定格。南路山东琴书在演唱方法和乐器演奏技艺上显示出较高的艺术水准，对琴剧的发展产生了重要影响。南路山东琴书曲目众多，长篇作品有《白蛇传》、《杨家将》等，中篇作品有《王定保借当》、《梁祝姻缘记》等。这一琴书艺术在形成过程中结合了流行地的语言、风俗等内容，一定程度上反映出清代山东地区的社会生活状况，具有较高的历史文化研究价值。目前，南路山东琴书后继乏人，有消亡之虞，急需保护传承。

266 V-30

申报地区或单位：新疆维吾尔自治区巴里坤哈萨克自治县

新疆曲子

新疆曲子表演照（彭兴礼　摄）

新疆曲子是汉、哈、回等民族群众共创共演的一种曲艺形式，主要流传于乌鲁木齐、哈密、吐鲁番、伊犁等汉族、回族、哈萨克族聚居地，至今已有近百年的历史。它将陕西曲子、青海平弦、兰州鼓子和西北等地的民歌俗曲同新疆多民族音乐艺术相融合，形成了一种风格独特的艺术样式。

新疆曲子的曲目按内容可分为雅、俗两大类，按表演行当可分为文戏曲子和武戏曲子，按音乐结构则可分为越调和小调。它以坐唱为主，既能在专业戏台表演，又能在农舍和田间地头奏唱。演出时以三弦、板胡和二胡为主奏乐器，其他乐器如笛子、甩子、瓦子等则根据演出人员情况决定取舍，道白大多使用当地方言。

在长期的演艺实践中，新疆曲子对丰富人民群众的文化生活，维护民族团结和边疆稳定起着重要的促进作用。此外，它在民族传统文化和伦理道德的传承中也发挥着重要的职能。现在这一优秀的民族艺术后继乏人，前景堪忧，亟待保护传承。

270 V-34

申报地区或单位：广东省潮州市

潮州歌册

歌册

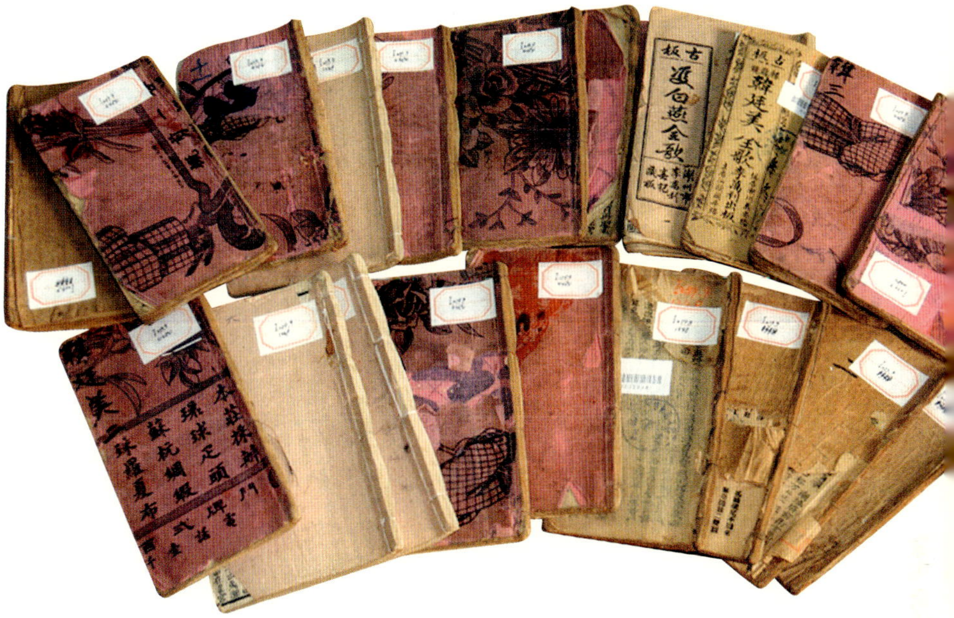

传统潮州歌册刻本书影（赵时进　摄）

歌册俗称“笑歌册”，因发源于广东潮州，又称“潮州歌册”。它系从弹词演变而来，流传于潮州周边及福建的诏安、东山、云霄等地。唐代潮州民间艺人根据佛教经义故事编写成新的“变文”，以一件弹拨乐器伴奏，自唱自弹，称为“弹词”。由于弹词抄本多有错漏，明清时的民间艺人将之重新加以整理，而后刻印出来，装订成册，在民间广泛流传，由此人们又称弹词刻本为“歌册”。

经过长期发展，歌册逐渐形成为一种用潮州方言说唱的民间曲艺形式，它音韵整齐，通俗顺口，故事情节完整，富于艺术魅力，深受流传地域内广大人民群众的欢迎。歌册文词多为七字句，四句一节，一节一韵，其中不时也会穿插三字句、四字句、五字句、六字句及三三四、三三五、三三七等句式。四字句、五字句多用于作品中插入的书信语，而三三四、三三五句式唱起来声调委婉，多用于诉说哀情。潮州歌册以唱为主，在节奏上比较讲究，七字句的歌文一般分两个或三个音节，即一句由两个或三个词组成。

潮州歌册《一张车票》表演照（广东省潮州市非物质文化遗产保护中心　提供）

歌册以历史故事和民间传说为主要题材。传统作品有《刘明珠》、《一世报》、《二度梅》、《薛仁贵征西》等，现代作品有《花好月圆》、《冤孽姻缘》、《红灯记》、《白毛女》等，这些作品在弘扬中华民族传统美德、惩恶扬善、推进和谐社会的建设等方面起着重要的作用，具有较高的历史文化研究价值。

目前，歌册正逐渐被人淡忘，能用传统技艺说唱潮州歌册的老一辈艺人不断减少，创作人员也凤毛麟角，这门古老的民间艺术随时面临灭绝的危险，急需抢救、保护。

潮州歌册《潮州八景新唱》表演照（赵时进　摄）

271 V-35

申报地区或单位：黑龙江省绥棱县
内蒙古自治区通辽市

东北二人转

东北二人转“双扇”技艺传承场景（姜绍兴　摄）

二人转是一种用东北方言说唱表演的民间曲艺形式，由东北大秧歌与莲花落融合而成。它形成于清代中期，在辽宁、吉林、黑龙江三省和内蒙古自治区东部广泛流传。

二人转表演以两人及多人唱叙演出的“双玩意”和“群唱”为主，也有由演员扮演角色的“单出头”和“拉场戏”形式。“双玩意”表演时，两位演员分任旦、丑行当，载歌载舞，说唱表演。“群唱”则由多位演员分持不同的伴奏乐器，分行当轮递坐唱。二人转以板胡、唢呐、竹板等为伴奏乐器，唱腔音乐十分丰富，素有“九腔十八调，七十二咳咳”之称，常用的曲牌有【胡胡腔】、【喇叭牌子】、

东北二人转表演照（内蒙古自治区非物质文化遗产保护中心　提供）

【文咳咳】等。其唱词以七言和十言为主，兼有长短句式。表演讲究唱、说、做、舞四功的综合运用，其中唱功讲究“字儿、句儿、味儿、板儿、腔儿、劲儿”，高亢火爆，亲切动听；说功分“说口”、“成口”（亦称“套口”）和“零口”，丑逗旦捧，多用韵白，也有说白和数板，语言风趣幽默；做功（亦称“扮功”）讲究以身段和动作辅助演唱，强调手、眼、身、法、步等功法的综合运用；舞功以跳东北大秧歌舞为主，亦吸收其他民间舞蹈和武打的成分，同时以耍扇子、耍手绢、打手玉子、打大竹板等杂技性绝活穿插其间，造成热闹火爆的舞台效果。

黑龙江绥棱的二人转是东北二人转的一个支系，至今已有一百三十多年的历史。它融合了西河大鼓、河南坠子、东北大鼓、大口落子和评弹等多种曲艺样式，以更好地表现人物的喜怒悲欢。其演唱不受板式规定的快慢限制，可根据内容情节自行调整，采用黑、红、顶、撞、撇等板式技巧，抢板夺字，满足表现的需要。绥棱二人转一改传统演出只用手绢和扇子的形式，演员上装用双扇，下装用一对手玉子，其挎大板、手玉子和双扇子的表演技巧别具特色，一直传承至今。绥棱二人转是黑龙江北派二人转的重要分支和典型代表，在东北社会历史、民俗风情、文化艺术等的研究中有其不可替代的重要参考价值。

20世纪初二人转流入通辽地区，至今已有百年。通辽地区二人转在表演上吸收蒙古族舞步，音乐上则将蒙古族民歌曲调糅入唱腔，形成自己独具的特色。它一方面继承了《蓝桥会》、《包公赔情》、《杨八姐游春》、《李翠莲盘道》、《梁赛金擀面》、《燕青卖线》、《白玉楼画画》等东北二人转的传统曲目，一方面又创作出具有草原特点的《雁飞高原》、《射箭选手》等新作品，展示出动人的草原民族风情。目前通辽地区的二人转后继乏人，有消亡的危险，急需保护。

276 V-40

申报地区或单位：内蒙古自治区通辽市

乌力格尔

乌力格尔表演照（内蒙古自治区非物质文化遗产保护中心　提供）

乌力格尔表演照（内蒙古自治区非物质文化遗产保护中心　提供）

“乌力格尔”是蒙古语，意为“蒙语说书”，它形成于明末清初，至今已有三百多年的历史，一直在内蒙古自治区及相邻的东三省蒙古族聚居地区广泛流传。内蒙古通辽地区的雅步干乌力格尔是乌力格尔的一个分支，长期流传于科尔沁草原的蒙古族民众之间。

雅步干乌力格尔有三种表现形式，一是以讲述为主的散文体，二是以唱为主的韵文体，三是说唱结合体。其内容包罗很广，民间口头流传的短小故事、古老的传说故事“陶力”（民间史诗）、民间无伴奏讲唱和徒歌形式说唱都在其中。艺人们在说唱过程中抒情与叙事并重，将散文与诗歌、说与讲结合起来，充分表达了科尔沁草原的蒙古族群众对幸福生活的热爱和对美好未来的向往。

雅步干乌力格尔是蒙古族口头文学、民间艺术的珍贵遗产，对于研究蒙古民族的文学艺术、社会历史等具有重要的参考价值。20世纪90年代以来，受现代文娱方式的影响，通辽地区的雅步干乌力格尔几乎灭绝，目前这一宝贵的少数民族艺术正面临后继无人的窘境，亟待保护传承。

277 V-41

申报地区或单位：内蒙古自治区莫力达瓦达斡尔族自治旗

达斡尔族乌钦

乌钦是达斡尔族曲种，也称“乌春”，意为“民间叙事诗”，它用达斡尔族语演唱，广泛流传于嫩江流域的达斡尔族群众中。乌钦多表现生产劳动、社会生活、反抗压迫、教诲劝诫等内容，一篇作品短则几段，长则上百段。这个少数民族曲种没有固定的吟唱调，但演唱风格丰富多样，有的低沉雄浑，有的欢畅明快，有的伤感哀婉。

达斡尔族乌钦最初演出时多为徒口演唱，后来发展为艺人手持“华昌斯”（四弦琴）自拉自唱。乌钦说唱以韵文为主，散韵结合。其词句有固定格式，四句一段，押头韵，两句或四句一押韵。词句中不加任何衬词，吟唱起来音律和谐，富于节奏感。乌钦的演出曲目很多，根据历史故事改编的《王国乌钦》、《莺莺之歌》、《红楼梦》、《十三妹》、《西游记》，反映生产劳动的《四季》，反映社会生活的《兵营之歌》，表现反抗压迫斗争的《少郎与岱夫》等是其中具有代表性的作品。

乌钦是达斡尔族民间古老说唱艺术的遗存，具有重要的社会历史及艺术研究价值。

达斡尔族乌钦表演照（内蒙古自治区非物质文化遗产保护中心　提供）

281 V-45

申报地区或单位：甘肃省阿克塞哈萨克族自治县

哈萨克族阿依特斯

传承人在弹唱哈萨克族阿依特斯（塞尔泰　摄）

阿依特斯有“撷取精华”、“精选”、“集萃”之意，它是哈萨克族曲艺形式的一种，属劝喻歌性质。它在哈萨克谚语、格言、诗歌和其他文艺作品中撷取精华，而后配上曲调进行演唱。阿依特斯发展至今已有两百多年的历史，主要流传在甘肃省的阿克塞哈萨克族自治县、新疆维吾尔自治区的伊犁哈萨克自治州（伊犁、塔城、阿勒泰）及巴里坤哈萨克自治县、木垒哈萨克自治县等哈萨克族聚居区。

阿依特斯演唱时有单人冬不拉和库布孜从旁伴奏，根据内容可分为传统对唱和阿肯对唱两类。传统对唱与生子的庆祝和节日礼仪祝福密切相关，它没有固定唱腔，演唱男女以歌词互相赠答，音乐热情奔放，情趣盎然。与传统对唱不同，阿肯对唱是有固定唱腔的一种高层次、规范化的对唱，其演唱分为“吐热”和“苏热”两种，流传曲目中最精彩的是《艾赛提与额尔斯红江对唱》、《比尔江与萨拉对唱》等，以两个部落之间较量技艺

传承人在表演哈萨克族阿依特斯对唱（塞尔泰　摄）

哈萨克族阿依特斯表演照（库丽曼　摄）

为内容，语言华丽，讲求韵律，曲调活跃紧凑，旋律富有激情。阿依特斯是哈萨克族智慧的艺术结晶，它用精炼、通俗、优美的诗歌语言总结人生经验，表达对大千世界的认识，抒发对美好大自然的热爱和对科学知识的崇敬，反映出哈萨克民族传统文化的典型特征，在哈萨克民俗、社会历史、文化艺术等方面的研究中具有十分重要的参考价值。

第一批国家级非物质文化遗产扩展项目名录

传统体育、游艺与杂技

285 VI-3

中幡

中幡是我国古老的民间艺术，主要分布在今河北省香河县、正定县和福建省建瓯市。它源于唐宋时期，至今已有一千多年的历史。中幡由幡杆、伞、旗子、幡面和铃铛等组成，十几个套路，五十多个动作，集造型、亮相等各种高难度技巧于一身，具有一定的娱乐性。

中幡·安头屯中幡

申报地区或单位：河北省香河县

安头屯中幡起源于隋唐，初为民间杂耍，后逐渐发展出各种花样和手法，并出现有组织的民间表演艺术团体，名为“中幡会”，主要流传在河北省香河县安头屯镇。

目前，安头屯中幡已积累了中幡技巧动作一百多个。其中前把幡变换手法包括起幡托塔、摘肩托塔、晃肋托塔、托塔盘肘等三十多个动作，后把幡变换手法包括插剑脑件、插花脑件、左插剑灌耳蹿裆牙件等几十个动作。大挎鼓表演内容包括大鼓三十调，每调均有鼓谱，分连打和摘打两类。花钹既可与铛铛、大鼓齐奏，也可单打，还可与铛铛穿插对打。花钹又有单人打与双人打、四人合打、六人合打、八人合打等表演样式。

安头屯中幡以其功夫过硬、技艺超群、动作惊险、演技精湛、观赏性强在民间花会中独树一帜，是当地群众喜闻乐见的民俗娱乐项目，对于凝聚人心、促进邻里和睦、活跃群众文化生活有重要的作用。

安头屯中幡牙件表演照（姬斌奇　摄）

安头屯中幡表演照（薛永亮　摄）

安头屯中幡幡面（薛永亮　摄）

中幡·正定高照

申报地区或单位：河北省正定县

高照又名“中幡”，起源于民国以前，是正定民间花会表演的一个有代表性的重要项目，至今已有百余年历史。高照所用道具主要是粗大竹料，长短、粗壮不一，最重的达72公斤。表演前用龙凤小旗缠绕竹竿，上竖两把花伞，竿顶插十支雉鸡翎作为装饰。高照主要在传统节日和喜庆农闲之时表演，演出时一般由几个汉子轮流上场，表演者用竹竿在身上做出各种动作，主要套路包括托塔、盘肘、二踢脚、双武花、单武花、旱地拔葱、孙猴背剑、二郎担山、老虎大撅尾、跨篮等。表演时有鼓、乐、锣伴奏，还有彩旗、竹幡助威。其动作灵活多变，扣人心弦。

高照是河北省正定民间花会表演的代表性节目，具有较强的地域性，在百余年的实践中发展形成了自己的特色，具有较高的艺术价值。

正定高照表演照（张刚路　摄）

正定高照表演照（张刚路　摄）

中幡·建瓯挑幡

申报地区或单位：福建省建瓯市

建瓯挑幡是福建省建瓯市独特的民间传统文化艺术遗产。明末民族英雄郑成功收复台湾后，把将士带回的军旗捆在长竹竿头挥舞，以表达对壮烈捐躯弟兄的怀念。从此，军中每年均以此礼节告慰英烈，相沿成习，世代传承，逐渐演化成建瓯民间特有的挑幡习俗，至今已有三百四十多年的历史。

建瓯挑幡不但有它的历史内涵，而且在幡的制作工艺上也有独特的风格。就形制而言，建瓯挑幡的幡要求选用约十米长的笔直毛竹，削去枝叶，上朱红油漆，画上各种吉祥图案。竿顶扎着彩灯，彩灯之下是一座用竹骨和彩绸制成的六角宝塔，四周缀挂着数只小铜铃，塔底顺杆悬挂锦幡一幅，幡幅上绣有褒颂词句。据鉴定，最长的幡为10.2米，幡重为20.6公斤。今天的建瓯挑幡在保留传统技法的基础上不断发扬光大，形成了一套异彩纷呈、新颖高难的新套路，如“手舞东风转，肩扛南天松，肘擎中军令，牙咬北海塔，口挑百战旗，鼻托乾坤棒，脚踢西方柱”等。

建瓯挑幡具有文化娱乐与强身健体的双重功能，其多姿多彩的表演既展示力量，又体现技巧，表演时配以古典服饰和民间锣鼓音乐，豪放中不失典雅，展现出中原文化与闽越文化相交融的深厚历史文化意蕴研究价值。

建瓯挑幡表演照（刘曙明　摄）

288 VI-6

线狮

九狮图

线狮（九狮图）主要分布在浙江省永康市和仙居县境内。每逢重大节日，永康、仙居都要举行别具一格的舞狮表演，俗称“九狮图”，故有“节日到，九狮跳”之说。线狮（九狮图）是提线木偶和地面舞狮相结合而产生的民间舞蹈艺术，因九狮凌空表演，故名“线狮”。作为中国民间艺术的重要组成部分，九狮图中蕴含的江南生活习俗具有重要的研究价值，其精湛的制作和表演技艺显示出吴越文化和江南文化的诸多特点，为民俗学和艺术学研究提供了具体形象的资料。

线狮·九狮图

申报地区或单位：浙江省永康市、仙居县

九狮图又名“九狮挪球”，源于明代，是提线木偶和地面舞狮相结合而产生的民间表演艺术，又称“拉线狮子”、“颠狮子”。它由狮笼（狮子架）、9只狮子和1个彩球

九狮图彩球、狮子纤绳束缚技法传承场景（朱幼吾　摄）

组成。狮子和彩球连有38根纤绳，由狮笼后的11名演员操纵表演。表演时狮子在空中腾挪跳跃，激昂奔放，其耳、眼、口、爪皆能灵活地张合转动，栩栩如生，“狮子衔球”的绝技更是令人叹为观止。

九狮图是浙江省永康市最具代表性的民间表演艺术形式之一，它以独有的艺术性、参与性、娱乐性和欢乐喜庆的特点赢得了广大群众的喜爱。每逢正月十五元宵节，永康许多地方都要举行这种别具一格的舞狮表演。近几年，永康“九狮图”曾应邀赴法国、新西兰、新加坡等国演出，参加国内重大文化交流活动二十余次，并获西湖博览会狂欢节最佳表演奖、文化部“华夏一绝”全国民间艺术大赛银奖，被评为“八婺十大民间艺术精品项目”之一。

仙居九狮图表演内容丰富多彩，有群狮抢球、单狮戏球、双狮挪球、绣球开苞、明珠落盘、三狮会宴等表演形式，风格粗犷豪放，工艺细腻逼真，道具上描绘有龙凤、松鹤延年、八仙过海等图样，表达了人们祈求风调雨顺、五谷丰登的美好愿望，具有鲜明的民族特色。

九狮图动物造型灯的制作和表演及其中体现出的江南习俗，为历史、文化等方面的研究提供了重要的资料。但是据了解，到2007年，九狮图已经消失了四十多年，昔日流传下的小狮子道具也几乎遗失殆尽，参加过表演的老艺人年事已高，九狮图面临着失传的危险。面对新时代的文化需求，如何更好地保护这一民俗文化并将之传承下去，是一个重要的课题。

九狮图表演时，狮子在空中腾挪跳跃，激昂奔放（胡晓钟　摄）

292 VI-10

沧州武术

劈挂拳
燕青拳
孟村八极拳

沧州武术·劈挂拳

申报地区或单位：河北省沧州市

劈挂拳发源于河北省沧州，明代中期已流行。民国年间马英图、郭长生两位武师对原来的劈挂拳进行了系统化整理。

劈挂拳法速度快，劲力爆，招术严厉，变化莫测，注重攻防技击，讲求实用。劈挂拳的每个套路各具特点，主要套路有劈挂拳快套、慢套、青龙拳、挂拳、炮锤、飞虎拳、劈挂滚雷掌等，器械有苗刀、疯魔棍、劈挂刀、奇枪、青萍剑、行钩、双头蛇、戟等。

沧州劈挂拳兼收通臂拳、八极拳等拳种所长，并引进了苗刀等优秀拳械，一招一式承载着中华文化中的阴阳、天地、方圆、刚柔、内外等传统哲学元素，渗透着道、释、儒思想意蕴，具有丰富的文化内涵。

劈挂拳虽有武术协会支撑传承，但仍有后继乏人之虞，急需加强保护。

劈挂拳：前横（丁文江　摄）

劈挂拳：撩阴掌
（丁文江　摄）

劈挂拳：野马奔槽
（丁文江　摄）

劈挂拳：搅地龙
（丁文江　摄）

劈挂拳：开门炮
（丁文江　摄）

沧州武术·燕青拳

申报地区或单位：河北省沧州市

燕青拳流传于河北省沧州市，拳法中徒手、器械、单练、对练俱备，主要有迷踪拳架子、弹腿、迷踪拳一至六路、迷踪艺、十八翻等套路百余种。

燕青拳：白猿献桃
（丁文江　摄）

燕青拳具内家拳练精化气、弧形走转之势，又兼有外家拳的开张、劈打、舒展之态，更以其动作变化丰富而体态灵动，受到广大爱好者的喜爱。此拳刚柔相济，内外兼修，招式大开大合，有排山倒海之势，内藏杀机，专击人身之要害，往往一招半势能制敌于死地。

燕青拳雄浑沉穆，巧拙相生，向为历代习武者所重，相传习练者有宋代周侗、林冲、卢俊义、燕青、岳飞等。至清代，武师孙通把这一拳种传入沧州。近代霍元甲、姜容樵、郭锡山、陈凤歧等武术名家都曾练过燕青拳，其相关事迹被传为武林佳话。

燕青拳能强化人的体魄，培养人的顽强品格，对弘扬民族精神、丰富养生之道具有重要作用。其功法中寓有其他拳种的根本性因素，演示时不失外家拳的俏丽，也包孕着中正柔婉、蓄气整力。

燕青拳富有观赏性，很难掌握，随着市场经济的发展，武术活动走入阶段性低谷，颇有造诣的拳师相继谢世，年轻武师功法出众的凤毛麟角，导致燕青拳拳械流失，传承堪忧。

燕青拳：仙人指路
（丁文江　摄）

燕青拳：盖头巴掌
（丁文江　摄）

沧州武术·孟村八极拳

申报地区或单位：河北省沧州市

八极拳全称“开门八极拳”，流行于河北省孟村回族自治县孟村镇已有300年的历史。目前已传承十四代，传人遍布全国，远播日本、韩国、新加坡等国和港台地区。

八极拳法的拳械套路主要有八极架、八极拳、六大开、八大招、四郎宽拳、六肘头、太宗拳、太祖拳、华拳、飞虎拳、春秋刀、提柳刀、六合大枪、六合花枪、行者棒、八棍头、纯阳九宫剑等。拳械套路可单练，亦可对练。八极拳以六大开、八大招为技术核心，套路有八极小架、八极拳（亦称“八极对接”）、六肘头、刚功八极、八极新架、八极双软等。器械以陆合大枪、对扎大陆合为主，其劲道讲求崩、撼、突、击、挨、戳、挤、靠以及撞靠劲、缠捆劲等。特点为动作简洁、长短相兼、发劲迅猛、撞靠捆跌突出、肘法叠用、下盘稳固。

八极拳的演练不受场地、器材、年龄、性别等因素的限制，简便易学。长期练习不仅可以强身健体，而且可以达到内外兼修、净化心灵的目的。八极拳集力学、医学、生理科学、哲学于一体，兼蓄儒、道、释和伊斯兰文化，形象地演示了人在自然界中抗争求生存的现实状况，表现出勇往直前的乐观主义精神。

如今众多拳谱、拳法、拳艺因为老拳师的谢世正濒临失传，急需加强保护。

孟村八极拳传承场景（刘宝兴　摄）

太极拳

太极拳·武氏太极拳

申报地区或单位：河北省永年县

永年武氏太极拳起源于清代咸丰、同治年间，系由河北永年广府东街人武禹襄所创，至今已有一百多年的历史。

武氏太极拳将陈氏新架与老架结合起来，又把杨露蝉“大动作”与陈氏“小动作”结合起来，行拳时重视身法，强调开合虚实，以心行气，以气运身。其动作简洁紧凑，舒缓平稳，架势虽小却不局促，胸部、腹部的进退旋转始终保持中正，步法严格，虚实清楚，小巧灵活。武氏太极拳的身法主要包括含胸拔背、裹裆、护盹、提顶、吊裆、沉肘、尾闾中正等，拳势则讲究起、承、开、合，讲究“往复须有折叠，进退须有转换”，力求意、气、形三者合一。

太极拳是中华民族辩证的理论思维与武术、艺术、气功引导术的完美结合，是高层次的人体文化。其拳理来源于《易经》、《黄帝内经》、《黄庭经》、《纪效新书》等中国传统哲学、医术、武术等经典著作，并在长期的发展过程中吸收了道、儒、释等文化的合理内容，被称为“国粹”。太极拳运动既自然又高雅，不仅可以强身健体，医学、生理、生化、解剖、心理、力学等多学科的研究也证明，太极拳对防治老年摔跤、高血压、心脏病、肺病、肝炎、关节病、胃肠病、神经衰弱等慢性病有很好的疗效。百多年来，武氏太极拳作为中华民族的文化瑰宝，日益受到中国及世界人民的喜爱，对它的保护、弘扬也就成了新时代的新要求。另外，武氏太极拳创始人武氏出身官绅之家，不以拳术为业，极少授徒，重自娱自研，虽自成一家，却流传不广，亟待保护。

武氏太极拳桩上推手传承场景（翟世宗　摄）

武氏太极拳传承场景（翟世宗　摄）

武氏太极拳传承场景（王林菲　摄）

第一批国家级非物质文化遗产扩展项目名录

传统美术

313 VII-14

藏族唐卡

昌都嘎玛嘎赤画派

墨竹工卡直孔刺绣唐卡

甘南藏族唐卡

艺人在潜心绘制唐卡（西藏自治区非物质文化遗产保护中心　提供）

藏族唐卡·昌都嘎玛嘎赤画派

申报地区或单位：西藏自治区昌都县

唐卡也称“唐嘎”、“唐喀”，系藏文音译，是一种刺绣或绘制在布、绸或纸上的彩色卷轴画。它带有浓郁的藏民族特色，在西藏民间长期盛行不衰。昌都地区位于西藏东部、青藏高原东南部，流传在昌都的嘎玛嘎赤画派相传系由郎卡扎西活佛所

藏族唐卡《佛祖释迦牟尼》（西藏自治区非物质文化遗产保护中心　提供）

藏族唐卡《绿度母》（西藏自治区非物质文化遗产保护中心提供）

创立，他与八世噶玛巴活佛米久多吉共同奠定了嘎玛嘎赤画派的造型理论基础。16世纪，嘎玛嘎赤画派开始在康区盛行，先后涌现出一批唐卡艺术大师。在发展过程中，嘎玛嘎赤画派立足传统，大胆创新，吸收汉族画家工笔重彩技法的精华，注重抒情写意，讲究色彩对比，形成结构严谨、画工细腻的特点。

嘎玛嘎赤画派综合运用色彩描绘、布贴等艺术手法，在布、丝、绸、纸等材料上表现神话传说、历史故事、民族风情、自然山水等题材，其中大部分内容都与宗教主题有关。由于嘎玛嘎赤唐卡用彩色矿物颜料工笔绘制，所以历经数百年，作品色泽依然鲜艳无比。嘎玛嘎赤唐卡具有绘制精美、造型夸张、色彩对比强烈的特点，多运用纯色平涂、金色勾线的手法，以各色丝缎加边，面上套面纱和飘带，上下两端缝以银或铜装饰的木轴，卷起后便于携带。嘎玛嘎赤唐卡多为民间和寺院所收藏，是各寺院的珍品。每逢宗教节日，寺院会向教民展示所藏的嘎玛嘎赤唐卡，场面十分壮观。

昌都嘎玛嘎赤画派创造出举世闻名的嘎玛嘎赤唐卡，为藏族文化的传承提供了一种有效的手段，在西藏宗教史、文化史、美术史上占有极其重要的地位。目前昌都嘎玛嘎赤画派造诣较高的老艺人均已年过古稀，加之以往对嘎玛嘎赤唐卡的传统技艺和图式缺乏整理研究，对画派的传承极为不利，相关的保护工作因而更显必要和迫切。

藏族唐卡·墨竹工卡直孔刺绣唐卡

申报地区或单位：西藏自治区墨竹工卡县

传承人在制作刺绣唐卡（西藏自治区非物质文化遗产保护中心提供）

传承人在制作刺绣唐卡（西藏自治区非物质文化遗产保护中心提供）

墨竹工卡藏语意为“天边之乡”，墨竹工卡县城位于西藏自治区拉萨市以东，平均海拔4000米以上。流传在这一地区的直孔刺绣唐卡始于1880年三十五世直孔时期，创始人为赤列多吉。其后经过五代家族式的传承，唐卡的缝制技艺日趋完善，做工也日渐精细。

墨竹工卡县扎雪乡的直孔刺绣唐卡构图严谨而丰满、均衡而多变，画法以工笔重彩和白描为主，制作过程中全部以针缝刺绣作业，工艺水平较高，作品富于立体感、质感和动感，栩栩如生。直孔刺绣唐卡题材广泛，主要内容大致可分为佛、菩萨类，佛传或佛本生故事，密宗本尊各神，观音、度母类，护法神、明王类，上师高僧、大成就者类，藏族历史和人物类，坛城佛塔类及其他类如宇宙日月天体运行图、香巴拉图、须弥山图、生死轮回图等。

直孔刺绣唐卡的制作讲究拼、缎、刺、绣、缝，制作时首先将唐卡所要表现的内容以图画的形式画好，再根据图形进行刺绣。刺绣全部采用上等丝料，面积在10平方米以上的大型唐卡以五六根马尾毛捻在一起，用生牛羊肉涂抹，起到粘合作用，外面再以各色绸布包裹制成丝线缝制。直孔刺绣唐卡全部以刺绣工艺完成，看上去凹凸有致，立体感极强，其中的人物形象尤为丰满传神。

墨竹工卡直孔刺绣唐卡含括了19世纪后期西藏地区社会、宗教、历史、民俗等方面的内容，成

墨竹工卡直孔刺绣唐卡《莲花生大师》(格尼群培作，西藏自治区非物质文化遗产保护中心提供)

为了解直孔文化的“百科全书”。制作者既要对唐卡的布局和人物表现进行细致的构思，又要以“算针”的方式达到精确的效果，制作难度大，工艺繁杂，对制作者的要求很高。目前熟练掌握这种绘制技艺者极少，已出现后继乏人的危机，墨竹工卡直孔刺绣唐卡濒临消亡，急需抢救保护。

藏族唐卡·甘南藏族唐卡

申报地区或单位：甘肃省夏河县

画师正在细心绘制唐卡（段希义　摄）

甘南藏族自治州是全国十个藏族自治州之一，位于甘肃省西南部。甘南藏族唐卡的历史可追溯到吐蕃王朝早期，公元7世纪，吐蕃王朝修建布达拉宫等大型宫殿，促进了藏族绘画艺术的发展，在此情势下，藏族唐卡应运而生。

藏族唐卡多在纯棉布上绘制，也有在羊皮上绘制的，有丝绣和绸贴丝缝的彩色唐卡，也有版印的单色唐卡，其画芯和装裱离不开棉、麻、丝、帛。甘南藏族唐卡画幅大小不一，大者几十平方米，小者不足零点一平方米，绘画颜料多为矿物质和金银等。

甘南藏族唐卡构图别致，画面不受真实时空的限制，即使在很小的画幅中也境域广阔，上有天堂，中有人间，下有地界。甘南藏族唐卡还可以巧妙利用变形的山石、祥云、花卉等图案将复杂的情节内容自然分割开来，形成既独立又连贯的传奇故事画面，新颖别致，生动有趣。

甘南藏族唐卡带有鲜明的民族特点和浓郁的宗教色彩，在藏族民俗和宗教艺术的研究中显示出极高的参考价值。

甘南藏族唐卡（段希义　摄）

314 VII-15

内画

北京内画鼻烟壶

广东内画

内画绘制场景（北京市长城美术品厂　提供）

内画·北京内画鼻烟壶

申报地区或单位：北京市西城区

内画鼻烟壶是鼻烟传入中国后出现的一种独特的民族手工艺品种，其制作技艺主要流传在北京、河北、山东、汕头，形成了“京派”、“冀派”、“鲁派”和“粤派”等流派。鼻烟壶流入北京后，为皇亲贵戚、王公大臣及有地位的旗人所使用。除宫廷造办处外，民间也大量制作鼻烟壶。约1890年到1945年间，内画鼻烟壶的制作发展达到高峰，出现了号称“四大内画名家”的周乐元、丁二仲、马少宣、叶仲三，这些民间艺人创作了最初的北京内画鼻烟壶。

北京内画鼻烟壶《清明上河图》（高东升绘制，北京市长城美术品厂提供）

北京内画鼻烟壶《清明上河图》（高东升绘制，北京市长城美术品厂提供）

北京内画鼻烟壶《百子图》（高东升绘制，北京市长城美术品厂提供）

1954年，叶仲三的后人叶菶禧（晓峰）、叶菶祺被聘请到北京市工艺美术研究所，开始培养叶澍英学艺，1958年收王习三（王瑞成）为徒，后来又续收了刘守本等徒弟。1970年前后，叶氏兄弟相继辞世，其弟子王习三在河北省衡水市创立“冀派内画”，刘守本则成为现代“京派内画”的领军人物。北京内画鼻烟壶现今已有四代传人。

北京内画鼻烟壶是明清时期我国烟草业发展的历史见证，作为一个特殊的工艺品种，它不仅含括了雕刻、镶嵌、花丝等传统民间工艺，还汇集了多种中西绘画技法，成为当时手工技艺发展状况的缩影。北京内画鼻烟壶的绘画内容多表现我国的历史文化，极具欣赏和研究价值。目前，由于内画利润少、学习期长，多数从业者纷纷改行，出现了老人不愿干、新人不愿学的现象，北京内画鼻烟壶陷于濒危境地，抢救保护工作已迫在眉睫。

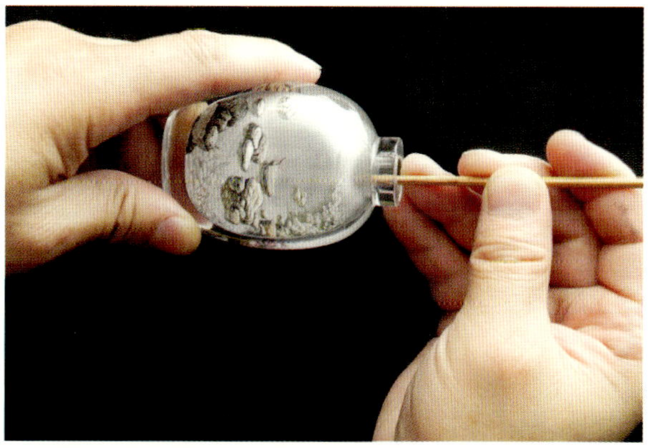

着色（北京市长城美术品厂　提供）

特制的勾笔（北京市长城美术品厂　提供）

内画·广东内画

申报地区或单位：广东省汕头市

广东内画绘制场景（汕头市非物质文化遗产保护中心　提供）

广东内画是一种传统的工艺美术，它运用中国画的构图、笔墨、设色技巧，在玻璃瓶内壁上反手作画，形成独特的艺术奇观。汕头市是粤东地区的中心城市，素有“海滨邹鲁”之称，文化底蕴相当深厚。流传在汕头的内画艺术是中国传统内画“粤派”的唯一代表，其创始人为已故中国工艺美术大师吴松龄。

广东内画凭借独特的玻璃瓶造型、瓶外描金加彩装饰效果、彩绘与设色技艺及彩绘工具而独树一帜，卓然成派。受岭南派画风影响，广东内画线条纤秀，色彩浓艳，表现内容丰富多彩，纳山光水色、飞禽走兽、古今人物、奇花异卉于瓶器内壁，赢得“奇特的绘画艺术”之誉。

吴松龄与儿子吴泽鲲在汕头市工艺美术研究所（后改为“特种工艺厂”）先后培养出内画艺徒35人，使这门绝技得到传承。广东内画是民间艺术家智慧的结晶，它全部采用手工制作，具有鲜明的艺术特色及浓郁的地方风格，为工艺美术史和岭南绘画的研究提供了独特的案例。如今大师已逝，传承制作技艺的工艺师也都年过半百，广东内画正面临后继无人的状况，前景堪忧。

广东内画《婴戏图》（曾广锡　摄）

315 VII-16

剪纸

广灵染色剪纸
和林格尔剪纸
庄河剪纸
岫岩满族剪纸
建平剪纸
新宾满族剪纸
长白山满族剪纸
方正剪纸
上海剪纸
南京剪纸
徐州剪纸
金坛刻纸
浦江剪纸
阜阳剪纸
漳浦剪纸
泉州（李尧宝）刻纸
柘荣剪纸
瑞昌剪纸
莒县过门笺
滨州民间剪纸
高密剪纸
烟台剪纸
灵宝剪纸
卢氏剪纸
辉县剪纸
孝感雕花剪纸
鄂州雕花剪纸
仙桃雕花剪纸
踏虎凿花
苗族剪纸
庆阳剪纸

剪纸·广灵染色剪纸

申报地区或单位：山西省广灵县

位于山西省东北部的大同市广灵县素有“塞上明珠”的美称，广灵染色剪纸以鲜艳的色彩、生动的造型、纤细的线条、传神的表现力和细腻的刀法独树一帜。广灵染色剪纸源远流长，据考证，它在初唐时已具雏形，至明代形成独特的风格，沿袭至今。

广灵染色剪纸主要采用刀刻染色技法制作，前后需经过设计图样、熏、刻、剪、染等多道工序，根据其表现形式可分为阳刻、阴刻、折叠、染色、套色、洗色、单色等类型。广灵染色剪纸题材广泛，可以表现十二生肖、花鸟鱼虫、戏剧脸谱、神话传说、现代人物、自然风貌、人文景观、劳动生活场景等多方面的内容，丰富翔实，应有尽有。

广灵染色剪纸工序：刻制（山西省广灵县剪纸文化艺术工作者协会　提供）

广灵染色剪纸由张氏家族开创，至今已传到第四代。这种地方特色剪纸染色考究，表现逼真，制作和用料独特，为中国民间剪纸艺术的丰富和完善作出了重要贡献。在当地城乡，广灵染色剪纸已成为必不可少的居室装饰物，人们用剪纸装点门窗、墙壁、家具，借以寄托对美好生活的祈望之情。

目前广灵染色剪纸的传承发展出现了不少难以解决的问题，首先，造诣较深的剪纸老艺人相继谢世，健在的也年事已高，导致某些绝技不能正常传承，而出类拔萃的年轻后继者屈指可数；其次，广灵染色剪纸制作多采用家庭作业方式，产品单调粗糙，艺术品位不高，难成气候；再次，剪纸传人青黄不接，从事者愈来愈少，剪纸事业的发展举步维艰。由此看来，对广灵染色剪纸进行保护抢救已成为一项刻不容缓的任务，有关方面宜尽快开展工作。

广灵染色剪纸《贾宝玉》（山西省广灵县剪纸文化艺术工作者协会　提供）

广灵染色剪纸《梅花》（山西省广灵县剪纸文化艺术工作者协会　提供）

剪纸·和林格尔剪纸

申报地区或单位：内蒙古自治区和林格尔县

和林格尔县位于内蒙古自治区中南部，游牧经济和农耕经济在这里长期共存，形成了游牧文化与农耕文化水乳交融的地域性独特发展景观。和林格尔剪纸即在这片土地上广泛流传，它由劳动妇女群体创造，既深深扎根于草原，又吸纳了中原农耕文化的内容。

和林格尔剪纸有着悠久的历史，它与当地的社会风俗紧密联系，渗透到广大农牧民的衣食住行之中，大量作品反映了和林格尔地区数千年的古老文化传统，生动展现了和林格尔节日风俗、人生礼仪、丧俗丧祭、信仰禁忌等方面的内容。

和林格尔剪纸浑然天成，古拙浪漫，大气磅礴，体现出北方民族质朴豪爽、热情率真的情感气质。才华横溢的杰出和林格尔剪纸艺人将长久流传于当地的古老风俗、社会意识和纹样图案通过剪纸形式淋漓尽致地表现出来。随着社会的发展，人们的生产和生活方式迅速转变，和林格尔剪纸的生存环境急剧恶化，传承乏人，急需加强保护。

和林格尔窗花剪纸（董小健　摄）

和林格尔剪纸《金莲鹿》创作过程（内蒙古自治区非物质文化遗产保护中心　提供）

剪纸·庄河剪纸

申报地区或单位：辽宁省庄河市

庄河剪纸是在辽东半岛南端庄河市一带世代相传的民俗艺术，据考证，这种艺术形式明清时期已在当地流行，至清末民初达到兴盛。20世纪中叶以来，庄河剪纸得到进一步的发展。

庄河剪纸题材广泛，构思别致，它采用了一直在当地流行的艺术表现手法，形成多种与民俗生活结合紧密的丰富样式。其中的窗花、墙花可以点缀居家环境，烘托喜庆气氛，礼花是寿诞、婚嫁等人生礼俗活动的重要装饰品，灯花则可用于装饰各种节庆花灯。庄河剪纸古色古香，夸张生动，黑白关系和繁简处理十分讲究，剪刻技巧和刀味剪纸技艺已达到很高的水准，代表性作品有《麒麟送子》、《老鼠娶亲》、《抓髻娃娃》、《鲤鱼戏莲》、《喜鹊登梅》、《莲子图》、《龙凤呈祥》、《马上封侯》、《花瓶》等。

庄河剪纸既体现出传统民间文化的共性，又显示出独特的地域风格，保持了相对完整的传统韵味，具有重要的民俗学和民间美术研究价值。目前由于传统民俗日渐淡出现代社会生活，庄河剪纸的生存发展空间不断缩小，后继乏人，仅有的二十余位善剪者也已是七八十岁高龄。庄河剪纸濒临失传，亟待抢救。

庄河剪纸技艺传承场景（王玉良　摄）

庄河剪纸《十子十成》（韩月琴作，王玉良摄）

庄河剪纸作品展示（王玉良　摄）

剪纸·岫岩满族剪纸

申报地区或单位：辽宁省岫岩满族自治县

流行于辽宁省岫岩满族自治县的岫岩满族剪纸始于17世纪初满族进入岫岩时，迄今已有三百多年的历史。满族人盛行用挂旗供奉祖先，这种形式促进了剪纸的发展，并进一步演变出窗花、棚花、灯花等多种样式，在满族民间的婚丧嫁娶等习俗活动中得到广泛的应用。

岫岩满族剪纸技艺传承场景（张晓明　摄）

岫岩满族剪纸与当地的社会风习密切结合在一起，遇红事以红纸剪龙凤、"囍"字等以示庆贺，办白事用白纸剪团花、纸幡等以示悼念，赶上年节则剪挂旗窗花或葫芦以烘托喜庆气氛。岫岩满族剪纸浑厚粗犷、古朴洗练，造型夸张奇特，散发出浓郁的乡土气息，同时又保持着满族古老的文化传统和民族特色。岫岩农家妇女刘吉英、赵秀芝等都是岫岩剪纸创作高手，她们剪制的《千蝶图》、《狮子戏绣球》、《戏虎图》等传统样式作品堪称岫岩满族剪纸的代表作。

岫岩满族剪纸在曲折的演变过程中形成了满汉融合的特征，显示出鲜明的地域特色，具有较高的民间美术研究价值。目前由于老一辈艺人逐渐减少，年轻一代又缺乏学习传承的兴趣，岫岩满族剪纸日趋衰微，面临失传的危险，亟待进一步加强保护。

岫岩满族剪纸《灯倌》（王新立　摄）

剪纸·建平剪纸

申报地区或单位：辽宁省建平县

建平剪纸流行于辽河文明的主要发源地辽宁省建平县，牛河梁红山文化遗址出土的彩陶、玉器，从造型方式和外部特征来看，与建平剪纸颇有相似之处，隐隐显示出一种潜在的文化传承关系。建平剪纸某些题材的造型十分独特，甚至直接与红山文化遗址出土的玉猪龙等造型不谋而合，建平当地著名剪纸艺人朱瑞莲剪纸作品《龙戏珠》中的龙在处理上就保持了猪头、鹿角、蛇身、鸡爪、凤尾的传统造型样式。

建平自古地广人稀，尽管历史上曾有多个游牧民族在此盘桓，但一些重大的历史变迁并没有在建平留下多少影响，因而作为多民族乡土文化重要载体的建平剪纸，题材样式相对稳定，保留着一些古老的文化信息，对研究解读当地历史文化具有极其重要的参考价值。由于现代生活环境的变化，建平的年轻一代很少有人对剪纸发生兴趣，目前只有少数人在传承建平剪纸技艺，无法发挥群体优势。建平剪纸已处于濒危状态，亟待采取措施加以保护。

重孙在看曾祖母创作建平剪纸作品（杨智宏　摄）

建平剪纸《萨满》（杨智宏　创作并拍摄）

建平剪纸《龙戏珠》（朱瑞莲作，杨智宏摄）

剪纸·新宾满族剪纸

申报地区或单位：辽宁省新宾满族自治县

新宾满族剪纸流行于辽宁省新宾满族自治县境内，至今已有两百多年的历史。它以满族萨满文化和民俗活动为主要表现对象，内容涉及传统信仰、民间传说、神话故事、乡风民俗、人生礼俗及花鸟草虫等，散发着浓郁的乡土气息。新宾满族剪纸造型简练，线条粗犷流畅，朱白对比强烈，整体性强，画面往往会配上满文，做到图文并茂，显示出鲜明的民族特点。制作时不描不画，不打底稿，全凭艺人即兴发

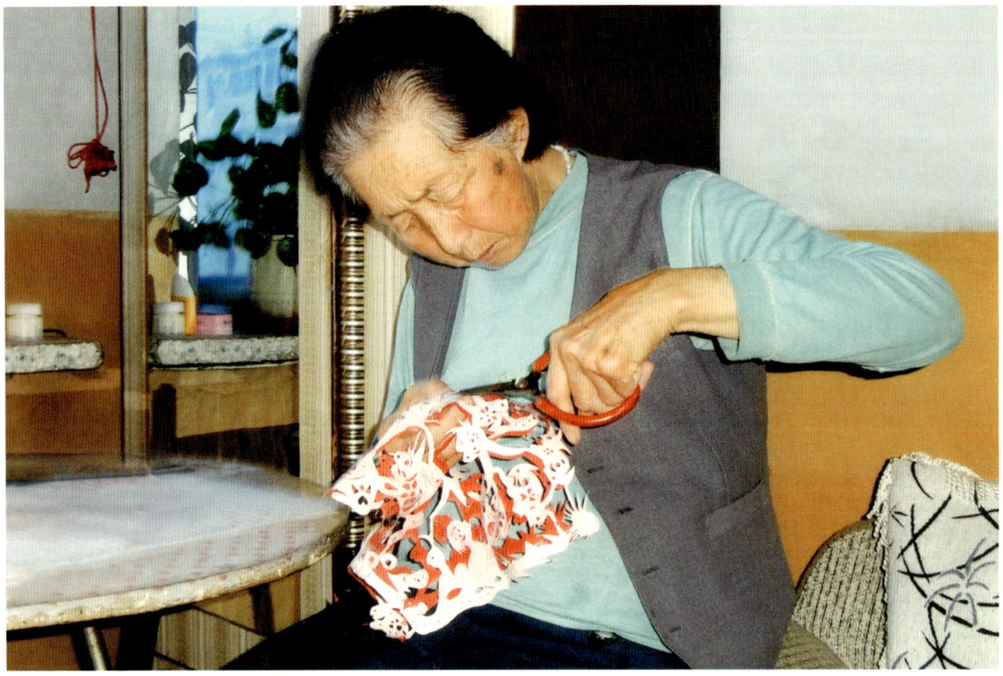

老艺人在创作新宾满族剪纸作品（潘玲 摄）

新宾满族立体剪纸《嬷嬷人》（关素镅作，李晓泉摄）

挥，一气呵成，有时也可根据需要用木炭或烟头、香头烫出点、线来加强表现，这种即兴手法成为新宾剪纸的一大特色。除此以外，新宾所独有的吊线剪纸、立体组合剪纸等也颇为独特。

新宾满族剪纸是满族发展历史和民俗生活的见证，具有民俗学、艺术学、地方历史文化等多方面的研究价值，弥足珍贵。

剪纸·长白山满族剪纸

申报地区或单位：吉林省通化市

长白山满族剪纸长期流传于吉林省长白山区，主要分布在通化、白山、吉林、延边、伊通等地区。经研究，满族剪纸起源于满族所信奉的萨满教，最早用于祭祀。长白山满族剪纸大约出现在明末建州女真时代，当时女真人已能用土法造纸，这为长白山剪纸的普及和流行奠定了物质基础。除纸以外，满族人还能用桦树皮、树叶、包米窝等制作剪纸，别具一格。

长白山满族剪纸从题材、造型到技艺都非常独特，显示出鲜明的民族与地方特色，成为中国剪纸艺术园地的一朵奇葩，具有重要的艺术和历史文化研究价值。目前长白山地区仅有两位七十多岁的满族剪纸艺人，后继乏人，前景堪忧，急需抢救保护。

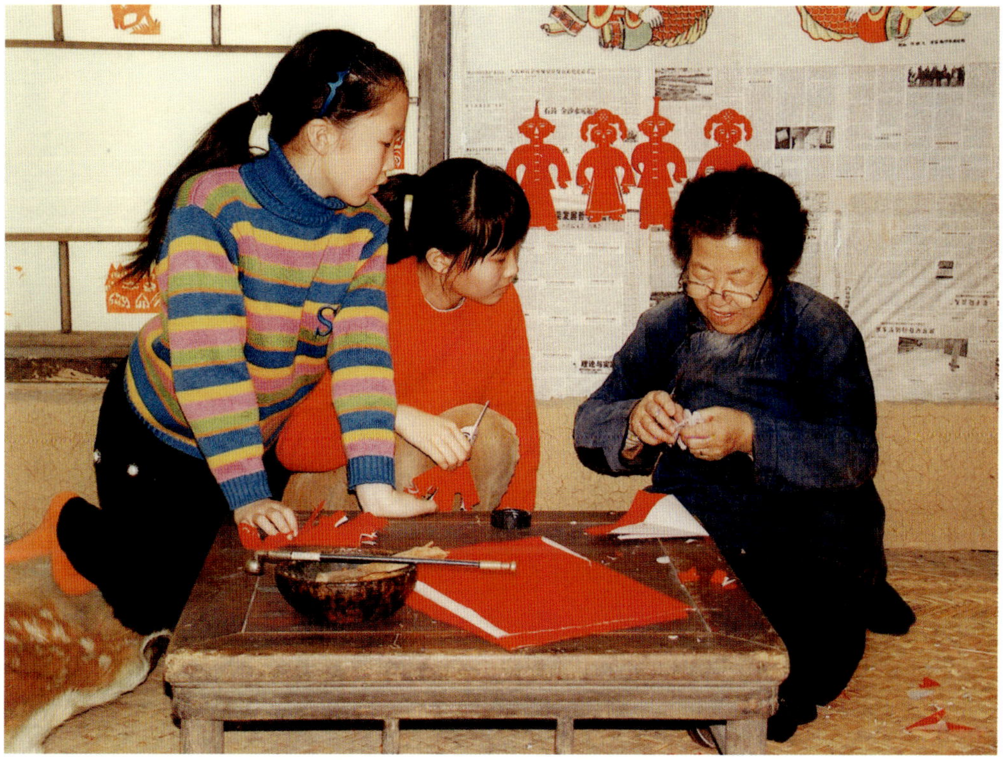

长白山满族剪纸技艺传承场景（张玉东　摄）

长白山满族剪纸《人参梦》（侯玉梅作，王纯信提供）

长白山满族剪纸《拥抱》（倪友芝作，王纯信提供）

长白山满族剪纸《旗袍最惹格格爱》（王纪作，王纯信提供）

剪纸·方正剪纸

申报地区或单位：黑龙江省方正县

方正剪纸是东北民间的一种特色剪纸，流行于黑龙江省方正县一带。清代中叶，随着东北地区的开禁，关内移民大量涌入黑龙江，带去了许多中原民族民间文化的成果，剪纸技艺即在这一时期传到方正。经过当地居民的不断努力，方正剪纸逐渐形成了与中原剪纸不同的地域特色。新中国成立后，尤其是改革开放以来，方

传承人在创作方正剪纸作品（曲英红　摄）

方正剪纸《东北大豆香》（曲英红　摄）

正剪纸得到进一步的发展，出现了既掌握传统剪纸技艺又善于表现新生活的剪纸艺人。方正剪纸古朴纯美，充满艺术魅力，剪纸艺人师出多门，流派纷呈。1993年，方正县被文化部命名为“中国民间剪纸艺术之乡”。

方正剪纸融合当地传统与外来艺术之长，形成富于东北民间艺术特色的粗犷简练之风，它在制作时采用自制的剪纸用具，技法独特，讲究装饰，表现题材多样，造型质朴可爱，构图秀逸隽美，为东北民间艺术产生发展的研究提供了鲜活例证。目前方正剪纸较为古老的本地类型正濒临消亡，非家族传承的剪纸艺人因生活等原因纷纷改行或迁徙，急需采取有力措施保证这一优秀民间艺术的持续传承和发展。

剪纸·上海剪纸

申报地区或单位：上海市徐汇区

上海剪纸出现于20世纪初，当时多用作门笺、鞋花和绣花样。在近百年的历史演变中，上海剪纸逐渐形成与众不同的“海派”风格。

王子淦是“海派”剪纸的代表人物，他继承传统技艺，将北方剪纸的粗犷豪放和南方剪纸的细腻流畅融为一体，表现出极强的艺术个性。他的作品简练夸张，装饰性强，花鸟鱼虫、飞禽走兽、山水风景、人物建筑无所不备。“海派”剪纸另一位代表人物林曦明则另辟蹊径，将各种绘画元素融入剪纸之中。两位代表性人物互相学习，共同提高，促进了上海剪纸的发展。

在开放性城市文化影响下，上海剪纸形成了集南北之长的“海派”特色，豪放而不粗糙，细腻而不呆板，注重形式美，充满生活气息，在全国各种剪纸中占有独特的地位。

随着城市经济市场化程度的不断加深，上海剪纸受到现代工业文明和高科技的冲击，传承和发展出现危机，亟待保护。

传承人在创作上海剪纸作品（上海市非物质文化遗产保护中心　提供）

传承人在制作上海剪纸作品（上海市非物质文化遗产保护中心　提供）

上海剪纸《梅兰竹菊》（赵子平作，上海市非物质文化遗产保护中心提供）

剪纸·南京剪纸

申报地区或单位：江苏省南京市

南京剪纸主要流行于江苏省南京及其周边地区，据清代道光年间甘熙所撰的《白下琐言》等史料记载，南京剪纸在明代初年已十分流行。20世纪50年代，南京民间剪纸生产合作社和民间工艺厂先后成立，制作剪纸并出口外销。

南京剪纸的个性特征极为突出，它融北方剪纸的粗放和南方剪纸的细腻为一体，花中有花，题中有题，粗中有细，拙中见灵，艺术形式优美异常。南京剪纸的传统品种主要包括喜花、斗香花、门笺和包括鞋花在内的刺绣花样等，其中的“斗香花”刻纸在全国独一无二，是一种天才性的创造，充分体现出南京剪纸的独特风格，丰富了中国民间艺术的宝库。南京剪纸创作时不用画稿，起剪后线条连绵不断，犹如“一笔画”，

传承人在创作南京剪纸作品（张骏　摄）

南京剪纸艺人在法国做剪纸文化交流（张骏　摄）

南京剪纸《斗香花》（张骏　摄）

一气呵成，技艺十分高超。

在南京剪纸发展的过程中，产生了中国近现代剪纸史上两位杰出的艺术家。一位是张吉根，人称“神剪张”，身怀绝技又善于创新；另一位是胡家芝，年已过百，仍能操剪创作。

随着时代的变迁，南京剪纸艺人在生活压力下陷入困境，有的被迫改行，有的创作受到影响。在此情势下，南京剪纸的从业人数不断递减，传承人年龄偏大，后继乏人，剪纸技艺传承困难，濒危状况日益严重，急需抢救保护。

剪纸·徐州剪纸

申报地区或单位：江苏省徐州市

徐州剪纸广泛流传于江苏省徐州各县（市）区。地处苏、鲁、豫、皖四省交界处的徐州是南北文化交融地带，素有“五省通衢”之称。处于这种特殊地理环境中的徐州剪纸集南北之长，作品中既融入了北方剪纸的豪放和浑厚，又糅合了南方剪纸的细腻和清丽。

传承人在创作徐州剪纸作品（张明　摄）

徐州剪纸有两种主要风格，一种以邳州剪纸为代表，作品构图紧凑，疏密得当，结构粗犷浑厚，风格朴实无华，喜用变形夸张等手法，显得大胆泼辣。另一种以徐州市区吴国本、张丽君及沛县敬安镇的剪纸为代表，作品风格灵秀俊美、细腻流畅、精巧玲珑。邳州粗犷风格的剪纸是徐州剪纸的主要代表，它精于展现地方现实生活和民风民俗，题材内容丰富多样，举凡古今人物、道释故事、戏曲形象、乡情风俗、走兽翎毛，无一不可加以生动表现，其中以现实生活为题材的人物剪纸尤为多姿多彩，反映耕种、养殖、运输、建筑等生产场景的作品以简洁明快的线条塑造形象，保持了原生艺术的纯正品格，洋溢着浓厚的人文气息，具有很高的艺术价值。

目前，随着现代应用技术的普及，徐州剪纸出现了机械化生产方式，真正具有传统风神的作品寥寥无几，徐州剪纸的传承临传承危机，有必要制订规划加以保护。

徐州剪纸《洗晒被单》（王桂英作，周光雷摄）

徐州剪纸《三猫：美如西施》（孟宪云创作并提供）

剪纸·金坛刻纸

申报地区或单位：江苏省金坛市

江苏省金坛市地处江南水乡，民风淳朴。明清时期，当地民间为驱鬼祛邪、祈福迎祥，逢年过节家家贴挂门笺、喜笺、花笺及喜娃、寿星、八仙、钟馗等图案和花鸟虫鱼窗花，此外灯笼、龙灯和纸扎制品等亦均使用纸材，各种装饰纹样以刀剪刻镂而成。经过长期发展，刻纸制作技艺不断完善，在金坛民间广泛流行，世代相传，影响深远。1993年12月，金坛被文化部命名为“刻纸之乡”。

金坛刻纸技艺传承场景（叶林生　摄）

巨幅金坛刻纸《百年奥运》创作场景（叶林生　摄）

金坛刻纸工艺主要包括手工绘画和镂空刻制两方面的技艺，刻纸作品按照剪纸的规律和要求制作而成，刻制手法博采众长，既有精致匀称的线条，又有清晰完整的构图和造型。金坛刻纸制品幅式灵活，刻制手法多样，表现细腻丰富，构图精细繁茂，从题材内容到艺术形式均显露出浓郁的时代色彩。

金坛刻纸作品展现出多样的风姿面貌，构成了江南民间生活的优美风俗画卷，成为民间手工艺制作研究中极具价值的一个标本资料库。经历代传承发展，金坛刻纸已积累了六百多个品种，作品数以万计，屡屡在国内外各种展览、比赛中获奖。金坛刻纸是中国民众聪明才智的具体体现，它为促进中华民族的文化认同、加强海内外文化交流发挥着特殊的作用。

目前金坛刻纸制品利润微薄，从业人员纷纷改行、跳槽，加上扶助资金缺乏，导致整个刻纸行业在工艺创新、新人培养等方面难有作为，传承乏人，技艺濒临灭绝，前景堪忧，亟待保护。

金坛刻纸《金鱼缸》（钱韵如作，叶林生摄）

剪纸·浦江剪纸

申报地区或单位：浙江省浦江县

浦江是浙江乃至中国最早流行剪纸的地区之一，进入清代以后，地方戏曲在浦江空前发展，形成了独具特色的浦江乱弹，受其影响，出现了带有浓厚地方色彩的浦江戏曲人物剪纸，经长期发展，形成一种风格独特的剪纸类型——浦江剪纸。民国以来，浦江剪纸行业产生了十几位代表人物，先后传承，技艺相沿至今。浦江剪纸情调高雅，图案优美，风靡江南一带，逐渐成为南方剪纸的重要风格流派和典型代表。

浦江剪纸《高山流水》（洪国荣　摄）

浦江剪纸造型独特，手法多样，阴剪阳镂兼施，既折叠又衬色，匠心独运，其艺术风格可用"清新秀丽，精巧柔美，内涵丰富，形象生动，构图别致"二十个字加以概括。浦江传统剪纸题材广泛，其中以戏曲人物最为突出，作品多取材于婺剧、越剧等地方戏曲和历史故事。

浦江剪纸历史悠久，风格独特，地方色彩鲜明，它不仅是中国剪纸和中国戏曲研究的标本，而且还是中国民间传统文化发展与流变状况的活化石。在浦江当地，剪纸领域人才辈出，作品遗存丰富，为世人所瞩目。1993年，文化部命名浦江县为"中国民间（剪纸）艺术之乡"。

随着时代的变迁，浦江剪纸日渐消亡，目前当地能制作剪纸的艺人已寥寥无几，技艺传承危机重重，加强对浦江剪纸的保护已成为一项迫在眉睫的任务。

剪纸·阜阳剪纸

申报地区或单位：安徽省阜阳市

阜阳位于安徽省西北部的淮河中游地带，历史上，阜阳农村妇女大都有剪纸的手艺且世代传承不绝。阜阳剪纸制作工具简单，一把剪刀或刻刀，再加上各类彩纸即已足够。由于人们生活爱好和艺术情趣的不同，阜阳剪纸形成了多样的艺术风格，奇境迭出，异彩纷呈，其制作中既普遍采用单色、彩色、拼贴等形式，又大量应用

阜阳剪纸《降龙伏虎》（程兴红创作并提供）

剪、刻、撕等手法。阜阳剪纸从总体上呈现出粗犷、朴实、醇厚的风格特点，它既有南方剪纸的纤巧秀美，又有北方剪纸的稚拙浑厚，达到了巧与拙、静与动、虚与实的和谐统一，具有很高的艺术价值。

阜阳剪纸是皖西北劳动人民自娱自乐的一种民间艺术，千百年来一直与当地的节日礼仪、服饰纹样、门窗装饰、雕刻刺绣等紧密联系在一起。它抒发了广大劳动人民喜怒爱憎的心理情绪，寄托着他们美好的理想和愿望。

目前，阜阳剪纸艺人老龄化现象严重，传承形势十分严峻，急需抢救保护。

阜阳剪纸《三仙圣母》（程建礼作，王晓燕摄）

阜阳剪纸《人物·花瓶》（程建礼作，王晓燕摄）

剪纸·漳浦剪纸

申报地区或单位：福建省漳浦县

福建漳浦东临台湾海峡，南望东山、汕头，北接漳州、厦门，这里的民间剪纸源远流长，独具特色，为漳浦赢得了“剪纸之乡”的称号。

唐宋以来，剪纸在漳浦民间一直十分盛行，代代相传，样式层出不穷。漳浦剪纸以阳剪为主、阴剪为辅，构图丰满，风格细腻雅致。在构图的连接性、技法的细腻性、风格的多样性和处变的适应性等方面，漳浦剪纸都显示出与众不同的特性。

漳浦剪纸具有民间美术史、民俗文化史等方面的研究价值，对民族审美风尚的培育也能起到一定作用。现在，漳浦剪纸已形成老、中、青、少四个创作梯队，呈现出多元化的艺术风格。剪纸艺人经常被邀请到世界各地讲学、演示，为促进中外文化交流作出了贡献。

但是，目前漳浦剪纸的从业人员相对来说不是很多，与以往相比还有逐渐减少的趋势。传承前景堪忧，急需保护。

漳浦剪纸《老鼠娶亲》（黄素作，陈达文摄）

漳浦剪纸创作主要流程（张建阳　摄）

构图

剪裁

装裱

剪纸·泉州（李尧宝）刻纸

申报地区或单位：福建省泉州市

泉州刻纸始于唐而盛于宋，每逢春节、元宵节和其他喜庆之日，泉州民间家家户户都会剪红刻翠，张灯结彩挂桃符，在窗户和门楣上贴团花、粘红笺，显出一种古雅富丽的喜气。这种习俗在当地相沿不绝，以迄于今。李尧宝刻纸即是在此环境中产生的一种具有代表性的泉州剪纸艺术。

李尧宝（1892—1983），字国富，出生于泉州市鲤城区。其父以油漆彩画为生，善作民间传统图案，精于用色，其兄则工于刻纸。李尧宝自幼即从父兄学艺，在家庭影响下，他凭着自己的天赋和刻苦努力，很快脱颖而出，不但全面继承了泉州刻纸技艺，而且广泛汲取剪纸、堆塑、贴瓷、木刻、雕板、建筑、彩绘等多种艺术的营养，创造性地运用描、剪、刻、剔等手法，形成了自己独特的刻纸艺术。李尧宝刻纸拓展了传统的表现题材，作品包括喜庆、龙凤、花鸟、人物等六大类别，内容丰富，立意隽永，形象逼真，风格典雅，装饰性很强，在构图、意象等方面颇为讲究，刀法遒劲细腻，线条富于韵律，具有极高的美学价值。

泉州（李尧宝）刻纸浓缩了闽南装饰艺术的精华，在闽南民间艺术中具有一定的代表性。它丰富了泉州当地无骨刻纸料丝艺术的文化内涵，某种程度上与料丝华灯艺术构成相互促进的关系。在目前形势下，泉州传统民俗日益淡化，民间艺术品市场萎缩，后继乏人，这使得泉州刻纸艺术的发展举步维艰，濒危状况日益严重，亟待抢救。

泉州（李尧宝）刻纸技艺传承场景（张智权　摄）

泉州（李尧宝）刻纸作品（黄丽凤　提供）

剪纸·柘荣剪纸

申报地区或单位：福建省柘荣县

流传于福建省柘荣县的剪纸艺术历史悠久，具有广泛扎实的群众基础。它既保留了原始艺术淳朴、粗拙、刚健、浑厚的特征，又具有细腻、古雅、秀丽、柔美的艺术风格，同时还呈现出浓郁的地方特色和民族民间风貌，是研究中国南方剪纸历史和艺术的重要参考资料。

柘荣剪纸《百子喜乐图》（魏诗已　摄）

柘荣剪纸以剪为主，用具十分简单，一把剪刀、一张红纸、一个织篓即可创制作品。柘荣地区传统民俗活动长期传承不衰，其中积淀了许多古老的审美观念和思维方式。柘荣剪纸作品鲜明地透露出这些古代文化信息，具有极高的审美价值和历史研究价值。柘荣剪纸在当地城乡广为流传，既是男婚女嫁、生日寿诞、婴儿满月等民俗活动中常用的装饰品，又是家居装饰、旅游纪念和收藏馈赠的佳品，向为海内外各界所喜爱。

目前，随着传统民俗文化内涵的日益淡化，柘荣剪纸的功能正逐渐弱化，加之传承人年事已高，后继乏人，柘荣剪纸的生存发展困难重重，迫切需要有关方面加以重视，制订措施进行挖掘保护。

传承人在创作枯荣剪纸作品（魏诗已　摄）

剪纸·瑞昌剪纸

申报地区或单位：江西省瑞昌市

瑞昌位于江西北部、长江南岸，是南北文化交汇的中心地带。流传在江西省瑞昌地区的剪纸艺术经过历代民间艺人的传承发展，形成了独特的风格，现已成为全国颇具影响的民间艺术品类。瑞昌剪纸融汇了南北方的不同特点而形成自己与众不同的风格特征，其中既有精巧、秀丽、严谨的阴柔之美，又有古朴、坚实、豪放的

瑞昌剪纸《涎兜花》（柯长安　摄）

瑞昌剪纸《背褡花》（柯长安　摄）

阳刚之美，阴阳互补，虚实相生，刚柔相济，别具风神。瑞昌剪纸表现题材极具个性，阴阳搭配、阴阳交合是其最为常见的主题内容。在创作上，瑞昌剪纸往往能突破时空限制，以人们通常不会或不敢采用的非镂空剪纸手法造成时而模糊时而清晰的艺术效果，显现出含蓄、隐秀的神韵和朦胧、神秘的意味。

瑞昌剪纸主要在农村妇女中传承，以家传方式沿袭至今，较为完整地保留了古老民间传统剪纸的原汁原味，体现出独特的历史和民间艺术研究价值。

在市场经济的冲击和外来文化的影响下，瑞昌传统民俗逐渐走向衰落，瑞昌剪纸的生存环境发生变异，面临失传的危险，如不及时进行抢救，后果堪忧。

剪纸·莒县过门笺

申报地区或单位：山东省莒县

山东省莒县自古就有春节贴过门笺的习俗，一直流传至今，历史十分久远。莒县过门笺是一种深受地方民众喜爱的优秀民间艺术样式，是莒地剪纸艺术的代表作，其刻制工艺经过历代民间艺人的传承，逐渐形成比较固定的模式。清代以前，过门笺只剪出穗头和花样，制作相对比较简单。民国初年至今，过门笺多由民间艺人照模板刻制而成。现在，过门笺制作以“借古开今”为原则，先按定好的尺寸设计出图案，而后以牛皮纸、纸板、厚纸或袋子皮刻成模板，再根据图案的线条找工匠打制出各种刀具，用木板、石蜡和锯末做成一个蜡盘，按尺寸裁好彩纸，将模板放在彩纸上，最后再放在蜡盘上，用各种刀具刻制，有时也用木槌敲击刀具砸刻。过门笺的加工可分单色、多色和套色几种工艺，其中套色法是将各色彩纸叠在一起，置于蜡盘上按刻，刻完后调换纸的颜色、位置、纹样，以实形填补虚形，谓之“换膛子”。背面则用纸片粘贴住，使色彩更加丰富有序。

过门笺从题材内容到艺术形式都透出浓厚的乡土气息，与农民的审美意识和农村的居住特点相适应，因而具有广泛的群众性和民间传承性。它题材广泛，形式多样，构图美观，色彩鲜明，善于用象征、谐音、寓意等手法表现民众对美好生活的追求和向往，充分体现出劳动人民的聪明才智和审美情趣，可以为历史、民俗、手工艺等多方面的研究提供资料。从前莒县当地过门笺制作的从业人员众多，从业者

莒县过门笺加工工具：蜡盘、刻刀、磨石（马树晓　摄）

莒县过门笺作品（于永胜作，马树晓摄）

比较集中的地方，艺人往往连续传承四五代以上。随着城镇化进程进一步加速，莒县已有不少人住进楼房，贴过门笺的习俗日渐淡化。受环境影响，过门笺的制作也不断市场化、商品化，致使一些传统图案变化或消失，原汁原味的作品越来越难以寻觅。目前莒县当地的年轻人大多不愿学习和继承这门古老的民间手工艺，过门笺刻制技艺后继乏人，濒临灭绝，已到了抢救的关键时刻。

艺人在刻制莒县过门笺（马树晓　摄）

剪纸·滨州民间剪纸

申报地区或单位：山东省滨州市

山东滨州地区的民间剪纸艺术广泛流布于黄河、徒骇河流域的广大乡村集镇，这里经济繁荣，民俗活动多样而频繁。滨州民间剪纸是这些民俗活动的重要组成部分，从人生礼仪到岁时节令，从庙会集聚到民间祭祀，到处都可以见到剪纸留下的影迹。

滨州民间剪纸是黄河文化孕育的产物，历史悠久，题材广泛，内容丰富，形式多样。它是千百年来生活在滨州这片土地上的人民智慧的结晶，经过历代的不断创造丰富和发展完善，经过齐鲁文化的洗礼和周边地域文化的滋养，最终形成自己鲜明的特色，展现着别样的神韵和风采。滨州剪纸中凝聚了劳动人民的美好情感，倾吐着人们对自然、劳动、生活、爱情、生命的颂扬和赞美，显示出他们高尚质朴的情操和乐观向上的精神。滨州民间剪纸所反映的民俗心理和审美观念于平和中见刚毅，自然中现顽强，苦难中生勇敢，平稳中求开拓。

滨州民间剪纸主要在家族内部和师徒间代代传承，难以形成规模。随着城市化进程的加快，滨州剪纸的生存环境急剧恶化，出现了人亡艺绝、无以为继的现象，急需引起重视。

传承人在创作滨州民间剪纸作品（赵清彬　摄）

滨州民间剪纸作品（兰福梅作，赵清彬摄）

滨州民间剪纸作品（赵清彬　摄）

剪纸·高密剪纸

申报地区或单位：山东省高密市

高密剪纸流传于山东省高密一带，形成于明代洪武年间。明初朱元璋下旨移民，山西、河南、河北、江西等地各有一些民众迁入高密。移民中的民间艺人将各地不同风格的剪纸艺术带到高密，经过一个交流融合的过程，逐渐形成朴拙、粗犷、金石味浓郁的高密剪纸，在全国剪纸艺术中独树一帜。

传承人在创作高密剪纸作品（王金孝　摄）

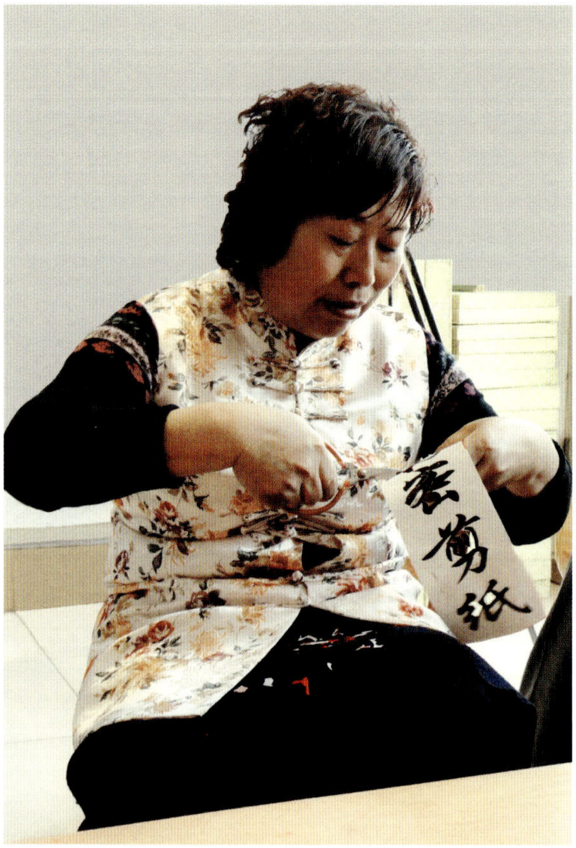

传承人在创作高密剪纸作品（王金孝　摄）

高密剪纸主要用来制作窗花、墙花、顶棚花、灯花、门笺、喜花、服饰花、鞋花和随葬花等，其题材范围非常宽泛，神话传说、历史故事、戏曲人物、花鸟草虫等都是它常常表现的内容。高密剪纸以“把样”和“熏样”为主要传承手段，依靠口传心授的方式代代相沿不绝。

高密剪纸在国内外享有盛誉，其代表作品已被中国美术馆和山东美术馆收藏。以高密剪纸为内容的《乡土瑰宝》、《民俗瑰宝》、《高密民间艺术精品选》、《中国民间十二生肖剪纸》、《齐秀花剪纸集》等多部专集出版问世后，深受各界的好评。

高密剪纸《四季花》（范祚信作，王金孝摄）

剪纸·烟台剪纸

申报地区或单位：山东省烟台市

传承人在创作烟台剪纸作品（王金志　摄）

烟台剪纸工序：染色（曲建鹏　摄）

烟台剪纸历史悠久，在我国民间艺术中久负盛名。早在清代，剪纸即已在山东省烟台各地的民间普遍流行。

烟台剪纸样式繁多，主要包括单色剪纸、勾绘染色剪纸、拼色剪纸和衬色剪纸四种类型。传统的单色剪纸多以红纸剪制而成，红而不艳，悦目耐看。勾绘染色剪纸在剪的基础上勾勒墨线，再施以色彩。从传世的清代后期烟台勾绘染色剪纸看，它比河北蔚县的点色剪纸要早半个世纪以上。拼色剪纸主要流传在莱州市，系以各种色纸剪制的局部内容拼贴成完整的作品。衬色剪纸也称“纸衬剪纸”，以莱州、招远的墙花最为著名。制作时先用黑纸镂刻出基本形象，而后在镂空处衬贴各种色纸或染色，作品即告完成。

烟台剪纸呈现出朴素自然、随意性强的特点，常善于利用谐音双关等手法来表现吉祥喜庆的寓意，具有广泛的群众性。它是民族民间文化的活化石，可以为民俗学、社会学等多方面的研究提供参考。目前由于时代的变迁和科技的发展，能欣赏、传承这门古老艺术的人日益减少，随着老艺人的相继谢世，有些剪纸技法已经失传。烟台剪纸正濒临灭绝，抢救保护刻不容缓。

烟台剪纸传统窗心（姚旭东 摄）

剪纸·灵宝剪纸

申报地区或单位：河南省灵宝市

河南省灵宝市位于豫、秦、晋三省交汇处，悠久的历史及深厚的文化底蕴为这一地区民间剪纸艺术的孕育和发展提供了得天独厚的有利条件。

灵宝剪纸分为单色和染色两种，制作以剪为主，也有刻纸的方式。在长期发展过程中，灵宝剪纸自然形成了粗犷、质朴、率真、浑厚的艺术特色。窗花是灵宝剪纸最主要的表现形式，题材以花鸟草虫、人物等为主，风格质朴单纯、美观大方。顶棚花、角花、墙围花、炕屏花、双喜字及灯花、壶花、盆花等也是灵宝剪纸常见的表现形式，这些作品往往与民间婚俗紧密联系在一起，多用来装饰喜房，以传达婚姻美满、多子多福等美好的祝愿。在灵宝当地，每逢元宵佳节，人们会用剪纸来装点彩灯，这种剪纸称为“彩灯剪纸”。走

灵宝剪纸艺人在创作（任伟肖 摄）

灵宝剪纸《和谐社会处处春》（王蓬草作，任伟肖摄）

马灯上使用的彩灯剪纸尤为典型，灯的上下和主体部分均以精雕细刻的剪纸图案进行装饰，中间的火伞上还要贴上“走马人子”剪纸，灯转影动，别具美感。除此以外，灵宝剪纸中还有围绕庙会祭祀和丧葬文化的纸扎剪纸及与民俗和巫术活动密切相关的剪纸等，前者以建筑纹样、花鸟和宣扬儒家礼、孝、仁、义等思想的历史故事为主要题材，后者常寄寓扶正祛邪的祈愿内容，主要作品有《扫晴娘》、《金剪镇五毒》、《金牛图》等。

灵宝剪纸多为农村妇女的业余创作，是当地民众寄托思想、表达情感和美化生活必不可少的艺术手段。剪纸中蕴含着丰富的地方风俗和民间艺术信息，具有很高的研究价值。

剪纸·卢氏剪纸

申报地区或单位：河南省卢氏县

卢氏剪纸流行于河南省卢氏县境内，在河南的民间剪纸和民俗文化中占有独特的地位。卢氏县地处河南省西部边陲，是河洛文化的重要发祥地。受长江与黄河两大流域文化的影响，卢氏剪纸形成了两种不同的风格特征，既有粗犷、朴拙的一面，又有流畅、委婉的一面。

卢氏剪纸是卢氏民俗文化的典型代表，它所蕴含的文化信息早已融入当地人的灵魂，影响到民俗生活的各个方面，影响到人们的价值观和审美取向。从这个意义上说，卢氏剪纸是了解当地人民思想感情和生活状态的第一手材料，它为卢氏历史和民间文化的研究提供了重要的参考。目前卢氏从事剪纸艺术的民间艺人仅有六十多位，后继乏人，卢氏剪纸的未来发展极为可忧。

卢氏剪纸《百蝶图》（局部，莫争能作，程专一摄）

剪纸·辉县剪纸

申报地区或单位：河南省辉县市

流传于河南省辉县市的剪纸艺术起源于明末清初，主要分布在离辉县市沙窑乡、薄壁镇的五十多个村庄内。剪纸是辉县民间最为流行的一种艺术形式，由于它所使用的工具和材料极其简单，所以每逢新春佳节或遇上喜庆之事，人们都要张贴剪纸，以装点生活环境，烘托欢乐祥和的气氛。

辉县剪纸起源于农耕社会，其题材内容都真切地反映着农民生活和农村社会的特点，散发出浓郁的乡土气息。其特点是以阳刻为主，构图朴实饱满，造型生动逼真，刀法精细流畅，色彩对比强烈。辉县剪纸题材广泛，品种多样，常以人物、禽兽、花木、昆虫为表现内容，通过这些形象表达祛邪祈福之意。

随着社会环境的改变，人们的生活质量不断提高，当代文化也呈现出多元化的发展趋势。在此状况下，辉县剪纸发展受阻，日益衰落，剪纸不再像过去那样可以用作艺人谋生的唯一手段。目前，辉县剪纸老艺人越来越少，后继力量青黄不接，这一古老的民间艺术样式正面临人亡艺绝的严峻形势，亟待抢救。

辉县剪纸《集市》（王明磊　摄）

辉县剪纸主要创作流程（王明磊　摄）

用铅笔在白纸上画出样稿

将画好的样稿纸覆在八层红宣纸上开始剪纸

完成剪纸

揭去剪纸上面的样稿纸

将剪纸作品一层层揭开

辉县剪纸成品《祥龙》

剪纸·孝感雕花剪纸

申报地区或单位：湖北省孝感市孝南区

孝感市位于湖北省东北部，是楚文化的发祥地之一。久远的历史、特殊的环境和良好的民风共同造就了孝感厚重的文化底蕴，孕育出孝感雕花剪纸这一荆楚民间艺术瑰宝。

孝感雕花剪纸的历史可以追溯到西晋时期，当时孝感的剪纸风尚已与民俗密切结合，当地民众习惯于“人日剪纸为人，或镂金箔为人”。至明代，孝感的剪纸艺术日趋成熟。清代以后，孝感剪纸技艺由使用剪刀剪制发展为用小刀刻镂。1952年成立了孝感县雕花剪纸艺人协会和孝感县雕花剪纸研究所，积极开展剪纸的保护推广工作，至今已保存和创作了两千余种不同风格的剪纸作品，多件作品被选送到欧亚的十多个国家和地区展览展销，获得多项大奖。

孝感雕花剪纸合南北艺术之长，以清新活泼、古朴典雅的风格特立于中国民间艺术之林。其工艺手法主要包括“剪”和“雕”两种方式，作品纤巧秀美，线面结合，虚实相生，疏密得当，构图精致，线条简练，刀法流利，破功严谨，律动性强，主题明确，给人以质朴纯真、健康活泼的感觉，具有很强的观赏性和装饰性。孝感雕花剪纸内容丰富，作品常以长寿、吉祥、幸福、喜庆为主题，善于用谐音、寓意、象征、含蓄等手法表现人们对美好生活的追求和向往。

孝感雕花剪纸以其丰富的形象语言传递着传统的思想和文化内涵，显示出独特的美学和艺术价值，为楚文化的研究提供了生动的材料。目前，孝感雕花剪纸已面临诸多发展的困惑。这种剪纸手工剪制的工期长，经济价值低，难以适应市场经济时代的要求，当地传统民俗的日渐淡化和剪纸需求量的不断减少又进一步将这种古老的民间艺术推向困境。在老艺人年事已高、年轻人不愿学习继承的现实背景下，孝感雕花剪纸正濒临失传，急需采取相关保护措施，使其振兴。

孝感雕花剪纸主要创作流程（汤凯　摄）

画稿

雕刻

孝感雕花剪纸《槐荫记》（徐惠斌　摄）

孝感雕花剪纸《脸谱》（徐惠斌 摄）

剪纸·鄂州雕花剪纸

申报地区或单位：湖北省鄂州市

流行于湖北省鄂州的雕花剪纸是一种传统的民间装饰艺术，早年的《武昌县志》中就有清代光绪年间雕花剪纸发展状况的记载。1885年鄂城开始形成带徒学艺、专事花样制作出售的雕花剪纸行业。1935年鄂城花样剪纸工会成立，以戴汉生、廖云鹏为会首，会员达到150人，剪纸艺人活动的范围遍及周边五省，在以鄂州为中心的广大地域内形成了颇具规模的剪纸行业。鄂州雕花剪纸艺人身背花样箱，手摇货郎鼓，走村串户，出售“花样”。

鄂州雕花剪纸是湖北地方民俗的重要载体，题材内容涉及生活的方方面面，呈示出鲜明的地域性特征。这些雕花剪纸主要包括帽花、鞋花、拖鞋花、袜底花、扣带花、背心花、兜花、围涎花、枕头花、帐沿花等品种，创制过程中刀剪俱用，完成的作品构图匀称，风格流畅细腻、生动传神，集实用性和装饰性于一体。新中国成立后，人称“花样窝子”的燕矶、华容等地成立了雕花剪纸互助组，先后创制出两千余种剪纸花样。

近年来，鄂州雕花剪纸艺人年事已高，健在者寥寥无几。雕花剪纸这朵古老的民间艺术之花日渐凋零，几近失传，急需保护。

鄂州雕花剪纸工序：穿纸钉（湖北省鄂州市群众艺术馆提供）

鄂州雕花剪纸《枕头花》（湖北省鄂州市群众艺术馆　提供）

鄂州雕花剪纸《帽花》（湖北省鄂州市群众艺术馆　提供）

剪纸·仙桃雕花剪纸

申报地区或单位：湖北省仙桃市

仙桃雕花剪纸，又称“沔阳雕花剪纸”，流传于湖北仙桃市一带，具有悠久的传承发展历史。据《沔阳县志》记载，沔阳剪纸在明末清初即已形成自己的风格特征，以构图匀称、雕工纤细见长。

制作仙桃雕花剪纸时，由艺人用刻刀和白纸在蜡盘上雕出俗称“花样子”的绣花纹样，雕刻时一般可重叠一二十层白纸。刻刀多系以闹钟发条和手术刀加工而

仙桃雕花剪纸《耳帽花》（张颖　摄）

仙桃雕花剪纸《帽花》（张颖　摄）

来，蜡盘则以菜油、白蜡及香炉灰合成物盛于小木圆盘中构成。艺人雕出的“花样子”多为“喜鹊登梅”、“龙凤呈祥”、“鸳鸯戏水”、“金鱼闹莲”、“鹿鹤同春”、“鲤鱼跳龙门”、“狮子滚绣球”之类的吉祥瑞庆图案，一般用作鞋、鞋垫、帽、枕头、涎兜、帐飘、帐帘、门帘等的刺绣纹样。

仙桃雕花剪纸构图繁复完整，黑白虚实分明，刀法流利工整，破工精细严谨，点划秀美匀称，线条舒展圆润，图案丰满均衡，具有写实而兼写意、变形不失原形、艺术语言丰富、装饰风味浓重的特点，在民间剪纸中独具一格。

20世家六七十年代，仙桃雕花剪纸受到严重冲击，雕花工艺社停办。近年来，在市场经济影响下，传统民间文化为人所漠视，仙桃雕花剪纸艺术在传承上出现断层，“绝活”面临“绝版”危险，亟待保护。

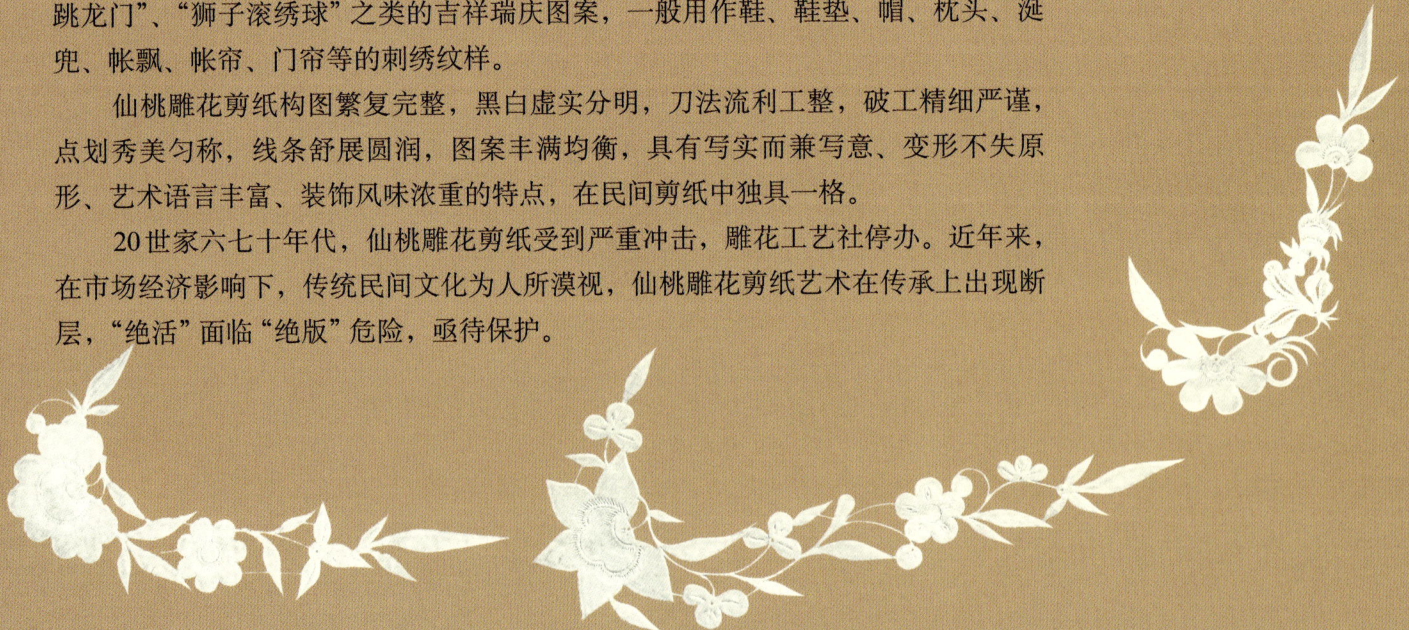

仙桃雕花剪纸《鞋边花》（张颖　摄）

仙桃雕花剪纸《鞋尖花》（张颖　摄）

剪纸·踏虎凿花

申报地区或单位：湖南省泸溪县

湖南省泸溪县合水镇踏虎村是“凿花艺术之乡”，踏虎凿花以其独具的民族特色、鲜明的艺术个性、精湛的工艺技巧饮誉国内外，成为湘西民族民间工艺美术园地的一枝奇葩。它历史悠久，内涵丰富，题材广泛，形式多样，是历代苗族群众集体智慧的结晶，充分反映了苗族人民的精神追求和思想感情。

踏虎凿花不仅应用于服饰装饰，还广泛出现在苗族地区的各种祭祀和婚丧仪式之中。它受盘瓠图腾崇拜和苗巫鬼文化的影响，带着神秘的色彩渗透到苗族生活的方方面面。千百年来，合水镇踏虎村造就了一批又一批的凿花艺人。他们世代以此为业，手摇铃鼓，肩挑篾箱，走乡串寨，逢墟赶场，凿花卖花，足迹踏遍湘、鄂、川、黔。踏虎凿花艺术大大丰富了苗族地区广大群众的业余文化生活，提高了他们的审美品位，为西南民族地区民间文化的传播和发展作出了重要贡献。如今随着生活习俗的变迁，凿花艺术受到前所未有的冲击，处于濒危境地，迫切需要采取有力的保护扶持措施。

踏虎凿花工具（向敏谦　摄）

踏虎凿花《新嫁娘》（向敏谦　摄）

传统踏虎凿花纸样（向敏谦　摄）

剪纸·苗族剪纸

申报地区或单位：贵州省剑河县

苗族剪纸作品（孙亚光　摄）

苗族剪纸俗称“苗族花纸”、“剪花”、“绣花纸”，苗语称为“西给港”、“西给榜”，汉语意为“动物剪纸”、“花朵剪纸”。贵州省剑河县流传的苗族剪纸可分为革东型和新民、新合型两类，风格各不相同。革东型剪纸构图饱满，画面内容丰富，纹样多为动物、花卉和人物，其中不乏神话传说中的形象；新民、新合型剪纸构图上相对灵动，纹样多为自然界中的花卉、鸟蝶等，造型生动异常。

苗族剪纸历史悠久，黔东南一带苗族世代传唱的《苗族古歌·跋山涉水》一节中就有关于剪纸的描述。它是研究剑河县境内清水江上游地区苗族历史和生活风习的珍贵形象资料，其中较多出现的双头龙、双头鸟、双头蛇、双身共头龙等共头共身的描述实际是苗族“吃牯脏”仪式中一种巫仪的延伸，具有极高的历史和民族学研究价值。

剑河苗族剪纸是革东、岑松、新民、新合等地苗族刺绣的底样和蓝本，经过第二次加工后，其艺术性在刺绣中得到丰富和延伸。从这个意义上说，剪纸也是苗族刺绣和服饰的重要组成部分。

传承人在创作苗族剪纸作品（杨茂　摄）

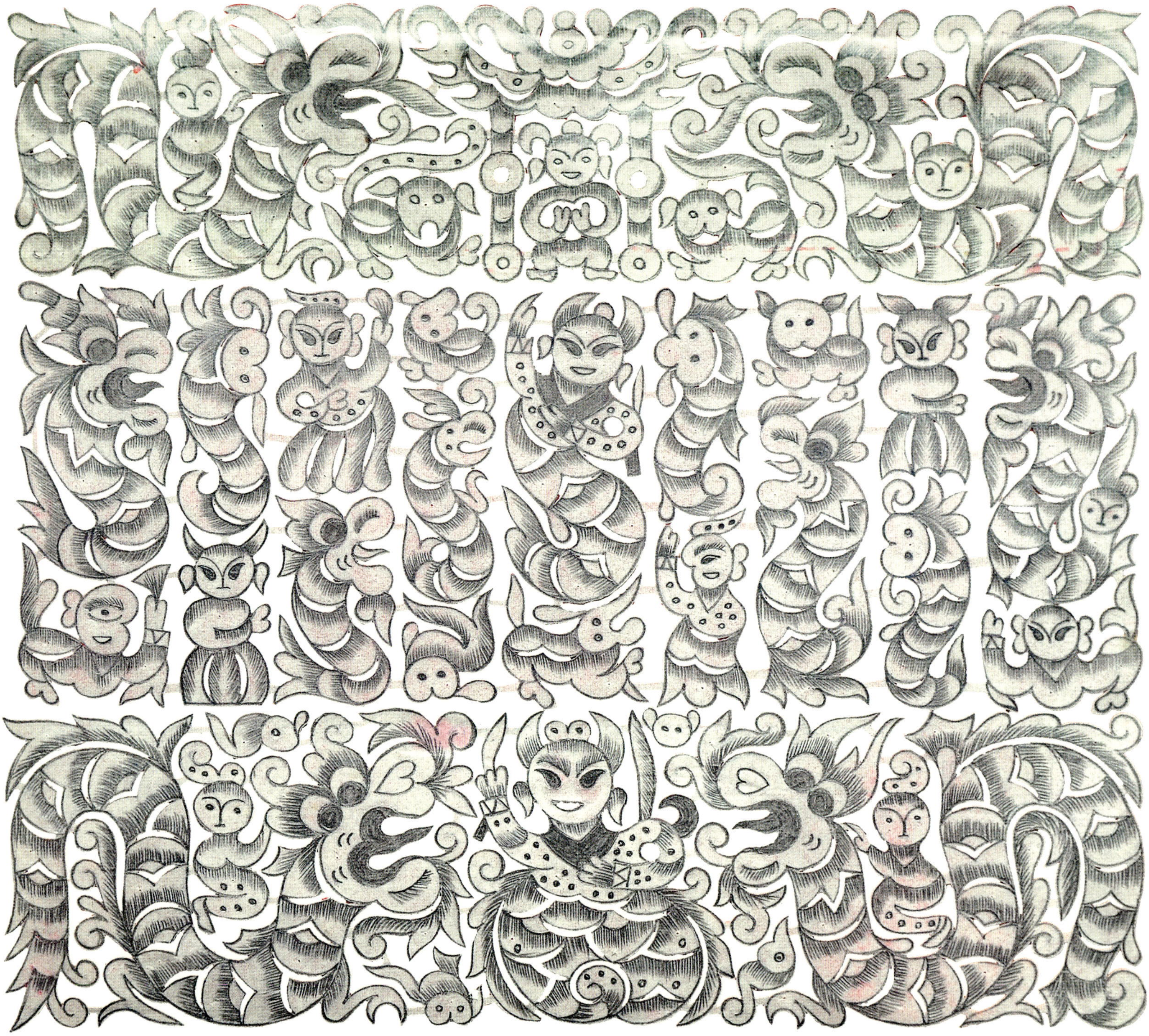

苗族剪纸《蝴蝶妈妈的传说》(杨茂　摄)

随着剑河当地外出打工女子数量的逐年增加，描绘和制作苗族剪纸的人数在日益减少，多是一些年龄较大的妇女留在家里从事剪纸活动。由于时代的进步，科学技术飞速发展，人们可以采取较为简便的方法以复印机复印刺绣图案，剪纸的蓝本作用逐渐减退。与此同时，剪纸的图案纹样发生变异，传统纹样的文化含义正为苗族地区的人群所淡忘。苗族剪纸已在不知不觉中陷入濒危境地，亟待保护传承。

剪纸·庆阳剪纸

申报地区或单位：甘肃省镇原县

庆阳市位于甘肃省东部，是周王朝的发祥地之一。庆阳民间艺术种类繁多，底蕴深厚，其中最具群众性和代表性的首推源远流长的庆阳剪纸。

庆阳剪纸与当地民俗、生活联系紧密，其作者大都是劳动妇女。它有前塬和山川两种主要风格。山川剪纸造型古朴，剪法粗放，内容上沿袭了原始图腾的纹饰图样，其中蕴含着中华民族早期的文化艺术符号和阴阳哲学思想；前塬剪纸讲究工整对称，线条细腻流畅，作品以历史传统内容和生活装饰图案为主，现实性较强。

庆阳剪纸显示出鲜明的艺术性、广泛的群众性和实用性，它反映着陇东农耕文化的人文历史特征，具有历史学、民俗学、社会学等多方面的研究价值，在文化交流中起着纽带作用。

传承人在演示剪纸技艺（段建家　摄）

庆阳剪纸《抓髻娃娃》（惠富君作，段建家摄）

受市场经济和现代生活方式的冲击，与庆阳剪纸形影相随的窑洞民居逐渐消失，导致当地社会生活中对剪纸的需求大大减少。目前许多优秀的庆阳剪纸传人已相继去世，年轻人对这门古老的艺术缺乏热情，庆阳剪纸的传承面临断裂的危险，急需保护。

317 VII-18

苏绣

无锡精微绣

南通仿真绣

苏绣·无锡精微绣

申报地区或单位：江苏省无锡市

江苏无锡是苏绣的重要发源地之一，无锡刺绣又称“精微绣”，据汉代刘向的《说苑》记载，早在两千五百多年前无锡就已出现刺绣服饰。明代中叶，俞氏创制的堆纱绣因巧夺天工而被选为贡品。清代无锡精微绣得到进一步发展，创造出了“闺阁绣”、“切马鬃绣”、“堆纱绣”、“填色稀铺法”、“乱针绣”等独特的技法。20世纪80年代初，在继承传统的基础上发展出了“双面精微绣”，成为举世公认的优秀艺术品种。

双面无锡精微绣《阿房宫》（38cm×16cm，赵红育创作并提供）

无锡精微绣创作场景（赵红育工作室　提供）

无锡精微绣的艺术特色极为突出，它卷幅微小，造型精巧，绣技精湛，往往能在很小的画面内绣制人物、场景、文字、图案等，呈现出所谓“寸人豆马，蝇足小字”的奇观。与一般双面绣相比，精微绣的技艺要求更高，难度更大，在用料、用色、用线、用针上更加讲究。它要求刺绣艺人不但绣艺高超，而且还具备较高的艺术素养。艺人绣制精细局部时，要将一根丝线劈成八十分之一，有时人物头部只有绿豆大小，五官无法用笔墨勾勒，艺人需手眼相通方能绣成。在长期的发展过程中，无锡精微绣与书画

无锡精微绣传承场景
（赵红育工作室　提供）

紧密结合在一起，焕发出独特的艺术魅力。精微绣艺术是中国最早在理论上得到总结的刺绣品种，清代即出现重要的理论著作《绣谱》对之进行论述。它体现着中华民族悠久的服饰文化和日用装饰文化，深为文人雅士及国内外艺术爱好者、收藏者所珍爱。

在社会发展变革的过程中，受工业化、外来文化及过度商业化开发的冲击，无锡精微绣正逐步萎缩，业内人才大量流失，传承困难，后继乏人。这一优秀的民间工艺已处于濒危状态，亟待采取切实有效的措施加以保护。

苏绣·南通仿真绣

申报地区或单位：江苏省南通市

南通仿真绣又称“沈绣”，是苏绣的重要分支。近代著名刺绣艺术大师沈寿在清末时曾任农工商部工艺局绣工科总教习，后应邀到江苏南通主持女工传习所。在“西学东渐”的历史背景下，她吸收西洋美术精华，在中国传统苏绣的基础上创立了“仿真绣”。这种绣法创造性地以旋针、虚实针来表现物体的肌理，用丰富多彩的丝线调和色彩，完成的作品色调自然柔和、丰富多彩，尽显写实之功。“仿真绣”往往取材于西洋油画中的人物肖像和风景等，而以人物绣最为擅长，其针法变化多端，表现画中人的五官十分传神，体现出高超的技艺。由此之故南通仿真绣又称“美术绣”，南通地区则誉之为“沈绣”。仿真绣是传统刺绣在形式上的创新，它为中国传统刺绣的现代发展开辟了一条新路。

南通仿真绣传承场景（江苏省南通博物苑　提供）

南通仿真绣《夕阳返照图》（江苏省南通博物苑　提供）

沈寿口述的《雪宧绣谱》是中国第一部较为系统、完整的刺绣理论著作，它将仿真绣及中国刺绣艺术从实践经验提升到理性认识的层面，为仿真绣的传承和发展奠定了坚实的基础。

受沈寿“以新意运旧法”艺术思想的影响和启发，南通女工传习所的仿真绣传人又创制了双面绣、双面异色绣、双面异色异形绣、彩锦绣等一批新绣种，将传统平绣发展为现代平绣，使刺绣艺术达到了更新的艺术高度。

目前南通地区从事刺绣实践和相关理论研究的专业人员很少，且后继乏人，南通仿真绣面临失传的危险，迫切需要有关方面大力扶持，以保护传承，使这一优秀的民间工艺品种在当代获得新生。

南通仿真绣《贵妃醉酒》（庄锦云、储有莲绣，江苏省南通博物苑提供）

320 VII-21

申报地区或单位：重庆市渝中区

蜀绣

蜀绣《樱花鹦鹉》（胡惠琴绣，李祎摄）

蜀绣是中国四大名绣之一，在巴蜀地区传承至今，已有上千年的历史，以渝中区为中心的重庆市是蜀绣流传的主要区域之一。

与川西蜀绣和苏绣、粤绣、湘绣等相比，重庆蜀绣更突出地显示着鲜明的重庆地方特色和文化内涵，呈现出大胆夸张、想像丰富、幽默逗趣、贴近生活的艺术风格。它以传统的花卉、动物、戏装、脸谱、风景、城市建筑、仕女、现代人像等为创作题材，内容极为丰富。其绣法以单面绣、双面绣、异形异彩绣为主，基本技法包括铺针、直针、斜针、穿针、参针、散套针、三排针、浮线针、覆盖针、压花、上飞色、下飞色等，整个针法体系完整而严密，具有密不成锥、稀不见底、光亮平齐、短针细密、内实外松、张弛有度的技艺特点。

蜀绣《猫熊》（李尚余作，重庆市非物质文化遗产保护中心提供）

近年来，随着社会经济的发展，人们对服饰和房屋装饰的审美需求持续增长，为适应新的形势，蜀绣传人不断创造着新的刺绣针法，努力将大量创新型的蜀绣作品推向国内外市场。经过长期发展，蜀绣的手工制作技艺日趋成熟，且自成体系，传承有序。

手工制作性质决定了蜀绣的每件作品在创作中都必须耗费工艺师大量的时间和精力，投入产出比偏低，加之家庭作坊式传承手段的限制，致使蜀绣面临着后继乏人、技艺失传等问题，濒于危亡，急需保护。

321 VII-22

申报地区或单位：贵州省凯里市

苗绣

苗族堆花绣服饰（张明惠 摄）

苗族堆花绣也叫“堆绣”，苗语称作“干亮”，是苗族妇女服装的独特饰品，长久以来一直在贵州省黔东南苗族侗族自治州凯里市流传不衰。

凯里东北部地区属亚热带湿润气候，山上植物种群繁多，常年生长着用于染料生产的苦楝树、栋青树、蘑芋等植物，桑树在这里生长得也十分繁茂，这种自然条件为堆花绣的产生和发展提供了物质基础。

堆花绣的制作可分为四个步骤，首先是种桑养蚕，所使用的主要工具有竹席、大铁锅、竹箩筐等；其次将蚕丝织成绫子，所用工具包括纺车、织机等；而后进一步将织成的绫缎染色浆硬，主要工具是染浆绫子和大桶；最后以绫缎片“堆”成堆花绣饰品，缝在衣服上，使之成为亮丽的堆花绣服饰，这一制作过程中所采用的工具主要是装绫片的木盒和针。堆花绣适宜表现几何图案及抽象的形体画面，它以多个三角构成图形，画面工整、规律，主体感强。堆花绣是苗族刺绣工艺中的精品，是苗族人民智慧的结晶，同时又是苗族历史的“活化石”。

苗族堆花绣制作精细，工艺难度大，耗费时间长，经济价值相对较低，现在凯里地区的农村女青年大都出外打工，在生活中多着便服或汉装，堆花绣由此而失去了生存的现实土壤，工艺上出现断代。为此有必要尽快加强对苗族堆花绣的抢救保护工作，使这一重要的民族民间艺术品种能够继续承沿发展下去，传之久远。

苗族堆花绣材料（张明惠　摄）

苗族堆花绣创作（杨玉昆　摄）

苗族妇女在创作绣堆花绣（张明惠　摄）

324 VII-25

挑花

望江挑花

花瑶挑花

望江挑花实践场景（王世福　摄）

挑花·望江挑花

申报地区或单位：安徽省望江县

安徽省望江县流行的挑花工艺是在渔耕并存的农业社会环境中由祭祀供品发展转化而来的，它源于唐代，最早时人们用毛发和麻布为材料挑制敬神的敬褡，以后逐步发展成为日常家居的点缀。早期的望江挑花主要用于女性头巾、衣、裤、围裙及小儿襁褓、围兜、抱裙、鞋帽的装饰，后应用范围逐渐扩大，亦取以装饰男性的汗巾、腰带、车辫、褡裢等器物及帐檐、桌围等室内器具。发展至今，望江挑花已成为当代家居用品如沙发靠垫、扶手、窗帘、壁挂、地毯等的重要组成部分。

望江挑花《徽风皖韵》（王世福　作）

望江挑花具有针法独特、做工精细、技艺含量高、难以仿冒复制的特点。它构图优美，变化有序，色彩对比强烈，正反相映成趣，极富观赏价值。望江挑花流布范围较小，受外地文化影响极少，始终保持着古朴、典雅的面貌，散发出浓郁的乡土气息，为安徽西南部地域文化的研究提供了生动的材料。

20世纪60年代以来，望江挑花声名大振，有大量作品为业内人士所收藏。70年代后期，望江挑花作品三次被选作人民大会堂安徽厅的沙发装饰，且在博览会、展销会上获奖。目前望江挑花的发展陷入困境，20世纪50年代以前培养出的挑花能手至今健在的都已是高龄老人，当地女青年热衷于外出务工，极少有人愿意学习继承这一优秀民间艺术，望江挑花前景堪忧，亟待保护。

挑花·花瑶挑花

申报地区或单位：湖南省溆浦县

花瑶是瑶族的一个支系，共有一万两千余人，居住在湖南境内雪峰山东北麓海拔一千三百米左右的崇山峻岭之中。花瑶有自己的民族语言，却没有民族文字。

花瑶挑花流传于湖南溆浦地区，主要用于花瑶衣裙的装饰。挑花题材主要可分为四类，一是各种常见的动植物，二是美好生活的图景，三是历史故事和民间传说，四是民族信仰和神话故事。

花瑶挑花的主要技法名为“清纱”法，也叫“数针法”，它以普通的挑花针为工具，白纱线、五彩丝线或五彩毛线及青色土织布为材料来完成，工艺精细，构思奇妙，立意新颖，图案别致，对比强烈，寓意深刻，真正做到了以形传神，体现出拙

花瑶挑花图案（王身友　摄）

花瑶挑花图案（王身友　摄）

花瑶女子围坐挑花（王身友　摄）

中藏巧、神秘粗犷的风格特征，作品通体洋溢着一种憨厚朴实的乡土之美。花瑶挑花是我国民族民间艺术的瑰宝，在这些挑花作品中，理想与现实、形式与内容达到了和谐完满的统一，既反映了花瑶的族群特征，又蕴含了花瑶的民族历史。

目前花瑶的年轻人除在本民族节日和婚庆时穿民族服装外，平常都习惯穿简单方便的汉族服装；瑶汉通婚以来，花瑶女子嫁入汉族家庭后便不再穿着民族服装，也不再从事挑花工作，这使得挑花在花瑶人生活中的作用大打折扣。加上挑花工艺难学难精，一般年轻人都不愿学习，现在当地会挑花的人已越来越少。如不尽快采取保护措施，花瑶挑花将面临失传的危险。

香包

325 VII-26

徐州香包

徐州香包针插《斗蟋蟀》（王振霞作，王兴华摄）

徐州香包内装有冰片、白芷、朱砂等十几种香料，具有清热解毒、润肺醒神、驱虫避邪的功效（王兴华　摄）

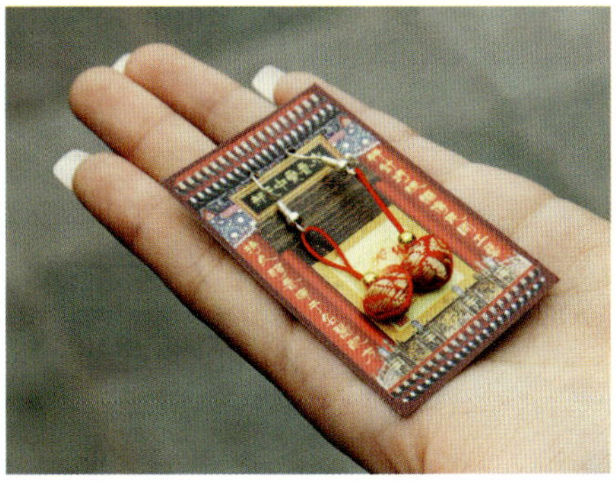

微型徐州香包《心形耳环》（郝巧玲　创作并提供）

香包·徐州香包

申报地区或单位：江苏省徐州市

香包又名“香囊”、“香缨”，俗称“香布袋”、“料布袋”，是一种传统的佩饰物，制作和佩戴香包的习俗在我国由来已久。

清朝末年制作的徐州香包作品（王兴华　摄）

流传于江苏省徐州市的香包制作技艺别具特色，为世所称。徐州香包合实用性与观赏性为一，它造型纯朴，图案精美，色彩艳丽，绣法工整细致，内装的中草药能驱蚊防潮，净化空气，预防疾病。徐州香包形制丰富，有心形、圆形、菱形、元宝形、蝴蝶形、花瓶形、水滴形、长方形、人物娃娃等各种形状。外部图案多采用龙凤呈祥、鸳鸯戏水、松鹤延年、喜鹊闹梅等传统的喜庆吉祥题材，以寄托人们祈求祥瑞、辟邪纳福、丰衣足食的美好愿望。随着经济的发展和生活水平的提高，徐州香包的题材也在发生着变化，出现了以戏曲脸谱、布袋和尚、麒麟送子、观音送福、两汉文化、卡通娃娃等为表现内容的作品。

随着社会的变迁，传统民俗逐渐从现代生活中淡出，香包不再像以前那样受人珍视。在机器缝制技术迅速发展普及的情况下，掌握传统香包制作技能的艺人日渐稀少，徐州香包工艺濒临灭绝，亟待挖掘保护。

337 VII-38

山西民居砖雕

砖雕

砖雕·山西民居砖雕

申报地区或单位：山西省清徐县

清徐县位于山西省太原市南部，汾河与潇河通过其境内，沉淀下的优质丰厚土壤是烧制砖雕的上好原料。早在夏商之前，清徐先民已经掌握了制陶技艺。

从清徐境内保留的隋、唐、宋、元各代的诸多寺庙砖瓦中可以看到雕刻痕迹，显示山西清徐砖雕技艺在当时已经成熟。明后期至清前期的两百余年中，随着晋商的崛起，清徐境内各村各社民居建造蔚然成风，脊领、影壁、花墙门楼等砖雕工艺品的市场需求量很大。到清代中后期，清徐境内平均四个村庄便有一座小砖窑，每座窑均可烧出当地俗称为“花货”的砖雕。直至如今，尚有许多清徐砖雕作品完整存世。

清徐民居砖雕所用材料质地好，经久耐用，制作技艺花样繁多，套路复杂，画工精细，刀工别致。明代早期的砖雕承袭秦汉遗风，简单粗犷，用线平刻较多，人物形象少有变化，画面较为单纯。后来逐步发展为现在的艺术风格，用线简练挺

山西民居砖雕《四果图》（山西省清徐县清徐窑王堡砖雕厂　提供）

山西民居砖雕《清徐的葡萄熟了》（山西省清徐县清徐窑王堡砖雕厂　提供）

拔、劲健粗放，显得稚拙而朴素，整个作品以浮雕和浅圆雕为主，借助线刻造型，构图缺乏透视变化，强调对称，富于装饰趣味。

山西清徐民居砖雕具有浓厚的民俗文化气息，它贴近百姓生活，以朴素而直白的艺术语言表达出民众对生命价值的关注、对家族兴旺的企盼、对富裕生活的向往及对一定社会地位的追求。清徐民居砖雕的风格演进从某种程度上反映了汉文化的发展变迁，为历史学和文化学的研究提供了第一手形象资料。

在清徐境内，砖雕技艺的传承谱系明确，井然有序。1928年以后，随着清徐庙宇的不断拆除，砖雕市场日渐疲软，砖雕业主纷纷封窑。清徐窑王堡砖雕虽然坚持烧造，但因为种种原因于2002年秋封闭。清徐民居砖雕承传受阻，濒临灭绝，如不及时抢救，很有可能会在短期内彻底消亡。

339 VII-40

申报地区或单位：广东省揭阳市、汕头市

潮州木雕

潮州木雕《和谐》（广东省揭阳市非物质文化遗产保护中心 提供）

潮州木雕源远流长，建于唐玄宗开元二十六年（738）的潮州开元寺，中就有唐代的木雕作品。广东的木雕技艺主要集中于潮州、汕头、揭阳一带，历史上统名之为“潮州木雕”。

潮州木雕技艺精湛，与黄杨木雕、东阳木雕、福建木雕并称为我国四大木雕。因题材广泛、构图饱满、雕刻精细、多层镂空、金碧辉煌等特点而称誉海内外。

揭阳木雕通常以建筑物、家具及供神用器的装饰物或构件形式存在，且往往饰以金漆或彩绘。它题材广泛，多表现花鸟虫鱼及人们喜闻乐道的历史传说、戏曲故事等。雕刻形式有沉雕、浮雕、通雕、圆雕、托地雕等多种，而以通雕最为见长。揭阳木雕一般采取柔性造型方式，运用感性、动态的线和面，以弧线、曲线及由其产生的抛面、曲面组成造型，构图饱满，布局匀称，刀法繁而不乱，体现出节奏和韵律之美。揭阳木雕也称“金漆木雕”，制作时先在樟木或杉木上凿粗坯，然后精雕细刻，再进行磨光，层层髹漆，最后贴以金箔，可达到金碧辉煌的艺术效果。

潮州木雕《花篮》（何汉林作，曾广锡摄）

汕头木雕历史悠久，始于唐代，盛于明清。它应用广泛，题材丰富，民间传说、古今人物、花鸟虫鱼、飞禽走兽、江海水族、戏剧故事等都是其常见的表现题材。汕头木雕名师众多，作品在全国评比中屡获奖项。

目前，潮州木雕发展受阻，由于从业收入低微，故年轻人多不愿学习，健在的工艺师都在50岁以上，已出现后继无人的状况，若不从速抢救，前景堪忧。

潮州木雕《百鸟朝凤》（何汉林作，曾广锡摄）

341 VII-42

申报地区或单位：上海市徐汇区

黄杨木雕

传承人在创作黄杨木雕（上海市非物质文化遗产保护中心　提供）

黄杨木雕《司马迁》（徐宝庆作，上海市非物质文化遗产保护中心提供）

海派黄杨木雕是上海开埠时期产生的一种雕刻艺术，经过一个多世纪的发展，逐渐形成了成熟的海派木雕艺术风格。20世纪二三十年代，在土山湾工艺院学艺的徐宝庆经过七十多年的锤炼，发展出具有地域特色的海派黄杨木雕艺术体系，他和弟子由此成为海派黄杨木雕的代表人物。

海派黄杨木雕将西方写实雕塑技巧同中国传统雕刻技法结合起来，传统题材与现实题材并重，讲究寓意表现，善于捕捉现实生活中的生动瞬间，体现出浓郁的生活气息和民族文化韵味。

海派黄杨木雕具有丰富的艺术含量和极高的文化品位，可以为海派文化的研究提供重要参考。近年来，受市场经济的冲击，纯手工制作的海派黄杨木雕因工期长、经济效益低而发展受阻，出现了传承危机，迫切需要有关方面采取保护措施，帮助它走出低谷，重新发扬光大。

343 VII-44

申报地区或单位：福建省泉州市

木偶头雕刻

江加走木偶头雕刻

木偶头雕刻技艺传承场景（杨丽蓉 摄）

泉州木偶头是深受世人喜爱的民间艺术珍品，木偶头雕刻源自传统的木偶神像雕刻。

泉州历史上曾出现过不少雕刻能手，其中崛起于20世纪前半期的江加走是一位承前启后的现代雕刻大师。江加走（1871—1954），字长清，福建省泉州市丰泽区人，其父江金榜是一位雕刻粉彩木偶头像的民间艺人。江加走11岁开始随父学艺，18岁继承父业，发展创作出285种不同性格的木偶头像，其中250种均有称谓，此外还制作了十余种不同式样的头髻和发辫。由此开始，江加走长期在木偶头像雕刻的领域里勤奋探索，毕生雕刻粉彩的木偶头像达万余件之多。

江加走木偶头雕刻作品（江碧峰　创作并拍摄）

江加走通过对人物形象的敏锐观察和认真研究，总结出一个偶雕规律，他认为形象的美、丑、忠、奸、贤、愚及表情的喜、怒、哀、乐都会在眼、耳、口、鼻、眉“五形”和眉骨、颧骨、下颏骨“三骨”上引起复杂的变化。按照剧情和人物性格对面部骨骼和肌肉结构进行概括、夸张和变形，就能把不会动的木偶头变成栩栩如生、性格鲜明的人物。

江加走制作的木偶头是雕刻和粉彩的完美结合，他的作品笔法细微，刻工纯熟，刀法洗练，技艺精湛，具有造型优美、形象丰富、结构严谨、雕刻精准、颜色调和、纹彩美观、扮相生动、妙趣盎然的特点，是雕刻和彩绘完美结合的稀世珍品。

江加走木偶头雕刻和粉彩技艺工序繁杂，纯以手工操作，收入有限，且学艺周期长，大部分年轻人难以接受，因此传承人仅能在子女中选择。在社会急剧变迁的新形势下，江加走木偶头雕刻技艺因无法适应市场经济的需要而陷入发展困境，传承面临危机，急需得到有关方面的支持，以期能尽快克服阻碍，顺利传承。

江加走木偶头雕刻程序（江碧峰　创作并拍摄）

345 VII-46

竹刻

竹刻·无锡留青竹刻

申报地区或单位：江苏省无锡市

无锡竹刻历史久远，技法多样，风格清雅古朴，别具特色。早在明代，无锡籍著名竹刻家张希黄即创立留青浅刻山水技法，在中国竹刻史上起到了垂范后世的作用。清代，竹刻工艺在无锡地区流传不绝，产生了许多重要作品。1915年，无锡籍竹刻家、金石家张瑞芝在无锡市中心复兴路开设“双契轩艺坊”，由吴稚晖题匾。经过长期发展，无锡竹刻由阴文浅刻发展到留青浅刻、薄地阳文、阳文糙地等多种刻法，以精细、古雅、秀丽的艺术特色蜚声于沪宁沿线。

早期无锡竹刻以精刻摹缩金石文字为主，其次是镌刻名家书画。无锡竹刻家通过运刀的深浅利涩，将书画的神韵笔意表现得淋漓尽致。作品气韵高古，清新俊雅，显示出浓重的文人气质。

1949年后，无锡竹刻技法从原先的浅刻向浮雕、透雕、圆雕发展，逐步形成留青浅刻与浮雕、透雕、圆雕熔于一炉的独特方式，在以留青浅刻为主的江南竹刻艺苑中独树一帜。无锡双契轩的竹刻家均工

传承人在创作无锡留青竹刻（乔锦鸿　提供）

无锡留青竹刻《秋荷白鹭》
（乔锦鸿　创作并提供）

无锡留青竹刻《秋蝉》
（乔锦鸿　创作并提供）

书善画，通诗能文，在实践中创造出了一大批精妙绝伦的传世精品。

目前，无锡竹刻从业人员日渐稀少，主要的艺人仅有4位，生存发展极为困难。圆雕、浮雕、透雕等高难度技巧学习起来难度很大，导致这项传统工艺后继乏人。如不加以保护扶持，历史悠久、技艺卓绝的无锡竹刻势必走向衰亡。

竹刻·常州留青竹刻

申报地区或单位：江苏省常州市

留青竹刻是江苏省常州地区传统的民间工艺，历史悠久，源远流长。清末时期，常州留青竹刻即在国内稳占鳌头，独负盛名。近现代以来，常州留青竹刻名家辈出，精品迭现，形成了以徐素白、白士风为代表的两大流派。徐素白在吸收前辈竹刻艺术的基础上，用刻刀再现沪上书画家的名作，将留青竹刻艺术提升到了一个崭新的高度。白士风作品刀法流利，刻工精细，风格古朴淡雅，韵味十足。

传承人在创作常州留青竹刻（李燕良　摄）

常州留青竹刻产品有工艺台屏、工艺挂屏、工艺笔筒和臂搁等多种类型，其制作过程主要包括整形、描图、切边、铲底四个步骤，要完成一件精品常需费数月之功。将竹材制成长方形的臂搁、挂屏及笔筒等各种物件，然后打磨光滑，谓之“整形”；将书画稿描印或自画在竹面上，谓之“描图”；以垂直、倾斜、弧形等不同角度切割竹材边缘，谓之“切边”；铲刮竹青，谓之“铲底”。书法作品的铲底是在同一层面进行铲刮，要求笔画边缘流畅，底面留青均匀平滑，竹筋通直；绘画作品的铲底则需根据笔墨的浓淡、深浅、虚实决定竹青是全留、多留、少留还是不留。

常州留青竹刻显示出超凡脱俗的美学品位，在中外文化交流中也能发挥积极作用。作为江南文化的优秀代表，这一艺术含量极高的手工技艺具有多方面的研究价值。目前，徐白两大艺术流派虽不乏传承者，但其技艺水平与前辈相比差距十分明显，提高常州留青竹刻制作的整体水准，采取有效措施保护传承已成为一项紧迫的任务。

常州留青竹刻《月季草虫笔筒》（江寒汀画，徐素白作）

常州留青竹刻《客路青山下，行舟绿水前》（徐秉方作，盖燕琴摄）

竹刻·黄岩翻簧竹雕

申报地区或单位：浙江省台州市黄岩区

黄岩翻簧竹雕是浙江省黄岩地区民间传统的工艺品种，它始创于清代同治九年（1870），至今已有百余年历史。黄岩是国内最早创制翻簧竹雕的地区之一，也是国内目前保存这一手工艺流程最完整的地区之一。

翻簧竹雕因在毛竹内壁的簧面上雕刻而得名，亦称“贴簧”、“反簧”。其工艺是将毛竹去青取簧，经过煮、压、刨、晒等工序后，胶合或镶嵌在木胎、竹片上，然后磨光，配上红木等其他装饰材料，制成花瓶、茶叶盒、笔筒、台屏、雅扇等各种工艺品，再在上面雕刻各种山水、人物、花鸟图案，最后形成色泽光润类似象牙的成品。浅浮雕和线雕是翻簧制品的主要装饰手法，线条粗中有

黄岩翻簧竹雕创作主要流程（何菊芬　摄）

劈竹取簧

煮簧

造型

雕刻

细、疏密结合，能在厚度不到半毫米的簧面上表现出画面的不同层次，精致异常。黄岩翻簧竹雕带有鲜明的民族风格和浓郁的地方特色，在国内堪称一绝。

制作翻簧时保留竹节翻出竹簧，采用三棱雕刀进行雕刻，这是黄岩翻簧竹雕独有的技艺。

随着市场经济的发展和人们就业观念的变化，黄岩翻簧竹雕陷入了老艺人年事已高、年轻人不愿学习继承的尴尬局面，急需有关方面大力扶持，以保护传承。

黄岩翻簧竹雕作品（王跃国　摄）

竹刻·江安竹簧

申报地区或单位：四川省江安县

江安地处川南，这里气候温暖湿润，适宜竹类生长。数量、品种繁多的竹类成为当地人赖以生存的资源条件，也为江安竹簧工艺的产生、发展提供了重要的物质基础。

江安竹簧工艺历史悠久，明代正德年间即已达到兴盛。1915年，江安竹簧作品《花篮》在巴拿马万国博览会上获优胜奖，由此开始走向世界，蜚声海内外。新中国成立后至20世纪80年代，江安竹簧工艺进入转折、复兴期，曾多次获得国家和省部级奖项。

传承人在雕刻江安竹簧（董志宇　摄）

江安竹簧《孺子牛》（何华一　创作并拍摄）

江安竹簧《紫竹观音》（钟国富　摄）

江安竹簧制品有竹簧、竹筷、竹筒、竹根雕、竹编、竹装修等七大类上千个工艺品种，其造型和雕刻既保留了中国书画的笔墨神韵，又显示出民族工艺的独特技巧。它以传神写意为追求，自然流露出来自民间的审美体验和审美情趣，显示了中国民间美术典型的文化特征。同时，它的产生发展又与日常生活密切相关，不时呈现出鲜明的时代性和社会性特征。

江安竹簧工艺的传承谱系在四五代以上，艺人年龄都已年过半百。目前当地的竹簧作坊只有六家，发展滞缓，举步维艰。江安竹簧工艺日渐陷于濒危境地，亟待抢救保护。

346 VII-47

泥塑

泥塑·玉田泥塑

申报地区或单位：河北省玉田县

玉田县因古人种玉的传说而得名，它位于河北省东部，地处燕山余脉南麓，正当京、津、唐之间。玉田泥塑形成于清代光绪年间，至今已有一百多年的历史。

玉田泥塑以历史人物、神话故事、田园动物等为题材，用泥土捏塑形象，经彩绘后成为泥埙，供少儿把玩。其造型一般为椭形体，单纯简练，半塑半画，以画为主，内镶苇笛，外部用白色作底，敷以红、黄、绿、黑各色，色彩强烈，但整体上感觉十分协调。泥塑制作过程井井有条，包括取土和泥、捏泥胎、制泥模、合模装笛、修整晾晒、铺白粉底、调胶、敷彩八道工序。玉田泥塑的代表作有《八仙过海》、《麒麟送子》等，这些作品形象生动，寓意吉祥，散发出浓郁的乡土气息。玉田泥塑独具一格，在河北泥塑中首屈一指，在我国民间泥塑领域也占有一席之地，是燕赵地域文化和民间泥塑史研究的重要对象。

玉田泥塑创作主要流程（河北省玉田县文化馆　提供）

调制白粉

制作泥胎

绘制泥塑

玉田泥塑作品（河北省玉田县文化馆　提供）

随着社会的变革，以往流行于乡村的泥玩具被新生产品所取代，生存环境的巨大变化导致玉田泥塑迅速衰落，濒临灭绝，投入力量对这一重要的民间艺术进行发掘、抢救和保护已成为一项刻不容缓的任务。

玉田泥塑《穆桂英挂帅》（河北省玉田县文化馆　提供）

玉田泥塑《骑毛驴回娘家》（河北省玉田县文化馆　提供）

泥塑·苏州泥塑

申报地区或单位：江苏省苏州市

苏州是长江三角洲地区重要的中心城市，也是国家文化名城和风景旅游城市。在两千多年的发展历史中，苏州泥塑一直享有盛誉，和潮州浮洋泥塑、天津泥人张、无锡惠山泥人齐名，是中国泥塑的重要代表。

传承人在创作苏州泥塑作品（朱文茜　提供）

苏州泥塑可分为两大类，一类是大型泥塑，即庙宇的神佛塑像；另一类是泥塑小品，即虎丘泥人。传统的苏州神佛塑像以细腻、传神、雅致而闻名，取材方便是它的一大优势，造像时一般取当地的山泥，经过钉骨架、配制泥（将泥进行粗、细加工）、上泥、彩绘或装金等工艺步骤塑造成形，每个大步骤里又包含若干个小步骤，完成一件作品起码需用一两年。

虎丘泥人的材料取自虎丘周边的黏土，这种土既黑又细且黏，很适合用来塑造小品泥人。虎丘泥人最大的特点是写实性强，作品一般高十到十五公分左右，多以戏文故事为表现题材。虎丘泥人中最具特点的是捏相，又称“塑真”，即面对特定人物，在最短的时间内抓住其神韵，用各种颜色的泥当场捏出形象，所塑人物特点分明，惟妙惟肖，往往能达到形神兼备的效果。

苏州泥塑合民俗、宗教、雕塑、绘画、书法等诸种艺术为一，具有很高的艺术和历史文化研究价值。

苏州泥塑《仕女图》（朱文茜　提供）

仿清代苏州泥塑《哺乳》（苏州博物馆　提供）

泥塑·聂家庄泥塑

申报地区或单位：山东省高密市

山东省高密市姜庄镇的聂家庄泥塑是泥塑中型、色、声、动四者俱全的一个艺术品种，据传它源于明代万历年间，至今已有四百多年的历史。清代康熙年间，聂家庄的艺人们在“锅子花”的基础上创制出泥娃娃、禽、兽、鱼等泥塑品种，以供民俗活动使用、家庭观赏和儿童玩耍。嘉庆年间，聂家庄泥塑进入成熟期，塑出的作品形象完美，声色并茂。

聂家庄泥塑的制作过程由十几道工序组成，成品造型大胆夸张、稚拙憨朴，着色鲜艳醒目，表情生动写意，整个泥塑能动会叫，具有较强的艺术感染力和生命力。作为一种古老的民间工艺，聂家庄泥塑以艺术的方式反映了当地的社会状况和风土人情，成为珍贵的历史文化遗产，在山东地域文化和民俗民风的研究考察中具有重要的参考价值。

目前社会生活正经历着前所未有的变化，无论在都市还是在城镇乡村，玩具市场都已被电动、塑料、毛绒、遥控类的产品迅速占领，这对聂家庄泥塑的销路冲击极大。在此状况下，聂家庄泥塑后继乏人，举步维艰，陷入发展困境，急需保护扶持。

聂家庄泥塑《对狮》（王金孝　摄）

聂家庄泥塑创作主要流程（王金孝 摄）

磕坯

彩绘泥塑

泥塑·大吴泥塑

申报地区或单位：广东省潮安县

广东省潮州市潮安县浮洋镇的大吴村与天津杨柳青、江苏无锡惠山并称为“三大泥塑之乡”，浮洋泥塑的历史可追溯到南宋理宗嘉熙元年（1237），距今已七百七十多年。清代中叶至民国初是大吴泥塑发展的鼎盛时期，泥塑作坊遍及全村，出现了以吴潘强为代表的上百名泥塑艺人。

大吴泥塑的制作过程分为挖泥、炼泥、捏塑、烧坯、彩绘五个环节，制作时以雕、塑、捏、贴、刻、印、彩为主要技术手段，其中贴、印、彩等手法紧密结合在一起，形成了突出的地方艺术特色，显示出与其他民间泥塑和雕塑的区别。大吴泥塑的题材或取自潮剧情节、民间传说或章回小说故事，或直接来自日常生活。其作品形象可分为五大门类，第一类是戏曲人物，具体为文身、武景、臣景、大斧批、文寸；第二类是脸谱、童头、木偶头、纱灯头；第三类是真人肖像；第四类是神、佛像；第五类是儿童玩具，也称“杂锦”，如动物、胖娃娃、鲤鱼童等。

大吴泥塑生动形象地展示了当地的民俗风情和历史文化状况，是广东地方文化研究的重要对象。但这一宝贵的民间艺术一直未能形成产业，在市场经济大潮的冲击下，其生存空间越来越小。目前当地的泥塑老艺人年事已高，后继无人，大吴泥塑的发展前景并不乐观，急需有关方面展开积极有效的保护工作，使其得以顺利传承。

大吴泥塑《薛丁山与樊梨花》（吴金福作，广东省潮州市非物质文化遗产保护中心提供）

大吴泥塑《老莱娱亲》（吴光让作，广东省潮州市非物质文化遗产保护中心提供）

泥塑·徐氏泥彩塑

申报地区或单位：四川省大英县

徐氏泥彩塑是一种具有地方特色的民间泥塑艺术，主要流传于四川省大英县一带。清末民初川中塑像名师杨子园、罗体成收徐得亲为关门弟子，是为徐氏泥彩塑的发端。徐得亲之子徐兴国自幼随父学习雕塑、绘画、书法艺术，完整地传承了衣钵。

徐氏泥彩塑用传统技法施工，先绘图设计（包括白描、效果图和施工图），再扎架、砌粗坯、上细泥。白坯干透后进行修补，刮灰打磨，做立彩花纹，上彩贴金，最后开相完成。制作时采用传统造型，服饰彩画，贴金，绘画工笔重彩，尽显古风雅韵。徐氏泥彩塑多以宗教故事和历史人物为题材，宣扬真善美，劝化向道。完成的作品主要流传于四川、湖南、台湾等地，在旅游景点和寺观庙宇极受欢迎。

1981年至1990年，徐得亲、徐兴国父子受聘承担恢复丰都鬼城的雕塑工程，八年中设计并完成塑像两千余尊，使丰都成为闻名世界的旅游胜地。2001年，他们又开始进行绵阳罗汉寺万佛城的塑像工作，完成小佛像一万两千余尊，另塑九米以上佛菩萨像四十余尊，规模超过美国万佛城，举世罕见。

随着社会的发展，接受泥彩塑之类传统艺术的人不断减少，徐氏泥彩塑传人极少，继承和发扬十分不易，急需保护。

传承人在创作徐氏泥彩塑作品（管静　摄）

徐氏泥彩塑《二郎神》
（四川省大英县文化体育广播电影电视局　提供）

泥塑·苗族泥哨

申报地区或单位：贵州省黄平县

苗族泥哨是贵州省黄平县旧州镇寨勇村苗族老艺人吴国清（苗名“贵乜”）在传统陶俑、泥俑基础上创造发展出来的一种泥捏儿童玩具，哨体下部留有回气孔，能吹出清脆的响声，深受儿童喜爱。

苗族泥哨成形于20世纪30年代，80年代得到进一步发展。吴国清授徒百余人，制作泥哨的个体作坊在黄平县的飞云崖、旧州镇、重安镇等村落都有分布，工艺传承至今已八十余年。泥哨制作主要是以手工将黏土捏制成形，而后低温烘烧，再施以彩绘，罩以清漆，做出成品。黄平苗族泥哨以塑造动物见长，自然界的动物应有尽有，不论是天上飞的、地上走的、水里游的还是树上爬的，都一一见于其中，动物造型共计四百余种。另有组合式的“十二生肖”、“斗牛”等作品，借助各种动物的有趣神态来反映生活、表达感情，体现出较高的艺术水准。

泥哨艺人以山川河流、民俗风情为腹稿，吸收苗地挑花刺绣和女性服饰的特点，先用柴火将泥哨熏烧成漆黑的底色，而后在此基础上着以红、黄、蓝、白、绿、紫等颜色，使哨体鲜明醒目又不失厚重感，显得古朴大方、自然明快，极具挑花刺绣的色彩效果，既有浓重的生活气息，又有鲜明的民族特色。黄平苗族泥哨艺人在造型时不拘泥于物象的客观外形，而善于捕捉和提炼其神态及内

苗族泥哨创作主要流程（罗朝凤　摄）

加工泥哨土坯

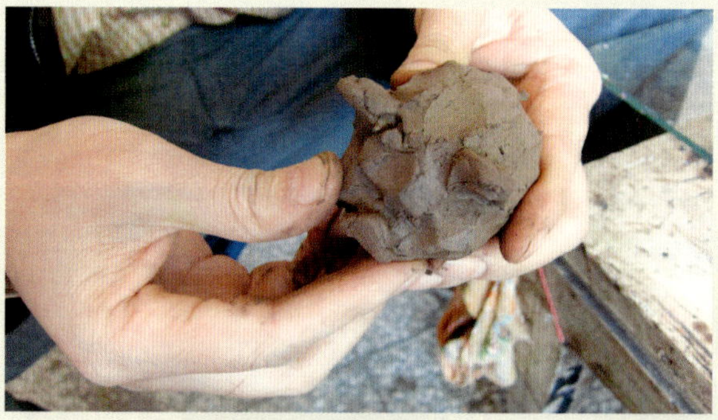

手工捏泥造型

将已烧好的泥哨从火盆中取出

对已炼制好的泥哨进行彩绘

苗族泥哨成品（罗朝凤　摄）

在情感，大胆采用夸张、变形、写意的手法，重点表现所塑对象的特殊部位以突出其特征，使每一个泥哨作品都形神兼备、浑然一体，造成“妙在似与不似之间”的绝佳艺术效果。

在市场经济和外来文化的冲击下，黄平苗族泥哨的生产受到极大影响。目前黄平县能制作泥哨的仅有百余人，部分艺人已改行，传承发展困难重重，如不及时加以保护，这一不可多得的优秀民间艺术将有失传和消亡的危险。

泥塑·杨氏家庭泥塑

申报地区或单位：宁夏回族自治区隆德县

隆德县位于宁夏回族自治区南部，地处六盘山西麓。隆德民间雕塑艺术起源于唐宋时期，成熟于明清两代，早在宋代绍兴年间，隆德雕塑即已誉满四方。闻名于陕甘宁地区、号称“雕塑世家”的宁夏回族自治区温堡乡杨坡村杨栖鹤家族是隆德雕塑的代表，杨氏家庭泥塑起源于清代道光十二年（1832），创始人经多方拜师求教，吸收借鉴各种民间艺术之长，融汇贯通，集泥塑、绘画、木刻、章雕、剪纸、烫花于一体，初步形成杨氏泥塑的基本艺术风格。

传承人在创作杨氏家庭泥塑作品（张国勤　摄）

杨氏家庭泥塑制作过程较为复杂，有配料、酿泥、造像、敷彩等二十多道工序，其间需使用圆雕、浮雕、透雕等多种方法。成品以精美取胜，色泽鲜艳，造型夸张，成为隆德地区民间艺术的首要代表。杨氏家庭泥塑内含丰富，善于通过艺术化的偶像造型表达宗教理想和生活情感，具有很高的民俗学和历史文化研究价值。

随着社会的发展，杨氏家庭泥塑开始走向衰落。受财力、物力、人力的制约，这一形象记载宁夏地域历史和风土民俗的优秀民间艺术无法得到有效的保护和传承，面临消亡的危险，亟待抢救。

杨氏家庭泥塑技艺传承场景（张国勤　摄）

349 VII-50

灯彩

灯彩·北京灯彩

申报地区或单位：北京市崇文区、朝阳区

灯彩又名“花灯”，是我国各地普遍流行的一种装饰性传统手工艺品。在历史上，张灯结彩是元宵节最主要的节俗活动，火树银花是元宵夜最突出的景观。在这种历史文化背景下，“光”与“彩”综合的灯彩艺术获得了独特的审美价值。

北京灯彩长期流行于北京地区，按使用方式分，它主要有吊灯、座灯、壁灯、提灯等几大类；按制作材料分，包括纱灯、宫灯、走马灯、立体动物灯、金属灯、

北京灯彩制作主要流程（王亚非　摄）

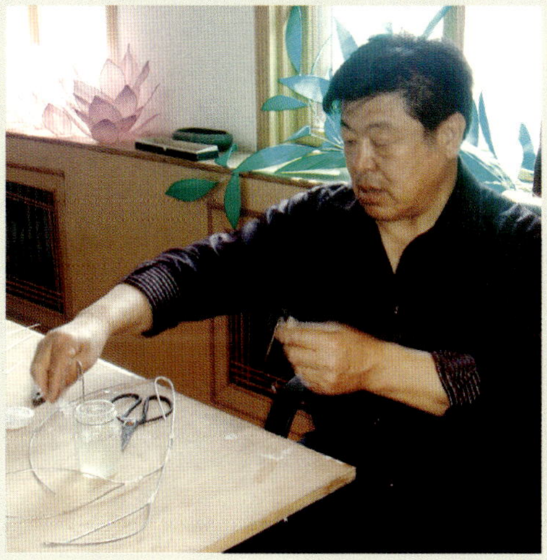

彩灯扎结

裱糊灯体

北京灯彩《六方宫灯》（王亚非　摄）

料丝灯等多个品种。北京灯彩制作技艺较为丰富，彩扎、裱糊、编结、刺绣、雕刻、剪纸、书画等都是其重要的技术手段。

北京传统的灯彩活动主要在元宵节举行，后来逢到盛典、新婚、寿辰、节庆等喜事也都要张灯结彩。灯彩成为祥瑞吉庆的象征，寄托着人们对美好生活的祈望和对幸福未来的向往。20世纪50年代以后，随着灯节的消失，北京灯彩仅剩下宫灯和红纱灯两个品种，其余各种花色灯彩的制作技艺均已失传。

面对灯节衰落、灯彩逐渐消失、外来节俗削弱中国传统节俗文化、现代科技冲击传统手工艺等一系列的难题，北京灯彩举步维艰，后继乏人，急需抢救保护。

北京灯彩"兔爷灯"（王亚非　摄）

灯彩·上海灯彩

申报地区或单位：上海市卢湾区

上海灯彩是在上海都市环境中发展起来的一种新型灯彩艺术，它继承古代灯彩的优秀技艺并加以合理发展，不仅材质有所更新，品种也更为丰富。海派灯彩分撑棚灯、走马灯、宫灯、立体动物灯四大类型，其中以何克明为代表的立体动物灯彩集观赏性、艺术性、装饰性于一体，是上海灯彩艺术最精粹的部分。

上海灯彩《龙凤呈祥》（吕协庄作，上海市非物质文化遗产保护中心提供）

何克明有“江南灯王”的美誉，是立体动物灯彩的创始人。他博采南北灯彩之精华，又吸收西洋雕塑艺术，别出心裁，逐渐突破流行的灯彩形制，形成了自具面目的个性化风格，制作中以艺术手段赋予灯彩灵动的生命，命意讲究雅俗共赏，往往借助吉利话、“讨口彩”寄托人们追求美好生活的思想感情。何氏灯彩以动物造型为骨架结构，用铅丝缠绕皱纸代替传统的竹篾，扎制出的灯彩骨骼结构准确，细致精湛，造型生动，姿态传神。

因社会经济发生转型，在现代商业气息浓厚的上海地区，传统的灯彩技艺已失去生存空间。在经费不足的情况下，海派灯彩传承人无力扎制精品巨作，只能做些小型的旅游纪念品以维持生计，加之后继力量匮乏，传统灯彩技艺难以继续发展传承。以何克明灯彩为代表的海派灯彩已处于濒危状态，急需有关方面施以援手，帮助重振。

上海灯彩制作主要流程：搭骨架（上海市非物质文化遗产保护中心 提供）

上海灯彩制作主要流程：细节装饰（上海市非物质文化遗产保护中心 提供）

灯彩·秦淮灯彩

申报地区或单位：江苏省句容市

秦淮灯彩亦称“金陵灯彩”、“南京灯彩”，是南京地区最具代表性的民间艺术之一。它具有十分悠久的历史，早在东晋时期，这一地区即已出现了有关灯彩的文献记载。秦淮灯彩汲取中国传统纸扎、绘画、书法、剪纸、皮影、刺绣、雕塑等艺术之长，在制作中综合木工、漆工、彩绘、雕饰、泥塑、编结等诸多工艺手段，形成自己的技艺特色。现代以来，秦淮灯彩在种类上得到进一步发展，除荷花灯、狮子灯等传统灯彩以外，又推出了一系列与时代关系密切的花灯作品，如远洋轮船、运载火箭、城市建设、山林景观等。

作为南京的母亲河秦淮河的重要源头，江苏省句容市在历史上民风民俗即与南京十分接近。明清以后，南京一带的花灯艺术由宫廷走向民间，元宵节成为秦淮河流域一个以灯为俗、用灯造景、借灯兴舞的传统岁时节日。秦淮河畔的句容河桥村与南京毗邻，这里农闲时扎花灯的习俗与南京一脉相承。从七十多岁老艺人李益富扎的花灯看，其风格和手法同南京夫子庙艺人制作的花灯似同出一源。

作为我国传统灯彩艺术的重要流派之一，秦淮灯彩客观地反映了民间灯彩由自然之火、生活之火、祭典之火到艺术之火的历史演变进程。它将地方传统民俗加以融汇，从古韵悠远的秦淮民间工艺中开发出富于吸引力、感染力和商业价值的新型文化产品，为传统文化的现代转型做了很好的示范。

秦淮灯彩《中华门》（陈柏华 摄）

秦淮灯彩《芥子园》（陈柏华　摄）

目前，由于资金缺乏，秦淮灯彩没有固定的保存、开发和展示场所。年轻人对灯彩的制作也缺乏兴趣，技艺传承无法顺利实现。秦淮灯彩的发展前景尚不容乐观，要巩固已有成果，各方人士还需做更进一步的努力。

秦淮灯彩制作主要流程（陈柏华　摄）

拉纹理

扎竹架

粘贴花瓣

灯彩·苏州灯彩

申报地区或单位：江苏省苏州市

苏州灯彩是流行于江苏省苏州地区的一种传统民间艺术，在当地的节日庆典活动中发挥着十分重要的作用。每年的苏州灯会为节日营造了热烈欢快的气氛，为广大群众所喜闻乐见。

据考证，苏州灯彩制作可追溯至南北朝时期，至今已有一千五百多年的历史。明代以来，苏州灯彩制作技艺取得了长足的发展，在全国久负盛名。其造型以苏州古典园林的亭台楼阁为范本，灯体以苏州上乘丝绸为面料，灯面以吴门画派的艺术技法绘制，灯花以唐代"华胜"再现的苏州套色剪纸做成。苏州灯彩制作具备了全国其他地区所无法比拟的优势，呈现出鲜明的地方特色。

苏州灯彩代表作《凤灯》（江苏省苏州市民俗博物馆　提供）

苏州灯彩《宋式鼓形走马宫灯》
（江苏省苏艺灯彩服务部　提供）

苏州灯彩门类齐全，品种丰富，色彩雅丽，造型独特，工艺细致，制作精良，它有挂灯类、壁灯类、座灯类、大型艺术灯彩、人物灯彩组合景五大类一百二十多个品种，形制大小兼备，小到十公分左右，大到三十多米不等，这在全国是独一无二的。苏州灯彩每个品种的工艺皆各具特色，制作迄今仍采用手工方式完成，扎架、裱糊、剪纸、绘画、装饰等多道工序上下衔接，层层把关，完整地沿袭了传统的彩灯制作方法，自然而然将吴文化元素融入其中。

苏州灯彩承载着丰富的历史文化内涵，它集剪纸、绘画、纸扎等多种工艺手法于一体，成为中国传统手工艺的典范和吴文化的形象表征。

苏州灯彩《鸳鸯戏水八仙灯》（江苏省苏艺灯彩服务部　提供）

灯彩·佛山彩灯

申报地区或单位：广东省佛山市

佛山位于广东东南部珠江三角洲腹地，这里气候温暖，物产丰饶，民俗活动异常活跃，民间工艺丰富多彩。佛山彩灯俗称“灯色”，是佛山民间艺术与当地习俗结合而形成的工艺品。它品类丰富，题材广泛，以喜庆丰收、吉祥纳福及戏剧人物

佛山彩灯制作主要流程（广东省佛山市民间艺术研究社　提供）

扎作

扪衬

华灯璀璨（广东省佛山市民间艺术研究社　提供）

佛山彩灯《腾龙》（广东省佛山市民间艺术研究社　提供）

故事为主要表现内容，有头牌大彩灯、人物故事组灯、彩龙灯、元宵花灯、中秋灯、秋色特艺灯及各种形状和规格的彩灯。佛山彩灯的制作包括设计、扎廊、扪衬、装配四大工序，它用料考究，工艺精湛，造型生动，色彩艳丽，画面欢快热烈，形制千姿百态，成品彩灯以佛山独有的铜衬剪纸做装饰，给人以金碧辉煌的富丽之感。

佛山彩灯是中国传统灯彩艺术的主要流派之一，也是岭南民间艺术的代表作。它将中国南北文化融于一体，为民间艺术和岭南文化等方面的研究提供了重要参考。佛山彩灯展演是当地群众最为熟悉和喜爱的民俗文化项目之一，同时亦不失为构建和谐社会的一种有效手段。佛山是著名的侨乡，在促进中外文化交流、沟通海内外华人及台湾海峡两岸同胞民族情谊的过程中，佛山彩灯发挥了重要的桥梁作用。

目前，受市场经济影响，投入成本高、制作工时长的佛山彩灯产销很不稳定，技术全面的老师傅仅余一人，已年过八旬。佛山彩灯后继乏人，前景堪忧，急需加强保护。

灯彩·潮州花灯

申报地区或单位：广东省潮州市湘桥区

潮州花灯流传于广东省潮州市辖下的广大地区，它历史悠久，源远流长，是我国民间艺术宝库中的瑰宝。潮州花灯大致可分为两大类型，一是彩扎的立式屏灯，二是彩绘的挂灯。屏灯是一种集彩扎、绘画、刺绣、泥塑、剪刻于一体的综合性造

潮州花灯制作场景（广东省潮州市非物质文化遗产保护中心　提供）

型灯屏，它以戏曲和历史人物故事为主要表现题材，配以楼台亭阁、山水园林、动物形象等，做成一屏屏的景物，再装配灯光加以映衬，一屏一灯，精美异常，在潮州民间工艺中堪称上品。挂灯以藤竹木和金属条片做成框架，外罩以丝纸、绢帛、玻璃，而后在表面彩绘诗画图文，再依造型需要镶嵌装饰缨络、螺钿、珠串、铜片等，呈现出古雅典丽的风格特色。

潮州花灯工艺繁复，制作过程一般包括构思、扎胚、装裱、装饰、组装等环节，不同品种的花灯在用材和制作过程等方面存在一定的差异。

潮州花灯风格独特，乡土气息浓厚，作为节庆和祭祀活动的重要组成部分，它在潮州文化中占据着不容忽视的地位。

潮州花灯《水淹金山寺》（林汉彬作，广东省潮州市非物质文化遗产保护中心　提供）

随着社会变革的加剧，潮州花灯的发展面临着诸多问题。目前潮州地区传统民俗逐渐淡化，导致花灯展示平台日益减少；花灯老艺师年事已高，年轻人不愿继承传统工艺，导致花灯制作出现青黄不接的局面；潮州花灯使用的季节性较强，从业者不能以此为主业，导致花灯研发与创新的滞后。凡此种种，使得潮州花灯陷入濒危困境，亟待抢救。

洛阳宫灯（李晓辉　摄）

灯彩·洛阳宫灯

申报地区或单位：河南省洛阳市

河南省洛阳市是中国著名的古都，流传在这里的花灯艺术最早起源于宫廷，后来逐渐散布到民间，形成雍容典雅的宫灯艺术。宫廷文化和民间文化的交融造就了洛阳宫灯的宽泛性，使其类型和样式较一般花灯更为丰富，除严格意义上的宫灯外，纱灯和其他一些体现不同民俗需要的灯彩也都被纳入洛阳宫灯的体系之中。

作为老样宫灯的圆形纱灯是洛阳宫灯的主打产品，它以洛宁县出产的青竹制成篾骨，外糊纱绢，上面以文字或图案进行装饰。这种灯的形制能长久保持原貌不走样，骨架可开可合，宜于收藏。制作洛阳宫灯一般需经过七十多道工序，工艺十分讲究。过去洛阳制灯艺人众多，涌现出杜、李、王等一批宫灯世家，目前多已衰落，只剩王家还有传人。如不及时采取保护措施，洛阳宫灯这一蕴含着丰富历史文化内涵的民间艺术之花将难以避免迅速凋零的命运。

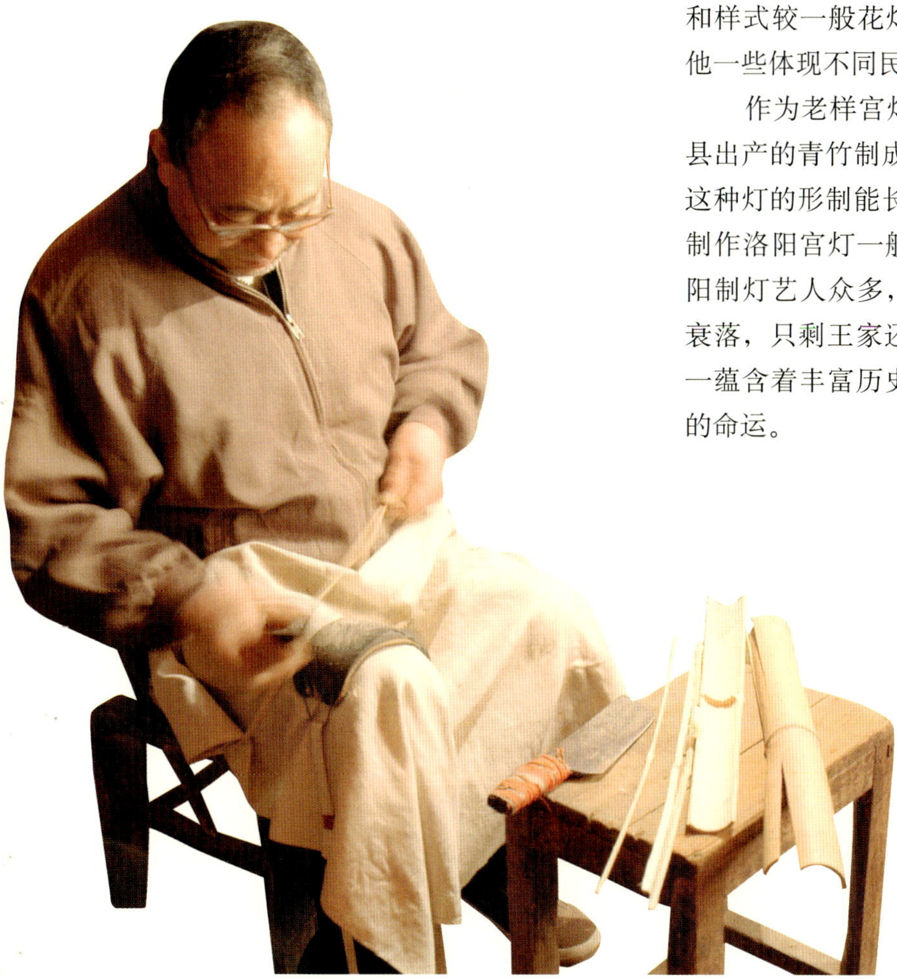

洛阳宫灯制作工序：刮竹篾（李晓辉　摄）

灯彩·汴京灯笼张

申报地区或单位：河南省开封市

元宵节赏灯是重要的年俗活动，花灯扎制由此成为一种带有民俗性的特殊民间技艺。河南开封的张姓艺人以扎糊花灯而闻名，据《开封县志》记载，清末时期的张泰全首度创制“汴京灯笼”，至今已传承六代。

开封灯彩历史悠久，北宋定都开封以后，元宵赏灯活动盛况空前，花灯及灯彩品类在宋代孟元老的《东京梦华录》中有具体而详尽的记载。近代以来，由于种种原因，元宵赏灯活动渐趋式微。特别是“文革”中将灯节及花灯归入“四旧”行列，肆意摧残，使得花灯扎制工艺濒临灭绝。

汴京灯笼张的张氏彩灯造型和扎糊技艺源于开封民间的彩灯制作传统，其主要品种“龙凤呈祥灯”、“莲生贵子灯”、“牡丹富贵灯”、“吉祥高照灯”等均体现着祈求吉祥如意的传统文化内涵。

目前，张氏彩灯赖以生存发展的社会基础发生了变化，随着科技的不断进步和传统民俗的日益淡化，汴京灯笼扎制的手工技艺备受冷落，后继乏人，某些绝技已经失传。开封张氏灯彩工艺前景不容乐观，积极开展抢救保护工作已成为当务之急。

传承人在制作缀珠灯（赵津生 摄）

汴京灯笼张《五谷丰灯》（张俊涛　摄）

350 VII-51

竹编

东阳竹编

舒席

瑞昌竹编

梁平竹帘

渠县刘氏竹编

青神竹编

瓷胎竹编

东阳竹编屏风《九龙壁》(局部)(龚明伟　摄)

竹编·东阳竹编

申报地区或单位: 浙江省东阳市

浙江的竹编工艺品生产集中在东阳、嵊州一带，尤其是东阳，素有“百工之乡”、“工艺美术之乡”的美誉。东阳竹编以立体编织为主，与平面编织技艺相结合，做工精细，造型生动，色彩典雅，具有浓郁的民间美术特征，充分体现出东阳竹文化的风貌。东阳竹编产品可分为两大类，一类是生活器具，以实用功能为主；一类是立体陈设与建筑装饰，以艺术欣赏功能为主。1958年到1978年期间，东阳竹编厂并入东阳木雕厂，竹编与木雕共同生产，互相交流，彼此促进，在题材、造型、设

东阳竹编创作主要流程（龚明伟　摄）

卷节

剖竹

开间

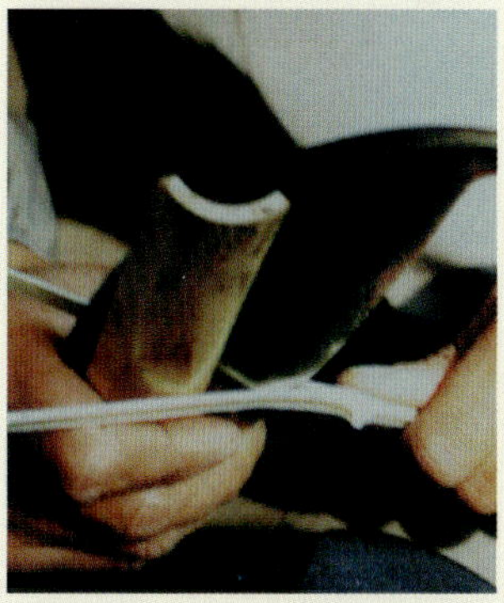
劈篾

劈丝

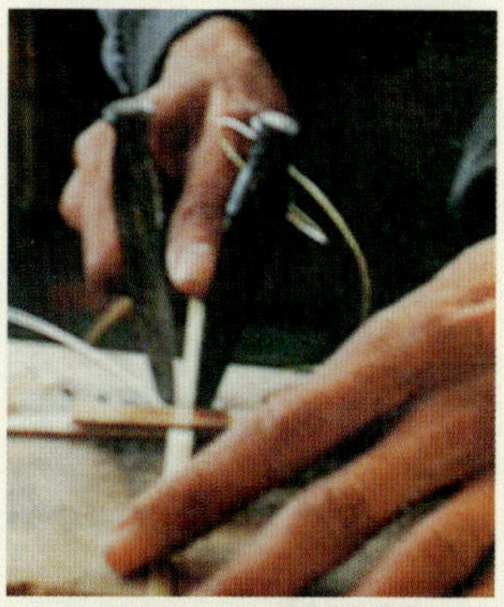
抽丝

刮篾

刮篾

编织

色、趣味、风格等多个方面都取得了长足的发展。东阳竹编擅长编织立体人物、动物及传统竹篮等器皿类的工艺品，手工剖篾细如发线，柔如蚕丝，精编细作，逼真传神。

东阳竹编产品以篮、筐、箱、箩、箕、篓、笠等生活用品最为常见，它们与烫金、印花、刻镂等装饰技艺相结合，完美地展示出竹的韵致和文化品位，具有较高的艺术价值和民间工艺研究价值。目前，东阳竹编传承人老龄化趋势明显，平均年龄在四十岁以上，而学习竹编工艺的青年人数偏少，导致东阳竹编后继乏人，传承陷入困境，亟待保护抢救。

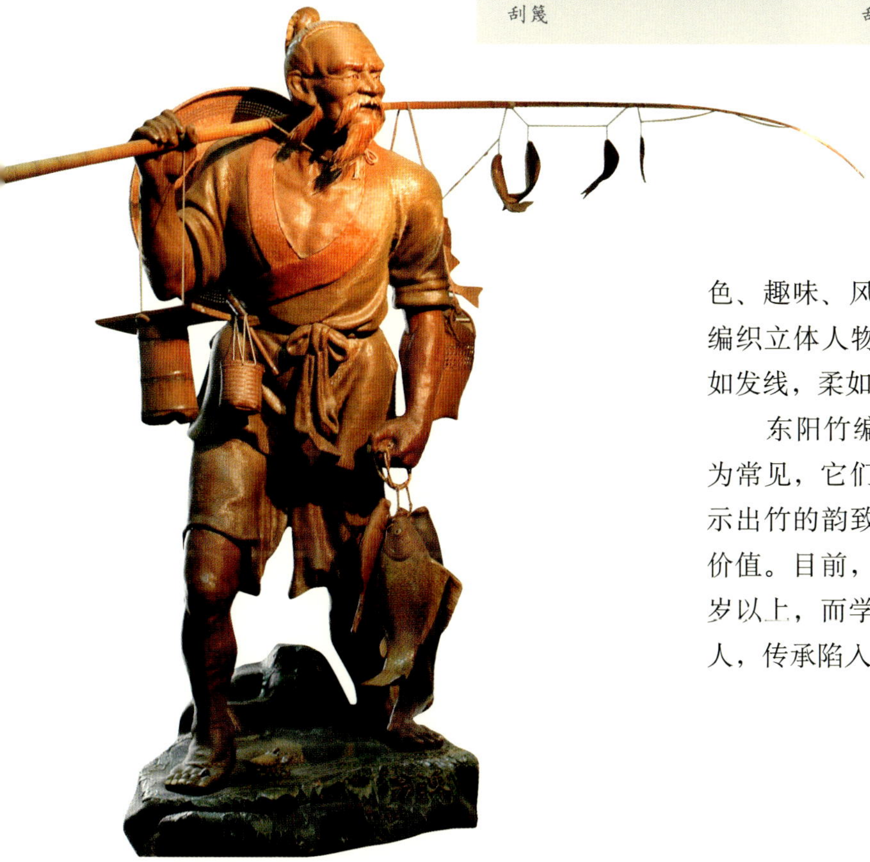
东阳竹编《渔翁》（龚明伟　摄）

竹编·舒席

申报地区或单位：安徽省舒城县

安徽省舒城县地处江淮之间，属北亚热带湿润气候，境内多沙质土壤，适宜竹类生长。舒城民间自古就有编织竹席的传统技艺，久负盛名的舒席即产生于此。

字画席《马到成功》（余和平　摄）

舒席历史悠久，舒城境内的战国墓葬中就有竹席的痕迹，西汉墓葬中曾出土过完整的竹席，其纹理及工艺与后世的舒席基本相同。明代天顺年间，舒席作为贡品送至京城，深为皇帝所赞许，由此赢得“龙舒贡席”的美名。

舒席以水竹为原料，使用小叶水竹编制尤佳。从选料到成席前后需经过裁料、开竹、破条、切头、划条、起黄、匀撕、蒸煮、染色、刮篾、绘图、制样、编织、收边、检验15道工序。制成的舒席色泽鲜艳，柔软光滑，篾纹细致，折卷不断，携带方便。夏日使用它可收凉爽消汗之功，且不腐不蛀，经久耐用，实用价值极高。

舒席的传统产品以睡席为主，现代又开发出榻榻米席、枕席、童席、座垫席、沙发套席、人物字画席、壁画席、茶几垫席等新品种。它不仅是一种实用的夏令佳品，而且还是一种典雅的手工艺品，古今字画均能编织入席，画面自然优美，令人叹为观止。现在舒席产品已远销东南亚等国家和地区，深受海内外人士的喜爱。

由于舒席生产技术难度大，学艺周期长，故年轻人不愿学习继承。目前舒城的编织技工年事渐高，舒席生产后继乏人，迫切希望有关方面采取有效措施，保证这一优秀民间工艺的顺利传承。

舒席制作主要流程（余和平　摄）

分篾

刮篾

煮篾

编织

竹编·瑞昌竹编

申报地区或单位：江西省瑞昌市

瑞昌竹编传承场景（柯长安　摄）

瑞昌位于江西省北部偏西，长江中游南岸，这里有山竹六万多亩，其中的竹类包括毛竹、筋竹、水竹等近十个品种。瑞昌竹编技艺历史久远，当地的商周古铜矿冶炼遗址中即曾完整出土过运送矿石的竹筐。千百年来，经过无数艺人的传承发展，瑞昌竹编已形成了自己独特的风格。

瑞昌竹编工序复杂，编织要求较高，难度较大，加之品种繁多，相关的编织工作很难用现代机器生产来代替。在瑞昌当地，时时处处都离不开竹编，竹编技艺与人们的生活息息相关。瑞昌竹编的主要产品有床、桌、椅、凳、橱柜、簸箕、米筛、篼、凉席等，近年又开发出花钵、花篮、鸡、鸭、龟、水果盒、飞禽走兽、礼品盒等一百多个品种。这些竹编制品精密细腻，美观实用，都是不可多得的工艺佳品。

目前这项传统的手工技艺正逐渐走出林区，进入现代大都市谋求发展。但另一方面，瑞昌竹编技艺繁复，掌握起来有一定难度，故年轻人多不愿学习继承，而老艺人年事渐高，很多人已无法继续工作。瑞昌竹编技艺后继乏人，前景堪忧，急需抢救保护。

瑞昌竹编作品（宋增礼作，柯长安摄）

竹编·梁平竹帘

申报地区或单位：重庆市梁平县

梁平竹帘编织技艺流传于重庆市梁平县一带，相传它起源于宋代，迄今已有一千多年的历史。梁平竹帘品种繁多，按制作工艺可分为素心、堂心两个主要类别。素心竹帘编成后只上一道清油，不再有其他底色。堂心竹帘则在素心竹帘的绘画部位再加一道白色底子，其色系以桐油和立得粉调制而成。由其用途着眼，梁平竹帘有条屏、通景屏、罗汉屏、中堂、推心、横推、斗方、屏风、对联、奖状、信插、绣帘、门帘、灯罩等多个品种，近年来又有工匠利用竹编技艺制作出挎包、扇子、拖鞋等日常生活用品。按表现形式分，梁平竹帘又可分为绘帘、绣帘、织绒三大类。

梁平竹帘制作精巧，编织工艺系由平式织布机生产技术改进而来，织布用的梭子被改成一个直径四厘米左右的织枪，里面放置竹丝，来回编织，竹帘制作效率由此得到很大提高。梁平竹帘既有广泛的适用性，又有极高的观赏性和装饰性，它质地柔韧，细腻光滑，外观朴实大方，经久耐用，又可以卷叠，携带十分方便。

梁平竹帘的发展正处于困境之中，存在着从业人员少、艺人老龄化、后继乏人的问题，需要认真加以解决。

在梁平竹帘上刺绣（李祎　摄）

绘有山水画的梁平竹帘（李祎　摄）

梁平竹帘制作主要流程

制作竹丝（李祎　摄）

编织竹帘（段明　摄）

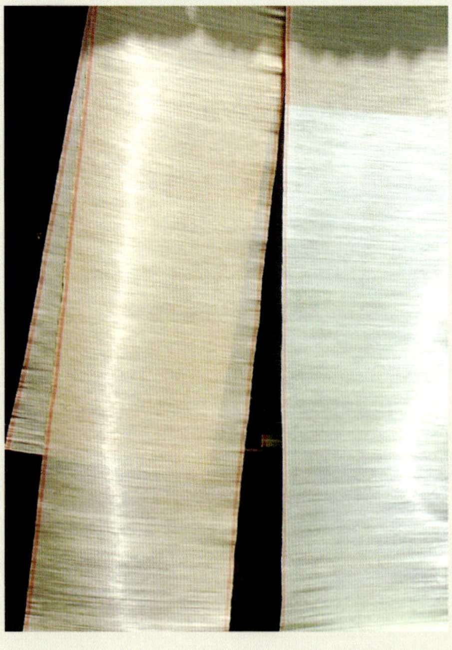

素帘（李祎　摄）

竹编·渠县刘氏竹编

申报地区或单位：四川省渠县

渠县竹编工艺以渠江镇为中心，流布于渠县境内。渠县地处四川东北部，这里气候温和，雨量充沛，物产丰富，尤其盛产慈竹，为竹编工艺提供了优质的原材料。渠县竹编的历史可以追溯到两千三百多年前，生活在这一带的古代人即已开始用竹材编制劳动工具和生活用具。到唐代，渠县竹编业已十分发达，日常的生产、

渠县刘氏竹编制作场景（刘嘉峰　提供）

生活中，人们住竹房、坐竹椅、背竹筐、戴竹笠、持竹扇，处处都会用到竹编制品。入清以后，渠县的竹丝宫扇、细篾凉席等名噪一时，被朝廷列为贡品。

渠县刘氏竹编工艺技艺复杂，工序繁多，从砍伐竹子到制作出成品要经过三十多道工序，每道工序都精细严密，是现代技术和机械所无法替代的。以这种技艺编织一件工艺品少则数天，多则需数月甚至数年。

渠县刘氏竹编的工艺产品可分数十个大类，有近千个花色品种。其中的竹编字画、提花瓷胎竹编、双面竹丝编、竹编台屏等系列工艺品设计新颖，技术精湛，尤以编工精细见长，其薄如绫绢，虽系以竹作画，却极富笔情墨趣，各种图案栩栩如生，显示出浓郁的民族风格和地方特色。渠县刘氏竹编是劳动人民艺术创造力的完美体现，具有极高的审美价值和工艺研究价值。

渠县刘氏竹编属于纯手工操作，编织耗时耗神，生产成本高，经济效益低，因

此很多艺人都已被迫转行，学习竹编技艺的年轻人也越来越少，造成当地竹编业人才匮乏的局面。在这种形势下，刘氏竹编的发展前景令人担忧，急需善筹长策，积极应对。

渠县刘氏双面竹编紫檀台屏《月中观音》（刘嘉峰　摄）

此很多艺人都已被迫转行，学习竹编技艺的年轻人也越来越少，造成当地竹编业人才匮乏的局面。在这种形势下，刘氏竹编的发展前景令人担忧，急需善筹长策，积极应对。

竹编·青神竹编

申报地区或单位：四川省青神县

青神竹编是流传在四川省眉山市青神县的一种古老民间工艺，用人工将粗细不同的竹片、篾条编织成各种生产生活用品，在当地应用极广。

青神竹编历史悠久，源远流长。青神先民用竹篾编“箕”养蚕，初步形成一套竹编技艺。唐代张武率县民编竹篓填石拦“鸿化堰”，提水灌溉农田，使竹编得到更大发展。明代青神竹编应用更广，青神人余承勋进京考取进士后授职翰林院修撰，他所用的书箱、膳食盒等均以竹丝编织而成。入清以后，青神精美的竹编宫扇声誉鹊起，被清廷列为贡品。民国时，青神竹编继续传承发展，县人曾编成细竹丝斗笠，写上“抗战到底”的字样，用以慰劳抗日将士。新中国成立后，青神竹编进一步发展创新，编织出名人字画、人物山水、花鸟虫鱼等多种精美的艺术品，用薄如蝉翼、细如发丝的竹丝编成的《中国百帝图》、《清明上河图》等，曾多次荣获国际国内金奖。

青神竹编制作主要流程（张保珍　摄）

分块

分篾

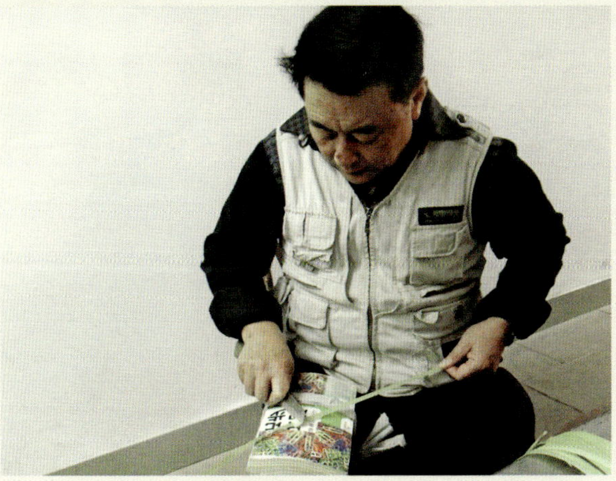

制作薄篾层

编织

青神竹编《和谐》（陈岚作）

目前青神竹编已陷入濒危境地，究其原因，一是环境恶化，竹节变短，韧性减弱，原材料出现问题；二是人们的消费观念发生很大改变，不少竹编制品为工业制品所取代；三是老艺人年事已高，年轻人不愿传承，导致这一民间手工艺后继乏人。在此情势下，有必要迅速制订一套可行的方案，对青神竹编进行抢救保护。

竹编·瓷胎竹编

申报地区或单位：四川省邛崃市

瓷胎竹编又称“竹丝扣瓷”，是流传在四川省邛崃市境内的一种民间手工艺。邛崃市平乐镇盛产慈竹，慈竹的竹节较长，通常在六十五厘米左右，是瓷胎竹编最主要的原材料。四川竹编源于汉代器皿，入清以后，巴蜀工匠开始在锡壶上编制竹编。后因锡壶原材料紧缺，改用瓷作载体，编制出的成品较锡壶竹编更为美观，受到人们的欢迎，由此形成瓷胎竹编。

瓷胎竹编工艺繁复，首先需选竹、刮青、破节、晒色成竹片，然后通过选料、烤色、锯节、启薄、定色、刮片、冲头、揉丝、抽匀、染色等十几道工序加工成

传承人在制作瓷胎竹编作品（谭代明　提供）

丝，再将竹丝紧扣景德镇白瓷的瓷胎，以挑压方式进行编织，其中包括起底、翻底、翻顶、锁口等环节。编织过程中要求不露丝头，不起纹丝、叠丝，以保持竹丝经纬比例匀称地编织在白瓷外表。

瓷胎竹编材质优良，实用性强，在生活中的应用极其广泛。它一方面可保护器皿，另一方面又有装饰作用。瓷胎竹编款式多样，富于地域特色，深受当地居民的青睐。

随着市场经济的发展，瓷胎竹编传承越来越困难，它的附加值不高，技艺要求又十分严格，因此年轻人多不愿学。目前能全面掌握全套瓷胎竹编工艺流程者已从原来的三四百人减少到三十人，如不及时加以抢救保护，瓷胎竹编将逐渐从人们的生活中消失。

瓷胎竹编：民俗茶具（谭代明　提供）

瓷胎竹编：精编白色马拉车（谭代明　提供）

瓷胎竹编：精编多福茶具（谭代明　提供）

第一批国家级非物质文化遗产扩展项目名录

传统技艺

356 VIII-6

申报地区或单位：新疆生产建设兵团

维吾尔族模制法土陶烧制技艺

艺人正在讲述模制法土陶生产情况（奉正云　摄）

陶器是人类古老的传统手工艺品之一，流传于新疆生产建设兵团农三师图木舒克辖区的模制法土陶烧制技艺在众多的制陶法中别具一格，十分引人注目。它深受古代龟兹文化的影响，形成了图木舒克辖区独特的风格，乡土气息十足。在工艺流程上，这种土陶烧制技艺与阿克苏地区和库车县的制陶法相近，而与喀什地区不同。其制品题材广泛，造型丰富，极具个性和表现力，艺术观赏价值颇高。

图木舒克土陶制作的历史非常悠久，秦汉以来，图木舒克地区已有少部分牧民从游牧生活向定居生活过渡。为便于生活，他们利用当地的陶泥、红柳和梧桐烧制生活用具，并在此过程中不断总结经验，创造出了较为先进的模制法土陶烧制技艺。

虽然模制法土陶烧制技艺至今仍在图木舒克一带流传，但在工业化生产方法的冲击和影响下，这种古老的制陶工艺日趋衰微，亟待抢救、保护。

维吾尔族模制法土陶烧制技艺主要工序（郑掷　摄）

打坯

刻印花纹

烧制

373 VIII-23

申报地区或单位：新疆维吾尔自治区且末县、塔城地区、英吉沙县

花毡、印花布织染技艺

传承人在制作花毡（瓦西力·朱玛泰依　摄）

新疆维吾尔族的织造、印染技艺有着悠久的历史，其中以花毡、印花布的织染最为著名。维吾尔族有使用羊毛毡的传统，日常居处，凡眼睛能看得到的地方都要精心装饰，用于铺炕、铺地、礼拜和做壁挂使用的花毡即在装饰之列。直到20世纪90年代，维吾尔族生活中都没有离开过花毡，至今少数有土炕的住家仍在使用。

且末县的花毡制作工艺包括压花毡、印花毡、绘花毡与贴绣花毡等多种，其纹样题材丰富，色彩鲜艳，种类繁多，因地区不同而有所差别，其中既有受汉文化影响的寿纹、回纹、博古纹，也有阿拉伯风格的几何和花卉纹样，还有维吾尔族日常用品、工具纹样及伊斯兰教风格的净壶、圣龛等纹样，甚至还有景教和佛教纹样。

花毡也是哈萨克族人民重要的日常生活用品，哈萨克语称之为“斯尔玛克”。哈萨克族花毡多为双层，比普通毛毡厚，缝制密实，经久耐用，可传几代人。它主要流布于塔城、伊犁、阿勒泰、木垒、巴里坤等哈萨克族牧区。塔城是新疆哈萨克族比较集中的地区，花毡使用十分普遍。哈萨克花毡的制作至今已有两千多年的历史，其原料主要有羊毛、毛线、彩色布、染料等，整个制作流程由剪羊毛、打羊毛、擀毡子、绘图设计、图案染色等环节组成，制作方法包括毡贴、布贴、毡和布并用、刺绣等。哈萨克族花毡主要有座垫花毡、床上花毡、嫁妆花毡、炉灶旁使用的花毡等种类。这些花毡色彩艳丽，图案内

花毡、印花布织染技艺主要工序（普拉提　摄）

弹羊毛

布置花毡的图案

把羊毛整齐地铺垫在苇席上

用胳膊压熟花毡

脚踩苇席熟花毡

做好的花毡

涵丰富，反映了哈萨克牧民的理想和愿望，为哈萨克民族传统文化、美学思想、生活习俗等方面的研究提供了具体材料；其制作工艺和流程严格合理，符合科学要求，也具有少数民族工艺史方面的研究价值。

目前工业化地毯生产及化纤地毯的问世，极大地冲击了手工擀制和刺绣花毡的市场。在此情况下，大多数年轻人不愿学习花毡制作，掌握这门技艺的只有少数老年人，传统花毡制作工艺后继无人，面临失传的危险。

模戳土印花布是新疆维吾尔族英吉沙县古老的传统手工技艺，人们以自己织造的白布为底料，采用凸版模戳进行印制。印染所用的模子都是以木材手工雕刻而成，其大小视图案的大小而定。模戳土印花布的颜色多为大红、粉红、果绿、中黄、淡黄等，图案则多以花果植物、家用器皿为素材。这种花布主要用于墙围、壁挂、腰巾、餐单、褥垫、窗帘等的制作，具有浓郁的民族风格和地方色彩，给人以古朴、素雅、大方之感，深受维吾尔族人民的喜爱。

英吉沙县的模戳土印花布反映了一千年前当地人民的生活状况，为探索维吾尔民族的发展变迁提供了资料，具有较高的历史研究价值。

模戳土印花布制作场景（帕合尔丁　摄）

374 VIII-24

申报地区或单位：湖南省凤凰县、邵阳县

蓝印花布印染技艺

蓝印花布《凤戏牡丹》（杨胜富　摄）

蓝印花布原称“浇花布”，宋代称为“药斑布”，是我国民间长期流传的一种纺织印染品。

湖南省是我国蓝印花布的主要产区，凤凰县和邵阳县的蓝印花布印染在各方面都十分突出。

凤凰县沱江镇的蓝印花布印染技艺历史悠久，源远流长。西汉时期，蓝印花布即已出现。明代宋应星的《天工开物》有蓝草可以提取靛蓝的记载，同时详尽记述了当时的制蓝方法。蓝印花布印染技艺分纯蓝花布印染和彩蓝花布印染两大类：纯蓝花布布面素净，没有花纹图案，一般用以制作衣服和头帕；彩蓝花布有复杂的花纹图案，一般用以制作被面、垫单、帐檐、围裙、围腰、门帘、桌布、围布等。印染前需要经过裱纸版、描稿、刻版、上油、调料、刮浆、入染等工艺的处理，入

蓝印花布印染技艺主要工序（凤凰县）（李德煌　摄）

描图

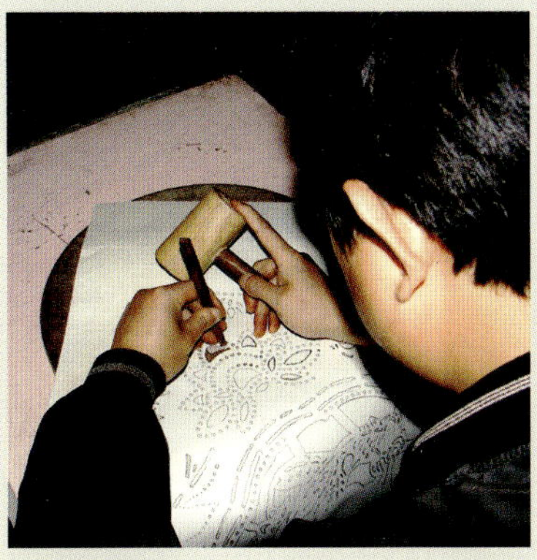

打版

印花

浸透

浸染

氧化

漂洗

晾晒

蓝印花布印染技艺主要工序（邵阳县）（覃保来　摄）

雕刻印花版

踩布

配石灰豆浆

染布

漂染花布

晒花

刮布

蓝印花布印染纸版（李德煌　摄）

染之后还要经过晾晒、淌洗、卷布、碾布（又叫“踩布”）的工艺流程。沱江镇著名艺人刘大炮在单面蓝印花布的基础上创造了一种双面蓝印花布，其印染手段较为复杂，具有十分珍贵的工艺价值。沱江镇过去从事印染行业的有上百家，目前只剩下十余家小型家庭作坊，而且印染匠人大多年事已高，在此形势下，凤凰蓝印花布印染技艺面临失传的危险。

邵阳蓝印花布约始于唐代贞观年间，至今已有一千四百多年的历史。据《邵阳县志》记载，当时邵阳人在苗族蜡染工艺的基础上创造了以豆浆、石灰替代蜡的印染技法。明清两代，由于水陆交通便利，邵阳成为中南地区最大的蓝印花布生产基地。邵阳蓝印花布纹样古朴，点线细密，注重大面积对比和细部刻画，风格清新淳朴。其纹样大多取材于民间传说和传统吉祥图案，表现出对美好生活的向往和追求。

随着时代的发展和社会生活方式的变迁，凤凰、邵阳蓝印花布印染技艺受到机械印染的冲击，日益衰落，已经陷入濒危境地，亟待抢救保护。

375 VIII-25

申报地区或单位：贵州省安顺市

蜡染技艺

蜡染作品《龙》（曾芳　摄）

蜡染作品《凤》（曾芳　摄）

贵州省安顺市的蜡染具有悠久的历史，早在春秋战国时期，这里的居民就已经掌握了蜡染制作工艺。1987年，在安顺市平坝县苗族洞葬群棺墓中发掘出宋代蜡染衣裙，色彩艳丽，图案严谨，充分展示了安顺蜡染的高超技艺。

安顺蜡染主要分为苗族蜡染和布依族蜡染两大类。苗族蜡染在安顺38个苗族支系中均有分布，所染图案丰富多彩，包括古老传说和原始认知等内容，集中反映了古代先民的自然崇拜和图腾崇拜意识。布依族蜡染主要分布在镇宁、关岭、黄果树等县区，染出

蜡染作品《蝶恋花》（曾芳　摄）

蜡染技艺传承场景（曾芳　摄）

的成品构图巧妙，变化多端，纹样多为写实的花鸟鱼虫或抽象的螺旋、水波、菱形、云雷等几何图形，表现了人们对宇宙的认知、对自然山川的崇敬和对美好生活的追求向往。

安顺苗族蜡染和布依族蜡染除图案有异外，制作工具、原料及工艺流程基本相同，均是以铜制蜡刀蘸蜡液后在白布上勾勒图案，经过浸染等工序制成蜡染品。安顺蜡染行业中不乏画蜡技艺高超的民间工艺大师，她们曾远赴欧美和中国台湾地区表演蜡染技艺，所到之处赢得一片赞誉。

安顺蜡染是民族工艺中的一朵奇葩，具有较高的历史学、民俗学和少数民族地方文化研究价值。近年来随着经济全球化和文化多元化趋势的不断增强，安顺蜡染的生存空间日益萎缩，匠人逐渐老龄化，传承无人，这一宝贵的民间手工技艺正濒临消亡，亟待抢救保护。

376 VIII-26

自贡扎染技艺

扎染技艺

扎染技艺·自贡扎染技艺

申报地区或单位：四川省自贡市

自贡扎染壁挂《汉砖马车》（四川省自贡扎染工艺厂　提供）

四川省自贡市的白族扎染技艺流传于巴蜀地区，它起源于秦汉时期，至唐代得到普遍运用，称为“绞缬”。自贡扎染最早采用纯棉制作，发展至今，棉、麻、丝、缎等各类纯天然织物和皮革均可制作。

自贡扎染以古代传统工艺为基础，经历代民间工匠不断探索和总结，整理出绞、缝、扎、捆、撮、叠、缚、夹等数十种扎染手法，形成一套独特的制作技艺。染色也从单色的简单浸染演变成复色的多次浸染，制成的扎染品色彩斑斓，扎痕耐久，纹样从中心向四周呈辐射状分布，显示出奇异的艺术效果。自贡扎染以针代

自贡扎染技艺主要工序（四川省自贡扎染工艺厂　提供）

扎缬

染色

熨烫整理

自贡扎染壁挂《熊猫》（四川省自贡扎染工艺厂　提供）

笔，扎缬染色，使几何图案及包括人物、动物、花鸟、书法等在内的写意图案若隐若现地呈显在扎染品上，手法出神入化，极具地方特色。

随着社会的变迁，纺织印花的机械化生产得到普及，大大冲击了手工印染行业。在此情况下，自贡扎染技艺逐渐失去生存和发展空间，艺人大量减少，生产实践陷于停滞，现已处于濒危状态，如不及时加以抢救，势必迅速走向消亡。

380 VIII-30

申报地区或单位：贵州省黎平县、从江县

侗族木构建筑营造技艺

侗族木构建筑营造技艺工序：开墨凿眼（杨光黔 摄）

传承人在加工莲花吊柱（杨光黔 摄）

贵州省侗族的鼓楼、花桥具有十分悠久的历史，它们产生于侗族的原始社会时期，是侗族人民在长期生活实践中创造出来的具有独特风格的民族建筑样式。

鼓楼是侗寨的象征，也是侗寨兴旺发达的标志，在侗族群众心目中占有十分重要的地位。它由简单的干阑式卡房发展而来，结构上采用上下串穿的穿云式整体框架和木构体系。

黎平县侗族鼓楼集塔、阁、亭等建筑形式于一体，既有宝塔的挺拔、楼阁的宏丽，又有亭榭的秀美。鼓楼在侗寨中属高层建筑，一般高3至5丈，底部宽度为7至10米，楼檐层叠，上覆青瓦，并饰以各种彩塑。这些侗族鼓楼有的围以栏杆，有的空敞而中置火塘，四周有长凳供人休息。

从江县侗族鼓楼营造技艺至今已有三百余年历史，侗族群众用当地杉木建造了108座侗族鼓楼，分布在依山傍水的侗寨之内。其中增冲鼓楼被列为全国重点文物保护单位，成为从江侗族鼓楼的代表。

立完架子的侗族鼓楼（吴文全　摄）

侗族鼓楼（贵州省从江县非物质文化遗产保护中心　提供）

建造中的侗族风雨桥（陆锦宏　摄）

侗族木构建筑技艺所用的测量工具（陆锦宏　摄）

侗族风雨桥（贵州省从江县非物质文化遗产保护中心　提供）

侗族花桥结构十分巧妙，它充分运用杠杆原理，大小柱子、枋、檩、栏杆全部以贵州当地盛产的杉木凿孔穿榫制成，结构严谨，工艺精湛，气势雄伟，外形壮观，展示了侗族建筑艺术的独特风格。

鼓楼、花桥营造技艺是侗族群众智慧的结晶，具有较高的科学、文化研究价值。侗族鼓楼、花桥融多种建筑形式于一体，富于少数民族地方特色。侗族人民在建造鼓楼和花桥时采用竹条制成的“匠杆”竹尺和自成体系的设计施工符号，形成了独特的工艺体系，鼓楼、花桥营造技艺亦因此而成为中国民族建筑文化的重要组成部分。侗族工匠采取以师带徒、言传身授的方式将这一宝贵技艺完整地留存至今，只有加倍珍惜爱护，才能使之更好地传承发展。

生铁冶铸技艺

生铁冶铸技艺·干模铸造技艺

申报地区或单位：河北省泊头市

铸铁工艺灯（徐彦红　摄）

河北省泊头市铸造业有一千多年的历史，是闻名全国的铸造之乡。20世纪80年代，泊头市富镇出土了一尊3米高的铁佛立像，经鉴定为五代十国时期（907—979）铸造。千余年来，泊头铸造工艺日益精湛，由最初古老的干模铸造发展到硬模铸造和金属模铸造，后又建起十几米高的冲天炉冶铸生铁。

干模铸造技艺主要工序（徐彦红　摄）

打芯

合箱

铸造模型

成品

干模铸造车间（河北省沧州市群众艺术馆　提供）

到目前为止，泊头出土的千年以上铸造品都是以传统干模铸造工艺制成，这种铸造技艺包括制作内范、外范、减支、合型浇铸等一系列工艺。以黄土或胶泥制成要铸造的产品外型，谓之制作内范。制作外范时，先在内范表面涂上一层薄薄的蜡，再在外面覆上一层拌有碎麻头的麻刀泥，厚度视铸件大小而定。待外范晾干到一定程度，确定一个分型面，然后用锋利的刀沿分型面切开，刻上记号，使外层麻刀泥与内范脱开。减支是视铸件厚度，用刀、铲、钩、勺等锋利的工具削去内范表层。合型则是将外范按刻好的记号复原到内范外面，中间形成型腔，然后将分型面封死，做好浇铸口。在干模技艺铸造的基础上，发展出了半永久性铸型的硬模铸造技艺，其优点是可以一模多型、多模同铸、连续作业。这种铸造技艺的关键是制作硬模，行话叫“浆模子”。我国是世界最早冶铸生铁的国家，始于公元前400年，干模铸造具有重要的历史和科学价值。目前，泊头使用干模铸造技艺生产的企业仅有一两家，传统的生铁冶铸技艺面临失传的危险，亟待保护。

剪刀锻制技艺

剪刀锻制技艺·王麻子剪刀锻制技艺

申报地区或单位：北京市

王麻子剪刀锻制技艺工序：锻造（李秀娟　摄）

清代顺治八年（1651），山西籍王姓匠人在北京经营剪刀，生意兴隆，因其面部有麻子，人称“王麻子”，“王麻子剪刀”之名就此扬名。清代乾隆二十三年（1758）的《帝京岁时纪胜》一书中已有王麻子剪刀的相关记载，说明这一手工产品在当时已成为名牌。

清代嘉庆二十一年（1816），北京宣外大街135号的居太店铺挂出“三代王麻子”招牌。后来，北京以王麻子为招牌的刀剪业作坊不断发展，至1936年已有70家，1956年为68家，从业人员达到400人。1999年，北京栎昌王麻子工贸有限公司正式成立。

王麻子剪刀锻制技艺独特，包括13道炉上工序和13道炉下冷作工序，锻打复合精湛，绝招多，其中的蘸火拌“药”技艺在刀剪行业中独一无二。成品造型厚重

王麻子剪刀锻制技艺工序：看火候（李秀娟 摄）

大气，质朴自然，具有典型的北方特点，结构独特，剪切有力，可一剪多用。其刃口为熟铁贴钢，锋利异常，好使耐用，不崩不卷，易制易修。

王麻子剪刀锻制技艺是传统锻制工艺的代表，具有很高的技术价值。相关产品现在依然是人们生产、生活的必备工具，能适应各专业领域的需求。王麻子剪刀锻制技艺的传承方式不拘一格，既可在师徒间传承，又可在亲戚和同乡中传承，如郭恒瑶在粉浆胡同设立“天和兴”，收内弟段春生为徒，即是家族传承的典型例子。目前从事王麻子剪刀锻制的技术骨干陆续退休，技艺传承不力，危机渐显，有必要采取具体措施加强保护。

王麻子剪刀锻制技艺工具（李秀娟 摄）

银龙剪（北京市 提供）

390 VIII-40

银饰制作技艺

苗族银饰制作技艺

彝族银饰制作技艺

我国许多少数民族都有佩戴首饰的习俗，其中尤以苗族、彝族最为突出，主要分布于贵州、湖南等省。苗族制作和佩戴首饰的历史悠久。唐代诗人刘禹锡贬官至湘西，曾赋诗描述苗族佩戴“银钏金钗”的状况。宋代洪迈《容斋随笔》称苗族首饰以银、锡为之，长一尺余。明代《黔记》则谓贵州苗族“未娶者以银环饰耳，号曰马郎，婚则脱之”，而黎平“富者以金银耳珥，多者至五六，如联环”。苗族银饰品种很多，包括项圈、银钏、银冠、银花、银腰链、银铃、银耳环和耳坠、银压领和披肩及银戒指和纽扣等等。

彝族主要分布在四川、云南等省，其银饰品种也相当丰富，有凤冠、戒指、耳坠和耳环、项圈、银镯、银链、银纽扣等。彝族对襟衣服多用银排纽扣，其中以银虎褂扣最为著名，其造型为虎形，象征威严庄重、吉祥幸福，每逢女儿出嫁，母亲即以银扣钉在嫁衣上，祈求女儿万事如意。

随着社会生活的变迁，一些少数民族的服饰、习俗逐渐现代化，原有的文化特色正在失落。因此，保护、继承少数民族银饰制作技艺对于振兴民族文化、维系民族精神具有不容低估的意义。

银饰制作技艺·苗族银饰制作技艺

申报地区或单位：贵州黄平县

贵州省黄平县苗族银饰制作技艺十分发达，制品主要包括妇女佩戴的银冠、耳环、项圈、项链、手圈、银腰带、背扇等，其中以银冠、响铃板、银项链、银腰带最为精美。银冠以银花簇拥，间有虫鸟，整体上看如同簇锦花篮。银项链的响铃板款式众多，精巧雅致；吊坠的护心镜盘下垂挂的器饰摇摆撞击，发出悦耳的音响。银腰带上錾刻着各种图案，制作极为讲究。

黄平苗族银饰图纹题材丰富，昆虫、花草、鸟雀、龙鱼等均可作为表现对象，这些图纹多来自黄平苗族祖辈生存的自然环境，体现着苗族社会人与自然和谐相处的生态状况。

苗族银饰《苗族银亚领》(杨光宾作，贵州省非物质文化遗产保护中心提供)

传承人在錾刻苗族银饰(贵州省非物质文化遗产保护中心提供)

银饰常出现于苗族的喜庆场合，蕴涵有避邪趋正、纳福迎祥的寓意，具体生动地反映着苗族人民的生存状况、精神面貌和审美心理，具有很高的历史文化研究价值。保护、继承和发展苗族银饰制作技艺，对于促进民族团结、构建和谐社会具有重大的意义。

身着银饰的彝族少女参加节日盛会（游小军　摄）

银饰制作技艺·彝族银饰制作技艺

申报地区或单位：四川省布拖县

四川省布拖县素有彝族银饰之乡的美称。布拖彝族银饰按照用途可分为酒具、餐具、首饰等多种。其中酒具包括银酒杯、银酒壶等，餐具包括银碗、银筷子、银盘子等；银首饰品种繁多，包括耳环、手镯、纽扣、戒指、胸牌、领饰、耳链、耳坠、头饰等。这些银饰制品采用錾刻、镂空、镶嵌、吊缀等多种手法制作而成，形式多样，形态各异。

布拖彝族自古喜爱银饰制品。他们制作的银首饰高贵典雅，实现了服饰、银饰与人体的完美结合。古朴大方、光彩夺目、巧夺天工的银饰制品体现着鲜明的彝族文化传统和独特的审美情趣，具有民族学、文化学、工艺美术等方面的研究价值。保护、利用布拖彝族银饰民间工艺，对于弘扬民族文化，调整少数民族地区产业结构，促进当地社会经济的全面进步具有重要的意义。

彝族银饰制作技艺主要工序（张国　摄）

铸炼银碇

秤碇

锤打热银

打制银片

拉银丝

编结

制作花纹

焊接成型

银斗笠（游小军　摄）

弓箭制作技艺

弓箭制作技艺·锡伯族弓箭制作技艺

申报地区或单位：新疆维吾尔自治区

新疆维吾尔自治区的锡伯族素以善骑射而闻名，弓箭是其民族文化不可或缺的重要组成部分。清代乾隆二十九年（1764），四千余名锡伯族军民由辽沈地区西迁至新疆伊犁地区戍边屯垦。在清朝盛行的骑射文化影响下，弓箭成为他们守卫西部边陲的首选武器。经过长期发展，弓箭在新疆锡伯族中逐渐转化为民间竞技的工具，主要用于射箭比赛运动。

新疆锡伯族过去几乎家家都要自己动手制作弓箭，用于各类赛事，但后来制作弓箭的手工技艺几近失传。近几年，察布查尔锡伯自治县孙扎齐牛录乡七旬匠人陶文新使失传已久的民间弓箭制作技艺重新得到恢复。他制作的是响箭弓，箭头用兽骨制成，呈尖圆形，上有4个小孔。箭离弦后，由于速度快，空气从小孔中穿过，发出响声。箭靶系以马皮和毛毡特制而成，用6种色彩布做成布圈，靶心为红色。陶文新制弓主要以当地的红柳、牛筋等为材料，此外还用到大叶白蜡、洋槐木、榆

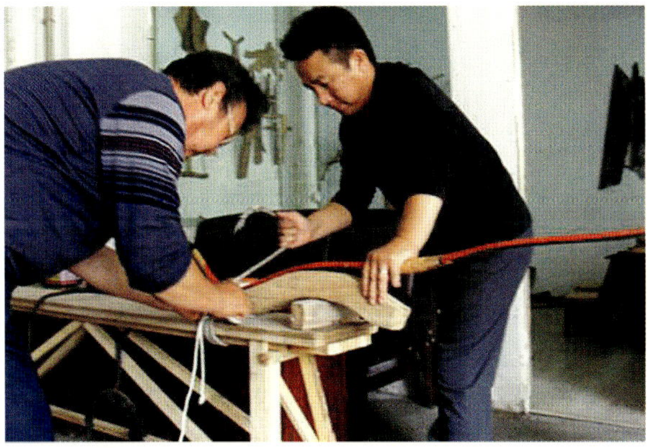

传承人在使用传统模具保养新弓（苟雁俪　摄）

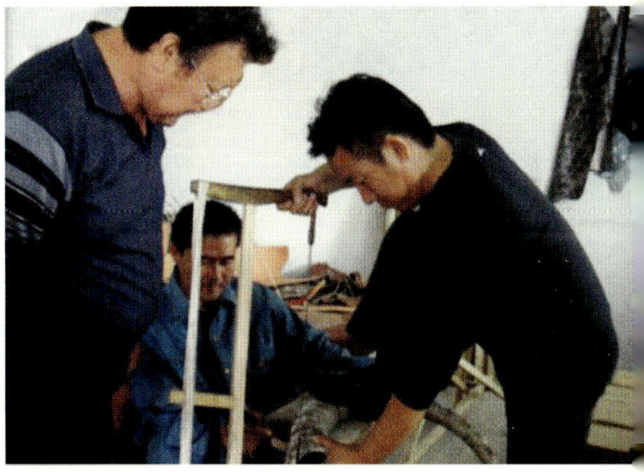

牛角弓制作场景（苟雁俪　摄）

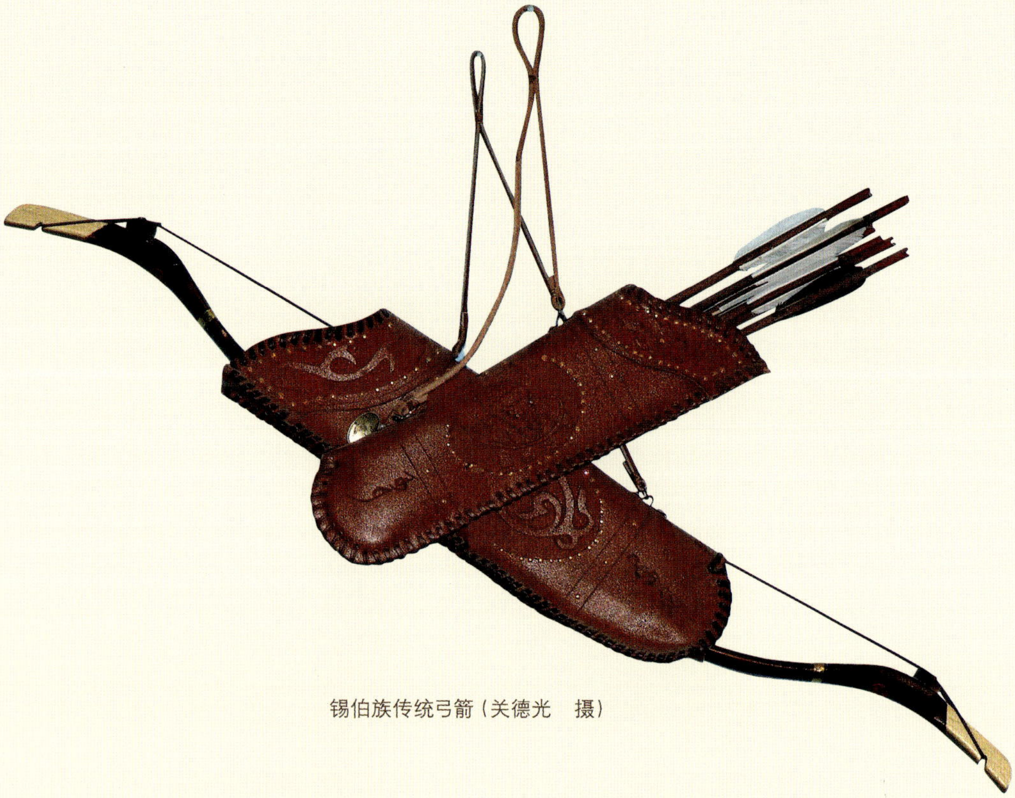

锡伯族传统弓箭（关德光　摄）

木等硬质木材。一把弓的制作包括切、锯、刨、装饰等多种工艺，需运用上百件专用工具，通过近一百道工序，历时二十多天才能完成。

锡伯族弓箭制作技艺在濒临失传的情况下得到恢复，对于传承锡伯族的民族文化、弘扬民族精神具有重要的意义。

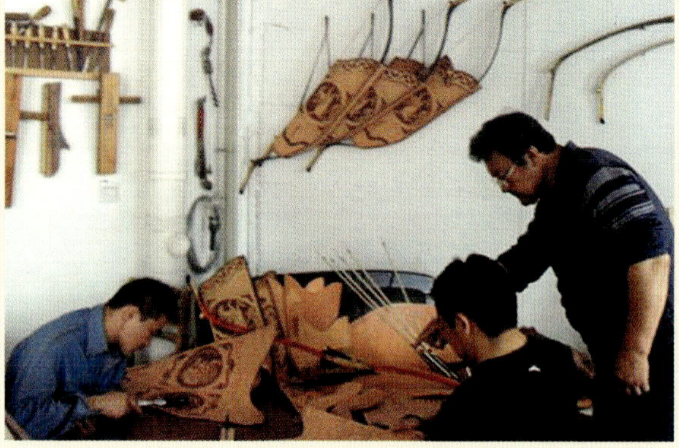

传承人在在牛角弓、牛皮弓壶上烫印图腾及装饰（苟雁俪　摄）

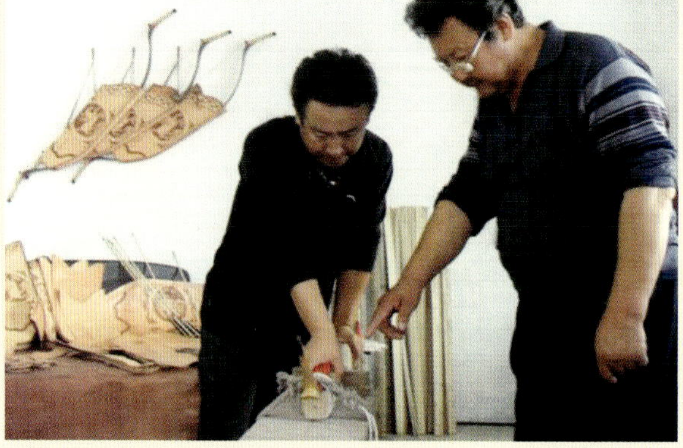

传承人在测试新牛角弓（苟雁俪　摄）

395 VIII-45

家具制作技艺

京作硬木家具制作技艺

广式硬木家具制作技艺

我国传统家具以明式家具最为著名，它不仅在中国古代家具史上具有辉煌的成就，被视为传统家具的典范，而且在世界家具史上也占有重要的地位。明式家具在清代康熙以后流传至英法等国，对欧洲18世纪的家具产生了很大影响。

明式家具在继承宋元家具制作传统的基础上，材料、加工工艺、造型设计、结构等方面都有了很大的创新。清代的一些家具仍沿袭了明代家具的风格和工艺，也称为“明式家具”。我国现有的明式家具以苏州、北京、广州为主要产地，继承了明代家具的优秀传统，形成苏式、京式、广式三大体系。制作中采用紫檀、花梨、红木、乌木、铁力木、鸡翅木等质地坚硬、纹理缜密的硬木为材料，充分利用其纹理、材质和光泽，力求结构简练单纯，造型大方，无繁琐装饰，并能适合各种不同用途和人体的需要。最值得称道的是，明式家具全部采用榫卯结合的框架结构，各种榫卯巧妙斗拼，丝毫不用钉和胶，制成的家具构造精密，牢固坚实，令世界各国的同行专家赞叹不已。用白铜、紫铜、鎏金制成的家具金属附件，如包角、合叶、套脚等也同样形制精巧，色泽柔和，和家具匹配，相得益彰。

明式家具种类繁多，主要包括坐卧、承具、卧具、庋具、架具、屏具六大类。椅、凳、墩等属于坐卧类，香几、花几、桌、案等属于承具类，床、榻等属于卧具类，盒、箱、柜、橱等属于庋具类，面盆架、镜架、衣架等属于架具类，座屏、折叠屏风等属于屏具类。

明式家具是我国乃至世界家具业的瑰宝，具有中外家具发展史、中外文化交流史、社会生活史、民俗学等多方面的研究价值。目前，由于硬木原料短缺、从业人员大多年迈、青年匠人手艺较差等多方面的原因，明式家具的制作出现了一些问题。此外，各种假冒伪劣的红木家具在市场上泛滥成灾，也给正宗明式家具的生产带来一定的困难。目前急需迅速培养高水平的接班人，有效传承、合理发展这一宝贵的传统手工艺。

家具制作技艺·京作硬木家具制作技艺

申报地区或单位：北京市崇文区

京作硬木家具：黄花梨春椅（北京市非物质文化遗产保护中心、北京市龙顺成中式家具厂　提供）

京作硬木家具制作技艺是在明清宫廷家具的制作中逐渐形成的，它产生于北京，至今已有三四百年的历史，与“苏作”（苏州）、“广作”（广州）并称为中国硬木家具的三大流派。

京作硬木家具与北方地区干燥的气候相适应，它注重陈设效果，追求厚重的造型、庞大的形制，由此而形成雍容大气、绚丽豪华的京作风格。京作硬木家具的制作技艺在清代康乾年间达到顶峰，嘉道以后逐渐流散到民间。新中国成立后，由于国家采取积极的抢救、保护和扶持政策，京作硬木家具制作技艺得到一定程度的恢复和发展。

京作硬木家具制作工具：马牙锉等（北京市非物质文化遗产保护中心、北京市龙顺成中式家具厂　提供）

京作硬木家具制作技艺集实用性和艺术性于一体，综合运用设计、木作、雕刻、烫蜡等多种制作工艺，使珍贵的硬木材料与科学合理的榫卯结构、庄重典雅的造型、美观的雕饰相结合，形成华贵、高雅的艺术风格，实现了宫廷艺术和民间艺术的完美融合，具有很高的艺术和学术研究价值。

随着市场经济的发展，京作硬木家具的制作日益陷入困境，高级技术人才缺失，从业人员锐减，如不尽早加以传承保护，京作硬木家具传统制作技艺将面临失传的危险。

家具制作技艺·广式硬木家具制作技艺

申报地区或单位：广东省广州市

广式硬木家具制作技艺是广州传统民间手工技艺的代表，其历史可以追溯到明末清初。明代末叶，广式家具已在宫廷中得到应用。清代初年，广式家具因其豪华风格适应了皇家的需求而成为宫廷家具的主要类型。清代中期，受欧洲巴洛克式和洛可可式艺术风格的影响，广式家具在造型和装饰上有了进一步的发展，形制更趋华贵。民国时期，广式家具行业因受战争的影响而萧条中落，抗日战争胜利后才逐渐复苏。

广式家具制作技艺是中国家具工艺的重要分支，它在继承我国传统家具制作技艺的同时，又吸纳和改造西洋家具文化，形成浓厚的岭南艺术特色。广式家具制作注意精选好料，精工细作，雕刻

广式硬木家具制作技艺工序：雕花（陈尚　摄）

面积既宽且深，镶嵌技艺运用自如，开创了家具制作的一代新风。广式家具种类样式繁多，不仅有传统的桌、椅、凳、床、几，还有其他地区没有或极少见的品种，如客厅中可睡可坐的炕床等。

目前，名贵木料的稀少使得广式家具取材困难，生产受阻。在批量化制造的现代家具冲击下，广式家具厂大多经营困难，坚持生产典型广式家具的企业已经为数不多。广式家具制作流程复杂，雕刻、镶嵌、刨木、做坯料等重要工序都较难掌握，在老艺人纷纷去世、新艺人尚未培养成熟的情况下，广式家具的工艺传承已出现断层。诸如此类的问题阻碍着广式家具制作技艺的顺利传承发展，亟待制订方案加以合理解决。

广式硬木家具制作技艺工序：选材（陈尚　摄）

广式硬木家具：七件套竹节菩提六福圆台（陈尚　摄）

396 VIII-46

申报地区或单位：内蒙古自治区阿鲁科尔沁旗

蒙古族勒勒车制作技艺

蒙古族勒勒车（席银柱　摄）

勒勒车曾经是蒙古族用途最广的交通工具。内蒙古阿鲁科尔沁旗的勒勒车制作技艺历史悠久，目前仍保留着完整的工艺流程。

勒勒车由车架子、车轮和轴鞍三部分构成，多采用桦木和榆木等质地坚硬的木材制作。车架子由2根辕木、9根横撑、8根竖撑和2根车厢盖构成；车轮由1根轴、2个车毂、36根辐条和12根车辋构成。另有2个轴鞍，连接车架子和车轮。

制作勒勒车只须使用锛子、斧子、凿子、锯等简单的木工工具，制作时勒勒车的车辕木、车厢盖和轴鞍上都要凿出相关的竖卯眼，车辕木还要凿出横卯眼。横撑和竖撑上须开出相应的榫头，以连接车架子。车轴的两头须削细削圆，要求里粗外细，两头凿轴辖孔。每个车毂的正中要打通轴孔，也是里粗外细，周围则凿出18个车辐卯眼，在车毂的正中以内，垂直而又略略向外倾斜。车辐条的根部有无肩榫，头部开单肩榫，两段的榫头呈90度角。车辋（车轮周围的框子）以弯木制成，上面凿出与车辐条榫相适应的3个卯眼，两头做成相互适应的开口卯和双肩榫头。车辐条的根部打进轮毂的卯眼里，拉好头部的榫肩，即可安装上车辋。车轮安到车轴上，与车架子上的轴鞍连接起来。

勒勒车的制作技艺中蕴涵着许多科技知识，体现了蒙古族劳动人民的聪明才智。在现代交通工具日新月异的今天，制作勒勒车的匠师为数不多，处于濒危状态，亟待保护和抢救。

蒙古族勒勒车制作技艺主要工序（席银柱 摄）

修平车辕

对口衔接车辋

凿车辋辐条孔

制作安装车轴上车轮

蒙古族勒勒车成品（王景远 摄）

400 VIII-50

申报地区或单位：甘肃省天水市秦州区

雕漆技艺

雕漆屏风（何金成　摄）

甘肃省天水市的雕漆技艺源远流长，已有一千多年的历史。清代同治、光绪年间，天水雕漆技艺发展出雕填的髹饰技法，成为西北地区传统髹饰技艺的典型，流传至今也有一百多年的历史。

天水雕漆技艺系以当地出产的生漆涂于松木、桦木、椴木等质地的器物表面，经数次髹饰制成漆胎，打磨光滑后再雕刻填彩，而后选用美石、贝壳等各种装饰材料镶嵌于漆面之上。成品造型古朴优美，图案精致，色泽光润，并有耐酸碱、耐高温、耐潮湿和耐腐朽等特点。

天水雕漆技艺以手工劳动为主，采用口传心授的方式传承。近年来，随着人们生活方式的改变，天水雕漆产品销量大减，生产日渐萎缩，昔日的雕漆厂相继破产、改制，传承人有的离世，有的转行，老罩漆、皮胎等髹饰技艺都已失传。面对这一严峻形势，有必要尽快制订保护措施，对这一古老的民间手工艺进行抢救。

雕漆技艺主要工序（巴忠天　摄）

手工雕刻

彩绘装饰

堆塑贴金

加工制作螺钿片

打磨雕刻座屏底座

抛光打磨

漆艺装饰脱胎花瓶（何金成　摄）

411 VIII-61

美和居老陈醋酿制技艺

老陈醋酿制技艺

老陈醋成品《国色天香》（郭俊陆　提供）

老陈醋酿制技艺·美和居老陈醋酿制技艺

申报地区或单位：山西省太原市

山西老陈醋为中国四大名醋之首，其酿制技艺与西周以来的制醋工艺一脉相承。明代洪武元年（1368），太原醋坊“美和居”的酿醋师傅创造出“熏蒸”工艺和“夏伏晒，冬捞冰”的陈酿工艺，使山西老陈醋的酿造工艺发展到新的水平。经过六百多年的传承发展，以手工技艺为主的山西老陈醋酿制技艺日渐成形。

美和居老陈醋酿制技艺有其独特的工艺流程，生产中采用特定的原辅料和经典的原材料配方，像低温酒醪液体发酵、高温接种引火、熏淋醋醅结合制醋、夏伏晒、冬捞冰、贮陈老熟等都是其中重要的技艺手段。美和居老陈醋酿制技艺在中国酿醋领域独树一帜，是我国老陈醋传统酿制技艺的典型代表。

作为黄河农耕文化的结晶，山西老陈醋酿制技艺是晋文化重要的组成部分，具有工艺史、民俗史、社会生活史等方面的研究价值。

美和居老陈醋酿制技艺主要工序（山西省老陈醋集团有限公司　提供）

蒸

酒精发酵

熏

淋

夏伏晒

冬捞冰

420 VIII-70

申报地区或单位：安徽省潜山县、岳西县

桑皮纸制作技艺

桑皮纸制作技艺实践场景（涂晓华　摄）

桑皮纸制作工具：轧凳（涂晓华　摄）

桑皮纸制作工具：浆池（涂晓华　摄）

据《潜山县志》记载，早在汉代，安徽潜山县就生产桑皮纸，迄今已有一千七百多年的历史。因这种纸起源于汉代，又称“汉皮纸”。桑皮纸有大汉、中汉、小汉三种规格，全为手工生产，整个工艺流程由选料、蒸煮、拣皮、制浆、帘捞、焙烤等环节组成。成品纸质柔软、拉力强、不断裂、不褪色、防蛀、无毒性、吸水力强，主要用于书画、裱褙、典籍修复、包装、制伞等方面。目前潜山县官庄

桑皮纸制作技艺主要工序（涂晓华　摄）

选料

洗料

捞纸

桑皮纸成品（涂晓华　摄）

镇和岳西县毛尖山乡生产的桑皮纸质量优秀，经中国纸张研究所检测，已基本达到清代乾隆时期的工艺水平。2004—2005年故宫大修时，潜山、岳西两县手工制作的桑皮纸作为特选材料在工程中得到广泛应用。

桑皮纸制作是一门古老的手工技艺，具有较高的工艺和历史文化价值，经世代相传，缜密改良，精心保护，至今仍在不断传承完善。潜山县和岳西县已制订保护规划，准备进一步采取具体措施，保护、传承好这项古老的手工技艺。

421 VIII-71

申报地区或单位：福建省将乐县

竹纸制作技艺

福建省将乐县龙栖山国家级自然保护区盛产毛竹，有着丰富的造纸原料资源。将乐生产竹纸（又称“毛边纸”）历史悠久，其中以龙栖山的“西山纸”最负盛名，这种纸早在唐宋时期即已闻名四海，迄今已有一千多年的生产历史。

西山纸的手工制作流程较为繁复，由砍嫩竹、断筒、削皮、撒石灰、浸漂、腌渍、剥竹麻、压榨、匕槽、踏料、耘槽（打浆）、抄纸、干纸、分拣、裁切等28道工序组成。制作出的西山纸质地细腻柔韧，光润洁净，吸水性强，久存不蛀，吸墨性强，用于书画，墨色固定而不易消退。此外，西山纸还可用于修复、印刷古旧书籍。清代乾隆年间编印《四库全书》时，清高宗曾命钦差大臣到将乐调纸印刷。近代以来，西山纸出口到日本、新加坡、泰国、菲律宾、马来西亚等二十多个国家和地区，深受各国人民的欢迎。西山手工造纸技艺是中国古老手工造纸技艺的重要一支，在福建及中国传统手工造纸技艺的研究中具有重要参考价值。

西山竹纸成品（福建省将乐县　提供）

竹纸制作技艺主要工序（陈圣洁　摄）

剥竹麻

浸漂与压榨

抄纸

踏料

钳纸

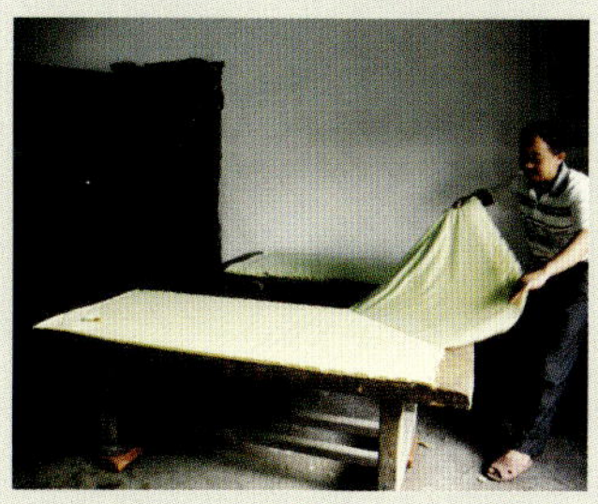
剥纸

焙纸

427 VIII-77

申报地区或单位：上海书画出版社

木版水印技艺

木版水印技艺关键工序：勾描（上海市非物质文化遗产保护中心 提供）

“镂象于木，印之素纸”的传统木版水印技艺源于中国古老的雕版印刷术，是中国传统文化的重要组成部分。早在唐代，木版水印技艺就已经相当成熟。宋元以来，流行木版水印的书籍插图；明代以后，此风更是盛极一时。明末“饾版”和“拱花”等复杂的套版叠印工艺得到广泛采用，木版水印在工艺上取得了很大的进步。这一技法随即在民间广泛流传开来，用以印制谱笺和民间年画等，成为中国特有的传统绘画复制印刷技艺。

上海朵云轩自清代光绪二十六年（1900）创立以来就传承了木版水印的传统技艺，经过百余年的制作、研究和发展，朵云轩木版水印已经成为一门综合绘画、雕版和印刷的再创性艺术，其木版水印作品制作细巧，用料考究，重格调、重笔墨、重韵味，具有精致、典雅、秀润的风格特征。绢本细腻秀雅，纸本古逸苍润，与荣宝斋木版水印并列为中国木版水印两大流派，号称“南朵北荣”。

朵云轩木版水印印制出版的宣纸本明吴发祥《萝轩变古笺谱》（上海市非物质文化遗产保护中心　提供）

朵云轩木版水印传承的不仅仅是一种传统技艺，而且是一种优秀的文化。木版水印作品惟妙惟肖，几可乱真，为人们学习、欣赏和收藏历代书画佳作提供方便，具有独特的艺术和文化研究价值。

20 世纪 50 年代朵云轩木版水印《明陈老莲花鸟草虫册》十开中的《月季》（上海市非物质文化遗产保护中心　提供）

428 VIII-78

申报地区或单位：福建省连城县

雕版印刷技艺

雕版印刷实践场景（马华军　摄）

福建省连城县四堡雕版印刷技艺起源于宋代，发展于明代，至清代达于鼎盛，它主要流传于福建省连城县四堡乡务各村及马屋村。四堡是明清时期中国四大雕版印刷基地之一。明代万历八年（1580），务各村首开书坊。清代康熙年间，四堡雕版印刷逐渐兴盛，到乾嘉和道光时期出现繁盛局面，在我国雕版印刷史上创造了辉煌的功绩。这一民间印刷技艺主要在家族中传承，沿袭至今已历十五代。

四堡雕版印刷技艺纯手工操作，制作精巧。其雕版制作大致可分为坯版制作、坯版书写、雕版制作、刷印、装订五个阶段。坯版制作包括选材、锯版、浸沤、干燥、平版等工艺；坯版书写包括写样、上版等工艺；雕版制作包括刻版、打空、拉线、修版等工艺；刷印包括固版、刷墨、覆纸、刷印、晾干等工艺；装订包括折页、配帖、弯刀裁纸、锥子打眼、穿线等工艺。雕版印刷所使用的工具主要有刻刀、曲凿、平凿、斜凿、铁锤、刨子、锯子、棕刷、小墨缸、纸张等。

印刷术是我国古代四大发明之一，四堡雕版印刷技艺则是我国雕版印刷术的重要代表，其中凝聚着制墨术、雕刻术、摹拓术等几种优秀的传统工艺，为文化传播提供了便捷条件，它是中国古代文明领先于世界的实录和见证，具有极其特殊的历史文化价值。

四堡雕版（福建省连城县　提供）

藏族雕版印刷技艺·波罗古泽刻版制作技艺

申报地区或单位：西藏自治区江达县

传授波罗古泽刻版制作技艺（西藏自治区非物质文化遗产保护中心 提供）

藏族宗教文化艺术历史悠久，源远流长。波罗古泽刻版制作技艺的出现与这种宗教文化有着密切的关系，它起源于清代康熙十五年（1676），由德格第十二世土司、第六世法王却吉·登巴次仁发起，主要流传于西藏自治区昌都地区江达县的波罗乡。当时四川的德格、白玉县及西藏的江达都归德格土司管辖，由于佛教盛行，为印制佛教经文及图案服务的木版雕刻工艺得到空前发展，由此推动了波罗古泽刻版制作技艺的繁荣。整个清代，藏族土司、宗本耗费大量人力物力，收集各种学科历史文献和教派典籍，以较原始的制版刻版方法印刷，在寺庙中制作了数以万计的木刻雕版。四川著名的德格印经院中80%以上的印经版均为波罗乡所制。

波罗古泽刻版制作技艺十分高超。制作时，先由著名藏文书法家书写刻版内文，由两个以上的人严格进行校对，校对完成后用特殊液体将文字印在木板上，然后在阳光下晒干，再由雕刻艺人按照原文临摹刻制，刻成后还要经过12次严格校

波罗古泽木刻雕版（西藏自治区非物质文化遗产保护中心　提供）

波罗古泽木刻雕版（西藏自治区非物质文化遗产保护中心　提供）

对，确定无任何错误，即刷上酥油汤晾晒，干后涂上朱砂颜料，最后用一种能防虫蛀的植物熬成水，浸泡雕版并加以清洗，而后交付工人印刷。

刻版场景（西藏自治区非物质文化遗产保护中心　提供）

431 VIII-81

制扇技艺

王星记扇

荣昌折扇

龚扇

我国制扇的历史十分悠久，商代即已出现以长尾雉鸡羽毛制成的羽毛扇。汉代，宫廷流行绢扇，又称“宫扇”。东晋时期，葵扇开始流行。南宋时期，都城杭州成为折扇中心，河坊街附近的扇子巷即当年扇业作坊聚集之地。折扇古称“折叠扇”，又称“撒扇”，收则折叠，用则撒开，撒开后扇面成半规（圆）形，聚头聚尾，故又称“聚头扇”。明代永乐年间，苏州成为折扇中心，出现了李昭、马勋等闻名海内的制扇名家。

我国扇类产品主要产于江苏、浙江、四川、广东等地，有纸折扇、檀香扇、羽毛扇（浙江湖州）、绢扇、麦秸编结扇（浙江浦江）、象牙扇、竹篾扇、葵扇（广东新会）、孔雀翠羽舞蹈扇等多个品种。其中折扇的扇骨以棕竹、湘妃竹、乌木为上，有的饰以竹刻；扇面以桑皮纸等裱糊而成，著名书画家题诗作画于其上，有小品胜于大品之说。有的折扇还配有刺绣扇套。杭州王星记扇庄以制作黑纸扇而闻名，扇面涂刷柿漆，雨淋不透，日晒不翘，有“一把扇子半把伞”之美称，其制作技艺世代相传，一直沿袭至今。四川自贡竹篾丝扇系清代光绪年间制扇名家龚爵伍所创，故称“龚扇”，扇面犹似执绢纨。扇柄下饰以流苏、络结或玉器、桃核雕刻等小摆件，摇曳生姿。檀香扇和葵扇的扇面上往往饰以烙画，色有浓淡，层次分明。由此看来，制扇技艺是集雕刻、绘画、书法、编织、编结、装裱、髹漆、竹编等多种工艺为一体的综合性传统手工技艺，具有很高的艺术价值。

王星记扇（浙江省杭州市非物质文化遗产保护中心 提供）

制扇技艺工序：绘制（浙江省杭州市非物质文化遗产保护中心　提供）

随着社会生活的变迁，盛暑时节人们普遍使用空调或电扇，导致扇子的需求量锐减。目前不少制扇名家相继辞世，苏州折扇扇骨技艺等一些制扇工艺正濒临失传，相关的抢救保护工作已迫在眉睫。

传承人在给檀香扇烙花（浙江省杭州市非物质文化遗产保护中心　提供）

制扇技艺·王星记扇

申报地区或单位：浙江省杭州市

杭州雅扇自古闻名海内，南宋时期，今杭州清泰街与河坊街之间集中了许多杭扇制作工场，彼此相连，长达二里，此处因而得名“扇子巷”。清代光绪元年（1875），王星斋在杭州扇子巷创建王星记扇庄，凭借精良的做工和独特的工艺在众多店家中脱颖而出，经过不断发展，王星记扇终于成为杭扇的代表。

百多年来，王星记扇业艺人继承并发扬传统，汇集历代制扇艺人的智慧，发展了杭扇制作技艺，目前王星记杭扇的扇品已达十五大类四百余种三千多个花色，远销四十多个国家和地区。王星记扇制作工艺复杂精细，装饰更是十分考究，它与书画、雕刻、镶嵌、剪贴等技艺相结合，极大地提升了扇子的艺术品位。王星记扇以黑纸扇、檀香扇最为典型，在国内外屡获奖项，向为世人所称道。

早在清代，黑纸扇即作为杭州特产进贡宫廷，有“贡扇”之称。历代众多书画名家都曾在王星记的扇面上留下杰作，为中国文化宝库增添了重要财富。近年来，王星记扇常被用作国礼赠送给国际友人，且为各地博物馆所收藏，成为了中外文化交流的桥梁。王星记制扇技艺为中国扇文化的传衍作出了积极贡献，具有独特的历史文化价值。

王星记扇（浙江省杭州市非物质文化遗产保护中心　提供）

制扇技艺·荣昌折扇

申报地区或单位：重庆市荣昌县

荣昌县地处重庆市西部，该县昌元镇的折扇制造业十分发达。

荣昌折扇用则撒开，收则折叠，具有精致典雅、美观适用、小巧玲珑、易于携带等特点，素为人们所喜爱。荣昌折扇始于北宋年间，到明代嘉靖时期，荣昌折扇已作为贡品进献朝廷。清代光绪年间，荣昌的折扇制造达于鼎盛，县城中专业扇铺有两百多家，生产人员两千多人，年产各种折扇四百万把。民国时期，荣昌折扇远销东南亚及欧洲。近年来，在继承、发扬传统手工技艺的同时，荣昌的制扇匠人努力开发新工艺，产品由原来的正棕、全楠、皮底、硬青、串子五大类154个品种增至十大类，新增全棕、檀香、羽毛等三百多个花色品种，其中以传

荣昌折扇成品（何荣香　摄）

荣昌折扇制作技艺主要工序

糊扇面（甘勇　摄）

刻扇夹（甘勇　摄）

削扇头
（重庆市荣昌县文化遗产保护中心　提供）

削扇芯（重庆市荣昌县文化遗产保护中心　提供）

制串子（甘勇　摄）

统黑纸扇和棕竹扇最具特色。

荣昌折扇制作工艺集染色、粘合、绘画、雕刻、镶嵌等技艺于一体，大致分为16个工段145个操作工序。当代著名书画家郭沫若、张大千等多次为荣昌折扇题字作画，提高了它的文化品位，使之增加了艺术和收藏价值。

由于原辅材料稀缺，再加上技术人才不足、市场价格偏低等原因，目前荣昌折扇的生产陷于困境，传统黑纸扇和棕竹扇都有绝产之虞。荣昌折扇制作技艺已处于濒危境地，亟待抢救保护。

制扇技艺·龚扇

申报地区或单位：四川省自贡市

龚扇产于四川省自贡市。清代光绪元年（1875），著名艺人龚爵伍以牛骨、玉石为扇柄，竹条为外圈，用黄竹篾丝编织各式图案，创制了扇面约六寸的宫扇，故称“龚扇”。龚扇图案鲜明，精美别致，在流传过程中得到许多人的爱重，声誉日隆。早在清代末年，龚扇即已名闻遐迩，成为宫廷和官府的收藏品，并在莱比锡国际博览会上获得奖章。龚扇质薄如绢，绚丽如花，光滑如镜，扇面图案别具一格，以极细篾丝编织成的花鸟人物形象生动，体现出精细的质感和独特的风格。

龚扇演进历时百余年，至今其制作技艺已传承了五代。由于龚扇制作技艺采用家族传承方法，前三代均是传男不传女，所以到目前为止，只有龚姓家族的少数人能够完整掌握技艺中的编织技术。鉴于此情形，应采取积极措施，对这一宝贵的民间手工艺进行有效保护。

龚扇制作场景（阳公田　摄）

龚扇《红线盗盒》（龚倩创作，林羲摄）

432 VIII-82

申报地区或单位：北京剧装厂

剧装戏具制作技艺

戏衣制作场景（北京市东城区非物质文化遗产保护中心、北京剧装厂　提供）

北京剧装戏具制作技艺出现于清代中叶，它是伴随着京剧艺术的兴起而产生的。剧装戏具分衣、盔、杂、把四项，衣主要指戏衣，盔主要包括头盔、帽子等，杂主要包括髯口、靴鞋等，把主要是刀枪把子等，其中盔头、戏衣和靴鞋三部分制作工艺较为复杂。北京戏装最讲究舞台艺术效果，它优美而夸张的造型、色彩和图案有利于衬托剧中人物的艺术形象。

北京戏装的设计制作涉及京剧服装配饰的各个方面，讲究色彩鲜亮、造型大气、图案丰富，具有技艺规范考究、做工缜密精巧、用料高档华贵、风格雍容大气的特点，为京剧表演增添了光彩。北京戏装适宜于观赏和收藏，在中国传统戏曲服饰及中国古代服饰的研究中具有重要的参考价值。

随着社会的变迁，目前真正能够从事剧装制作的匠师已经不多，大师级人物更是罕见，而且新生力量难以为继，如再不及时保护，这门发展已有百年的传统技艺将面临失传的危险。

剧装成品：宫装（北京市东城区非物质文化遗产保护中心、北京剧装厂　提供）

20 世纪 70 年代末制作的剧装女帔（北京市东城区非物质文化遗产保护中心、北京剧装厂　提供）

433 VIII-83

桦树皮制作技艺

鄂温克族桦树皮制作技艺

鄂伦春族桦树皮船制作技艺

桦树皮制作技艺·鄂温克族桦树皮制作技艺

申报地区或单位：内蒙古自治区根河市

鄂温克民族是典型的森林民族，他们居住的大兴安岭地区到处都是枝繁叶茂的白桦林，为桦树皮制品提供了丰富的生产资源。

鄂温克族桦树皮制作工艺有着独特的制作方法。制作的第一步即是选择桦树皮原材料。每年的五六月份是剥取桦树皮的最佳季节。选材首先需选择树干笔直、树面比较光泽而又无结疤的树；其次再根据所制器物的需要，量出长度，然后在树干的上下各划一圈，中间再竖划一刀，稍稍一启，整张的桦树皮便剥落下来。把桦树皮里面凹凸不平的硬皮部分剥去后，再用水煮或隔蒸，使桦树皮变软，以便裁剪；

鄂温克族制作桦树皮制作技艺实践场景（内蒙古自治区非物质文化遗产保护中心　提供）

传承人在制作桦树皮制品（内蒙古自治区非物质文化遗产保护中心　提供）

再次，将桦树皮摞起来压平，根据需要，进行裁剪制作。缝接处常用狍子、鹿的筋线，或马尾和麻搓成的线缝合；最后，在接头处涂上兽油，用火烘烤，以便牢固。经过切剥、编制、对拼、刺花、压边等十余道工序，就可以制作成质地柔韧、颜色柔和、防腐耐潮、样式繁多、经久耐用的桦树皮制品。

鄂温克族桦树皮制作技艺是珍贵的民族工艺瑰宝，它继承祖先三千多年的优秀传统，成为鄂温克人的民族文化符号，具有民族学、历史文化和民族手工艺史等多方面的研究价值。

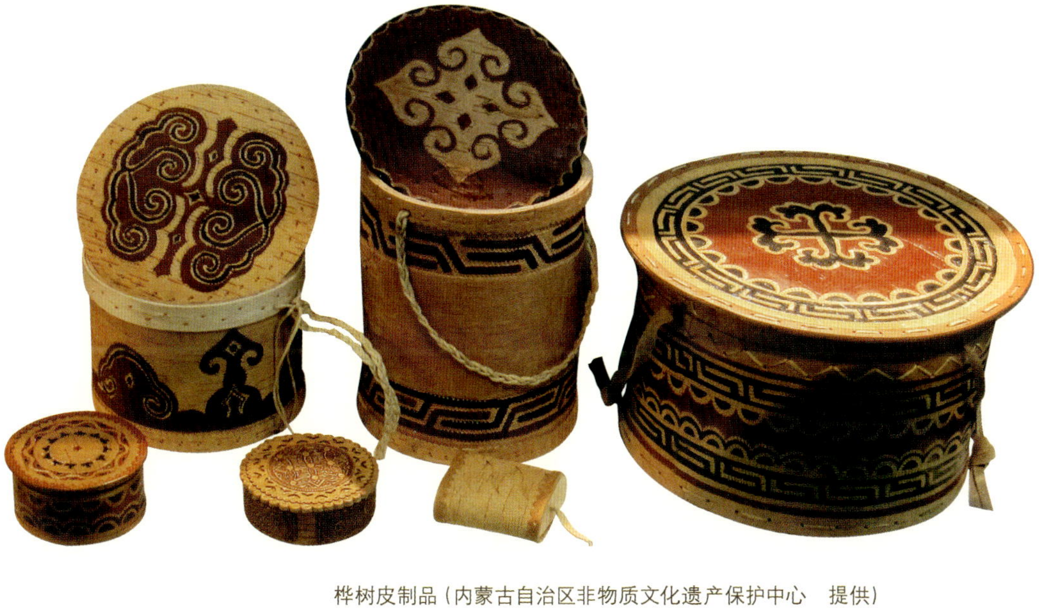

桦树皮制品（内蒙古自治区非物质文化遗产保护中心　提供）

桦树皮制作技艺·鄂伦春族桦树皮船制作技艺

申报地区或单位：黑龙江省大兴安岭地区

鄂伦春族世代居住在大兴安岭地区的呼玛县白银纳村和塔河县十八站等地。白银纳村和十八站境内，呼玛河贯流而过，水网密布，年平均降水量约四百毫米。丰富的水系为鄂伦春族的夏季渔猎准备了充分条件。在长期狩猎过程中，鄂伦春族先人创造出了一种便于水上活动的桦皮船。

传承人在制作鄂伦春族桦树皮船（大兴安岭地区群众艺术馆　提供）

鄂伦春族桦树皮船制作技艺工序：选材（大兴安岭地区群众艺术馆　提供）

鄂伦春族桦树皮船（黑龙江省大兴安岭地区群众艺术馆　提供）

桦皮船是鄂伦春族夏季渔猎生产、生活的必备交通工具，鄂伦春语称为“奥木鲁钦”，它就地取材，制作简便，以大兴安岭的障子松板条做骨架，以高寒地带生长的白桦树树皮为船体，然后用松木削成的木钉加固，全船不用一根铁钉。成型后在接缝处涂抹松树油，经过烘烤，可达到密不渗水的效果。桦树皮船形如柳叶，轻便快捷，携带方便，“陆行载于马上，遇水用之以渡”，为鄂伦春族世代相承的独特生产生活用具。

源远流长的鄂伦春族桦树皮船制作技艺是我国东北桦树文化的重要组成部分，由于时代的变迁，这一古老的传统手工技艺日趋衰微，亟待保护。

436 VIII-86

烟火爆竹制作技艺

南张井老虎火
万载花炮制作技艺
萍乡烟花制作技艺
蒲城杆火技艺
架花烟火爆竹制作技艺

我国是世界上最早发明火药的国家，以火药制作的烟火爆竹也同样有着悠久的历史，在世界上享有盛誉。爆竹记载始见于南北朝时期梁朝宗懔的《荆楚岁时记》，书中描写了鸡鸣而起时，先在庭前爆竹，以避恶鬼的习俗。当时所谓的爆竹其实是燃烧竹筒，导致筒内空气发热而爆裂发声。隋唐后，改为将火药装入竹筒。宋代废弃竹筒，改为用纸包裹火药燃爆。南宋都城杭州已出现成串的小爆竹，俗称“鞭炮”。据《武林旧事》记载，这种鞭炮点燃后连响到底，“一爇连百余不绝”。明清两代，爆竹发展出繁多的花样，出现了双响震天雷、升高三级浪、二踢脚、飞天十响等著名品种。现代爆竹在类型和工艺上进一步发展完善，形成了完备的生产体系，有单响、双响、连环响、鞭炮、排炮等多个品种和卷筒、切筒、糊底、灌泥、引火药、封眼等多种工艺技术。

烟火又名“焰火”、“礼花”等，始于隋唐，盛于宋代，明清两代普遍流行。唐代已出现“火药什戏烟火”，可呈现瓜果、动物、鬼怪等各种图样。南宋时，架子烟火极为盛行。据《宛署杂记》记载，明代北京烟火品类极多，纸函者称为“花筒”，泥函者称为“沙锅”，竹筐函者称为“花盒”，可以显现出绶带鸟、葡萄架、珍珠帘、长明灯等各种图样。清代《帝京岁时纪胜》称当时京师的烟火“锦盒内装成数（出）故事，人物像生、翎毛、花草曲尽妆颜之妙”。烟火的色彩主要由火药加上不同的化学药物制成，如加钠盐呈显黄色，加钾盐呈显紫色，加锶盐呈显红色，加钡盐呈显绿色，加铜盐呈显蓝色等。

我国的烟火爆竹主要产于湖南的浏阳，江西的万载、萍乡，广东的东莞和陕西的蒲城、洋县等地，其中架子烟火在宋代即已负盛名，目前较少施放，急需保护传承，以促进其延续发展。

烟火爆竹制作技艺·南张井老虎火

申报地区或单位：河北省井陉县

河北省井陉县南张井烟火技艺相传系清代康熙元年（1662）张井林祖辈在山西学艺所得。当地燃放烟火的习俗世代相传，就是为了纪念这位宗师。清代后期至新中国成立前，南张井村烟火一直是县城元宵花会的压轴戏，称为“官火”。

南张井烟火的生产以火药制作为核心，其步骤是先将干柳木劈开，烧成木炭，置于瓮中洒水，再覆以湿布。晾干后，洒酒并用石碾碾成块状；再次晾干后，用擀杖碾细过箩筛，而后配以硝和硫磺。南张井烟火种类繁多，达到一百二十多种，主要品种包括“起火”、“锅子火”、“伞火”、“老虎

南张井老虎火燃放场景（郝墨荣　摄）

传承人在安装制作南张井老虎火（郝墨荣　摄）

传承人在安装制作南张井老虎火（郝墨荣　摄）

火”、“三国故事火”、老杆火等。其中老杆火杆高四丈八尺，下连21条火线，杆上依次有“葡萄火”、“十二连灯”、“老爷开门”、“八角青龙”、“仙鹤透蛋”等烟火图案及关涉三国故事的内容。生产烟火所用的主要原料为柳灰、硝、硫磺等。燃放时，不等花火落地，燃烧点已过，所以安全系数很高。

南张井烟火显示了传统烟火制作技艺及明清两代烟火发展的水平，具有民俗学、科技史等方面的研究价值。目前由于国家对烟花爆竹生产加强了控制，加上南张井村经济落后，已有十多年未放烟火。现村中仅剩三位年逾古稀的烟火老匠师，不少烟火品种已经失传，亟待抢救保护。

烟火爆竹制作技艺·万载花炮制作技艺

申报地区或单位：江西省万载县

江西省万载县是我国传统的烟花爆竹产区，大约从18世纪中叶起，当地即已开始烟花爆竹的生产。清代道光年间，万载的烟花爆竹已"通行南北"。光绪年间，当地"男妇大小均借此以资工作"。清末民初，万载花炮从业人员日益增多，达到数万人，爆竹庄有近千家，在全国各地从事花炮经营的著名爆竹庄有在赣州的赣庄、在浙江的浙庄、在广州的广庄等。20世纪80年代，万载烟花爆竹业的从业人员达15万，产品销往全国二十多个省、市、自治区及美国、日本等二十多个国家和地区。

万载烟花爆竹品种繁多，有全红礼炮、大小彩炮、鸡公炮、雷鸣炮等六十多种。以响声而言，就有六响、一百响等19种；以纸之长短、厚薄而言，有三裁、四裁、九裁等规格；以结鞭形式而言，有平边、立边（俗称"顿边"）之分。万载烟花爆竹生产所用的原料土纸、火药均为本地所产，土纸为表芯纸，纸质细嫩柔软，带有韧性，火药质量也属上乘。从原料加工到成品制作的整个生产过程由七十多道工序组成，均以手工操作，技术含量高，流程复杂。万载烟花爆竹产品无杂质且有香味，响率高，响声清脆悦耳，是人们节日庆典、婚丧嫁娶、祭祖拜佛时喜用的佳品。

万载花炮制作技艺主要工序（江西省非物质文化遗产研究保护中心　提供）

擦筒

糊筒

结鞭

裁引线

包装

烟火爆竹制作技艺·萍乡烟花制作技艺

申报地区或单位：江西省上栗县

江西省萍乡市上栗县制作爆竹、烟火的历史十分悠久。据史料记载，湖南的爆竹制造始于唐代，兴盛于清代乾隆年间，而它是由江西上栗发展到湖南浏阳，进而推广至醴陵的。由此可见，上栗是爆竹的主要发源地之一。

萍乡烟花制作技艺工序：封爆竹
（江西省非物质文化遗产研究保护中心　提供）

萍乡烟花制作技艺主要工序

（江西省非物质文化遗产研究保护中心　提供）

晒引

闭筒子

捆筒子

枪筒口、糊筒口

装黄泥

磕爆竹

爆竹行业祖师李畋为上栗县麻石人，他发明的原始爆竹是将竹子锯成两边带节、长约尺余的竹筒，里面装上火药，头上插一根火线，点燃火线，竹筒即被炸开，发出巨大响声，因而得名“爆竹”。后来李畋发现竹筒做成的爆竹有时不易炸开，有时炸开了又会伤人，于是转而寻求一种更好的筒子材料，经过试验，制成纸筒爆竹。其后他又将爆竹的引线逐个连接起来，制作出鞭炮。

萍乡上栗的爆竹烟火原有四大类四百多个品种，现在则有九大类一千两百多个品种，其中以高空火箭等二十多个产品最为著名。

烟火爆竹制作技艺·蒲城杆火技艺

申报地区或单位：陕西省蒲城县

蒲城杆火是流传至今的古代宫廷低空焰火，其制作技艺现存于陕西省蒲城县荆姚镇雷坊村，为村中李姓家族传人所掌握。据考证，蒲城的火药生产源于唐宋时期，以杆为托架的杆火则兴于金元而盛于明清两代，至今已有近千年历史。它以蒲城盛产的硫磺、芒硝、柳木炭为原料，按秘方制成火药后，以精湛的纸扎造型、秘不示人的火线布局和骨架扎结制作成文武杆火，燃放后显现出独特的声、光、色彩，将秀美的山川和传奇的人物、故事造型展示在观者眼前，令人眼花缭乱，应接不暇，堪称中华一绝。蒲城杆火绝技曾在欧亚各国表演，赢得广泛赞誉。新中国成立以来，许多国家领导人都曾观看过蒲城杆火表演。蒲城杆火历史悠久，形式独特，具有很高的历史文化研究价值。

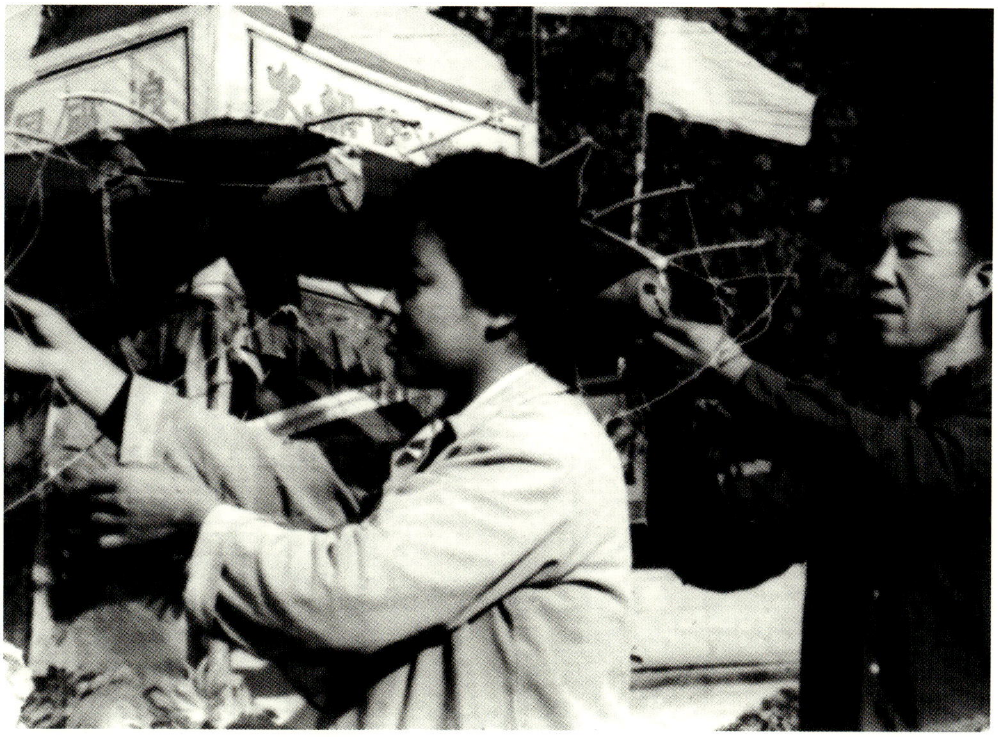

蒲城杆火扎架引线场景（萧保林　摄）

蒲城杆火点燃瞬间（萧保林　摄）

蒲城杆火燃放场面（萧保林　摄）

蒲城杆火文火造型（萧保林　摄）

架花烟火燃放场景（陕西省洋县文化馆　提供）

烟火爆竹制作技艺·架花烟火爆竹制作技艺

申报地区或单位：陕西省洋县

架花烟火是传承至今的一种大型宫廷烟火，它以高杆梁架为扎制形式，以反冲式火箭来回自动点火，而后在高空燃放。

流传于陕西省洋县的架花烟火起源于唐代的宫廷烟火，共有几十个品种，与之相配伍的其他烟火品种有两百多个。这些烟火多以历史故事、戏剧人物为内容，按照世代相传的秘方配制而成，制作中严格遵循古老的工艺流程。“大唐宫廷杆架双背剑”是其中的精品。洋县架花主杆上的烟花一般可安装为12楼、24楼、48楼，以24楼的烟花为例，主杆高度达20米，周围散布24根用火药引芯连接的小杆。燃放时需按一定顺序，先后穿梭点燃主杆与小杆上的烟花，并在主杆与小杆内外场地组合配置其他烟火。洋县架花烟火的火药配方准确科学，制作工序合理规范，经过改进的药物配方具有可操作性和安全性，烟花组合缜密和谐。洋县架花烟火具有重要的历史文化和科技价值，其制作工艺、烟花形制和奇特的燃放形式为国内、国际所仅见，它为研究火药、烟火的发展历史提供了宝贵资料，具有很高的学术研究价值。

438 VIII-88

风筝制作技艺

北京风筝哈制作技艺

天津风筝魏制作技艺

风筝制作在我国具有悠久的历史，其渊源可以追溯到春秋战国时代。墨子和鲁班以木材制成鸟禽状器械，放之能飞，称为“木鸢”。汉代开始以竹篾扎成鸟禽状骨架，上糊以纸，称为“纸鸢”。后来又在纸鸢上附加竹哨、弓弦，放飞时因风吹而引起哨响弦鸣，声音悦耳，如同鸣筝，故称“风筝”。

我国风筝主要产于北京、天津、江苏南通、山东潍坊、新疆拉萨等地。风筝分为硬翅和软翅两种。硬翅风筝骨架不能拆卸，受风力强；软翅风筝骨架可以拆卸装盒，便于保存和携带，放飞时各部件可以自由活动，如“龙头蜈蚣”风筝的龙头双目能转动，利爪能屈伸，鸟禽状风筝可以展开翅翼奋飞云间，金鱼状风筝可以摇头摆尾地缓缓游动，等等。除了这些以外，还有宫灯、花篮等立体状的风筝。

风筝制作工艺聚集多种手工技艺于一体，由扎作骨架、裱糊、彩绘等环节组成，其中扎作骨架最为关键，骨架扎不好，风筝便无法飞起。裱糊除用绫、绢外，一般常用坚韧受风的绵纸。彩绘在风筝制作中也十分重要，不少彩绘精巧的风筝已被作为艺术品收藏。彩绘颜料中可适当加入桃胶，使色泽更加光亮，同时还能起到防潮的作用。

放风筝是我国传统民俗，有益于身体健康。清明时节，风力向上，是放风筝的大好时节。山东潍坊系我国风筝的传统产区，清代潍县（今山东省潍坊市）县令郑板桥曾在诗中描述过潍县放风筝的盛况，有“纸花如雪满天飞”、“好将蝴蝶斗春归”之句。现在潍坊每年都要举办风筝节，以弘扬传统的风筝文化。目前，继承风筝制作技艺对于保护民间手工艺，丰富人民文化生活，增进广大群众的健康等都具有极其重要的意义。

风筝制作技艺·北京风筝哈制作技艺

申报地区或单位：北京市海淀区

风筝哈是北京著名的风筝制作世家哈氏家族的简称，其制作风筝的历史可追溯到清代末年，至今已有一百六十余年。哈氏家族祖籍河北省河间县果子洼村，因祖辈考中武状元进京。后来家道中落，为谋生在北京琉璃厂开设两间铺面专卖风筝。据《琉璃厂小志》记载：“哈记风筝在琉璃厂中间路北仁威观，近数十年以哈记制售之风筝为最著。”从第一代创始人哈国梁到第四代传人哈亦琦，北京风筝哈制作技艺一直在家族内部传承。

哈氏风筝制作场景（北京市东城区非物质文化遗产保护中心　提供）

北京风筝哈风筝制作技艺讲究“扎、糊、绘、放”四艺。按结构和对风的适应程度而言，风筝可分为硬翅类、软翅类、硬拍子类、软拍子类、串类、伞翼类和立体类七大类。北京风筝哈风筝制作技艺博采众长，在风筝的骨架结构和绘画艺术上实现了技术与艺术的完美结合，形成了独特的风格。它用料讲究，造型比例适中，交接严谨，美观大方，构图丰满，繁而不失整齐，简而不失丰富。制成的风筝色泽明快，稳重大方，色彩对比强烈，具备吃大风、起飞快、放飞后既高且稳等特点。

哈氏风筝是精美的艺术品，具有一定的收藏价值，也可为研究民间手工艺和民间美术提供重要参考资料。随着时代的演进，人们的文化娱乐方式不断改变，放风

北京哈氏风筝《五龙燕》（北京市东城区非物质文化遗产保护中心　提供）

北京哈氏风筝《兰丹蝶》（北京市东城区非物质文化遗产保护中心　提供）

筝的习俗已逐渐淡化，北京风筝哈制作技艺这项宝贵的民间手工艺也正慢慢被人们所遗忘。目前，此技艺面临着后继无人、技艺失传的问题，急需引起有关方面的注意。

风筝制作技艺·天津风筝魏制作技艺

申报地区或单位：天津市南开区

清代光绪十八年（1892），“魏记”风筝创始人魏元泰在天津鼓楼创立“魏记长清斋扎彩铺”。在七十余载的艺术实践中，魏元泰将木工的打眼扣榫、锡焊工的铜箍连接技艺和天津民间绘画技法相结合并移用在风筝制作上，制出了可拆展、折叠的软翅风筝，从而得到“风筝魏”的称号。风筝魏制作的风筝具有造型多变、彩绘逼真、飞行平稳、特技精湛、便于携带等独特的艺术风格，深为世人所喜。风筝魏制作技艺在魏氏家族内部传承，由魏元泰传至第二代魏慎行，再由魏慎行传给第三代魏永昌、魏永珍，世代相传，谨守不失。

天津风筝魏制作技艺包括创意、设计、选料、扎架、彩绘、糊面、试飞、总装八大工艺流程，风筝全部以手工制作，选用高级真丝织物和上等毛竹为面料，成品

放飞天津风筝魏四米白头苍鹰风筝（魏永珍作，魏国秋提供）

天津风筝魏作品《龙睛鱼》（魏国秋　提供）

风筝能够拆展、折叠，便于珍藏、邮寄、运输。“魏记”风筝有整体类和组合类两种，从功能上可分为装饰型、放飞型、放飞兼装饰型三类。风筝的尺寸大小不等，巨型风筝可达上百米，小的只有火柴盒大小。风筝魏的造型有人物、器物、动物等，同时还附带有变形、鸣响等特技。

历经百余年几代人的传承，天津风筝魏制作技艺在工艺、绘制等方面均显示出很大的优势，具有独特的历史文化价值，是民俗学和民间工艺史研究的重要对象。

第一批国家级非物质文化遗产扩展项目名录

传统医药

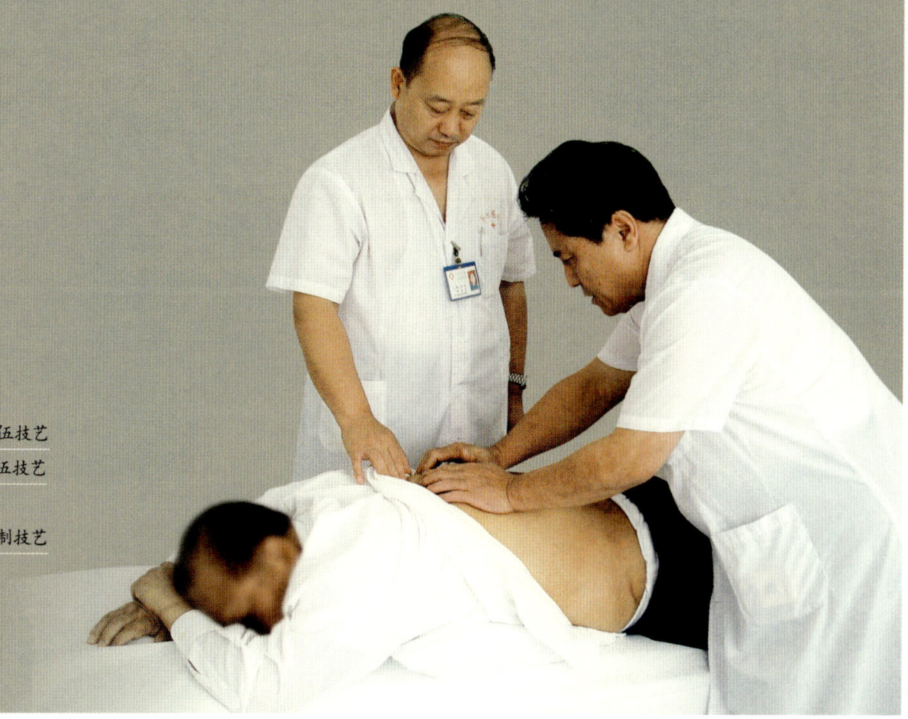

442 IX-3

中药炮制技术

四大怀药种植与炮制

中药炮制技艺

中药来源于自然界的植物、动物和矿物。我国传统药材资源达12807种，但中药临床应用和成药制作一般不用生药，而用经过加工炮制的成熟品即饮片。

中药炮制是根据中医药理论和医疗、调剂、贮藏等不同要求以及药材自身的性质，分别采用修治、水制、火制及增添辅料制作等方法，对生药进行加工的特殊技术，其上可追溯到药材的种植、采集或饲养，其中以炒、炙、烫、煅、煨和火制方法最为常用，故名“炮制”。

中药炮制的目的在于降低或消除药物的毒性和副反应，缓和或改变药性，从而提高疗效，便于调剂、贮藏和服用，其核心是减毒增效。从古至今，中医药行业在中药炮制方面积累了大量经验，总结了成套理论，发明了不少技术，形成了众多流派，编著了大量著作，中药炮制技术成为中药学的重要内容之一。

中药炮制技术·四大怀药种植与炮制

申报地区或单位：河南省焦作市

河南省焦作地区种植怀山药、怀地黄、怀菊花、怀牛膝已有近三千年的历史，因河南省焦作市古属怀庆府管辖，所以怀山药、怀地黄、怀菊花、怀牛膝统称“四大怀药”。

四大怀药的种植，包括育种、选地、整土、育苗、施肥、虫害防治等都有严格的要求，药材的加工也有严格的传统工艺标准，怀地黄的九蒸九晒，怀山药的反复浸泡和熏蒸、晾晒和搓制等工艺，使得药材具有了优越的品质。明清时期，怀药商人崛起，大大促进了怀药加工的规范化和怀药文化品牌的形成，使四大怀药成为河南首屈一指的地道药材。六

四大怀药：怀山药（王波　摄）

传承人在观察太空怀地黄试管苗（庞静　摄）

味地黄丸中，怀地黄和怀山药的比例占到48%，而由怀药产生的文化习俗也广泛地影响着当地百姓的生产生活。

近年来，由于一些农户片面追求怀药产量，降低单位成本以增强价格竞争力，摒弃传统的种植和加工技艺，随意引进外地种子种苗，使四大怀药原有的品质失真。真正的传统种植和加工技艺受到严重冲击，有待对其进行进一步的挖掘、保护和传承。

怀山药种植场景（任继军　摄）

中药炮制技术·中药炮制技艺

申报地区或单位：四川省成都市

四川有“天府之国”和“中医之乡、中药之库”的美称，全川中药资源有五千余种，约占全中国中草药品种的75%，其中著名道地药材和主产药材三十余种。应用中药及中成药是四川人防治疾病的主要手段。

中药炮制是根据中医药理论，依照辨症施治用药的需要和药物自身性质以及调剂、制剂的不同要求所采取的一项制药技术，是中医药学的一大特色。炮制方法非常之多，如蒸、炒、炙、煅、炮、炼、煮沸、火熬、烧、斩断、研、锉、捣膏、酒洗、酒煎、酒煮、水浸、汤洗、刮皮、去核、去翅足、去毛等。中药炮制在中医理论和运用中具有相当重要的作用，一是可以提高临床医疗的效果，即医生可根据不同的病因、病机、症候及患者的身体健康状态，有的放矢地选用恰当的炮制品，以增强方剂的准确性、可靠性和实用疗效。二是中药炮制可充分保证临床用药的安全性，可以降低或消除药物的毒副作用，从而保证患者的生命安全。

改革开放后，国家大力推进中药发展，废除有毒药物和回避技术难点高的品种，成都许多独有的中药成方制备技术逐渐被淘汰，同时民间掌握这类制剂处方、制备方法、制备设备的老一代技术人员大多已去世，健在的也年事已高，中药炮制技艺亟待抢救、保护。

中药炮制技艺主要工序（陈加贝　摄）

净选

洗润

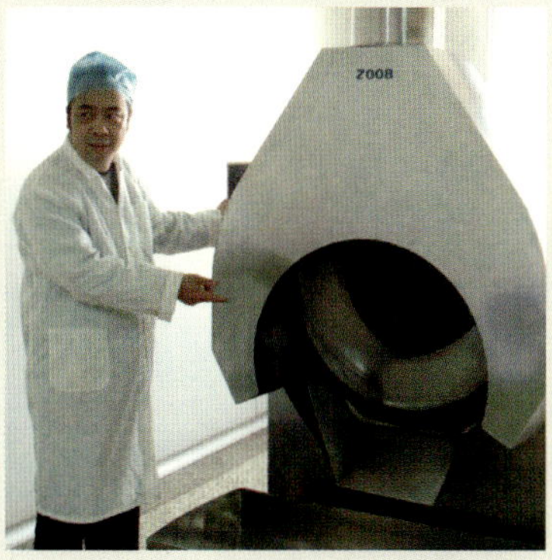

炒制

切片

蒸煮

443 IX-4

中医传统制剂方法

龟龄集传统制作技艺

雷允上六神丸制作技艺

东阿阿胶制作技艺

廖氏化风丹制作技艺

中药传统制剂，主要指丸、散、膏、丹，此外还有酒剂、锭剂、胶剂等等，每一种剂型都有一套传统制剂工艺，结合某些产品，还有一些特殊的制作方法。随着时代发展，中成药的制作有了许多改革和创新，大大提高了生产效率，但传统制剂方法并未全部淘汰，其中某些传统制剂方法，仍然是中成药制作的最佳选择，尤其是某些名牌中成药、处方保密中成药、含有贵细中药成分的中成药，在“老字号”企业生产时往往沿用传统制剂方法。

中药传统制剂方法保留了古代作坊生产的某些特点，选料精当、投料有序、工艺独特，包装和仿单蕴含传统文化气息，深受医者和患者的信赖。

中医传统制剂方法·龟龄集传统制作技艺

申报地区或单位：山西省太谷县

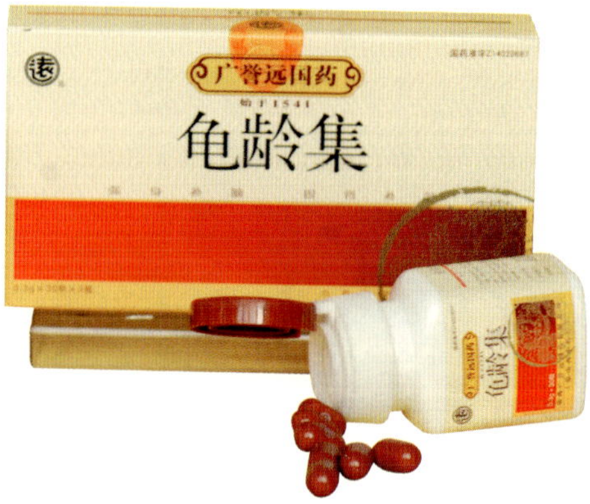

龟龄集产品（山西省太谷县传统医药研会提供）

龟龄集是有悠久传承历史、至今保存完好的中药复方升炼剂，是我国中成药历史宝库的珍贵遗产。它以独特的传统升炼技术炼制而成，功效卓著，被誉为“补王龟龄集”。

明代嘉靖元年（1522），方士邵元节和陶仲文从《云笈七笺》的“老君益寿散”中取长补短，加以增删，并采用炉鼎升炼技术，制成了号称可以长生不老的“仙药”，献给皇上。嘉靖帝服用后，龙颜大悦，亲赐药名“龟龄集”，以示服用此药可以获得像千年神龟那样的高龄。在古代，“龟”被列为“四灵”（龙、凤、龟、麟）之一，象征长寿祥瑞。邵元节和陶仲文因此得到皇帝的恩宠，位跻三公，龟龄集从此成为内宫“御用圣药”。

龟龄集主要由人参、鹿茸、肉苁蓉、海马、淫羊霍等大补气血、温阳益精之品组成，常用于阳痿、早泄、遗精等症，素有男科“圣药”美称，具有强心、提高免疫力等功效，可用于多种因肾

龟龄集传统制作技艺主要工序（山西省太谷县传统医药研究会　提供）

水飞

制干姜炭

锉茸

炙海马

炮制熟地

炮制原料

升炼

阳虚损所致男科病的治疗。具有促进新陈代谢、加强血液循环、增进肌体免疫力和心肌收缩力的功能，主要用于强身、健脑、益髓、行阳、滋肾、补气、增进食欲、调整神经、调节内分泌、消除心肌疲劳等。

后来，此药方辗转传入“广盛药店”（即山西广誉远国药有限公司前身），龟龄集便成为山西省太谷县的传统名牌良药流传下来。

中医传统制剂方法·雷允上六神丸制作技艺

申报地区或单位：江苏省苏州市

苏州吴医荟萃，药业兴盛。清代中期，吴门名医雷允上研究吸收了吴门医派的精华之后，把吴门医术发挥到了极致，于姑苏阊门开设了诵芬堂药店。雷允上所处的时代正是吴门医派温病学派日趋成熟的时代，医家在对温热病治疗的实践中发明了剂量很少但很有效的治疗方子，其中最具代表性的就是六神丸。当时医药虽已基本分开，但雷允上却集医药于一身，把行医与制药结合在一起。在长期的临诊卖药实践中，雷允上掌握了大量古方，积累了不少民间验方、单方，并对此进行了精深的研究。特别是对时疫急救药、外科多发病药，他根据临诊经验，按君臣佐使之道不断修改麝香、犀角、牛黄、羚羊角、珍珠等名贵香料细料及剧药的配伍，制炼出了六神丸等久负盛名的药剂。

六神丸实物

雷允上六神丸制作技艺主要工序（江苏省苏州市雷允上药业有限公司　提供）

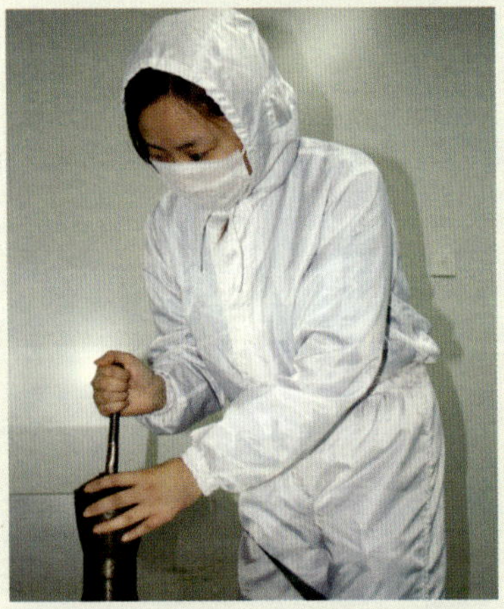
用铜冲粉碎用量较少的细料

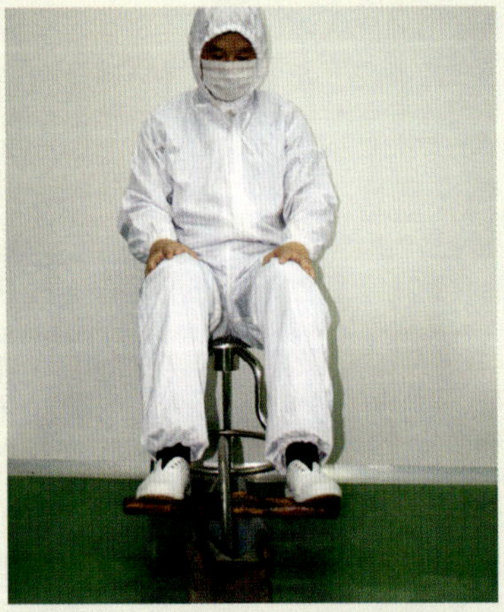
用铁船粉碎较难粉碎且用量较多的细料

泛丸

起丸

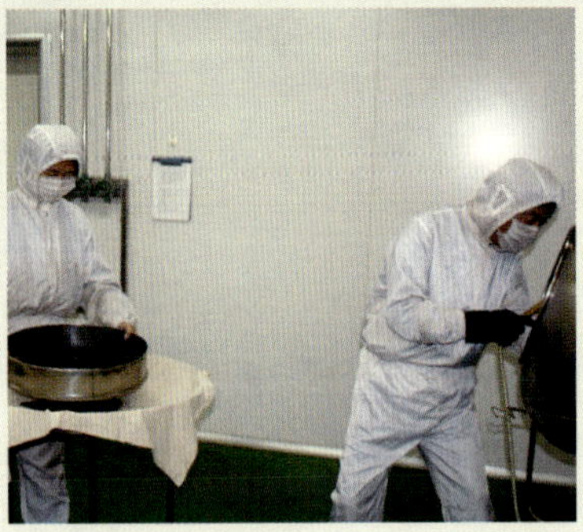
起丸和泛丸衔接

工人正用特制的铜勺、铜漏斗把六神丸装入小瓶中

阿胶炼制最具代表性的工艺景观：挂旗（山东省东阿县非物质文化遗产保护中心　提供）

受现代西医西药的冲击，人们对中医药方剂的认识缺乏科学的认知，导致了中药衰落，也直接影响了雷允上六神丸制作技艺的传承。

中医传统制剂方法·东阿阿胶制作技艺

申报地区或单位：山东省东阿县、平阴县

山东省东阿县是阿胶发源地和主产区，阿胶生产已有两千余年的历史，明代中后期，达到“妇孺皆通熬胶”的鼎盛时期，是国家命名的“中国阿胶之乡”、福牌阿胶的原产地保护区及唯一生产地。

东阿阿胶成品（山东东阿阿胶股份有限公司　提供）

东阿县有阿井，地下水系泰山、太行山两山山脉交汇之潜流。泰山之阴，太行之阳，阴阳相济，水的相对密度为1.0038，富含矿物质和微量元素，易去除阿胶杂质，使胶质纯正，易于被人体吸收。

东阿阿胶传统工艺包括整皮、化皮、熬汁等五十多道工序，全为手工操作，尤以熬胶、晾胶最为复杂，其间挂珠、砸油、吊猴等环节最显功力，操作六七年始摸窍门。东阿阿胶工艺规程列入国家医药局首批科技保密项目。

阿胶文化集中医药学、史学、哲学、养生、进补、膏方文化及古典文学于一体，是中华医药文化的代表，曾获巴拿马国际博览会金奖、传统药“长城”国际金奖、中华老字号、中国驰名商标等殊荣。

受现代工业化及西方医药的冲击，加上工业污染、水及驴皮资源日渐稀缺，古法制胶工青黄不接，部分传统工艺及古方辨症应用濒临失传，东阿阿胶传统中医药文化亟待保护。

东阿阿胶制作技艺主要工序（王珩玮　摄）

驴皮刮毛

熬胶“挂旗”

切胶

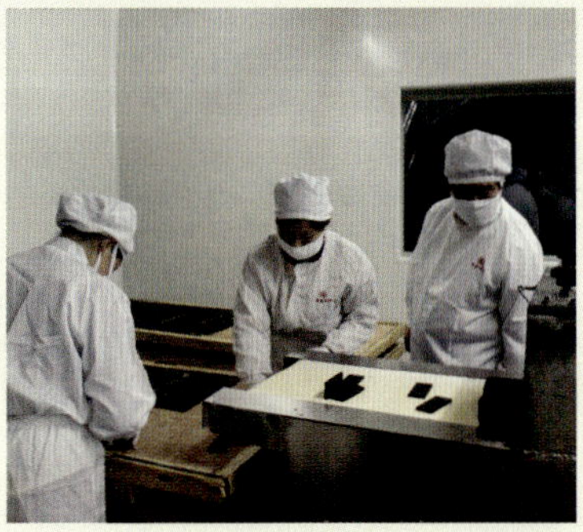

开片

晾胶“翻面”

装入瓦胶箱

擦胶

印字

用传统工艺生产出的东阿阿胶（山东东阿阿胶股份有限公司　提供）

中医传统制剂方法·廖氏化风丹制作技艺

申报地区或单位：贵州省遵义市红花岗区、汇川区

廖氏化风丹创制人廖耀寅依托贵州大娄山丰富的药材资源和板桥古镇的流通便宜，承袭祖业行医济世，于明代崇祯十七年（1644）研制出具有息风通络、镇惊豁痰、开窍醒脑功能的“化风丹”。

工艺上借鉴白酒发酵窖藏工艺，将核心药物处理制成药母，另将15味中药材用不同方法进行炮制后，与药母合磨成粉，制成丸剂，再将朱砂水与麝香研磨后的混合剂均匀涂于丸剂表面，经附着后烘干即成。

化风丹为朱红色丸剂，剖面呈棕黄色，味辛。对四时瘴气、中风偏瘫、小儿高热惊风、癫痫、面肌麻痹有特效。由于此药功效确切，传至二三代声名鹊起，在云、川、黔、滇、桂广为流传，被誉为“居家旅行之必备圣药”。1710年，廖家正式命名此药为“廖元和堂化风丹”。

化风丹的制作工艺在中药制作中属独创，其独特的组方配伍和多类型的药物炮制手法具有药物学科研价值；其在药理合于病理基础上辨症施治的制药理念及质量理念具有较高的学术价值；在化风丹的传承过程中，坚持“救人不论贫富，施药不分贵贱”的行医准则，体现出化风丹较高的人文理念价值。

在全球经济一体化的大环境下，化风丹通过建立资料库、建立传承人培训体系等方式来沿袭廖氏化风丹这一奇方名药，尽管如此，要单独对抗中医药的整体不景气，这些还远远不够，因此急需国家的保护。

廖氏化风丹制作技艺工序：阴干（余淼　摄）

444 IX-5

针灸

针灸·刘氏刺熨疗法

申报地区或单位：重庆市渝中区

刘氏刺熨疗法属重庆刘氏家族的医术，自清顺治年间刘氏先祖从湖广迁来重庆之时始，迄今约三百五十年，传承了十五代。

刘氏刺熨疗法包括刺血术和火熨术两大类别。刺血术包括放痧法、刮痧法、揪痧法、挑痏法、药针法、火针法、放血法、双针一罐法等。火熨术包括滚蛋法、烧灯火、扑灰碗、趟热敷、滚药包、黄蜡灸、火酒法、艾灸法等。

刘氏刺熨疗法有理论依据，专科疗效，临床针对性以及操作隐秘性和药材地源性等显著特征，是中国民间医术的一个重要组成部分，是非常有效的民间医术绝活。发掘、抢救、保护刘氏刺熨疗法，既有重要的学术研究价值，又有鲜明的实际应用价值。而其家族内部口传心授的传承方式决定了该疗法的传承不广，随时都有可能断裂传承链条，亟待国家保护。

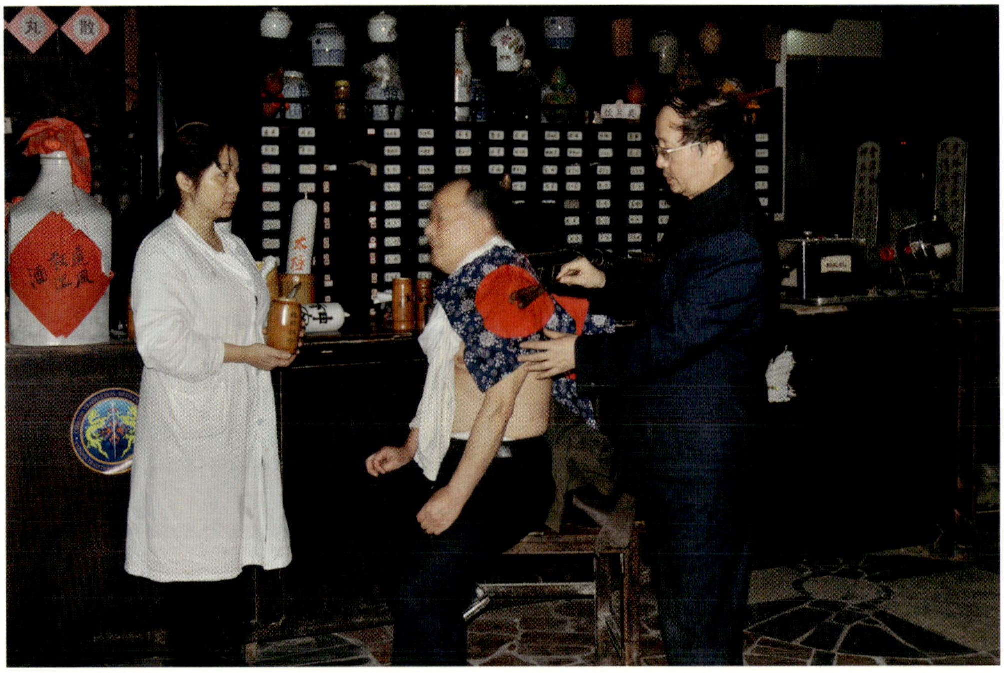

刘氏刺熨疗法：火熨（文迎春　摄）

刘氏刺熨疗法实践场景（文迎春　摄）

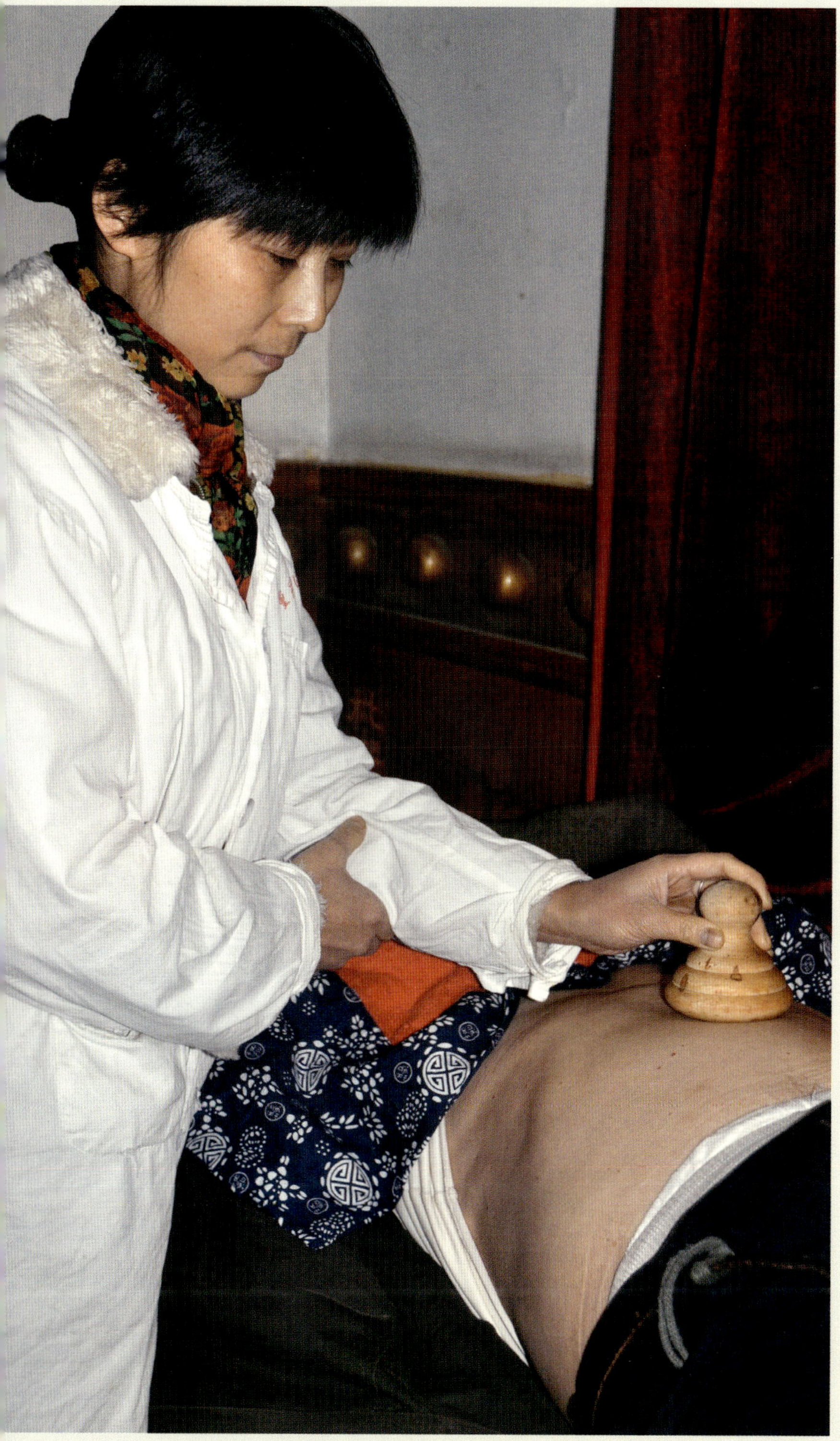

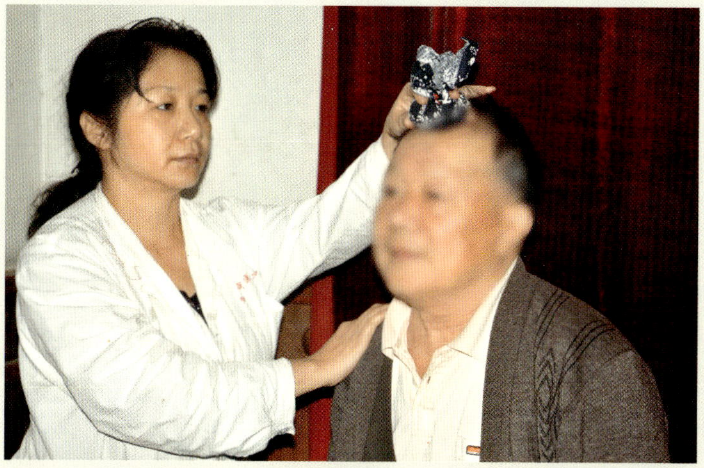

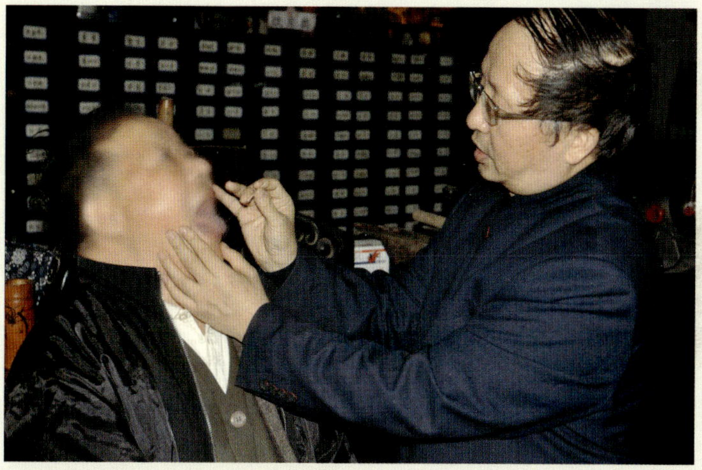

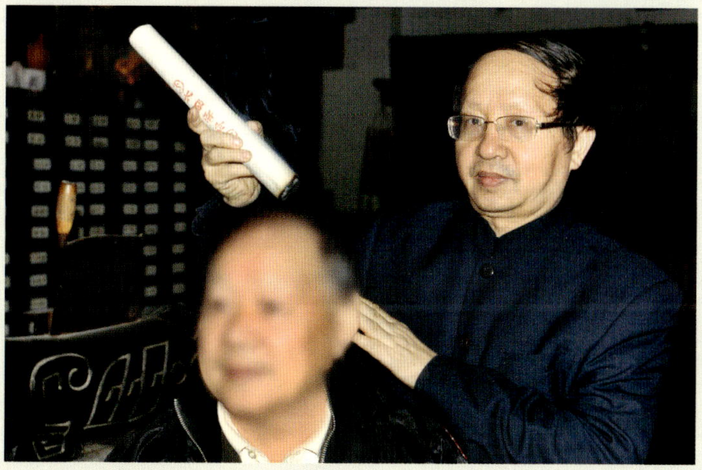

445 IX-6

中医正骨疗法

宫廷正骨

罗氏正骨法

石氏伤科疗法

平乐郭氏正骨法

中医正骨疗法又名“伤科”或“骨伤科”。在古代农业社会，骨伤的发病率很高，是一种常见病和多发病；而当时医疗条件很差，农村边寨交通闭塞，一旦发生骨折，求治十分困难，于是实践出真知，需求出人才，一些大一点的村落和城镇，几乎都会出现一两个医治骨伤的土医生和土办法，正骨疗法成为我国分布广泛、流派纷呈的一种中医疗法。

中医正骨疗法的特点，表现在三个方面。一是对骨的生理和骨伤病理按中医理论有独到的认识，二是手法的妙用，三是药物的特色，这三点结合在一起常常形成一种独特的疗法和某个著名的流派。随着社会的发展和学术交流的广泛深入，中医骨伤疗法有一种趋同倾向，但某些著名伤科专家和著名伤科流派的地域特色、手法特色和用药特色依然存在，与西医骨伤科相比较，中国正骨疗法仍有其独特的优势。

中医正骨疗法·宫廷正骨

申报地区或单位：北京市护国寺中医医院

宫廷正骨是以清代上驷院绰班处正骨科为基础，针对跌打损伤等骨科疾患，以手法治疗为主，辅以中医中药及中医器具的纯中医治疗体系。通过五代宫廷御医及现代医师的不断继承和发展，形成了独有的学术流派。

宫廷正骨的主要手法特点是“机触于外，巧生于内，手随心转，法从手出”。法之所施，重而不滞，轻而不浮，“使患者不知其苦，方称为手法也”。宫廷正骨手法在治疗骨折方面，强调“正、整、接、实”的治疗思想；在治疗筋伤方面，最主要的特点是“轻、柔、透、巧”。

宫廷正骨体系中所使用的实物分为内服中药类（如跌打紫金丹、健骨止疼丸等）、外用中药类（如骨科熥药、跌打万应膏等）和外用器械类（如元书纸排子）。

清末御医夏锡五传人、北京中医药大学附属护国寺中医医院吴定寰教授继承并发扬了宫廷正骨的学术思想及文化精髓，广泛结合临床实际，取得了良好的临床疗效和社会效益。欲使这一传统中医疗法冲破单线、单薄的家族传承链条而发扬光大，必须加以保护。

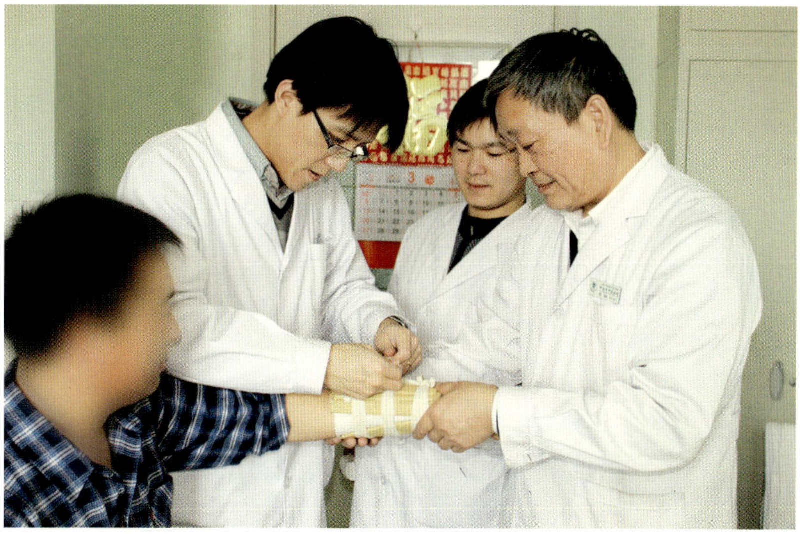

宫廷正骨实践场景（吴冰　摄）

中医正骨疗法·罗氏正骨法

申报地区或单位：北京市朝阳区

罗氏正骨法传承至今已有三百余年的历史。罗氏中医正骨以手法治疗复位扶正、接骨、续筋、固定和用药的独到之处与西方医学骨科相比有很多超越性的优势，是中国传统医药学骨伤科方面的典型代表，其本身就是中医悠久历史的文化载体，具有很高的历史认识价值和医学研究价值，加强对它的保护和传承工作对弘扬民族传统文化，促进传统中医骨伤科的发展有极其重要的意义。

作为罗氏正骨法的重要传人和杰出代表，罗有明乐善好施、救死扶伤、不求名利的高尚医德同高超的医术得到了世人的广泛认可，被誉为“接骨圣手”、“骨伤科圣手”、“仁心圣手”、“良医仁

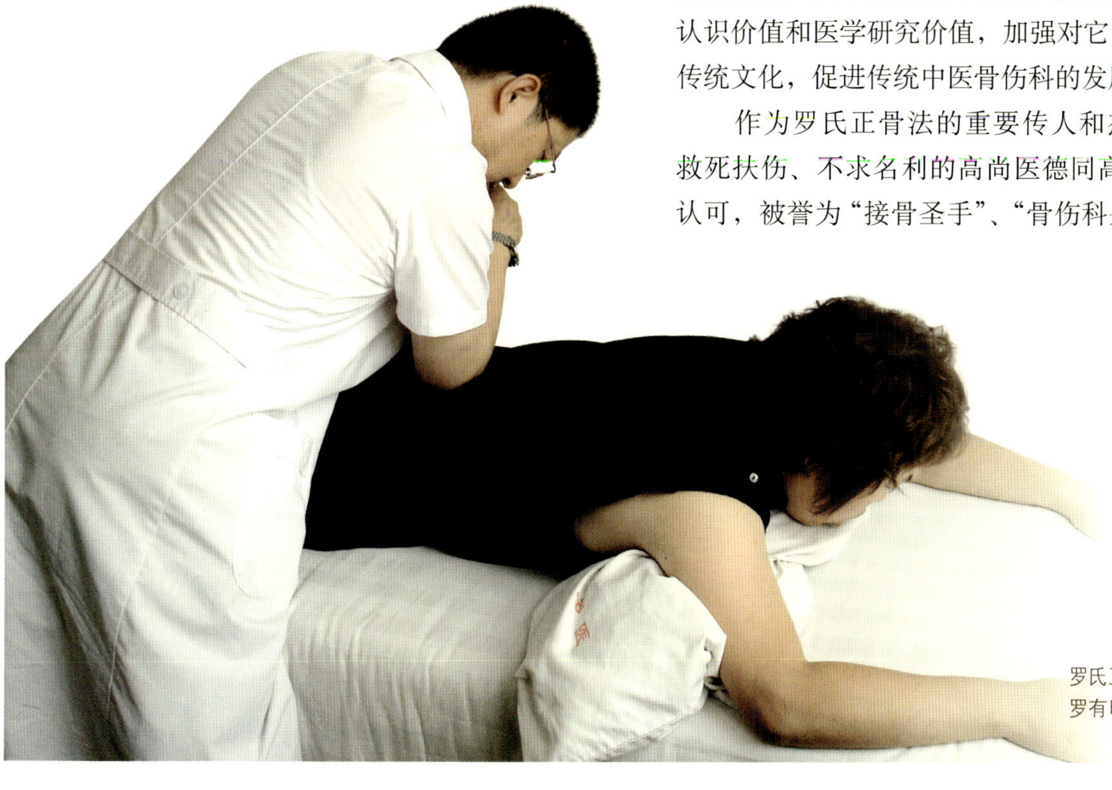

罗氏正骨法：治疗椎间盘突出症（北京市罗有明中医骨伤科医院　提供）

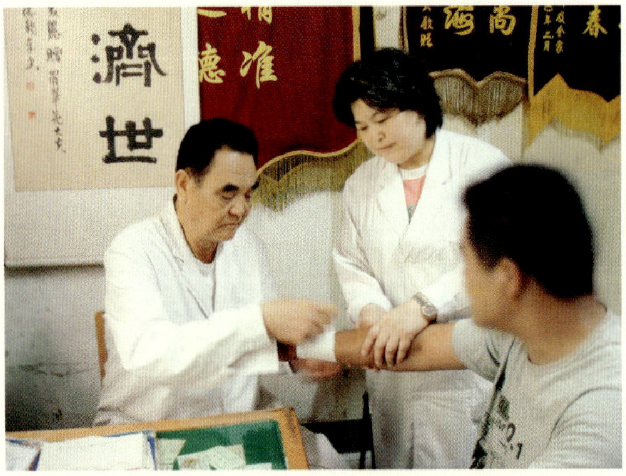

罗氏正骨法：治疗软伤（北京市罗有明中医骨伤科医院　提供）

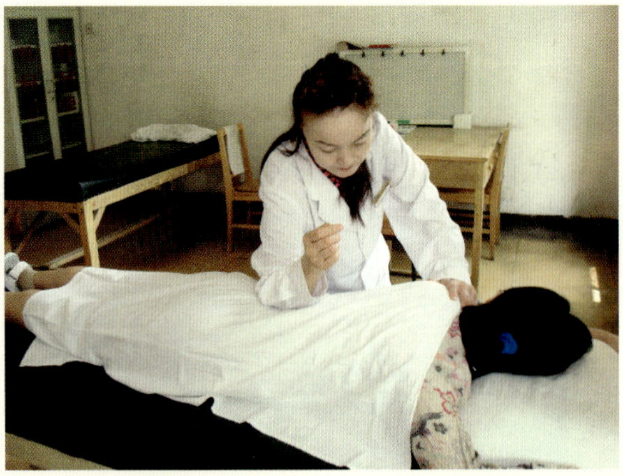

罗氏正骨法：治疗腰腿痛（北京市罗有明中医骨伤科医院　提供）

心”。时过境迁，现在的罗氏正骨法和罗有明中医骨伤科医院面临着前所未有的困难和压力，急需国家保护。

中医正骨疗法·石氏伤科疗法

申报地区或单位：上海市黄浦区

石氏伤科疗法为石兰亭于1880年所创，熔传统武术整骨手法与中医内治调理方法于一炉，是中医骨伤科独特的诊治方法，发展至今已传承五代。

石氏伤科以“十三科一理以贯之”的中医理念运用于中医骨伤科，极具我国传统医药文化的价值。石氏伤科在理论上重视整体观念，强调气血兼顾、内外结合，创立了“三十二字治病思想”。在诊治上强调筋骨损伤，三期治疗；内伤症治，需辨脏腑气血；陈伤劳损，审因度势。在手法上，强调“稳而有劲、柔而灵活、细而正确”的准则，总结十二字为用，即“拔伸捺正、拽搦端提、按揉摇抖”。在用药上，重视方随症变、药随病异，并通过长期的实践积累总结出了三色敷药、消散膏、麒麟散、新伤续断汤等一系列名方验方。

由于西医手术的冲击，中医伤科特别是最具特色的手法操作等非药物疗法日趋萎缩；因中药成药的开发要求和西药研制一样标准，使得不少中医药制法疗法湮没不彰。在此状况下，石氏伤科陷入了后继乏人、后继乏术的困境，急需加强保护。

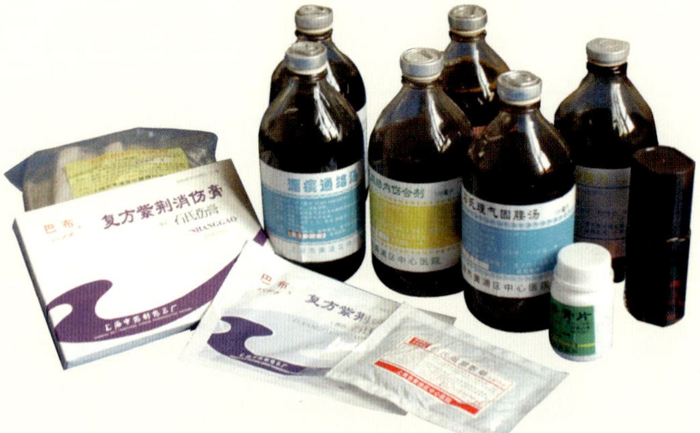

石氏伤科研制的药品（上海市黄浦区非物质文化遗产保护分中心　提供）

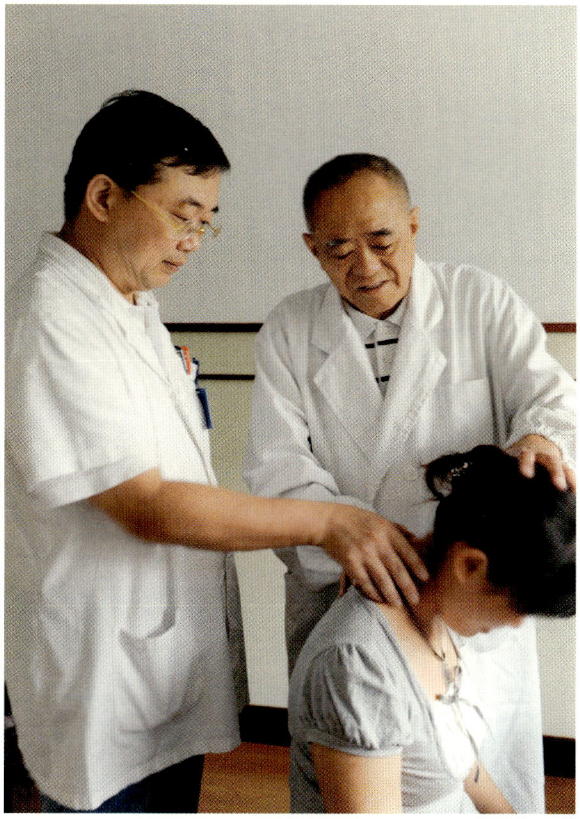

石氏伤科疗法实践场景（上海市黄浦区非物质文化遗产保护分中心　提供）

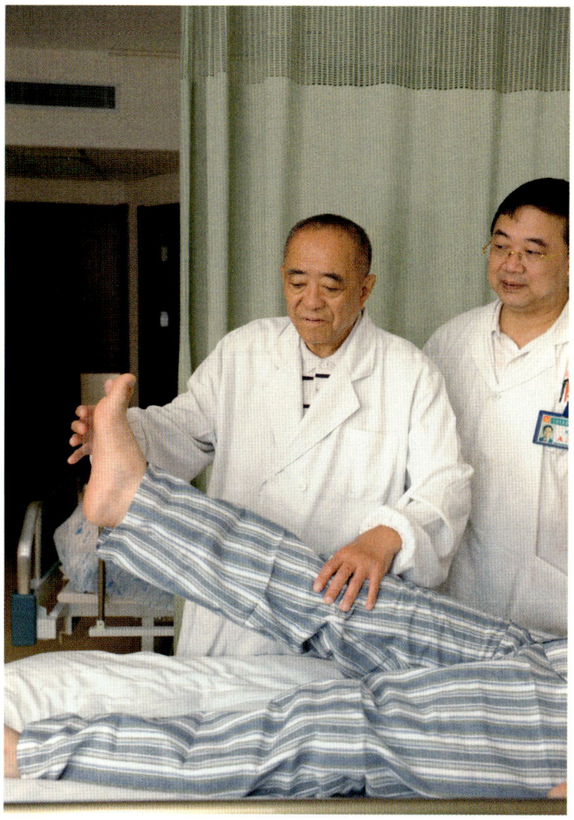

石氏伤科疗法实践场景（上海市黄浦区非物质文化遗产保护分中心　提供）

中医正骨疗法·平乐郭氏正骨法

申报地区或单位：河南省洛阳市
广东省深圳市

洛阳正骨是治疗骨伤疾病的民间中医疗法，又称“平乐郭氏正骨”、“平乐正骨”、“白马寺正骨”。洛阳正骨源于洛阳市孟津县平乐村郭氏家族，形成于清代嘉庆年间。郭家世代居家乡行医，族内秘传，其后的几代传人都秉承祖训，致力于中医骨伤医学的发展、创新，使源远流长的平乐正骨由治病救人的民间朴素医技上升为造福人类的中华骨伤科学。新中国成立前盛传五世，以疗效独特、医德高尚而闻名。

经过二百余年历代传人的实践和创新，洛阳正骨成为我国中医骨伤科最大学术流派，形成了一套完整的正骨理论和方法，即三原则（整体辨症、筋骨并重、内外兼治）、四方法（治伤手法、固定方法、药物治疗、康复锻炼），具有与中医事业相依存及传奇性、科学性、系统性、实用性、传播范围广等特点。

1985年，平乐郭氏正骨法第五代传人、郑州市骨科医院前院长郭春园创办了深圳平乐骨伤科医院。郭春园撰写了《平乐郭氏正骨法》和《世医正骨从新》。他大力发展、传播平乐正骨医术，二十多年来他和他的弟子、学生在深圳救治了上百万名骨伤科病人。平乐郭氏正骨法以特色鲜明、内涵丰富、理论系统、疗效独特、技术领先的优势及其所秉承的“医者父母心”的医德医风，受到海内

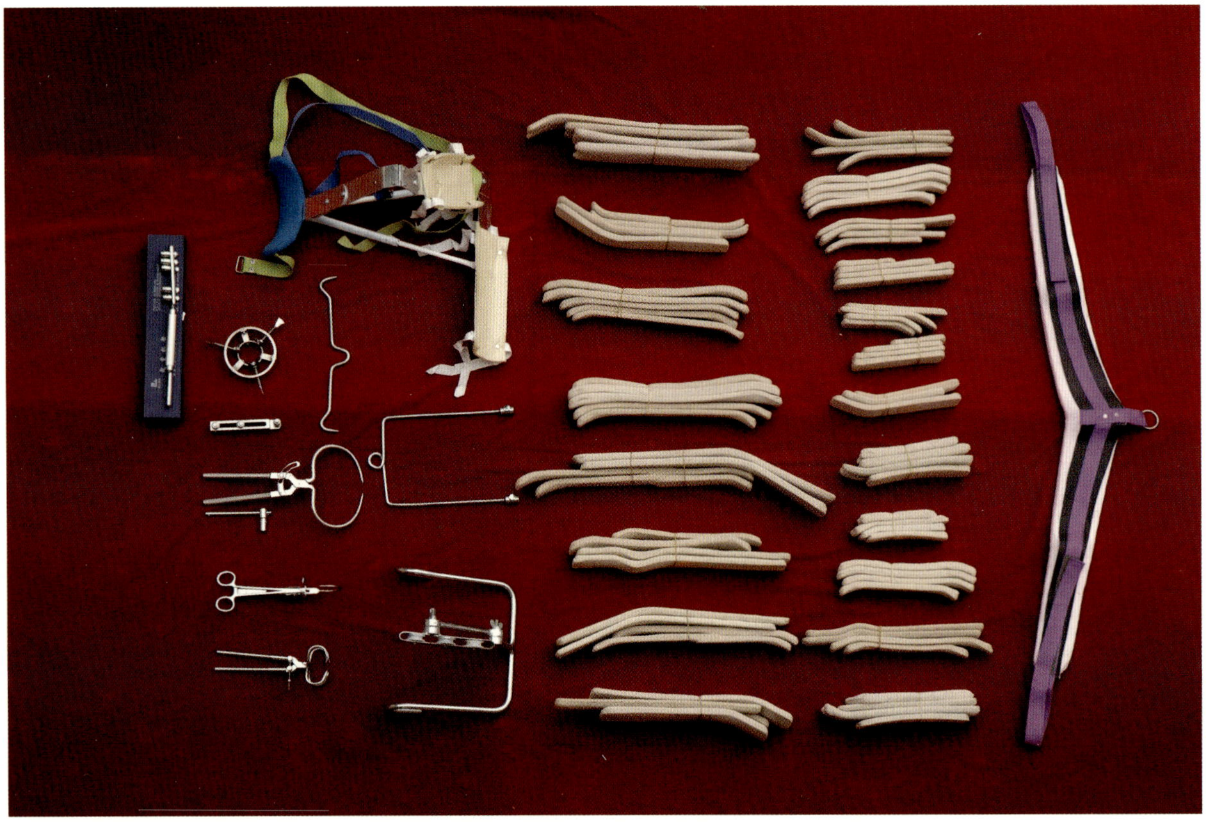

平乐郭氏正骨法使用的正骨器械（河南省洛阳正骨医院　提供）

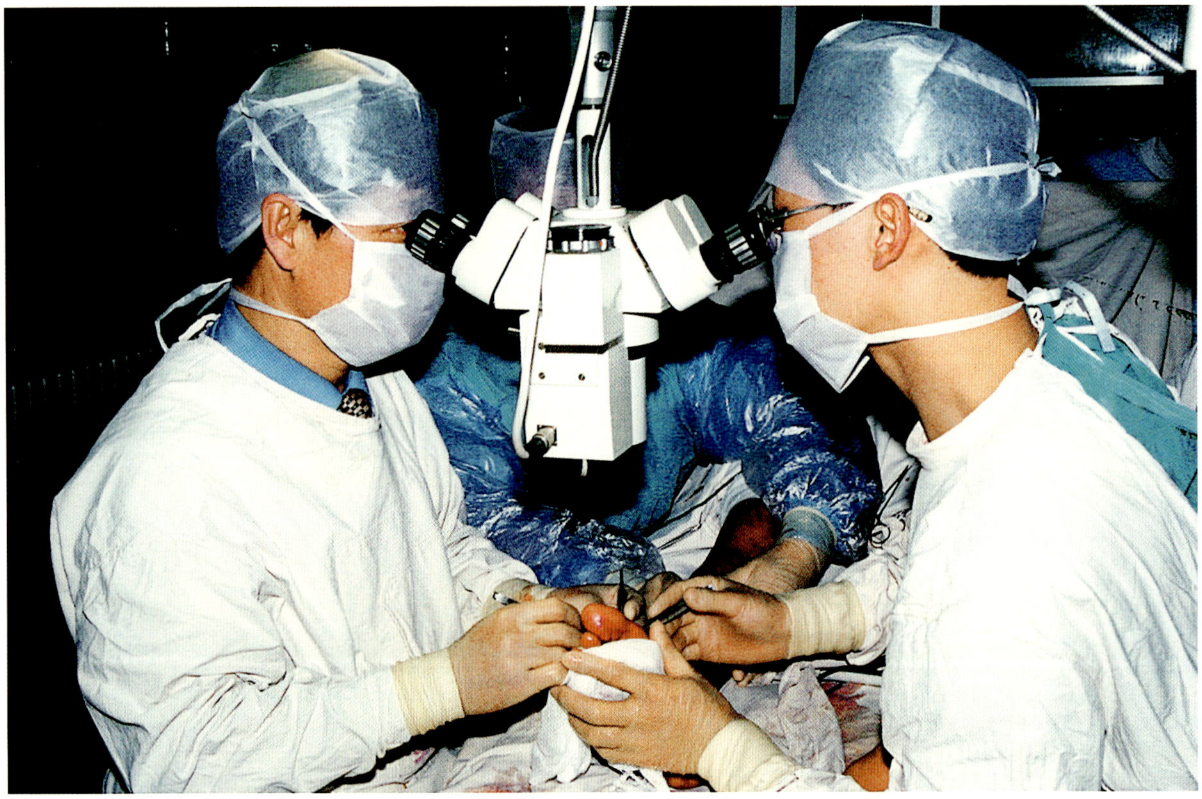

河南省洛阳正骨医院将平乐郭氏正骨传统技术运用于骨科手术中（河南省洛阳正骨医院　提供）

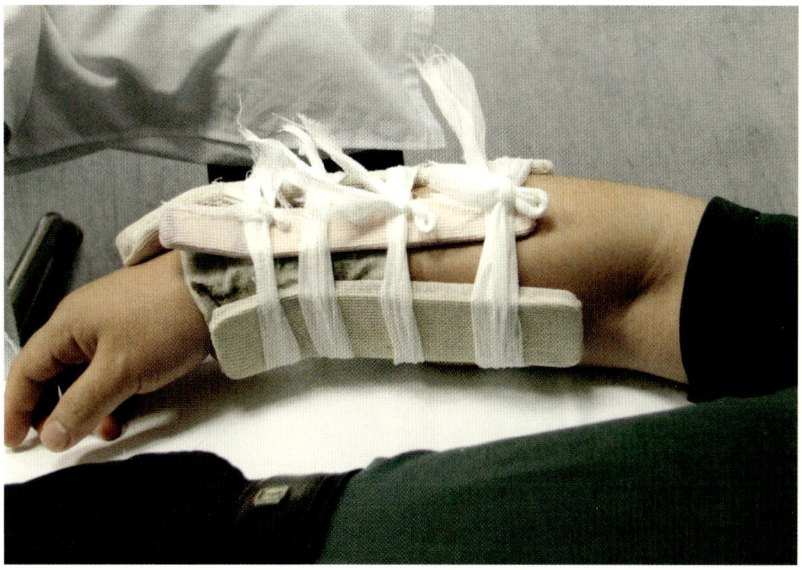

传承人使用平乐郭氏正骨法及外敷药三七散为患者整复骨折（广东省深圳平乐骨伤科医院 提供）

外医学界的广泛关注，成为国内业界公认的骨伤科重要流派，具有很高的医学价值和传统文化价值。

平乐郭氏正骨法，保留着儒家、道家思想的印记，是值得我们认真研究、倾力保护的非物质文化遗产，该流派现今与其他中医中药一样面临发展困境，急需保护。

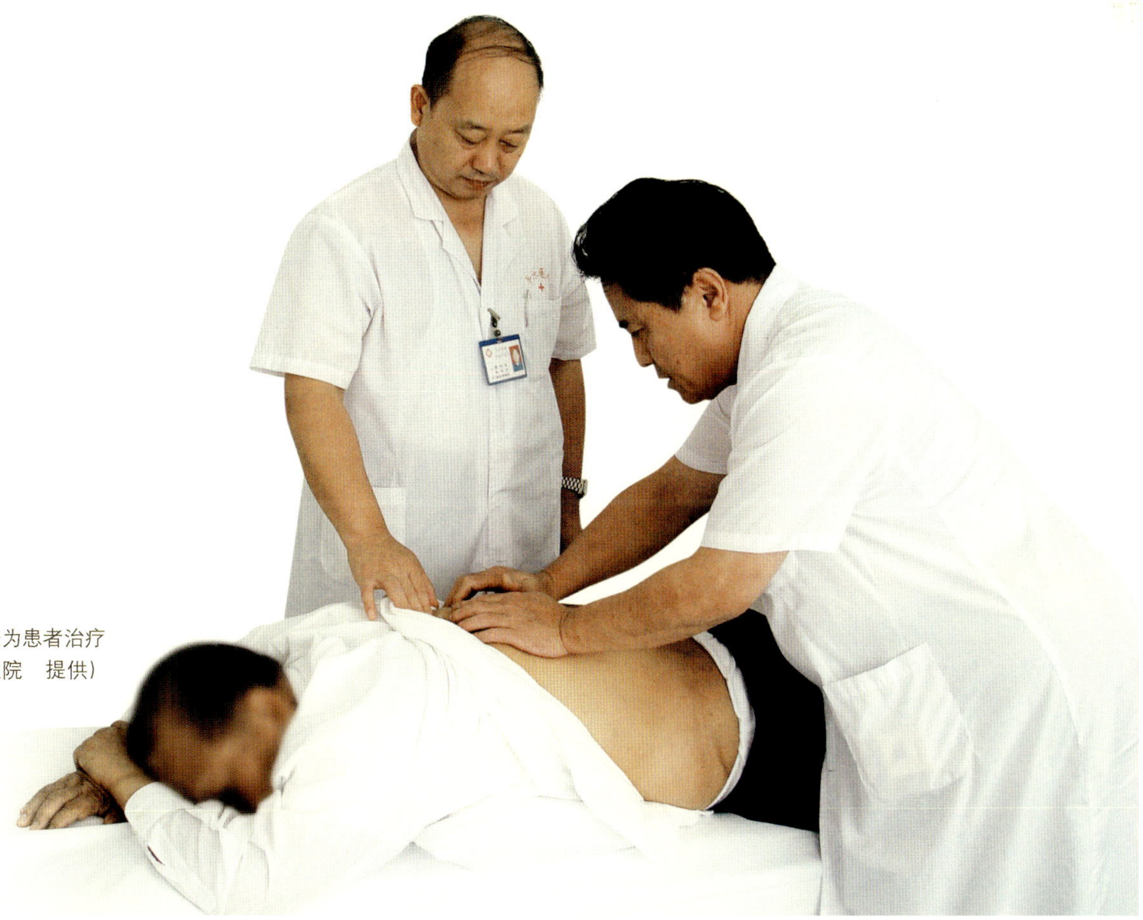

传承人使用平乐郭氏推按法为患者治疗（广东省深圳平乐骨伤科医院　提供）

448 IX-9

藏医药

藏医药是我国传统医药的重要组成部分，是我国民族医药的重要代表。

藏医药历史悠久，它是藏族人民在青藏高原的特殊环境下积累起来的医学经验。它的经典著作《四部医典》成书于公元8世纪下叶的吐蕃王朝时代，由著名藏医学家宇妥·元旦贡布所著。藏医学和藏族天文历算结合在一起，是一个庞大而复杂的医学体系，藏医药学以“水、火、土、风、空”五原学说和“龙、赤巴、培根”三因学说为理论基础，以青藏高原的植物、动物、矿物和部分“南药”为基本药物，采用适应高原环境和游牧生活的行医方式，对高原缺氧环境中的常见病、多发病、地方病具有独特的疗效，其养生文化也越来越得到医学界的重视。

由于青藏高原幅员辽阔，山高水急，藏医药文化的民族特征和地域特征比较明显，藏医的诊断、医技和药物常有地区和流派的差异，近几十年来随着藏医药事业的建设和学术交流的广泛开展，藏医药的继承和弘扬取得了举世瞩目的成绩。

藏医药·藏医外治法

申报地区或单位：西藏自治区藏医学院

藏医外治法是指用器械或外用药物治疗身体疾病的一种方法。藏医外治法有放血、按摩、擦身、火灸与艾灸、拔罐、敷（热敷与冷敷）、汤药熏、穿刺、药水浴等多种方法。根据其手段的不同，分为温、强、烈三种，温和的治疗法有罨敷法、药浴疗法、涂擦疗法三种；较强的治法有放血、艾火灸、穿刺三种；剧烈的外治法分切除、割断、剜除、拔除四种。

藏医外治法中具有代表性的几种疗法有：藏医“放血疗法”是体外实施静脉切开导血来达到治疗目的的一种传统治疗方法；“火灸”是利用火之热力及药物作用将

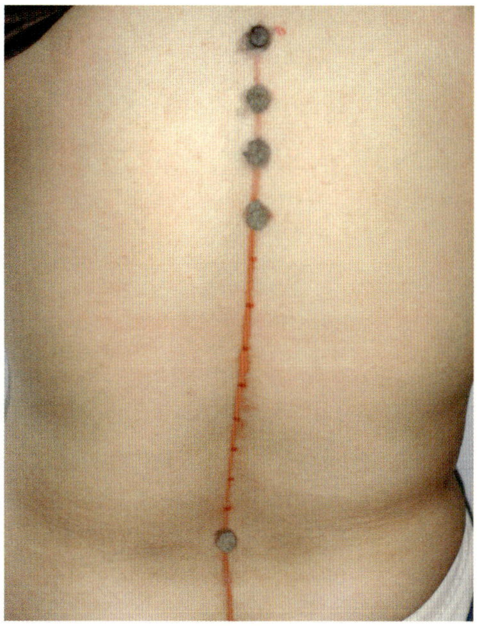

藏医外治法：艾灸（西藏自治区非物质文化遗产保护中心　提供）

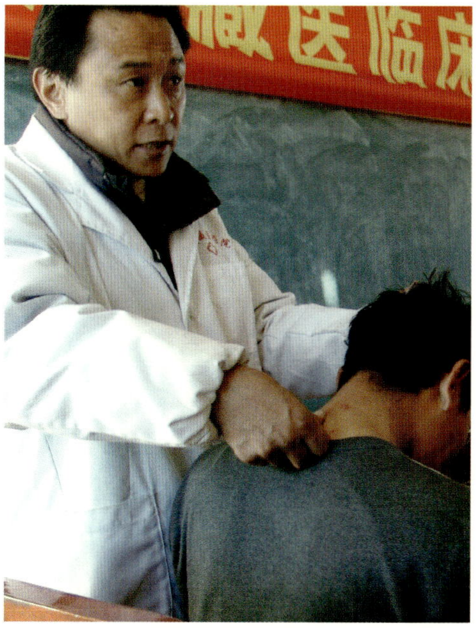

藏医外治法：中穴位定位法（西藏自治区非物质文化遗产保护中心　提供）

藏医外治法：火灸（西藏自治区非物质文化遗产保护中心　提供）

隆病和寒性疾病平息于发病部位，达到根除寒症和部分热症的一种治疗法，以调气活血为主；藏医“金针疗法”是用金属制成的针、刀等锐利器械，刺入人体的一定穴位和部位，排除体内积液、脓血、痞块、异物及病邪的一种治疗方法。

受现代文化的冲击，藏医药有很多验方和临床经验已经失传或濒临失传，藏医外治法也不例外，老藏医的很多经验完全靠口传心授，传承链条十分脆弱，对这一古老医药传统进行系统整理、挖掘已刻不容缓。

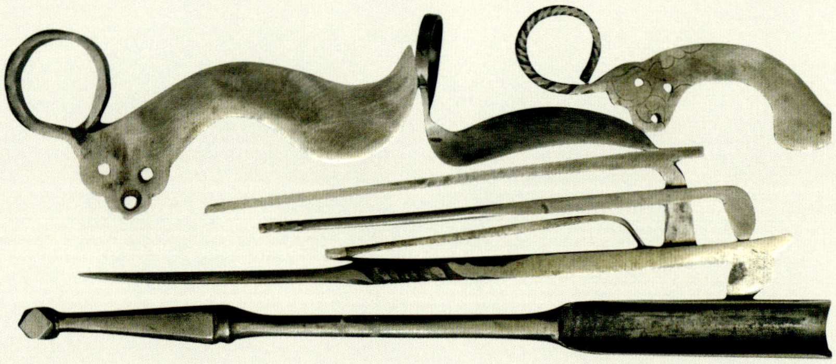

藏医外治法使用的手术器械（西藏自治区非物质文化遗产保护中心　提供）

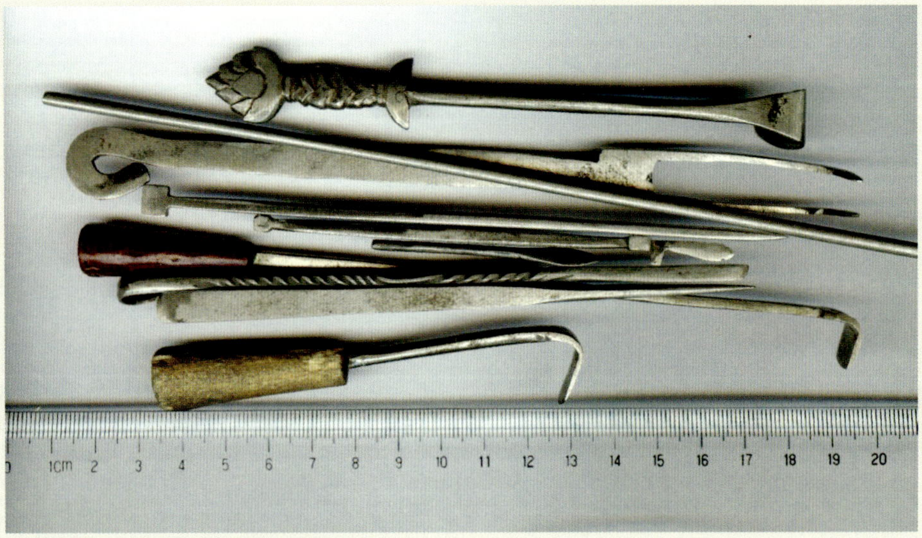

藏医外治法使用的刺拉器械（西藏自治区非物质文化遗产保护中心　提供）

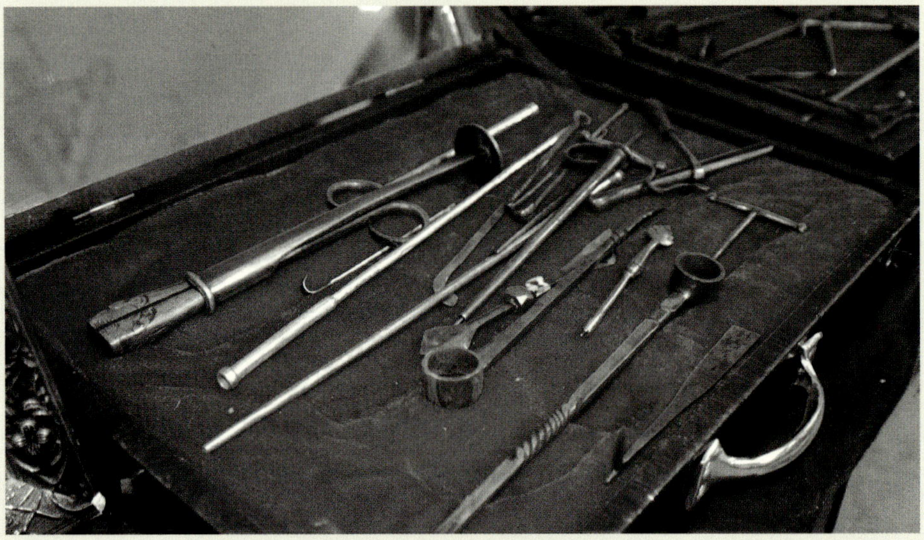

藏医外治法使用的外治器械（西藏自治区非物质文化遗产保护中心　提供）

藏医药·藏医尿诊法

申报地区或单位：西藏自治区山南地区藏医院

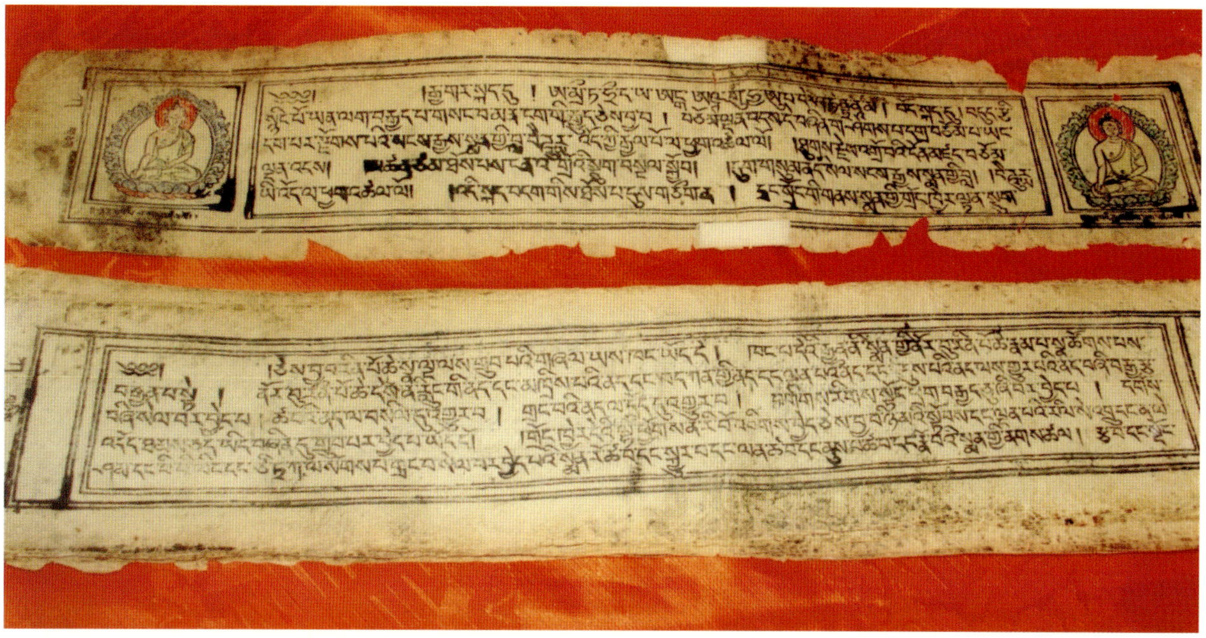

记载藏医尿诊法的古籍（西藏自治区非物质文化遗产保护中心　提供）

公元8世纪，著名的藏医鼻祖宇妥·云丹贡布刻苦钻研尿诊理论，积极实践，证明了尿液的颜色、性质、泡沫、气味等能够鉴别疾病的原理，并详细载入藏医经典著作《四部医典》。藏医尿诊法最早起源于象雄，兴盛于吐蕃。随着藏民族的迁徙、文化的交流及与其他民族的融合，此诊断法传于青海、四川、甘肃、云南、内蒙古等地和印度、尼泊尔、蒙古、不丹等邻国。

藏医尿诊法是通过尿液的颜色、蒸汽、残渣物、浮游物、泡沫等特征来诊断疾病的藏医独到的诊断方法。尿诊时应具备以下条件：一是尿诊前一天开始不能食用改变尿液颜色的饮食或药物，也不能剧烈运动；二是尿诊的标本为清晨五点左右的尿液；三是为了能够清晰地看到和鉴别尿液中的残渣物和浮游物，尿诊应在早晨太阳光下进行；四是避免容器颜色改变尿色，标本应放置在白色的瓷碗中。尿诊具体有三个步骤，其一是热尿期，此时要看尿色、尿雾、尿味和泡沫；其二是消雾期，此时要鉴别尿液中的残渣物及浮游物；其三是冷尿

各种病因尿（西藏自治区非物质文化遗产保护中心提供）

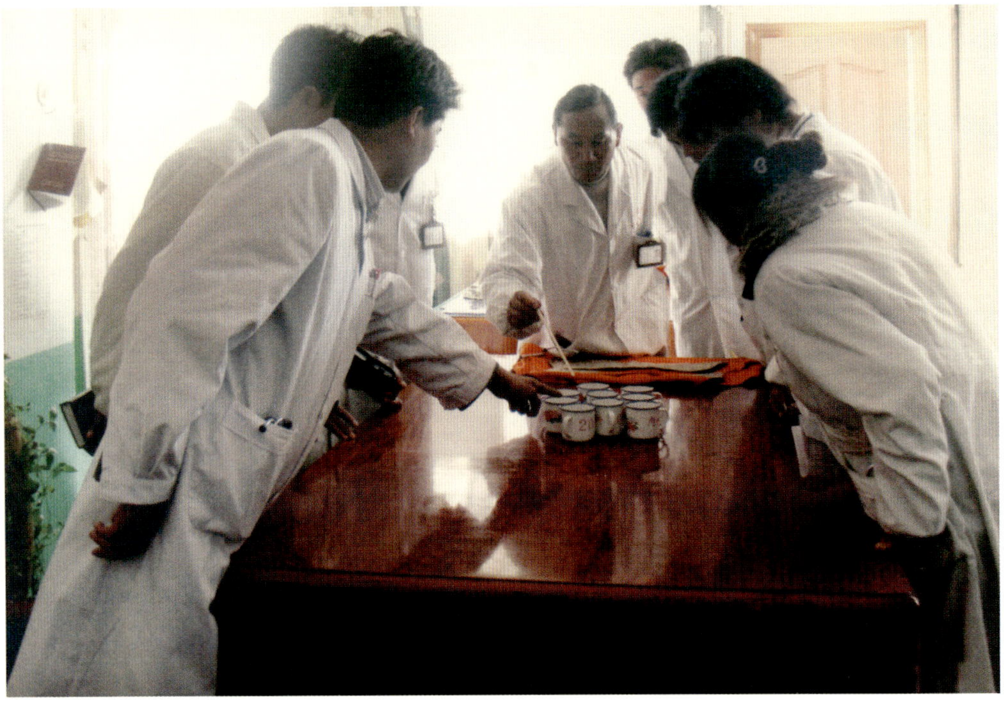

藏医尿诊法传承场景（西藏自治区非物质文化遗产保护中心　提供）

期，此时要鉴别颜色的改变和冷尿的性质。通过以上的鉴别方法方能较好地诊断以“龙”、“赤巴”、“培根”和寒热症为主的各种疾病。濒危病人通过尿检能够评估预后情况。

藏医尿诊法是藏民族长期在恶劣的自然环境里经过漫长的生活、生产实践以及认识疾病、了解疾病、治疗疾病的过程中积累起来的智慧结晶。现代医学所称的亚健康状态及神经官能症等病症都属藏医的“龙病”范畴，经藏医治疗疗效确切，可以说藏医尿诊在发展现代医学诊断方法方面同样具有重要意义。如此独具特色的藏医尿液诊断法目前并未受到足够的重视，从理论与实践技术上给予保护是必要的。

藏医药·藏医药浴疗法

申报地区或单位：青海省藏医院

藏医药浴疗法是藏族人民在长期与疾病斗争的实践中总结出来的具有良好疗效的藏医外治疗法。它又称“五味甘露浴”，最早记载于著名藏医学家宇妥·云丹贡布编撰的藏医巨著《四部医典》，距今已有一千三百余年的历史。藏医药浴主要有水浴、敷浴、汽浴三种方式。药水浴是最普遍、最常用的，是把圆柏叶、黄花杜鹃叶、水柏枝、高山麻黄、“坎巴”五种藏草药作为主药加水熬煮后，供患者浸泡洗浴，起到疏松通络、活血化瘀、祛风除湿的功效，对于治疗风湿、类风湿性关节炎、皮肤病有极佳疗效。

传承人在配制藏医药浴疗法使用的药水(青海省文化和新闻出版厅 提供)

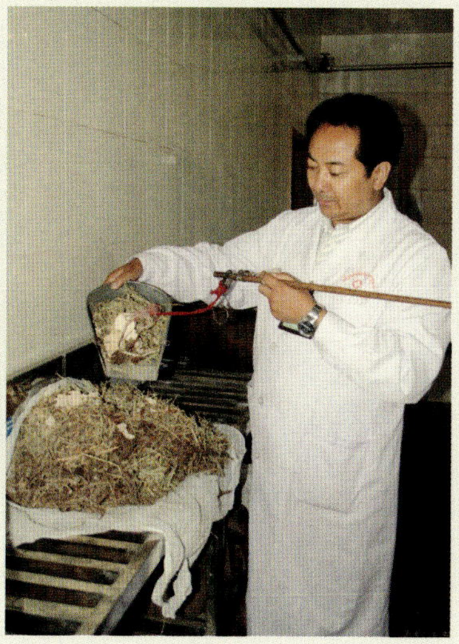

藏医药浴疗法极具地域特色和民族特色，它的组方、浴前诊断、综合施治都是在藏医学理论指导下完成的；它所采用的药材均为雪域高原原生态环境下的地道药材；其药浴工艺、时令选择、病人护理等蕴含着藏民族特有的人文因素；在施治过程中综合运用藏药学、藏医诊断学、藏医护理学以及最初的传统制剂加工工艺进行内病外治，在世界医学史上是罕见的。

藏医药浴疗法是传统藏医药的一项代表性技艺，是世界各国患者和研究者认识、了解藏医药的首选。由于藏医药浴一直采取口传心授的方式，进一步加强整理、继承工作已刻不容缓。

藏医药·甘南藏医药

申报地区或单位：甘肃省碌曲县

甘南藏族自治州位于青藏高原东北边缘，平均海拔在3000米以上。甘南地域辽阔，自然环境丰富多样，制药原材料60%产于境内。由于地理环境特殊，日照时间长，甘南的药物活性成分很高。公元7世纪，藏医药学传入甘南地区。甘南藏药经过适时采集、妥善干燥、区分新旧、加工去毒和特殊的炮制工艺制成，其药性柔和、配伍恰当，疗效格外显著。

甘南藏医药治疗方法较独特，主要有内服法（十种）和外治法两类。外治法包括柔治（熏疗、药浴、涂擦三种）、糙治（剖部放血、火灸、棒刺三种）和峻治（剪割、截断、牵拉、清除四种）。从史书记载和现有器械图谱看，曾达到进行开颅手术的技术水平。甘南藏医药是藏民族文化的独特创造，以甘南藏医药知识体系为核心，又与宗教、哲学、天文、物候、民俗等文化门类互相联系，共同构成了藏族人民的疾病观、社会观、自然观、生命观。

在外来文化的影响下，甘南藏医药受到很大的冲击，大量的甘南藏医药经典古籍亡佚，藏医世家后继乏人，许多老藏医临床实践经验面临失传，急需抢救和保护。

甘南藏药炮制工序：研磨（孙青松　摄）

问诊（孙青松　摄）

藏医药·藏药炮制技艺

申报地区或单位：西藏自治区藏医院

藏药炮制是根据藏医药理论辨症施治、按照用药的需要和药物自身性质以及调剂、制剂的不同要求所采取的一项制药技术。

藏药炮制是依据藏医理论制备藏药饮片的一门独特的传统制药技术。这一西藏特有的技术使藏药材的利用效率大大提高。绝大部分藏药材不能生用，必须经过炮制后才能运用于临床。对药材进行炮制，一是为了除去杂质和非药用部分；二是消除或降低药物的毒性、烈性或副作用；三是改变药物的性能，使之适合临床需要；四是便于制剂和贮藏。

藏药炮制包括净制、切制和炮炙三大工序，不同规格的饮片有不同的炮制工艺，有的饮片要经过蒸、炒、煅等高温处理，有的饮片还需要加入特殊的辅料如酒、醋、盐、奶、药汁等再经高温处理，最终使各规格饮片达到规定的纯净度、厚薄度和安全有效的质量标准。

藏药炮制工艺含有独特的增效减毒“绝招”，它不仅用于藏药汤剂，也是生产藏成药的技术基础。对这一传统医药炮制方法进行抢救保护，意义重大。

藏药贵重药材（西藏自治区非物质文化遗产保护中心　提供）

藏药炮制技艺主要工序（西藏自治区非物质文化遗产保护中心　提供）

加工藏药材

烧火加工

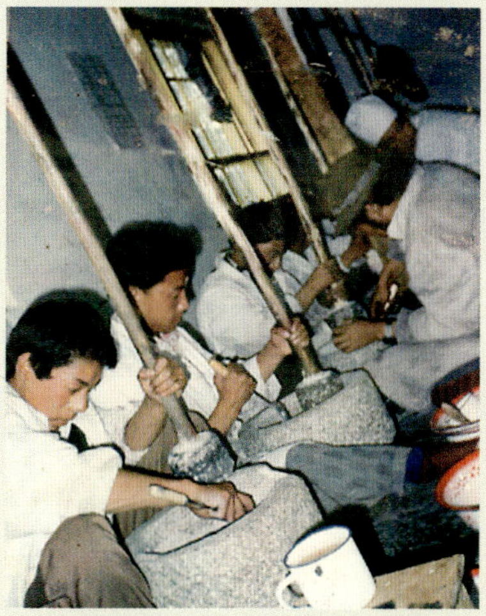

初步磨炼加工

最后的磨炼加工

成品藏药

加工炮制完毕的藏药“坐台”（西藏自治区非物质文化遗产保护中心　提供）

藏医药·藏药七十味珍珠丸配伍技艺

申报地区或单位：西藏自治区藏药厂

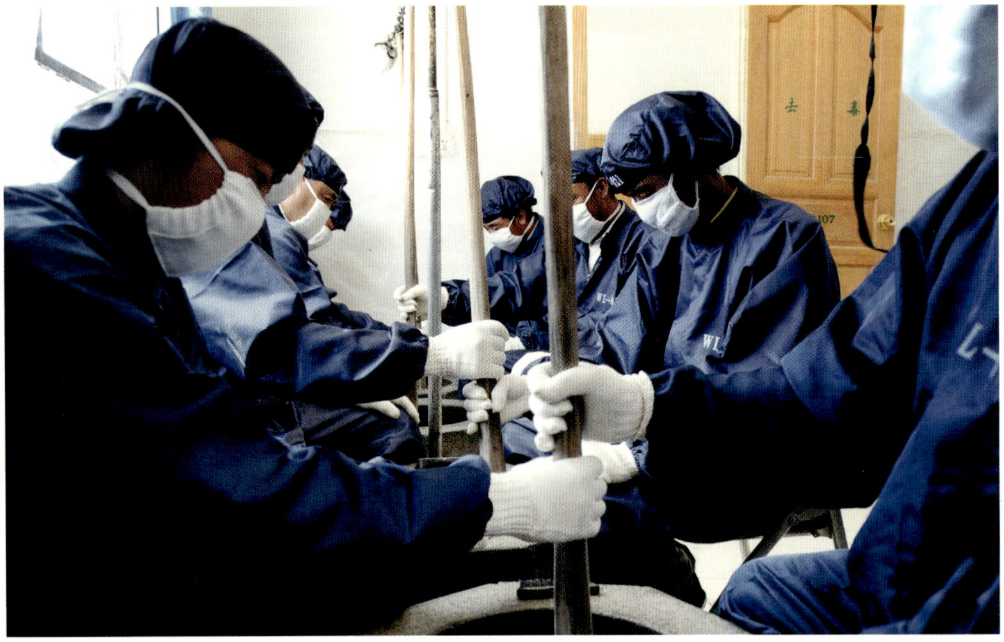

藏药七十味珍珠丸炼制现场（洛桑多吉　摄）

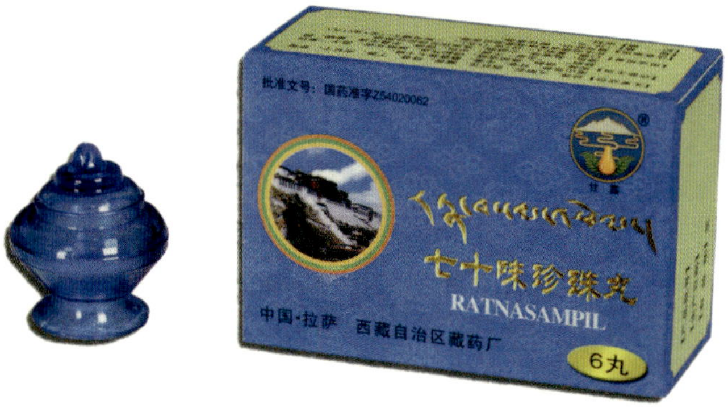

七十味珍珠丸成品（西藏自治区非物质文化遗产保护中心　提供）

七十味珍珠丸成方于公元8世纪，始载于藏医巨著《四部医典》中。此药根据藏医学原理，选用生长在世界屋脊特殊生态环境下的天然珍贵、稀有藏药材，严格按照传统工艺的制备方法精制而成。其选料上乘、炮制特殊、做工考究、功能广泛、副作用小，采药、炮制、配方无不遵循古法，从而保证了神奇疗效。一千多年的临床实践证明，七十味珍珠丸具有安神、镇静、通经活络、调和气血、醒脑开窍之效，用途广泛，无病服用亦具有滋补健身、提高身体免疫力等功能。在藏医临床上治疗中风、瘫痪、半身不遂、癫痫、脑溢血、脑震荡、心脏病、高血压等急重症方面，七十味珍珠丸具有较重要的作用。

受现代医药的冲击，七十味珍珠丸的炮制方法及相关临床实践经验均面临不同程度的传承危机，亟待抢救保护。

藏医药·藏药珊瑚七十味丸配伍技艺

申报地区或单位：西藏自治区雄巴拉曲神水藏药厂

珊瑚七十味丸是藏医治疗心脑血管疾病的名贵藏药品种之一，具有综合调节人体的“龙”、“赤巴”、“培根”三大因素，使人体的内环境处于健康平衡状态的机能。珊瑚七十味丸整体调节人体的血液循环和血压，降低血液黏稠度和血脂，畅通络脉，改善心脑血管痉挛、硬化，激活受损神经，改善神经功能，恢复中风偏瘫病人的身体功能功能有一定疗效，同时对心脑血管疾病的治疗有综合效应，能在一定程度上地预防和治疗高血压、多血症、冠心病、缺血性心脏病和脑血管疾病及肢体瘫痪、半身不遂等中风后遗症，以及各类神经炎、神经衰弱、神经官能症、神经功能性损伤等神经系统疾病；对小儿麻痹、癫痫和失眠也表现出了较好的

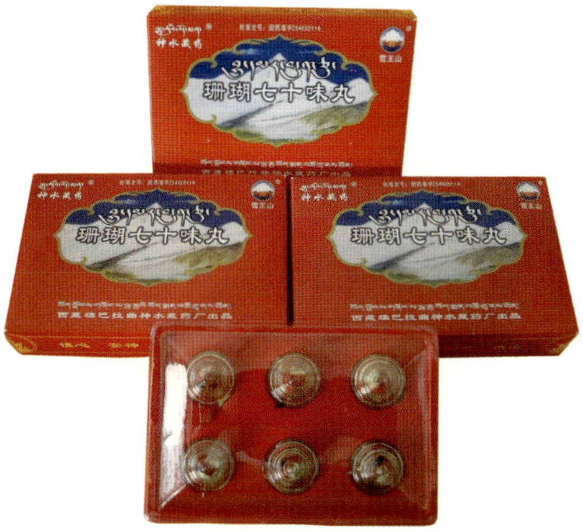

珊瑚七十味丸成品（索朗扎西　摄）

藏药珊瑚七十味丸配伍技艺：制丸（索朗扎西　摄）

藏药珊瑚七十味丸配伍场景（索朗扎西　摄）

治疗效果。此外，珊瑚七十味丸还能提高中老年人肌体免疫力，改善血液循环和微循环以及神经系统功能，在预防心脑血管疾病方面有一定保健作用。

珊瑚七十味丸充分体现了藏医药在治疗心脑血管疾病方面所具有的优势和独特疗效，不仅成为广大心脑血管疾病患者寻医问药的热销藏药品种，更是藏医治疗心脑血管疾病的临床首选药物之一。受西医西药的冲击，藏药炮制和老藏医的临床经验都面临传承危机，亟待抢救保护。

藏医药·藏药阿如拉炮制技艺

申报地区或单位：青海省金诃藏药药业股份有限公司

“阿如拉”是君子科植物诃子或绒毛诃子的果实，生长于海拔800至1800米之间的森林中，主要分布在我国广西、云南，印度、尼泊尔、越南等东南亚国家也有分布，为千百年来藏药常用原料。阿如拉是“诃子”的藏文译音。《扎拉嘎解释》中说：“‘阿’为众字之最，能治龙、赤巴、培根所成之病；‘如’为具有肉骨皮，能治三因病；‘拉’为象犀角，能治七种元气的病。因此，称为阿如拉。”

阿如拉是应用最广、最具代表性的藏药材，具有明显的特殊性、鲜明的包容性、显著的地域性。传说药王山上有五种成熟的诃子，具备六样性味、八种性能，消化后有三种化味、十七种功效；药味芬芳，闻之令人心旷神怡，药香所到之处，四百零四种疾病都不会发生。

阿如拉对人体的对应治疗广泛，它的根可医治人体骨骼病，茎可医治肌肤病，树枝可医治人体四肢的病，叶子可医治人体经络病，树皮可治疗皮肤病，花可医治人体五官病。

受现代医药的影响，人们对藏医藏药的认识很不充分，影响了藏医藏药的传承，亟待国家保护。

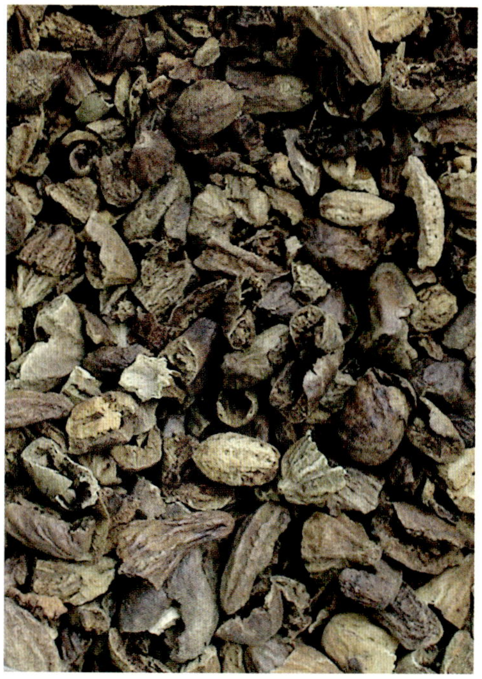

炮制前的阿如拉药材（青海省文化和新闻出版厅 提供）

阿如拉药粉（青海省文化和新闻出版厅　提供）

藏医药·七十味珍珠丸赛太炮制技艺

申报地区或单位：青海省金诃藏药药业股份有限公司

七十味珍珠丸，藏文译音为“然纳桑培”，是藏药里最顶级的、最具代表性的名贵珍宝类藏成药。经过“黄金炮制法”加工而成的“赛太”入药的七十味珍珠丸，具有鲜明的包容性、显著的地域性和很强的民族性。

七十味珍珠丸半成品（青海省文化和新闻出版厅　提供）

七十味珍珠丸赛太炮制技艺主要工序（青海省文化和新闻出版厅　提供）

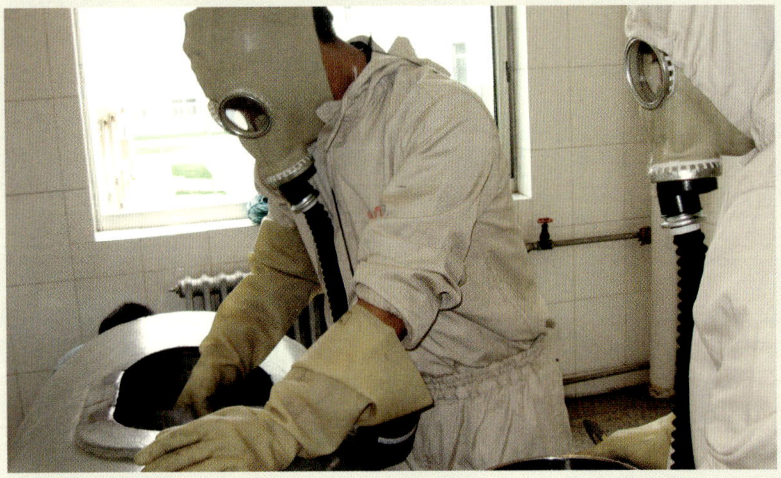

添加辅料

炮制

漂洗

成品金灰

把黄金经过四十多天时间、三百多道工艺流程的炮制，使之含有金、银等八大金属，八大矿物质即成“赛太”，是七十味珍珠丸不可缺少的关键成分，这种化合物单独不能成药，一旦加入其他配方里面，就可以起到化腐朽为神奇的功效。它是七十味珍珠丸最重要的成分之一，如果七十味珍珠丸不含“赛太”成分，就失去了药用价值。

作为藏药材重要的加工方法和藏药实践的唯一精华，千百年来历代藏医药学者都非常重视该技术的实践与传承，使此技术得以发扬光大。而受现代医药的冲击，人们对藏医藏药的认识不够科学，从而制约了藏医藏药的发展。

去锈后的黄金（青海省文化和新闻出版厅　提供）

第一批国家级非物质文化遗产名录扩展项目

民俗

450 X–2 清明节
湊潼会船
451 X–3 端午节
罗店划龙船习俗
五常龙舟胜会
安海嗦啰嗹习俗
452 X–4 七夕节
乞巧节
453 X–5 中秋节
中秋博饼
佛山秋色
456 X–8 傣族泼水节
473 X–25 侗族萨玛节
480 X–32 黄帝祭典
新郑黄帝拜祖祭典
481 X–33 炎帝祭典
484 X–36 妈祖祭典
天津皇会
496 X–48 那达慕
497 X–49 新疆维吾尔族麦西热甫
新疆维吾尔刀郎麦西热甫
维吾尔族却日库木麦西热甫
维吾尔族塔合麦西热甫
维吾尔族阔克麦西热甫
502 X–54 民间社火
桃林坪花脸社火
永年抬花桌
本溪社火
义县社火
朝阳社火
浚县民间社火
洋县悬台社火
503 X–55 蒙古族婚礼
阿日奔苏木婚礼
乌珠穆沁婚礼
蒙古族婚俗
508 X–60 药市习俗
樟树药俗
百泉药会
禹州药会
513 X–65 苗族服饰

清明节·溱潼会船

申报地区或单位：江苏省姜堰市

溱潼会船民俗活动又称“水上清明节”，至今已有八百多年的历史。每年的清明时节，江苏省姜堰市溱潼镇及周边两百多个村庄家家户户都要祭奠自己的祖先。清明第二天，各家撑船划桨前往乱坟地祭祀无名阵亡将士，而后千余只供船、龙船、篙船、划船、拐妇船汇聚溱湖，共同参加表演、竞技活动，参与者和闻风而来的观众多达十万人。活动由多个环节组成，其程序依次为选船、试水、铺船、祭祀、赴会、赛船、水上文艺表演、送头篙、酒会、唱夜戏等。

送头篙：将篙子船上的头篙送到新婚或久婚未育的夫妇家，以祈早生贵子（杨雪芹　摄）

祭祀：在清明节后第一天，溱潼地区的村民自发祭祀抗敌守土的阵亡将士（杨雪芹　摄）

溱潼会船起源于南宋时期，据史料记载，南宋名将岳飞及义民张荣、贾虎曾多次在溱湖大败金兵，激战之下，宋兵也是伤亡惨重，由此时起，每年清明的第二天当地百姓都要祭奠阵亡将士，天长日久，逐渐演变成会船习俗。

清明节溱潼会船是一种独具特色的水上民俗活动，集中反映了里下河地区的风俗民情，堪称动态的珍贵历史文化遗产，具有民俗学等方面的研究价值。

供船，是溱潼会船最主要的载体之一。它是将船搭成两层，在上面表演各种水乡民间文艺节目（杨雪芹　摄）

451 X-3

端午节

罗店划龙船习俗

五常龙舟胜会

安海嗦啰嗹习俗

农历五月初五的端午节是中国传统节日，又名“重午”、“端五”、“蒲节”等。“端”有“初”的意思，故“初五”称为“端五”。夏历（农历）正月建寅，按地支顺序，五月恰为午月，加上古人常将五日称作“午日”，因而“端五”又称“重午”。端午节习俗遍布全国各地，主要流行于广大汉族地区，壮、布依、侗、土家、仡佬等少数民族也有过端午节的习俗。

端午节的起源有许多传说，如纪念屈原投江、五月五日的毒日禁忌、越王勾践训练水师、纪念伍子胥投钱塘江、曹娥救父等等，这些说法经过历代加工，与端午民俗活动结合在一起，形成中华民族独特的一种节日习俗。

端午节的主要活动包括纪念历史人物、划龙舟、吃粽子、贴端午符剪纸、挂艾草菖蒲、佩戴香包等避邪物及以兰汤沐浴等，此外还有斗草、击球、射柳等游戏。在这些活动中产生了一些相关的器具、制品及食品，其中以龙舟、粽子、五毒图、艾草菖蒲、钟馗画、张天师画、屈原像等最为常见。

随着社会的进步，端午节逐渐发展成为内容丰富的传统节日，获得了极强的生命力。在民间习俗史等方面的研究中具有重要的参考价值。如端午节中的划龙舟、吃粽子习俗很好地保留至今并获得健康发展。有鉴于此，应对端午节的其他文化表现形式加以科学引导，使广大人民群众的节日文化活动变得更加丰富多彩。

端午节·罗店划龙船习俗

申报地区或单位：上海市宝山区

明清以来，端午划龙船习俗在上海罗店镇一直十分盛行，留存至今，形成黄浦江流域最富地域特色的端午龙船遗风。

罗店系江南历史名镇，宋时犹为“江上芦花白，晚来潮声急”的渔村。罗店龙舟竞渡习俗始于明而盛于清，《宝山县续志》称：“五月五日以龙舟竞渡，罗店大场此风最盛。”《罗店镇志》记载：“里中归有龙舟五六号，旗仗鲜明，锦彩夺目，擅一邑之胜。”罗店端午划龙船活动保留了江南古老的民俗形态，这在祭祀仪式、船体装饰和水上表演几方面体现得尤为明显。划龙船以端午正日为始，通常进行五到七天，其中包含立竿、出龙、点睛、接龙、送标、旺盆等聚众共行的祭祀仪式，意在驱除“瘟疫病灾”，保佑一方水土洁净。

罗店划龙船习俗实践场景（上海市非物质文化遗产保护中心　提供）

罗店龙船特色鲜明，久负盛名，在江浙沪端午竞渡活动中独树一帜。这种龙船的船体脱胎于罗店滩船，平底、昂首、翘尾，显得小巧玲珑，能在当地曲折狭小的河道中灵活行驶。龙头用整段樟木雕刻而成，呈现为“鳄嘴，虾眼，麒麟角，口含明珠，颚下长须飘拂，遍体鳞甲叠彩”的形象。彩旗上亦描绘有图案，“以象龙子，避蛟龙之害”。船首的“台角”本系真人童子表演，后为安全起见，改用彩塑人物代替。这些都是远古“披发文身”时代社会习俗的发展延伸。

清末至民国时期，罗店饱受战乱之苦，划龙船习俗被迫中断，就此一蹶不振。20世纪90年代，在当地各界人士的努力下，这一传统民俗活动得到恢复，现已成为罗店古镇的文化标志和团结地方民众的情感纽带。

出龙，是把平日存放在庙观中的龙船移至水边，用布幔席棚围上，由工匠装接龙头，涂漆上色（上海市非物质文化遗产保护中心　提供）

打招，是划船切口，不同的招式形成不同的队形和走向线路，左转叫左招，右转叫右招，连续转叫连环招（上海市非物质文化遗产保护中心　提供）

端午节·五常龙舟胜会

申报地区或单位：浙江省杭州市余杭区

五常龙舟胜会是浙江省杭州市余杭区五常街道在每年端午节举行的一项大型民俗活动，流传至今已有五百多年的历史。清代乾隆皇帝巡视江南时看到当地赶集一样的龙船竞渡景象，欣然称之为“龙舟胜会”，这一名目就此传播开来，沿用至今。

每逢端午节，五常家家户户挂百草、吃“五黄”，自发组织龙舟胜会。五常龙舟胜会的特点是竞技巧、闹龙舟，重点突出一个“划”字，并不刻意强调以速度取胜。五常龙舟按装饰可分为满天幛、半天幛和赤膊龙船几种，满天幛、半天幛龙船属于观赏性龙船。赤膊龙船最多，它不装饰，只在船头竖一个龙头，下面用黏泥固定。端午节中午12点至下午3点，上百只来自十里八乡的各色龙舟在五常浜口汇集，四五百米长的一段河道上，锣鼓激扬，浪花四溅，各船划来窜往，你挤我拥，熙熙攘攘，惊险热闹。与此同时，岸边人山人海，万头攒动，呐喊声、喝彩声与水上此起彼伏的号子声遥相呼应，场面十分壮观。

龙舟胜会前后，五常当地还有“请龙王”、“谢龙王”、“喝龙船酒”等传统的民俗活动。端午日划完龙船“谢龙王”后，每个村老少齐聚一堂喝龙船酒并犒劳划手，显得热闹非凡。

五常龙舟胜会是江南水乡独特的民俗节庆活动，具有广泛的群众性和民间传承性，体现出很强的文化凝聚力。随着时代的演进，五常当地的社会生活发生了很大改变，村民们分散到各个农居点居住，很难聚集到一起。在此情势下，包括龙舟胜会在内的各种民俗仪式日趋简化，不断失去原来的特色，急需加强保护措施，防止古老的节日民俗逐渐失传。

五常龙舟胜会（黄小明　摄）

满天幛龙船（谢伟洪　摄）

猛龙过江（应召平　摄）

端午节·安海嗦啰嗹习俗

申报地区或单位：福建省晋江市

“嗦啰嗹”又名“采莲”，是福建省晋江市安海镇人民祛病弭祸、祈求安康的一种民俗活动。“嗦啰嗹”安海源于中原地区的古老民俗，清初已十分盛行。清代中晚期，这一活动与中华民族的龙图腾崇拜紧密结合在一起，时间则改为每年的五月初五。现今“嗦啰嗹”在安海镇保留得十分完整，仍在民俗生活中发挥着重要作用。

“嗦啰嗹”举行时，人们抬出供奉的龙王头雕像，焚香叩拜，走街串巷。整个队伍以头戴清兵笠、手撑长杆艾旗的醉步汉子为前导，敲锣鼓、奏管弦的队伍两旁是肩挑生猪脚、草鞋和尿壶酒，手打破锣的“铺兵”及头包乌布、身着红衣红裤、手提鲜花篮、脚穿绣花鞋的男扮花婆。每到一家，旗手如醉似癫地冲入厅堂，挥动艾旗在梁间拂扫，高诵“龙神采莲来，兴旺大发财”等祝祷辞。男扮花婆走科步与旗手对舞一番后，向户主馈送鲜花，表示龙王神留下福禄吉祥，户主接过鲜花即回赠红包答谢。除此以外，这一天安海小镇的人家还要举行“煎饦补天”、结粽、门插松艾等活动。

“嗦啰嗹”习俗对活跃人民群众的文化生活、促进海峡两岸的文化交流具有积极的现实意义。随着现代化步伐的加快，这一民俗赖以生存的社会基础发生了巨大变革，一些颇有造诣的民间艺人因年迈退出活动，“嗦啰嗹”习俗后继乏人，亟待保护。

安海嗦啰嗹实践场景（徐维耕　摄）

安海嗦啰嗹实践场景（徐维耕　摄）

安海嗦啰嗹实践场景（徐维耕　摄）

七夕节

七夕节·乞巧节

申报地区或单位：甘肃省西和县

甘肃省西和县一带的七夕乞巧民俗具有丰富的文化内涵和显著的地域特点，主要流传于甘肃省东南部的西和县及礼县的永兴、盐官等地。它出现于汉代，经过唐宋时期的发展，明清两代达于兴盛，至今已有千余年历史。由于具有独特的地理环境和深厚的历史文化积淀，乞巧民俗在西和久传不衰。新中国成立后的一段时间内，这一风俗曾因受压制而出现衰落，改革开放后重新得到恢复。

西和乞巧民俗活动内容丰富，形式多样，从农历六月三十日（小月为二十九日）晚开始，至七月初七日晚结束，前后历时七天八夜，整个活动分为坐巧、迎巧、祭巧、拜巧、娱巧、卜巧、送巧七个环节。

村民在跳乞巧舞（甘肃省西和县文化局　提供）

西和七巧节风俗是集信仰、诗歌、音乐、歌舞、工艺美术为一体的综合性民俗活动，具有较高的历史文化研究价值。发掘、保护西和乞巧民俗，对促进农耕文明时代社会制度、生活方式、民间习俗、审美取向等的研究，追寻中华文明的起源，探究西秦文化特点具有十分重要的意义。

巧娘娘塑像（甘肃省西和县文化局　提供）

村民在乞巧节上唱乞巧歌（甘肃省西和县文化局　提供）

453 X-5

中秋节

中秋博饼

佛山秋色

农历八月十五中秋节又称“月夕”、“秋节”、“仲秋节”、“八月节”、“八月会”、“追月节”、“玩月节”、“拜月节”、“女儿节”、“团圆节”，是流行于全国众多民族间的传统文化节日。因时令恰值三秋之半，故得“中秋”之名。按一般的说法，中秋之夜月亮最大最圆最亮，所以从古至今都有中秋饮宴赏月的习俗。回娘家的媳妇此日必返夫家，以求阖户团圆、平安吉庆。在香港，过完中秋兴犹未尽，要在十六夜再狂欢一次，称为“追月”。

中秋节是远古敬月习俗的延续，周代已有“中秋夜迎寒”、“中秋献良裘”、“秋分夕月（拜月）”的活动；汉代在中秋或立秋之日行敬老、养老之举；晋时已出现中秋赏月的风俗；唐代将中秋与嫦娥奔月、吴刚伐桂、玉兔捣药、杨贵妃变月神、唐明皇游月宫等神话故事结合起来，使这一传统节日充满浪漫色彩，赏月之风至此大兴；北宋时定八月十五为中秋节，并出现了相关的节令食品，“小饼如嚼月，中有酥和饴”。在长期的发展过程中，形成了一系列围绕中秋节而举行的活动，其中包括祭月、吃月饼、占卜、送瓜祝子、赏月、斗蟋蟀，玩蝈蝈，祭祀土地生日，讲述月亮及嫦娥、玉兔、吴刚传说，等等。在这些活动中，会用到月亮神马、月饼模子、兔爷、蟋蟀罐、蝈蝈笼等器具。

中秋节的最大特征是将人与自然和谐的美好愿望寄托在天上，八月中正当农业丰收的季节，月饼和瓜果既是敬神的供品，也是丰收的具体象征。花好月圆之夜户户团聚，加强了亲情关系，中秋节亦因此而成为社会和谐的重要媒介。

中秋节是中华民族仅次于春节的重要节日，在社会生活不断现代化的当今时代，虽然相关的节日娱乐、饮食等活动依然活跃，但传统的节日内涵却正在逐渐淡化，有必要通过政府倡导等方式延续和巩固中秋节的民族文化内涵，重新确立这一节日在社会生活中的重要地位。

中秋节·中秋博饼

申报地区或单位：福建省厦门市

中秋博饼起碗仪式场景（黄超　摄）

中秋博饼习俗源于福建厦门，盛行于漳州的龙海、泉州的安海和金门县等地，清代康乾时期的《台湾府志》曾有过相关记载。每逢中秋佳节，闽南及台湾地区会以家庭或社团为单位，自发举行中秋博饼活动，参加者以六个骰子轮流投掷，博取状元、榜眼、探花、进士、举人、秀才六个等第并按等第获取大小不同的月饼。博饼的游戏规则简单公平，既充满竞争悬念，又富于生活情趣，历来为广大民众所喜爱。鸦片战争以后，厦门逐渐成为我国东南沿海的重要港口城市，博饼习俗进一步盛行起来，由家庭游戏发展为亲友之间乃至社会群体的游戏。

新中国成立后，这种习俗日趋式微，"文革"期间几近销声匿迹。改革开放以来，由于人民群众的广泛参与，中秋博饼习俗在厦门等地区得以复兴，并成为海峡两岸民众共度中秋佳节的重要活动内容。

中秋节·佛山秋色

申报地区或单位：广东省佛山市

佛山秋色是广东省佛山市民间传统的大型群众文娱活动，肇端于儿童舞草龙庆丰收的“孩童耍乐”。相传它起源于两晋时期，明代正统十四年（1449）定名为“秋色”，意指举行活动时正当佛山的金秋时节。佛山秋色在中秋节前后的月明之夜以大巡游的形式举行，又称为“秋宵”、“出秋色”、“出秋景”。明代中叶至清代，佛山秋色发展到鼎盛时期。每遇丰年，各行业或各铺里居民都会自发组织大型的出秋色活动，一铺动议，全镇二十多铺群起响应，四乡群众也纷纷前来助兴，参与者在巡游演示中争雄斗胜，经长期发展，形成独具特色的地方民俗。

佛山秋色民间工艺品：纸扑（余婉韶　提供）

佛山秋色巡游：水色（李俊　摄）

佛山秋色巡游：钟馗嫁妹（余婉韶　提供）

佛山秋色巡游：单车花龙表演（余婉韶　提供）

佛山秋色巡游（袁夏　摄）

佛山秋色可分为民间工艺展示和文艺表演两大类，民间工艺展示主要包括扎作、砌作、针作、裱塑、雕批五种，文艺表演主要包括民间音乐、舞蹈、戏剧、杂技、化装表演五类。秋色巡游的参演群众有数千人，巡游队伍长达数里，其表现形态分为灯色、马色、车色、地色、水色、飘色、景色七色。

佛山秋色具有广泛的群众基础，是研究岭南地方历史、经济、文化、艺术的重要依据。目前秋色民间工艺展示中的一些制作技艺，如砌作、针作、裱塑、雕批等仅剩下几名传承人，有失传之虞，亟待保护。

456 X-8

申报地区或单位：云南省德宏傣族景颇族自治州

傣族泼水节

傣族泼水节男女青年丢包活动现场（张引　摄）

德宏泼水节是世居云南省西部德宏傣族景颇族自治州的傣族、德昂族和阿昌族盛大的传统节日，节期在清明节后第七至第十天。

泼水节至今已有近千年的历史，它是在傣族稻作文明基础上融汇11至13世纪南传的上座部佛教而逐渐形成的，是南传佛教宗教仪式与德宏傣族传统礼仪相结合的产物，呈现着傣族传统文化的显著特点。泼水节的活动形式多姿多彩，具有丰富的人文内涵和广泛的群众基础，主要活动包括民众采花、信众赕佛、祭祀龙亭、浴佛仪式、洒水祝福、歌舞活动、武术表演、男女丢包(抛绣球)及燃放孔明灯、飘水灯、放高升等等。

泼水节较为完整地体现了傣家稻作文明和水文化的精髓，具有广泛的文化及社会功能。它是傣族物质和精神文明传承、延续的重要载体，在历史学、文化学、民族学、民俗学、宗教学和伦理学等方面的研究中有着较高的参考价值。

泼水节期间的歌舞活动（岳小保　摄）

泼水节会场（赵甸泽　摄）

473 X-25

申报地区或单位：贵州省黎平县

侗族萨玛节

侗族萨玛节祭萨大典（陆卫光　摄）

侗族萨玛节流传于贵州省榕江县、黎平县、从江县及周边的侗族地区，而以榕江县车江侗族的萨玛节最具代表性。

"萨玛"是侗语译音，"萨"即祖母，"玛"意为大，"萨玛"可汉译为"大祖母"（又称"萨岁"），她是整个侗族（特别是南部方言地区）共同的祖先神灵的化身。侗族认为祖先神威巨大，至高无上，能赋予人们力量去战胜敌人、战胜自然、战胜灾害，赢得村寨安乐、五谷丰登、人畜兴旺，因而对之虔诚崇拜，奉为侗族的社稷神。同时，萨玛又是传说中母系氏族社会的女英雄，人们对她无比崇敬，视她为能带来平安吉祥的神灵，尊称作"萨玛"。侗乡俗语有云：侗家萨大，客家（汉族）庙大。由此可见，在侗族人民心目中，萨玛是他们最大的神。

每年农历的正月和二月，侗族民众都要举行盛大的"祭萨"活动，场面宏大而壮观，这种祭祀代代相传，便形成了今天的"萨玛节"。节期有时也会根据生产、生活情况或其他重大活动的需要而改在其他月份。祭萨一般是各村（团寨）各祭，也有

侗族萨玛节萨岁山请萨（陆卫光　摄）

侗族萨玛节请萨仪式（陆卫光　摄）

数村或相邻片区联祭的状况。参加者各地区不尽相同，通常只有中老年妇女和年长的男性有权参加，但也有地方是全寨男女老少一起参加。比较而言，以榕江三宝侗乡各村寨的祭萨活动最为隆重。

祭萨仪式开始时，先由管萨人烧好茶水，给“萨”敬香献茶，然后各家各户身着盛装的女主人排着队前往祭祀。当地人说，萨玛节也是侗族的妇女节。祭祀活动中，来自各村寨的萨玛队几乎全由妇女组成，她们在耶坪（广场）上围成圆圈，手拉手跳起舞蹈，齐声高唱赞颂萨玛的“耶歌”，意在与“萨”同乐。这种边唱边舞的形式称为“多耶”，它在仪式中出现时，形态古朴，气氛热烈，往往将仪式推向高潮。

萨玛是侗寨的保护神、团结神，又是侗族的娱乐神，萨玛文化历史悠久，内涵深厚，深刻影响着侗民族的社会生活。萨玛节对侗族人民的思想意识有着很深的影响，先辈“至善”的美德在侗族的发展过程中发挥了举足轻重的作用，在此背景下，尊敬老人等优良风俗已成为侗族人民代代相沿的民族传统。

多耶赞萨（陆卫光　摄）

黄帝祭典

黄帝祭典·新郑黄帝拜祖祭典

申报地区或单位：河南省新郑市

河南省新郑市是中华人文始祖轩辕黄帝诞生、建都之地。五千年前，新郑为有熊国。据文献记载，农历二月初九，黄帝生于轩辕丘（今新郑市区北关）。后来，他于三月初三在有熊国开国立都，肇造中华文明。古代官民为纪念黄帝功业，在轩辕丘旁建轩辕故里祠，又在黄帝建功立业的具茨山（今始祖山）风后顶之巅筑轩辕庙，自春秋时起，每年三月初三，当地仕民都要在轩辕庙、轩辕故里祠隆重举行黄帝开国建都周年拜祖庆典以示纪念，这种拜祖习俗一直延续至今，从未间断。

新郑黄帝拜祖祭典自古至今一般在两个固定的活动场所举行，一是新郑市区北关轩辕丘旁的轩辕故里祠，一是新郑市区西南具茨山风后顶之巅的轩辕庙。祭典公拜和民拜两种形式并存，公拜是官方对黄帝的祭拜，相关记载最早见于《左传》，

轩辕庙（河南省新郑市非物质文化遗产保护中心　提供）

黄帝像（河南省新郑市非物质文化遗产保护中心　提供）

拜祖大典场景（河南省新郑市非物质文化遗产保护中心　提供）

轩辕故里祠（河南省新郑市非物质文化遗产保护中心　提供）

由周至清，历代延续不绝。民间则流传“三月三，拜轩辕”的谣谚，据具茨山下长者回忆，每年农历三月初一到初六，山上拜祖先香火极盛，山下同时举行热烈隆重的庙会。

新郑黄帝拜祖祭典有助于增进华夏儿女的民族认同感，加强民族的向心力和凝聚力，将中华民族艰苦奋斗、自强不息的民族精神彰显于世，进而推动当代中国和谐社会的建设。

481 X-33

申报地区或单位：陕西省宝鸡市

炎帝祭典

炎帝祭典盛况（陕西省宝鸡市非物质文化遗产保护中心　提供）

炎帝祭典盛况（陕西省宝鸡市非物质文化遗产保护中心　提供）

敬献供品（陕西省宝鸡市非物质文化遗产保护中心　提供）

幡帐队（陕西省宝鸡市非物质文化遗产保护中心　提供）

炎帝是中华民族的伟大始祖，陕西宝鸡是炎帝故里，也是姜炎文化的发祥地。民间相传，宝鸡地区的炎帝祭祀活动可追溯至黄帝时期。约在五千年前，炎帝因误尝俗名“断肠草”的火焰子而逝于宝鸡天台山。黄帝得知消息，从渭水支流姬水急速赶往天台山祭奠。现在天台山还留有烧香台遗址，据说即是黄帝祭祀炎帝之处。秦灵公三年（前422），秦人在吴山建立上下田寺，分别祭祀炎帝、黄帝，开创了我国官方祭祀炎帝的先例。西汉时期，汉高祖刘邦自称“赤帝之子”，特设田寺祭祀炎帝，这种祭俗一直延至汉武帝时期。清代乾隆三十年（1765）重修神农庙，1931年左右和新中国成立前又修缮过两次。除此庙以外，金台区神武路亦有神农庙一座，又名“先农祠”、“先农坛”。乾隆年间重修的《宝鸡县志·建制》记载：“每年部颁日期，前期致斋三日。主祭官俱穿朝服，齐集坛所。”20世纪80年代开始，民间祭祀炎帝的活动亦悄然兴起。

宝鸡炎帝祭典活动是中华民族敬祖美德的直观表现，也是增进民族凝聚力和文化认同的重要途径。

妈祖祭典

484 X-36

天津皇会

宝辇表演（天津市民俗博物馆　提供）

妈祖祭典·天津皇会

申报地区或单位：天津市民俗博物馆

天津皇会是中国北方独有的一种妈祖祭典，原名“娘娘会”、“天后圣会”。据民间口传，此会源于元明时期，有文字记载的历史始于清代康熙四年（1665），后更名为“皇会”，一直流传至今。它规模宏大，带有浓郁的天津地方色彩，每逢皇会，天津民间往往倾城出动，场面十分可观。

皇会是一种有组织、有计划、有严格规定的庙会形式，其中的表演内容包括净街、门幡、太狮、捷兽、中幡、跨鼓、扛箱、重落、拾不闲、法鼓、旱船、秧歌、花鼓、绣球、宝鼎、宝辇、銮驾、接香、灯停、接驾、华盖宝伞、顶马、报事灵童、

天后诞辰日的皇会出巡表演场景（天津市民俗博物馆　提供）

天津皇会出会表演场景（天津市民俗博物馆　提供）

日罩、灯扇、大乐、高跷等几十种，基本上凝聚了天津民间技艺的精华。各表演团体以“会”的组织形式出现在皇会上，每一艺术种类的表演都有几个各具风格的“会”担任。这些“会”少则二三十道，多则百余道。每次皇会出会时，表演的内容和“会”的数量都不完全相同。

496 X-48

申报地区或单位：青海省海西蒙古族藏族自治州
新疆维吾尔自治区和静县

那达慕

青海那达慕：摔跤（跃进 摄）

那达慕是蒙古族传统的群众性盛会，青海省海西蒙古族的那达慕轮流在海西蒙古族藏族自治州的德令哈市、乌兰市、都兰市、格尔木市、大柴旦、茫崖等地区举行。海西蒙古族那达慕源于青海湖蒙古族二十九旗的祭祀活动祭海，祭海起始于唐代天宝十年(751)，当时皇帝册封青海湖神为广阔公，派遣使臣礼祭。海西蒙古族传统那达慕表现了当地民众庆祝丰收的喜悦之情，其中所包含的多种活动形式是几百年来海西蒙古族生产方式、宗教信仰及民俗风情等的缩影。

新疆蒙古族的那达慕是当地蒙古族传统节日，主要在巴音郭楞蒙古族自治州的和静县、博湖县、和硕县，博尔塔拉蒙古自治州和布克赛尔蒙古自治县及伊犁哈萨克自治州的部分县（市）流行。据《成吉思汗石文》记载，早在1225年，成吉思汗西征战胜花剌子模后，就在布哈苏齐海地方举行过盛大的那达慕大会。新疆蒙古族那达慕在每年

青海那达慕：赛马（杨林　摄）

新疆那达慕：赛马（轿军　摄）

新疆那达慕：钻火圈（轿军　摄）

新疆那达慕：赛骆驼（轿军　摄）

青海那达慕：赛骆驼（杨林　摄）

新疆那达慕：摔跤（轿军　摄）

公历6月23日举行，为期一至三天。大会传统项目包括民间舞蹈表演、蒙古族长调演唱、江格尔说唱、民间乐器弹奏、手工艺品展示、民族服饰表演及摔跤等。随着社会的发展，那达慕的形式和内容不断丰富，除传统的赛马、射箭和摔跤三项比赛外，又增加了叼羊、民族服饰表演、江格尔演唱、篝火晚会、文艺演出、手工艺品展销等内容。

蒙古族那达慕扎根于蒙古族传统文化，多角度、全方位地反映出各个历史时期不同蒙古族居住地区的政治、经济、生产、生活、民俗、宗教等方面的真实面貌，具有民族学、民俗学及历史文化等多方面的研究价值。

新疆那达慕：百马迎宾（轿军　摄）

新疆维吾尔族麦西热甫

497 X-49

新疆维吾尔刀郎麦西热甫
维吾尔族却日库木麦西热甫
维吾尔族塔合麦西热甫
维吾尔族阔克麦西热甫

麦西热甫是新疆维吾尔族一种特殊的民间娱乐形式，也是一种古老的民俗文化活动，历史悠久，传承不断。“麦西热甫”一词源自阿拉伯语，意为“聚会”。麦西热甫以舞蹈和娱乐活动为主，参加者自娱自乐，人数众多。麦西热甫可按表演形式分为歌舞麦西热甫、游戏麦西热甫、说唱麦西热甫，也可按表演内容分为客厅麦西热甫、迎宾麦西热甫和丰收麦西热甫。新疆各地都有自己的麦西热甫，形式大同小异，分别冠以“刀郎”、“阔克”、“塔合”等名称，各具不同的特色。

新疆维吾尔族麦西热甫·新疆维吾尔刀郎麦西热甫

申报地区或单位：新疆维吾尔自治区阿瓦提县

刀郎麦西热甫流行于新疆维吾尔自治区阿瓦提县一带。阿瓦提县位于我国新疆维吾尔自治区中西部、塔里木盆地西北部边沿、叶尔羌河下游，东北与阿克苏

高龄麦西热甫舞者（李建高　摄）

各族群众以热烈奔放的麦西热甫庆祝祖国华诞（王伟　摄）

接壤，南部深入塔克拉玛干大沙漠。阿克苏河、叶尔羌河、和田河在这里交汇，总人口约21.96万，由维吾尔族、汉族、回族、哈萨克族等15个民族组成，是典型的少数民族聚居地区。

麦西热甫属于歌舞类艺术形式，不需要专门的舞台和服装，但要举办必须找齐伊格提别西、米热瓦孜、纳格米凯西（乐师）、舞蹈者和滑稽者。

随着社会的变迁，群众自发性的刀郎麦西热甫演唱活动越来越少，参与者的数量也在不断下降，活动范围日益缩小，在此情势下，新疆维吾尔刀郎麦西热甫面临消亡的危险，亟待抢救保护。

小型麦场麦西热甫（王国纯　摄）

新疆维吾尔族麦西热甫·维吾尔族却日库木麦西热甫

申报地区或单位：新疆维吾尔自治区阿克苏市

维吾尔族却日库木麦西热甫中的抢腰带、对民谣游戏（艾则孜·库尔班　摄）

维吾尔族却日库木麦西热甫实践场景（艾则孜·库尔班　摄）

维吾尔族却日库木麦西热甫是刀郎麦西热甫的一种形式，流传于新疆维吾尔自治区阿克苏市喀拉塔勒镇却日库木村和克地木阿依玛克村，是在这两村人民生产和生活基础上形成的。它由歌词、音乐（木卡姆）、舞蹈及各种幽默风趣的传统民间游戏组成，至今约有四百多年的历史。目前阿克苏市区和乡村会跳却日库木麦西热甫舞的很多，能够演奏却日库木麦西热甫乐曲的民间艺人也有七十多位，但懂得幽默风趣的民间游戏者却非常少。

如今却日库木麦西热甫的内容与形式正逐步得到充实和完善，成为保存完好的少数民族宝贵文化遗产。

新疆维吾尔族麦西热甫·维吾尔族塔合麦西热甫

申报地区或单位：新疆维吾尔自治区木垒哈萨克自治县

流传在新疆维吾尔自治区木垒哈萨克自治县的维吾尔族塔合麦西热甫是木垒山区维吾尔族牧民最喜爱的一种集歌唱、舞蹈、音乐于一体的大型综合艺术形式，它既带有吐鲁番地区麦西热甫的原始基因，又显示出北疆山区草原文化的特色。这种塔合麦西热甫主要分布在木垒县博斯坦乡的博斯坦村、东城镇的沈家沟村和照壁山乡以牧业为主的维吾尔族聚居地区。

木垒塔合麦西热甫类型丰富多样，其中既有节日麦西热甫、婚嫁麦西热甫、邀请麦西热甫，又有地域特色鲜明的卡尔拉克麦西热甫、亚木吾尔里克麦西热甫、阿克塔亚克麦西热甫等等。麦西热甫活动往往通宵达旦，参加者人数不限，可多可少，大家载歌载舞，热闹非凡。更具特色的是，由于居住分散，山路遥远，歌者往往骑在马背上，一边击打手鼓，一边跟着马铃声和马蹄声的节奏演唱，颇有游牧文化的遗风。

据说木垒塔合麦西热甫共有12套，现仅存7套，每套由引子部分的“阿扎勒”、序曲部分的“旦克迪曼”、主体部分的“朱拉”、小高潮部分的“赛力卡”、高潮和结尾部分的“曲须尔盖”5个部分组成。除阿扎勒是由1人独唱、用萨它尔一种乐器伴奏外，其余四部分均为1人领唱，众人群唱，采用多种乐器伴奏。

随着时代的变迁，木垒维吾尔族塔合麦西热甫对年轻人的吸引力日渐减弱，加上部分老歌手相继去世，其演唱、演奏技巧后继无人，这种独特的民族文化表现形式已处于濒危状态，需要有关方面迅速制订措施加以保护。

维吾尔族塔合麦西热甫传承场景（王绍丽　摄）

维吾尔族塔合麦西热甫活动场景（王绍丽　摄）

新疆维吾尔族麦西热甫·维吾尔族阔克麦西热甫

申报地区或单位：新疆维吾尔自治区哈密市

哈密的民间麦西热甫属于“阔克麦西热甫”。“阔克”一词通常有两重含义：一是“蓝天、苍天”，一是“青苗”；“麦西热甫”一词源自阿拉伯语，意指“聚会”；“阔克”与“麦西热甫”搭配，指的是哈密维吾尔人一种特殊的民间娱乐形式和古老的民俗文化活动。哈密阔克麦西热甫历史悠久，种类繁多，以浓郁的地方特色在新疆维吾尔族麦西热甫中独树一帜。

阔克麦西热甫的起源与哈密维吾尔族先民的“腾格里”崇拜有着直接的联系，在公元8世纪的突厥回纥文碑铭中已经出现了与“腾格里”崇拜有关的词句。阔克麦西热甫一般在秋收之后的初冬瑞雪之际开始，到第二年新春诺肉孜节来临时结束（1月至3月21日之间举行），是农民平安过冬和庆贺新年的一种特殊方式，其中寓示了他们丰收的喜悦之情和祈求来年有更好收成的美好愿望。阔克麦西热甫在室内举行，其他麦西热甫没有场地要求。

阔克麦西热甫直接反映着古代维吾尔族居民关于绿洲农耕文化的知识和信仰，展现了维吾尔民族朴素的自然观和浓厚的人文精神。

维吾尔族阔克麦西热甫：选麦种（普拉提 · 尼亚孜　摄）

维吾尔族阔克麦西热甫实践场景（普拉提 · 尼亚孜　摄）

502 X-54

民间社火

民间社火是春节期间流行的一种民众自娱活动，它起源于古老的土地崇拜和火神崇拜。“社”即土地神，“火”为火祖，是传说中的火神。历史上以农立国的中国，土地用以耕种，火用以烧熟食物和取暖，两者都是人们生存发展的物质基础。远古时期人们凭原始思维认定火也有“灵”，将之视作具有特殊含义的神物加以崇拜，由是形成了崇尚火的观念。从古老的土地崇拜和火神崇拜中产生出祭祀社与火的风俗，随着社会的发展和人们认识能力的提高，这种祭祀仪式中逐渐加入了娱人的成分，最终形成规模宏大、内容繁复的民间娱乐活动。

社火按表演形式可分为造型社火和表演社火两类，其中造型社火包括布社火、背社火、马社火、车社火、芯子社火、山社火、面具社火等列队游演形式，主要展示人物造型和工艺；表演社火包括地台社火、高跷社火等形式，主要在场院进行打斗表演。

社火以民间传说和戏剧故事为题材，以一个或一组人物展现一个故事，一个故事即为一转社火。人物要画社火脸谱，穿社火服装，持社火把杖。社火游演一般是探马在前，社火会旗、火铳队（炮队）、旗队、社火队跟从其后，最后是锣鼓队。

改革开放给民间社火艺术带来了新的生机，在新形势下，传统的社火艺术得到发扬光大，成为群众喜闻乐见的一种民间文化活动。

民间社火·桃林坪花脸社火

申报地区或单位：河北省井陉县

花脸社火是河北省井陉县小作镇桃林坪村每年农历正月十五举行的一种民俗表演。传说八百多年前，井陉县曾有过一场激战，多名将军浴血奋战，击败敌寇。后来当地百姓为纪念这场战斗，精心组织，刻苦排练，以花脸社火形式公开演出，流传至今已有六百余年历史。

桃林坪花脸社火：拉街（郝墨荣　摄）

桃林坪花脸社火的人物脸型较为奇特（郝墨荣　摄）

桃林坪花脸社火表演场景（郝墨荣　摄）

桃林坪花脸社火表现的是三国、梁山等故事中的战斗场面，共有十六回，每回讲述一个故事，一至十五回反映历代名将的战斗经历，第十六回系由桃林坪村老艺人赵维海所创。桃林坪花脸社火不唱不说，只有从演员的脸型、招路上仔细观察才能辨别出人物身份和故事内容。桃林坪社火演员武艺超群，明代嘉靖年间曾被朝廷封为皇纲护卫队，因此一年一度的井陉赵庄岭皇纲都由桃林坪社火押送，称为“押纲护驾社火”。

桃林坪花脸社火历史悠久，源远流长，表演中人物脸型奇特，服装道具古老，演出队伍庞大，演员具有高超的技艺，这一切使得桃林坪花脸社火成为河北民俗文化传承的重要载体，具有民俗学等方面的研究价值。

民间社火·永年抬花桌

申报地区或单位：河北省永年县

永年抬花桌融民间工艺制作、抬舞、吹奏、打击于一体，是一种带有鲜明燕赵地域文化特色的民间舞蹈样式。它始于唐初，至今已有千余年的历史，主要流传于河北省永年县的临洺关镇六道街。

花桌一般重达两百余斤，以独特的传统工艺制作而成。类似八仙桌的桌子上遍插各类花卉，形成高拱造型，而后穿插两根长达5米的抬杆，由8人或16人抬着在原地舞动或花步行走，一人扶杆，呼唤口号，进行指挥。花桌以永年鼓吹乐队

永年抬花桌（王运良　摄）

永年抬花桌表演场景（王运良　摄）

前导，唢呐吹奏乐曲伴随抬舞者前行，常奏的曲目有《霸王鞭》、《小木碗》、《扯不断》等。抬花桌者不计报酬，由民间自发组成，一台花桌需用四五十人。抬花桌时以前后搓步、八字步、花步、秧歌步、抖肩换肩等多种舞步行进，行走过程中鼓乐声喧，花枝飞舞，众人动作整齐协调，场面十分壮观。抬花桌一般固定在元宵节期间表演，从祭桌、插桌、抬桌到最后的拆桌、封桌，有一套约定的仪式流程。

抬花桌形成之后，作为一项传统文化活动代代相传，留存至今，在流传过程中不断得到丰富和完善。

民间社火·本溪社火

申报地区或单位：辽宁省本溪满族自治县

本溪社火是一种传统的民间表演形式，它源自西周文化发祥地陕西凤翔而兴盛于山西、内蒙古、山东、河北，现主要分布于辽宁省本溪满族自治县太子河上游沿岸的卧龙、牛心台、偏岭、小市、泉水、南甸地区。本溪社火活动一般在春节期间举行，活动中表演者以十八般兵器为道具捉对厮杀，由是获得“武秧歌”之名，又称为“武社火”。这种“武秧歌”和“走社火”中的“地摊社火”十分相似，艺人从京剧艺术中吸取精华，用来丰富表演形式和内容。本溪社火情节复杂，最初仅有胜式和败式等少量动作，其后逐渐发展为成套动作，表演程序则受本溪当地民俗的影响为多。

本溪社火表演场景（孟庆贺　摄）

本溪社火表演场景（孟庆贺　摄）

民间社火·义县社火

申报地区或单位：辽宁省义县

义县社火始称“九龙十八会”，是辽宁省义县各族人民在长期农牧生活中形成的一种传统民间文化活动，主要流传于辽宁西部大凌河、细河交汇处的义县大榆树堡、张家堡、九道岭、高台子一带。它以娱神、娱人为内容，以歌舞、祭祀活动为载体，含有历史、宗教、民俗、艺术、商贸等多种文化内容。《义县志》（1928）的《民事志》中有关于当地社火的明确记载：“四月二十三日，城东细

旱船舞排练场景（敬彪　摄）

竹马舞演出场景（闫锋　摄）

义县社火演出场景（闫锋　摄）

河左右齐家子、沟口子、车房、羊房十三屯胜会。前后五日妆点逛街，所办之热闹杂剧如旱船、竹马、抬竿、秧歌诸名目。买卖如云、往来似水，相距数十里外，竟有乘车挥马而奔，其繁华出于本邑各会之上。”

在义县当地，每年的4月21日至25日为九龙十八会会期，23日为正日，届时会举行社火活动。活动首先由僧尼诵经，其后升占表（祭天），再后由会首带领全体会员祈祷上苍，祝愿本年风调雨顺，国泰民安，最后各村屯在庙前表演节目，形成高潮。大会结束以后，众人聚餐而散。

义县社火从服饰、道具到唱词都带有北方少数民族民间艺术的特征，体现出鲜明的民俗风情。

民间社火·朝阳社火

申报地区或单位：辽宁省朝阳县

朝阳县位于辽宁省西部，这里的社火活动有着悠久的历史和广泛的群众基础。朝阳早年的社火与山东、河北、河南、山西一带的秧歌活动有着千丝万缕的联系，在长期的生产生活实践中又同当地的红山文化逐步融合，形成具有独特艺术风格的社火活动。

春节期间，朝阳县的社火活动遍布城乡，形式灵活多样，表演形象逼真。像北四家子乡的“黄河阵”、台子乡的“背阁”和“九女船”、西五家子乡的“夜八出”和“跑黄河”、木头城子镇的“寸跷”、二十家子镇和贾家店农场的“大高跷”等就各具特色，为当地群众所喜闻乐见。

朝阳社火鼓乐队（张秋良　摄）

朝阳社火"迎战"(刁雅军　摄)

民间社火·浚县民间社火

申报地区或单位：河南省浚县

浚县位于河南省北部，这里的民间社火是当地传统的群众性娱乐活动，历史悠久，早在唐宋已初具规模，明清至民国达到成熟，走向鼎盛。

浚县每年正月十五、十六的庙会是中国北方最大的一个传统庙会，浚县社火即选定正月十五元宵节和此前的正月初九为出会日。浚县社火的表演形式主要包括舞狮、高跷、秧歌、旱船、竹马、龙灯、抬歌和背歌、抬老四、顶灯、大头舞、散河灯等，演出时观者如云，热闹非凡。

浚县民间社火所容纳的民间艺术种类繁多，每年庙会都有近七十家社火队三万多人参加表演，观众人数达三十多万。浚县社火由最初的祭祀形式演变为民间娱乐活动，显示了民间艺术形成发展的一种趋向，对于民俗文化的研究具有重要的参考价值。

目前能表演浚县社火的许多老艺人都已相继谢世，一些古老的演出技艺也正日益消亡，急需抢救保护。

浚县民间社火：舞狮(河南省浚县非物质文化遗产保护中心　提供)

浚县民间社火：龙灯（河南省浚县非物质文化遗产保护中心　提供）

浚县民间社火是由祭祀形式演变成的民间娱乐活动（河南省浚县非物质文化遗产保护中心　提供）

民间社火·洋县悬台社火

申报地区或单位：陕西省洋县

洋县悬台社火又称“洋县高芯子社火”，是陕西南部的洋县城乡所特有的一种春节民俗活动。它源于商周时代，经过长期发展，至清代雍正年间从当地众多的社火品种中脱颖而出，成为洋县社火中最具影响力的一支，至今已有三百多年的历史。清末民国至新中国成立初期，洋县悬台社火达于鼎盛，20世纪60年代以后进入曲折发展期。

洋县社火汇集各种民间社火精华，以戏剧角色站在高台梁架上为表演形式，以人抬肩扛为主要运载方式，所用的梁架有五六层，高达十二米左右，由数十人抬扛而行，显得威武雄壮。悬台社火脸谱采用夸张的艺术手法，化妆所用颜料为民间特制，不伤皮肤。游演之中，悬台社火以比高下、换折子为尚，极尽火爆热闹之能事，引得万人空巷，由是成为参与人数最多的一种民间艺术活动。

洋县悬台社火融合传统戏剧、舞蹈、音乐、美术及杂技艺术诸多元素，也是研究汉水上游民俗及民众文化心理、生存状态的宝贵资料，具有重要的历史文化研究价值和深远的影响。

洋县悬台社火走村表演场景（陕西省洋县文化馆　提供）

洋县悬台社火芯子走村表演场景（陕西省洋县文化馆　提供）

洋县悬台社火组装现场（陕西省洋县文化馆　提供）

传承人在给表演洋县悬台社火的小演员穿戴行头（陕西省洋县文化馆　提供）

503 X-55

蒙古族婚礼

蒙古族婚礼带有鲜明的民族特色，以特殊的形式表现出蒙古人粗犷、豪爽、勇敢、智慧、勤劳、善良的民族性格。蒙古族分布地域广阔，因居处地的不同而形成了不同特色的婚礼仪式。传统婚礼在蒙古包内进行，在婚礼中，民族传统服饰可以得到最充分的展现。各地婚仪大同小异，展示骑术是其中一大特色。婚礼过程往往伴随着形式多样的歌舞表演，场面十分热烈。

蒙古族婚礼·阿日奔苏木婚礼

申报地区或单位：
内蒙古自治区阿鲁科尔沁旗

阿日奔苏木婚礼是内蒙古自治区阿鲁科尔沁旗阿日奔苏木地区传统的蒙古族婚礼，具有浓郁的草原民族风情，展现着蒙古族人民诚实豪放的性格和多彩多姿的生活。

阿日奔苏木婚礼以青年男女的婚礼为主线，安排了一个结构严谨的戏剧化场景。婚礼主持人和祝赞词家在婚礼过程中多处用到祝赞词，这是蒙古族口头文学的精品；婚礼中的蒙古包、乘马、勒勒车、蒙古族服装、蒙古族奶食品和肉食品等则是草原民族文化的具体表现形式。婚礼上还会演唱一些蒙古族长调民歌，

娶亲队的"合力木尔奇"在吟诵祝赞词（内蒙古自治区非物质文化遗产保护中心　提供）

送嫁场景（内蒙古自治区非物质文化遗产保护中心　提供）

这些民歌也因此而传承下来，成为蒙古族乃至整个中华民族的宝贵财富。

阿日奔苏木婚礼充分体现了蒙古族人民的世界观、人生观和价值观，具有民俗学、艺术学、历史学和社会学等方面的研究价值。目前，由于诸多复杂的原因，阿鲁科尔沁旗阿日奔苏木地区独有的婚俗礼仪正在被淡化、模糊，已经濒临失传，亟待保护。

娶亲队在娶亲途中小憩（内蒙古自治区非物质文化遗产保护中心　提供）

婚礼环节中，娶亲队的“合力木尔奇”要吟诵“合力木尔语”（内蒙古自治区非物质文化遗产保护中心　提供）

出嫁（孟克扎那　摄）

婚礼祝颂（孟克扎那　摄）

敬酒（孟克扎那　摄）

看新郎掰羊脖（孟克扎那　摄）

梳头换妆（孟克扎那　摄）

送新娘（内蒙古自治区非物质文化遗产保护中心　提供）

迎新娘（孟克扎那　摄）

赠礼品（孟克扎那　摄）

蒙古族婚礼·乌珠穆沁婚礼

申报地区或单位：内蒙古自治区西乌珠穆沁旗

西乌珠穆沁旗位于内蒙古自治区锡林郭勒盟东北部，是一个以蒙古族为主体的纯牧业旗。乌珠穆沁婚礼有着悠久的历史，以独特的北方民族风格、浓郁的游牧生活气息、热烈的歌舞形式和隆重的场面而著称。整个婚礼过程礼节繁多，包括定亲、接亲、婚礼、回门等三十多个环节，表现出勤劳、勇敢、智慧的乌珠穆沁人民对美好生活的热切追求。

由于种种具体的原因，目前乌珠穆沁婚礼仪式已经被淡化，颇有失传之虞，亟待制订措施进行抢救保护。

蒙古族婚礼·蒙古族婚俗

申报地区或单位：吉林省前郭尔罗斯蒙古族自治县

蒙古族传统婚礼习俗流行于吉林省前郭尔罗斯蒙古族自治县，自古以来，这一具有蒙古族特色的传统婚俗一直在当地蒙古族聚集的区域传承不衰。

传统蒙古族婚俗中男女双方代表"呼达"见面礼节（亿力奇　摄）

查干花草原上青年牧民的迎亲场面（亿力奇　摄）

在前郭尔罗斯蒙古族自治县的文化生活中，郭尔罗斯蒙古族婚俗始终占有重要位置。然而随着社会的发展，人们的生活水准日益提高，在此情势下，传统的蒙古族婚礼习俗受到严重冲击。为抢救和保护郭尔罗斯蒙古族独特的婚俗，前郭尔罗斯蒙古族自治县县已制定了相关的保护计划并付诸实施，通过抢救、挖掘、整理等一系列有效措施，使这一古老的蒙古族传统婚俗得到传承并进一步发扬光大。

新郎新娘在婚礼庆典上叩拜双方父母（亿力奇　摄）

蒙古族婚礼庆典上的拜火习俗（亿力奇　摄）

508 X-60

药市习俗

药市是在有历史渊源的中药材集中集散地定期举行的交易集市，历代形成的中药集散地有一百一十多处，其中在全国范围内有广泛影响，采、种、制、用功能齐全，集散量大，交易活跃的有安国、樟树、百泉、禹城“四大药市”。

药王会是传统庙会的一种类型，唐代即已出现。名医孙思邈是传统中医药的行业神，被尊崇为“药王”。除此以外，历史上还有其他名医被某一地域奉为“药王”。以药王为信仰神主的庙会称为“药王会”，有名气的药市大多由药王会发展而来，也有的药市系发端于药材的集市贸易。

进行药材交易之余，每个药市都形成了各自的交易规则、祭祀礼仪和戏曲演出、游艺活动等药市民俗，吸引交易者以外的广大民众参与和观赏，使药市成为富有影响力的地方性群众集会场所。

药市习俗·樟树药俗

申报地区或单位：江西省樟树市

樟树市位于江西省中部、鄱阳湖平原的南缘，自古为“八省通衢之要冲，赣中工商之闹市”。樟树在三国时开始出现药摊，唐代则辟有药墟，至宋代已形成药市，明代获得“药码头”之称，入清以后，樟树成为“南北川广药材总汇之所”。从业的“樟帮”帮规严明，中药材加工炮制技艺精益求精，形成了别具一格的樟树药俗。民国时，中医受到限制，中药销路断绝，药材的生产和交易均呈衰败之势，即便如此，樟树仍能继续保持其全省药材总市场的地位。新中国成立以后，樟树一年一度都会举行全国药材药品交易会，参与地域之广，来者之众，成交品种、金额之多，均居全国南北药材市场之冠，于是樟树“药都”之名渐起，深为海内外药界同仁所推崇。

樟树药俗包括药材交易风俗、中药炮制、药膳、药业信仰等多方面的内容，作为一种地域文化，其历史文化价值不容小视。时至今日，药业仍是樟树经济发展的支柱产业之一。

樟树药工切制的药片，切面宽大，片子很薄，素有"白芍飞上天，茯苓不见边，川芎蝴蝶双飞片，麦冬三刀成勺片"的美誉
（江西省樟树市非物质文化遗产保护中心　提供）

药王祭礼场景（江西省樟树市非物质文化遗产保护中心　提供）

药市习俗·百泉药会

申报地区或单位：河南省辉县市

百泉药会流行于河南省辉县市西北一公里处的百泉，它最初起源于隋代大业四年（608）卫源庙的河神祭祀活动，至唐高祖时祭祀规模进一步扩大，并逐渐加入了物质交易的内容。因太行山区盛产药材，药材交易遂成为庙会的一项重要活动。明代洪武八年（1375），庙会得到官方的认可与支持，药材交易日渐成为庙会的主要内容，庙会于是转变为药会。清代康熙五十七年（1718），各地来辉县的药商捐资修建了药王庙，在每年正月举办药王庙会，百泉药会由此逐渐演变成全国三大药材交易会之一。

进行药材交流的同时，庙会上还有颇具特色的祭祀药王活动，其中“放水鸭”、“送河灯”等地方民俗活动在当地有着较大的影响。

近年来，由于科技的迅速发展，交通、通讯日益便利，再加上西医西药的冲击，传统中药文化和地方民间文化日趋衰落，百泉药会也因此而出现生存危机，亟待保护。

《百泉会谱查》书影（河南省新乡市非物质文化遗产保护中心　提供）

百泉药会现场（河南省新乡市非物质文化遗产保护中心　提供）

药市习俗·禹州药会

申报地区或单位：河南省禹州市

春秋战国时期，河南禹州已出现中药材交易活动，到明代洪武年间，这种交易形成规模，禹州因此成为全国较大的药市之一。清代乾隆年间，在官府的倡导下，禹州药交会规模进一步扩大，全国各地药商结帮而至，在禹州建立药行、驿栈，形成了中药材、饮片、丸散、山货四大市场。到1949年，禹州已有药庄18家、药行41家、药棚65家、中药堂22家，从业人员1487人，结成二十多个行帮组织。各药帮还建立了许多会馆，其中名气较大的有山西会馆、怀帮会馆、江西会馆、十三帮会馆等。由此时起，禹州形成了市场门类较为齐全的中药经营和管理体系，并在此基础上形成了当地独特的药商文化。

禹州中医药交易大会是国家卫生部、国家中医药管理局、国家工商管理局批准的全国六大中药材专业市场之一。仅以2004年的禹州药会为例，共有450家药商参会，年交易额10亿元。近年来，由于医药交易方式的改变及信息化、网络化和电子商务的推广应用，禹州药交会传统的药材交易方式受到很大冲击，期待有关方面能采取具体措施，对这一盛行已久的传统药会进行必要的保护。

禹州药会现场（河南省许昌市非物质文化遗产保护中心　提供）

513 X-65

申报地区或单位：湖南省湘西土家族苗族自治州
贵州省桐梓县安顺市西秀区、关岭布依族苗族自治县、纳雍县、剑河县、台江县、榕江县、六盘水市六枝特区、丹寨县

苗族服饰

湖南省湘西土家族苗族自治州身着盛装的苗族妇女（湘西型凤凰式）（龙香吉　摄）

从古代到近代，苗族经历了几次大规模的迁徙，在此过程中形成了特殊的民族文化。苗族文化最鲜明最具体的表现就是其多姿多彩的民族服饰，其中又以苗族妇女的服饰最具代表性。

湘西土家族苗族自治州位于湖南省西部，湘、鄂、渝、黔四省市边区。湘西苗族包含以“红苗”为主的二十多个支系，每一支系又包含若干亚支系，这就使得湘西苗族服饰显得格外多样，最终形成一型（湘西型）三式（花保式、凤凰式、吉泸式）的基本特征。湘西苗族服饰包括头帕、披肩、上衣、围腰、腰带、花带、裤、裙、绑腿、袜、鞋等，这些服饰上装饰有几何纹、动物纹、植物纹等几百种富于幻想、寓意深刻的纹样。湘西苗族

贵州省安顺市西秀区苗族服饰（曾芳　摄）

贵州省安顺市西秀区青苗服饰（曾芳　摄）

服饰以纺织、印染、刺绣、织锦、挑花、数纱、腊染、扎染等一套传统技艺制作，各种技艺均有独特的生产流程和加工方式。

居住在贵州省桐梓县南部海拔较高山区的苗族，为抵御当地严寒的冬季气候，上衣多采用对开襟样式，下面则穿着蜡染百褶裙和挑花围裙，袖子再套上挑花袖筒，小腿裹多层挑花绑腿。苗族妇女认为自然界中存在的色彩是她们生活中选择取舍的素材，应将这些色彩穿在身上，形成一种源于自然而又超越自然的美。

贵州省安顺县西秀区境内的苗族服饰较常见的有四种：一是妇女头戴半月形红木梳，头发绕髻盘于木梳上，外绕银链，上衣两襟交叉相合，下身着长裙，以麻带或锦带系腰，围裙多用蜡染或刺绣镶边；二是妇女绾髻，外围青

贵州省遵义市苗族服饰（韩建平　摄）

贵州省遵义市苗族服饰（背面）（韩建平　摄）

贵州省遵义市苗族服饰（正面）（韩建平　摄）

关岭苗族服饰制作场景（翟东林　摄）

关岭苗族服饰（翟东林　摄）

关岭苗族服饰（翟东林　摄）

关岭苗族服饰制作工具：织布机（翟东林　摄）

色蜡染镶边布，折成尖顶，服饰多用青黛色，配以各色花边装饰，衣襟有两道白色花边，节庆时花边换用鲜艳的彩色边，上面用绣、染等方法制出各类花鸟图案，下身着百褶裙，裙长过膝，裙脚饰有花边，小腿裹青布带；三是妇女用一根绑上小木梳的竹片斜插于发髻，再将剩余的长发加上假发绕在木梳上，衣服为斜开对襟短衫，一般为青、蓝、黛色，袖口及领镶花边，喜庆或其他节庆日则着彩色衣，多为红色，裙长到脚跟，青蓝或青白相间，配以织锦系腰、白色围裙；四是妇女绾髻，用蜡染布作拱桥形外饰，额上插银簪，上身穿斜开襟短衣，袖、领用花布缀边，下身着青白或蓝白相间的蜡染百褶裙，腰系花带围裙。

安顺关岭苗族服饰是操川、黔、滇方言的苗族较有代表性的服饰，主要集中在贵州省关岭县的顶云、关索、花江等苗族聚居区，关岭周边的晴隆、兴仁、安龙、镇宁等县也有流传。关岭苗族服饰分衣裙和头饰两个部分，在其衣裙中，上衣的领扁、坎肩和衣袖上的三条大小不一、图纹各异的刺绣图案象征苗族的故土黄河、长江和沅江，内中不同的几何图形代表三大流域内纵横交错的阡陌田园。裙子中央的大型图案象征心手相连的苗族同胞，上衣前胸和后背呈长方形的大型彩色刺绣图案中，不同的花纹分别表示太阳、星星、鲜花等。围腰上三条垂直呈“川”字形的绣花图案则分别代表苗族语言的三大方言。安顺苗族头饰较为讲究，已婚妇女将头发从太阳穴梳挽髻扭成圆柱形，从左向右盘在右耳上方，而

纳雍最原始的织布机（贵州省纳雍县文体广播电视旅游局　提供）

纳雍箐苗服饰（杨兴秀作，贵州省纳雍县文体广播电视旅游局　提供）

后插上红绿花色的牛角形木梳；未婚姑娘的头饰则将头发从前额向正前方分梳，再以碎发搓成的发线与头发一起编成一股发辫，从左到右盘旋在头部，留下辫尾分成须状垂于右耳上端。

贵州纳雍箐苗服饰是所有苗族支系中服饰保存最完整的一支，其头饰插在盘成“V”状、形似牛角的高髻上。据说“蚩尤氏耳鬓如剑戟，头有角，与轩辕斗，以角触人，人不能向”，纳雍箐苗头饰即具有“髦首”、“触角”等“族徽”标志。尤其值得一提的是，纳雍全刺绣服饰工艺技巧精湛、制作流程古朴，堪称苗族服饰中的精品。

纳雍箐苗服饰制作技艺传承场景
（贵州省纳雍县文体广播电视旅游局　提供）

贵州省剑河县苗族服饰：高丘式
（孙亚光、邰伟生　摄）

贵州省台江县苗族服饰（龙金平　摄）

贵州省台江县苗族服饰（龙金平　摄）

由于苗族不同支系的文化背景、居住环境和通婚范围不同，形成了不同的服饰文化圈，贵州剑河苗族服饰即其中之一。它分布于县境内的十个乡镇，有十二大类，近百种款式，单是刺绣就有二十多种，针法手法形式多样。剑河苗族服饰图案造型丰富多彩、古朴神秘，布局奇特，构图丰满严谨，形象主次分明，色彩装饰对比强烈，具有独特的审美价值和鲜明的民族风格。

贵州省剑河县苗族妇女在农闲时
制作苗族服饰（孙亚光　摄）

贵州省台江县苗族服饰（龙金平　摄）

贵州台江的苗族服饰以内容丰富、形式多样、造型古朴神秘、色彩配制大胆奇巧而闻名海内外，按苗族当地方言划分，其类型包括方你型、方纠型、方白型、方秀型、方南型、方翁型、方厘型、八香型、翁芒型九大类，共有款式百余种。台江苗族服饰的刺绣针法多样，主要包括平绣、锦上绣、破线绣、辫绣、盘绣等二十多种。其构图有对称式、左右式、中心式等样式，艺术上体现变异、夸张的特点，思想性较强，主次分明，一幅构图就是一个故事，被史学家称为“穿在身上的史书”。

摆贝苗族服饰“百鸟衣羽毛裙”独具一格，是贵州榕江县苗族服饰中最有代表性的一种。其衣裙图案以百鸟造型为主体，龙、凤形象穿插其间，反映了这一苗族支系对鸟图腾的崇拜。衣襟、衣袖、

贵州省六盘水市箐苗服饰（男装上衣）（罗刚　摄）

贵州省榕江县榕江两汪苗族服饰（杨利　摄）

围腰裙子、下摆等方位则布满其他图案，主要有鱼、虾、石蚌、蜘蛛、蛇、链子、花树及山川河流等。服饰制作需经过滚、轧、揉、舂捶等多道工序，在此过程中交替使用蜡染、织花、刺绣等多种工艺，整个制作细腻而富有创意，显示出一定的民族地域性。

梭戛箐苗服饰的色彩表现十分突出，以手工技艺为主制作的彩色蜡染和挑花刺绣两种服饰均采用天然原材料。梭戛箐苗彩色服饰（主要是女装）中保存着许多古老的文化风俗信息，独特的图案、线条和种种表意、象征符号成为箐苗文化的重要组成部分。

贵州省榕江县摆贝苗族百鸟衣（杨秋平　摄）

贵州省榕江县摆贝苗族女装（杨秋平　摄）

贵州省榕江县榕江卡寨苗族服饰（杨利　摄）

贵州省丹寨县位于云贵高原南缘的斜坡地带，这里的多民族聚居山区以苗族嘎闹支系为主体，相对独立的地理环境使生活和劳作在这里的苗族人形成了自己独特的服饰文化。将现在能收集到的古老服饰进行对比，发现七个亚族群古装的差别十分微小，其中最能保持原貌的是“雅灰型”的百鸟衣。经过发展，各亚族群服饰的区别日益增大，但仍有一个共同点，即竭尽其能地以刺绣或蜡染技艺展示苗族嘎闹支系所崇拜的鸟图腾，将鸟纹表现得淋漓尽致。对鸟的极度崇拜造就了苗族嘎闹支系服饰的艺术魅力，“百鸟衣”、“锦鸡服”、“蜡染古装”等服饰集中体现了鸟崇拜的族群意识，成为嘎闹支系重要的文化符号。

贵州省六盘水市苗族少女在制作服饰（罗刚　摄）

贵州省丹寨县苗族排倒型蜡染服正面（王钦平　摄）

贵州省丹寨县苗族排倒型蜡染服背面（王钦平　摄）

第二批国家级非物质文化遗产名录

索引

索引一（按拼音排序）

新入选项目

[A]

a

[B]

ba

bai

ban

bei

bian

bin

bo

bu

[C]

cai

can

cang

cao

cha

dan

dao

de

deng

fu

[G]

ga

gao

gu

hong

hu

hua

huai

huang

[L]

la

lai

lao

lei

li

liao

lin

liu

long

lu

lü

[O]

ou

[P]

pa

pan

pao

pei

pen

[S]

sa

sai

san

sen

sha

shai

[T]

ta

tai

tan

tang

tao

ti

tian

tong

wu

[X]

xi

xia

xiang

xiao

xie

xin

xing

yin

ying

yong

you

yu

yue

[Z]

zang

zao

ze

zha

扩展项目

[B]

bao

[C]

cai

cang

chao

[D]

da

[G]

lao

liu

long

lu

luan

[M]

ma

meng

mi

miao

min

mu

[N]

na

nei

广东内画

ni

346	Ⅶ-47	泥塑 玉田泥塑 苏州泥塑 聂家庄泥塑 大吴泥塑 徐氏泥彩塑 苗族泥哨 杨氏家庭泥塑	河北省玉田县，江苏省苏州市，山东省高密市，广东省潮安县，四川省大英县，贵州省黄平县，宁夏回族自治区隆德县	1802

nuo

110	Ⅲ-7	傩舞 寿阳爱社 祁门傩舞 邵武傩舞 湛江傩舞 文县池哥昼 永靖七月跳会	山西省寿阳县，安徽省祁门县，福建省邵武市，广东省湛江市麻章区，甘肃省文县、永靖县	1530
233	Ⅳ-89	傩戏 万载开口傩 仡佬族傩戏 鹤峰傩戏 恩施傩戏	江西省万载县，贵州省道真仡佬族苗族自治县，湖北省鹤峰县、恩施市	1633

[P]

pi

235	Ⅳ-91	皮影戏 北京皮影戏 河间皮影戏 岫岩皮影戏 盖州皮影戏	北京市宣武区，河北省河间市，辽宁省鞍山市、盖州市，黑龙江省望奎县，山东省泰安市、济南市、定陶县，河南省罗山县，湖南省木偶皮影艺术剧院、衡山县四川省阆中市、南部县，青海省	1639

[S]

[W]

wei

wu

[X]

xi

xian

xiang

xin

yin

yu

Yue

[Z]

zang

		藏医药浴疗法	厂，青海省金诃藏药药业股份有限公司	
		甘南藏医药		
		藏药炮制技艺		
		藏药七十味珍珠丸配伍技艺		
		藏药珊瑚七十味丸配伍技艺		
		藏药阿如拉炮制技艺		
		七十味珍珠丸赛太炮制技艺		

zha

376	Ⅷ—26	扎染技艺	四川省自贡市	1854
		自贡扎染技艺		

zhen

444	Ⅸ—5	针灸	重庆市渝中区	1924
		刘氏刺熨疗法		

zhi

431	Ⅷ—81	制扇技艺	浙江省杭州市，重庆市荣昌县	1887
		王星记扇		
		荣昌折扇		
		龚扇		

zhong

285	Ⅵ—3	中幡	河北省香河县、正定县，福建省建瓯市	1695
		安头屯中幡		
		正定高照		
		建瓯挑幡		
442	Ⅸ—3	中药炮制技术	河南省焦作市，四川省成都市	1915
		四大怀药种植与炮制		
		中药炮制技艺		
443	Ⅸ—4	中医传统制剂方法	山西省太谷县，江苏省苏州市，山东省东阿县、平阴县，贵州省遵义市红花岗区、汇川区	1918
		龟龄集传统制作技艺		
		雷允上六神丸制作技艺		
		东阿阿胶制作技艺		

索引二（按申报地区或单位排序）

【北京市】

新入选项目

传统技艺

扩展项目

传统美术

传统技艺

传统医药

【天津市】

新入选项目

传统音乐

曲　艺

扩展项目

【河北省】

新入选项目

		胜芳灯会		
992	Ⅹ－85	民间信俗	河北省盐山县	1235
		千童信子节		
994	Ⅹ－87	抬阁（芯子、铁枝、飘色）	河北省廊坊市、宽城满族自治县、隆尧县	1248
		葛渔城重阁会		
		宽城背杆		
		隆尧县泽畔抬阁		

扩展项目

民间文学

8	Ⅰ－8	孟姜女传说	河北省秦皇岛市	1353

传统音乐

68	Ⅱ－37	唢呐艺术	河北省唐海县、丰宁满族自治县	1420
		唐山花吹		
		丰宁满族吵子会		
90	Ⅱ－59	冀中笙管乐	河北省雄县、固安县、霸州市、廊坊市安次区、文安县、任丘市、安新县、易县、定州市	1461
		雄县古乐		
		小冯村音乐会		
		张庄音乐会		
		军卢村音乐会		
		东张务音乐会		
		南响口梵呗音乐会		
		里东庄音乐老会		
		辛安庄民间音乐会		
		安新县圈头村音乐会		
		东韩村拾幡古乐		
		子位吹歌		

传统舞蹈

107	Ⅲ－4	龙舞	河北省易县、曲周县	1490
		易县摆字龙灯		
		曲周龙灯		
108	Ⅲ－5	狮舞	河北省沧县	1518
		沧县狮舞		

传统戏剧

曲　　艺

传统体育、游艺与杂技

传统美术

传统技艺

民　俗

502	Ⅹ－54	民间社火 桃林坪花脸社火 永年抬花桌	河北省井陉县、永年县	1979

【山西省】

新入选项目

民间文学

521	Ⅰ－34	杨家将传说 杨家将说唱	山西省	7
522	Ⅰ－35	尧的传说	山西省绛县	10
523	Ⅰ－36	牛郎织女传说	山西省和顺县	12
571	Ⅰ－84	笑话 万荣笑话	山西省万荣县	82

传统音乐

622	Ⅱ－123	锣鼓艺术 太原锣鼓	山西省太原市	208
638	Ⅱ－139	道教音乐 恒山道乐	山西省阳高县	261

传统舞蹈

639	Ⅲ－42	鼓舞 平定武迓鼓	山西省平定县	283

传统戏剧

696	Ⅳ－95	赛戏	山西省朔州市	425
699	Ⅳ－98	上党落子	山西省潞城市、黎城县	431
700	Ⅳ－99	眉户 运城眉户	山西省运城市	433

曲　艺

755	Ⅴ－62	襄垣鼓书	山西省襄垣县	529

传统医药

民　　俗

扩展项目

传统音乐

传统舞蹈

传统戏剧

传统美术

传统技艺

传统医药

内蒙古自治区

新入选项目

民间文学

传统音乐

传统舞蹈

曲　艺

传统体育、游艺与杂技

传统技艺

433	Ⅷ—83	桦树皮制作技艺 鄂温克族桦树皮制作技艺	内蒙古自治区根河市	1896

民　俗

503	Ⅹ—55	蒙古族婚礼 阿日奔苏木婚礼 乌珠穆沁婚礼	内蒙古自治区阿鲁科尔沁旗、西乌珠穆沁旗	1990

【辽宁省】

新入选项目

民间文学

539	Ⅰ—52	北票民间故事	辽宁省北票市	36
540	Ⅰ—53	满族民间故事	辽宁省文学艺术界联合会民间文艺家协会	37

传统音乐

604	Ⅱ—105	蒙古族民歌 阜新东蒙短调民歌	辽宁省阜新蒙古族自治县	150
620	Ⅱ—121	笙管乐 复州双管乐 建平十王会	辽宁省瓦房店市、建平县	199

传统戏剧

701	Ⅳ—100	海城喇叭戏	辽宁省鞍山市	438

曲　艺

750	Ⅴ—57	北京评书	辽宁省鞍山市、本溪市、营口市	520

传统美术

832	Ⅶ—56	石雕 煤精雕刻	辽宁省抚顺市	694
856	Ⅶ—80	满族刺绣 岫岩满族民间刺绣 锦州满族民间刺绣	辽宁省岫岩满族自治县、锦州市古塔区	795

民　　俗				
502	X－54	民间社火 本溪社火 义县社火 朝阳社火	辽宁省本溪满族自治县、义县、朝阳县	1979

【吉林省】

新入选项目

传统音乐				
599	Ⅱ－100	森林号子 长白山森林号子	吉林省文学艺术界联合会民间文艺家协会	138
604	Ⅱ－105	蒙古族民歌 郭尔罗斯蒙古族民歌	吉林省前郭尔罗斯蒙古族自治县	150
623	Ⅱ－124	朝鲜族洞箫音乐	吉林省延吉市、珲春市	220

传统舞蹈				
655	Ⅲ－58	朝鲜族鹤舞	吉林省延边朝鲜族自治州	340
656	Ⅲ－59	朝鲜族长鼓舞	吉林省图们市	341

传统戏剧				
702	Ⅳ－101	黄龙戏	吉林省农安县	439

曲　　艺				
773	Ⅴ－80	朝鲜族三老人	吉林省和龙市	564

传统体育、游艺与杂技				
810	Ⅵ－38	满族珍珠球	吉林省吉林市	634

传统美术				
856	Ⅶ－80	满族刺绣 长白山满族枕头顶刺绣	吉林省通化市	795

【黑龙江省】

新入选项目

扩展项目

【上海市】

新入选项目

【江苏省】

新入选项目

扩展项目

传统音乐

传统舞蹈

传统戏剧

传统美术

【浙江省】

新入选项目

867	Ⅶ—91	镶嵌 *彩石镶嵌* *骨木镶嵌*	浙江省温州市鹿城区、瓯海区，仙居县，宁波市	822

传统技艺

882	Ⅷ—99	蚕丝织造技艺 *余杭清水丝绵制作技艺* *杭罗织造技艺* *双林绫绢织造技艺*	浙江省杭州市余杭区、杭州市福兴丝绸厂、湖州市	877
902	Ⅷ—119	铜雕技艺	浙江省杭州市	928
918	Ⅷ—135	木活字印刷技术	浙江省瑞安市	976
920	Ⅷ—137	传统木船制造技艺	浙江省舟山市普陀区	983
923	Ⅷ—140	伞制作技艺 *西湖绸伞*	浙江省杭州市	990
928	Ⅷ—145	酿造酒传统酿造技艺 *金华酒传统酿造技艺*	浙江省金华市	1016
931	Ⅷ—148	绿茶制作技艺 *西湖龙井* *婺州举岩*	浙江省杭州市、金华市	1023
936	Ⅷ—153	晒盐技艺 *海盐晒制技艺*	浙江省象山县	1040
949	Ⅷ—166	火腿制作技艺 *金华火腿腌制技艺*	浙江省金华市	1073
958	Ⅷ—175	木拱桥传统营造技艺	浙江省庆元县、泰顺县	1102
959	Ⅷ—176	石桥营造技艺	浙江省绍兴市	1106
960	Ⅷ—177	婺州传统民居营造技艺 *诸葛村古村落营造技艺* *俞源村古建筑群营造技艺* *东阳卢宅营造技艺* *浦江郑义门营造技艺*	浙江省兰溪市、武义县、东阳市、浦江县	1108

传统医药

973	Ⅸ—13	畲族医药 *痧症疗法*	浙江省丽水市	1153

民　俗

979	Ⅹ—72	渔民开洋、谢洋节	浙江省象山县、岱山县	1185
980	Ⅹ—73	畲族三月三	浙江省景宁畲族自治县	1188

扩展项目

传统音乐

传统舞蹈

传统戏剧

曲　　艺

254	Ⅴ－18	摊簧 杭州摊簧 绍兴摊簧	浙江省杭州市、绍兴市	1678

传统体育、游艺与杂技

288	Ⅵ－6	线狮 九狮图	浙江省永康市、仙居县	1699

传统美术

315	Ⅶ－16	剪纸 浦江剪纸	浙江省浦江县	1720
345	Ⅶ－46	竹刻 黄岩翻簧竹雕	浙江省台州市黄岩区	1794
350	Ⅶ－51	竹编 东阳竹编	浙江省东阳市	1828

传统技艺

431	Ⅷ－81	制扇技艺 王星记扇	浙江省杭州市	1887

民　　俗

451	Ⅹ－3	端午节 五常龙舟胜会	浙江省杭州市余杭区	1949

【安徽省】

新入选项目

民间文学

566	Ⅰ－79	桐城歌	安徽省桐城市	75

传统音乐

575	Ⅱ－76	五河民歌	安徽省五河县	91
576	Ⅱ－77	大别山民歌	安徽省六安市	93
577	Ⅱ－78	徽州民歌	安徽省黄山市	95

994	Ⅹ-87	抬阁（芯子、铁枝、飘色） 肘阁抬阁	安徽省寿县、临泉县	1248
1009	Ⅹ-102	界首书会	安徽省界首市	1308
1026	Ⅹ-119	珠算 程大位珠算法	安徽省黄山市屯溪区	1342

扩展项目

传统舞蹈

110	Ⅲ-7	傩舞 祁门傩舞	安徽省祁门县	1530

传统美术

315	Ⅶ-16	剪纸 阜阳剪纸	安徽省阜阳市	1720
324	Ⅶ-25	挑花 望江挑花	安徽省望江县	
350	Ⅶ-51	竹编 舒席	安徽省舒城县	1828

传统技艺

420	Ⅷ-70	桑皮纸制作技艺	安徽省潜山县、岳西县	1879

【福建省】

新入选项目

民间文学

565	Ⅰ-78	童谣 闽南童谣	福建省厦门市	72

传统舞蹈

642	Ⅲ-45	灯舞 莆田九鲤灯舞	福建省莆田市	307
662	Ⅲ-65	高山族拉手舞	福建省华安县	353

988	X-81	灯会 南安英都拔拔灯	福建省南安市	1204
992	X-85	民间信俗 保生大帝信俗 陈靖姑信俗	福建省厦门市海沧区、龙海市、古田县、福州市仓山区	1235
994	X-87	抬阁（芯子、铁枝、飘色） 霍童铁枝 福鼎沙埕铁枝 屏南双溪铁枝	福建省宁德市蕉城区、福鼎市、屏南县	1248
1004	X-97	蟳埔女习俗	福建省泉州市丰泽区	1295
1017	X-110	畲族服饰	福建省罗源县	1322

扩展项目

传统音乐

75	Ⅱ-44	十番音乐 黄石惠洋十音	福建省莆田市	1446

传统舞蹈

107	Ⅲ-4	龙舞 大田板灯龙	福建省大田县	1490
110	Ⅲ-7	傩舞 邵武傩舞	福建省邵武市	1530

传统戏剧

192	Ⅳ-48	高甲戏（柯派）	福建省晋江市	1599
197	Ⅳ-53	越剧（尹派）	福建省芳华越剧团	1605

传统体育、游艺与杂技

285	Ⅵ-3	中幡 建瓯挑幡	福建省建瓯市	1698

民　俗

988	Ⅹ－81	灯会 石城灯会	江西省石城县	1204

扩展项目

传统音乐

58	Ⅱ－27	薅草锣鼓 武宁打鼓歌	江西省武宁县	1377
68	Ⅱ－37	唢呐艺术 于都唢呐公婆吹 万载得胜鼓	江西省于都县、万载县	1420

传统舞蹈

108	Ⅲ－5	狮舞 丰城岳家狮	江西省丰城市	1518

传统戏剧

233	Ⅳ－89	傩戏 万载开口傩	江西省万载县	1633

传统美术

315	Ⅶ－16	剪纸 瑞昌剪纸	江西省瑞昌市	1720
350	Ⅶ－51	竹编 瑞昌竹编	江西省瑞昌市	1828

传统技艺

436	Ⅷ－86	烟火爆竹制作技艺 万载花炮制作技艺 萍乡烟花制作技艺	江西省万载县、上栗县	1900

民　俗

508	Ⅹ－60	药市习俗 樟树药俗	江西省樟树市	1995

【山东省】

新入选项目

民间文学

传统音乐

传统舞蹈

传统戏剧

扩展项目

112	Ⅲ－9	高跷	山东省泰安市	1542
		独杆跷		

传统戏剧

170	Ⅳ－26	大平调	山东省东明县、菏泽市牡丹区	1588
188	Ⅳ－44	大弦戏	山东省菏泽市	1598
194	Ⅳ－50	四平调	山东省金乡县、成武县	1601
207	Ⅳ－63	柳琴戏	山东省临沂市	1608
215	Ⅳ－71	道情戏	山东省沾化县	1618
		沾化渔鼓戏		
235	Ⅳ－91	皮影戏	山东省泰安市、济南市、定陶县	1639
		泰山皮影戏		
		济南皮影戏		
		定陶皮影		

曲　艺

247	Ⅴ－11	胶东大鼓	山东省青岛市	1677
257	Ⅴ－21	山东琴书	山东省菏泽市	1682

传统美术

315	Ⅶ－16	剪纸	山东省莒县、滨州市、高密市、烟台市	1720
		莒县过门笺		
		滨州民间剪纸		
		高密剪纸		
		烟台剪纸		
346	Ⅶ－47	泥塑	山东省高密市	1802
		聂家庄泥塑		

传统医药

443	Ⅸ－4	中医传统制剂方法	山东省东阿县、平阴县	1918
		东阿阿胶制作技艺		

【河南省】

新入选项目

扩展项目

传统舞蹈

【湖北省】

新入选项目

扩展项目

传统舞蹈

107	Ⅲ-4	龙舞	湖北省武汉市汉阳区	1490
		高龙		
120	Ⅲ-17	土家族摆手舞	湖北省来凤县	1553
		恩施摆手舞		

传统戏剧

172	Ⅳ-28	京剧	湖北省京剧院	1590
175	Ⅳ-31	汉调二簧	湖北省竹溪县	1592
179	Ⅳ-35	荆河戏	湖北省荆州市	1593
209	Ⅳ-65	采茶戏	湖北省阳新县	1609
221	Ⅳ-77	灯戏	湖北省恩施市	1622
233	Ⅳ-89	傩戏	湖北省鹤峰县、恩施市	1633
		鹤峰傩戏		
		恩施傩戏		

传统美术

315	Ⅶ-16	剪纸	湖北省孝感市孝南区、鄂州市、仙桃市	1720
		孝感雕花剪纸		
		鄂州雕花剪纸		
		仙桃雕花剪纸		

【湖南省】

新入选项目

民间文学

567	Ⅰ-80	土家族梯玛歌	湖南省龙山县	76

传统音乐

588	Ⅱ-89	茶山号子	湖南省辰溪县	115
594	Ⅱ-95	新化山歌	湖南省娄底市	126
597	Ⅱ-98	江河号子	湖南省保靖县	131
		酉水船工号子		
608	Ⅱ-109	苗族民歌	湖南省吉首市	165
		湘西苗族民歌		

991	Ⅹ-84	庙会 火宫殿庙会	湖南省长沙市	1220

扩展项目

民间文学

8	Ⅰ-8	孟姜女传说	湖南省津市市	1353

传统音乐

68	Ⅱ-37	唢呐艺术 青山唢呐	湖南省湘潭县	1420

传统舞蹈

107	Ⅲ-4	龙舞 汝城香火龙 九龙舞	湖南省汝城县、平江县	1490

传统戏剧

227	Ⅳ-83	侗戏	湖南省通道侗族自治县	1632
235	Ⅳ-91	皮影戏 湖南皮影戏	湖南省木偶皮影艺术剧院、衡山县	1639
236	Ⅳ-92	木偶戏 湖南杖头木偶戏	湖南省木偶皮影艺术剧院	1656

传统美术

315	Ⅶ-16	剪纸 踏虎凿花	湖南省泸溪县	1720
324	Ⅶ-25	挑花 花瑶挑花	湖南省溆浦县	1781

传统技艺

374	Ⅷ-24	蓝印花布印染技艺	湖南省凤凰县、邵阳县	1848
513	Ⅹ-65	苗族服饰	湖南省湘西土家族苗族自治州	1999

【广东省】

新入选项目

扩展项目

民间文学

传统音乐

传统舞蹈

传统戏剧

曲　艺

传统美术

346	Ⅶ—47	泥塑 大吴泥塑	广东省潮安县	1802
349	Ⅶ—50	灯彩 佛山彩灯 潮州花灯	广东省佛山市、潮州市湘桥区	1813

传统技艺

395	Ⅷ—45	家具制作技艺 广式硬木家具制作技艺	广东省广州市	1869

传统医药

445	Ⅸ—6	中医正骨疗法 平乐郭氏正骨法	广东省深圳市	1926

民　俗

453	Ⅹ—5	中秋节 佛山秋色	广东省佛山市	1957

【广西壮族自治区】

新入选项目

民间文学

569	Ⅰ—82	壮族嘹歌	广西壮族自治区平果县	78

传统舞蹈

657	Ⅲ—60	瑶族长鼓舞	广西壮族自治区富川瑶族自治县	343

传统戏剧

739	Ⅳ—138	邕剧	广西壮族自治区南宁市	499

曲　艺

780	Ⅴ—87	广西文场	广西壮族自治区桂林市	577

传统技艺

936	Ⅷ—153	晒盐技艺	海南省儋州市	1040
		海盐晒制技艺		
965	Ⅷ—182	黎族船型屋营造技艺	海南省东方市	1125

民　俗

1018	Ⅹ—111	黎族服饰	海南省锦绣织贝有限公司、海南省民族研究所	1324
1027	Ⅹ—120	南海航道更路经	海南省文昌市	1345

扩展项目

传统音乐

44	Ⅱ—13	崖州民歌	海南省乐东黎族自治县	1373
75	Ⅱ—44	十番音乐	海南省海口市	1446
		海南八音器乐		
236	Ⅳ—92	木偶戏	海南省文昌市、海口市	1656
		文昌公仔戏		
		三江公仔戏		

【重庆市】

新入选项目

传统音乐

583	Ⅱ—84	秀山民歌	重庆市秀山土家族苗族自治县	106
584	Ⅱ—85	酉阳民歌	重庆市酉阳土家族苗族自治县	108
600	Ⅱ—101	搬运号子	重庆市梁平县、巫山县	141
		梁平抬儿调		
		龙骨坡抬工号子		

曲　艺

769	Ⅴ—76	四川竹琴	重庆市三峡曲艺团	556
781	Ⅴ—88	车灯	重庆市曲艺团	579

扩展项目

【四川省】

新入选项目

民间文学

传统音乐

传统舞蹈

曲　艺

传统体育、游艺与杂技

传统美术

传统技艺

939	Ⅷ－156	豆豉酿制技艺 潼川豆豉酿制技艺	四川省三台县	1049
969	Ⅷ－186	藏族碉楼营造技艺	四川省丹巴县	1132

民　俗

988	Ⅹ－81	灯会 自贡灯会	四川省自贡市	1204
989	Ⅹ－82	羌年	四川省茂县、汶川县、理县、北川羌族自治县	1216
994	Ⅹ－87	抬阁（芯子、铁枝、飘色） 大坝高装 青林口高抬戏	四川省兴文县、江油市	1248
1011	Ⅹ－104	三汇彩亭会	四川省渠县	1312

扩展项目

传统音乐

58	Ⅱ－27	薅草锣鼓 川东土家族薅草锣鼓	四川省宣汉县	1377
61	Ⅱ－30	多声部民歌 羌族多声部民歌 硗碛多声部民歌	四川省松潘县、雅安市	1393

传统舞蹈

107	Ⅲ－4	龙舞 黄龙溪火龙灯舞	四川省双流县	1490
123	Ⅲ－20	锅庄舞 甘孜锅庄 马奈锅庄	四川省石渠县、雅江县、新龙县、德格县、金川县	1559

传统戏剧

224	Ⅳ－80	藏戏 德格格萨尔藏戏 巴塘藏戏 色达藏戏	四川省德格县、巴塘县、色达县	1625
235	Ⅳ－91	皮影戏 四川皮影戏	四川省阆中市、南部县	1639

【贵州省】

新入选项目

扩展项目

民　　俗

473	Ⅹ-25	侗族萨玛节	贵州省黎平县	1962
513	Ⅹ-65	苗族服饰	贵州省桐梓县、安顺市西秀区、关岭布依族苗族自治县、纳雍县、剑河县、台江县、榕江县、六盘水市六枝特区、丹寨县	1999

【云南省】

新入选项目

民间文学

550	Ⅰ-63	梅葛盘歌	云南省楚雄彝族自治州	52
551	Ⅰ-64	查姆	云南省双柏县	54
552	Ⅰ-65	达古达楞格莱标	云南省德宏傣族景颇族自治州	55
553	Ⅰ-66	哈尼哈吧	云南省元阳县	56
554	Ⅰ-67	召树屯与喃木诺娜	云南省西双版纳傣族自治州	57
561	Ⅰ-74	司岗里	云南省沧源佤族自治县	67

传统音乐

595	Ⅱ-96	姚安坝子腔	云南省姚安县	127
612	Ⅱ-113	彝族民歌 彝族酒歌	云南省武定县	174
613	Ⅱ-114	布朗族民歌 布朗族弹唱	云南省勐海县	176
627	Ⅱ-128	洞经音乐 妙善学女子洞经音乐	云南省通海县	228

传统舞蹈

658	Ⅲ-61	傣族象脚鼓舞	云南省潞西市、西双版纳傣族自治州	346
667	Ⅲ-70	彝族打歌	云南省巍山彝族回族自治县	363
668	Ⅲ-71	彝族跳菜	云南省南涧彝族自治县	365
669	Ⅲ-72	彝族老虎笙	云南省双柏县	367
670	Ⅲ-73	彝族左脚舞	云南省牟定县	369
671	Ⅲ-74	乐作舞	云南省红河县	371

传统戏剧

传统美术

传统技艺

民　俗

扩展项目

传统戏剧

民　俗

【西藏自治区】

新入选项目

传统音乐

传统舞蹈

扩展项目

【陕西省】

新入选项目

扩展项目

【甘肃省】

新入选项目

传统医药

民　　俗

【青海省】

新入选项目

民间文学

传统音乐

传统舞蹈

曲　　艺

123	Ⅲ－20	锅庄舞 称多白龙卓舞 囊谦卓干玛	青海省称多县、囊谦县	1559

传统戏剧

224	Ⅳ－80	藏戏 青海马背藏戏	青海省果洛藏族自治州	1625
235	Ⅳ－91	皮影戏 河湟皮影戏	青海省	1639

曲　　艺

255	Ⅴ－19	贤孝 西宁贤孝	青海省西宁市	1680

传统医药

448	Ⅸ－9	藏医药 藏医药浴疗法 藏药阿如拉炮制技艺	青海省藏医院、青海省金诃藏药药业股份有限公司	1932

民　　俗

496	Ⅹ－48	那达慕	青海省海西蒙古族藏族自治州	1970

【宁夏回族自治区】

新入选项目

传统音乐

637	Ⅱ－138	佛教音乐 北武当庙寺庙音乐	宁夏回族自治区平罗县	250

传统医药

977	Ⅸ－17	回族医药 张氏回医正骨疗法 回族汤瓶八诊疗法	宁夏回族自治区吴忠市、银川市	1163

民　俗

扩展项目

传统美术

【新疆维吾尔自治区】

新入选项目

民间文学

传统音乐

传统舞蹈

曲　艺

传统体育、游艺与杂技

传统美术

传统技艺

民　俗

扩展项目

传统音乐

曲　　艺

传统技艺

民　　俗

【澳门特别行政区】

新入选项目

传统美术

【中国棋院】

新入选项目

【故宫博物院】

新入选项目

【中国广播艺术团】

新入选项目

【国家图书馆】

新入选项目

传统技艺

919	Ⅷ－136	装裱修复技艺 古籍修复技艺	国家图书馆	978

【中国书店】

新入选项目

传统技艺

919	Ⅷ－136	装裱修复技艺 古籍修复技艺	中国书店	978

【中国珠算心算协会】

新入选项目

民　　俗

1026	Ⅹ－119	珠算 珠算文化	中国珠算心算协会	1342

【新疆生产建设兵团】

新入选项目

传统戏剧

700	Ⅳ－99	迷糊戏	新疆生产建设兵团	433

传统美术

859	Ⅶ—83	哈萨克毡绣和布绣	新疆生产建设兵团农六师	804

传统技艺

926	Ⅷ—143	土碱烧制技艺	新疆生产建设兵团	997

扩展项目

传统戏剧

213	Ⅳ—69	曲子戏	新疆生产建设兵团	1610
356	Ⅷ—6	维吾尔族模制法土陶烧制技艺	新疆生产建设兵团	1843

【中国文学艺术界联合会】

新入选项目

传统美术

839	Ⅶ—63	汉字书法	中国文学艺术界联合会书法家协会	739

【中国艺术研究院】

新入选项目

传统美术

839	Ⅶ—63	汉字书法	中国艺术研究院中国书法院	739